Moderna PLUS

MATEMÁTICA

SUPLEMENTO DE REVISÃO

Este suplemento é parte integrante do livro *Matemática Paiva 3* – 2ª edição – *Moderna Plus*.
Não pode ser vendido separadamente.

Organizadora: Editora Moderna
Obra coletiva concebida, desenvolvida e produzida pela Editora Moderna.

Editora Executiva:
Juliane Matsubara Barroso

Moderna PLUS

Coordenação editorial: Juliane Matsubara Barroso
Elaboração de originais: Carlos Alberto Sassi Junior, Fábio Marson Ferreira
Edição de texto: Débora Regina Yogui, Fabio Martins de Leornardo, Marilu Maranho Tassetto
Assistência editorial: Enrico Briese Casentini
Coordenação de *design* e projetos visuais: Sandra Homma
Projeto gráfico e capa: Everson de Paula, Marta Cerqueira Leite
Foto: Patrick Pleul/epa/Corbis/Corbis/Latinstock
Coordenação de produção gráfica: André Monteiro, Maria de Lourdes Rodrigues
Coordenação de arte: Wilson Gazzoni Agostinho
Edição de arte: Elaine Cristina da Silva
Ilustrações: Carlos Bourdiel, Faustino
Editoração eletrônica: Grapho Editoração
Coordenação de revisão: Elaine Cristina del Nero
Revisão: Equipe Moderna, Lumi Casa de Edição, Nelson José de Camargo
Coordenação de pesquisa iconográfica: Ana Lucia Soares
Pesquisa iconográfica: Camila D'Angelo, Marcia Sato
As imagens identificadas com a sigla CID foram fornecidas pelo Centro de Informação e Documentação da Editora Moderna.
Coordenação de *bureau*: Américo Jesus
Tratamento de imagens: Arleth Rodrigues, Fabio N. Precendo, Rodrigo Fragoso, Rubens M. Rodrigues
Pré-impressão: Alexandre Petreca, Everton L. de Oliveira Silva, Helio P. de Souza Filho, Marcio H. Kamoto
Coordenação de produção industrial: Wilson Aparecido Troque

ISBN 978-85-16-06834-9 (LA)
ISBN 978-85-16-06835-6 (LP)

EDITORA MODERNA LTDA.
Rua Padre Adelino, 758 - Belenzinho
São Paulo - SP - Brasil - CEP 03303-904
Vendas e Atendimento: Tel. (0_ _11) 2602-5510
Fax (0_ _11) 2790-1501
www.moderna.com.br
2015
Impresso na China

1 3 5 7 9 10 8 6 4 2

Apresentação

Ao final do terceiro ano do Ensino Médio faz-se necessária uma revisão dos três anos de curso. O *Suplemento de revisão* foi organizado para esse momento.

Ele acompanha o terceiro livro da Coleção Moderna Plus – Matemática e está organizado em 24 temas que sintetizam os principais conceitos dos três anos de curso. O texto destaca as palavras-chave do tema, organizando as informações essenciais. Imagens, gráficos e tabelas auxiliam na compreensão e fixação dos conceitos revisados.

Para cada tema, o material traz questões de vestibulares e de exames nacionais selecionadas de diversos estados brasileiros.

O *Suplemento de revisão* é um importante auxílio no estudo e na preparação para os exames de ingresso nas universidades.

Bons estudos!

ORGANIZAÇÃO DO *SUPLEMENTO*

Temas
Seleção de 24 temas que sintetizam os conceitos principais dos três anos de curso.

O Suplemento de revisão apresenta a síntese dos principais conteúdos dos três anos de curso, acompanhada por questões de vestibulares.

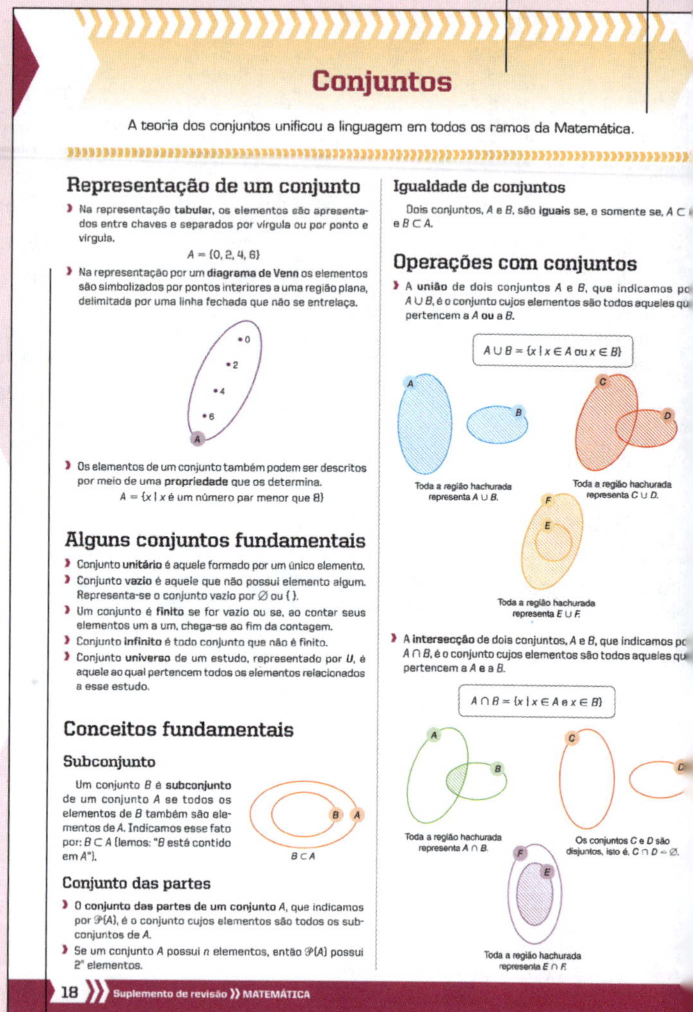

Conjuntos

A teoria dos conjuntos unificou a linguagem em todos os ramos da Matemática.

Representação de um conjunto

- Na representação **tabular**, os elementos são apresentados entre chaves e separados por vírgula ou por ponto e vírgula.

$A = \{0, 2, 4, 6\}$

- Na representação por um **diagrama de Venn** os elementos são simbolizados por pontos interiores a uma região plana, delimitada por uma linha fechada que não se entrelaça.
- Os elementos de um conjunto também podem ser descritos por meio de uma **propriedade** que os determina.

$A = \{x \mid x$ é um número par menor que $8\}$

Alguns conjuntos fundamentais

- Conjunto **unitário** é aquele formado por um único elemento.
- Conjunto **vazio** é aquele que não possui elemento algum. Representa-se o conjunto vazio por $\varnothing$ ou $\{\ \}$.
- Um conjunto é **finito** se for vazio ou se, ao contar seus elementos um a um, chega-se ao fim da contagem.
- Conjunto **infinito** é todo conjunto que não é finito.
- Conjunto **universo** de um estudo, representado por U, é aquele ao qual pertencem todos os elementos relacionados a esse estudo.

Conceitos fundamentais

Subconjunto

Um conjunto B é **subconjunto** de um conjunto A se todos os elementos de B também são elementos de A. Indicamos esse fato por: $B \subset A$ (lemos: "B está contido em A").

$B \subset A$

Conjunto das partes

- O **conjunto das partes de um conjunto** A, que indicamos por $\mathcal{P}(A)$, é o conjunto cujos elementos são todos os subconjuntos de A.
- Se um conjunto A possui n elementos, então $\mathcal{P}(A)$ possui 2^n elementos.

Igualdade de conjuntos

Dois conjuntos, A e B, são **iguais** se, e somente se, $A \subset$ … e $B \subset A$.

Operações com conjuntos

- A **união** de dois conjuntos A e B, que indicamos po… $A \cup B$, é o conjunto cujos elementos são todos aqueles qu… pertencem a A **ou** a B.

$A \cup B = \{x \mid x \in A$ ou $x \in B\}$

Toda a região hachurada representa $A \cup B$.

Toda a região hachurada representa $C \cup D$.

Toda a região hachurada representa $E \cup F$.

- A **intersecção** de dois conjuntos, A e B, que indicamos po… $A \cap B$, é o conjunto cujos elementos são todos aqueles qu… pertencem a A **e** a B.

$A \cap B = \{x \mid x \in A$ e $x \in B\}$

Toda a região hachurada representa $A \cap B$.

Os conjuntos C e D são disjuntos, isto é, $C \cap D = \varnothing$.

Toda a região hachurada representa $E \cap F$.

18 Suplemento de revisão MATEMÁTICA

Síntese do conteúdo
Texto organizado, com tabelas, gráficos e imagens, destacando as palavras-chave.

Um pequeno texto informa resumidamente o tema a ser tratado na dupla de páginas.

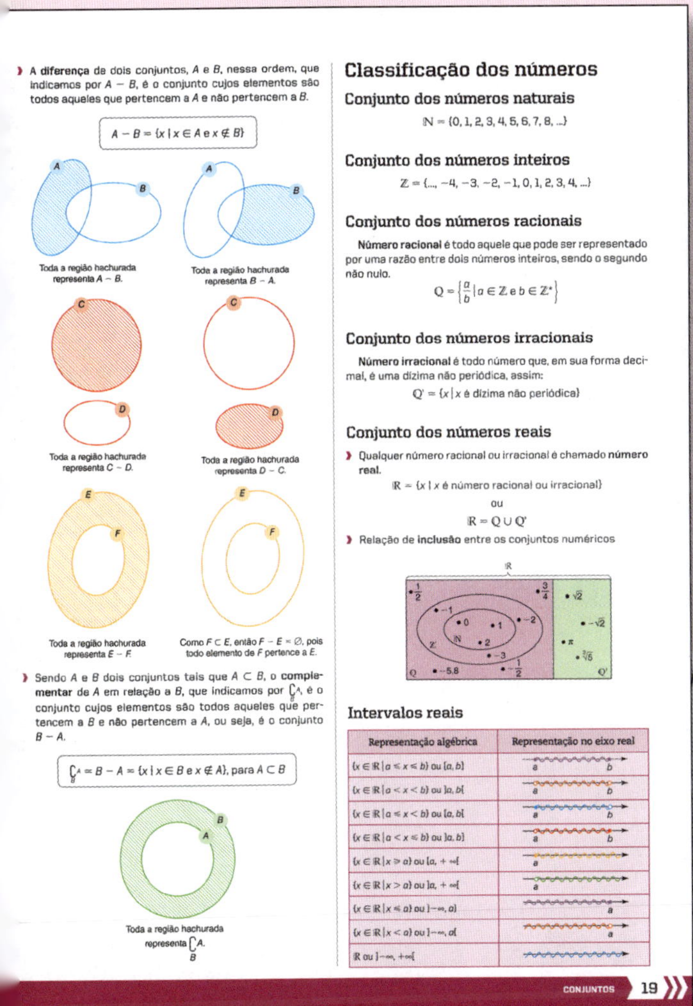

› A **diferença** de dois conjuntos, A e B, nessa ordem, que indicamos por $A - B$, é o conjunto cujos elementos são todos aqueles que pertencem a A e não pertencem a B.

$$A - B = \{x \mid x \in A \text{ e } x \notin B\}$$

Toda a região hachurada representa $A - B$.

Toda a região hachurada representa $B - A$.

Toda a região hachurada representa $C - D$.

Toda a região hachurada representa $D - C$.

Toda a região hachurada representa $E - F$.

Como $F \subset E$, então $F - E = \varnothing$, pois todo elemento de F pertence a E.

› Sendo A e B dois conjuntos tais que $A \subset B$, o **complementar** de A em relação a B, que indicamos por $\complement_B^A$, é o conjunto cujos elementos são todos aqueles que pertencem a B e não pertencem a A, ou seja, é o conjunto $B - A$.

$$\complement_B^A = B - A = \{x \mid x \in B \text{ e } x \notin A\}, \text{ para } A \subset B$$

Toda a região hachurada representa $\complement_B^A$.

Classificação dos números

Conjunto dos números naturais

$$\mathbb{N} = \{0, 1, 2, 3, 4, 5, 6, 7, 8, ...\}$$

Conjunto dos números inteiros

$$\mathbb{Z} = \{..., -4, -3, -2, -1, 0, 1, 2, 3, 4, ...\}$$

Conjunto dos números racionais

Número racional é todo aquele que pode ser representado por uma razão entre dois números inteiros, sendo o segundo não nulo.

$$\mathbb{Q} = \left\{\frac{a}{b} \mid a \in \mathbb{Z} \text{ e } b \in \mathbb{Z}^*\right\}$$

Conjunto dos números irracionais

Número irracional é todo número que, em sua forma decimal, é uma dízima não periódica, assim:

$$\mathbb{Q}' = \{x \mid x \text{ é dízima não periódica}\}$$

Conjunto dos números reais

› Qualquer número racional ou irracional é chamado **número real**.

$$\mathbb{R} = \{x \mid x \text{ é número racional ou irracional}\}$$

ou

$$\mathbb{R} = \mathbb{Q} \cup \mathbb{Q}'$$

› Relação de **inclusão** entre os conjuntos numéricos

Intervalos reais

Representação algébrica	Representação no eixo real
$\{x \in \mathbb{R} \mid a \leq x \leq b\}$ ou $[a, b]$	
$\{x \in \mathbb{R} \mid a < x < b\}$ ou $]a, b[$	
$\{x \in \mathbb{R} \mid a \leq x < b\}$ ou $[a, b[$	
$\{x \in \mathbb{R} \mid a < x \leq b\}$ ou $]a, b]$	
$\{x \in \mathbb{R} \mid x \geq a\}$ ou $[a, +\infty[$	
$\{x \in \mathbb{R} \mid x > a\}$ ou $]a, +\infty[$	
$\{x \in \mathbb{R} \mid x \leq a\}$ ou $]-\infty, a]$	
$\{x \in \mathbb{R} \mid x < a\}$ ou $]-\infty, a[$	
$\mathbb{R}$ ou $]-\infty, +\infty[$	

CONJUNTOS 19

No Vestibular
Para cada tema há questões de vestibulares de todo o país, selecionadas para auxiliar a compreensão e a fixação dos conteúdos revisados.

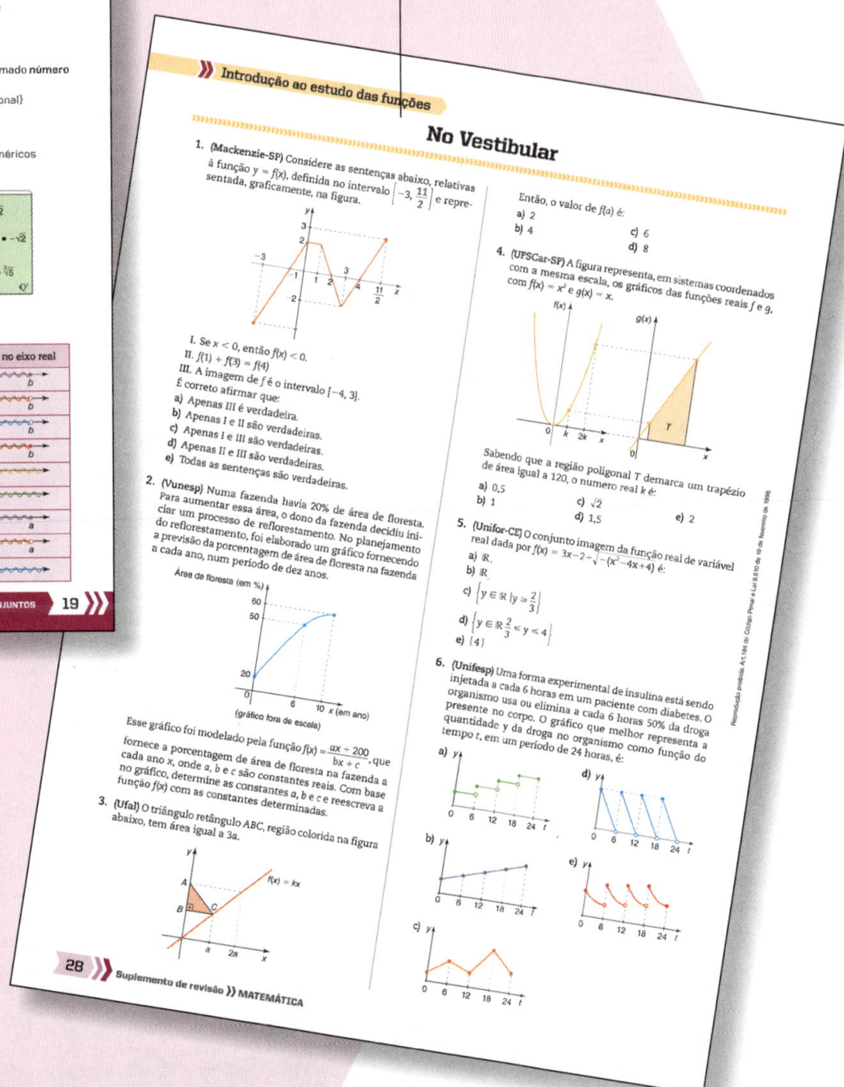

Introdução ao estudo das funções

No Vestibular

1. (Mackenzie-SP) Considere as sentenças abaixo, relativas à função $y = f(x)$, definida no intervalo $\left[-3, \frac{11}{2}\right]$ e representada, graficamente, na figura.

I. Se $x < 0$, então $f(x) < 0$.
II. $f(1) + f(3) = f(4)$
III. A imagem de f é o intervalo $[-4, 3]$.

É correto afirmar que:
a) Apenas III é verdadeira.
b) Apenas I e II são verdadeiras.
c) Apenas I e III são verdadeiras.
d) Apenas II e III são verdadeiras.
e) Todas as sentenças são verdadeiras.

2. (Vunesp) Numa fazenda havia 20% de área de floresta. Para aumentar essa área, o dono da fazenda decidiu iniciar um processo de reflorestamento. No planejamento do reflorestamento, foi elaborado um gráfico fornecendo a previsão da porcentagem de área de floresta na fazenda a cada ano, num período de dez anos.

Esse gráfico foi modelado pela função $f(x) = \frac{ax + 200}{bx + c}$, que fornece a porcentagem de área de floresta na fazenda a cada ano x, onde a, b e c são constantes reais. Com base no gráfico, determine as constantes a, b e c e reescreva a função $f(x)$ com as constantes determinadas.

3. (Ufal) O triângulo retângulo ABC, região colorida na figura abaixo, tem área igual a $3a$.

Então, o valor de $f(a)$ é:
a) 2
b) 4
c) 6
d) 8

4. (UFSCar-SP) A figura representa, em sistemas coordenados com a mesma escala, os gráficos das funções reais f e g, com $f(x) = x^2$ e $g(x) = x$.

Sabendo que a região poligonal T demarca um trapézio de área igual a 120, o número real k é:
a) 0,5
b) 1
c) $\sqrt{2}$
d) 1,5
e) 2

5. (Unifor-CE) O conjunto imagem da função real de variável real dada por $f(x) = 3x - 2 + \sqrt{-(x^2 - 4x + 4)}$ é:
a) $\mathbb{R}$
b) $\mathbb{R}_-$
c) $\left\{y \in \mathbb{R} \mid y \geq \frac{2}{3}\right\}$
d) $\left\{y \in \mathbb{R} \mid \frac{2}{3} \leq y \leq 4\right\}$
e) $\{4\}$

6. (Unifesp) Uma forma experimental de insulina está sendo injetada a cada 6 horas em um paciente com diabetes. O organismo usa ou elimina a cada 6 horas 50% da droga presente no corpo. O gráfico que melhor representa a quantidade y da droga no organismo como função do tempo t, em um período de 24 horas, é:

28 Suplemento de revisão » MATEMÁTICA

Reprodução proibida. Art.184 do Código Penal e Lei 9.610 de 19 de fevereiro de 1998.

SUMÁRIO

Conceitos fundamentais da Álgebra

Neste tema, faremos um estudo de conceitos fundamentais da Álgebra.

Potenciação e radiciação

Potência de expoente inteiro

Sendo a um número real e n um número inteiro, definimos:

$$a^0 = 1, \text{ se } a \neq 0$$
$$a^1 = a$$
$$a^n = \underbrace{a \cdot a \cdot a \cdot ... \cdot a}_{n \text{ fatores}}, \text{ se } n > 1$$
$$a^{-n} = \frac{1}{a^n}, \text{ se } a \neq 0$$

Na potência a^n, o número a é chamado de **base** da potência e o número n é chamado de **expoente**.

Propriedades

- Dados os números reais a e b e os números inteiros m e n, obedecidas as condições para que existam as potências, temos:

  P1. $a^m \cdot a^n = a^{m+n}$

  P2. $a^m : a^n = a^{m-n}$

  P3. $(a^m)^n = a^{mn}$

  P4. $(ab)^n = a^n \cdot b^n$

  P5. $\left(\frac{a}{b}\right)^n = \frac{a^n}{b^n}$

- Um número real não nulo está representado em **notação científica** se está na forma $k \cdot 10^m$, em que m é um número inteiro e k é um número real tal que $1 \leq |k| < 10$.

Radiciação em $\mathbb{R}$

- Sendo $n \in \mathbb{N}^*$, com n par, e $a \in \mathbb{R}_+$, definimos:

$$\sqrt[n]{a} = b \Leftrightarrow b^n = a, \text{ com } b \in \mathbb{R}_+$$

- Sendo $n \in \mathbb{N}$, com n ímpar, e $a \in \mathbb{R}_-^*$, definimos:

$$\sqrt[n]{a} = b \Leftrightarrow b^n = a$$

- Sendo a um número real qualquer e n um número natural ímpar, temos a propriedade:

$$\sqrt[n]{-a} = -\sqrt[n]{a}$$

No radical $\sqrt[n]{a}$, o número n é chamado de **índice do radical** e o número a é chamado de **radicando**.

- Sendo $\{n, k, p\} \subset \mathbb{N}^*$ e $\{a, b\} \subset \mathbb{R}_+$, valem as seguintes propriedades:

  P1. $\sqrt[n]{a} \cdot \sqrt[n]{b} = \sqrt[n]{a \cdot b}$

  P2. $\frac{\sqrt[n]{a}}{\sqrt[n]{b}} = \sqrt[n]{\frac{a}{b}}$, com $b \neq 0$

  P3. $\sqrt[nk]{a^{kp}} = \sqrt[n]{a^p}$

  P4. $(\sqrt[n]{a})^q = \sqrt[n]{a^q}$, com $q \in \mathbb{R}$

  P5. $\sqrt[n]{\sqrt[k]{a}} = \sqrt[nk]{a}$

Potência de expoente racional

- Sendo n e k números inteiros, com $n \geq 1$, e a um número real positivo, definimos:

$$a^{\frac{k}{n}} = \sqrt[n]{a^k}$$
$$0^{\frac{k}{n}} = \sqrt[n]{0^k}, \text{ para } k > 0$$

- As propriedades das potências para expoente inteiro continuam válidas para expoentes racionais.

Fatoração

Fatorar um polinômio significa representá-lo na forma de uma multiplicação de fatores. Os principais casos de fatoração são:

- Fator comum:
  $ax + bx = x(a + b)$
- Agrupamento:
  $ax + bx + ay + by = (a + b)(x + y)$
- Diferença de quadrados:
  $a^2 - b^2 = (a + b)(a - b)$
- Quadrado perfeito:
  $a^2 + 2ab + b^2 = (a + b)^2$
  $a^2 - 2ab + b^2 = (a - b)^2$
- Cubo perfeito:
  $a^3 + 3a^2b + 3ab^2 + b^3 = (a + b)^3$
  $a^3 - 3a^2b + 3ab^2 - b^3 = (a - b)^3$
- Soma e diferença de cubos:
  $a^3 + b^3 = (a + b)(a^2 - ab + b^2)$
  $a^3 - b^3 = (a - b)(a^2 + ab + b^2)$

Razão e proporção

- Seja $\{a, b, c, d\} \subset \mathbb{R}^*$ e consideremos que as razões $\frac{a}{b}$ e $\frac{c}{d}$ sejam iguais. Assim, a igualdade $\frac{a}{b} = \frac{c}{d}$ é uma proporção.
- Na proporção $\frac{a}{b} = \frac{c}{d}$, b e c são chamados de meios e a e d são chamados de extremos.
- Na proporção $\frac{a}{b} = \frac{c}{d}$, o produto dos meios é igual ao produto dos extremos; ou seja:

$$\frac{a}{b} = \frac{c}{d} \Rightarrow a \cdot d = b \cdot c$$

Grandezas diretamente e inversamente proporcionais

- Dadas as sucessões de números reais $(a, b, c, ...)$ e $(x, y, z, ...)$, dizemos que os elementos de uma são **diretamente proporcionais** (ou apenas proporcionais) aos elementos correspondentes da outra se:

$$\frac{a}{x} = \frac{b}{y} = \frac{c}{z} = ... = k$$

- Dadas as sucessões de números reais $(a, b, c, ...)$ e $(x, y, z, ...)$, dizemos que os elementos de uma são **inversamente proporcionais** aos elementos correspondentes da outra se:

$$\frac{a}{\frac{1}{x}} = \frac{b}{\frac{1}{y}} = \frac{c}{\frac{1}{y}} = ... = k \Leftrightarrow ax = by = cz = ... = k$$

Porcentagem

- As frações com denominadores 100 são chamadas **frações centesimais** e podem ser representadas pela **porcentagem** (%) do seguinte modo:

$$\frac{x}{100} = x\%, \text{ em que } x \text{ é um número real}$$

Médias

- A **média aritmética** dos n números $x_1, x_2, x_3, ..., x_n$, representada por $\bar{x}$, é dada por:

$$\bar{x} = \frac{x_1 + x_2 + x_3 + ... + x_n}{n}$$

- A **média aritmética ponderada** dos n números $x_1, x_2, x_3, ..., x_n$, com pesos $p_1, p_2, p_3, ..., p_n$, respectivamente, é dada por:

$$\bar{x} = \frac{p_1 \cdot x_1 + p_2 \cdot x_2 + p_3 \cdot x_3 + ... + p_n \cdot x_n}{p_1 + p_2 + p_3 + ... + p_n}$$

Divisão e divisibilidade em $\mathbb{Z}$

Algoritmo da divisão em $\mathbb{Z}$

Dados os números inteiros a e b, com $b \neq 0$, existe uma única maneira de expressar a em função de b na forma $a = b \cdot q + r$, com $\{q, r\} \subset \mathbb{Z}$, e $0 \leq r < |b|$. Os números q e r são chamados, respectivamente, de **quociente** e **resto** da divisão de a por b. Quando $r = 0$, dizemos que a divisão é exata e que a é **divisível** por b.

Múltiplos e divisores em $\mathbb{Z}$

- Dados os números inteiros a e b, se, na divisão de a por b, o resto é zero, ou seja, se existe um inteiro k tal que $a = kb$, dizemos que a é **múltiplo** de b. Também dizemos que b é **divisor** de a.
- Um número inteiro n é **primo** se, e somente se, possui exatamente quatro divisores distintos, que são:

$$1, -1, n \text{ e } -n$$

- Os números inteiros não nulos que possuem mais de quatro divisores são chamados de números **compostos**.

Teorema Fundamental da Aritmética

Todo número inteiro composto c pode ser expresso na forma:

$$c = \pm p_1 \cdot p_2 \cdot p_3 \cdot ... \cdot p_n$$

em que $p_1, p_2, p_3, ..., p_n$ são números primos positivos.

Mmc e mdc

- O **máximo divisor comum** (mdc) entre os números inteiros $a_1, a_2, a_3, ..., a_n$, não todos nulos, que indicamos por $\text{mdc}(a_1, a_2, a_3, ..., a_n)$, é o maior divisor que esses números têm em comum.
- O **mínimo múltiplo comum** (mmc) entre os números inteiros não nulos $a_1, a_2, a_3, ..., a_n$, que indicamos por $\text{mmc}(a_1, a_2, a_3, ..., a_n)$, é o menor múltiplo positivo que esses números têm em comum.

  Se pelo menos um dos números inteiros $a_1, a_2, a_3, ..., a_n$ é igual a zero, definimos: $\text{mmc}(a_1, a_2, a_3, ..., a_n) = 0$
- Dois ou mais números inteiros são **primos entre si** se, e somente se, o máximo divisor comum entre eles é o número 1.

Número par e número ímpar

- Um número $a \in \mathbb{Z}$ é **par** se, e somente se, existe um número $k \in \mathbb{Z}$ tal que $a = 2k$.
- Um número $a \in \mathbb{Z}$ é **ímpar** se, e somente se, existe um número $k \in \mathbb{Z}$ tal que $a = 2k + 1$.

Equações do 1º grau

Uma equação na variável x é do 1º grau se pode ser representada como:

$$ax + b = 0, \text{ com } \{a, b\} \subset \mathbb{R} \text{ e } a \neq 0$$

- Resolver essa equação em um universo U significa determinar o número α, com $\alpha \in U$, tal que $a\alpha + b = 0$.
- Dizemos que o número α é **raiz** da equação ou que α é solução da equação ou, ainda, que α satisfaz a equação.
- O conjunto $S = \{\alpha\}$ é o conjunto solução da equação.

Resolução de uma equação do 1º grau

Para resolver uma equação do 1º grau $ax + b = 0$, isolamos a variável x, usando uma ou mais das seguintes propriedades da igualdade de números reais:

P1. Propriedade reflexiva:

$$a = a$$

P2. Propriedade simétrica:

$$a = b \Rightarrow b = a$$

P3. Propriedade transitiva:

$$a = b \text{ e } b = c \Rightarrow a = c$$

P4. Propriedade aditiva:

$$a = b \Leftrightarrow a + c = b + c$$

P5. Propriedade multiplicativa

$$a = b \Leftrightarrow a \cdot c = b \cdot c, \text{ para } c \neq 0$$

P6. Propriedade do produto nulo

$$a \cdot b = 0 \Leftrightarrow a = 0 \text{ ou } b = 0$$

Equações do 2º grau

Uma equação na variável x é do 2º grau se pode ser representada como:

$$ax^2 + bx + c = 0, \text{ com } \{a, b, c\} \subset \mathbb{R} \text{ e } a \neq 0$$

Resolução de uma equação do 2º grau

Para resolver uma equação do 2º grau, empregamos a seguinte fórmula:

$$x = \frac{-b \pm \sqrt{\Delta}}{2a}, \text{ em que } \Delta = b^2 - 4ac$$

Note que:

- quando $\Delta < 0$, a equação não possui raízes reais;
- quando $\Delta = 0$, a equação possui duas raízes reais iguais;
- quando $\Delta > 0$, a equação possui duas raízes reais distintas.

Soma e produto das raízes

Sendo x_1 e x_2 as raízes de uma equação do 2º grau, $ax^2 + bx + c$, temos:

$$x_1 + x_2 = -\frac{b}{a}$$

$$x_1 \cdot x_2 = \frac{c}{a}$$

Fatoração do trinômio do 2º grau

Se r_1 e r_2 são as raízes da equação do 2º grau $ax^2 + bx + c = 0$, podemos escrever:

$$ax^2 + bx + c = a(x - r_1)(x - r_2)$$

Inequações do 1º grau

Sejam a e b números reais, com $a \neq 0$. Inequações do 1º grau são aquelas que podem ser representadas na forma:

$$ax + b > 0$$
$$ax + b \geqslant 0$$
$$ax + b < 0$$
$$ax + b \leqslant 0$$
$$ax + b \neq 0$$

Resolução de uma inequação do 1º grau

As inequações com as relações $>$, $\geqslant$, $<$ ou $\leqslant$ são resolvidas aplicando-se uma ou mais das seguintes propriedades:

P1. Vale a propriedade transitiva para as desigualdades:

$$a < b \text{ e } b < c \Rightarrow a < c$$

P2. Adicionando-se ou subtraindo-se um mesmo número de ambos os membros de uma desigualdade, o sentido da desigualdade se mantém.

$$a < b \Rightarrow a + c < b + c$$

P3. Multiplicando-se ou dividindo-se ambos os membros de uma desigualdade por um **número positivo**, o sentido da desigualdade **se mantém**.

$$a < b \Rightarrow a \cdot c < b \cdot c, \text{ com } c > 0$$

P4. Multiplicando-se ou dividindo-se ambos os membros de uma desigualdade por um **número negativo**, o sentido da desigualdade fica **invertido**.

$$a < b \Rightarrow a \cdot c > b \cdot c, \text{ com } c < 0$$

Equações irracionais

Equações que apresentam a incógnita sob um radical são chamadas de **equações irracionais**.

Resolução de equações irracionais

A resolução desse tipo de equação fundamenta-se nas propriedades:

- $a = b \Rightarrow a^n = b^n$, para quaisquer números reais a, b e n, desde que existam as potências a^n e b^n.
- $(\sqrt[n]{a})^n = a$, $\forall\, a$ e n, com $a \in \mathbb{R}_+$ e $n \in \mathbb{N}^*$

Propriedade do produto nulo na resolução de equações

O produto de dois ou mais números reais é igual a zero se, e somente se, pelo menos um dos fatores é igual a zero.

Essa propriedade é muito útil na resolução de equações que podem ser representadas na forma de uma expressão fatorada igualada a zero.

No Vestibular

1. **(Unifal)** No conjunto dos números reais, em que estão definidas as operações usuais de adição, subtração, multiplicação, divisão e potenciação, definem-se as operações ∇ e $\otimes$, como segue:

$$x \nabla y = x + y$$
$$x \otimes y = y^2 - x^2$$

Nessas condições, o valor de $(3 \nabla 4) \otimes 5$ é:

a) 24
b) −24
c) 35
d) −35
e) 0

2. **(Unifesp)** Dia 20 de julho de 2008 caiu num domingo. Três mil dias após essa data, cairá:

a) numa quinta-feira.
b) numa sexta-feira.
c) num sábado.
d) num domingo.
e) numa segunda-feira.

3. **(Unifesp)** O 2.007º dígito da sequência 123454321234543... é:

a) 1
b) 2
c) 3
d) 4
e) 5

4. **(UPF-RS)** Simplificando a expressão $\sqrt[5]{\dfrac{3^{17} - 3^{16}}{6}}$, obtém-se o valor:

a) 27
b) $\sqrt[5]{\dfrac{3}{2}}$
c) $\sqrt[5]{\dfrac{1}{2}}$
d) $\dfrac{3^{\frac{17}{5}} - 3^{\frac{16}{5}}}{6}$
e) $\dfrac{3}{2}$

5. **(Insper)** O valor de $\dfrac{2.009^2 - 4}{2.009^2 + 2.009 - 2}$ é igual a:

a) $\dfrac{2.007}{2.008}$
b) $\dfrac{2.008}{2.009}$
c) $\dfrac{2.007}{2.009}$
d) $\dfrac{2.009}{2.008}$
e) $\dfrac{2.009}{2.007}$

6. **(UFV-MG)** Seja $R = \left[\dfrac{2^{n+1} \cdot 5^{n+1} - 2^n \cdot 5^n}{2^3 \cdot 5^n + 5^n}\right]^{\frac{1}{n}}$. Após simplificar a expressão, o valor de R é:

a) 3
b) 5
c) 2
d) 4

7. **(Unioeste-PR)** O número 4^3 pode ser escrito como uma soma de quatro números ímpares consecutivos representados por x, y, z e w, nesta ordem. A respeito desses números é correto afirmar que:

a) $\dfrac{x}{y} = \dfrac{17}{19}$
b) $x + y + z = 54$
c) $xy = 221$
d) $z + w = x + y$
e) $x + w = 32$

8. **(Udesc)** Resolva a equação: $\dfrac{2}{x^2 - 1} = 1 + \dfrac{x}{x - 1}$

9. **(UFV-MG)** Seja A o conjunto de números reais que são soluções da equação $\sqrt{x - 1} = x - 3$. O número total de subconjuntos de A é:

a) 2
b) 1
c) 8
d) 4

10. **(Unifesp)** Se $0 < a < b$, racionalizando o denominador, tem-se que $\frac{1}{\sqrt{a} + \sqrt{b}} = \frac{\sqrt{b} - \sqrt{a}}{b - a}$. Assim, o valor da soma

$$\frac{1}{1 + \sqrt{2}} + \frac{1}{\sqrt{2} + \sqrt{3}} + \frac{1}{\sqrt{3} + \sqrt{4}} + ... + \frac{1}{\sqrt{999} + \sqrt{1.000}} \text{ é:}$$

a) $10\sqrt{10} - 1$
b) $10\sqrt{10}$
c) 99
d) 100
e) 101

11. **(UFV-MG)** A equação $\frac{12x^2}{7 - 4x^2} = \frac{x^2}{1 + x}$ possui:

a) duas raízes racionais.
b) três raízes racionais.
c) duas raízes irracionais.
d) três raízes irracionais.

12. **(Unifesp)** Se $\frac{1}{x^3 + x + 1} = \frac{27}{37}$, então $\frac{1}{x^3 + x + 2}$ é igual a:

a) $\frac{27}{84}$
b) $\frac{27}{64}$
c) $\frac{27}{38}$
d) $\frac{28}{37}$
e) $\frac{64}{27}$

13. **(UFTM-MG)** A história do número π tem mais de 2.000 anos, já a história do número e cobre apenas 4 séculos. O número π originou-se de um problema de Geometria: como encontrar a circunferência e a área de um círculo. As origens do número e, porém, não são tão claras, elas parecem recuar ao século XVI, quando se percebeu que a expressão $\left(1 + \frac{1}{n}\right)^n$, que aparecia na fórmula dos juros compostos, tendia para um certo limite – cerca de 2,71828 – à medida que n aumentava. [...] Apesar disso, foi aproximadamente na mesma época que os matemáticos desvendavam a natureza dos dois números, com pequena vantagem para o e: Euler, em 1737, provou que tanto e quanto e^2 eram irracionais; e Johann Lambert, em 1768, provou que o mesmo acontecia com π.

(Eli Maor. *e: a história de um número*, 2003. Adaptado)

A partir das informações sobre a natureza dos números π e e contidas no texto, é correto afirmar que:

a) $\left(\pi \cdot \frac{1}{\pi} + 2\right) \cdot e$ é um número irracional.
b) π^2 é um número racional.
c) $(\pi + e)(\pi + e)^{-1}$ é um número irracional.
d) $\pi \cdot e$ é um número racional.
e) $\left[(e + 2)^2 - (2 - e)^2\right]$ é um número racional.

14. **(Unifesp)** Certo dia um professor de Matemática desafiou seus alunos a descobrirem as idades x, y, z, em ano, de seus três filhos, dizendo ser o produto delas igual a 40.

De pronto, os alunos protestaram: a informação "$x \cdot y \cdot z = 40$" era insuficiente para uma resposta correta, em vista de terem encontrado 6 ternas de fatores do número 40 cujo produto é 40. O professor concordou e disse, apontando para um dos alunos, que a soma $x + y + z$ das idades (em ano) era igual ao número que se podia ver estampado na camisa que ele estava usando. Minutos depois os alunos disseram continuar impossível responder com segurança, mesmo sabendo que a soma era um número conhecido, o que levou o professor a perceber que eles raciocinavam corretamente (chegando a um impasse, provocado por duas ternas).

Satisfeito, o professor acrescentou então duas informações definitivas: seus três filhos haviam nascido no mesmo mês e, naquele exato dia, o caçula estava fazendo aniversário. Neste caso, a resposta correta é:

a) 1, 5, 8
b) 1, 2, 20
c) 1, 4, 10
d) 1, 1, 40
e) 2, 4, 5

15. **(Unir-RO)** Segundo o Instituto Akatu pelo Consumo Consciente: "uma torneira pingando uma gota de água a cada segundo desperdiça 16.500 litros de água por ano. [...] O uso da vassoura hidráulica gasta, em 15 minutos, 36 litros de água limpa". Admita que a Organização das Nações Unidas (ONU) recomende um consumo médio diário *per capita* de 110 litros de água. A partir dessas informações, marque V para as afirmativas verdadeiras e F para as falsas.

( ) O volume de água desperdiçada por uma torneira pingando durante um ano daria para atender o consumo, segundo a ONU, de 150 pessoas durante um dia.
( ) O volume de água utilizada por uma vassoura hidráulica para lavar uma calçada, em 15 minutos, 4 vezes por mês, durante um ano, seria suficiente para atender o consumo, segundo a ONU, de 1 pessoa por 15 dias.
( ) O volume de água desperdiçada por uma torneira pingando durante 1 mês seria suficiente para atender o consumo, segundo a ONU, de 20 pessoas durante um dia.

Assinale a sequência correta.

a) F, F, V
b) V, F, V
c) V, V, V
d) V, V, F
e) F, F, F

16. **(Fuvest-SP)** Um automóvel, modelo *flex*, consome 34 litros de gasolina para percorrer 374 km. Quando se opta pelo uso do álcool, o automóvel consome 37 litros deste combustível para percorrer 259 km. Suponha que o litro de gasolina custe R$ 2,20. Qual deve ser o preço do litro de álcool para que o custo do quilômetro rodado por esse automóvel, usando somente gasolina ou somente álcool como combustível, seja o mesmo?

a) R$ 1,00
b) R$ 1,10
c) R$ 1,20
d) R$ 1,30
e) R$ 1,40

17. **(Unioeste-PR)** Três sócios (aqui denominados A, B e C) montaram um negócio, sendo que A investiu R$ 8.000,00, B investiu R$ 6.000,00 e C investiu R$ 4.000,00. Eles combinaram que o lucro obtido seria dividido proporcionalmente aos capitais investidos. Após algum tempo, verificou-se um lucro de R$ 7.200,00 a ser distribuído. Pode-se afirmar que os valores a serem atribuídos a A, B e C são, respectivamente:

a) R$ 3.500,00, R$ 2.600,00 e R$ 1.100,00
b) R$ 3.300,00, R$ 2.100,00 e R$ 1.900,00
c) R$ 2.900,00, R$ 2.500,00 e R$ 1.800,00
d) R$ 3.200,00, R$ 2.400,00 e R$ 1.600,00
e) R$ 3.100,00, R$ 2.300,00 e R$ 1.800,00

18. **(Unioeste-PR)** Uma máquina de fabricar suco possui três torneiras que despejam 5 litros de suco por minuto cada uma. As três torneiras (A, B e C) estão sendo utilizadas para encher embalagens com capacidades de 30 litros, 40 litros e 90 litros, respectivamente. O processo de enchimento é feito de forma automática e sem interrupções. Num dado instante, as três torneiras terminam de encher as embalagens simultaneamente.

Com base nestas informações, é correto afirmar que as três torneiras vão outra vez completar as embalagens simultaneamente, após:

a) 1,2 hora
b) 2 horas
c) 40 minutos
d) 1,4 hora
e) 50 minutos

19. **(Unicamp-SP)** A figura a seguir mostra um fragmento de mapa, em que se vê o trecho reto da estrada que liga as cidades de Paraguaçu e Piripiri. Os números apresentados no mapa representam as distâncias, em quilômetro, entre cada cidade e o ponto de início da estrada (que não aparece na figura). Os traços perpendiculares à estrada estão uniformemente espaçados de 1 cm.

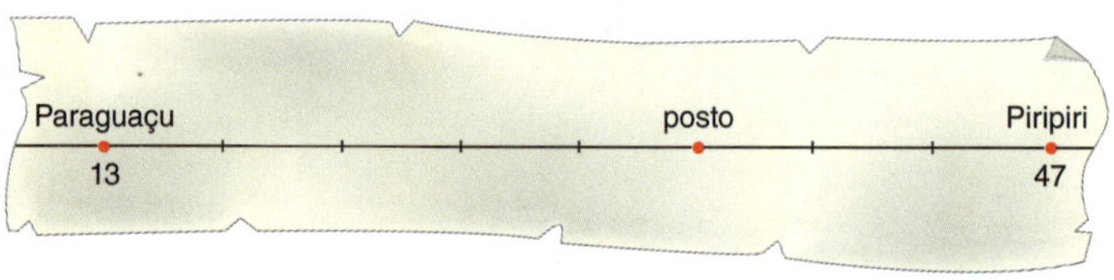

a) Para representar a escala de um mapa, usamos a notação 1 : x, onde x é a distância real correspondente à distância de 1 unidade do mapa. Usando essa notação, indique a escala do mapa dado acima.
b) Repare que há um posto exatamente sobre um traço perpendicular à estrada. Em que quilômetro (medido a partir do ponto de início da estrada) encontra-se tal posto?
c) Imagine que você tenha que reproduzir o mapa dado usando a escala 1: 500.000. Se você fizer a figura em uma folha de papel, qual será a distância, em centímetro, entre as cidades de Paraguaçu e Piripiri?

20. **(Unicamp-SP)** Dois atletas largaram lado a lado em uma corrida disputada em uma pista de atletismo com 400 m de comprimento.

Os dois atletas correram a velocidades constantes, porém diferentes. O atleta mais rápido completou cada volta em exatos 66 segundos. Depois de correr 17 voltas e meia, o atleta mais rápido ultrapassou o atleta mais lento pela primeira vez. Com base nesses dados, pergunta-se:

a) Quanto tempo gastou o atleta mais lento para percorrer cada volta?
b) Em quanto tempo o atleta mais rápido completou a prova, que era de 10.000 metros? No momento em que o atleta mais rápido cruzou a linha de chegada, que distância o atleta mais lento havia percorrido?

21. **(Fuvest-SP)** O Sr. Reginaldo tem dois filhos, nascidos respectivamente em 1/1/2000 e 1/1/2004. Em testamento, ele estipulou que sua fortuna deve ser dividida entre os dois filhos, de tal forma que:

(I) os valores sejam proporcionais às idades;
(II) o filho mais novo receba, pelo menos, 75% do valor que o mais velho receber.

O primeiro dia no qual o testamento poderá ser cumprido é:

a) 1/1/2013
b) 1/1/2014
c) 1/1/2015
d) 1/1/2016
e) 1/1/2017

22. **(UFSCar-SP)** Em uma pesquisa, foram consultados 600 consumidores sobre a satisfação em relação a uma certa marca de sabão em pó. Cada consumidor deu uma nota de 0 a 10 para o produto, e a média final das notas foi 8,5. O número mínimo de consumidores que devem ser consultados, além dos que já foram, para que essa média passe para 9, é igual a:

a) 250
b) 300
c) 350
d) 400
e) 450

23. **(Fuvest-SP)** Os estudantes de uma classe organizaram sua festa de final de ano, devendo cada um contribuir com R$ 135,00 para as despesas. Como 7 alunos deixaram a escola antes da arrecadação e as despesas permaneceram as mesmas, cada um dos estudantes restantes teria de pagar R$ 27,00 a mais. No entanto, o diretor, para ajudar, colaborou com R$ 630,00. Quanto pagou cada aluno participante da festa?

a) R$ 136,00
b) R$ 138,00
c) R$ 140,00
d) R$ 142,00
e) R$ 144,00

24. **(UFTM-MG)** A tabela mostra os preços praticados por duas empresas de telefonia celular, A e B, para um plano mensal de 150 minutos. Nesse plano, o cliente tem direito a falar por até 150 minutos no mês, pagando um valor fixo. Se esse tempo for ultrapassado, é acrescido ao valor fixo uma taxa por minuto adicional.

Empresa	Valor fixo (reais)	Valor do tempo excedente (reais por minuto)
A	x	$\frac{y}{60}$
B	y	$\frac{x}{90}$

Sabe-se que, se uma pessoa usar o celular por 180 minutos no mês, o valor total de sua conta será o mesmo, independente de essa pessoa ser cliente da operadora A ou da operadora B. Nessas condições, conclui-se que, necessariamente,

a) $x = \frac{1}{2}y$
b) $x = \frac{3}{5}y$
c) $x = \frac{2}{3}y$
d) $x = \frac{3}{4}$
e) $x = \frac{4}{5}y$

25. **(UFSCar-SP)** Uma família é composta de x irmãos e y irmãs. Cada irmão tem o número de irmãos igual ao número de irmãs. Cada irmã tem o dobro do número de irmãs igual ao número de irmãos. O valor de x + y é:

a) 5
b) 6
c) 7
d) 8
e) 9

26. **(UFTM-MG)** Um instituto oferece um curso de 80 horas de duração em dois modelos, dependendo da disponibilidade dos participantes.

- Modelo I: são ministradas x aulas, cada uma com y horas de duração.
- Modelo II: são ministradas $(x - 24)$ aulas, cada uma com $(y + 3)$ horas de duração.

Nessas condições, se for criado um modelo especial desse curso em que cada aula tenha $(y + 6)$ horas de duração, deverão ser dadas, no total:

a) 5 aulas
b) 8 aulas
c) 10 aulas
d) 16 aulas
e) 20 aulas

27. **(Unioeste-PR)** Um produtor rural possui dois açudes, A e B, de igual capacidade, utilizados para armazenagem de água para irrigação. Durante o período de estiagem, o açude A estava com $\frac{1}{4}$ de sua capacidade e o açude B com apenas $\frac{1}{5}$. Para reduzir custos de manutenção, o produtor resolveu passar $\frac{3}{4}$ da água do açude B para o açude A e trabalhar apenas com este último. Após essa operação, sendo V litros as capacidades destes açudes quando estão cheios, então, para que o açude A ficasse completo, faltam:

a) $\frac{3}{4}$V litros
b) $\frac{2}{5}$V litros
c) $\frac{2}{3}$V litros
d) $\frac{3}{5}$V litros
e) $\frac{4}{3}$V litros

28. **(Unir-TO)** Uma indústria fabrica quatro tipos de óleo (I, II, III e IV). Os dois últimos tipos são obtidos da mistura dos dois primeiros da seguinte forma:

- 5 L do tipo III = 2 L do tipo I + 3 L do tipo II
- 5 L do tipo IV = 3 L do tipo I + 2 L do tipo II

O preço do litro do tipo III é R$ 2,00 e do litro tipo IV é R$ 2,20. Com base nessas informações, qual o preço do litro do óleo tipo I?

a) R$ 1,60
b) R$ 3,20
c) R$ 2,60
d) R$ 2,20
e) R$ 2,00

29. **(Unioeste-PR)** Três retângulos de dimensões *a* por *b*, *b* por *c* e *a* por *c*, sendo *a*, *b* e *c* medidas em centímetros, possuem áreas de 96 cm², 48 cm² e 72 cm², respectivamente.

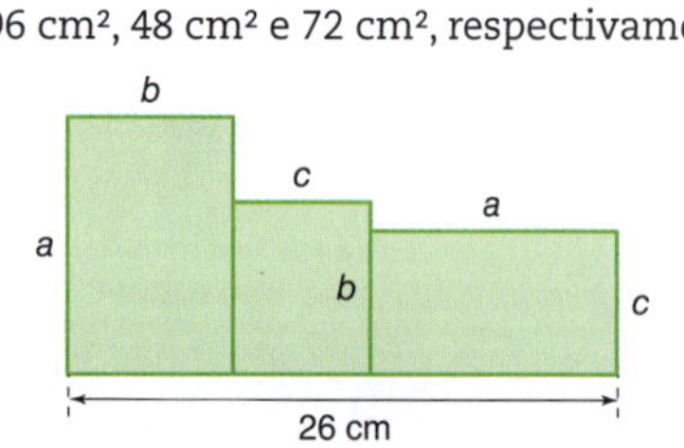

Sabendo-se que $a + b + c = 26$ cm, pode-se concluir que $a^2 + b^2 + c^2$ (soma das áreas de três quadrados de lados *a*, *b* e *c*) é igual a:

a) 226 cm²
b) 244 cm²
c) 172 cm²
d) 148 cm²
e) 232 cm²

30. **(Fuvest-SP)** Um número natural N tem três algarismos. Quando dele subtraímos 396 resulta o número que é obtido invertendo-se a ordem dos algarismos de N. Se, além disso, a soma do algarismo das centenas e do algarismo das unidades de N é igual a 8, então o algarismo das centenas de N é:

a) 4 b) 5 c) 6 d) 7 e) 8

31. **(Unicamp-SP)** O transporte de carga ao porto de Santos é feito por meio de rodovias, ferrovias e dutovias. A tabela abaixo fornece alguns dados relativos ao transporte ao porto no primeiro semestre de 2007 e no primeiro semestre de 2008, indicando claramente o aumento da participação percentual do transporte ferroviário nesse período. Com base nos dados da tabela, responda às questões abaixo.

Meio de transporte	Participação no total transportado ao porto		Carga transportada (em milhão de toneladas)	
	2007	2008	2007	2008
Ferroviário	18%	24%	6,8	8,8
Rodoviário	77%		29,1	
Dutoviário				

a) Determine a carga total (em milhão de toneladas) transportada ao porto no primeiro semestre de 2007. Calcule também quantas toneladas foram transportadas por dutos no primeiro semestre de 2007.

b) Sabendo que, no primeiro semestre de 2008, foram transportadas por rodovias 2,7 milhões de toneladas a menos do que o valor registrado pelo mesmo meio de transporte no primeiro semestre de 2007, calcule a participação percentual do transporte rodoviário no primeiro semestre de 2008.

32. **(Fuvest-SP)** Um comerciante compra calças, camisas e saias e as revende com lucro de 20%, 40% e 30%, respectivamente.

O preço x que o comerciante paga por uma calça é três vezes o que ele paga por uma camisa e duas vezes o que ele paga por uma saia.

Um certo dia, um cliente comprou duas calças, duas camisas e duas saias e obteve um desconto de 10% sobre o preço total.

a) Quanto esse cliente pagou por sua compra, em função de x?

b) Qual o lucro aproximado, em porcentagem, obtido pelo comerciante nessa venda?

33. **(Insper)** Uma loja fez uma grande liquidação de fim de semana, dando um determinado percentual de desconto em todos os seus produtos no sábado e o dobro desse percentual no domingo. No domingo, os cartazes que foram colocados na loja continham a seguinte frase:

"Mais vantagem para você, hoje tudo está pela metade do preço de ontem."

Em relação ao preço dos produtos antes da liquidação, o preço praticado no domingo era igual a:

a) um décimo
b) um oitavo
c) um quinto
d) um quarto
e) um terço

Conjuntos

A teoria dos conjuntos unificou a linguagem em todos os ramos da Matemática.

Representação de um conjunto

- Na representação **tabular**, os elementos são apresentados entre chaves e separados por vírgula ou por ponto e vírgula.

$$A = \{0, 2, 4, 6\}$$

- Na representação por um **diagrama de Venn** os elementos são simbolizados por pontos interiores a uma região plana, delimitada por uma linha fechada que não se entrelaça.

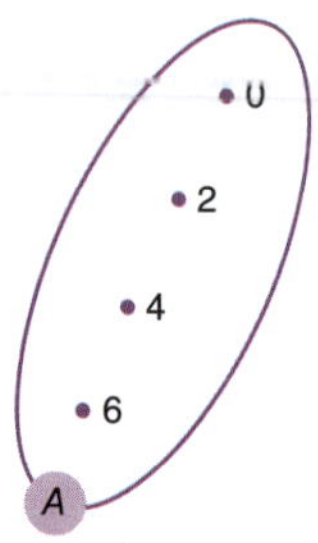

- Os elementos de um conjunto também podem ser descritos por meio de uma **propriedade** que os determina.

$$A = \{x \mid x \text{ é um número par menor que } 8\}$$

Alguns conjuntos fundamentais

- Conjunto **unitário** é aquele formado por um único elemento.
- Conjunto **vazio** é aquele que não possui elemento algum. Representa-se o conjunto vazio por $\varnothing$ ou { }.
- Um conjunto é **finito** se for vazio ou se, ao contar seus elementos um a um, chega-se ao fim da contagem.
- Conjunto **infinito** é todo conjunto que não é finito.
- Conjunto **universo** de um estudo, representado por ***U***, é aquele ao qual pertencem todos os elementos relacionados a esse estudo.

Conceitos fundamentais

Subconjunto

Um conjunto B é **subconjunto** de um conjunto A se todos os elementos de B também são elementos de A. Indicamos esse fato por: $B \subset A$ (lemos: "B está contido em A").

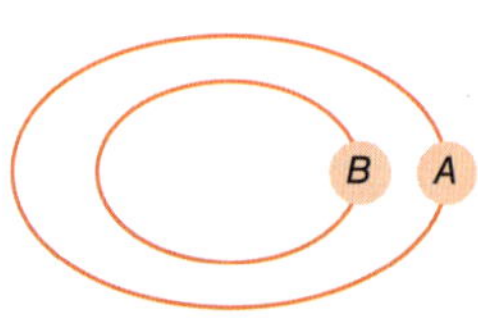

$B \subset A$

Conjunto das partes

- O **conjunto das partes de um conjunto** A, que indicamos por $\mathcal{P}(A)$, é o conjunto cujos elementos são todos os subconjuntos de A.
- Se um conjunto A possui n elementos, então $\mathcal{P}(A)$ possui 2^n elementos.

Igualdade de conjuntos

Dois conjuntos, A e B, são **iguais** se, e somente se, $A \subset B$ e $B \subset A$.

Operações com conjuntos

- A **união** de dois conjuntos A e B, que indicamos por $A \cup B$, é o conjunto cujos elementos são todos aqueles que pertencem a A **ou** a B.

$$A \cup B = \{x \mid x \in A \text{ ou } x \in B\}$$

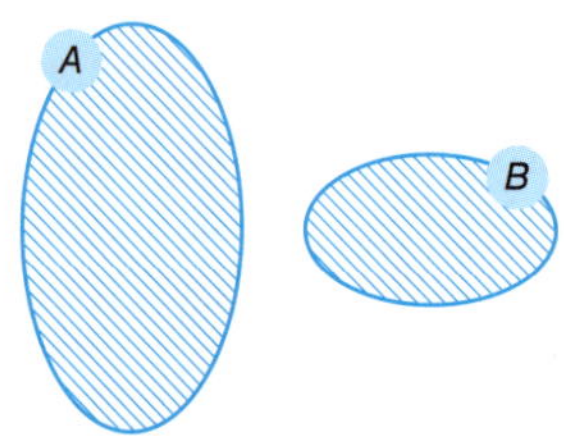

Toda a região hachurada representa $A \cup B$.

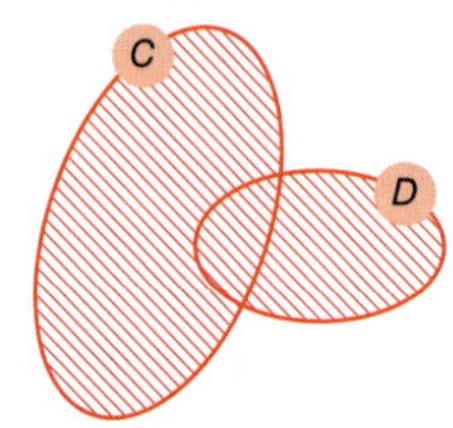

Toda a região hachurada representa $C \cup D$.

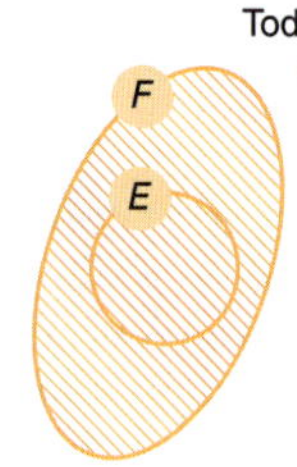

Toda a região hachurada representa $E \cup F$.

- A **intersecção** de dois conjuntos, A e B, que indicamos por $A \cap B$, é o conjunto cujos elementos são todos aqueles que pertencem a A **e** a B.

$$A \cap B = \{x \mid x \in A \text{ e } x \in B\}$$

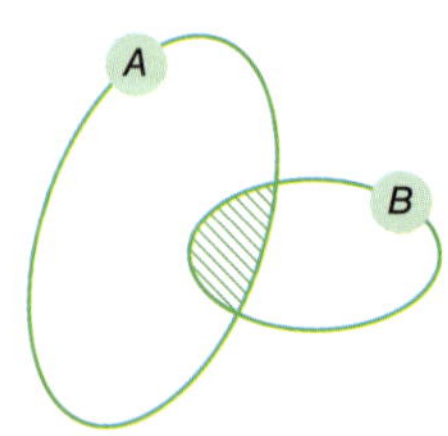

Toda a região hachurada representa $A \cap B$.

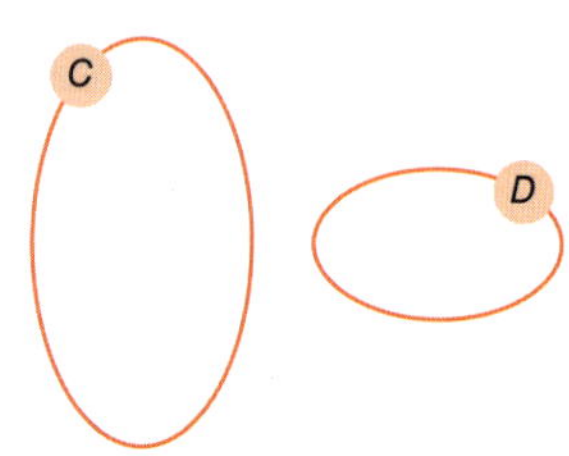

Os conjuntos C e D são disjuntos, isto é, $C \cap D = \varnothing$.

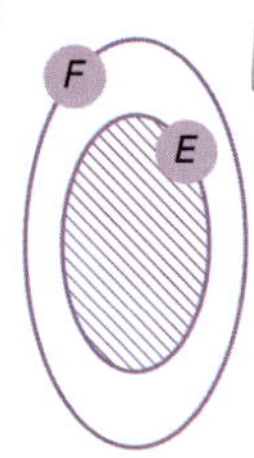

Toda a região hachurada representa $E \cap F$.

- A **diferença** de dois conjuntos, A e B, nessa ordem, que indicamos por $A - B$, é o conjunto cujos elementos são todos aqueles que pertencem a A e não pertencem a B.

$$A - B = \{x \mid x \in A \text{ e } x \notin B\}$$

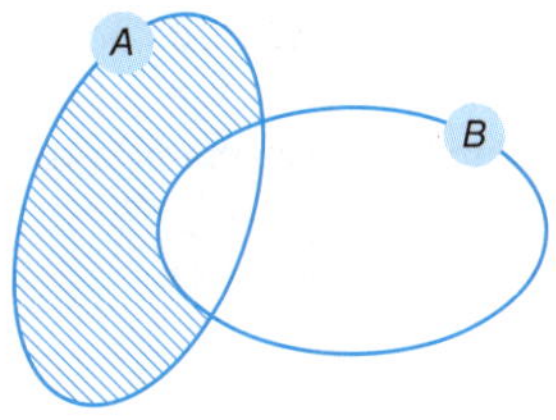

Toda a região hachurada representa $A - B$.

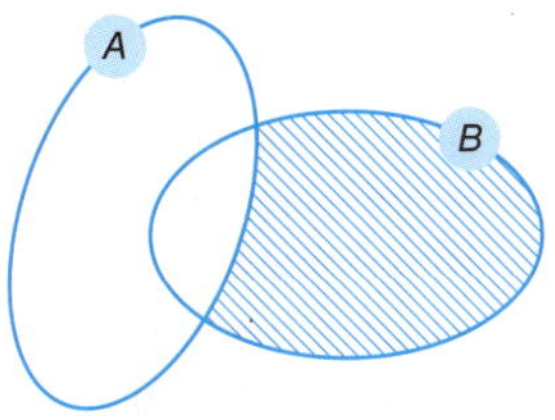

Toda a região hachurada representa $B - A$.

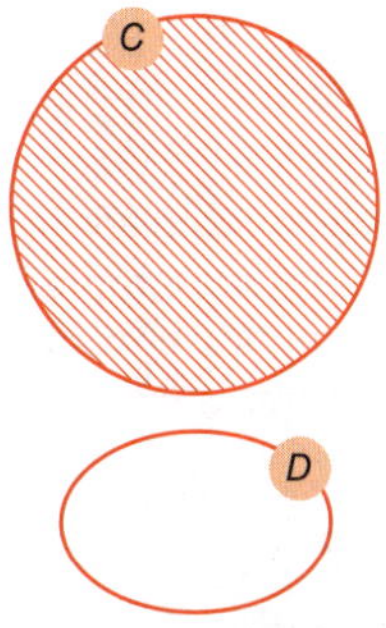

Toda a região hachurada representa $C - D$.

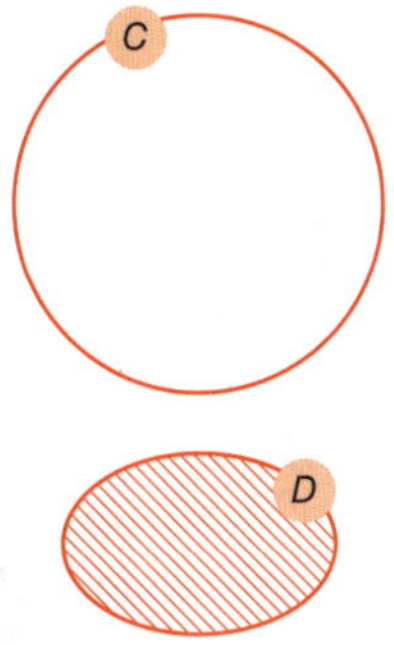

Toda a região hachurada representa $D - C$.

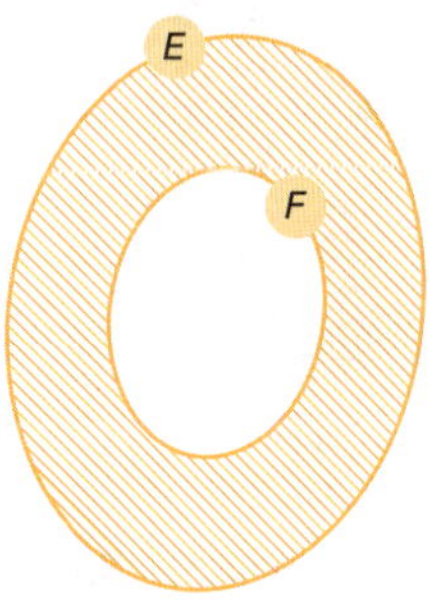

Toda a região hachurada representa $E - F$.

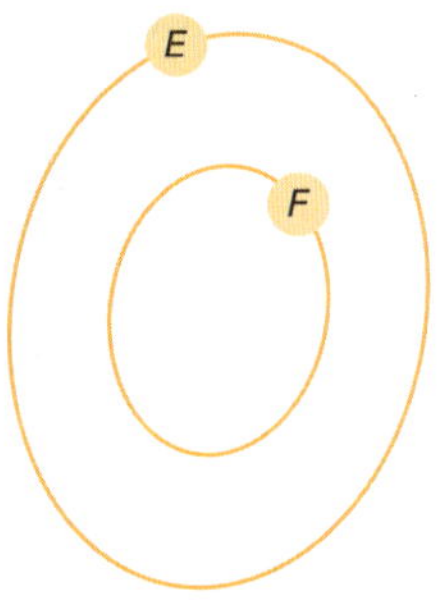

Como $F \subset E$, então $F - E = \varnothing$, pois todo elemento de F pertence a E.

- Sendo A e B dois conjuntos tais que $A \subset B$, o **complementar** de A em relação a B, que indicamos por $\complement_B A$, é o conjunto cujos elementos são todos aqueles que pertencem a B e não pertencem a A, ou seja, é o conjunto $B - A$.

$$\complement_B A = B - A = \{x \mid x \in B \text{ e } x \notin A\}, \text{ para } A \subset B$$

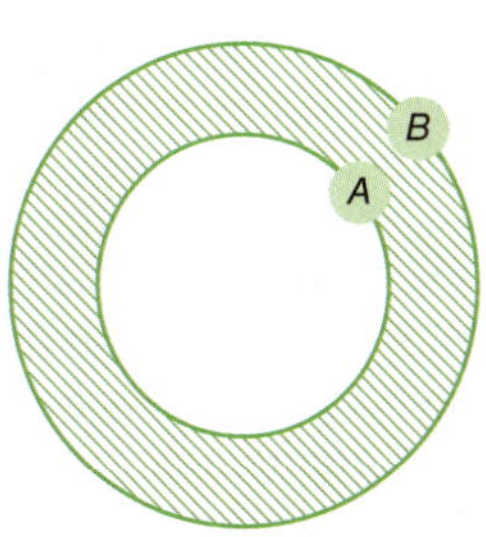

Toda a região hachurada representa $\complement_B A$.

Classificação dos números

Conjunto dos números naturais

$$\mathbb{N} = \{0, 1, 2, 3, 4, 5, 6, 7, 8, ...\}$$

Conjunto dos números inteiros

$$\mathbb{Z} = \{..., -4, -3, -2, -1, 0, 1, 2, 3, 4, ...\}$$

Conjunto dos números racionais

Número racional é todo aquele que pode ser representado por uma razão entre dois números inteiros, sendo o segundo não nulo.

$$\mathbb{Q} = \left\{\frac{a}{b} \mid a \in \mathbb{Z} \text{ e } b \in \mathbb{Z}^*\right\}$$

Conjunto dos números irracionais

Número irracional é todo número que, em sua forma decimal, é uma dízima não periódica, assim:

$$\mathbb{Q}' = \{x \mid x \text{ é dízima não periódica}\}$$

Conjunto dos números reais

- Qualquer número racional ou irracional é chamado **número real**.

$$\mathbb{R} = \{x \mid x \text{ é número racional ou irracional}\}$$

ou

$$\mathbb{R} = \mathbb{Q} \cup \mathbb{Q}'$$

- Relação de **inclusão** entre os conjuntos numéricos

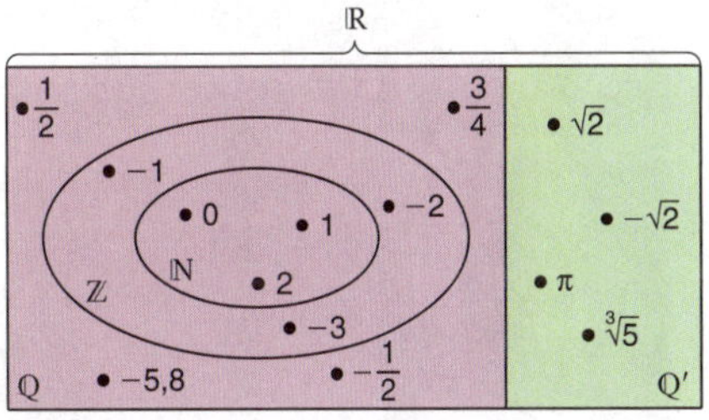

Intervalos reais

Representação algébrica	Representação no eixo real
$\{x \in \mathbb{R} \mid a \leqslant x \leqslant b\}$ ou $[a, b]$	a b
$\{x \in \mathbb{R} \mid a < x < b\}$ ou $]a, b[$	a b
$\{x \in \mathbb{R} \mid a \leqslant x < b\}$ ou $[a, b[$	a b
$\{x \in \mathbb{R} \mid a < x \leqslant b\}$ ou $]a, b]$	a b
$\{x \in \mathbb{R} \mid x \geqslant a\}$ ou $[a, +\infty[$	a
$\{x \in \mathbb{R} \mid x > a\}$ ou $]a, +\infty[$	a
$\{x \in \mathbb{R} \mid x \leqslant a\}$ ou $]-\infty, a]$	a
$\{x \in \mathbb{R} \mid x < a\}$ ou $]-\infty, a[$	a
$\mathbb{R}$ ou $]-\infty, +\infty[$	

No Vestibular

1. **(Udesc)** Uma editora estuda a possibilidade de relançar a publicação das obras *Helena* e *Iracema*, de Machado de Assis e de José de Alencar, respectivamente. Para isso, efetuou uma pesquisa de mercado e concluiu que, em cada 1.000 pessoas consultadas, 395 leram *Helena*, 379 leram *Iracema* e 321 não tinham lido nenhuma dessas obras. Calcule o número de pessoas que leu as duas obras.

2. **(Udesc)** Se $A = \{x \mid x \text{ é número par e } 3 < x < 10\}$, $B = \{x \mid x \text{ é divisor natural de } 15\}$ e $C = \{x \mid x \text{ é múltiplo natural de } 5 \text{ e } x < 20\}$, determine $(A \cup B) \cap C$.

3. **(UFSCar-SP)** Nas eleições do dia 1º de outubro passado, dos eleitores que compareceram às urnas em uma determinada cidade, 29% deles votaram, para prefeito, no candidato U, 36% no candidato V, 25% no candidato W e os 20.000 eleitores restantes votaram em branco ou anularam seus votos. Com base nesses dados, pode-se afirmar que o número de eleitores que votou no candidato V foi:

a) 50.000
b) 58.000
c) 72.000
d) 180.000
e) 200.000

4. **(Udesc)** O que os brasileiros andam lendo?

O brasileiro lê, em média, 4,7 livros por ano. Este é um dos principais resultados da pesquisa Retratos da Leitura no Brasil, encomendada pelo Instituto Pró-Livro ao Ibope Inteligência, que também pesquisou o comportamento do leitor brasileiro, as preferências e as motivações dos leitores, bem como os canais e a forma de acesso aos livros.

(Fonte: Associação Brasileira de Encadernação e Restauro, adapt.)

Supõe-se que, em uma pesquisa envolvendo 660 pessoas, cujo objetivo era verificar o que elas estão lendo, obtiveram-se os seguintes resultados: 100 pessoas leem somente revistas, 300 pessoas leem somente livros e 150 pessoas leem somente jornais. Supõe-se ainda que, dessas 660 pessoas, 80 leem livros e revistas, 50 leem jornais e revistas, 60 leem livros e jornais e 40 leem revistas, jornais e livros.

Em relação ao resultado dessa pesquisa, são feitas as seguintes afirmações:

I. Apenas 40 pessoas leem pelo menos um dos três meios de comunicação citados.
II. Quarenta pessoas leem somente revistas e livros, e não leem jornais.
III. Apenas 440 pessoas leem revistas ou livros.

Assinale a alternativa **correta**.

a) Somente as afirmativas I e III são verdadeiras.
b) Somente as afirmativas I e II são verdadeiras.
c) Somente as afirmativas I, II e III são verdadeiras.
d) Somente a afirmativa II é verdadeira.
e) Somente a afirmativa I é verdadeira.

5. **(UFF-RJ)** Os muçulmanos sequer se limitam aos países de etnia árabe, como muitos imaginam. Por exemplo, a maior concentração de muçulmanos do mundo encontra-se na Indonésia, que não é um país de etnia árabe.

Adaptado da *Superinteressante*, ed. 169, out. 2001.

Considere T o conjunto de todas as pessoas do mundo; M o conjunto de todas aquelas que são muçulmanas e A o conjunto de todas aquelas que são árabes. Sabendo que nem toda pessoa que é muçulmana é árabe, pode-se representar o conjunto de pessoas do mundo que não são muçulmanas nem árabes por:

a) $T - (A \cap M)$
b) $T - A$
c) $T - (A \cup M)$
d) $(A - M) \cap (M - A)$
e) $M - A$

6. **(Udesc)** No final do primeiro semestre deste ano, 40 acadêmicos participaram de uma pesquisa que objetivou analisar a frequência com que estes utilizaram o atendimento extraclasse do professor e/ou do monitor de uma determinada disciplina. Obteve-se o seguinte resultado: 20% dos acadêmicos procuraram atendimento tanto do professor quanto do monitor; 30% dos acadêmicos procuraram somente o atendimento do monitor; 15% dos acadêmicos não opinaram e 4 acadêmicos não procuraram atendimento do professor nem do monitor. Então, o número de acadêmicos que procurou o atendimento somente do professor é igual a:

a) 24
b) 18
c) 8
d) 10
e) 20

7. **(Unifor-CE)** Considerando o universo das pessoas que responderam a uma pesquisa, sejam: V o conjunto das pessoas que têm mais de 20 anos, A o conjunto das pessoas que têm automóveis e M o conjunto das pessoas que têm motos. Admitindo que $A \subset V$, $M \subset V$ e $A \cap M \neq \varnothing$, é correto afirmar que:

a) Todas as pessoas que não têm automóvel têm menos de 20 anos.
b) Toda pessoa que não tem moto não tem mais de 20 anos.
c) As pessoas que não têm mais de 20 anos não podem ter automóveis.
d) As pessoas que não têm automóveis não podem ter motos.
e) Algumas pessoas que têm menos de 20 anos podem ter automóveis.

8. **(Unir-RO)** O regulamento das inscrições para a participação nas olimpíadas internas de determinada escola permitia que cada aluno se inscrevesse em uma ou duas modalidades esportivas. Caso o aluno optasse por duas modalidades, uma deveria ser de esporte coletivo (ou vôlei ou basquete) e a outra de esporte individual (ou atletismo ou natação). Após o encerramento das inscrições, foram obtidos os seguintes resultados:

Modalidade	Número de inscritos
Vôlei	65
Basquete	90
Atletismo	130
Natação	40
Vôlei e atletismo	50
Vôlei e natação	5
Basquete e atletismo	60
Basquete e natação	10

Admitindo-se que a escola tem 500 alunos e que nem todos participaram das olimpíadas, marque V para as afirmativas verdadeiras e F para as falsas.

( ) 300 alunos se inscreveram nas olimpíadas.
( ) 75 alunos se inscreveram em somente uma das modalidades.
( ) 20 alunos se inscreveram somente em basquete.
( ) 20 alunos se inscreveram somente em vôlei.

Assinale a sequência correta.

a) V; F; V; F
b) F; V; F; V
c) F; V; V; F
d) V; V; V; V
e) F; F; F; F

9. **(UFPel-RS)** Um levantamento epidemiológico foi realizado em cinco praias paulistas frequentadas por grande número de famílias com crianças menores de 10 anos. Os principais aspectos do estudo foram relacionar a incidência de doenças gastrintestinais em banhistas com os índices de contaminação fecal das praias do litoral paulista. A pesquisa, feita com 2.100 pessoas, teve por objetivo detectar o número de pessoas com sintomas de vômitos (V), diarreia (D) e febre (F), conforme o quadro abaixo.

Revista Discutindo Ciência, ano 1, n. 1 [adapt.].

D	F	V	D e V	D e F	F e V	D, V e F
127	136	137	46	52	51	22

Com base nos textos e em seus conhecimentos, é correto afirmar que o número de pessoas entrevistadas que não apresentaram nenhum dos sintomas pesquisados é:

a) 1.529
b) 2.078
c) 1.827
d) 1.951
e) 1.929
f) I.R.

10. **(UFT-TO)** Em uma população de 400 pessoas foram realizados exames para detectar a anemia e exames para detectar a verminose. Dos resultados obtidos observou-se que:

- 80% das pessoas que possuem anemia possuem também verminose.
- 50% das pessoas que possuem verminose possuem também anemia.
- 220 pessoas não possuem nem verminose nem anemia.

Das 400 pessoas, a porcentagem correspondente ao número de pessoas que possuem anemia é:

a) 30%
b) 27%
c) 25%
d) 32%
e) 35%

11. **(Insper)** No diagrama abaixo, U representa o conjunto de todos os alunos de uma escola. Estão também representados os seguintes subconjuntos de U:

Q: alunos da escola que gostam de quiabo;

D: alunos da escola com mais de dezesseis anos de idade;

P: alunos da escola que gostam do professor Pedro;

M: alunos da escola que gostam de Matemática.

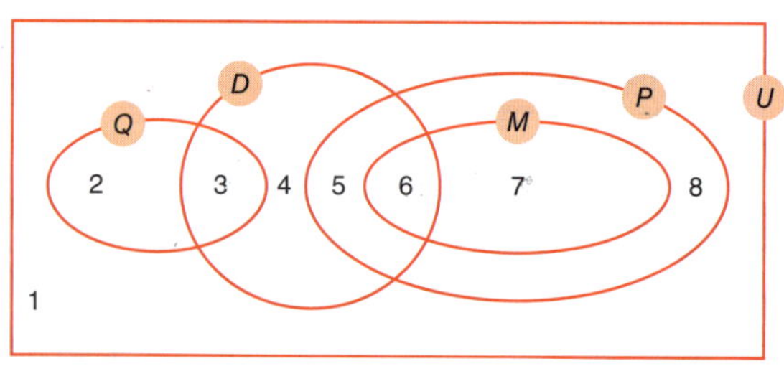

Em todas as regiões do diagrama, identificadas com um número de 1 a 8, há pelo menos um aluno representado. Então, é correto concluir que:

a) Se um aluno gosta de quiabo, então ele não tem mais do que dezesseis anos.
b) Pelo menos um aluno que gosta de Matemática tem mais do que dezesseis anos e gosta de quiabo.
c) Se um aluno gosta do professor Pedro, então ele gosta de Matemática.
d) Todo aluno que gosta de Matemática e tem mais do que dezesseis anos gosta do professor Pedro.
e) Se um aluno com mais de dezesseis anos não gosta do professor Pedro, então ele não gosta de quiabo.

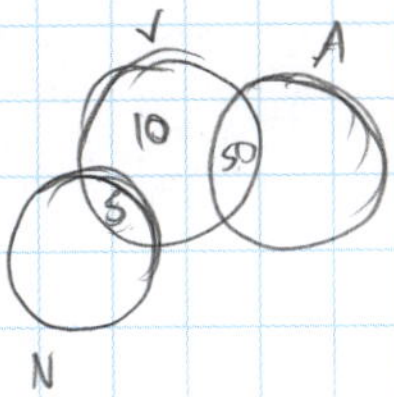

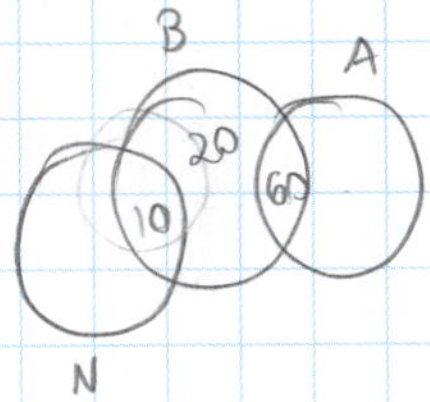

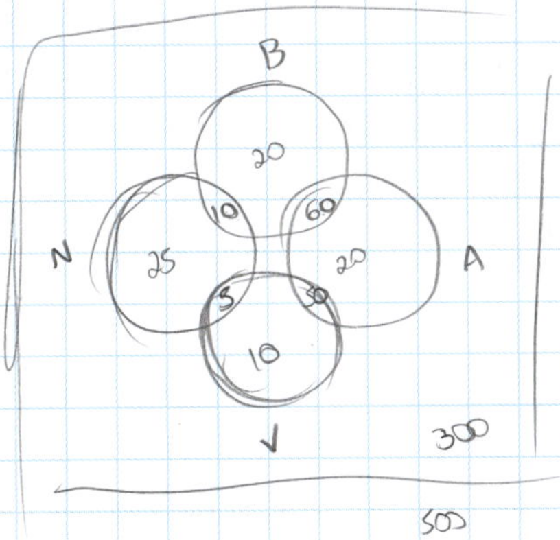

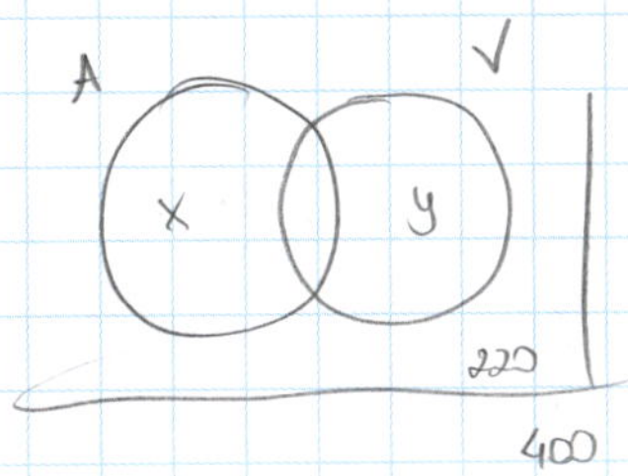

$\frac{8x}{10} = \frac{5y}{10}$

$8x = 5y$

$y = \frac{8x}{5}$

$x + \left(\frac{8x}{5} - \frac{8x}{10}\right) = 180$

$x + \left(\frac{8x}{5} - \frac{4x}{5}\right) = 180$

$x + \frac{4x}{5} = 180$

$5x + 4x = 900$

$9x = 900$

$x = 100$

400 — 100%

100 — a

$a = \frac{100 \cdot 100}{400} = \frac{100}{4} = 25\%$

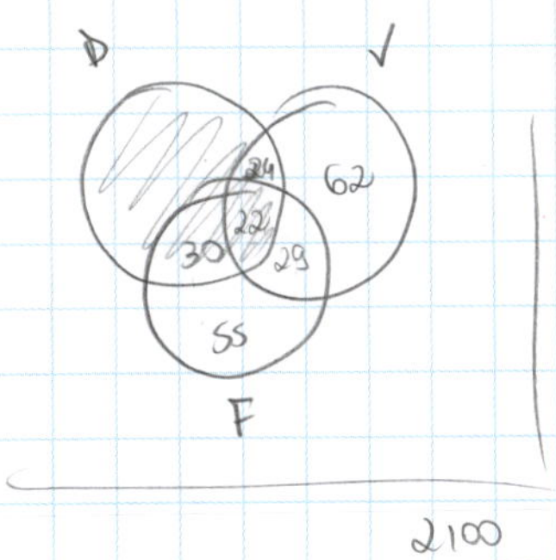

137 − 75 = 62

136 − 81 = 55

127 + 62 + 84 = 273

2100 − 273 = 1827

12. **(UPF-RS)** No diagrama abaixo, a parte colorida representa:

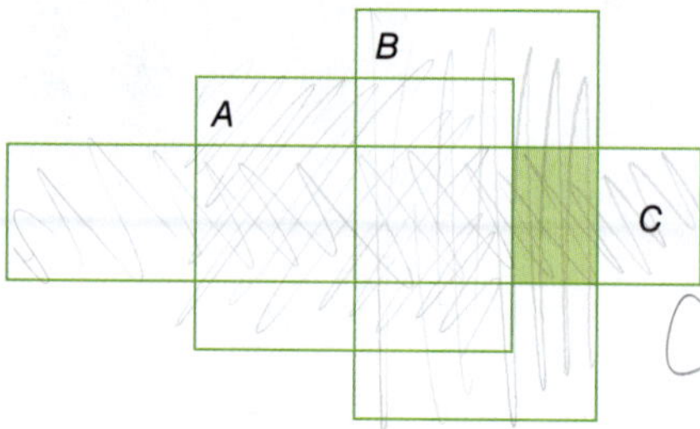

a) $B \cap C$

b) $(A \cup B) - C$

c) $(B \cap C) - A$

d) $(A \cup C) - B$

e) $A \cap C$

13. **(Insper)** Considere as duas afirmações seguintes, feitas a respeito de três conjuntos de números inteiros A, B e C:

(1) Se x é elemento de A, então x é elemento de B.

(2) x é um número par pertencente a B se, e somente se, x é elemento de C.

Para que as duas afirmações sejam verdadeiras para todo x inteiro, os conjuntos A, B e C podem ser dados por:

a) $A = \{3, 4, 5, 10\}$, $B = \{3, 4, 5, 10\}$ e $C = \{3, 4, 5, 10\}$

b) $A = \{3, 4, 5, 10\}$, $B = \{3, 4, 10\}$ e $C = \{4, 10\}$

c) $A = \{3, 10\}$, $B = \{3, 4, 5, 10\}$ e $C = \{4, 10\}$

d) $A = \{3, 10\}$, $B = \{4, 10\}$ e $C = \{4, 10\}$

e) $A = \{3, 10\}$, $B = \{3, 4, 10\}$ e $C = \{4, 5, 10\}$

14. **(UFBA)** Assinale as proposições verdadeiras e some os números a elas associados. Sobre números reais, é correto afirmar:

(01) O produto de dois números racionais quaisquer é um número racional.

(02) O produto de qualquer número inteiro não nulo por um número irracional qualquer é um número irracional.

(04) O quadrado de qualquer número irracional é um número irracional.

(08) Se o quadrado de um número natural é par, então esse número também é par.

(16) Todo múltiplo de 17 é um número ímpar ou múltiplo de 34.

(32) A soma de dois números primos quaisquer é um número primo.

(64) Se o máximo divisor comum de dois números inteiros positivos é igual a 1, então esses números são primos.

• Qual é a soma obtida?

15. **(UFF-RJ)** Considere $\{p, q\} \subset \mathbb{Z}$ tal que p e q são números pares. Pode-se afirmar que:

a) $(pq + 1)$ é múltiplo de 4

b) $p - q$ é ímpar

c) $p + q$ é primo

d) $p^2 - q^2$ é par

e) $p(q + 1)$ é ímpar

16. **(PUC-SP)** O valor de $\sqrt{0{,}444...}$ é:

a) 0,222...

b) 0,333...

c) 0,444...

d) 0,555...

e) 0,666...

17. **(Unir-RO)** Sejam $A = [2, 9]$ e $B =]7, +\infty[$. Se um número real x não pertence ao conjunto $A \cup B$, então pode-se afirmar que x pertence ao conjunto:

a) $]-\infty, 2]$

b) $]-\infty, 2[$

c) $[2, +\infty]$

d) $]2, +\infty[$

e) $]7, 9]$

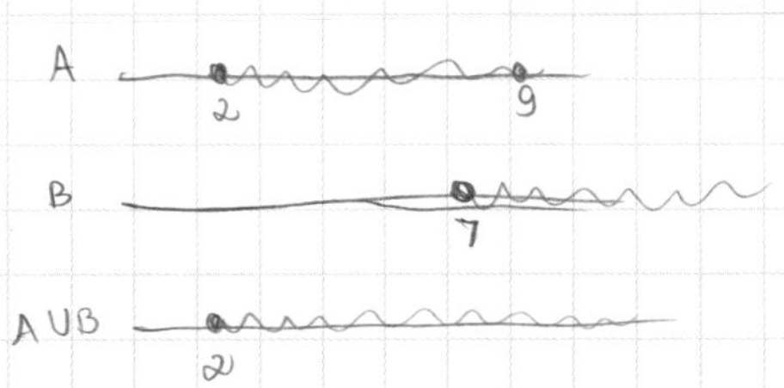

$]-\infty, 2[$

14/17

Introdução ao estudo das funções

A importância do estudo de funções não é específica da Matemática, fazendo parte também do universo de outras ciências, como a Física e a Química. Quando lemos um jornal ou uma revista, muitas vezes nos deparamos com um gráfico, que nada mais é que uma relação entre duas grandezas representada geometricamente.

Sistema de coordenadas

O sistema cartesiano ortogonal de coordenadas é formado por dois eixos, *Ox* (eixo das abscissas) e *Oy* (eixo das ordenadas), perpendiculares entre si no ponto *O* (origem).

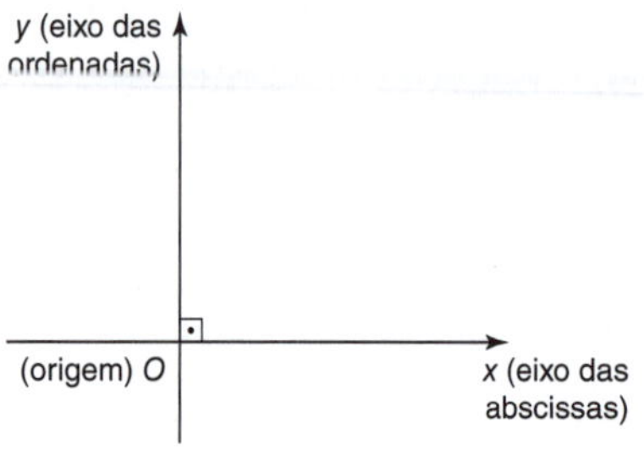

Para localizar um ponto *P* no plano, traçamos por *P* as perpendiculares a *Ox* e *Oy*, obtendo nos eixos as **coordenadas** de *P*, que são dois números chamados de **abscissa** e **ordenada** do ponto *P*, respectivamente.

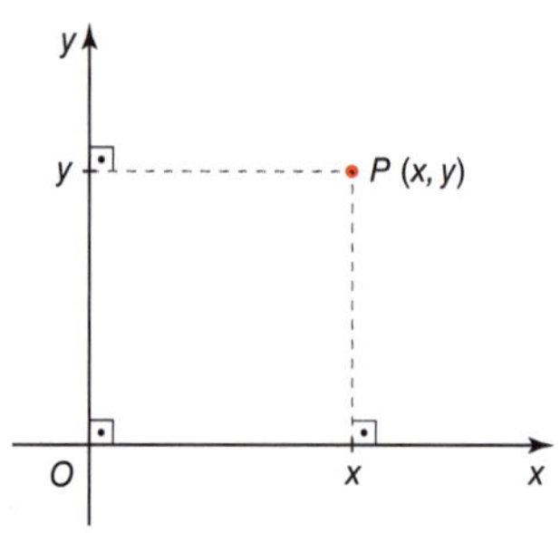

Se *x* é a abscissa de *P* e *y* é a ordenada de *P*, o **par ordenado** (x, y) representa *P*. Indicamos:

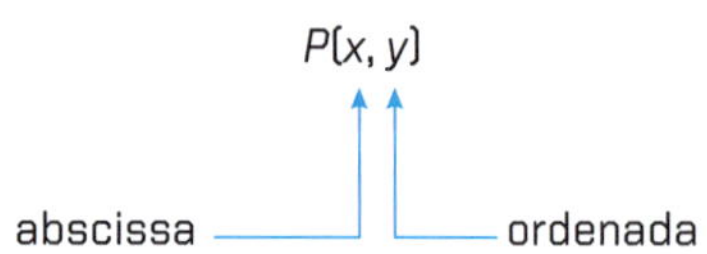

O conceito de função

- Dados dois conjuntos não vazios, *A* e *B*, chama-se **relação** de *A* em *B* qualquer conjunto de pares ordenados (x, y) com $x \in A$ e $y \in B$.
- Sejam *A* e *B* conjuntos não vazios. Uma relação *f* de *A* em *B* é **função** se, e somente se, qualquer elemento de *A* estiver associado, através de *f*, a um único elemento de *B*. Para indicar que *f* é uma função de *A* em *B*, adotamos a notação:

$$f: A \to B$$

Domínio, contradomínio e conjunto imagem

Dada uma função $f: A \to B$:

- O **domínio** da função é o conjunto $D(f) = A$.
- O **contradomínio** da função é o conjunto $CD(f) = B$.
- O **conjunto imagem** da função é o conjunto formado pelos elementos de *B* que têm correspondente em *A*, ou seja: $Im(f) = \{y \in B \mid (x, y) \in f\}$.

Imagem de *x* pela função *f*

Se (x, y) pertence a uma função *f*, dizemos que *y* é a **imagem de *x* pela função *f***. Indicamos esse fato por: $y = f(x)$

Gráfico de uma função

O **gráfico** de uma função é a reunião de todos os pontos (x, y) do plano cartesiano que pertencem à função.

Raiz de uma função

- Chama-se **raiz** (ou **zero**) de uma função real de variável real, $y = f(x)$, todo número *r* do domínio de *f* tal que $f(r) = 0$.
- Graficamente, a raiz de uma função é a abscissa do ponto em que o gráfico cruza o eixo *Ox*.

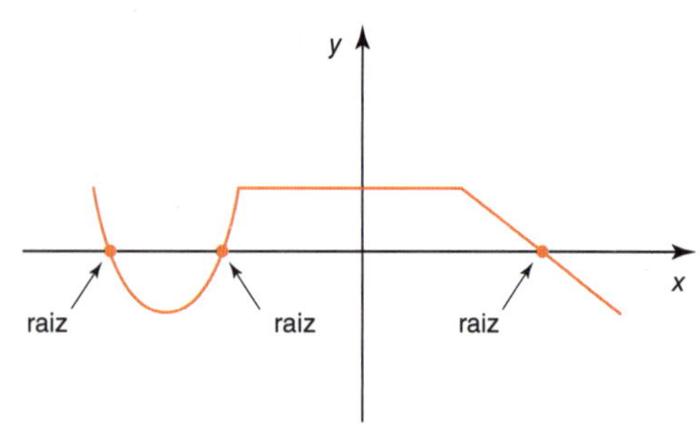

Estudo do sinal de uma função

- Uma função *f* é **positiva** para um elemento *x* de seu domínio se, e somente se, $f(x) > 0$.
- Uma função *f* é **negativa** para um elemento *x* de seu domínio se, e somente se, $f(x) < 0$.
- Uma função *f* se **anula** para um elemento *x* de seu domínio se, e somente se, $f(x) = 0$. Nesse caso, *x* é raiz da função.

Variação de uma função

› Uma função f é **crescente** em um subconjunto A do domínio de f se, e somente se, para quaisquer números x_1 e x_2 de A, tivermos:

$$x_2 > x_1 \Rightarrow f(x_2) > f(x_1)$$

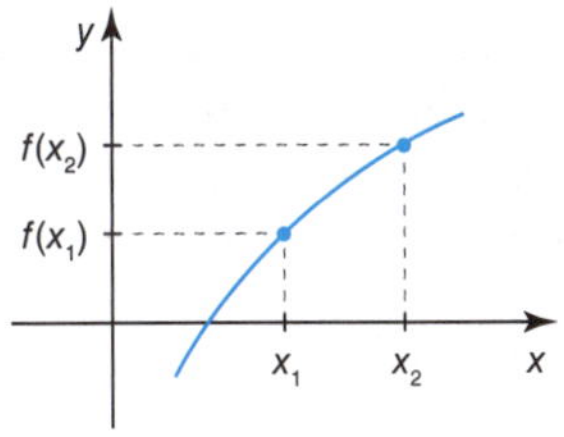

› Uma função f é **decrescente** em um subconjunto A do domínio de f se, e somente se, para quaisquer números x_1 e x_2 de A, tivermos:

$$x_2 > x_1 \Rightarrow f(x_2) < f(x_1)$$

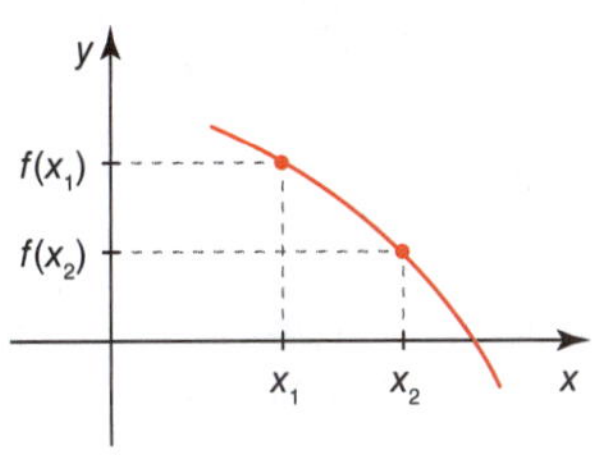

› Uma função f é **constante** em um subconjunto A do domínio de f se, e somente se, para qualquer número x de A, tivermos:

$$f(x) = k, \text{ sendo } k \text{ uma constante real}$$

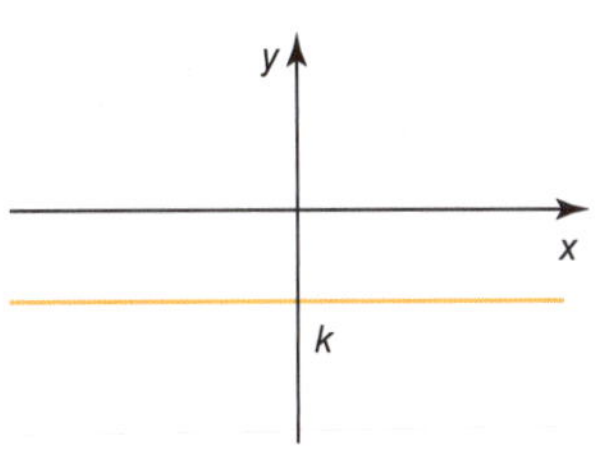

Função par e função ímpar

› Uma função f de domínio D é **par** se, e somente se:

$$f(x) = f(-x), \text{ para qualquer } x \in D$$

Assim, as partes do gráfico de f para $x \geqslant 0$ e para $x \leqslant 0$ são simétricas em relação ao eixo Oy.

› Uma função f de domínio D é **ímpar** se, e somente se:

$$f(-x) = -f(x), \text{ para qualquer } x \in D$$

Assim, as partes do gráfico de f para $x \geqslant 0$ e para $x \leqslant 0$ são simétricas em relação à origem O do sistema de eixos.

Função injetora, sobrejetora e bijetora

› Uma função $f: A \to B$ é **injetora** se, e somente se, para quaisquer x_1 e x_2 do domínio de f, for obedecida a condição:

$$x_1 \neq x_2 \Rightarrow f(x_1) \neq f(x_2)$$

Ou seja, f é injetora se não existirem elementos distintos do domínio de f com a mesma imagem.

› Uma função $f: A \to B$ é **sobrejetora** se, e somente se, para todo elemento y do conjunto B existir x no conjunto A tal que $f(x) = y$. Ou seja, f é sobrejetora se o seu contradomínio coincidir com o seu conjunto imagem.

› Uma função $f: A \to B$ é **bijetora** se, e somente se, f é injetora e sobrejetora.

Função composta

Sejam A, B e C conjuntos não vazios e sejam as funções $f: A \to B$ e $g: B \to C$. A **função composta** de g com f é a função $s: A \to C$ tal que:

$$s(x) = (g \circ f)(x) = g(f(x))$$

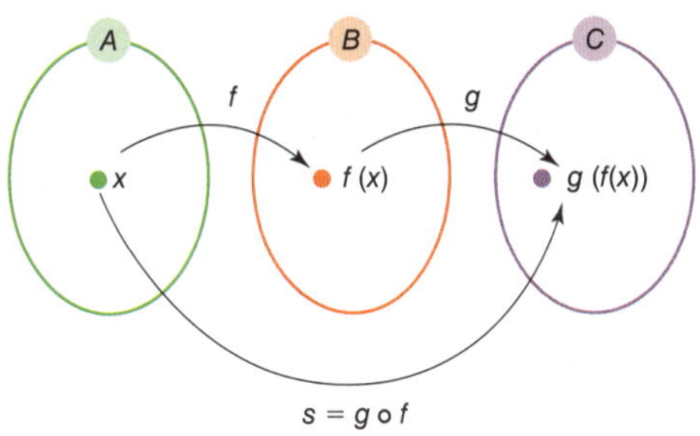

Função inversa

› A **inversa** de uma função bijetora $f: A \to B$ é a função $f^{-1}: B \to A$ tal que:

$$f(x) = y \Leftrightarrow f^{-1}(y) = x$$

para quaisquer x e y, com $x \in A$ e $y \in B$.

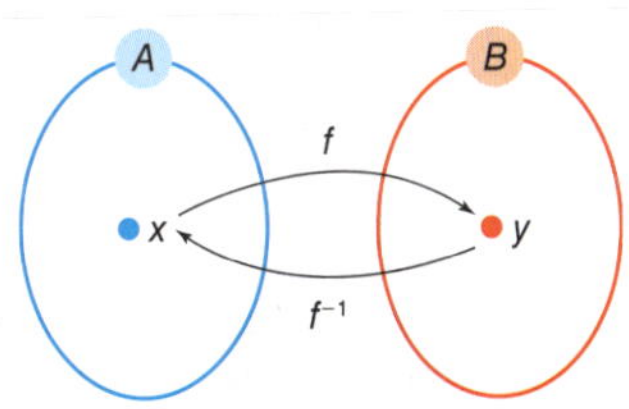

$D(f) = Im(f^{-1})$

$D(f^{-1}) = Im(f)$

Se uma função admite inversa, dizemos que ela é **invertível.**

Obtenção da função inversa

Se uma função real de variável real $y = f(x)$ é invertível, sua inversa é obtida do seguinte modo:

I. Trocamos x por y e y por x, obtendo $x = f(y)$.

II. Isolamos a variável y, após a mudança de variáveis efetuada em (I), obtendo $y = f^{-1}(x)$.

No Vestibular

1. **(Mackenzie-SP)** Considere as sentenças abaixo, relativas à função $y = f(x)$, definida no intervalo $\left[-3, \dfrac{11}{2}\right]$ e representada, graficamente, na figura.

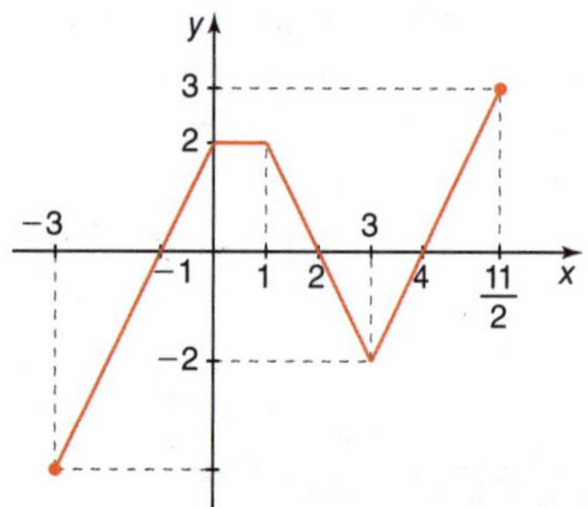

I. Se $x < 0$, então $f(x) < 0$.
II. $f(1) + f(3) = f(4)$
III. A imagem de f é o intervalo $[-4, 3]$.

É correto afirmar que:
a) Apenas III é verdadeira.
b) Apenas I e II são verdadeiras.
c) Apenas I e III são verdadeiras.
d) Apenas II e III são verdadeiras.
e) Todas as sentenças são verdadeiras.

2. **(Vunesp)** Numa fazenda havia 20% de área de floresta. Para aumentar essa área, o dono da fazenda decidiu iniciar um processo de reflorestamento. No planejamento do reflorestamento, foi elaborado um gráfico fornecendo a previsão da porcentagem de área de floresta na fazenda a cada ano, num período de dez anos.

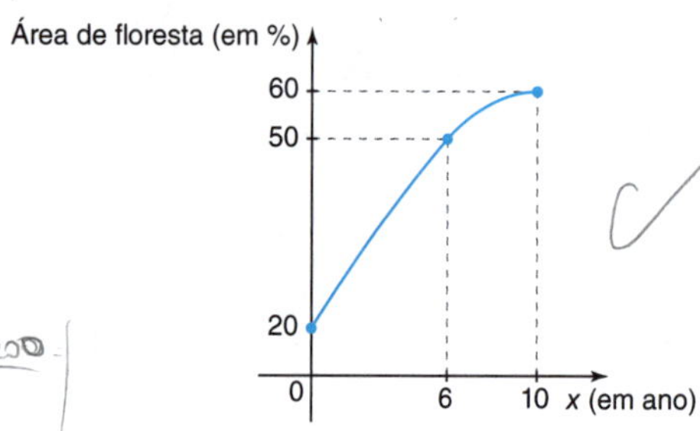

(gráfico fora de escala)

Esse gráfico foi modelado pela função $f(x) = \dfrac{ax + 200}{bx + c}$, que fornece a porcentagem de área de floresta na fazenda a cada ano x, onde a, b e c são constantes reais. Com base no gráfico, determine as constantes a, b e c e reescreva a função $f(x)$ com as constantes determinadas.

3. **(Ufal)** O triângulo retângulo ABC, região colorida na figura abaixo, tem área igual a $3a$.

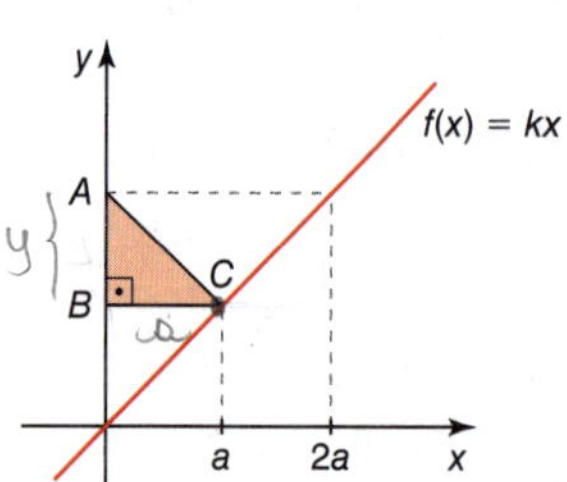

Então, o valor de $f(a)$ é:
a) 2
b) 4
c) 6
d) 8

4. **(UFSCar-SP)** A figura representa, em sistemas coordenados com a mesma escala, os gráficos das funções reais f e g, com $f(x) = x^2$ e $g(x) = x$.

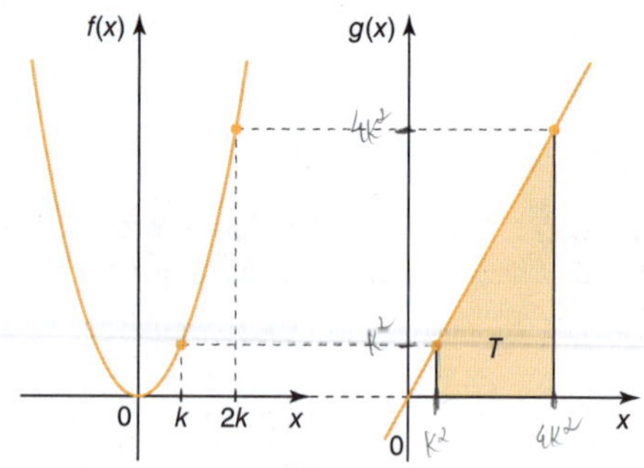

Sabendo que a região poligonal T demarca um trapézio de área igual a 120, o numero real k é:
a) 0,5
b) 1
c) $\sqrt{2}$
d) 1,5
e) 2

5. **(Unifor-CE)** O conjunto imagem da função real de variável real dada por $f(x) = 3x - 2 + \sqrt{-(x^2 - 4x + 4)}$ é:
a) $\mathbb{R}_+$
b) $\mathbb{R}_-$
c) $\left\{y \in \mathbb{R} \mid y \geq \dfrac{2}{3}\right\}$
d) $\left\{y \in \mathbb{R} \mid \dfrac{2}{3} \leq y \leq 4\right\}$
e) $\{4\}$

6. **(Unifesp)** Uma forma experimental de insulina está sendo injetada a cada 6 horas em um paciente com diabetes. O organismo usa ou elimina a cada 6 horas 50% da droga presente no corpo. O gráfico que melhor representa a quantidade y da droga no organismo como função do tempo t, em um período de 24 horas, é:

a)
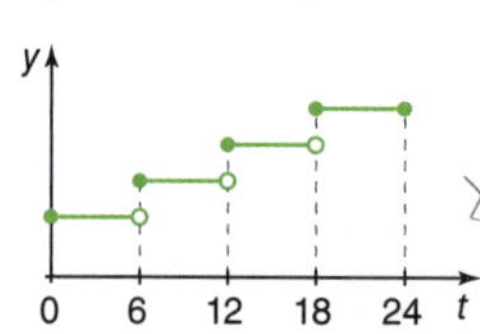

b)
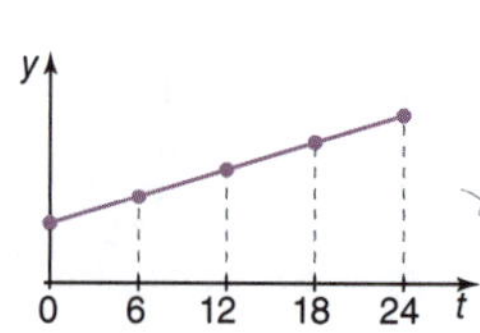

c)
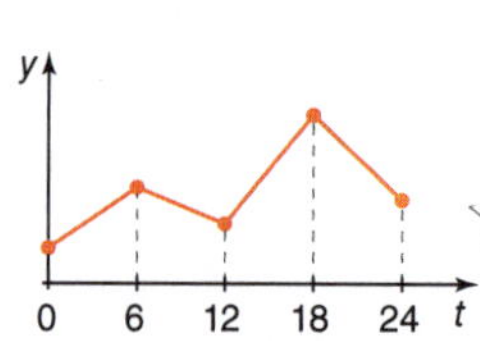

d)
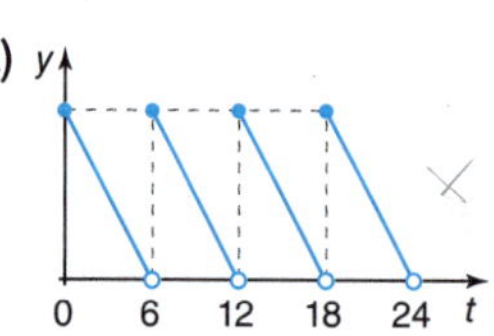

e)
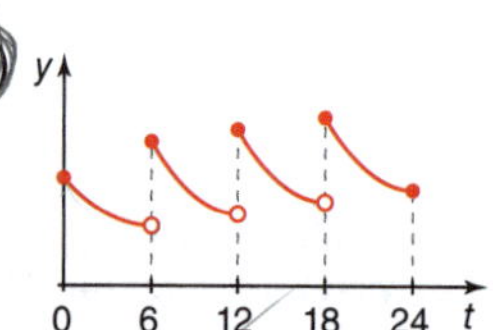

$F(k) = k^2$

$F(2k) = 4k^2$

$A = \frac{(B+b) \cdot h}{2}$

$120 = \frac{(4k^2 + k^2) \cdot 3k^2}{2}$

$240 = 5k^2 \cdot 3k^2$

$240 = 15k^4$

$k^4 = 16$

$k = \sqrt[4]{2^4} = 2$

$240 \div 15 = 16$

$15 \times 6 = 90$

$-(x^2 - 4x + 4) \geq 0 \quad (-1)$

$x^2 - 4x + 4 \leq 0$

$\Delta = 16 - 16 = 0$

$x = 2$

$4 - 8 + 4$

$1 - 4 + 4 = 1$

$F(x) = \frac{ax + 200}{bx + c}$

$(0, 20)$

$(6, 50)$

$(10, 60)$

$20 = \frac{200}{c}$

$c = 10$

$50 = \frac{6a + 200}{6b + 10}$

$6a + 200 = 300b + 500$

$6a = 300b + 300$

$a = 50b + 50$

$a = 50 + 50$

$a = 100$

$60 = \frac{10a + 200}{10b + 10}$

$10a + 200 = 600b + 600$

$10a = 600b + 400$

$a = 60b + 40$

$50b + 50 = 60b + 40$

$10b = 10$

$b = 1$

7. (Insper) Sendo a e b números reais positivos, sabe-se que a função $f(x) = ax + \frac{b}{x}$, definida para $x > 0$, assume seu valor mínimo quando $x = \sqrt{\frac{b}{a}}$.

Um grupo de amigos alugou por R$ 6.000,00 um salão para fazer uma festa. Este valor será dividido por todos que estiverem presentes na festa. Como o dia do aniversário de José Carlos, um dos integrantes deste grupo, coincide com o dia da festa, ele decidiu que a comida será por conta dele. A empresa que prestará este serviço irá lhe cobrar R$ 15,00 por pessoa presente na festa. Então, o número de integrantes do grupo de amigos que minimiza o gasto de José Carlos somando o custo total da comida com a parte dele no aluguel do salão é de:

a) 5 pessoas
b) 10 pessoas
c) 15 pessoas
d) 20 pessoas
e) 25 pessoas

8. (FGV) Sejam f e g duas funções de $\mathbb{R}$ em $\mathbb{R}$ tais que $f(x) = 2x$ e $g(x) = 2 - x$. Então, o gráfico cartesiano da função $f(g(x)) + g(f(x))$:

a) Passa pela origem.
b) Corta o eixo x no ponto $(-4, 0)$.
c) Corta o eixo y no ponto $(6, 0)$.
d) Tem declividade positiva.
e) Passa pelo ponto $(1, 2)$.

9. (Insper) Suponha que os três gráficos abaixo estejam na mesma escala, em que a distância entre duas marcas consecutivas sobre os eixos seja igual a 1. Se f, g e h são as funções nestes três gráficos, respectivamente, então $h(g(f(1)))$ é igual a:

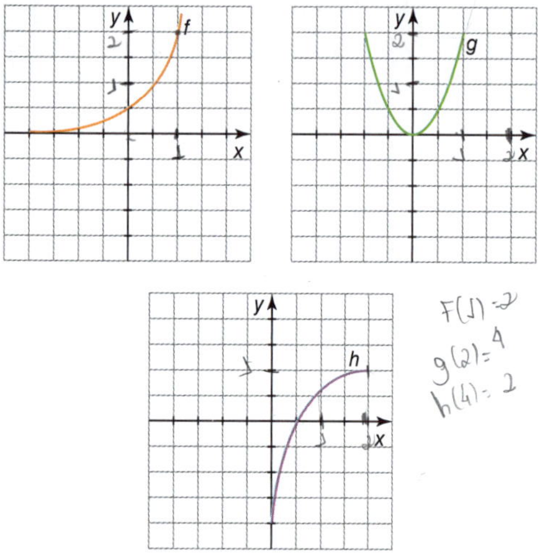

a) 4
b) 2
c) 1
d) –2
e) –4

10. (Mackenzie-SP) Dada a função $f(x) = x + 2$, $x \in \mathbb{R}$, se $f^{(2)} = f \circ f$, $f^{(3)} = f \circ f \circ f$, $f^{(4)} = f \circ f \circ f \circ f$ e assim por diante, então o valor de $f^{(102)}(1)$ é:

a) 103
b) 205
c) 307
d) 199
e) 249

11. (UFMA) Sendo f uma função par e g uma função ímpar, e sabendo-se que $f(\pi) = \sqrt{2}$ e $g(-\sqrt{2}) = \pi$, pode-se concluir que $(f \circ g)(\sqrt{2})$ é igual a:

a) $\sqrt{2}$
b) $-\pi$
c) $-\sqrt{2}$
d) π
e) $\pi\sqrt{2}$

12. (FGV) A figura indica o gráfico da função f, de domínio $[-7, 5]$, no plano cartesiano ortogonal.

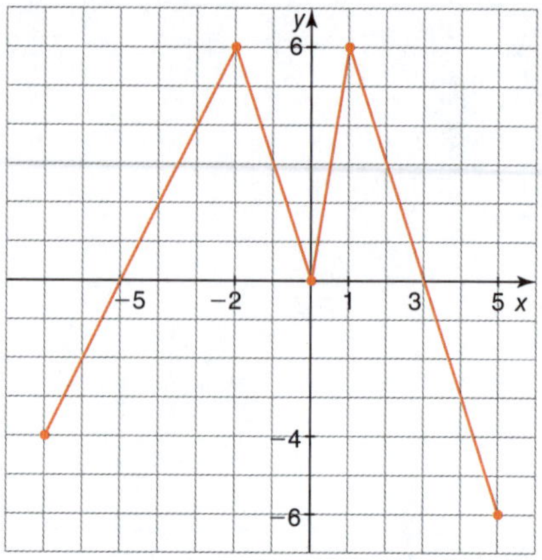

O número de soluções da equação $f(f(x)) = 6$ é:

a) 2
b) 4
c) 5
d) 6
e) 7

13. (Mackenzie-SP) As funções f e g, ambas de domínio $[0, 4]$, estão representadas graficamente abaixo. O número de elementos do conjunto solução da equação $g(f(x)) = 1$ é:

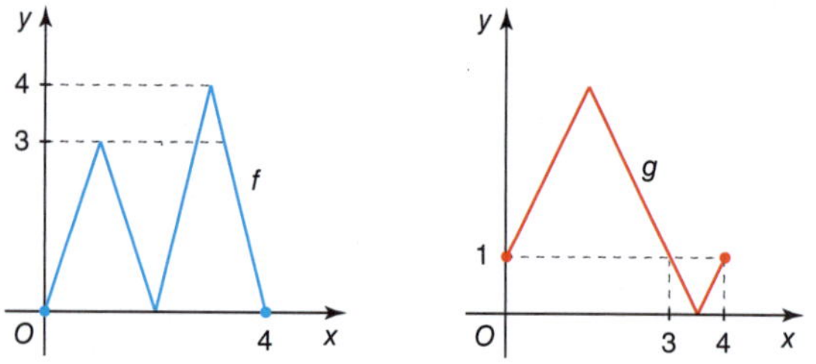

a) 6
b) 7
c) 4
d) 2
e) 3

14. (UFU-MG) Seja f: $[-3, 3] \to \mathbb{R}$ uma função cujo gráfico está esboçado abaixo.

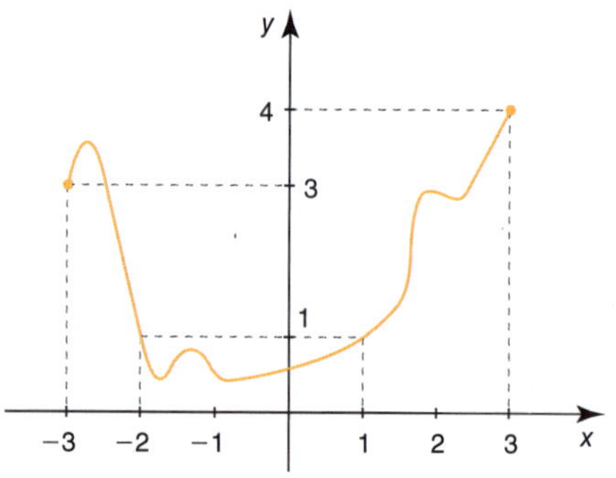

Se g: $\mathbb{R} \to [0, 3]$ é tal que $(f \circ g)(-2) = 1$, então $g(-2)$ é igual a:

a) 2
b) -2
c) 1
d) -1

15. (Unifesp) Seja f: $\mathbb{Z} \to \mathbb{Z}$ uma função crescente e sobrejetora, onde $\mathbb{Z}$ é o conjunto dos números inteiros. Sabendo-se que $f(2) = -4$, uma das possibilidades para $f(n)$ é:

a) $f(n) = 2(n - 4)$
b) $f(n) = n - 6$
c) $f(n) = -n - 2$
d) $f(n) = n$
e) $f(n) = -n^2$

16. **(UFPA)** O custo c de produção de uma peça em função do número n de produtos é dado pela fórmula $c(n) = \dfrac{1}{1 + n^2}$. A função inversa desta fórmula é:

a) $n = \dfrac{1}{1 + c^2}$

b) $n = \dfrac{1}{1 - c^2}$

c) $n = \sqrt{\dfrac{1 - c}{c}}$

d) $n = \sqrt{\dfrac{1 + c}{c}}$

e) $n = \sqrt{\dfrac{1 + c^2}{c}}$

17. **(UFU-MG)** Considere f a função ímpar real de variável real definida no intervalo $[-1, 1]$, cujo gráfico está desenhado na figura abaixo.

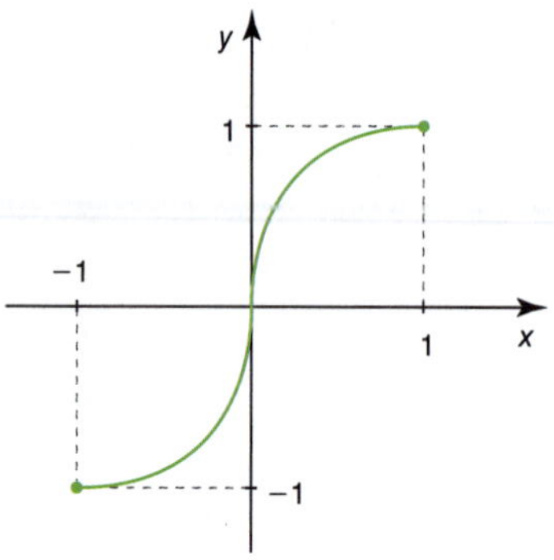

Assinale a alternativa que corresponde ao gráfico da função $y = f^{-1}(-x)$, em que f^{-1} é a inversa da função f.

a)

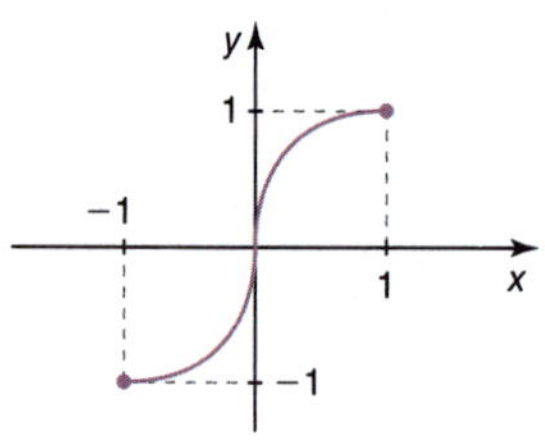

b)

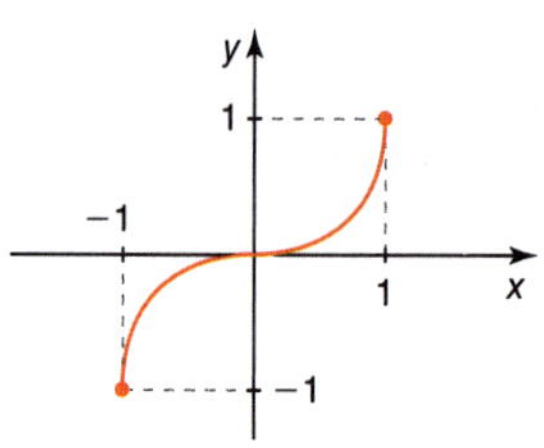

c)

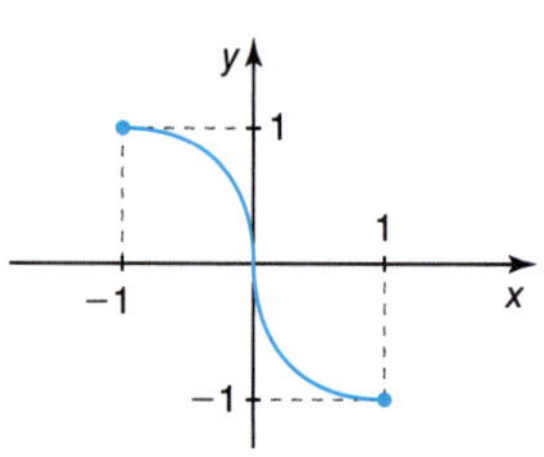

d)

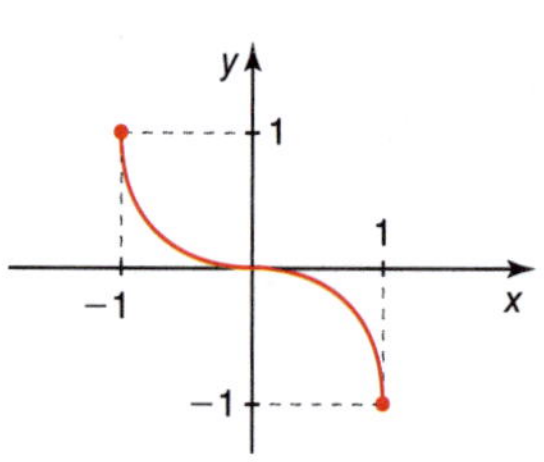

18. **(UFT-TO)** Cada um dos gráficos abaixo representa uma função $y = f(x)$ tal que f: $D_f \to [-3, 4]$; $D_f \subset [-3, 4]$. Qual deles representa uma função bijetora no seu domínio?

a)

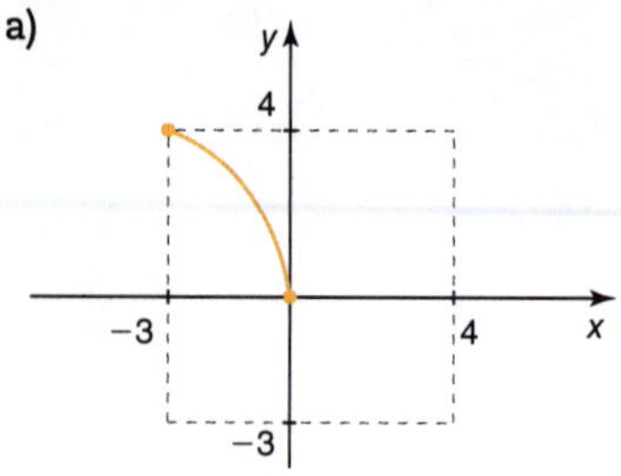

b)

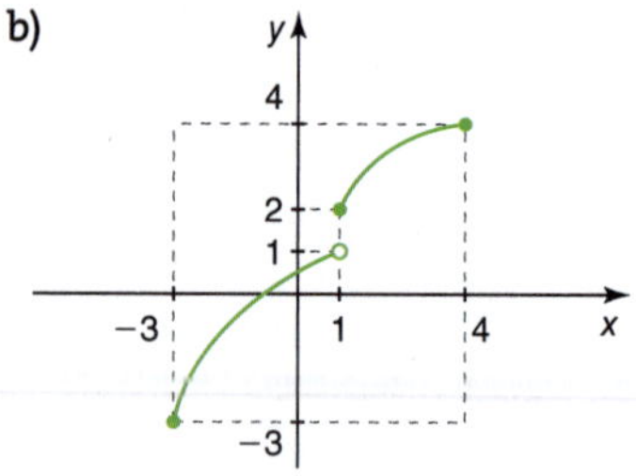

c)

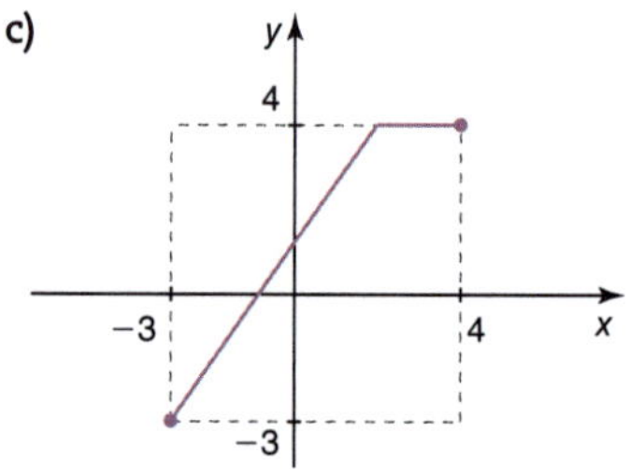

d)

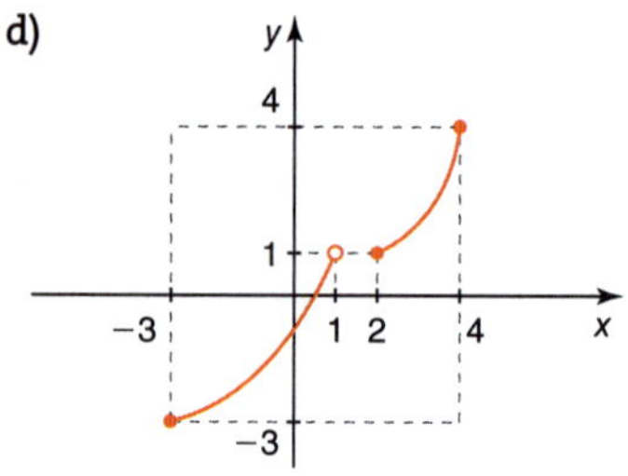

19. **(ITA-SP)** Sejam f, g: $\mathbb{R} \to \mathbb{R}$ tais que f é par e g é ímpar. Das seguintes afirmações:

I. $f \cdot g$ é ímpar.

II. $f \circ g$ é par.

III. $g \circ f$ é ímpar.

é (são) verdadeira(s):

a) Apenas I.

b) Apenas II.

c) Apenas III.

d) Apenas I e II.

e) Todas.

20. **(UFT-TO)** Seja f: $]-\infty, 2] \to [-1, +\infty[$ definida por $f(x) = x^2 - 4x + 3$. Então a função inversa f^{-1} é:

a) $f^{-1}(x) = 2 - \sqrt{x + 1}$

b) $f^{-1}(x) = \sqrt{\dfrac{x + 1}{2}}$

c) $f^{-1}(x) = -\sqrt{x + 1}$

d) $f^{-1}(x) = 2 + \sqrt{x + 1}$

21. **(Unifor-CE)** Sejam f e g funções de $\mathbb{R}$ em $\mathbb{R}$ tais que $f(x) = -2x + 3$ e $g(f(x)) = 4x$. Nessas condições, a função inversa de g é dada por:

a) $g^{-1}(x) = \dfrac{6 + x}{2}$

b) $g^{-1}(x) = \dfrac{6 - x}{2}$

c) $g^{-1}(x) = \dfrac{6 + x}{4}$

d) $g^{-1}(x) = \dfrac{2}{6 - 2x}$

e) $g^{-1}(x) = \dfrac{2}{6 + 2x}$

Função afim

Algumas funções relacionam duas grandezas em que a variação de uma é proporcional à variação da outra. Quando isso ocorre, dizemos que a função é afim.

A função afim

- **Função afim** ou **função polinomial do 1º grau** é toda função do tipo:

$$y = ax + b, \text{ em que } \{a, b\} \subset \mathbb{R} \text{ e } a \neq 0$$

- O gráfico de toda função afim é uma **reta**. Para construí-lo, basta representar dois pontos distintos da função no plano cartesiano e traçar a reta que passa por eles.

Pontos de intersecção do gráfico da função afim com os eixos coordenados

- O gráfico da função afim intercepta o eixo Ox no ponto $\left(-\frac{b}{a}, 0\right)$.
- O gráfico da função afim intercepta o eixo Oy no ponto $(0, b)$.

$a > 0$

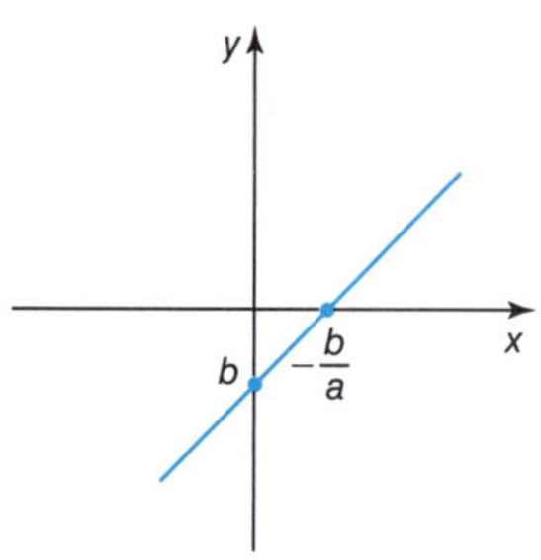

$a < 0$

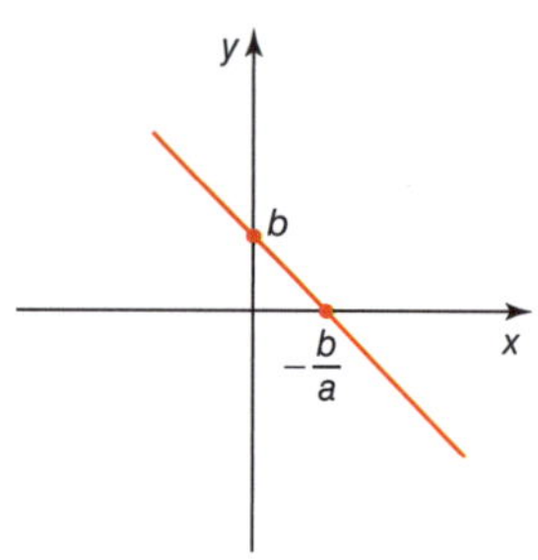

Função linear

- Toda função da forma $y = ax$, com $a \in \mathbb{R}^*$, é chamada **função linear.**
- O gráfico de uma função linear $y = ax$ é uma reta que passa pela origem do sistema de coordenadas.

$a > 0$

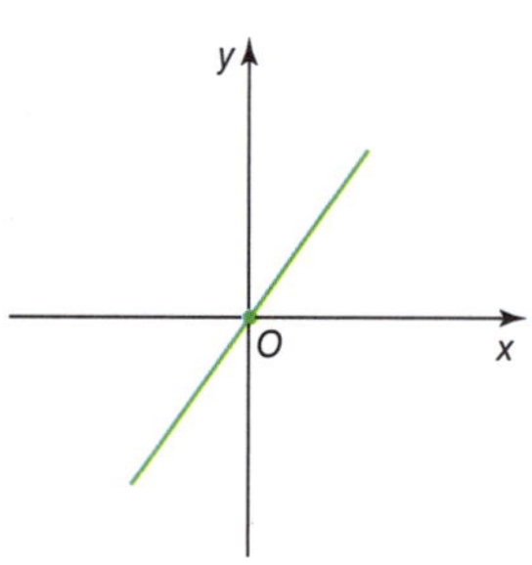

$a < 0$

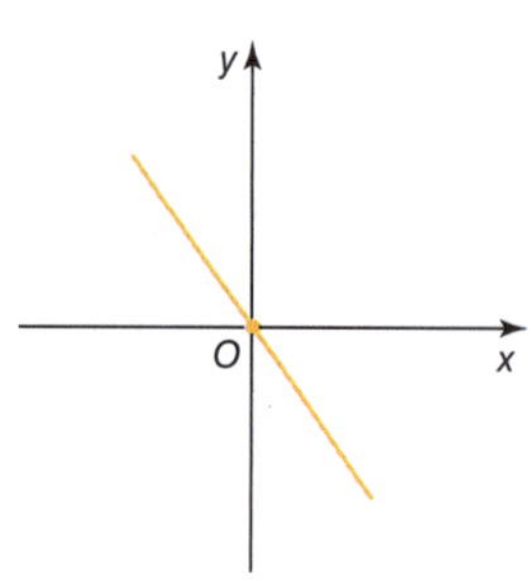

- Em toda função linear $y = ax$, os valores correspondentes das variáveis x e y são diretamente proporcionais.

Análise da função afim

Taxa de variação

- A **taxa de variação** da função afim $y = ax + b$ é a constante a, não nula, obtida da seguinte maneira:

$$a = \frac{\Delta y}{\Delta x}$$

$a > 0$

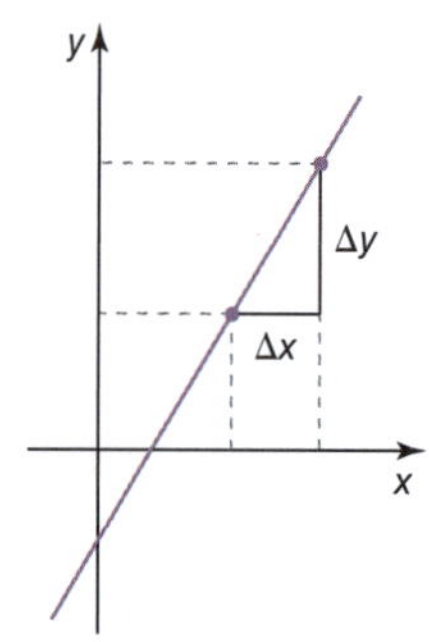

$a < 0$

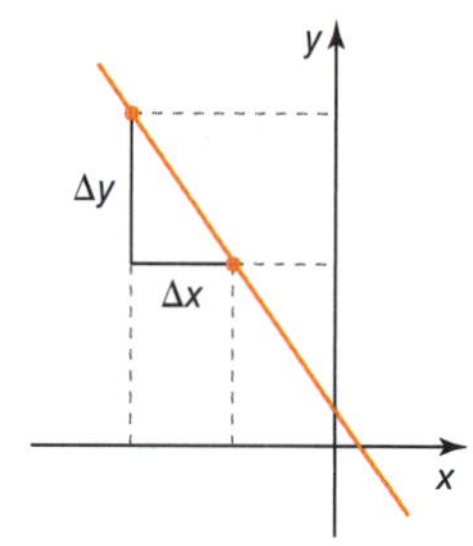

- Se duas funções afins têm a mesma taxa de variação, então as retas que as representam são **paralelas**.

Crescimento e decrescimento

Dada a função $f(x) = ax + b$, temos:

- f é **crescente** $\Leftrightarrow a > 0$
- f é **decrescente** $\Leftrightarrow a < 0$

Estudo do sinal da função afim

$a > 0$

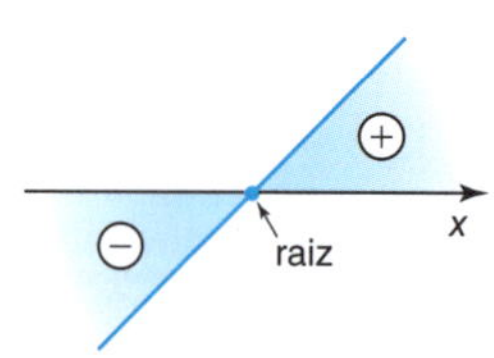

$a < 0$

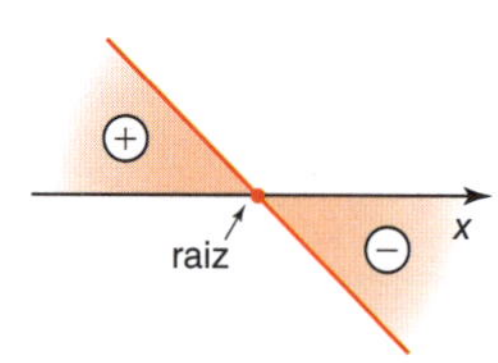

Inequação-produto e Inequação-quociente

Para resolver inequações-produto ou inequações-quociente, estudamos o sinal de cada função e construímos um quadro de sinais, no qual os sinais da última linha são obtidos pela regra de sinais da multiplicação ou da divisão.

No Vestibular

1. **(Mackenzie-SP)** Os gráficos das funções $y = x + 2$ e $y = -x + 6$ definem, com os eixos, no primeiro quadrante, um quadrilátero de área:

a) 12
b) 16
c) 10
d) 8
e) 14

2. **(Udesc)** Sabemos que a receita total R_T de certo produto produzido por uma família de agricultores é dada pela função $R_T(q) = q + 2$, em que q é a quantidade de unidades do produto. Determine a função do primeiro grau, custo total $C_T(q)$ deste produto; sabendo que, quando a quantidade do produto é de 3 unidades, o custo total é de R$ 4,00; e que, quando a quantidade do produto é de 4 unidades, a receita total é igual ao custo total. Faça o esboço do gráfico das funções $R_T(q)$ e $C_T(q)$.

3. **(UFPel-RS)** Muitos brasileiros sonham com empregos formais. Na falta destes, cada vez mais as pessoas precisam buscar formas alternativas de conseguir uma renda. Para isso, uma família decidiu montar uma malharia. O gráfico abaixo mostra o custo mensal de produção dessa empresa.

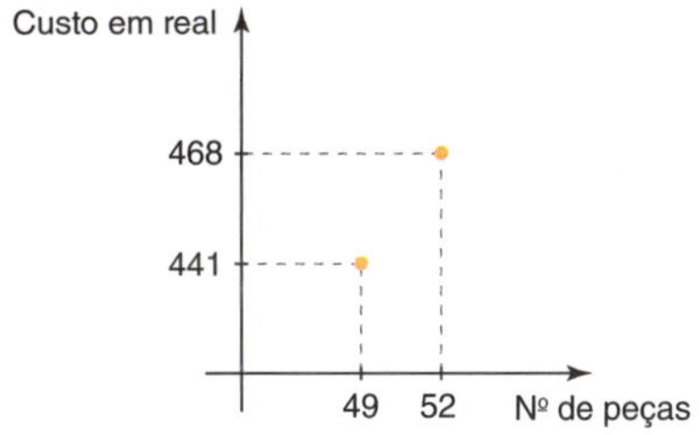

Sabendo que as peças são vendidas por R$ 19,50 e que a família almeja um lucro mensal de R$ 4.200,00, o número de peças produzidas e vendidas, para atingir esse fim, deverá ser:

a) 215
b) 400
c) 467
d) 525
e) 494
f) I.R.

(*Nota*: Admita que o custo C para x peças produzidas é uma função afim.)

4. **(Mackenzie-SP)** A figura mostra os esboços dos gráficos das funções $A(x)$ e $B(x)$, que fornecem os preços que as copiadoras, A e B, cobram para fazer x cópias de uma folha. Para fazer 360 cópias, a copiadora A cobra:

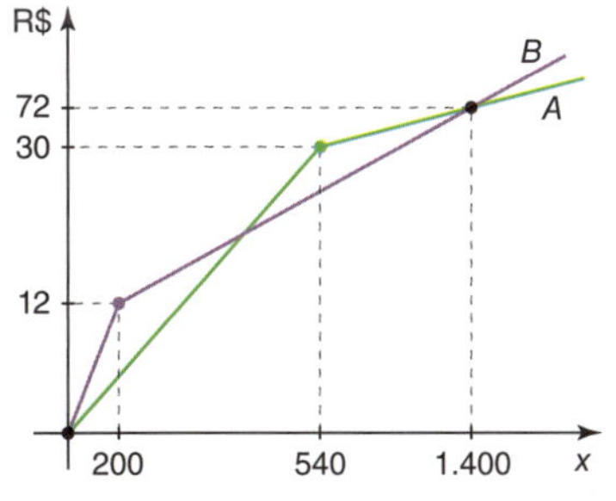

a) R$ 7,00 a menos que B.
b) R$ 5,00 a mais que B.
c) R$ 10,00 a menos que B.
d) $\frac{3}{2}$ do que cobra B.
e) O mesmo preço cobrado por B.

5. **(Unir-RO)** Duas empresas (A e B), locadoras de veículos de passeio, apresentaram o valor da locação de um mesmo carro pelos gráficos abaixo.

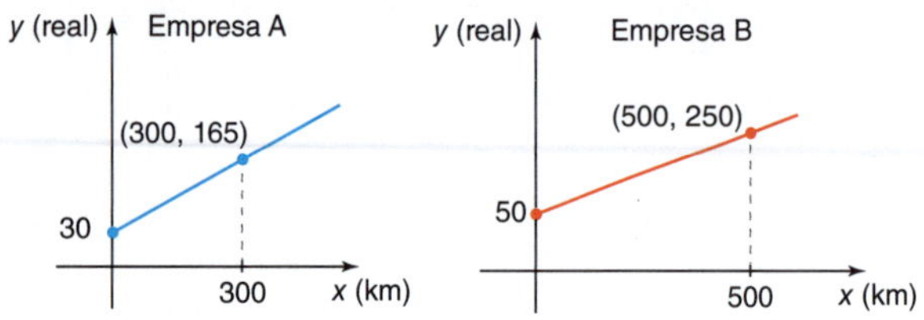

Considere y o valor pago, em real, pela locação desse veículo e x a quantidade de quilômetros rodados. A partir dessas informações, é correto afirmar:

a) A empresa A cobra 0,50 centavos por quilômetro rodado acrescido de uma taxa fixa de 50 reais.
b) A empresa B cobra somente a quilometragem rodada.
c) Para rodar 400 km, o valor cobrado pela empresa A é igual ao cobrado pela B.
d) Para rodar uma distância de 300 km é mais vantajoso alugar o carro da empresa B.
e) Para rodar uma distância de 500 km é mais vantajoso alugar o carro da empresa A.

6. **(UFSCar-SP)** O gráfico esboçado representa a massa média, em quilograma, de um animal de determinada espécie em função do tempo t de vida, em mês.

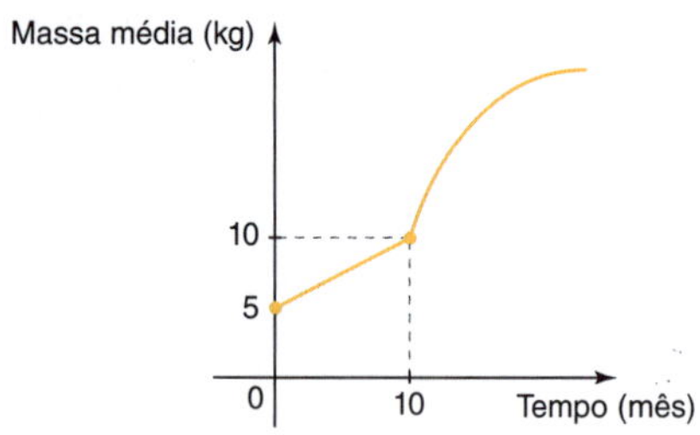

Para $0 \leqslant t \leqslant 10$ o gráfico é um segmento de reta.

a) Determine a expressão da função cujo gráfico é esse segmento de reta e calcule a massa média do animal com 6 meses de vida.
b) Para $t \geqslant 10$ meses, a expressão da função que representa a massa média do animal, em quilogramas, é $P(t) = \dfrac{120t - 1.000}{t + 10}$. Determine o intervalo de tempo t para o qual $10 < P(t) \leqslant 70$.

7. **(PUC-SP)** Quantos números inteiros e estritamente positivos satisfazem a sentença $\dfrac{1}{x - 20} \leqslant \dfrac{1}{12 - x}$?

a) dezesseis
b) quinze
c) quatorze
d) treze
e) menos de treze

8. **(Unesp)** Um laboratório farmacêutico tem dois depósitos, D_1 e D_2. Para atender a uma encomenda, deve enviar 30 caixas iguais contendo um determinado medicamento à drogaria A e 40 caixas do mesmo tipo e do mesmo medicamento à drogaria B. Os gastos com transporte, por cada caixa de medicamento, de cada depósito para cada uma das drogarias, estão indicados na tabela.

	A	B
D1	R$ 10, 00	R$ 14, 00
D2	R$ 12, 00	R$ 15, 00

Seja x a quantidade de caixas do medicamento, do depósito D_1, que deverá ser enviada à drogaria A e y a quantidade de caixas do mesmo depósito que deverá ser enviada à drogaria B.

a) Expressar:
   - em função de x, o gasto G_A com transporte para enviar os medicamentos à drogaria A;
   - em função de y, o gasto G_B com transporte para enviar os medicamentos à drogaria B;
   - em função de x e y, o gasto total G para atender as duas drogarias.

b) Sabe-se que no depósito D_1 existem exatamente 40 caixas do medicamento solicitado e que o gasto total G para se atender a encomenda deverá ser de R$ 890,00, que é o gasto mínimo nas condições dadas. Com base nisso, determine, separadamente, as quantidades de caixas de medicamentos que sairão de cada depósito, D_1 e D_2, para cada drogaria, A e B, e os gastos G_A e G_B.

9. **(Unicamp-SP)** Na década de 1960, com a redução do número de baleias de grande porte, como a baleia azul, as baleias minke antárticas passaram a ser o alvo preferencial dos navios baleeiros que navegam no hemisfério sul. O gráfico abaixo mostra o número **acumulado** aproximado de baleias minke antárticas capturadas por barcos japoneses, soviéticos/russos e brasileiros, entre o final de 1965 e o final de 2005.

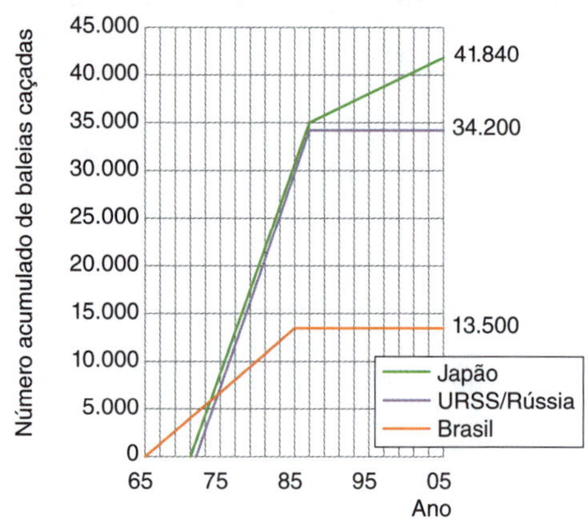

a) A seguir, trace a curva que fornece o número aproximado de baleias caçadas anualmente por barcos soviéticos/russos entre o final de 1965 e o final de 2005. Indique também os valores numéricos associados às letras A e B para que seja possível identificar a escala adotada para o eixo vertical.

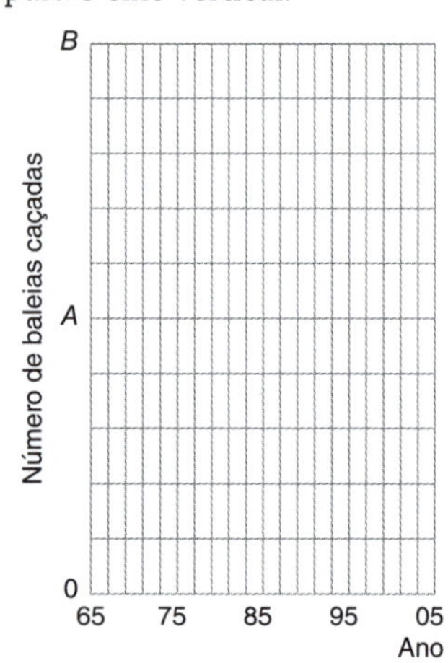

b) Calcule o número aproximado de baleias caçadas pelo grupo de países indicado no gráfico entre o final de 1965 e o final de 1990.

Função quadrática

Diversos fenômenos na natureza podem ser modelados por uma função quadrática, cujo gráfico é uma parábola.

A função quadrática

› **Função quadrática** ou **função polinomial do 2º grau** é toda função do tipo:

$$y = ax^2 + bx + c, \text{ em que } \{a, b, c\} \subset \mathbb{R} \text{ e } a \neq 0$$

› A função quadrática $y = ax^2 + bx + c$, cujas raízes são r_1 e r_2, pode ser escrita na **forma fatorada**:

$$y = a(x - r_1)(x - r_2)$$

Gráfico da função quadrática

O gráfico de toda função quadrática é uma **parábola** com eixo de simetria vertical.

Concavidade da parábola

$a > 0$

concavidade voltada para cima

$a < 0$

concavidade voltada para baixo

Intersecção com o eixo Ox

Os pontos de intersecção da parábola com o eixo Ox, quando existirem, são os pontos cujas abscissas são as raízes da função. Para encontrá-los, basta atribuir o valor zero à variável y na equação $y = ax^2 + bx + c$. Assim:

- existem 2 pontos de intersecção $\Leftrightarrow \Delta > 0$
- existe 1 ponto de intersecção $\Leftrightarrow \Delta = 0$
- não existe ponto de intersecção $\Leftrightarrow \Delta < 0$

Intersecção com o eixo Oy

Para obter o ponto de intersecção da parábola com o eixo Oy, atribuímos o valor zero à variável x da função $y = ax^2 + bx + c$. Assim, o ponto de intersecção com o eixo Oy é $(0, c)$.

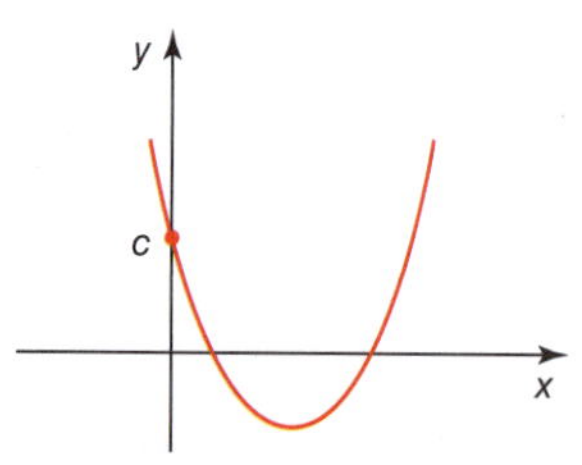

Vértice da parábola

› O vértice V da parábola de equação $y = ax^2 + bx + c$, é:

$$V = \left(-\frac{b}{2a}, -\frac{\Delta}{4a}\right)$$

A abscissa do vértice é a média aritmética entre as duas raízes da função, caso existam.

› O vértice V de uma função quadrática, $f(x) = ax^2 + bx + c$, é ponto mínimo ou ponto máximo.

$a > 0$

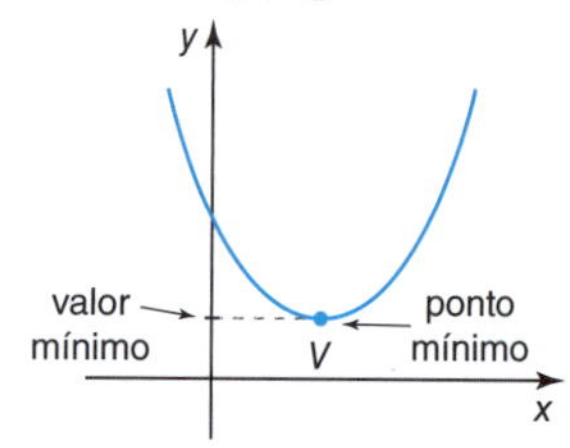

Nesse caso, V é **ponto mínimo** e a ordenada de V é o **valor mínimo** de f.

$a < 0$

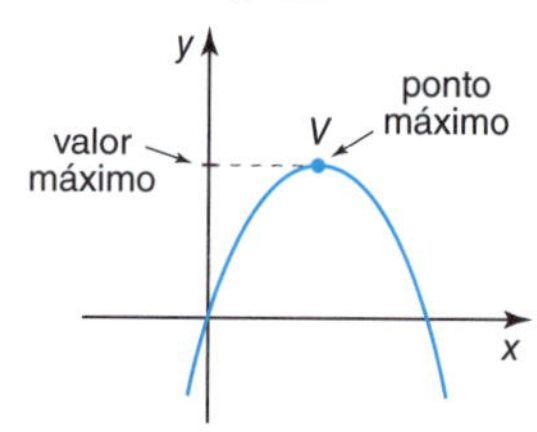

Nesse caso, V é **ponto máximo** e a ordenada de V é o **valor máximo** de f.

Estudo do sinal da função quadrática

	$a > 0$	$a < 0$
$\Delta > 0$	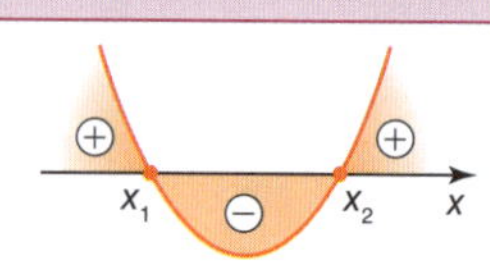	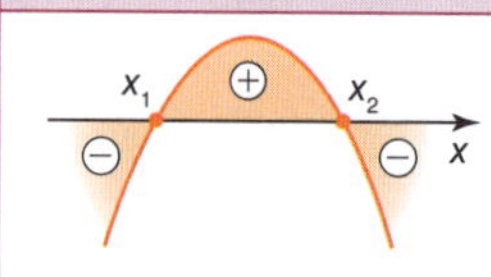
$\Delta = 0$	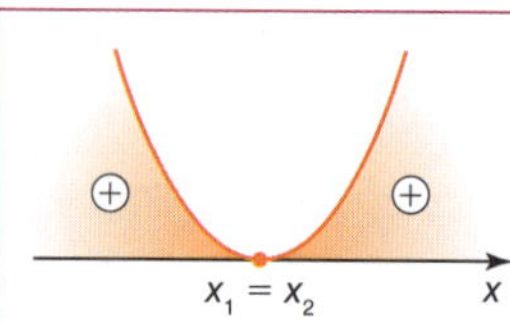	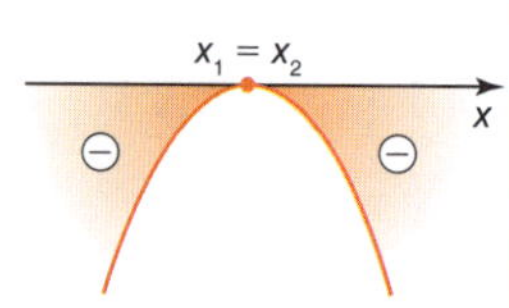
$\Delta < 0$	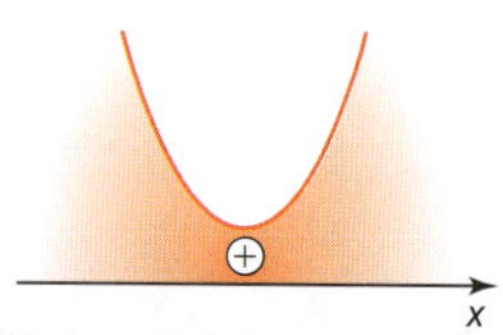	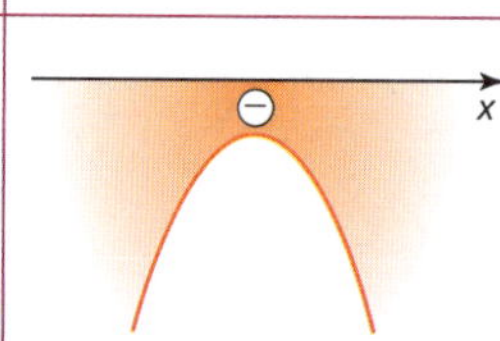

No Vestibular

1. **(Insper)** O gráfico da função dada pela lei $y = ax^2 + bx + c$, com $a \neq 0$, é a parábola esboçada abaixo, que tem vértice no ponto V.

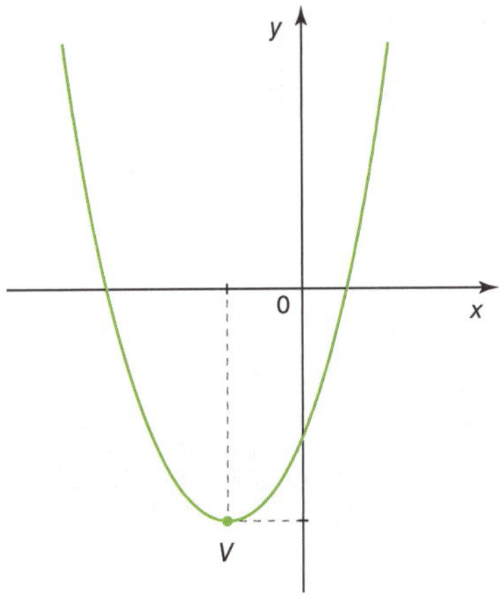

A partir do esboço, pode-se concluir que:

a) $a > 0$, $b > 0$ e $c > 0$
b) $a > 0$, $b > 0$ e $c < 0$
c) $a > 0$, $b < 0$ e $c > 0$
d) $a > 0$, $b < 0$ e $c < 0$
e) $a < 0$, $b < 0$ e $c < 0$

2. **(Unifor-CE)** Seja f uma função quadrática cujas raízes são -4 e 3. Se o gráfico de f intercepta o eixo das ordenadas no ponto $(0, -2)$, então:

a) O conjunto imagem de f é o intervalo $\left[-\frac{49}{24}, +\infty\right[$.
b) f é crescente para todo $x > -2$.
c) f é decrescente para todo $x < 0$.
d) f é positiva para todo $x > 0$.
e) O valor máximo de f é $\frac{7}{8}$.

3. **(Unicamp-SP)** Durante um torneio paraolímpico de arremesso de peso, um atleta teve seu arremesso filmado. Com base na gravação, descobriu-se a altura (y) do peso em função de sua distância horizontal (x), medida em relação ao ponto de lançamento. Alguns valores da distância e da altura são fornecidos na tabela a seguir. Seja $y(x) = ax^2 + bx + c$ a função que descreve a trajetória (parabólica) do peso.

Distância (m)	Altura (m)
1	2,0
2	2,7
3	3,2

a) Determine os valores de a, b e c.
b) Calcule a distância total alcançada pelo peso nesse arremesso.

4. **(Vunesp)** O gráfico representa uma função f que descreve, aproximadamente, o movimento (em função do tempo t em segundo), por um certo período, de um golfinho que salta e retorna à água, tendo o eixo das abscissas coincidente com a superfície da água.

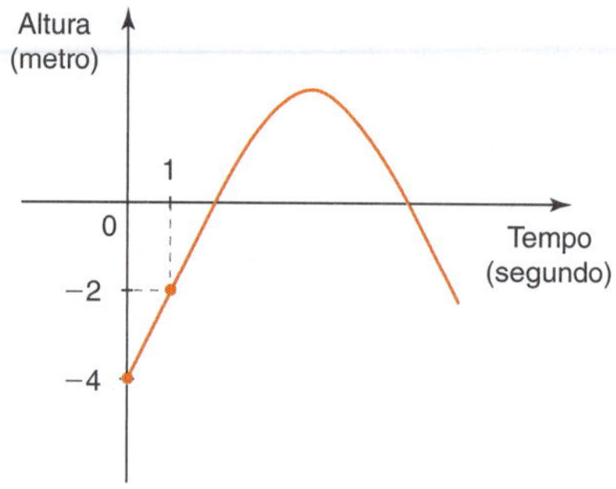

a) Sabendo que a parte negativa do gráfico de f é constituída por segmentos de retas, determine a expressão matemática de f nos instantes anteriores à saída do golfinho da água. Em que instante o golfinho saiu da água?

b) A parte positiva do gráfico de f é formada por parte de uma parábola, dada por $f(t) = -\frac{3}{4}t^2 + 6t - 9$. Determine quantos segundos o golfinho ficou fora da água e a altura máxima, em metro, atingida no salto.

5. **(Unifesp)** A figura mostra um arco parabólico ACB de altura $CM = 16$ cm, sobre uma base AB de 40 cm. M é o ponto médio de AB.

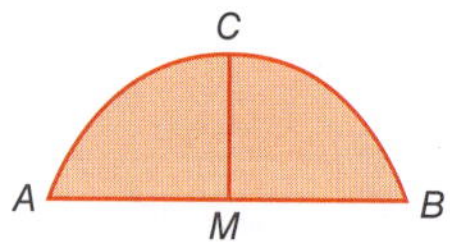

A altura do arco em centímetro, em um ponto da base que dista 5 cm de M, é:

a) 15
b) 14
c) 13
d) 12
e) 10

6. **(Fuvest-SP)** Suponha que um fio suspenso entre duas colunas de mesma altura h, situadas à distância d (ver figura), assuma a forma de uma parábola. Suponha também que:

i) a altura mínima do fio ao solo seja igual a 2;

ii) a altura do fio sobre um ponto no solo que dista $\frac{d}{4}$ de uma das colunas seja igual a $\frac{h}{2}$.

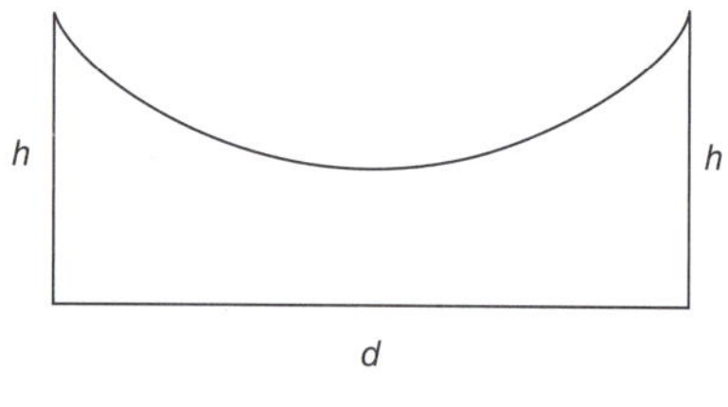

Se $h = 3\frac{d}{8}$, então d vale:

a) 14
b) 16
c) 18
d) 20
e) 22

7. **(UFPel-RS)** Na gravura abaixo, é possível observar trajetórias parabólicas descritas pela água jogada por meio de duas bombas.
Considere que as bombas e os pontos de alcance atingidos pela água sejam colineares, que a primeira bomba esteja localizada na origem de um sistema cartesiano e que o ponto mais alto da curva formada pelo jato dessa bomba tenha coordenadas (1, 2).

MARCOS HIRAKAWA/TURBORF/IMAGEPLUS

Com base nos textos e em seus conhecimentos, é correto afirmar que a função que determina a parábola representada no jato-d´água e o ponto no qual esse jato chega ao solo são, respectivamente:

a) $f(x) = 2x^2 - 4x$; P(2, 0)
b) $f(x) = -2x^2 - 4x$; P(2, 0)
c) $f(x) = +2x^2 + 4x$; P(−2, 0)
d) $f(x) = -2x^2 - 4x$; P(−2, 0)
e) $f(x) = -2x^2 + 4x$; P(2, 0)
f) I.R.

8. **(UFT-TO)** Uma empresa do ramo de confecções produz e comercializa calças jeans. Se x representa a quantidade produzida e comercializada (em milhares de unidades) e $L(x) = -x^2 + 48x - 10$ representa o lucro (em milhares de reais) da empresa para x unidades, então o lucro máximo que a empresa poderá obter é:

a) R$ 566.000,00
b) R$ 423.000,00
c) R$ 653.000,00
d) R$ 745.000,00
e) R$ 358.000,00

9. **(UFBA)** Em um terreno plano e horizontal, está fixado um mastro vertical com 13,5 metros de altura. Do topo do mastro, é lançado um projétil, descrevendo uma trajetória de modo que sua altura, em relação ao terreno, é uma função quadrática de sua distância à reta que contém o mastro. O projétil alcança a altura de 16 metros, quando essa distância é de 3 metros, e atinge o solo, quando a distância é de 27 metros. Determine, em metro, a altura máxima alcançada pelo projétil.

10. **(Mackenzie-SP)** Se $f\left(\frac{3}{2}\right) = \frac{25}{4}$ é o máximo de uma função quadrática f e se (−1, 0) é um ponto do gráfico de f, então $f(0)$ é igual a:

a) 5
b) 4
c) 3
d) −1
e) −2

11. **(Unifal)** Na figura abaixo, têm-se os esboços dos gráficos de $f(x) = x^2 + x - 2$ e $g(x) = ax + b$.

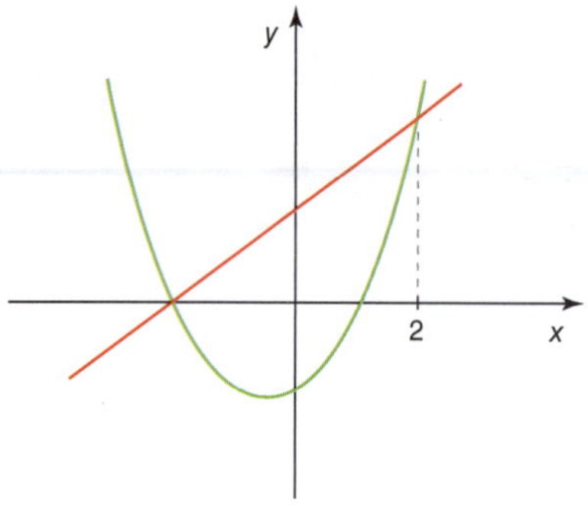

É correto afirmar que as constantes a e b são números inteiros tais que:

a) a e b são pares.
b) a e b são ímpares.
c) a é ímpar e b é par.
d) a é par e b é ímpar.

12. **(Udesc)** A taxa de evaporação de água em um reservatório depende da condição climática. Em um modelo simplificado, essa taxa, E, pode ser descrita por:

$E = v(2 - (U(x))^2) + v(U(x))$.

Sendo v a velocidade constante do vento, e para este problema vale 10 m/s; e $U(x)$ a umidade relativa do ar sendo dependente da diferença entre concentração de ar e vapor de água por volume (variável x) definida por $U(x) = x + 1$.

Determine:

a) Para que valor de x a taxa de evaporação é zero?
b) Qual o valor de x em que a taxa de evaporação é máxima?
c) Qual o valor máximo da taxa de evaporação?
d) Se $x = 0$, qual a taxa de evaporação?

13. **(UFG-GO)** Para a construção de uma pousada, deseja-se cercar três lados de um terreno situado às margens de um rio, de modo que ele fique com a forma retangular, conforme a figura abaixo.

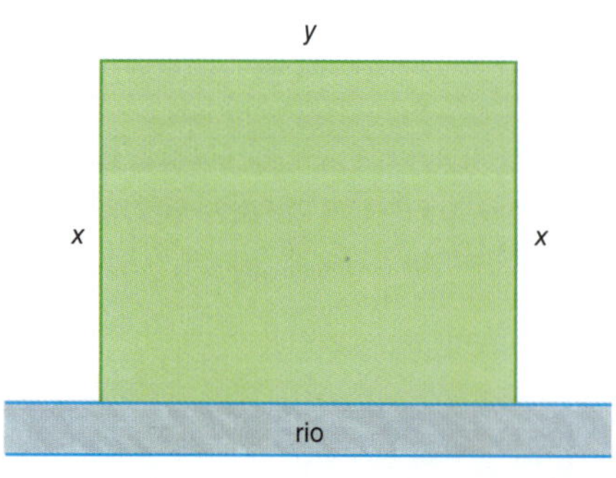

Sabe-se que o metro linear da cerca paralela ao rio custa R$ 12,00, das cercas perpendiculares ao rio custam R$ 8,00 e que o proprietário irá gastar R$ 3.840,00 com a construção total da cerca.

Nessas condições, construa o gráfico da função que representa a área do terreno, em função da dimensão x, e determine as dimensões do terreno para que a sua área seja máxima.

14. **(Mackenzie-SP)** O retângulo assinalado na figura possui área máxima.

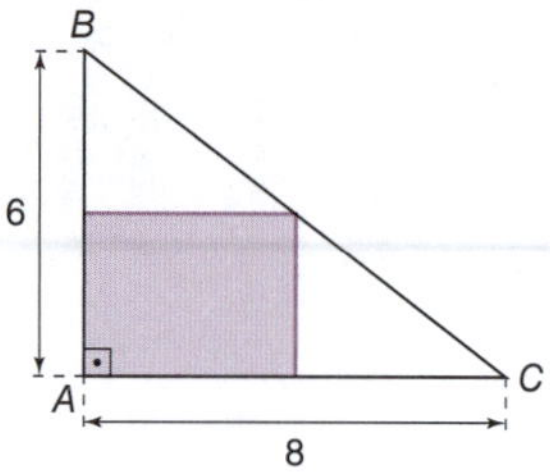

Essa área é igual a:

a) 12 b) 10 c) 15 d) 8 e) 14

15. **(Unioeste-PR)** Uma fábrica de calçados vende 200 pares por semana se o preço for mantido em R$ 20,00 o par. Ela constatou que, em média, para cada real de aumento no preço de venda dos sapatos há uma redução semanal de quatro pares no total das vendas. Com base nestas informações pode-se concluir que, para que a empresa tenha a maior receita semanal possível, ela deverá elevar o preço dos calçados para:

a) R$ 25,00
b) R$ 31,00
c) R$ 30,00
d) R$ 28,00
e) R$ 35,00

16. **(Unesp)** Em um acidente automobilístico, foi isolada uma região retangular, como mostrado na figura.

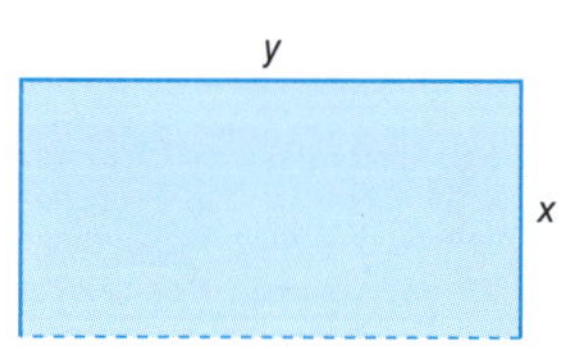

Se 17 m de corda (esticada e sem sobras) foram suficientes para cercar 3 lados da região, a saber, os dois lados menores de medida x e um lado maior de medida y, dados em metro, determine:

a) A área (em m²) da região isolada, em função do lado menor.
b) A medida dos lados x e y da região retangular, sabendo que a área da região era de 36 m² e a medida do lado menor era um número inteiro.

17. **(Mackenzie-SP)** Na figura, temos os esboços dos gráficos das funções $f(x) = 4 - x^2$ e $g(x) = x^2 - 4x + m$, que se interceptam em um único ponto de abscissa k.

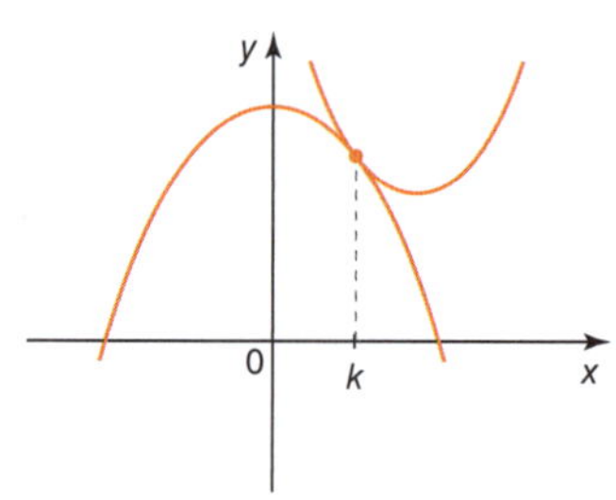

O valor de $k + m$ é:

a) 8
b) 6,5
c) 5,5
d) 7
e) 6

Função modular

Em pesquisas de opinião, é comum informar a margem de erro; por exemplo, dois pontos percentuais, para mais ou para menos. Essa informação pode ser associada ao conceito de módulo de um número real.

Módulo de um número real

- Considere, no eixo real de origem O, um ponto P de abscissa x.

Chama-se **módulo** ou **valor absoluto** de x, que indicamos por $|x|$, a distância entre os pontos P e O.

- Para qualquer número real x, temos:

$$|x| = \begin{cases} x, \text{ se } x \geqslant 0 \\ -x, \text{ se } x < 0 \end{cases}$$

A função modular

- Seja $f: \mathbb{R} \to \mathbb{R}$ uma função que associa cada número real x ao seu módulo. Assim:

$$f(x) = |x| \Leftrightarrow f(x) = \begin{cases} x, \text{ se } x \geqslant 0 \\ -x, \text{ se } x < 0 \end{cases}$$

- Para esboçar o gráfico da função modular, estudamos cada uma das sentenças separadamente. A reunião dos gráficos obtidos é o gráfico da função modular.

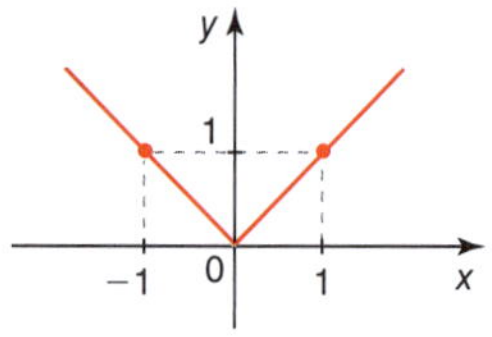

Esboço do gráfico por reflexão

Outro recurso para a construção de gráficos de funções modulares é utilizar a ideia de reflexão.

Seja uma função f representada pelo gráfico abaixo. Vamos construir o gráfico de $g(x) = |f(x)|$ a partir do gráfico de f.

- Quando $f(x) \geqslant 0$, o gráfico de g é o próprio gráfico de f.
- Quando $f(x) < 0$, o gráfico de g é o gráfico de f refletido em relação ao eixo Ox, ou seja, $g(x) = -f(x)$.

Assim:

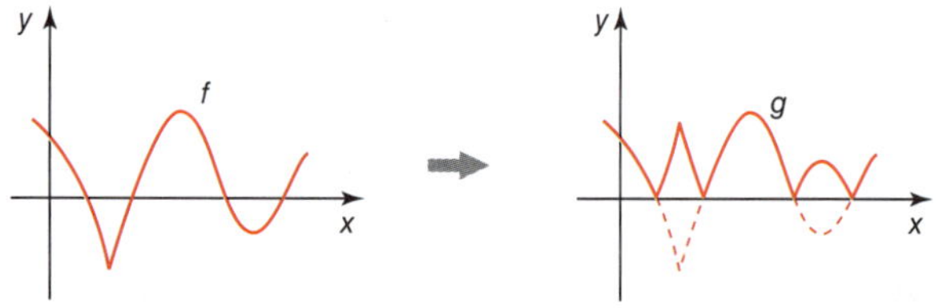

Esboço do gráfico por translação

- Para construir o gráfico de uma função do tipo $f(x) = k + |g(x)|$, em que $k \neq 0$ é uma constante real e $h(x) = |g(x)|$, procedemos da seguinte maneira:
  - se $k > 0$, transladamos verticalmente para cima, em k unidades, o gráfico de h.
  - se $k < 0$, transladamos verticalmente para baixo, em k unidades, o gráfico de h.
- Para construir o gráfico de uma função do tipo $f(x) = |g(x + k)|$, em que $k \neq 0$ é uma constante real e $h(x) = |g(x)|$, procedemos da seguinte maneira:
  - se $k > 0$, transladamos horizontalmente para a esquerda, em k unidades, o gráfico de h.
  - se $k < 0$, transladamos horizontalmente para a direita, em k unidades, o gráfico de h.

Esboço do gráfico pelo estudo do sinal da função

Para esboçar o gráfico de uma função do tipo $f(x) = |g_1(x)| \pm |g_2(x)| \pm |g_3(x)| \pm ... \pm |g_n(x)|$, podemos eliminar os módulos por meio do estudo de sinal das funções g_1, g_2, g_3, ... e g_n, obtendo, assim, uma função definida por mais de uma sentença.

Propriedades do módulo

Para quaisquer números reais x e y e para uma constante real positiva d, temos:

- $|x| \geqslant 0$
- $|x| = d \Leftrightarrow x = \pm d$
- $\sqrt{x^2} = |x|$
- $\left|\frac{x}{y}\right| = \frac{|x|}{|y|}$, com $y \neq 0$
- $|x| = 0 \Leftrightarrow x = 0$
- $|x| = |y| \Leftrightarrow x = \pm y$
- $|x| \leqslant d \Leftrightarrow -d \leqslant x \leqslant d$
- $|x| \geqslant d \Leftrightarrow x \leqslant -d$ ou $x \geqslant d$
- $|x \cdot y| = |x| \cdot |y|$

Usando essas propriedades resolvemos equações e inequações modulares.

No Vestibular

1. **(Unifal)** Na resolução da equação modular $|2x - 3| = 5$ obtém-se dois números reais cuja média aritmética é:

   a) $\frac{1}{2}$ c) $\frac{5}{2}$

   b) $\frac{7}{2}$ d) $\frac{3}{2}$

2. **(Mackenzie-SP)** O número de soluções reais da equação $x^2 = 1 - |x|$ é:

   a) 2 d) 4
   b) 0 e) 3
   c) 1

3. **(Unir-RO)** A figura abaixo apresenta a rota percorrida por um representante comercial durante uma viagem de negócios no trecho Ji-Paraná-Porto Velho. Ao ser indagado sobre a posição em que se encontrava num determinado momento da viagem, respondeu: "Estou num ponto da rodovia que liga Ji-Paraná a Porto Velho, cuja distância em relação à cidade de Jaru é maior que a metade da distância de Ji-Paraná a Ariquemes."

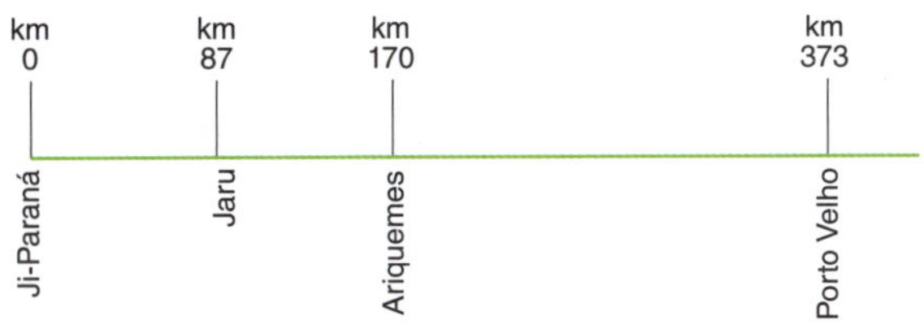

   Sendo x a posição em que se encontrava o representante comercial, qual a sentença matemática que representa essa situação?

   a) $|2x - 174| > 170$
   b) $|x - 174| < 170$
   c) $2x - 174 > 170$
   d) $|174 - x| > 170$
   e) $x - 174 < 170$

4. **(FGV)** A soma dos valores inteiros de x que satisfazem simultaneamente as desigualdades: $|x - 5| < 3$ e $|x - 4| \geq 1$ é:

   a) 25 d) 18
   b) 13 e) 21
   c) 16

5. **(Mackenzie-SP)** A soma dos valores de x que satisfaz a igualdade $|x^2 - x - 2| = 2x + 2$ é:

   a) 1 d) 2
   b) 3 e) −3
   c) −2

6. **(UFCE)** O valor mínimo da função

   $f(x) = |x - 1| + |x - 2| + |x - 3|$ é:

   a) $\frac{1}{2}$ d) 2

   b) 1 e) 3

   c) $\frac{3}{2}$

7. **(UFU-MG)** Na figura abaixo, tem-se um esboço do gráfico da função $f(x) = x|x - 2|$.

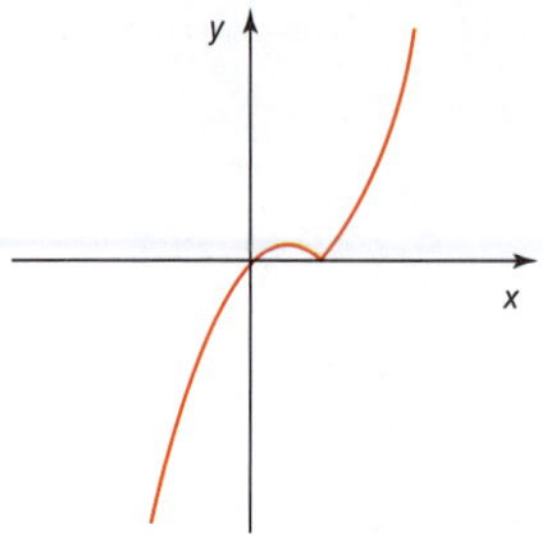

Dentre as sentenças abaixo, a única incorreta é:

a) A função f é crescente no intervalo $[-1, 1]$.
b) As raízes de $f(x) = 0$ são 0 e 2.
c) $f(x + 1) \geq 0$ para todo x no intervalo $[-1, 1]$.
d) $f(-1) = -f(1)$

8. **(Unifesp)** Considere a função

$$f(x) = \begin{cases} 1, \text{ se } 0 \leq x \leq 2; \\ -2, \text{ se } -2 \leq x < 0 \end{cases}$$

A função $g(x) = |f(x)| - 1$ terá o seguinte gráfico:

a)

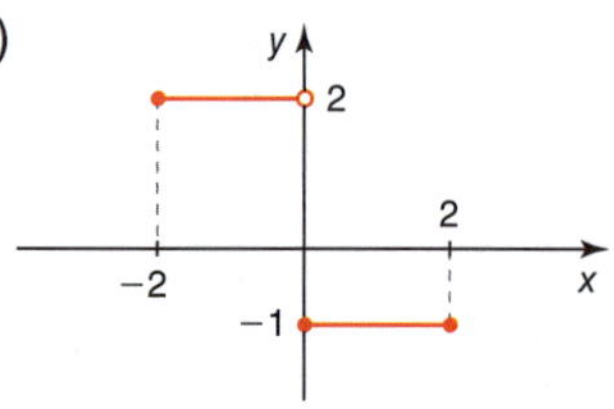

b)

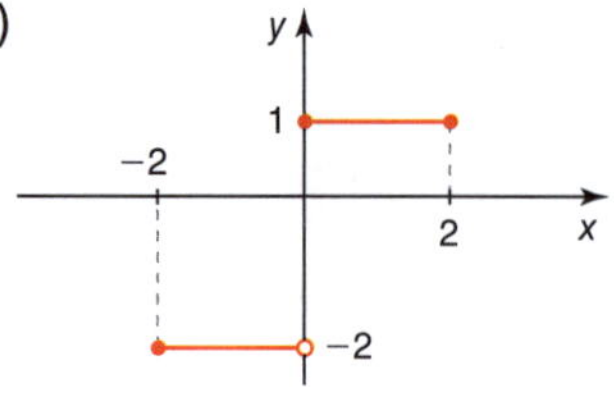

c)

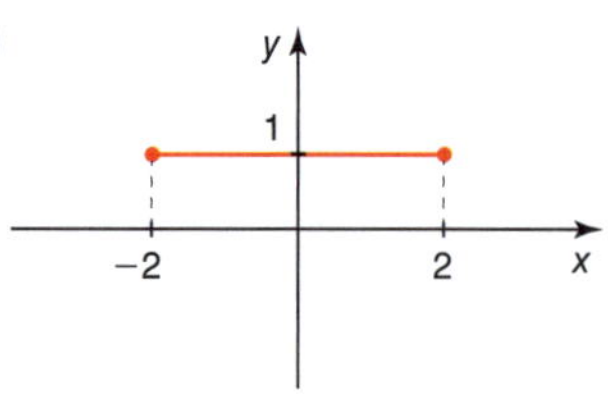

d)

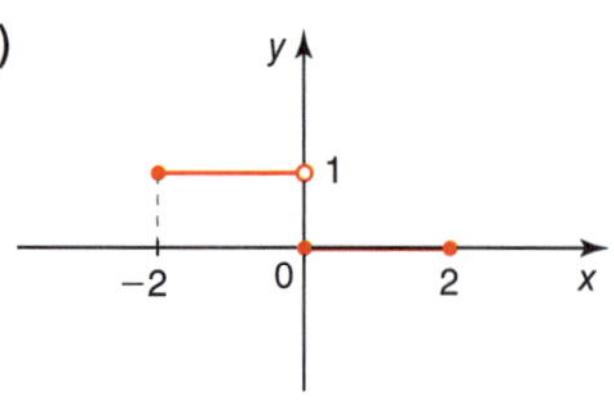

e)

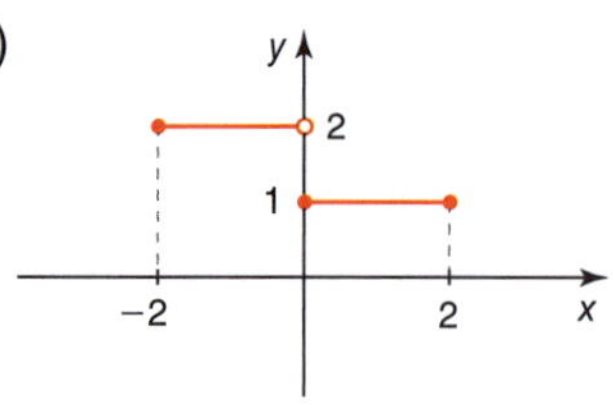

9. **(Udesc)** A alternativa que representa o gráfico da função $f(x) = |x + 1| + 2$ é:

a)

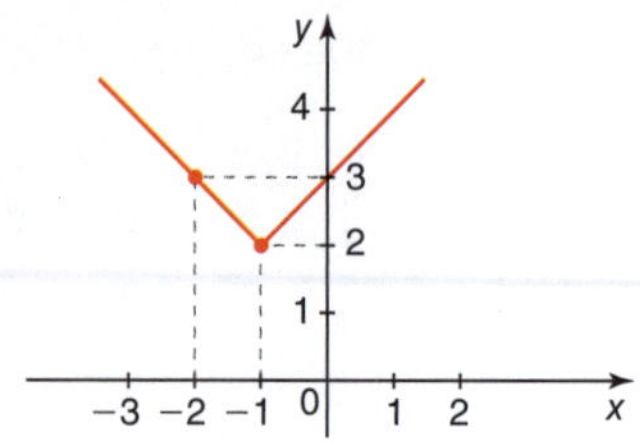

b)

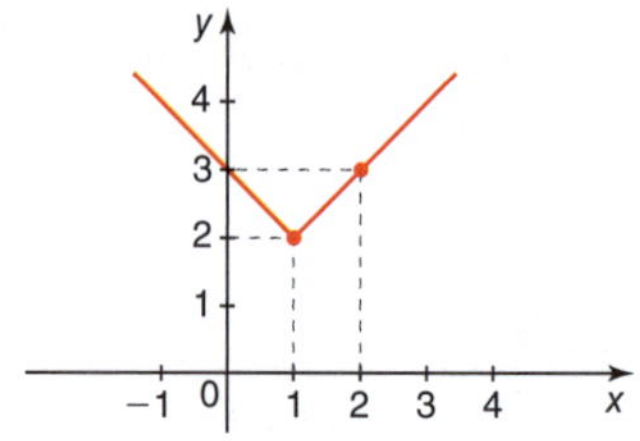

c)

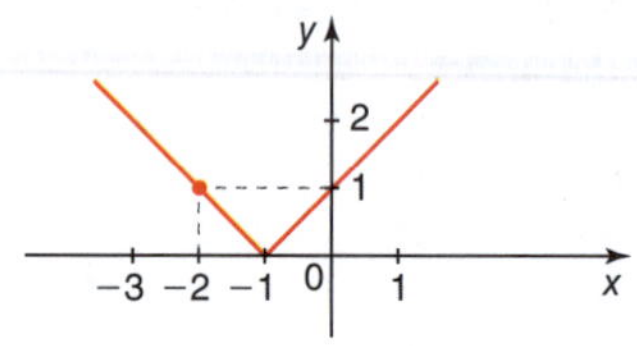

d)

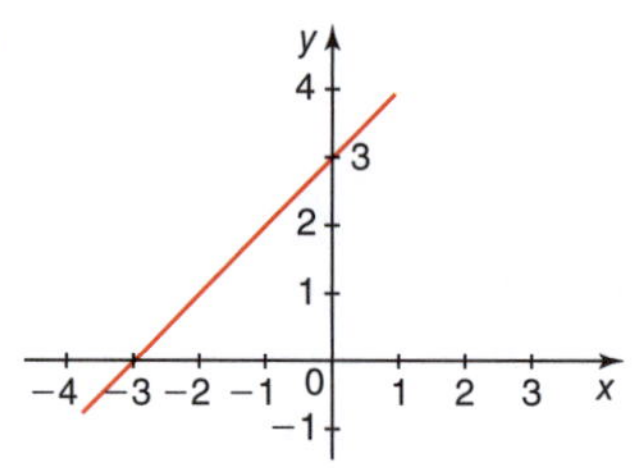

e)

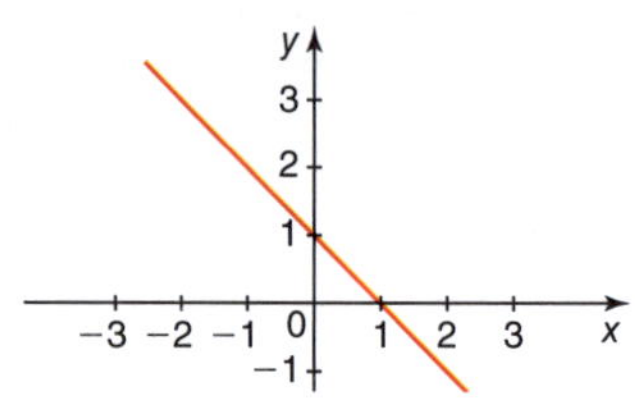

10. **(Mackenzie-SP)**

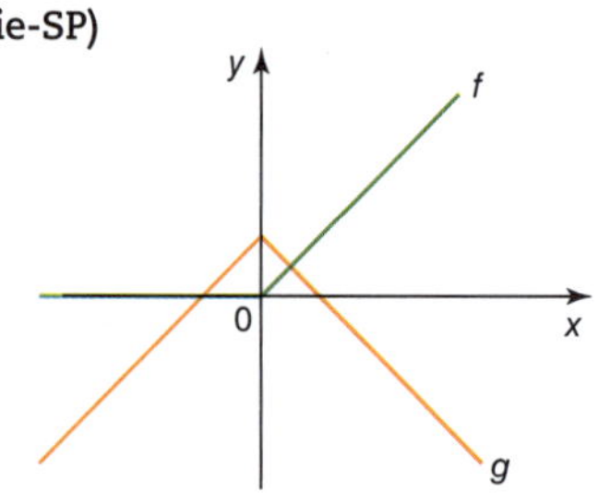

Observando, na figura, os esboços dos gráficos das funções $f(x) = \dfrac{|x| + x}{2}$ e $g(x) = -|x| + 1$, considere as afirmações:

I. Não existe $x < 0$ tal que $g(x) > f(x)$.
II. As soluções de $f(x) \geq g(x)$ são todas positivas.
III. A soma das raízes da equação $f(x) = g(x)$ é $\dfrac{1}{2}$.

Então:

a) todas são falsas.
b) todas são verdadeiras.
c) somente I e II são verdadeiras.
d) somente I e III são verdadeiras.
e) somente II e III são verdadeiras.

11. **(Udesc)** Determine o conjunto solução da equação:
$|x + 1| + 3|x - 2| = 8$.

12. **(ESPM-SP)** A soma das raízes reais da equação
$x - |x - 2| = x \cdot |x - 1|$ é igual a;

a) -1
b) 0
c) 3
d) 2
e) 1

13. **(FGV)**

a) Esboce o gráfico da função $f(x) = x^2 - 3|x| + 2$.
b) Represente os pontos (x, y) do plano cartesiano que satisfazem a relação $|3x - 2y| = 6$.

14. **(ITA-SP)** Os valores de $x \in \mathbb{R}$, para os quais a função real dada por $f(x) = \sqrt{5 - ||2x - 1| - 6|}$ está definida, formam o conjunto:

a) $[0, 1]$
b) $[-5, 6]$
c) $[-5, 0] \cup [1, \infty)$
d) $(-\infty, 0] \cup [1, 6]$
e) $[-5, 0] \cup [1, 6]$

15. **(FGV)** Resolva a inequação $\sqrt{(x + 1)^2} + \sqrt{x^2} \leqslant x + 2$.

16. **(Fuvest)** O módulo $|x|$ de um número real x é definido por $|x| = x$, se $x \geqslant 0$, e $|x| = -x$, se $x < 0$. Das alternativas abaixo, a que melhor representa o gráfico da função
$f(x) = x|x| - 2x + 2$ é:

a)
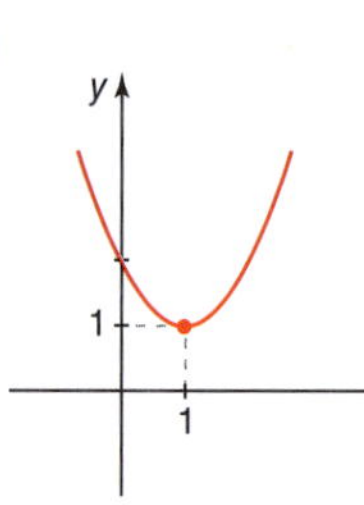

b)
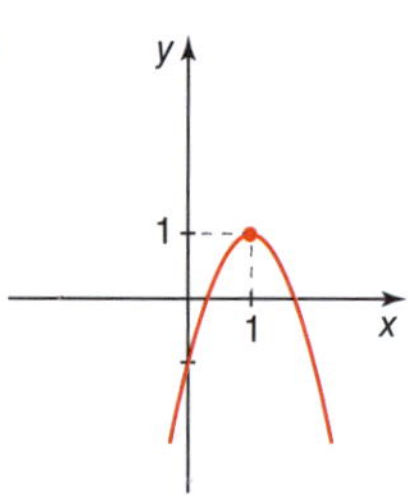

c)
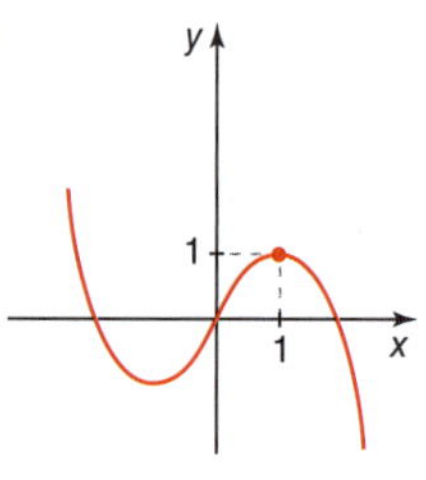

d)
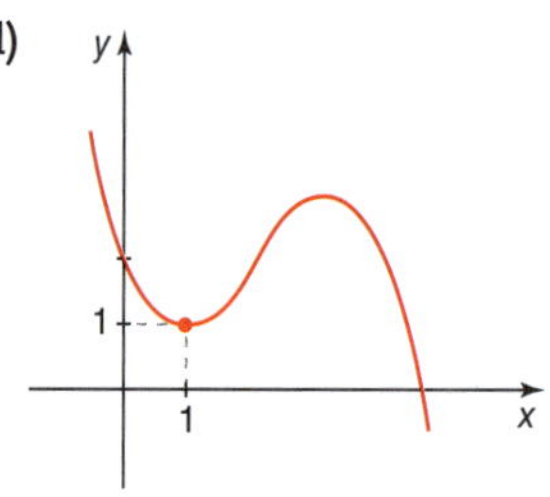

e)
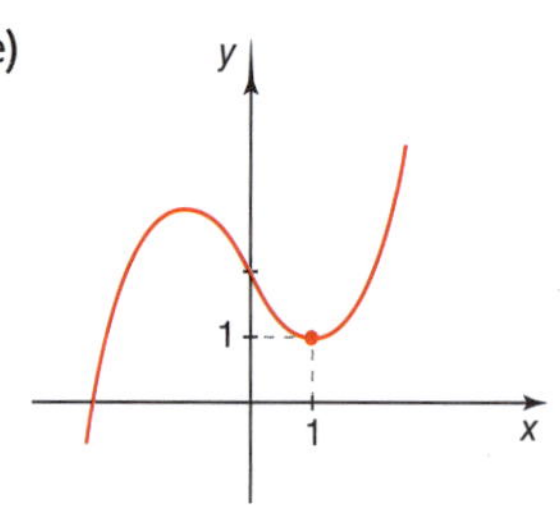

17. **(Vunesp)** Sejam a e b dois números reais positivos tais que $a < b$ e $a + b = 4$. Se o gráfico da função
$y = |x - a| + |x - b|$ coincide com a função $y = 2$ no intervalo $a \leqslant x \leqslant b$, calcule os valores de a e b.

Função exponencial e função logarítmica

A variação de inúmeras grandezas pode ser representada por uma sequência numérica em que o produto de um termo por uma taxa constante é o termo seguinte; por exemplo: crescimento populacional, decaimento radioativo e os montantes acumulados em uma aplicação financeira. Essas variações podem ser estudadas pela função exponencial. A inversa da função exponencial é a função logarítmica.

A função exponencial

- Chama-se **função exponencial** toda função $f: \mathbb{R} \rightarrow \mathbb{R}_+^*$, tal que:

$$f(x) = a^x, \text{ com } a \in \mathbb{R}_+^* \text{ e } a \neq 1$$

- A função exponencial $f(x) = a^x$ é injetora, isto é, para quaisquer x_1 e x_2 do domínio de f, temos a equivalência:

$$a^{x_1} = a^{x_2} \Leftrightarrow x_1 = x_2$$

  Note que essa função também é sobrejetora, pois para qualquer y, com $y \in \mathbb{R}^*_+$, existe x, com $x \in \mathbb{R}$, tal que $y = a^x$.
- A função exponencial $f(x) = a^x$, com $\boldsymbol{a > 1}$, é **crescente**. Isso significa que, para quaisquer x_1 e x_2 do domínio de f, temos a equivalência:

$$a^{x_2} > a^{x_1} \Leftrightarrow x_2 > x_1$$

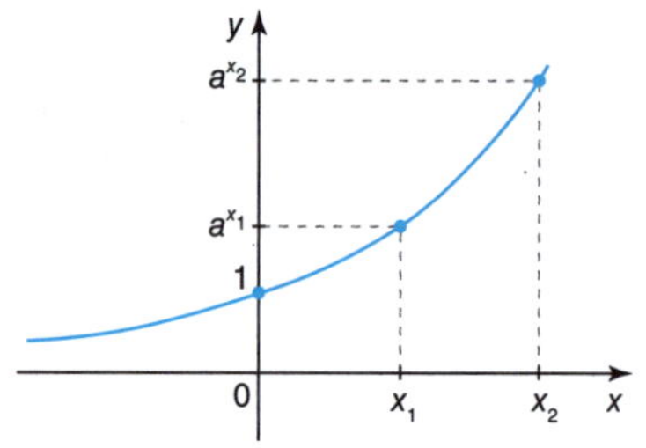

- A função exponencial $f(x) = a^x$, com $\boldsymbol{0 < a < 1}$, é **decrescente**. Isso significa que, para quaisquer x_1 e x_2 do domínio de f, temos a equivalência:

$$a^{x_2} > a^{x_1} \Leftrightarrow x_2 < x_1$$

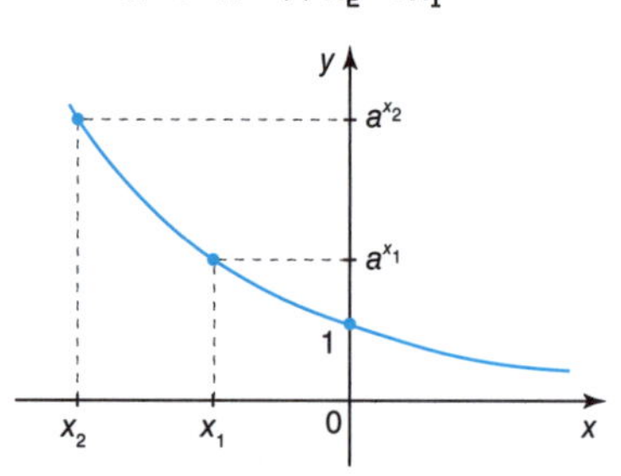

Equação exponencial

- **Equação exponencial** é toda equação que apresenta a incógnita no expoente de uma ou mais potências de base positiva e diferente de 1.
- A resolução de uma equação exponencial baseia-se na equivalência:

$$a^{x_1} = a^{x_2} \Leftrightarrow x_1 = x_2$$

Inequação exponencial

- **Inequação exponencial** é toda inequação que apresenta a variável no expoente de uma ou mais potências de base positiva e diferente de 1.
- As resoluções de uma inequação exponencial baseiam-se nas equivalências:
  - Para $a > 1$: $a^{x_2} > a^{x_1} \Leftrightarrow x_2 > x_1$
  - Para $0 < a < 1$: $a^{x_2} > a^{x_1} \Leftrightarrow x_2 < x_1$

Logaritmo

- Sendo a e b números reais positivos, com $b \neq 1$, chama-se **logaritmo** de a na base b o expoente x tal que $b^x = a$.

$$\log_b = a = x \Leftrightarrow b^x = a$$

- Na sentença $\log_b a = x$:
  - a é o **logaritmando**;
  - b é a **base do logaritmo**;
  - x é o **logaritmo de *a* na base *b***.
- Chama-se **logaritmo decimal** aquele cuja base é 10. Indica-se o logaritmo decimal de um número a simplesmente por $\log a$ (a base 10 fica subentendida).
- Dado um número real a positivo, chama-se **logaritmo natural** do número a aquele cuja base é o número de Neper (e). Indicamos esse logaritmo natural simplesmente por $\ln a$:

$$\ln a = \log_e a$$

  Também chamamos o logaritmo natural de logaritmo neperiano.

Propriedades dos logaritmos

Para quaisquer números reais positivos a, b e c, com $b \neq 1$, temos:

P1. $\log_b b = 1$

P2. $\log_b 1 = 0$

P3. $\log_b a^y = y \cdot \log_b a$

P4. $\log_b b^x = x$

P5. $b^{\log_b a} = a$

P6. $\log_b ac = \log_b a + \log_b c$

P7. $\log_b \frac{a}{c} = \log_b a - \log_b c$

P8. $\log_b a = \frac{\log_k a}{\log_k b}$ (com $k \in \mathbb{R}_+^*$ e $k \neq 1$)

A função logarítmica

- Chama-se **função logarítmica** toda função f: $\mathbb{R}_+^* \to \mathbb{R}$, tal que:

$$f(x) = \log_b x, \text{ com } b \in \mathbb{R}_+^* \text{ e } b \neq 1$$

- A função logarítmica $f(x) = \log_b x$ é injetora, isto é, para quaisquer x_1 e x_2 do domínio de f, temos a equivalência:

$$\log_b x_1 = \log_b x_2 \Leftrightarrow x_1 = x_2$$

Note que essa função também é sobrejetora, pois para qualquer y, com $y \in \mathbb{R}$, existe x, com $x \in \mathbb{R}_+^*$ tal que $y = \log_b x$.

- A função logarítmica $f(x) = \log_b x$, com $b > 1$, é **crescente**. Isso significa que, para quaisquer x_1 e x_2 do domínio de f, temos a equivalência:

$$\log_b x_2 > \log_b x_1 \Leftrightarrow x_2 > x_1$$

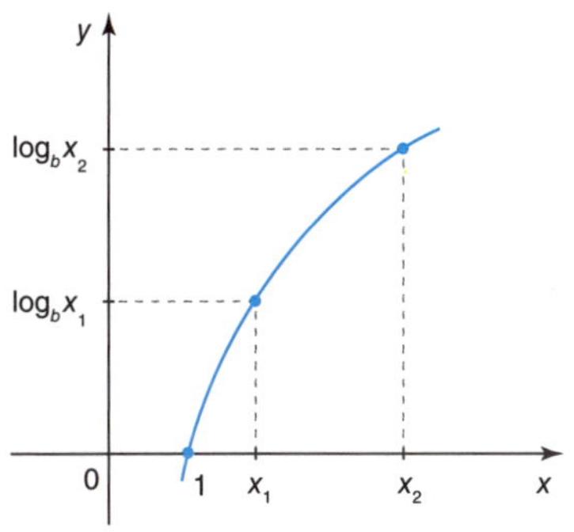

- A função logarítmica $f(x) = \log_b x$, com $0 < b < 1$, é **decrescente**. Isso significa que, para quaisquer x_1 e x_2 do domínio de f, temos a equivalência:

$$\log_b x_2 < \log_b x_1 \Leftrightarrow x_2 > x_1$$

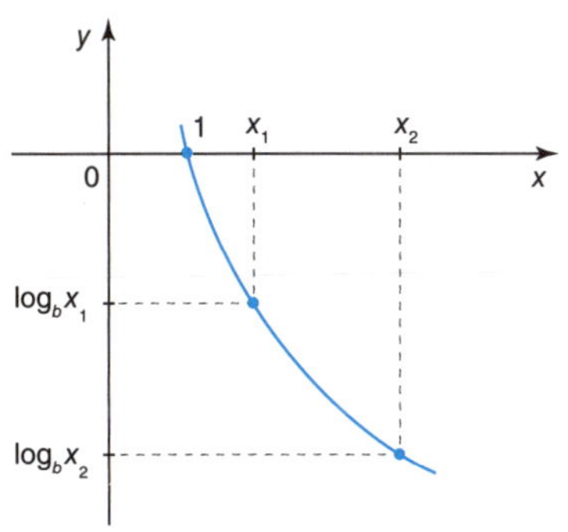

A inversa da função logarítmica

A inversa da função logarítmica $f(x) = \log_b x$ é a função exponencial $f^{-1}(x) = b^x$.

$b > 1$

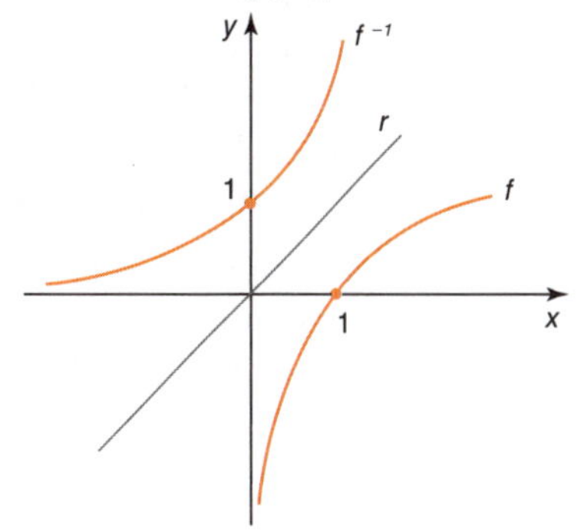

$0 < b < 1$

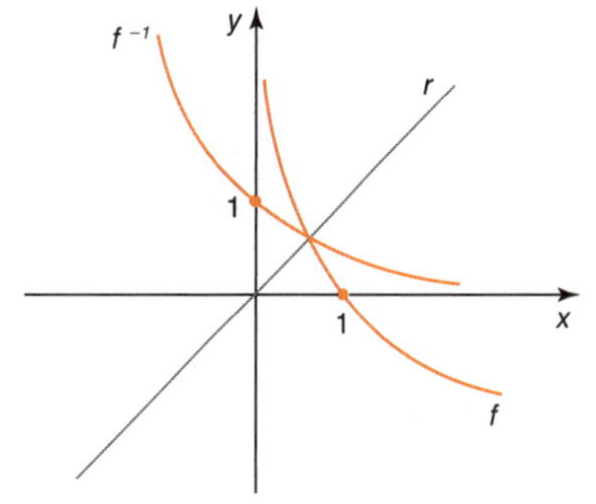

Note, em cada figura, que os gráficos de f e de f^{-1} são simétricos em relação à reta r, bissetriz dos quadrantes ímpares.

Equação logarítmica

- **Equação logarítmica** é toda equação que apresenta a incógnita no logaritmando ou na base de um logaritmo.
- A resolução de uma equação logarítmica baseia-se na equivalência:

$$\log_b x_1 = \log_b x_2 \Leftrightarrow x_1 = x_2$$

Inequação logarítmica

- **Inequação logarítmica** é toda inequação que apresenta a variável no logaritmando ou na base de um logaritmo.
- As resoluções de uma inequação logarítmica baseiam-se nas equivalências:
  - Para $b > 1$: $\log_b x_2 > \log_b x_1 \Leftrightarrow x_2 > x_1$
  - Para $0 < b < 1$: $\log_b x_2 < \log_b x_1 \Leftrightarrow x_2 > x_1$

No Vestibular

1. **(Unifesp)** Sob determinadas condições, o antibiótico gentamicina, quando ingerido, é eliminado pelo organismo à razão de metade do volume acumulado a cada hora. Daí, se K é o volume da substância no organismo, pode-se utilizar a função $f(t) = K \cdot \left(\frac{1}{2}\right)^{\frac{t}{2}}$ para estimar a sua eliminação depois de um tempo t, em horas. Neste caso, o tempo mínimo necessário para que uma pessoa conserve no máximo 2 mg desse antibiótico no organismo, tendo ingerido 128 mg numa única dose, é de:
   a) 12 horas e meia
   b) 12 horas
   c) 10 horas e meia
   d) 8 horas
   e) 6 horas

2. **(Unioeste-PR)** Sendo a função c expressa pela lei $c(t) = -2^{2t} + 2^{t+2} + 32$, e sendo t um número real, é correto afirmar que:
   a) $c(t) > 0$ se $t \geqslant 0$
   b) c é uma função crescente.
   c) c possui uma única raiz real.
   d) o domínio de c é o conjunto dos números reais positivos.
   e) a função c pode ser escrita como $c(t) = -4^t + 2(2^{t+1}) + 32$, que pode ser simplificada para $c(t) = -2^t + 2^{t+1} + 16$, representando a mesma função.

3. **(Insper)** Se $a > 1$, então a equação $a^x + ax^2 - a = 0$ tem:
   a) nenhuma solução.
   b) nenhuma ou apenas uma solução, dependendo do valor de a.
   c) nenhuma, apenas uma ou apenas duas soluções, dependendo do valor de a.
   d) apenas uma solução, independente do valor de a.
   e) apenas duas soluções, independente do valor de a.

4. **(Unioeste-PR)** Uma colônia A de bactérias cresce segundo a função $A(t) = 2 \cdot (4^t)$ e uma colônia B cresce segundo a função $B(t) = 32 \cdot (2^t)$, sendo t o tempo em hora. De acordo com estas funções, imediatamente após o instante t', o número de bactérias da colônia A é maior que o número de bactérias da colônia B. Pode-se afirmar que:
   a) t' é um número ímpar.
   b) t' é divisível por 3.
   c) o dobro de t' é maior que 7.
   d) t' é maior que 15.
   e) t' é múltiplo de 5.

5. **(Udesc)** O conjunto solução da inequação $\left(\sqrt[3]{2^{(x-2)}}\right)^{x+3} > (4)^x$ é:
   a) $S = \{x \in \mathbb{R} \mid -1 < x < 6\}$
   b) $S = \{x \in \mathbb{R} \mid x < -6 \text{ ou } x > 1\}$
   c) $S = \{x \in \mathbb{R} \mid x < -1 \text{ ou } x > 6\}$
   d) $S = \{x \in \mathbb{R} \mid -6 < x < 1\}$
   e) $S = \{x \in \mathbb{R} \mid x < -\sqrt{6} \text{ ou } x > \sqrt{6}\}$

6. **(Ufac)** Se a e b são números reais e a função f definida por $f(x) = a \cdot 2^x + b$, para todo x real, satisfaz $f(0) = 0$ e $f(1) = 1$, então a imagem de f é o intervalo:
   a) $]1, +\infty[$
   b) $]0, +\infty[$
   c) $]-\infty, 1[$
   d) $[-1, 1]$
   e) $]-1, +\infty[$

7. **(UFSCar-SP)** Para estimar a área da figura $ABDO$ (colorida no desenho), onde a curva AB é parte da representação gráfica da função $f(x) = 2^x$, João demarcou o retângulo $OCBD$ e, em seguida, usou um programa de computador que "plota" pontos aleatoriamente no interior desse retângulo. Sabendo-se que dos 1.000 pontos "plotados", apenas 540 ficaram no interior da figura $ABDO$, a área estimada dessa figura, em unidades de área, é igual a:

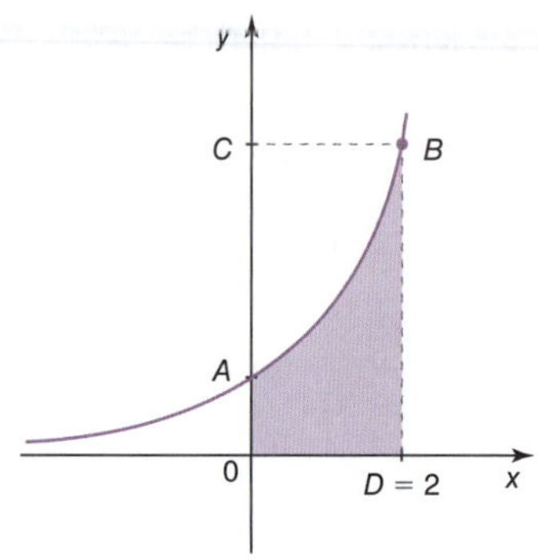

   a) 4,32
   b) 4,26
   c) 3,92
   d) 3,84
   e) 3,52

8. **(Unioeste-PR)** Sejam x, y e z números reais positivos. A expressão $5\log x + \frac{1}{3}\log y - 2\log z$ é igual a:
   a) $\dfrac{\log x^5 \log y^3}{\log z^2}$
   b) $\log \dfrac{5xy}{6z}$
   c) $\log \dfrac{x^5 + \sqrt{y}}{z^2}$
   d) $\log \dfrac{x^5 \sqrt[3]{y}}{z^2}$
   e) $\log\left(5x + \dfrac{y}{3} - 2\right)$

9. **(UFPel-RS)** Considerando o sistema de equações $\begin{cases} \log_2 x + \log_4 y = 1 \\ 4^{y-1} = 128 \end{cases}$, o produto xy é:
   a) $3\sqrt{2}$
   b) $\dfrac{2\sqrt{2}}{3}$
   c) $\dfrac{9}{2}$
   d) $\dfrac{3\sqrt{2}}{2}$
   e) 3
   f) I.R.

10. **(Insper)** Quando aumentamos em 60% um número real positivo b, seu logaritmo decimal aumenta em 20%. Considerando $\log 2 = 0{,}30$, podemos concluir que:
   a) $b = 1$
   b) $b = 2$
   c) $b = 4$
   d) $b = 8$
   e) $b = 10$

11. **(UFSCar-SP)** Um paciente de um hospital está recebendo soro por via intravenosa. O equipamento foi regulado para gotejar x gotas a cada 30 segundos. Sabendo-se que esse número x é solução da equação $\log_4 x = \log_2 3$, e que cada gota tem volume de 0,3 mL, pode-se afirmar que o volume de soro que este paciente recebe em uma hora é de:
   a) 800 mL
   b) 750 mL
   c) 724 mL
   d) 500 mL
   e) 324 mL

12. **(UFPel-RS)** A natureza dotou a espécie humana de uma sensibilidade auditiva que diminui com o aumento do nível da pressão sonora.

O nível de pressão sonora (*NPS*) pode ser definido pela expressão: $NPS = 20\log\left(\frac{P}{P_0}\right)$, em que P é o valor da pressão medida e P_0 é a pressão de referência, isto é, a menor pressão percebida pelo ouvido humano ($P_0 = 2 \cdot 10^{-5}$), medidas em Pascal.

Com base no texto e em seus conhecimentos, é correto afirmar que, considerando $\log 2 = 0,3$, a expressão *NPS* pode ser escrita como:

a) $20 \cdot \log P + 1,5$
b) $20 \cdot \log P - 1,5$
c) $20 \cdot \log P + 94$
d) $\log P + 9,4$
e) $5 \cdot \log P + 20$
f) I.R.

13. **(UFSCar-SP)** Em notação científica, um número é escrito na forma $p \cdot 10^q$, sendo p um número real tal que $1 \leq p < 10$, e q é um número inteiro. Considerando $\log 2 = 0,3$, o número 2^{255}, escrito em notação científica, terá p igual a:

a) $\sqrt{10}$
b) $\sqrt{3}$
c) $\sqrt{2}$
d) 1,2
e) 1,1

14. **(Udesc)** Resolva a equação:

$$\log_4\left[15 + \log_2\left(3x^2-4x+3\right)\right] = 2$$

15. **(Unifesp)** Uma das raízes da equação $2^{2x} - 8 \cdot 2^x + 12 = 0$ é $x = 1$. A outra raiz é:

a) $1 + \log_{10}\left(\frac{3}{2}\right)$
b) $1 + \frac{\log_{10}3}{\log_{10}2}$
c) $\log_{10} 3$
d) $\frac{\log_{10}6}{2}$
e) $\log_{10}\left(\frac{3}{2}\right)$

16. **(UFV-MG)** Seja x a solução da equação:
$\log_2 x^3 - \log_2 \frac{8}{x} + \log_2 4x = -16$. Então x é igual a:

a) 0,5
b) 0,25
c) 0,125
d) 0,0625

17. **(Udesc)** Devido à degradação microbiana, o valor Y_0 de um composto orgânico é reduzido a um valor Y em n anos. Os dois volumes estão relacionados pela fórmula $\log_3 Y = \log_3 Y_0 - \frac{n}{250}$. Em quantos anos 18 m³ do composto serão reduzidos a 2 m³?

18. **(UFSCar)** A altura média do tronco de certa espécie de árvore, que se destina à produção de madeira, evolui, desde que é plantada, segundo o seguinte modelo matemático: $h(t) = 1,5 + \log_3(t+1)$, com $h(t)$ em metro e t em ano. Se uma dessas árvores foi cortada quando seu tronco atingiu 3,5 m de altura, o tempo (em ano) transcorrido do momento da plantação até o do corte foi de:

a) 9
b) 8
c) 5
d) 4
e) 2

19. **(Uepa)** Um produtor do interior do estado do Pará decidiu investir no plantio de uma nova variedade de banana, a BRS Conquista, em função das vantagens apresentadas, entre elas, a resistência às doenças como mal-do-panamá, sigatoka amarela e negra. No primeiro ano do plantio, esse produtor plantou x mudas de bananas. Em seu planejamento, o produtor previu que seu plantio dobraria a cada ano. Após quanto tempo o número de mudas passará a ser 20 vezes a quantidade inicial? ($\log 2 = 0,3$)

a) 4 anos e 8 meses
b) 4 anos e 4 meses
c) 4 anos e 3 meses
d) 4 anos e 2 meses
e) 4 anos e 1 mês

20. **(Unifesp)** A relação $P(t) = P_0(1 + r)^t$, onde $r > 0$ é constante, representa a quantidade P que cresce exponencialmente em função do tempo $t > 0$. P_0 é a quantidade inicial e r é a taxa de crescimento num dado período de tempo. Neste caso, o *tempo de dobra* da quantidade é o período necessário para ela dobrar. O tempo de dobra T pode ser calculado pela fórmula:

a) $T = \log_{(1+r)} 2$
b) $T = \log_r 2$
c) $T = \log_2 r$
d) $T = \log_2 (1+r)$
e) $T = \log_{(1+r)} (2r)$

21. **(Unifesp)** A tabela representa valores de uma escala logarítmica decimal das populações de grupos A, B, C, ... de pessoas.

Grupo	População (*p*)	$\log_{10} p$
A	5	0,69897
B	35	1,54407
C	1.800	3,25527
D	60.000	4,77815
E	-----	5,54407
F	10.009.000	7,00039

Por algum motivo, a população do grupo E está ilegível. A partir dos valores da tabela, pode-se deduzir que a população do grupo E é:

a) 170.000
b) 180.000
c) 250.000
d) 300.000
e) 350.000

22. **(Unifor-CE)** Em 1987, uma indústria farmacêutica iniciou a fabricação de certo medicamento e, desde então, sua produção tem crescido à taxa de 8% ao ano. Assim sendo, em que ano a produção de tal medicamento quadruplicou a quantidade fabricada em 1987?

São dadas as aproximações: $\log 2 = 0,30$ e $\log 3 = 0,48$

a) 2002
b) 2003
c) 2004
d) 2005
e) 2006

23. (Unifor-CE) Em 1995, em uma cooperativa de artesanato, os artefatos manufaturados geraram um lucro de R$ 16.000,00 e, a partir de então, observou-se que o lucro cresceu a uma taxa de 20% ao ano. Nessas condições, o lucro anual dessa cooperativa chegou a R$ 81.000,00 no ano de:

a) 2002
b) 2003
c) 2004
d) 2005
e) 2006

São dadas as aproximações: log 2 = 0,30 e log 3 = 0,48

24. (Udesc) Determine o conjunto solução do sistema de equações: $\begin{cases} 2y - 9x^2 + 4 = 0 \\ 2^{\log_4(y)} = x^2 \end{cases}$

25. (Unifor-CE) Considere que o número de bactérias de uma cultura, t minutos após o início de uma observação, pode ser calculado pela expressão $N(t) = 900 \cdot 3^{0,01t}$. Assim sendo, decorrido quanto tempo do início da observação o número de bactérias será com certeza superior a 36.000 unidades? (Use: log 2 = 0,30 e log 3 = 0,48)

a) 5 horas e 40 minutos
b) 5 horas e 20 minutos
c) 5 horas e 15 minutos
d) 4 horas e 45 minutos
e) 4 horas e 14 minutos

26. (UFPel-RS) A lei que mede o ruído é definida pela expressão $R = 120 + 10 \log I$, em que I é a intensidade sonora, medida em W/m², e R é a medida do ruído, em decibel (dB).

O quadro abaixo mostra o ruído de algumas fontes de som:

Fonte de som	Ruído
Proximidade de um jato	150 dB
Britadeira	130 dB
Limiar da dor	120 dB
Mosquito	40 dB
Limiar da audição	0 dB

Com base no texto e em seus conhecimentos, é correto afirmar que a intensidade sonora, percebida e suportada sem dor pelo ser humano, varia entre:

a) 10^{-12} e 1 W/m²
b) 10^{-12} e 10 W/m²
c) 10^{12} e 1 W/m²
d) 10^{-3} e 1 W/m²
e) 101^2 e 10 W/m²
f) I.R.

27. (Unifor-CE) No universo $]1, +\infty[$ o conjunto solução da inequação $\log_x(-x^2 + 4x + 12) > 2$ é:

a) $]1, \sqrt{7}[$
b) $]1,1 + \sqrt{7}[$
c) $]1 + \sqrt{7}, 2[$
d) $]1 + \sqrt{7}, 6[$
e) $]2, 6[$

28. (Udesc) Para quais valores reais de x a função logarítmica $f(x) = \log_{(x-5)}(x^2 + x - 6)$ está definida?

29. (Unifor-CE) O gráfico abaixo representa uma função f, de $\mathbb{R}$ em $\mathbb{R}$, dada por $f(x) = a^{\frac{x}{2}}$, em que a é um número real positivo.

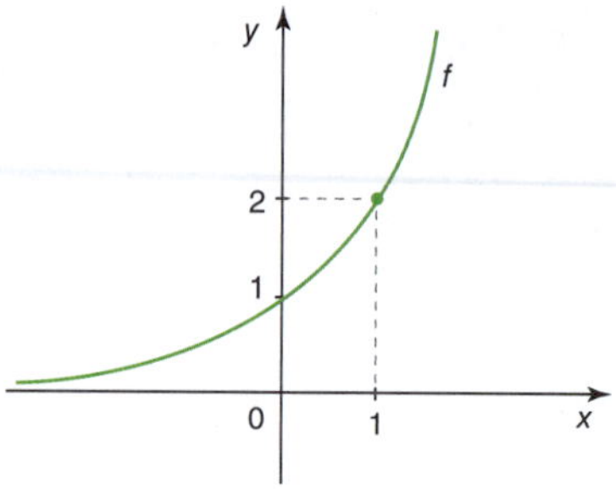

Considere log 2 = 0,30, é correto afirmar que $\log f(-4)$ é um número compreendido entre:

a) −5 e −2
b) −2 e 0
c) 0 e 2
d) 2 e 5
e) 5 e 10

30. (Insper) Na figura abaixo, está representada, fora de escala, uma parte do gráfico $y = \log_3 x$.

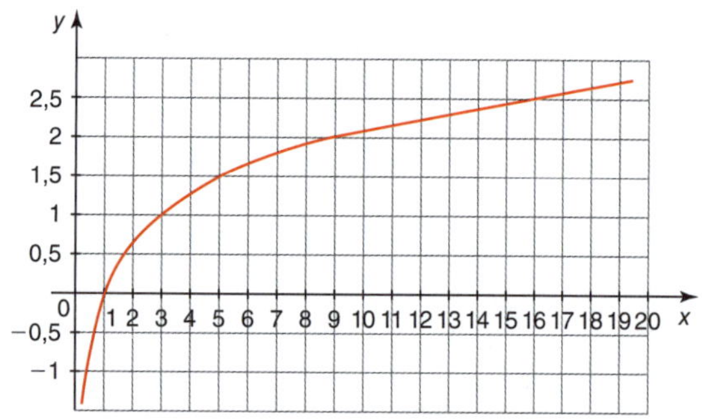

A partir do gráfico, pode-se concluir que a solução da equação $9^x = 15$ vale, aproximadamente:

a) 2,50
b) 1,65
c) 1,45
d) 1,25
e) 1,10

31. (Udesc) Sabendo que os gráficos das funções $f(x) = ax + b$ e $g(x) = \log_b x$ se interceptam no ponto $P\left(\sqrt{3}, \frac{1}{2}\right)$, então o produto $a \cdot b$ é igual a:

a) $\frac{7\sqrt{3}}{2}$
b) $\frac{\sqrt{3}}{2}$
c) $\frac{-5\sqrt{3}}{2}$
d) $-\frac{\sqrt{3}}{2}$
e) $\frac{3}{2}$

32. (Unifesp) Com base na figura:

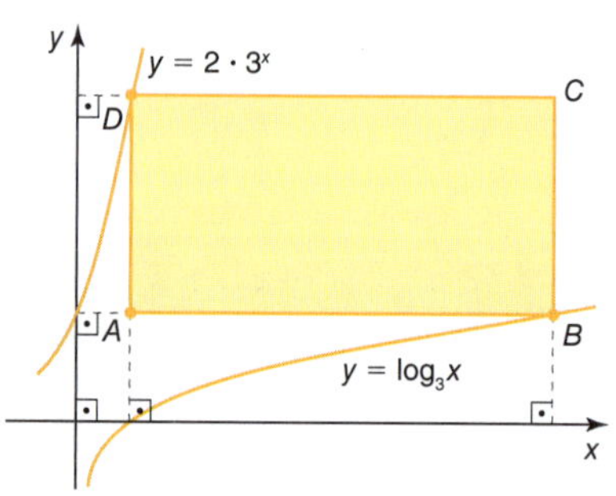

O comprimento da diagonal AC do quadrilátero ABCD, de lados paralelos aos eixos coordenados, é:

a) $2\sqrt{2}$
b) $4\sqrt{2}$
c) 8
d) $4\sqrt{5}$
e) $6\sqrt{3}$

33. **(Unifesp)** A figura refere-se a um sistema cartesiano ortogonal em que os pontos de coordenadas (a, c) e (b, c), com $a = \dfrac{1}{\log_5 10}$, pertencem aos gráficos de $y = 10^x$ e $y = 2^x$, respectivamente.

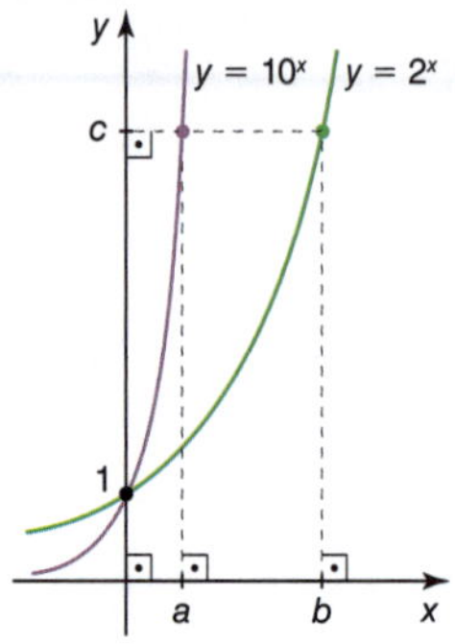

A abscissa b vale:

a) 1
b) $\dfrac{1}{\log_3 2}$
c) 2
d) $\dfrac{1}{\log_5 2}$
e) 3

34. **(UFSCar-SP)** A curva a seguir indica a representação gráfica da função $f(x) = \log_2 x$, sendo D e E dois dos seus pontos.

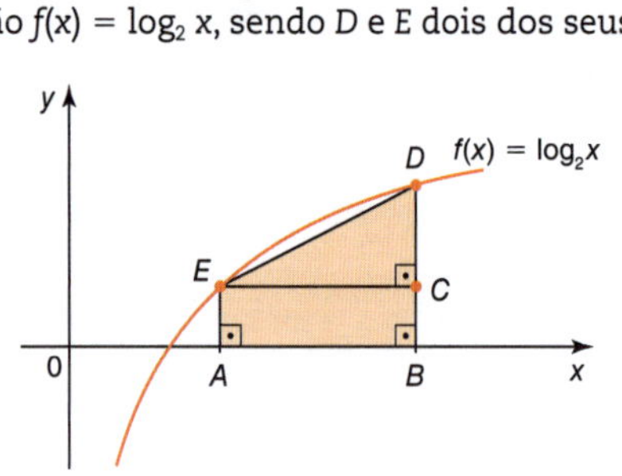

Se os pontos A e B têm coordenadas respectivamente iguais a $(k, 0)$ e $(4, 0)$, com k real e $k > 1$, a área do triângulo CDE será igual a 20% da área do trapézio $ABDE$ quando k for igual a:

a) $\sqrt[3]{2}$
b) $\sqrt{2}$
c) $2\sqrt[3]{2}$
d) $2\sqrt{2}$
e) $3\sqrt[4]{2}$

35. **(Insper)** Sejam a, b, K e R números maiores do que 1, sendo $a \neq b$ e $K \neq R$. O ponto de encontro dos gráficos das funções $f(x) = K \cdot a^x$ e $g(x) = R \cdot b^x$ tem abscissa igual a:

a) $\log_{\frac{b}{a}}\left(\dfrac{K}{R}\right)$
b) $\sqrt[\frac{b}{a}]{\dfrac{K}{R}}$
c) $\left(\dfrac{b}{a}\right)^{\frac{K}{R}}$
d) $\dfrac{K - R}{b - a}$
e) $\dfrac{a \cdot K + b \cdot R}{a + b}$

36. **(UFBA)** A temperatura $Y(t)$ de um corpo – em função do tempo $t \geq 0$, dado em minutos – varia de acordo com a expressão: $Y(t) = Y_a + Be^{kt}$, sendo Y_a a temperatura do meio em que se encontra o corpo e B e k constantes.

Suponha que no instante $t = 0$, um corpo, com temperatura de 75 °C, é imerso em água, que é mantida a uma temperatura de 25 °C. Sabendo que, depois de 1 minuto, a temperatura do corpo é de 50 °C, calcule o tempo para que, depois de imerso na água, a temperatura do corpo seja igual a 37,5 °C.

37. **(Insper)** Considere as funções $f(x) = b^x$ e $g(x) = \log_4 (x)$, em que $b > 0$ e $b \neq 1$. Sabendo que $f(g(x)) = \sqrt[4]{x^3}$ para todo $x > 0$, pode-se concluir que:

a) $b = 2\sqrt{2}$
b) $b = 2\sqrt[3]{2}$
c) $b = 2\sqrt[3]{4}$
d) $b = 2$
e) $b = 4$

38. **(Insper)** A figura abaixo mostra uma parte do gráfico da função $y = \log_2 (x) - x$.

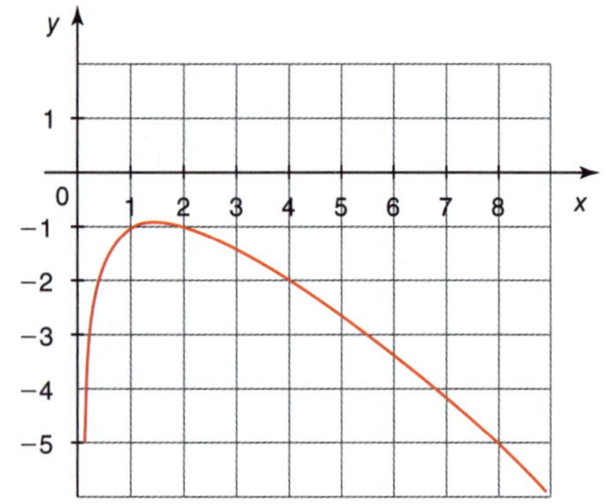

A partir do gráfico, pode-se concluir que uma das soluções reais da equação $x \cdot 2^{-x} = \dfrac{1}{8}$ vale aproximadamente:

a) 6,2
b) 5,4
c) 4,6
d) 3,8
e) 3,0

39. **(UFBA)** O gráfico representa a função $f: \mathbb{R} \to]1, +\infty[$, $f(x) = a + b \cdot 2^{kx}$, sendo a, b e k constantes reais.

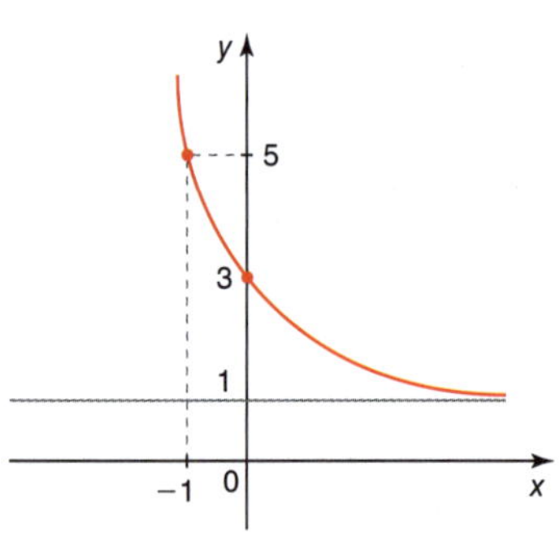

A partir dessas informações, calcule $f^{-1}(x)$.

Progressão aritmética e progressão geométrica

Qualquer conjunto cujos elementos obedecem a uma ordem é uma sequência.
No cotidiano, encontramos várias sequências: a lista de chamada de uma turma, as palavras em um dicionário, a classificação dos alunos aprovados no vestibular etc.

O conceito de sequência

- **Sequência finita** é toda função de domínio $A = \{1, 2, 3, ..., n\}$ com $A \subset \mathbb{N}^*$ e contradomínio B, sendo B um conjunto qualquer não vazio.
- **Sequência infinita** é toda função de domínio $\mathbb{N}^* = \{1, 2, 3, ...\}$ e contradomínio B, sendo B um conjunto qualquer não vazio.
- Cada elemento de uma sequência é também chamado de **termo da sequência.** O termo que ocupa a posição de número n é indicado pelo símbolo a_n.
- Em uma sequência finita $(a_1, a_2, a_3, ... a_n)$, os termos a_1 e a_n são os **extremos** da sequência.

$(a_1, a_2, a_3, ... a_n)$

extremos

- Dois termos, a_i e a_j, são **equidistantes dos extremos** se, e somente se, a quantidade de termos que precedem a_i é igual à quantidade de termos que sucedem a_j.
- Um termo a_m é chamado de **termo médio** de uma sequência com número ímpar de termos se, e somente se, a quantidade de termos que antecedem a_m é igual à quantidade de termos que o sucedem.
- **Lei de formação** da sequência é um conjunto de informações que determina todos os termos de uma sequência e a ordem em que são apresentados.

Progressão aritmética (PA)

Progressão aritmética (PA) é toda sequência numérica em que cada termo, a partir do segundo, é igual à soma do termo anterior com uma constante r. O número r é chamado de **razão** da progressão aritmética.

$(a_1, a_2, a_3, ... a_n, ...)$

$+r \quad +r$

Classificação

Crescente	Cada termo, a partir do segundo, é maior que o anterior.	razão positiva
Decrescente	Cada termo, a partir do segundo, é menor que o anterior.	razão negativa
Constante	Todos os termos são iguais.	razão nula

Representação genérica

Dados x e r números reais, podemos usar as seguintes representações:

	Razão	Representação
PA de 3 termos	r	$(x, x + r, x + 2r)$
PA de 3 termos	r	$(x - r, x, x + r)$
PA de 4 termos	r	$(x, x + r, x + 2r, x + 3r)$
PA de 4 termos	$2r$	$(x - 3r, x - r, x + r, x + 3r)$

Fórmula do termo geral

- Numa PA $(a_1, a_2, a_3, ... a_n, ...)$ de razão r, temos:

$$a_n = a_1 + (n - 1) \cdot r$$

- De maneira geral, temos:

$$a_n = a_k + (n - k) \cdot r$$

Representação gráfica

A representação gráfica da PA $(a_1, a_2, a_3, ... a_n, ...)$ é formada pelos pontos (n, a_n) do plano cartesiano. Esses pontos pertencem à reta de equação $y = a_1 + (x - 1)r$.

Propriedades

- Em toda PA finita, a soma de dois termos equidistantes dos extremos é igual à soma dos extremos.

$(a_1, a_2, ..., a_{k+1}, ..., a_{n-k}, ..., a_{n-1}, a_n)$

$$a_1 + a_n = a_2 + a_{n-1} = a_{k+1} + a_{n-k}$$

- Uma sequência de três termos é uma PA se, e somente se, o termo médio é igual à média aritmética entre os outros dois:

$$(a, b, c) \text{ é PA} \Leftrightarrow b = \frac{a + c}{2}$$

- Em uma PA com número ímpar de termos, o termo médio é a média aritmética entre os extremos.

Soma dos *n* primeiros termos

A soma S_n dos n primeiros termos da PA $(a_1, a_2, a_3, ..., a_n, ...)$ é dada por:

$$S_n = \frac{(a_1 + a_n) \cdot n}{2}$$

Progressão geométrica (PG)

Progressão geométrica (PG) é toda sequência numérica em que cada termo, a partir do segundo, é igual ao produto do termo anterior com uma constante q. O número q é chamado de **razão** da progressão geométrica.

$$(a_1,\ a_2,\ a_3, ...\ a_n, ...)$$
$$\cdot q \quad \cdot q$$

Classificação

Crescente	Cada termo, a partir do segundo, é maior que o anterior.	$a_1 > 0$ e $q > 1$ ou $a_1 < 0$ e $0 < q < 1$
Decrescente	Cada termo, a partir do segundo, é menor que o anterior.	$a_1 > 0$ e $0 < q < 1$ ou $a_1 < 0$ e $q > 1$
Constante	Todos os termos são iguais.	$q = 1$ ou $a_n = 0, \forall n$
Oscilante	Todos os termos são diferentes de zero e dois termos consecutivos quaisquer têm sinais opostos.	$a_1 \neq 0$ e $q < 0$
Quase nula	O primeiro termo é diferente de zero e os demais são iguais a zero.	$a_1 \neq 0$ e $q = 0$

Representação genérica

Dados x e q números reais, podemos usar as seguintes representações:

	Razão	Representação
PG de 3 termos	q	(x, xq, xq^2)
PG de 3 termos	q, com $q \neq 0$	$\left(\frac{x}{q}, x, xq\right)$
PG de 4 termos	q	(x, xq, xq^2, xq^3)
PG de 4 termos	q^2, com $q \neq 0$	$\left(\frac{x}{q^3}, \frac{x}{q}, x, xq^3\right)$

Fórmula do termo geral

› Numa PG $(a_1, a_2, a_3, ...\ a_n, ...)$ de razão q, temos:

$$a_n = a_1 \cdot q^{n-1}$$

› De maneira geral, temos:

$$a_n = a_k \cdot q^{n-k}$$

Representação gráfica

› A representação gráfica da PG $(a_1, a_2, a_3, ...\ a_n, ...)$ é formada pelos pontos (n, a_n) do plano cartesiano tais que:

- se a razão q da PG é positiva e diferente de 1, essa representação gráfica é formada por pontos do gráfico da função exponencial $y = \frac{a_1}{q} \cdot q^x$.
- se a razão da PG é negativa ou igual a 1, essa representação gráfica é formada por pontos que não pertencem ao gráfico de uma função exponencial.

Propriedades

› Em toda PG finita, o produto de dois termos equidistantes dos extremos é igual ao produto dos extremos.

$$(a_1, a_2, ..., a_{k+1}, ..., a_{n-k}, ..., a_{n-1}, a_n)$$

$$a_1 \cdot a_n = a_2 \cdot a_{n-1} = a_{k+1} \cdot a_{n-k}$$

› Uma sequência de três termos, em que o primeiro é diferente de zero, é uma PG se, e somente se, o quadrado do termo médio é igual ao produto dos outros dois. Assim, sendo $a \neq 0$:

$$(a, b, c) \text{ é PG} \Leftrightarrow b^2 = a \cdot c$$

› Em uma PG com número ímpar de termos, o quadrado do termo médio é igual ao produto dos extremos.

Soma dos *n* primeiros termos

A soma S_n dos n primeiros termos da PG não constante $(a_1, a_2, a_3, ..., a_n, ...)$ de razão q é dada por:

$$S_n = \frac{a_1 \cdot (1 - q^n)}{1 - q}$$

Produto dos *n* primeiros termos

O produto P_n dos n primeiros termos da PG $(a_1, a_2, a_3, ..., a_n, ...)$ de razão q é dado por:

$$P_n = (a_1)^n \cdot q^{\frac{n(n-1)}{2}}$$

Soma dos infinitos termos

A soma dos infinitos termos de uma PG $(a_1, a_2, a_3, ..., a_n, ...)$ de razão q, com $-1 < q < 1$, é dada por:

$$S_\infty = \frac{a_1}{1 - q}$$

No Vestibular

1. **(Unioeste-PR)** A figura F_1 é representada por 4 pontos formando um quadrado. Para obtermos a figura F_2, marcamos mais 6 pontos ao redor da figura F_1, formando 4 quadrados. A figura F_3 foi obtida marcando mais 8 pontos ao redor da figura F_2, formando 9 quadrados e assim sucessivamente.

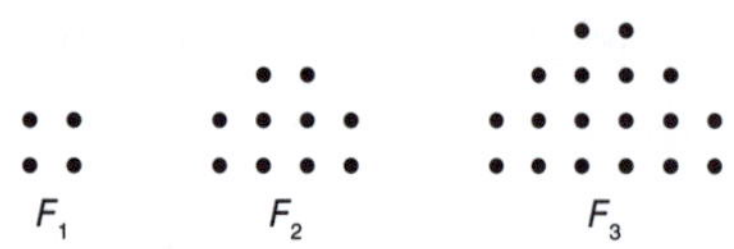

Continuando esse processo e considerando-se quadrados formados por apenas 4 pontos, pode-se afirmar que a figura F_{16} terá:

a) 256 quadrados.
b) 428 quadrados.
c) 760 quadrados.
d) 248 quadrados.
e) 128 quadrados.

2. **(FGV)** Observe atentamente o padrão indicado na tabela a seguir:

COLUNAS

LINHAS	1	2	3	4	5	6	7	8	9	10	11	12	...
1	↑	↗	→	↘	↓	↙	←	↖	↑	↗	→	↘	...
2	→	↘	↓	↙	←	↖	↑	↗	→	↘	↓	↙	...
3	↓	↙	←	↖	↑	↗	→	↘	↓	↙	←	↖	...
4	←	↖	↑	↗	→	↘	↓	↙	←	↖	↑	↗	...
5	↑	↗	→	↘	↓	↙	←	↖	↑	↗	→	↘	...
⋮	⋮	⋮	⋮	⋮	⋮	⋮	⋮	⋮	⋮	⋮	⋮	⋮	

a) Desenhe qual será a seta localizada no cruzamento da linha 975 com a coluna 1.238, justificando o raciocínio usado.
b) Admitindo-se que a tabela tenha 23 linhas por 500 colunas, calcule o total de símbolos iguais a ↑ nas três últimas linhas dessa tabela.

3. **(Unifor-CE)** A sucessão de figuras abaixo apresenta a disposição das árvores frutíferas plantadas no pomar do sítio de Dona Zefa, observada nos meses de dezembro dos anos indicados.

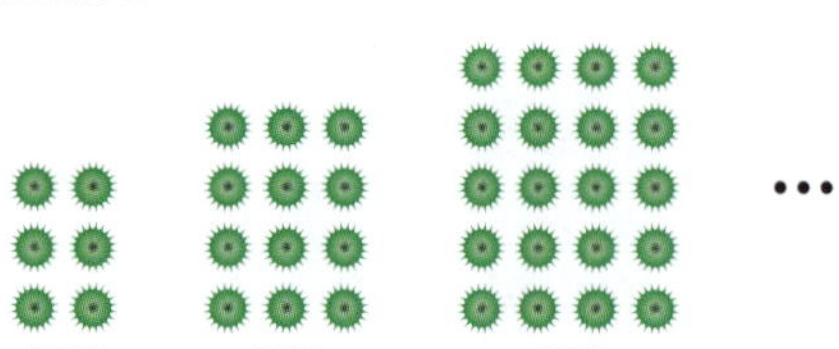

Se foi mantido o padrão na disposição do plantio das árvores, então Dona Zefa atingiu a meta de ter 272 árvores plantadas no seu pomar em dezembro de:

a) 2006
b) 2005
c) 2004
d) 2003
e) 2002

4. **(Unifesp)** Os triângulos que aparecem na figura da esquerda são retângulos, e os catetos OA_1, A_1A_2, A_2A_3, A_3A_4, A_4A_5, ... A_9A_{10} têm comprimento igual a 1.

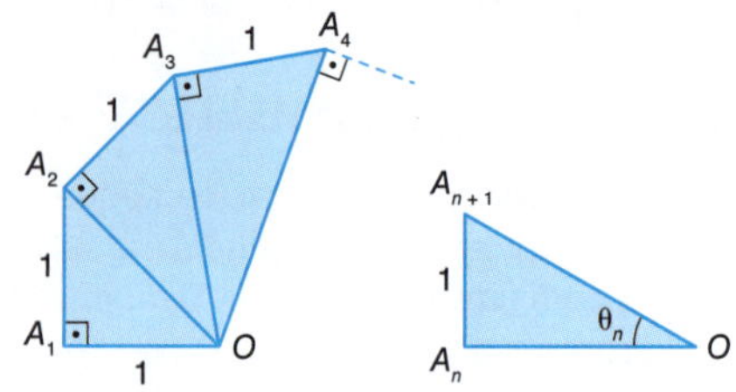

a) Calcule os comprimentos das hipotenusas OA_2, OA_3, OA_4 e OA_{10}.
b) Denotando por θ_n o ângulo $(A_n\hat{O}A_{n+1})$, conforme a figura da direita, descreva os elementos a_1, a_2, a_3 e a_9 da sequência $(a_1, a_2, a_3, ..., a_8, a_9)$, sendo $a_n = \text{sen}(\theta_n)$.

5. **(UFV-MG)** Os lados, em cm, de um triângulo retângulo estão em progressão aritmética de razão 2. A área do triângulo, em cm^2, é igual a:

a) 20
b) 24
c) 28
d) 32

6. **(Unir-RO)** Foi distribuída entre três pessoas (A, B e C) uma certa quantia de dinheiro da seguinte forma: 1 real para A, 2 reais para B, 3 reais para C, 4 reais para A, 5 reais para B, 6 reais para C e assim por diante até o dinheiro acabar. Sabendo-se que o último valor recebido por C foram 300 reais, é correto afirmar que o total, em reais, recebido por A, B e C é, respectivamente:

a) 16.750, 14.750, 18.750
b) 17.500, 18.500, 19.500
c) 14.950, 15.050, 15.150
d) 12.850, 13.850, 14.850
e) 14.950, 15.000, 15.050

7. **(Udesc)** Calcule a soma dos quarenta primeiros termos de uma progressão aritmética em que:

$$\begin{cases} a_1 + 3a_4 = -21 \\ a_6 - a_2 = 2a_7 \end{cases}$$

8. **(Udesc)** Determine a soma dos números naturais múltiplos de 3 que estão compreendidos entre 20 e 142.

9. **(FGV)** Seja a sequência $(a_1, a_2, a_3, ..., a_n, ...)$ tal que $a_n = \log 10^{n-1}$, em que $n \in \mathbb{N}^*$. O valor de $\sum_{n=1}^{100} a_n$ é:

a) 4.950
b) 4.850
c) 5.050
d) 4.750
e) 4.650

10. **(Udesc)** Os termos (a, b, c) formam, nesta ordem, uma progressão aritmética crescente, cuja soma é igual a 21. Então os termos $\left(\frac{a+c}{2b}, c-a, b+c\right)$ formam, nesta ordem, uma progressão geométrica de razão igual a:

a) −2
b) 2
c) 16
d) 4
e) −4

11. **(UFSCar-SP)** Observe o padrão de formação das figuras numeradas.

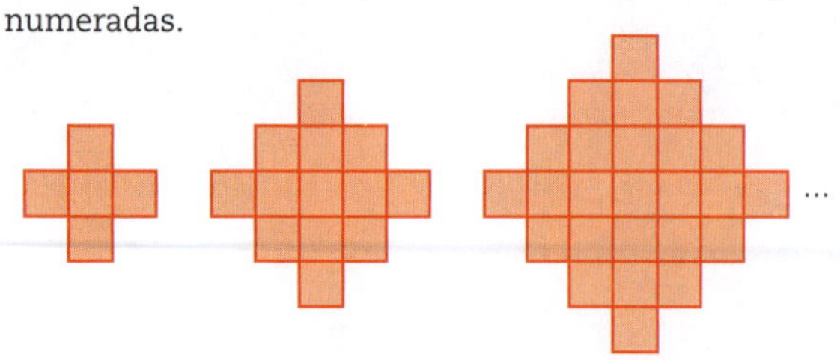

figura 1 figura 2 figura 3

a) Sabendo que as figuras 1, 2 e 3 são formadas, respectivamente, por 5, 13, 25 quadrados de área 1 cm², calcule a área da figura 10 da sequência indicada.

b) Seja x o número da figura x, e *f*(x) o número de quadrados de 1 cm² que compõem essa mesma figura. Em relação à função *f*, determine sua lei de formação e seus conjuntos domínio e imagem.

12. **(Vunesp)** Considere a figura onde estão sobrepostos os quadrados $OX_1Z_1Y_1, OX_2Z_2Y_2, OX_3Z_3Y_3, OX_4Z_4Y_4, ..., OX_nZ_nY_n, ...$, $n \geqslant 1$, formados por pequenos segmentos medindo 1 cm cada um. Sejam A_n e P_n a área e o perímetro, respectivamente, do *n*-ésimo quadrado.

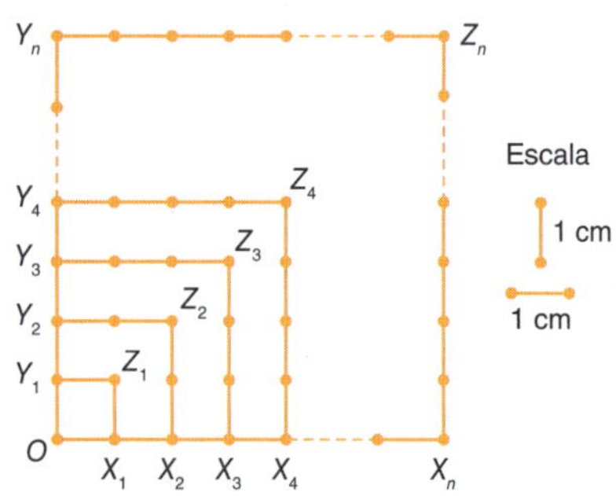

a) Mostre que a sequência $(P_1, P_2, ..., P_n, ...)$ é uma progressão aritmética, determinando seu termo geral, em função de *n*, e sua razão.

b) Considere a sequência $(B_1, B_2, ..., B_n, ...)$, definida por $B_n = \frac{A_n}{P_n}$. Calcule B_1, B_2 e B_3. Calcule, também, a soma dos 40 primeiros termos dessa sequência, isto é, $B_1 + B_2 + ... + B_{40}$.

13. **(Udesc)** Se os números reais positivos x, y e z formarem, nesta ordem, uma progressão geométrica de razão 10^x, pode-se afirmar que log (xyz) é igual a:

a) log (3x) + 3log (x)
b) 3x + log (3x)
c) 3x + 3log (x)
d) x^3 + log (x^3)
e) x^3 + log (3x)

14. **(Fuvest-SP)** Uma sequência de números reais $a_1, a_2, a_3, ...$ satisfaz à lei de formação:

- $a_{n+1} = 6a_n$, se *n* é ímpar;
- $a_{n+1} = \frac{1}{3}a_n$, se *n* é par.

Sabendo que $a_1 = \sqrt{2}$:

a) escreva os oito primeiros termos da sequência.

b) determine a_{37} e a_{38}.

15. **(Fuvest-SP)** Uma progressão geométrica tem primeiro termo igual a 1 e razão igual a $\sqrt{2}$. Se o produto dos termos dessa progressão é 2^{39}, então o número de termos é igual a:

a) 12 b) 13 c) 14 d) 15 e) 16

16. **(Vunesp)** Desejo ter para minha aposentadoria 1 milhão de reais. Para isso, faço uma aplicação financeira que rende 1% ao mês, já descontados o imposto de renda e as taxas bancárias recorrentes. Se desejo me aposentar após 30 anos com aplicações mensais fixas e ininterruptas nesse investimento, o valor aproximado, em reais, que devo disponibilizar mensalmente é:
(Dado: $1{,}01^{361} \approx 36$)

a) 290 b) 286 c) 282 d) 278 e) 274

17. **(Unifesp)** No interior de uma sala, na forma de um paralelepípedo com altura *h*, empilham-se cubos com arestas de medidas $1, \frac{1}{3}, \frac{1}{9}, \frac{1}{27}$, e assim por diante, conforme mostra a figura.

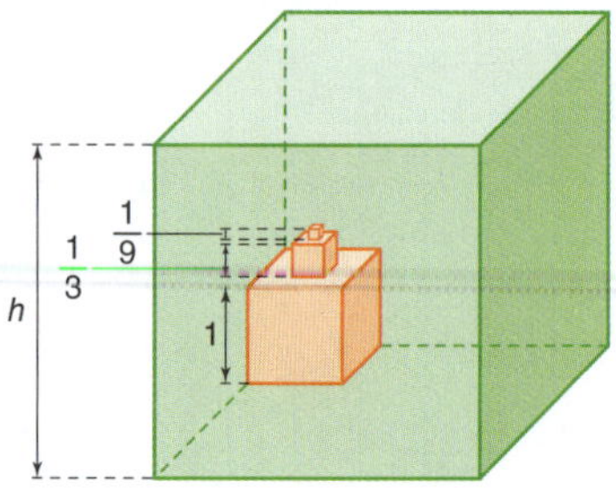

O menor valor para a altura *h*, se o empilhamento pudesse ser feito indefinidamente, é:

a) 3 b) $\frac{5}{2}$ c) $\frac{7}{3}$ d) 2 e) $\frac{3}{2}$

18. **(FGV)** A figura indica infinitos triângulos isósceles cujas bases medem, em centímetros, 8, 4, 2, 1, ...

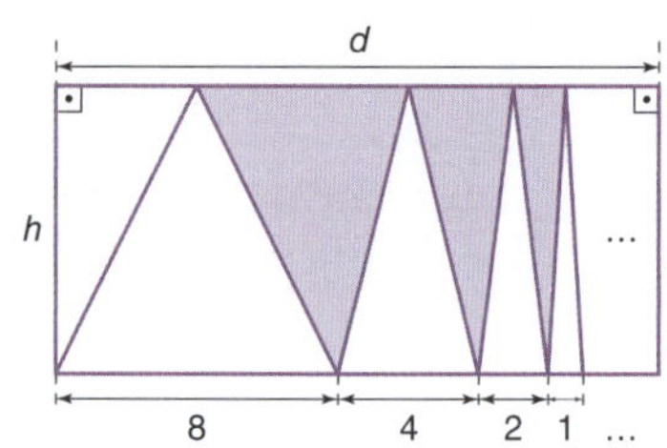

Sabendo que a soma da área dos infinitos triângulos hachurados na figura é igual a 51, pode-se afirmar que a área do retângulo de lados *h* e *d* é igual a:

a) 68 b) 102 c) 136 d) 153 e) 192

19. **(UFPel-RS)** A figura abaixo mostra quadrados inscritos em circunferências cuja medida dos lados são termos de uma sequência infinita, em que $a_1 = 4$ cm, $a_2 = 2$ cm, $a_3 = 1$ cm, $a_4 = 0{,}5$ cm, ...

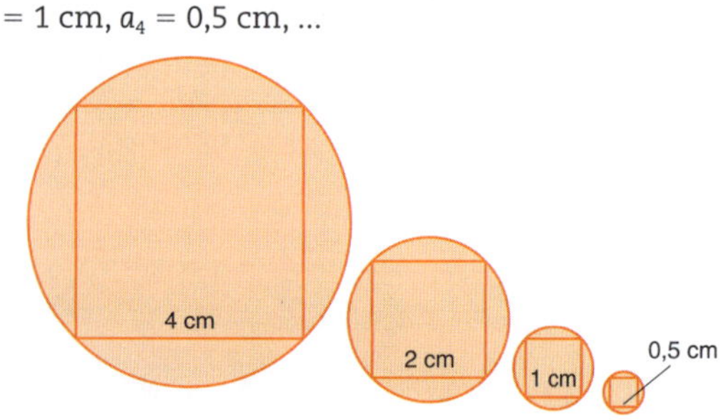

Com base nos textos, é correto afirmar que a soma de todas as áreas dos círculos delimitados por essas circunferências converge para:

a) $\frac{128\pi}{3}$ cm²
b) $\frac{32\pi}{3}$ cm²
c) $\frac{64\pi}{3}$ cm²
d) 16π cm²
e) 32π cm²
f) I.R.

Matemática financeira e Estatística

A Matemática financeira tem o objetivo de estabelecer métodos para quantificar a variação de capitais, calcular fluxos de caixa etc., em regime de juro simples ou composto. A Estatística trabalha com a coleta, classificação, análise, interpretação e representação de dados.

Porcentagem

A expressão $x\%$, que lemos "x por cento", é chamada de **taxa percentual** e representa a fração $\frac{x}{100}$, isto é:

$$x\% = \frac{x}{100}, \text{ em que } x \text{ é um número real qualquer}$$

Transações comerciais

- **Preço de custo** C (ou preço de compra) é o valor monetário pago pelo comerciante ao fornecedor do objeto comercializado.
- **Preço de venda** V é o valor monetário pelo qual o objeto é vendido.
  - Se $V > C$, então a diferença $V - C$ é positiva e é chamada de **lucro**.
  - Se $V < C$, então a diferença $V - C$ é negativa e $|V - C|$ é chamado de **prejuízo**.
- **Receita** é o valor obtido pela venda de determinado produto.

Juro simples

- Quando um capital C é aplicado durante t unidades de tempo, e uma taxa i de juro, por unidade de tempo, incide apenas sobre o capital inicial, o juro J é chamado de **juro simples**. Esse juro, no fim da aplicação, é calculado por:

$$J = C \cdot i \cdot t$$

- O montante M é a soma do capital inicial com o juro:

$$M = C + J$$

- Quando duas taxas percentuais i_1 e i_2, em unidades de tempos diferentes, são aplicadas ao mesmo capital inicial, durante um mesmo período, e produzem juros iguais, dizemos que essas taxas são **equivalentes**. Por exemplo, em um regime de juro simples:
  - uma taxa i ao mês é equivalente à taxa $12i$ ao ano;
  - uma taxa i ao ano é equivalente à taxa $\frac{i}{12}$ ao mês;
  - uma taxa i ao dia é equivalente à taxa $30i$ ao mês;
  - uma taxa i ao mês é equivalente à taxa $\frac{i}{30}$ ao dia.

Juro composto

- O cálculo do juro composto é efetuado do seguinte modo:
  - No fim da primeira unidade de tempo considerada na aplicação, a taxa i de juro incide sobre o capital inicial.
  - A partir da segunda unidade de tempo, a taxa i de juro incide sobre o montante acumulado na unidade de tempo anterior.
- Se um capital inicial C é aplicado em regime de juro composto, durante t unidades de tempo, à taxa constante i por unidade de tempo, então o montante M acumulado nesse período é:

$$M = C \cdot (1 + i)^t$$

Noções de Estatística

Universo estatístico

Na coleta de dados sobre determinado assunto, chama-se **universo estatístico** ou **população estatística** o conjunto formado por todos os elementos que possam oferecer dados relativos ao assunto em questão.

Amostra

- Quando o universo estatístico é muito vasto ou quando não é possível coletar dados de todos os elementos desse universo, seleciona-se um subconjunto dele, chamado **amostra**, no qual os dados para a pesquisa são coletados.
- Sendo a e b, respectivamente, o menor e o maior elemento de uma amostra de dados numéricos, chama-se **amplitude da amostra** o número $b - a$.
- Os dados coletados em uma amostra podem ser organizados em tabelas ou gráficos. Quando esses dados são numéricos, podemos ainda organizá-los em uma sequência chamada **rol**, de modo que cada elemento, a partir do segundo:
  - é maior ou igual ao seu antecessor; ou
  - é menor ou igual ao seu sucessor.

Distribuição de frequências

A análise dos dados numéricos de uma amostra é facilitada pela organização desses dados em uma tabela ou em um gráfico. Para isso, os elementos da amostra são separados por **classes**.

Classes unitárias

- Quando uma classe é representada por um único número, é chamada de classe unitária.
- A distribuição de frequências em classes unitárias é feita por uma **tabela de distribuição de frequências**, construída obedecendo-se aos seguintes critérios:
  - A amostra é separada em classes unitárias;
  - A quantidade total de elementos de uma mesma classe é chamada de **frequência** (F) dessa classe;
  - A soma das frequências de todas as classes é chamada de **frequência total** (F_t) da amostra;
  - Dividindo a frequência F de uma classe pela frequência total F_t, obtém-se um número chamado de **frequência relativa** ($F\%$) da classe.
- Quando a amostra está dividida em classes unitárias, a representação da distribuição de frequências em um sistema de eixos pode ser feita em um gráfico de linhas, em um gráfico de barras verticais, em um gráfico de barras horizontais ou em um gráfico de setores.

Classes representadas por intervalos reais

- A distribuição de frequências em classes representadas por intervalos reais é feita por uma **tabela de distribuição de frequências**, com classes não unitárias, obedecendo-se aos seguintes procedimentos usuais:
  - Calcula-se a amplitude da amostra, que é a diferença entre o maior e o menor elemento da amostra;
  - Escolhe-se um intervalo fechado, de comprimento maior ou igual à amplitude da amostra, que contenha a amostra (isto é, todos os elementos da amostra devem pertencer ao intervalo escolhido);
  - Divide-se o intervalo escolhido no item anterior em subintervalos de mesmo comprimento, fechados à esquerda e abertos à direita, exceto o subintervalo de extremos maiores, que deve ser fechado;
  - Agrupam-se os elementos da amostra de modo que cada agrupamento seja formado por elementos que pertençam a uma mesma classe.
- O total de elementos da amostra que pertencem a uma mesma classe é a frequência F dessa classe.
- A soma das frequências de todas as classes é a frequência total F_t da amostra.
- A frequência relativa $F\%$ de uma classe é dada por $\dfrac{F}{F_t}$.
- Quando as classes são intervalos reais, a representação da distribuição de frequências em um sistema de eixos é feita por um tipo de gráfico chamado **histograma**.

Medidas de posição

- A **média aritmética** ($\bar{x}$) dos n números $x_1, x_2, x_3, ..., x_n$ é dada por:

$$\bar{x} = \frac{x_1 + x_2 + x_3 + ... + x_n}{n}$$

- A **média aritmética ponderada** dos n números $x_1, x_2, x_3, ..., x_n$, com pesos $p_1, p_2, p_3, ..., p_n$, respectivamente, é o número $\bar{x}$ tal que:

$$\bar{x} = \frac{x_1p_1 + x_2p_2 + x_3p_3 + ... + x_np_n}{p_1 + p_2 + p_3 + ... + p_n}$$

- Para calcular a média aritmética de números que estão agrupados em intervalos reais, seguimos os passos:
  - calculamos o ponto médio x_m de cada classe;
  - calculamos a média aritmética ponderada entre os valores x_m, atribuindo a cada x_m peso igual à frequência da respectiva classe.
- **Moda** (Mo) é todo elemento de maior frequência de uma amostra cujas frequências dos elementos não são todas iguais.
- Dados n números $x_1, x_2, x_3, ..., x_n$, dispostos em rol, a **mediana** (Md) é:
  - o termo central do rol, se n é ímpar; ou seja, a mediana é o termo x_i com $i = \dfrac{n+1}{2}$;
  - a média aritmética entre os termos centrais, se n é par; ou seja, a mediana é a média aritmética entre os termos x_i e x_{i+1}, com $i = \dfrac{n}{2}$.

Medidas de dispersão

- Sendo $\bar{x}$ a média aritmética de uma amostra de números $x_1, x_2, x_3, ..., x_n$, chama-se **desvio absoluto médio** (Dam) o número:

$$Dam = \frac{|x_1 - \bar{x}| + |x_2 - \bar{x}| + |x_3 - \bar{x}| + ... + |x_n - \bar{x}|}{n}$$

- **Variância** (σ^2) é a média aritmética entre os quadrados dos desvios dos elementos da amostra, isto é:

$$\sigma^2 = \frac{(x_1 - \bar{x})^2 + (x_2 - \bar{x})^2 + (x_3 - \bar{x})^2 + ... + (x_n - \bar{x})^2}{n}$$

- O **desvio padrão** (σ) é a raiz quadrada da variância.

No Vestibular

1. **(Unifesp)** Num determinado local, o litro de combustível, composto de 75% de gasolina e 25% de álcool, é comercializado ao preço de R$ 2,05, sendo o litro de álcool comercializado ao preço de R$ 1,00. Se os preços são mantidos proporcionais, o preço do litro de gasolina é:

   a) R$ 2,15
   b) R$ 2,20
   c) R$ 2,30
   d) R$ 2,40
   e) R$ 3,05

2. **(Unir-RO)** Dois descontos sucessivos de 20% numa mercadoria equivalem a um desconto único de:

   a) 40%
   b) 36%
   c) 22%
   d) 30%
   e) 28%

3. **(UFSCar-SP)** Com o reajuste de 10% no preço da mercadoria A, seu novo preço ultrapassará o da mercadoria B em R$ 9,99. Dando um desconto de 5% no preço da mercadoria B, o novo preço dessa mercadoria se igualará ao preço da mercadoria A antes do reajuste de 10%. Assim, o preço da mercadoria B, sem o desconto de 5%, em real, é:

   a) 222,00
   b) 233,00
   c) 299,00
   d) 333,00
   e) 466,00

4. **(Unifesp)** Um comerciante comprou um produto com 25% de desconto sobre o preço de catálogo. Ele deseja marcar o preço de venda de modo que, dando um desconto de 25% sobre esse preço, ainda consiga um lucro de 30% sobre o custo. A porcentagem sobre o preço do catálogo que ele deve usar para marcar o preço de venda é:

   a) 110%
   b) 120%
   c) 130%
   d) 135%
   e) 140%

5. **(Insper)** Uma mercadoria sofreu um aumento de $(2x)\%$, sendo x um número positivo. Algum tempo depois, em uma promoção, ela foi vendida com desconto de $x\%$. Se o total pago pelo cliente nessa ocasião foi igual ao preço da mercadoria antes do aumento, o valor de x é aproximadamente:

   a) 33,3
   b) 41,4
   c) 50,0
   d) 66,7
   e) 100,00

6. **(Unifal)** Duas lojas, Pague Menos e Lucre Mais, comercializam o mesmo produto ao preço de p reais. A loja Pague Menos decidiu aplicar um desconto de 20% sobre o preço p, vendendo-o ao preço de p_1 reais, e, no mesmo dia, a loja Lucre Mais aumentou o preço desse produto em 30%, vendendo-o por p_2 reais. Sabendo desse fato, a loja Pague Menos aumentou 25% sobre p_1 o preço do produto, vendendo-o ao preço de q reais. Supondo que as duas lojas tenham feito um acordo, em vender esse produto por q reais, a loja Lucre Mais deverá oferecer um desconto sobre o preço p_2. Nessas condições, determine, aproximadamente, qual deve ser o desconto percentual.

7. **(UFPel-RS)** Depreciação é o processo de perda de valor que um bem sofre devido ao desgaste, à obsolescência e a outros fatores.

   O gráfico abaixo representa uma função que descreve os valores de uma máquina em função do tempo.

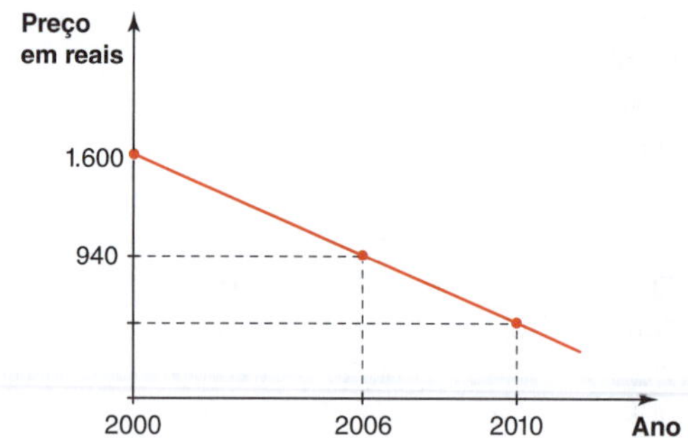

   Com base nos textos e em seus conhecimentos, é correto afirmar que, em 2010, o percentual de depreciação estará entre:

   a) 68% e 70%
   b) 65% e 68%
   c) 62% e 65%
   d) 58% e 62%
   e) 70% e 73%
   f) I.R.

8. **(Unifesp)** André aplicou parte de seus R$ 10.000,00 a 1,6% ao mês, e o restante a 2% ao mês. No final de um mês, recebeu um total de R$ 194,00 de juros das duas aplicações. O valor absoluto da diferença entre os valores aplicados a 1,6% e a 2% é:

   a) R$ 4.000,00
   b) R$ 5.000,00
   c) R$ 6.000,00
   d) R$ 7.000,00
   e) R$ 8.000,00

9. **(Unioeste-PR)** Um investidor aplicou um capital C em ações de uma empresa durante três períodos. Por causa de uma crise na economia, ao final do primeiro período, verificou-se uma perda de 20% sobre C (taxa de -20%), gerando um montante C_1. Este montante continuou aplicado e, ao final do segundo período, observou-se um ganho de 10% sobre C_1, produzindo outro montante C_2. De modo similar, a aplicação de C_2 obteve um rendimento de 10% ao final do terceiro período.

   Com base nestas afirmações, pode-se afirmar que:

   a) Ao final do segundo período, ainda havia um prejuízo de 10% sobre o capital C.
   b) Ao final do segundo período, o investidor verificou ganho de 0,5% sobre C.
   c) Ao final do terceiro período, o investidor recuperou exatamente seu capital original C.
   d) Ao final do terceiro período, o investidor ainda verificava um prejuízo superior a 1%.
   e) Ao final do terceiro período, o capital inicial foi recuperado e com ganho de 1%.

10. **(Unifor-CE)** Um capital de R$ 250.000,00 foi aplicado em um regime de capitalização composta e ao final de 2 anos foi retirado o montante de R$ 518.400,00. A taxa anual dessa aplicação foi de:

a) 44% c) 42% e) 40%
b) 42,5% d) 40,5%

11. **(Unifor-CE)** Uma pessoa aplicou um capital de R$ 2.400,00 por 2 meses, à taxa mensal de 3%. Se $\frac{2}{3}$ do total foi aplicado a juros compostos e o restante a juro simples, o juro total arrecadado ao fim do prazo foi:

a) R$ 144,72 c) R$ 145,20 e) R$ 145,44
b) R$ 144,98 d) R$ 145,33

12. **(Unifor-CE)** A expressão $M = A(1 + i)^n$ permite o cálculo do montante produzido por um capital A, aplicado a juros compostos à taxa unitária i, ao final de n períodos. Assim, se o capital de R$ 1.370,00 for aplicado à taxa anual de 25%, ao final de quantos anos ele produzirá o montante de R$ 5.480,00? (Dado: log 2 = 0,30)

a) 6 c) 4 e) 2
b) 5 d) 3

13. **(UFBA)** Uma pessoa contraiu um empréstimo no valor de R$ 1.000,00 para ser quitado, no prazo de dois meses, com pagamento de R$ 1.300,00.

Com base nessa informação, é correto afirmar:

(01) A taxa bimestral de juros é de 30%.
(02) A taxa mensal de juros simples é de 13%.
(04) A taxa mensal de juros compostos é de 15%.
(08) Em caso de atraso do pagamento, considerando-se a taxa mensal de juros simples de 16,2% incidindo sobre o valor da dívida na data de vencimento, o valor da dívida, no 10º dia de atraso, será igual a R$ 1.370,20.
(16) Em caso de a dívida ser quitada 15 dias antes do vencimento, aplicando-se a taxa de desconto simples de 7% ao mês, o valor pago será de R$ 1.209,00.

- Qual é a soma dos valores correspondentes às afirmativas corretas?

14. **(UFBA)** Uma pessoa tomou um empréstimo de R$ 6.000,00 a uma taxa de juros compostos de 10% ao ano e saldou a dívida da seguinte maneira:

- 2 anos após ter contraído a dívida, pagou R$ 2.260,00;
- 2 anos após o primeiro pagamento, pagou mais R$ 3.050,00;
- 1 ano após o segundo pagamento, quitou a dívida.

Nessas condições, pode-se afirmar:

(01) Depois do primeiro pagamento, a pessoa ficou devendo R$ 4.340,00.
(02) Após o segundo pagamento, a dívida correspondia a 50% do valor do empréstimo.
(04) No momento em que a pessoa quitou o empréstimo, a dívida correspondia a R$ 3.300,00.
(08) O montante pago pelo empréstimo foi igual a R$ 9.000,00.
(16) O valor pago pelos juros da dívida correspondeu a 43,5% do valor do empréstimo.

- Qual é a soma dos valores correspondentes às afirmativas corretas?

15. **(Insper)** O gráfico abaixo representa as notas de um grupo de alunos em uma prova de matemática. A altura de cada barra corresponde à quantidade de alunos que obteve a nota indicada na base da respectiva barra.

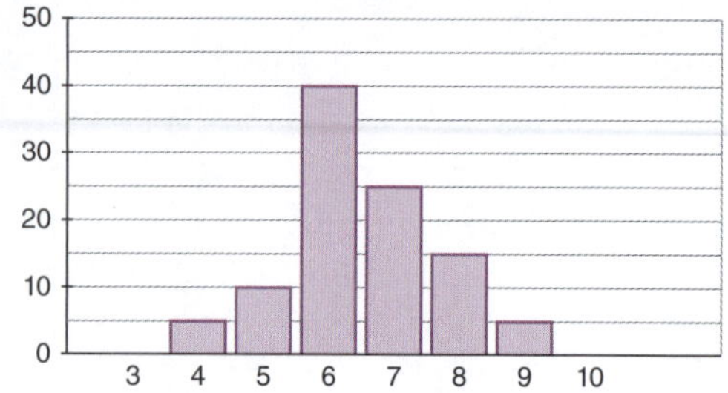

Numa prova de português, a média dos mesmos alunos foi um ponto maior do que a média nessa prova de matemática. Dos gráficos a seguir, aquele que pode representar as notas de português é:

a) 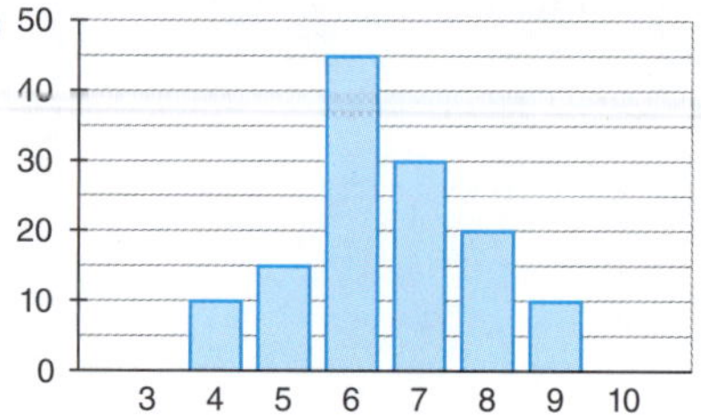

b) 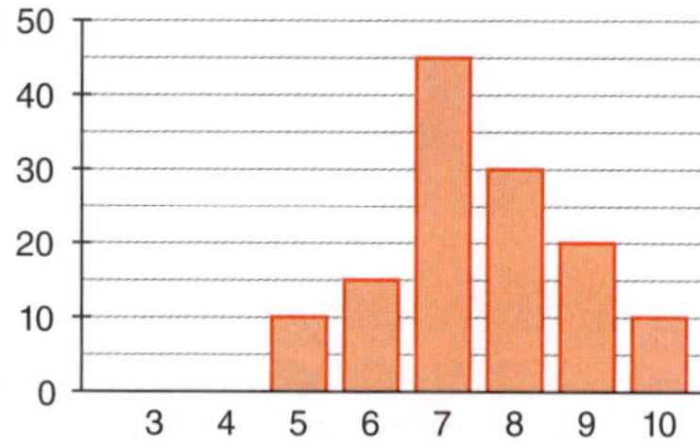

c) 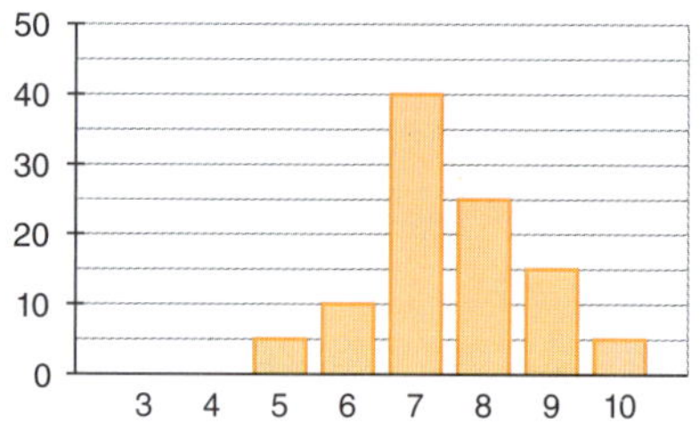

d) 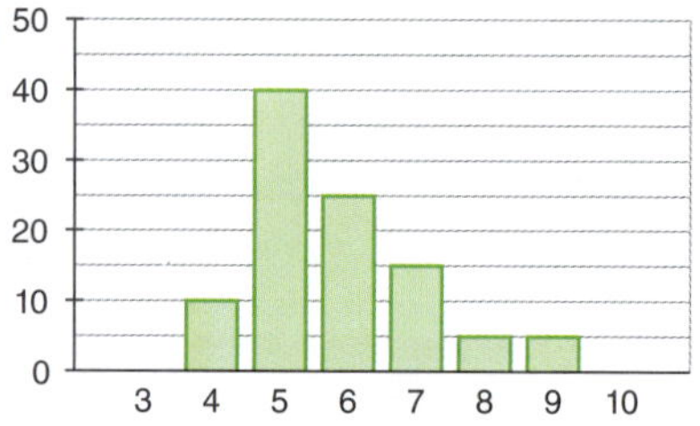

e) 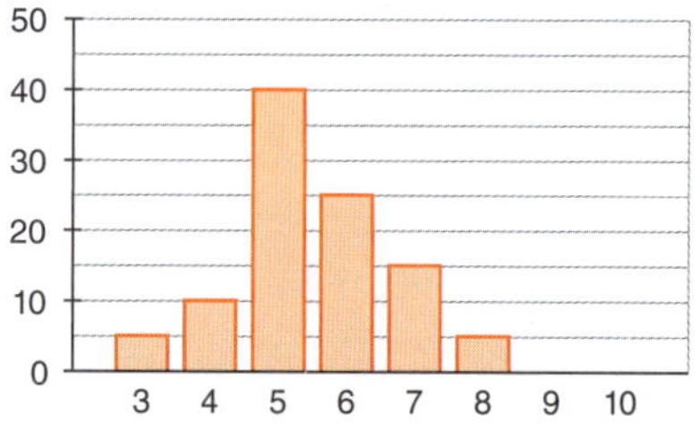

16. **(UFPel-RS)** Na busca de solução para o problema da gravidez na adolescência, uma equipe de orientadores educacionais de uma instituição de ensino pesquisou um grupo de adolescentes de uma comunidade próxima a essa escola e obteve os seguintes dados:

Idade (em anos)	Frequência absoluta de adolescentes grávidas
13	4
14	3
15	2
16	5
17	6

Com base nos textos e em seus conhecimentos, é correto afirmar, em relação às idades das adolescentes grávidas, que:

a) a média é 15 anos.
b) a mediana é 15,3 anos.
c) a mediana é 16,1 anos.
d) a moda é 16 anos.
e) a média é 15,3 anos.
f) I.R.

17. **(UFBA)** De acordo com o Boletim do Serviço de Meteorologia de 07 de junho de 2000, o quadro abaixo apresenta a temperatura máxima, em grau Celsius, registrada em Fernando de Noronha e nas capitais da Região Nordeste do Brasil.

Aracaju	Fernando de Noronha	Fortaleza	João Pessoa	Maceió
27 °C	30 °C	31 °C	30 °C	27 °C

Natal	Recife	Salvador	São Luís	Teresina
30 °C	30 °C	26 °C	32 °C	32 °C

Com base nessas informações, pode-se afirmar:

(01) O gráfico abaixo representa a distribuição de frequência das temperaturas.

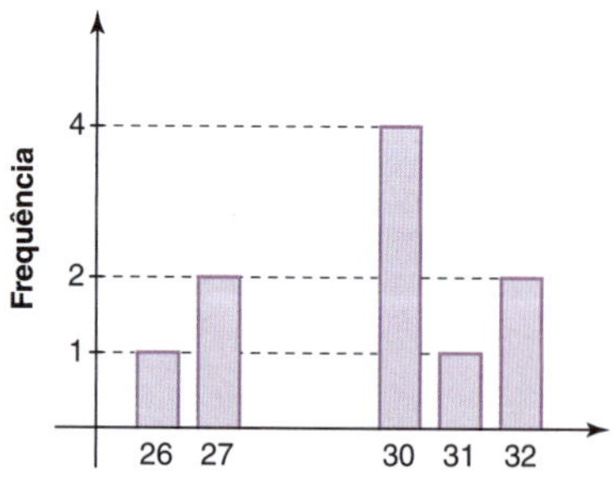

(02) A frequência relativa da temperatura de 31 °C é igual a 10%.

(04) Representando-se a frequência relativa por meio de um gráfico de setores, a região correspondente à temperatura de 27 °C tem ângulo de 36°.

(08) A média aritmética das temperaturas indicadas no quadro corresponde a 29,5 °C.

(16) A mediana das temperaturas registradas é igual à temperatura modal.

(32) A amplitude das temperaturas é de 32 °C.

- Qual é a soma dos valores correspondentes às afirmativas corretas?

18. **(Unir-RO)** A tabela abaixo apresenta a distribuição de frequência relativa dos salários de uma empresa com 40 funcionários.

Salários (em reais)	Frequência relativa (%)
500	35
1.000	20
1.500	5
2.000	25
4.000	15

A partir dessas informações, é correto afirmar:

a) A mediana dos salários é igual a R$ 1.650,00.
b) A moda dos salários é igual a R$ 4.000,00.
c) Um quinto dos trabalhadores dessa empresa recebe salário de R$ 500,00.
d) A média salarial é igual a R$ 1.550,00.
e) Mais da metade dos trabalhadores dessa empresa recebem salário superior a R$ 1.500,00.

19. **(UFPel-RS)** Em um concurso, as notas finais dos candidatos foram as seguintes:

Número de candidatos	Nota final
7	6,0
2	7,0
1	9,0

Com base na tabela acima, é correto afirmar que a variância das notas finais dos candidatos foi de:

a) 0,75
b) 0,65
c) $\sqrt{0,65}$
d) $\sqrt{0,85}$
e) 0,85
f) I.R.

20. **(Unifor-CE)** A tabela abaixo apresenta a distribuição de frequência do número de microcomputadores vendidos em uma promoção feita por certa loja e o número de prestações do parcelamento do preço desses micros.

Classes (número de prestações)	Frequência
0 ⊣ 6	10
6 ⊣ 12	25
12 ⊣ 18	20
18 ⊣ 24	20

Satisfeito com o sucesso da promoção, o proprietário da loja resolveu sortear um brinde entre as pessoas que adquiriram tais micros. Considerando que foi vendido um único micro para cada pessoa, a probabilidade de que o sorteado tenha optado por um parcelamento cujo número de prestações era menor que o número médio de prestações é:

a) $\frac{2}{15}$
b) $\frac{1}{3}$
c) $\frac{7}{15}$
d) $\frac{8}{15}$
e) $\frac{11}{15}$

Nota: O símbolo $a \dashv b$ representa o intervalo $]a, b]$.

Geometria plana

A Geometria estuda as figuras quanto às formas e medidas. Neste tema, estudaremos a Geometria plana, formalizada no século III a.C. pelo matemático grego Euclides de Alexandria.

Ângulos

Duas semirretas de mesma origem separam em duas regiões o plano que as contém. A reunião dessas duas semirretas com uma dessas regiões é chamada de **ângulo**.

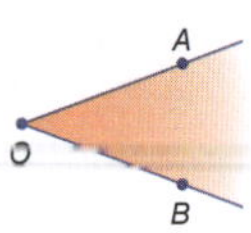

ou

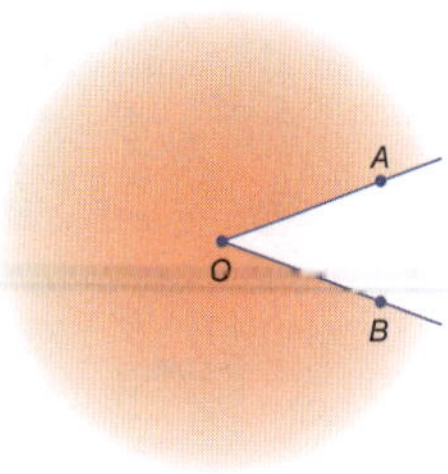

- Um ângulo de uma volta completa mede 360°.
- Um ângulo reto é um ângulo de medida 90°.
- Um ângulo agudo é um ângulo de medida maior que 0° e menor que 90°.
- Um ângulo obtuso é um ângulo de medida maior que 90° e menor que 180°.
- Dois ângulos são congruentes quando têm a mesma medida.
- Dois ângulos são complementares quando a soma de suas medidas é 90°.
- Dois ângulos são suplementares quando a soma de suas medidas é 180°.

Ângulos opostos pelo vértice

Duas retas concorrentes, r e s, determinam pares de ângulos congruentes chamados de opostos pelo vértice.

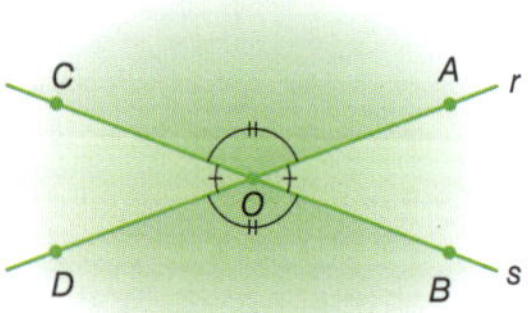

$A\hat{O}B \cong C\hat{O}D$
$A\hat{O}C \cong B\hat{O}D$

Retas paralelas cortadas por uma transversal

Considere duas retas paralelas, r e s, cortadas por uma transversal t:

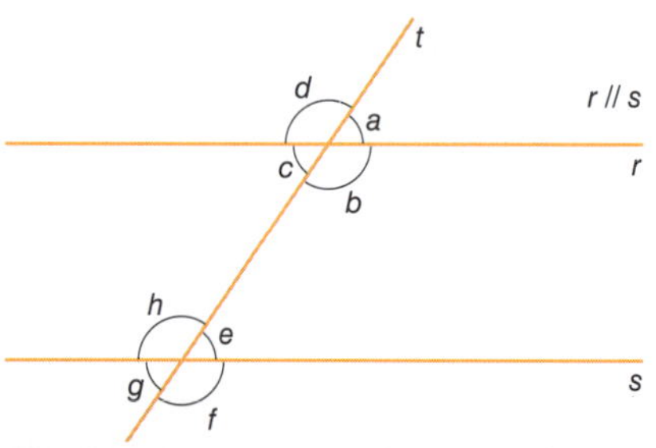

- Dois ângulos alternos ou correspondentes têm medidas iguais.

ângulos alternos: $\begin{cases} \text{internos: } b = h;\ c = e \\ \text{externos: } a = g;\ d = f \end{cases}$

ângulos correspondentes: $\begin{cases} a = e;\ b = f \\ c = g;\ d = h \end{cases}$

- Dois ângulos colaterais são suplementares.

ângulos colaterais: $\begin{cases} \text{internos: } b + e = 180°;\ c + h = 180° \\ \text{externos: } a + f = 180°;\ d + g = 180° \end{cases}$

Teorema de Tales

Se três ou mais retas paralelas concorrem com duas retas transversais, então a razão entre dois segmentos de uma mesma transversal é igual à razão entre os segmentos correspondentes da outra transversal.

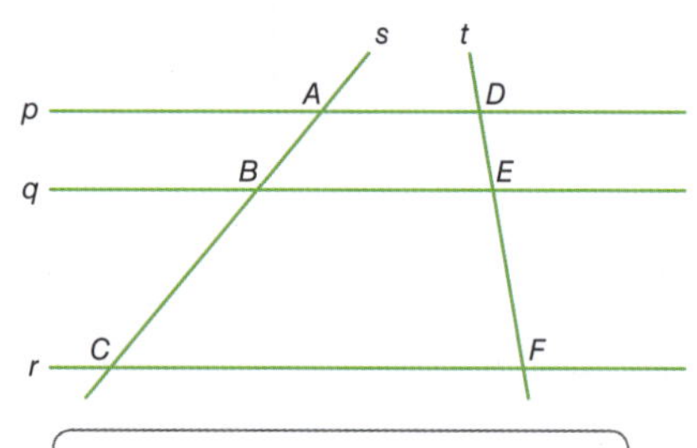

$$\frac{AB}{BC} = \frac{DE}{EF};\ \frac{AB}{AC} = \frac{DE}{DF};\ \frac{CB}{CA} = \frac{FE}{FD}$$

Polígonos

Considere, em um plano, uma linha L formada por segmentos de retas tais que:

- cada extremidade de qualquer um deles é extremidade de dois e apenas dois deles;
- dois segmentos consecutivos quaisquer, entre eles, não são colineares;
- dois segmentos não consecutivos quaisquer, entre eles, não têm ponto comum.

Essa linha L separa o plano em duas regiões, das quais uma é limitada. A reunião da linha L com essa região limitada é chamada de **polígono**.

Elementos de um polígono

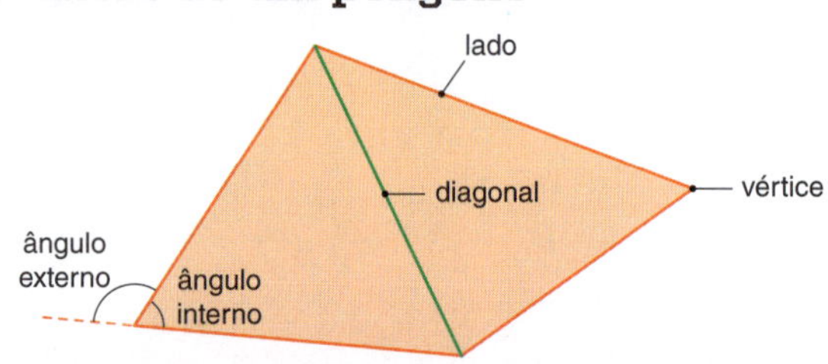

Nomenclatura

- Os polígonos são nomeados de acordo com o número de lados (ou ângulos).

Número de lados (número de vértices)	Nome do polígono
3	triângulo ou trilátero
4	quadrilátero
5	pentágono
6	hexágono
7	heptágono
8	octógono ou octágono
9	eneágono
10	decágono
11	undecágono
12	dodecágono

Um polígono é **convexo** se, e somente se, a reta *r* que contém qualquer um de seus lados deixa os demais lados contidos em um mesmo semiplano de origem *r*.

- Um polígono convexo que possui todos os lados congruentes entre si e todos os ângulos internos congruentes entre si é chamado de **polígono regular**.

Triângulos

Em todo triângulo, a soma das medidas de dois lados é maior que a medida do terceiro lado.

Classificação dos triângulos

- Quanto aos lados, um triângulo pode ser classificado como:

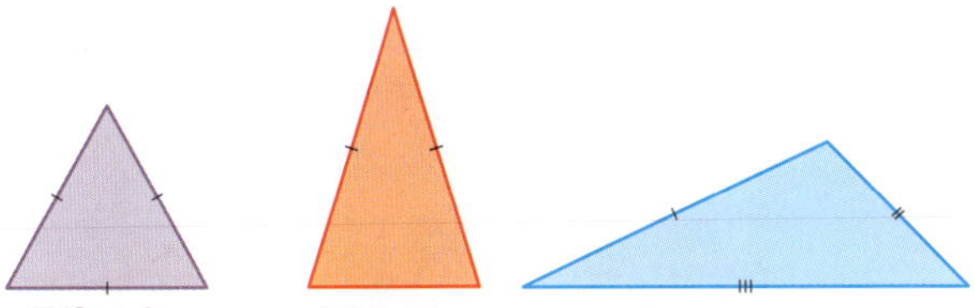

Triângulo equilátero: tem os três lados congruentes entre si.

Triângulo isósceles: tem dois lados congruentes entre si.

Triângulo escaleno: tem os três lados com medidas diferentes entre si.

- Quanto aos ângulos, um triângulo pode ser classificado como:

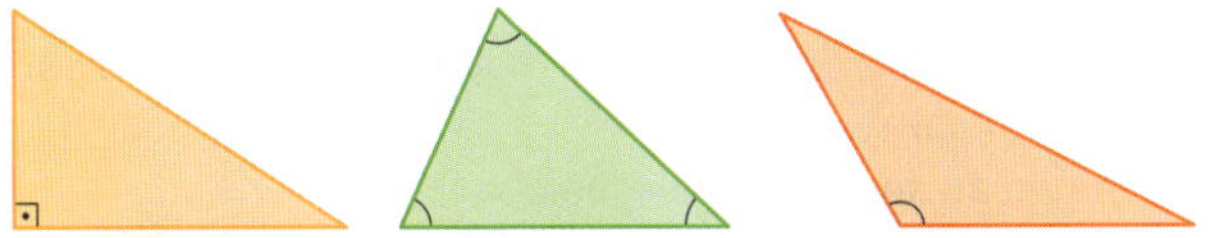

Triângulo retângulo: tem um ângulo interno reto.

Triângulo acutângulo: tem os três ângulos internos agudos.

Triângulo obtusângulo: tem um ângulo interno obtuso.

No triângulo retângulo, o lado oposto ao ângulo reto é chamado de hipotenusa e os outros, de catetos.

Elementos de um triângulo

- **Altura** de um triângulo é o segmento de reta que liga perpendicularmente um vértice à reta que contém o lado oposto a esse vértice. O ponto de encontro das alturas de um triângulo é chamado de **ortocentro**.
- **Bissetriz interna** de um triângulo é o segmento de reta contido na bissetriz de um ângulo interno, ligando um vértice ao lado oposto. O ponto de encontro das bissetrizes internas de um triângulo é chamado de **incentro**.
- **Mediana** de um triângulo é um segmento de reta que liga um vértice ao ponto médio do lado oposto. O ponto de encontro das medianas de um triângulo é chamado de **baricentro**.
- **Mediatriz** em um triângulo é a reta perpendicular a um dos lados que passa pelo ponto médio desse lado. O ponto de encontro das mediatrizes de um triângulo é chamado de **circuncentro**.

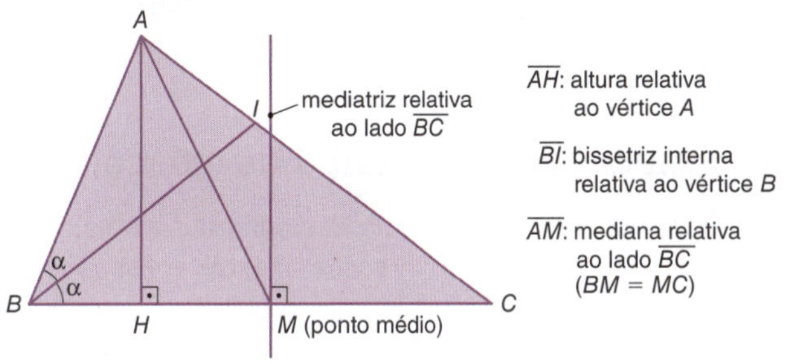

Ângulos nos triângulos

- A soma das medidas dos ângulos internos de um triângulo qualquer é 180°.
- A medida de um ângulo externo de um triângulo é igual à soma das medidas dos ângulos internos não adjacentes a ele.

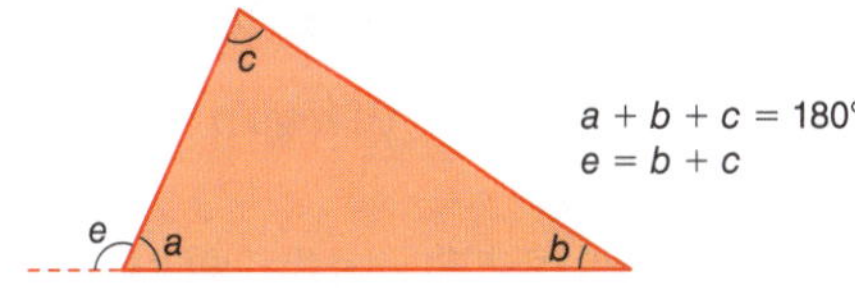

Congruência de triângulos

- Dois triângulos são **congruentes** se, e somente se, existe uma correspondência biunívoca que associa os três vértices de um triângulo aos três vértices do outro, de modo que:
  - ângulos com vértices correspondentes são congruentes;
  - lados opostos a vértices correspondentes são congruentes.
- Casos de congruência:

LAL (lado-ângulo-lado)

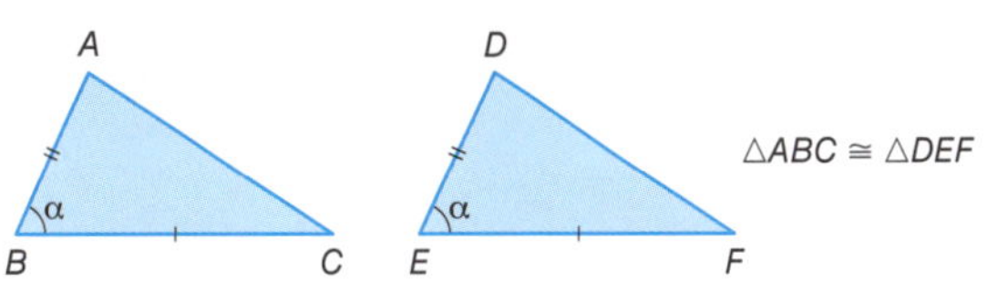

ALA (ângulo-lado-ângulo)

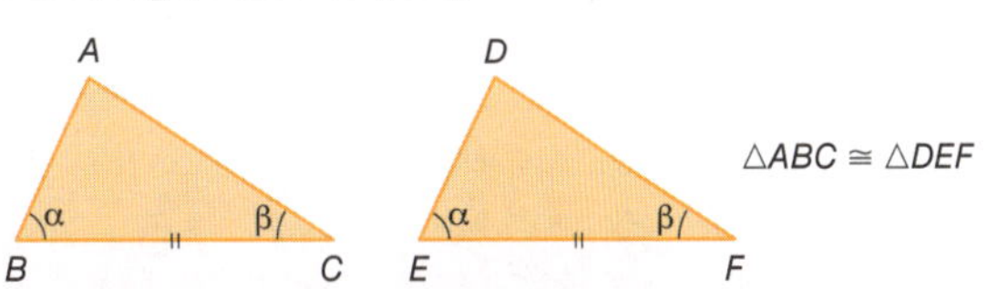

LLL (lado-lado-lado)

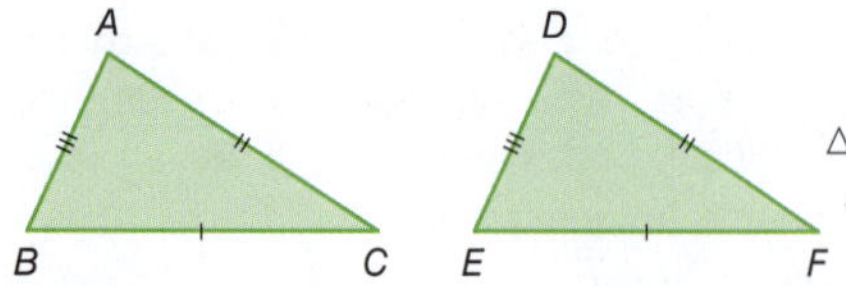

$\triangle ABC \cong \triangle DEF$

LAA$_0$ (lado-ângulo-ângulo oposto)

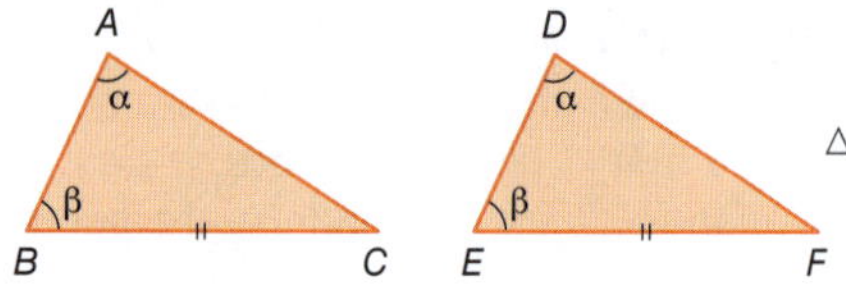

$\triangle ABC \cong \triangle DEF$

RHC (ângulo reto-hipotenusa-cateto)

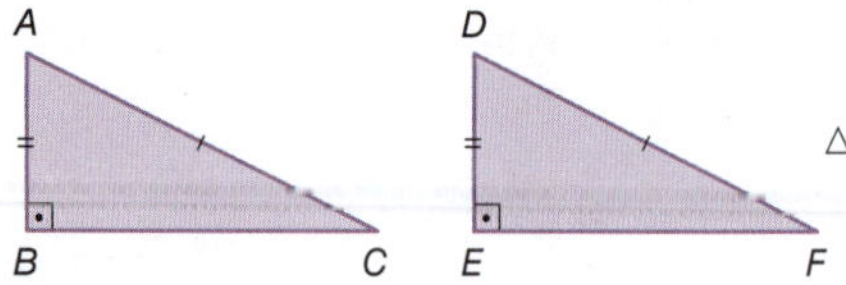

$\triangle ABC \cong \triangle DEF$

Propriedades dos triângulos isósceles

P1. Dois lados de um triângulo são congruentes se, e somente se, os ângulos internos opostos a esses lados são congruentes.

P2. Um triângulo é isósceles se, e somente se, uma bissetriz interna coincide com uma mediana ou uma altura do triângulo.

P3. Um triângulo é isósceles se, e somente se, a mediatriz relativa a um lado contém a mediana, a bissetriz interna ou a altura relativa a esse lado.

Propriedades dos triângulos retângulos

P1. Os ângulos agudos de um triângulo retângulo são complementares.

P2. Em todo triângulo retângulo, a mediana relativa à hipotenusa mede metade da medida da hipotenusa.

Semelhança de triângulos

› Dois triângulos são semelhantes se, e somente se, existe uma correspondência biunívoca que associa os três vértices de um dos triângulos aos três vértices do outro, de modo que:

- Ângulos com vértices correspondentes são congruentes;
- Lados opostos a vértices correspondentes são proporcionais.

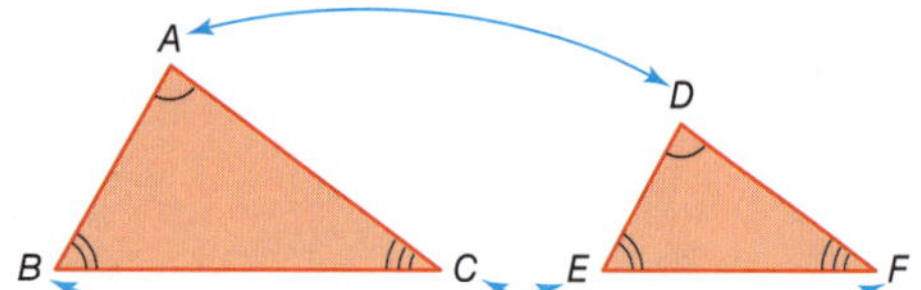

$$\triangle ABC \sim \triangle DEF \Rightarrow \begin{cases} \hat{A} \cong \hat{D} \\ \hat{B} \cong \hat{E} \\ \hat{C} \cong \hat{F} \end{cases} \text{e } \frac{AB}{DE} = \frac{BC}{EF} = \frac{AC}{DF}$$

› Casos de semelhança:

AA (ângulo-ângulo)

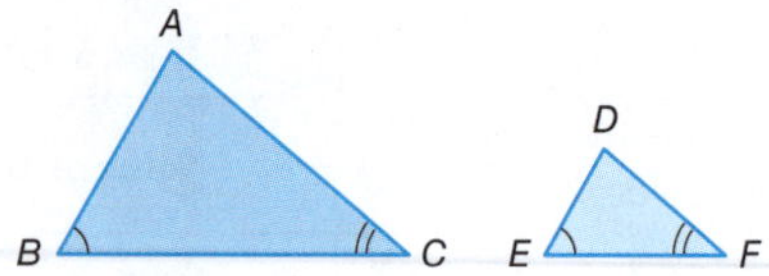

$$\left.\begin{matrix} \hat{B} \cong \hat{E} \\ \hat{C} \cong \hat{F} \end{matrix}\right\} \Leftrightarrow \triangle ABC \sim \triangle DEF$$

LAL (lado-ângulo-lado)

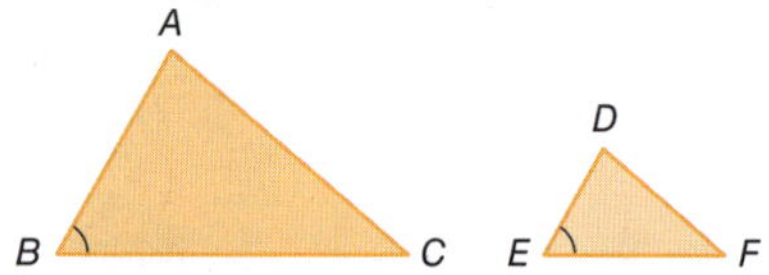

$$\left.\begin{matrix} \frac{AB}{DE} = \frac{BC}{EF} \\ \hat{B} \cong \hat{E} \end{matrix}\right\} \Leftrightarrow \triangle ABC \sim \triangle DEF$$

LLL (lado-lado-lado)

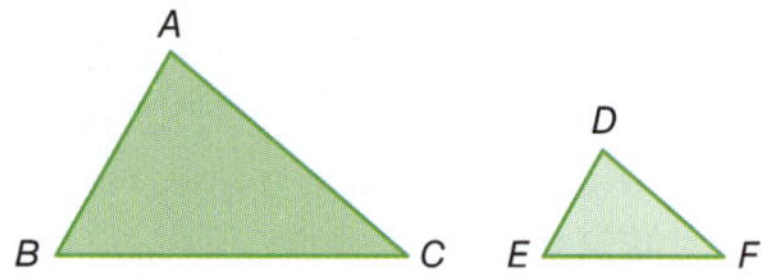

$$\frac{AB}{DE} = \frac{BC}{EF} = \frac{AC}{DF} \Leftrightarrow \triangle ABC \sim \triangle DEF$$

› O número k, tal que $\frac{AB}{DE} = \frac{BC}{EF} = \frac{AC}{DF} = k$, é chamado de **razão de semelhança** do triângulo ABC para o triângulo DEF.

Nota: O conceito de semelhança de triângulos pode ser estendido para quaisquer figuras geométricas.

Relações métricas no triângulo retângulo

Considere o triângulo retângulo ABC abaixo.

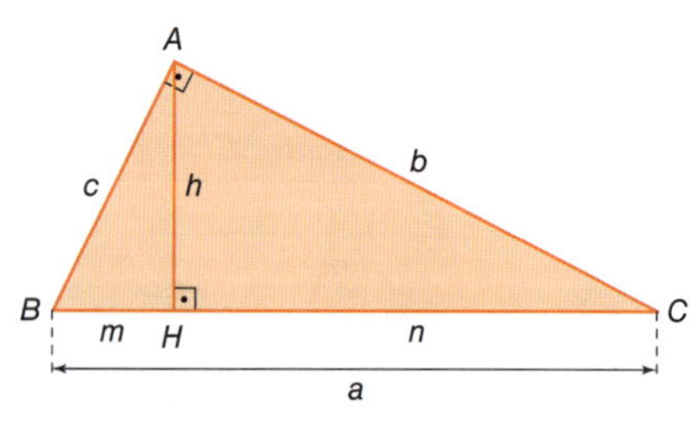

- b e c são as medidas dos catetos;
- a é a medida da hipotenusa;
- h é a medida da altura relativa à hipotenusa;
- m é a medida da projeção ortogonal do cateto $\overline{AB}$ sobre a hipotenusa;
- n é a medida da projeção ortogonal do cateto $\overline{AC}$ sobre a hipotenusa.

Temos as seguintes relações:

$a^2 = b^2 + c^2$	$a \cdot h = b \cdot c$
$h^2 = m \cdot n$	$b \cdot h = c \cdot n$
$c^2 = a \cdot m$	$c \cdot h = b \cdot m$
$b^2 = a \cdot n$	

Quadriláteros

- **Trapézio** é todo quadrilátero que possui pelo menos um par de lados paralelos.
- **Paralelogramo** é todo trapézio que apresenta dois pares de lados paralelos.
- **Retângulo** é todo paralelogramo que possui os quatro ângulos internos retos.
- **Losango** é todo paralelogramo que possui os lados congruentes entre si.
- **Quadrado** é todo paralelogramo que possui os quatro ângulos internos retos e os quatro lados congruentes entre si.

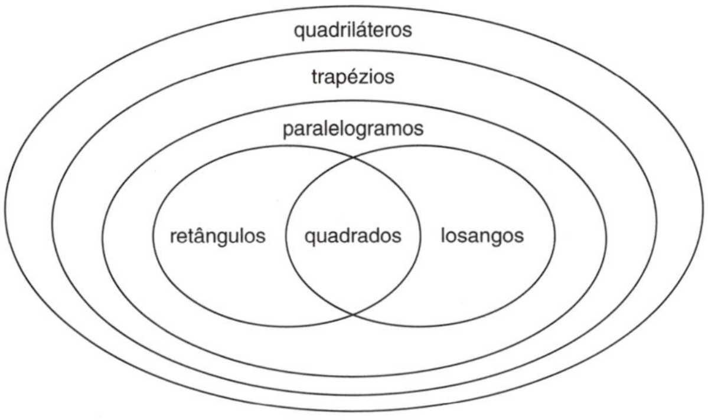

Propriedades dos quadriláteros notáveis

P1. Em todo paralelogramo, dois lados opostos quaisquer são congruentes.

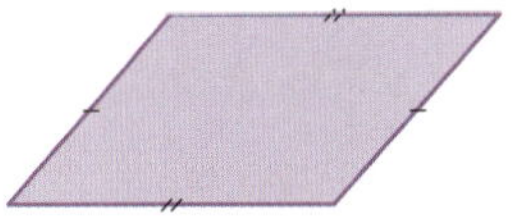

P2. O ponto de intersecção das diagonais de um paralelogramo é o ponto médio de cada uma delas.

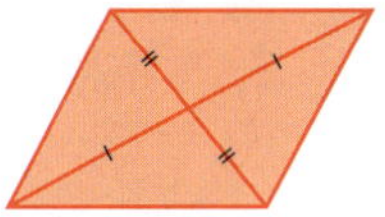

P3. Em todo paralelogramo, dois ângulos consecutivos quaisquer são suplementares.

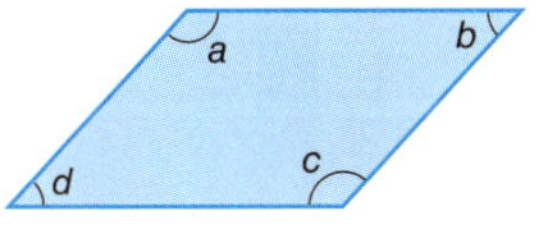

$a + b = 180°$
$b + c = 180°$
$c + d = 180°$
$d + a = 180°$

P4. Em todo paralelogramo, os ângulos opostos são congruentes.

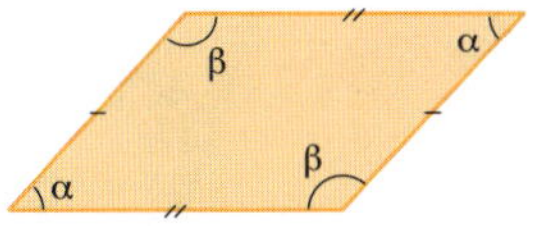

P5. As diagonais de um retângulo são congruentes.

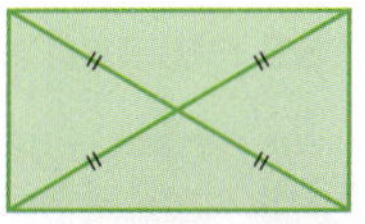

P6. As diagonais de um losango são perpendiculares entre si e estão contidas nas bissetrizes dos ângulos internos do losango.

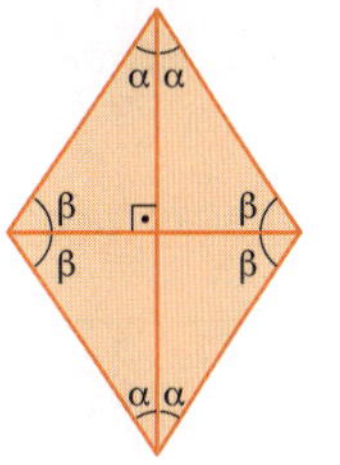

Circunferência e círculo

- Sendo *C* um ponto do plano e *r* uma medida positiva, chama-se **circunferência** de centro *C* e raio *r* o conjunto dos pontos desse plano que distam de *C* a medida *r*.
- A reunião de uma circunferência com o conjunto de seus pontos interiores é chamada de **círculo**.

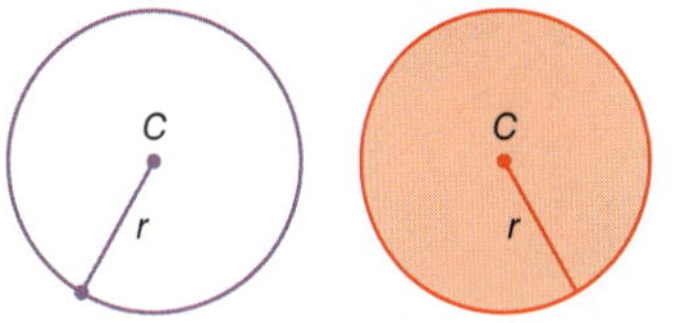

circunferência círculo

- Dois pontos, *A* e *B*, de uma circunferência dividem-na em duas partes chamadas de **arcos**. O segmento de reta $\overline{AB}$ é chamado de **corda**. Uma corda que passa pelo centro *C* da circunferência é chamada de **diâmetro**.

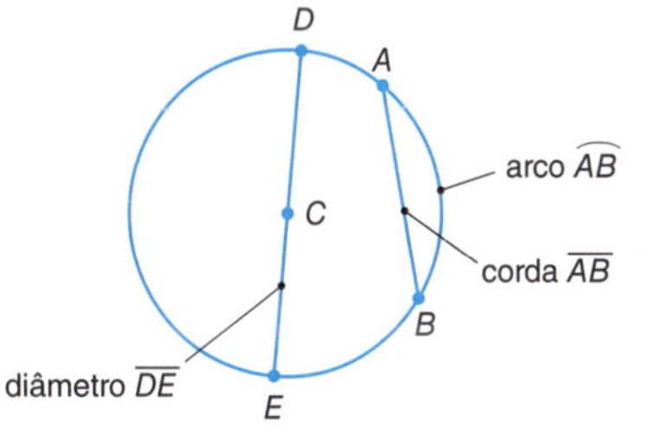

Propriedade das cordas

Em uma circunferência de centro *C*, sejam dois pontos distintos, *A* e *B*, e *M* um ponto da corda $\overline{AB}$. O segmento $\overline{CM}$ é perpendicular à corda $\overline{AB}$ se, e somente se, *M* é ponto médio dessa corda.

Ângulos em uma circunferência

- Todo ângulo cujo vértice é o centro de uma circunferência é chamado de **ângulo central** dessa circunferência. A medida, em grau, de um arco de circunferência é a medida do ângulo central que o determina.
- Todo ângulo cujo vértice pertence a uma circunferência e os lados são secantes a ela é chamado de **ângulo inscrito** nessa circunferência. A medida de um ângulo inscrito é a metade da medida do ângulo central correspondente.

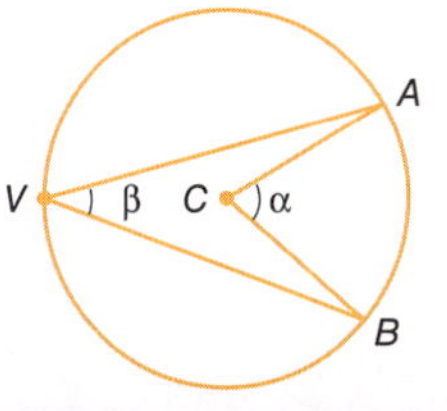

C é o centro da circunferência
$A\hat{C}B$ é ângulo central
$m(A\hat{C}B) = \alpha$
$A\hat{V}B$ é ângulo inscrito
$\beta = \frac{\alpha}{2}$

Reta tangente a uma circunferência

Uma reta r e uma circunferência de um mesmo plano são tangentes entre si quando têm um único ponto T em comum.

Propriedades das retas tangentes

P1. Toda reta tangente a uma circunferência é perpendicular ao raio no ponto de tangência.

P2. Se P é um ponto exterior a uma circunferência e os pontos A e B pertencem a ela, de modo que $\overline{PA}$ e $\overline{PB}$ são tangentes à circunferência, então $PA = PB$.

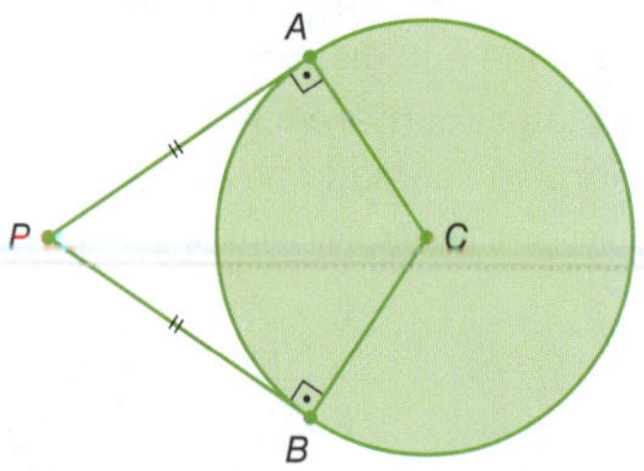

O comprimento da circunferência

- Em qualquer circunferência, a razão entre seu comprimento c e a medida $2r$ de seu diâmetro é constante. Indicamos essa constante por π.

$$\frac{c}{2r} = \pi$$

- O comprimento c de uma circunferência de raio r é dado por:

$$c = 2\pi r$$

Cálculo da área de alguns polígonos e do círculo

- Retângulo

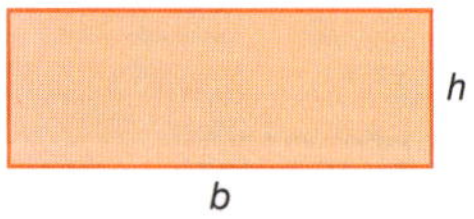

$$A = b \cdot h$$

- Quadrado

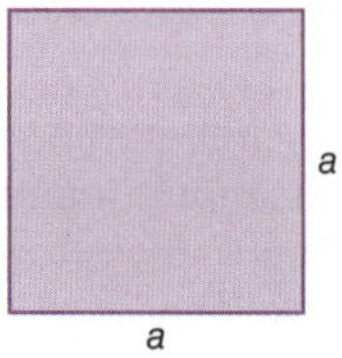

$$A = a^2$$

- Paralelogramo

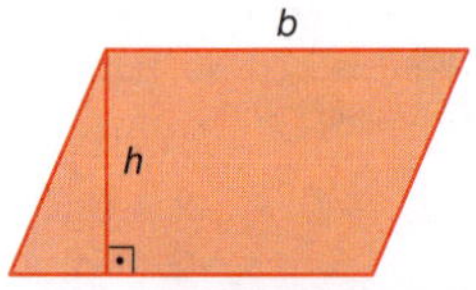

$$A = b \cdot h$$

- Triângulo

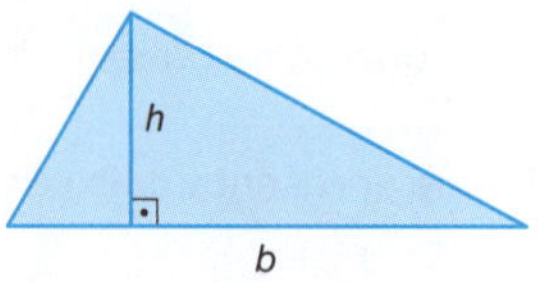

$$A = \frac{b \cdot h}{2}$$

- Hexágono regular

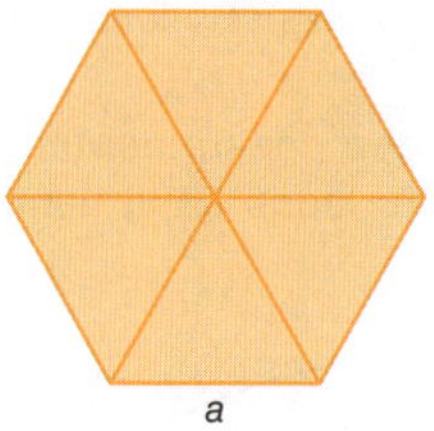

$$A = \frac{3a^2\sqrt{3}}{2}$$

- Trapézio

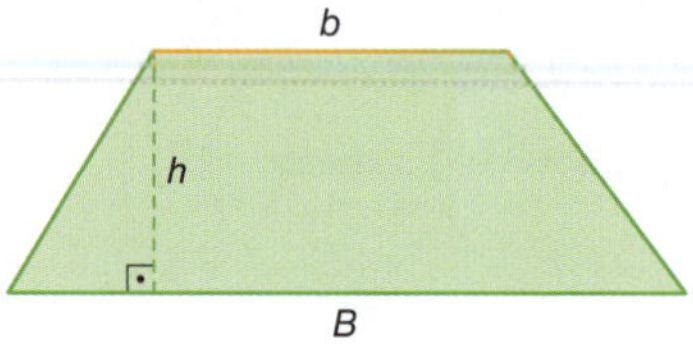

$$A = \frac{(B + b) \cdot h}{2}$$

- Losango

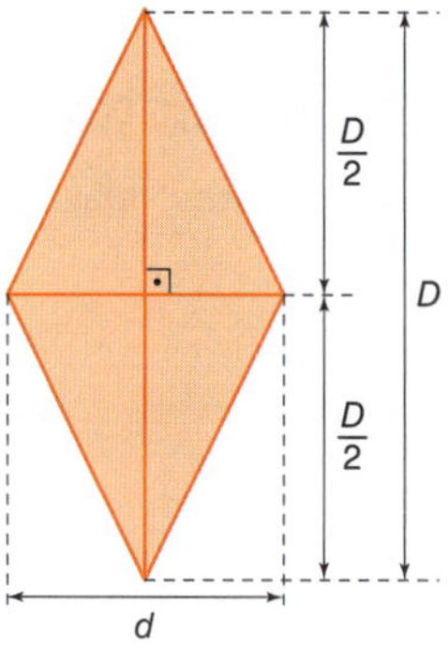

$$A = \frac{d \cdot D}{2}$$

- Círculo

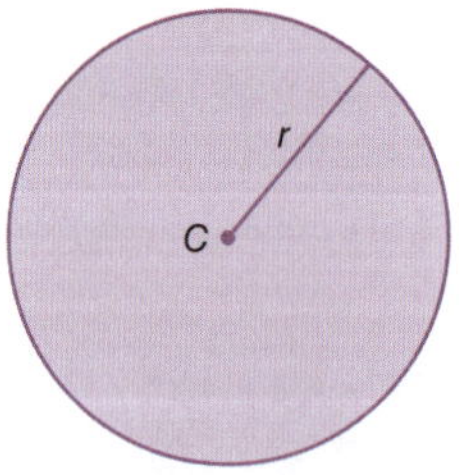

$$A = \pi r^2$$

- Setor circular

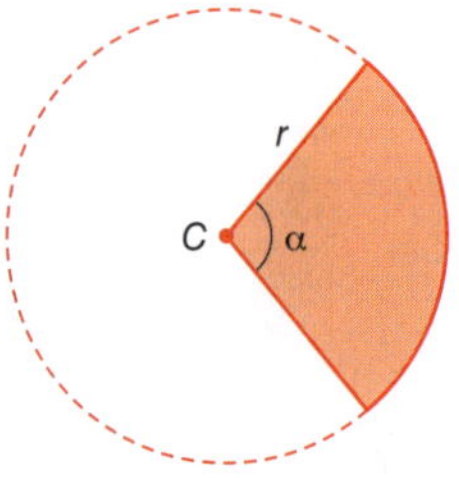

$$A = \frac{\alpha}{360°} \cdot \pi r^2$$

Áreas de figuras semelhantes

A razão entre as áreas de duas figuras semelhantes é igual ao quadrado da razão de semelhança entre elas.

No Vestibular

1. **(UPF-RS)** No triângulo abaixo, x é um ângulo interno e a e b são ângulos externos. Sabendo que $a + b = 210°$ e $3a - 2b = 130°$, sobre o ângulo x pode-se afirmar que:

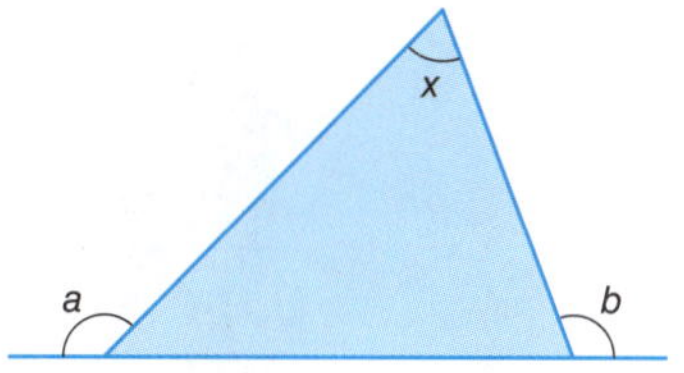

a) seu suplemento é 110°.
b) seu complemento é 60°.
c) seu complemento é 20°.
d) seu suplemento é 100°.
e) seu suplemento mais seu complemento é 180°.

2. **(Udesc)** O perímetro do triângulo equilátero ABC é 12 cm, onde A, B e C são os centros das circunferências ilustradas na figura. Calcule a área da região hachurada, delimitada pelas circunferências.

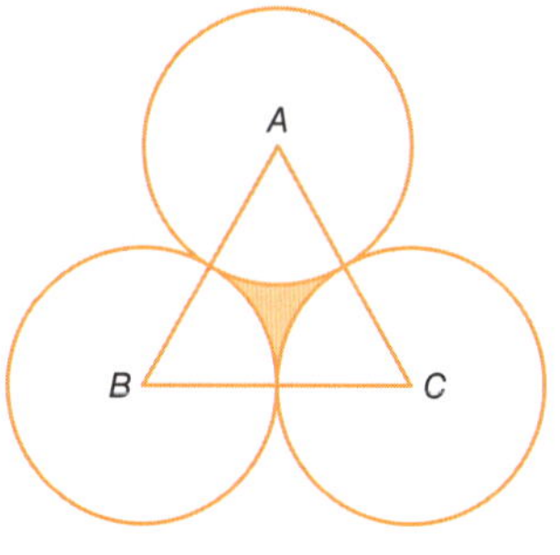

3. **(UPF-RS)** Na figura, composta por 4 semicircunferências, as duas menores são iguais e o raio mede 1,5 cm, a semicircunferência intermediária tem diâmetro igual ao raio da circunferência maior. O perímetro em π cm e a área em π cm² da figura são, respectivamente:

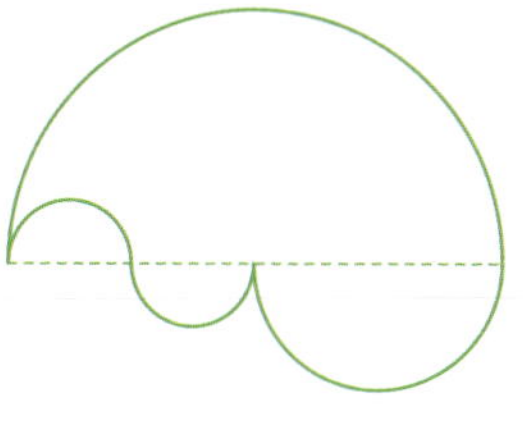

a) 24 e 27
b) 12 e 22,5
c) 24 e 22,5
d) 12 e 27
e) 24 e 12

4. **(UFT-TO)** Considere o quadrado $ABCD$ de lado 12 cm e as semicircunferências de arcos $\widehat{AB}$ e $\widehat{BC}$, conforme figura abaixo:

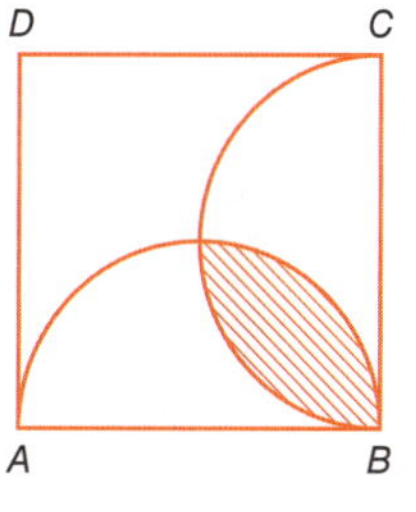

O valor da área da região hachurada é:

a) $12(\pi - 3)$ cm²
b) $10(\pi + 2)$ cm²
c) $18(\pi - 2)$ cm²
d) $(\pi + 36)$ cm²

5. **(UFPel-RS)** A geometria métrica, através de suas relações, proporciona que possamos descobrir medidas desconhecidas. Usando as relações convenientes, é correto afirmar que o perímetro do triângulo *ABC*, abaixo, equivale a:

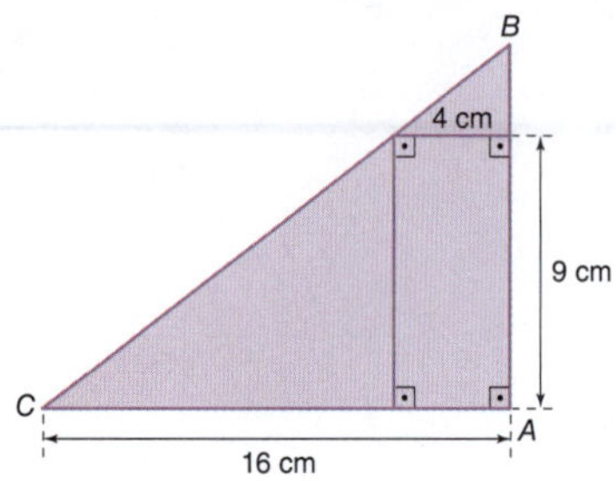

a) 24 cm
b) 34 cm
c) 35 cm
d) 48 cm
e) 45 cm
f) I.R.

6. **(Unifor-CE)** Se *M* é o ponto médio do segmento $\overline{AB}$ e *P* é o ponto médio do segmento $\overline{OM}$, determine o comprimento da circunferência de centro *P* e raio $\overline{OP}$, mostrado na figura abaixo:

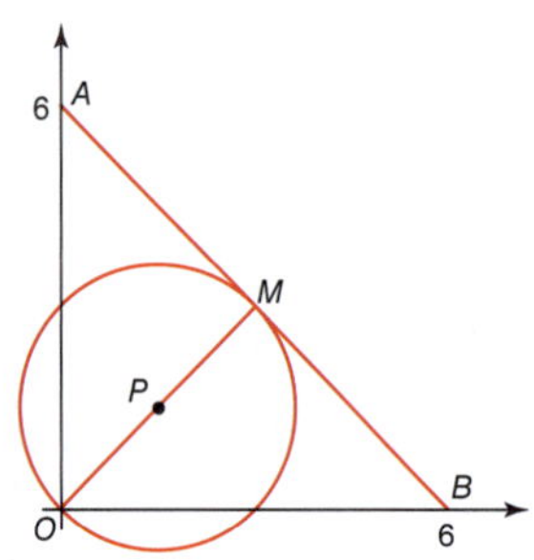

a) $2\pi\sqrt{2}$
b) $3\pi\sqrt{2}$
c) $5\pi\sqrt{2}$
d) $3\pi\sqrt{3}$
e) $4\pi\sqrt{2}$

7. **(Unifor-CE)** A figura abaixo apresenta uma malha quadriculada na qual está destacada uma superfície colorida.

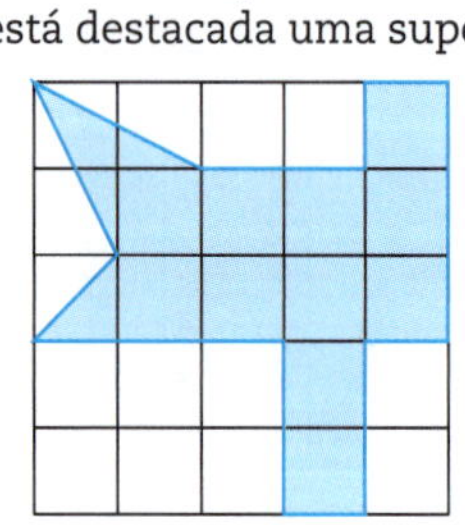

Se o lado de cada quadradinho da malha mede 1 cm, a área da superfície da região colorida, em centímetros quadrados, é:

a) 9 b) 12,5 c) 15,5 d) 16,75 e) 18,25

8. **(UFBA)** Na figura abaixo, todos os triângulos são retângulos isósceles, e *ABCD* é um quadrado. Nessas condições, determine o quociente $\frac{GH}{CE}$.

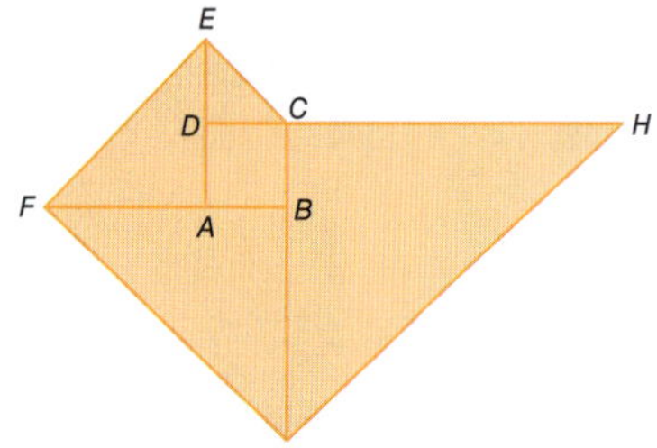

9. **(Unifesp)** Pentágonos regulares congruentes podem ser conectados, lado a lado, formando uma estrela de cinco pontas, conforme destacado na figura.

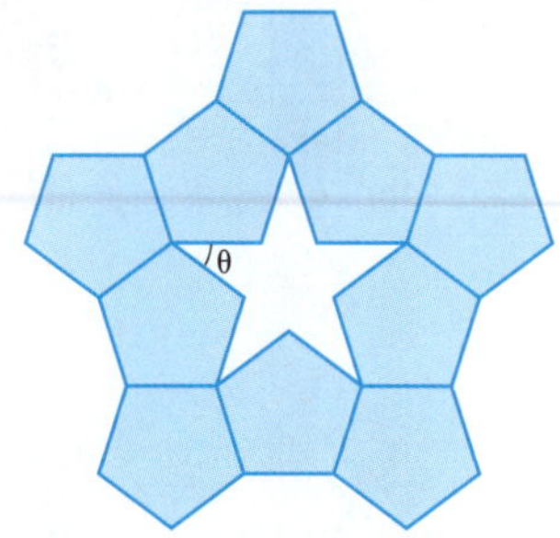

Nestas condições, o ângulo θ mede:

a) 108°
b) 72°
c) 54°
d) 36°
e) 18°

10. **(Unifesp)** A figura mostra duas roldanas circulares ligadas por uma correia. A roldana maior, com raio 12 cm, gira fazendo 100 rotações por minuto, e a função da correia é fazer a roldana menor girar. Admita que a correia não escorregue.

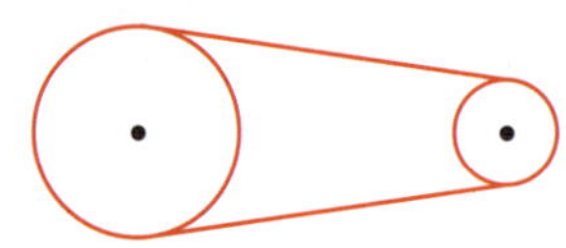

Para que a roldana menor faça 150 rotações por minuto, o seu raio, em centímetros, deve ser:

a) 8
b) 7
c) 6
d) 5
e) 4

11. **(Unioeste-PR)** A figura a seguir representa um trapézio isósceles em que a base $\overline{DC}$ mede 20 cm, a base $\overline{AB}$ mede 60 cm e a altura mede 12 cm. O segmento $\overline{EF}$ é perpendicular à base $\overline{AB}$ e é bissetriz do ângulo $A\hat{E}B$.

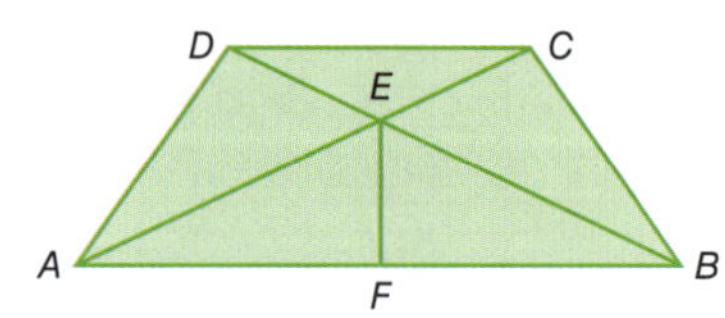

A partir destas informações, pode-se concluir que a medida do segmento $\overline{EF}$ é de:

a) 10 cm
b) 6,8 cm
c) 7,5 cm
d) 9 cm
e) 9,3 cm

12. **(UFSCar-SP)** A hipotenusa do triângulo retângulo *ABC* está localizada sobre a reta real, conforme indica a figura.

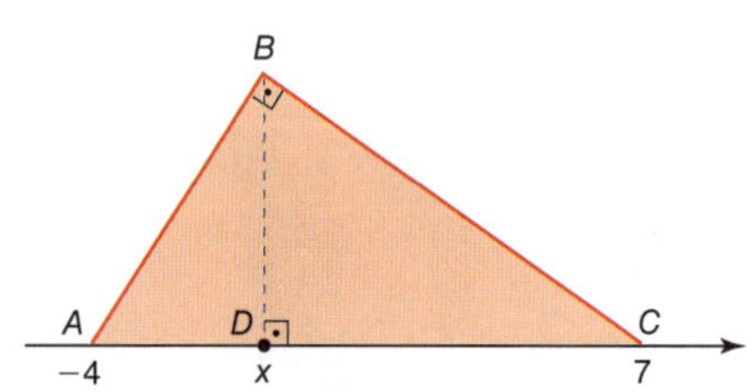

Se $x > 0$ e a medida da altura $\overline{BD}$ relativa ao lado $\overline{AC}$ do triângulo *ABC* é $2\sqrt{6}$, então *x* é o número real:

a) $2\sqrt{3}$
b) 4
c) $3\sqrt{2}$
d) 5
e) $3\sqrt{3}$

13. **(UFG-GO)** Uma empresa de vigilância irá instalar um sistema de segurança em um condomínio fechado, representado pelo polígono da figura abaixo.

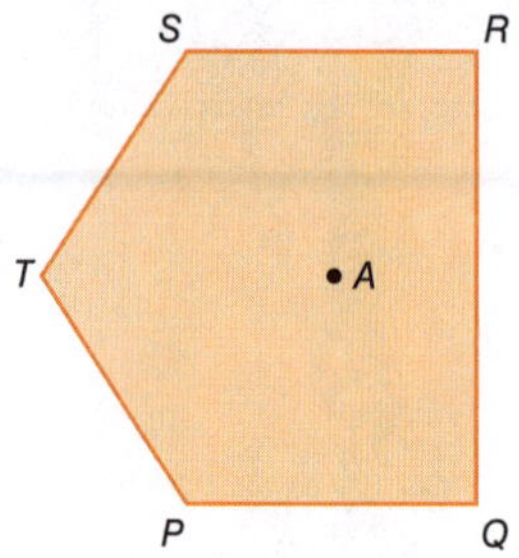

A empresa pretende colocar uma torre de comunicação, localizada no ponto A, indicado na figura, que seja equidistante dos vértices do polígono, indicados por P, Q, R, S e T, onde serão instalados os equipamentos de segurança.

Sabe-se que o lado $\overline{RQ}$ desse polígono mede 3.000 m e as medidas dos outros lados são iguais à distância do ponto A aos vértices do polígono.

Calcule a distância do ponto A, onde será instalada a torre, aos vértices do polígono.

14. **(UFSCar-SP)** A sequência de figuras mostra um único giro do ponto A, marcado em uma roda circular, quando ela roda, no plano, sobre a rampa formada pelos segmentos $\overline{RQ}$ e $\overline{QP}$.

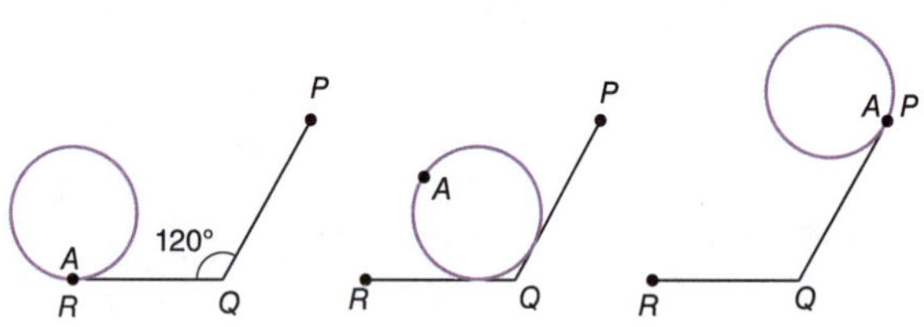

figura 1 figura 2 figura 3

Além do que indicam as figuras, sabe-se que o raio da roda mede 3 cm, e que ela gira sobre a rampa sem deslizar em falso. Sendo assim, o comprimento RQ + QP da rampa, em cm, é igual a:

a) $5\pi + 2\sqrt{3}$
b) $4\pi + 3\sqrt{5}$
c) $6\pi + \sqrt{3}$
d) $7\pi + \sqrt{3}$
e) $8\pi + 3\sqrt{5}$

15. **(Fuvest-SP)** Na figura, *ABCD* é um quadrado de lado 1, *DEB* e *CEA* são arcos de circunferências de raio 1.

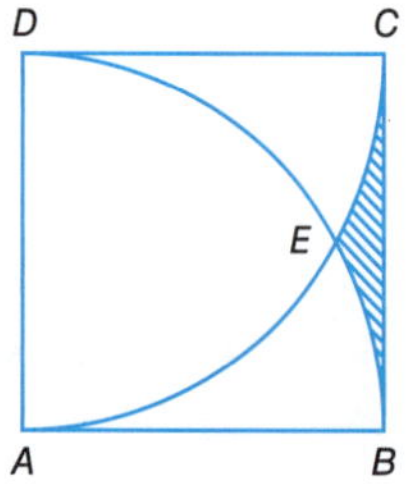

Logo, a área da região hachurada é:

a) $1 - \dfrac{\pi}{6} + \dfrac{\sqrt{3}}{4}$
b) $1 - \dfrac{\pi}{3} + \dfrac{\sqrt{3}}{2}$
c) $1 - \dfrac{\pi}{6} - \dfrac{\sqrt{3}}{4}$
d) $1 + \dfrac{\pi}{3} - \dfrac{\sqrt{3}}{2}$
e) $1 - \dfrac{\pi}{3} - \dfrac{\sqrt{3}}{4}$

16. **(UFV-MG)** Considere o triângulo *ABC*, sendo $\overline{BH}$ a altura do triângulo *ABC* e $\overline{BM}$ a mediana relativa ao lado $\overline{AC}$.

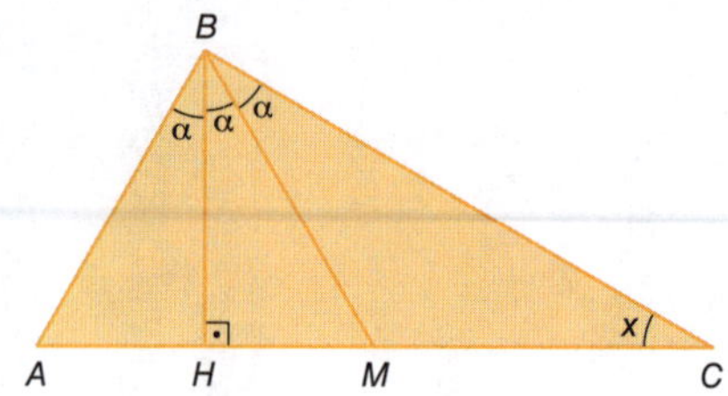

Com base na figura acima, a medida, em grau, do ângulo x é:

a) 60
b) 20
c) 45
d) 30

17. **(UFV-MG)** José deseja dividir igualmente entre seus dois filhos um terreno com um formato de um quadrilátero *ABCD*, conforme indica a figura abaixo.

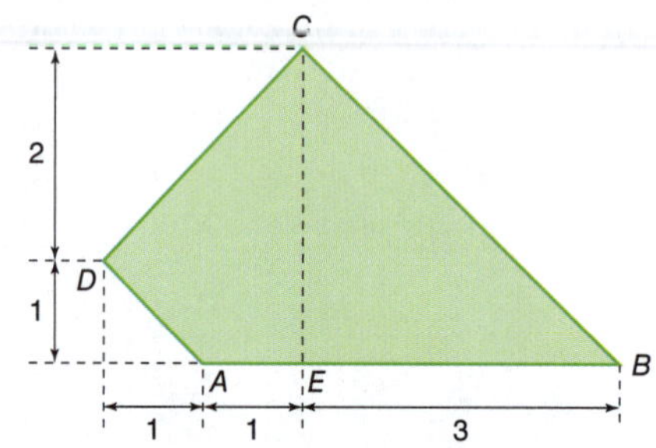

Para dividir o terreno em dois lotes de mesma área, ele irá construir uma cerca reta que ficará perpendicular ao lado $\overline{AB}$ e paralela ao segmento $\overline{EC}$. O perímetro do lote que está à direita é:

a) $2 - 4\sqrt{2}$
b) $4 - 4\sqrt{2}$
c) $2 + 4\sqrt{2}$
d) $4 + 4\sqrt{2}$

18. **(Unioeste-PR)** Sobre cada um dos lados de um triângulo retângulo *ABC* são construídos semicírculos tais que, para cada um deles, seu diâmetro tem a mesma medida do lado do triângulo sobre o qual está construído (ver figura 1). Sabe-se que $\overline{AB}$ mede 2 cm, $\overline{BC}$ mede 4 cm e $\overline{AC}$ mede $\sqrt{20}$ cm. Rebatendo-se o semicírculo sobre a hipotenusa, $\overline{AC}$, obtém-se a figura 2, que é formada por cinco regiões distintas, cujas áreas, em cm^2, são representadas por X, Y, T, Z e W. Levando-se em conta estas afirmações, é correto afirmar que a área do triângulo, denominada T, é dada por:

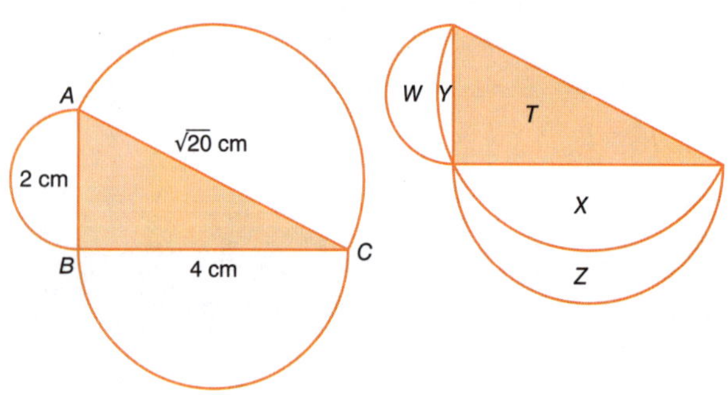

a) T = X + Y
b) T = W − X + Z − Y
c) T = X + Y + Z + W
d) T = W + X
e) T = Z + W

19. **(Unifesp)** De um cartão retangular de base 14 cm e altura 12 cm, deseja-se recortar um quadrado de lado x e um trapézio isósceles, conforme a figura, onde a parte hachurada será retirada.

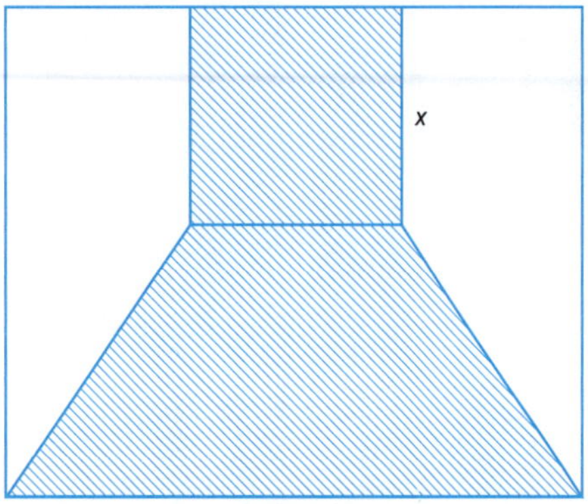

O valor de x, em centímetro, para que a área total removida seja mínima, é:

a) 3
b) 2
c) 1,5
d) 1
e) 0,5

20. **(Unifesp)** Em um triângulo com lados de comprimentos a, b, c, tem-se $(a + b + c)(a + b - c) = 3ab$. A medida do ângulo oposto ao lado de comprimento c é:

a) 30°
b) 45°
c) 60°
d) 90°
e) 120°

21. **(Unifesp)** A figura mostra uma circunferência, de raio 4 e centro C_1, que tangencia internamente a circunferência maior, de raio R e centro C_2. Sabe-se que A e B são pontos da circunferência maior, $\overline{AB}$ mede 8 e tangencia a circunferência menor em T, sendo perpendicular à reta que passa por C_1 e C_2.

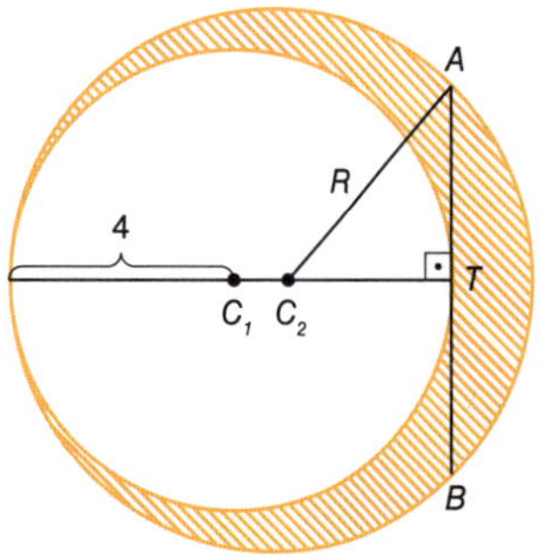

A área da região hachurada é:

a) 9π
b) 12π
c) 15π
d) 18π
e) 21π

22. **(Unifesp)** A primeira figura representa um retângulo de 100 cm por 50 cm, com uma escada E_1 contendo 50 degraus de 1 cm de largura por 1 cm de altura. O ponto A indica a extremidade inferior da escada E_1. Pretende-se ampliar a largura dos degraus de E_1, de forma a obter uma nova escada, E_2, contendo também 50 degraus, todos de mesma largura e tendo como extremidade inferior o ponto B, conforme figura. Na nova escada, E_2, a altura dos degraus será mantida, igual a 1 cm.

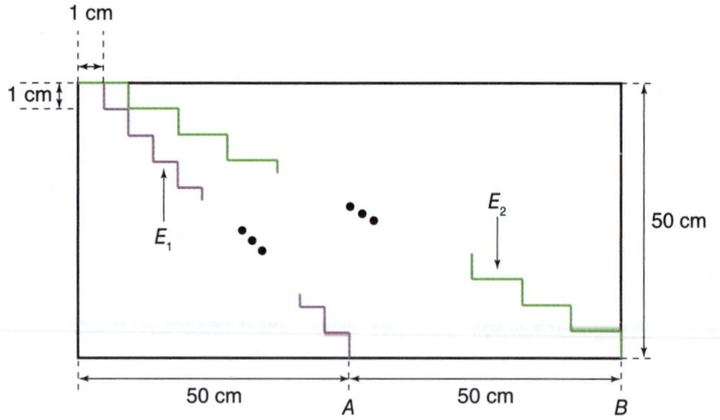

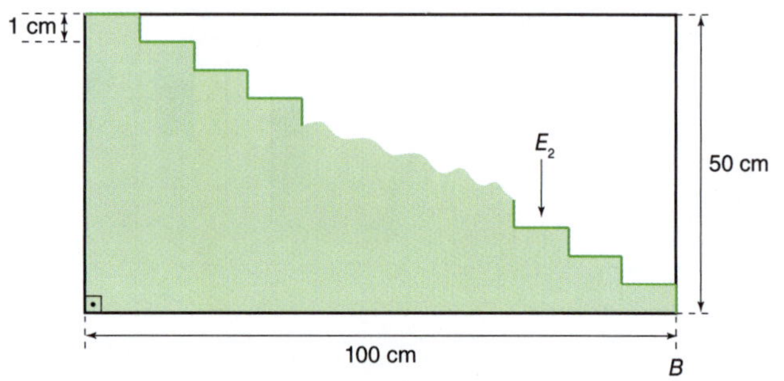

A área da região sombreada, sob a escada E_2, conforme a segunda figura, será:

a) 2.050 cm²
b) 2.500 cm²
c) 2.550 cm²
d) 2.750 cm²
e) 5.000 cm²

23. **(Fuvest-SP)** No retângulo $ABCD$ da figura, tem-se $CD = \ell$ e $AD = 2\ell$. Além disso, o ponto E pertence à diagonal $\overline{BD}$, o ponto F pertence ao lado $\overline{BC}$, e $\overline{EF}$ é perpendicular a $\overline{BD}$. Sabendo que a área do retângulo $ABCD$ é cinco vezes a área do triângulo BEF, então $\overline{BF}$ mede:

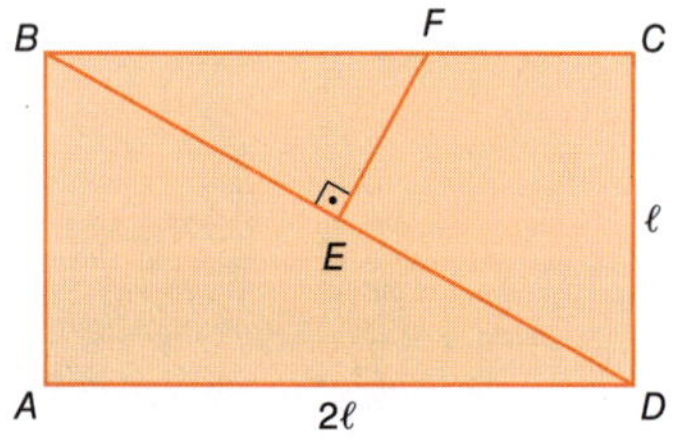

a) $\dfrac{\ell\sqrt{2}}{8}$
b) $\dfrac{\ell\sqrt{2}}{4}$
c) $\dfrac{\ell\sqrt{2}}{2}$
d) $\dfrac{3\ell\sqrt{2}}{4}$
e) $\ell\sqrt{2}$

24. **(Unifesp)** Você tem dois pedaços de arame de mesmo comprimento e pequena espessura. Um deles você usa para formar o círculo da figura I, e o outro você corta em 3 partes iguais para formar os três círculos da figura II.

Figura I　　　Figura II

Se S é a área do círculo maior e s é a área de um dos círculos menores, a relação entre S e s é dada por:

a) $S = 3s$
b) $S = 4s$
c) $S = 6s$
d) $S = 8s$
e) $S = 9s$

25. **(Unifesp)** Na figura, o segmento $\overline{AC}$ é perpendicular à reta r. Sabe-se que o ângulo $A\hat{O}B$, com O sendo um ponto da reta r, será máximo quando O for o ponto onde r tangencia uma circunferência que passa por A e B.

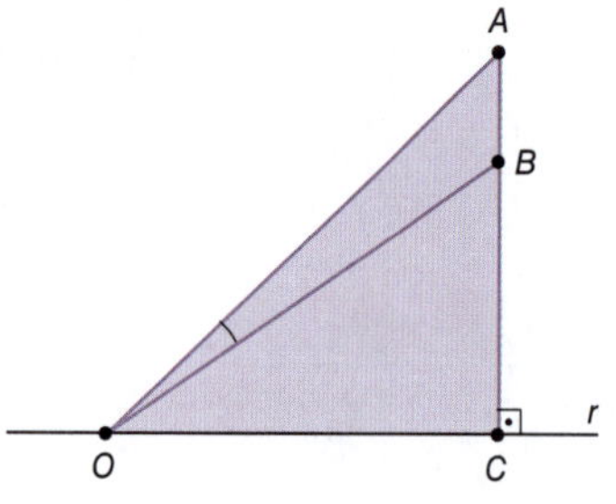

Se $\overline{AB}$ representa uma estátua de 3,6 m sobre um pedestal $\overline{BC}$ de 6,4 m, a distância OC, para que o ângulo $A\hat{O}B$ de visão da estátua seja máximo, é:

a) 10 m
b) 8,2 m
c) 8 m
d) 7,8 m
e) 4,6 m

26. **(Fuvest-SP)** No segmento $\overline{AC}$, toma-se um ponto B de forma que $\frac{AB}{AC} = 2\frac{BC}{AB}$. Então, o valor de $\frac{BC}{AB}$ é:

a) $\frac{1}{2}$
b) $\frac{\sqrt{3} - 1}{2}$
c) $\sqrt{5} - 1$
d) $\frac{\sqrt{5} - 1}{2}$
e) $\frac{\sqrt{5} - 1}{3}$

Trigonometria no triângulo retângulo e na circunferência trigonométrica

A **Trigonometria** (do grego *trigōnon*, "triângulo", e *metron*, "medida") estuda as relações entre as medidas dos lados e dos ângulos internos de triângulos, particularmente triângulos retângulos. Sua origem é incerta, porém sua sistematização iniciou-se na antiga Grécia, com o estudo das relações entre ângulo central, arco e corda de uma circunferência.

Trigonometria no triângulo retângulo

- Sendo α a medida de um ângulo agudo em um triângulo retângulo qualquer, temos:

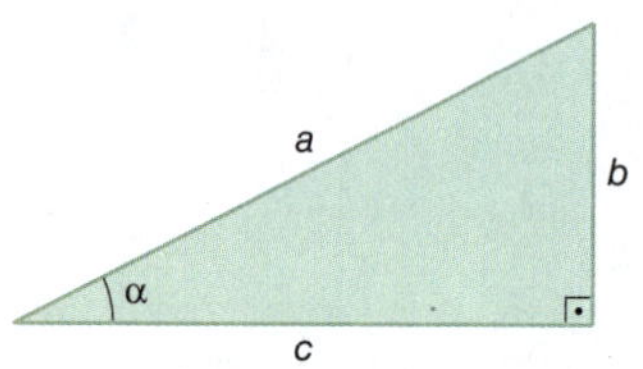

- $\text{sen}\,\alpha = \dfrac{\text{medida do cateto oposto a }\alpha}{\text{medida da hipotenusa}} = \dfrac{b}{a}$
- $\cos\alpha = \dfrac{\text{medida do cateto adjacente a }\alpha}{\text{medida da hipotenusa}} = \dfrac{c}{a}$
- $\text{tg}\,\alpha = \dfrac{\text{medida do cateto oposto a }\alpha}{\text{medida do cateto adjacente a }\alpha} = \dfrac{b}{c}$

- Dado um ângulo agudo de medida α, temos:

$$\text{tg}\,\alpha = \frac{\text{sen}\,\alpha}{\cos\alpha}$$

- Se dois ângulos agudos são complementares, então o seno de um deles é igual ao cosseno do outro, ou seja, se α é a medida em grau de um ângulo agudo, então:

$$\cdot\ \text{sen}\,\alpha = \cos(90° - \alpha)$$
$$\cdot\ \cos\alpha = \text{sen}(90° - \alpha)$$

O radiano

- Um radiano é a medida de um arco cujo comprimento é igual ao do raio da circunferência que o contém.
$m(\widehat{AB}) = m(A\hat{O}B) = 1$ rad

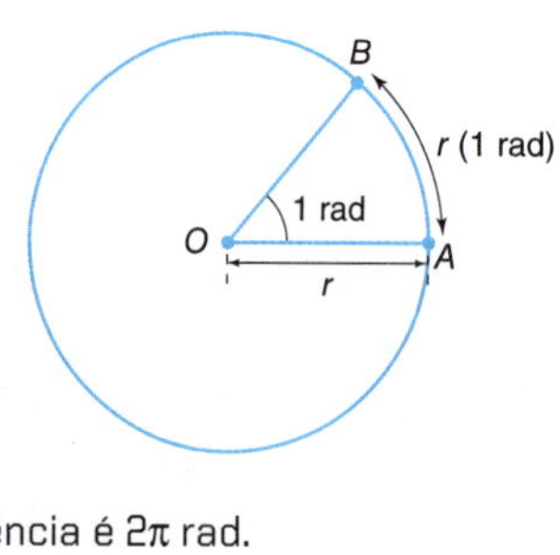

- A medida de uma circunferência é 2π rad.
- Temos a seguinte equivalência:

$$\pi \text{ rad} = 180°$$

Circunferência trigonométrica

- Em um plano, considere uma circunferência de raio *r* unitário ($r = 1$), cujo centro coincide com a origem de um sistema cartesiano ortogonal. Essa estrutura, com as convenções a seguir, é chamada de **circunferência trigonométrica**.
  - O ponto $A(1, 0)$ é a **origem dos arcos** a serem medidos na circunferência.
  - Se um arco for medido no sentido **horário**, então ao valor absoluto dessa medida será atribuído o sinal **negativo** (−).
  - Se um arco for medido no sentido **anti-horário**, então ao valor absoluto dessa medida será atribuído o sinal **positivo** (+).
  - Os eixos coordenados dividem o plano cartesiano em quatro regiões, chamadas **quadrantes** (Q); esses quadrantes são numerados no sentido anti-horário, a partir do ponto *A*, conforme a figura.
  - Os pontos dos eixos coordenados não pertencem a nenhum quadrante.

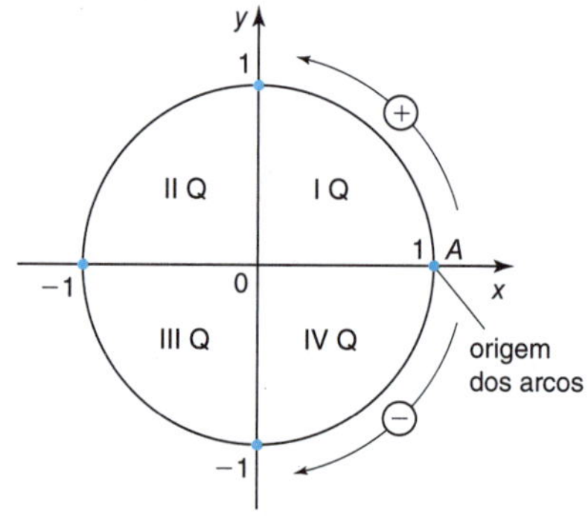

- Aos pontos da circunferência trigonométrica associamos medidas em grau ou em radiano. Cada medida associada a um ponto *M* indica a medida do arco $\widehat{AM}$.

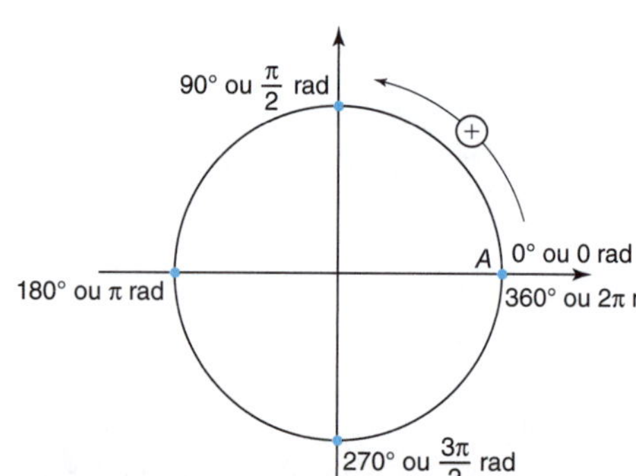

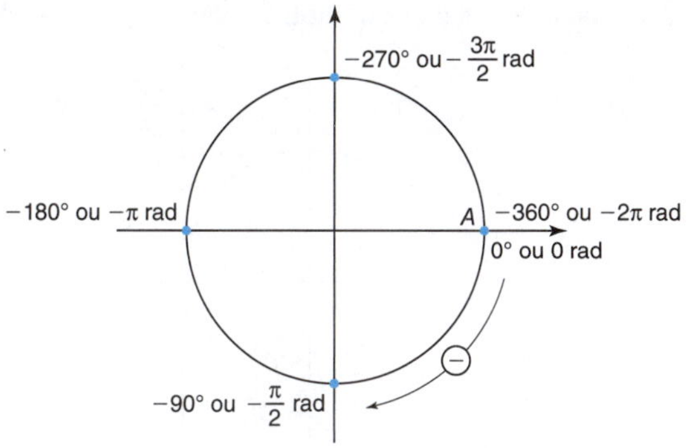

- Arcos trigonométricos que têm a mesma extremidade são chamados de **arcos côngruos**.
- A cada número real α associamos a extremidade M de um arco trigonométrico de medida α rad. Isto é:

Medidas em radiano associadas a pontos da circunferência trigonométrica

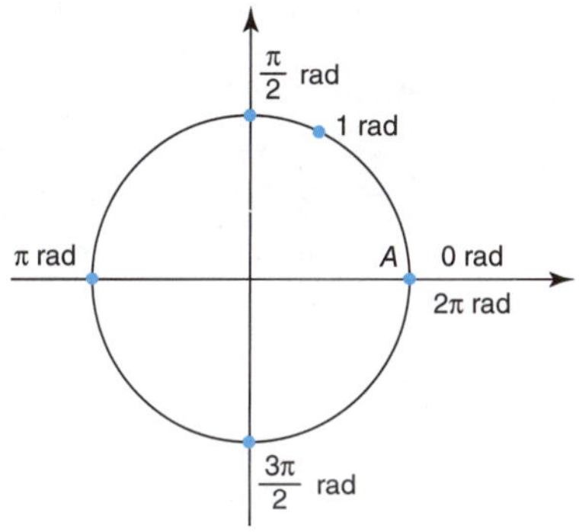

Números reais associados a pontos da circunferência trigonométrica

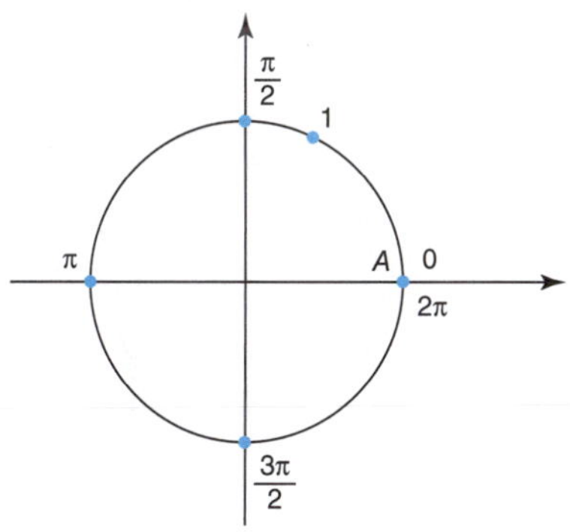

Simetrias

- Sendo α uma medida em grau:

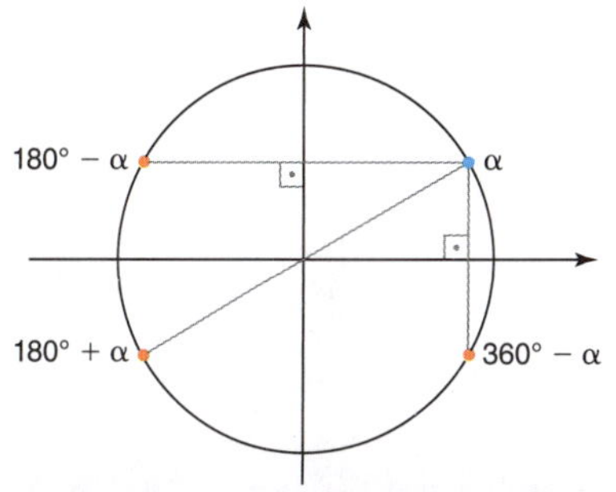

- Sendo α uma medida em radiano:

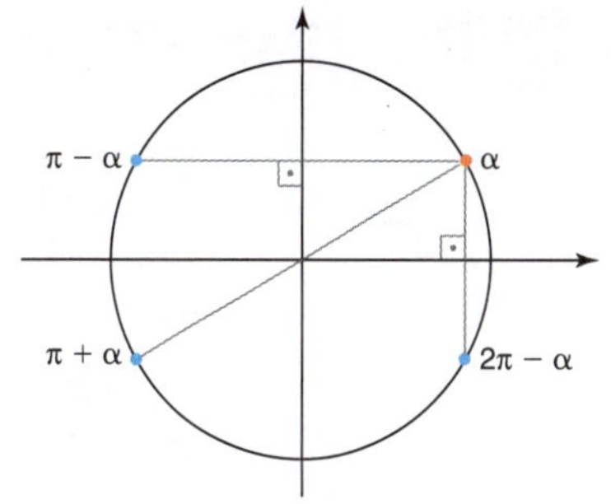

Seno e cosseno de um arco trigonométrico

- Dado um arco trigonométrico $\widehat{AM}$, chamam-se **cosseno** e **seno** de α a abscissa e a ordenada do ponto M, respectivamente.

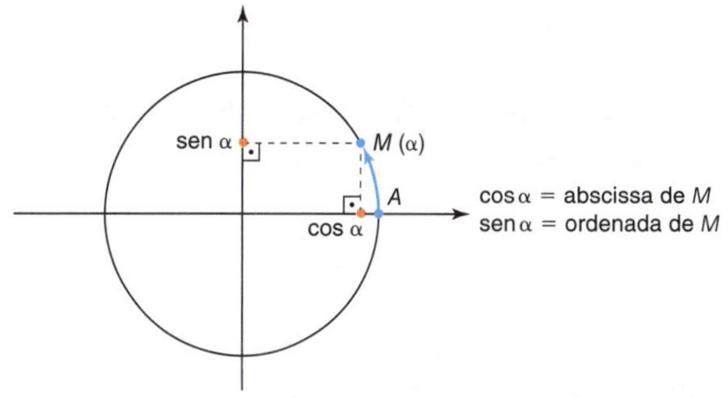

- Como qualquer coordenada de um ponto da circunferência trigonométrica é no máximo 1 e no mínimo −1, concluímos que:

$$-1 \leqslant \cos x \leqslant 1$$
$$-1 \leqslant \operatorname{sen} x \leqslant 1$$

- Variação de sinal do seno:

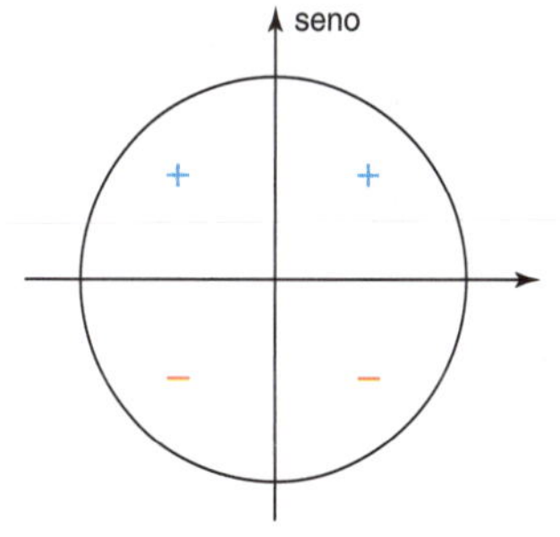

- Variação de sinal do cosseno:

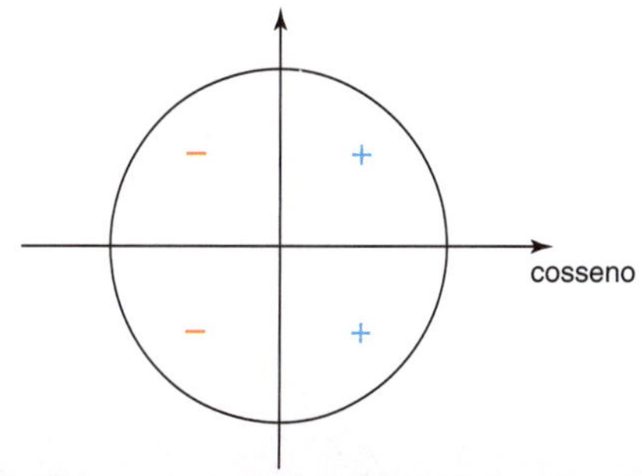

Redução ao primeiro quadrante

Se α é uma medida em grau:

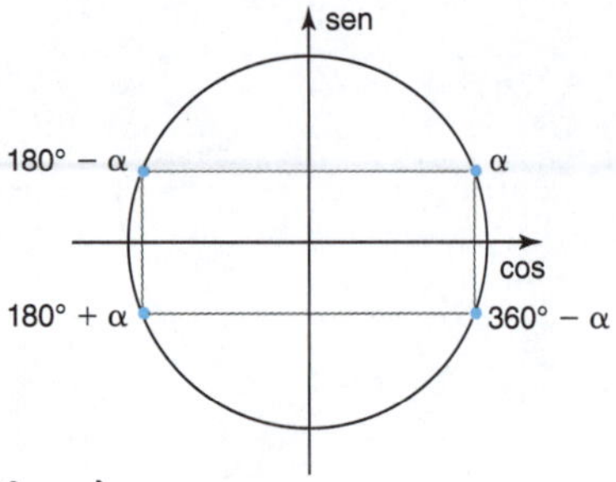

$\text{sen}\,(180° - \alpha) = \text{sen}\,\alpha$
$\cos\,(180° - \alpha) = -\cos\alpha$
$\text{sen}\,(180° + \alpha) = -\text{sen}\,\alpha$
$\cos\,(180° + \alpha) = -\cos\alpha$
$\text{sen}\,(360° - \alpha) = -\text{sen}\,\alpha$
$\cos\,(360° - \alpha) = \cos\alpha$

Essas relações também valem quando α é uma medida fora do primeiro quadrante, em grau ou radiano.

Relação fundamental da trigonometria

Para qualquer arco trigonométrico de medida α, temos:

$$\text{sen}^2\alpha + \cos^2\alpha = 1$$

Tangente de um arco trigonométrico

- Dado um arco trigonométrico $\overset{\frown}{AM}$ de medida α, com M não pertencente ao eixo das ordenadas, chama-se **tangente de α** a ordenada do ponto T, que é a intersecção da reta $\overleftrightarrow{OM}$ com o eixo das tangentes.

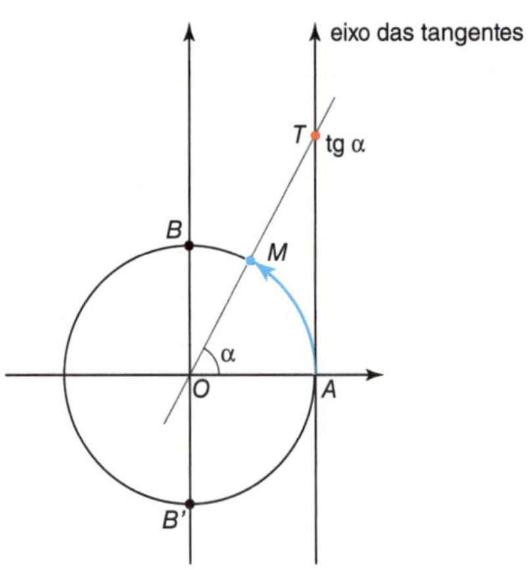

- Variação de sinal da tangente:

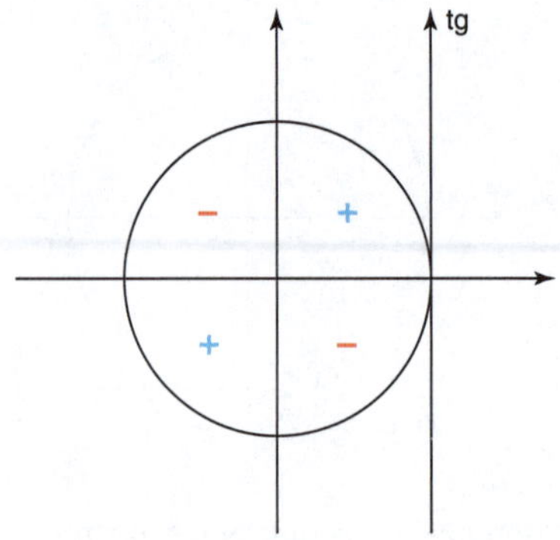

- Se um arco trigonométrico tem medida α, com $\cos\alpha \neq 0$, então:

$$\text{tg}\,\alpha = \frac{\text{sen}\,\alpha}{\cos\alpha}$$

- Tabela trigonométrica dos ângulos notáveis:

	30° ou $\frac{\pi}{6}$ rad	45° ou $\frac{\pi}{4}$ rad	60° ou $\frac{\pi}{3}$ rad
sen	$\frac{1}{2}$	$\frac{\sqrt{2}}{2}$	$\frac{\sqrt{3}}{2}$
cos	$\frac{\sqrt{3}}{2}$	$\frac{\sqrt{2}}{2}$	$\frac{1}{2}$
tg	$\frac{\sqrt{3}}{3}$	1	$\sqrt{3}$

Redução ao 1º quadrante

Se α é uma medida, em grau, do primeiro quadrante:

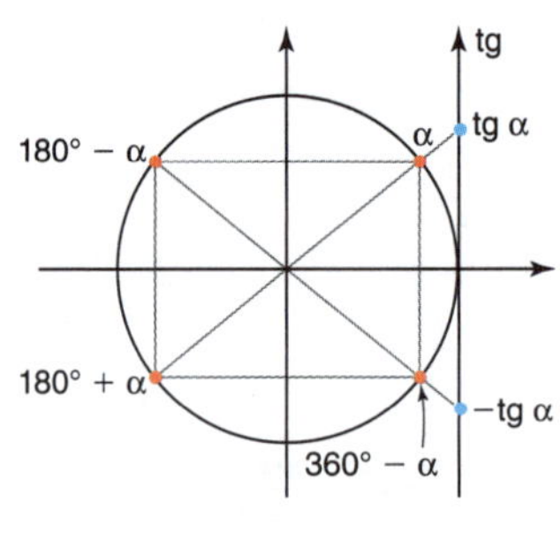

$\text{tg}\,(180° - \alpha) = -\text{tg}\,\alpha$
$\text{tg}\,(180° + \alpha) = \text{tg}\,\alpha$
$\text{tg}\,(360° - \alpha) = -\text{tg}\,\alpha$

Essas relações também valem quando α é uma medida fora do primeiro quadrante, em grau ou radiano.

No Vestibular

1. **(UEMS)** Define-se radiano como a medida de um ângulo com vértice no centro de uma circunferência e que enxerga um arco de comprimento igual à medida do raio da circunferência. Na figura a seguir, o ângulo $\alpha = 1$ rad.

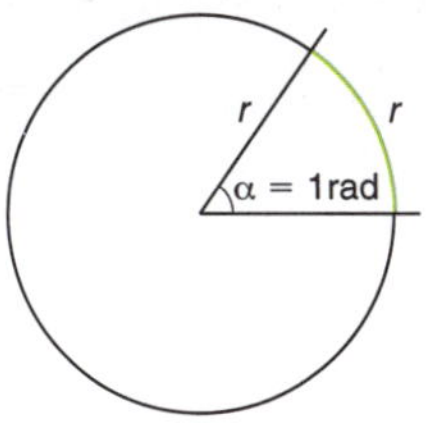

Se o perímetro da circunferência vale $2\pi r$, então 1 radiano corresponde a:

I. Um ângulo maior que 60°.
II. Um ângulo entre 50° e 60°.
III. $\frac{\pi}{4}$ radianos.

É verdadeiro o que se afirma apenas em:

a) I
b) I e II
c) I e III
d) II
e) III

2. **(Fuvest-SP)** Para se calcular a altura de uma torre, utilizou-se o seguinte procedimento ilustrado na figura: um aparelho (de altura desprezível) foi colocado no solo, a uma certa distância da torre, e emitiu um raio em direção ao ponto mais alto da torre. O ângulo determinado entre o raio e o solo foi de $\frac{\pi}{3}$ radianos. A seguir, o aparelho foi deslocado 4 metros em direção à torre e o ângulo então obtido foi de β radianos, com $\text{tg}\ \beta = 3\sqrt{3}$.

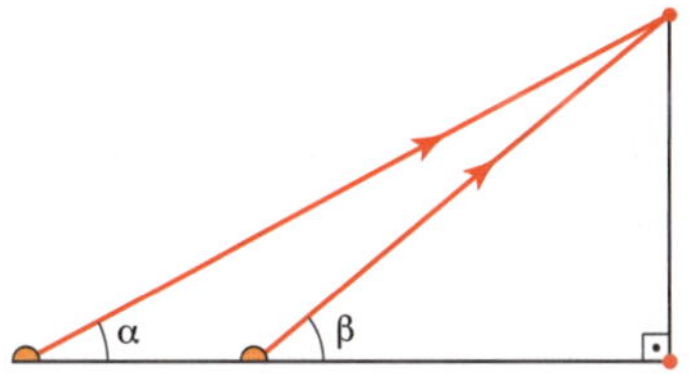

É correto afirmar que a altura da torre, em metro, é:

a) $4\sqrt{3}$
b) $5\sqrt{3}$
c) $6\sqrt{3}$
d) $7\sqrt{3}$
e) $8\sqrt{3}$

3. **(UFPel-RS)** Considerando a circunferência trigonométrica, identifique as sentenças abaixo como verdadeiras ou falsas.

I. No quadrante onde se localiza o arco (−4.330°), a função seno é crescente.
II. No quadrante onde se localiza o arco $\frac{34\pi}{5}$ rad, a função cosseno é decrescente.
III. O valor da tangente do arco de 1.000° é positivo.

Está(ão) correta(s) a(s) afirmativa(s):

a) I e II tão somente.
b) II e III tão somente.
c) I, II e III.
d) III tão somente.
e) II tão somente.
f) I.R.

4. **(UFSCar-SP)** O conjunto das soluções em r e θ do sistema de equações $\begin{cases} r \cdot \operatorname{sen}\theta = \sqrt{3} \\ r \cdot \cos\theta = 1 \end{cases}$ para $r > 0$ e $0 < \theta < 2\pi$ é:

a) $\left\{2, \frac{\pi}{6}\right\}$
b) $\left\{1, \frac{\pi}{3}\right\}$
c) $\{2, 1\}$
d) $\{1, 0\}$
e) $\left\{2, \frac{\pi}{3}\right\}$

5. **(Insper)** A figura abaixo representa a circunferência trigonométrica (cujo raio mede 1). As medidas dos arcos menores $\widehat{AB}$, $\widehat{CD}$ e $\widehat{EF}$ são todas iguais a $\frac{\pi}{6}$. Se x, y e z são números reais positivos e representam, respectivamente, as medidas dos arcos trigonométricos $\widehat{AB}$, $\widehat{AC}$ e $\widehat{AF}$, então $\operatorname{sen}x + \operatorname{sen}y + \operatorname{sen}z + \cos x + \cos y + \cos z$ é igual a:

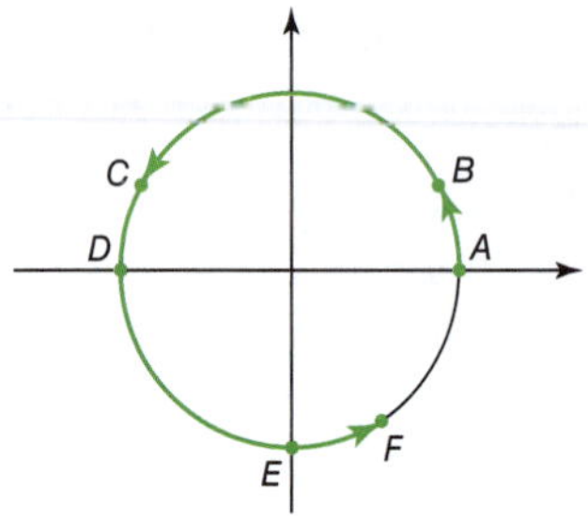

a) $\frac{3}{2} - \frac{3\sqrt{3}}{2}$
b) $\frac{1}{2} - \frac{3\sqrt{3}}{2}$
c) $\frac{3}{2} - \frac{\sqrt{3}}{2}$
d) $\frac{1}{2} - \frac{\sqrt{3}}{2}$
e) $\frac{3}{4} - \frac{\sqrt{3}}{4}$

6. **(Fuvest-SP)** A soma das raízes da equação $\operatorname{sen}^2 x - 2\cos^4 x = 0$ que estão no intervalo $[0, 2\pi]$ é:

a) 2π
b) 3π
c) 4π
d) 6π
e) 7π

7. **(Insper)** No triângulo ABC da figura, retângulo em A, $A\hat{B}C = \alpha$, $AC = 3$ e $AB = \operatorname{tg}\alpha$.

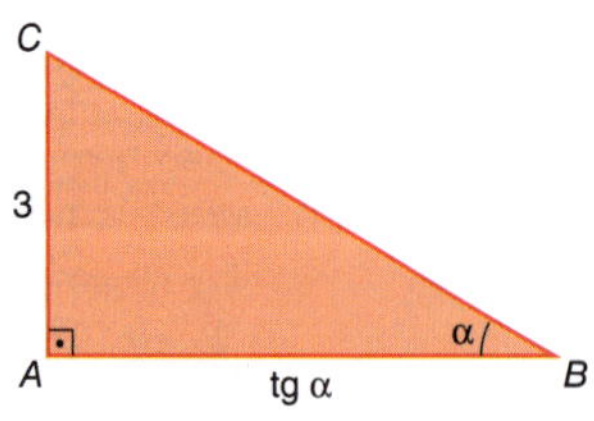

Então, o perímetro do triângulo vale:

a) $\sqrt{3} + 4$
b) $2\sqrt{3} + 4$
c) $3\sqrt{3} + 3$
d) $2\sqrt{2} + 3$
e) $3\sqrt{2} + 4$

8. **(ESPM-SP)** O valor da soma:
$S = \log(\operatorname{tg} 1°) + \log(\operatorname{tg} 2°) + \log(\operatorname{tg} 3°) + \ldots + \log(\operatorname{tg} 89°)$ é:

a) -1
b) 0
c) 1
d) $\sqrt{3}$
e) $\log\sqrt{3}$

9. **(Mackenzie-SP)** Sejam $f(x) = 2 - \cos x$, com $0 \leq x \leq 2\pi$, M o valor máximo de f e m o seu valor mínimo. O valor de $\frac{M}{2m}$ é:

a) $\frac{3}{2}$
b) $\frac{2}{3}$
c) $\frac{1}{3}$
d) $\frac{1}{6}$
e) 3

10. **(Mackenzie-SP)** Sejam as funções $f(x) = \log_4 x$ e $g(x) = \operatorname{sen} x$, com $0 < x < \pi$. Um possível valor de x tal que $f(g(x)) = -\frac{1}{2}$ é:

a) $\frac{\pi}{2}$
b) $\frac{2\pi}{3}$
c) $\frac{5\pi}{6}$
d) $\frac{\pi}{4}$
e) 1

11. **(Insper)** Considere o conjunto $A = \{0, 1, \sqrt{2}, \pi, 4\}$. Uma expressão que define uma função de A em A é:

a) $(x^2 - 2) \cdot \cos(x) \cdot \operatorname{sen}(\pi x)$
b) $(x^2 - 4) \cdot \operatorname{sen}(x) \cdot \cos(\pi x)$
c) $(x^2 - 2) \cdot \operatorname{sen}(x) \cdot \cos(\pi x)$
d) $(x^2 - 4) \cdot \cos(x) \cdot \operatorname{sen}(\pi x)$
e) $(x^2 - 2) \cdot \operatorname{sen}(x) \cdot \operatorname{sen}(\pi x)$

12. **(Mackenzie-SP)** Na figura, quaisquer que sejam α e β, $\operatorname{sen}\theta$ é sempre igual a:

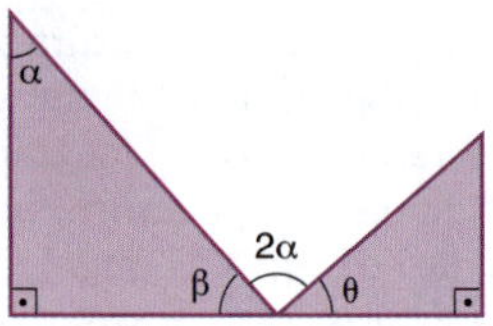

a) $\cos\beta$
b) $\operatorname{sen}2\alpha$
c) $\operatorname{sen}2\beta$
d) $\cos\alpha$
e) $\cos 2\beta$

13. **(Mackenzie-SP)** Se, no triângulo retângulo da figura, tem-se $\cos\alpha = \frac{3}{4}$, então o valor de $\operatorname{sen}(2\alpha + 3\beta)$ é:

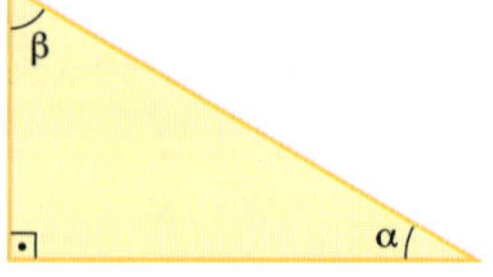

a) $\frac{3}{4}$
b) $-\frac{3}{4}$
c) $\frac{2}{3}$
d) $-\frac{2}{3}$
e) $-\frac{1}{2}$

14. **(Fuvest-SP)** Se α está no intervalo $\left[0, \frac{\pi}{2}\right]$ e satisfaz $\operatorname{sen}^4\alpha - \cos^4\alpha = \frac{1}{4}$, então o valor da tangente de α é:

a) $\sqrt{\frac{3}{5}}$
b) $\sqrt{\frac{5}{3}}$
c) $\sqrt{\frac{3}{7}}$
d) $\sqrt{\frac{7}{3}}$
e) $\sqrt{\frac{5}{7}}$

15. **(Insper)** Na figura a seguir, estão representadas partes dos gráficos das funções $f(x) = \text{sen}\, x$ e $g(x) = \cos x$.

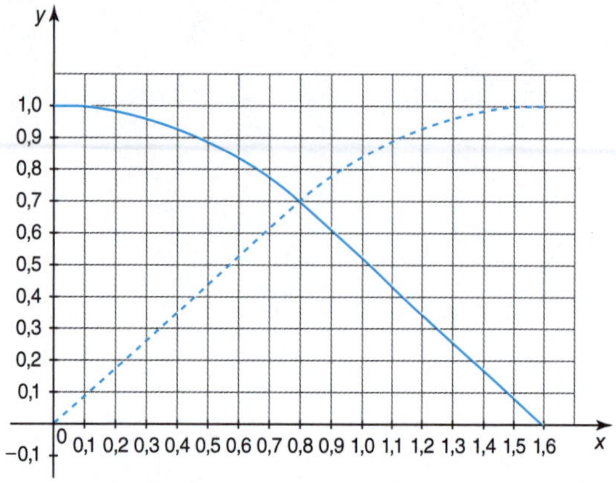

A partir dos gráficos, é correto concluir que a menor solução positiva da equação $\cos(2\,\text{sen}\, x) = \frac{\sqrt{2}}{2}$ vale aproximadamente:

a) 0,2
b) 0,3
c) 0,4
d) 0,5
e) 0,6

16. **(Insper)** Se a sequência $(3, x, \cos\theta)$ é uma progressão aritmética, sendo x e θ números reais, então:

a) $-1{,}5 \leq x \leq 0$
b) $-1 \leq x \leq 1$
c) $0{,}5 \leq x \leq 1{,}5$
d) $1 \leq x \leq 2$
e) $2 \leq x \leq 4$

17. **(Udesc)** Calcule os valores de x no intervalo $[0, 2\pi)$ que satisfazem a equação $2\,\text{sen}^3 x - \cos^2 x = 2\,\text{sen}\, x$.
(*Nota*: A notação $[0, 2\pi)$ é outra forma de representar o intervalo $[0, 2\pi[$.)

18. **(UFSCar-SP)** O conjunto solução da equação
$\text{sen}\left(\frac{8\pi}{9} + \frac{8\pi}{27} + \frac{8\pi}{81} \ldots\right) = \cos x$, com $x \in [0, 2\pi[$, é:

a) $\left\{\frac{2\pi}{3}, \frac{4\pi}{3}\right\}$
b) $\left\{\frac{5\pi}{6}, \frac{7\pi}{6}\right\}$
c) $\left\{\frac{3\pi}{4}, \frac{5\pi}{4}\right\}$
d) $\left\{\frac{\pi}{6}, \frac{11\pi}{6}\right\}$
e) $\left\{\frac{\pi}{3}, \frac{5\pi}{3}\right\}$

19. **(Fuvest-SP)** Sabe-se que $x = 1$ é raiz da equação
$(\cos^2\alpha)x^2 - (4\cos\alpha \cdot \text{sen}\,\beta)x + \frac{3}{2}\text{sen}\,\beta = 0$, sendo α e β os ângulos agudos indicados no triângulo retângulo da figura abaixo.

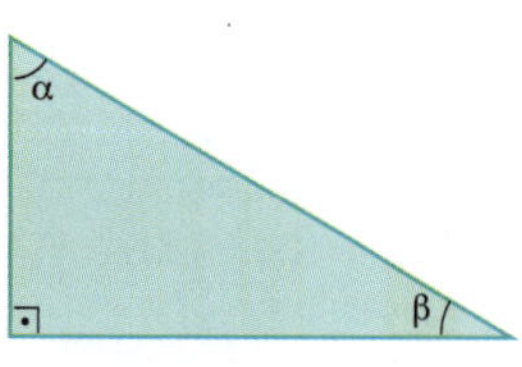

Pode-se então afirmar que as medidas de α e β são, respectivamente:

a) $\frac{\pi}{8}$ e $\frac{3\pi}{8}$
b) $\frac{\pi}{6}$ e $\frac{\pi}{3}$
c) $\frac{\pi}{4}$ e $\frac{\pi}{4}$
d) $\frac{\pi}{3}$ e $\frac{\pi}{6}$
e) $\frac{3\pi}{8}$ e $\frac{\pi}{8}$

20. **(UFSCar-SP)** Uma pizza circular será fatiada, a partir do seu centro, em setores circulares. Se o arco de cada setor medir 0,8 radiano, obtém-se um número máximo N de fatias idênticas, sobrando no final uma fatia menor, que é indicada na figura por fatia N + 1.

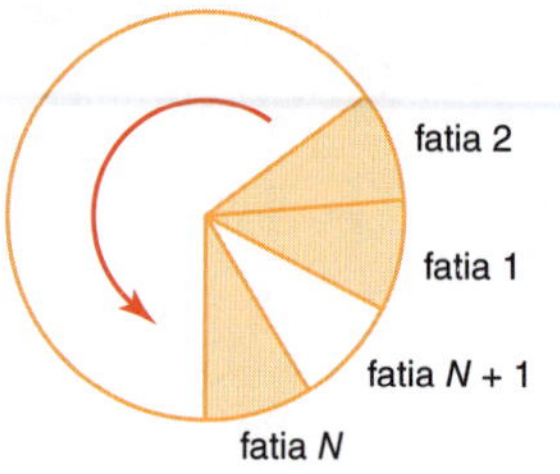

Considerando $\pi = 3{,}14$, o arco da fatia N + 1, em radiano, é:

a) 0,74
b) 0,72
c) 0,68
d) 0,56
e) 0,34

21. **(Unioeste-PR)** Na figura a seguir, *ACDG* é um retângulo, sendo F o ponto médio do segmento $\overline{DG}$ e $\overline{DE}$ é perpendicular a $\overline{DF}$. O segmento $\overline{DE}$ mede $4\sqrt{3}$ cm, $\overline{BC}$ mede $2\sqrt{3}$ cm e o ângulo $E\hat{F}D$ mede 60°.

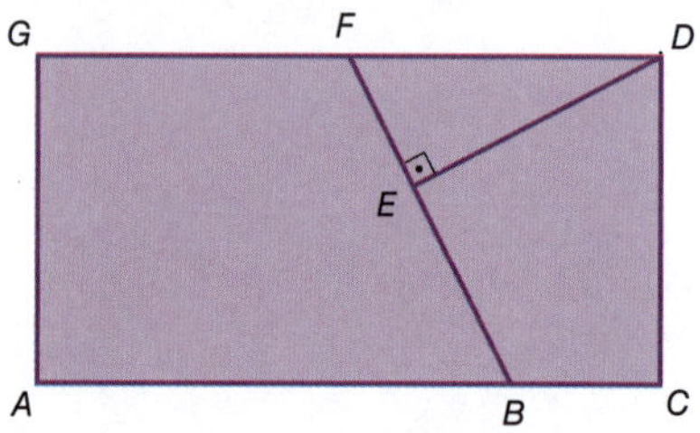

Com base nestas informações, pode-se afirmar que o perímetro do retângulo *ACDG* vale:

a) $22 + \sqrt{3}$ cm
b) 32 cm
c) $20 + 16\sqrt{3}$ cm
d) $33\sqrt{3}$ cm
e) 40 cm

22. **(Unifesp)** Considere as funções dadas por $f(x) = \text{sen}\,\frac{\pi x}{2}$ e $g(x) = ax + b$, sendo o gráfico de g fornecido na figura.

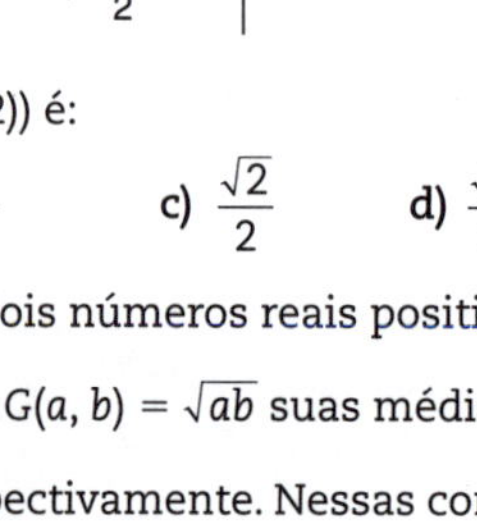

O valor de $f(g^{-1}(2))$ é:

a) $\frac{\sqrt{2}}{4}$
b) $\frac{1}{2}$
c) $\frac{\sqrt{2}}{2}$
d) $\frac{\sqrt{3}}{2}$
e) 1

23. **(Insper)** Dados dois números reais positivos a e b, sejam $A(a, b) = \frac{a + b}{2}$ e $G(a, b) = \sqrt{ab}$ suas médias aritmética e geométrica, respectivamente. Nessas condições, sendo x um número real tal que $A(\text{sen}\, x, \cos x) = G(\text{sen}\, x, \cos x)$ e $0 < x < \frac{\pi}{2}$, podemos concluir que:

a) $x = \frac{\pi}{8}$
b) $x = \frac{\pi}{6}$
c) $x = \frac{\pi}{5}$
d) $x = \frac{\pi}{4}$
e) $x = \frac{\pi}{3}$

Razões trigonométricas inversas, adição de arcos e resolução de triângulos

As razões trigonométricas inversas de um ângulo agudo

- A razão trigonométrica inversa do cosseno é chamada de **secante** (sec): $\sec\alpha = \dfrac{1}{\cos\alpha}$
- A razão trigonométrica inversa do seno é chamada de **cossecante** (cossec): $\text{cossec}\,\alpha = \dfrac{1}{\text{sen}\,\alpha}$
- A razão trigonométrica inversa da tangente é chamada de **cotangente** (cotg): $\text{cotg}\,\alpha = \dfrac{1}{\text{tg}\,\alpha}$
- Sendo α a medida de um ângulo agudo em um triângulo retângulo qualquer, temos:

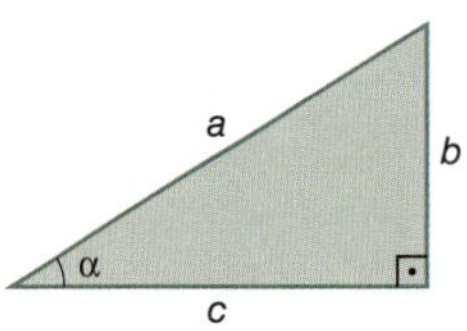

$$\sec\alpha = \frac{\text{medida da hipotenusa}}{\text{medida do cateto adjacente a } \alpha} = \frac{a}{c}$$

$$\text{cossec}\,\alpha = \frac{\text{medida da hipotenusa}}{\text{medida do cateto oposto a } \alpha} = \frac{a}{b}$$

$$\text{cotg}\,\alpha = \frac{\text{medida do cateto adjacente a } \alpha}{\text{medida do cateto oposto a } \alpha} = \frac{c}{b}$$

Secante de um arco trigonométrico

- Dado um arco trigonométrico $\widehat{AM}$ de medida α, com M não pertencente ao eixo das ordenadas, define-se a **secante de α** por: $\sec\alpha = \dfrac{1}{\cos\alpha}$
- Geometricamente, a secante de α é a abscissa do ponto P, obtido pela intersecção do eixo das abscissas com a reta tangente à circunferência em M.

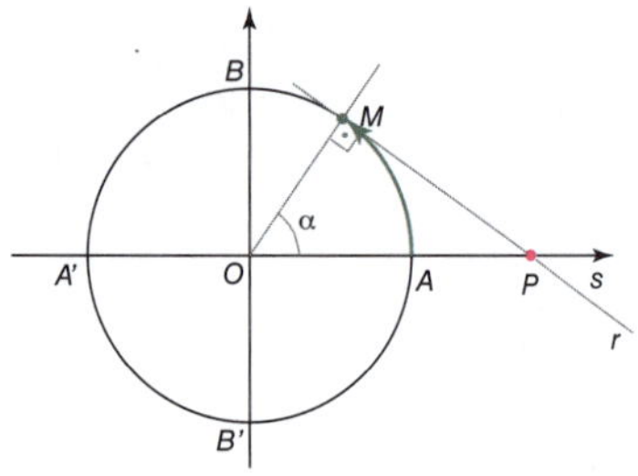

$\sec\alpha = x_P$

- A secante tem o mesmo sinal que o cosseno e assume qualquer valor no conjunto $A = \,]-\infty, -1] \cup [1, +\infty[$.

Cossecante de um arco trigonométrico

- Dado um arco trigonométrico $\widehat{AM}$ de medida α, com M não pertencente ao eixo das abscissas, define-se a **cossecante de α** por:

$$\text{cossec}\,\alpha = \frac{1}{\text{sen}\,\alpha}$$

- Geometricamente, a cossecante de α é a ordenada do ponto P, obtido pela intersecção do eixo das ordenadas com a reta tangente à circunferência em M.

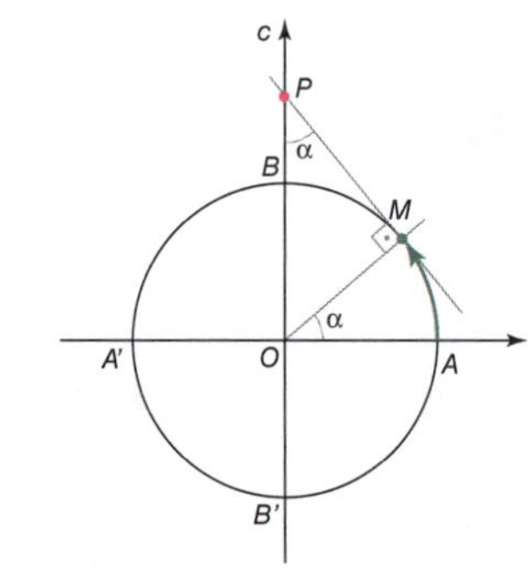

$\text{cossec}\,\alpha = y_P$

- A secante tem o mesmo sinal que o seno e assume qualquer valor no conjunto $A = \,]-\infty, -1] \cup [1, +\infty[$.

Cotangente de um arco trigonométrico

- Dado um arco trigonométrico $\widehat{AM}$ de medida α, com M não pertencente ao eixo das abscissas, define-se a **cotangente de α** por:

$$\text{cotg}\,\alpha = \frac{\cos\alpha}{\text{sen}\,\alpha}$$

- Geometricamente, a cotangente de α é a abscissa do ponto P, obtido pela intersecção da reta $\overleftrightarrow{OM}$ com o eixo g das cotangentes.

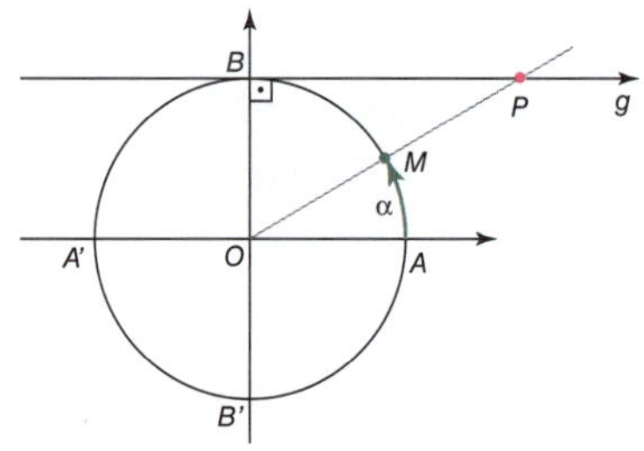

$\text{cotg}\,\alpha = x_P$

- A cotangente assume qualquer valor real e tem o mesmo sinal que a tangente.

Identidades trigonométricas

- Sendo f e g duas funções na variável x, dizemos que a igualdade $f(x) = g(x)$ é uma **identidade** num conjunto universo U se, e somente se, $f(\alpha) = g(\alpha)$ para qualquer α pertencente a U.
- Para demonstrar uma identidade em um universo U, podemos usar uma das técnicas:

  1ª técnica: primeiro, provamos que f e g estão definidas em U. Depois, escolhemos um dos membros da igualdade e, por meio de simplificações algébricas e de identidades já conhecidas, obtemos o outro membro.

  2ª técnica: transformamos a igualdade $f(x) = g(x)$ na igualdade $f(x) - g(x) = 0$ e, a seguir, aplicamos a 1ª técnica.

  3ª técnica: consideramos outra identidade válida em U e, por meio de simplificações algébricas e de identidades já conhecidas, transformamos essa identidade na identidade inicial.

Adição de arcos

Para calcular o seno, o cosseno ou a tangente da soma ou da subtração de dois arcos, podemos aplicar as seguintes fórmulas:

$$\text{sen}\,(a + b) = \text{sen}\,a \cdot \cos b + \text{sen}\,b \cdot \cos a$$
$$\text{sen}\,(a - b) = \text{sen}\,a \cdot \cos b - \text{sen}\,b \cdot \cos a$$
$$\cos\,(a + b) = \cos a \cdot \cos b - \text{sen}\,a \cdot \text{sen}\,b$$
$$\cos\,(a - b) = \cos a \cdot \cos b + \text{sen}\,a \cdot \text{sen}\,b$$
$$\text{tg}\,(a + b) = \frac{\text{tg}\,a + \text{tg}\,b}{1 - \text{tg}\,a \cdot \text{tg}\,b}$$, obedecidas as condições de existência
$$\text{tg}\,(a - b) = \frac{\text{tg}\,a - \text{tg}\,b}{1 + \text{tg}\,a \cdot \text{tg}\,b}$$, obedecidas as condições de existência

Arco duplo

- Para calcular o seno, o cosseno ou a tangente de um arco duplo, podemos aplicar as seguintes fórmulas:

$$\text{sen}\,(2a) = 2\,\text{sen}\,a \cdot \cos a$$
$$\cos\,(2a) = \cos^2 a - \text{sen}^2 a$$
$$\text{tg}\,(2a) = \frac{2\,\text{tg}\,a}{1 - \text{tg}^2 a}$$, obedecidas as condições de existência

- Observe que, usando a relação fundamental $\text{sen}^2 a + \cos^2 a = 1$, podemos substituir $\cos^2 a$ por $1 - \text{sen}^2 a$ na segunda fórmula, $\cos\,(2a) = \cos^2 a - \text{sen}^2 a$, obtendo:

$$\cos\,(2a) = 1 - 2\,\text{sen}^2 a$$

- Substituindo $\text{sen}^2 a$ por $1 - \cos^2 a$ na segunda fórmula, $\cos\,(2a) = \cos^2 a - \text{sen}^2 a$, obtemos:

$$\cos\,(2a) = 2\cos^2 a - 1$$

Lei dos cossenos

Sendo a, b e c as medidas dos lados de um triângulo qualquer e α a medida do ângulo oposto ao lado de medida a, temos a **lei dos cossenos**:

$$a^2 = b^2 + c^2 - 2 \cdot b \cdot c \cdot \cos\alpha$$

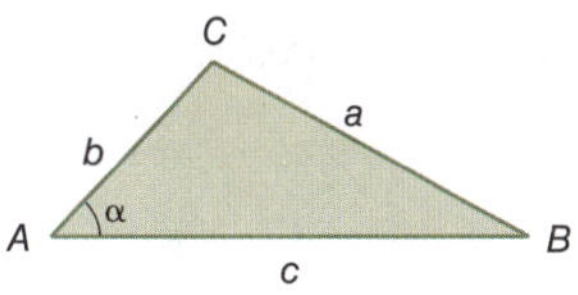

$\alpha < 90°$

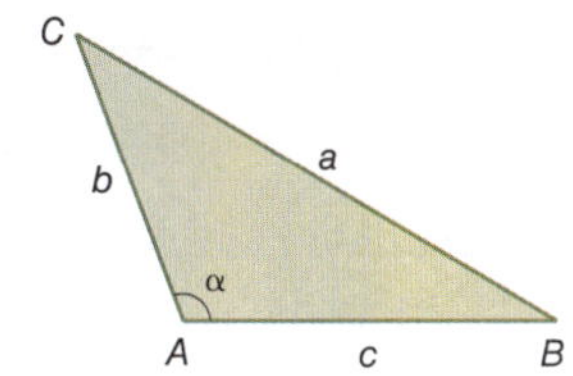

$\alpha > 90°$

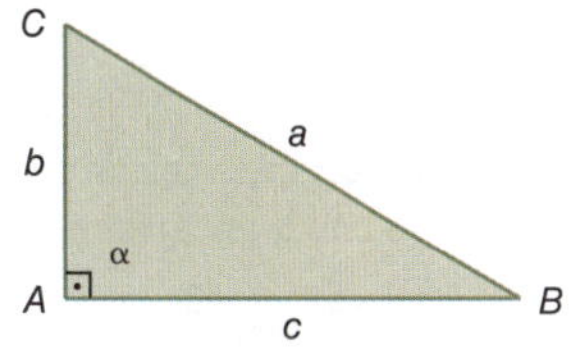

$\alpha = 90°$

Lei dos senos

Sendo $AB = c$, $AC = b$ e $BC = a$ as medidas dos lados de um triângulo ABC e R o raio da circunferência circunscrita a esse triângulo, temos **a lei dos senos**:

$$\frac{a}{\text{sen}\,\hat{A}} = \frac{b}{\text{sen}\,\hat{B}} = \frac{c}{\text{sen}\,\hat{C}} = 2R$$

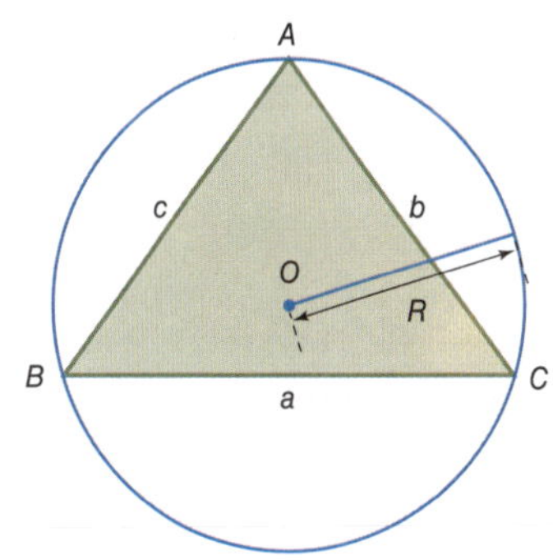

Área de um triângulo

Se dois lados de um triângulo têm medidas a e b e o ângulo determinado por esses lados tem medida α, então a área A do triângulo é dada por:

$$A = \frac{1}{2} \cdot a \cdot b \cdot \text{sen}\,\alpha$$

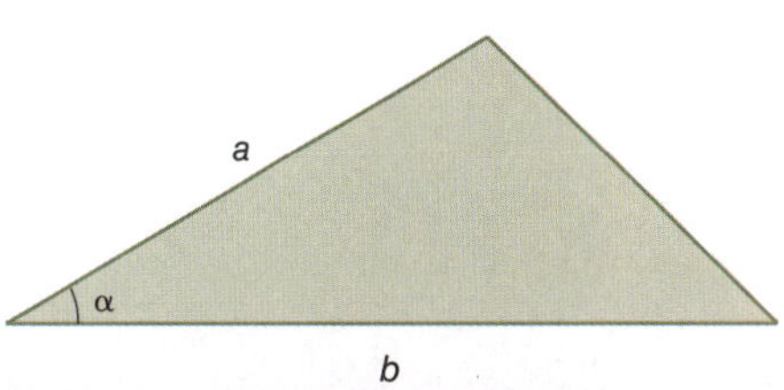

No Vestibular

1. **(Udesc)** O ângulo x é tal que $\text{sen}\, x = \frac{\sqrt{m}}{2}$ e $\cos x = \frac{\sqrt{m-2}}{2}$.

   Obtenha o valor de *m* e, a partir deste, obtenha os valores numéricos de tg x, sec x, cossec x e cotg x.

2. **(Unifor-CE)** Sejam x e y números reais tais que $0 < x < \frac{\pi}{2}$ e $0 < y < \frac{\pi}{2}$. Se $\cos x = \frac{3}{4}$ e $\text{sen}\, y = \frac{1}{4}$, o valor de $\text{sen}\, 2x + \cos 2y$ é:

   a) $\frac{1 + \sqrt{15}}{8}$
   b) $\frac{12\sqrt{2} - 1}{16}$
   c) $\frac{8 + 3\sqrt{7}}{8}$
   d) $\frac{7 + 3\sqrt{7}}{8}$
   e) $\frac{59 + 6\sqrt{7}}{16}$

3. **(Unifesp)** Se x é a medida de um arco do primeiro quadrante e se $\text{sen}\, x = 3 \cos x$, então $\text{sen}(2x)$ é igual a:

   a) $\frac{\sqrt{5}}{5}$
   b) $\frac{3}{5}$
   c) $\frac{1 + \sqrt{5}}{5}$
   d) $\frac{4}{5}$
   e) $\frac{\sqrt{3}}{2}$

4. **(UFSCar-SP)** Se os lados de um triângulo medem x, x + 1 e x + 2, então, para qualquer x real e maior que 1, o cosseno do maior ângulo interno desse triângulo é igual a:

   a) $\frac{x}{x + 1}$
   b) $\frac{x}{x + 2}$
   c) $\frac{x + 1}{x + 2}$
   d) $\frac{x - 2}{3x}$
   e) $\frac{x - 3}{2x}$

5. **(Insper)** Se $\theta = \frac{\pi}{3}$, então $\dfrac{\dfrac{1 - \text{sen}^2\, \theta}{\text{tg}^2\, \theta + 1} - \dfrac{1 - \cos^2 \theta}{\text{cotg}^2\, \theta + 1}}{\cos^2 \theta - \text{sen}^2\, \theta}$ é igual a:

   a) 0
   b) $\frac{\sqrt{3}}{8}$
   c) $\frac{\sqrt{3}}{4}$
   d) $\frac{\sqrt{3}}{2}$
   e) 1

6. **(Fuvest-SP)** As páginas de um livro medem 1 dm de base e $\sqrt{1 + \sqrt{3}}$ dm de altura. Se este livro for parcialmente aberto, de tal forma que o ângulo entre duas páginas seja 60°, a medida do ângulo α, formado pelas diagonais das páginas, será:

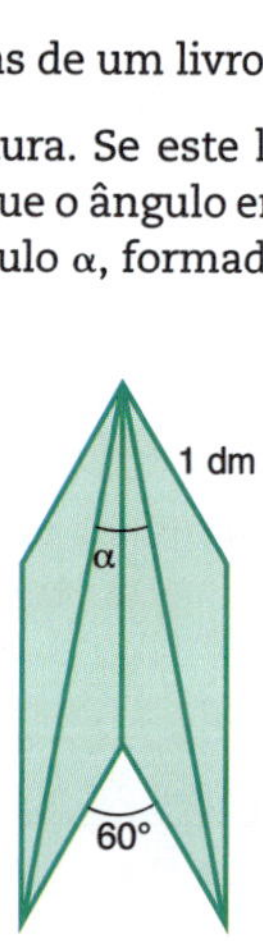

   a) 15°
   b) 30°
   c) 45°
   d) 60°
   e) 75°

7. **(UFSCar-SP)** O valor de x, $0 \leq x \leq \frac{\pi}{2}$, tal que $4 \cdot (1 - \text{sen}^2\, x) \cdot (\sec^2 x - 1) = 3$ é:

   a) $\frac{\pi}{2}$
   b) $\frac{\pi}{3}$
   c) $\frac{\pi}{4}$
   d) $\frac{\pi}{6}$
   e) 0

8. **(Mackenzie-SP)** Se a sequência $\left(\text{sen } 2x, -\cos x, \frac{\text{tg}\,x}{6}\right)$, $\pi < x < \frac{3\pi}{2}$, é uma progressão geométrica, então x é igual a:

a) $\frac{3\pi}{4}$ b) $\frac{7\pi}{6}$ c) $\frac{4\pi}{3}$ d) $-\frac{2\pi}{3}$ e) $\frac{5\pi}{4}$

9. **(Fuvest-SP)** Sejam x e y dois números reais, com $0 < x < \frac{\pi}{2}$ e $\frac{\pi}{2} < y < \pi$, satisfazendo $\text{sen}\,y = \frac{4}{5}$ e $11\,\text{sen}\,x + 5\cos(y - x) = 3$. Nessas condições, determine:

a) cos y

b) sen 2x

10. **(Fuvest-SP)** No quadrilátero *ABCD* onde os ângulos *B* e *D* são retos e os lados têm as medidas indicadas, o valor de sen Â é:

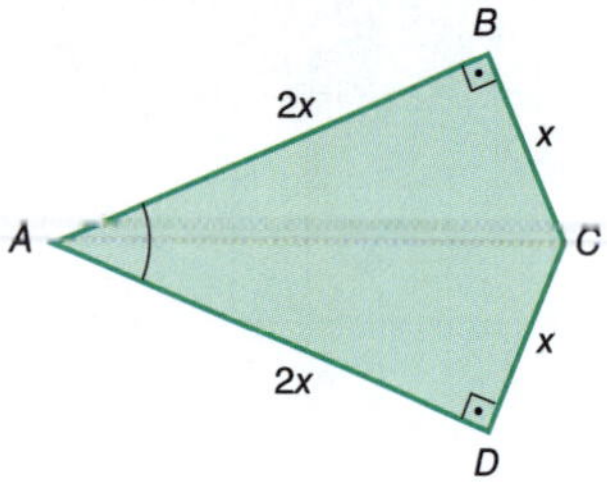

a) $\frac{\sqrt{5}}{5}$ b) $\frac{2\sqrt{5}}{5}$ c) $\frac{4}{5}$ d) $\frac{2}{5}$ e) $\frac{1}{2}$

11. **(Unifesp)** A expressão $\text{sen}(x - y) \cdot \cos y + \cos(x - y) \cdot \text{sen}\,y$ é equivalente a:

a) sen (2x + y)

b) cos (2x)

c) sen (x)

d) sen (2x)

e) cos (2x + 2y)

12. **(Fuvest-SP)** Na figura abaixo, o quadrilátero *ABCD* está inscrito numa semicircunferência de centro A e raio *AB* = *AC* = *AD* = R. A diagonal $\overline{AC}$ forma com os lados $\overline{BC}$ e $\overline{AD}$ ângulos α e β, respectivamente. Logo, a área do quadrilátero *ABCD* é:

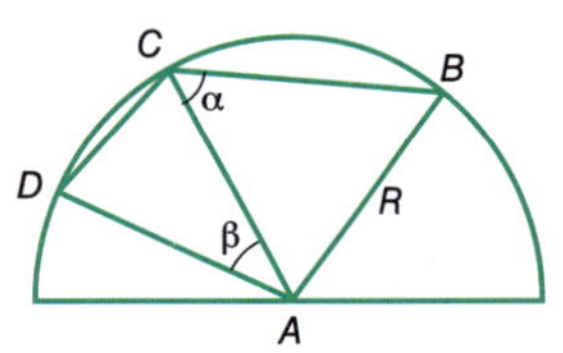

a) $\frac{R^2}{2}(\text{sen}\,2\alpha + \text{sen}\,\beta)$

b) $\frac{R^2}{2}(\text{sen}\,\alpha + \text{sen}\,2\beta)$

c) $\frac{R^2}{2}(\cos 2\alpha + \text{sen}\,2\beta)$

d) $\frac{R^2}{2}(\text{sen}\,\alpha + \cos\beta)$

e) $\frac{R^2}{2}(\text{sen}\,2\alpha + \cos\beta)$

13. **(UFSCar-SP)** Na figura, *AD̂B* é reto, *BÂC* = α, *CÂD* = β, *AC* = 4 dm e *BC* = 1 dm. Sabendo que $\cos(\alpha + \beta) = \frac{4}{5}$, o valor de sen (α) é:

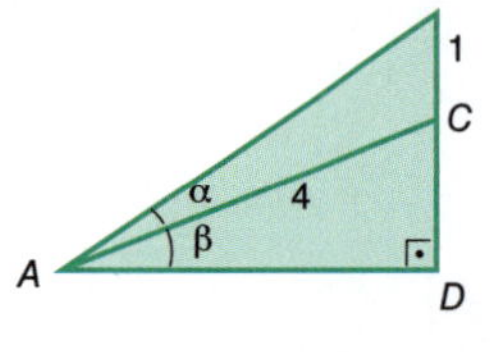

a) $\frac{2}{3}$ b) $\frac{3}{5}$ c) $\frac{2}{5}$ d) $\frac{1}{5}$ e) $\frac{1}{6}$

14. **(Unifesp)** Um observador, em P, enxerga uma circunferência de centro O e raio 1 sob um ângulo θ, conforme mostra a figura.

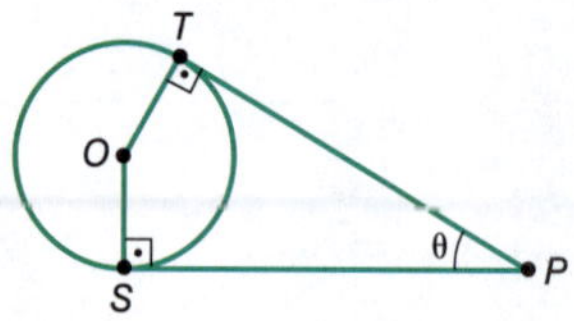

a) Prove que o ponto O se encontra na bissetriz do ângulo θ.

b) Calcule tg θ, dado que a distância de P a O vale 3 metros.

15. **(Mackenzie-SP)** A soma das soluções da equação $2\cos^2 x - 2\cos 2x - 1 = 0$, para $0 \leqslant x \leqslant 2\pi$, é:

a) π b) 2π c) 3π d) 4π e) 5π

16. **(Mackenzie-SP)** Se $4\cos^2 x - 2 = \frac{1}{\sqrt{2}}$, então um possível valor para tg 2x é:

a) $\sqrt{3}$ b) $\sqrt{6}$ c) $\sqrt{2}$ d) $\sqrt{7}$ e) $\sqrt{5}$

17. **(UPF-RS)** Considerando que sen $x = \frac{2}{3}$ e x pertence ao segundo quadrante, o valor de $\frac{\text{tg}\, x + \text{cotg}\, x}{\sec x + \text{cossec}\, x}$ é:

a) $-\text{sen}\, x$

b) $\frac{\sqrt{5}}{3}$

c) $\cos^2 x$

d) $-3(2 + \sqrt{5})$

e) $-6 + \sqrt{5}$

18. **(Mackenzie-SP)** A soma das soluções da equação $\sec^2 2x - 2\text{tg}^2 2x - 1 = 0$, no intervalo $\left[\frac{\pi}{2}, \frac{3\pi}{2}\right]$, é:

a) π b) $\frac{3\pi}{2}$ c) 3π d) $\frac{5\pi}{2}$ e) 2π

19. **(Mackenzie-SP)** Em $[0, 2\pi]$, as soluções da equação $\frac{2\,\text{sen}\, x}{\cos 2x - 1} = \frac{1}{1 + \text{sen}\, x}$ são em número de:

a) 1 b) 2 c) 3 d) 4 e) 5

20. **(UFT-TO)** Dado sen $\theta = \frac{3}{4}$, $0° < \theta < 90°$. O valor de sen (4θ) é:

a) $-\frac{\sqrt{7}}{16}$ b) $\frac{3\sqrt{7}}{32}$ c) $\frac{\sqrt{7}}{8}$ d) $-\frac{3\sqrt{7}}{32}$

21. **(Fuvest-SP)** Seja x no intervalo $\left]0; \frac{\pi}{2}\right[$ satisfazendo a equação $\text{tg}\, x + \frac{2}{\sqrt{5}} \sec x = \frac{3}{2}$. Assim, calcule o valor de:

a) sec x

b) $\text{sen}\left(x + \frac{\pi}{4}\right)$

22. **(Fuvest-SP)** A medida x, em radiano, de um ângulo satisfaz $\frac{\pi}{2} < x < \pi$ e verifica a equação $\text{sen}\, x + \text{sen}\, 2x + \text{sen}\, 3x = 0$. Assim:

a) Determine x.

b) Calcule $\cos x + \cos 2x + \cos 3x$.

Funções trigonométricas

Todos os fenômenos periódicos podem ser modelados com auxílio de funções trigonométricas. Daí a extensa aplicação do estudo desse conteúdo em campos da ciência como acústica, astronomia, economia, engenharia e medicina.

A função seno

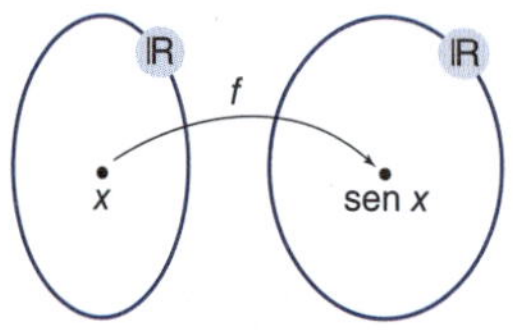

- A **função seno** é a função que associa a cada número real x um único número real y tal que $y = \text{sen } x$.
- Considerando os infinitos pontos das infinitas voltas da circunferência trigonométrica, obtemos o gráfico da função seno:

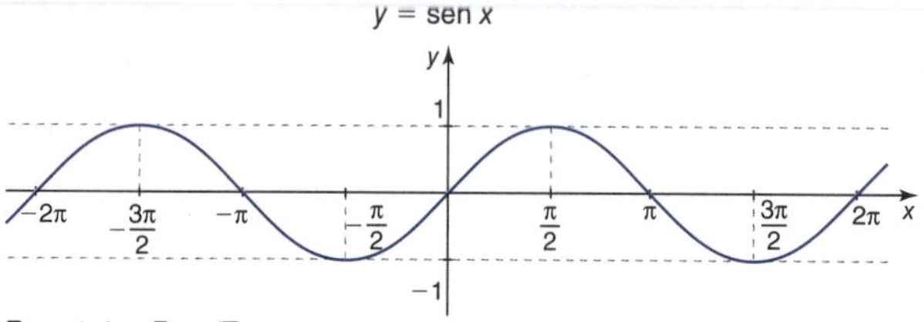

- Domínio: $D = \mathbb{R}$
- Imagem: $Im = \{y \in \mathbb{R} \mid -1 \leq y \leq 1\}$
- O **período** de uma função periódica é o menor número positivo p que satisfaz a igualdade $f(x + p) = f(x)$, para qualquer número real x. Por isso, o período da função seno é 2π.
- A função $f(x) = \text{sen } x$ é **ímpar**, pois seu gráfico é simétrico em relação à origem, isto é, $\text{sen}(-x) = -\text{sen}(x)$ para qualquer número real x.

A função cosseno

- A **função cosseno** é a função que associa a cada número real x um único número real y tal que $y = \cos x$.
- Gráfico da função cosseno:

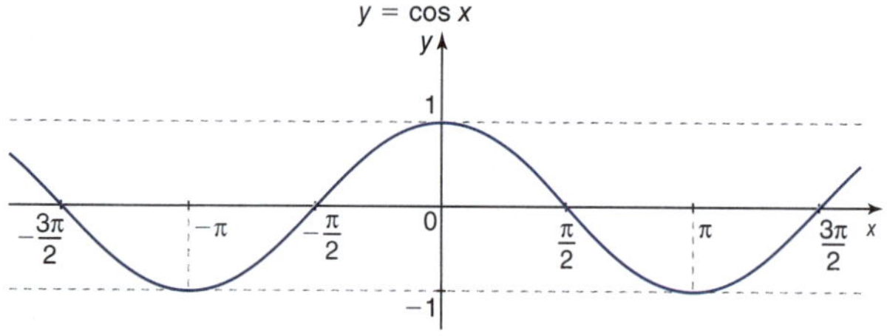

- Domínio: $D = \mathbb{R}$
- Imagem: $Im = \{y \in \mathbb{R} \mid -1 \leq y \leq 1\}$
- Período: $p = 2\pi$
- A função $f(x) = \cos x$ é **par**, pois seu gráfico é simétrico em relação ao eixo das ordenadas, isto é, $\cos(-x) = \cos(x)$ para qualquer número real x.

A função tangente

- A **função tangente** é a função que associa a cada número real x, com $x \neq \frac{\pi}{2} + k\pi$ e $k \in \mathbb{Z}$, um único número real y tal que $y = \text{tg } x$.
- Gráfico da função tangente:

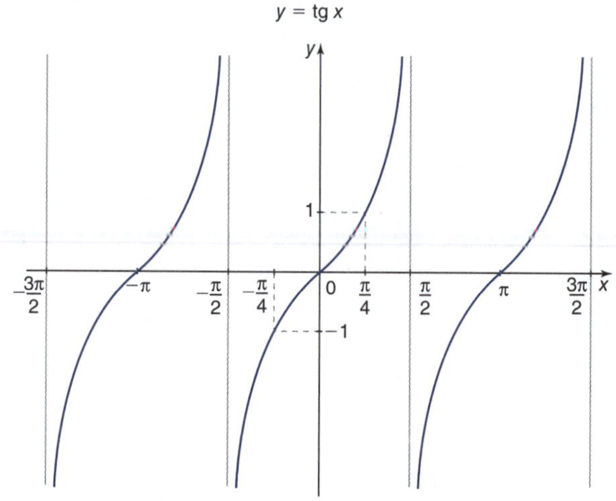

- Domínio: $D = \left\{x \in \mathbb{R} \mid x \neq \frac{\pi}{2} + k\pi, \text{ com } k \in \mathbb{Z}\right\}$
- Imagem: $Im = \mathbb{R}$
- Período: $p = \pi$
- A função $y = \text{tg } x$ é **ímpar**, pois seu gráfico é simétrico em relação à origem, isto é, $\text{tg}(-x) = -\text{tg } x$ para qualquer x do domínio D.
- As retas verticais que passam pelos pontos de abscissa ..., $-\frac{\pi}{2}, \frac{\pi}{2}, \frac{3\pi}{2}$, ... são chamadas de **assíntotas verticais** do gráfico.

A função cotangente

- A **função cotangente** é a função que associa a cada número real x, com $x \neq k\pi$ e $k \in \mathbb{Z}$, um único número real y tal que $y = \text{cotg } x$.
- Gráfico da função cotangente:

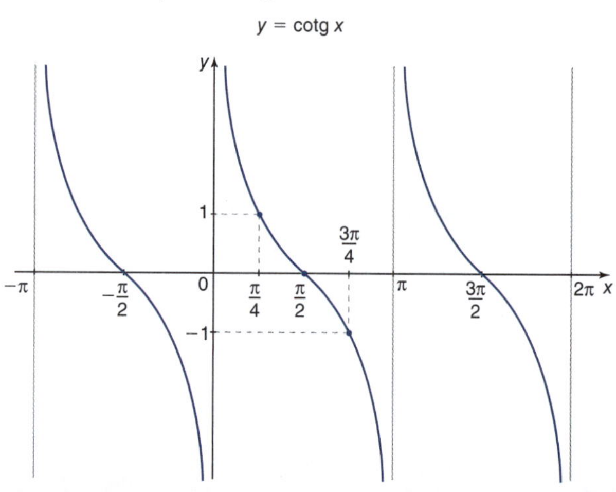

- Domínio: $D = \{x \in \mathbb{R} \mid x \neq k\pi, \text{ com } k \in \mathbb{Z}\}$
- Imagem: $Im = \mathbb{R}$
- Período: $p = \pi$
- A função $y = \text{cotg}\, x$ é **ímpar**, pois seu gráfico é simétrico em relação à origem, isto é, $\text{cotg}\,(-x) = -\text{cotg}\, x$ para qualquer x do domínio D.
- As retas verticais que passam pelos pontos de abscissa ..., $-\pi$, 0, π, ... são as **assíntotas verticais** do gráfico.

A função cossecante

- A **função cossecante** é a função que associa a cada número real x, com $x \neq k\pi$ e $k \in \mathbb{Z}$, um único número real y tal que $y = \text{cossec}\, x$.
- Gráfico da função cossecante:

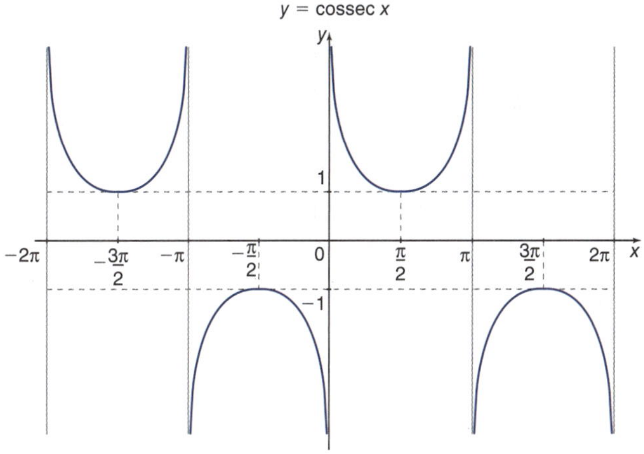

- Domínio: $D = \{x \in \mathbb{R} \mid x \neq k\pi, \text{ com } k \in \mathbb{Z}\}$
- Imagem: $Im = \{y \in \mathbb{R} \mid y \leqslant -1 \text{ ou } y \geqslant 1\}$
- Período: $p = 2\pi$
- A função $y = \text{cossec}\, x$ é **ímpar**, pois seu gráfico é simétrico em relação à origem, isto é, $\text{cossec}\,(-x) = -\text{cossec}\, x$ para qualquer x do domínio D.
- As retas verticais que passam pelos pontos de abscissa ..., $-\pi$, 0, π, ... são as **assíntotas verticais** do gráfico.

A função secante

- A **função secante** é a função que associa a cada número real x, com $x \neq \frac{\pi}{2} + k\pi$ e $k \in \mathbb{Z}$, um único número real y tal que $y = \sec x$.
- Gráfico da função secante:

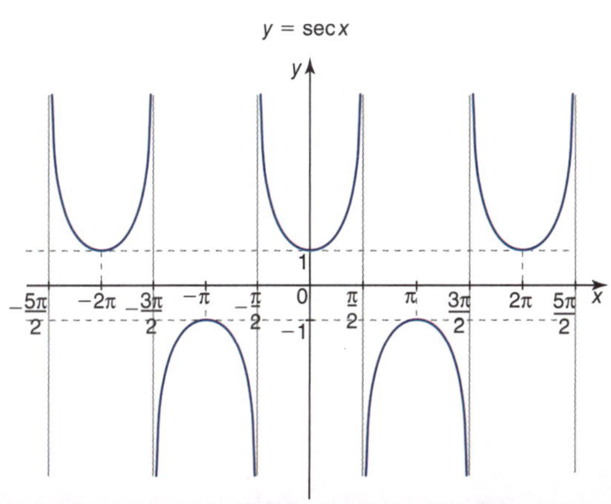

- Domínio: $D = \left\{x \in \mathbb{R} \mid x \neq \frac{\pi}{2} + k\pi, \text{ com } k \in \mathbb{Z}\right\}$
- Imagem: $Im = \{y \in \mathbb{R} \mid y \leqslant -1 \text{ ou } y \geqslant 1\}$
- Período: $p = 2\pi$
- A função $y = \sec x$ é **par**, pois seu gráfico é simétrico em relação ao eixo das ordenadas, isto é, $\sec\,(-x) = \sec x$ para qualquer x do domínio D.
- As retas verticais que passam pelos pontos de abscissa ..., $-\pi$, 0, π, ... são as **assíntotas verticais** do gráfico.

Tabelas comparativas das funções trigonométricas

Função	y = sen x	y = cos x	y = tg x
Domínio	$\mathbb{R}$	$\mathbb{R}$	$x \neq \frac{\pi}{2} + k\pi$
Imagem	$[-1, 1]$	$[-1, 1]$	$\mathbb{R}$
Período	2π	2π	π
Paridade	ímpar	par	ímpar

Função	y = cossec x	y = sec x	y = cotg x
Domínio	$x \neq k\pi$	$x \neq \frac{\pi}{2} + k\pi$	$x \neq k\pi$
Imagem	$\mathbb{R} -]-1, 1[$	$\mathbb{R} -]-1, 1[$	$\mathbb{R}$
Período	2π	2π	π
Paridade	ímpar	par	ímpar

As funções trigonométricas inversas

As funções seno, cosseno e tangente não admitem inversas, pois nenhuma delas, como definidas anteriormente, é bijetora. Porém, restringindo convenientemente o domínio e o contradomínio de cada uma, podemos obter novas funções que sejam bijetoras e, por isso, admitem inversas.

A função arco-seno

- Consideremos a restrição da função $y = \text{sen}\, x$, de domínio $D = \left[-\frac{\pi}{2}, \frac{\pi}{2}\right]$ e contradomínio $CD = [-1, 1]$, cujo gráfico é:

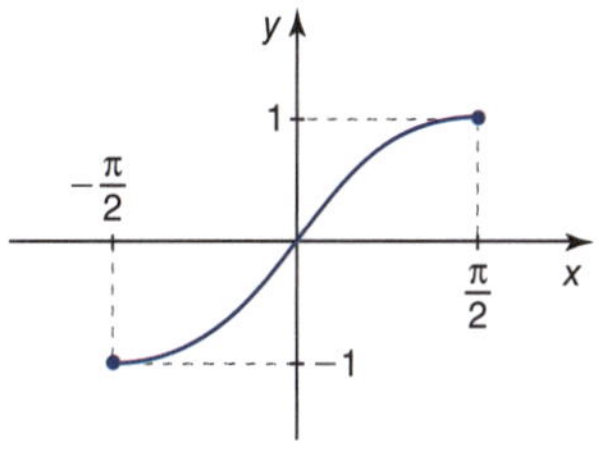

- A inversa dessa restrição da função seno será indicada por:

$$y = \text{arcsen}\, x$$

A igualdade $y = \text{arcsen}\, x$ deve ser entendida da seguinte maneira: y é o arco cujo seno vale x.

› Como funções inversas entre si têm gráficos simétricos em relação à bissetriz dos quadrantes ímpares, o gráfico de $y = \text{arcsen}\, x$ é:

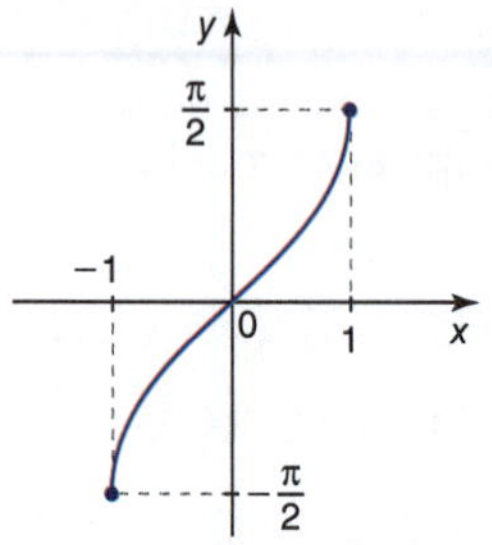

$D = [-1, 1]$

$Im = \left[-\frac{\pi}{2}, \frac{\pi}{2}\right]$

A função arco-cosseno

› Consideremos a restrição da função $y = \cos x$, de domínio $D = [0, \pi]$ e contradomínio $CD = [-1, 1]$, cujo gráfico é:

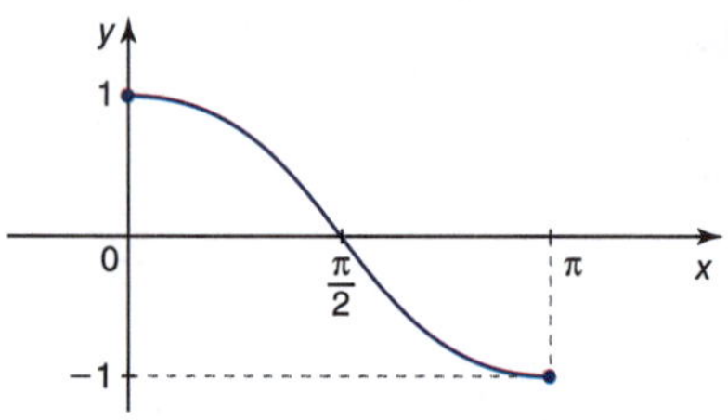

› A inversa dessa restrição da função cosseno será indicada por:

$$y = \text{arccos}\, x$$

A igualdade $y = \text{arccos}\, x$ deve ser entendida da seguinte maneira: y é o arco cujo cosseno vale x.

› Gráfico de $y = \text{arccos}\, x$:

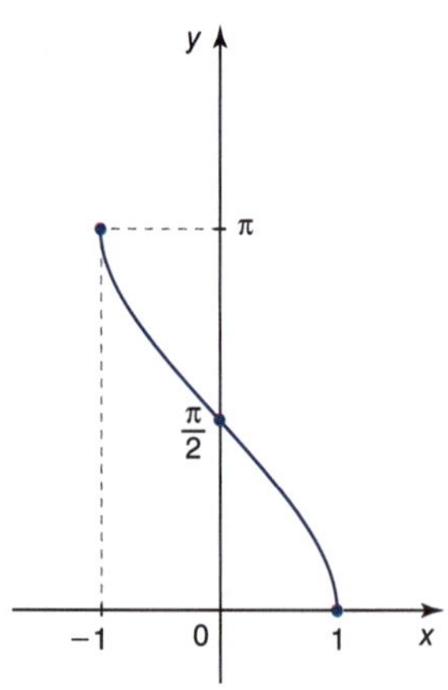

$D = [-1, 1]$

$Im = [0, \pi]$

A função arco-tangente

› Consideremos a restrição da função $y = \text{tg}\, x$, de domínio $D = \left]-\frac{\pi}{2}, \frac{\pi}{2}\right[$ e contradomínio $CD = \mathbb{R}$, cujo gráfico é:

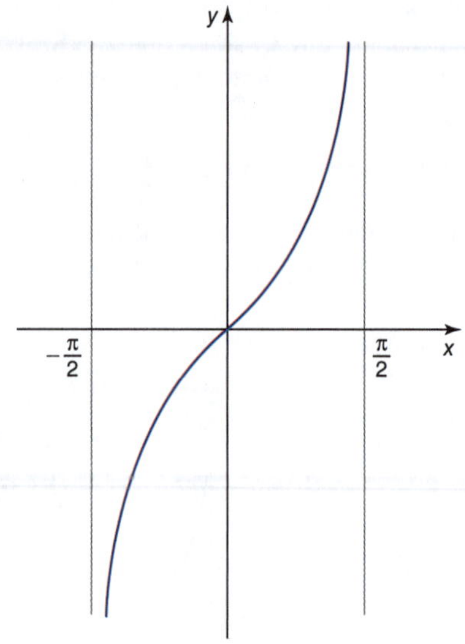

› A inversa dessa restrição da função tangente será indicada por:

$$y = \text{arctg}\, x$$

A igualdade $y = \text{arctg}\, x$ deve ser entendida da seguinte maneira: y é o arco cuja tangente vale x.

› Gráfico de $y = \text{arctg}\, x$:

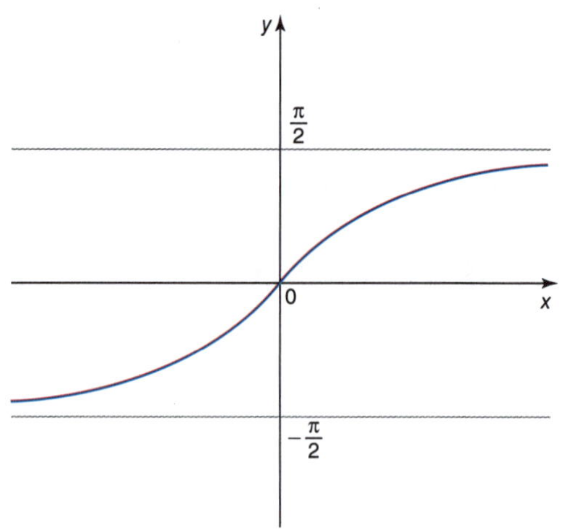

$D = \mathbb{R}$

$Im = \left]-\frac{\pi}{2}, \frac{\pi}{2}\right[$

No Vestibular

1. (Unifesp) Seja a função $f: \mathbb{R} \to \mathbb{R}$, dada por $f(x) = \text{sen}\, x$. Considere as afirmações seguintes.

1. A função $f(x)$ é uma função par, isto é, $f(x) = f(-x)$, para todo x real.
2. A função $f(x)$ é periódica de período 2π, isto é, $f(x + 2\pi) = f(x)$, para todo x real.
3. A função $f(x)$ é sobrejetora.
4. $f(0) = 0, f\left(\frac{\pi}{3}\right) = \frac{\sqrt{3}}{2}$ e $f\left(\frac{\pi}{2}\right) = 1$

São verdadeiras as afirmações:

a) 1 e 3, apenas.
b) 3 e 4, apenas.
c) 2 e 4, apenas.
d) 1, 2 e 3, apenas.
e) 1, 2, 3 e 4.

2. (FGV) Considere a função $f(x) = 2 - \frac{3 \cdot \cos^4 x}{4}$. Os valores máximo e mínimo de f são, respectivamente:

a) 1 e −1
b) 1 e 0
c) 2 e $-\frac{3}{4}$
d) 2 e 0
e) 2 e $\frac{5}{4}$

3. (Unifor-CE) Na figura abaixo, tem-se o gráfico de uma função f, de $\mathbb{R}$ em $\mathbb{R}$, definida por $f(x) = k \cdot \cos tx$, em que k e t são constantes reais.

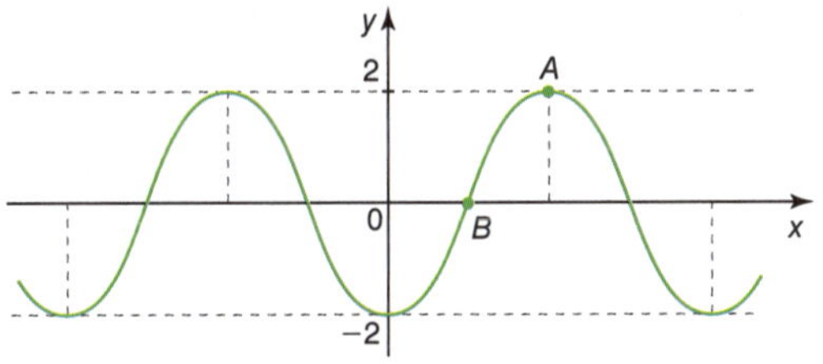

Se o período de f é 4π, então $f\left(\frac{16\pi}{3}\right)$ é igual a:

a) $\sqrt{3}$
b) 1
c) $-\frac{1}{2}$
d) −1
e) $-\sqrt{3}$

4. (Vunesp) Podemos supor que um atleta, enquanto corre, balança cada um de seus braços ritmicamente (para a frente e para trás) segundo a equação:

$y = f(t) = \frac{\pi}{9} \cdot \text{sen}\left[\frac{8\pi}{3}\left(t - \frac{3}{4}\right)\right]$, onde y é o ângulo compreendido entre a posição do braço e o eixo vertical $\left(-\frac{\pi}{9} \leqslant y \leqslant \frac{\pi}{9}\right)$ e t é o tempo medido em segundos, $t \geqslant 0$.

Com base nessa equação, determine quantas oscilações completas (para a frente e para trás) o atleta faz com o braço em 6 segundos.

5. (Vunesp) Do solo, você observa um amigo numa roda-gigante. A altura h, em metro, de seu amigo em relação ao solo é dada pela expressão

$h(t) = 11{,}5 + 10 \cdot \text{sen}\left[\frac{\pi}{12}(t - 26)\right]$, onde o tempo t é dado em segundo e a medida angular em radiano.

a) Determine a altura em que seu amigo estava quando a roda começou a girar ($t = 0$).

b) Determine as alturas mínima e máxima que seu amigo alcança e o tempo gasto em uma volta completa (período).

6. **(PUC-SP)** Na figura a seguir tem-se o gráfico da função f, de $\mathbb{R}$ em $\mathbb{R}$, definida por $f(x) = k \cdot \text{sen}\,(mx)$, em que k e m são reais, e cujo período é $\frac{8\pi}{3}$.

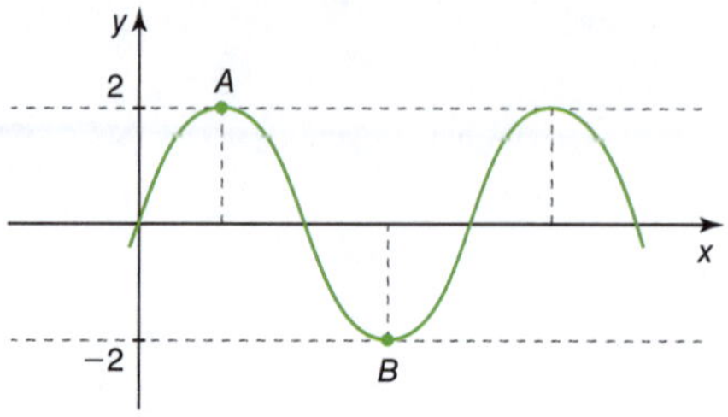

O valor de $f\left(\frac{29\pi}{3}\right)$ é:

a) $-\sqrt{3}$ b) $-\sqrt{2}$ c) -1 d) $\sqrt{2}$ e) $\sqrt{3}$

7. **(UEMS)** Seja f a função dada pelo gráfico a seguir e seja a função $g(x) = \frac{x}{2}$.

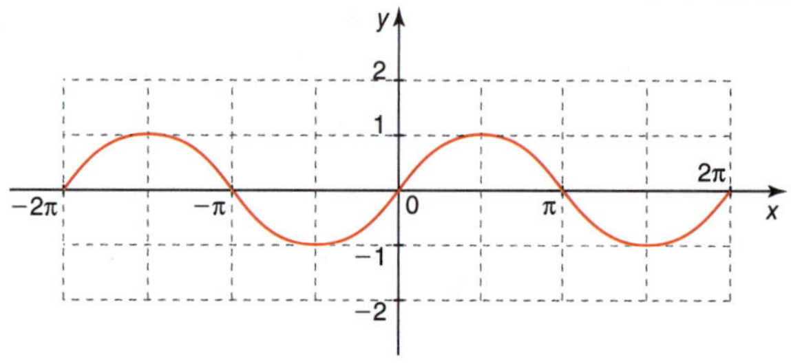

Define-se a função composta $f(g(x))$ como aquela que associa a cada número real b o valor $y = f(g(b))$. O gráfico que representa $f(g(x))$ é:

a)

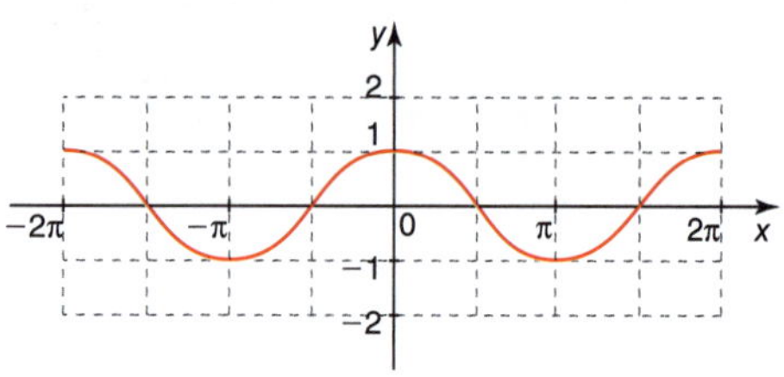

b)

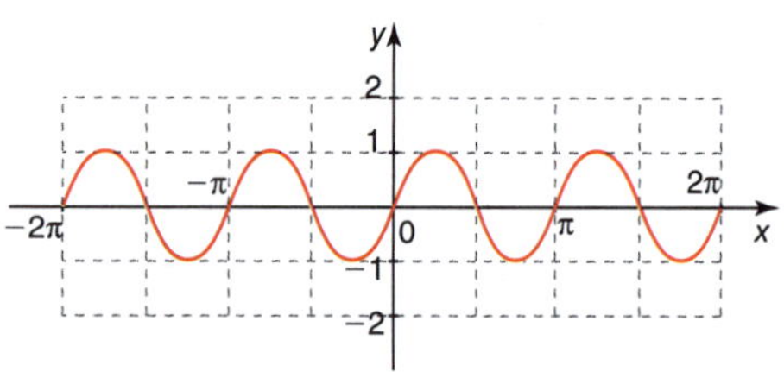

c)

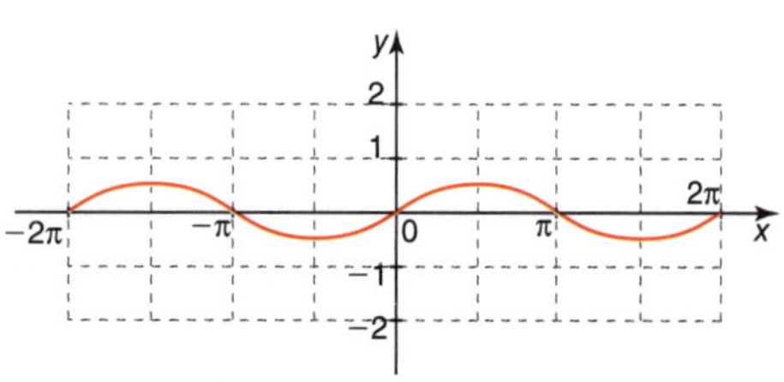

d)

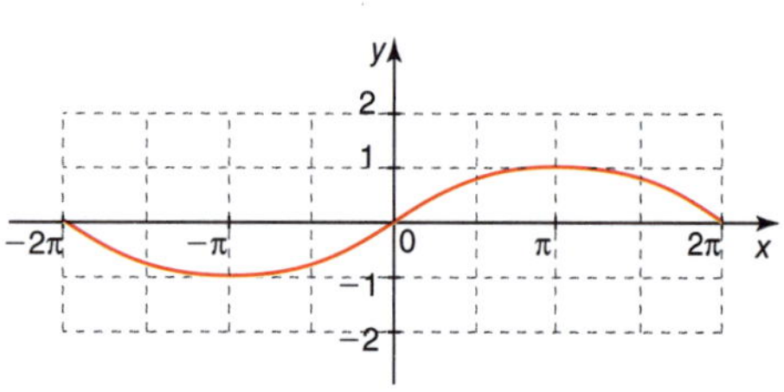

e)

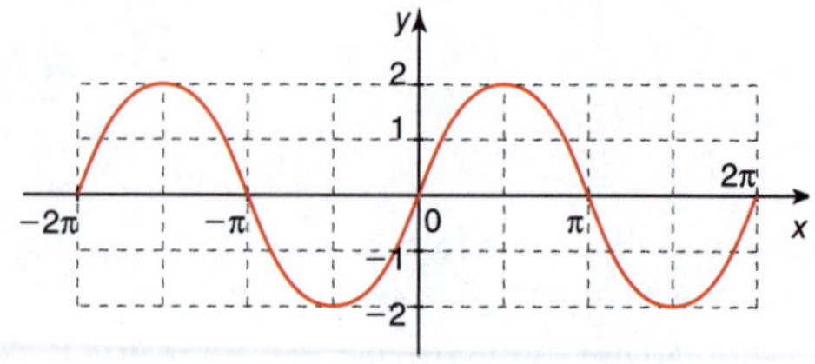

8. **(PUC-SP)** Estando as determinações dos arcos compreendidas entre 0 e $\frac{\pi}{2}$, então o valor da expressão $y = \text{sen}\left(\text{arcsen}\frac{1}{1+a^2} + \text{arccos}\frac{1}{1+a^2}\right)$ é:

a) $\frac{1}{2}$ b) 1 c) 3 d) $\frac{2}{3}$ e) 0

9. **(UFJF-MG)** Considere as funções f, g e h definidas a seguir e os 3 gráficos apresentados.

I. $f: \mathbb{R} \to \mathbb{R}, f(x) = \text{sen}\,(2x)$
II. $q: \mathbb{R} \to \mathbb{R}, q(x) = \text{sen}\,(|x|)$
III. $h: \mathbb{R} \to \mathbb{R}, h(x) = \text{sen}\,(-x)$

a)

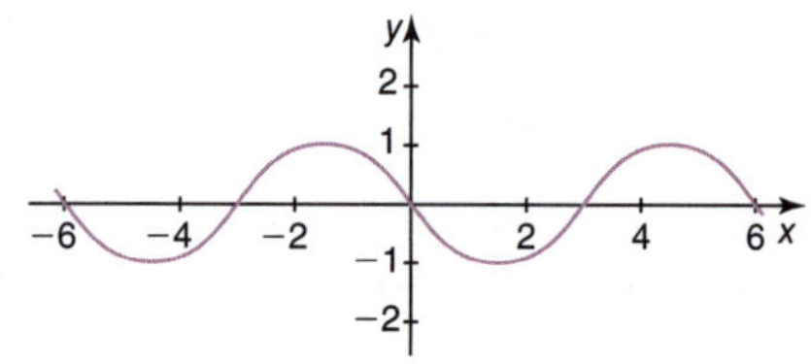

b)

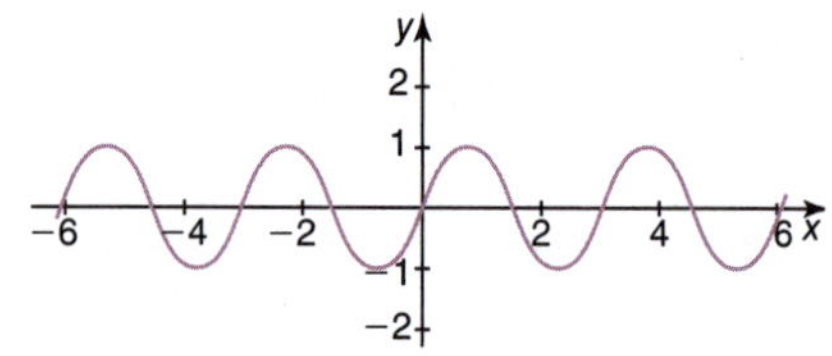

c)

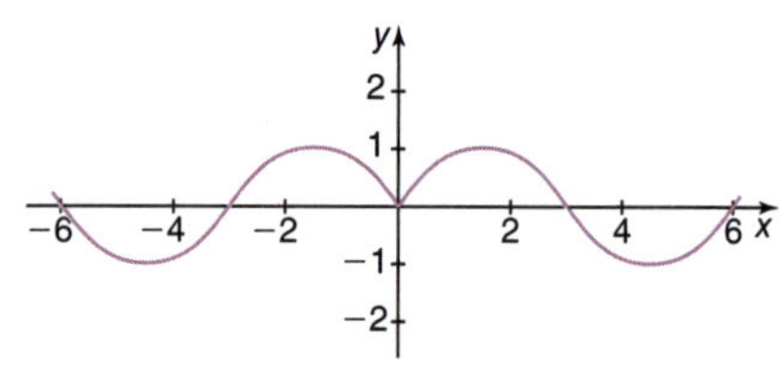

A associação que melhor corresponde cada função ao seu respectivo gráfico é:

a) I - a, II - b e III - c.
b) I - a, II - c e III - b.
c) I - b, II - a e III - c.
d) I - b, II - c e III - a.
e) I - c, II - a e III - b.

10. **(Vunesp)** Considere a representação gráfica da função definida por $f(x) = \text{sen}\left(\frac{3\pi x}{2}\right) \cdot \left(-1 + \sqrt{x-1}\right)$.

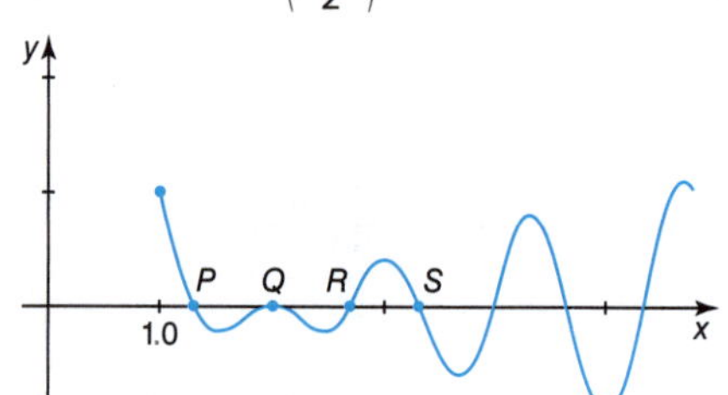

gráfico da função f, sem escala

Os pontos P, Q, R e S denotam os quatro primeiros pontos de intersecção do gráfico da função f com o eixo das abscissas. Determine as coordenadas dos pontos P, Q, R e S, nessa ordem.

11. **(Unifesp)** Considere a função $y = f(x) = 1 + \text{sen}\left(2\pi x - \frac{\pi}{2}\right)$ definida para todo x real.

a) Dê o período e o conjunto imagem da função *f*.

b) Obtenha todos os valores de x no intervalo [0, 1] tais que y = 1.

12. **(Unifesp)** Com base na figura que representa o círculo trigonométrico e os eixos da tangente e da cotangente,

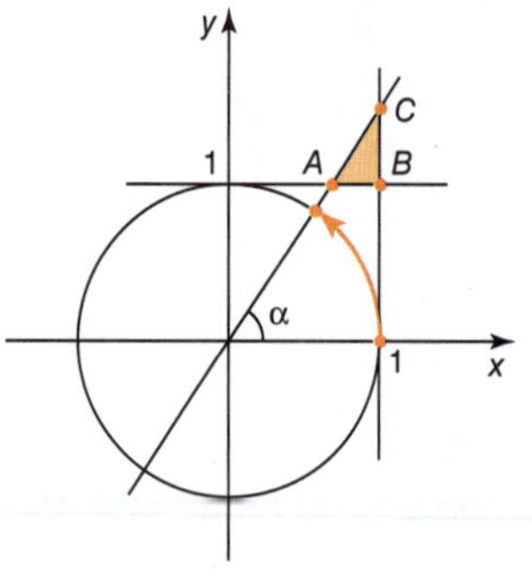

a) calcule a área do triângulo *ABC*, para $\alpha = \frac{\pi}{3}$.

b) determine a área do triângulo *ABC*, em função de α, $\frac{\pi}{4} < \alpha < \frac{\pi}{2}$.

13. **(Mackenzie-SP)** O gráfico que melhor representa a função $f: [0, 2\pi] \to \mathbb{R}$, definida por $y = 2 + \text{sen}\ x + |\text{sen}\ x|$, é:

a)
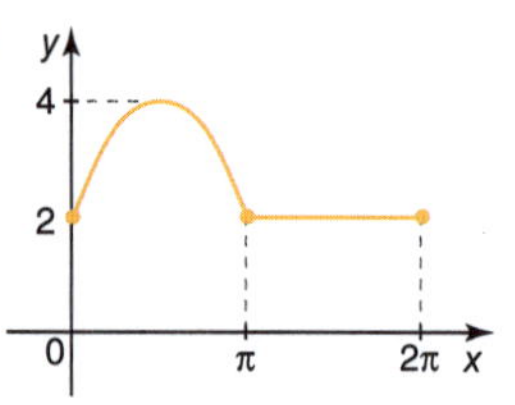

b)
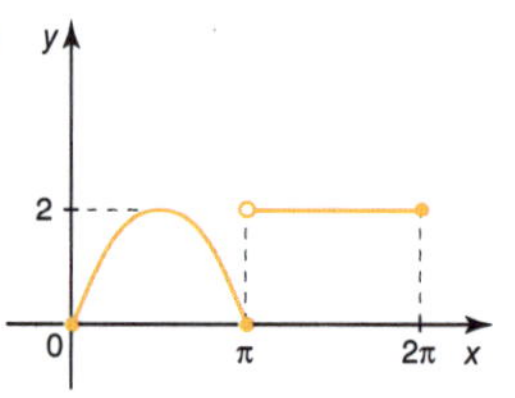

c)
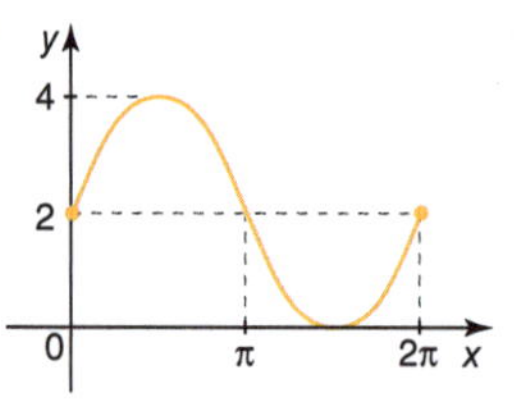

d)
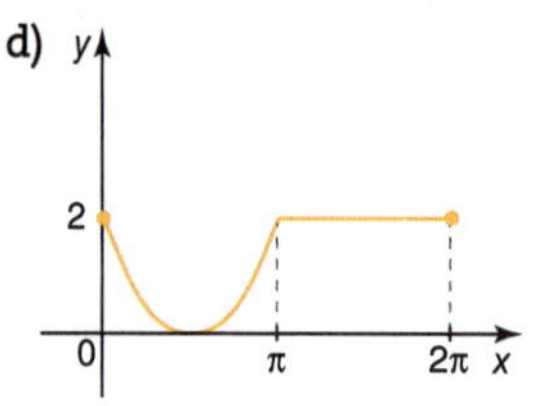

e)
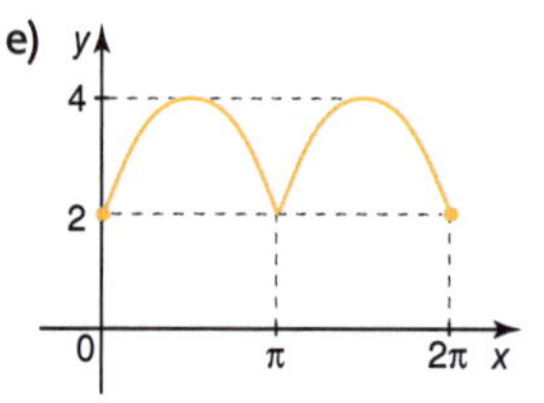

14. **(ITA-SP)** Considerando as funções

arcsen: $[-1, +1] \to \left[-\frac{\pi}{2}, \frac{\pi}{2}\right]$ e arccos: $[-1, +1] \to [0, \pi]$,

assinale o valor de $\cos\left(\text{arcsen}\frac{3}{5} + \text{arccos}\frac{4}{5}\right)$.

a) $\frac{6}{25}$

b) $\frac{7}{25}$

c) $\frac{1}{3}$

d) $\frac{2}{5}$

e) $\frac{5}{12}$

15. **(UFBA)** Dadas as funções $f(x) = \text{sen}\ 2x$ e $g(x) = \text{sen}\ x$, determine para quais valores de x, $x \in [0, 2\pi]$, $f(x) \geq g(x)$.

16. **(PUC-SP)** Seja a função *f*, de $\mathbb{R}$ em $\mathbb{R}$ definida por

$f(x) = \cos\frac{\pi}{6} \cdot \cos 2x - \text{sen}\frac{\pi}{6} \cdot \text{sen}\ 2x$. Determine:

a) O período de *f*.

b) As soluções da equação $f(x) = 0$, no intervalo $[0, 2\pi]$.

17. **(Unitau-SP)** Indique a função trigonométrica $f(x)$ de domínio $\mathbb{R}$; $Im = [-1, 1]$ e período π que é representada, aproximadamente, pelo gráfico a seguir:

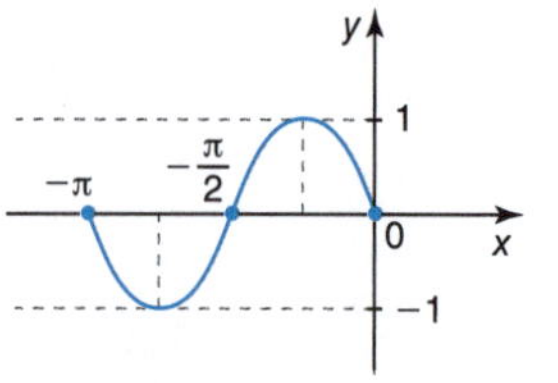

a) y = 1 + cos x

b) y = 1 − sen x

c) y = sen(−2x)

d) y = cos(−2x)

e) y = −cos x

18. **(Vunesp)** A temperatura, em grau Celsius (°C), de uma câmara frigorífica, durante um dia completo, da 0 hora às 24 horas, é dada aproximadamente pela função:

$f(t) = \cos\left(\frac{\pi}{12} \cdot t\right) - \cos\left(\frac{\pi}{6} \cdot t\right)$, $0 \leq t \leq 24$, com t em horas.

Determine:

a) A temperatura da câmara frigorífica às 2 horas e às 9 horas (use as aproximações $\sqrt{2} = 1{,}4$ e $\sqrt{3} = 1{,}7$).

b) Em quais horários do dia a temperatura atingiu 0 °C.

19. **(Vunesp)** Há famílias que sobrevivem trabalhando na coleta de material para reciclagem, principalmente em cidades turísticas. Numa tal cidade, uma família trabalha diariamente na coleta de latas de alumínio. A quantidade (em quilogramas) que essa família coleta por dia varia, aumentando em finais de semana e feriados. Um matemático observou a quantidade de alumínio coletada por essa família durante dez dias consecutivos e modelou essa situação através da seguinte função:

$f(x) = 10 + (x + 1) \cdot \cos\left(\frac{\pi}{3} \cdot x - \frac{2\pi}{3}\right)$, onde *f* indica a quantidade de alumínio em quilogramas, coletada pela família no dia x, com $1 \leq x \leq 10$, x inteiro positivo. Sabendo que *f*, nesse período, atinge seu valor máximo em um dos valores de x no qual a função $\cos\left(\frac{\pi}{3} \cdot x - \frac{2\pi}{3}\right)$ atinge seu máximo, determine o valor de x, para o qual a quantidade coletada nesse período foi máxima, e quantos quilos de alumínio foram coletados pela família nesse dia.

20. **(Unifesp)** Sabe-se que, se $b > 1$, o valor máximo da expressão $y - y^b$, para y no conjunto $\mathbb{R}$ dos números reais, ocorre quando $y = \left(\frac{1}{b}\right)^{\frac{1}{b-1}}$. O valor máximo que a função $f(x) = \text{sen}\ x \cdot \text{sen}\ 2x$ assume, para x variando em $\mathbb{R}$, é:

a) $\frac{\sqrt{3}}{3}$ b) $2\frac{\sqrt{3}}{3}$ c) $\frac{3}{4}$ d) $\frac{4\sqrt{3}}{9}$ e) 1

21. **(Mackenzie-SP)** O conjunto solução da equação arcsen 2x − 3 arcsen x = 0 tem:

a) 0 elemento.

b) 1 elemento.

c) 2 elementos.

d) 3 elementos.

e) 4 elementos.

Matrizes, determinantes e sistemas lineares

No estudo de fenômenos que relacionam valores desconhecidos, representados por incógnitas, necessitamos de equações, organizadas em um sistema, para determinar essas incógnitas, caso isso seja possível. Neste tema, estudaremos os sistemas de equações do 1º grau e as tabelas, chamadas de matrizes, que representam seus coeficientes e/ou termos independentes.

Matrizes

- **Matriz do tipo $m \times n$** (lemos "*m* por *n*") é toda tabela de números dispostos em *m* linhas e *n* colunas. Essa tabela deve ser representada entre parênteses ou entre colchetes.
- Indicamos por a_{ij} o elemento posicionado na linha *i* e na coluna *j* de uma matriz *A*. Assim, uma matriz *A* do tipo $m \times n$ é representada genericamente da seguinte maneira:

$$A_{m \times n} = (a_{ij})_{m \times n} = \begin{bmatrix} a_{11} & a_{12} & a_{13} & \cdots & a_{1n} \\ a_{21} & a_{22} & a_{23} & \cdots & a_{2n} \\ \vdots & \vdots & \vdots & \vdots & \vdots \\ a_{m1} & a_{m2} & a_{m3} & \cdots & a_{mn} \end{bmatrix}$$

- **Matriz quadrada** é toda matriz cujo número de linhas é igual ao número de colunas. Toda matriz quadrada tem uma **diagonal principal** e uma **diagonal secundária**:

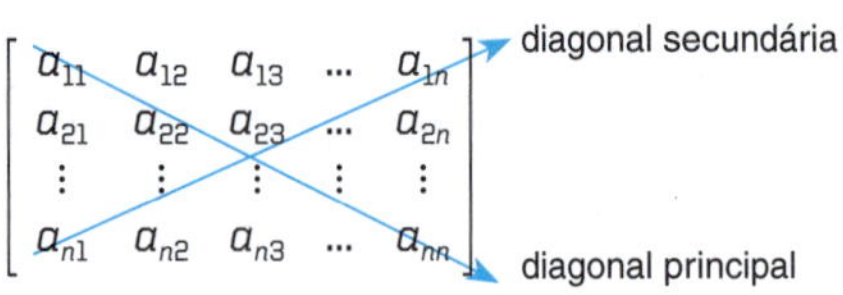

- **Matriz identidade** é a matriz unitária [1] e qualquer matriz quadrada cujos elementos da diagonal principal são iguais a 1 e todos os demais elementos são iguais a zero.
- **Matriz nula** é toda matriz cujos elementos são iguais a zero.
- **Transposta** de uma matriz *A* é a matriz A^t tal que os números que formam cada coluna *i* da matriz A^t são, ordenadamente, iguais aos números que formam a linha *i* de *A*.

$$A = \begin{bmatrix} a_{11} & a_{12} & a_{13} & \cdots & a_{1n} \\ a_{21} & a_{22} & a_{23} & \cdots & a_{2n} \\ \vdots & \vdots & \vdots & \vdots & \vdots \\ a_{m1} & a_{m2} & a_{m3} & \cdots & a_{mn} \end{bmatrix} \Rightarrow A^t = \begin{bmatrix} a_{11} & a_{21} & & \cdots & a_{m1} \\ a_{12} & a_{22} & & \cdots & a_{m2} \\ a_{13} & a_{23} & & & \\ \vdots & \vdots & \vdots & \vdots & \vdots \\ a_{1n} & a_{2n} & & \cdots & a_{mn} \end{bmatrix}$$

- Duas matrizes do mesmo tipo são **iguais** quando todos os seus elementos correspondentes são iguais.

Operações entre matrizes

- A **soma** de duas matrizes do mesmo tipo, *A* e *B*, é a matriz em que cada elemento é a soma de seus correspondentes em *A* e em *B*.
- A **diferença** de duas matrizes do mesmo tipo, *A* e *B*, nessa ordem, é a soma de *A* com a **oposta** de *B*.
- O **produto** de um número real *k* por uma matriz *A* é a matriz em que cada elemento é o produto de seu correspondente em *A* pelo número *k*.

$$k \cdot \begin{bmatrix} a & b & c & \cdots \\ d & e & f & \cdots \\ g & h & i & \cdots \\ \vdots & \vdots & \vdots & \end{bmatrix} = \begin{bmatrix} ka & kb & kc & \cdots \\ kd & ke & kf & \cdots \\ kg & kh & ki & \cdots \\ \vdots & \vdots & \vdots & \end{bmatrix}$$

- Dadas as matrizes $A = (a_{ij})_{m \times k}$ e $B = (b_{ij})_{k \times n}$, considere a linha *i* de *A* e a coluna *j* de *B*, isto é:

$$\begin{pmatrix} a_{i1} & a_{i2} & a_{i3} & \cdots & a_{ik} \end{pmatrix} \text{ e } \begin{pmatrix} b_{1j} \\ b_{2j} \\ b_{3j} \\ \vdots \\ b_{kj} \end{pmatrix}$$

O **produto da linha *i* pela coluna *j*** é definido por:

$$a_{i1} \cdot b_{1j} + a_{i2} \cdot b_{2j} + a_{i3} \cdot b_{3j} + \ldots + a_{ik} \cdot b_{kj}$$

ou seja, multiplicamos, ordenadamente, os elementos da linha *i* pelos elementos da coluna *j* e somamos os resultados obtidos.

- O **produto** da matriz $A = (a_{ij})_{m \times n}$ pela matriz $B = (b_{ij})_{n \times p}$ é a matriz $C = (c_{ij})_{m \times p}$ tal que cada elemento c_{ij} é o produto da linha *i* de *A* pela coluna *j* de *B*.
- Uma matriz quadrada *A* de ordem *n* é **invertível** se, e somente se, existe uma matriz *B* tal que:

$$A \cdot B = B \cdot A = I_n$$

em que I_n é a matriz identidade de ordem *n*.

As matrizes *A* e *B* são chamadas de **inversas entre si** e são indicadas por: $B = A^{-1}$ ou $A = B^{-1}$.

Determinantes

Determinante é um número associado a uma matriz quadrada, obtido por operações entre seus elementos, que definiremos a seguir.

Representamos o determinante de uma matriz *A* por det *A*.

Se a matriz quadrada tiver ordem *n*, o determinante dessa matriz também terá ordem *n*.

- **Determinante de ordem 1:** é o próprio elemento da matriz.

$$A = [m] \Rightarrow \det A = m$$

- **Determinante de ordem 2:** é a diferença entre o produto dos elementos da diagonal principal e o produto dos elementos da diagonal secundária de uma matriz de ordem 2.

$$\det\begin{pmatrix} a & b \\ c & d \end{pmatrix} = ad - cb$$

Também podemos indicar o determinante por barras:

$$D = \begin{vmatrix} a & b \\ c & d \end{vmatrix} = ad - cb$$

- **Determinante de ordem 3:**

$$\begin{vmatrix} a & b & c \\ d & e & f \\ g & h & i \end{vmatrix} = aei + bfg + cdh - gec - hfa - idb$$

- Para calcular o determinante de ordem 3, usamos a regra prática apresentada a seguir, conhecida como **regra de Sarrus**.
  - Repetimos, à direita do determinante, as duas primeiras colunas e desenhamos as seguintes setas:

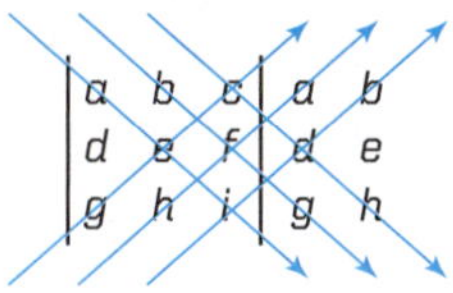

  - Multiplicamos os três números alinhados em cada seta, conservando o sinal de cada produto obtido na direção da diagonal principal e invertendo o sinal de cada produto obtido na direção da diagonal secundária.

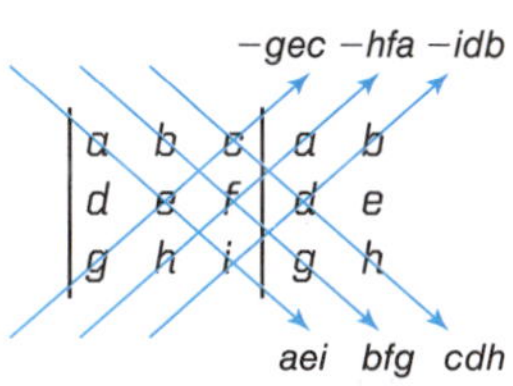

  - Adicionamos os seis resultados calculados, ou seja:

$$D = aei + bfg + cdh - gec - hfa - idb$$

Determinante de ordem *n*

- Seja a matriz A, representada abaixo:

$$A = \begin{bmatrix} a_{11} & a_{12} & a_{13} & \cdots & a_{1j} & \cdots & a_{1n} \\ a_{21} & a_{22} & a_{23} & \cdots & a_{2j} & \cdots & a_{2n} \\ \vdots & \vdots & \vdots & \vdots & \vdots & \vdots & \vdots \\ a_{i1} & a_{i2} & a_{i3} & \cdots & a_{ij} & \cdots & a_{in} \\ \vdots & \vdots & \vdots & \vdots & \vdots & \vdots & \vdots \\ a_{n1} & a_{n2} & a_{n3} & \cdots & a_{nj} & \cdots & a_{nn} \end{bmatrix}$$

Considere a submatriz obtida com a eliminação da linha e da coluna que contêm o elemento a_{ij}, isto é, a linha i e a coluna j. Indicamos por D_{ij} o determinante dessa submatriz.

Chama-se **cofator** do elemento a_{ij} o número que indicaremos por A_{ij}, definido por:

$$A_{ij} = (-1)^{i+j} \cdot D_{ij}$$

- **Teorema de Laplace:** O determinante de uma matriz quadrada de ordem n, com $n \geqslant 2$, é obtido multiplicando-se cada elemento de uma fila qualquer por seu cofator e adicionando-se os resultados.

Propriedades dos determinantes

- O determinante de uma matriz quadrada A é igual ao determinante de sua transposta, ou seja: $\det A = \det A^t$
- Se os elementos de uma fila de uma matriz quadrada A são todos nulos, então: $\det A = 0$
- Permutando entre si duas filas paralelas de uma matriz quadrada A, obtemos uma nova matriz B tal que: $\det B = -\det A$
- Multiplicando uma fila de uma matriz quadrada A por um número real k, obtemos uma nova matriz B tal que: $\det B = k \cdot \det A$
- Se uma matriz quadrada A tem duas filas paralelas iguais ou se uma fila é múltipla de outra fila paralela, então: $\det A = 0$
- Se uma fila de uma matriz quadrada A é combinação linear de outras duas ou mais filas paralelas, então: $\det A = 0$
- **Teorema de Jacobi:** Se a uma fila de uma matriz quadrada A for adicionada uma múltipla de outra fila paralela, obtemos uma matriz B tal que: $\det A = \det B$
- **Teorema de Binet:** Se A e B são matrizes quadradas de mesma ordem, então:

$$\det(AB) = \det A \cdot \det B$$

A inversa de uma matriz

- Dada a matriz quadrada de ordem n, $A = (a_{ij})_{n \times n}$, considere a matriz cof $A = (A_{ij})_{n \times n}$, em que cada A_{ij} é o cofator do elemento a_{ij}. A transposta da matriz cof A é chamada de **matriz adjunta de A**, que indicamos por $\bar{A}$:

$$\bar{A} = (\text{cof } A)^t$$

Em resumo, a matriz adjunta de A é a transposta da matriz dos cofatores de A.

- Se A é uma matriz quadrada de ordem n, temos:

$$A \cdot \bar{A} = (\det A) \cdot I_n$$

- Se A é uma matriz quadrada com $\det A \neq 0$, então

$A \cdot \left(\dfrac{1}{\det A} \cdot \bar{A}\right) = I_n$ e, portanto:

$$A^{-1} = \frac{1}{\det A} \cdot \bar{A}$$

- Existe a inversa de uma matriz quadrada A se, e somente se, $\det A \neq 0$.

Sistemas lineares

- **Equação linear** nas incógnitas $x_1, x_2, x_3, ..., x_n$ é toda equação que pode ser representada na forma:

$$a_1x_1 + a_2x_2 + a_3x_3 + ... + a_nx_n = b$$

em que $a_1, a_2, a_3, ..., a_n$ são constantes reais chamadas de **coeficientes** das incógnitas e b é uma constante real chamada de **termo independente** da equação.

- **Solução** de uma equação linear $a_1x_1 + a_2x_2 + a_3x_3 + ... + a_nx_n = b$ é toda ênupla (sequência de n elementos) de números $(\alpha_1, \alpha_2, \alpha_3, ..., \alpha_n)$ tal que a sentença $a_1\alpha_1 + a_2\alpha_2 + a_3\alpha_3 + ... + a_n\alpha_n = b$ seja verdadeira. Caso não exista ênupla nessas condições, dizemos que a equação é **impossível**.
- Toda equação linear cujo termo independente é zero é chamada de **equação linear homogênea** e admite como solução a ênupla (0, 0, 0, ..., 0), denominada **solução trivial** da equação homogênea.
- **Sistema linear** é todo sistema de equações formado exclusivamente por equações lineares.
- **Solução** de um sistema linear é qualquer solução comum a todas as equações do sistema. O conjunto S formado por todas as soluções de um sistema linear é chamado de **conjunto solução** do sistema.
- Dois sistemas lineares, A e A', são **equivalentes** se, e somente se, têm o mesmo conjunto solução.

Classificação de um sistema linear

- Um sistema linear é classificado de acordo com o número de soluções que tem:

  - **Sistema possível e determinado** (SPD) é todo sistema linear que admite uma única solução.
  - **Sistema possível e indeterminado** (SPI) é todo sistema linear que admite mais de uma solução.
  - **Sistema impossível** (SI) é todo sistema linear que não admite solução alguma.

  Se um sistema linear admite mais de uma solução, então admite infinitas soluções.

- Todo sistema linear homogêneo é possível, pois admite pelo menos a solução trivial.

Interpretação geométrica

Um sistema linear com duas equações e duas incógnitas é:

- SPD se, e somente se, as retas representadas por suas equações são **concorrentes**.
- SPI se, e somente se, as retas representadas por suas equações são **coincidentes**.
- SI se, e somente se, as retas representadas por suas equações são **paralelas distintas**.

Sistema linear escalonado

Um sistema linear é **escalonado** se, e somente se:

- todas as equações apresentam as incógnitas em uma mesma ordem;
- em cada equação existe pelo menos um coeficiente, de alguma incógnita, não nulo;
- existe uma ordem para as equações tal que, de uma equação para a outra, aumenta o número de coeficientes nulos que antecedem o primeiro coeficiente não nulo.

Resolução de um sistema linear

A resolução de um sistema linear escalonado é muito simples. Por isso, para resolver um sistema linear A não escalonado, usaremos o **método do escalonamento**, que permite obter um sistema escalonado A', equivalente ao sistema inicial, por meio das seguintes operações elementares:

- permutar entre si duas ou mais equações de A;
- multiplicar (ou dividir) ambos os membros de uma equação de A por uma constante k, com $k \neq 0$;
- substituir uma equação de A pela soma, membro a membro, dessa equação com outra desse sistema.

Discussão de um sistema linear

- Sendo D o determinante da matriz dos coeficientes de um sistema linear com número de equações igual ao número de incógnitas, demonstra-se que:

$$D \neq 0 \Leftrightarrow \text{SPD}$$
$$D = 0 \Leftrightarrow \text{SPI ou SI}$$

  Se obtivermos $D = 0$, deveremos escalonar o sistema para descobrir se ele é SPI ou SI.

- Sendo D o determinante da matriz dos coeficientes de um sistema linear **homogêneo** com número de equações igual ao número de incógnitas, demonstra-se que:

$$D \neq 0 \Leftrightarrow \text{SPD (apenas a solução trivial)}$$
$$D = 0 \Leftrightarrow \text{SPI (solução trivial e soluções próprias)}$$

- Se o sistema apresenta número de equações diferente do número de incógnitas, não existe o determinante da matriz dos coeficientes; logo, sua discussão deverá ser feita com o auxílio do escalonamento.

No Vestibular

1. **(UPF-RS)** A empresa Brinque Muito realizou uma grande doação de brinquedos para um orfanato. Essa doação compreendeu 535 brinquedos, entre bolas e bonecas, 370 brinquedos, entre bonecas e carrinhos, e o total da doação entre bolas e carrinhos foi de 455 brinquedos. É possível afirmar que, para realizar a doação, a empresa produziu:
   a) 320 bolas.
   b) 145 carrinhos
   c) 235 bonecas.
   d) 780 brinquedos.
   e) 1.350 brinquedos.

2. **(Unir-RO)** Considere o sistema de equações lineares abaixo.

$$\begin{cases} 4x - 6y - 2z = 0 \\ -3x + 2y + z = 0 \\ -2x + 3y - az = 0 \end{cases}$$

   Qual deve ser o valor de a para que o sistema tenha infinitas soluções?
   a) -2
   b) 0
   c) 1
   d) -1
   e) 2

3. **(Unir-RO)** Para codificar palavras de 4 letras, por meio de matrizes, pode-se utilizar o seguinte método:
   I. Associa-se cada letra da palavra a um número da tabela:

A	B	C	D	E	F	G	H	I	J	K	L
1	2	3	4	5	6	7	8	9	10	11	12

M	N	O	P	Q	R	S	T	U	V	X	Z
13	14	15	16	17	18	19	20	21	22	23	24

   II. Escreve-se, com os números obtidos, uma matriz M de ordem 2×2.
   Exemplo: A matriz correspondente à palavra BOTA é $M = \begin{bmatrix} 2 & 15 \\ 20 & 1 \end{bmatrix}$.
   III. Multiplica-se M pela matriz-codificadora (C), inversível de ordem 2, obtendo-se, assim, a matriz-codificada $N = C \cdot M$;
   IV. Para obter a matriz M, calcula-se o produto $C^{-1} \cdot N$.

   Uma palavra com quatro letras fora codificada pelo método acima, obtendo-se a matriz $N = \begin{bmatrix} 27 & 42 \\ 9 & 6 \end{bmatrix}$. Sabendo-se que a matriz-codificadora utilizada foi $C = \begin{bmatrix} 2 & 1 \\ -1 & 1 \end{bmatrix}$, pode-se afirmar que essa palavra é:
   a) AMOR
   b) VIDA
   c) UNIR
   d) ROSA
   e) FLOR

4. **(IME-RJ)** Uma matriz quadrada é denominada ortogonal quando sua transposta é igual a sua inversa. Considerando essa definição, determine se a matriz $[R]$ a seguir é uma matriz ortogonal, sabendo-se que n é um número inteiro e α é um ângulo qualquer. Justifique sua resposta.

$$[R] = \begin{bmatrix} \cos(n\alpha) & -\operatorname{sen}(n\alpha) & 0 \\ \operatorname{sen}(n\alpha) & \cos(n\alpha) & 0 \\ 0 & 0 & 1 \end{bmatrix}$$

5. **(Fuvest-SP)** Diz-se que a matriz quadrada A tem posto 1 se uma de suas linhas é não nula e as outras são múltiplas dessa linha. Determine os valores de a, b e c para os quais a matriz 3×3 abaixo tem posto 1.

$$A = \begin{bmatrix} 2 & \frac{1}{2} & 3 \\ 3a - b + 2c & 1 & 6 \\ b + c - 3a & \frac{1}{2} & c - 2a + b \end{bmatrix}$$

6. **(UFBA)** Determine os valores de k para que o sistema de equações $\begin{cases} 2x + 2y - 2z = 2 \\ 3x + 4y + (k - 1)z = 4 \\ x + ky + 3z = 2 \end{cases}$ seja:

a) possível e determinado.
b) possível e indeterminado.
c) impossível.

7. **(UFV-MG)** Considere as matrizes quadradas de ordem 2:

$$A = \begin{pmatrix} 1 & 0 \\ 2 & 1 \end{pmatrix} \text{ e } B = \begin{pmatrix} 2 & 1 \\ 0 & 2 \end{pmatrix}$$

Seja $M = A \cdot B^t$, onde B^t é a matriz transposta de B. O determinante da matriz inversa de M é:

a) $\frac{1}{8}$ b) $\frac{1}{6}$ c) $\frac{1}{4}$ d) $\frac{1}{2}$

8. **(Unicamp-SP)** Resolva o sistema abaixo:

$$\begin{cases} 2x + y + z + w = 11 \\ x + 2y + z + w = 12 \\ x + y + 2z + w = 13 \\ x + y + z + 2w = 14 \end{cases}$$

9. **(Udesc)** Considere a equação $\det \begin{bmatrix} \cos x & \operatorname{sen} x & 1 \\ \operatorname{sen} x & \operatorname{sen} x & 1 \\ 1 & \cos x & 1 \end{bmatrix} = -\frac{1}{2}$.

Determine o valor de cos x, para $x \in [0; \pi]$.

10. **(UFG-GO)** Um polígono pode ser representado por uma matriz $F_{2 \times n}$, onde n é o número de vértices e as coordenadas dos seus vértices são as colunas dessa matriz. Assim, a matriz $F_{2 \times 6} = \begin{bmatrix} 0 & 2 & 6 & 6 & 4 & 2 \\ 2 & 6 & 4 & -2 & -4 & -2 \end{bmatrix}$ representa o polígono da figura abaixo.

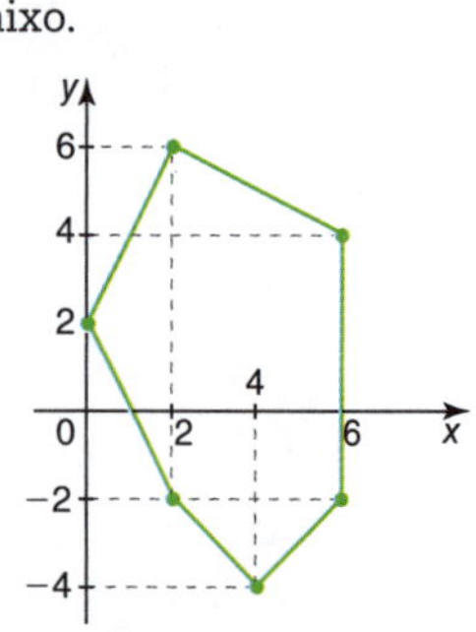

Em computação gráfica, utilizam-se transformações geométricas para realizar movimentos de figuras e objetos na tela do computador. Essas transformações geométricas podem ser representadas por uma matriz $T_{2 \times 2}$. Fazendo-se o produto das matrizes $T_{2 \times 2} \times F_{2 \times n}$, obtém-se uma matriz que representa a figura transformada, que pode ser uma simetria, translação, rotação ou dilatação da figura original. Considerando a transformação geométrica representada pela matriz $T_{2 \times 2} = \begin{bmatrix} \frac{3}{2} & 0 \\ 0 & -\frac{3}{2} \end{bmatrix}$, qual é a figura transformada do polígono representado pela matriz $F_{2 \times 6}$ dada anteriormente?

a)

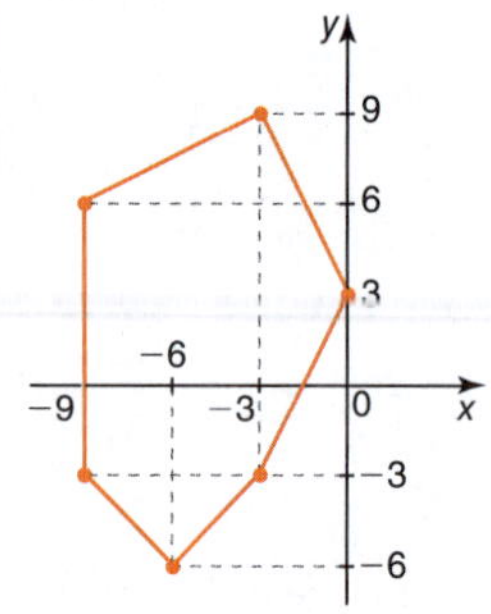

b)

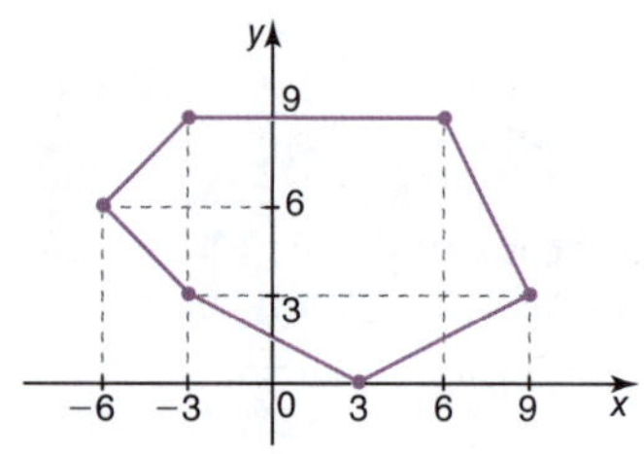

c)

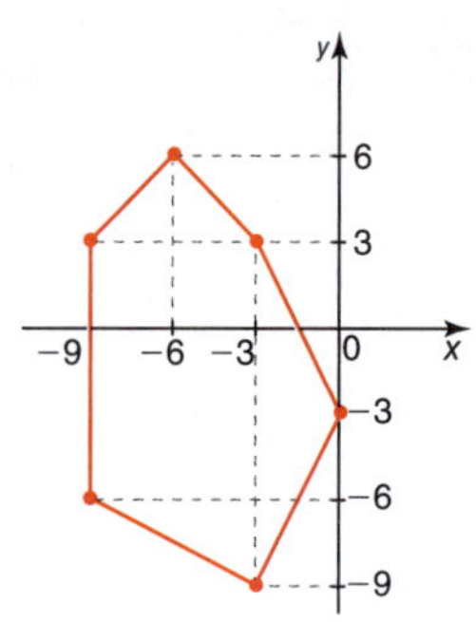

d)

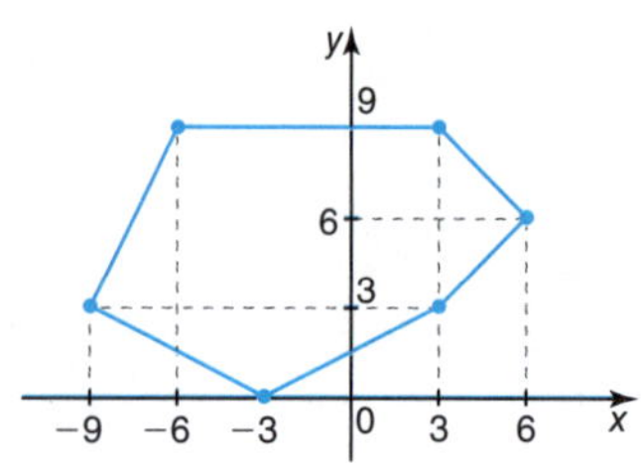

e)

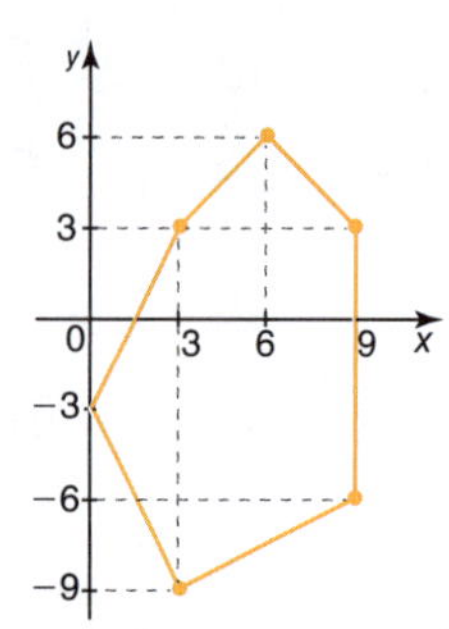

11. **(Fuvest-SP)** A tabela a seguir fornece os valores unitários do peso, volume e preço de três tipos de produtos A, B e C.

	A	B	C
Peso (kg)	2	3	5
Volume (L)	2	5	4
Preço (US$)	4	8	10

a) Calcule o valor total do peso, volume e preço do seguinte pedido de mercadorias:
A – 100 unidades
B – 200 unidades
C – 50 unidades

b) Calcule o número de unidades de cada um dos produtos A, B e C num despacho com os seguintes valores totais:

Peso	4.500 kg
Volume	5.300 L
Preço	10.000 US$

12. **(Unifor-CE)** Seja A uma matriz 2×2 tal que $3 \cdot A = A^2$. Se A é inversível, então o determinante de A é igual a:

a) 12
b) 9
c) 6
d) 3
e) $\frac{1}{3}$

13. **(Unioeste-PR)** Considere o sistema de equações lineares com três equações e três incógnitas a seguir.

$$\begin{cases} 2x + y - \frac{1}{2}z = \frac{1}{3} \\ x + 2y - z = \frac{2}{3} \\ 6x + 3y - \frac{3}{2}z = 1 \end{cases}$$

Podemos afirmar que tal sistema:

a) Não possui solução.
b) Possui uma única solução.
c) Tem como solução geral o conjunto $\{(a, b, a - b)$ com a e b pertencentes a $\mathbb{R}\}$.
d) É possível, mas possui número infinito de soluções.
e) Possui um número finito n de soluções, onde $n > 2$.

14. **(Unifesp)** Se $|A|$ denota o determinante da matriz A, e se $A = \begin{pmatrix} |A| & 1 \\ 2 & |A| \end{pmatrix}$, então:

a) $A = \begin{pmatrix} 0 & 1 \\ 2 & 0 \end{pmatrix}$.

b) $A = \begin{pmatrix} 2 & 1 \\ 2 & 2 \end{pmatrix}$, se $|A| < 0$.

c) $A = \begin{pmatrix} -1 & 1 \\ 2 & -1 \end{pmatrix}$, se $|A| > 0$.

d) $A = \begin{pmatrix} 2 & 1 \\ 2 & 2 \end{pmatrix}$ ou $A = \begin{pmatrix} -1 & 1 \\ 2 & -1 \end{pmatrix}$.

e) $A = \begin{pmatrix} -2 & 1 \\ 2 & -2 \end{pmatrix}$ ou $A = \begin{pmatrix} 1 & 1 \\ 2 & 1 \end{pmatrix}$.

15. **(Unicamp-SP)** Seja dado o sistema linear:

$$\begin{cases} -x_1 + 2x_2 = 2 \\ 2x_1 - x_2 = 2 \\ x_1 + x_2 = 2 \end{cases}$$

a) Mostre graficamente que esse sistema não tem solução. Justifique.

b) Para determinar uma solução aproximada de um sistema linear $Ax = b$ impossível, utiliza-se o método dos quadrados mínimos, que consiste em resolver o sistema $A^TAx = A^Tb$. Usando esse método, encontre uma solução aproximada para o sistema dado anteriormente. Lembre-se de que as linhas de M^T (a transposta da matriz M) são iguais às colunas de M.

16. **(Unicamp-SP)** Uma matriz real quadrada P é dita ortogonal se $P^T = P^{-1}$, ou seja, se sua transposta é igual à sua inversa.

a) Considere a matriz P a seguir. Determine os valores de a e b para que P seja ortogonal. (*Dica*: você pode usar o fato de que $P^{-1} \cdot P = I$, em que I é a matriz identidade.)

$$P = \begin{bmatrix} -\frac{1}{3} & -\frac{2}{3} & -\frac{2}{3} \\ -\frac{2}{3} & a & -\frac{1}{3} \\ -\frac{2}{3} & b & \frac{2}{3} \end{bmatrix}$$

b) Certa matriz A pode ser escrita na forma $A = QR$, sendo Q e R as matrizes a seguir. Sabendo-se que Q é ortogonal, determine a solução do sistema $Ax = b$, para o vetor b dado, sem obter explicitamente a matriz A. (*Dica*: Lembre-se de que $x = A^{-1}b$.)

$$Q = \begin{bmatrix} \frac{1}{2} & -\frac{1}{2} & -\frac{\sqrt{2}}{2} \\ \frac{1}{2} & -\frac{1}{2} & \frac{\sqrt{2}}{2} \\ \frac{\sqrt{2}}{2} & \frac{\sqrt{2}}{2} & 0 \end{bmatrix}, R = \begin{bmatrix} 2 & 0 & 0 \\ 0 & -2 & 0 \\ 0 & 0 & \sqrt{2} \end{bmatrix}, b = \begin{bmatrix} 6 \\ -2 \\ 0 \end{bmatrix}$$

Análise combinatória e Binômio de Newton

A Análise combinatória estuda métodos de contagem. Embora não se possa precisar a época em que surgiu nem seus idealizadores, é certo que a primeira obra impressa que apresenta problemas de Análise combinatória foi a *Summa de Arithmetica, geometria, proportione et proportionalita*, de Luca Pacioli, publicada em Veneza, no ano de 1494.

Princípio fundamental da contagem

Se os experimentos A e B podem apresentar m e n resultados distintos, respectivamente, então o número de resultados distintos que o experimento composto de A e B pode apresentar, nessa ordem, é dado pelo produto:

$$m \cdot n$$

Esse princípio pode ser generalizado para qualquer número finito de experimentos.

Princípio aditivo da contagem

- Sendo A e B conjuntos finitos, o número de elementos da união de A e B é dado por:

$$n(A \cup B) = n(A) + n(B) - n(A \cap B)$$

- Se A e B são conjuntos disjuntos, ou seja, se $n(A \cap B) = 0$, temos: $n(A \cup B) = n(A) + n(B)$

Fatorial de *n*

- Seja n um número natural, com $n \geq 2$. **Fatorial de *n***, que é representado por ***n*!**, é o produto dos números naturais consecutivos: $n, n - 1, n - 2, ..., 1$. Isto é:

$$n! = n \cdot (n - 1) \cdot (n - 2) \cdot ... \cdot 1$$

- Define-se: $0! = 1$ e $1! = 1$
- Propriedade fundamental dos fatoriais:

$$n! = n \cdot (n - 1)!, \forall n, \text{ com } n \in \mathbb{N}^*$$

Arranjo simples

- Dados os n elementos distintos do conjunto $I = \{a_1, a_2, a_3, ..., a_n\}$, chama-se **arranjo simples** de p elementos de I toda sequência formada por p elementos **distintos** de I, com $p \in \mathbb{N}^*$ e $p \leq n$.

$$A_{n,p} = \frac{n!}{(n - p)!}$$

Permutação simples

- Dados os n elementos distintos do conjunto $I = \{a_1, a_2, a_3, ..., a_n\}$, chama-se **permutação simples** dos n elementos de I todo arranjo simples desses n elementos, tomados n a n.

$$P_n = A_{n,n} = n!$$

- Considere n elementos, entre os quais o elemento a_1 comparece n_1 vezes, o elemento a_2 comparece n_2 vezes, ..., o elemento a_k comparece n_k vezes. O **número de permutações com elementos repetidos**, que indicamos por $P_n^{(n_1, n_2, n_3, ..., n_k)}$, é dado por:

$$P_n^{(n_1, n_2, n_3, ..., n_k)} = \frac{n!}{n_1! \cdot n_2! \cdot n_3! \cdot ... \cdot n_k!}$$

Combinação simples

Dados os n elementos distintos do conjunto $I = \{a_1, a_2, a_3, ..., a_n\}$, chama-se **combinação simples** de p elementos de I todo subconjunto de I formado por p elementos, com $\{n, p\} \subset \mathbb{N}$ e $p \leq n$.

$$C_{n,p} = \frac{A_{n,p}}{p!} = \frac{n!}{p!(n - p)!}$$

Binômio de Newton

- Para quaisquer números reais x e a e qualquer número natural n, temos:

$$(x + a)^n = \sum_{p=0}^{n} \binom{n}{p} x^{n-p} a^p =$$

$$= \binom{n}{0} x^n a^0 + \binom{n}{1} x^{n-1} a^1 + \binom{n}{2} x^{n-2} a^2 + ... + \binom{n}{p} x^{n-p} a^p +$$

$$+ ... + \binom{n}{n} x^0 a^n$$

- O **termo geral** do binômio de Newton é dado por:
  - $T = \binom{n}{p} x^p a^{n-p}$, segundo a ordem crescente dos expoentes de x;
  - $T = \binom{n}{p} x^{n-p} a^p$, segundo a ordem decrescente dos expoentes de x.

No Vestibular

1. **(Unioeste-PR)** Na intenção de formar números naturais compostos de três algarismos nos deparamos com a possibilidade de que os algarismos que compõem esse número podem ser ou não distintos. Se optarmos pela alternativa de compor esses números com algarismos que podem ser repetidos, teremos uma quantidade de números que chamaremos de A. Se optarmos pela formação de número de três algarismos, porém sem repeti-los, teremos uma quantidade de números que chamaremos de B. Com base nessas informações, é correto afirmar que:

   a) $A + B = 1.500$
   b) $A = 1.000$ e $B = 504$
   c) $A - B = 252$
   d) A é superior a B em 250 números.
   e) $A = B$

2. **(PUC-SP)** Com a palavra ALUNO:

   a) quantos anagramas podemos formar apresentando as consoantes em ordem alfabética, não necessariamente juntas?
   b) quantos anagramas podemos formar apresentando as vogais em ordem alfabética, não necessariamente juntas?

3. **(UFV-MG)** O número de combinações de n objetos tomados 3 a 3 é igual ao número de arranjos dos mesmos objetos tomados 2 a 2. O valor de $n^2 - n$ é:

   a) 30 b) 42 c) 56 d) 70

4. **(IME-RJ)** O coeficiente de x^2 no desenvolvimento de $(x^3 + 3x^2 + 3x + 1)^{12}$ é:

   a) 1.260
   b) 630
   c) 315
   d) 230
   e) 115

5. **(Vunesp)** Um certo tipo de código usa apenas dois símbolos, o número zero (0) e o número (1), e, considerando esses símbolos como letras, podem-se formar palavras. Por exemplo: 0, 01, 00, 001, 110 são algumas palavras de uma, duas e três letras desse código. O número máximo de palavras, com cinco letras ou menos, que podem ser formadas com esse código é:

   a) 120
   b) 62
   c) 78
   d) 20
   e) 10

6. **(Unifesp)** O corpo clínico de pediatria de certo hospital é composto por 12 profissionais, dos quais 3 são capacitados para atuação junto a crianças que apresentam necessidades educacionais especiais. Para fins de assessoria, deverá ser criada uma comissão de 3 profissionais, de tal maneira que 1 deles, pelo menos, tenha a capacitação referida. Quantas comissões distintas podem ser formadas nestas condições?

   a) 792
   b) 494
   c) 369
   d) 136
   e) 108

7. (Vunesp) Uma rede de supermercados fornece a seus clientes um cartão de crédito cuja identificação é formada por 3 letras distintas (dentre 26), seguidas de 4 algarismos distintos. Uma determinada cidade receberá os cartões que têm L como a terceira letra, o último algarismo zero e o penúltimo é 1. A quantidade de cartões distintos oferecidos por tal rede de supermercados para essa cidade é:

a) 33.600
b) 37.800
c) 43.200
d) 58.500
e) 67.600

8. (Fuvest-SP) Em uma classe de 9 alunos, todos se dão bem, com exceção de Andreia, que vive brigando com Manoel e Alberto.

Nessa classe, será constituída uma comissão de cinco alunos, com exigência de que cada membro se relacione bem com todos os outros.

Quantas comissões podem ser formadas?

a) 71
b) 75
c) 80
d) 83
e) 87

9. (Fuvest-SP) Uma lotação possui três bancos para passageiros, cada um com três lugares, e deve transportar os três membros da família Souza, o casal Lúcia e Mauro e mais quatro pessoas. Além disso,

- A família Souza quer ocupar um mesmo banco;
- Lúcia e Mauro querem sentar-se lado a lado.

Nessas condições, o número de maneiras distintas de dispor os nove passageiros na lotação é igual a:

a) 928
b) 1.152
c) 1.828
d) 2.412
e) 3.456

10. (Mackenzie-SP) O termo independente de x em

$\left[\left(x + \frac{1}{x}\right)\left(x - \frac{1}{x}\right)\right]^6$ é:

a) 20
b) −15
c) −20
d) 15
e) 200

11. (UFRRJ) Deseja-se formar comissões de 5 pessoas de um grupo de 5 homens e 6 mulheres. Quantas comissões poderão ser formadas se em cada uma haverá, no máximo, uma mulher?

12. (Mackenzie-SP) No desenvolvimento de $(2x - y)^5 (2x + y)^5$, a soma dos coeficientes numéricos vale:

a) 3
b) 9
c) 27
d) 81
e) 243

13. (Vunesp) Quatro amigos, Pedro, Luísa, João e Rita, vão ao cinema, sentando-se em lugares consecutivos na mesma fila. O número de maneiras que os quatro podem ficar dispostos de forma que Pedro e Luísa fiquem sempre juntos e João e Rita fiquem sempre juntos é:

a) 2
b) 4
c) 8
d) 16
e) 24

14. (Fatec-SP) A expressão $\frac{k! \cdot 2 - (k - 1)!\,(k - 1)}{(k + 1)!}$, $k \in \mathbb{N}$, é igual a:

a) $k - 1$
b) $\frac{k - 1}{k}$
c) $\frac{1}{k}$
d) k
e) $2k$

15. (Unir-RO) Uma solução da equação $x + y + z + t = 10$ é uma quádrupla de números (x_0, y_0, z_0, t_0) tal que $x_0 + y_0 + z_0 + t_0 = 10$. Por exemplo, (2, 3, 1, 4) é uma solução. Considerando apenas as soluções em que x_0, y_0, z_0, t_0 são inteiros não negativos, o número de soluções dessa equação é:

a) 628
b) 286
c) 420
d) 144
e) 980

16. (Fuvest-SP) Participam de um torneio de voleibol 20 times distribuídos em 4 chaves, de 5 times cada. Na 1ª fase do torneio, os times jogam entre si uma única vez (um único turno), todos contra todos em cada chave, sendo que os 2 melhores de cada chave passam para a 2ª fase. Na 2ª fase, os jogos são eliminatórios; depois de cada partida, apenas o vencedor permanece no torneio. Logo, o número de jogos necessários até que se apure o campeão do torneio é:

a) 39
b) 41
c) 43
d) 45
e) 47

17. (Ufla-MG) Um problema clássico em combinatória é calcular o número de maneiras de se colocar bolas iguais em caixas diferentes. Calcule o número de maneiras de se colocar 7 bolas iguais em 3 caixas diferentes, sem que nenhuma caixa fique vazia.

Sugestão:

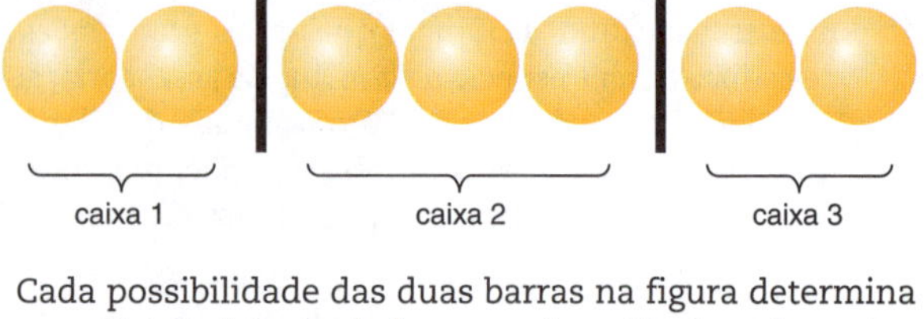

Cada possibilidade das duas barras na figura determina uma distribuição das bolas nas caixas. No desenho, caixa 1 com duas bolas, caixa 2 com três bolas e caixa 3 com duas bolas.

18. **(Uerj)** Para montar um sanduíche, os clientes de uma lanchonete podem escolher:

- um dentre os tipos de pão: calabresa, orégano e queijo;
- um dentre os tamanhos: pequeno e grande;
- de um até cinco dentre os tipos de recheio: sardinha, atum, queijo, presunto e salame, sem possibilidade de repetição de recheio num mesmo sanduíche.

Calcule:

a) quantos sanduíches distintos podem ser montados;

b) o número de sanduíches distintos que um cliente pode montar, se ele não gosta de orégano, só come sanduíches pequenos e deseja dois recheios em cada sanduíche.

19. **(UFC-CE)** Considere o conjunto de dígitos $C = \{1, 2, 3, 4, 5, 6\}$.

a) Dentre todos os números naturais com quatro dígitos que se pode formar utilizando somente elementos de C, calcule quantos são múltiplos de 4.

b) Dentre todos os números naturais com três dígitos distintos que se pode formar utilizando somente elementos de C, calcule quantos são múltiplos de 3.

20. **(Fuvest-SP)** Em uma certa comunidade, dois homens sempre se cumprimentam (na chegada) com um aperto de mão e se despedem (na saída) com outro aperto de mão. Um homem e uma mulher se cumprimentam com um aperto de mão, mas se despedem com um aceno. Duas mulheres só trocam acenos, tanto para se cumprimentarem quanto para se despedirem. Em uma comemoração, na qual 37 pessoas almoçaram juntas, todos se cumprimentaram e se despediram na forma descrita acima. Quantos dos presentes eram mulheres, sabendo que foram trocados 720 apertos de mão?

a) 16 b) 17 c) 18 d) 19 e) 20

21. **(UFBA)** Numa disputa entre três times, estabeleceu-se que:

- cada time jogaria duas vezes contra cada um dos outros dois, sendo uma partida no seu próprio estádio e outra no estádio do adversário;
- cada time ganharia dois pontos por vitória e um ponto por empate, não marcando ponto em caso de derrota;
- ao final das seis partidas, em que estará em disputa um total de 12 pontos, o campeão seria o time que acumulasse o maior número de pontos.

Um dos times somou três pontos nas partidas realizadas no próprio estádio, e outro empatou todas as partidas que disputou.

Sabendo que, ao final de todas as partidas, os times ficaram com pontuações distintas e que a pontuação do campeão foi um número par, determine o produto das pontuações finais dos três times.

22. **(Ufes)** Um avião possui 120 poltronas de passageiros distribuídas em 20 filas. Cada fila tem 3 poltronas do lado esquerdo (denotadas por A, B, C) e 3 do lado direito (denotadas por D, E, F), separadas pelo corredor do avião.

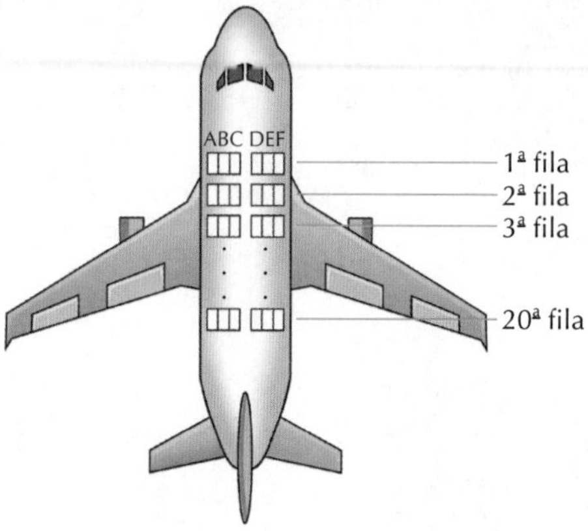

Considere que duas poltronas são vizinhas quando elas estão numa mesma fila e não há poltronas entre elas, exceto as de letras C e D, que não são consideradas vizinhas.

a) De quantas maneiras distintas dois passageiros podem sentar-se nesse avião, numa mesma fila?

b) De quantas maneiras distintas um casal pode sentar-se em poltronas vizinhas?

c) De quantas maneiras distintas dois casais podem sentar-se nesse avião, de modo que cada casal fique em poltronas vizinhas?

Obs.: A inversão de posição de um casal em poltronas vizinhas caracteriza maneiras disitintas.

23. **(UFRJ)** Seja P o conjunto de todos os pontos $(x, y, z) \in \mathbb{R}^3$ tais que $x \in \{0, 1, 2\}$, $y \in \{0, 1, 2\}$ e $z \in \{0, 1, 2\}$.

a) Quantos pontos possui o conjunto P?

b) Considere os subconjuntos de P formados por exatamente três pontos colineares. Determine, entre esses subconjuntos, quantos são formados apenas por pontos em que $z = 1$. Justifique sua resposta (faça um desenho, se preferir).

24. **(Unifesp)** As permutações das letras da palavra PROVA foram listadas em ordem alfabética, como se fossem palavras de cinco letras em um dicionário. A 73ª palavra nessa lista é:

a) PROVA.

b) VAPOR.

c) RAPOV.

d) ROVAP.

e) RAOPV.

Probabilidade

A probabilidade é um número relacionado à possibilidade de ocorrência de determinado evento.

Conceitos fundamentais

- Todo experimento cujo resultado depende exclusivamente de acaso é chamado de **experimento aleatório**.
- O conjunto de todos os resultados possíveis de um experimento aleatório é chamado de **espaço amostral** desse experimento. Qualquer subconjunto do espaço amostral é chamado de **evento** desse espaço.
- Um espaço amostral é **equiprovável** se as frequências relativas de seus elementos tendem a um mesmo valor, quando o número de experimentos aumenta indefinidamente.
- Sejam E um espaço amostral equiprovável, finito e não vazio, e A um evento de E. A probabilidade de ocorrer algum elemento de A é indicada por $P(A)$ e definida por:

$$P(A) = \frac{n(A)}{n(E)}$$

em que $n(A)$ e $n(E)$ indicam, respectivamente, o número de elementos de A e de E.

Eventos complementares

Seja E o espaço amostral de um experimento aleatório e seja A um evento de E. Chama-se **evento complementar de A**, que se indica por $\overline{A}$, o evento formado pelos elementos que pertencem a E e não pertencem a A.

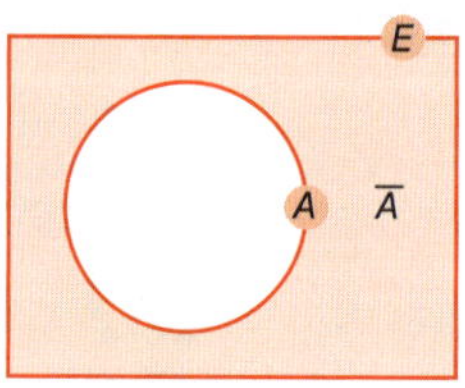

$$A \cup \overline{A} = E$$
$$A \cap \overline{A} = \varnothing$$

O círculo representa o evento A, e a região pintada representa o complementar de A.

Propriedades

Sendo E um espaço amostral finito e não vazio e sendo A um evento de E, temos as seguintes propriedades:

- $P(\varnothing) = 0$
- $P(E) = 1$
- $0 \leqslant P(A) \leqslant 1$
- $P(A) = 1 - P(\overline{A})$

Teorema da adição de probabilidades

- Considere dois eventos, A e B, de um espaço amostral equiprovável E, finito e não vazio.

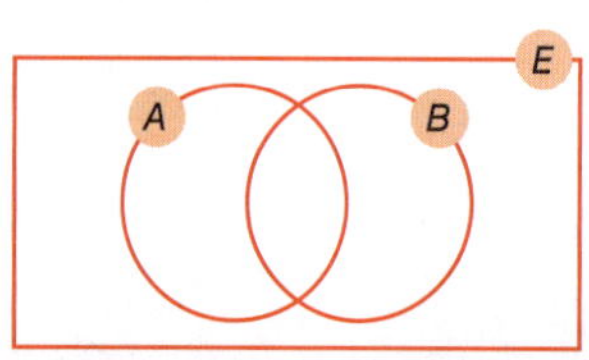

A probabilidade de ocorrência de A **ou** B é dada por:

$$P(A \cup B) = P(A) + P(B) - P(A \cap B)$$

- Dois eventos, A e B, são **mutuamente exclusivos** se, e somente se, $A \cap B = \varnothing$. Nesse caso, temos:

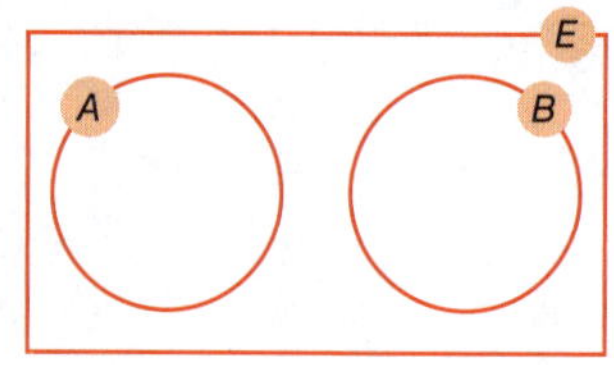

$$P(A \cup B) = P(A) + P(B)$$

Probabilidade condicional

- Considere um espaço amostral equiprovável E, finito e não vazio, A um evento não vazio de E e B um evento de E.

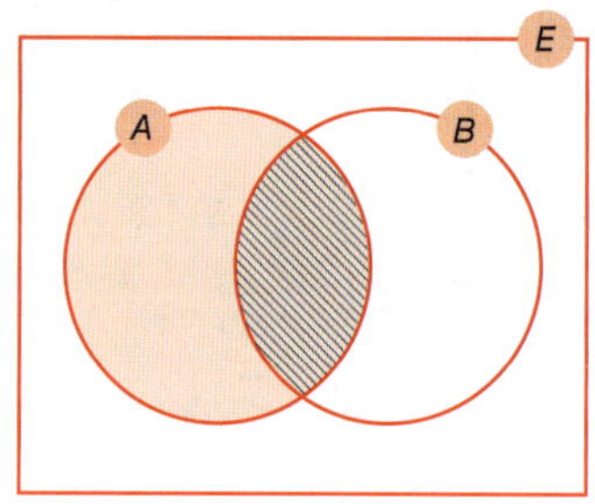

A probabilidade de ocorrer o evento B, dado que ocorreu o evento A, que indicamos por $P(B/A)$, é calculada por:

$$P(B/A) = \frac{n(A \cap B)}{n(A)} = \frac{P(A \cap B)}{P(A)}$$

- Sejam um espaço amostral E, finito e não vazio, e dois eventos A e B de E. Dizemos que A e B são eventos **independentes** se, e somente se:

$$P(B/A) = P(B) \quad \text{ou} \quad P(A/B) = P(A)$$

Teorema da multiplicação de probabilidades

Seja E um espaço amostral equiprovável, finito e não vazio. Se A e B são eventos de E, com $A \neq \varnothing$, a probabilidade de ocorrer A **e** B é dada por:

$$P(A \cap B) = P(A) \cdot P(B/A)$$

No Vestibular

1. **(UFPE)** Em uma pesquisa de opinião sobre o consumo dos produtos A, B e C constatou-se que: 30% dos entrevistados consomem A, 43% consomem B, 46% consomem C, 12% consomem A e B, 11% consomem A e C, 13% consomem B e C , 5% consomem A, B e C. Se escolhermos ao acaso um dentre os entrevistados, qual a probabilidade percentual de ele não consumir nenhum dos três produtos?

2. **(Ufla-MG)** Em um programa de auditório, utiliza-se uma roleta, como na figura.

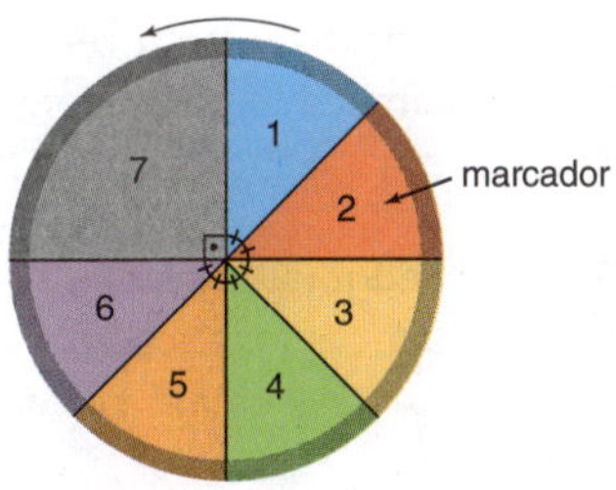

   a) A roleta é girada três vezes. Calcule a probabilidade de os números obtidos no primeiro giro, no segundo giro e no terceiro giro serem, respectivamente, 1, 2 e 3.

   b) A roleta é girada duas vezes. Calcule a probabilidade de a soma do número obtido no primeiro giro mais o número obtido no segundo giro ser menor que 13.

3. **(Unioeste-PR)** Uma universidade irá participar dos jogos Olímpicos Universitários com 140 acadêmicos distintos dos seguintes cursos: 80 de Matemática, 40 de Engenharia elétrica e 20 de Ciências da computação. Sorteando-se um acadêmico ao acaso, para representar a Universidade na solenidade de abertura destes jogos, qual a probabilidade de que ele pertença ao curso de Matemática ou de Engenharia elétrica?

   a) $\frac{4}{7}$

   b) $\frac{3}{7}$

   c) $\frac{8}{7}$

   d) $\frac{6}{7}$

   e) $\frac{5}{7}$

4. **(UFG-GO)** Segundo uma reportagem do jornal *O Popular* [Goiânia, 24 out. 2008, p. 19], no mês de setembro de 2008, 7,6% dos trabalhadores brasileiros estavam desempregados. Por faixa etária, 49,8% dos desempregados tinham entre 25 e 49 anos. Dentre os trabalhadores considerados na reportagem, escolhendo-se ao acaso, a probabilidade de ele estar desempregado e ter entre 25 e 49 anos é, aproximadamente, igual a:

   a) 0,038

   b) 0,065

   c) 0,153

   d) 0,385

   e) 0,655

5. **(UFPel-RS)** As corridas de cavalos começaram nas chamadas canchas retas e se constituem em grande atrativo para seus apreciadores, reunindo bom número de pessoas e sendo motivo de festa nos lugares em que se realizam.

Existem diferentes modalidades de apostas, entre elas a trifeta, que pode ser simples, combinada ou parcial. Se você pedir, no guichê, por exemplo, "trifeta simples 2-6-5", para acertar, é necessário que o cavalo de número 2 (dois) chegue em primeiro, o de número 6 (seis), em segundo e, é claro, o de número 5 (cinco), em terceiro.

Disponível em: <http://www.jcb.com.br>.
Acesso em: 18/7/2005.

Com base no texto e em seus conhecimentos, é correto afirmar que a probabilidade de um apostador acertar a "trifeta simples", num páreo de que participam 7 cavalos, é de:

a) 210

b) $\frac{3}{7}$

c) $\frac{1}{210}$

d) $\frac{1}{70}$

e) 70

f) I.R.

6. **(Unir-RO)** Lançando-se um dado com a forma de um dodecaedro regular, cujas faces são numeradas de 1 a 12, qual a probabilidade de um número primo "sair" na face superior?

a) $\frac{1}{2}$

b) $\frac{5}{12}$

c) $\frac{7}{12}$

d) $\frac{1}{3}$

e) $\frac{1}{4}$

7. **(Unifor-CE)** Seja a matriz $A = (a_{ij})_{3 \times 3}$ tal que $a_{ij} = \text{sen}\,\frac{5\pi}{i + j}$.

Escolhendo-se ao acaso um elemento de A, a probabilidade de que ele seja um número racional é:

a) $\frac{2}{9}$

b) $\frac{1}{3}$

c) $\frac{4}{9}$

d) $\frac{5}{9}$

e) $\frac{2}{3}$

8. **(Fuvest-SP)** Ao lançar um dado muitas vezes, uma pessoa percebeu que a face 6 saía com o dobro de frequência da face 1 e que as outras faces saíam com a mesma frequência esperada em um dado não viciado.

Qual a frequência da face 1?

a) $\frac{1}{3}$ d) $\frac{2}{9}$

b) $\frac{2}{3}$ e) $\frac{1}{12}$

c) $\frac{1}{9}$

9. **(PUC-RJ)** Em uma amostra de vinte peças, existem exatamente quatro defeituosas.

a) Calcule o número de maneiras diferentes de escolher, sem reposição, uma peça perfeita e uma defeituosa.

b) Calcule o número de maneiras diferentes de escolher, sem reposição, duas peças perfeitas.

c) Retirando-se, ao acaso, sem reposição, três peças, calcule a probabilidade de exatamente duas serem perfeitas. Escreva a resposta em forma de fração.

10. **(Fuvest-SP)** Dois dados cúbicos, não viciados, com faces numeradas de 1 a 6, serão lançados simultaneamente. A probabilidade de que sejam sorteados dois números consecutivos, cuja soma seja um número primo, é de:

a) $\frac{2}{9}$ d) $\frac{5}{9}$

b) $\frac{1}{3}$ e) $\frac{2}{3}$

c) $\frac{4}{9}$

11. **(UFV-MG)** Considere o conjunto $X = \{x \in \mathbb{N} \mid 15 \leq n \leq 64\}$. Escolhendo-se ao acaso um elemento de X, a probabilidade de ele ser múltiplo de 3 ou de 5 é:

a) 48% c) 44%

b) 46% d) 42%

12. **(Unicamp-SP)** Três candidatos, A, B e C, concorrem à presidência de um clube. Uma pesquisa apontou que, dos sócios entrevistados, 150 não pretendem votar. Dentre os entrevistados que estão dispostos a participar da eleição, 40 sócios votariam apenas no candidato A, 70 votariam apenas em B, e 100 votariam apenas em C. Além disso, 190 disseram que não votariam em A, 110 disseram que não votariam em C, e 10 sócios estão em dúvida e podem votar tanto em A como em C, mas não em B. Finalmente, a pesquisa revelou que 10 entrevistados votariam em qualquer candidato. Com base nesses dados, pergunta-se:

a) Quantos sócios entrevistados estão em dúvida entre votar em B ou em C, mas não votariam em A? Dentre os sócios consultados que pretendem participar da eleição, quantos não votariam em B?

b) Quantos sócios participaram da pesquisa? Suponha que a pesquisa represente fielmente as intenções de voto de todos os sócios do clube. Escolhendo um sócio ao acaso, qual a probabilidade de que ele vá participar da eleição mas ainda não tenha se decidido por um único candidato?

13. **(Uerj)** Um pesquisador possui em seu laboratório um recipiente contendo 100 exemplares de *Aedes aegypti*, cada um deles contaminado com apenas um dos tipos de vírus, de acordo com a seguinte tabela:

Tipo	Quantidade de mosquitos
DEN 1	30
DEN 2	60
DEN 3	10

Retirando-se simultaneamente e ao acaso dois mosquitos desse recipiente, a probabilidade de que pelo menos um esteja contaminado com o tipo DEN 3 equivale a:

a) $\frac{8}{81}$ b) $\frac{10}{99}$ c) $\frac{11}{100}$ d) $\frac{21}{110}$

14. **(UFSCar-SP)** A probabilidade de que um componente eletrônico não quebre é chamada de confiabilidade. Para aumentar a confiabilidade de um sistema, é comum que se instalem dois componentes eletrônicos de mesma confiabilidade em paralelo. Nesse caso, o sistema só irá falhar se ambos os componentes instalados falharem simultaneamente.

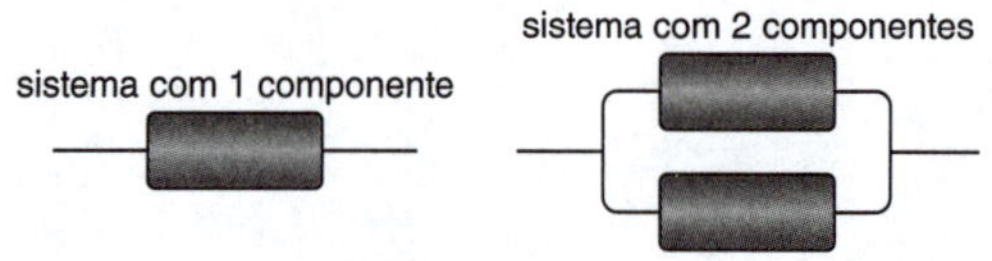

a) Calcule a probabilidade de que um sistema com dois componentes, cada um de confiabilidade 90%, não falhe.

b) Admita que um sistema com n componentes em paralelo só falhará se os n componentes falharem simultaneamente. Calcule o número de componentes em paralelo que devem ser instalados em um sistema para que ele tenha confiabilidade de 99,9%, sabendo-se que cada componente tem confiabilidade de 50%. (Adote $\log 2 = 0,3$.)

15. **(Unicamp-SP)** Dois prêmios iguais serão sorteados entre dez pessoas, sendo sete mulheres e três homens. Admitindo que uma pessoa não possa ganhar os dois prêmios, responda às perguntas abaixo.

a) De quantas maneiras diferentes os prêmios podem ser distribuídos entre as dez pessoas?

b) Qual é a probabilidade de que dois homens sejam premiados?

c) Qual é a probabilidade de que ao menos uma mulher receba um prêmio?

16. **(Unifesp)** Uma urna contém todas as cartelas, do tipo da figura I, totalmente preenchidas com os algarismos 1, 2, 3 e 4, de forma que cada linha (horizontal) contempla todos os quatro algarismos.

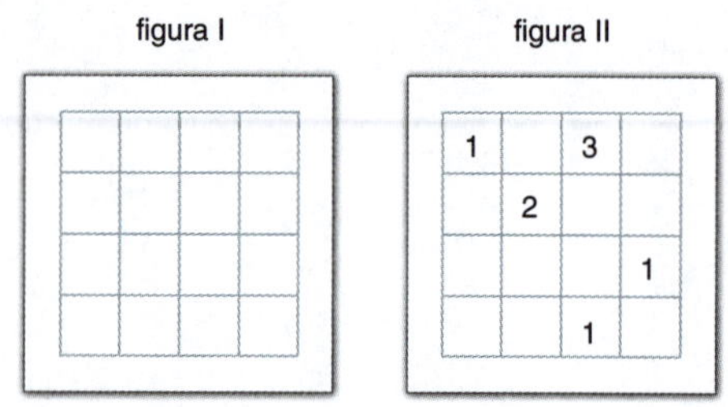

A probabilidade de se retirar dessa urna, aleatoriamente, uma cartela contemplando a configuração da figura II, com a exigência adicional de que cada coluna (vertical) e cada um dos subquadrados destacados contenham todos os algarismos (1, 2, 3 e 4), é:

a) $\frac{1}{12 \cdot 4! \cdot 4! \cdot 4!}$

b) $\frac{1}{16 \cdot 4! \cdot 4! \cdot 4!}$

c) $\frac{1}{18 \cdot 4! \cdot 4! \cdot 4!}$

d) $\frac{1}{20 \cdot 4! \cdot 4! \cdot 4!}$

e) $\frac{1}{4! \cdot 4! \cdot 4!}$

17. **(Vunesp)** Através de fotografia de satélites de certa região da floresta Amazônica, pesquisadores fizeram um levantamento das áreas de floresta (F) e não floresta (D) dessa região, nos anos de 2004 e de 2006. Com base nos dados levantados, os pesquisadores elaboraram a seguinte matriz de probabilidade:

$$\text{De}\ \begin{matrix} F \\ D \end{matrix} \overset{\text{Para}}{\overset{\begin{matrix} F & \ \ D \end{matrix}}{\begin{bmatrix} 0,95 & 0,05 \\ 0,02 & 0,98 \end{bmatrix}}}$$

Por exemplo, a probabilidade de uma área de não floresta no ano de 2004 continuar a ser área de não floresta no ano de 2006 era 0,98. Supondo que a matriz de probabilidades se manteve a mesma do ano de 2006 para o ano de 2008, determine a probabilidade de uma área de floresta dessa região em 2004 passar a ser de não floresta em 2008.

18. **(Fuvest-SP)** Uma urna contém 5 bolas brancas e 3 bolas pretas. Três bolas são retiradas ao acaso, sucessivamente, sem reposição. Determine:

a) A probabilidade de que tenham sido retiradas 2 bolas pretas e 1 bola branca.

b) A probabilidade de que tenham sido retiradas 2 bolas pretas e 1 bola branca, sabendo-se que as três bolas retiradas não são da mesma cor.

Geometria de posição

A Geometria de posição estuda as figuras geométricas quanto à sua forma e posição, não importando suas medidas.

Conceitos fundamentais

Ponto, reta e plano

- **Ponto, reta** e **plano** são conceitos primitivos da Geometria. Existem três postulados que garantem a existência desses conceitos, chamados de **postulados de existência**:
  - Existem infinitos pontos.
  - Existe reta: uma reta é um conjunto *r* de infinitos pontos, e há infinitos pontos que não pertencem a *r*.
  - Existe plano: um plano é um conjunto α de infinitos pontos, e há infinitos pontos que não pertencem a α.
- É usual nomear os pontos por letras maiúsculas: *A*, *B*, *C*, *D*, ...; as retas por letras minúsculas: *a*, *b*, *c*, *d*, ...; e os planos por letras gregas minúsculas: α (alfa), β (beta), γ (gama), ...
- Existem dois postulados que garantem a determinação da reta e do plano, chamados **postulados de determinação**:
  - Dois pontos distintos determinam uma reta.
  - Três pontos não colineares determinam um plano.
- **Espaço** é o conjunto de todos os pontos.

Segmentos de reta

- Dois pontos, *A* e *B*, de uma reta determinam um **segmento de reta**, indicado por $\overline{AB}$, de modo que:
  - Se $A \not\equiv B$, o segmento é formado por *A* e *B* e por todos os pontos que estão entre *A* e *B*.

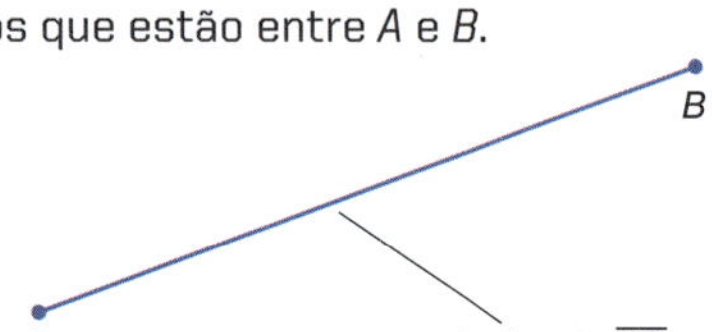

segmento de reta $\overline{AB}$

  - Se $A \equiv B$, temos o segmento formado apenas por um ponto, chamado de **segmento nulo**.
- **Segmentos consecutivos** são aqueles que têm um extremo em comum.

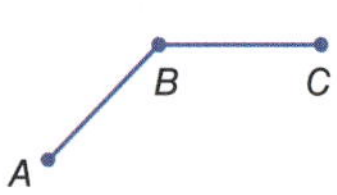

$\overline{AB}$ e $\overline{BC}$ são segmentos consecutivos.

- A **reta suporte** de um segmento é a reta que contém esse segmento.

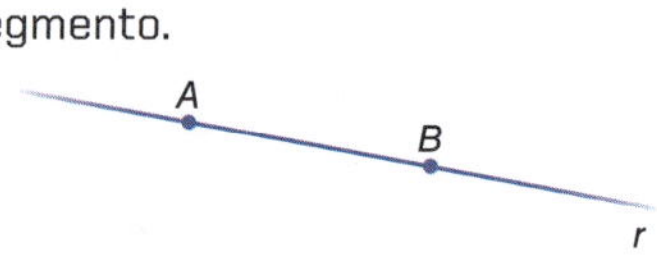

r é a reta suporte do segmento $\overline{AB}$.

Figuras geométricas

- **Figura geométrica** é qualquer conjunto não vazio de pontos.
- Uma figura geométrica é **plana** quando todos os seus pontos são coplanares, isto é, pertencem a um mesmo plano.
- Uma figura geométrica é **reversa** quando seus pontos não são coplanares.
- Uma figura geométrica formada por conjunto *U* de pontos é **convexa** se, e somente se, dois pontos quaisquer de *U* são extremos de um segmento de reta contido em *U*.

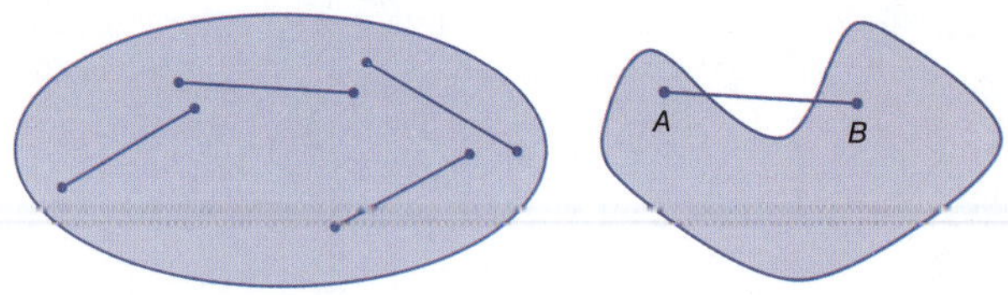

figura convexa — figura não convexa

Semirreta, semiplano e semiespaço

- Todo ponto *A* de uma reta *r* separa essa reta em dois conjuntos convexos distintos, *r'* e *r''*. A reunião do ponto *A* com cada um dos conjuntos *r'* ou *r''* é chamada **semirreta** de origem *A*. Se essa semirreta passa por um ponto *B*, distinto de *A*, podemos indicá-la por $\overrightarrow{AB}$.

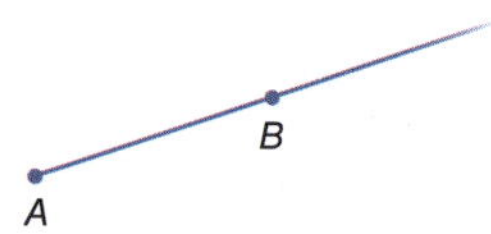

semirreta $\overrightarrow{AB}$

- Toda reta *r* de um plano α separa esse plano em dois conjuntos convexos e disjuntos, α' e α''. A reunião da reta *r* com cada um dos conjuntos α' ou α'' é chamada **semiplano** de origem *r*. Representamos por spl(*r*, *A*) um semiplano que tem origem *r* e passa por um ponto *A*, com $A \notin r$.

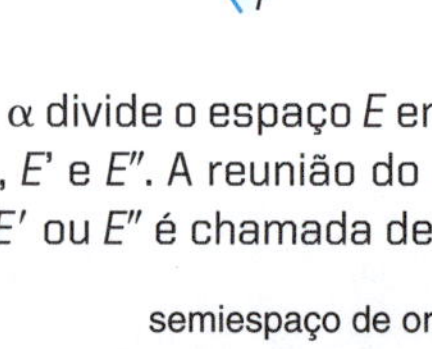

spl (*r*, *A*): semiplano de origem *r*

- Todo plano α divide o espaço *E* em dois conjuntos convexos e distintos, *E'* e *E''*. A reunião do plano α com cada um dos conjuntos *E'* ou *E''* é chamada de **semiespaço** de origem α.

semiespaço de origem α

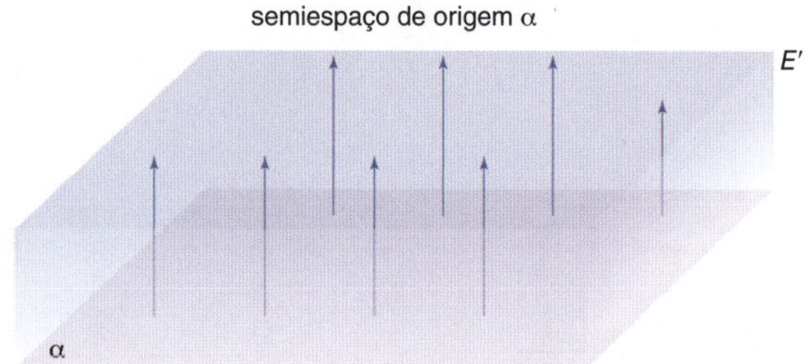

Posições relativas

Posições relativas entre duas retas

- Duas retas coplanares são **paralelas** se, e somente se, não têm ponto em comum ou têm todos os seus pontos em comum.

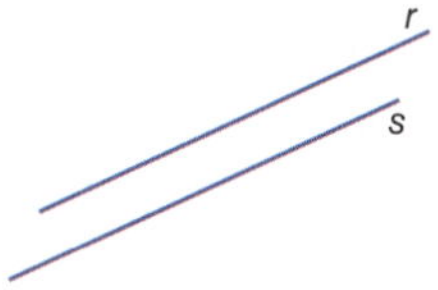

r e s são retas paralelas distintas ($r \parallel s$ e $r \not\equiv s$).

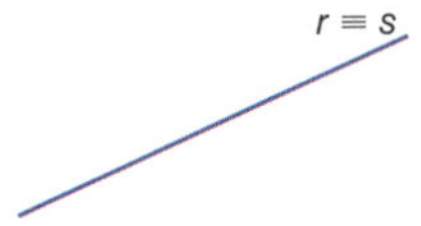

r e s são retas paralelas coincidentes ($r \parallel s$ e $r \equiv s$).

- Duas retas são **concorrentes** se, e somente se, têm um único ponto em comum.

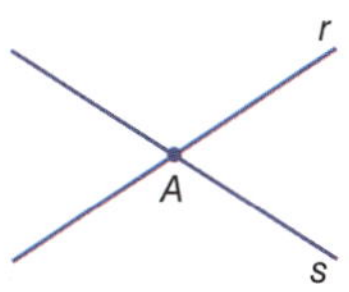

r e s são concorrentes.

- Duas retas são **reversas** se, e somente se, não são coplanares.

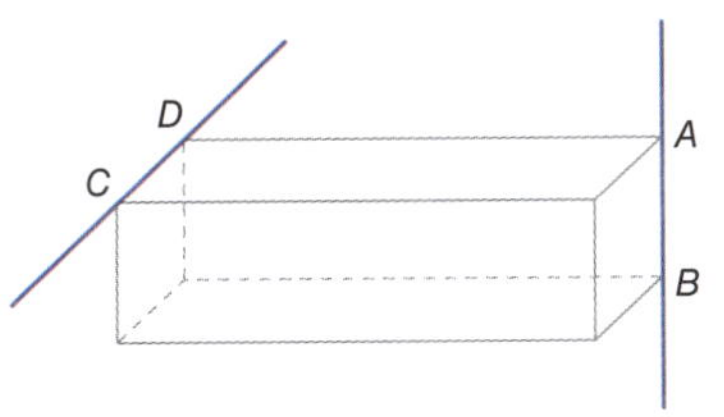

As retas $\overleftrightarrow{AB}$ e $\overleftrightarrow{CD}$ são reversas, pois não existe um plano que contenha ambas ao mesmo tempo.

Posições relativas entre reta e plano

- Uma reta r é **paralela** a um plano α se, e somente se, r e α não têm nenhum ponto em comum.
- Uma reta r é **secante** (ou concorrente) a um plano α se, e somente se, r e α têm um único ponto em comum.
- Uma reta r está **contida** em um plano α se, e somente se, todos os pontos de r pertencem ao plano α.

Posições relativas entre dois planos

- Dois planos são **paralelos** se, e somente se, não têm ponto em comum ou têm todos os seus pontos em comum.
- Dois planos são **secantes** se, e somente se, têm uma única reta em comum.

Determinação de um plano

Um plano pode ser determinado por meio de um dos quatro casos fundamentais:

- Três pontos não colineares determinam um plano.
- Uma reta e um ponto que não pertence a ela determinam um plano.
- Duas retas concorrentes determinam um plano.
- Duas retas paralelas distintas determinam um plano.

Perpendicularidade

- Duas retas r e s são **perpendiculares** se, e somente se, são concorrentes e determinam um ângulo reto entre si. Se r e s são perpendiculares, indicamos: $r \perp s$ ou $s \perp r$
- Duas retas r e s são **ortogonais** se, e somente se, são reversas e os ângulos formados por elas são retos. Se r e s são ortogonais, indicamos: $r \perp s$ ou $s \perp r$

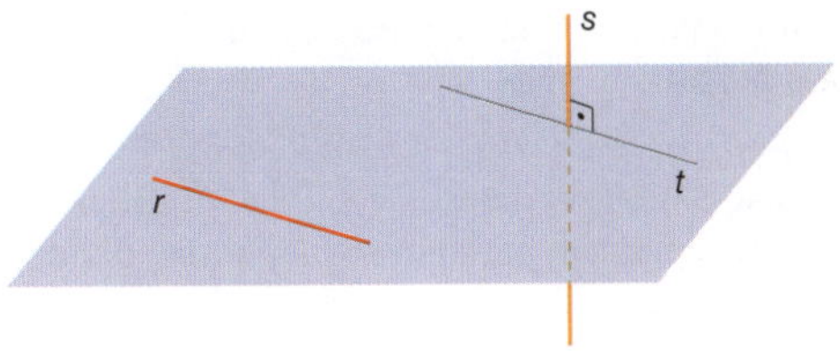

r e s são reversas, $t \parallel r$ e $t \perp s \Leftrightarrow r$ e s são ortogonais.

- Uma reta r secante a um plano α é **perpendicular** a α se, e somente se, todas as retas do plano α que concorrem com r são perpendiculares a r.

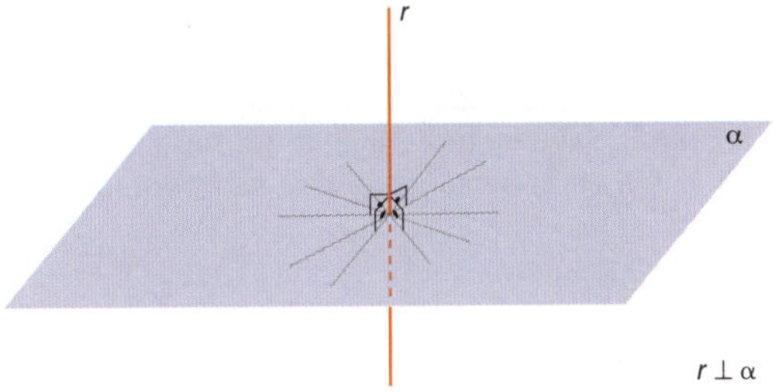

$r \perp \alpha$

- Dois planos são **perpendiculares** se, e somente se, um deles contém uma reta perpendicular ao outro.

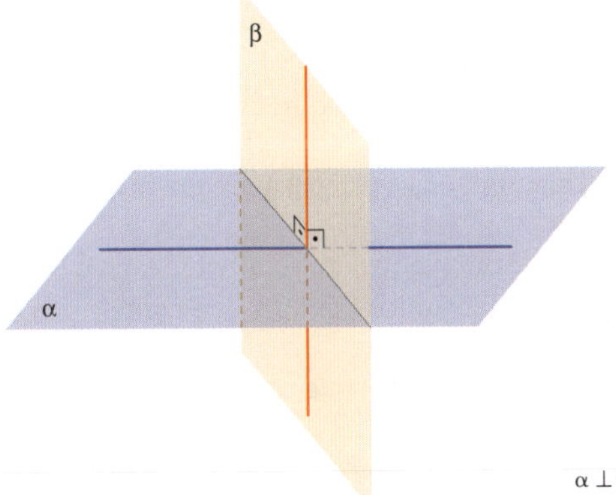

$\alpha \perp \beta$

Projeção ortogonal

- A **projeção ortogonal** de um ponto P sobre um plano α é o ponto P' tal que $P' \in \alpha$ e $\overline{PP'} \perp \alpha$.

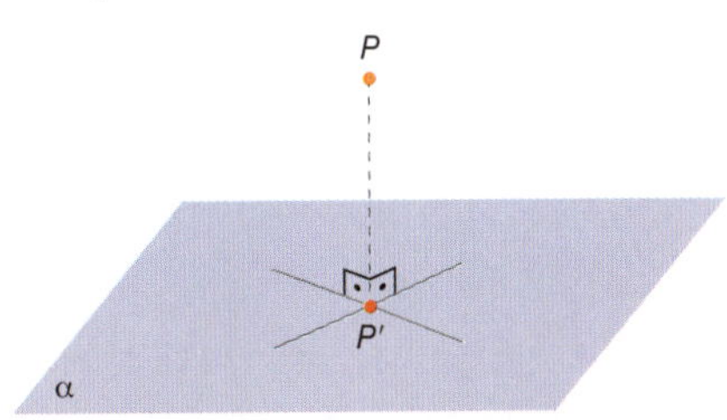

- A **projeção ortogonal** de uma figura geométrica sobre um plano é o conjunto das projeções ortogonais de todos os pontos da figura sobre esse plano.

No Vestibular

1. **(Unicamp-SP)** É comum encontrarmos mesas com 4 pernas que, mesmo apoiadas em um piso plano, balançam e nos obrigam a colocar um calço em uma das pernas se a quisermos firme. Explique, usando argumentos de Geometria, por que isso não acontece com uma mesa de 3 pernas.

2. **(Fuvest-SP)** Os segmentos $\overline{VA}$, $\overline{VB}$ e $\overline{VC}$ são arestas de um cubo. Um plano α, paralelo ao plano ABC, divide esse cubo em duas partes iguais. A intersecção do plano α com o cubo é um:
   a) triângulo.
   b) quadrado.
   c) retângulo.
   d) pentágono.
   e) hexágono.

3. **(Fuvest-SP)** São dados cinco pontos não coplanares A, B, C, D, E. Sabe-se que $ABCD$ é um retângulo, $\overleftrightarrow{AE} \perp \overleftrightarrow{AB}$ e $\overleftrightarrow{AE} \perp \overleftrightarrow{AD}$. Pode-se concluir que são perpendiculares as retas:
   a) $\overleftrightarrow{EA}$ e $\overleftrightarrow{EB}$
   b) $\overleftrightarrow{EC}$ e $\overleftrightarrow{CA}$
   c) $\overleftrightarrow{EB}$ e $\overleftrightarrow{BA}$
   d) $\overleftrightarrow{EA}$ e $\overleftrightarrow{AC}$
   e) $\overleftrightarrow{AC}$ e $\overleftrightarrow{BE}$

4. **(Fuvest-SP)** Dados um plano α e uma reta r, podemos afirmar que:
   a) Existe um plano β que contém r e é perpendicular a α.
   b) Existe um único plano β que contém r e é perpendicular a α.
   c) Existe um plano β que contém r e é paralelo a α.
   d) Existe um único plano β que contém r e é paralelo a α.
   e) Qualquer plano β que contém r intercepta o plano α.

5. **(Fuvest-SP)** Sejam r e s duas retas distintas. Pode-se afirmar que sempre:
   a) Existe uma reta perpendicular a r e a s.
   b) r e s determinam um único plano.
   c) Existe um plano que contém s e não intercepta r.
   d) Existe uma reta que é paralela a r e a s.
   e) Existe um plano que contém r e um único ponto de s.

6. **(Fuvest-SP)** Sejam π' e π'' as faces de um ângulo diedro de 45° e P um ponto interior a esse diedro. Sejam P' e P'' as projeções ortogonais de P sobre π' e π'', respectivamente. Então, a medida, em graus, do ângulo $P'PP''$ é:

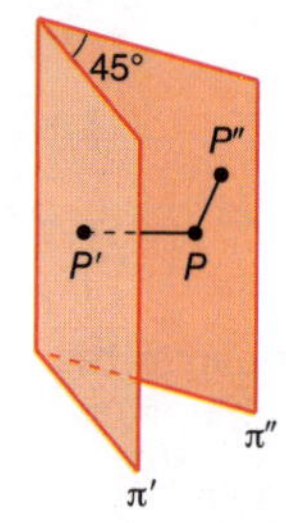

   a) 30
   b) 45
   c) 60
   d) 90
   e) 135

7. **(Fuvest-SP)** O quadrado $ABCD$ é a face de um cubo e I é o centro da face oposta. Sendo α o ângulo entre os planos ABI e CDI, calcule $\text{tg}\,\frac{\alpha}{2}$.
   a) $\frac{1}{2}$
   b) 2
   c) $\frac{1}{3}$
   d) 4
   e) $\frac{1}{4}$

8. **(UFSCar-SP)** Considere um plano a e um ponto P qualquer do espaço. Se por P traçarmos a reta perpendicular a a, a intersecção dessa reta com a é um ponto chamado projeção ortogonal do ponto P sobre a. No caso de uma figura F do espaço, a projeção ortogonal de F sobre a é definida pelo conjunto das projeções ortogonais de seus pontos.
   Com relação a um plano a qualquer fixado, pode-se dizer que:
   a) A projeção ortogonal de um segmento de reta pode resultar numa semirreta.
   b) A projeção ortogonal de uma reta sempre resulta numa reta.
   c) A projeção ortogonal de uma parábola pode resultar num segmento de reta.
   d) A projeção ortogonal de um triângulo pode resultar num quadrilátero.
   e) A projeção ortogonal de uma circunferência pode resultar num segmento de reta.

Geometria métrica: poliedros

Os poliedros são blocos maciços com a superfície formada por polígonos; por exemplo, cubos e pirâmides.

Ângulos e distâncias

- Seja r uma reta secante a um plano α, e não perpendicular a α, e r' a projeção ortogonal de r sobre α. Os ângulos formados pela reta r e pelo plano α são os ângulos formados por r e r'.

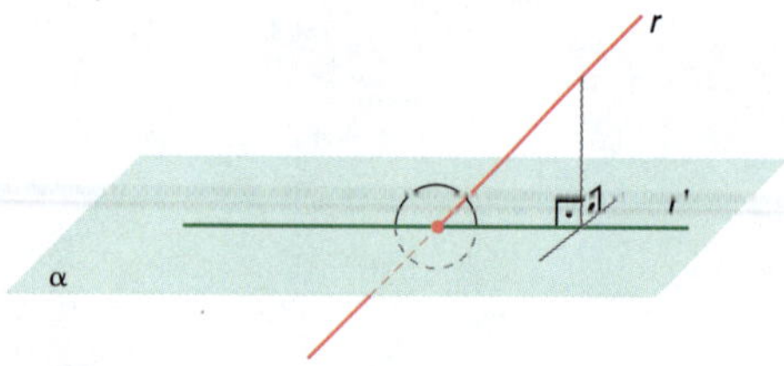

- Sejam α e β dois planos secantes e t a reta comum a esses planos. Os ângulos formados por α e β são os ângulos formados por duas retas r e s, perpendiculares a t, com $r \subset \alpha$ e $s \subset \beta$.

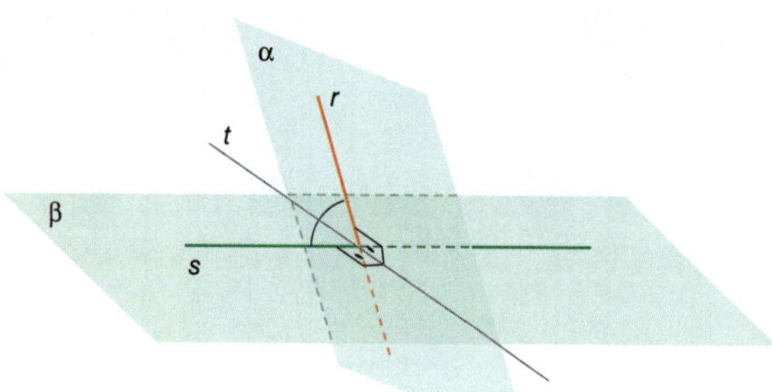

r e *s* concorrentes

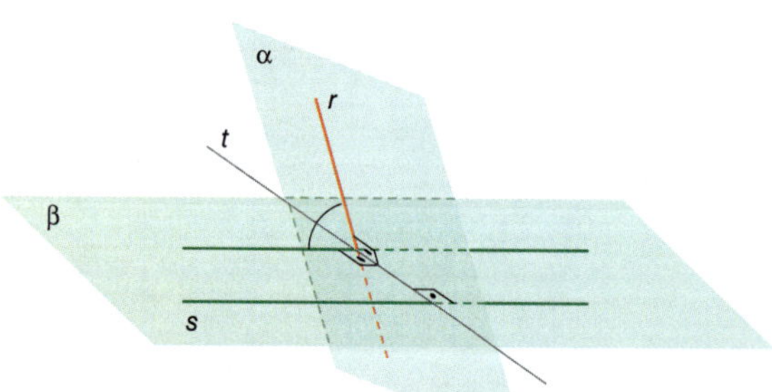

r e *s* reversas

- Um ângulo formado por dois semiplanos α e β de mesma origem r é chamado de **ângulo diedro** (ou simplesmente **diedro**) de arestas r e faces α e β.

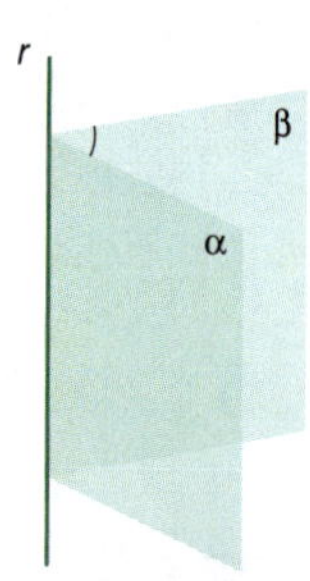

- A **distância** entre duas figuras geométricas F_1 e F_2 é a medida do menor segmento de reta que tem um extremo em F_1 e o outro extremo em F_2.

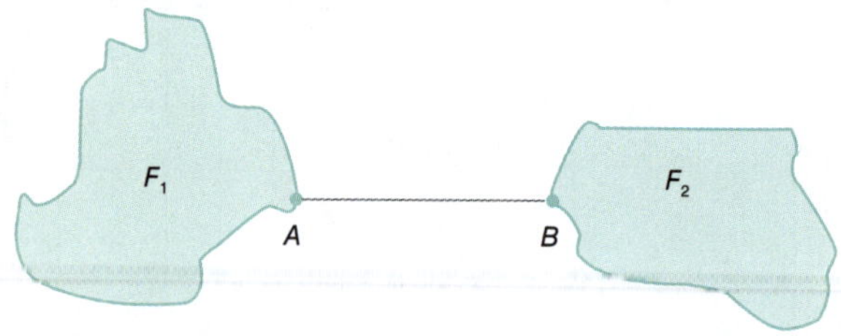

Poliedro

- Seja uma superfície S formada por n polígonos, com $n \geqslant 4$, tal que:
  - não há dois polígonos adjacentes contidos em um mesmo plano;
  - cada lado de qualquer polígono é lado de dois e apenas dois deles.

  A superfície S separa o espaço em duas regiões que não têm ponto em comum: a região I, limitada por S, e a região E, ilimitada. A reunião da superfície S com a região limitada I é chamada de **poliedro**. A superfície S é a superfície do poliedro, e as regiões I e E são o interior e o exterior do poliedro, respectivamente.

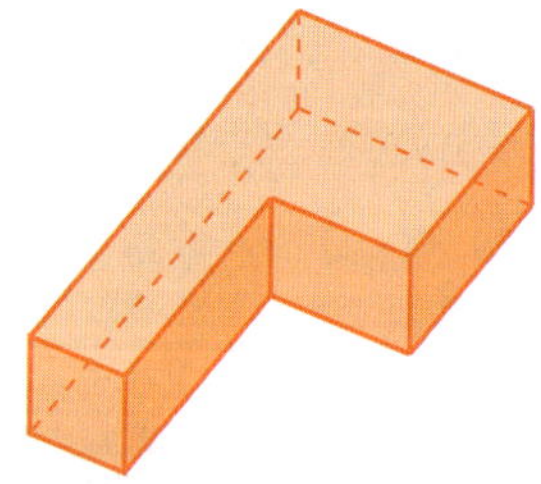

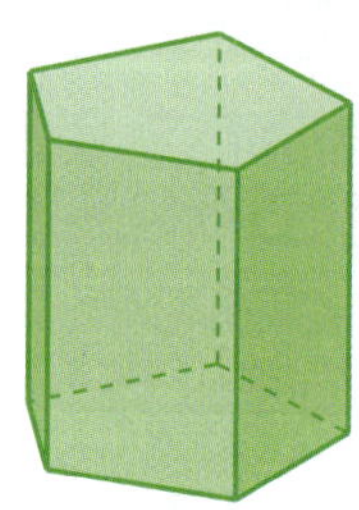

- Cada polígono que compõe a superfície do poliedro é chamado de **face** do poliedro.
- Cada lado de uma face qualquer do poliedro é chamado de **aresta** do poliedro.
- Cada vértice de uma face qualquer do poliedro é chamado de **vértice** do poliedro.

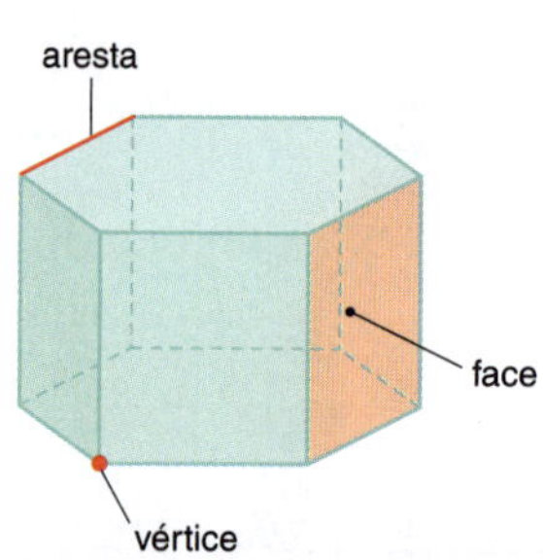

› Os poliedros são nomeados conforme o número de faces. Por exemplo:

Número de faces	Nome do poliedro
4	tetraedro
5	pentaedro
6	hexaedro
7	heptaedro
8	octaedro
9	eneaedro
10	decaedro
11	undecaedro
12	dodecaedro

Número de faces	Nome do poliedro
13	tridecaedro
14	tetradecaedro
15	pentadecaedro
16	hexadecaedro
17	heptadecaedro
18	octadecaedro
19	eneadecaedro
20	icosaedro

Poliedro convexo

› Um poliedro é **convexo** quando o plano que contém qualquer uma de suas faces deixa as outras faces contidas em um mesmo semiespaço.

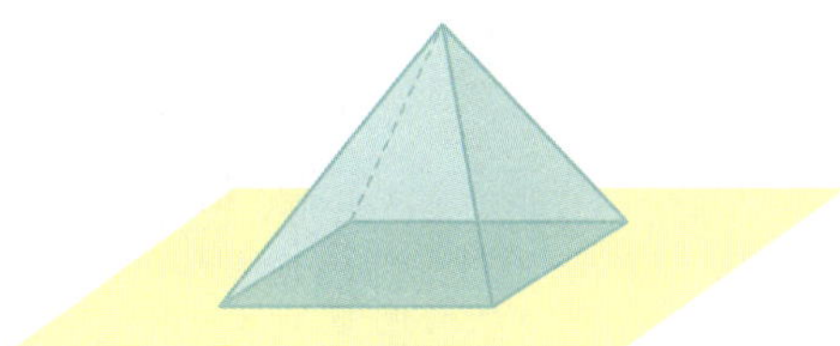

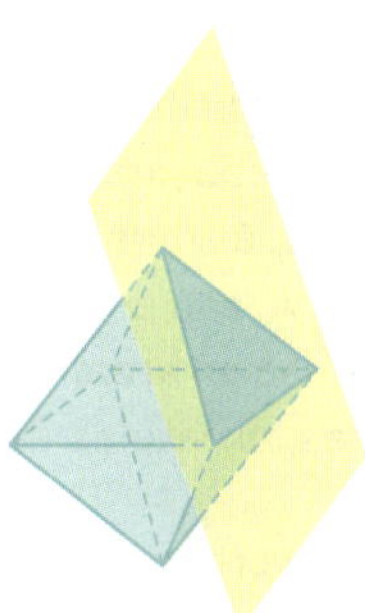

› Em todo poliedro convexo vale a **relação de Euler**:

$$V - A + F = 2$$

em que V, A e F representam os números de vértices, arestas e faces do poliedro, respectivamente.

Poliedro regular

› Considere um polígono convexo contido em um plano α e um ponto O que não pertence a α. Chama-se **ângulo poliédrico** convexo a reunião das semirretas de origem O que passam por qualquer ponto desse polígono.

› Um poliedro convexo é **regular** se, e somente se, são obedecidas as condições:

- todas as suas faces são polígonos regulares congruentes entre si;
- todos os seus ângulos poliédricos são congruentes entre si.

› Existem exatamente cinco classes de poliedros regulares:

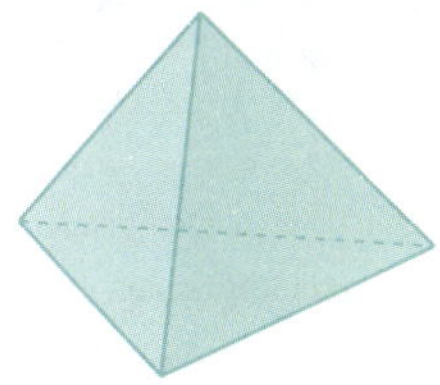

tetraedro regular

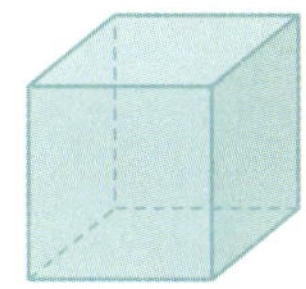

cubo

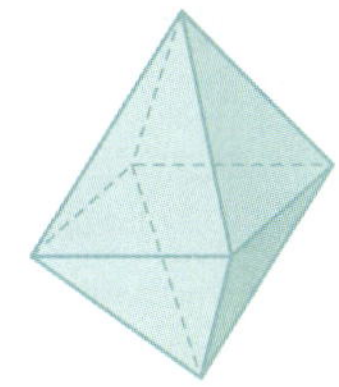

octaedro regular

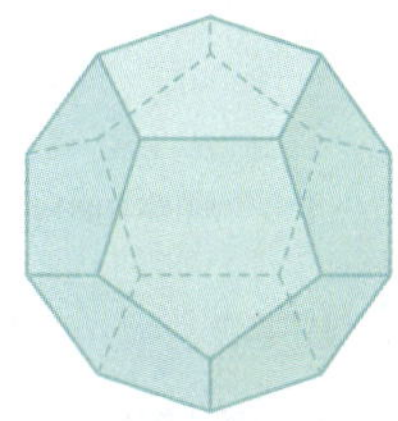

dodecaedro regular

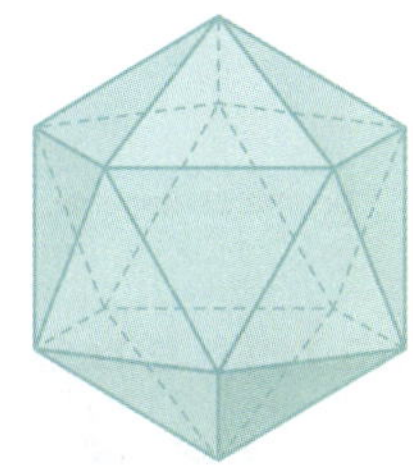

icosaedro regular

Prisma

› Sejam dois planos paralelos e distintos, α e β, uma reta r secante a esses planos e um polígono convexo $A_1A_2A_3...A_n$ contido em α. Consideremos todos os segmentos de retas paralelos a r, de modo que cada um deles tenha um extremo pertencente ao polígono e o outro extremo pertencente a β.

A reunião de todos esses segmentos de reta é um poliedro chamado prisma convexo limitado ou, simplesmente, **prisma**.

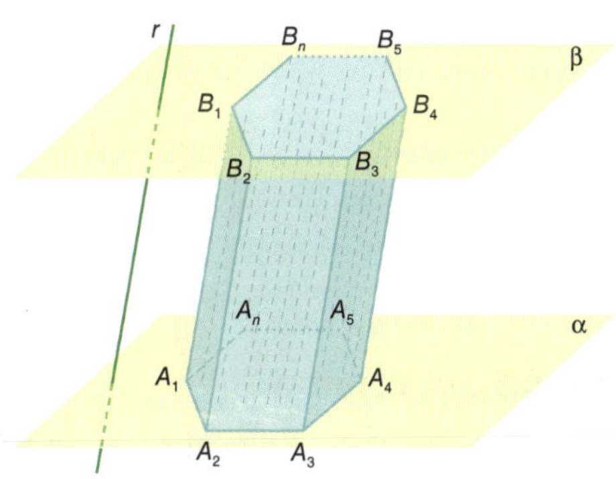

› Observando o prisma acima, temos:

- Os polígonos $A_1A_2A_3...A_n$ e $B_1B_2B_3...B_n$, contidos nos planos α e β, são as **bases** do prisma;
- As demais faces, exceto as bases, são as **faces laterais** do prisma;
- Os vértices das faces são os **vértices** do prisma;
- Os lados das bases são as **arestas das bases** do prisma;
- As demais arestas, exceto as das bases, são as **arestas laterais** do prisma;
- A distância entre os planos das bases é a **altura** do prisma;
- Todo segmento de reta cujos extremos são vértices que não pertencem a uma mesma face do prisma é a **diagonal do prisma**; por exemplo, $\overline{B_1A_4}$.

› Um prisma é classificado de acordo com o número de arestas de sua base.

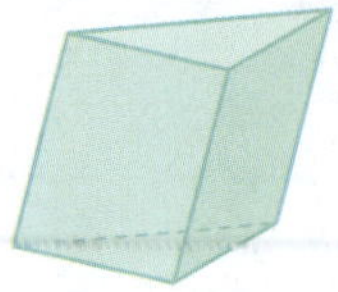

prisma triangular

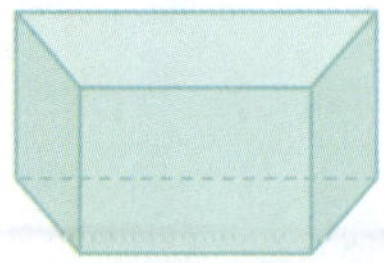

prisma quadrangular

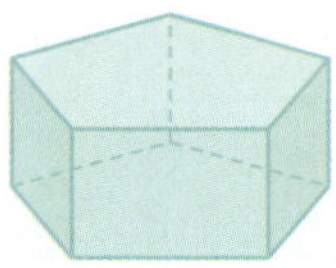

prisma pentagonal

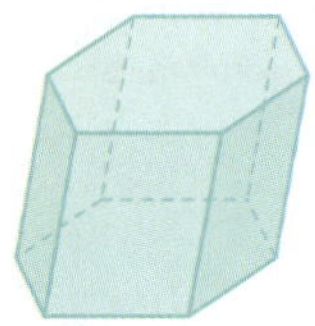

prisma hexagonal

Prisma reto e prisma oblíquo

› Um prisma é **reto** se, e somente se, suas arestas laterais são perpendiculares aos planos das bases.

› Um prisma não reto é chamado de prisma **oblíquo**.

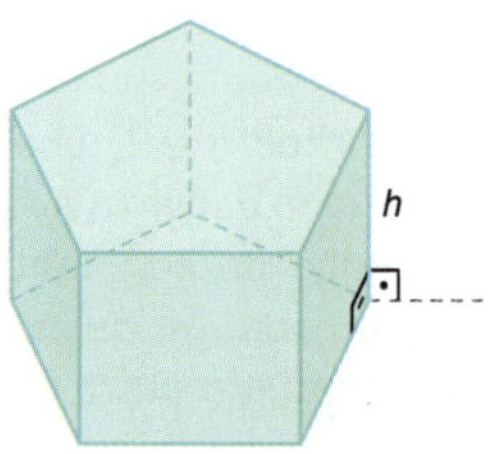

prisma pentagonal reto

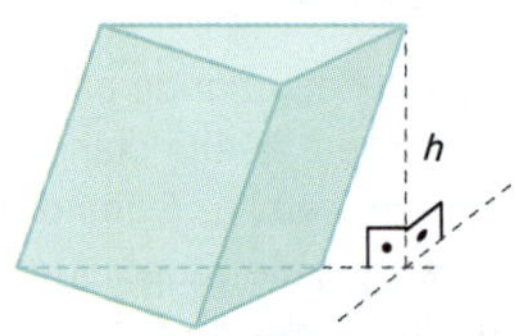

prisma triangular oblíquo

Prisma regular

Um prisma é **regular** se, e somente se, é reto e suas bases são polígonos regulares.

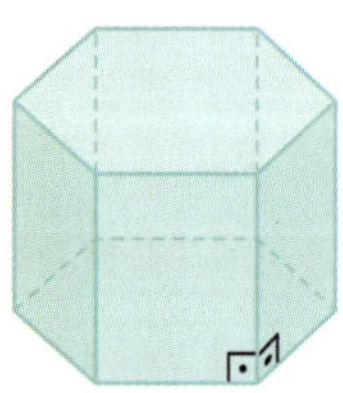

Volume de um prisma

O volume V de um prisma é o produto da área B de sua base por sua altura h:

$$V = B \cdot h$$

Paralelepípedo

› **Paralelepípedo** é todo prisma cujas bases são paralelogramos.

› Um paralelepípedo é **reto** se suas arestas laterais são perpendiculares às bases. Se um paralelepípedo não é reto, ele é **oblíquo**.

› Todo prisma reto cujas bases são retângulos é chamado de **paralelepípedo reto-retângulo**.

› Um paralelepípedo reto-retângulo cujas faces são todas quadradas é chamado de **cubo**.

› Seja um paralelepípedo reto-retângulo de dimensões a, b e c. Sua diagonal de medida D, sua área total A_T e seu volume V são dados por:

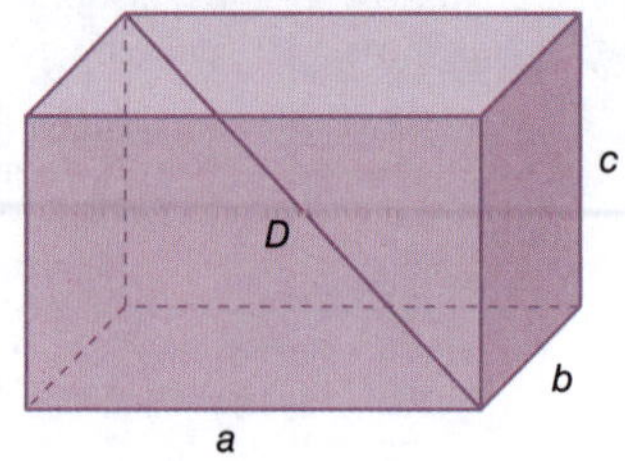

$$D = \sqrt{a^2 + b^2 + c^2}$$
$$A_T = 2(ab + ac + bc)$$
$$V = a \cdot b \cdot c$$

Pirâmide

› Sejam um polígono convexo $A_1A_2A_3...A_n$ contido em um plano α e um ponto V, não pertencente a α. Consideremos todos os segmentos de reta que possuem um extremo pertencente ao polígono e o outro extremo em V.

A reunião de todos esses segmentos de reta é um poliedro chamado pirâmide convexa limitada ou, simplesmente, **pirâmide**.

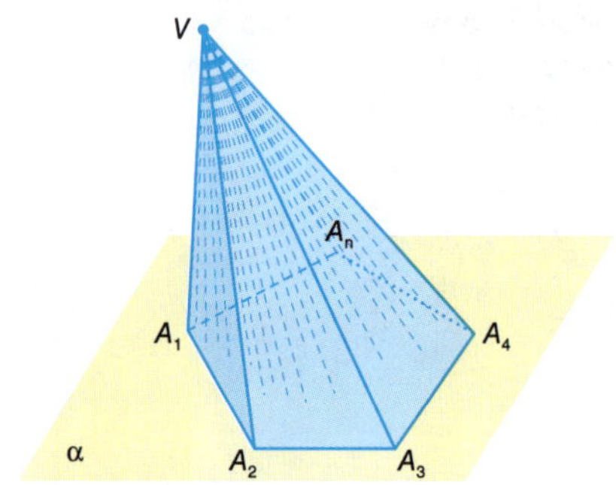

› Observando a pirâmide acima, temos:

- O ponto V é o **vértice** da pirâmide;
- O polígono $A_1A_2A_3...A_n$ é a **base** da pirâmide;
- Os pontos A_1, A_2, ..., A_n são os **vértices da base**;
- Os lados da base são as **arestas da base**;
- As demais arestas, exceto as da base, são as **arestas laterais**;
- A distância entre o vértice V e o plano da base é a **altura** da pirâmide.

› Uma pirâmide é classificada de acordo com o número de arestas da base.

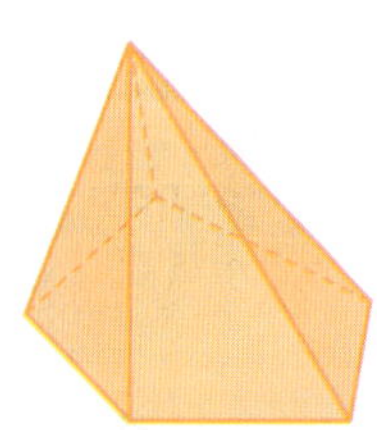

pirâmide pentagonal

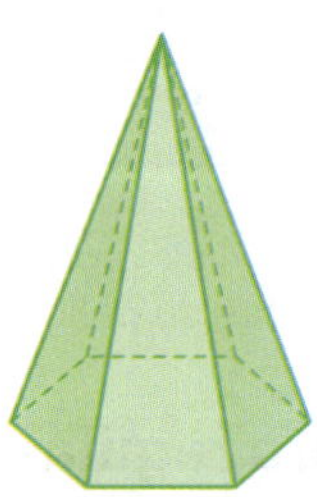

pirâmide hexagonal

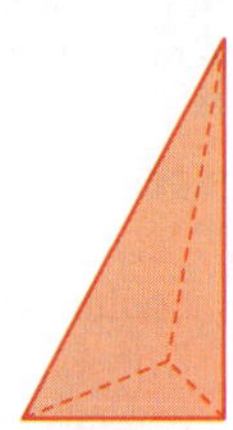

pirâmide triangular

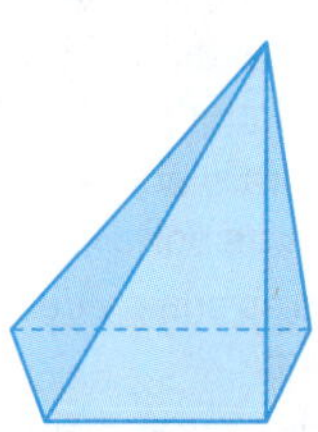

pirâmide quadrangular

- Uma pirâmide é **regular** se, e somente se, sua base é um polígono regular e a projeção ortogonal de seu vértice sobre o plano da base é o centro dessa base.

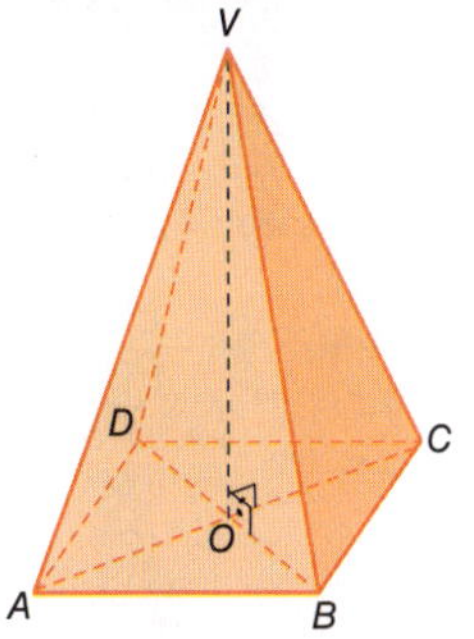

Apótemas em uma pirâmide

Considere uma pirâmide regular e o ponto médio M de qualquer um dos lados de sua base.

- O segmento de reta que tem um extremo em M e o outro no vértice da pirâmide é chamado de **apótema da pirâmide**.
- O segmento de reta que tem um extremo em M e o outro no centro O da base é chamado de **apótema da base**.

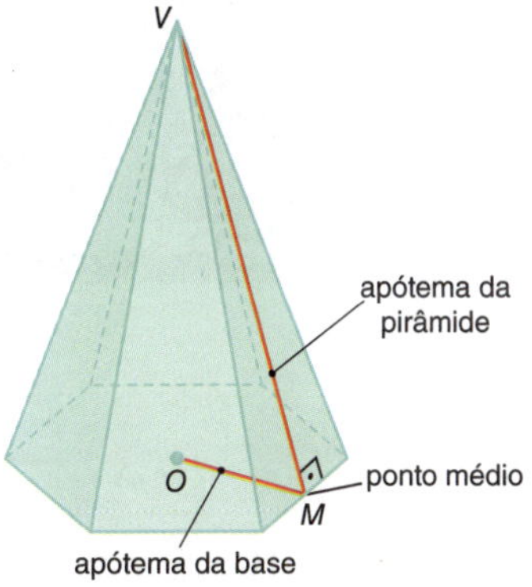

O teorema de Pitágoras e a pirâmide regular

Em uma pirâmide regular, sejam: H a altura; n a medida do apótema da pirâmide; r a medida do apótema da base; b a medida de uma aresta da base; L a medida de uma aresta lateral; R o raio da circunferência circunscrita à base.

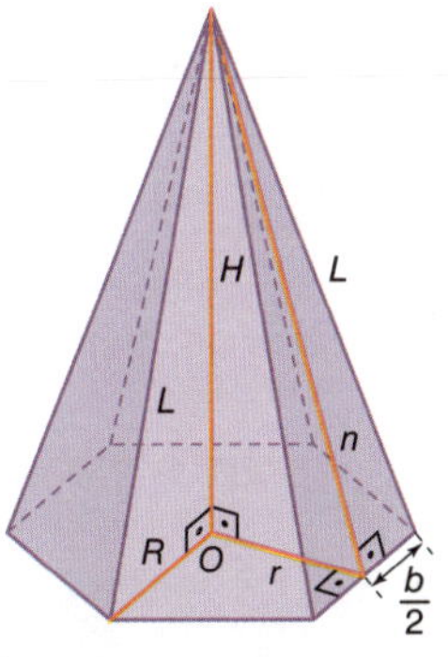

Pelo teorema de Pitágoras, temos:

$$H^2 + r^2 = n^2$$
$$n^2 + \left(\frac{b}{2}\right)^2 = L^2$$
$$H^2 + R^2 = L^2$$

Volume de uma pirâmide

- O volume V de uma pirâmide é igual a $\frac{1}{3}$ do produto da área B de sua base por sua altura H:

$$V = \frac{1}{3} \cdot B \cdot H$$

- Duas pirâmides de mesma altura e bases equivalentes (de mesma área) têm volumes iguais.

Semelhança de pirâmides

- Considere uma pirâmide P seccionada por um plano paralelo à sua base. Esse plano separa a pirâmide em dois sólidos: um **tronco de pirâmide** e uma pirâmide P', semelhante à pirâmide inicial P.

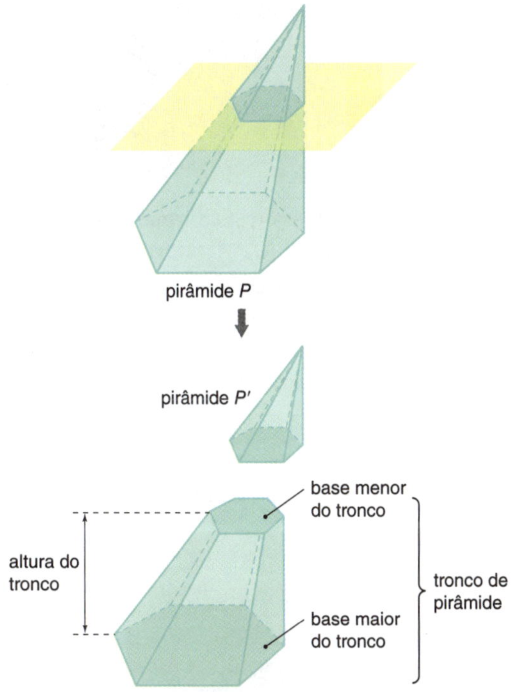

- Se um plano secciona uma pirâmide P, de altura D e área da base B, a uma distância d do vértice tal que a secção transversal tenha área b, então:

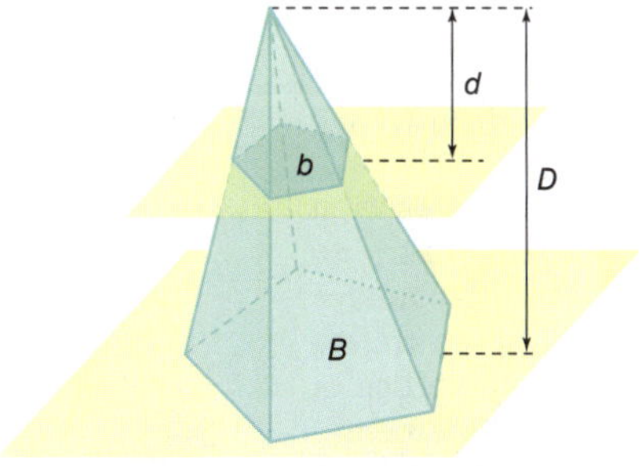

$$\frac{b}{B} = \left(\frac{d}{D}\right)^2$$

- Além disso, a razão entre os volumes $V_{P'}$ e V_P das pirâmides semelhantes P' e P, respectivamente, é igual ao cubo da razão de semelhança:

$$\frac{V_{P'}}{V_P} = \left(\frac{d}{D}\right)^3$$

No Vestibular

1. **(UFPel-RS)** No México, há mais de mil anos, o povo Asteca resolveu o problema da armazenagem da pós-colheita de grãos com um tipo de silo em forma de uma bola colocado sobre uma base circular de alvenaria.

A forma desse silo é obtida juntando 20 placas hexagonais e mais 12 placas pentagonais.

Com base no texto, é correto afirmar que esse silo tem:

a) 90 arestas e 60 vértices.
b) 86 arestas e 56 vértices.
c) 90 arestas e 56 vértices.
d) 86 arestas e 60 vértices.
e) 110 arestas e 60 vértices.
f) I.R.

2. **(UFSCar-SP)** O triângulo *ABE* e o quadrado *ABCD* estão em planos perpendiculares, conforme indica a figura.

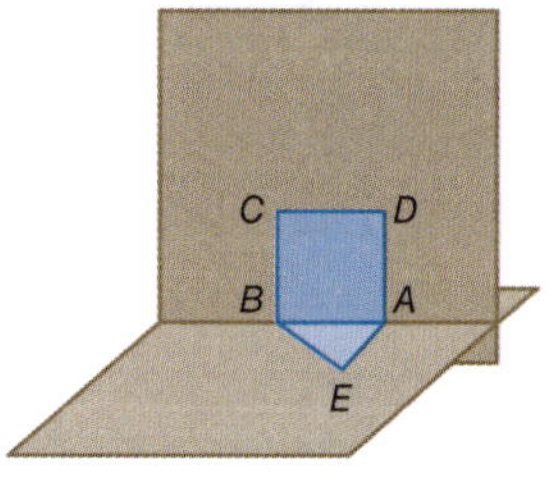

Se $EA = 3$ e $AB = 5$, então ED é igual a:

a) $\sqrt{24}$
b) 5
c) $3\sqrt{3}$
d) $4\sqrt{2}$
e) $\sqrt{34}$

3. **(Fuvest-SP)** Uma formiga resolveu andar de um vértice a outro do prisma reto de bases triangulares *ABC* e *DEG*, seguindo um trajeto especial. Ela partiu do vértice *G*, percorreu toda a aresta perpendicular à base *ABC*, para em seguida caminhar toda a diagonal da face *ADCG*, e finalmente completou seu passeio percorrendo a aresta reversa a $\overline{CG}$. A formiga chegou ao vértice:

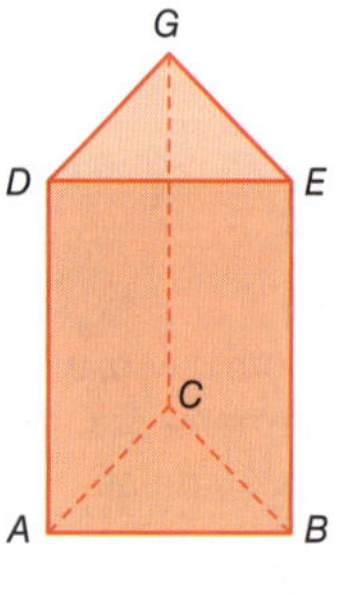

a) *A*
b) *B*
c) *C*
d) *D*
e) *E*

4. **(Fuvest-SP)** A figura a seguir mostra uma pirâmide reta de base quadrada *ABCD* de lado 1 e altura $EF = 1$. Sendo *G* o ponto médio da altura $\overline{EF}$ e α a medida do ângulo $A\hat{G}B$, então $\cos \alpha$ vale:

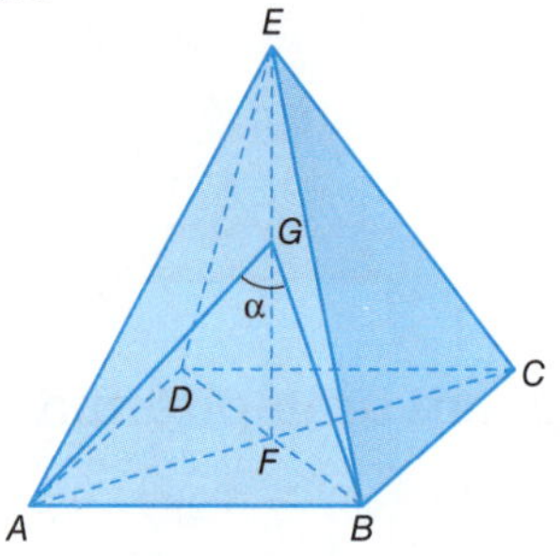

a) $\frac{1}{2}$
b) $\frac{1}{3}$
c) $\frac{1}{4}$
d) $\frac{1}{5}$
e) $\frac{1}{6}$

5. **(Uerj)** Leia os quadrinhos:

(*O Globo*, março 2000)

figura 1

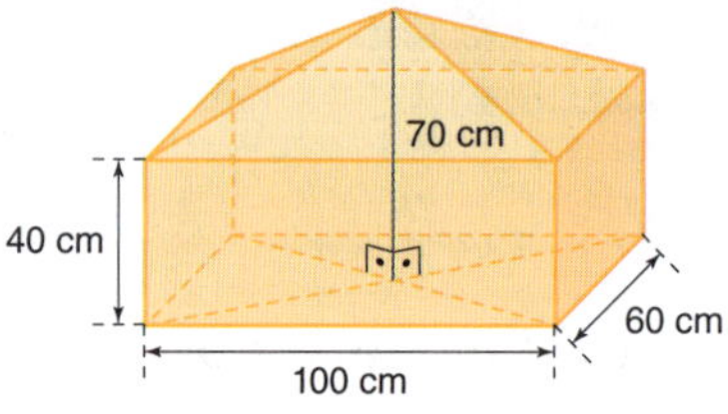

Suponha que o volume de terra acumulada no carrinho de mão do personagem seja igual ao do sólido esquematizado na figura 1, formado por uma pirâmide reta sobreposta a um paralelepípedo reto-retângulo.

Assim, o volume médio de terra que Hagar acumulou em cada ano de trabalho é, em dm^3, igual a:

a) 12
b) 13
c) 14
d) 15

6. **(Unifor-CE)** A peça de ferro abaixo foi obtida de um paralelepípedo reto-retângulo de dimensões 20 cm, 30 cm e 40 cm, com a retirada de quatro cubos iguais de aresta 10 cm.

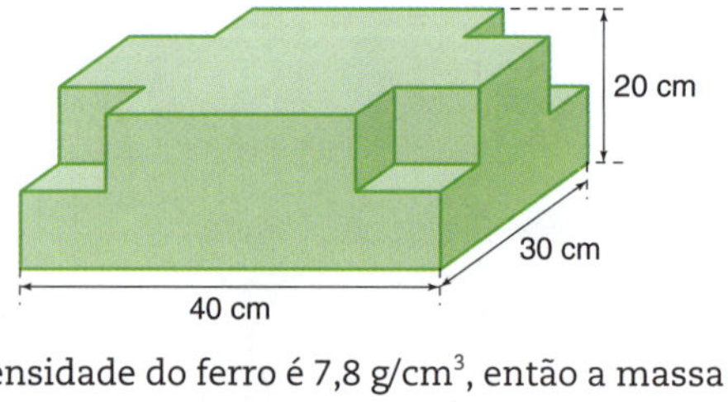

Se a densidade do ferro é 7,8 g/cm^3, então a massa dessa peça, em quilograma, é:

a) 187,2
b) 179,4
c) 171,6
d) 163,8
e) 156

7. (Unifesp) Quando se diz que numa determinada região a precipitação pluviométrica foi de 10 mm, significa que a precipitação naquela região foi de 10 litros de água por metro quadrado, em média.

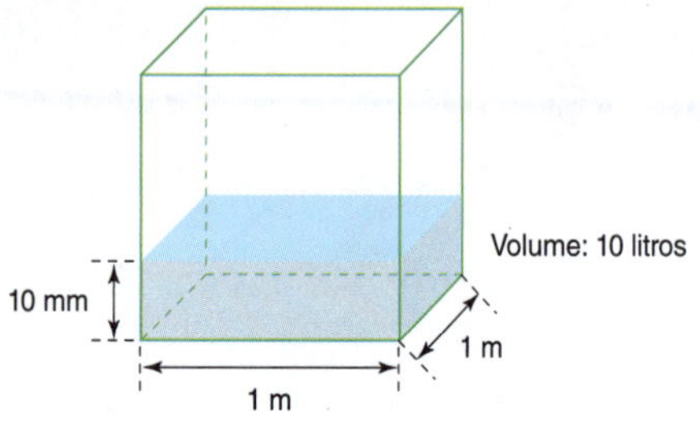

Se numa região de 10 km² de área ocorreu uma precipitação de 5 cm, quantos litros de água foram precipitados?

a) 5×10^7
b) 5×10^8
c) 5×10^9
d) 5×10^{10}
e) 5×10^{11}

8. (UFSCar-SP) Na figura, os pontos *ACFH* são vértices de um tetraedro inscrito em um cubo de aresta 3. O volume do tetraedro é:

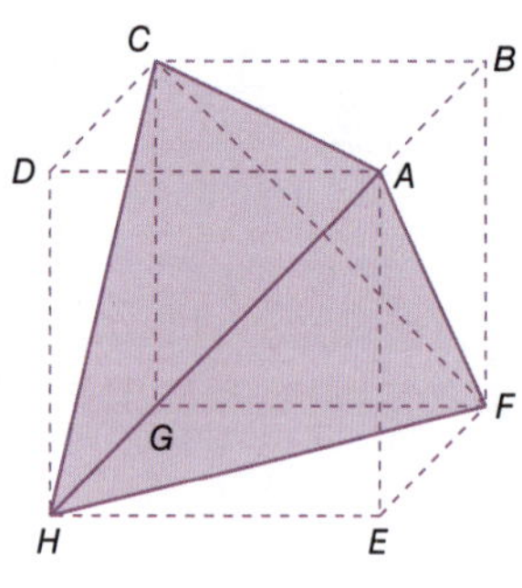

a) $\frac{27}{8}$
b) $\frac{9\sqrt{39}}{8}$
c) 9
d) $\frac{27\sqrt{13}}{18}$
e) 18

9. (Mackenzie-SP)

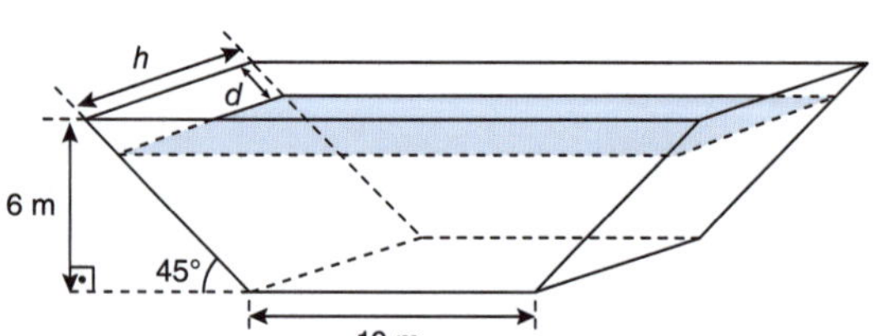

A figura acima representa uma caçamba com água, na qual as laterais oblíquas e o piso são retangulares e as laterais paralelas têm o formato de trapézios isósceles. Se $d = \sqrt{2}$, a razão entre o volume de água e o volume total da caçamba é:

a) $\frac{17}{25}$
b) $\frac{21}{32}$
c) $\frac{25}{28}$
d) $\frac{17}{28}$
e) $\frac{25}{32}$

10. (Unicamp-SP) Suponha que um livro de 20 cm de largura esteja aberto conforme a figura a seguir, sendo $D\hat{A}C = 120°$ e $D\hat{B}C = 60°$.

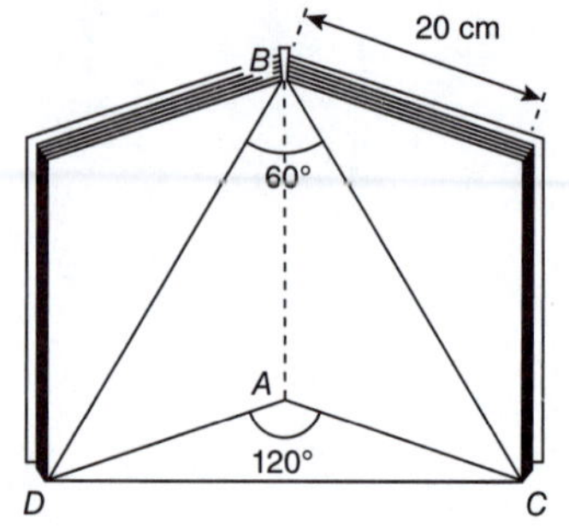

a) Calcule a altura $\overline{AB}$ do livro.
b) Calcule o volume do tetraedro de vértices *A*, *B*, *C* e *D*.

11. (FGV) Considere uma pirâmide regular de altura $\frac{3\sqrt{6}}{2}$ cuja base é um quadrado de lado 3. Calcule:

a) o volume da pirâmide.
b) o raio da esfera circunscrita à pirâmide.

12. (UFG-GO) A figura abaixo representa um prisma reto, cuja base *ABCD* é um trapézio isósceles, sendo que suas arestas medem $AB = 10$, $DC = 6$, $AD = 4$ e $AE = 10$.

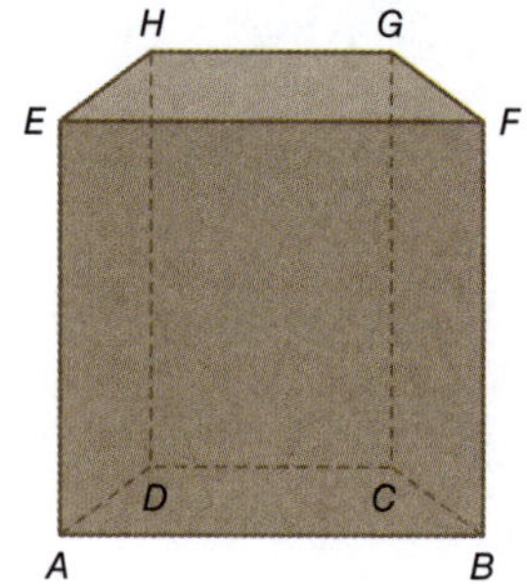

O plano determinado pelos pontos *A*, *H* e *G* secciona o prisma determinando um quadrilátero. A área desse quadrilátero é:

a) $8\sqrt{7}$
b) $10\sqrt{7}$
c) $16\sqrt{7}$
d) $32\sqrt{7}$
e) $64\sqrt{7}$

13. (UFSCar-SP) A figura indica um paralelepípedo reto-retângulo de dimensões $\sqrt{2} \times \sqrt{2} \times \sqrt{7}$, sendo *A*, *B*, *C* e *D* quatro de seus vértices.

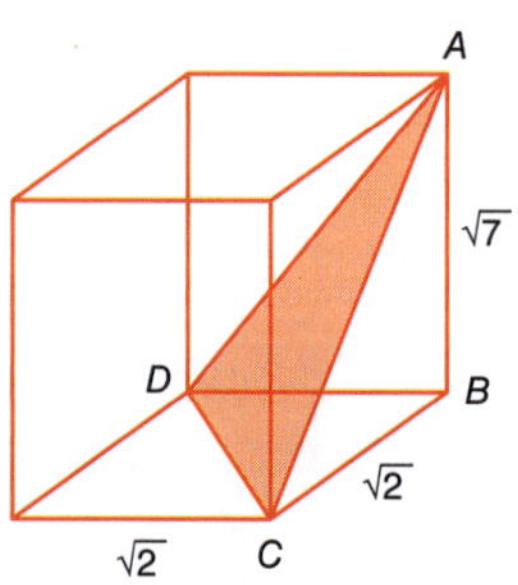

A distância de *B* até o plano que contém *A*, *D* e *C* é igual a:

a) $\frac{\sqrt{11}}{4}$
b) $\frac{\sqrt{14}}{4}$
c) $\frac{\sqrt{11}}{2}$
d) $\frac{\sqrt{13}}{2}$
e) $\frac{3\sqrt{7}}{2}$

14. **(Unicamp-SP)** Dado um cubo de aresta ℓ, qual é o volume do octaedro cujos vértices são os centros das faces do cubo?

15. **(FEI-SP)** Num paralelepípedo reto-retângulo a área total mede 28 cm^2 e a diagonal, $\sqrt{21}$ cm. A soma das dimensões mede:

a) 7 cm
b) 8 cm
c) 9 cm
d) 10 cm
e) 12 cm

16. **(Unifesp)** Um poliedro é construído a partir de um cubo de aresta $a > 0$, cortando-se em cada um de seus cantos uma pirâmide regular de base triangular equilateral (os três lados da base da pirâmide são iguais). Denote por x, $0 < x \leq \frac{a}{2}$, a aresta lateral das pirâmides cortadas.

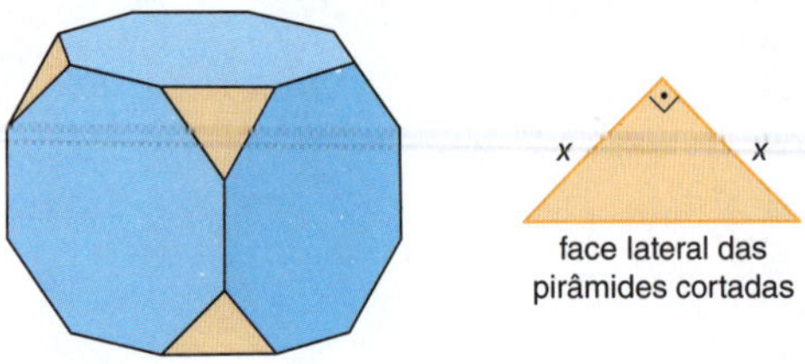

face lateral das pirâmides cortadas

a) Dê o número de faces do poliedro construído.
b) Obtenha o valor de x, $0 < x \leq \frac{a}{2}$, para o qual o volume do poliedro construído fique igual a cinco sextos do volume do cubo original. A altura de cada pirâmide cortada, relativa à base equilateral, é $\frac{x}{\sqrt{3}}$.

17. **(UFU-MG)** Na figura ao lado, temos um cubo $ABCDEFGH$ de aresta $a = 6$ cm. Os pontos I, J, K, L, M e N são pontos médios das arestas a que pertencem.

Determine o volume da pirâmide de base hexagonal $IJKLMN$ e vértice H.

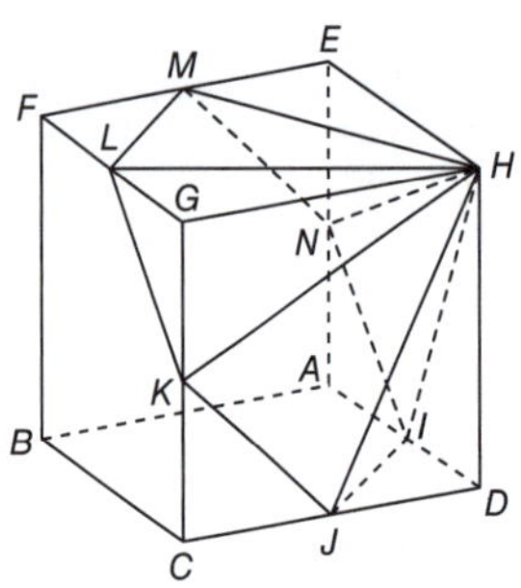

18. **(Fuvest-SP)** Pedrinho, brincando com seu cubo mágico, colocou-o sobre um copo, de maneira que:

- apenas um vértice do cubo ficasse no interior do copo, conforme ilustra a foto;
- os pontos comuns ao cubo e ao copo determinassem um triângulo equilátero.

Sabendo-se que o bordo do copo é uma circunferência de raio $2\sqrt{3}$ cm, determine o volume da parte do cubo que ficou no interior do copo.

Beto Celli

Geometria métrica: corpos redondos

Ao cortar uma laranja com uma faca, você observará uma secção circular. O mesmo ocorre ao cortar um salame ou uma casquinha de sorvete. Esses objetos servem como modelo dos três sólidos geométricos que estudaremos neste capítulo: a esfera, o cilindro e o cone. Por possuírem secções circulares, esses sólidos são chamados de corpos redondos.

Cilindro circular

- Sejam α e β dois planos paralelos distintos, uma reta s secante a esses planos e um círculo C de centro O contido em α. Consideremos todos os segmentos de reta, paralelos a s, de modo que cada um deles tenha um extremo no círculo C e o outro extremo em β.

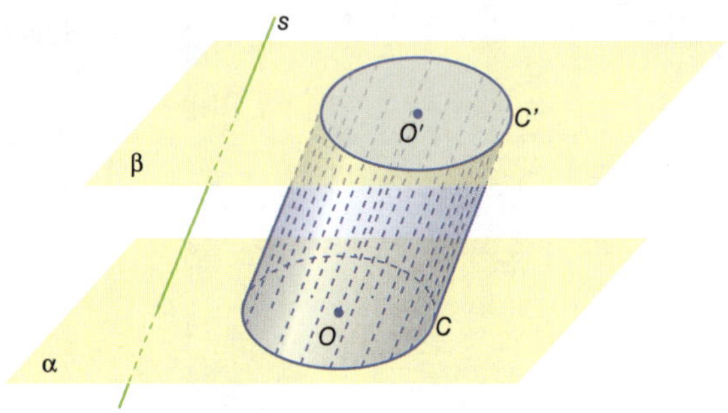

A reunião de todos esses segmentos de reta é um sólido chamado cilindro circular limitado ou, simplesmente, **cilindro**.

- Observando o cilindro acima, temos:
  - Os círculos C e C' são as **bases** do cilindro;
  - A reta $\overleftrightarrow{OO'}$, que passa pelos centros das bases, é o **eixo** do cilindro;
  - O raio do círculo C (ou C')é o **raio** da base do cilindro;
  - A distância entre as bases é a **altura** do cilindro;
  - Todo segmento de reta, paralelo ao eixo $\overleftrightarrow{OO'}$, que tem extremidades pertencentes às circunferências das bases, é chamado de **geratriz** do cilindro.

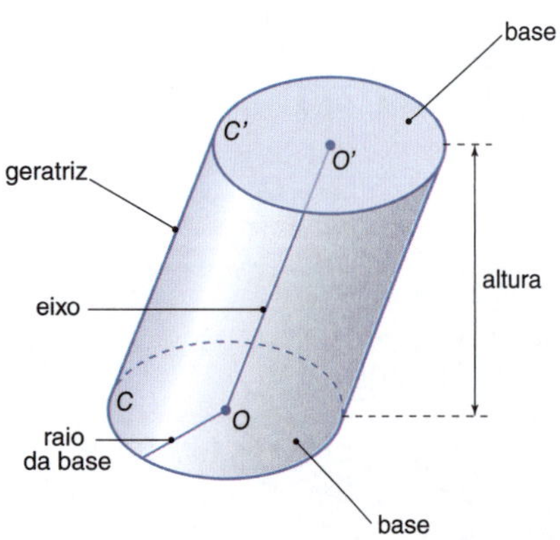

- Uma **secção meridiana** de um cilindro circular é a intersecção do cilindro com um plano que passa pelos centros das bases desse cilindro.

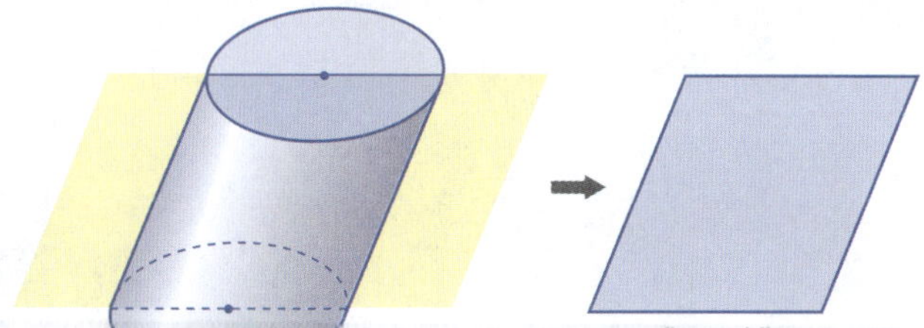

secção meridiana

Cilindro circular reto e cilindro circular oblíquo

- Cilindro circular **reto** é todo cilindro circular cujas geratrizes são perpendiculares às bases. Um cilindro circular não reto é chamado de cilindro circular **oblíquo.**

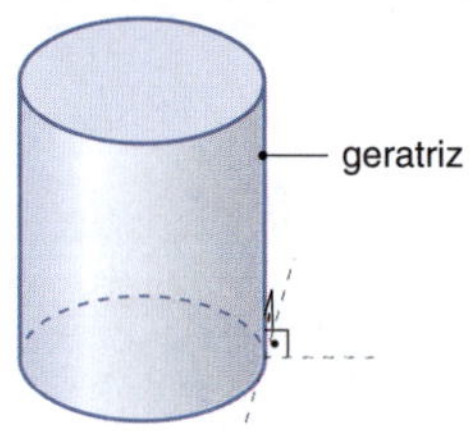

cilindro circular reto

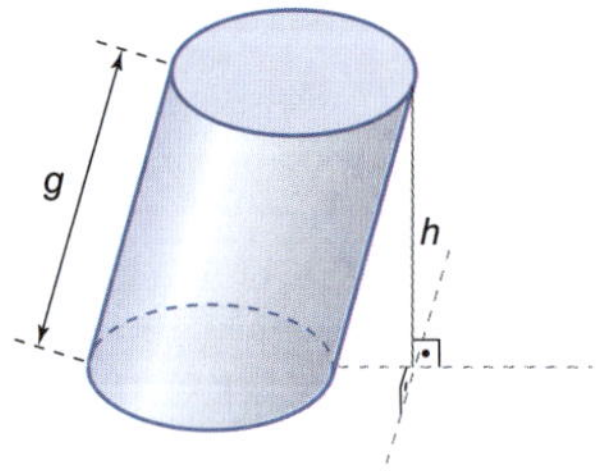

cilindro circular oblíquo

- O cilindro circular reto também é conhecido como **cilindro de revolução**, pois pode ser obtido por uma revolução (rotação) de 360° de um retângulo em torno de um eixo que contém um de seus lados.

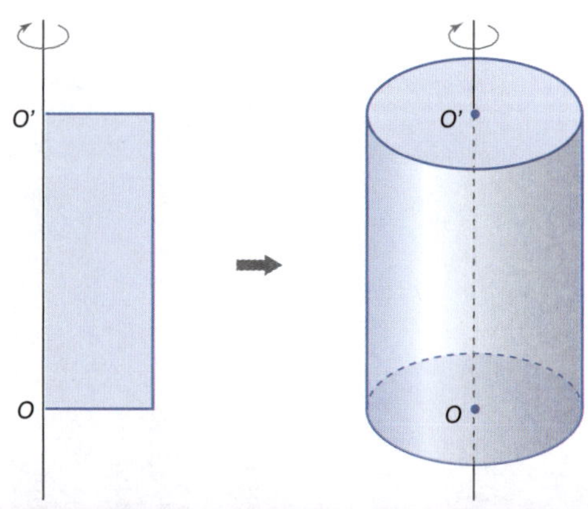

Cilindro equilátero

Todo cilindro circular reto cujas secções meridianas são quadradas é chamado de **cilindro equilátero**.

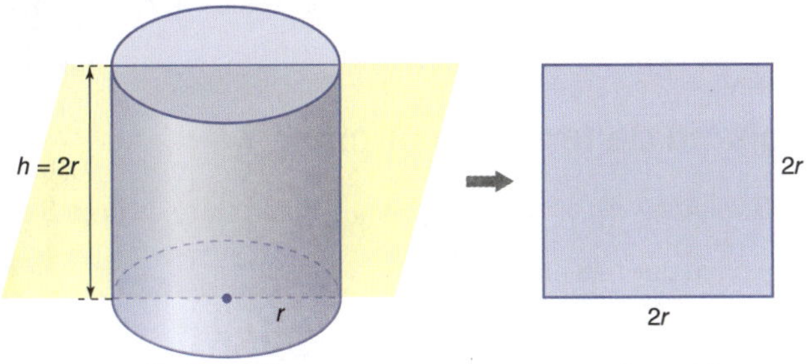

cilindro equilátero   secção meridiana

Área lateral e área total de um cilindro circular

Observe a planificação de um cilindro de raio r e altura h:

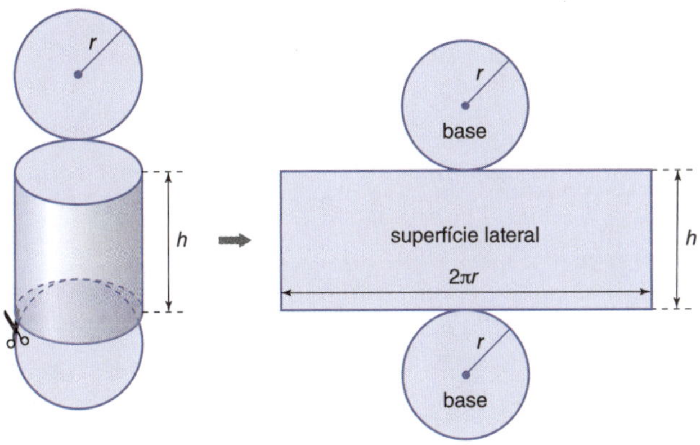

A área lateral A_ℓ e a área total A_T desse cilindro são dadas por:

$$A_\ell = 2\pi rh$$
$$A_T = 2\pi rh + 2\pi r^2 = 2\pi r(h + r)$$

Volume de um cilindro circular

O volume V de um cilindro é o produto da área B de sua base por sua altura h. Se a base do cilindro tem raio r, temos:

$$V = Bh \Rightarrow V = \pi r^2 h$$

Cone circular

› Sejam um círculo C de centro O, contido em um plano α, e um ponto V não pertencente a α. Considere todos os segmentos de reta que possuem um extremo no círculo C e o outro no ponto V.

A reunião de todos esses segmentos de reta é um sólido chamado cone circular limitado ou simplesmente **cone circular**.

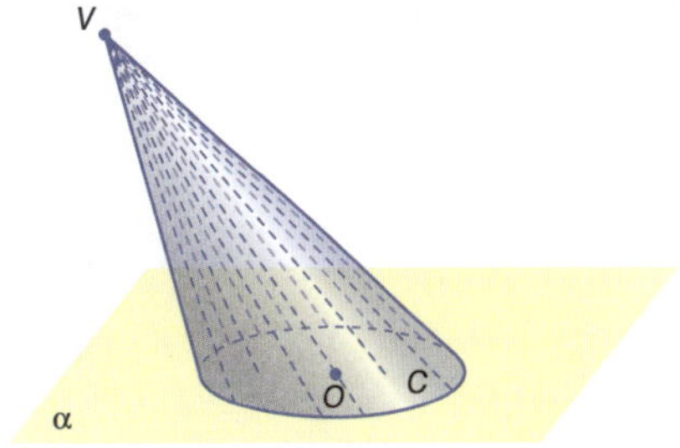

› Observando o cone acima, temos:

- O círculo C é a **base** do cone;
- O ponto V é o **vértice** do cone;
- A reta $\overleftrightarrow{OV}$ é o **eixo** do cone;
- O raio do círculo C é o **raio** da base do cone;
- A distância entre o vértice e o plano da base é a **altura** do cone;
- Todo segmento de reta cujos extremos são o ponto V e um ponto da circunferência da base é chamado de **geratriz** do cone.

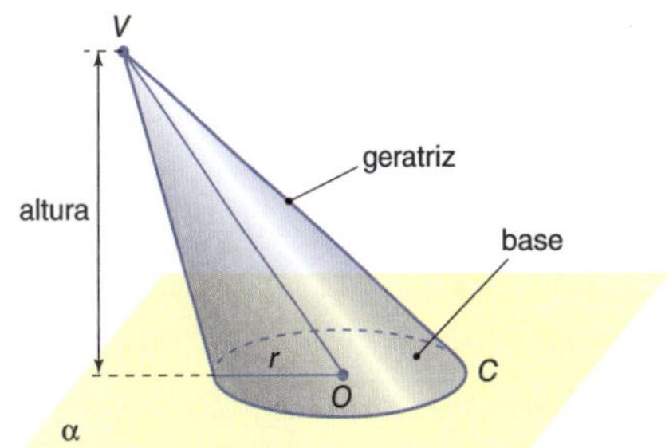

› Uma **secção meridiana** de um cone é a intersecção do cone com um plano que passa pelo vértice e pelo centro da base desse cone.

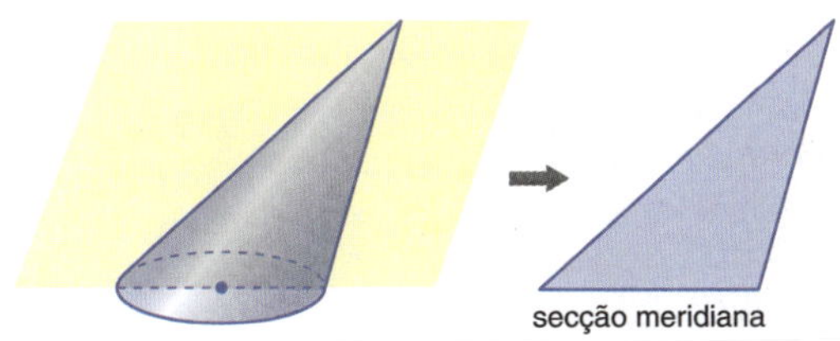
secção meridiana

Cone circular reto e cone circular oblíquo

› Cone circular **reto** é todo cone circular cujo eixo é perpendicular ao plano da base. Um cone circular não reto é chamado de cone circular **oblíquo**.

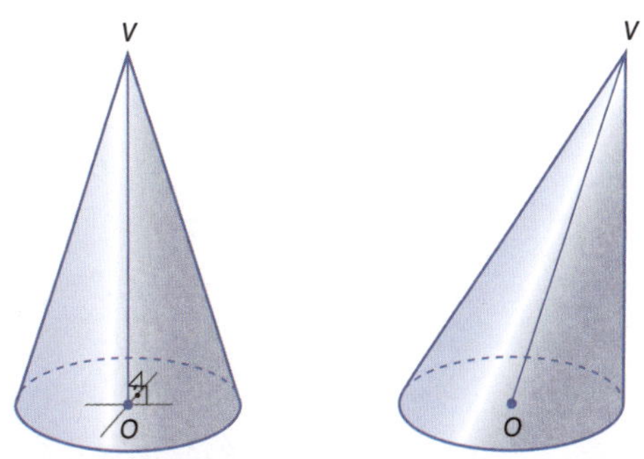

cone circular reto   cone circular oblíquo

› O cone circular reto também é conhecido como **cone de revolução**, pois pode ser obtido por uma revolução (rotação) de 360° de um triângulo retângulo em torno de um dos catetos.

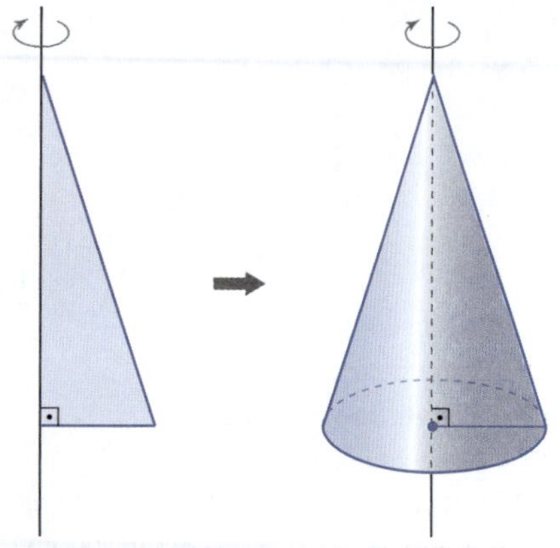

› Em um cone circular reto de altura h, raio da base r e geratriz de medida g, temos:

$$g^2 = r^2 + h^2$$

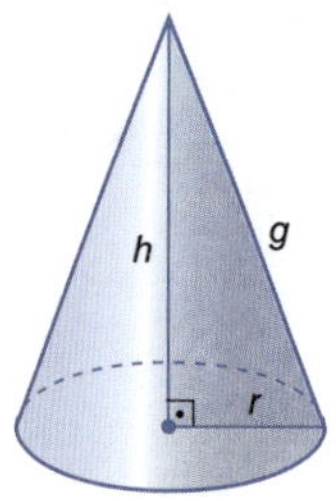

Cone equilátero

Todo cone circular reto cujas secções meridianas são triângulos equiláteros é chamado de **cone equilátero**.

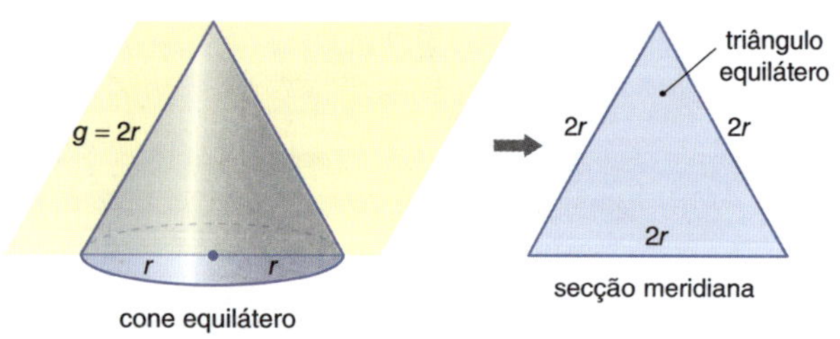

Área lateral, área total e ângulo central de um cone circular

Observe a planificação de um cone de raio r e geratriz g:

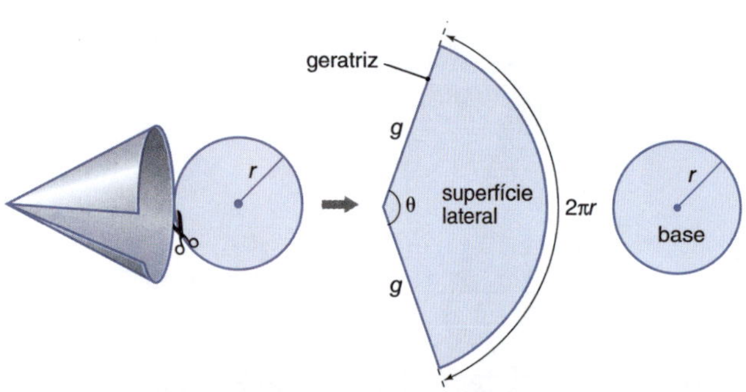

A área lateral A_ℓ, a área total A_T, o ângulo central θ do setor e o volume V desse cilindro são dados por:

$$A_\ell = \pi r g$$
$$A_T = \pi r(g + r)$$

$$\theta = \frac{2\pi r}{g} \text{ rad ou } \theta = \frac{360° \cdot r}{g}$$

Volume de um cone circular

O volume V de um cone é igual a $\frac{1}{3}$ do produto da área B de sua base por sua altura h:

$$V = \frac{1}{3}Bh \Rightarrow V = \frac{1}{3}\pi r^2 h$$

Cones semelhantes

› Considere um cone C seccionado por um plano paralelo à sua base. Esse plano separa o cone em dois sólidos: um **tronco de cone** e um cone C', semelhante ao cone inicial C.

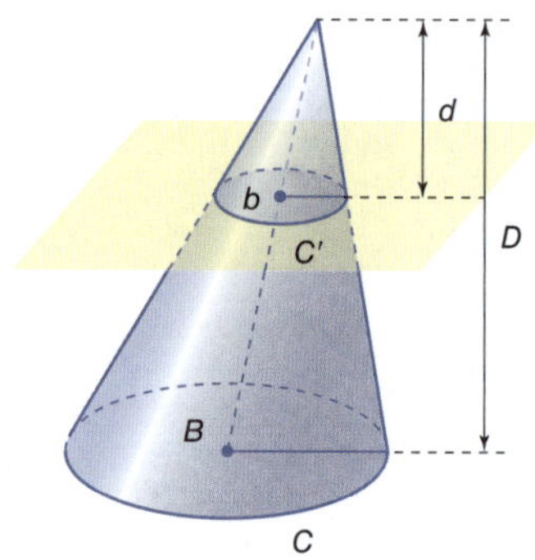

› Se esse plano secciona o cone C, de altura D e área da base B, a uma distância d do vértice tal que a secção transversal tenha área b, então:

$$\frac{b}{B} = \left(\frac{d}{D}\right)^2$$

› Além disso, a razão entre os volumes $V_{C'}$ e V_C dos cones semelhantes C' e C, respectivamente, é igual ao cubo da razão de semelhança:

$$\frac{V_{C'}}{V_C} = \left(\frac{d}{D}\right)^3$$

Esfera

› Considere um ponto O e uma medida R, com $R > 0$. Chama-se **esfera** de centro O e raio R o conjunto dos pontos do espaço cujas distâncias ao ponto O sejam menores ou iguais a R.

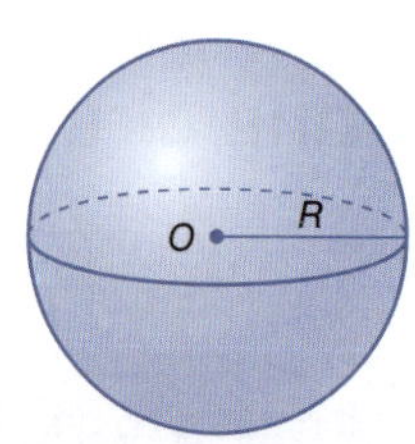

- Uma secção plana que passa pelo centro de uma esfera tem o mesmo centro e o mesmo raio dessa esfera e é chamada de **círculo máximo da esfera.** Esse círculo máximo separa a esfera em dois sólidos chamados **hemisférios.**

Volume de uma esfera

O volume V de uma esfera de raio R é dado por:

$$V = \frac{4}{3}\pi R^3$$

Área da superfície esférica

A área A da superfície de uma esfera de raio R é dada por:

$$A = 4\pi R^2$$

Fuso esférico e cunha esférica

Considere um ângulo diedro de medida α, cuja aresta s passa pelo centro O de uma esfera de raio R:

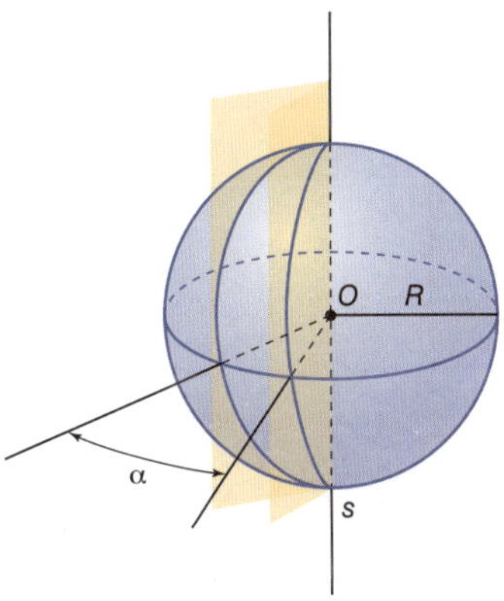

- A parte da esfera contida nesse diedro é chamada de **cunha esférica** de raio R e ângulo diedro de medida α.
- A parte da superfície esférica contida nesse diedro é chamada de **fuso esférico** de raio R e ângulo diedro de medida α.

Inscrição e circunscrição de uma esfera

Esfera e poliedros

- Uma esfera está **inscrita** em um poliedro se, e somente se, tangencia todas as faces do poliedro. Nesse caso se diz, também, que o poliedro está circunscrito à esfera.
- Uma esfera está **circunscrita** a um poliedro se, e somente se, todos os vértices do poliedro pertencem à superfície da esfera. Nesse caso se diz, também, que o poliedro está inscrito na esfera.

- Esfera inscrita em um cubo

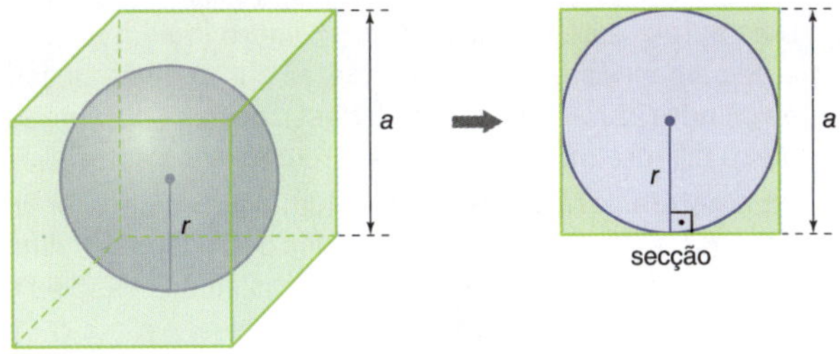

$$r = \frac{a}{2}$$

- Esfera circunscrita em um cubo

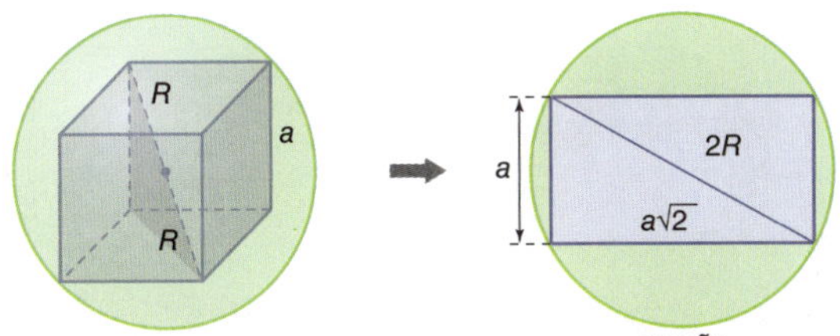

$$R = \frac{a\sqrt{3}}{2}$$

- Esfera inscrita em um octaedro regular

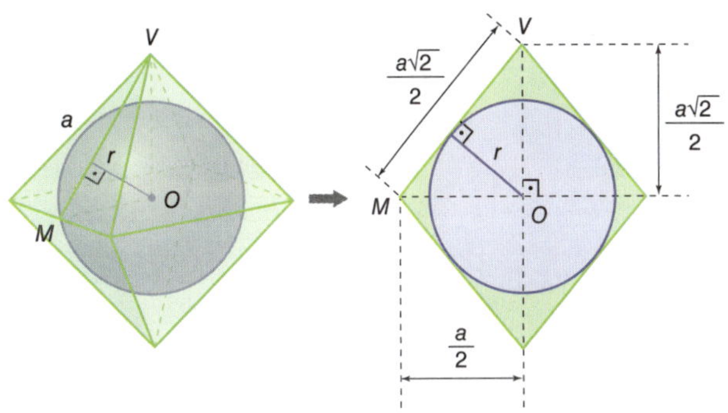

$$r = \frac{a\sqrt{6}}{6}$$

- Esfera circunscrita em um octaedro regular

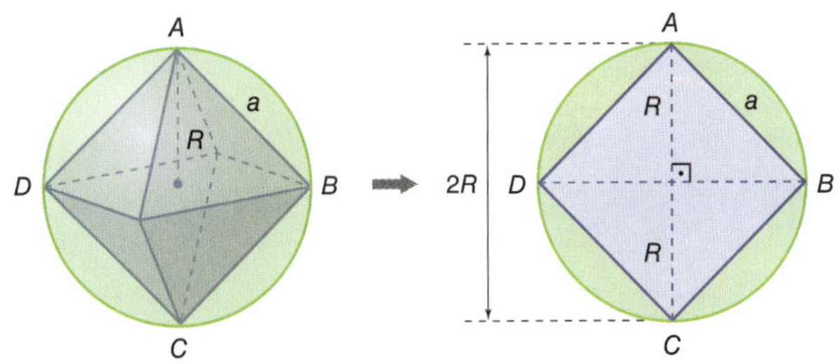

$$R = \frac{a\sqrt{2}}{2}$$

Esfera e corpos redondos

- Uma esfera está **inscrita** em um cilindro (ou em um cone) se, e somente se, tangencia todas as geratrizes e as bases do cilindro (ou a base do cone). Nesse caso se diz, também, que o cilindro (ou o cone) está circunscrito à esfera.
- Uma esfera está **circunscrita** a um cilindro circular reto se, e somente se, as circunferências das bases do cilindro estão contidas na superfície da esfera. Nesse caso se diz, também, que o cilindro está inscrito na esfera.
- Uma esfera está **circunscrita** a um cone se, e somente se, o vértice e todos os pontos da circunferência da base do cone pertencem à superfície da esfera. Nesse caso se diz, também, que o cone está inscrito na esfera.
- Esfera inscrita em um cilindro circular reto

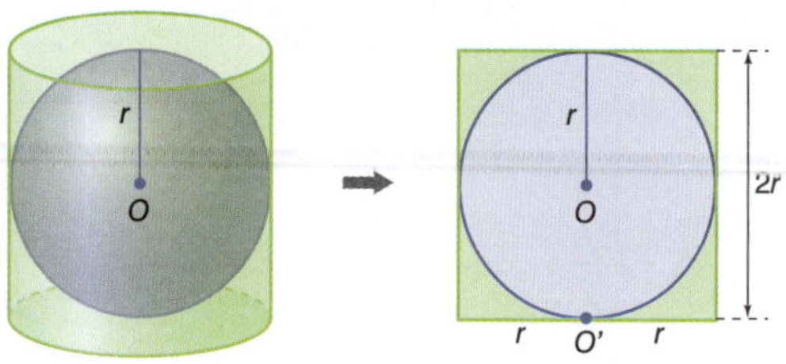

secção plana

$$h = 2r$$

- Esfera circunscrita em um cilindro circular reto

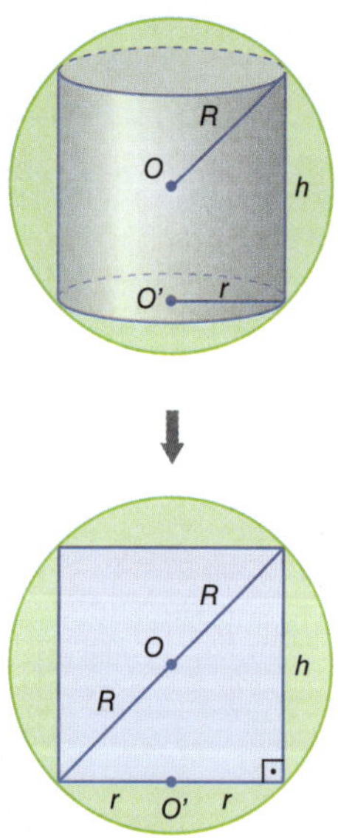

secção

$$(2R)^2 = (2r)^2 + h^2$$

- Esfera inscrita em um cone circular reto

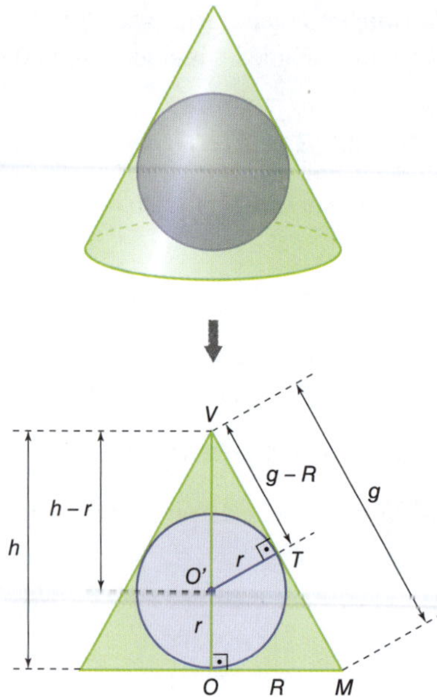

$$\frac{g}{h - r} = \frac{R}{r} = \frac{h}{g - R}$$

- Esfera circunscrita em um cone circular reto

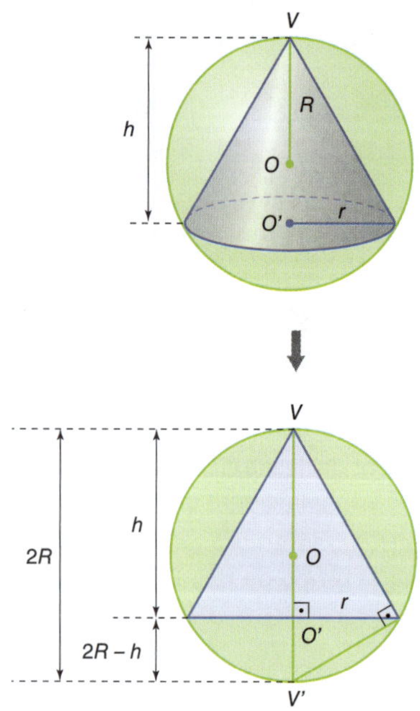

$$r^2 = h(2R - h)$$

No Vestibular

1. **(Fuvest-SP)** No jogo de bocha, disputado num terreno plano, o objetivo é conseguir lançar uma bola de raio 8 o mais próximo possível de uma bola menor, de raio 4. Num lançamento, um jogador conseguiu fazer com que as duas bolas ficassem encostadas, conforme ilustra a figura abaixo. A distância entre os pontos *A* e *B*, em que as bolas tocam o chão, é:

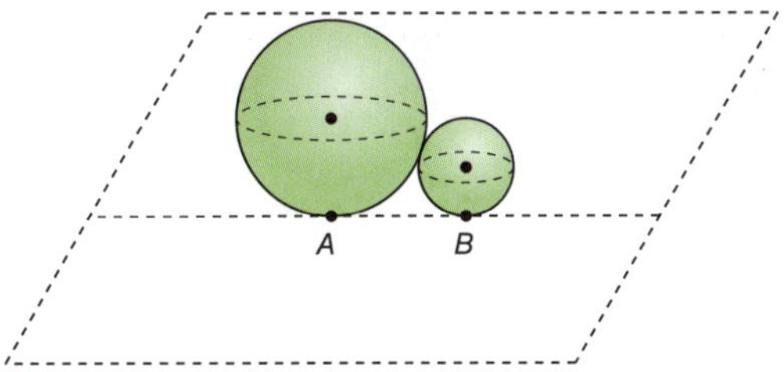

a) 8
b) $6\sqrt{2}$
c) $8\sqrt{2}$
d) $4\sqrt{3}$
e) $6\sqrt{3}$

2. **(UFPel-RS)** Todo sólido obtido através do movimento de rotação completa de uma região plana em torno de uma reta, sendo ambas no mesmo plano, é chamado sólido de revolução.

Um giro completo na região destacada, em torno da reta *r*, determina um sólido de revolução. É correto afirmar que o volume desse sólido é:

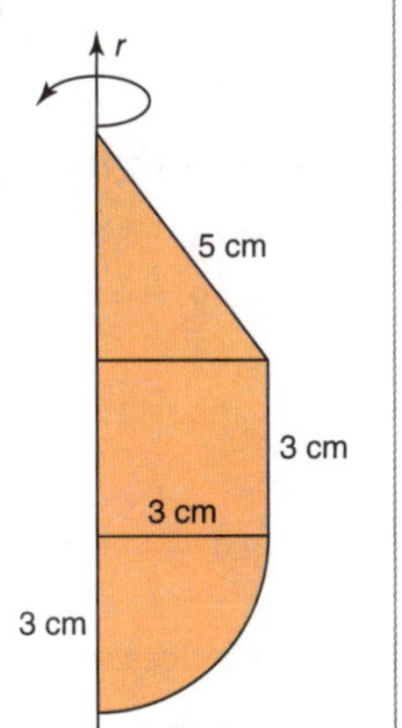

a) 75π cm³
b) 81π cm³
c) 57π cm³
d) 99π cm³
e) 72π cm³
f) I.R.

3. **(Udesc)** Um cilindro circular reto e um cone reto possuem a mesma altura *h* e o mesmo raio *r* da base. Uma semiesfera é retirada do interior do cilindro e é acrescentada no topo do cone, gerando os sólidos S_1 e S_2, conforme a figura a seguir.

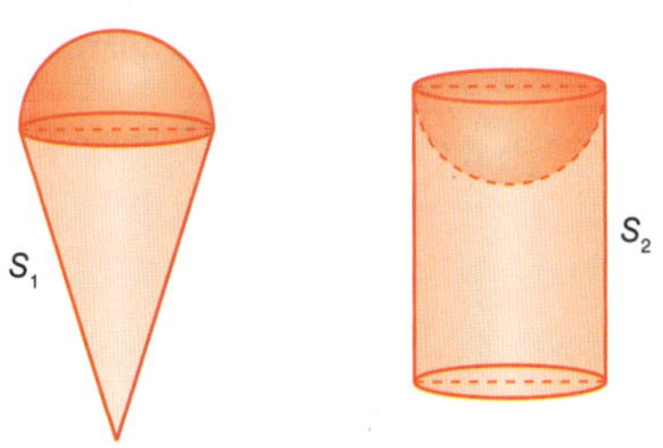

Se os volumes desses sólidos são representados, respectivamente, por $Vol(S_1)$ e $Vol(S_2)$, é correto afirmar que:

a) $Vol(S_1) = Vol(S_2)$ se, e somente se, $h = 2r$
b) $Vol(S_1) = Vol(S_2)$ se, e somente se, $r = 2h$
c) $Vol(S_1) = Vol(S_2)$ para quaisquer valores de *r* e *h*
d) $Vol(S_1) > Vol(S_2)$ para quaisquer valores de *r* e *h*
e) $Vol(S_1) < Vol(S_2)$ para quaisquer valores de *r* e *h*

4. **(Unifesp)** A figura indica algumas das dimensões de um bloco de concreto formado a partir de um cilindro circular oblíquo, com uma base no solo, e de um semicilindro.

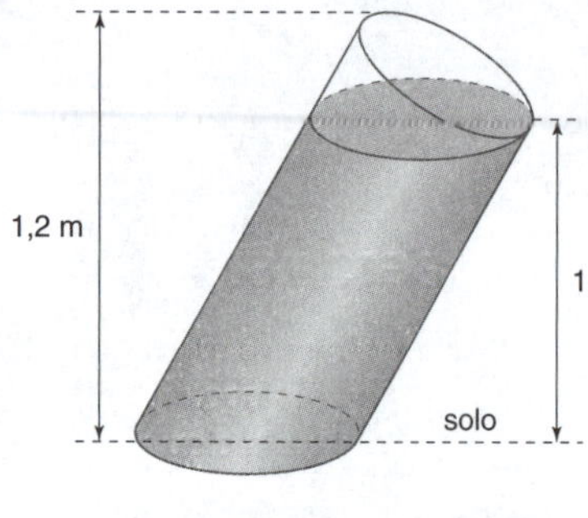

Dado que o raio da circunferência da base do cilindro oblíquo mede 10 cm, o volume do bloco de concreto, em cm^3, é:

a) 11.000π
b) 10.000π
c) 5.500π
d) 5.000π
e) 1.100π

5. **(Unesp)** Uma quitanda vende fatias de melancia embaladas em plástico transparente. Uma melancia com forma esférica de raio de medida R cm foi cortada em 12 fatias iguais. Cada fatia tem a forma de uma cunha esférica, como representado na figura.

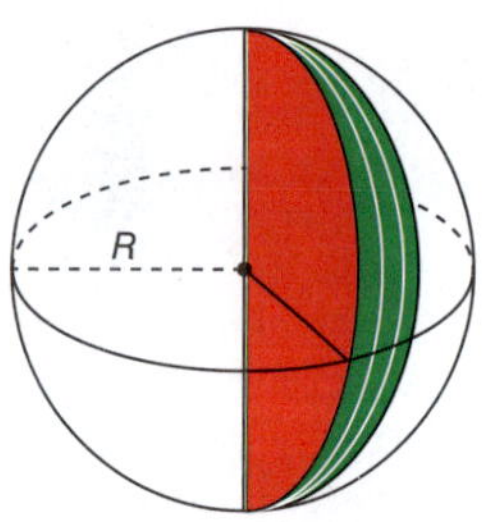

Sabendo-se que a área de uma superfície esférica de raio R cm é $4\pi R^2$ cm^2, determine, em função de π e de R:

a) a área da casca de cada fatia da melancia (fuso esférico);
b) quantos cm^2 de plástico foram necessários para embalar cada fatia (sem nenhuma perda e sem sobrepor camadas de plástico), ou seja, qual é a área da superfície total de cada fatia.

6. **(UFU-MG)** O cone maior da figura a seguir tem raio da base e altura iguais a 10 cm.

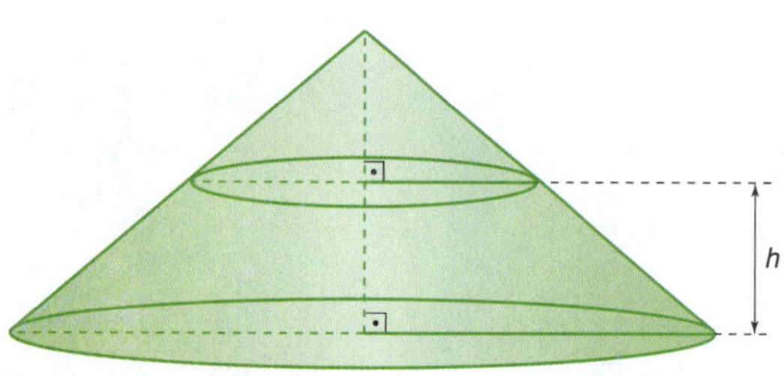

Determine a altura *h* de forma que o volume do tronco de cone de altura *h* seja igual à metade do volume do cone maior.

7. **(UFJF-MG)** Uma taça em forma de um cone circular reto estava cheia de vinho até a borda. Depois de se ter tomado metade do vinho, a figura que melhor representa a quantidade de bebida que restou na taça é:

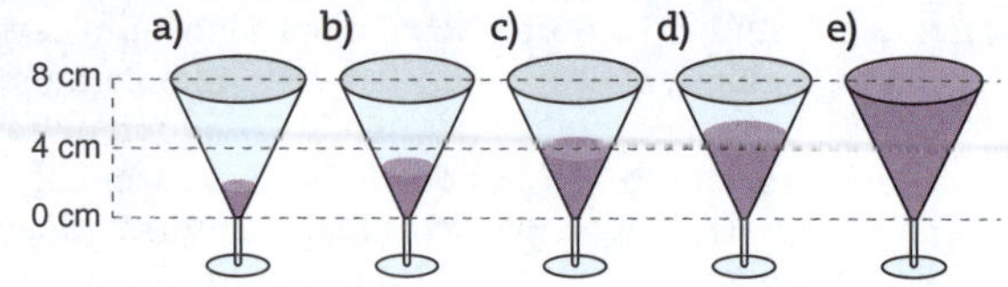

8. **(Unifor-CE)** Um funil tem a forma de um cone reto cuja planificação da superfície lateral corresponde a um setor circular de 216° e 9 cm de raio. O volume desse funil, em centímetros cúbicos, é:

a) $65,384\pi$
b) $67,256\pi$
c) $69,984\pi$
d) $72,586\pi$
e) $74,254\pi$

9. **(UFV-MG)** Um círculo está inscrito em um quadrado e ambos são submetidos a uma rotação de 180°, em torno de uma das diagonais do quadrado. Sejam V_c e V_q os volumes dos sólidos gerados pelo círculo e pelo quadrado, respectivamente. O valor da expressão $\left(\frac{V_q}{V_c}\right)^2$ é:

a) 2
b) 3
c) 4
d) 5

10. **(UFBA)** Considere um recipiente de vidro com a forma de dois cones congruentes de altura *H*, raio da base R e vértice comum.

Sabe-se que, inicialmente, um dos cones está completamente cheio de areia, e o outro, totalmente vazio. A areia é então redistribuída, de modo a formar, na parte superior do recipiente, um cone de altura $\frac{H}{2}$ e, na parte inferior, outro cone, de altura *h* e raio da base R, conforme a figura.

Com base nessas informações, determine a razão $\frac{h}{H}$.

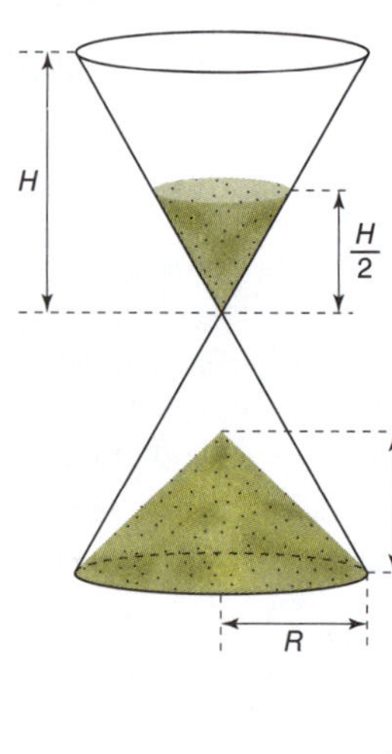

11. (Fuvest-SP) Uma garrafa de vidro tem a forma de dois cilindros sobrepostos. Os cilindros têm a mesma altura, 4 cm, e raios das bases R e r, respectivamente.

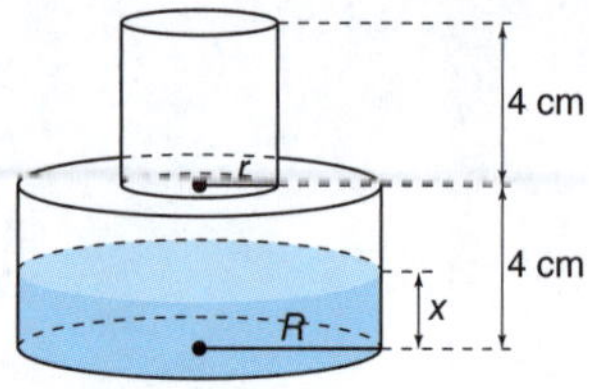

Se o volume $V(x)$ de um líquido que atinge a altura x da garrafa se expressa segundo o gráfico a seguir, quais são os valores de R e r?

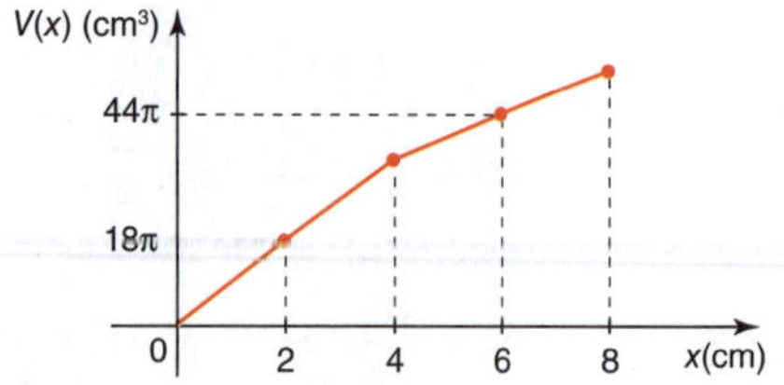

12. (Fuvest-SP) Um torneiro mecânico dispõe de uma peça de metal maciça na forma de um cone circular reto de 15 cm de altura e cuja base B tem raio 8 cm (figura 1). Ele deverá furar o cone, a partir de sua base, usando uma broca, cujo eixo central coincide com o eixo do cone. A broca perfurará a peça até atravessá-la completamente, abrindo uma cavidade cilíndrica, de modo a obter-se o sólido da figura 2.

Antes　　　　Depois

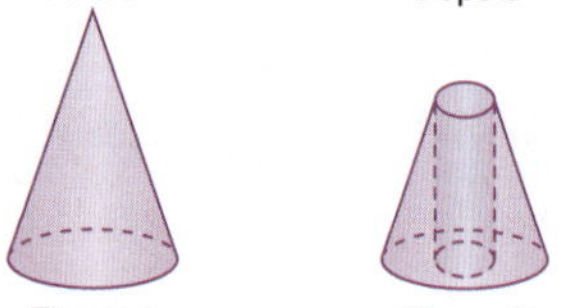

Figura 1　　　　Figura 2

Se a área da base desse novo sólido é $\frac{2}{3}$ da área de B, determine seu volume.

13. (UFTM-MG) Um *designer* projetou uma vela decorativa com a forma de cone circular reto, de altura 8 cm e raio da base 6 cm. Uma parte da vela será feita com parafina transparente, e a outra com parafina vermelha. A parte vermelha será uma esfera inscrita no cone, como indicado na figura, feita fora de escala.

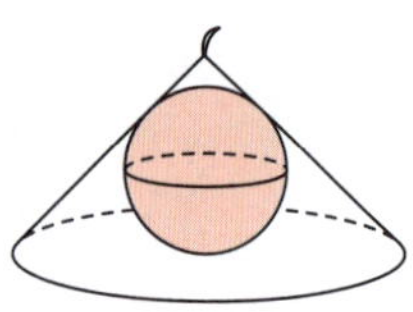

Sabe-se que o preço de 1 cm^3 de parafina transparente é o dobro do preço de 1 cm^3 de parafina vermelha. Sejam T o custo com parafina transparente e V o custo com parafina vermelha para fabricar uma dessas velas. Assim, é correto afirmar que:

a) $\frac{T}{V} = \frac{5}{6}$

b) $\frac{T}{V} = \frac{5}{2}$

c) $\frac{T}{V} = \frac{9}{2}$

d) $\frac{T}{V} = \frac{8}{3}$

e) $\frac{T}{V} = \frac{10}{3}$

Geometria analítica: ponto e reta

A Geometria analítica plana estuda as figuras geométricas associadas a um sistema de dois eixos coordenados. Dessa forma, as figuras são representadas por pares ordenados de números reais ou por equações ou inequações.

Sistema cartesiano ortogonal de coordenadas

- Dois eixos reais, Ox e Oy, perpendiculares entre si na origem O, formam o **sistema cartesiano ortogonal de coordenadas.**

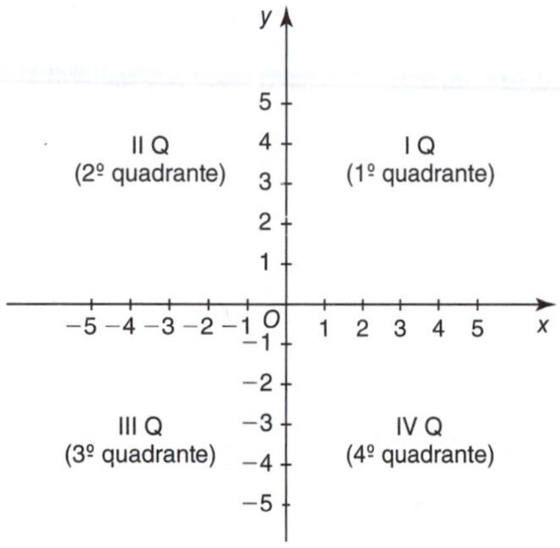

- O plano que contém esse sistema é chamado **plano cartesiano.**
- Os eixos Ox e Oy, denominados **eixos coordenados**, são, respectivamente, o **eixo das abscissas** e o **eixo das ordenadas.**
- O ponto O é a **origem** do sistema de eixos.
- Os eixos coordenados separam o plano cartesiano em quatro regiões denominadas **quadrantes**, que são enumerados conforme a figura acima.
- Os pontos dos eixos coordenados não pertencem a nenhum dos quadrantes.

Coordenadas de um ponto

- Para determinar as **coordenadas** do ponto P no plano cartesiano abaixo, traçamos por P as perpendiculares aos eixos Ox e Oy, obtendo nesses eixos dois números, chamados de **abscissa** e **ordenada** do ponto P, respectivamente. Se a é a abscissa de P e b é a ordenada de P, indicamos: $P(a, b)$

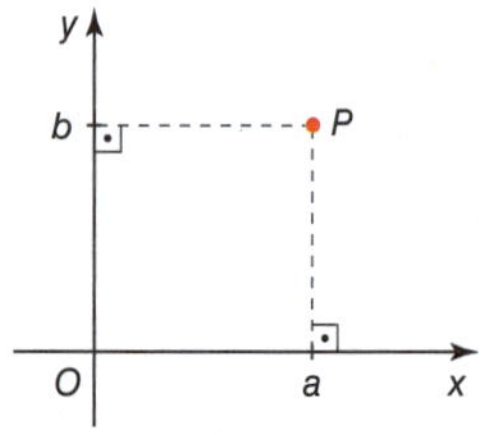

- Todo ponto P pertencente ao eixo das abscissas é da forma $P(x, 0)$.
- Todo ponto Q pertencente ao eixo das ordenadas é da forma $Q(0, y)$.

Retas bissetrizes dos quadrantes

- A reta b_i, que contém as bissetrizes dos quadrantes I e III, é chamada de **bissetriz dos quadrantes ímpares.**

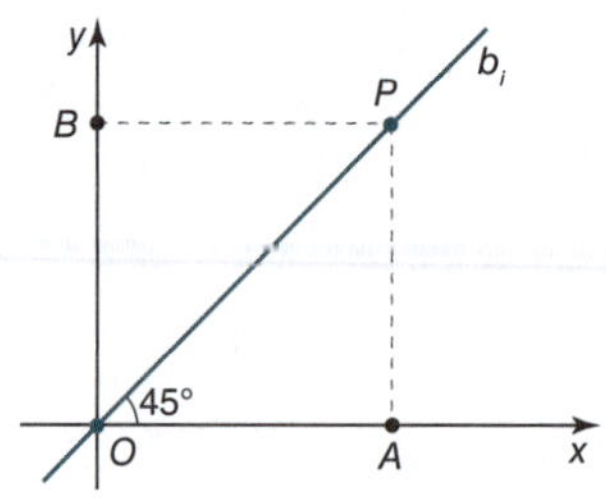

- Todo ponto P da bissetriz b_i dos quadrantes ímpares é da forma $P(x, x)$.
- A reta b_p, que contém as bissetrizes dos quadrantes II e IV, é chamada de **bissetriz dos quadrantes pares.**

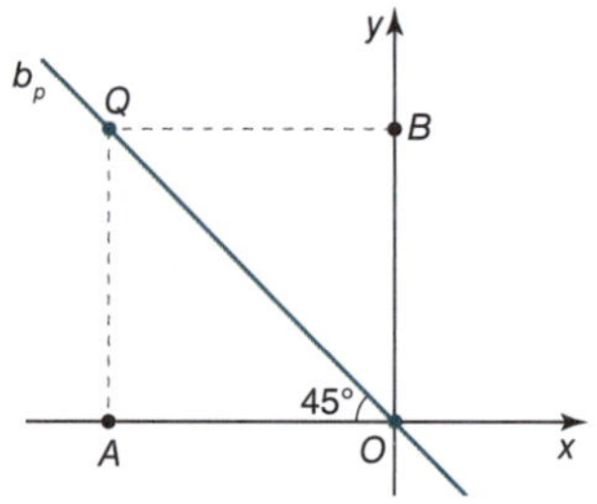

- Todo ponto Q da bissetriz b_p dos quadrantes pares é da forma $Q(x, -x)$ ou $Q(-x, x)$.

Distância entre pontos

Em um plano cartesiano, em que u é a unidade adotada nos eixos coordenados, a **distância entre dois pontos**, $A(x_A, y_A)$ e $B(x_B, y_B)$, que se indica por AB ou d_{AB}, é o comprimento do segmento $\overline{AB}$ na unidade u.

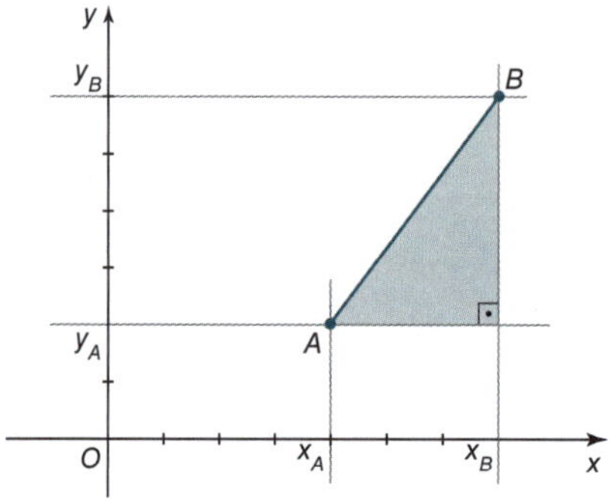

$$AB = \sqrt{(x_B - x_A)^2 + (y_B - y_A)^2} = \sqrt{(\Delta x)^2 + (\Delta y)^2}$$

Coordenadas do ponto médio

Se $A(x_A, y_A)$ e $B(x_B, y_B)$ são pontos distintos, então o **ponto médio** $M(x_M, y_M)$ do segmento $\overline{AB}$ é tal que:

$$x_M = \frac{x_A + x_B}{2} \quad \text{e} \quad y_M = \frac{y_A + y_B}{2}$$

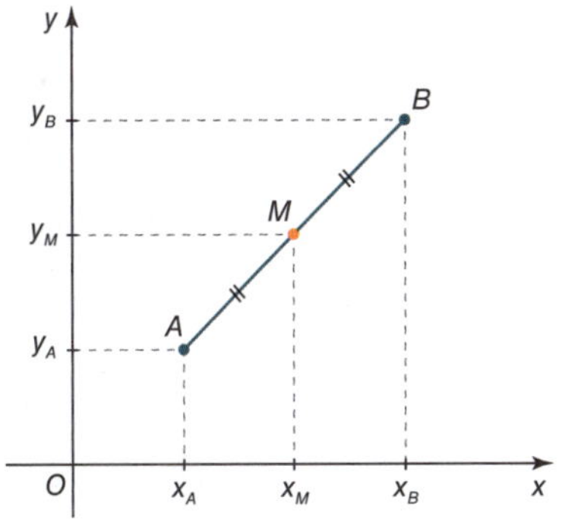

Coordenadas do baricentro de um triângulo

Se $A(x_A, y_A)$, $B(x_B, y_B)$ e $C(x_C, y_C)$ são vértices de um triângulo, então o **baricentro** $G(x_G, y_G)$ desse triângulo é tal que:

$$x_G = \frac{x_A + x_B + x_C}{3} \quad \text{e} \quad y_G = \frac{y_A + y_B + y_C}{3}$$

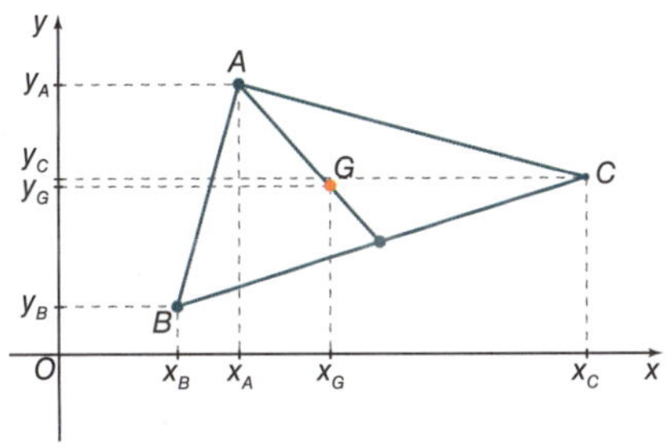

Área de um triângulo

A **área** A de um triângulo qualquer de vértices $E(x_E, y_E)$, $F(x_F, y_F)$ e $G(x_G, y_G)$ é dada por:

$$A = \frac{|D|}{2}, \text{ em que } D \text{ é o determinante } \begin{vmatrix} x_E & y_E & 1 \\ x_F & y_F & 1 \\ x_G & y_G & 1 \end{vmatrix}$$

Condição de alinhamento de três pontos

Pelo teorema acima, concluímos que três pontos, $E(x_E, y_E)$, $F(x_F, y_F)$ e $G(x_G, y_G)$, são **colineares** se, e somente se:

$$\begin{vmatrix} x_E & y_E & 1 \\ x_F & y_F & 1 \\ x_G & y_G & 1 \end{vmatrix} = 0$$

O estudo da reta

Inclinação e coeficiente angular de uma reta

- No plano cartesiano xOy, seja r uma reta que intercepta o eixo das abscissas em um ponto P e forma com esse eixo um ângulo de medida α, com $0° \leq \alpha < 180°$, medido no sentido anti-horário a partir de um ponto do eixo Ox à direita de P. A medida α é chamada de **inclinação** da reta r.

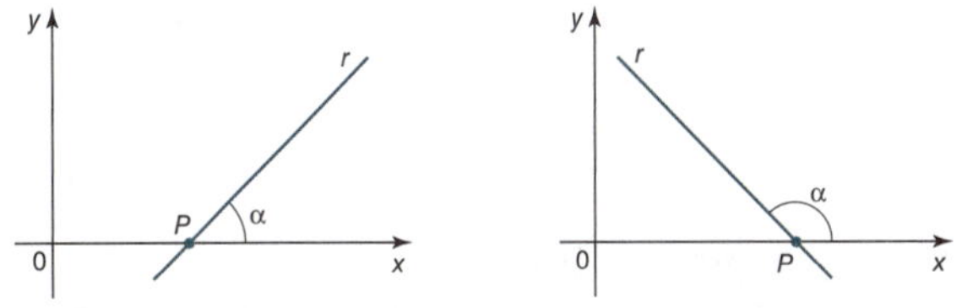

- As retas horizontais, ou seja, paralelas ao eixo Ox, têm 0° de inclinação.
- Chama-se **coeficiente angular** de uma reta r de inclinação α, com $\alpha \neq 90°$, o número m tal que: $m = \text{tg}\ \alpha$
- Consideremos dois pontos distintos, $A(x_A, y_A)$ e $B(x_B, y_B)$, de uma reta r não vertical, de inclinação α.

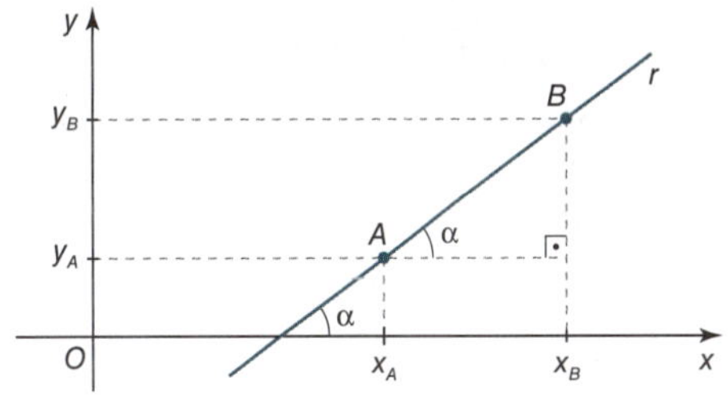

O coeficiente angular m da reta r é dado por:

$$m_r = \text{tg}\ \alpha = \frac{y_B - y_A}{x_B - x_A} = \frac{\Delta y}{\Delta x}$$

Condição de alinhamento de três pontos

Três pontos, $A(x_A, y_A)$, $B(x_B, y_B)$ e $C(x_C, y_C)$, são **colineares** se, e somente se, $m_{AB} = m_{BC}$ ou se não existem m_{AB} e m_{BC}.

Equação fundamental da reta

Se r é a reta não vertical que passa pelo ponto $P(x_0, y_0)$ e tem coeficiente angular m, então a **equação fundamental** da reta r é: $y - y_0 = m(x - x_0)$

Equação reduzida da reta

- Isolando a variável y na equação fundamental $y - y_0 = m(x - x_0)$ e indicando por q a constante $y_0 - mx_0$, obtemos a **equação reduzida** da reta r:

$$y = mx + q$$

coeficiente angular (m) — coeficiente linear (q)

- O coeficiente m de x na equação reduzida é o **coeficiente angular** da reta. O termo q, independente de x e y, é a ordenada do ponto de intersecção da reta com o eixo das ordenadas e é chamado de **coeficiente linear** da reta r.

Equação geral da reta

- Toda reta do plano cartesiano é gráfico de uma equação do tipo:

$$ax + by + c = 0$$

em que x e y são variáveis e a, b e c são constantes reais, com a e b não simultaneamente nulas. Essa equação é chamada de **equação geral** da reta.

- Dados dois pontos distintos, $E(x_E, y_E)$ e $F(x_F, y_F)$, uma **equação** da reta $\overleftrightarrow{EF}$ é dada por:

$$\begin{vmatrix} x & y & 1 \\ x_E & y_E & 1 \\ x_F & y_F & 1 \end{vmatrix} = 0$$

Posições relativas entre retas

- Duas retas não verticais, r e s, de equações reduzidas $y = m_r x + q_r$ e $y = m_s x + q_s$, respectivamente, são:
    - **Paralelas distintas** se, e somente se, $m_r = m_s$ e $q_r \neq q_s$.

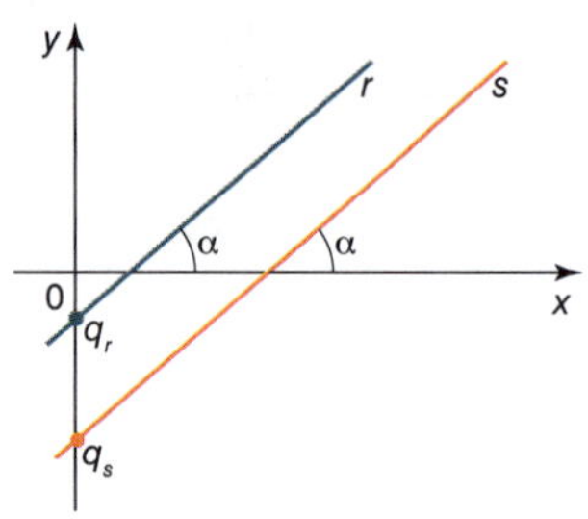

- **Paralelas coincidentes** se, e somente se, $m_r = m_s$ e $q_r = q_s$.

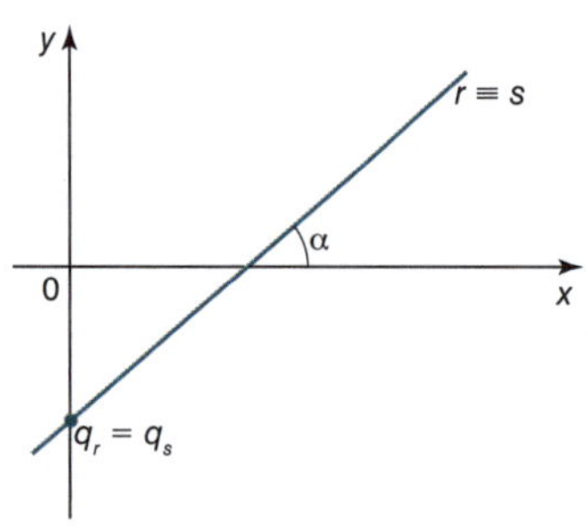

- **Concorrentes** se, e somente se, $m_r \neq m_s$.

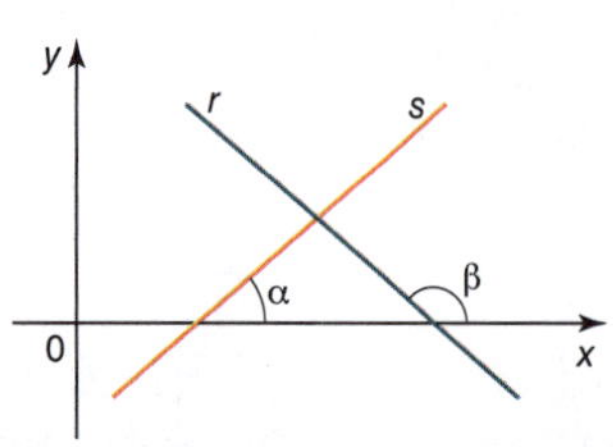

- Duas retas de equações $a_1x + b_1y + c_1 = 0$ e $a_2x + b_2y + c_2 = 0$ são **concorrentes** se, e somente se, $\begin{vmatrix} a_1 & b_1 \\ a_2 & b_2 \end{vmatrix} \neq 0$.
- Duas retas de equações $a_1x + b_1y + c_1 = 0$ e $a_2x + b_2y + c_2 = 0$ são **paralelas** (distintas ou coincidentes) se, e somente se, $\begin{vmatrix} a_1 & b_1 \\ a_2 & b_2 \end{vmatrix} = 0$.
- Duas retas, r e s, não verticais, são **perpendiculares** se, e somente se, o coeficiente angular de uma delas é igual ao oposto do inverso do coeficiente angular da outra. Ou seja, sendo m_r e m_s os coeficientes angulares das retas perpendiculares r e s, respectivamente, temos:

$$m_r = -\frac{1}{m_s} \Rightarrow m_r \cdot m_s = -1$$

Ângulos entre duas retas

- Se duas retas, r e s, não verticais, de coeficientes angulares respectivamente iguais a m_r e m_s, formam entre si um ângulo agudo de medida θ, então:

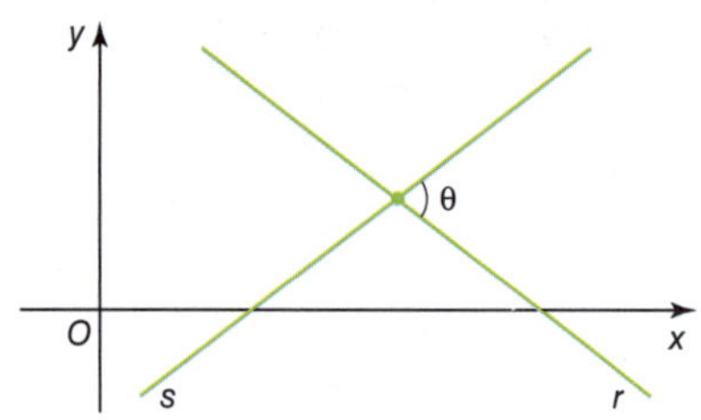

$$\text{tg}\ \theta = \left| \frac{m_r - m_s}{1 + m_r m_s} \right|$$

- Se r é uma reta vertical e s é uma reta oblíqua de coeficiente angular m_s, então a medida θ de um ângulo agudo formado por r e s é tal que:

$$\text{tg}\ \theta = \frac{1}{|m_s|}$$

Distância entre ponto e reta

A **distância** d entre um ponto $P(x_0, y_0)$ e uma reta r de equação geral $ax + by + c = 0$ é dada por:

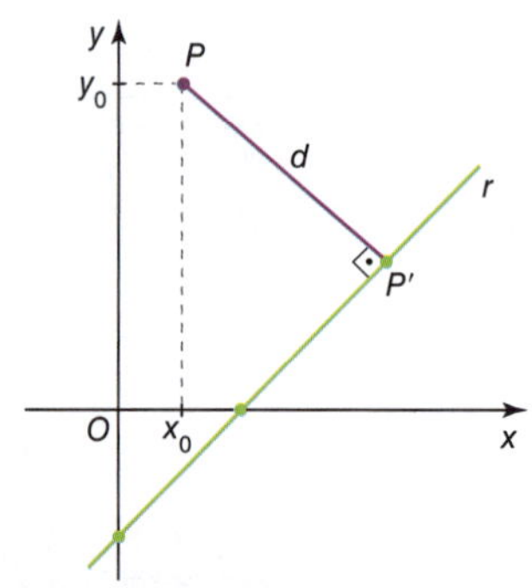

$$d = \frac{|ax_0 + by_0 + c|}{\sqrt{a^2 + b^2}}$$

No Vestibular

1. **(UEMS)** Na figura, os segmentos $\overline{AB}$ e $\overline{AC}$ são dois lados de um triângulo. O terceiro lado $\overline{BC}$ tem como suporte a reta cuja equação é:

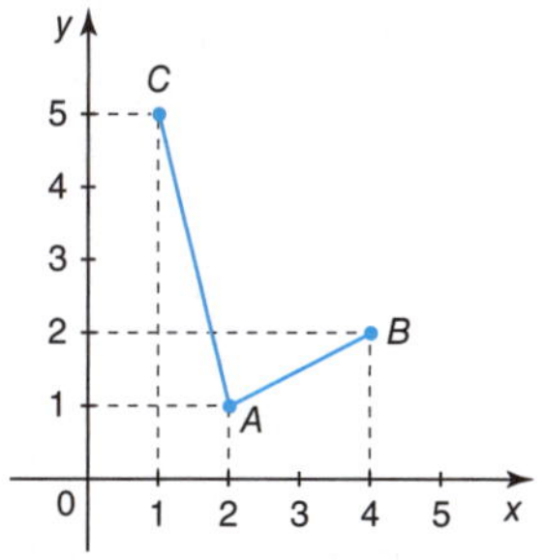

a) $y = -x - 4$
b) $y = -x - 6$
c) $y = x - 6$
d) $y = x + 4$
e) $y = -x + 6$

2. **(UFRJ)** Esboce graficamente as retas $y = x - 1$, $y = x - 3$, $y = -x + 1$ e $y = 1$ e determine a área da região delimitada por essas retas.

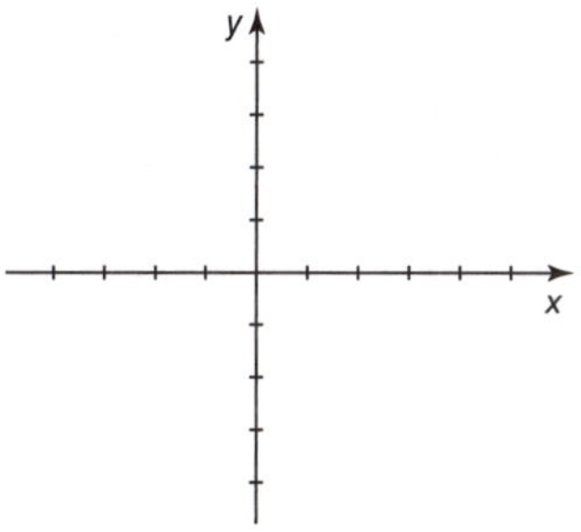

3. **(UFRJ)** Determine a área da região R definida pela intersecção de R_1, R_2 e R_3, sendo:

- $R_1 = \{(x, y) \in \mathbb{R}^2: 4x + 5y - 16 \leqslant 0\}$
- $R_2 = \{(x, y) \in \mathbb{R}^2: 4x - 3y \geqslant 0\}$
- $R_3 = \{(x, y) \in \mathbb{R}^2: y \geqslant 0\}$

4. **(Fuvest-SP)** Na figura a seguir, A é um ponto do plano cartesiano, com coordenadas (x, y). Sabendo que A está localizado abaixo da reta *r* e acima da reta *s*, tem-se:

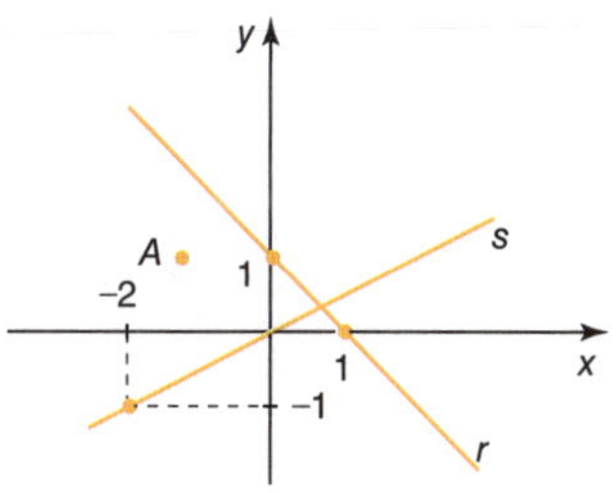

a) $y < \frac{x}{2}$ e $y < -x + 1$

b) $y < \frac{x}{2}$ ou $y > -x + 1$

c) $\frac{x}{2} < y$ e $y > -x + 1$

d) $-x + 1 < y < \frac{x}{2}$

e) $\frac{x}{2} < y < -x + 1$

5. **(UEL-PR)** A trajetória de um móvel no plano cartesiano pode ser descrita, em função do tempo t, pelas equações paramétricas $\begin{cases} x = 2 + t \\ y = 3t \end{cases}$. Essa trajetória determina uma reta:

a) que contém os pontos (3, 9) e (−2, 6).
b) paralela à reta de equação $6x - 2y - 1 = 0$.
c) perpendicular à reta de equação $3x - y + 1 = 0$.
d) que contém os pontos (1, 3) e (7, 3).
e) perpendicular à reta de equação $5x - y = 0$.

6. **(Unifesp)** Considere a reta de equação $4x - 3y + 15 = 0$, a senoide de equação $y = \text{sen } x$ e o ponto $P = \left(\frac{\pi}{2}, 3\right)$, conforme a figura.

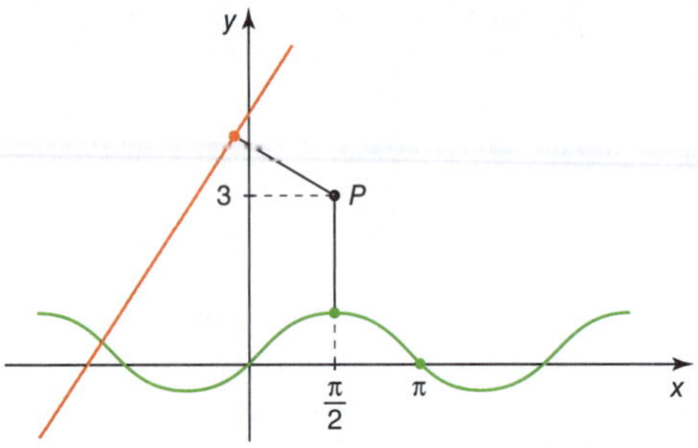

A soma das distâncias de P à reta e de P à senoide é:

a) $\frac{12 + 2\pi}{5}$
b) $\frac{13 + 2\pi}{5}$
c) $\frac{14 + 2\pi}{5}$
d) $\frac{15 + 2\pi}{5}$
e) $\frac{16 + 2\pi}{5}$

7. **(Unifesp)** Num sistema cartesiano ortogonal, considerados os pontos e a reta exibidos na figura,

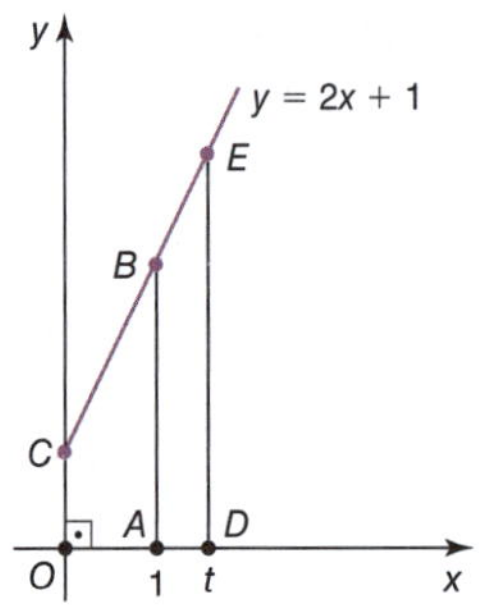

o valor de t para o qual a área do polígono *OABC* é igual a quatro vezes a área do polígono *ADEB* é:

a) $-1 + \sqrt{30}$
b) $1 + \sqrt{5}$
c) $\sqrt{10}$
d) 3
e) $\frac{-1 + \sqrt{11}}{2}$

8. **(UFPel-RS)** O gráfico abaixo representa a função $y = \log_2 (x - 2)$.

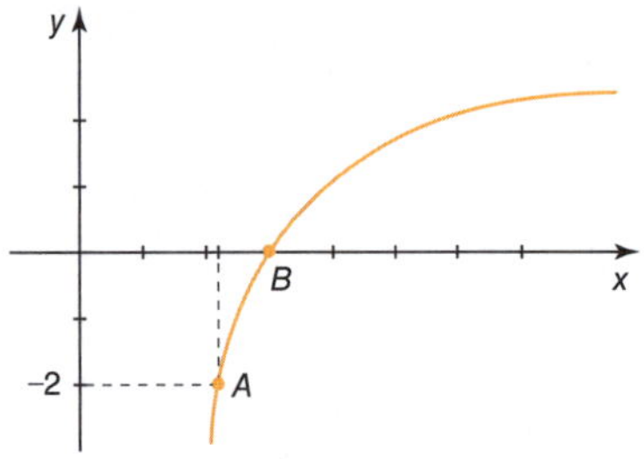

Com base nos textos, é correto afirmar que a equação geral da reta que passa pelos pontos A e B é:

a) $8x - 3y - 24 = 0$
b) $2x + 6y - 6 = 0$
c) $2x + 6y - 24 = 0$
d) $6x - 2y + 6 = 0$
e) $3x - 8y + 24 = 0$
f) I.R.

9. **(Unifor-CE)** Duas retas, *r* e *s*, perpendiculares entre si, interceptam os eixos cartesianos nos pontos A e B, como é mostrado na figura abaixo.

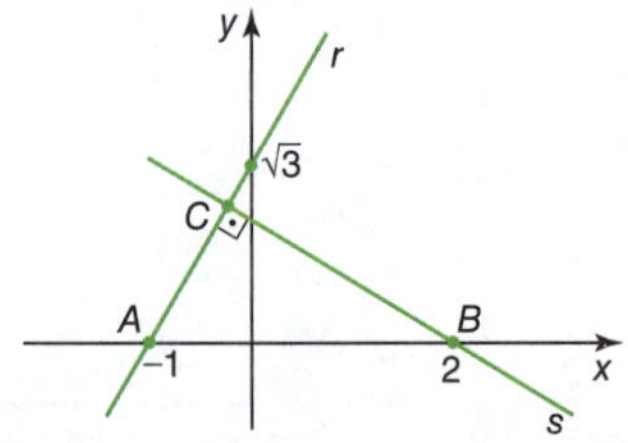

Se o ponto C é a intersecção de *r* e *s*, a área do triângulo *ABC*, em unidade de superfície, é:

a) $\frac{5\sqrt{3}}{8}$
b) $\frac{3\sqrt{3}}{4}$
c) $\frac{7\sqrt{3}}{8}$
d) $\frac{9\sqrt{3}}{8}$
e) $\frac{5\sqrt{3}}{4}$

10. **(Fuvest-SP)** O conjunto dos pontos (x, y) do plano cartesiano, cujas coordenadas satisfazem a equação:
$(x^2 + y^2 + 1) \cdot (2x + 3y - 1) \cdot (3x - 2y + 3) = 0$, pode ser representado, graficamente, por:

a)
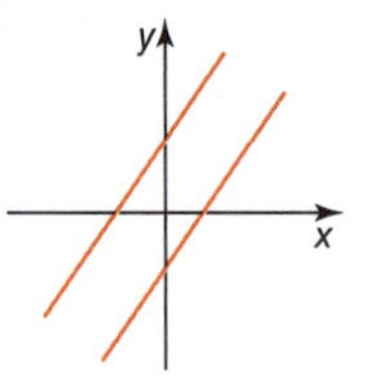

d)
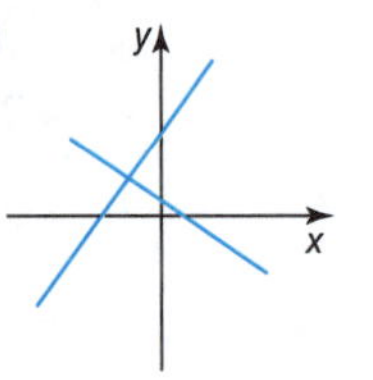

b)
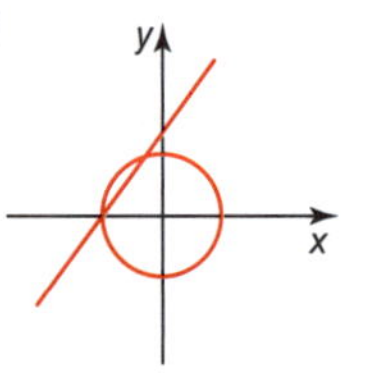

e)
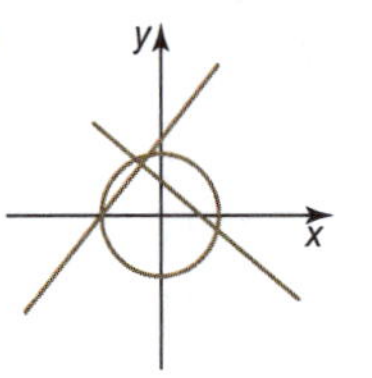

c)
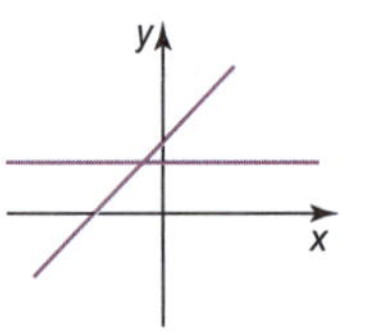

11. **(Fuvest-SP)** O conjunto dos pontos (x, y) do plano cartesiano que satisfazem $t^2 - t - 6 = 0$, onde $t = |x - y|$, consiste de:

a) uma reta.
b) duas retas.
c) quatro retas.
d) uma parábola.
e) duas parábolas.

12. **(Fuvest-SP)** Os pontos *M*(2, 2), *N*(−4, 0) e *P*(−2, 4) são, respectivamente, os pontos médios dos lados $\overline{AB}$, $\overline{BC}$ e $\overline{CA}$ do triângulo *ABC*. A reta mediatriz do segmento $\overline{AB}$ tem a equação:

a) $x + 2y - 6 = 0$
b) $x - 2y + 2 = 0$
c) $2x - 2y - 2 = 0$
d) $2x + y - 6 = 0$
e) $-x + 2y + 6 = 0$

13. **(Fuvest-SP)** A inequação $x^2 + 2xy + y^2 < 1$ representa o interior de:

a) uma circunferência.
b) uma hipérbole.
c) uma parábola.
d) uma faixa.
e) um ângulo.

14. **(UFTM-MG)** Na figura, tem-se o gráfico da função $f(x) = \cos(2x)$, ao qual pertencem os pontos A e B assinalados.

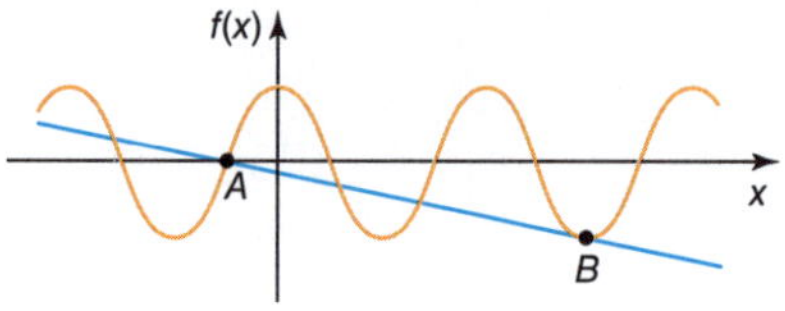

Se A pertence ao eixo das abscissas e B tem ordenada −1, então o coeficiente angular da reta $\overleftrightarrow{AB}$ vale:

a) $-\frac{4}{7\pi}$ b) $-\frac{5}{3\pi}$ c) $-\frac{1}{6}$ d) $-\frac{4\pi}{9}$ e) $-\frac{\pi}{10}$

15. **(Unifesp)** A figura representa, em um sistema ortogonal de coordenadas, duas retas, *r* e *s*, simétricas em relação ao eixo Oy, uma circunferência com centro na origem do sistema, e os pontos A = (1, 2), B, C, D, E e F correspondentes às intersecções das retas e do eixo Ox com a circunferência.

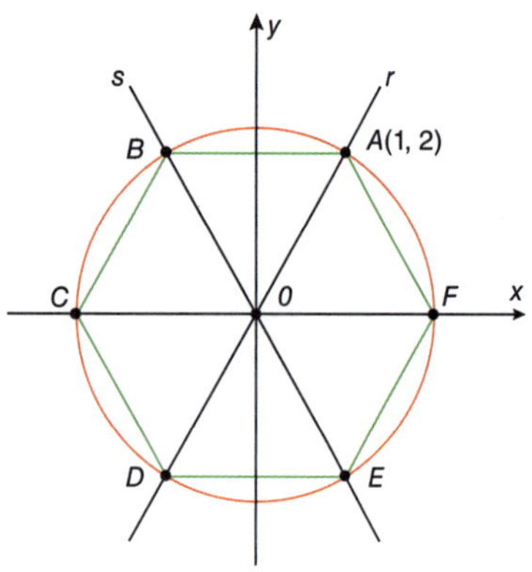

Nessas condições, determine:

a) as coordenadas dos vértices B, C, D, E e F e a área do hexágono ABCDEF.
b) o valor do cosseno do ângulo AÔB.

16. **(Fuvest-SP)** Na figura a seguir, a reta *r* tem equação cartesiana $y = 2\sqrt{2}x + 1$ no plano cartesiano Oxy. Além disso, os pontos B_0, B_1, B_2, B_3 estão na reta *r*, sendo $B_0(0, 1)$. Os pontos A_0, A_1, A_2, A_3 estão no eixo Ox, com $A_0 = O(0, 0)$. O ponto D_i pertence ao segmento A_iB_i, para $1 \leq i \leq 3$.

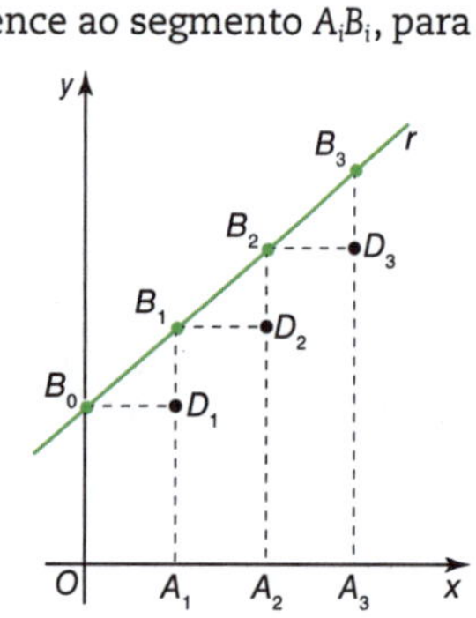

Os segmentos A_1B_1, A_2B_2, A_3B_3 são paralelos ao eixo Oy, os segmentos B_0D_1, B_1D_2, B_2D_3 são paralelos ao eixo Ox, e a distância entre B_i e B_{1+i} é igual a 9, para $0 \leq i \leq 2$.

Nessas condições:

a) Determine as abscissas de A_1, A_2, A_3.
b) Sendo R_i o retângulo de base A_iA_{1+i} e altura $A_{i+1}D_{i+1}$, para $0 \leq i \leq 2$, calcule a soma das áreas dos retângulos R_0, R_1 e R_2.

17. **(UFRS)** O conjunto dos pontos P cujas coordenadas cartesianas (x, y) satisfazem $\frac{y + 1}{x - 1} \leq 1$ está representado na região hachurada da figura:

a)
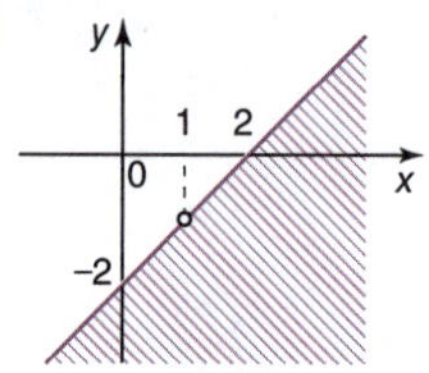

b)
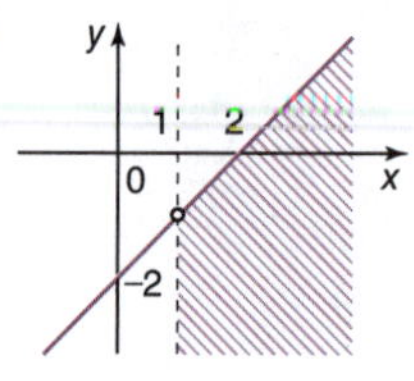

c)
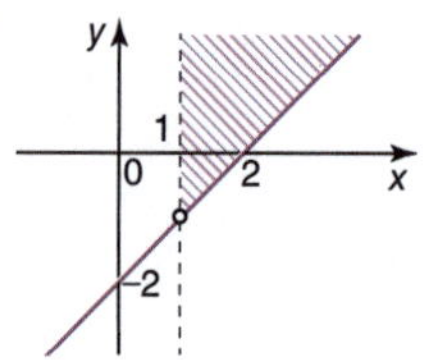

d)
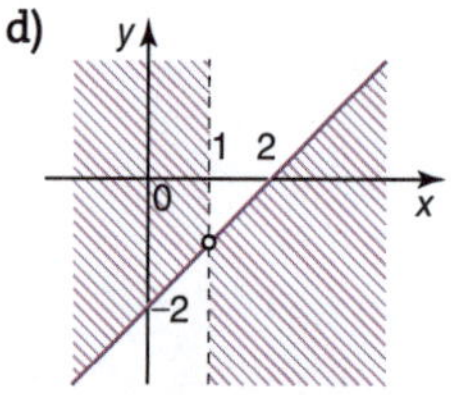

e)
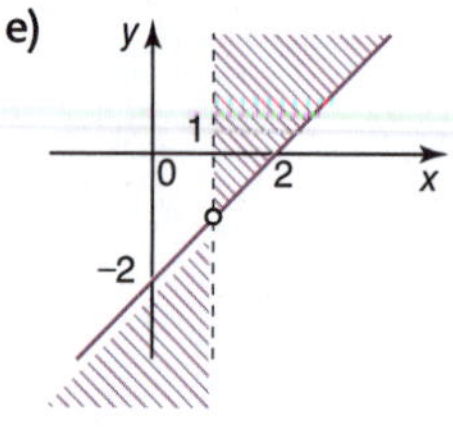

18. **(Fuvest-SP)** Duas irmãs receberam como herança um terreno na forma do quadrilátero *ABCD*, representado abaixo em um sistema de coordenadas. Elas pretendem dividi-lo, construindo uma cerca reta perpendicular ao lado $\overline{AB}$ e passando pelo ponto P(*a*, 0). O valor de *a* para que se obtenham dois lotes de mesma área é:

a) $\sqrt{5} - 1$
b) $5 - 2\sqrt{2}$
c) $5 - \sqrt{2}$
d) $2 + \sqrt{5}$
e) $5 + 2\sqrt{2}$

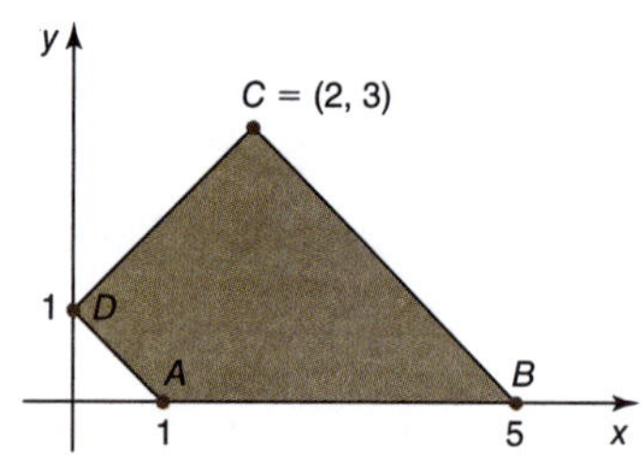

19. **(Ibmec)** Considere, no plano cartesiano da figura, o triângulo de vértices A, B e C.

Se *r* é a reta suporte da bissetriz do ângulo $A\hat{B}C$, então o coeficiente angular de *r* é igual a:

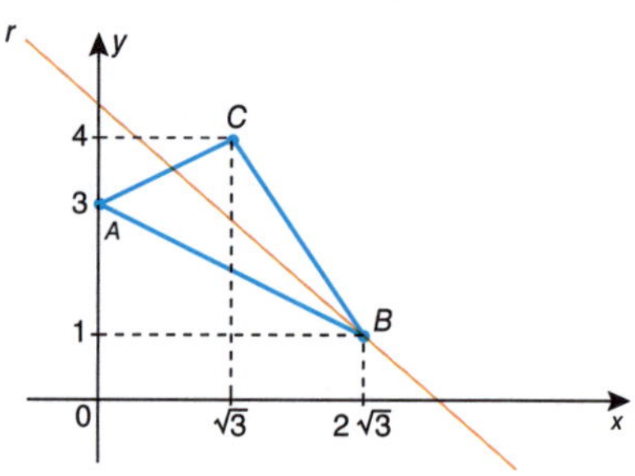

a) $-\frac{\sqrt{3}}{3}$ b) -1 c) $-\frac{4}{3}$ d) $-\frac{3}{2}$ e) $-\sqrt{3}$

Geometria analítica: cônicas

Iluminando uma parede plana com uma lanterna, a intersecção da superfície do cone de luz com o plano da parede representa uma figura cônica. Dependendo da inclinação do eixo do cone em relação ao plano da parede, essa figura pode ser uma circunferência, uma elipse, uma parábola ou um ramo de hipérbole.

Circunferência

Consideremos no plano cartesiano uma circunferência λ de centro $C(a, b)$ e raio R. Sendo $G(x, y)$ um ponto genérico, temos que G pertence a λ se, e somente se, $CG = R$, ou seja:

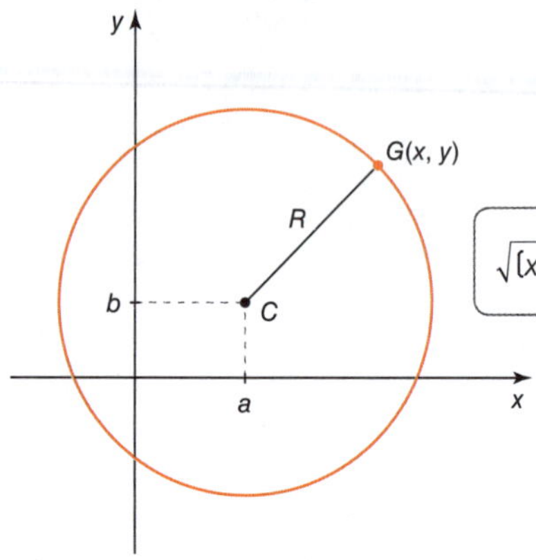

$$\sqrt{(x - a)^2 + (y - b)^2} = R$$

Equação reduzida da circunferência

- Elevando ao quadrado ambos os membros da equação acima, obtemos a **equação reduzida** da circunferência de centro $C(a, b)$ e raio R:

$$(x - a)^2 + (y - b)^2 = R^2$$

- A equação $(x - a)^2 + (y - b)^2 = k$, nas variáveis x e y, com $\{a, b, k\} \subset \mathbb{R}$, representa:
  - uma circunferência se, e somente se, $k > 0$;
  - um ponto se, e somente se, $k = 0$;
  - o conjunto vazio se, e somente se, $k < 0$.

Equação geral da circunferência

Eliminando os parênteses da equação reduzida da circunferência de centro $C(a, b)$ e raio R, obtemos a **equação geral** (ou normal) da circunferência:

$$x^2 + y^2 - 2ax - 2by + a^2 + b^2 - R^2 = 0$$

Posições relativas entre ponto e circunferência

No plano cartesiano, as posições relativas entre um ponto P e uma circunferência λ podem ser observadas a partir da comparação entre o raio R de λ e a distância d entre o ponto e o centro C da circunferência.

P é **interior** a λ	P **pertence** a λ	P é **exterior** a λ
$d < R$	$d = R$	$d > R$
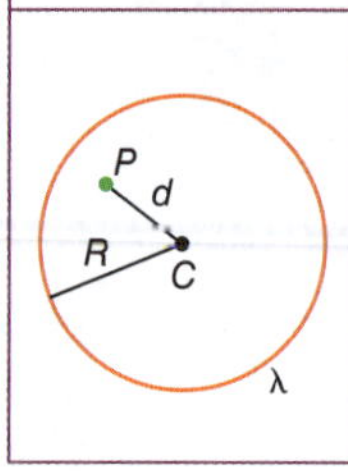	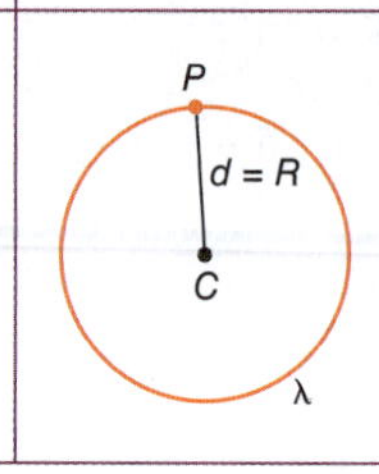	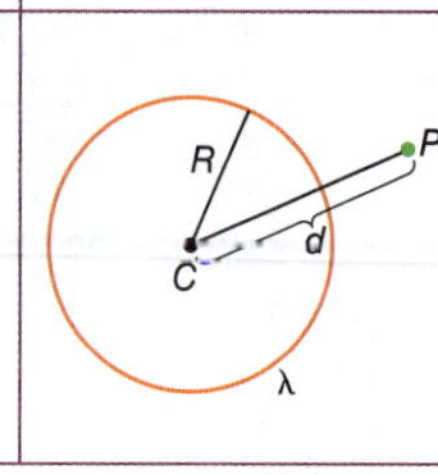

Posições relativas entre reta e circunferência

- No plano cartesiano, as posições relativas entre uma reta s e uma circunferência λ podem ser observadas a partir da comparação entre o raio r de λ e a distância d entre a reta e o centro C da circunferência.

s é **secante** a λ	s é **tangente** a λ	s é **exterior** a λ
$d < R$	$d = R$	$d > R$
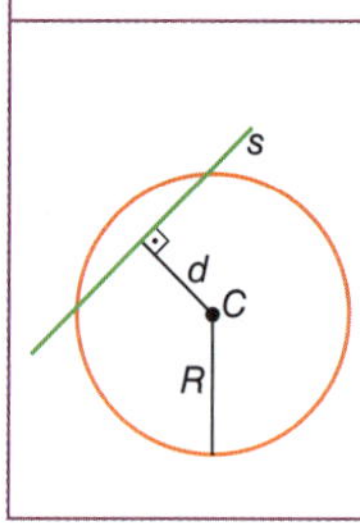	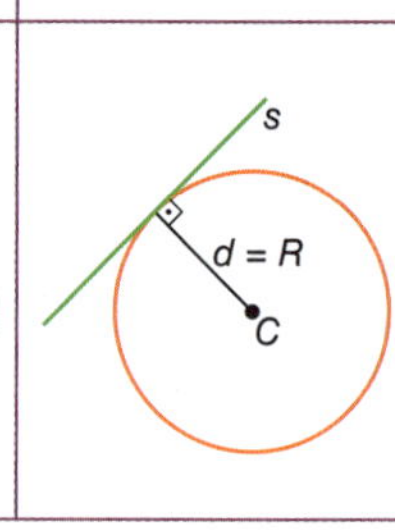	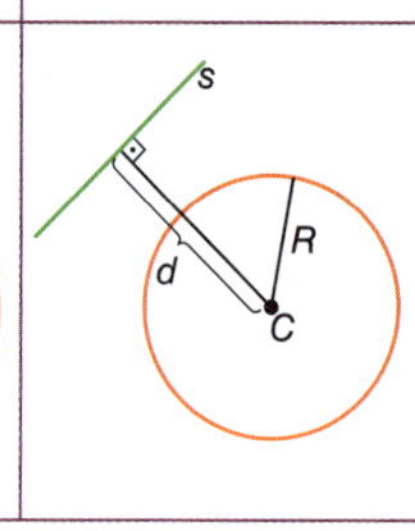

- Dadas as equações da reta s: $ax + by + c = 0$ e da circunferência λ: $(x - x_0)^2 + (y - y_0)^2 = R^2$, temos que $s \cap \lambda$ é o conjunto solução do sistema:

$$\begin{cases} ax + by + c = 0 \\ (x - x_0)^2 + (y - y_0)^2 = R^2 \end{cases}$$

Por substituição, obtemos uma equação do 2º grau em uma única variável. Sendo Δ o discriminante dessa equação, temos:

- Se $\Delta < 0$, o sistema é impossível, o que significa que s é exterior a λ.
- Se $\Delta = 0$, o sistema tem uma única solução, o que significa que s é tangente a λ.
- Se $\Delta > 0$, o sistema tem exatamente duas soluções, o que significa que s é secante a λ.

Posições relativas entre duas circunferências

› No plano cartesiano, sendo λ_1 e λ_2 duas circunferências de centros C_1 e C_2 e raios R_1 e R_2, respectivamente, temos uma dentre as seis posições possíveis:

Posição	Representação
λ_1 e λ_2 são exteriores	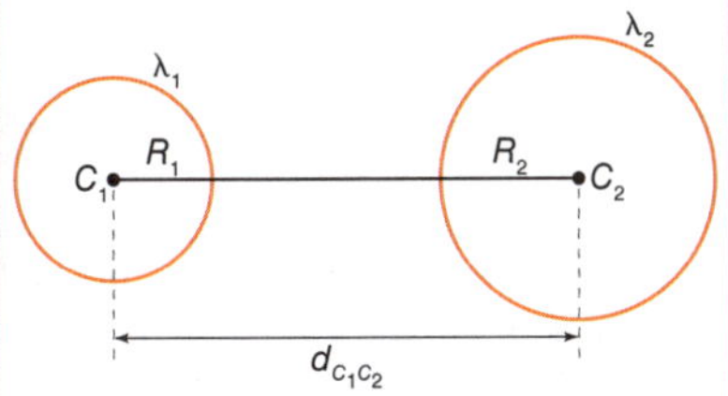 $d_{C_1C_2} > R_1 + R_2$
λ_1 e λ_2 são tangentes exteriormente	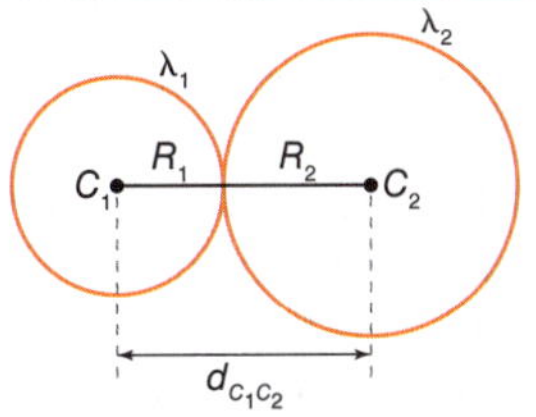 $d_{C_1C_2} = R_1 + R_2$
λ_1 e λ_2 são tangentes interiormente	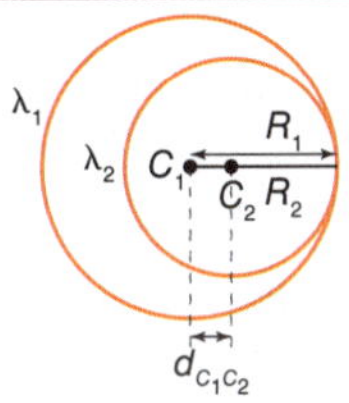 $d_{C_1C_2} = \lvert R_1 - R_2 \rvert$
λ_1 e λ_2 são secantes	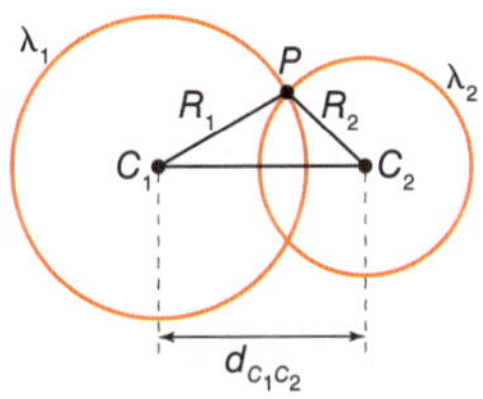 $\lvert R_1 - R_2 \rvert < d_{C_1C_2} < R_1 + R_2$
λ_2 é interior a λ_1	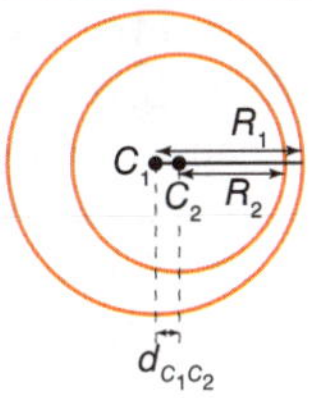 $R_1 > R_2$ e $d_{C_1C_2} < \lvert R_1 - R_2 \rvert$
λ_1 e λ_2 são coincidentes	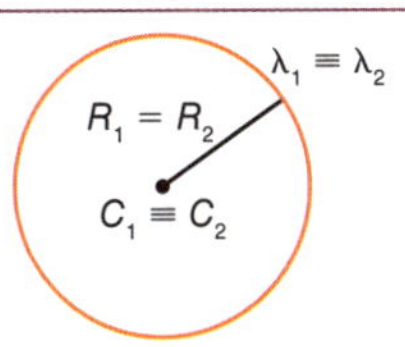 $d_{C_1C_2} = 0$ e $R_1 = R_2$

› Dadas as equações das circunferências λ_1: $(x - a_1)^2 + (y - b_1)^2 = R_1^2$ e λ_2: $(x - a_2)^2 + (y - b_2)^2 = R_2^2$, temos que $\lambda_1 \cap \lambda_2$ é o conjunto solução do sistema:

$$\begin{cases}(x - a_1)^2 + (y - b_1)^2 = R_1^2\\(x - a_2)^2 + (y - b_2)^2 = R_2^2\end{cases}$$

Esse sistema:

- É impossível se, e somente se, λ_1 e λ_2 são exteriores ou uma delas for interior à outra.
- Tem uma única solução se, e somente se, λ_1 e λ_2 são tangentes interiormente ou exteriormente.
- Tem exatamente duas soluções se, e somente se, λ_1 e λ_2 são secantes.
- Tem mais de duas soluções se, e somente se, λ_1 e λ_2 são coincidentes.

Elipse

› Fixados dois pontos, F_1 e F_2, de um plano α tais que $F_1F_2 = 2c$, com $c > 0$, chama-se **elipse** o conjunto dos pontos P do plano α cuja soma das distâncias PF_1 e PF_2 é uma constante $2a$, com $2a > 2c$, ou seja:

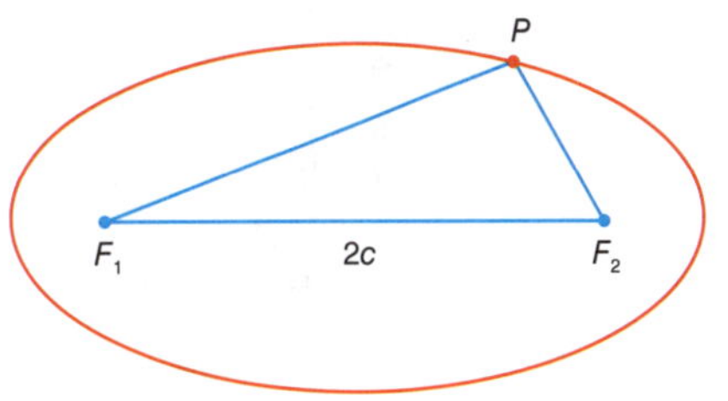

$$PF_1 + PF_2 = 2a$$

› Considere a elipse abaixo.

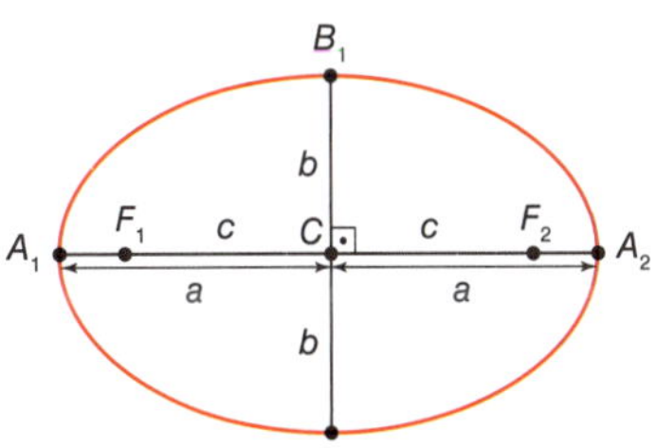

- **Focos** da elipse: são os pontos F_1 e F_2.
- **Distância focal:** é a distância $2c$ entre os focos, sendo c a semidistância focal.
- **Corda** da elipse: é qualquer segmento de reta cujos extremos são pontos da elipse.
- **Eixo maior** da elipse: é a corda $\overline{A_1A_2}$, que passa pelos focos. Temos: $A_1A_2 = 2a$
- **Centro** da elipse: é o ponto médio C da corda $\overline{A_1A_2}$
- **Eixo menor** da elipse: é a corda $\overline{B_1B_2}$, perpendicular a $\overline{A_1A_2}$, que passa por C. Temos: $B_1B_2 = 2b$ e $CB_1 = CB_2 = b$

› Pelo teorema de Pitágoras, temos do triângulo B_1CF_2:

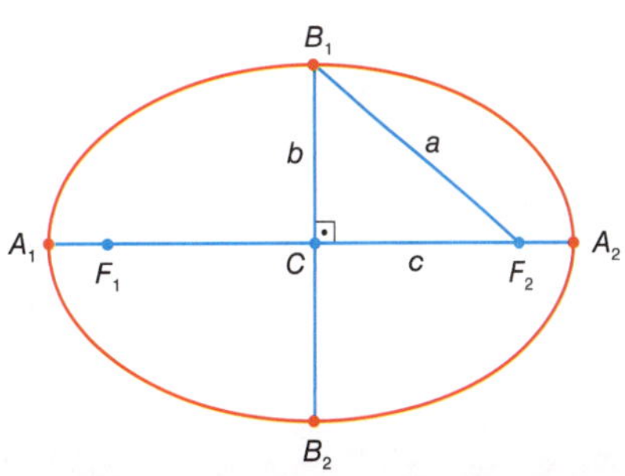

$$a^2 = b^2 + c^2$$

- O número $e = \frac{c}{a}$ é chamado de **excentricidade** da elipse. Observando que esse número é o cosseno do ângulo agudo $B_1\hat{F}_2C$, temos: $0 < e < 1$

Equação reduzida da elipse

- Se uma elipse tem o eixo maior paralelo ao das abscissas, então sua equação reduzida é:

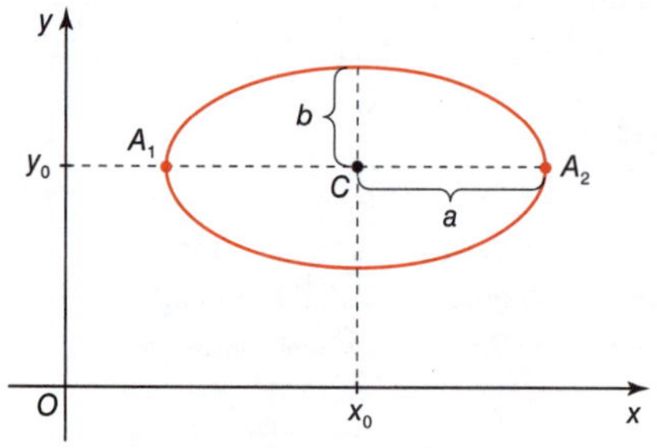

$$\frac{(x - x_0)^2}{a^2} + \frac{(y - y_0)^2}{b^2} = 1$$

- Se uma elipse tem o eixo maior paralelo ao das ordenadas, então sua equação reduzida é:

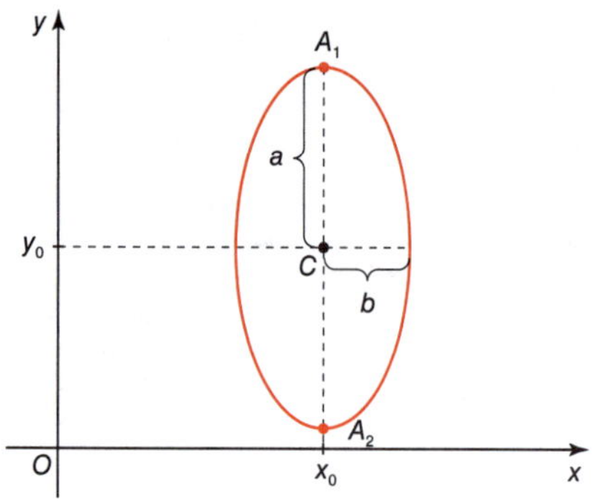

$$\frac{(x - x_0)^2}{b^2} + \frac{(y - y_0)^2}{a^2} = 1$$

Hipérbole

- Fixados dois pontos, F_1 e F_2, de um plano α tais que $F_1F_2 = 2c$, com $c > 0$, chama-se **hipérbole** o conjunto dos pontos P do plano α cujas diferenças, em módulo, das distâncias PF_1 e PF_2 são iguais a uma constante $2a$, com $0 < 2a < 2c$, ou seja:

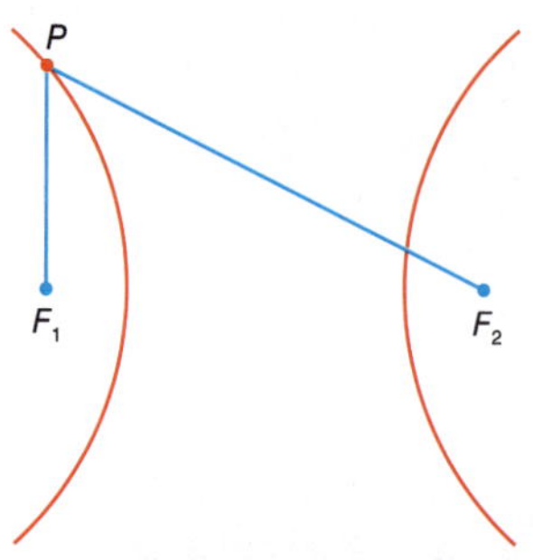

$$|PF_1 - PF_2| = 2a$$

- Considere a hipérbole abaixo.

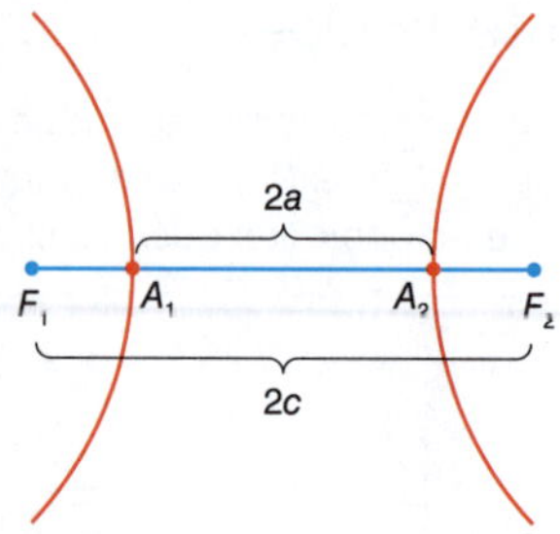

- **Focos** da hipérbole: são os pontos F_1 e F_2.
- **Distância focal**: é a distância $2c = F_1F_2$ entre os focos, sendo c a semidistância focal.
- **Vértices** da hipérbole: são os pontos A_1 e A_2, que são a intersecção da hipérbole com o segmento $\overline{F_1F_2}$.
- **Eixo real** da hipérbole: é o segmento $\overline{A_1A_2}$. Temos: $A_1A_2 = 2a$
- **Centro** da hipérbole: é o ponto médio C do **eixo real** $\overline{A_1A_2}$.
- **Eixo imaginário** da hipérbole: é o segmento $\overline{B_1B_2}$, perpendicular a $\overline{A_1A_2}$, que passa por C tal que: $B_1A_1 = B_1A_2 = B_2A_1 = B_2A_2 = c$. Temos: $B_1B_2 = 2b$ e $CB_1 = CB_2 = b$

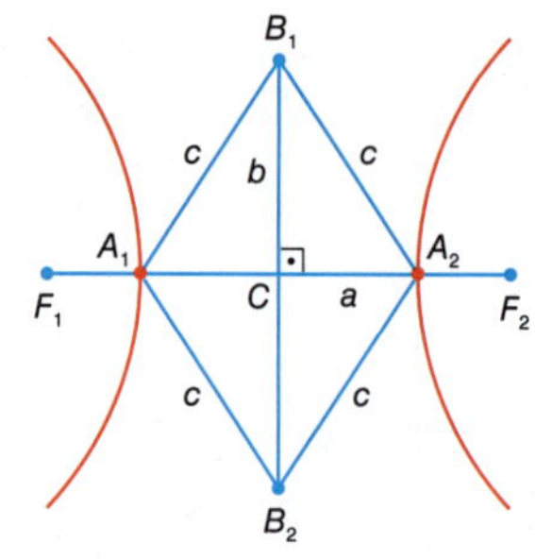

- Pelo teorema de Pitágoras, temos do triângulo B_1CA_2: $c^2 = a^2 + b^2$
- O número $e = \frac{c}{a}$ é chamado de **excentricidade** da hipérbole. Observando que esse número é a secante do ângulo agudo $B_1\hat{A}_2C$, temos: $e > 1$
- Chama-se **retângulo referência** da hipérbole o retângulo $MNPQ$, cujos pontos médios dos lados são A_1, B_1, A_2 e B_2. As retas $\overleftrightarrow{MP}$ e $\overleftrightarrow{NQ}$, que contêm as diagonais do retângulo, são denominadas **assíntotas** da hipérbole. A hipérbole não tem ponto em comum com nenhuma das assíntotas e a distância entre a hipérbole e cada assíntota se aproxima indefinidamente de zero.

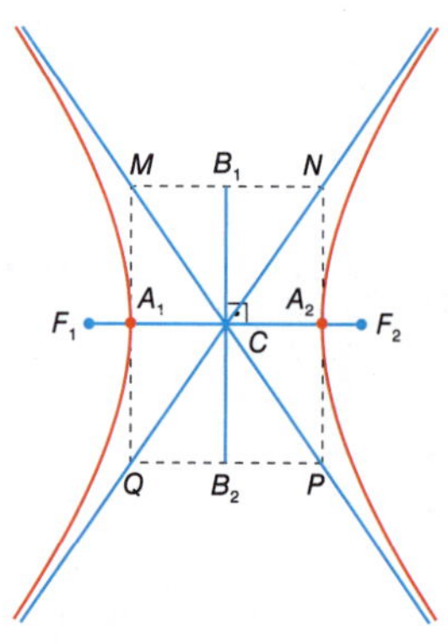

Quando o retângulo referência é um quadrado $(2a = 2c)$, a hipérbole é chamada de **equilátera**.

Equação reduzida da hipérbole

› Se uma hipérbole tem o eixo real paralelo ao das abscissas, então sua **equação reduzida** é:

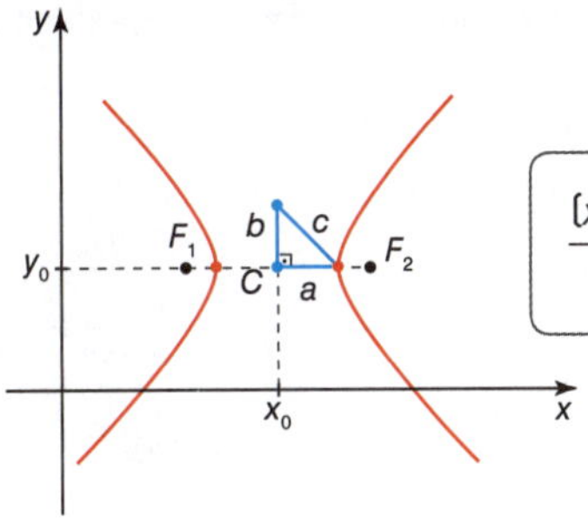

$$\frac{(x - x_0)^2}{a^2} - \frac{(y - y_0)^2}{b^2} = 1$$

› Se uma hipérbole tem o eixo real paralelo ao das ordenadas, então sua **equação reduzida** é:

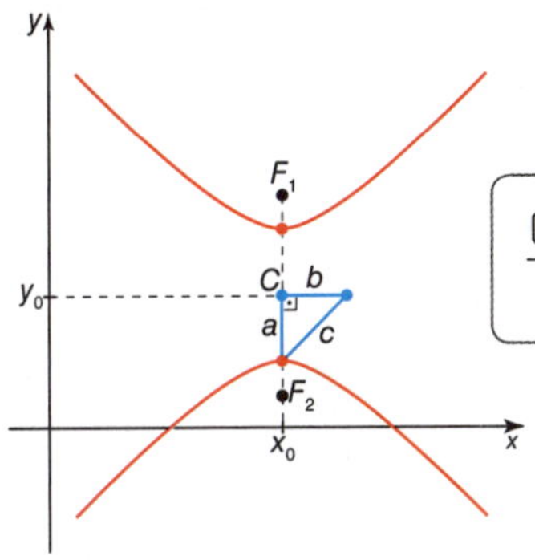

$$\frac{(y - y_0)^2}{a^2} - \frac{(x - x_0)^2}{b^2} = 1$$

Parábola

› Fixados um ponto F e uma reta r de um plano, com $F \notin r$, chama-se **parábola** o conjunto dos pontos P desse plano equidistantes de r e F, ou seja:

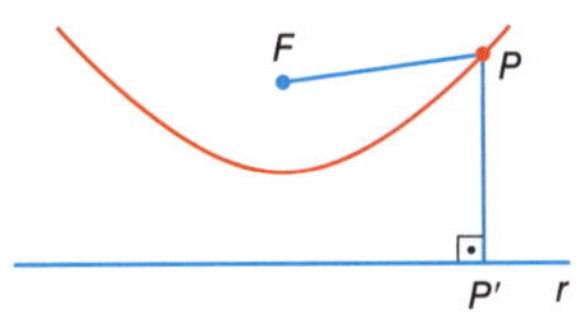

$PF = PP'$
(P' é a projeção ortogonal de P sobre r)

› Considere a parábola abaixo.

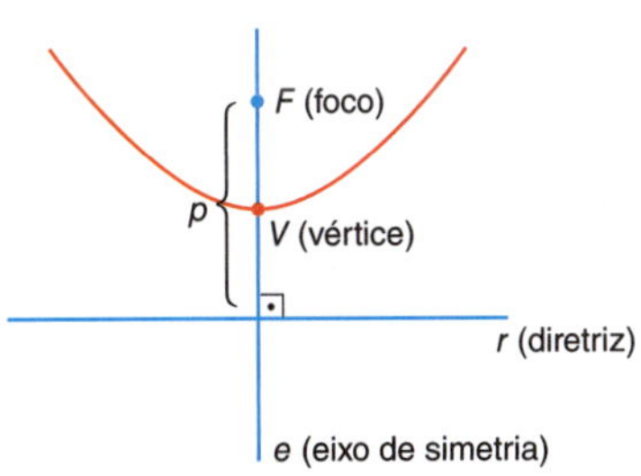

- **Foco** da parábola: é o ponto F.
- **Diretriz** da parábola: é a reta r.
- **Eixo de simetria** da parábola: é a reta e que passa por F e é perpendicular à diretriz.
- **Vértice** da parábola: é o ponto V, intersecção da parábola com o eixo e.
- **Parâmetro** da parábola: é a distância p do foco à diretriz.

› A razão entre as distâncias de um ponto P ao foco e à diretriz é chamada de **excentricidade** da parábola. Como essas distâncias são iguais, a excentricidade da parábola é igual a 1.

Equação reduzida da parábola

› Se uma parábola tem a diretriz paralela ao eixo Ox e a concavidade voltada para cima, então sua equação reduzida é:

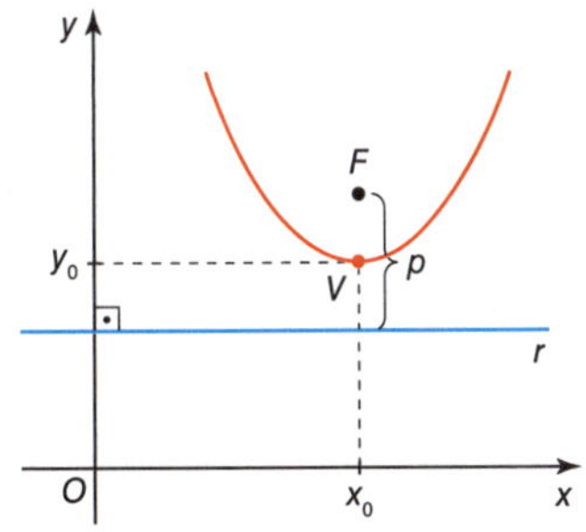

$$(x - x_0)^2 = 2p(y - y_0)$$

› Se uma parábola tem a diretriz paralela ao eixo Ox e a concavidade voltada para baixo, então sua equação reduzida é:

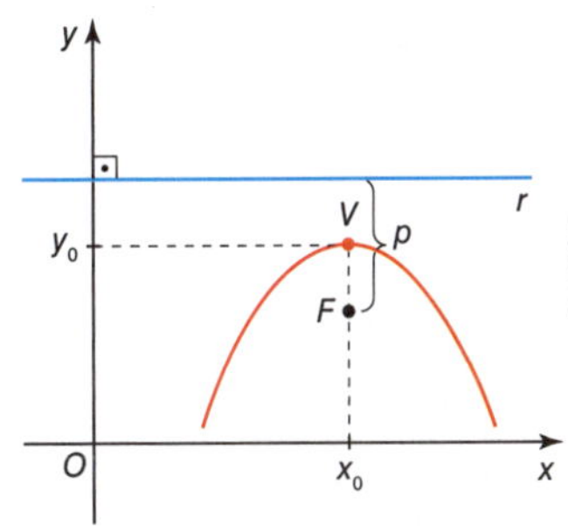

$$(x - x_0)^2 = -2p(y - y_0)$$

› Se uma parábola tem a diretriz paralela ao eixo Oy e a concavidade voltada para a direita, então sua equação reduzida é:

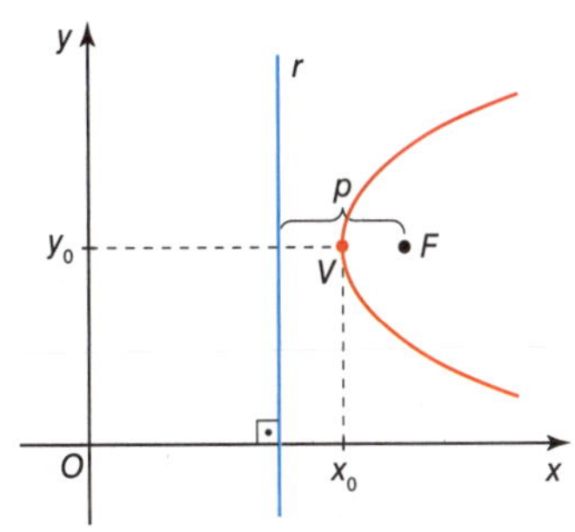

$$(y - y_0)^2 = 2p(x - x_0)$$

› Se uma parábola tem a diretriz paralela ao eixo Oy e a concavidade voltada para a esquerda, então sua equação reduzida é:

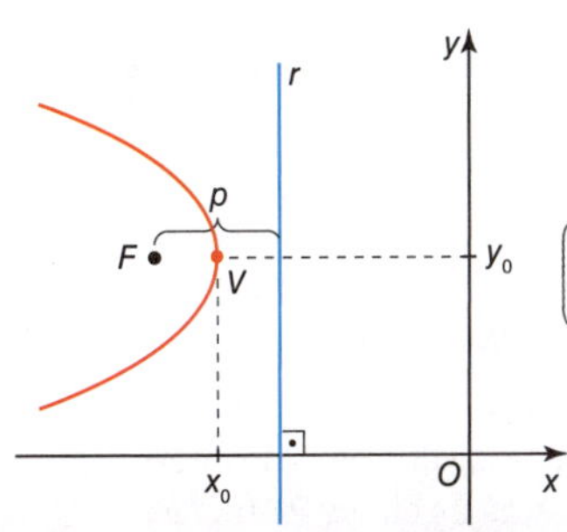

$$(y - y_0)^2 = -2p(x - x_0)$$

No Vestibular

1. (Unicamp-SP) A circunferência de centro em (2, 0) e tangente ao eixo y é interceptada pela circunferência C, definida pela equação $x^2 + y^2 = 4$, e pela semirreta que parte da origem e faz um ângulo de 30° com o eixo x, conforme a figura a seguir.

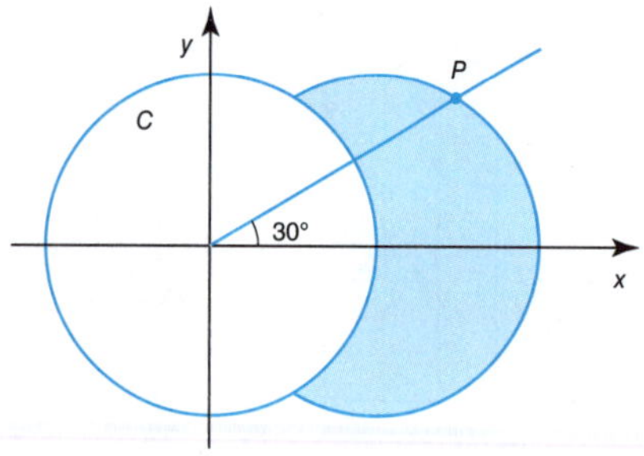

a) Determine as coordenadas do ponto P.
b) Calcule a área da região sombreada.

2. (Udesc) A figura abaixo apresenta o triângulo ABC inscrito em uma circunferência de centro O.

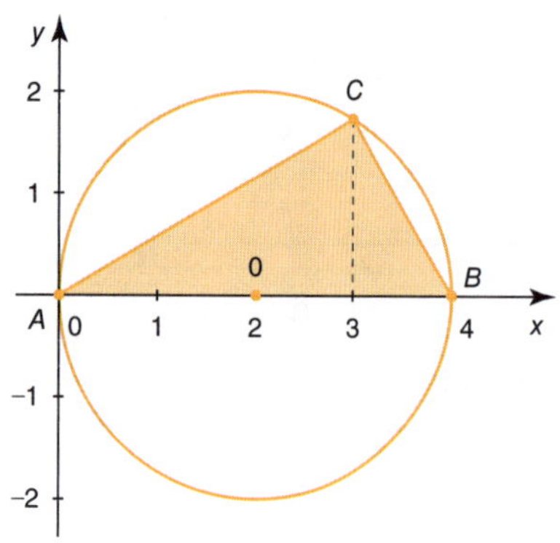

Analise as afirmativas abaixo de acordo com a figura.

I. A área do triângulo ABC é igual a $2\sqrt{3}$ unidades de área.
II. A equação da circunferência é dada por $x^2 + y^2 + 4x = 0$.
III. A equação da reta que passa pelos pontos A e C é dada por y = 3x.
IV. A medida do ângulo $A\hat{B}C$ é igual a 60°.

Assinale a alternativa correta.

a) Somente as afirmativas I e III são verdadeiras.
b) Somente as afirmativas III e IV são verdadeiras.
c) Somente as afirmativas I e IV são verdadeiras.
d) Somente as afirmativas I, II e IV são verdadeiras.
e) Somente a afirmativa I é verdadeira.

3. (UFG-GO) Dadas as circunferências de equações $x^2 + y^2 - 4y = 0$ e $x^2 + y^2 - 4x - 2y + 4 = 0$ em um sistema de coordenadas cartesianas:

a) esboce os seus gráficos;
b) determine as coordenadas do ponto de intersecção das retas tangentes comuns às circunferências.

4. (Unesp) Dentre as regiões coloridas, aquela que representa no plano cartesiano o conjunto
$U = \{(x, y) \in \mathbb{R}^2 \mid y \geq 2x + 1 \text{ e } x^2 + y^2 \leq 4\}$ é.

a)
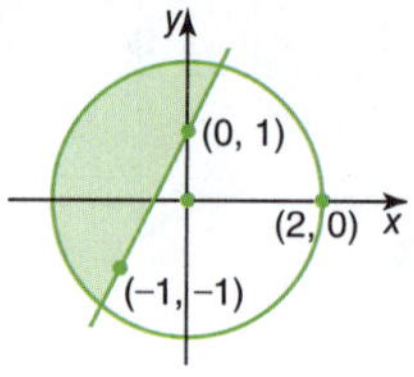

d)
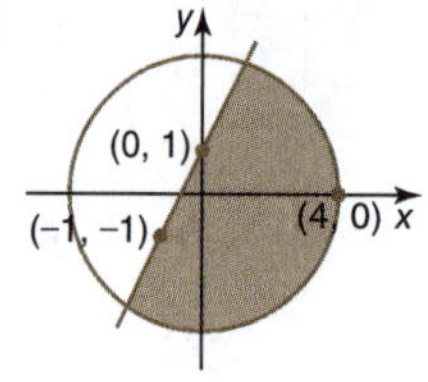

b)
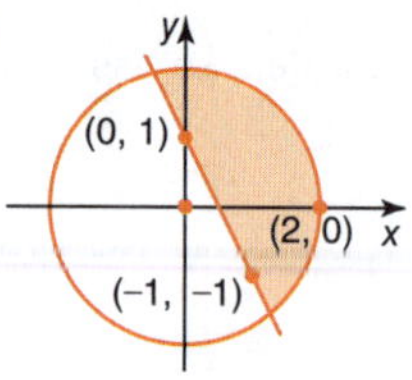

e)
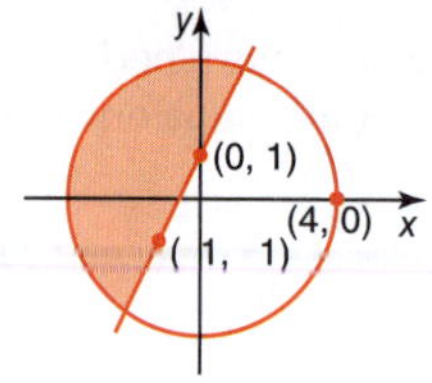

c)
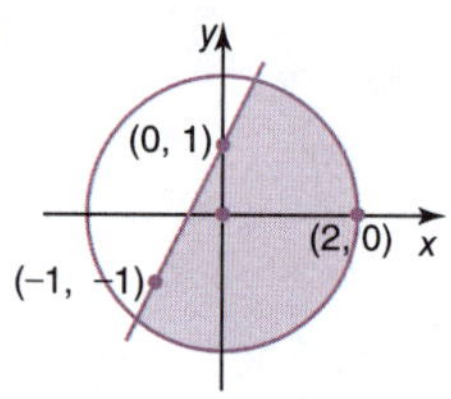

5. (Unifor-CE) Considere que, num sistema de eixos cartesianos ortogonais, as intersecções das curvas de equações $x^2 + y^2 - 3x - 19 = 0$ e $y^2 = x + 4$ são vértices de um polígono convexo cujos lados correspondem ao perímetro de um terreno. Se para desenhar esse terreno no sistema de eixos considerado foi usada uma escala de 1 : 6, a sua área real, em metros quadrados, é:

a) 288
b) 540
c) 960
d) 1.152
e) 2.304

6. (Fuvest-SP) No plano cartesiano Oxy, a circunferência C tem centro no ponto A(–5, 1) e é tangente à reta de equação $4x - 3y - 2 = 0$ em um ponto P. Seja, ainda, Q o ponto de intersecção da reta t com o eixo Ox. Assim:

a) Determine as coordenadas do ponto P.
b) Escreva uma equação para a circunferência C.
c) Calcule a área do triângulo APQ.

7. (UFG-GO) Na figura abaixo, as circunferências C_1 e C_2 são tangentes entre si e ambas tangentes às retas de equações $y = \frac{\sqrt{3}}{3}x$ e $y = -\frac{\sqrt{3}}{3}x$.

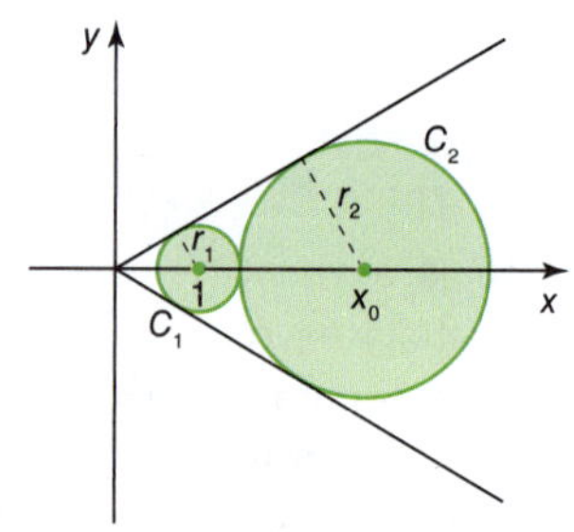

Calcule a equação da circunferência C_2, sabendo que o ponto (1, 0) é o centro da circunferência C_1.

8. **(Fuvest-SP)** Sendo $P = (a, b)$ um ponto qualquer da circunferência de centro na origem e raio 1, que satisfaça $b > a$, $a \neq b$ e $a \neq -b$, pode-se afirmar que $\log\left(\dfrac{b^3}{a^2 - b^2}\left(\dfrac{a^4}{b^4} - 1\right)\right)$ vale:

a) 0
b) 1
c) $-\log b$
d) $\log b$
e) $2\log b$

9. **(Fuvest-SP)** Uma reta de coeficiente angular $m > 0$ passa pelo ponto (2, 0) e é tangente à circunferência inscrita no quadrado de vértices (1, 1), (5, 1), (5, 5) e (1, 5). Então:

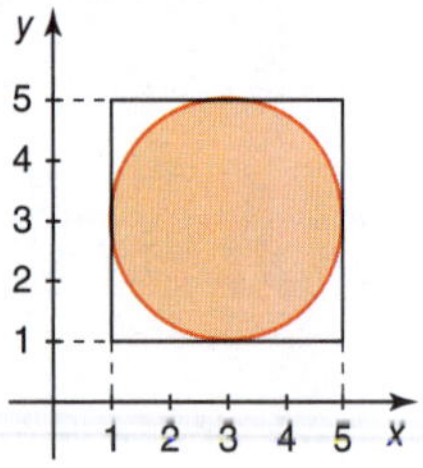

a) $0 < m < \dfrac{1}{3}$
b) $m = \dfrac{1}{3}$
c) $\dfrac{1}{3} < m < 1$
d) $m = 1$
e) $1 < m < \dfrac{5}{3}$

10. **(Fuvest-SP)** Considere o triângulo ABC, onde A = (0, 4), B = (2, 3) e C é um ponto qualquer da circunferência $x^2 + y^2 = 5$. A abscissa do ponto C que torna a área do triângulo ABC a menor possível é:

a) -1
b) $-\dfrac{3}{4}$
c) 1
d) $\dfrac{3}{4}$
e) 2

11. **(ITA-SP)** Dadas a circunferência C: $(x - 3)^2 + (y - 1)^2 = 20$ e a reta r: $3x - y + 5 = 0$, considere a reta t que tangencia C, forma um ângulo de 45° com r e cuja distância à origem é $\dfrac{3\sqrt{5}}{5}$. Determine uma equação da reta t.

12. **(Fuvest-SP)** Considere, no plano cartesiano Oxy, a circunferência C de equação $(x - 2)^2 + (y - 2)^2 = 4$ e sejam P e Q os pontos nos quais C tangencia os eixos Ox e Oy, respectivamente. Seja PQR o triângulo isósceles inscrito em C, de base $\overline{PQ}$, e com o maior perímetro possível. Então, a área de PQR é igual a:

a) $2\sqrt{2} - 2$
b) $2\sqrt{2} - 1$
c) $2\sqrt{2}$
d) $2\sqrt{2} + 2$
e) $2\sqrt{2} + 4$

13. **(Fuvest-SP)** Para cada número real m seja $P_m = (x_m, y_m)$ o ponto de intersecção das retas $mx + y = 1$ e $x - my = 1$. Sabendo-se que todos os pontos P_m pertencem a uma mesma circunferência, qual é o centro dessa circunferência?

a) $\left(\dfrac{1}{2}, \dfrac{1}{2}\right)$
b) (0, 0)
c) $\left(-\dfrac{1}{2}, \dfrac{1}{2}\right)$
d) $\left(-\dfrac{1}{2}, -\dfrac{1}{2}\right)$
e) (1, 1)

14. **(Fuvest-SP)** A elipse $x^2 + \dfrac{y^2}{2} = \dfrac{9}{4}$ e a reta $y = 2x + 1$, do plano cartesiano, se interceptam nos pontos A e B. Pode-se, pois, afirmar que o ponto médio do segmento $\overline{AB}$ é:

a) $\left(-\dfrac{2}{3}, -\dfrac{1}{3}\right)$
b) $\left(\dfrac{2}{3}, -\dfrac{7}{3}\right)$
c) $\left(\dfrac{1}{3}, -\dfrac{5}{3}\right)$
d) $\left(-\dfrac{1}{3}, \dfrac{1}{3}\right)$
e) $\left(-\dfrac{1}{4}, \dfrac{1}{2}\right)$

15. **(Unifesp)** A área colorida na figura limitada pela elipse e pela reta indicadas, é:

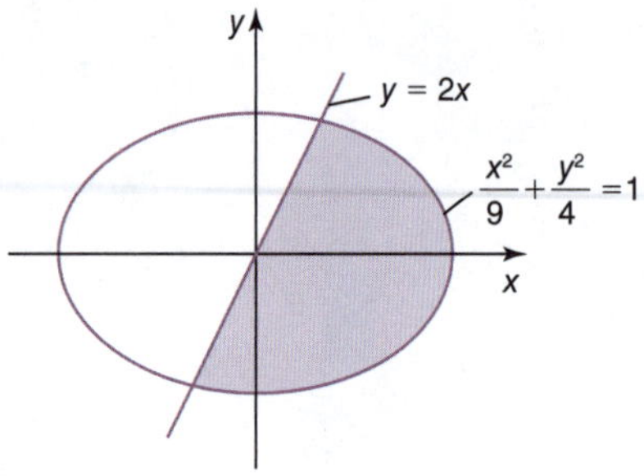

a) π

b) 2π

c) 3π

d) 4π

e) 5π

(*Nota:* A área S de uma elipse cujos semieixos medem *a* e *b* é dada por $S = \pi ab$.)

16. **(UFPB)** O escudo de um time de futebol é formado por uma elipse de excentricidade $e = \frac{4}{5}$, cujo eixo menor mede 6 cm, e duas circunferências concêntricas e tangentes a essa elipse, como mostra a figura.

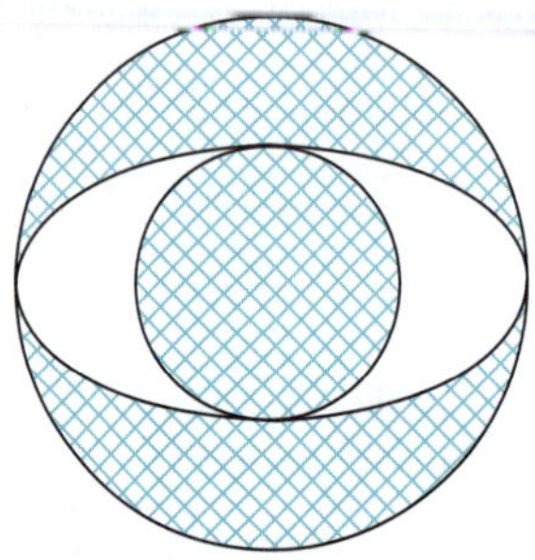

Considere que a área da região limitada pela elipse é dada por πab cm², sendo, em centímetros, *a* o comprimento de um semieixo maior e *b*, de um semieixo menor. Nesse contexto, é correto afirmar que a área da região hachurada mede:

a) 19π cm²

b) 17π cm²

c) 15π cm²

d) 18π cm²

e) 24π cm²

17. **(Uerj)** Uma porta colonial é formada por um retângulo de 100 cm × 200 cm e uma semielipse.

Observe as figuras:

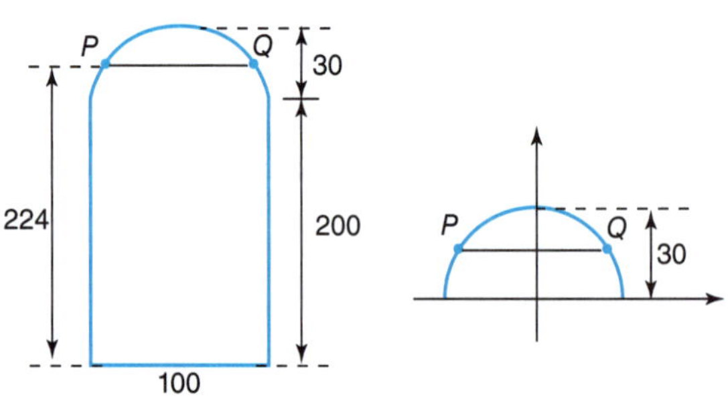

Na semielipse o eixo maior mede 100 cm e o semieixo menor, 30 cm. Calcule a medida da corda $\overline{PQ}$, paralela ao eixo maior, que representa a largura da porta a 224 cm de altura.

18. **(Udesc)** Determine a equação da parábola que passa pelos focos da hipérbole $\frac{(x-3)^2}{4} - \frac{y^2}{12} = 1$ e pelo ponto de intersecção entre a reta $y - 2x + 7 = 0$ e o eixo das ordenadas, e tem diretriz horizontal.

19. **(UFPB)** Uma quadra de futsal está representada na figura pelo retângulo *ABCD*, onde A = (−20, −10) e C = (20, 10).

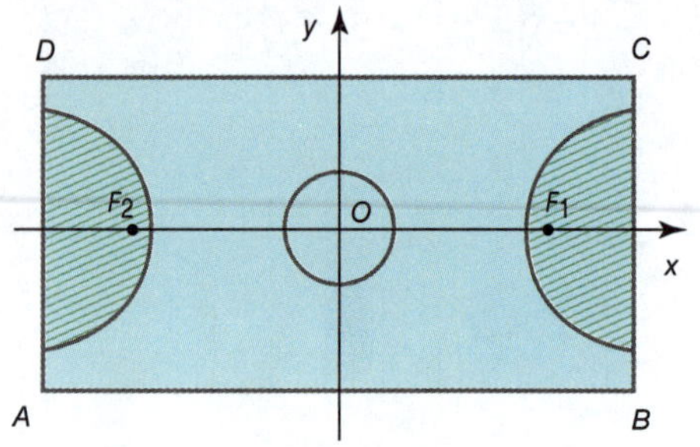

Cada uma das áreas dos goleiros (regiões hachuradas) é delimitada por uma das linhas de fundo, $\overline{AD}$ ou $\overline{BC}$, e por um dos dois ramos de uma hipérbole de focos $F_1 = (6\sqrt{5}, 0)$ e $F_2 = (-6\sqrt{5}, 0)$. O círculo central e a hipérbole são concêntricos, o raio do círculo mede 3 m e uma das assíntotas da hipérbole passa pelos pontos A e C.

Nesse contexto, identifique as proposições verdadeiras.

01. A distância entre o centro do círculo e um vértice da hipérbole é de 12 m.

02. A quadra tem 800 m² de área.

04. A equação da hipérbole é $\frac{x^2}{180} - \frac{y^2}{36} = 1$.

08. A excentricidade da hipérbole é igual a $\frac{5}{3}$.

16. O eixo imaginário da hipérbole tem comprimento igual a 4 vezes o raio do círculo.

- Qual é a soma dos valores atribuídos às proposições verdadeiras?

20. **(UFG-GO)** A figura mostra, no plano cartesiano, o gráfico da parábola de equação $y = \frac{x^2}{4}$ e uma circunferência com centro no eixo y e tangente ao eixo x no ponto O.

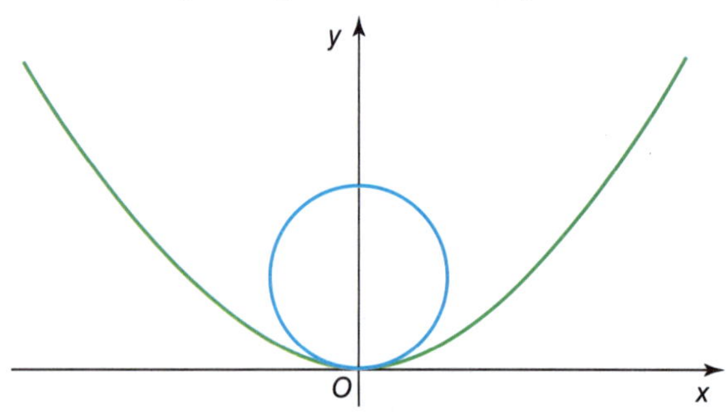

Determine o raio da maior circunferência, nas condições acima, que tem um único ponto de intersecção com a parábola.

21. **(Fuvest-SP)** O lugar geométrico dos pontos equidistantes da reta y = 0 e da circunferência $x^2 + (y - 2)^2 = 1$ é:

a) uma reta.

b) uma semirreta.

c) uma circunferência.

d) uma elipse.

e) uma parábola.

22. **(UFC-CE)** No plano cartesiano, $x^2 - y^2 + 5x - 5y = 0$ é uma equação de:

a) um conjunto vazio.

b) um conjunto unitário.

c) uma hipérbole.

d) duas retas paralelas.

e) duas retas concorrentes.

Conjunto dos números complexos

No século XVI, os matemáticos Cardano e Bombelli admitiram, pela primeira vez, a existência de raízes quadradas de números negativos. Isso deu origem à teoria dos números complexos, que mais tarde foi ampliada. Atualmente, essa teoria tem aplicações em várias áreas do conhecimento como Hidrodinâmica, Mecânica dos fluidos, Eletricidade, Informática etc.

Os números complexos

A unidade imaginária

A insuficiência dos números reais se revela na radiciação: não existem, em $\mathbb{R}$, raízes quadradas, quartas, sextas, ... de números negativos. Para que a radiciação sempre seja possível, os matemáticos ampliaram o conceito de número, definindo o número **i**, não real, que chamaram de **unidade imaginária**, e que satisfaz a seguinte condição:

$$i^2 = i \cdot i = -1$$

Número complexo

Número complexo é todo número da forma $a + bi$ em que $\{a, b\} \subset \mathbb{R}$ e i é a unidade imaginária.

- A expressão $a + bi$, com $\{a, b\} \subset \mathbb{R}$, é chamada de **forma algébrica** do número complexo, em que a é a **parte real** e b é a **parte imaginária**.
- Todo número complexo cuja parte imaginária é diferente de zero é chamado de **número imaginário**.
- Todo número complexo cuja parte real é zero e a parte imaginária é diferente de zero é chamado de **número imaginário puro**.
- Todo número complexo cuja parte imaginária é zero é um **número real**. Portanto, todo número real a é, também, um número complexo, pois pode ser representado por $a + 0i$. Assim, temos: $\mathbb{R} \subset \mathbb{C}$.

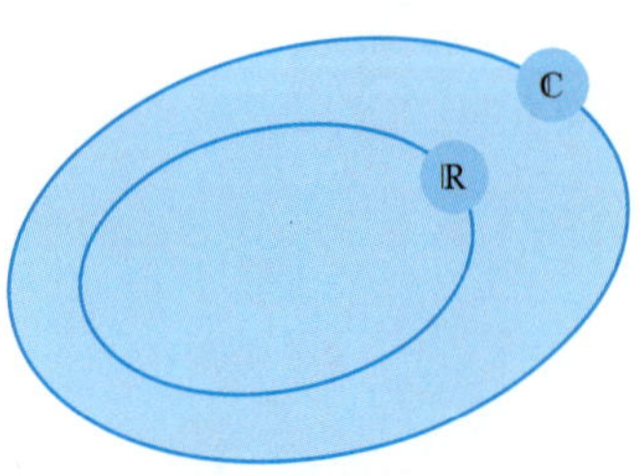

- Dois números complexos são iguais se, e somente se, suas partes reais são iguais e suas partes imaginárias também são iguais.

Conjugado de um número complexo

O **conjugado** do número complexo $z = a + bi$, com $\{a, b\} \subset \mathbb{R}$, é o número complexo:

$$\bar{z} = a - bi$$

Operações com números complexos

- Para a adição e multiplicação de números complexos foram conservadas as propriedades associativa, comutativa e elemento neutro.
- O elemento **oposto** de um número complexo qualquer $z = a + bi$, com $\{a, b\} \subset \mathbb{R}$, é o número complexo $-z = -a - bi$.
- O elemento **inverso** multiplicativo de um número complexo não nulo $z = a + bi$, com $\{a, b\} \subset \mathbb{R}$, é o número complexo indicado por z^{-1}, tal que: $z^{-1} = \dfrac{1}{a + bi}$
- Assim, para quaisquer números complexos $z_1 = a + bi$ e $z_2 = c + di$, com $\{a, b, c, d\} \subset \mathbb{R}$, temos:

I. $z_1 + z_2 = (a + bi) + (c + di) = (a + c) + (b + d)i$

II. $z_1 - z_2 = z_1 + (-z_2) = (a + bi) + (-c - di)$

$\therefore\ z_1 - z_2 = (a - c) + (b - d)i$

III. $z_1 \cdot z_2 = (a + bi) \cdot (c + di) = ac + adi + bci + bdi^2$

$\therefore\ z_1 \cdot z_2 = (ac - bd) + (ad + bc)i$

IV. $z_1 : z_2 = z_1 \cdot z_2^{-1} = z_1 \cdot \dfrac{1}{z_2}$ (com $z_2 \neq 0$)

Forma algébrica de números complexos inversos

Para representar o inverso de um número complexo não nulo $z = a + bi$, com $\{a, b\} \subset \mathbb{R}$, na forma algébrica, podemos multiplicar o numerador e o denominador de $\dfrac{1}{a + bi}$ pelo conjugado do denominador, ou seja:

$$z^{-1} = \frac{1}{a + bi} = \frac{1}{a + bi} \cdot \frac{a - bi}{a - bi} = \frac{a}{a^2 + b^2} - \frac{bi}{a^2 + b^2}$$

Potências de i

- Existem somente quatro valores para potências de i com expoentes inteiros. São eles:

$$i^0 = 1 \qquad i^2 = -1$$
$$i^1 = i \qquad i^3 = -i$$

- Para o cálculo da potência i^n, com n inteiro e $n \geq 4$, dividimos n por 4, obtendo um resto inteiro r. Teremos, então: $i^n = i^r$

Representação geométrica de um número complexo

- A cada número complexo $z = x + yi$, com $\{x, y\} \subset \mathbb{R}$, associamos o ponto (x, y) do plano cartesiano. Esse plano será chamado de **plano complexo** ou **plano de Argand-Gauss**.
- No plano de Argand-Gauss, o eixo das abscissas é chamado de **eixo real** (Re), e o eixo das ordenadas é chamado de **eixo imaginário** (Im). Cada ponto $P(x, y)$ desse plano é chamado de **imagem** ou **afixo** do número complexo $x + yi$.

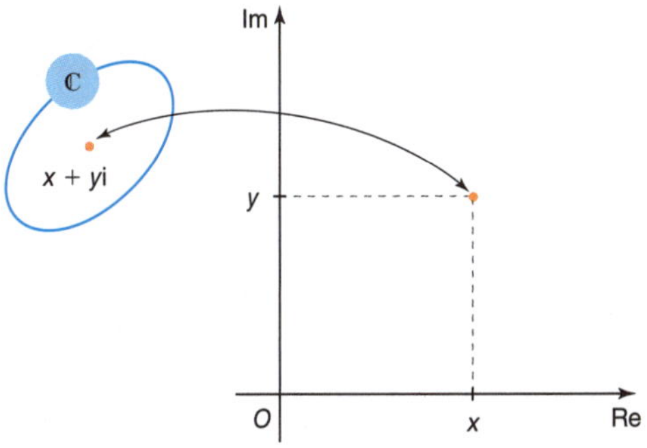

Módulo de um número complexo

O **módulo** ρ de um número complexo $z = x + yi$, com $\{x, y\} \subset \mathbb{R}$, é a distância do ponto (x, y) à origem $(0, 0)$ do plano de Argand-Gauss.

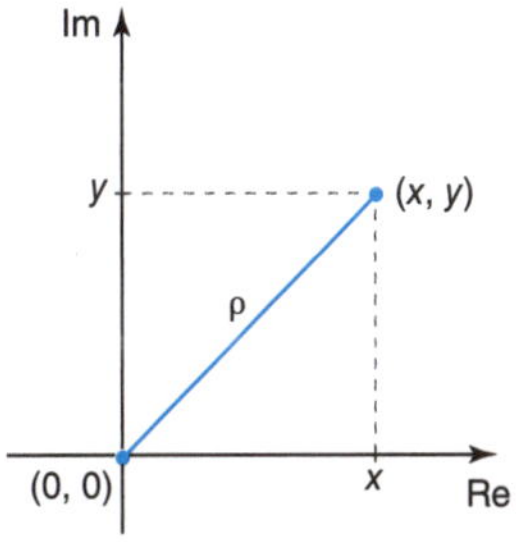

$$\rho^2 = x^2 + y^2$$
$$\therefore\ \rho = \sqrt{x^2 + y^2}$$

Argumento de um número complexo

- Dado um número complexo não nulo $z = a + bi$, com $\{a, b\} \subset \mathbb{R}$, o seu **argumento** é a medida φ do ângulo formado pelo semieixo positivo Ox e pela semirreta $\overrightarrow{OP}$, medido no sentido anti-horário a partir do semieixo Ox.

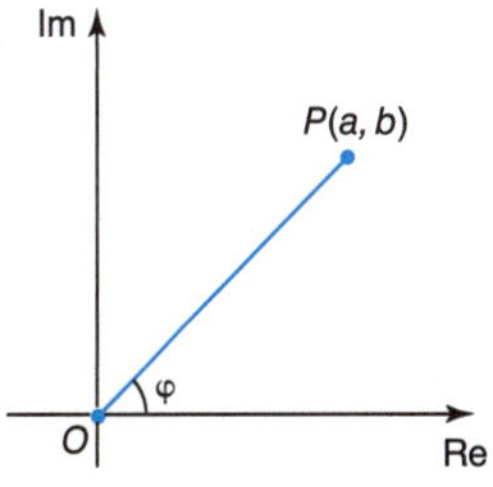

- A medida φ, com $0 \leqslant \varphi < 360°$, é chamada de argumento principal do número complexo z. Valores da forma $\varphi + k \cdot 360°$ ou $\varphi + k \cdot 2\pi$, com $k \in \mathbb{Z}^*$, são chamados de argumentos secundários de z.

Forma trigonométrica de um número complexo

Para todo número complexo não nulo $z = a + bi$, com $\{a, b\} \subset \mathbb{R}$, de módulo ρ e argumento φ, temos:

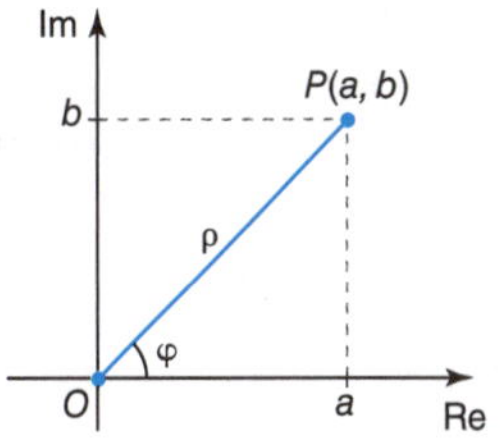

$$\begin{cases} \cos \varphi = \dfrac{a}{\rho} \\ \operatorname{sen} \varphi = \dfrac{b}{\rho} \end{cases}$$
$$\therefore \begin{cases} a = \rho \cos \varphi \\ b = \rho \operatorname{sen} \varphi \end{cases}$$

Assim, podemos representar o número complexo z na **forma trigonométrica** (ou forma polar):

$$z = \rho(\cos \varphi + i\operatorname{sen} \varphi)$$

Multiplicação de números complexos

Dados $z = \rho(\cos \alpha + i\operatorname{sen} \alpha)$ e $w = \lambda(\cos \beta + i\operatorname{sen} \beta)$, temos:

$$z \cdot w = \rho\lambda[\cos (\alpha + \beta) + i\operatorname{sen} (\alpha + \beta)]$$

Divisão de números complexos

Dados $z = \rho(\cos \alpha + i\operatorname{sen} \alpha)$ e $w = \lambda(\cos \beta + i\operatorname{sen} \beta)$, com $w \neq 0$, temos:

$$\frac{z}{w} = \frac{\rho}{\lambda}[\cos (\alpha - \beta) + i\operatorname{sen} (\alpha - \beta)]$$

Potenciação de números complexos (Teorema de De Moivre)

Se $z = \rho(\cos \varphi + i\operatorname{sen} \varphi)$ é um número complexo não nulo e n é um número inteiro qualquer, temos:

$$z^n = \rho^n(\cos n\varphi + i\operatorname{sen} n\varphi)$$

Raízes de um número complexo

- As **raízes n-ésimas** de um número complexo não nulo $z = \rho(\cos \varphi + i\operatorname{sen} \varphi)$ são n números complexos distintos $w_1, w_2, w_3, ..., w_n$ de mesmo módulo $\rho^{\frac{1}{n}}$, cujos argumentos formam uma progressão aritmética crescente de primeiro termo $\frac{\varphi}{n}$ e razão $\frac{360°}{n}$ $\left(\text{ou } \frac{2\pi}{n}\right)$.
- As imagens dessas raízes n-ésimas no plano complexo são vértices de um polígono regular de n vértices inscrito em uma circunferência de raio $\rho^{\frac{1}{n}}$ e centro na origem O do sistema.

No Vestibular

1. (UFPel-RS) O módulo de um número complexo $z = a + bi$, $a \in \mathbb{R}$, $b \in \mathbb{R}$, é a distância do ponto (a, b) ao ponto $(0, 0)$ do plano Argand-Gauss.

Com base no texto e em seus conhecimentos, é correto afirmar que o módulo do número complexo $z = \dfrac{1 + 3i}{1 - 2i} + (1 - i)^6$ é, aproximadamente:

a) 7,07
b) 6,08
c) 8,06
d) 6,63
e) 9,06
f) I.R.

2. (Unifor-CE) Seja z um número complexo dado por $z = \dfrac{(3 + 4i) \cdot (-1 + i)^4}{(3 - 3i)^2}$. Considerando as aproximações $\log 2 = 0{,}30$ e $\log 3 = 0{,}48$, o valor de $\log |z|$ é:

a) 0,02 b) 0,04 c) 0,06 d) 0,4 e) 0,6

3. (Unifor-CE) Seja o número complexo $z = x + 3i$, em que x é um número real negativo. Se $|z| = 6$, então a forma trigonométrica de z é:

a) $6 \cdot \left(\cos \dfrac{2\pi}{3} + i \cdot \text{sen}\, \dfrac{2\pi}{3}\right)$
b) $6 \cdot \left(\cos \dfrac{5\pi}{6} + i \cdot \text{sen}\, \dfrac{5\pi}{6}\right)$
c) $6 \cdot \left(\cos \dfrac{4\pi}{3} + i \cdot \text{sen}\, \dfrac{4\pi}{3}\right)$
d) $6 \cdot \left(\cos \dfrac{5\pi}{3} + i \cdot \text{sen}\, \dfrac{5\pi}{3}\right)$
e) $6 \cdot \left(\cos \dfrac{11\pi}{6} + i \cdot \text{sen}\, \dfrac{11\pi}{6}\right)$

4. (Unifesp) Considere, no plano complexo, conforme a figura, o triângulo de vértices $z_1 = 2$, $z_2 = 5$ e $z_3 = 6 + 2i$.

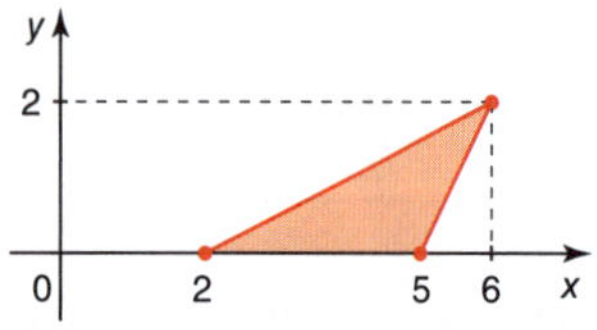

A área do triângulo de vértices $w_1 = iz_1$, $w_2 = iz_2$ e $w_3 = 2iz_3$ é:

a) 8 b) 6 c) 4 d) 3 e) 2

5. (Vunesp) Considere os números complexos $z_1 = 2 + i$ e $z_2 = x + 2i$, onde i é a unidade imaginária e x é um número real. Determine:

a) O número complexo $z_1 \cdot z_2$ em função de x.
b) Os valores de x tais que $\text{Re}(z_1 \cdot z_2) \leqslant \text{Im}(z_1 \cdot z_2)$, onde Re denota a parte real e Im, a parte imaginária do número complexo.

6. (Vunesp) O número complexo $z = a + bi$ é vértice de um triângulo equilátero, como mostra a figura.

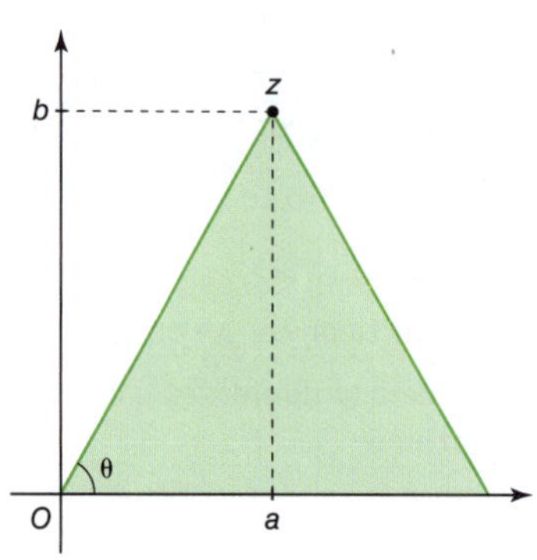

Sabendo que a área desse triângulo é igual a $36\sqrt{3}$, determine z^2.

7. (FCC) É dado o número complexo $z = x + iy$, com $x, y \in \mathbb{R}$. O lugar geométrico das imagens dos números z, tais que $|z| < 1$ e $x + y < 0$, é representado no plano Argand-Gauss pela região pintada na figura:

a)
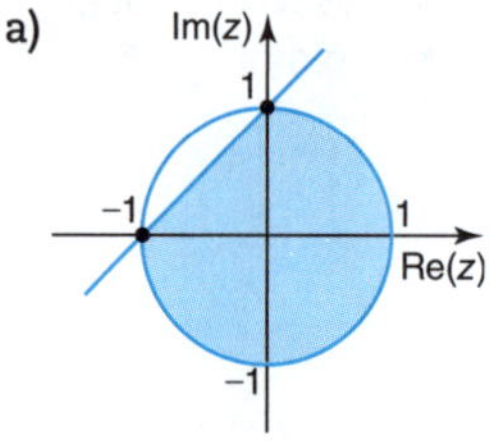

b)
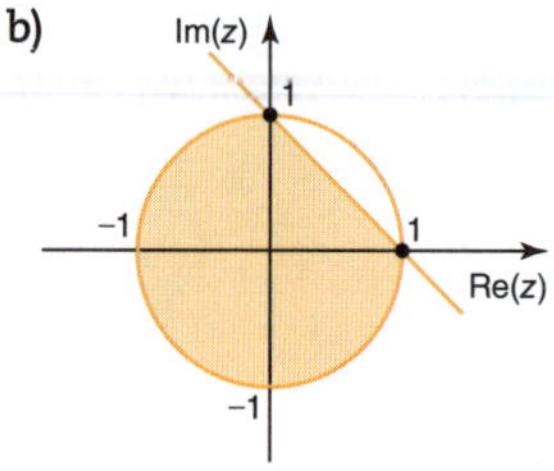

c)
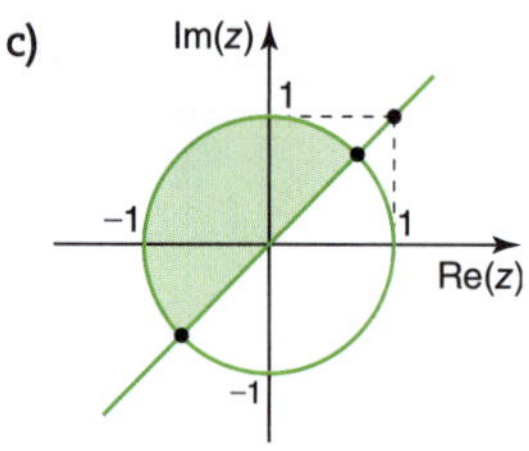

d)
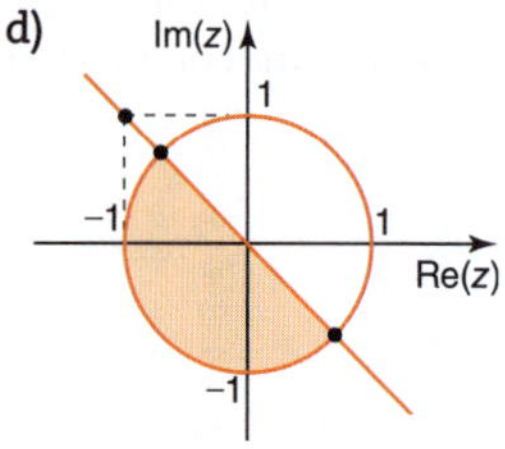

e)
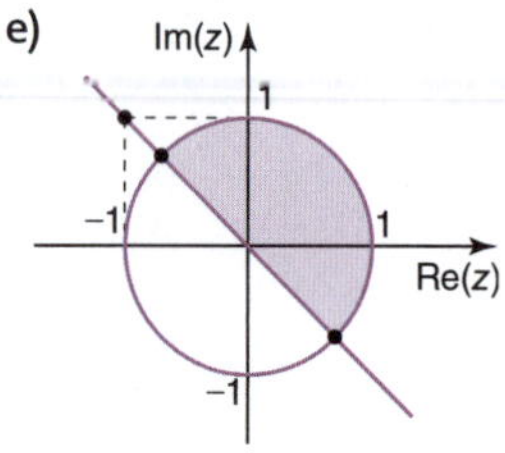

8. (Fuvest-SP) Sabendo que α é um número real e que a parte imaginária do número complexo $\dfrac{2 + i}{\alpha + 2i}$ é zero, então α é:

a) −4
b) −2
c) 1
d) 2
e) 4

9. (UFPel-RS) Na eletrônica e na eletricidade, a análise de circuitos de corrente alternada é feita com a ajuda de números complexos. Grandezas como a impedância (em ohms) e a potência aparente (em volt-ampère) são exemplos de quantidades complexas.

Considerando Z_1 e Z_2 dois números complexos, $\overline{Z_1}$ e $\overline{Z_2}$ seus respectivos conjugados e $|Z_1|$ e $|Z_2|$ seus respectivos módulos, analise as afirmativas.

I. $Z_1 \cdot \overline{Z_1}$ é sempre um número real.
II. $|Z_1| \cdot |Z_2|$ é sempre um número irracional.
III. $\overline{Z_1 \cdot Z_2} = \overline{Z_1} \cdot \overline{Z_2}$
IV. $|Z_1 \cdot Z_2| \neq |Z_1| \cdot |Z_2|$

A respeito dessas afirmativas, é correto afirmar que:

a) Somente I e II são verdadeiras.
b) Somente II e IV são verdadeiras.
c) Somente I e III são verdadeiras.
d) Todas as afirmativas são verdadeiras.
e) Todas as afirmativas são falsas.
f) I.R.

10. **(Unifesp)** Os números complexos z_1, $z_2 = 2i$ e $z_3 = a\sqrt{3} + ai$, onde a é um número real positivo, representam no plano complexo vértices de um triângulo equilátero. Dado que $|z_2 - z_1| = 2$, o valor de a é:

a) 2
b) 1
c) $\sqrt{3}$
d) $\frac{\sqrt{3}}{2}$
e) $\frac{1}{2}$

11. **(UPF-MG)** Sendo o número complexo $z = \frac{\sqrt{6} + \sqrt{2}i}{\sqrt{8}}$, as expressões de z^3 e z^6 são dadas, respectivamente, por:

a) i e −1
b) i e +1
c) −i e 1
d) −i e −1
e) 1 e 1

12. **(Mackenzie-SP)** Que números complexos representam dois vértices de um triângulo equilátero inscrito numa circunferência de centro na origem, onde um dos três vértices do triângulo é dado por $V_1 = -2i$?

a) $\sqrt{3} + i$ e $\sqrt{3} - i$
b) $-\sqrt{3} - i$ e $\sqrt{3} - i$
c) $\sqrt{3} + i$ e $-\sqrt{3} + i$
d) $-\sqrt{3} + i$ e $-\sqrt{3} - i$
e) 2i e 2

13. **(Unir-RO)** Fixado um ângulo θ, em radianos, a multiplicação complexa $(\cos\theta + i\text{sen}\,\theta) \cdot (x + iy)$ representa a rotação de θ radianos, no sentido anti-horário, em torno da origem, do número complexo $x + iy$. Rotacionando 30 graus, no sentido anti-horário e em torno da origem, o número complexo $\frac{\sqrt{3} + 1}{2} + \frac{\sqrt{3} - 1}{2}i$, obtém-se:

a) $\sqrt{3} + i$
b) $1 + i\sqrt{3}$
c) $1 + 2i$
d) $2 + 4i$
e) $1 + i$

14. **(Fuvest-SP)** Dentre os números complexos $z = a + bi$, não nulos, que têm argumento igual a $\frac{\pi}{4}$, aquele cuja representação geométrica está sobre a parábola $y = x^2$ é:

a) $1 + i$
b) $1 - i$
c) $-1 + i$
d) $\sqrt{2} + 2i$
e) $-\sqrt{2} + 2i$

15. **(Unicamp-SP)** Dado o número complexo $z = x + iy$, o seu conjugado é o número complexo $\overline{z} = x - iy$.

a) Resolva as equações $z \cdot \overline{z} = 4$ e $(\overline{z})^2 = z^2$.
b) Ache os pontos de intersecção dos lugares geométricos que representam as soluções dessas equações.

16. **(UFSCar-SP)** Sejam i a unidade imaginária e a_n o n-ésimo termo de uma progressão geométrica com $a_2 = 2 \cdot a_1$. Se a_1 é um número ímpar, então $i^{a_1} + i^{a_2} + i^{a_3} + ... + i^{a_{10}}$ é igual a:

a) 9i ou −9i
b) −9 + i ou −9 − i
c) 9 + i ou 9 − i
d) 8 + i ou 8 − i
e) 7 + i ou 7 − i

17. **(UFBA)** Na figura, tem-se uma circunferência de centro na origem dos eixos coordenados e raio igual a 2 u.c. O comprimento do menor arco de origem em A e extremidade em P_1 é igual a $\frac{\pi}{3}$ u.c.

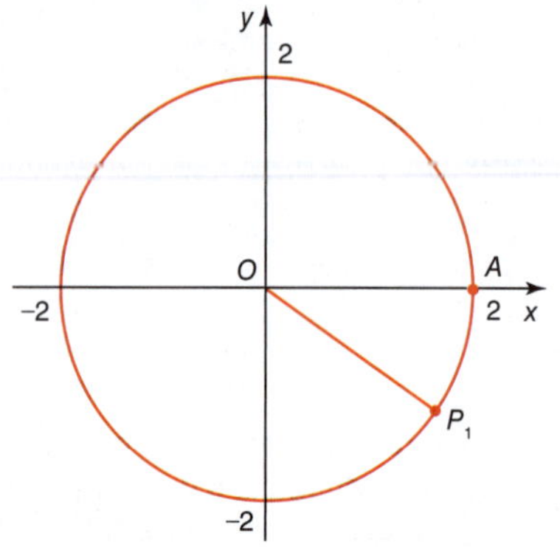

Considere os pontos P_1, P_2 e P_3 vértices de um triângulo equilátero inscrito na circunferência e representado, nessa ordem, no sentido anti-horário.

Sendo P_1, P_2 e P_3, respectivamente, afixos dos números complexos z_1, z_2 e z_3, calcule $|\overline{z}_1 + z_2^5 + z_3|$.

18. **(ITA-SP)** O conjunto A, definido por $A = \{z \in \mathbb{C}; (z - i)(\overline{z - i}) = 4\}$, representa no plano complexo:

a) Uma elipse cujos focos se encontram nos pontos i e − i.
b) Uma circunferência de centro no ponto (0, 1) e raio 2.
c) Uma circunferência de centro no ponto (0, 0) e raio 4.
d) Um par de retas que se cortam no ponto (1, 1).
e) Nenhuma das anteriores.

19. **(Unicamp-SP)** Identifique o lugar geométrico dos pontos $z = x + iy$ do plano complexo tal que $\text{Re}\left(\frac{1}{z}\right) = \frac{1}{4}$. Determine a equação cartesiana e faça o gráfico desse lugar.

20. **(Fuvest-SP)**

a) Se $z_1 = \cos\theta_1 + i\text{sen}\,\theta_1$ e $z_2 = \cos\theta_2 + i\text{sen}\,\theta_2$, mostre que o produto $z_1 \cdot z_2$ é igual a $\cos(\theta_1 + \theta_2) + i\text{sen}(\theta_1 + \theta_2)$.
b) Mostre que o número complexo $z = \cos 48° + i\text{sen}\,48°$ é raiz da equação $z^{10} + z^5 + 1 = 0$.

21. **(Unicamp-SP)** Se $z = x + iy$ é um número complexo, o número real x é chamado "parte real de z" e é indicado por Re(z), ou seja, Re(x + iy) = x.

a) Mostre que o conjunto dos pontos (x, y) que satisfazem à equação $\text{Re}\left(\frac{z + 2i}{z - 2}\right) = \frac{1}{2}$, ao qual se acrescenta o ponto (2, 0), é uma circunferência.
b) Ache a equação da reta que passa pelo ponto (−2, 0) e é tangente àquela circunferência.

22. **(Unicamp-SP)** Um número complexo $z = x + iy, z \neq 0$, pode ser escrito na forma trigonométrica: $z = |z|(\cos\theta + i\operatorname{sen}\theta)$, onde $|z| = \sqrt{x^2 + y^2}$, $\cos\theta = \frac{x}{|z|}$ e $\operatorname{sen}\theta = \frac{y}{|z|}$. Essa forma de representar os números complexos não nulos é muito conveniente, especialmente para o cálculo de potências inteiras de números complexos, em virtude da fórmula de De Moivre:

$[|z|(\cos\theta + i\operatorname{sen}\theta)]^k = |z|^k(\cos k\theta + i\operatorname{sen} k\theta)$, que é válida para todo $k \in \mathbb{Z}$. Use essas informações para:

a) Calcular $(\sqrt{3} + i)^{12}$.

b) Sendo $z = \frac{\sqrt{2}}{2} + i\frac{\sqrt{2}}{2}$, calcular o valor de $1 + z + z^2 + z^3 + ... + z^{15}$.

23. **(Fuvest-SP)** O número complexo $z \neq 0$ e o seu inverso $\frac{1}{z}$ têm o mesmo módulo. Conclui-se que:

a) z e $\frac{1}{z}$ são conjugados.

b) $z + \frac{1}{z} = i$

c) Este módulo é 2.

d) z e $\frac{1}{z}$ são reais.

e) $z^2 = 1$

24. **(Fuvest-SP)** Determine os números complexos z que satisfazem, simultaneamente, $|z| = 2$ e $\operatorname{Im}\left(\frac{z - i}{1 + i}\right) = \frac{1}{2}$.

Lembretes: $i^2 = -1$; $w = a + bi$, com a e b reais, então $|w| = \sqrt{a^2 + b^2}$ e $\operatorname{Im}(w) = b$.

25. **(Fuvest-SP)**

a) Determine todas as soluções, no campo complexo, da equação $\bar{z} = iz^2$, onde i é a unidade imaginária, isto é, $i^2 = -1$, e $\bar{z}$ é o conjugado de z.

b) Represente essas soluções no plano complexo, usando o sistema de coordenadas desenhado a seguir.

26. **(Fuvest-SP)** Nos itens a seguir, z denota um número complexo e i a unidade imaginária ($i^2 = -1$). Suponha $z \neq i$.

a) Para quais valores de z tem-se $\frac{z + i}{1 + iz} = 2$?

b) Determine o conjunto de todos os valores de z para os quais $\frac{z + i}{1 + iz}$ é um número real.

27. **(Fuvest-SP)** Considere a equação $z^2 = \alpha z + (\alpha - 1)\bar{z}$, onde α é um número real e $\bar{z}$ indica o conjugado do número complexo z.

a) Determinar os valores de α para os quais a equação tem quatro raízes distintas.

b) Representar, no plano complexo, as raízes dessa equação quando $\alpha = 0$.

Polinômios e equações polinomiais

Até o início do século XIX, os matemáticos já haviam deduzido fórmulas resolutivas para equações polinomiais do 1º ao 4º grau. Nessa época, os matemáticos Niels Henrik Abel e Évariste Galois provaram que equações polinomiais de grau superior a 4 não podem ser resolvidas por radicais e combinações dos coeficientes, isto é, não existem fórmulas resolutivas de equações polinomiais de grau igual ou superior a 5.

Polinômios

Polinômio na variável x é toda expressão $P(x)$ que pode ser representada na forma $a_nx^n + a_{n-1}x^{n-1} + a_{n-2}x^{n-2} + ... + a_1x + a_0$ em que $\{a_0, a_1, a_2, ..., a_n\} \subset \mathbb{C}$, $\{n, n-1, n-2, ..., 1, 0\} \subset \mathbb{N}$, e a variável x pode assumir qualquer valor complexo.

- Para indicar que $P(x)$ representa a expressão $a_nx^n + a_{n-1}x^{n-1} + a_{n-2}x^{n-2} + ... + a_1x + a_0$, escrevemos: $P(x) = a_nx^n + a_{n-1}x^{n-1} + a_{n-2}x^{n-2} + ... + a_1x + a_0$, ou $P(x) \equiv a_nx^n + a_{n-1}x^{n-1} + a_{n-2}x^{n-2} + ... + a_1x + a_0$
- Cada uma das parcelas $a_nx^n, a_{n-1}x^{n-1}, a_{n-2}x^{n-2}, ..., a_1x$ e a_0 é um **termo** ou **monômio** do polinômio, sendo a_0 o **termo independente** da variável x.
- Os números complexos $a_n, a_{n-1}, a_{n-2}, ..., a_1$ e a_0 são os **coeficientes** do polinômio. Se todos esses coeficientes são iguais a zero, o polinômio é chamado **identicamente nulo**. Indica-se que um polinômio $P(x)$ é identicamente nulo por $P(x) \equiv 0$.
- O **grau** de um polinômio não identicamente nulo é o maior expoente da variável dentre os termos de coeficientes não nulos. Indicamos o grau de um polinômio P pelo símbolo ∂P ou pelo símbolo gr(P). Não se define grau de um polinômio identicamente nulo, pois todos os seus coeficientes são nulos.
- O coeficiente não nulo da variável de maior expoente é o **coeficiente dominante** do polinômio, ou seja, o coeficiente dominante é o do termo que determina o grau do polinômio.

Valor numérico de um polinômio

Atribuindo um valor complexo α à variável x, obtemos a expressão:

$$a_n\alpha^n + a_{n-1}\alpha^{n-1} + a_{n-2}\alpha^{n-2} + ... + a_1\alpha + a_0,$$

cujo resultado é chamado de **valor numérico** do polinômio $P(x)$ para $x = \alpha$. Indicamos esse valor numérico por $P(\alpha)$.

Raiz de um polinômio

Chamamos de **raiz** do polinômio $P(x)$ todo número complexo α tal que $P(\alpha) = 0$. A raiz também é chamada de **zero** do polinômio.

Identidade de polinômios

- Dois polinômios são **idênticos** se, e somente se, têm o mesmo grau e termos semelhantes iguais ou se são identicamente nulos.
- Indicamos a identidade entre dois polinômios, $P(x)$ e $Q(x)$, por $P(x) \equiv Q(x)$.

Operações com polinômios

Adição e subtração de polinômios

- A **soma** de dois polinômios, $P(x)$ e $Q(x)$, é o polinômio obtido adicionando-se os termos de $P(x)$ com os termos semelhantes de $Q(x)$.
- Se os polinômios P e Q têm graus m e n, respectivamente, com $m \geq n$, e $P + Q$ é não nulo, então:

$$\text{gr}(P + Q) \leq m$$

- Dois polinômios são **opostos** quando a soma deles é o polinômio identicamente nulo. Assim, o oposto de $P(x) = a_nx^n + a_{n-1}x^{n-1} + a_{n-2}x^{n-2} + ... + a_1x + a_0$ é o polinômio que indicamos por $-P(x)$, dado por: $-P(x) = -a_nx^n - a_{n-1}x^{n-1} - a_{n-2}x^{n-2} - ... - a_1x - a_0$
- A **diferença** entre os polinômios $P(x)$ e $Q(x)$, nessa ordem, que indicamos por $P(x) - Q(x)$, é definida como a soma de $P(x)$ com o oposto de $Q(x)$, isto é:

$$P(x) - Q(x) \equiv P(x) + [-Q(x)]$$

Multiplicação de polinômios

- O produto dos **monômios** ax^r e bx^s, de variável x e coeficientes a e b, é o monômio abx^{r+s}.
- Sendo $P(x)$ e $Q(x)$ polinômios quaisquer, definimos o **produto** de $P(x)$ por $Q(x)$ como a soma dos produtos de cada monômio de $P(x)$ por todos os monômios de $Q(x)$.
- Se os polinômios P e Q têm graus m e n, respectivamente, então:

$$\text{gr}(P \cdot Q) = m + n$$

Divisão de polinômios

- Dividir o polinômio $E(x)$ pelo polinômio não nulo $D(x)$ significa obter os polinômios $Q(x)$ e $R(x)$ tais que:

$$Q(x) \cdot D(x) + R(x) \equiv E(x)$$

de modo que gr$(R) <$ gr(D) ou $R(x) \equiv 0$.

- Os polinômios $E(x)$, $D(x)$, $Q(x)$ e $R(x)$ são chamados, respectivamente, de **dividendo**, **divisor**, **quociente** e **resto** da divisão.
- Demonstra-se que existe um único quociente $Q(x)$ e um único resto $R(x)$ na divisão de $E(x)$ por $D(x)$.

- Quando $R(x) \equiv 0$, dizemos que a divisão de $E(x)$ por $D(x)$ é **exata**, ou ainda, que $E(x)$ é **divisível** por $D(x)$.

› Se os polinômios E e D são tais que $gr(E) \geqslant gr(D)$ e Q é o quociente de E por D, então: $gr(Q) = gr(E) - gr(D)$

Método de Descartes

› Para dividir um polinômio $E(x)$ por um polinômio $D(x)$, com $gr(E) \geqslant gr(D)$, podemos adotar o seguinte algoritmo:

I. determinamos o grau do quociente $Q(x)$ e o maior valor possível do grau do resto $R(x)$;

II. escrevemos os polinômios Q e R, com os respectivos graus obtidos anteriormente, com coeficientes a determinar;

III. obtemos os coeficientes desconhecidos dos polinômios pela identidade:

$$Q(x) \cdot D(x) + R(x) \equiv E(x)$$

› Por exemplo, vamos dividir $x^4 - 2x$ por $x^2 + 1$:

I. o quociente dessa divisão terá grau 2 e o resto, grau 0 ou 1;

II. assim, o quociente é da forma $Q(x) \equiv ax^2 + bx + c$ e o resto, $R(x) \equiv dx + e$;

III. aplicando a igualdade $Q(x) \cdot D(x) + R(x) \equiv E(x)$, obtemos:

$$Q(x) \cdot (x^2 + 1) + R(x) \equiv x^4 - 2x \Rightarrow$$

$$\Rightarrow (ax^2 + bx + c) \cdot (x^2 + 1) + (dx + e) \equiv x^4 - 2x$$

$$\therefore\ ax^4 + ax^2 + bx^3 + bx + cx^2 + c + dx + e \equiv x^4 - 2x \Rightarrow$$

$$\Rightarrow ax^4 + bx^3 + (a + c)x^2 + (b + d)x + (c + e) \equiv x^4 - 2x$$

$$\therefore \begin{cases} a = 1 \\ b = 0 \\ a + c = 0 \\ b + d = -2 \\ c + e = 0 \end{cases} \Rightarrow a = 1;\ b = 0;\ c = -1;\ d = -2;\ e = 1$$

Logo, $Q(x) \equiv x^2 - 1$ e $R(x) \equiv -2x + 1$.

Método da chave

› O quociente $Q(x)$ e o resto $R(x)$ da divisão de $E(x)$ por $D(x)$ também podem ser obtidos pelo seguinte método:

I. Dispomos $E(x)$ e $D(x)$, conforme as potências decrescentes na variável x, sob a forma:

$$E(x)\ \underline{|\ D(x)}$$

II. Dividimos o monômio de mais alto grau de $E(x)$ pelo monômio de mais alto grau de $D(x)$.

III. Subtraímos do dividendo o produto do divisor $D(x)$ pelo quociente encontrado anteriormente, obtendo assim o primeiro resto parcial.

IV. Dividimos o monômio de mais alto grau do primeiro resto parcial pelo monômio de mais alto grau de $D(x)$.

V. Subtraímos do primeiro resto parcial o produto do divisor $D(x)$ pelo quociente encontrado anteriormente, obtendo assim o segundo resto parcial.

E assim sucessivamente, até obter o resto final $R(x)$, que deve obedecer a uma das condições:

$$gr(R) < gr(D) \text{ ou } R(x) \equiv 0$$

› Por exemplo, vamos dividir $x^4 - 2x$ por $x^2 + 1$:

$$\begin{array}{rl} x^4 + 0x^3 + 0x^2 - 2x + 0 & \underline{|\ x^2 + 1} \\ \ominus\ \underline{x^4 \qquad\quad + x^2 \qquad\qquad} & x^2 - 1 \\ -x^2 - 2x + 0 & \\ \ominus\ \underline{-x^2 \qquad - 1} & \\ -2x + 1 & \end{array}$$

Dispositivo prático de Briot-Ruffini

› Dividindo o polinômio de 4º grau $E(x) \equiv e_4x^4 + e_3x^3 + e_2x^2 + e_1x + e_0$ pelo binômio $x - a$, obtemos o quociente $Q(x) \equiv q_3x^3 + q_2x^2 + q_1x + q_0$ e o resto R, em que os números q_3, q_2, q_1, q_0 e R são obtidos pelo seguinte algoritmo:

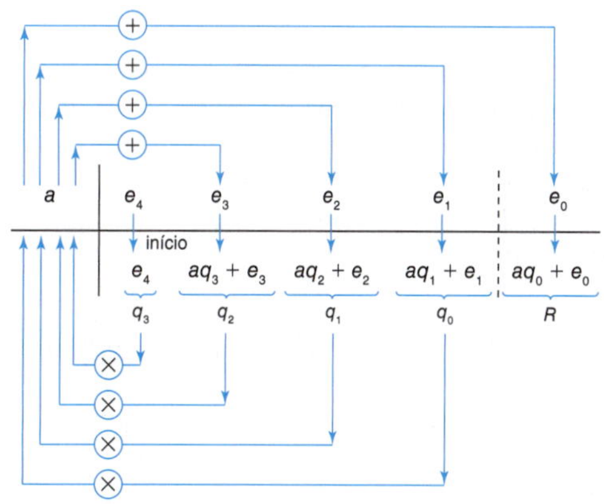

Essa técnica pode ser generalizada para a divisão de qualquer polinômio $E(x)$ de grau maior ou igual a 1 por um binômio $x - a$.

› Por exemplo, vamos dividir $x^4 + 5x^3 - 3x$ por $x - 2$. Observando que $x^4 + 5x^3 - 3x$ pode ser escrito na forma $x^4 + 5x^3 + 0x^2 - 3x + 0$, dispomos os coeficientes no esquema:

2	1	5	0	−3	0
	1				

Depois, efetuamos as seguintes operações:

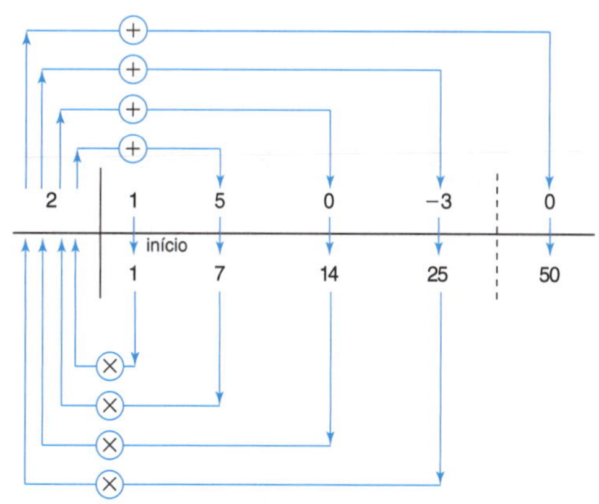

Nesse esquema, temos:

2	1	5	0	−3	0
	1	7	14	25	50

coeficientes de $Q(x)$ — resto

Assim, obtemos o quociente $Q(x) \equiv x^3 + 7x^2 + 14x + 25$ e o resto $R(x) \equiv 50$.

Teoremas

- **Teorema do resto:** Sendo a uma constante complexa qualquer, o resto da divisão de um polinômio $P(x)$ por $x - a$ é igual a $P(a)$.
- **Teorema de D'Alembert:** Sendo a uma constante complexa qualquer, um polinômio $P(x)$ é divisível por $x - a$ se, e somente se, $P(a) = 0$.
- Sendo a e b constantes complexas distintas quaisquer, um polinômio $P(x)$ é divisível por $x - a$ e por $x - b$ se, e somente se, $P(x)$ é divisível pelo produto $(x - a)(x - b)$.

Equações polinomiais

Equação polinomial (ou equação algébrica) na incógnita x é toda equação que pode ser representada na forma:

$$P(x) = 0$$

em que $P(x) \equiv a_nx^n + a_{n-1}x^{n-1} + a_{n-2}x^{n-2} + ... + a_1x + a_0$ é um polinômio de grau n, com $n \geqslant 1$.

- O grau de uma equação polinomial $P(x) = 0$ é o grau do polinômio $P(x)$.
- Em uma equação polinomial $P(x) = 0$, as raízes do polinômio $P(x)$ também são chamadas de raízes da equação polinomial.
- No universo dos números complexos, o conjunto formado por todas as raízes da equação $P(x) = 0$ é chamado de **conjunto solução** (S) ou conjunto verdade (V) da equação.

Teoremas

- **Teorema fundamental da Álgebra (TFA):** Toda equação polinomial admite pelo menos uma raiz complexa.
- **Teorema da decomposição:** Todo polinômio de grau n, com $n \geqslant 1$, $P(x) \equiv a_nx^n + a_{n-1}x^{n-1} + a_{n-2}x^{n-2} + ... + a_1x + a_0$ pode ser fatorado na forma:

$$P(x) \equiv a_n(x - r_1)(x - r_2)(x - r_3) \cdot ... \cdot (x - r_n)$$

em que $r_1, r_2, r_3, ..., r_n$ são todas as raízes de $P(x)$.

- **Teorema das raízes complexas:** Qualquer equação polinomial de grau n, com $n \geqslant 1$, admite exatamente n raízes complexas, não necessariamente distintas entre si.
- **Teorema das raízes imaginárias:** Se o número imaginário $z = a + bi$, com $\{a, b\} \subset \mathbb{R}$ e $b \neq 0$, é raiz de uma equação polinomial $P(x) = 0$ com coeficientes reais, então o conjugado de z, ou seja, $\bar{z} = a - bi$, também é raiz dessa equação.
- **Teorema das raízes racionais:** Seja o número racional representado por $\frac{p}{q}$, com p e q inteiros primos entre si e $q \neq 0$, e seja a equação polinomial $a_nx^n + a_{n-1}x^{n-1} + a_{n-2}x^{n-2} + ... + a_1x + a_0 = 0$, na variável x e coeficientes inteiros. Se $\frac{p}{q}$ é raiz dessa equação, então p é divisor de a_0 e q é divisor de a_n.

Multiplicidade de uma raiz

Seja a equação polinomial de grau n, na variável x, de raízes $r_1, r_2, r_3, ..., r_n$, dada, na forma fatorada, por:

$$a_n(x - r_1)(x - r_2)(x - r_3) \cdot ... \cdot (x - r_n) = 0$$

Dizemos que uma raiz tem **multiplicidade k** se, e somente se, ela aparece exatamente k vezes entre os fatores do primeiro membro, com $k \geqslant 1$.

Relações de Girard

- Em toda equação polinomial de grau n:

$$a_nx^n + a_{n-1}x^{n-1} + a_{n-2}x^{n-2} + ... + a_1x + a_0 = 0$$

com $\{a_0, a_1, a_2, ..., a_n\} \subset \mathbb{C}$, $n \geqslant 1$ e raízes $r_1, r_2, r_3, ..., r_n$, temos:

- A soma das raízes é igual a:

$$r_1 + r_2 + r_3 + ... + r_n = -\frac{a_{n-1}}{a_n}$$

- A soma do produto das raízes tomadas duas a duas é igual a:

$$r_1r_2 + r_1r_3 + r_1r_4 + ... + r_{n-1}r_n = \frac{a_{n-2}}{a_n}$$

- A soma do produto das raízes tomadas três a três é igual a:

$$r_1r_2r_3 + r_1r_2r_4 + r_1r_2r_5 + ... + r_{n-2}r_{n-1}r_n = -\frac{a_{n-3}}{a_n}$$

$\vdots$

- O produto de todas as raízes é igual a:

$$r_1r_2r_3 \cdot ... \cdot r_n = \frac{(-1)^na_0}{a_n}$$

No Vestibular

1. **(Unifesp)** Se a figura representa o gráfico de um polinômio real, $p(x)$, podemos afirmar que:

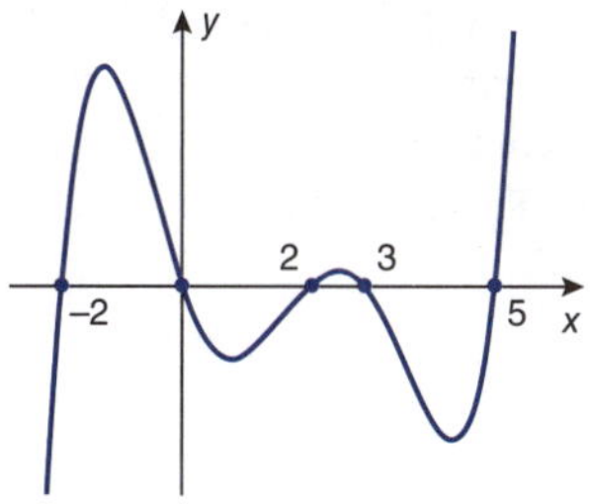

a) $p(x)$ tem uma raiz real a, tal que $3 < a < 5$.
b) $p(x)$ é divisível por $x - 1$.
c) $p(x)$ tem apenas 4 raízes reais.
d) $p(x)$ não tem raiz real.
e) o grau de $p(x)$ é maior ou igual a 5.

2. **(Unir-RO)** O polinômio $p(x) = x^4 - 1$ pode ser fatorado como o produto $p(x) = (x - 1) \cdot q(x)$. Sobre $q(x)$, pode-se afirmar que possui:

a) quatro raízes imaginárias.
b) três raízes reais.
c) três raízes imaginárias.
d) uma raiz imaginária e duas raízes reais.
e) duas raízes imaginárias e uma real.

3. **(Vunesp)** Considere a matriz $A = \begin{bmatrix} x & 1 & x \\ 0 & x & 1 - \frac{x}{2} \\ 2 & 0 & x \end{bmatrix}$.

O determinante de A é um polinômio $P(x)$.

a) Verifique se 2 é uma raiz de $P(x)$.
b) Determine todas as raízes de $P(x)$.

4. **(Fuvest-SP)** O gráfico:

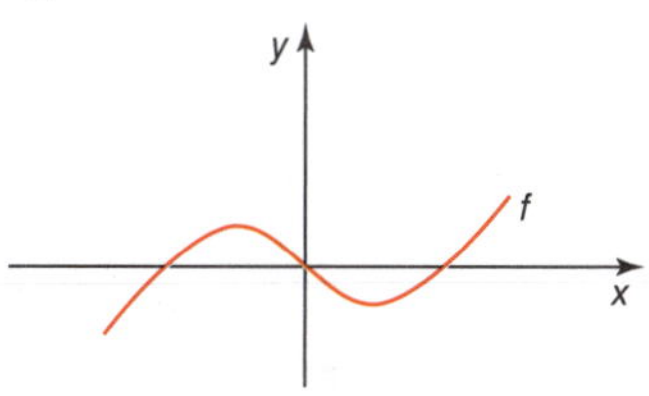

pode representar a função $f(x) =$

a) $x(x - 1)$
b) $x^2(x^2 - 1)$
c) $x^3(x - 1)$
d) $x(x^2 - 1)$
e) $x^2(x - 1)$

5. **(Unicamp-SP)** Seja

$f(x) = a_n x^n + a_{n-1}x^{n-1} + ... + a_1 x + a_0$ um polinômio de grau n tal que $a_n \neq 0$ e $a_j \in \mathbb{R}$ para qualquer j de 0 a n. Seja $g(x) = na_n x^{n-1} + (n - 1)a_{n-1}x^{n-2} + ... + 2a_2 x + a_1$ o polinômio de grau $n - 1$ em que os coeficientes $a_1, a_2, ..., a_n$ são os mesmos empregados na definição de $f(x)$.

a) Supondo $n = 2$, mostre que $g\left(x + \frac{h}{2}\right) = \frac{f(x + h) - f(x)}{h}$, para todo $x, h \in \mathbb{R}, h \neq 0$.
b) Supondo $n = 3$ e que $a_3 = 1$, determine a expressão do polinômio $f(x)$, sabendo que $f(1) = g(1) = f(-1) = 0$.

6. **(Fuvest-SP)** Dividindo-se o polinômio $p(x)$ por $2x^2 - 3x + 1$, obtêm-se quociente $3x^2 + 1$ e resto $-x + 2$. Nessas condições, o resto da divisão de $p(x)$ por $x - 1$ é:

a) 2
b) 1
c) 0
d) −1
e) −2

7. **(Fuvest-SP)** Seja $p(x)$ um polinômio divisível por $x - 3$. Dividindo $p(x)$ por $x - 1$ obtemos quociente $q(x)$ e resto $r = 10$. O resto da divisão de $q(x)$ por $x - 3$ é:

a) −5
b) −3
c) 0
d) 3
e) 5

8. **(UFPel-RS)** O polinômio $p(x)$ está representado no gráfico abaixo e o polinômio $q(x)$ é dado pela expressão $q(x) = x + 5$.

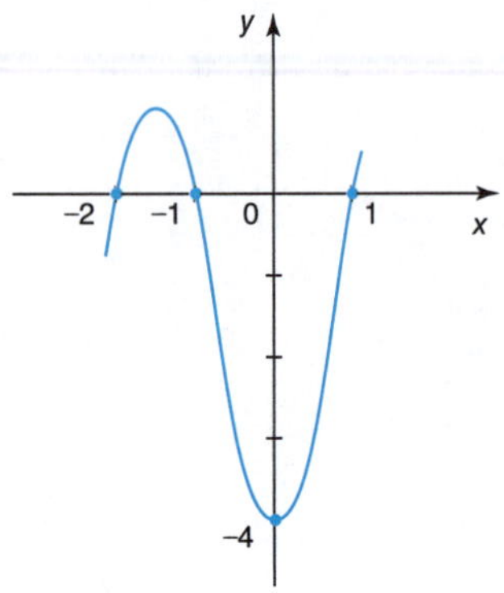

Com base nos textos, é correto afirmar que o resto da divisão de $p(x)$ por $q(x)$ é:

a) −136
b) −197
c) −144
d) −72
e) −100
f) I.R.

9. **(Unifor-CE)** Na divisão de um polinômio f por $x^2 - 2$ obtêm-se quociente $kx + t$ e resto $2x + 1$. Se f é divisível por $x^2 - 1$, então um outro divisor de f é o polinômio:

a) $2x^2 - x - 1$
b) $2x^2 + x - 1$
c) $2x^2 - 3x - 1$
d) $2x - 3$
e) $2x - 1$

10. **(Unifesp)** Dividindo-se os polinômios $p_1(x)$ e $p_2(x)$ por $x - 2$, obtêm-se, respectivamente, r_1 e r_2 como restos. Sabendo-se que r_1 e r_2 são os zeros da função quadrática $y = ax^2 + bx + c$, conforme gráfico,

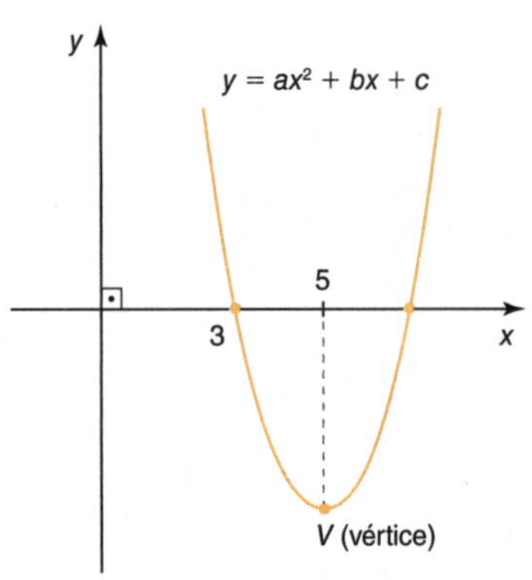

o resto da divisão do polinômio produto $p_1(x) \cdot p_2(x)$ por $x - 2$ é:

a) 3
b) 5
c) 8
d) 15
e) 21

11. **(Fuvest-SP)** Sejam R_1 e R_2 os restos das divisões de um polinômio $p(x)$ por $x - 1$ e por $x + 1$, respectivamente. Nessas condições, se $R(x)$ é o resto da divisão de $p(x)$ por $(x^2 - 1)$, então $R(0)$ é igual a:

a) $R_1 - R_2$
b) $\dfrac{R_1 + R_2}{R_1 \cdot R_2}$
c) $R_1 + R_2$
d) R_1R_2
e) $\dfrac{R_1 + R_2}{2}$

12. **(Fuvest-SP)** Dado o polinômio $P(x) = x^2(x - 1)(x^2 - 4)$, o gráfico da função $y = P(x - 2)$ é melhor representado por:

a)
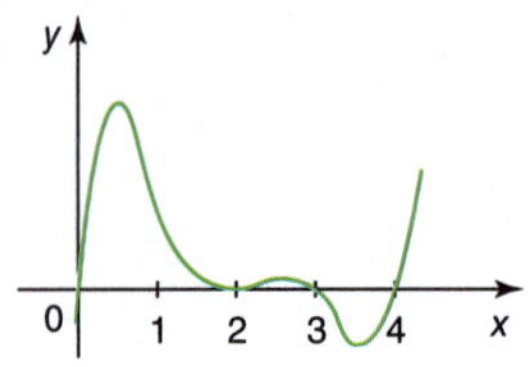

b)
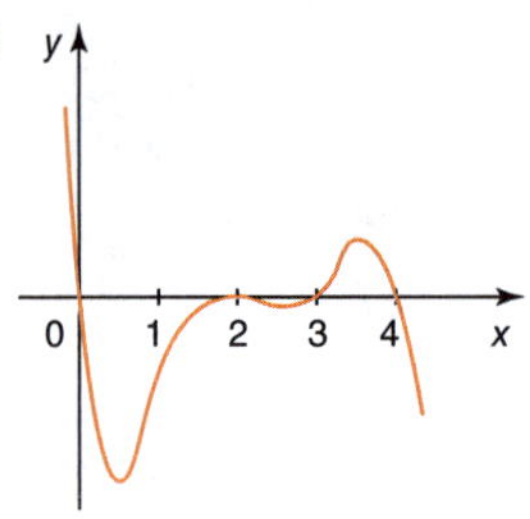

c)
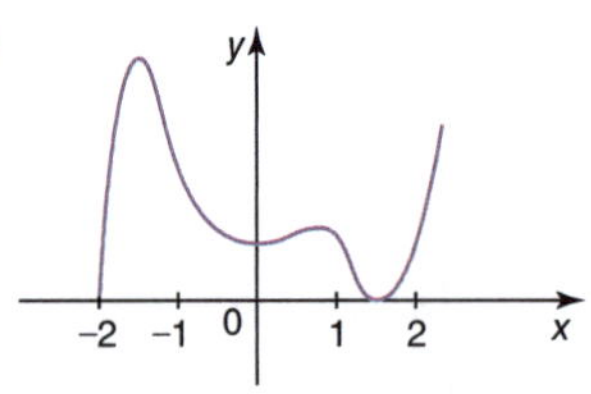

d)
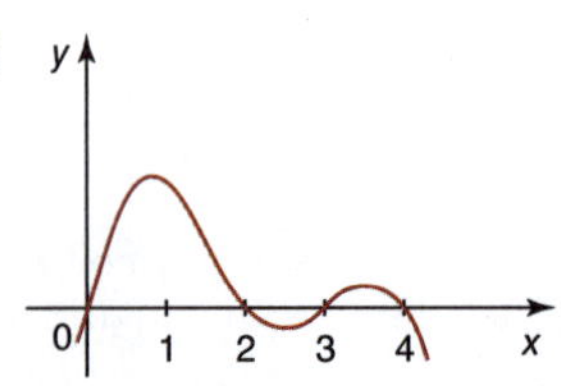

e)
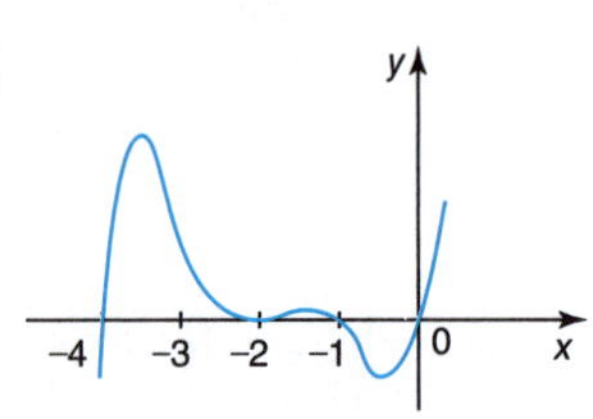

13. **(Unifesp)** Sejam p, q, r as raízes distintas da equação $x^3 - 2x^2 + x - 2 = 0$. A soma dos quadrados dessas raízes é igual a:

a) 1
b) 2
c) 4
d) 8
e) 9

14. **(UFSCar-SP)** A figura mostra um prisma retangular reto de base quadrada com um cilindro circular reto inscrito no prisma. O lado da base do prisma mede 4 dm e a altura é dada por $h(x) = x^3 - 5x^2 + 8x$ dm, com $x > 0$.

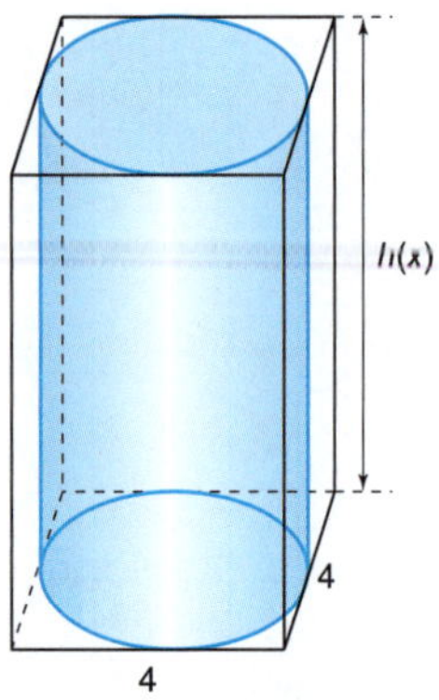

a) Calcule o volume do prisma para x = 3 dm.
b) Para x = 1 dm o volume do cilindro inscrito é 16π dm³. Encontre os outros valores de x para os quais isto acontece.

15. **(Unicamp-SP)** Para resolver equações do tipo $x^4 + ax^3 + bx^2 + ax + 1 = 0$, podemos proceder do seguinte modo: como $x = 0$ não é uma raiz, divide-se a equação por x^2 e, após fazer a mudança de variáveis $u = x + \frac{1}{x}$, resolve-se a equação obtida (na variável u). Observe que, se $x \in \mathbb{R}$ e $x > 0$, então $u \geq 2$.

a) Ache as 4 raízes da equação $x^4 - 3x^3 + 4x^2 - 3x + 1 = 0$.
b) Encontre os valores de $b \in \mathbb{R}$ para os quais a equação $x^4 - 3x^3 + bx^2 - 3x + 1 = 0$ tem pelo menos uma raiz real positiva.

16. **(UFPel-RS)** Encontre um polinômio $p(x)$ de menor grau – indicando-o na forma de produto –, com coeficientes reais tais que 4 seja uma raiz de multiplicidade 3; -2 seja raiz de multiplicidade 2 e que esse polinômio tenha ainda $5 + 2i$ e 0 (zero) como raízes.

17. **(UFPel-RS)** O estudo e o desenvolvimento dos métodos de resolução de equações de graus superiores a 2 tiveram grande impulso nos séculos XV e XVI, com grupos matemáticos italianos. O primeiro a encontrar um método para determinar a resolução de equações do 3º grau foi Scipione Del Ferro. Outro matemático italiano, conhecido como Tartaglia, também desenvolveu um método de resolução para equação do 3º grau. As fórmulas de Tartaglia são as mais célebres da Álgebra, sendo conhecidas como fórmulas de Cardano.

Considerando o polinômio do 3º grau $t^3 - 4t^2 + t + 6$, é correto afirmar que a soma dos módulos das raízes desse polinômio é:

a) 4
b) 5
c) 6
d) 3
e) 1
f) I.R.

18. **(Unifesp)** Considere o polinômio $p(x) = x^3 + ax^2 + bx + c$, sabendo que a, b e c são números reais e que o número 1 e o número complexo $1 + 2i$ são raízes de $p(x)$, isto é, que $p(1) = p(1 + 2i) = 0$. Nestas condições, existe um polinômio $q(x)$ para o qual $p(x) = (1 - x) \cdot q(x)$. Uma possível configuração para o gráfico de $y = q(x)$ é:

a)
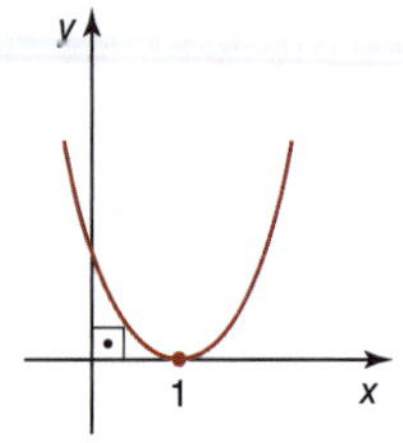

d)
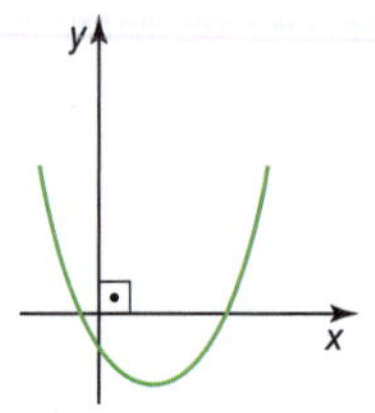

b)
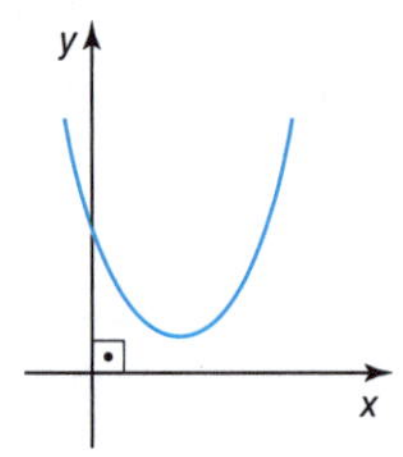

e)
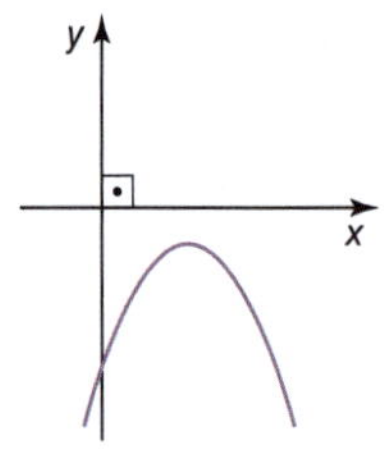

c)
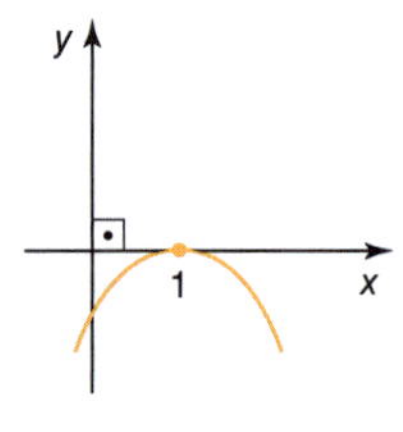

19. **(Unicamp-SP)** Dada a equação polinomial com coeficientes reais $x^3 - 5x^2 + 9x - a = 0$.

a) Encontre o valor numérico de a de modo que o número complexo $2 + i$ seja uma das raízes da referida equação.
b) Para o valor de a encontrado no item anterior, determine as outras duas raízes da mesma equação.

20. **(Udesc)** Dividindo o polinômio $p(x)$ por $d(x) = x^2 + 1$, encontram-se o quociente $q(x) = x + 3$ e o resto $r(x) = -7x - 11$. Então, a soma de todas as soluções da equação $p(x) = 0$ é igual a:

a) -3
b) -1
c) 8
d) 16
e) 4

21. **(Fuvest-SP)** $P(x)$ é um polinômio cujas raízes formam uma progressão geométrica de razão 2 e primeiro termo 2. O coeficiente do termo de mais alto grau de $P(x)$ é 1 e o termo independente é 2^{21}. O grau do polinômio é:

a) 4
b) 5
c) 6
d) 7
e) 8

22. **(UFBA)** Considerando o polinômio $p(x) = x^4 - 2x^3 + 4x^2 - 2x + 3$, mostre que $z_1 = i$ é uma raiz de $p(x)$, que, juntamente com as demais raízes z_2, z_3 e z_4, satisfaz a equação $z_1^2 + z_2^2 z_3^2 z_4^2 = -10$.

23. **(Fuvest-SP)** As raízes do polinômio $p(x) = x^3 - 3x^2 + m$, onde m é um número real, estão em progressão aritmética. Determine:

a) O valor de m;
b) As raízes desse polinômio.

24. **(Fuvest-SP)** O produto de duas das raízes do polinômio $P(x) = 2x^3 - mx^2 + 4x + 3$ é igual a -1. Determinar:

a) o valor de m.
b) as raízes de P.

25. **(Unifor-CE)** Os valores de a, b e c que satisfazem a equação matricial $\begin{bmatrix} 1 & 1 & -1 \\ 1 & -1 & 1 \\ 1 & 1 & 1 \end{bmatrix} \cdot \begin{bmatrix} a \\ b \\ c \end{bmatrix} = \begin{bmatrix} -3 \\ 1 \\ 3 \end{bmatrix}$ são raízes do polinômio $f(x) = x^4 - 8x^3 + 14x^2 + 8x + k$, em que k é um número real.

Nessas condições, é correto afirmar que:

a) duas das raízes de f são negativas.
b) o produto das raízes de f é -15.
c) a menor das raízes de f é -5.
d) -3 é raiz de f.
e) $k = 15$.

26. **(Fuvest-SP)** Sabe-se que o produto de duas raízes da equação algébrica $2x^3 - x^2 + kx + 4 = 0$ é igual a 1. Então, o valor de k é:

a) -8
b) -4
c) 0
d) 4
e) 8

27. **(Fuvest-SP)** Seja $f(x) = ax^2 + (1 - a)x + 1$, onde a é um número real diferente de zero. Determine os valores de a para os quais as raízes da equação $f(x) = 0$ são reais e o número $x = 3$ pertence ao intervalo fechado compreendido entre as raízes.

Limite e derivada

Quando um estudo exige a taxa instantânea de variação de uma grandeza, como temperatura, velocidade, juros etc., o conceito de derivada está presente. A ideia central do Cálculo diferencial é a de taxa pontual de variação de uma função. Essa taxa, chamada de derivada, é o coeficiente angular da reta tangente ao gráfico dessa função, no ponto considerado.

Limite

Vizinhanças em $\mathbb{R}$

- No conjunto dos números reais, chama-se **vizinhança completa** de um número real a, indicada por $V(a)$, qualquer intervalo $]p, q[$ tal que $a \in]p, q[$.

- No conjunto dos números reais, seja $V(a)$ uma vizinhança completa qualquer de um número real a. Chama-se **vizinhança reduzida** de a, que indicamos por $\overline{V}(a)$, o conjunto $V(a) - \{a\}$.

Definição de limite

Seja f uma função real de variável real e seja $a \in \mathbb{R}$ tal que exista pelo menos uma vizinhança reduzida de a contida no domínio de f.

O **limite** dos valores $f(x)$, para x tendendo ao número a, é igual a L se, e somente se, para qualquer vizinhança completa de L, $V(L)$, existe alguma vizinhança reduzida de a, $\overline{V}(a)$, de modo que **todo** elemento x de $\overline{V}(a)$ possui imagem $f(x)$ em $V(L)$.

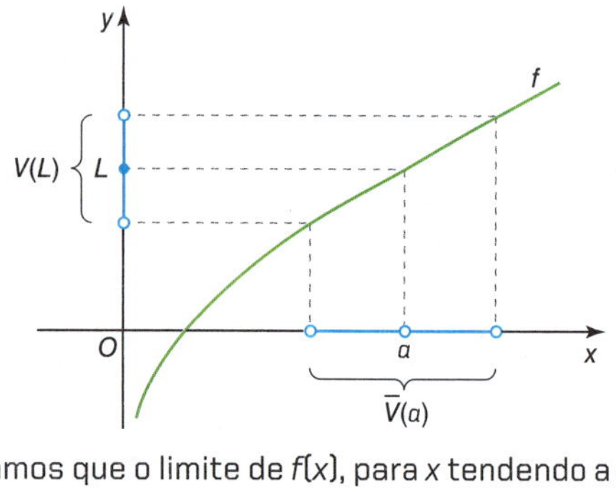

Indicamos que o limite de $f(x)$, para x tendendo a a, é igual a L por:

$$\lim_{x \to a} f(x) = L$$

Limites laterais

Uma condição necessária e suficiente para a existência do limite L de uma função $f(x)$, para x tendendo a um número real a, é que existam e sejam iguais a L os **limites laterais** de $f(x)$, à esquerda e à direita de a, isto é:

$$\lim_{x \to a} f(x) = L \Leftrightarrow \lim_{x \to a^-} f(x) = \lim_{x \to a^+} f(x) = L$$

Propriedades dos limites

- Se k, a, L_1 e L_2 são constantes reais e as funções f e g são tais que $\lim\limits_{x \to a} f(x) = L_1$ e $\lim\limits_{x \to a} g(x) = L_2$, valem as seguintes propriedades:

  I. $\lim\limits_{x \to a} k = k$

  II. $\lim\limits_{x \to a} [f(x) + g(x)] = \lim\limits_{x \to a} f(x) + \lim\limits_{x \to a} g(x) = L_1 + L_2$

  III. $\lim\limits_{x \to a} [f(x) - g(x)] = \lim\limits_{x \to a} f(x) - \lim\limits_{x \to a} g(x) = L_1 - L_2$

  IV. $\lim\limits_{x \to a} [f(x) \cdot g(x)] = \lim\limits_{x \to a} f(x) \cdot \lim\limits_{x \to a} g(x) = L_1 \cdot L_2$

  V. $\lim\limits_{x \to a} \left[\dfrac{f(x)}{g(x)}\right] = \dfrac{\lim\limits_{x \to a} f(x)}{\lim\limits_{x \to a} g(x)} = \dfrac{L_1}{L_2}$, desde que $L_2 \neq 0$

- Se $a \in \mathbb{R}$ e f e g são funções reais de variável real tal que existem $f \circ g$, $\lim\limits_{x \to a} g(x)$ e $\lim\limits_{x \to a} f(g(x))$, então:

$$\lim_{x \to a} f(g(x)) = f\left[\lim_{x \to a} g(x)\right]$$

Limite trigonométrico fundamental

$$\lim_{x \to 0} \frac{\text{sen } x}{x} = 1$$

Função contínua

Seja f uma função real de variável real tal que existe uma vizinhança completa de um número real a contida no domínio de f. A função f é **contínua** em a se, e somente se:

$$\lim_{x \to a} f(x) = f(a)$$

Teorema do confronto

Sejam:

- f, g e h funções reais de variável real;
- um número real a tal que exista uma vizinhança reduzida de a, $\overline{V}(a)$, contida no domínio de cada uma dessas funções, e existam $\lim\limits_{x \to a} g(x)$, $\lim\limits_{x \to a} h(x)$ e $\lim\limits_{x \to a} f(x)$.

Se $\lim\limits_{x \to a} g(x) = \lim\limits_{x \to a} h(x) = L$ e, para qualquer x pertencente a $\overline{V}(a)$, temos $g(x) \leqslant f(x) \leqslant h(x)$, então $\lim\limits_{x \to a} f(x) = L$.

Derivada

Seja f uma função real de variável real e seja a um número real tal que existe uma vizinhança completa de a contida no domínio de f. O limite $\lim\limits_{x \to a} \frac{f(x) - f(a)}{x - a}$, se existe, é chamado de **derivada** da função f no ponto de abscissa a. Indicamos essa derivada por $f'(a)$, isto é:

$$f'(a) = \lim_{x \to a} \frac{f(x) - f(a)}{x - a}$$

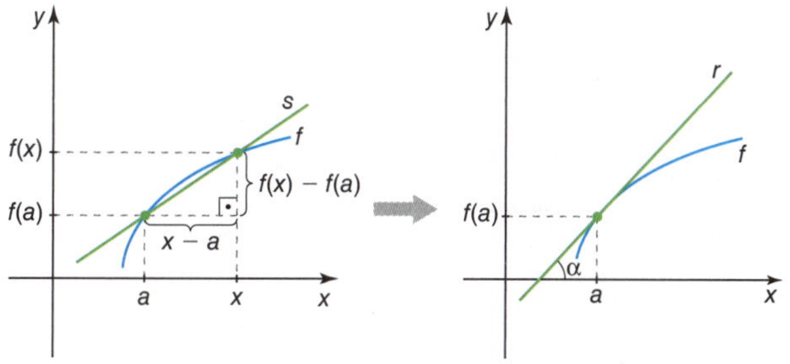

As retas que passam por $(a, f(a))$ e $(x, f(x))$ tendem à reta tangente r quando x tende a a.

Derivadas laterais

Seja f uma função real de variável real e seja $[a, b]$, com $a < b$, um intervalo fechado contido no domínio de f.

- A derivada de f para x tendendo a a pela direita, que se indica por $f'_+(a)$, é:

$$f'_+(a) = \lim_{h \to 0^+} \frac{f(a + h) - f(a)}{h}$$

se, e somente se, esse limite existe e é finito.

- A derivada de f para x tendendo a b pela esquerda, que se indica por $f'_-(b)$, é:

$$f'_-(b) = \lim_{h \to 0^-} \frac{f(b + h) - f(b)}{h}$$

se, e somente se, esse limite existe e é finito.

Função derivada

Seja a função $f: A \to \mathbb{R}$, com $A \subset \mathbb{R}$, e seja E o subconjunto de A cujos elementos são todos os valores de x tal que existe $f'(x)$. Chama-se **função derivada de f** a função $f': E \to \mathbb{R}$ tal que:

$$f'(x) = \lim_{h \to 0} \frac{f(x + h) - f(x)}{h}$$

Derivadas fundamentais

- $f(x) = k \Rightarrow f'(x) = 0$, sendo k uma constante real.
- $f(x) = x^n \Rightarrow f'(x) = nx^{n-1}$, sendo n um número real não nulo.
- $f(x) = \text{sen}\, x \Rightarrow f'(x) = \cos x$
- $f(x) = \cos x \Rightarrow f'(x) = -\text{sen}\, x$

Regras de derivação

- Sejam u e v funções deriváveis em um intervalo aberto I. Para todo x, com $x \in I$, temos:
  - $f(x) = u(x) + v(x) \Rightarrow f'(x) = u'(x) + v'(x)$
  - $f(x) = u(x) - v(x) \Rightarrow f'(x) = u'(x) - v'(x)$
  - $f(x) = u(x) \cdot v(x) \Rightarrow f'(x) = u'(x) \cdot v(x) + u(x) \cdot v'(x)$
  - $f(x) = \frac{u(x)}{v(x)} \Rightarrow f'(x) = \frac{u'(x) \cdot v(x) - u(x) \cdot v'(x)}{[v(x)]^2}$, sendo $v(x) \neq 0$
- **Regra da cadeia**: Sejam $g: A \to B$ e $f: B \to C$ funções reais de variável real tais que $g(x) = u$, $f(u) = y$, g é derivável no ponto de abscissa x e f é derivável no ponto de abscissa u. Nessas condições, a derivada da função composta é:

$$(fog)'(x) = f'(u) \cdot g'(x)$$

- Se f é contínua em um intervalo aberto I, com $y = f(x)$, para $x \in I$, $g(y) \neq 0$ e g derivável em y, a **derivada da função inversa** é:

$$f'(x) = \frac{1}{g'(y)}$$

Valor máximo relativo e valor mínimo relativo

Seja f uma função real de variável real e sejam x_M e x_m números do domínio de f. Dizemos que:

- $f(x_M)$ é **valor máximo absoluto** da função f se, e somente se:

$$f(x_M) \geq f(x), \forall\, x, \text{ com } x \in D(f)$$

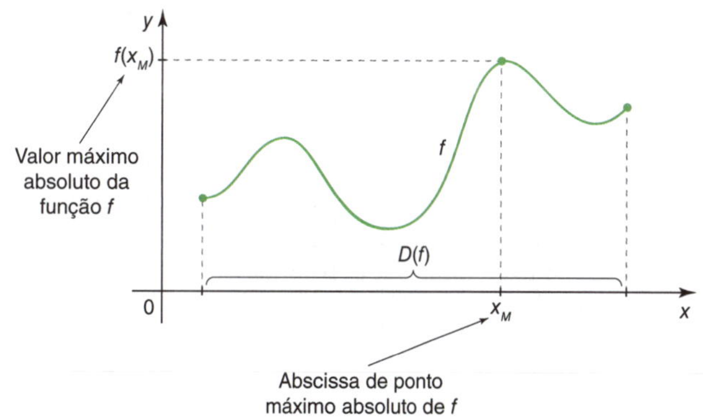

- $f(x_m)$ é **valor mínimo absoluto** da função f se, e somente se:

$$f(x_m) \leq f(x), \forall\, x, \text{ com } x \in D(f)$$

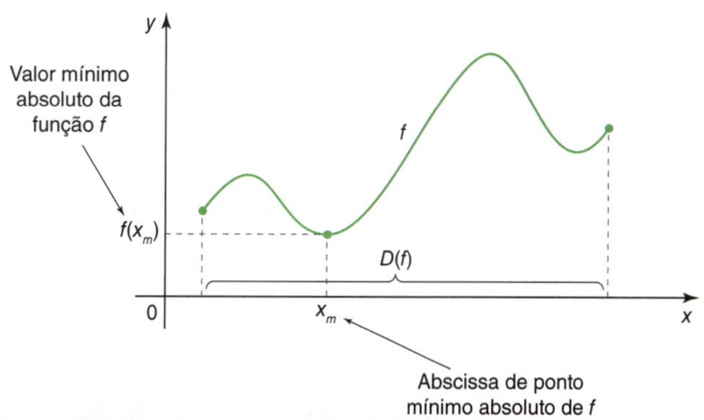

Valor máximo relativo e valor mínimo relativo

Seja f uma função real de variável real e sejam x_M e x_m números do domínio de f. Dizemos que:

- O número $f(x_M)$ é chamado de **valor máximo relativo** (ou valor máximo local) da função f se, e somente se, existe uma vizinhança completa $V(x_M)$ tal que:

$$f(x_M) \geqslant f(x), \forall x, \text{ com } x \in V(x_M) \cap D(f)$$

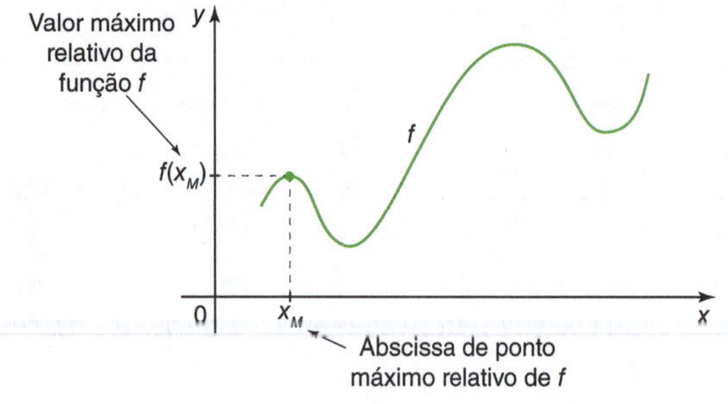

- O número $f(x_m)$ é chamado de **valor mínimo relativo** (ou valor mínimo local) da função f se, e somente se, existe uma vizinhança completa $V(x_m)$ tal que:

$$f(x_m) \leqslant f(x), \forall x, \text{ com } x \in V(x_m) \cap D(f)$$

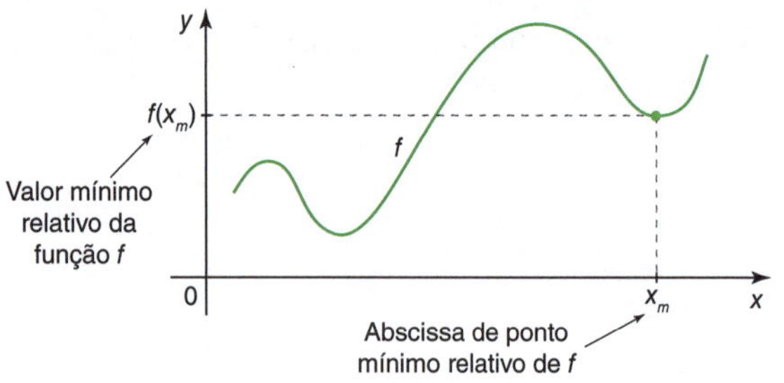

Extremo e extremante

Se a é a abscissa de um ponto máximo ou mínimo (local ou absoluto) de uma função f, então os números a e $f(a)$ são chamados de **extremante** e **extremo** da função f, respectivamente.

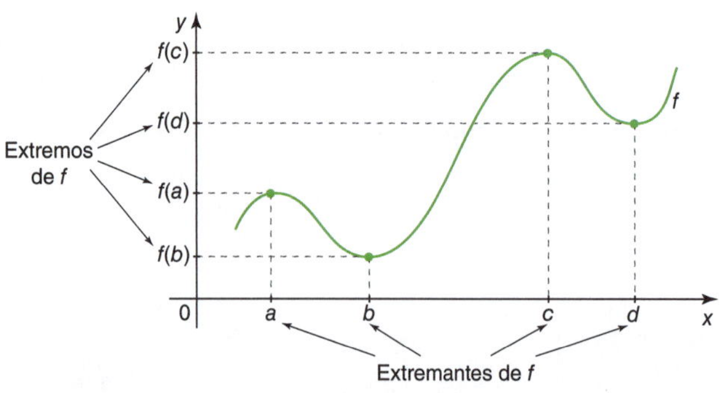

Função crescente e função decrescente

Sendo f uma função real de variável real, derivável em $]a, b[$, temos:

- Se $f'(x) > 0$ para todo x pertencente a $]a, b[$, então f é **crescente** em $]a, b[$;
- Se $f'(x) < 0$ para todo x pertencente a $]a, b[$, então f é **decrescente** em $]a, b[$.

Teste da primeira derivada

Seja f uma função real de variável real, derivável em uma vizinhança completa $V(a)$ de um numero a.

- Se $f'(a) = 0$ e

$$\begin{cases} f'(x) > 0, \text{ para todo } x, \text{ com } x \in V(a) \text{ e } x < a \\ f'(x) < 0, \text{ para todo } x, \text{ com } x \in V(a) \text{ e } x > a \end{cases},$$

então o número a é abscissa de um ponto máximo relativo de f, e $f(a)$ é valor máximo relativo de f.

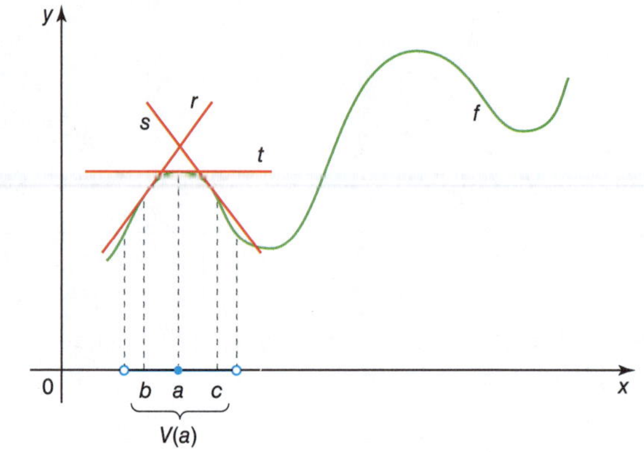

- Se $f'(a) = 0$ e

$$\begin{cases} f'(x) < 0, \text{ para todo } x, \text{ com } x \in V(a) \text{ e } x < a \\ f'(x) > 0, \text{ para todo } x, \text{ com } x \in V(a) \text{ e } x > a \end{cases},$$

então o número a é abscissa de um ponto mínimo relativo de f, e $f(a)$ é valor mínimo relativo de f.

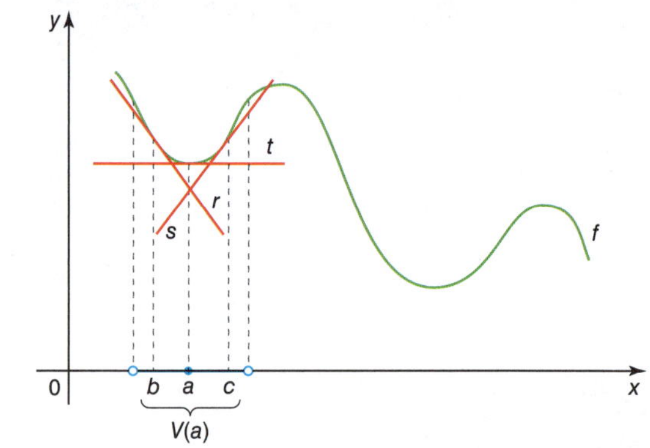

- Se $f'(a) = 0$ e para alguma vizinhança reduzida de a, $\overline{V}(a)$, $f'(x)$ não mudar de sinal, $\forall x$ com $x \in \overline{V}(a)$, então o ponto $P(a, f(a))$ é chamado **ponto de inflexão horizontal** de f.

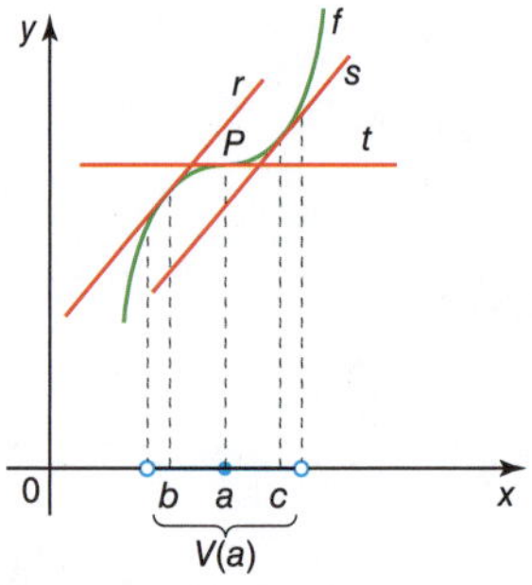

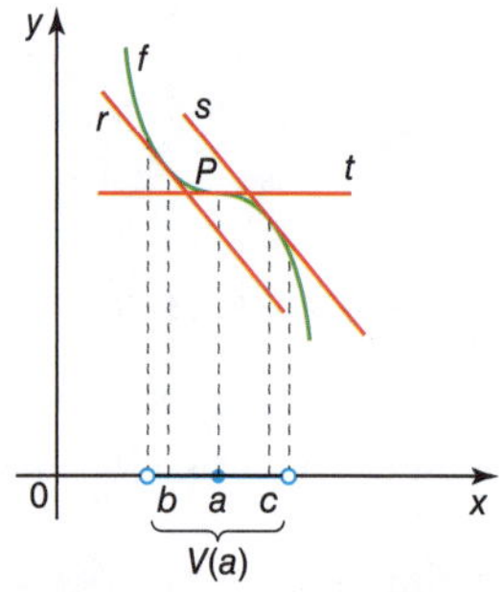

No Vestibular

1. **(UEL-PR)** O valor do limite $\lim\limits_{x \to 2} \dfrac{x - 3}{x + \frac{1}{2}}$ é:

a) $-\frac{5}{2}$

b) $-\frac{3}{2}$

c) 1

d) $-\frac{2}{3}$

e) $-\frac{2}{5}$

2. **(Cesgranrio-RJ)** A tangente à curva $y = x^3$ no ponto (1, 1) tem coeficiente angular igual a:

a) 1
b) 2
c) 3
d) 4
e) 5

3. **(UEL-PR)** A derivada da função f, de $\mathbb{R}$ em $\mathbb{R}$, definida por $f(x) = -2x^5 + 4x^3 + 3x - 6$, no ponto de abscissa $x_0 = -1$, é igual a:

a) 25
b) 19
c) 9
d) 5
e) 3

4. **(PUC-MG)** O valor da derivada da função $f(x) = \sqrt{7 - x}$, no ponto (−2, 3), é:

a) $-\frac{1}{2}$

b) $-\frac{1}{6}$

c) $\frac{1}{6}$

d) 2

e) 3

5. **(UEL-PR)** A equação horária de um móvel é $y = \frac{t^3}{3} + 2t$, sendo y sua altura em relação ao solo, medida em metros, e t o número de segundos transcorridos após sua partida. Sabe-se que a velocidade do móvel no instante t = 3 s é dada por $y'(3)$, ou seja, a derivada calculada em 3. Essa velocidade é igual a:

a) 6 m/s
b) 11 m/s
c) 15 m/s
d) 27 m/s
e) 29 m/s

RESPOSTAS

TEMA 1 Conceitos fundamentais da Álgebra

1 b

2 a

3 c

4 a

5 a

6 c

7 e

8 $S = \left\{-\frac{3}{2}\right\}$

9 a

10 a

11 b

12 b

13 a

14 a

15 d

16 e

17 d

18 a

19 a) $\frac{1}{425.000}$

b) 34,25 km

c) 6,8 cm

20 a) 70 s

b) 1.650 s; 9.428,57 m

21 d

22 b

23 e

24 d

25 c

26 c

27 d

28 c

29 b

30 c

31 a) 37,8 toneladas; 1,9 milhão de toneladas

b) 72 %

32 a) 4,17 x

b) ≈ 13,7 %

33 e

TEMA 2 Conjuntos

1 95

2 $(A \cup B) \cap C = \{5, 15\}$

3 c

4 d

5 c

6 d

7 c

8 c

9 c

10 c

11 d

12 c

13 c

14 27

15 d

16 e

17 b

TEMA 3 Introdução ao estudo das funções

1 d

2 $a = 100$; $b = 1$; $c = 10$;

$f(x) = \frac{100x + 200}{x + 10}$

3 c

4 e

5 e

6 e

7 d

8 e

9 b

10 b

11 a

12 d

13 b

14 c

15 b

16 c

17 c

18 d

19 d

20 a

21 b

TEMA 4 Função afim

1 e

2 $C_T(q) = 2q - 2$.

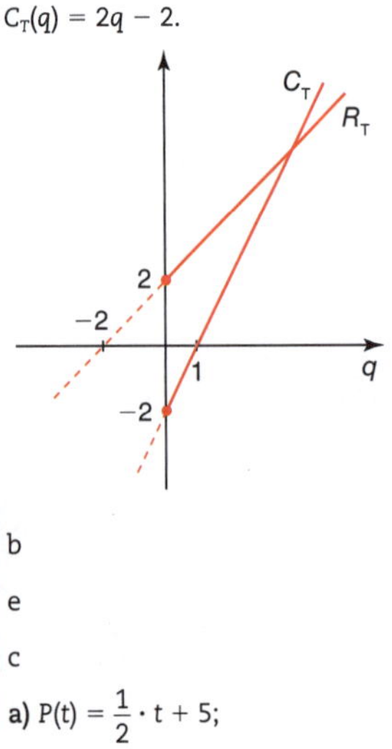

3 b

4 e

5 c

6 a) $P(t) = \frac{1}{2} \cdot t + 5$;

$P(6) = 8$ kg

b) $10 < t \leq 34$

7 b

8 a) $G_A = 10x + 12(30 - x) = -2x + 360$;

$G_B = 14y + 15(40 - y) = -y + 600$;

$G = G_A + G_B = -2x - y + 960$

b) drogaria A: 30 caixas de D1 e 0 caixa de D2; drogaria B: 10 caixas de D1 e 30 caixas de D2; G_A = 300 reais; G_B = 590 reais

9 a)

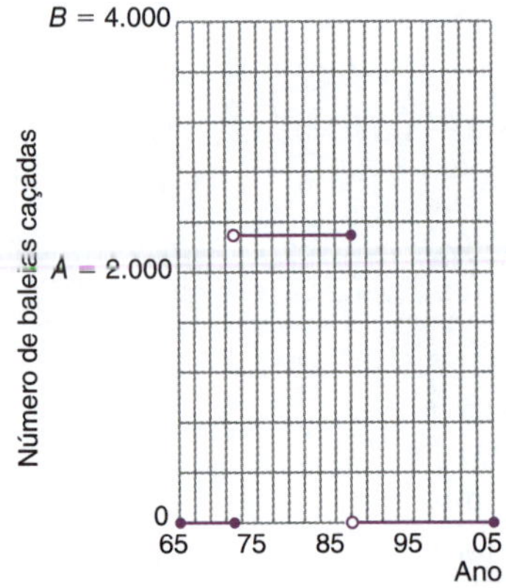

b) 83.840

TEMA 5 Função quadrática

1 b

2 a

3 a) $a = -0,1$; $b = 1$; $c = 1,1$

b) 11 m

4 a) $f(x) = 2x - 4$; 2s

b) 4s; 3 m

5 a

6 b

7 e

8 a

9 18 m

10 b

11 c

12 a) $x = -2$ ou $x = 1$

b) $x_V = -\frac{1}{2}$

c) $f(x_V) = 22,5$

d) $E(0) = 20$

13

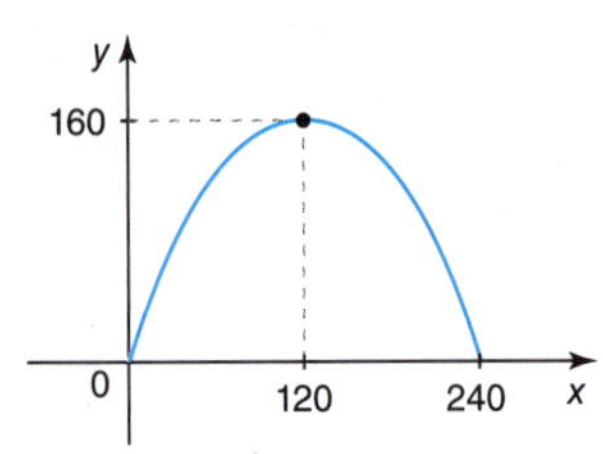

O terreno medirá 160 m paralelamente ao rio e 120 m perpendicularmente ao rio.

14 a

15 a

16 a) $A(x) = -2x^2 + 17x$
b) $x = 4$ m; $y = 9$ m

17 d

TEMA 6 Função modular

1 d
2 a
3 a
4 e
5 b
6 d
7 d
8 d
9 a
10 a

11 $S = \left\{-\frac{1}{2}, \frac{13}{4}\right\}$

12 c

13 a)

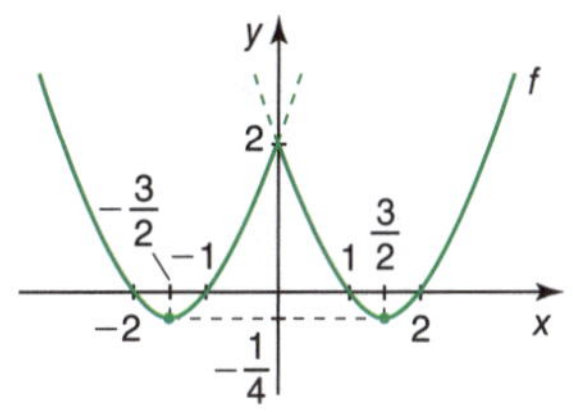

b)

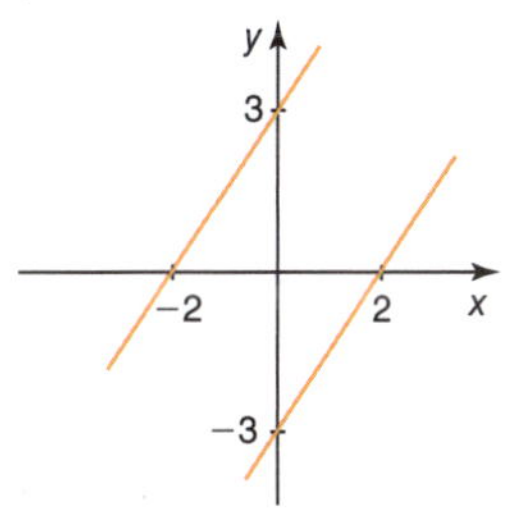

14 e

15 $V = [-1, 1]$

16 e

17 $a = 1$; $b = 3$

TEMA 7 Função exponencial e função logarítmica

1 b
2 c
3 e
4 c
5 c
6 e
7 a
8 d
9 a
10 e
11 e
12 c

13 a

14 $x = 1$ ou $x = \frac{1}{3}$

15 b

16 c

17 $n = 500$

18 b

19 b

20 a

21 e

22 a

23 c

24 $\left(x = \sqrt{2} \text{ e } y = 2\right)$;
$\left(x = -\sqrt{2} \text{ e } y = 2\right)$;
$\left(x = \frac{1}{2} \text{ e } y = \frac{1}{4}\right)$;
$\left(x = -\frac{1}{2} \text{ e } y = \frac{1}{4}\right)$.

25 a

26 a

27 b

28 $x > 5$ e $x \neq 6$

29 b

30 d

31 c

32 d

33 d

34 c

35 a

36 2 min

37 a

38 b

39 $y = \log_{\frac{1}{4}}\left(\frac{x-1}{2}\right)$

TEMA 8 Progressão aritmética e progressão geométrica

1 a

2 a) ↗
b) 187

3 d

4 a) $OA_2 = \sqrt{1^2 + 1^2} = \sqrt{2}$;
$OA_3 = \sqrt{(\sqrt{2})^2 + 1^2} = \sqrt{3}$;
$OA_4 = \sqrt{(\sqrt{3})^2 + 1^2} = \sqrt{4} = 2$;
$OA_{10} = \sqrt{10}$
b) $a_1 = \frac{1}{\sqrt{2}}$; $a_2 = \frac{1}{\sqrt{3}}$; $a_3 = \frac{1}{2}$; $a_9 = \frac{1}{\sqrt{10}}$

5 b

6 c

7 $S_{40} = 1.860$

8 $S = 3.321$

9 a

10 d

11 a) 221 cm^2
b) $f(x) = 2x^2 + 2x + 1$;
$D(f) = \mathbb{N}^*$; $Im(f) =$
$= \{y \in \mathbb{R} \mid y = 2x^2 + 2x + 1; x \in \mathbb{N}^*\}$

12 a) $P_1 = 4, P_2 = 8, P_3 = 12, ...$
$P_n = 4n$ e $r = 8 - 4 = 4$
b) $B_1 = \frac{A_1}{P_1} = \frac{1}{4}$;
$B_2 = \frac{A_2}{P_2} = \frac{4}{8} = \frac{1}{2}$;
$B_3 = \frac{A_3}{P_3} = \frac{9}{12} = \frac{3}{4}$; $S_{40} = 205$

13 c

14 a) $a_1 = \sqrt{2}$
$a_2 = 6a_1 = 6\sqrt{2}$
$a_3 = \frac{1}{3}a_2 = 2\sqrt{2}$
$a_4 = 6a_3 = 12\sqrt{2}$
$a_5 = \frac{1}{3}a_4 = 4\sqrt{2}$
$a_6 = 6a_5 = 24\sqrt{2}$
$a_7 = \frac{1}{3}a_6 = 8\sqrt{2}$
$a_8 = 6a_7 = 48\sqrt{2}$
b) $a_{37} = 2^{18}\sqrt{2}$ e
$a_{38} = 6 \cdot 2^{18}\sqrt{2}$

15 b

16 b

17 e

18 c

19 b

TEMA 9 Matemática financeira e Estatística

1 d

2 b

3 a

4 c

5 c

6 23%
7 a
8 d
9 d
10 a
11 e
12 a
13 9
14 22
15 c
16 e
17 27
18 d
19 e
20 c

TEMA 10 Geometria plana

1 b

2 $A = 2(2\sqrt{3} - \pi)$

3 b
4 c
5 d
6 b
7 b
8 $\frac{GH}{CE} = 4$

9 e
10 a
11 d
12 b
13 $1.000\sqrt{3}$ m
14 a
15 c
16 d
17 d
18 e
19 d
20 c
21 a
22 c
23 e
24 e
25 c
26 b

TEMA 11 Trigonometria no triângulo retângulo e na circunferência trigonométrica

1 d
2 c
3 a
4 e
5 c
6 c
7 c
8 b
9 a
10 c
11 e
12 d
13 b
14 b
15 c
16 d
17 $x = \frac{7\pi}{6}$; $x = \frac{11\pi}{6}$; $x = \frac{\pi}{2}$; $x = \frac{3\pi}{2}$
18 b
19 d
20 c
21 c
22 c
23 d

TEMA 12 Razões trigonométricas inversas, adição de arcos e resolução de triângulos

1 $m = 3$; $\text{tg}\, x = \sqrt{3}$; $\sec x = 2$;
$\text{cossec}\, x = \frac{2\sqrt{3}}{3}$; $\text{cotg}\, x = \frac{\sqrt{3}}{3}$
2 d
3 b
4 e
5 e
6 b
7 b
8 c
9 a) $\cos y = -\frac{3}{5}$
b) $\text{sen}\, 2x = \frac{120}{169}$
10 c
11 c
12 a
13 d
14 a) demonstração
b) $\text{tg}(\theta) = \frac{4\sqrt{2}}{7}$
15 d
16 d
17 d
18 e
19 e
20 d
21 a) $\sec x = \frac{\sqrt{5}}{2}$
b) $\text{sen}\left(x + \frac{\pi}{4}\right) = \frac{3\sqrt{10}}{10}$
22 a) $x = \frac{2\pi}{3}$
b) zero

TEMA 13 Funções trigonométricas

1 c
2 e
3 b
4 8
5 a) 6,5 m
b) valor máximo: 21,5 m; valor mínimo: 1,5 m; 24 s
6 b
7 d
8 b
9 d
10 $\left(\frac{4}{3}; 0\right)$; $(2; 0)$; $\left(\frac{8}{3}; 0\right)$; $\left(\frac{10}{3}; 0\right)$
11 a) 1; [0, 2]
b) $x = \frac{1}{4}$ e $x = \frac{3}{4}$
12 a) $\frac{2\sqrt{3} - 3}{3}$
b) $\frac{(\text{tg}\alpha - 1)^2}{2\text{tg}\alpha}$
13 a
14 b
15 $S = \left[\frac{\pi}{3}; \frac{2\pi}{3}\right] \cup [\pi; 2\pi]$
16 a) $T = \pi$
b) $x = \frac{\pi}{6}$, $x = \frac{2\pi}{3}$, $x = \frac{7\pi}{6}$ e $x = \frac{5\pi}{3}$
17 c
18 a) 0,35 °C e −0,7 °C
b) 0 h, 8 h, 16 h e 24 h
19 $x = 6k + 2$, $k \in \mathbb{Z}$; 19 kg
20 d
21 d

TEMA 14 Matrizes, determinantes e sistemas lineares

1 b
2 d
3 e
4 É uma matriz ortogonal. (Justifique.)
5 $a = 1$; $b = 3$; $c = 2$
6 a) $k \neq -3$ e $k \neq 2$
b) $k = 2$
c) $k = -3$
7 c
8 $x = 1$; $y = 2$; $z = 3$; $w = 4$
9 $\cos\frac{\pi}{12} = \frac{\sqrt{6} + \sqrt{2}}{4}$ e $\cos\frac{5\pi}{12} = \frac{\sqrt{6} - \sqrt{2}}{4}$
10 e
11 a) 1.050 kg, 1.400 L e US$ 2.500
b) $x = 1.000$, $y = 500$ e $z = 200$
12 b
13 d
14 d
15 a)

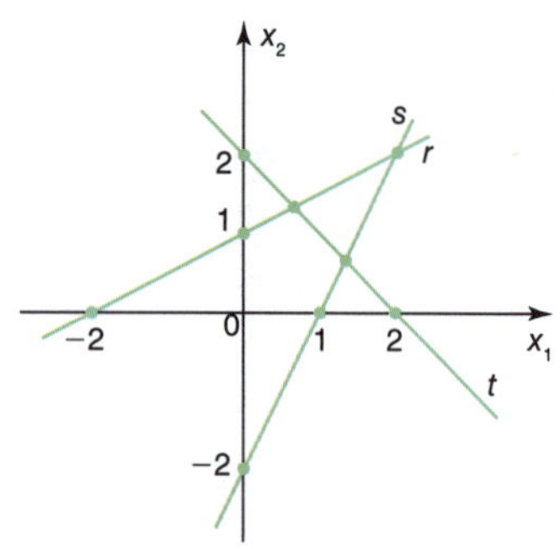

(Justifique.)
b) $x_1 = x_2 = \frac{4}{3}$
16 a) $a = \frac{2}{3}$ e $b = -\frac{1}{3}$
b) $\begin{bmatrix} 1 \\ 1 \\ -4 \end{bmatrix}$

TEMA 15 Análise combinatória e Binômio de Newton

1 c
2 a) 60
b) 20
3 c
4 b
5 b
6 d
7 a
8 a
9 e
10 c
11 31
12 e
13 c
14 c
15 b
16 e
17 15
18 a) 186
b) 20

19 a) 324
b) 48

20 b

21 48

22 a) 600
b) 160
c) 24.960

23 a) 27
b) 8 subconjuntos (Justifique.)

24 e

TEMA 16 Probabilidade

1 12%

2 a) $\frac{1}{512}$
b) $\frac{7}{8}$

3 d

4 a

5 c

6 b

7 c

8 c

9 a) 64
b) 120
c) $\frac{8}{19}$

10 a

11 b

12 a) 20; 150
b) 10%

13 d

14 a) 99%
b) 10

15 a) 45
b) $\frac{1}{15}$
c) $\frac{14}{15}$

16 a

17 0,0965

18 a) $\frac{15}{56}$
b) $\frac{1}{3}$

TEMA 17 Geometria de posição

1 Pelo postulado de determinação do plano, 3 pontos não colineares determinam um único plano; já com 4 pontos distintos, podemos determinar 4 planos.

2 e

3 d

4 a

5 a

6 e

7 a

8 e

TEMA 18 Geometria métrica: poliedros

1 a

2 e

3 e

4 b

5 d

6 e

7 b

8 c

9 e

10 a) $20\sqrt{2}$ cm
b) $\frac{2.000\sqrt{6}}{3}$ cm^3

11 a) $\frac{9\sqrt{6}}{2}$ u.v.
b) $\sqrt{6}$ u.c.

12 d

13 b

14 $\frac{\ell^3}{6}$

15 a

16 a) 14
b) $x = \frac{a}{2}$

17 81 cm^3

18 $9\sqrt{2}$ cm^3

TEMA 19 Geometria métrica: corpos redondos

1 c

2 c

3 a

4 a

5 a) $\frac{\pi R^2}{3}$ cm^2
b) $\frac{4\pi R^2}{3}$ cm^2

6 $(10 - 5\sqrt[3]{4})$ cm

7 d

8 c

9 a

10 $\frac{h}{H} = \frac{7}{8}$

11 R = 3 e r = 2

12 $\frac{640\sqrt{3}\pi}{9}$ cm^3

13 e

TEMA 20 Geometria analítica: ponto e reta

1 e

2 3

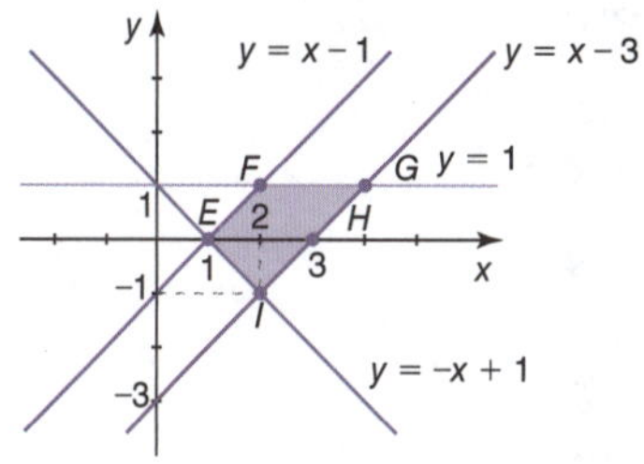

3 4

4 e

5 b

6 e

7 e

8 a

9 d

10 d

11 b

12 a

13 d

14 a

15 a) B(−1, 2); C$(-\sqrt{5}, 0)$; D(−1, −2); E(1, −2); F$(\sqrt{5}, 0)$; $4\sqrt{5} + 4$
b) cos (AÔB) = $\frac{3}{5}$

16 a) 3, 6 e 9
b) $9 + 54\sqrt{2}$

17 d

18 b

19 b

TEMA 21 Geometria analítica: cônicas

1 a) P$(3, \sqrt{3})$
b) $\frac{4\pi}{3} + 2\sqrt{3}$

2 c

3 a)

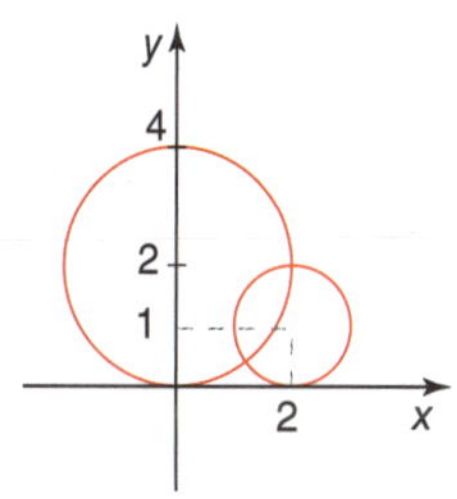

b) P(4, 0)

4 a

5 d

6 a) P(−1, −2)
b) $(x + 5)^2 + (y - 1)^2 = 25$
c) $S = \frac{25}{4}$

7 $(x - 3)^2 + y^2 = \frac{9}{4}$

8 c

9 c

10 c

11 2x + y + 3 = 0

12 d

13 a

14 d

15 c

16 a

17 60 cm

18 $y = x^2 - 6x - 7$

19 19

20 2

21 e

22 e

TEMA 22 Conjunto dos números complexos

1 a

2 b

3 b

4 b

5 a) $z_1 \cdot z_2 = (2x - 2) + (x + 4)i$
b) $x \leq 6$

6 $z^2 = -72 + 72\sqrt{3}i$

7 d

8 e

9 c

10 b

11 a

12 c

13 e

14 a

15 a) solução de $z \cdot \bar{z} = 4$: números complexos cujos afixos são pontos da circunferência de centro O(0, 0) e raio 2; solução de $(\bar{z})^2 = z^2$: números complexos cujos afixos pertencem ao eixo real ou ao eixo imaginário

b) (2, 0); (0, 2); (−2, 0) e (0, −2)

16 e

17 $|\bar{z_1} + z_2^5 + z_3| = 32$

18 b

19 $x^2 + y^2 - 4x = 0$

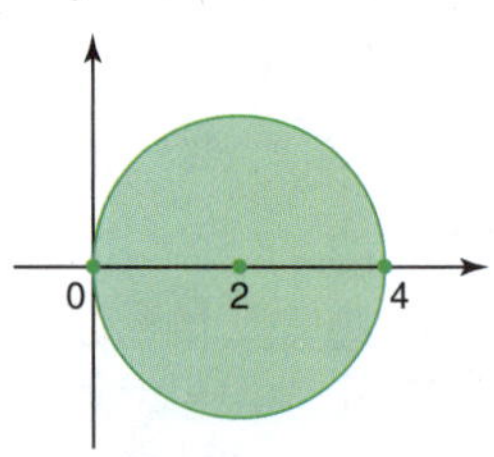

20 a) $z_1 \cdot z_2 = (\cos\theta_1 + i\text{sen}\,\theta_1)(\cos\theta_2 + i\text{sen}\,\theta_2) = \cos\theta_1\cos\theta_2 + i\text{sen}\,\theta_2\cos\theta_1 + i\text{sen}\,\theta_1\cos\theta_2 + \text{sen}\,\theta_1\text{sen}\,\theta_2 i^2 = (\cos\theta_1\cos\theta_2 - \text{sen}\,\theta_1\text{sen}\,\theta_2) + (\text{sen}\,\theta_1\cos\theta_2 + \text{sen}\,\theta_2\cos\theta_1)i = \cos(\theta_1 + \theta_2) + i\text{sen}(\theta_1 + \theta_2)$

b) demonstração

21 a) demonstração

b) $y = x + 2$

22 a) $z^{12} = 4.096$ b) zero

23 a

24 $z = 2i$ ou $z = -2$

25 a) $S = \left\{0, i, \frac{\sqrt{3}}{2} - \frac{i}{2}, \frac{-\sqrt{3}}{2} - \frac{i}{2}\right\}$

b)

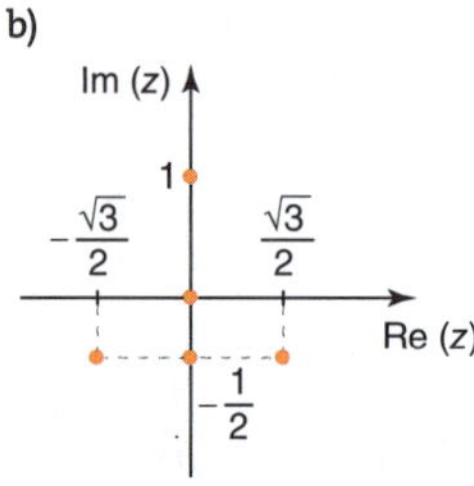

26 a) $z = \frac{4}{5} + \frac{3}{5}i$

b) O conjunto é formado pelos pontos da circunferência de centro na origem e raio 1, exceto o ponto (0, 1).

27 a) $\frac{1}{2} \neq \alpha < \frac{3}{4}$

b)

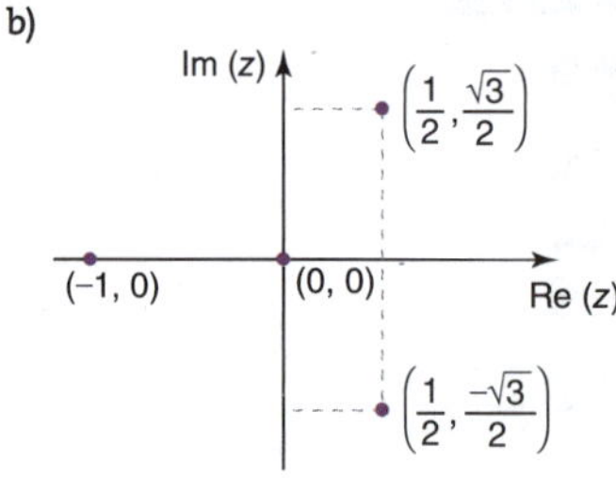

TEMA 23 Polinômios e equações polinomiais

1 e

2 e

3 a) $\det A = \begin{vmatrix} x & 1 & x \\ 0 & x & 1 - \frac{x}{2} \\ 2 & 0 & x \end{vmatrix} = x^3 - 2x^2 - x + 2$

Assim, sendo $p(x) = x^3 - 2x^2 - x + 2$ temos: $p(2) = 2^3 - 2 \cdot 2^2 - 2 + 2 = 0$
Logo, 2 é raiz.

b) 2, 1, e −1

4 d

5 a) demonstração

b) $f(x) = x^3 - x^2 - x + 1$

6 b

7 a

8 c

9 a

10 e

11 e

12 a

13 b

14 a) 96 dm^3

b) $x = 1$ ou $x = 2$

15 a) $x = 1$ (raiz dupla) ou $x = \frac{1 - i\sqrt{3}}{2}$ ou $x = \frac{1 + i\sqrt{3}}{2}$

b) $b \leq 4$

16 $p(x) = 1(x - 4)^3(x + 2)^2(x^2 - 10x + 29)x$

17 c

18 e

19 a) 5

b) 1, 2 + i e 2 − i

20 a

21 c

22 demonstração

23 a) $m = 2$

b) $1 - \sqrt{3}$, 1 e $1 + \sqrt{3}$

24 a) $m = 7$

b) $x = \frac{3}{2}$ ou $x = 1 - \sqrt{2}$ ou $x = 1 + \sqrt{2}$

25 b

26 a

27 $-\frac{2}{3} < a < 0$

TEMA 24 Limite e derivada

1 e

2 c

3 d

4 b

5 b

Moderna PLUS

MATEMÁTICA 3

PAIVA

CADERNO DO ESTUDANTE

Organizadora: Editora Moderna
Obra coletiva concebida, desenvolvida
e produzida pela Editora Moderna.
Editora Executiva:
Juliane Matsubara Barroso

Moderna PLUS

Coordenação editorial: Juliane Matsubara Barroso
Elaboração de originais: Daniel Teodoro
Edição de texto: Débora Regina Yogui, Fabio Martins de Leonardo, Juliane Matsubara Barroso, Marilu Maranho Tassetto
Assistência editorial: Enrico Briese Casentini, Thais Toldo Antonagi
Preparação de texto: Solange Gonçalves Guerra Martins
Coordenação de *design* e projetos visuais: Sandra Homma
Projeto gráfico e capa: Everson de Paula, Marta Cerqueira Leite
Fotos: Carlos Luvizari/CID
Coordenação de produção gráfica: André Monteiro, Maria de Lourdes Rodrigues
Coordenação de arte: Wilson Gazzoni Agostinho
Edição de arte: Elaine Cristina da Silva
Ilustrações: Faustino, Paulo Manzi
Editoração eletrônica: Grapho Editoração
Coordenação de revisão: Elaine Cristina del Nero
Revisão: Carlos Eduardo Sigrist, José Alessandre da Silva Neto, Luís Boa Nova
Coordenação de pesquisa iconográfica: Ana Lucia Soares
Pesquisa iconográfica: Camila D'Angelo, Marcia Sato
As imagens identificadas com a sigla CID foram fornecidas pelo Centro de Informação e Documentação da Editora Moderna.
Coordenação de *bureau*: Américo Jesus
Tratamento de imagens: Arleth Rodrigues, Fabio N. Precendo, Rodrigo Fragoso, Rubens M. Rodrigues
Pré-impressão: Alexandre Petreca, Everton L. de Oliveira Silva, Helio P. de Souza Filho, Marcio H. Kamoto
Coordenação de produção industrial: Wilson Aparecido Troque

Dados Internacionais de Catalogação na Publicação (CIP)
(Câmara Brasileira do Livro, SP, Brasil)

Paiva, Manoel Rodrigues
Matemática : Paiva / Manoel Rodrigues Paiva. — 2. ed. — São Paulo : Moderna, 2010 .

Obra em 3v. para alunos do 1º ao 3º ano.
Bibliografia.

1. Matemática (Ensino médio) I. Título

10-07085 CDD-510.7

Índices para catálogo sistemático:
1. Matemática : Ensino médio 510.7

ISBN 978-85-16-06834-9 (LA)
ISBN 978-85-16-06835-6 (LP)

EDITORA MODERNA LTDA.
Rua Padre Adelino, 758 - Belenzinho
São Paulo - SP - Brasil - CEP 03303-904
Vendas e Atendimento: Tel. (0_ _11) 2602-5510
Fax (0_ _11) 2790-1501
www.moderna.com.br
2015
Impresso na China

1 3 5 7 9 10 8 6 4 2

Apresentação

Caro estudante

Este material foi produzido para auxiliá-lo em seus estudos. O objetivo do *Caderno do estudante* é dinamizar o estudo dos principais conceitos do livro-texto com base em resumos, no destaque, na organização desses conceitos e na conexão entre eles, tornando-se, assim, um guia de estudo. Para isso, este caderno está organizado em capítulos correspondentes aos do livro-texto.

No início de cada capítulo deste caderno, há atividades contextualizadas que exploram os conteúdos dos capítulos, a interpretação de situações e a leitura de imagens.

A seguir, propõem-se atividades correspondentes às seções do livro-texto. Nessas atividades, os termos e conceitos específicos da disciplina são destacados e trabalhados. Há também ferramentas diferenciadas, os organizadores gráficos, que facilitam a retomada dos assuntos estudados por meio de recursos visuais, favorecendo a compreensão e a fixação dos conceitos. Assim, você organiza as ideias e faz associações entre elas.

No final de cada capítulo, você elabora uma síntese e avalia o que aprendeu no livro-texto.

O *Caderno do estudante* pode ser usado para retomar os conteúdos abordados nas aulas, como um dos instrumentos de estudo e de revisão para as avaliações.

Bons estudos!

Organização do *Caderno*

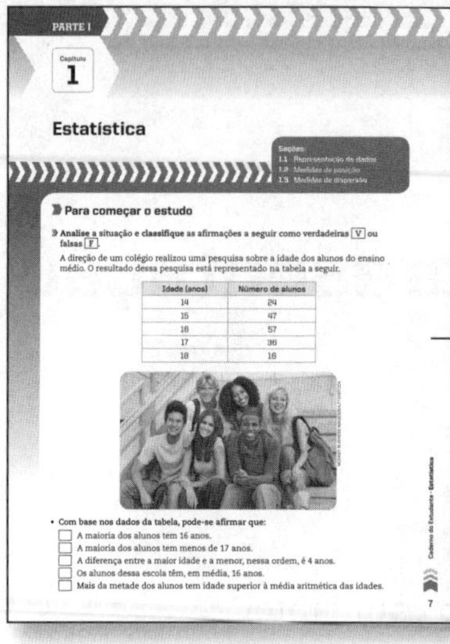

Para começar o estudo

No início de cada capítulo, você vai encontrar uma atividade contextualizada que aborda os conteúdos do capítulo e explora a interpretação de situações e a leitura de imagens.

Com a ajuda do *Caderno do estudante*, você pode estudar os principais conceitos do seu livro-texto, após a leitura de cada seção.

Você vai identificar ou definir os termos e conceitos mais importantes de cada seção.

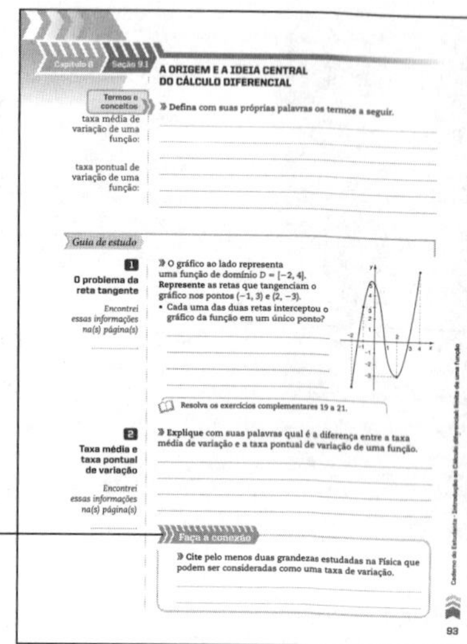

Faça a conexão

Algumas atividades favorecem as conexões entre o conteúdo da seção e outros conhecimentos.

Fechando o capítulo

No final de cada capítulo, você avalia o que aprendeu e retoma os temas em que ainda tenha dúvidas, além de esclarecê-las com colegas e professor.

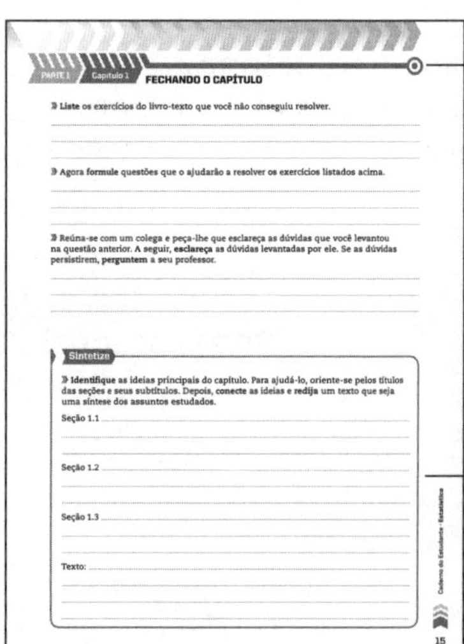

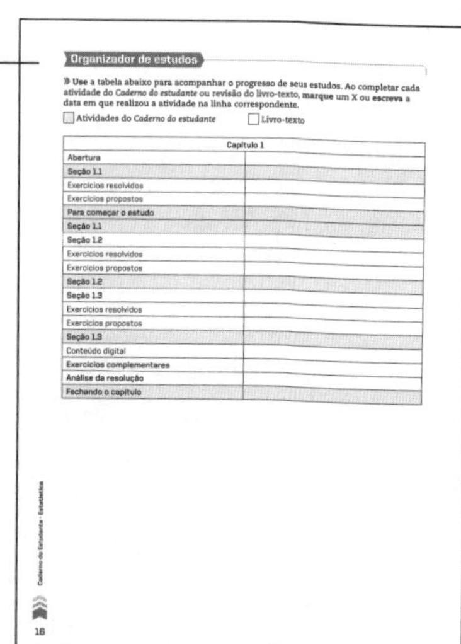

Organizador de estudos

O quadro, na última página de cada capítulo, possibilita o monitoramento do seu avanço nos diferentes assuntos e recursos que compõem o *Moderna Plus Matemática*.

Sintetize

Para terminar, você escreve uma síntese das principais ideias estudadas no capítulo.

Sumário

Capítulo 1

Estatística

Seções:
1.1 Representação de dados
1.2 Medidas de posição
1.3 Medidas de dispersão

Para começar o estudo

Analise a situação e **classifique** as afirmações a seguir como verdadeiras [V] ou falsas [F].

A direção de um colégio realizou uma pesquisa sobre a idade dos alunos do ensino médio. O resultado dessa pesquisa está representado na tabela a seguir.

Idade (anos)	Número de alunos
14	24
15	47
16	57
17	36
18	16

MONKEY BUSINESS IMAGES/SHUTTERSTOCK

- **Com base nos dados da tabela, pode-se afirmar que:**
  - [ ] A maioria dos alunos tem 16 anos.
  - [ ] A maioria dos alunos tem menos de 17 anos.
  - [ ] A diferença entre a maior idade e a menor, nessa ordem, é 4 anos.
  - [ ] Os alunos dessa escola têm, em média, 16 anos.
  - [ ] Mais da metade dos alunos tem idade superior à média aritmética das idades.

REPRESENTAÇÃO DE DADOS

Termos e conceitos

» **Defina** com suas próprias palavras os termos ou conceitos a seguir.

universo estatístico:

amostra:

rol:

tabela de distribuição de frequência:

» **Desenhe** um exemplo de cada um dos gráficos a seguir:

gráfico de linha:

gráfico de setores:

gráfico de barras:

histograma:

Guia de estudo

1

Distribuição de frequências em classes unitárias

Encontrei essas informações na(s) página(s) ______.

» Considere a seguinte situação: uma escola de ensino médio tem alunos de 14 a 18 anos de idade. A frequência das idades dos alunos é dada pela tabela abaixo.

Complete os valores que faltam.

Classe (idade)	Frequência (número de alunos)	Frequência relativa
14	15	5%
15		25%
16	108	
17	90	
18		4%
	Frequência total: $F_t =$ ______	

2

Gráfico de linha

Encontrei essas informações na(s) página(s)

______.

» No plano cartesiano abaixo, **represente** o gráfico de linha com as frequências apresentadas na tabela anterior.

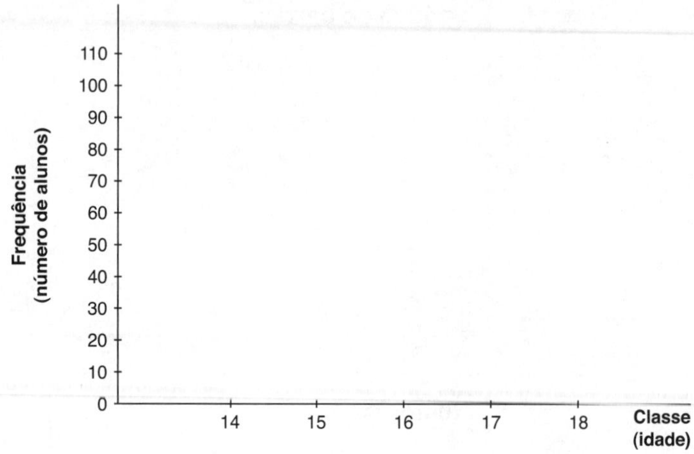

3

Gráfico de barras verticais

Encontrei essas informações na(s) página(s)

______.

» No plano cartesiano abaixo, **represente** o gráfico de barras verticais com as frequências apresentadas na tabela do item **1**.

4

Gráfico de barras horizontais

Encontrei essas informações na(s) página(s)

______.

» **Explique** com suas próprias palavras qual é a principal diferença entre um gráfico de barras verticais e um gráfico de barras horizontais.

______

______

______

______

______

______

______

5

Gráfico de setores

Encontrei essas informações na(s) página(s) ______.

» Considere a tabela do item **1** e **responda**: Qual é a medida do ângulo central do setor que representa a classe dos alunos com 17 anos de idade num gráfico de setores? Justifique sua resposta.

____

____

____

____

Resolva os exercícios complementares 5 a 14.

6

Distribuição de frequências em classes representadas por intervalos reais

Encontrei essas informações na(s) página(s) ______.

» Numere de 1 a 4 os quadrinhos abaixo, **ordenando** os procedimentos para obter a tabela de distribuição de frequências com classes representadas por intervalos reais para um certo conjunto de dados.

☐ Escolher um intervalo fechado que contenha toda a amostra.

☐ Agrupar os elementos de acordo com as classes a que pertencem.

☐ Calcular a amplitude da amostra.

☐ Dividir o intervalo escolhido em subintervalos de mesmo comprimento.

7

Histograma

Encontrei essas informações na(s) página(s) ______.

» **Explique** com suas próprias palavras qual é a principal diferença entre um gráfico de barras verticais e um histograma.

____

____

____

____

____

____

Resolva os exercícios complementares 15 a 19.

MEDIDAS DE POSIÇÃO

Termos e conceitos

» **Defina** com suas próprias palavras os termos ou conceitos a seguir.

média aritmética: ______

média aritmética ponderada: ______

moda: ______

mediana: ______

Guia de estudo

1

Média aritmética

Encontrei essas informações na(s) página(s) ______.

» **Escreva** a fórmula da média aritmética $\bar{x}$ de um conjunto de n números $x_1, x_2, x_3, ..., x_n$.

______

2

Média aritmética ponderada

Encontrei essas informações na(s) página(s) ______.

» **Escreva** a fórmula da média aritmética ponderada $\bar{x}$ de um conjunto de n números $x_1, x_2, x_3, ..., x_n$ com pesos $p_1, p_2, p_3, ..., p_n$, respectivamente.

______

3 Moda

Encontrei essas informações na(s) página(s)

________.

» **Dê um exemplo** de uma amostra em que a média aritmética coincide com a moda.

4 Mediana

Encontrei essas informações na(s) página(s)

________.

» **Abaixo, há um exercício e parte de sua resolução. À esquerda, comentários explicam as etapas da resolução. Complete-as** e **finalize o exercício.**

Exercício

Determine a média aritmética, a moda e a mediana da amostra a seguir:

3, 8, 5, 1, 3, 2, 6, 5, 4, 7, 9, 1, 8, 1

Resolução

1. Calculamos a média aritmética, dividindo a soma dos elementos do conjunto pelo número de elementos desse conjunto.

A média dessa amostra é:

$\bar{x}$ = ________

2. Para determinar a moda e a mediana, ordenamos os elementos da amostra em um rol.

rol: ________________________

3. O valor que possui maior frequência é moda da amostra. E como a amostra tem 14 elementos, a mediana é a média aritmética entre os elementos centrais.

A moda dessa amostra é:

Mo = ________

A mediana dessa amostra é:

Md = ________

Resolva os exercícios complementares 1 a 3 e 20 a 45.

MEDIDAS DE DISPERSÃO

Termos e conceitos

» **Identifique** o termo ou o conceito que pode ser associado à definição:

1. É a média aritmética entre os desvios absolutos dos elementos da amostra.
2. É a média aritmética entre os quadrados dos desvios dos elementos da amostra.
3. É a raiz quadrada da variância.

1. ______________
2. ______________
3. ______________

Guia de estudo

1 Desvio absoluto médio

Encontrei essas informações na(s) página(s) ________.

» Numere de 1 a 4 os quadrinhos abaixo **ordenando** os procedimentos para obter o desvio absoluto médio de determinada amostra de números.

- ☐ Calcular o desvio absoluto de cada elemento da amostra.
- ☐ Calcular a média aritmética dos elementos da amostra.
- ☐ Dividir a soma dos desvios absolutos pelo número de elementos da amostra.
- ☐ Calcular a soma dos desvios absolutos.

2 Variância

Encontrei essas informações na(s) página(s) ________.

» **Escreva** a fórmula da variância σ^2 de um conjunto de n números $x_1, x_2, x_3, ..., x_n$ de média aritmética $\bar{x}$.

____

3 Desvio padrão

Encontrei essas informações na(s) página(s) ________.

» **Explique** com suas palavras qual é a relação entre desvio padrão e variância.

____

____

Resolva os exercícios complementares 4 e 46 a 52.

FECHANDO O CAPÍTULO

» **Liste** os exercícios do livro-texto que você não conseguiu resolver.

» Agora **formule** questões que o ajudarão a resolver os exercícios listados acima.

» Reúna-se com um colega e peça-lhe que esclareça as dúvidas que você levantou na questão anterior. A seguir, **esclareça** as dúvidas levantadas por ele. Se as dúvidas persistirem, **perguntem** a seu professor.

Sintetize

» **Identifique** as ideias principais do capítulo. Para ajudá-lo, oriente-se pelos títulos das seções e seus subtítulos. Depois, **conecte** as ideias e **redija** um texto que seja uma síntese dos assuntos estudados.

Seção 1.1

Seção 1.2

Seção 1.3

Texto:

Organizador de estudos

» **Use** a tabela abaixo para acompanhar o progresso de seus estudos. Ao completar cada atividade do *Caderno do estudante* ou revisão do livro-texto, **marque** um X ou **escreva** a data em que realizou a atividade na linha correspondente.

☐ Atividades do *Caderno do estudante* ☐ Livro-texto

Capítulo 1	
Abertura	
Seção 1.1	
Exercícios resolvidos	
Exercícios propostos	
Para começar o estudo	
Seção 1.1	
Seção 1.2	
Exercícios resolvidos	
Exercícios propostos	
Seção 1.2	
Seção 1.3	
Exercícios resolvidos	
Exercícios propostos	
Seção 1.3	
Conteúdo digital	
Exercícios complementares	
Análise da resolução	
Fechando o capítulo	

Capítulo 2

Geometria analítica: ponto e reta

Seções:
2.1 Ponto
2.2 Reta
2.3 Formas da equação da reta

Para começar o estudo

Analise a situação.

No quadriculado abaixo, os pontos assinalados indicam quatro cidades, *A*, *B*, *C* e *D*, e cada quadrícula tem a forma de um quadrado cujo lado representa uma distância de 1.000 km. Serão construídas duas estradas retilíneas: uma que liga a cidade *A* à cidade *C* e outra que liga a cidade *B* à cidade *D*.

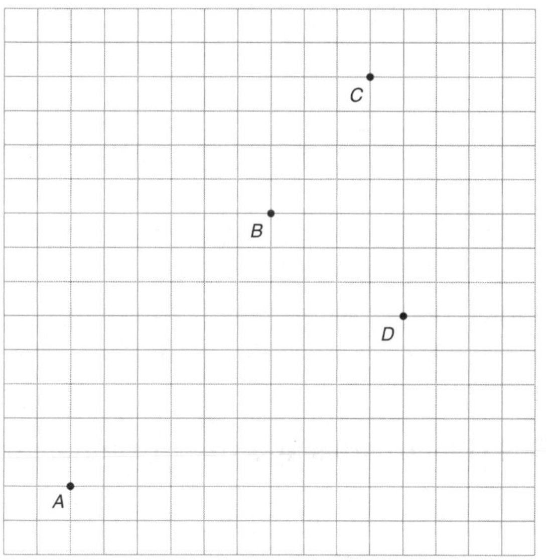

- **Classifique** as afirmações como verdadeiras V ou falsas F.

☐ A estrada que ligará a cidade *A* à cidade *C* passará pela cidade *B*.

☐ A distância entre as cidades *B* e *C* é de 5.000 km.

☐ A distância entre as cidades *A* e *D* é de 15.000 km.

☐ A estrada que ligará a cidade *A* à cidade *C* será perpendicular à estrada que ligará *B* a *D*.

☐ A distância de *B* a *C* é maior que a distância de *B* a *D*.

PONTO

Termos e conceitos

» **Defina** com suas próprias palavras os termos ou conceitos a seguir.

sistema cartesiano ortogonal de coordenadas:

plano cartesiano:

bissetriz dos quadrantes ímpares:

bissetriz dos quadrantes pares:

distância entre dois pontos:

ponto médio de um segmento de reta:

baricentro de um triângulo:

Guia de estudo

1

Sistema cartesiano ortogonal de coordenadas

Encontrei essas informações na(s) página(s) ______.

» No plano cartesiano abaixo, **numere** os quadrantes.

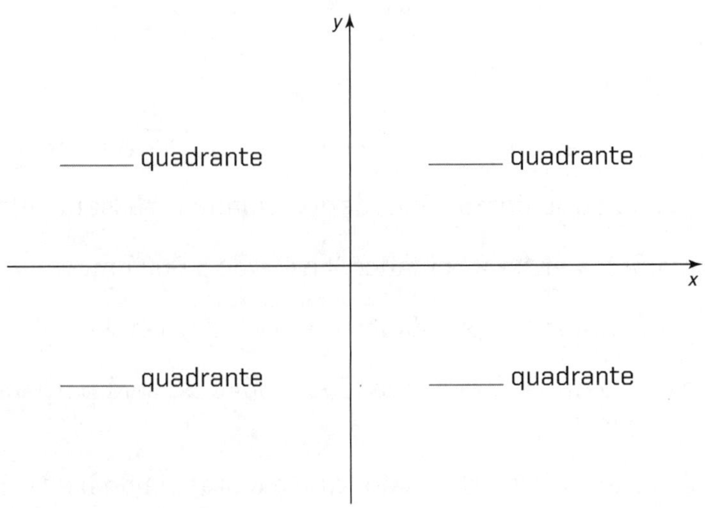

2 Coordenadas de um ponto

Encontrei essas informações na(s) página(s) ______.

» Considere o ponto P(x, y) no sistema de coordenadas. **Identifique** a abscissa e a ordenada de P.

P(x, y)

______	______

3 Pontos notáveis do plano cartesiano

Encontrei essas informações na(s) página(s) ______.

» O esquema abaixo destaca as coordenadas de alguns pontos notáveis que pertencem à bissetriz de um dos quadrantes ou a um dos eixos coordenados do plano cartesiano. **Descreva** as posições desses pontos notáveis **completando** os quadros.

Coordenadas de pontos notáveis

$P(0, a)$	$P(a, 0)$	$P(a, a)$	$P(a, -a)$
O ponto pertence ______	O ponto pertence ______	O ponto pertence ______	O ponto pertence ______

4 Distância entre dois pontos no plano cartesiano

Encontrei essas informações na(s) página(s) ______.

» **Escreva a fórmula** da distância entre dois pontos $A(x_A, y_A)$ e $B(x_B, y_B)$ no plano cartesiano.

______

Resolva os exercícios complementares 1 a 8 e 70 a 72.

5

Divisão de um segmento por um ponto interno ao segmento

Encontrei essas informações na(s) página(s) _______.

» **Localize** o ponto P no segmento $\overline{AB}$, de forma que o segmento seja dividido na razão $\frac{3}{2}$ de A para B.

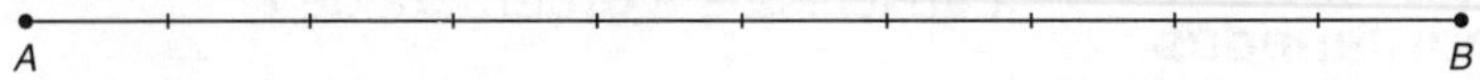

» **Complete** a afirmação a seguir.

Se o ponto $P(x_P, y_P)$ divide o segmento de extremos $A(3, 2)$ e $B(5, 6)$ na razão $\frac{AP}{PB} = k$, então:

$k =$ __________ e $k =$ __________

Resolva os exercícios complementares 9 a 12 e 73 a 76.

6

Coordenadas do ponto médio de um segmento de reta

Encontrei essas informações na(s) página(s) _______.

» **Escreva as fórmulas** das coordenadas do ponto médio $M(x_M, y_M)$ do segmento cujos extremos são $A(x_A, y_A)$ e $B(x_B, y_B)$.

$x_M =$ __________

$y_M =$ __________

7

Baricentro de um triângulo

Encontrei essas informações na(s) página(s) _______.

» **Escreva as fórmulas** das coordenadas do baricentro $G(x_G, y_G)$ do triângulo cujos vértices são $A(x_A, y_A)$, $B(x_B, y_B)$ e $C(x_C, y_C)$.

$x_G =$ __________

$y_G =$ __________

Resolva os exercícios complementares 13 a 19.

RETA

Termos e conceitos

» **Defina** com suas próprias palavras os termos ou conceitos a seguir.

inclinação de uma reta: ______________________________

coeficiente angular de uma reta: ______________________________

equação fundamental da reta: ______________________________

Guia de estudo

1 Determinação de uma reta

Encontrei essas informações na(s) página(s) ______.

» **Descreva** duas maneiras diferentes para determinar uma reta no plano cartesiano.

- ______________________________.
- ______________________________.

2 Inclinação e coeficiente angular de uma reta

Encontrei essas informações na(s) página(s) ______.

» Considere uma reta de inclinação α, com $\alpha \neq 90°$. **Escreva a fórmula** do coeficiente angular m da reta.

______

» **Analise** a inclinação de cada grupo de retas e **escreva** como elas são chamadas.

- Retas com 90° de inclinação: ______.
- Retas com 0° de inclinação: ______.
- Retas não verticais e não horizontais: ______.

3

Cálculo do coeficiente angular de uma reta não vertical por dois de seus pontos

Encontrei essas informações na(s) página(s) ________.

» **Escreva a fórmula** que determina o coeficiente angular de uma reta não vertical que passa pelos pontos $A(x_A, y_A)$ e $B(x_B, y_B)$.

$m =$ ________________

4

Interpretação do coeficiente angular como taxa de variação

Encontrei essas informações na(s) página(s) ________.

» Considerando a função $y = f(x)$ cujo gráfico é uma reta de coeficiente angular m, **complete** o esquema a seguir **classificando** a função como crescente, decrescente ou constante.

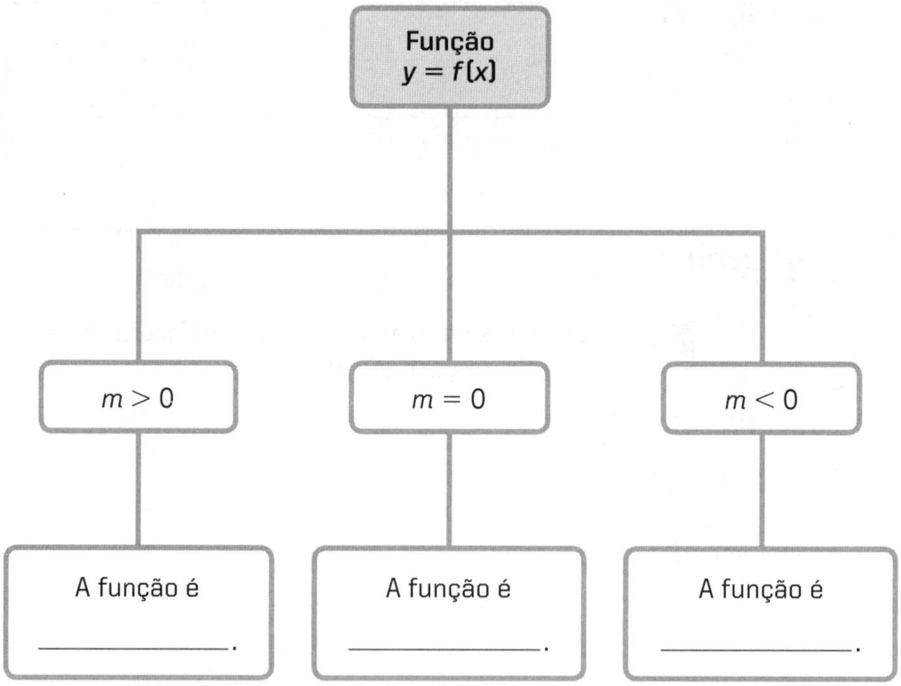

Resolva os exercícios complementares 20 a 26.

5

Condição de alinhamento de três pontos

Encontrei essas informações na(s) página(s) ________.

» A afirmação a seguir descreve a condição de alinhamento de três pontos. **Leia-a** e **complete** as lacunas.

Três pontos $A(x_A, y_A)$, $B(x_B, y_B)$ e $C(x_C, y_C)$ são colineares se, e somente se, ____________________ ou ____________________ m_{AB} e m_{BC}.

Resolva os exercícios complementares 27 a 29 e 77 a 80.

6

Equação fundamental da reta

Encontrei essas informações na(s) página(s) ______.

» **Escreva a equação** fundamental da reta de coeficiente angular m que passa pelo ponto $P(x_0, y_0)$.

____

7

Equação das bissetrizes dos quadrantes pares e ímpares

Encontrei essas informações na(s) página(s) ______.

» **Complete** as afirmações a seguir:

A inclinação da bissetriz dos quadrantes ímpares é igual a ______, seu coeficiente angular é $m =$ ______ e sua equação é ______.

A inclinação da bissetriz dos quadrantes pares é igual a ______, seu coeficiente angular é $m =$ ______ e sua equação é ______.

8

Equação das retas horizontais e verticais

Encontrei essas informações na(s) página(s) ______.

» **Represente** nos planos cartesianos abaixo cada uma das retas de equações dadas a seguir.

- Reta de equação: $x = -2$

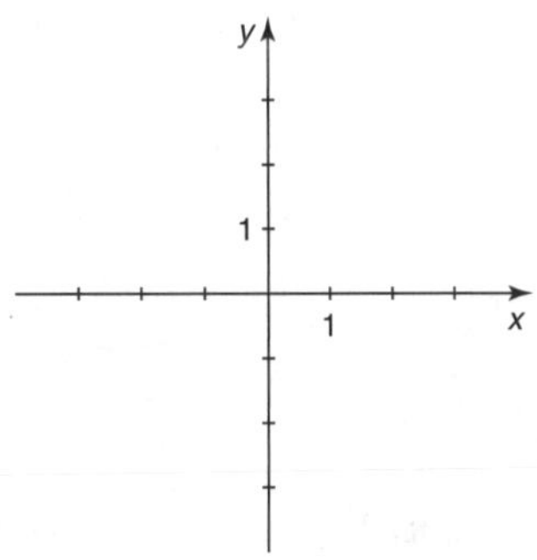

- Reta de equação: $y = 1$

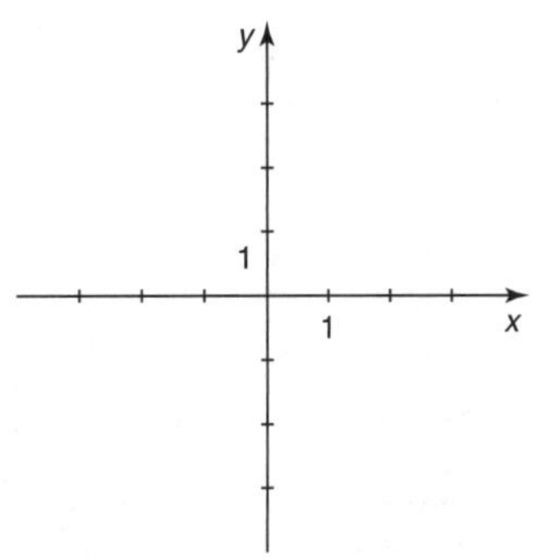

Resolva os exercícios complementares 30 a 38 e 81 a 87.

FORMAS DA EQUAÇÃO DA RETA

Termos e conceitos

» **Defina** com suas próprias palavras os termos ou conceitos a seguir.

equação geral da reta:

equação reduzida da reta:

equação paramétrica da reta:

Guia de estudo

1

Equação geral da reta

Encontrei essas informações na(s) página(s)

» **Explique** com suas palavras qual deve ser o procedimento para encontrar a equação geral da reta representada pela equação $y = -2x + 3$ e **determine** essa equação.

2

Intersecção de retas concorrentes

Encontrei essas informações na(s) página(s)

» **Explique** com suas palavras como é possível obter as coordenadas do ponto de intersecção de duas retas concorrentes considerando suas equações. Justifique sua resposta.

3

Uma condição de concorrência de duas retas

Encontrei essas informações na(s) página(s)

______.

» **Complete** o esquema a seguir que descreve a condição para que as retas sejam concorrentes ou paralelas.

Retas
$a_1x + b_1y + c_1 = 0$
e $a_2x + b_2y + c_2 = 0$

$\begin{vmatrix} a_1 & b_1 \\ a_2 & b_2 \end{vmatrix} = 0$

As retas são ______.

$\begin{vmatrix} a_1 & b_1 \\ a_2 & b_2 \end{vmatrix} \neq 0$

As retas são ______.

Resolva os exercícios complementares 39 a 49 e 88 a 90.

4

Equação reduzida da reta

Encontrei essas informações na(s) página(s)

______.

» **Escreva** o nome dos termos da equação reduzida de uma reta *r*, que estão destacados a seguir.

$$y = mx + q$$

______ (m)

______ (q)

» **Explique** com suas palavras qual é a relação entre o coeficiente linear da equação reduzida da reta e seu gráfico. Justifique sua resposta.

______

______

______

______

______

______

______

» Considere uma reta (não vertical) no plano cartesiano. Ela pode ser representada pelas equações $ax + by + c = 0$ (na forma geral) e $y = mx + q$ (na forma reduzida). **Escreva** os termos m e q em função dos coeficientes a, b e c.

$m =$ ____________ $q =$ ____________

Resolva os exercícios complementares 50, 51 e 91.

5

Estudo das posições relativas de duas retas no plano cartesiano

Encontrei essas informações na(s) página(s) ________.

» Considere duas retas, r e s, de equações $y = m_r x + q_r$ e $y = m_s x + q_s$, respectivamente. **Complete** os quadros do esquema abaixo com as possíveis posições das retas r e s.

Posições relativas entre *r* e *s*

- $m_r = m_s$ e $q_r = q_s$ → As retas *r* e *s* são ____________ ____________.
- $m_r = m_s$ e $q_r \neq q_s$ → As retas *r* e *s* são ____________ ____________.
- $m_r \neq m_s$ → As retas *r* e *s* são ____________ ____________.

» As retas t e u do plano cartesiano passam, respectivamente, pelos pontos P e Q. Sabendo que não existe o coeficiente angular de nenhuma dessas retas, **complete** as lacunas das frases abaixo, **descrevendo** a posição relativa entre t e u.

Se os pontos *P* e *Q* têm abscissas diferentes, então *t* e *u* são ____________ ____________.

Se os pontos *P* e *Q* têm abscissas iguais, então *t* e *u* são ____________ ____________.

Resolva os exercícios complementares 52 a 56 e 92.

6 Retas perpendiculares

Encontrei essas informações na(s) página(s) ______.

» Leia a frase a seguir e **complete** as lacunas.

> Duas retas oblíquas, r e s, são perpendiculares se o ______ de uma for o oposto do ______ do coeficiente angular da outra.
>
> Ou seja, se duas retas oblíquas, r e s, de equações $y = m_r x + q_r$ e $y = m_s x + q_s$ são perpendiculares, podemos afirmar que $m_r =$ ______.

Resolva os exercícios complementares 57 a 66.

7 Equações paramétricas da reta

Encontrei essas informações na(s) página(s) ______.

» Abaixo há um exercício e parte de sua resolução. **Complete-a com base nos comentários à esquerda.**

Exercício

Escreva na forma reduzida e na forma geral a equação da reta que está na forma paramétrica a seguir:

$$\begin{cases} x = t - 3 \\ y = 3t + 4 \end{cases}$$

Resolução

1. Primeiro isolamos t na equação: x = t − 3.

$x = t - 3$

2. Na equação y = 3t + 4, substituímos t pelo resultado obtido em (1).

$y = 3t + 4$

A equação reduzida é, portanto, ______.

3. A partir da equação reduzida, isolamos todos os seus termos em um mesmo membro, obtendo a equação geral.

A equação geral é, portanto, ______.

Resolva os exercícios complementares 67 a 69 e 93 a 96.

FECHANDO O CAPÍTULO

» **Liste** os exercícios do livro-texto que você não conseguiu resolver.

» Agora **formule** questões que o ajudarão a resolver os exercícios listados acima.

» Reúna-se com um colega e peça-lhe que esclareça as dúvidas que você levantou na questão anterior. A seguir, **esclareça** as dúvidas levantadas por ele. Se as dúvidas persistirem, **perguntem** a seu professor.

Sintetize

» **Faça uma relação das fórmulas** com os principais conceitos do capítulo.

Organizador de estudos

» **Use** a tabela abaixo para acompanhar o progresso de seus estudos. Ao completar cada atividade do *Caderno do estudante* ou revisão do livro-texto, **marque** um X ou **escreva** a data em que realizou a atividade na linha correspondente.

☐ Atividades do *Caderno do estudante* ☐ Livro-texto

Capítulo 2	
Abertura	
Seção 2.1	
Exercícios resolvidos	
Exercícios propostos	
Para começar o estudo	
Seção 2.1	
Seção 2.2	
Exercícios resolvidos	
Exercícios propostos	
Seção 2.2	
Seção 2.3	
Exercícios resolvidos	
Exercícios propostos	
Seção 2.3	
Conteúdo digital	
Exercícios complementares	
Exercícios de revisão cumulativa	
Análise da resolução	
Fechando o capítulo	

Capítulo 3

Geometria analítica: ângulos, distâncias, áreas e inequações

Seções:

3.1 Ângulos entre duas retas
3.2 Distância entre ponto e reta
3.3 Aplicação de determinantes na Geometria analítica
3.4 Representação gráfica de uma inequação do 1º grau

Para começar o estudo

» **Analise** a figura a seguir.

A figura abaixo mostra as retas *r*, *s* e *t* e o ponto *P* representados num plano cartesiano. Sabe-se que a reta *r* passa pela origem e tem inclinação de 60°, a reta *s* tem equação $y = \sqrt{3}x - 4\sqrt{3}$ e a reta *t* tem inclinação de 30°. Sabe-se, ainda, que o ponto *P* é representado pelo par ordenado (4, 4).

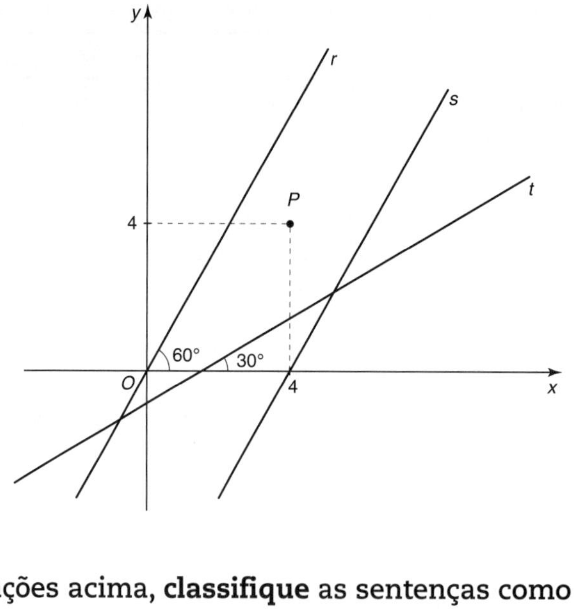

- Com base nas informações acima, **classifique** as sentenças como verdadeiras [V] ou falsas [F].

[ ] As retas *r* e *s* são paralelas.

[ ] A medida de um ângulo agudo formado entre as retas *s* e *t* é 30°.

[ ] A distância entre as retas *r* e *s* é 4.

[ ] A medida de um ângulo obtuso formado entre as retas *r* e *t* é 120°.

[ ] As retas *r* e *t* são perpendiculares.

ÂNGULOS ENTRE DUAS RETAS

Termos e conceitos

» **Desenhe** um exemplo de cada um dos conceitos a seguir.

retas concorrentes:	ângulos opostos pelo vértice:	retas paralelas:

Guia de estudo

1 Ângulos entre duas retas

Encontrei essas informações na(s) página(s) ________.

» **Escreva a fórmula** que determina a tangente de um ângulo agudo θ, formado entre duas retas, r e s, de coeficientes angulares m_r e m_s.

____

2 Ângulo entre uma reta oblíqua e uma reta vertical

Encontrei essas informações na(s) página(s) ________.

» **Escreva a fórmula** que determina a tangente de um ângulo agudo θ, formado entre uma reta oblíqua s e uma reta vertical r.

____

3 Casos particulares

Encontrei essas informações na(s) página(s) ________.

» Além dos casos apresentados em (1) e (2), há dois casos particulares sobre o cálculo de um ângulo formado por duas retas. **Complete** o esquema abaixo com a medida do ângulo formado pelas retas.

Ângulo entre duas retas (casos particulares)

- As duas retas são paralelas.
  - A medida do ângulo entre elas é ________.
- Uma reta é horizontal e outra é vertical.
  - A medida do ângulo entre elas é ________.

Resolva os exercícios complementares 1 a 18.

DISTÂNCIA ENTRE PONTO E RETA

Termo e conceito

» **Defina** o termo a seguir.

distância entre ponto e reta: ______________________________

____

Guia de estudo

1

Distância entre ponto e reta

Encontrei essas informações na(s) página(s) ________.

» **Indique**, na figura abaixo, a distância do ponto P à reta *r*.

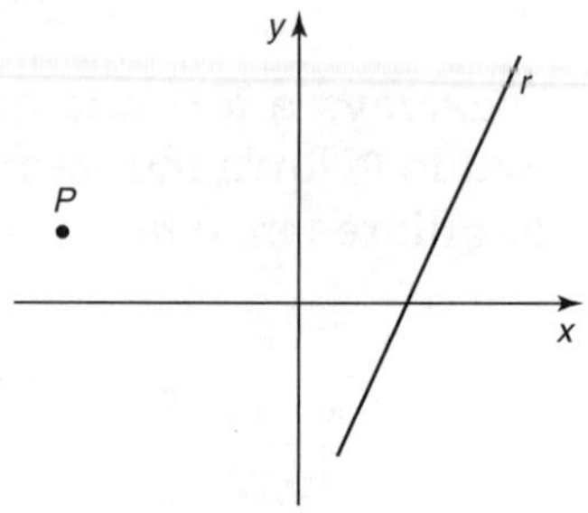

» **Escreva a fórmula** que determina a distância *d* entre uma reta de equação $ax + by + c = 0$ e um ponto $P(x_0, y_0)$.

____

» Abaixo há um exercício e parte de sua resolução. **Complete-a** com base nos comentários à esquerda.

Exercício

O ponto P(2, *k*), pertencente ao primeiro quadrante, dista 3 unidades da reta de equação $3x + 4y + 1 = 0$. Determine *k*.

Resolução

1. Aplicamos a fórmula $d = \frac{|ax_0 + by_0 + c|}{\sqrt{a^2 + b^2}}$ e resolvemos a equação obtida.

Sendo $d = 3$, temos:

$$3 = \frac{|3 \cdot 2 + 4 \cdot k + 1|}{\sqrt{3^2 + 4^2}} \Rightarrow$$

2. Como P pertence ao primeiro quadrante, $k > 0$.

Dessa forma, podemos afirmar que $k =$ ________.

Resolva os exercícios complementares 19 a 28 e 59.

APLICAÇÃO DE DETERMINANTES NA GEOMETRIA ANALÍTICA

Guia de estudo

1 Aplicação de determinantes na Geometria analítica

Encontrei essas informações na(s) página(s) ________.

» **Complete** o esquema abaixo que destaca o uso dos determinantes na Geometria analítica.

Nesta seção usamos determinantes para:

2 Área de um triângulo

Encontrei essas informações na(s) página(s) ________.

» Abaixo há um exercício e sua resolução. **Escreva** comentários à esquerda explicando as etapas da resolução.

Exercício

Um triângulo tem como vértices, no plano cartesiano, os pontos $A(1, 2)$, $B(3, 5)$ e $C(5, k)$. Determine k sabendo que a área desse triângulo é igual a 10 unidades de área.

Resolução

1. ________________

$$A = \frac{|D|}{2} \Rightarrow |D| = 2A \Rightarrow |D| = 20$$

$$D = \begin{vmatrix} 1 & 2 & 1 \\ 3 & 5 & 1 \\ 5 & k & 1 \end{vmatrix} \Rightarrow D = 5 + 10 + 3k - 25 - k - 6$$

$\therefore D = 2k - 16$

2. ________________

$|2k - 16| = 20 \Rightarrow 2k - 16 = 20$ ou $2k - 16 = -20$

$\therefore\ k = 18$ ou $k = -2$

Dessa forma, $k = 18$ ou $k = -2$.

Resolva os exercícios complementares 29 a 42 e 60 a 62.

3

Condição de alinhamento de três pontos

Encontrei essas informações na(s) página(s) ________.

» **Escreva** a condição de alinhamento dos pontos $E(x_E, y_E)$, $F(x_F, y_F)$ e $G(x_G, y_G)$.

____

____

____

____

____

____

4

Obtenção da equação de uma reta através de um determinante

Encontrei essas informações na(s) página(s) ________.

» Numere de 1 a 4 os quadrinhos abaixo **ordenando** os procedimentos para obter a equação reduzida da reta que passa pelos pontos $A(x_A, y_A)$ e $B(x_B, y_B)$ usando um determinante.

☐ Tomamos um ponto genérico $C(x, y)$.

☐ Isolamos y na expressão obtida desenvolvendo o determinante.

☐ Impomos a condição de alinhamento entre A, B e C.

☐ Desenvolvemos a expressão:

$$\begin{vmatrix} x & y & 1 \\ x_A & y_A & 1 \\ x_B & y_B & 1 \end{vmatrix} = 0$$

Resolva os exercícios complementares 43 a 47.

REPRESENTAÇÃO GRÁFICA DE UMA INEQUAÇÃO DO 1º GRAU

Guia de estudo

1

Semiplano de origem paralela a um dos eixos coordenados

Encontrei essas informações na(s) página(s) ______.

» **Escreva** as inequações que representam os semiplanos a seguir.

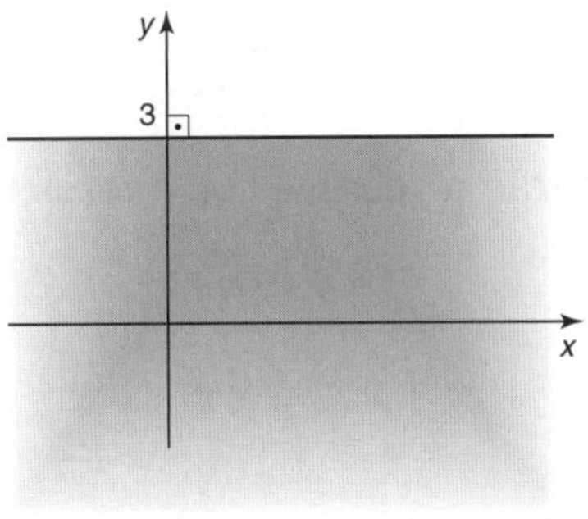

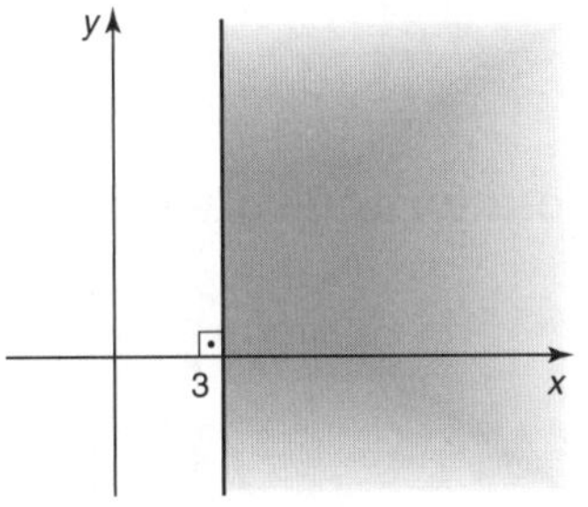

Inequação: ____________ Inequação: ____________

2

Semiplano de origem oblíqua

Encontrei essas informações na(s) página(s) ______.

» **Desenhe** a reta de equação $y = 6 - 2x$ e **pinte** a região do plano conforme a legenda:

- Amarelo – região determinada por: $y > 6 - 2x$
- Azul – região determinada por: $y = 6 - 2x$
- Vermelho – região determinada por: $y < 6 - 2x$

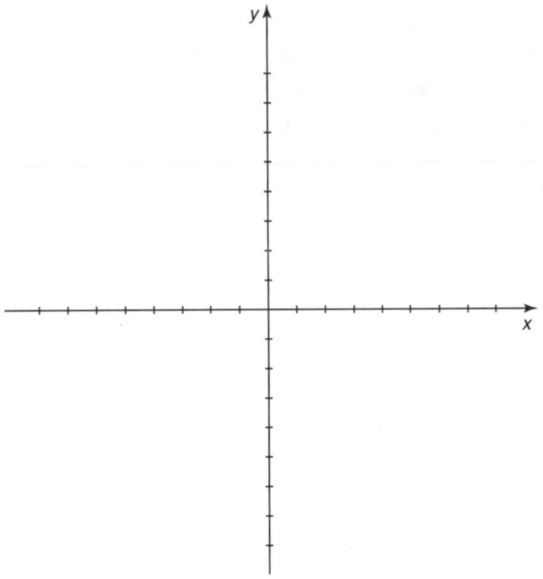

Resolva os exercícios complementares 48 a 58.

FECHANDO O CAPÍTULO

» **Liste** os exercícios do livro-texto que você não conseguiu resolver.

» Agora **formule** questões que o ajudarão a resolver os exercícios listados acima.

» Reúna-se com um colega e peça-lhe que esclareça as dúvidas que você levantou na questão anterior. A seguir, **esclareça** as dúvidas levantadas por ele. Se as dúvidas persistirem, **perguntem** a seu professor.

Sintetize

» **Identifique** as ideias principais do capítulo. Para ajudá-lo, oriente-se pelos títulos das seções e seus subtítulos. Depois, **conecte** as ideias e **redija** um texto que seja uma síntese dos assuntos estudados.

Seção 3.1

Seção 3.2

Seção 3.3

Seção 3.4

Texto:

Organizador de estudos

» **Use** a tabela abaixo para acompanhar o progresso de seus estudos. Ao completar cada atividade do *Caderno do estudante* ou revisão do livro-texto, **marque** um X ou **escreva** a data em que realizou a atividade na linha correspondente.

☐ Atividades do *Caderno do estudante* ☐ Livro-texto

Capítulo 3	
Abertura	
Seção 3.1	
Exercícios resolvidos	
Exercícios propostos	
Para começar o estudo	
Seção 3.1	
Seção 3.2	
Exercícios resolvidos	
Exercícios propostos	
Seção 3.2	
Seção 3.3	
Exercícios resolvidos	
Exercícios propostos	
Seção 3.3	
Seção 3.4	
Exercícios resolvidos	
Exercícios propostos	
Seção 3.4	
Conteúdo digital	
Exercícios complementares	
Exercícios de revisão cumulativa	
Análise da resolução	
Fechando o capítulo	

Capítulo 4

Geometria analítica: circunferência

Seções:
4.1 Equações da circunferência
4.2 Posições relativas

Para começar o estudo

» **Analise** a situação a seguir e **classifique** as afirmações como verdadeiras [V] ou falsas [F].

Um satélite artificial tem órbita circular de raio 20.000 km concêntrica com a Terra.

PHIL DEGGINGER/ALAMY/OTHER IMAGES

- [ ] Se um ponto *A* do espaço está a 20.000 km de distância do centro da Terra, então *A* pertence à órbita do satélite.
- [ ] Se um ponto *B* pertence ao plano da órbita do satélite e está a 20.000 km de distância do centro da Terra, então *B* pertence a essa órbita.
- [ ] Se um ponto *C* pertence ao plano da órbita do satélite e está a 17.000 km de distância do centro da Terra, então *C* é interior a essa órbita.
- [ ] Se um ponto *D* pertence ao plano da órbita do satélite e está a 21.000 km de distância do centro da Terra, então *D* é exterior à órbita do satélite.
- [ ] Se um asteroide com trajetória retilínea passa a uma distância mínima de 20.000 km do centro da Terra, então essa trajetória é tangente à órbita do satélite.

EQUAÇÕES DA CIRCUNFERÊNCIA

Termos e conceitos

» **Defina** com suas próprias palavras os termos ou conceitos a seguir.

equação reduzida da circunferência: ______________________

equação geral da circunferência: ______________________

Guia de estudo

1

Reconhecimento de uma circunferência

Encontrei essas informações na(s) página(s) ______.

» Dada a equação $(x - a)^2 + (y - b)^2 = k$, em que a, b e k são números reais, **discuta** o que a equação representa em um plano cartesiano, de acordo com o parâmetro k. **Complete** o esquema com as possibilidades.

Equação do tipo
$(x - a)^2 + (y - b)^2 = k$

- Se $k > 0$, a equação representa ______.
- Se $k = 0$, a equação representa ______.
- Se $k < 0$, a equação representa ______.

Resolva os exercícios complementares 1 a 14 e 70 a 72.

2

Equação geral

Encontrei essas informações na(s) página(s) ______.

» A seguir há um exercício e parte de sua resolução. **Complete-a** com base nos comentários à esquerda.

Exercício

Escreva na forma reduzida e na forma geral a equação de uma circunferência de centro no ponto $(3, -2)$ e raio igual a 5.

Resolução

Temos: $C(a, b) = C(3, -2)$ e $R = 5$

Portanto, a equação reduzida é:

1. A equação reduzida tem a forma:
$(x - a)^2 + (y - b)^2 = R^2$

____

Assim, a equação geral é:

____

____

____

____

____

2. Obtemos a equação geral eliminando os parênteses da equação reduzida e isolando seus termos em um mesmo membro da igualdade.

3 Determinação do centro e do raio de uma circunferência a partir de sua equação geral

Encontrei essas informações na(s) página(s) ________.

» A partir da equação reduzida da circunferência de centro $C(a, b)$ e raio R, obtém-se a equação geral $x^2 + y^2 + Dx + Ey + F = 0$. **Determine** os coeficientes D, E e F em função das coordenadas a e b e do raio R.

$D =$ ________

$E =$ ________

$F =$ ________

Dica: Lembre-se de que a equação $(x - a)^2 + (y - b)^2 = R^2$ equivale a $x^2 + y^2 - 2ax - 2by + a^2 + b^2 - R^2 = 0$.

Resolva os exercícios complementares 15 a 23 e 73 a 75.

4 Reconhecimento de uma circunferência

Encontrei essas informações na(s) página(s) ________.

» **Descreva** as condições para que uma equação na forma $Ax^2 + By^2 + Cxy + Dx + Ey + F = 0$ seja uma equação de circunferência se, e somente se:

- ______________________________
- ______________________________
- ______________________________

Resolva os exercícios complementares 24 a 27.

Guia de estudo

1

Posições relativas entre um ponto e uma circunferência

Encontrei essas informações na(s) página(s)

__________.

» No esquema a seguir, serão descritas as posições relativas entre um ponto P e uma circunferência λ de um mesmo plano, sendo C e R o centro e o raio da circunferência, respectivamente.
Complete o esquema, **classificando** o ponto P como interior, exterior ou pertencente à circunferência λ, de acordo com a distância entre P e C. Em seguida, **exemplifique**, desenhando a circunferência λ e o ponto P na posição descrita em cada caso.

Posições relativas entre *P* e λ

Se $PC > R$	Se $PC = R$	Se $PC < R$
O ponto *P* __________.	O ponto *P* __________.	O ponto *P* __________.
Exemplo	*Exemplo*	*Exemplo*

Resolva os exercícios complementares 28 a 32 e 76 a 78.

2 Posições relativas entre uma reta e uma circunferência

Encontrei essas informações na(s) página(s) ________.

» No esquema a seguir, serão descritas as posições relativas entre uma reta s e uma circunferência λ de um mesmo plano, sendo C e R o centro e o raio da circunferência, respectivamente. **Complete** o esquema, **classificando** a reta s como secante, tangente ou exterior à circunferência λ, de acordo com a distância entre s e C. Em seguida, **exemplifique**, desenhando a circunferência λ e a reta s na posição descrita em cada caso.

Posições relativas entre s e λ

Se $d_{s, C} > R$	Se $d_{s, C} = R$	Se $d_{s, C} < R$
A reta s é ________.	A reta s é ________.	A reta s é ________.
Exemplo	*Exemplo*	*Exemplo*

Resolva os exercícios complementares 33 a 47.

3 Intersecção entre uma reta e uma circunferência

Encontrei essas informações na(s) página(s) ________.

» **Escreva** os termos que completam corretamente as afirmações a seguir referentes ao seguinte sistema:

$$\begin{cases} ax + by + c = 0 \\ (x - x_0)^2 + (y - y_0)^2 = R^2 \end{cases}$$

onde $ax + by + c = 0$ é equação de uma reta s e $(x - x_0)^2 + (y - y_0)^2 = R^2$ é equação de uma circunferência λ.

- Se s é secante a λ, o sistema é ________ e possui ________.

• Se s é exterior a λ, o sistema é ____________, isto é,

____________________.

• Se s é tangente a λ, o sistema é ____________ e possui

____________________.

Resolva os exercícios complementares 48 a 63.

4 Posições relativas entre duas circunferências

Encontrei essas informações na(s) página(s) ________.

» No esquema a seguir, serão descritas as posições relativas entre duas circunferências coplanares λ_1 e λ_2 de centros C_1 e C_2 e raios R_1 e R_2, respectivamente. Observando a relação da distância entre os centros com a soma ou o módulo da diferença dos raios, **complete** o esquema, **classificando** C_2 como tangente internamente, tangente externamente, secante, interior, interior e concêntrica ou exterior a C_1.

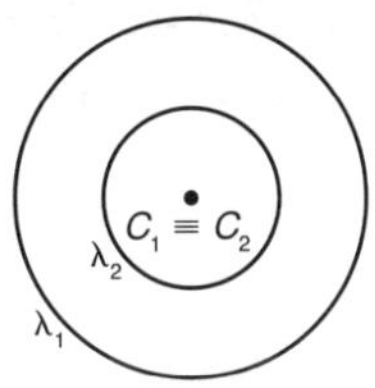

$R_2 < R_1$ e $d_{C_1C_2} = 0$

____

____

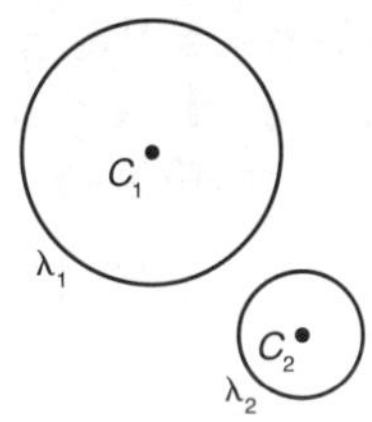

$d_{C_1C_2} > R_1 + R_2$

____

____

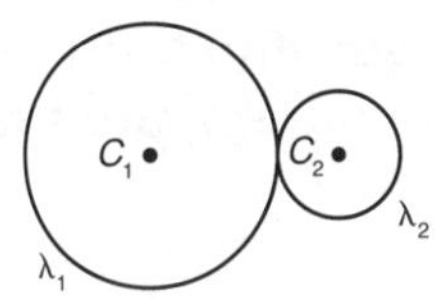

$d_{C_1C_2} = R_1 + R_2$

____

____

Posições relativas entre λ_1 e λ_2

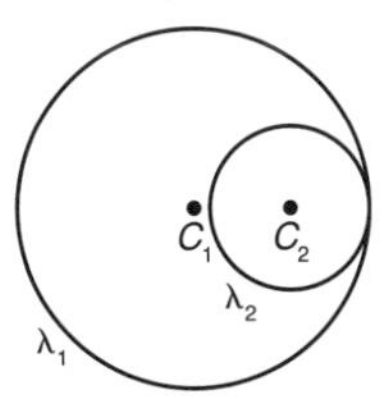

$d_{C_1C_2} = |R_1 - R_2|$

____

____

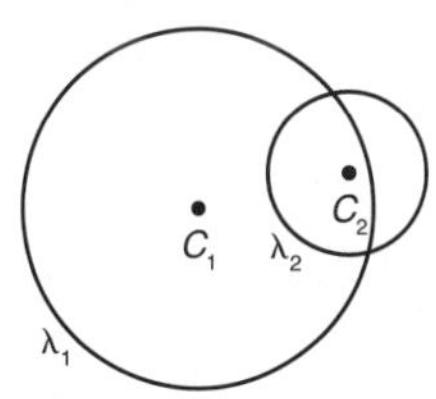

$|R_1 - R_2| < d_{C_1C_2} < R_1 + R_2$

____

____

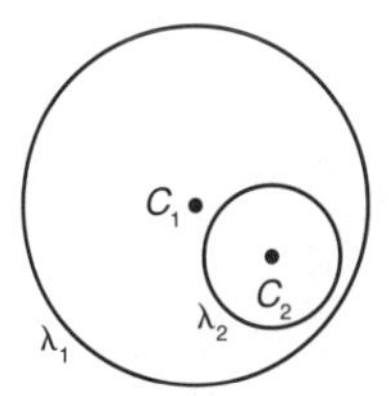

$d_{C_1C_2} < |R_1 - R_2|$ e $R_2 < R_1$

____

____

Resolva os exercícios complementares 64 a 66.

FECHANDO O CAPÍTULO

» **Liste** os exercícios do livro-texto que você não conseguiu resolver.

» Agora **formule** questões que o ajudarão a resolver os exercícios listados acima.

» Reúna-se com um colega e peça-lhe que esclareça as dúvidas que você levantou na questão anterior. A seguir, **esclareça** as dúvidas levantadas por ele. Se as dúvidas persistirem, **perguntem** a seu professor.

Sintetize

» **Elabore** um esquema relacionando os conceitos principais aprendidos no capítulo.

Organizador de estudos

» **Use** a tabela abaixo para acompanhar o progresso de seus estudos. Ao completar cada atividade do *Caderno do estudante* ou revisão do livro-texto, **marque** um X ou **escreva** a data em que realizou a atividade na linha correspondente.

☐ Atividades do *Caderno do estudante* ☐ Livro-texto

Capítulo 4	
Abertura	
Seção 4.1	
Exercícios resolvidos	
Exercícios propostos	
Para começar o estudo	
Seção 4.1	
Seção 4.2	
Exercícios resolvidos	
Exercícios propostos	
Seção 4.2	
Exercícios complementares	
Exercícios de revisão cumulativa	
Análise da resolução	
Fechando o capítulo	

Capítulo
5

Geometria analítica: cônicas

Seções:

Para começar o estudo

» **Analise** as situações a seguir e **classifique** as afirmações em verdadeiras [V] ou falsas [F].

Situação I: Apesar de muitos acreditarem que a órbita da Terra em torno do Sol é circular, na verdade, esse movimento é elíptico. Isso foi provado pelo matemático e astrônomo Johannes Kepler em seu estudo sobre as órbitas dos planetas. Kepler descobriu que a órbita da Terra (e dos outros planetas) em torno do Sol tem o formato de uma elipse, com o Sol em um de seus focos. Essa elipse, porém, se assemelha bastante a uma circunferência.

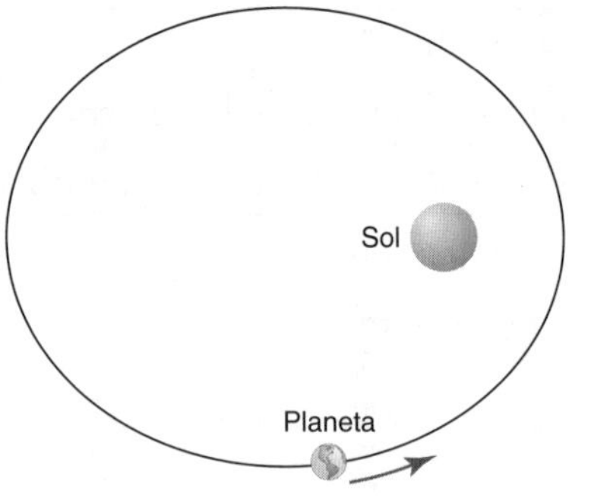

Situação II: Quando lançamos uma pedra para o alto de forma oblíqua ao plano do solo, essa pedra descreve uma trajetória parabólica. Essa trajetória é determinada pela combinação das ações de duas forças: uma no sentido horizontal, gerada no momento do lançamento, e outra no sentido vertical, que é a força peso causada pela ação da gravidade.

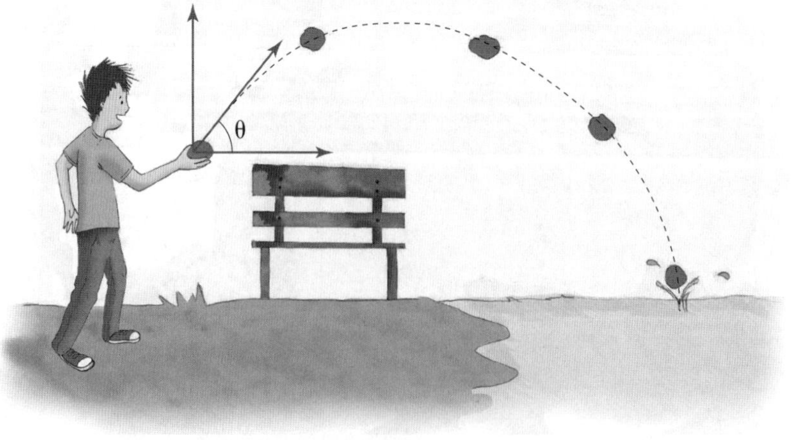

- [ ] A distância da Terra ao Sol é sempre a mesma.
- [ ] Uma pedra é lançada para cima, obliquamente ao solo. Quando ela atingir a altura máxima, seu deslocamento horizontal terá a mesma medida dessa altura.
- [ ] A altura da pedra no lançamento oblíquo é diretamente proporcional à sua distância horizontal em relação ao ponto de lançamento.

FIGURAS CÔNICAS

Termos e conceitos

» **Defina** com suas próprias palavras os termos ou conceitos a seguir.

elipse: ______

parábola: ______

hipérbole: ______

Guia de estudo

1

Figuras cônicas

Encontrei essas informações na(s) página(s) ______.

» **Responda:** Como as figuras cônicas podem ser obtidas?

______

» A intersecção de um plano com uma superfície cônica circular reta de duas folhas e geratrizes ilimitadas pode ser um ponto, uma reta, um par de retas, uma circunferência, além de outras três figuras que são objeto de estudo deste capítulo. Em cada um dos quadros abaixo, **escreva** o nome de uma das figuras estudadas neste capítulo e **represente-a** por um desenho.

Figuras cônicas

ELIPSE

Termos e conceitos

» **Defina** com suas próprias palavras os termos ou conceitos a seguir.

focos da elipse: ______________________

distância focal: ______________________

eixo maior da elipse: ______________________

eixo menor da elipse: ______________________

centro da elipse: ______________________

excentricidade da elipse: ______________________

Guia de estudo

1 Definição de elipse

Encontrei essas informações na(s) página(s) ________.

» **Complete** a definição de elipse.

Fixados dois pontos, F_1 e F_2, de um plano α tal que $F_1F_2 = 2c$, com $c > 0$, chama-se elipse o conjunto dos pontos P do plano α cuja

soma das distâncias ________ é uma constante $2a$, com

$2a$ ________ $2c$.

» **Escreva** o nome de cada elemento destacado na elipse de eixos $\overline{A_1A_2}$ e $\overline{B_1B_2}$, com $CF_1 = CF_2$ e $B_1F_1 + B_1F_2 = A_1A_2$.

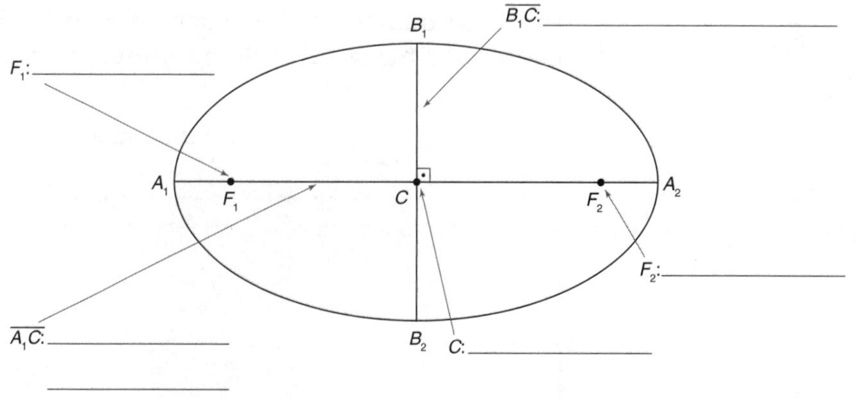

Resolva os exercícios complementares 51 a 53.

2

Equação da elipse

Encontrei essas informações na(s) página(s) ______.

» Se um ponto $P(x, y)$ pertence a uma elipse de focos $F_1(x_1, y_1)$ e $F_2(x_2, y_2)$ cujo eixo maior mede $2a$, **escreva** uma equação que relacione as distâncias PF_1 e PF_2 com a medida $2a$.

______

Resolva os exercícios complementares 1 e 2.

3

Equação reduzida da elipse

Encontrei essas informações na(s) página(s) ______.

» **Escreva** a equação reduzida de uma elipse cujo centro é a origem $O(0, 0)$, o eixo maior mede $2a$ e está contido no eixo Ox, e o eixo menor mede $2b$.

______

4

Equação reduzida da elipse com eixo maior paralelo a um dos eixos

Encontrei essas informações na(s) página(s) ______.

» **Complete** os quadros a seguir com as equações reduzidas das elipses cujo centro é $C(x_0, y_0)$, o eixo maior mede $2a$ e o eixo menor mede $2b$.

Eixo maior paralelo ao eixo Ox	Eixo maior paralelo ao eixo Oy
Equação ______	Equação ______

Resolva os exercícios complementares 3 a 17 e 54.

Faça a conexão

» **Folheie** a seção 5.2 do livro-texto. Observe a parte teórica, as seções de exercícios resolvidos e de exercícios propostos, e **identifique** situações do dia a dia que envolvem conhecimentos sobre elipses.

______

______

______

HIPÉRBOLE

Termos e conceitos

» **Defina com suas próprias palavras os termos ou conceitos a seguir.**

focos da hipérbole: ____

____

____

centro da hipérbole: ____

____

____

eixo real da hipérbole: ____

____

____

eixo imaginário da hipérbole: ____

____

____

assíntotas da hipérbole: ____

____

____

excentricidade da hipérbole: ____

____

____

Guia de estudo

1

Definição de hipérbole

Encontrei essas informações na(s) página(s) ________.

» **Complete a definição de hipérbole.**

Dados dois pontos fixos, F_1 e F_2, de um plano α, com $F_1F_2 = 2c$ e $c > 0$, chama-se hipérbole o conjunto de pontos P do plano α cujo módulo da diferença entre as distâncias PF_1 e ________ é igual a uma constante $2a$, com $2a$ ________ $2c$. Ou seja, sob as condições enunciadas, a hipérbole $\mathcal{H}$ é o conjunto:

$$\mathcal{H} = \{P \in \alpha \mid |PF_1 - PF_2| = \_\_\_\_\_\_\_\_\}$$

» **Escreva** o nome de cada elemento destacado na hipérbole de focos F_1 e F_2 e eixo imaginário $\overline{B_1B_2}$.

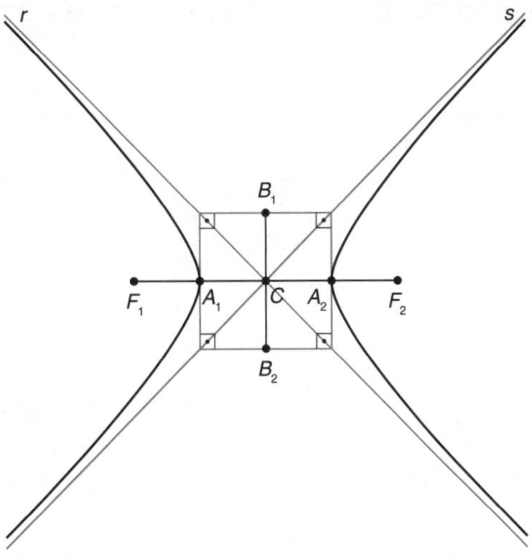

r e s: ______________________

$\overline{A_1A_2}$: ______________________

C: ______________________

2 Equação da hipérbole

Encontrei essas informações na(s) página(s) ______.

» Se um ponto $P(x, y)$ pertence a uma hipérbole de focos $F_1(x_1, y_1)$ e $F_2(x_2, y_2)$ cujo eixo real mede $2a$, **escreva** uma equação que relacione as distâncias PF_1 e PF_2 com a medida $2a$.

____

Resolva os exercícios complementares 18 a 20, 55 e 56.

3 Equação reduzida da hipérbole

Encontrei essas informações na(s) página(s) ______.

» **Complete** as lacunas de modo a tornar verdadeira a afirmação a seguir sobre uma hipérbole cujos eixos real e imaginário medem $2a$ e $2b$, respectivamente.

Uma hipérbole com centro C (__________, __________) e com eixo real contido no eixo __________ tem como equação $\frac{x^2}{a^2} - \frac{y^2}{b^2} = 1$.

4 Equação reduzida da hipérbole com eixo real paralelo a um dos eixos

Encontrei essas informações na(s) página(s) ______.

» **Complete** os quadros a seguir com as equações reduzidas das hipérboles que têm centro $C(x_0, y_0)$, eixo real de medida $2a$ e eixo imaginário de medida $2b$.

Eixo real paralelo ao eixo Ox	Eixo real paralelo ao eixo Oy
Equação ______________________	Equação ______________________

Resolva os exercícios complementares 21 a 30.

PARÁBOLA

Termos e conceitos

» **Defina** com suas próprias palavras os termos ou conceitos a seguir.

foco e diretriz da parábola: ______________________________

eixo de simetria da parábola: ______________________________

vértice da parábola: ______________________________

excentricidade da parábola: ______________________________

Guia de estudo

1

Definição de parábola

Encontrei essas informações na(s) página(s) __________.

» **Complete a definição de parábola.**

Dados um ponto F e uma reta *r* de um plano α, com $F \notin r$, chama-se parábola o conjunto dos pontos desse plano ____________________ de F e *r*. Ou seja, sob as condições enunciadas, a parábola $\mathcal{P}$ é o conjunto:

$$\mathcal{P} = \{P \in \alpha \mid d_{Pr} = \_\_\_\_\_\_\}$$

» **Escreva** o nome de cada elemento destacado na parábola de foco F e diretriz *r*:

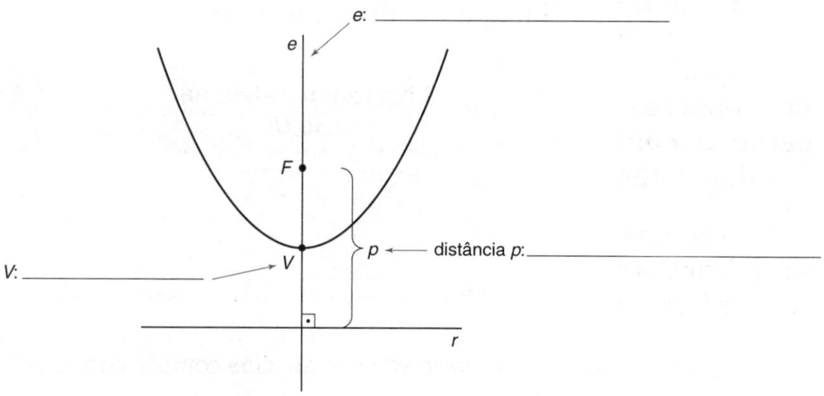

2

Equação da parábola

Encontrei essas informações na(s) página(s)

______.

» Se um ponto $P(x, y)$ pertence a uma parábola de foco $F(x_0, y_0)$ e diretriz r de equação $ax + by + c = 0$, **escreva** uma equação que relacione as distâncias entre P e F e entre P e r.

______

Resolva os exercícios complementares 31 e 32.

3

Equação reduzida da parábola

Encontrei essas informações na(s) página(s)

______.

» Considere uma parábola com foco e vértice $V(x_0, y_0)$ pertencentes ao eixo Oy, concavidade voltada para cima e parâmetro p. **Escreva** a equação reduzida dessa parábola.

______

4

Equação reduzida da parábola com diretriz paralela a um dos eixos

Encontrei essas informações na(s) página(s)

______.

» **Complete** o esquema a seguir com as equações reduzidas das parábolas de vértice $V(x_0, y_0)$ e parâmetro p.

Diretriz paralela ao eixo *Ox* e concavidade para cima	Diretriz paralela ao eixo *Ox* e concavidade para baixo
Equação ______	Equação ______
Diretriz paralela ao eixo *Oy* e concavidade para a direita	Diretriz paralela ao eixo *Oy* e concavidade para a esquerda
Equação ______	Equação ______

Resolva os exercícios complementares 33 a 42 e 57 a 60.

LUGAR GEOMÉTRICO

Termo e conceito

» **Defina** com suas próprias palavras o termo ou conceito a seguir.

lugar geométrico: ____________________

Guia de estudo

1 Determinação de lugar geométrico

Encontrei essas informações na(s) página(s) ______.

» **Explique** com suas palavras como determinar um lugar geométrico.

____

2 Equação de um lugar geométrico do plano cartesiano

Encontrei essas informações na(s) página(s) ______.

» **Relacione** as equações a seguir com o respectivo nome do lugar geométrico.

$2x + 3y - 5 = 0$
Lugar geométrico: ______

$x^2 - y + 1 = 0$
Lugar geométrico: ______

$x^2 + y^2 + 1 = 0$
Lugar geométrico: ______

$x^2 - 3 = 1 - y^2$
Lugar geométrico: ______

$\frac{x^2}{4} + \frac{y^2}{9} = 1$
Lugar geométrico: ______

Resolva os exercícios complementares 43 a 50 e 61 a 65.

FECHANDO O CAPÍTULO

» **Liste** os exercícios do livro-texto que você não conseguiu resolver.

» Agora **formule** questões que o ajudarão a resolver os exercícios listados acima.

» Reúna-se com um colega e peça-lhe que esclareça as dúvidas que você levantou na questão anterior. A seguir, **esclareça** as dúvidas levantadas por ele. Se as dúvidas persistirem, **perguntem** a seu professor.

Sintetize

» **Faça uma relação das fórmulas** com os principais conceitos do capítulo.

Organizador de estudos

» **Use** a tabela abaixo para acompanhar o progresso de seus estudos. Ao completar cada atividade do *Caderno do estudante* ou revisão do livro-texto, **marque** um X ou **escreva** a data em que realizou a atividade na linha correspondente.

▒ Atividades do *Caderno do estudante* ☐ Livro-texto

Capítulo 5		
Abertura		
Seção 5.1		
Exercícios resolvidos		
Exercícios propostos		
Para começar o estudo		
Seção 5.1		
Conteúdo digital		
Seção 5.2		
Exercícios resolvidos		
Exercícios propostos		
Seção 5.2		
Conteúdo digital		
Seção 5.3		
Exercícios resolvidos		
Exercícios propostos		
Seção 5.3		
Conteúdo digital		
Seção 5.4		
Exercícios resolvidos		
Exercícios propostos		
Seção 5.4		
Conteúdo digital		
Seção 5.5		
Exercícios resolvidos		
Exercícios propostos		
Seção 5.5		
Exercícios complementares		
Exercícios de revisão cumulativa		
Análise da resolução		
Fechando o capítulo		

PARTE III

Capítulo

6

Conjunto dos números complexos

Para começar o estudo

» **Analise** a situação a seguir e **classifique** as afirmações como verdadeiras [V] ou falsas [F].

INGRAM PUBLISHING/DIOMEDIA

[ ] Não existe a raiz quadrada de um número negativo no conjunto dos números reais.

[ ] A raiz cúbica de −8 não é um número real.

[ ] O gráfico da função $f(x) = x^4 + 1$ não tem ponto comum com o eixo das abscissas.

[ ] A equação $x^2 + 2 = 0$ não tem soluções reais.

OS NÚMEROS COMPLEXOS

Termos e conceitos

» **Defina com suas próprias palavras os termos a seguir.**

unidade imaginária: ______________________

número complexo: ______________________

parte real de um número complexo: ______________________

parte imaginária de um número complexo: ______________________

conjugado de um número complexo: ______________________

Guia de estudo

1

Forma algébrica de um número complexo

Encontrei essas informações na(s) página(s) ________.

» **Escreva** o nome dos termos destacados no número complexo z a seguir, com $\{a, b\} \subset \mathbb{R}$.

$$z = a + bi$$

a: ______________________

i: ______________________

b: ______________________

» De acordo com os valores reais atribuídos aos termos *a* e *b*, **classifique** o número complexo $z = a + bi$ como *número imaginário*, *número real* ou *número imaginário puro*.

- Se *b* é diferente de zero: ______
- Se *a* é igual a zero e *b* é diferente de zero: ______
- Se *b* é igual a zero: ______

» **Responda:** um número real é um número complexo? **Justifique.**

______

2

Igualdade entre números complexos

Encontrei essas informações na(s) página(s) ______.

» **Escreva** a condição para que os números complexos sejam iguais, com $\{a, b, c, d\} \subset \mathbb{R}$.

Se os números complexos $z_1 = a + bi$ e $z_2 = c + di$ são iguais, então ______ e ______.

Resolva os exercícios complementares 1 a 6.

OPERAÇÕES COM NÚMEROS COMPLEXOS

Guia de estudo

1

Operações elementares

Encontrei essas informações na(s) página(s) ______.

» Abaixo há um exercício e parte de sua resolução. **Complete** a resolução com base nos comentários à esquerda.

Exercício

Considere os números complexos $z_1 = 3 + 4i$ e $z_2 = 1 - 2i$ e efetue $z_1 + z_2$, $z_1 - z_2$ e $z_1 \cdot z_2$.

Resolução

A soma $z_1 + z_2$ será:

1. Se $z_1 = a + bi$ e $z_2 = c + di$, então $z_1 + z_2 = (a + c) + (b + d)i$.

A diferença $z_1 - z_2$ será:

2. Se $z_1 = a + bi$ e $z_2 = c + di$, então $z_1 - z_2 = (a - c) + (b - d)i$.

O produto $z_1 \cdot z_2$ será:

3. Se $z_1 = a + bi$ e $z_2 = c + di$, então $z_1 \cdot z_2 = (ac - bd) + (ad + bc)i$.

2

Forma algébrica de números complexos inversos

Encontrei essas informações na(s) página(s) ______.

» **Escreva** a forma algébrica do inverso do número não nulo $z = a + bi$, com $\{a, b\} \subset \mathbb{R}$.

______

» Abaixo há um exercício e parte de sua resolução. **Complete** a resolução com base nos comentários à esquerda.

Exercício

Considere os números complexos $z_1 = 3 + 4i$ e $z_2 = 1 - 2i$ e efetue $z_1 : z_2$.

Resolução

A divisão $z_1 : z_2$ será:

Aplicamos a igualdade $z_1 : z_2 = z_1 \cdot \frac{1}{z_2}$ e escrevemos o resultado na forma algébrica.

Resolva os exercícios complementares 7 a 14.

3

Potências de números complexos com expoentes inteiros

Encontrei essas informações na(s) página(s)

________.

» **Complete** as igualdades a seguir.

$(2 + 3i)^0 =$ ______________________

$(2 + 3i)^1 =$ ______________________

$(2 + 3i)^2 =$ ______________________

____

$(2 + 3i)^3 =$ ______________________

____

____

4

Propriedades das potências

Encontrei essas informações na(s) página(s)

________.

» **Complete o esquema** com as propriedades das potências para números complexos e **dê exemplos** de aplicações dessas propriedades.

Propriedades das potências

P1. $w^n \cdot w^m =$ __________

Exemplo

____

P2. $w^n : w^m =$ __________

Exemplo

____

P3. $(w^n)^m =$ __________

Exemplo

____

P4. $(wv)^n =$ __________

Exemplo

____

P5. $\left(\frac{w}{v}\right)^n =$ __________

Exemplo

____

5 Potências de i

Encontrei essas informações na(s) página(s) ________.

» **Calcule** as potências a seguir.

$i^0 =$ ________ $i^1 =$ ________ $i^2 =$ ________ $i^3 =$ ________

$i^4 =$ ________ $i^5 =$ ________ $i^6 =$ ________ $i^7 =$ ________

» **Explique** com suas palavras quais são os procedimentos para calcular a potência $i^{2.030}$ e **determine** o valor dessa potência.

____

____

____

____

Resolva os exercícios complementares 15 a 22.

6 Radiciação em ℂ

Encontrei essas informações na(s) página(s) ________.

» Abaixo há um exercício e parte de sua resolução. **Complete** a resolução com base nos dados à esquerda.

Exercício

Calcule as raízes quadradas de 5 + 12i.

Resolução

Sendo $w = a + bi$, com $\{a, b\} \subset \mathbb{R}$, uma raiz quadrada de 5 + 12i, temos:

Se w é uma raiz quadrada de 5 + 12i, então $w^2 = 5 + 12i$.

Desenvolvendo a potência, obtemos:

Da igualdade de números complexos, obtemos o sistema:

Resolvendo o sistema, encontramos $a =$ ______ e $b =$ ______ ou $a =$ ______ e $b =$ ______. Dessa forma, $w =$ ________ ou $w =$ ________.

Resolva os exercícios complementares 23 a 25.

7 **Resolução de uma equação de 2º grau em $\mathbb{C}$**

Encontrei essas informações na(s) página(s) ________.

» **Explique** com suas palavras por que é possível resolver qualquer equação polinomial do 2º grau no conjunto dos números complexos.

____

____

____

Resolva os exercícios complementares 26 a 28.

8 **Propriedades dos números complexos conjugados**

Encontrei essas informações na(s) página(s) ________.

» **Escreva** nos quadros as propriedades dos números complexos conjugados.

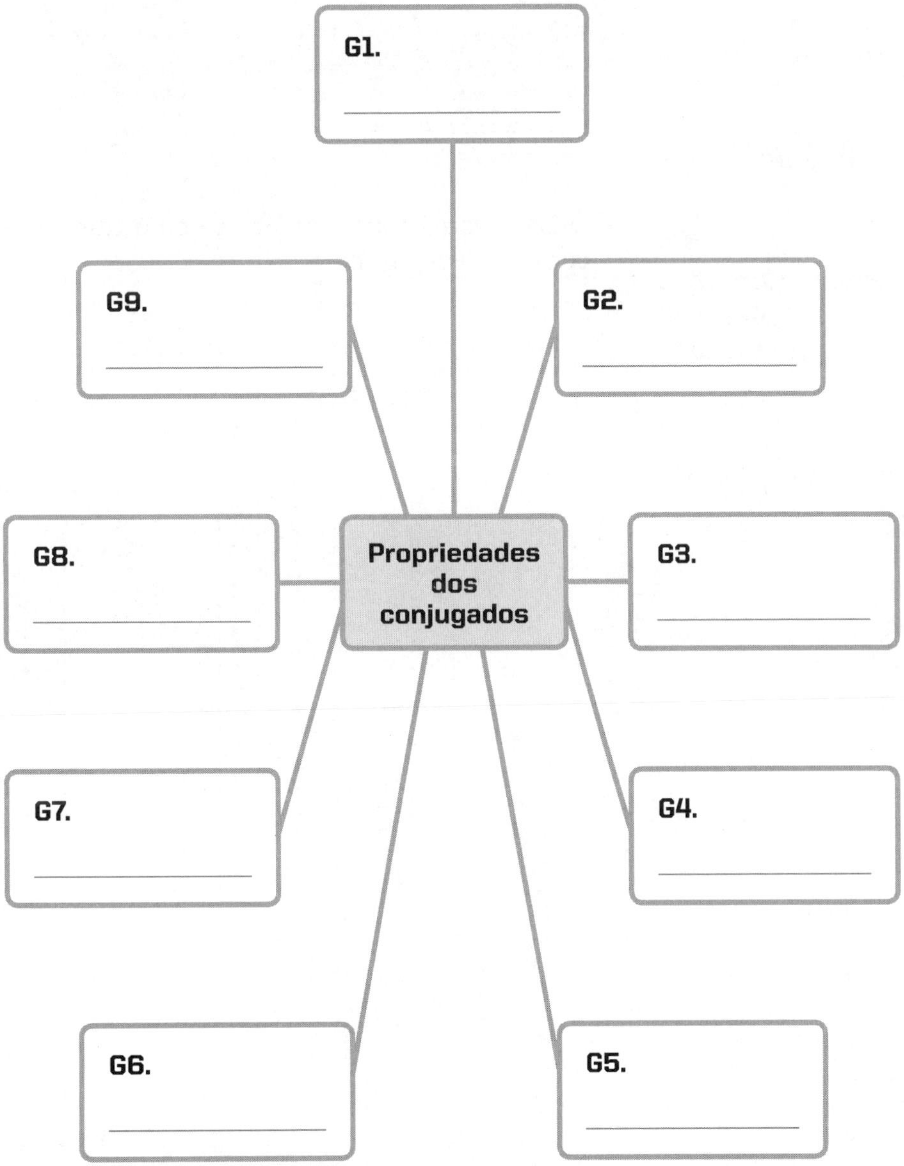

Resolva o exercício complementar 29.

REPRESENTAÇÃO GEOMÉTRICA DO CONJUNTO DOS NÚMEROS COMPLEXOS

Termos e conceitos

» **Defina** com suas próprias palavras os termos a seguir.

plano complexo ou plano de Argand-Gauss: ____________________

imagem ou afixo de um número complexo: ____________________

Guia de estudo

1

Plano complexo ou plano de Argand-Gauss

Encontrei essas informações na(s) página(s) ________.

» **Escreva** na forma algébrica os números representados no plano complexo a seguir.

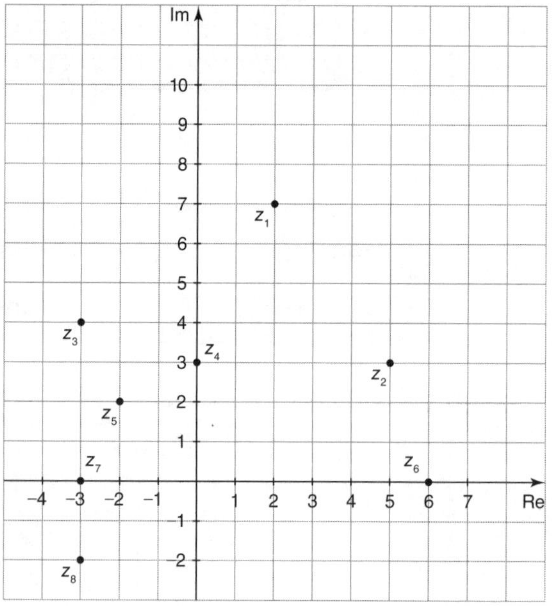

z_1 = ________ z_5 = ________

z_2 = ________ z_6 = ________

z_3 = ________ z_7 = ________

z_4 = ________ z_8 = ________

Resolva os exercícios complementares 30 a 35 e 80 a 83.

2

Módulo de um número complexo

Encontrei essas informações na(s) página(s)

________.

» **Explique** qual é a relação entre o módulo de um número complexo e seu afixo.

____

____

____

____

____

» **Escreva** a fórmula do módulo ρ de um número complexo $z = x + yi$, com $\{x, y\} \subset \mathbb{R}$.

$\rho = |z| =$ ____________

3

Propriedades do módulo de um número complexo

Encontrei essas informações na(s) página(s)

________.

» **Escreva** nos quadros as propriedades do módulo de um número complexo.

Propriedades do módulo

M1. ____________

M2. ____________

M3. ____________

M4. ____________

M5. ____________

Resolva os exercícios complementares 36 a 48.

FORMA TRIGONOMÉTRICA DE UM NÚMERO COMPLEXO

Termos e conceitos

» **Defina** com suas próprias palavras os termos a seguir.

coordenadas polares: ______________________________

argumento de um número complexo: ______________________________

forma trigonométrica ou forma polar: ______________________________

Guia de estudo

1 Coordenadas polares no plano complexo

Encontrei essas informações na(s) página(s) ________.

» Abaixo há um exercício e parte de sua resolução. À esquerda, um comentário explica etapas da resolução. Com base nos dados, **complete** o exercício.

Exercício

Escreva na forma algébrica o número complexo que tem como afixo o ponto P indicado abaixo.

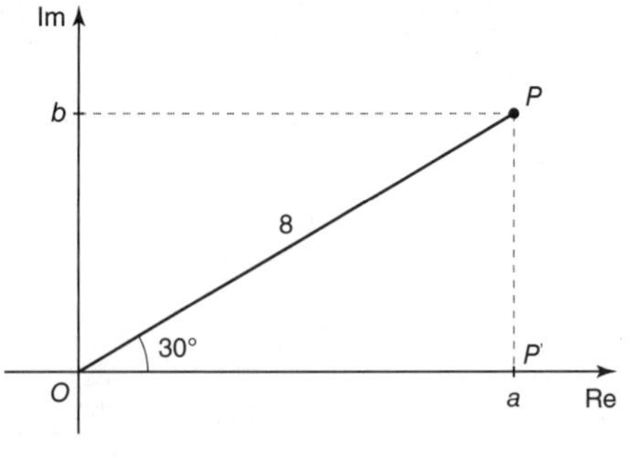

Resolução

Sendo z = $a + bi$, com $\{a, b\} \subset \mathbb{R}$, o número cujo afixo é o ponto P, temos:

Observando que a e b são as medidas dos catetos do triângulo retângulo OPP', aplicamos a definição de seno e de cosseno.

$\cos 30° = \dfrac{a}{8} \Rightarrow$ ______________

$\text{sen } 30° = \dfrac{b}{8} \Rightarrow$ ______________

Assim, o número é z = ______________.

2 Argumento de um número complexo

Encontrei essas informações na(s) página(s) ______.

» **Explique** com suas palavras o que é o argumento de um número complexo não nulo $z = a + bi$, com $\{a, b\} \subset \mathbb{R}$.

______

______

______

______

______

3 Cálculo do argumento de um número complexo

Encontrei essas informações na(s) página(s) ______.

» **Escreva** as expressões que completam as igualdades a seguir referentes ao módulo ρ e ao argumento φ do número complexo não nulo $z = a + bi$, com $\{a, b\} \subset \mathbb{R}$.

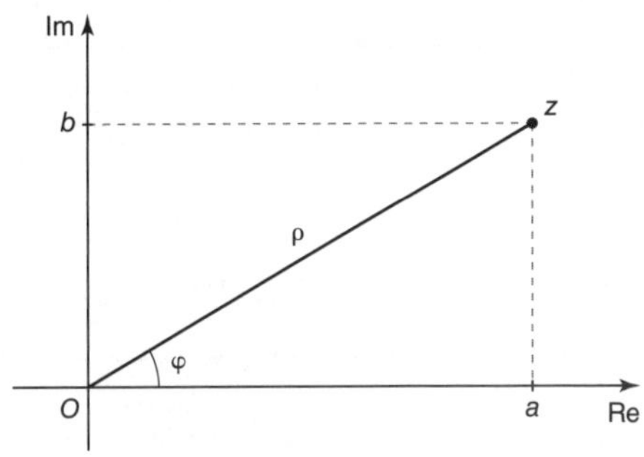

$\rho =$ ______

$\cos \varphi =$ ______

$\operatorname{sen} \varphi =$ ______

4 Forma trigonométrica de um número complexo

Encontrei essas informações na(s) página(s) ______.

» **Escreva** a forma trigonométrica do número complexo $z = a + bi$ de módulo ρ e argumento φ.

$z =$ ______

Resolva os exercícios complementares 49 a 57 e 84.

5 Multiplicação de números complexos na forma trigonométrica

Encontrei essas informações na(s) página(s) ______.

» Considere os números complexos na forma trigonométrica $z = \rho(\cos \alpha + i \operatorname{sen} \alpha)$ e $w = \lambda(\cos \beta + i \operatorname{sen} \beta)$. **Escreva** o produto $z \cdot w$.

$z \cdot w =$ ______

6

Divisão de números complexos na forma trigonométrica

Encontrei essas informações na(s) página(s) ______.

» Considere os números complexos na forma trigonométrica $z = \rho(\cos \alpha + i\,\text{sen}\,\alpha)$ e $w = \lambda(\cos \beta + i\,\text{sen}\,\beta)$, com $w \neq 0$. **Escreva** o quociente $\frac{z}{w}$.

$\frac{z}{w} =$ ______________________________

Resolva os exercícios complementares 58 a 66.

7

Potências de números complexos na forma trigonométrica

Encontrei essas informações na(s) página(s) ______.

» **Enuncie** o teorema de De Moivre.

____

____

____

____

____

Resolva os exercícios complementares 67 a 71.

8

Raízes de números complexos na forma trigonométrica

Encontrei essas informações na(s) página(s) ______.

» Abaixo há um exercício e parte de sua resolução. **Complete-a** com base nos dados à esquerda.

Exercício

Determine as raízes cúbicas de z, sendo

$$z = 8\left(\cos \frac{3\pi}{4} + i\,\text{sen}\,\frac{3\pi}{4}\right).$$

Resolução

Se w é uma raiz cúbica de z, então $z = w^3$.
Assim:

1. Consideramos $w = \rho(\cos \varphi + i\,\text{sen}\,\varphi)$ e aplicamos o teorema de De Moivre.

$w^3 = z \Rightarrow$ ______________________________

Dessa forma, temos:

$\rho^3 =$ ________ $\Rightarrow \rho =$ ________

$3\varphi =$ ____________ $\Rightarrow \varphi =$ ____________

Atribuindo a k os valores 0, 1 e 2, obtemos:

2. Atribuímos valores a k para determinar os argumentos.

$k = 0 \Rightarrow \varphi =$ ________________

$k = 1 \Rightarrow \varphi =$ ________________

$k = 2 \Rightarrow \varphi =$ ________________

As raízes cúbicas de z são, portanto:

3. Escrevemos as raízes cúbicas na forma trigonométrica.

- $w_1 =$ ________________
- $w_2 =$ ________________
- $w_3 =$ ________________

9

Representação geométrica das raízes de um número complexo

Encontrei essas informações na(s) página(s) ________.

» **Considere o número $z = 81(\cos 120° + i\,\text{sen}\,120°)$. Determine as raízes quartas de z, completando as lacunas abaixo. Depois, represente essas raízes no plano complexo.**

Todas as raízes quartas procuradas de z têm o mesmo módulo: $\rho =$ ________. Seus argumentos formam uma progressão aritmética de primeiro termo ________ e razão ________. Assim, as imagens dessas raízes são vértices de um polígono regular de ________ lados inscrito em uma ________ de raio ________ e centro na origem.

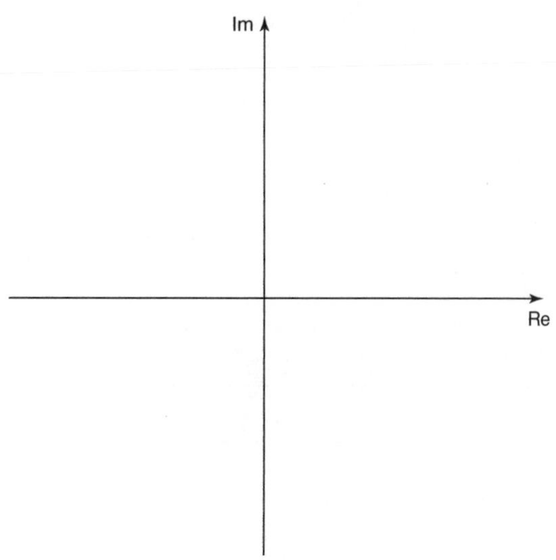

Resolva os exercícios complementares 72 a 79 e 85.

FECHANDO O CAPÍTULO

» **Liste** os exercícios do livro-texto que você não conseguiu resolver.

» Agora **formule** questões que o ajudarão a resolver os exercícios listados acima.

» Reúna-se com um colega e peça-lhe que esclareça as dúvidas que você levantou na questão anterior. A seguir, **esclareça** as dúvidas levantadas por ele. Se as dúvidas persistirem, **perguntem** a seu professor.

Sintetize

» **Identifique** as ideias principais do capítulo. Para ajudá-lo, oriente-se pelos títulos das seções e seus subtítulos. Depois, **conecte** as ideias e **redija** um texto que seja uma síntese dos assuntos estudados.

Seção 6.1

Seção 6.2

Seção 6.3

Seção 6.4

Síntese

Organizador de estudos

» **Use** a tabela abaixo para acompanhar o progresso de seus estudos. Ao completar cada atividade do *Caderno do estudante* ou revisão do livro-texto, **marque** um X ou **escreva** a data em que realizou a atividade na linha correspondente.

☐ Atividades do *Caderno do estudante* ☐ Livro-texto

Capítulo 6	
Abertura	
Seção 6.1	
Exercícios resolvidos	
Exercícios propostos	
Para começar o estudo	
Seção 6.1	
Seção 6.2	
Exercícios resolvidos	
Exercícios propostos	
Seção 6.2	
Seção 6.3	
Exercícios resolvidos	
Exercícios propostos	
Seção 6.3	
Seção 6.4	
Exercícios resolvidos	
Exercícios propostos	
Seção 6.4	
Conteúdo digital	
Exercícios complementares	
Exercícios de revisão cumulativa	
Análise da resolução	
Fechando o capítulo	

Capítulo

7

Polinômios

Para começar o estudo

Analise a situação a seguir.

O faturamento mensal F e o custo de produção C de uma empresa podem ser descritos, respectivamente, pelas funções $F(x) = x^3 - 7x^2 + 13x + 1$ e $C(x) = -x^2 + 6x + 2$, em que F(x) e C(x) são dados em dezenas de milhares de reais e x é dado em milhares de peças produzidas em cada mês, sob a condição $x \leq 6$.

ERNESTO REGHRAN/PULSAR IMAGENS

- **Classifique** as afirmações como verdadeiras [V] ou falsas [F].

[ ] O lucro da empresa é dado por $x^3 - 6x^2 + 7x - 1$.

[ ] Se forem produzidas num certo mês 2.000 peças, o faturamento da empresa será de exatamente R$ 30.000,00.

[ ] O custo de produção é máximo quando são produzidas 3.000 peças.

[ ] A empresa vai faturar R$ 8.000,00 se produzir apenas 1.000 peças.

POLINÔMIOS

Termos e conceitos

» **Defina** com suas próprias palavras os termos a seguir.

polinômio: ______________________________

____

____

monômio: ______________________________

____

coeficiente dominante: ______________________________

____

polinômios idênticos: ______________________________

____

Guia de estudo

1

Polinômio com uma variável

Encontrei essas informações na(s) página(s) ______.

» **Nomeie** os elementos destacados no polinômio $P(x)$ de grau n a seguir.

$$P(x) \equiv a_n x^n + a_{n-1} x^{n-1} + a_{n-2} x^{n-2} + \ldots + a_0$$

a_n: ______________________

a_0: ______________________

» **Identifique** o grau, os coeficientes, o termo independente e o valor numérico para x = 2 de cada polinômio da tabela a seguir.

Polinômio	Grau	Coeficientes (segundo a ordem decrescente dos expoentes de x)	Termo independente	Valor numérico para $x = 2$
$3x^4 - 2x^3 + 2x - 3$		3, −2, 0, 2 e −3		
$2x^3 - 7x^2 + 7x - 2$	3		−2	
$5x^2 - 3x^3$				−4
$(x^2 + 1)(x^3 - 3)$				

Resolva os exercícios complementares 1 a 10 e 76 a 80.

2

Identidade de polinômios

Encontrei essas informações na(s) página(s) ________.

» **Responda às perguntas a seguir.**

- Se $P(x) \equiv 2x^3 + kx^2 + 3$ é idêntico ao polinômio $Q(x) \equiv kx^4 + 2x^3 + 3$, qual é o grau de Q(x)? **Justifique** sua resposta.

- Qual é o valor de k?

Resolva os exercícios complementares 11 e 12.

Faça a conexão

» **Folheie** o capítulo 7 do livro-texto. Observe a parte teórica, as seções de exercícios resolvidos e de exercícios propostos e **identifique** situações que envolvem ideias relacionadas a polinômios.

OPERAÇÕES COM POLINÔMIOS

Guia de estudo

1

Adição de polinômios

Encontrei essas informações na(s) página(s) ______.

» O esquema a seguir destaca as propriedades da adição de polinômios. **Dê um exemplo** para cada propriedade.

Propriedades da adição de polinômios

A1. Associativa

Exemplo

______

______

A2. Comutativa

Exemplo

______

______

A3. Elemento neutro

Exemplo

______

______

A4. Elemento oposto

Exemplo

______

______

» Os polinômios P e Q têm graus m e n, respectivamente, com $m \geqslant n$. **Escreva** uma das relações: $=$, $>$, $\geqslant$, $<$ ou $\leqslant$, que completa corretamente a frase a seguir.

O grau de $P + Q$, quando $P + Q$ não é nulo, é:

$gr(P + Q)$ ______ m

2

Subtração de polinômios

Encontrei essas informações na(s) página(s) ______.

» **Defina** a subtração de polinômios.

______

______

______

______

3 Multiplicação de polinômios

Encontrei essas informações na(s) página(s) ______.

» O esquema a seguir destaca as propriedades da multiplicação de polinômios. **Dê um exemplo** para cada propriedade.

Propriedades da multiplicação de polinômios

M1. Associativa

Exemplo

______

M2. Comutativa

Exemplo

______

M3. Elemento neutro

Exemplo

______

M4. Distributivas

Exemplo

______

4 Grau do polinômio produto

Encontrei essas informações na(s) página(s) ______.

» Os polinômios P e Q têm graus *m* e *n*, respectivamente. **Escreva** a expressão que completa corretamente a frase a seguir.

O grau do produto $P \cdot Q$ é: ______

Resolva os exercícios complementares 13 a 24 e 81.

5 Divisão de polinômios

Encontrei essas informações na(s) página(s) ______.

» A frase a seguir explica o significado da divisão de um polinômio $E(x)$ pelo polinômio não nulo $D(x)$. **Complete** a frase corretamente.

Dividir o polinômio $E(x)$ pelo polinômio não nulo $D(x)$ significa obter os polinômios $Q(x)$ e $R(x)$ tais que: ______

6

Grau do polinômio quociente

Encontrei essas informações na(s) página(s)

__________.

» Os polinômios E e D têm graus m e n, respectivamente, tais que $m \geqslant n$. **Escreva** a expressão que completa corretamente a frase a seguir.

O grau do quociente $E : D$ é:

____

7

Método de Descartes

Encontrei essas informações na(s) página(s)

__________.

» Numere de 1 a 5 os quadrinhos abaixo, **ordenando** os procedimentos para a divisão do polinômio $E(x) \equiv x^3 + 2x^2 + 1$ por $D(x) \equiv x - 2$ pelo método de Descartes. **Escreva** as etapas que estão faltando na resolução.

☐ Escrevemos $Q(x)$ e $R(x)$ com coeficientes genéricos:

____

____

☐ Calculamos o grau do quociente $Q(x)$ e o maior grau possível do resto $R(x)$:

____

____

☐ Igualamos os coeficientes correspondentes dos dois membros da igualdade e resolvemos o sistema obtido:

____

____

☐ Efetuamos as operações indicadas na igualdade $Q(x) \cdot D(x) + R(x) \equiv E(x)$:

____

____

☐ Concluímos que a divisão de $E(x)$ por $D(x)$ tem quociente

____________________ e resto __________.

8

Método da chave

Encontrei essas informações na(s) página(s)

______.

» Abaixo há um exercício e sua resolução. **Escreva** comentários à esquerda explicando a resolução.

Exercício

Efetue a divisão do polinômio $E(x) \equiv x^4 + 4x^3 - 2x + 1$ por $D(x) \equiv x^2 - 2x$ utilizando o método da chave.

Resolução

1. ______________________________
____
____

$$\begin{array}{l|l} x^4 + 4x^3 + 0x^2 - 2x + 1 & x^2 - 2x \\ \hline & x^2 \end{array}$$

2. ______________________________
____
____

$$\begin{array}{l|l} x^4 + 4x^3 + 0x^2 - 2x + 1 & x^2 - 2x \\ \ominus\ x^4 - 2x^3 & x^2 \\ \hline \quad 6x^3 + 0x^2 - 2x + 1 & \end{array}$$

3. ______________________________
____
____

$$\begin{array}{l|l} x^4 + 4x^3 + 0x^2 - 2x + 1 & x^2 - 2x \\ \ominus\ x^4 - 2x^3 & x^2 + 6x \\ \hline \quad 6x^3 + 0x^2 - 2x + 1 & \\ \quad \ominus\ 6x^3 - 12x^2 & \\ \hline \qquad 12x^2 - 2x + 1 & \end{array}$$

4. ______________________________
____
____

$$\begin{array}{l|l} x^4 + 4x^3 + 0x^2 - 2x + 1 & x^2 - 2x \\ \ominus\ x^4 - 2x^3 & x^2 + 6x + 12 \\ \hline \quad 6x^3 + 0x^2 - 2x + 1 & \\ \quad \ominus\ 6x^3 - 12x^2 & \\ \hline \qquad 12x^2 - 2x + 1 & \\ \qquad \ominus\ 12x^2 - 24x & \\ \hline \qquad\qquad 22x + 1 & \end{array}$$

Dessa forma, o quociente da divisão de $E(x) \equiv x^4 + 4x^3 - 2x + 1$ por $D(x) \equiv x^2 - 2x$ é $x^2 + 6x + 12$ e o resto é $22x + 1$.

Resolva os exercícios complementares 25 a 34, 82 e 83.

9

Fração polinomial

Encontrei essas informações na(s) página(s)

______.

» **Explique** com suas palavras o que é uma fração polinomial e cite um exemplo.

10

Frações polinomiais idênticas

Encontrei essas informações na(s) página(s)

______.

» **Responda:** Se $\frac{a}{x-1} + \frac{b}{x+1} \equiv \frac{7x+3}{x^2-1}$, com $x \neq 1$ e $x \neq -1$, quanto vale $a + b$, sendo a e b constantes?

Justifique sua resposta.

Resolva os exercícios complementares 35 a 38.

11

Divisão de polinômios por binômios de 1º grau

Encontrei essas informações na(s) página(s)

______.

» **Explique** com suas palavras de que forma é possível efetuar a divisão de um polinômio P(x) de grau maior ou igual a 2 pelo polinômio $x^2 - a^2$, com a complexo, efetuando apenas divisões por binômios de 1º grau.

12

Teorema do resto

Encontrei essas informações na(s) página(s)

______.

» **Enuncie** o teorema do resto.

Resolva os exercícios complementares 39 a 45.

13

Teorema de D'Alembert

Encontrei essas informações na(s) página(s) ______.

» **Complete** o enunciado do teorema de D'Alembert.

Sendo a uma constante complexa qualquer, um polinômio $P(x)$ é divisível por $x - a$ se, e somente se, ______________________.

Resolva os exercícios complementares 46 a 51.

14

Dispositivo prático de Briot-Ruffini

Encontrei essas informações na(s) página(s) ______.

» **Numere** de 1 a 4 os quadrinhos abaixo e **ordene** os procedimentos para a divisão do polinômio $E(x) \equiv 2x^3 - 3x^2 + 5$ por $D(x) \equiv x - 2$. Utilize o dispositivo prático de Briot-Ruffini e complete a resolução.

☐ Repetimos o coeficiente do termo de maior grau abaixo da barra horizontal, e multiplicamos pela raiz de $x - 2$ e, a seguir, somamos com o coeficiente seguinte. Registramos esse resultado abaixo do segundo coeficiente e abaixo da barra horizontal.

☐ Repetimos o procedimento de multiplicar o resultado abaixo da barra pela raiz de $x - 2$ e somar ao próximo coeficiente, registrando o resultado abaixo da barra horizontal.

☐ Dispomos a raiz do polinômio $x - 2$ e os coeficientes de $E(x)$ na forma:

☐ O último número obtido abaixo da barra horizontal é o resto da divisão, e os demais, da esquerda para a direita, são os coeficientes do quociente, do maior para o menor grau. Assim, o quociente é ______________ e o resto é ______________.

15

Divisão de um polinômio *P*(*x*) por *kx* − *a*

Encontrei essas informações na(s) página(s) ______.

» **Responda**: De que forma podemos efetuar a divisão de $P(x)$ por $kx - a$, com $k \neq 0$ e $k \neq 1$, utilizando o método prático de Briot-Ruffini?

______

______

______

______

______

Resolva os exercícios complementares 52 a 56.

16

Extensão do teorema do resto

Encontrei essas informações na(s) página(s) ______.

» **Complete** a afirmação a seguir.

Sendo k e a constantes complexas quaisquer, com $k \neq 0$, o resto da divisão de um polinômio $P(x)$ por $kx - a$ é igual a ______.

17

Extensão do teorema de D'Alembert

Encontrei essas informações na(s) página(s) ______.

» **Complete** a afirmação a seguir.

Sendo k e a constantes complexas quaisquer, com $k \neq 0$, um polinômio $P(x)$ é divisível por $kx - a$ se, e somente se, $P\left(\frac{a}{k}\right) =$ ______.

Resolva os exercícios complementares 57 a 66.

18

Divisão de um polinômio pelo produto (*kx* − *a*)(*mx* − *b*)

Encontrei essas informações na(s) página(s) ______.

» **Responda**: Se um polinômio é divisível por $3x - 5$ e por $6x + 2$, podemos afirmar que ele é divisível por $(3x - 5)(6x + 2)$? Justifique.

______

______

______

______

______

______

Resolva os exercícios complementares 67 a 75.

FECHANDO O CAPÍTULO

» **Liste** os exercícios do livro-texto que você não conseguiu resolver.

» Agora **formule** questões que o ajudarão a resolver os exercícios listados acima.

» Reúna-se com um colega e peça-lhe que esclareça as dúvidas que você levantou na questão anterior. A seguir, **esclareça** as dúvidas levantadas por ele. Se as dúvidas persistirem, **perguntem** a seu professor.

Sintetize

» **Faça uma síntese** explicando: o que é polinômio; quais são e como fazer as operações com polinômios; os principais teoremas que ajudam a operar com polinômios.

Organizador de estudos

» **Use** a tabela abaixo para acompanhar o progresso de seus estudos. Ao completar cada atividade do *Caderno do estudante* ou revisão do livro-texto, **marque** um X ou **escreva** a data em que realizou a atividade na linha correspondente.

☐ Atividades do *Caderno do estudante* ☐ Livro-texto

Capítulo 7	
Abertura	
Seção 7.1	
Exercícios resolvidos	
Exercícios propostos	
Para começar o estudo	
Seção 7.1	
Seção 7.2	
Exercícios resolvidos	
Exercícios propostos	
Seção 7.2	
Conteúdo digital	
Exercícios complementares	
Exercícios de revisão cumulativa	
Análise da resolução	
Fechando o capítulo	

Capítulo

8

Equações polinomiais

Para começar o estudo

Analise a situação a seguir e **classifique** as afirmações como verdadeiras [V] ou falsas [F].

Com o crescente uso de senhas no nosso dia a dia, cada vez mais se faz necessário o uso de técnicas de criptografia para evitar que essas senhas sejam descobertas indevidamente. A criptografia é um conjunto de técnicas utilizadas para modificar uma informação a fim de dificultar sua interpretação por quem não conhece a "fórmula" para a leitura. Durante a Segunda Guerra Mundial, criou-se uma máquina que utilizava uma fórmula para criptografar e descriptografar mensagens secretas. Atualmente, existem formas mais eficientes e funcionais de criptografar informações, e muitas delas fazem uso de fórmulas matemáticas. Imagine que uma senha de três dígitos distintos e em ordem crescente foi criptografada com a criação de uma equação cujas raízes não negativas são esses três dígitos. A equação obtida é $x^4 - 6x^3 - x^2 + 6x = 0$.

HULTON ARCHIVE/GETTY IMAGES

Máquina Enigma, usada para criptografar e descriptografar mensagens.

- [ ] O primeiro algarismo dessa senha é o número 0.
- [ ] Um dos algarismos dessa senha é o número 2.
- [ ] A soma dos algarismos dessa senha é 7.
- [ ] O produto dos algarismos dessa senha é 6.
- [ ] A equação dada possui mais do que três raízes não negativas.

EQUAÇÕES POLINOMIAIS

Termo e conceito

» **Defina com suas próprias palavras o termo a seguir.**

equação polinomial: ____________________

____

____

Guia de estudo

1

Equações polinomiais ou equações algébricas

Encontrei essas informações na(s) página(s) ______.

» **Classifique** as equações a seguir como polinomiais P ou não polinomiais NP.

☐ $2x^4 - 3x^3 + 2x - 1 = 0$

☐ $x^2 - x^{\frac{1}{2}} + 5 = 0$

☐ $x^3 + 3x = 5 - x^2$

☐ $(x + 1)(x^2 - 3) = 2$

☐ $\frac{1}{x^2} - \sqrt{3x} + i = 0$

Resolva os exercícios complementares 1 a 8 e 70 a 72.

2

Teorema fundamental da Álgebra

Encontrei essas informações na(s) página(s) ______.

» **Explique** com suas palavras o teorema fundamental da Álgebra.

____

____

____

____

____

____

3

Teorema da decomposição

Encontrei essas informações na(s) página(s) ______.

» **Complete** o enunciado a seguir.

Todo polinômio de grau n, com $n \geq 1$, $P(x) \equiv a_n x^n + a_{n-1}x^{n-1} + ... + a_0$, pode ser fatorado na forma ____________________, em que $r_1, r_2, ..., r_n$ são todas as ____________________ de $P(x)$.

4 Número de raízes de uma equação polinomial

Encontrei essas informações na(s) página(s)

________.

» **Responda**: Se uma equação polinomial é de quinto grau, quantas raízes ela tem? Podemos afirmar que elas são todas reais?

5 Multiplicidade de uma raiz

Encontrei essas informações na(s) página(s)

________.

» **Explique** com suas palavras o que é a multiplicidade de uma raiz de uma equação polinomial.

- **Dê um exemplo** de equação com uma raiz de multiplicidade maior que 1.

Resolva os exercícios complementares 9 a 21.

PESQUISA DE RAÍZES EM UMA EQUAÇÃO POLINOMIAL

Guia de estudo

1

Teorema das raízes imaginárias de uma equação polinomial

Encontrei essas informações na(s) página(s) ________.

» **Identifique** os termos e as expressões que completam corretamente a afirmação a seguir.

Se o número imaginário $z = a + bi$, com $\{a, b\} \subset \mathbb{R}$ e $b \neq 0$, é raiz de uma equação polinomial $P(x) = 0$ com coeficientes ________, então o conjugado de z, ou seja, $\overline{z} =$ ________, também é raiz dessa equação.

» Abaixo há um exercício e parte de sua resolução. **Complete** a resolução com base no comentário à esquerda.

Exercício

Uma equação polinomial de 3º grau de coeficientes reais tem como raízes os números 1 e 2i e seu coeficiente dominante é 2. Determine essa equação.

Resolução

A equação na forma fatorada pode ser escrita como:

Se z = 2i é raiz da equação, então seu conjugado $\overline{z} = -2i$ também é.

A equação é, portanto, ________.

Resolva os exercícios complementares 22 a 34.

2

Teorema das raízes racionais de uma equação polinomial

Encontrei essas informações na(s) página(s) ______.

» **Responda**: Se $\frac{2}{3}$ é raiz da equação polinomial do 3º grau $mx^3 + 4x^2 - 13x + n = 0$, com m e n inteiros, o que podemos afirmar sobre m e n?

____

____

____

____

» Abaixo há um exercício e parte da sua resolução. Nos quadros à esquerda, comentários explicam as etapas da resolução. Com base nesses dados, **complete** o exercício.

Exercício

Se a equação polinomial $x^3 - 9x^2 + 23x - 15 = 0$ possui como raízes três números naturais ímpares distintos menores que 10, quais são essas raízes?

Resolução

Temos: $a_3 = 1$ e $a_0 = -15$. As possíveis raízes racionais são da forma $\frac{p}{q}$, com $p \in \mathbb{Z}$ e $q \in \mathbb{Z}^*$, sendo p divisor de -15 e q divisor de 1.

> **1.** Como as raízes devem ser naturais, o numerador p é divisor positivo de -15.

Os divisores positivos de -15 são:

____

> **2.** O denominador q é divisor de 1.

Como q é divisor positivo de 1, temos:

____

Como as raízes são menores que 10, concluímos que elas são:

____

Resolva os exercícios complementares 35 a 41 e 73 a 79.

RELAÇÕES DE GIRARD

Guia de estudo

1

As relações de Girard em uma equação polinomial do 2º grau

Encontrei essas informações na(s) página(s) ______.

» **Escreva** as condições para que a equação polinomial do 2º grau $ax^2 + bx + c = 0$, com $\{a, b, c\} \subset \mathbb{C}$, tenha como raízes r_1 e r_2.

- $r_1 + r_2 =$ ______
- $r_1r_2 =$ ______

2

As relações de Girard em uma equação polinomial do 3º grau

Encontrei essas informações na(s) página(s) ______.

» **Escreva** as condições para que a equação polinomial do 3º grau $ax^3 + bx^2 + cx + d = 0$, com $\{a, b, c, d\} \subset \mathbb{C}$, tenha como raízes r_1, r_2 e r_3.

- $r_1 + r_2 + r_3 =$ ______
- $r_1r_2 + r_1r_3 + r_2r_3 =$ ______
- $r_1r_2r_3 =$ ______

Resolva os exercícios complementares 42 a 62.

3

As relações de Girard em uma equação polinomial de grau *n*

Encontrei essas informações na(s) página(s) ______.

» **Complete** as igualdades a seguir, sobre as raízes $r_1, r_2, r_3, ..., r_n$ de uma equação de grau n na forma $a_nx^n + a_{n-1}x^{n-1} + ... + a_0 = 0$, com $\{a_0, a_1, a_2, ..., a_n\} \subset \mathbb{C}$.

- $-\dfrac{a_{n-1}}{a_n} =$ ______
- $\dfrac{a_{n-2}}{a_n} =$ ______
- $-\dfrac{a_{n-3}}{a_n} =$ ______
- $\dfrac{(-1)^n a_0}{a_n} =$ ______

Resolva os exercícios complementares 63 a 69.

FECHANDO O CAPÍTULO

» **Liste** os exercícios do livro-texto que você não conseguiu resolver.

» Agora **formule** questões que o ajudarão a resolver os exercícios listados acima.

» Reúna-se com um colega e peça-lhe que esclareça as dúvidas que você levantou na questão anterior. A seguir, **esclareça** as dúvidas levantadas por ele. Se as dúvidas persistirem, **perguntem** a seu professor.

Sintetize

» **Liste** os nomes dos teoremas e das relações desse capítulo e dê um exemplo de um exercício em que o teorema seja aplicado em sua resolução.

Organizador de estudos

» **Use** a tabela abaixo para acompanhar o progresso de seus estudos. Ao completar cada atividade do *Caderno do estudante* ou revisão do livro-texto, **marque** um X ou **escreva** a data em que realizou a atividade na linha correspondente.

☐ Atividades do *Caderno do estudante* ☐ Livro-texto

Capítulo 8	
Abertura	
Seção 8.1	
Exercícios resolvidos	
Exercícios propostos	
Para começar o estudo	
Seção 8.1	
Seção 8.2	
Exercícios resolvidos	
Exercícios propostos	
Seção 8.2	
Conteúdo digital	
Seção 8.3	
Exercícios resolvidos	
Exercícios propostos	
Seção 8.3	
Conteúdo digital	
Exercícios complementares	
Exercícios de revisão cumulativa	
Análise da resolução	
Fechando o capítulo	

Capítulo

9

Introdução ao Cálculo diferencial: limite de uma função

Seções:

Para começar o estudo

» **Analise** as situações a seguir e **classifique** as afirmações como verdadeiras [V] ou falsas [F].

Situação I
Um objeto é solto do topo de um prédio e cai livremente em direção ao solo. A resistência do ar é considerada nula e a velocidade do objeto aumenta 10 m/s a cada segundo.

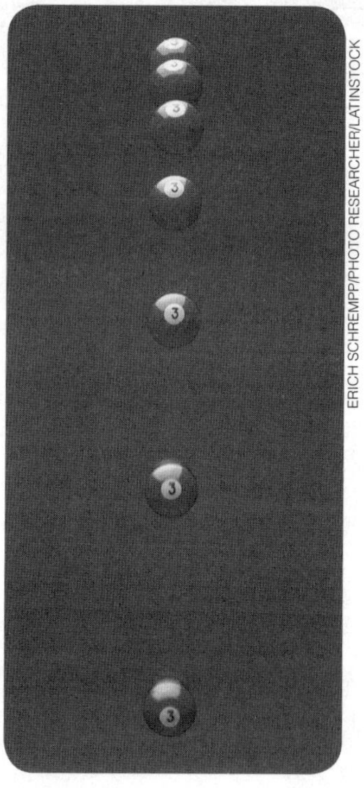

ERICH SCHREMPP/PHOTO RESEARCHER/LATINSTOCK

Situação II
Uma pessoa divide uma barra de chocolate retangular ao meio e come uma metade da barra. Depois, divide o restante ao meio e come uma metade. A seguir, repete esse processo com o pedaço que sobrou. Imagine que esse processo possa ser repetido infinitas vezes.

STUDIOMODE/ALAMY/OTHER IMAGES

- [ ] Na situação I, a variação da velocidade é sempre a mesma para qualquer intervalo de tempo de mesma duração.
- [ ] Supondo que o tempo de queda tenha sido superior a 4 segundos e que nos dois primeiros segundos o objeto caiu 5 metros, podemos afirmar que nos dois segundos seguintes ele caiu mais 5 metros.
- [ ] Se o processo da situação II puder continuar infinitamente, a pessoa comerá infinitos pedaços cada vez menores de chocolate.
- [ ] A soma dos infinitos pedaços de chocolate da situação II vai ser igual ao chocolate inteiro.

A ORIGEM E A IDEIA CENTRAL DO CÁLCULO DIFERENCIAL

Termos e conceitos

» **Defina** com suas próprias palavras os termos a seguir.

taxa média de variação de uma função:

taxa pontual de variação de uma função:

Guia de estudo

1 O problema da reta tangente

Encontrei essas informações na(s) página(s) ______.

» O gráfico ao lado representa uma função de domínio $D = [-2, 4]$. **Represente** as retas que tangenciam o gráfico nos pontos $(-1, 3)$ e $(2, -3)$.

- Cada uma das duas retas interceptou o gráfico da função em um único ponto?

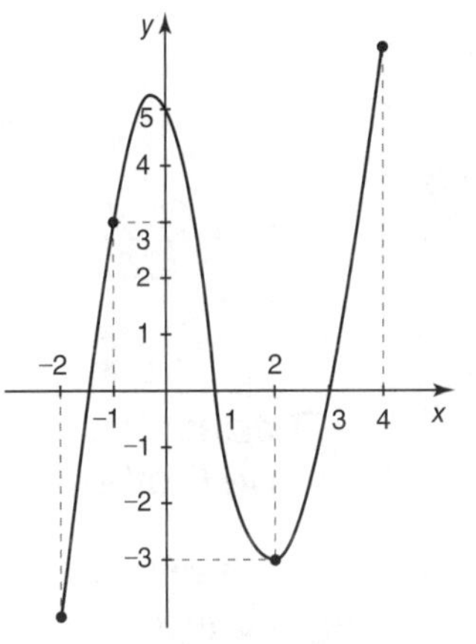

Resolva os exercícios complementares 19 a 21.

2 Taxa média e taxa pontual de variação

Encontrei essas informações na(s) página(s) ______.

» **Explique** com suas palavras qual é a diferença entre a taxa média de variação e a taxa pontual de variação de uma função.

Faça a conexão

» **Cite** pelo menos duas grandezas estudadas na Física que podem ser consideradas como uma taxa de variação.

O CONCEITO DE LIMITE

Termos e conceitos

» **Defina com suas próprias palavras os termos a seguir.**

vizinhança completa de um número real: ____________________

vizinhança reduzida de um número real: ____________________

limite de uma função: ____________________

limite lateral de uma função: ____________________

Guia de estudo

1 O conceito de limite

Encontrei essas informações na(s) página(s) ________.

» **Explique** com suas palavras qual é o conceito intuitivo de limite. Cite exemplos diferentes dos encontrados no livro-texto.

____

Resolva os exercícios complementares 1 a 5.

2 Definição de limite

Encontrei essas informações na(s) página(s) ________.

» **Leia**, abaixo, a definição de limite de uma função *f* de variável real, em que $\overline{V}(a)$ está contida no domínio de *f*. A seguir, **preencha** os quadrinhos.

O número L é o limite dos valores de $f(x)$ com x tendendo a a se, e somente se, para qualquer vizinhança completa de L, $V(L)$, existe uma vizinhança reduzida de a, $\overline{V}(a)$, tal que todo elemento de $\overline{V}(a)$ possui imagem $f(x)$ em $V(L)$.

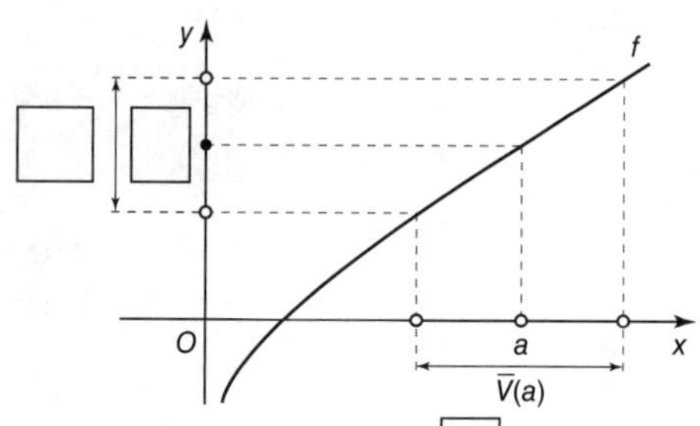

$\lim\limits_{x \to a} f(x) =$ ☐

3

Limites laterais

Encontrei essas informações na(s) página(s) ________.

» **Observe** o gráfico da função f a seguir e **complete** as igualdades abaixo.

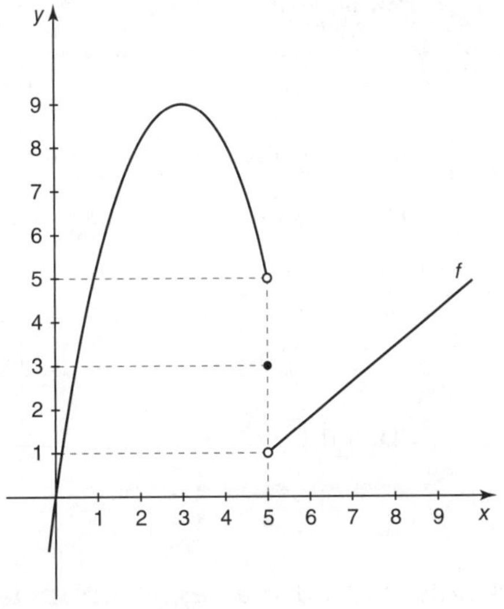

- $f(5) =$ ________
- $\lim\limits_{x \to 5^+} f(x) =$ ________
- $\lim\limits_{x \to 5^-} f(x) =$ ________

4

Propriedades das operações elementares com limites

Encontrei essas informações na(s) página(s) ________.

» **Complete** o quadro a seguir enunciando cada uma das propriedades das operações elementares com limites para duas funções f e g tais que $\lim\limits_{x \to a} f(x) = L_1$ e $\lim\limits_{x \to a} g(x) = L_2$.

Propriedades das operações elementares com limites

- **P1.** Para qualquer constante real k, tem-se: $\lim\limits_{x \to a} k =$ ________
- **P2.** $\lim\limits_{x \to a} [f(x) + g(x)] =$ ________
- **P3.** $\lim\limits_{x \to a} [f(x) - g(x)] =$ ________
- **P4.** $\lim\limits_{x \to a} [f(x) \cdot g(x)] =$ ________
- **P5.** $\lim\limits_{x \to a} \dfrac{f(x)}{g(x)} =$ ________

» **Complete** o quadro a seguir enunciando as propriedades P6 a P8 para as funções $f_1, f_2, f_3, ..., f_n$ tais que $\lim_{x \to a} f_j(x) = L_j$.

P6. $\lim_{x \to a} [f_1(x) + f_2(x) + ... + f_n(x)] =$ ____________

P7. $\lim_{x \to a} [f_1(x) \cdot f_2(x) \cdot ... \cdot f_n(x)] =$ ____________

P8. $\lim_{x \to a} [f_1(x)]^n =$ ____________

5 Propriedades dos limites de funções compostas

Encontrei essas informações na(s) página(s) ________.

» **Complete** o quadro a seguir enunciando as propriedades P9 e P10.

Propriedades dos limites de funções compostas

P9. Se $a \in \mathbb{R}$ e f e g são funções reais de variável real tais que existem $f \circ g$, $\lim_{x \to a} g(x)$ e $\lim_{x \to a} f(g(x))$, então:

$$\lim_{x \to a} f(g(x)) = \text{\_\_\_\_\_\_\_\_\_\_\_\_}$$

P10. Seja $\lim_{x \to a} f(x) = L$. Se $n \in \mathbb{N}^*$ e $L \geq 0$ ou se $n \in \mathbb{N}$, n é ímpar e $L < 0$, temos:

$$\lim_{x \to a} \sqrt[n]{f(x)} = \text{\_\_\_\_\_\_\_\_\_\_\_\_}$$

Resolva os exercícios complementares 6 a 9.

FUNÇÃO CONTÍNUA

Termos e conceitos

» **Defina** com suas próprias palavras os termos a seguir.

função contínua:

limite trigonométrico fundamental:

Guia de estudo

1

Outra forma de definição de função contínua em um ponto

Encontrei essas informações na(s) página(s) ______.

» **Explique** com suas palavras, usando o conceito de vizinhança, por que podemos afirmar que a função *f*, representada no gráfico a seguir, é contínua em *a*.

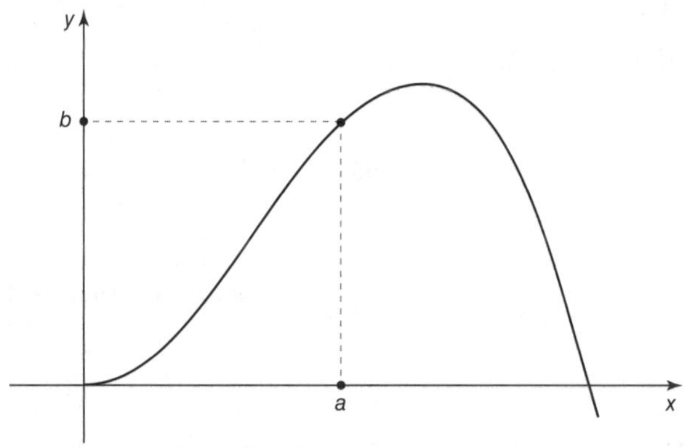

2

Uma sutileza da definição de função contínua

Encontrei essas informações na(s) página(s) ______.

» **Responda**: Existe função contínua cujo domínio não é um intervalo real? **Justifique** sua resposta com um exemplo.

3 Propriedades das funções contínuas

Encontrei essas informações na(s) página(s) ________.

» **Complete as propriedades das funções contínuas:**

P1. Se f e g são funções contínuas em a, então ______________________ em a as funções $f - g$, $f \cdot g$ e $\frac{f}{g}$, sendo que em $\frac{f}{g}$ exige-se que $g(a) \neq 0$.

P2. Se as funções f e g são tais que existe $f \circ g$, g é contínua em a e f é contínua em $g(a)$, então $f \circ g$ é ______________________ em a.

4 Algumas funções contínuas

Encontrei essas informações na(s) página(s) ________.

» Com base na lista de funções contínuas encontrada no livro-texto e nas propriedades das funções contínuas, **classifique** as funções a seguir como contínuas (C) ou não contínuas (NC) em seus respectivos domínios.

( ) $f(x) = x^2 + 3x + 2$

( ) $f(x) = 2^x$

( ) $f(x) = \frac{1}{x^2}$

( ) $f(x) = 2\cos x$

( ) $f(x) = \log_2 (x^2 + 1)$

( ) $f(x) = \frac{x}{x - 2}$

Resolva os exercícios complementares 10 e 11.

5 Cálculo do limite de uma função descontínua ou não definida no ponto

Encontrei essas informações na(s) página(s) ________.

» Numere de 1 a 4 os quadrinhos a seguir **ordenando** os procedimentos para calcular o limite abaixo e **complete** as etapas da resolução.

$$\lim_{x \to 3} \frac{x^2 - 5x + 6}{x^2 - 9}$$

☐ Calcula-se o limite da expressão fatorada.

____

☐ Fatora-se o numerador e o denominador da fração algébrica.

____

- [ ] Simplifica-se a expressão fatorada.

____

- [ ] Iguala-se o limite da expressão fatorada ao da expressão original.

____

Resolva os exercícios complementares 12 e 13.

6

O limite trigonométrico fundamental

Encontrei essas informações na(s) página(s) __________.

» **Escreva** o valor que completa a igualdade a seguir.

$$\lim_{x \to 0} \frac{\text{sen } x}{x} = \_\_\_\_\_\_$$

7

Teorema do confronto

Encontrei essas informações na(s) página(s) __________.

» **Explique** com suas palavras o que afirma o teorema do confronto.

____

____

____

____

8

Consequência do limite trigonométrico fundamental

Encontrei essas informações na(s) página(s) __________.

» **Complete** as consequências do limite trigonométrico fundamental.

$$\lim_{x \to -\frac{m}{k}} \frac{\text{sen } (kx - m)}{kx - m} = \_\_\_\_\_\_, \text{ com } \{k, m\} \subset \mathbb{R} \text{ e } k \neq 0.$$

$$\lim_{x \to 0} \frac{\text{sen } kx}{kx} = \_\_\_\_\_\_, \text{ com } k \neq 0.$$

Resolva os exercícios complementares 14 a 18.

FECHANDO O CAPÍTULO

» **Liste** os exercícios do livro-texto que você não conseguiu resolver.

» Agora **formule** questões que o ajudarão a resolver os exercícios listados acima.

» Reúna-se com um colega e peça-lhe que esclareça as dúvidas que você levantou na questão anterior. A seguir, **esclareça** as dúvidas levantadas por ele. Se as dúvidas persistirem, **perguntem** a seu professor.

Sintetize

» **Analise** a sequência de exercícios finais do capítulo. **Escreva** em que situações o conceito de limite foi utilizado.

Organizador de estudos

» **Use** a tabela abaixo para acompanhar o progresso de seus estudos. Ao completar cada atividade do *Caderno do estudante* ou revisão do livro-texto, **marque** um X ou **escreva** a data em que realizou a atividade na linha correspondente.

☐ Atividades do *Caderno do estudante* ☐ Livro-texto

Capítulo 9	
Abertura	
Seção 9.1	
Exercícios resolvidos	
Exercícios propostos	
Para começar o estudo	
Seção 9.1	
Seção 9.2	
Exercícios resolvidos	
Exercícios propostos	
Seção 9.2	
Seção 9.3	
Exercícios resolvidos	
Exercícios propostos	
Seção 9.3	
Exercícios complementares	
Exercícios de revisão cumulativa	
Análise da resolução	
Fechando o capítulo	

PARTE III

Capítulo

10

Introdução ao Cálculo diferencial: derivada de uma função

Para começar o estudo

» **Analise** as situações a seguir e **classifique** as afirmações como verdadeiras [V] ou falsas [F].

Situação I

Todos os dias, uma motorista vai de sua casa ao trabalho com seu carro. Num certo dia, ela demorou 45 minutos para percorrer esse trajeto, que tem 30 km.

ROBERT STEINBARTH/ALAMY/OTHER IMAGES

Situação II

Os carros de Fórmula 1 são preparados para atingir grandes velocidades em um intervalo de tempo muito pequeno. Alguns desses veículos partem de 0 km/h e atingem 320 km/h em apenas 16 segundos.

MURAT BESLER/SHUTTERSTOCK

- [ ] Na situação I, a velocidade média do automóvel foi de 40 km/h.
- [ ] Na situação I, pode-se afirmar que a velocidade do automóvel foi a mesma em todo o percurso.
- [ ] Pode-se afirmar que a velocidade do veículo da situação II aumenta sempre 20 km/h a cada segundo.
- [ ] Sob uma aceleração constante, o tempo necessário para o veículo da situação II ir de 0 a 160 km/h é diferente do tempo necessário para ir de 160 a 320 km/h.

DERIVADA DE UMA FUNÇÃO EM UM PONTO (TAXA PONTUAL DE VARIAÇÃO)

Termos e conceitos

» **Defina** com suas próprias palavras os termos ou conceitos a seguir.

derivada de uma função em um ponto: ______________________________

____

____

____

derivadas laterais de uma função em um ponto: ______________________________

____

____

____

____

Guia de estudo

1

Derivada

Encontrei essas informações na(s) página(s) ________.

» **Explique** com suas palavras a relação entre a derivada de uma função num certo ponto e a reta tangente ao gráfico dessa função nesse ponto.

____

____

____

____

2

Derivadas laterais

Encontrei essas informações na(s) página(s) ________.

» **Complete** com termos e expressões matemáticas as afirmações a seguir.

- Uma função f é derivável em um intervalo fechado $[a, b]$ do seu domínio se f é derivável no intervalo aberto ________ e existem ________ e ________.

- Existe a derivada de uma função f em um ponto de abscissa k do domínio de f se, e somente se, existem e são iguais as derivadas laterais ________ e ________.

Resolva os exercícios complementares 1 a 9.

A FUNÇÃO DERIVADA

Termo e conceito

» **Defina com suas próprias palavras o termo a seguir.**

função derivada de uma função: ______________________

Guia de estudo

1

A função derivada

Encontrei essas informações na(s) página(s) ______.

» **Explique** com as suas palavras o que é a função derivada de uma função *f*.

____

2

Derivadas fundamentais

Encontrei essas informações na(s) página(s) ______.

» **Complete** os quadros com as derivadas de algumas funções.

Derivadas fundamentais

- **Derivada da função constante**
  $f(x) = k \Rightarrow f'(x) =$ ______
- **Derivada da função potência**
  $f(x) = x^n \Rightarrow f'(x) =$ ______
- **Derivada da função seno**
  $f(x) = \text{sen}\, x \Rightarrow f'(x) =$ ______
- **Derivada da função cosseno**
  $f(x) = \cos x \Rightarrow f'(x) =$ ______

3

Regras de derivação

Encontrei essas informações na(s) página(s)

______.

» **Complete** os quadros das regras de derivação.

Derivada da soma

$f(x) = u(x) + v(x) \Rightarrow f'(x) =$ ______

Derivada da diferença

$f(x) = u(x) - v(x) \Rightarrow f'(x) =$ ______

Derivada do produto

$f(x) = u(x) \cdot v(x) \Rightarrow f'(x) =$ ______

Derivada do quociente

$f(x) = \frac{u(x)}{v(x)} \Rightarrow f'(x) =$ ______

4

Consequências da derivada do quociente

Encontrei essas informações na(s) página(s)

______.

» Aplique, se necessário, a derivada do quociente e **escreva as expressões** que completam as igualdades a seguir.

- $f(x) = x^k \Rightarrow f'(x) =$ ______
- $f(x) = \text{tg } x \Rightarrow f'(x) =$ ______
- $f(x) = \text{cotg } x \Rightarrow f'(x) =$ ______
- $f(x) = \sec x \Rightarrow f'(x) =$ ______
- $f(x) = \text{cossec } x \Rightarrow f'(x) =$ ______

Resolva os exercícios complementares 10, 11 e 29.

5

Derivada da função composta (Regra da cadeia)

Encontrei essas informações na(s) página(s)

______.

» Sejam f e g funções reais de variável real tais que $g(x) = u$. **Escreva** a derivada da função composta $f(g(x))$.

$(f \circ g)'(x) =$ ______

Resolva os exercícios complementares 12 e 13.

6

Derivada da função inversa

Encontrei essas informações na(s) página(s)

__________.

» **Complete** a definição referente a duas funções f e g, inversas entre si, de variável real.

Se f é ________________ em um intervalo aberto I, com $y = f(x)$, para $x \in I$, $g(y)$ ________________ e g ________________ em y, então:

$f'(x) =$ __________

7

Derivada da função potência

Encontrei essas informações na(s) página(s)

__________.

» **Complete** a igualdade a seguir.

$f(x) = x^{\frac{p}{q}} \Rightarrow f'(x) =$ ________________

8

Derivada da função arco-seno

Encontrei essas informações na(s) página(s)

__________.

» **Complete** a igualdade a seguir.

$f(x) = \text{arcsen}\, x \Rightarrow f'(x) =$ ________________

9

Derivada da função arco-cosseno

Encontrei essas informações na(s) página(s)

__________.

» **Complete** a igualdade a seguir.

$f(x) = \arccos x \Rightarrow f'(x) =$ ________________

10

Derivada da função arco-tangente

Encontrei essas informações na(s) página(s)

__________.

» **Complete** a igualdade a seguir.

$f(x) = \text{arctg}\, x \Rightarrow f'(x) =$ ________________

Resolva os exercícios complementares 14 a 16.

ESTUDO DA VARIAÇÃO DE UMA FUNÇÃO ATRAVÉS DE SUA DERIVADA

Termos e conceitos

» **Defina** com suas próprias palavras os termos a seguir.

valor máximo absoluto de uma função:

valor mínimo absoluto de uma função:

valor máximo relativo de uma função:

valor mínimo relativo de uma função:

ponto de inflexão horizontal de uma função:

Guia de estudo

1

Máximo e mínimo absoluto

Encontrei essas informações na(s) página(s)

______.

» **Analise** o gráfico abaixo e **identifique** no eixo Oy o valor máximo absoluto da função *f* e o valor mínimo absoluto da função *f*.

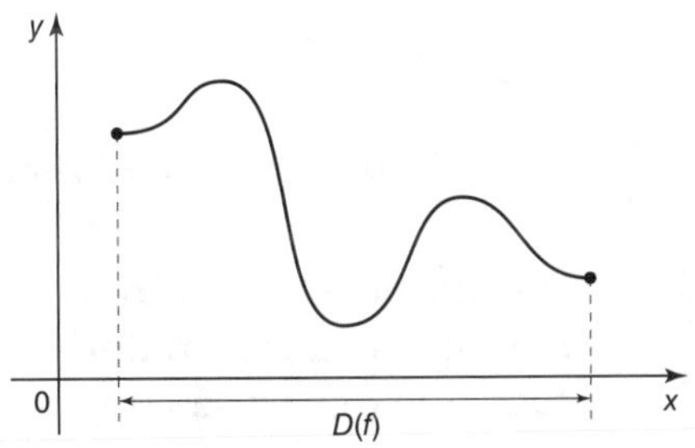

2

Máximo relativo e mínimo relativo

Encontrei essas informações na(s) página(s)

______.

» **Responda**: Qual é a diferença entre máximo relativo e máximo absoluto e entre mínimo relativo e mínimo absoluto de uma função?

3

Extremantes e extremos de uma função

Encontrei essas informações na(s) página(s) ______.

» **Explique** com suas palavras o que é um extremante e o que é um extremo de uma função.

____

____

____

Resolva o exercício complementar 17.

4

Relação entre o sinal da derivada e a variação de uma função

Encontrei essas informações na(s) página(s) ______.

» **Complete** o esquema a seguir referente a uma função f derivável em $]a, b[$ e à relação entre o sinal da sua derivada e a variação de f nesse intervalo $]a, b[$.

Sinal da derivada

- $f' > 0$: função ______
- $f' < 0$: função ______

» **Explique** com suas palavras o que é um ponto de inflexão horizontal e explique como ele pode ser identificado no gráfico de uma função.

____

____

____

Resolva os exercícios complementares 18 a 23.

5

Um teorema auxiliar para a determinação de extremos e de pontos de inflexão

Encontrei essas informações na(s) página(s) ______.

» **Complete** o quadro a seguir referente às derivadas de ordem n de uma função f, derivável até a ordem n, em que a é a raiz de todas as derivadas de f até a ordem $n - 1$ e $f^{(n)}(a) \neq 0$.

Derivada de ordem n

- n par e $f^{(n)}(a) < 0$ → a é abscissa de um ponto ______ local de f.
- n par e $f^{(n)}(a) > 0$ → a é abscissa de um ponto ______ local de f.
- n ímpar → a é abscissa de um ponto de ______ horizontal do gráfico de f.

Resolva os exercícios complementares 24 a 27 e 30.

APLICAÇÃO DAS DERIVADAS AO ESTUDO DO MOVIMENTO

Termos e conceitos

» **Defina** com suas próprias palavras os termos a seguir.

velocidade escalar média:

velocidade escalar instantânea:

aceleração escalar média:

aceleração escalar instantânea:

Guia de estudo

1

Velocidade escalar média e velocidade escalar instantânea

Encontrei essas informações na(s) página(s) ______.

» **Explique** com as suas palavras qual é a diferença entre velocidade escalar média e velocidade escalar instantânea.

» **Responda:** Se a posição de um móvel, em metro, em função do tempo, em segundo, é dada pela expressão $s(t) = 3t^2 - 5t + 2$, qual é a velocidade escalar instantânea desse móvel no instante $t = 10$? **Justifique** sua resposta.

2

Aceleração escalar média e aceleração escalar instantânea

Encontrei essas informações na(s) página(s) ______.

» **Complete** a afirmação a seguir.

Se $v(t)$ é a equação que expressa a velocidade escalar instantânea de um ponto material em função do tempo t, sendo v derivável em t_0, então a aceleração escalar instantânea desse ponto em t_0 é:

$a(t_0) =$ ______

Resolva o exercício complementar 31.

DIFERENCIAL

Guia de estudo

1

Diferencial

Encontrei essas informações na(s) página(s) ________.

» **A figura abaixo mostra o gráfico de uma função *f* derivável e a reta *r* tangente ao gráfico no ponto de abscissa x.**

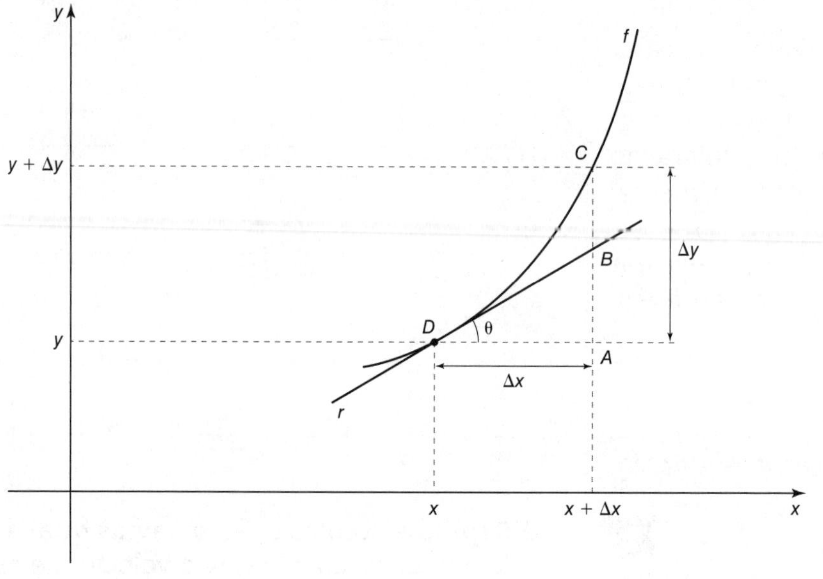

Complete as lacunas:

- A medida ________ é chamada de diferencial da variável x.

  Indicamos esse diferencial por dx, isto é, ________ = dx.

- A medida ________ é chamada de diferencial da função *f* no ponto de abscissa x. Indicamos esse diferencial por dy.

- O diferencial dy pode ser expresso em função de $f'(x)$ e dx por:

  dy = ________.

- Para um valor fixo de Δx, se adotamos a aproximação $\Delta y \approx dy$, temos $f(x + \Delta x) \approx f(x) + dy$ e, portanto:

  $f(x + \Delta x) \approx f(x) +$ ________

Resolva o exercício complementar 28.

FECHANDO O CAPÍTULO

» **Liste** os exercícios do livro-texto que você não conseguiu resolver.

» Agora **formule** questões que o ajudarão a resolver os exercícios listados acima.

» Reúna-se com um colega e peça-lhe que esclareça as dúvidas que você levantou na questão anterior. A seguir, **esclareça** as dúvidas levantadas por ele. Se as dúvidas persistirem, **perguntem** a seu professor.

Sintetize

» **Escreva** uma síntese relacionando os conceitos principais aprendidos no capítulo. Você pode optar por fazer um texto que apresenta as ideias principais do capítulo, um esquema que relaciona os conceitos principais, ou uma lista de fórmulas.

Organizador de estudos

» **Use** a tabela abaixo para acompanhar o progresso de seus estudos. Ao completar cada atividade do *Caderno do estudante* ou revisão do livro-texto, **marque** um X ou **escreva** a data em que realizou a atividade na linha correspondente.

▢ (cinza) Atividades do *Caderno do estudante* ▢ Livro-texto

Capítulo 10	
Abertura	
Seção 10.1	
Exercícios resolvidos	
Exercícios propostos	
Para começar o estudo	
Seção 10.1	
Seção 10.2	
Exercícios resolvidos	
Exercícios propostos	
Seção 10.2	
Conteúdo digital	
Seção 10.3	
Exercícios resolvidos	
Exercícios propostos	
Seção 10.3	
Seção 10.4	
Exercícios resolvidos	
Exercícios propostos	
Seção 10.4	
Exercícios complementares	
Exercícios de revisão cumulativa	
Análise da resolução	
Fechando o capítulo	

PARTE II

PARTE
II

Capítulo

4

Geometria analítica: circunferência

Associando um sistema cartesiano ao plano de uma circunferência, podemos representá-la por meio de uma equação do 2º grau em duas variáveis.

A circunferência é usada, por exemplo, na localização do epicentro de um terremoto.

› 4.1 Equações da circunferência

Em um plano, o conjunto de todos os pontos situados a uma distância não nula r de um ponto C é uma circunferência de centro C e raio r. Aplicaremos essa propriedade para a obtenção de uma equação da circunferência.

› 4.2 Posições relativas

Estudaremos as posições relativas entre ponto e circunferência, entre reta e circunferência e entre duas circunferências.

Detectando tsunamis

Tsunamis estão entre as mais destrutivas forças da natureza, mas se a origem das ondas gigantes for detectada rapidamente é possível tirar as pessoas do caminho do desastre e evitar milhares de mortes.

(1) Um poderoso terremoto no fundo do mar desloca o solo marinho. Com o deslocamento do solo, a água desloca-se também.

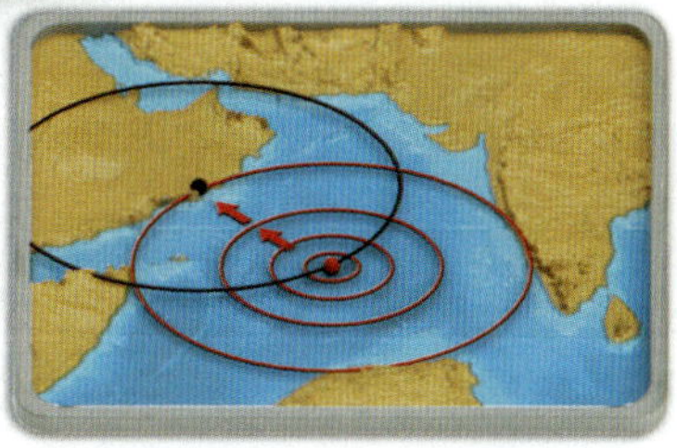

As ondas sísmicas chegam pelo subsolo a diferentes estações sismológicas em terra.

Sistema de alerta

Em 2004, um tsunami matou cerca de 230 mil pessoas e deixou 1,5 milhão de desabrigados em 14 países banhados pelo oceano Índico. Desde então, cientistas de todos os continentes trabalham em um sistema de alerta de tsunamis composto de sismógrafos, sensores oceânicos e uma rede de comunicação de prontidão por todo o mundo.

Antes

Depois

(2) Se o tremor submarino passar de 7,5 na escala Richter, o sistema de alerta entra em ação, coletando dados de sensores oceânicos na região do epicentro.

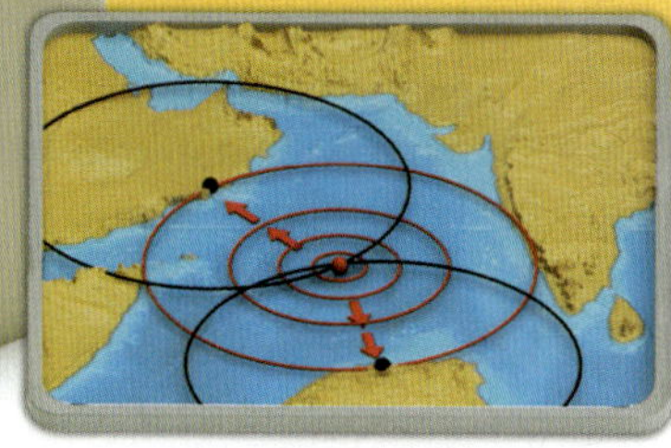

No momento em que o tremor é sentido em cada estação, calcula-se o raio da onda sísmica.

(3) Instalados no fundo oceânico, há sensores que medem a pressão da água sobre eles. Esses dados são enviados para o Sistema de Alerta de Tsunamis com medidas dos ventos, temperatura e pressão atmosférica na região.

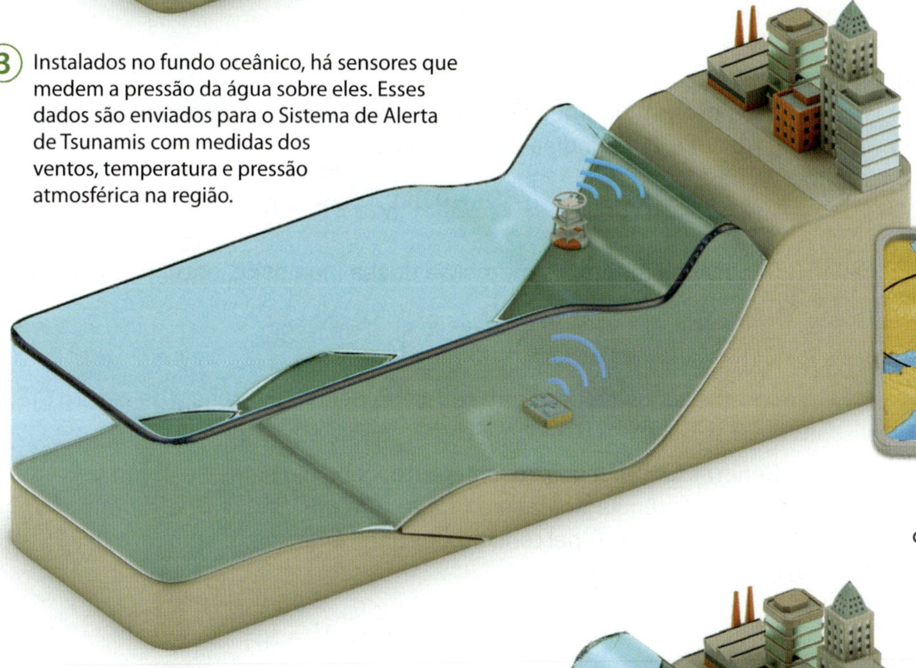

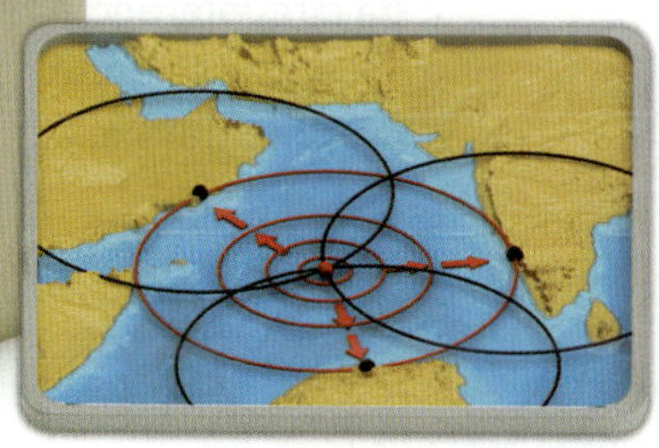

Com centros em três estações e raios previamente calculados, constroem-se três circunferências, determinando-se o epicentro na intersecção delas.

(4) Em questão de minutos os cientistas do Sistema de Alerta recebem os dados e checam se eles configuram um tsunami.

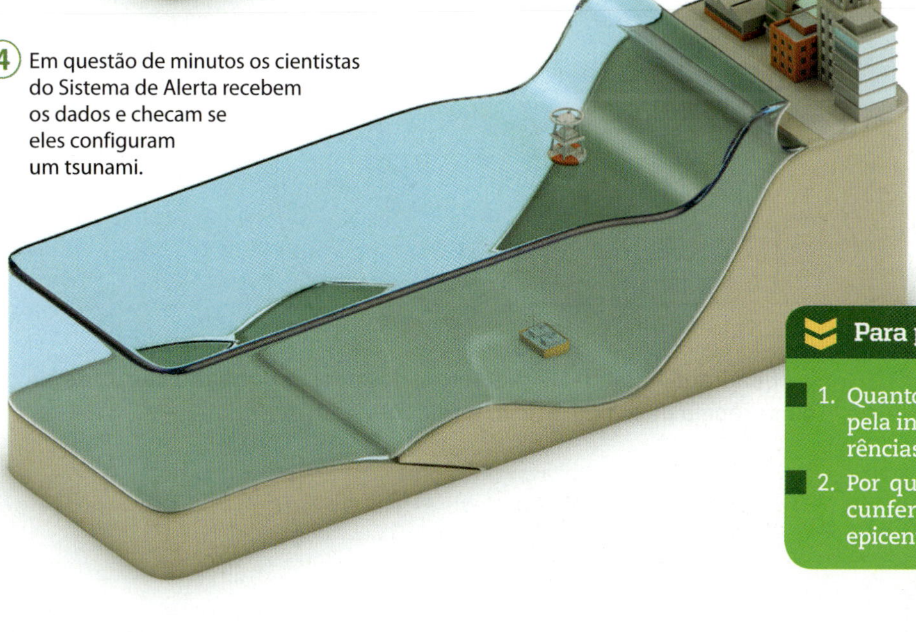

Com a análise desse conjunto de dados, os cientistas conseguem prever os locais que podem ser atingidos, calculam quando e com que força as ondas chegarão e decidem se a população deve ser evacuada.

Para pensar

1. Quantos pontos podem ser obtidos pela intersecção de duas circunferências de um mesmo plano?
2. Por que são necessárias três circunferências para determinar o epicentro do tsunami?

Seção 4.1

Equações da circunferência

Objetivos

- **Obter** a equação reduzida e a equação geral de uma circunferência, conhecendo seu raio e as coordenadas de seu centro.
- **Determinar** o centro e o raio de uma circunferência, a partir da equação reduzida ou da equação geral da circunferência.
- **Reconhecer** uma circunferência a partir de uma equação do 2º grau.

Termos e conceitos

- **equação reduzida da circunferência**
- **equação geral da circunferência**

Equação reduzida

Consideremos no plano cartesiano uma circunferência de centro $C(3, 2)$ e raio $R = 6$.

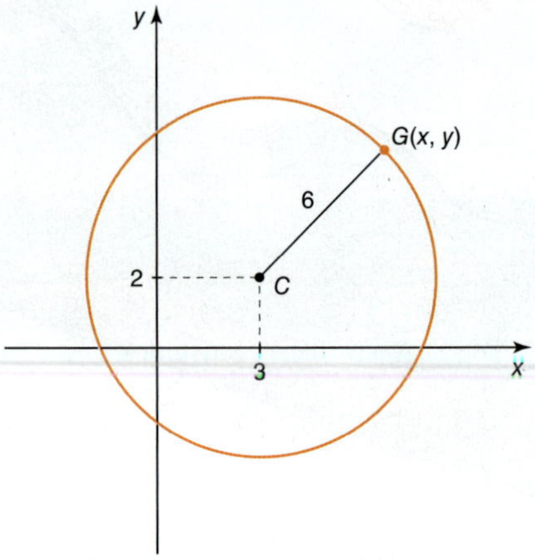

Para obter uma equação dessa circunferência, impomos a um ponto genérico $G(x, y)$ a condição $GC = 6$, isto é:

$$\sqrt{(x-3)^2 + (y-2)^2} = 6$$

Quadrando ambos os membros dessa igualdade, obtemos a equação:

$$(x-3)^2 + (y-2)^2 = 36$$

que chamaremos de **equação reduzida** da circunferência de centro $C(3, 2)$ e raio $R = 6$.

Generalizando esse procedimento, consideremos no plano cartesiano uma circunferência de centro $C(a, b)$ e raio R. Sendo $G(x, y)$ um ponto genérico, temos que G pertence à circunferência se, e somente se, $GC = R$, ou seja:

$$\sqrt{(x-a)^2 + (y-b)^2} = R$$

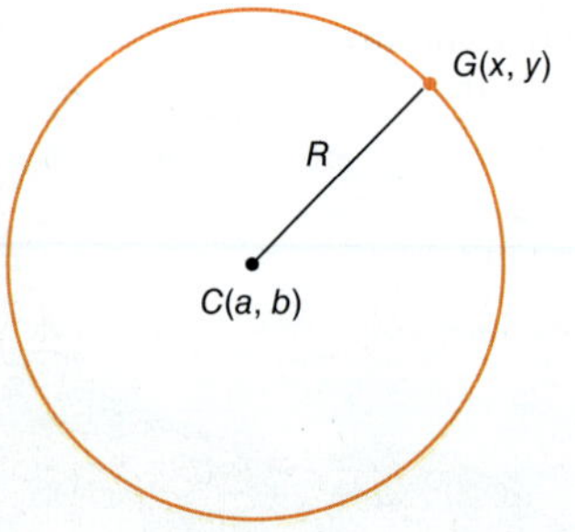

Quadrando ambos os membros, obtemos a **equação reduzida** da circunferência de centro $C(a, b)$ e raio R:

$$(x-a)^2 + (y-b)^2 = R^2$$

EXERCÍCIOS RESOLVIDOS

1 Obter a equação reduzida da circunferência de centro C e raio R em cada um dos seguintes casos:

a) C(4, 5) e R = 7

b) C(0, 2) e $R = \sqrt{7}$

c) C(−3, 0) e $R = \frac{4}{5}$

d) C(0, 0) e R = 1

Resolução

a) Na equação $(x - a)^2 + (y - b)^2 = R^2$, substituímos a, b e R por 4, 5 e 7, respectivamente, obtendo a equação reduzida:

$(x - 4)^2 + (y - 5)^2 = 7^2$, ou seja,

$(x - 4)^2 + (y - 5)^2 = 49$

b) Na equação $(x - a)^2 + (y - b)^2 = R^2$, substituímos a, b e R por 0, 2 e $\sqrt{7}$, respectivamente, obtendo a equação reduzida:

$(x - 0)^2 + (y - 2)^2 = (\sqrt{7})^2$, ou seja,

$x^2 + (y - 2)^2 = 7$

c) Fazendo $a = -3$, $b = 0$ e $R = \frac{4}{5}$ na equação $(x - a)^2 + (y - b)^2 = R^2$, obtemos a equação reduzida:

$[x - (-3)]^2 + (y - 0)^2 = \left(\frac{4}{5}\right)^2$, ou seja,

$(x + 3)^2 + y^2 = \frac{16}{25}$

d) $\begin{cases} (x - a)^2 + (y - b)^2 = R^2 \\ a = 0 \\ b = 0 \\ R = 1 \end{cases} \Rightarrow$

$\Rightarrow (x - 0)^2 + (y - 0)^2 = 1^2$, ou seja, $x^2 + y^2 = 1$

2 Determinar o centro C e o raio R da circunferência que tem como equação:

a) $(x - 6)^2 + (y - 1)^2 = 9$

b) $(x + 7)^2 + (y + 3)^2 = 5$

c) $x^2 + (y + 8)^2 = \frac{36}{25}$

Resolução

a) Comparando a equação $(x - 6)^2 + (y - 1)^2 = 9$ com $(x - a)^2 + (y - b)^2 = R^2$, temos:

$$\begin{cases} a = 6 \\ b = 1 \\ R^2 = 9 \end{cases} \Rightarrow \begin{cases} a = 6 \\ b = 1 \\ R = 3 \end{cases}$$

Logo, o centro da circunferência é o ponto C(6, 1) e o raio é R = 3.

b) A equação $(x + 7)^2 + (y + 3)^2 = 5$ pode ser representada na forma $[x - (-7)]^2 + [y - (-3)]^2 = 5$, que, comparada com $(x - a)^2 + (y - b)^2 = R^2$, nos dá:

$$\begin{cases} a = -7 \\ b = -3 \\ R^2 = 5 \end{cases} \Rightarrow \begin{cases} a = -7 \\ b = -3 \\ R = \sqrt{5} \end{cases}$$

Logo, o centro da circunferência é o ponto C(−7, −3) e o raio é $R = \sqrt{5}$.

c) A equação $x^2 + (y + 8)^2 = \frac{36}{25}$ pode ser representada na forma $(x - 0)^2 + [y - (-8)]^2 = \frac{36}{25}$.

Comparando essa equação com $(x - a)^2 + (y - b)^2 = R^2$, temos:

$$\begin{cases} a = 0 \\ b = -8 \\ R^2 = \frac{36}{25} \end{cases} \Rightarrow \begin{cases} a = 0 \\ b = -8 \\ R = \frac{6}{5} \end{cases}$$

Logo, o centro da circunferência é o ponto C(0, −8) e o raio é $R = \frac{6}{5}$.

3 Obter a equação reduzida da circunferência λ cujo gráfico é:

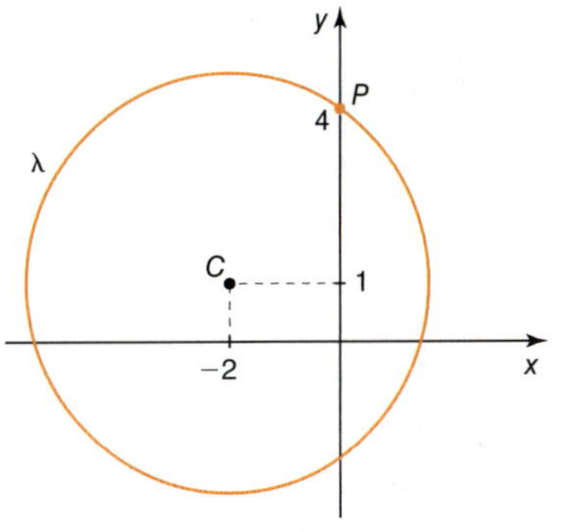

Resolução

A circunferência λ passa pelo ponto P(0, 4) e tem centro C(−2, 1). Logo, seu raio R é a distância CP, isto é:

$R = \sqrt{(0 + 2)^2 + (4 - 1)^2} = \sqrt{13}$

Portanto, substituindo a, b e R por −2, 1 e $\sqrt{13}$, respectivamente, na equação $(x - a)^2 + (y - b)^2 = R^2$, obtemos:

$[x - (-2)]^2 + (y - 1)^2 = (\sqrt{13})^2$

ou seja, a equação reduzida de λ é:

$(x + 2)^2 + (y - 1)^2 = 13$

(*Nota*: Quando um ponto P **pertence** a uma circunferência, dizemos que a circunferência **passa** por P.)

4 Qual dos pontos abaixo pertence à circunferência λ de equação $(x - 6)^2 + (y + 2)^2 = 25$?

a) A(0, 3)

b) B(10, 1)

Resolução

a) Substituindo x e y por 0 e 3, respectivamente, na equação de λ, obtemos uma sentença **falsa**:

$(0 - 6)^2 + (3 + 2)^2 = 25 \Rightarrow 61 = 25$ (Falso!)

Concluímos, assim, que o ponto A não pertence à circunferência λ.

b) Substituindo x e y por 10 e 1, respectivamente, na equação de λ, obtemos uma sentença **verdadeira**:

$(10 - 6)^2 + (1 + 2)^2 = 25 \Rightarrow 25 = 25$ (Verdadeiro!)

Concluímos, assim, que o ponto B pertence à circunferência λ.

5 Determinar o(s) ponto(s) de intersecção da circunferência (λ) $(x - 4)^2 + (y - 3)^2 = 25$ com o eixo das abscissas.

Resolução

Todo ponto do eixo das abscissas tem ordenada 0 (zero); logo, atribuindo o valor zero à variável y da equação de λ, obtemos como valor correspondente de x a abscissa do ponto de intersecção de λ com o eixo Ox:

$(x - 4)^2 + (0 - 3)^2 = 25 \Rightarrow (x - 4)^2 = 16$

$\therefore x - 4 = \pm 4 \Rightarrow x = 8$ ou $x = 0$

Concluímos, então, que λ intercepta o eixo Ox em dois pontos distintos: (0, 0) e (8, 0).

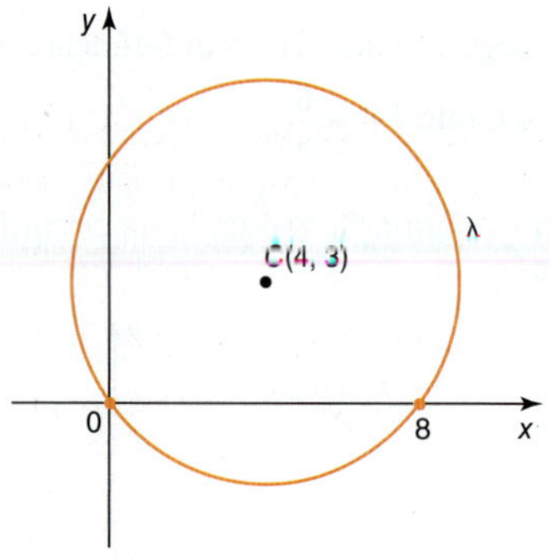

6 Determinar a equação reduzida da circunferência λ que passa pelos pontos E(3, 7), F(5, 5) e G(1, 1).

Resolução

Em um plano, a mediatriz de um segmento de reta é a reta formada por todos os pontos que equidistam dos extremos desse segmento. Como o centro C da circunferência λ equidista de E, F e G, temos que C pertence às mediatrizes das cordas $\overline{EF}$ e $\overline{FG}$ e, portanto, C é o ponto de encontro dessas mediatrizes.

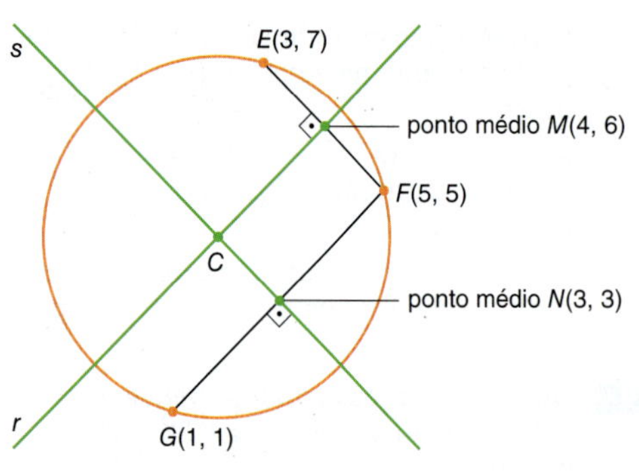

- Equação da mediatriz r do segmento $\overline{EF}$:

  Os coeficientes angulares m_r e m_{EF} das retas r e $\overleftrightarrow{EF}$ são tais que $m_r = -\dfrac{1}{m_{EF}}$, pois $r \perp \overleftrightarrow{EF}$. Como $m_{EF} = \dfrac{7-5}{3-5} = -1$, temos que $m_r = 1$. Sabendo que a reta r tem coeficiente angular 1 e passa pelo ponto médio M(4, 6) da corda $\overline{EF}$, obtemos uma equação de r:

  (r) $y - 6 = 1(x - 4)$

  Logo: (r) $y = x + 2$

- Equação da mediatriz s do segmento $\overline{FG}$:

  Os coeficientes angulares m_s e m_{FG} das retas s e $\overleftrightarrow{FG}$ são tais que $m_s = -\dfrac{1}{m_{FG}}$, pois $s \perp \overleftrightarrow{FG}$. Como $m_{FG} = \dfrac{5-1}{5-1} = 1$, temos que $m_s = -1$. Sabendo que a reta s tem coeficiente angular −1 e passa pelo ponto médio N(3, 3) da corda $\overline{FG}$, obtemos uma equação de s:

  (s) $y - 3 = -1(x - 3)$

  Logo: (s) $y = -x + 6$

O centro C da circunferência é a intersecção de r e s, que é a solução do sistema:

$$\begin{cases} y = x + 2 \\ y = -x + 6 \end{cases} \Rightarrow C(2, 4)$$

O raio R da circunferência é a distância CE:

$R = CE = \sqrt{(2-3)^2 + (4-7)^2} = \sqrt{10}$

Finalmente, podemos formar a equação da circunferência λ:

$$\lambda \begin{cases} C(2, 4) \\ R = \sqrt{10} \end{cases} \Rightarrow (x-2)^2 + (y-4)^2 = 10$$

7 Para que valores reais de k a equação $(x - 1)^2 + (y - 2)^2 = k$ representa uma circunferência?

Resolução

Comparando a equação $(x - 1)^2 + (y - 2)^2 = k$ com $(x - a)^2 + (y - b)^2 = R^2$, temos:

$$\begin{cases} a = 1 \\ b = 2 \\ R^2 = k \end{cases}$$

Como $R^2 > 0$, a equação representa uma circunferência de centro C(1, 2) e raio $R = \sqrt{k}$ se, e somente se, $k > 0$.

8 Qual é o conjunto de pontos (x, y) do plano cartesiano tal que $(x - 1)^2 + (y - 2)^2 = 0$?

Resolução

Como $(x - 1)^2 \geq 0$ e $(y - 2)^2 \geq 0$, $\forall$ x, y, com $\{x, y\} \subset \mathbb{R}$, temos:

$(x - 1)^2 + (y - 2)^2 = 0 \Leftrightarrow (x - 1)^2 = 0$ e $(y - 2)^2 = 0$

$\therefore x = 1$ e $y = 2$

Assim, concluímos que a equação $(x - 1)^2 + (y - 2)^2 = 0$ representa um único ponto, que é (1, 2).

9 Qual é o conjunto de pontos (x, y) do plano cartesiano tal que $(x - 1)^2 + (y - 2)^2 = -9$?

Resolução

Como $(x - 1)^2 \geq 0$ e $(y - 2)^2 \geq 0$, $\forall$ x, y, com $\{x, y\} \subset \mathbb{R}$, temos que a igualdade $(x - 1)^2 + (y - 2)^2 = -9$ é impossível em $\mathbb{R}$. Portanto, essa equação representa o conjunto vazio.

Reconhecimento de uma circunferência

Por meio dos exercícios resolvidos 7 a 9, percebemos que:

> A equação $(x - a)^2 + (y - b)^2 = k$, nas variáveis x e y, com $\{a, b, k\} \subset \mathbb{R}$, representa:
> - uma circunferência se, e somente se, $k > 0$;
> - um ponto se, e somente se, $k = 0$;
> - o conjunto vazio se, e somente se, $k < 0$.

EXERCÍCIOS PROPOSTOS

1 Determine a equação reduzida da circunferência de centro C e raio R nos seguintes casos:

a) C(4, 6) e R = 10
b) C(7, 0) e $R = \sqrt{3}$
c) C(0, 1) e $R = \frac{2}{3}$
d) C(0, 0) e R = 4

2 Obtenha o centro C e o raio R da circunferência de equação:

a) $(x - 6)^2 + (y - 2)^2 = 49$
b) $(x - 4)^2 + y^2 = 5$
c) $(x + 1)^2 + (y + 2)^2 = \frac{16}{25}$

3 Em qual das alternativas a seguir os dois pontos pertencem à circunferência de equação $(x - 1)^2 + (y + 5)^2 = 25$?

a) (5, 8) e (1, 3)
b) (−2, −1) e (−3, −4)
c) (6, −5) e (1, −1)
d) (4, −9) e (1, 0)
e) (0, 0) e (3, 2)

4 A circunferência de equação $(x - 5)^2 + (y + 6)^2 = 20$ passa pelo ponto P(1, k). Determine os possíveis valores de k.

5 Determine o número real k para que a circunferência de equação $(x - 6)^2 + (y - 8)^2 = k$ passe pela origem do sistema cartesiano de eixos.

6 Escreva a equação reduzida da circunferência representada no gráfico a seguir.

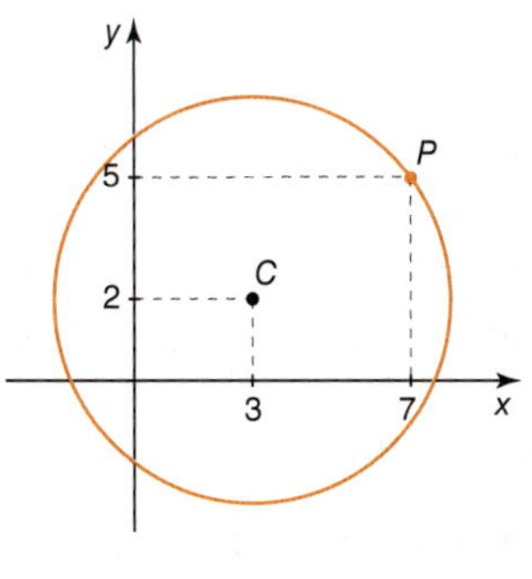

7 Determine os pontos de intersecção da circunferência (λ) $(x - 3)^2 + (y - 7)^2 = 64$ com o eixo das ordenadas.

8 A circunferência representada abaixo tangencia os eixos coordenados. Determine a equação reduzida dessa circunferência.

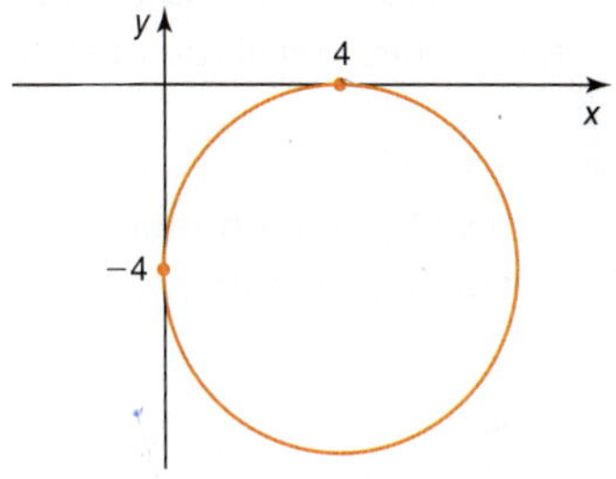

9 (UFPB) Escreva as equações das circunferências de raio $R = \sqrt{5}$ que passam pelo ponto (2, −1) e têm centro sobre o eixo Ox.

10 Dada a circunferência λ de equação $(x - 1)^2 + (y - 2)^2 = 100$ e os pontos A(7, 10) e B(9, 8):

a) mostre que A e B pertencem a λ.
b) obtenha a equação da mediatriz r da corda $\overline{AB}$.
c) mostre que o centro C da circunferência λ pertence à mediatriz r da corda $\overline{AB}$.

11 Obtenha a equação reduzida da circunferência λ que passa pelos pontos E(4, 2), F(6, −2) e G(−2, −6).

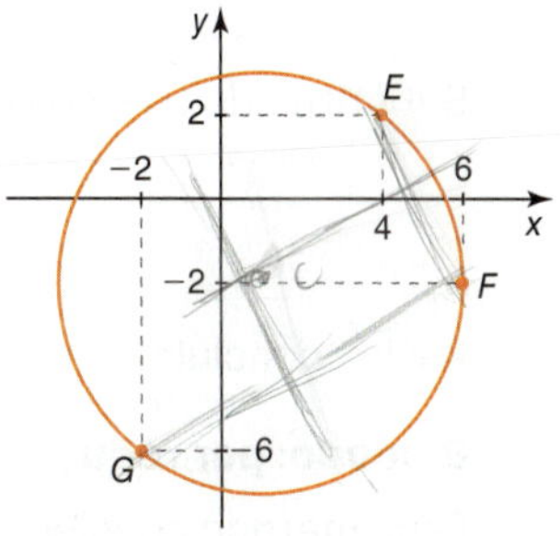

[*Nota*: Lembre-se de que o centro C de uma circunferência é a intersecção das mediatrizes de duas cordas quaisquer (veja o exercício resolvido 6).]

12 Considere a equação $(x - 5)^2 + (y + 1)^2 = k - 4$, nas variáveis x e y. Determine o(s) valor(es) real(ais) de k de modo que essa equação represente:

a) uma circunferência.
b) um ponto.
c) o conjunto vazio.

Resolva os exercícios complementares 1 a 14 e 70 a 72.

Equação geral (ou normal)

A equação reduzida de uma circunferência de centro $C(a, b)$ e raio R é:

$$(x - a)^2 + (y - b)^2 = R^2$$

Eliminando os parênteses dessa equação, obtemos $x^2 - 2ax + a^2 + y^2 - 2by + b^2 = R^2$ ou, de forma equivalente:

$$x^2 + y^2 - 2ax - 2by + a^2 + b^2 - R^2 = 0$$

Essa é a **equação geral** ou **equação normal** da circunferência.

Exemplo

A equação reduzida da circunferência de centro $C(4, 2)$ e raio $R = 6$ é: $(x - 4)^2 + (y - 2)^2 = 36$.

Eliminando os parênteses dessa equação, obtemos:

$$x^2 - 8x + 16 + y^2 - 4y + 4 = 36$$

Reordenando os termos dessa equação e deixando um dos membros igual a zero, obtemos a equação geral (ou normal):

$$x^2 + y^2 - 8x - 4y - 16 = 0$$

Multiplicando ambos os membros dessa equação por uma constante k não nula, obtemos outra equação da mesma circunferência. Por exemplo, para $k = 2$, temos:

$$2x^2 + 2y^2 - 16x - 8y - 32 = 0$$

Determinação do centro e do raio de uma circunferência a partir de sua equação geral

Dada a equação geral de uma circunferência λ, por exemplo, $x^2 + y^2 + 12x - 6y + 41 = 0$, podemos determinar o centro e o raio de λ de dois modos: por comparação ou por redução.

1º modo: por comparação

Comparando a equação $x^2 + y^2 + 12x - 6y + 41 = 0$ com a equação geral $x^2 + y^2 - 2ax - 2by + a^2 + b^2 - R^2 = 0$, temos:

$$\begin{cases} -2a = 12 \\ -2b = -6 \\ a^2 + b^2 - R^2 = 41 \end{cases} \Rightarrow \begin{cases} a = -6 & \text{(I)} \\ b = 3 & \text{(II)} \\ a^2 + b^2 - R^2 = 41 & \text{(III)} \end{cases}$$

Substituindo (I) e (II) em (III), obtemos:

$$(-6)^2 + 3^2 - R^2 = 41 \Rightarrow R^2 = 4$$

$$\therefore R = 2$$

Assim, concluímos que a circunferência λ tem centro $C(-6, 3)$ e raio $R = 2$.

2º modo: por redução

Esse método consiste na obtenção da forma reduzida a partir da equação geral.

- Agrupamos os termos em x e os termos em y, isolando em um dos membros da igualdade o termo independente:

$$(x^2 + 12x) + (y^2 - 6y) = -41$$

- Adicionamos a ambos os membros dessa igualdade um mesmo termo, de modo que o agrupamento em x se transforme num quadrado perfeito:

$$(x^2 + 12x + 36) + (y^2 - 6y) = -41 + 36$$

Note que o coeficiente de x^2 é 1 e, por isso, o termo que deve ser somado a ambos os membros é o quadrado da metade do coeficiente de x.

- Adicionamos a ambos os membros dessa igualdade um mesmo termo, de modo que o agrupamento em y se transforme num quadrado perfeito:

$$(x^2 + 12x + 36) + (y^2 - 6y + 9) = -41 + 36 + 9$$

$$(x + 6)^2 + (y - 3)^2 = 4$$

Obtivemos, assim, a equação reduzida da circunferência λ. Logo, o centro C e o raio R de λ são: $C(-6, 3)$ e $R = 2$.

EXERCÍCIOS RESOLVIDOS

10 Aplicando o método da comparação, determinar o centro e o raio da circunferência de equação:

a) $x^2 + y^2 + 2y - 8 = 0$

b) $9x^2 + 9y^2 - 12x - 72y + 85 = 0$

Resolução

Devemos comparar cada uma dessas equações com a equação geral

$(\lambda)\ x^2 + y^2 - 2ax - 2by + a^2 + b^2 - R^2 = 0$

a) Comparamos com λ a equação $x^2 + y^2 + 0x + 2y - 8 = 0$, obtendo:

$$\begin{cases} -2a = 0 \\ -2b = 2 \\ a^2 + b^2 - R^2 = -8 \end{cases} \Rightarrow \begin{cases} a = 0 & \text{(I)} \\ b = -1 & \text{(II)} \\ a^2 + b^2 - R^2 = -8 & \text{(III)} \end{cases}$$

Substituímos (I) e (II) em (III):

$0^2 + (-1)^2 - R^2 = -8 \Rightarrow R^2 = 9$

$\therefore R = 3$

Logo, o centro C e o raio R da circunferência são: $C(0, -1)$ e $R = 3$.

b) Para poder comparar com λ a equação $9x^2 + 9y^2 - 12x - 72y + 85 = 0$, devemos dividir por 9 ambos os membros dessa igualdade, obtendo:

$$x^2 + y^2 - \frac{4x}{3} - 8y + \frac{85}{9} = 0$$

Assim:

$$\begin{cases} -2a = -\dfrac{4}{3} \\ -2b = -8 \\ a^2 + b^2 - R^2 = \dfrac{85}{9} \end{cases} \Rightarrow \begin{cases} a = \dfrac{2}{3} & \text{(I)} \\ b = 4 & \text{(II)} \\ a^2 + b^2 - R^2 = \dfrac{85}{9} & \text{(III)} \end{cases}$$

Substituindo (I) e (II) em (III):

$$\left(\frac{2}{3}\right)^2 + 4^2 - R^2 = \frac{85}{9} \Rightarrow R^2 = 7$$

$\therefore R = \sqrt{7}$

Portanto, o centro C e o raio R da circunferência são: $C\left(\frac{2}{3}, 4\right)$ e $R = \sqrt{7}$.

11 Aplicando o método da redução, obter o centro e o raio da circunferência de equação:

a) $x^2 + y^2 + 2y - 8 = 0$

b) $9x^2 + 9y^2 - 12x - 72y + 85 = 0$

Resolução

a) Agrupamos os termos em x e os termos em y, isolando em um dos membros da igualdade o termo independente:

$(x^2) + (y^2 + 2y) = 8$

O agrupamento em x já é um quadrado perfeito. Para transformar o agrupamento em y em um quadrado perfeito, adicionamos 1 a ambos os membros da igualdade:

$(x^2) + (y^2 + 2y + \mathbf{1}) = 8 + \mathbf{1}$

Assim, a equação reduzida da circunferência é $x^2 + (y + 1)^2 = 9$. Portanto, o centro C e o raio R dessa circunferência são: $C(0, -1)$ e $R = 3$.

b) Para obter a equação reduzida, é mais cômodo trabalhar com os coeficientes de x^2 e y^2 unitários; por isso, vamos dividir por 9 ambos os membros da equação, obtendo:

$$x^2 + y^2 - \frac{4x}{3} - 8y + \frac{85}{9} = 0$$

Agrupamos os termos em x, os termos em y e isolamos o termo independente em um dos membros da igualdade:

$$\left(x^2 - \frac{4x}{3}\right) + (y^2 - 8y) = -\frac{85}{9}$$

Completamos o quadrado perfeito nos agrupamentos assim formados:

$$\left(x^2 - \frac{4x}{3} + \mathbf{\frac{4}{9}}\right) + (y^2 - 8y + \mathbf{16}) = -\frac{85}{9} + \mathbf{\frac{4}{9}} + \mathbf{16}$$

(quadrado da metade do coeficiente de x) (quadrado da metade do coeficiente de y)

Assim, a equação reduzida da circunferência é:

$$\left(x - \frac{2}{3}\right)^2 + (y - 4)^2 = 7$$

Portanto, o centro C e o raio R dessa circunferência são: $C\left(\frac{2}{3}, 4\right)$ e $R = \sqrt{7}$.

12 Obter a equação geral da circunferência λ que passa pelos pontos $A(1, 5)$ e $B(2, 2)$, cujo centro C pertence ao eixo das ordenadas.

Resolução

Todo ponto do eixo das ordenadas tem abscissa zero; logo, o centro C da circunferência é da forma $C(0, k)$

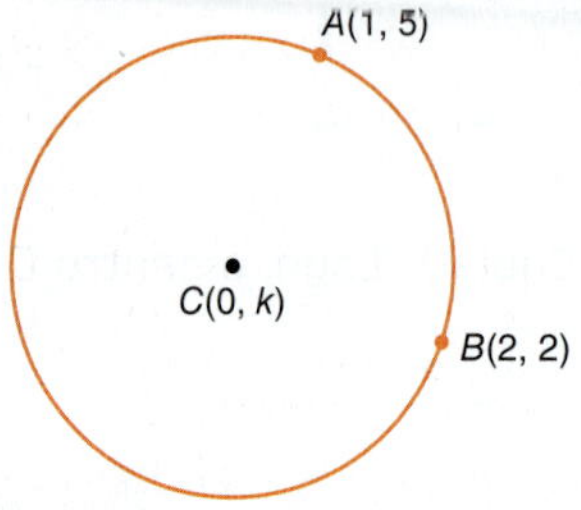

Como A e B pertencem à circunferência de centro C, devemos ter $AC = BC$, ou seja:

$\sqrt{(0-1)^2 + (k-5)^2} = \sqrt{(0-2)^2 + (k-2)^2}$

Quadramos ambos os membros dessa igualdade, obtendo:

$(0-1)^2 + (k-5)^2 = (0-2)^2 + (k-2)^2 \Rightarrow$

$\Rightarrow 1 + k^2 - 10k + 25 = 4 + k^2 - 4k + 4$

$\therefore 6k = 18$

$\therefore k = 3$

Assim, temos que o centro de λ é o ponto $C(0, 3)$ e o raio R é a distância entre C e A (ou entre C e B):

$R = CA = \sqrt{(0-1)^2 + (3-5)^2} = \sqrt{5}$

Logo:

$\lambda \begin{cases} C(0, 3) \\ R = \sqrt{5} \end{cases} \Rightarrow (x-0)^2 + (y-3)^2 = (\sqrt{5})^2$

Assim, a equação de λ na forma geral é dada por:

$x^2 + y^2 - 6y + 4 = 0$

13 Escrever a equação normal da circunferência λ que passa pelos pontos $A(4, 2)$ e $B(2, 6)$, cujo centro C pertence à reta r de equação $y = x + 2$.

Resolução

Um ponto genérico da reta r é obtido atribuindo-se um valor genérico k para x na equação $y = x + 2$. Para $x = k$, tem-se $y = k + 2$ e, portanto, o centro C da circunferência é da forma $C(k, k + 2)$.

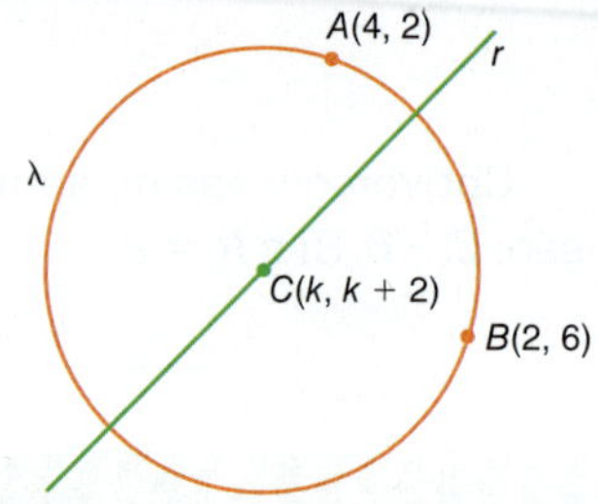

Como A e B pertencem à circunferência λ de centro C, devemos ter $AC = BC$, ou seja:

$\sqrt{(k-4)^2 + (k+2-2)^2} = \sqrt{(k-2)^2 + (k+2-6)^2}$

Elevamos ao quadrado ambos os membros dessa igualdade, obtendo:

$(k-4)^2 + k^2 = (k-2)^2 + (k-4)^2 \Rightarrow k^2 = (k-2)^2$

$\therefore k^2 = k^2 - 4k + 4 \Rightarrow k = 1$

Assim, o centro de λ é o ponto $C(1, 3)$ e o raio R é a distância entre C e A (ou entre C e B):

$R = CA = \sqrt{(1-4)^2 + (3-2)^2} = \sqrt{10}$

Logo:

$\lambda \begin{cases} C(1, 3) \\ R = \sqrt{10} \end{cases} \Rightarrow (x-1)^2 + (y-3)^2 = (\sqrt{10})^2$

Representando essa equação na forma normal, concluímos:

$x^2 + y^2 - 2x - 6y = 0$

EXERCÍCIOS PROPOSTOS

13 Aplicando o método da comparação, determine o centro C e o raio R da circunferência de equação:

a) $x^2 + y^2 - 10x - 2y + 17 = 0$
b) $x^2 + y^2 - 8x + 6y + 19 = 0$
c) $x^2 + y^2 - 14x + 44 = 0$
d) $x^2 + y^2 - 3 = 0$
e) $5x^2 + 5y^2 - 10x + 10y - 10 = 0$

14 Utilizando o método da redução, obtenha o centro C e o raio R da circunferência de equação:

a) $x^2 + y^2 - 6x - 2y - 26 = 0$
b) $x^2 + y^2 + 4x - 8y + 19 = 0$
c) $x^2 + y^2 + 10x + 23 = 0$
d) $9x^2 + 9y^2 - 6x - 9y + 1 = 0$

15 (Ufam) A equação $x^2 + y^2 - 4x - 6y = 0$ determina, no plano cartesiano, um conjunto de pontos equidistantes do ponto:

a) $(-2, -3)$
b) $(2, 0)$
c) $(0, 3)$
d) $(3, 2)$
e) $(2, 3)$

16 (FGV) No plano cartesiano, a circunferência que passa pelo ponto $P(1, 3)$ e é concêntrica com a circunferência $x^2 + y^2 - 6x - 8y - 1 = 0$ tem a seguinte equação:

a) $x^2 + y^2 + 6x + 8y - 40 = 0$
b) $x^2 + y^2 - 3x - 4y + 5 = 0$
c) $x^2 + y^2 - 6x - 8y + 20 = 0$
d) $x^2 + y^2 + 3x + 4y - 25 = 0$
e) $x^2 + y^2 - 3x + 4y - 19 = 0$

17 Obtenha a equação geral da circunferência λ que passa pelos pontos $A(3, 1)$ e $B(6, 2)$, cujo centro C pertence ao eixo das abscissas.

18 Um ponto C da bissetriz dos quadrantes ímpares é o centro de uma circunferência λ que passa pelos pontos $A(2, 8)$ e $B(4, -2)$. Obtenha a equação normal de λ.

19 Obtenha a equação geral da circunferência λ que passa pelos pontos $A(1, 3)$ e $B(7, -5)$, cujo centro pertence à reta r de equação $y = x - 5$.

Resolva os exercícios complementares 15 a 23 e 73 a 75.

Reconhecimento de uma circunferência

Chama-se **equação do 2º grau em duas variáveis** x e y toda equação que pode ser apresentada sob a forma:

$$Ax^2 + By^2 + Cxy + Dx + Ey + F = 0$$

com $\{A, B, C, D, E, F\} \subset \mathbb{R}$, sendo que A, B e C não são simultaneamente nulos.

Para que essa equação represente uma **circunferência**, é necessário e suficiente que sejam obedecidas as condições (I), (II) e (III) a seguir:

I. $A = B \neq 0$

II. $C = 0$

III. obedecidas as condições (I) e (II), a equação representada na forma $(x - p)^2 + (y - q)^2 = k$, com $\{p, q, k\} \subset \mathbb{R}$, chamada forma reduzida, apresenta como valor de $\boldsymbol{k}$ um número positivo.

EXERCÍCIO RESOLVIDO

14 Qual das alternativas abaixo apresenta a equação de uma circunferência?

a) $4x^2 + 3y^2 + 2x - 8y + 1 = 0$
b) $x^2 - y^2 - 5x + 9y = 0$
c) $x^2 + y^2 + 3xy - 5x + y = 0$
d) $x^2 + y^2 - 2x - 4y + 6 = 0$
e) $2x^2 + 2y^2 - 8x - 12y + 24 = 0$

Resolução

a) Não é equação de uma circunferência, pois os coeficientes de x^2 e y^2 são diferentes ($4 \neq 3$).
b) Não é equação de uma circunferência, pois os coeficientes de x^2 e y^2 são diferentes ($1 \neq -1$).
c) Não é equação de um circunferência, pois o coeficiente de xy é diferente de zero.
d) Essa equação obedece às condições (I) e (II), isto é, os coeficientes de x^2 e y^2 são iguais e o coeficiente de xy é igual a zero. Vejamos se a equação obedece à condição (III):
$x^2 + y^2 - 2x - 4y + 6 = 0 \Rightarrow (x^2 - 2x + \mathbf{1}) + (y^2 - 4y + \mathbf{4}) = -6 + \mathbf{1} + \mathbf{4}$
$\therefore (x - 1)^2 + (y - 2)^2 = -1$
Como o membro constante da equação reduzida é negativo ($-1 < 0$), concluímos que a equação não representa uma circunferência.
e) Essa equação obedece às condições (I) e (II), isto é, os coeficientes de x^2 e y^2 são iguais e o coeficiente de xy é igual a zero. Vejamos se a equação obedece à condição (III):
$2x^2 + 2y^2 - 8x - 12y + 24 = 0 \Rightarrow x^2 + y^2 - 4x - 6y + 12 = 0$
$\therefore (x^2 - 4x + \mathbf{4}) + (y^2 - 6y + \mathbf{9}) = -12 + \mathbf{4} + \mathbf{9}$
$\therefore (x - 2)^2 + (y - 3)^2 = 1$
Como o membro constante da equação reduzida é positivo ($1 > 0$), concluímos que a equação representa uma circunferência.

EXERCÍCIOS PROPOSTOS

20 Verifique, em cada caso, se a equação representa ou não uma circunferência.

a) $5x^2 + y^2 + 6x + 4y - 2 = 0$
b) $x^2 + 2x - 2y + 1 = 0$
c) $x^2 + y^2 + 3xy + 2x = 0$
d) $x^2 + y^2 + 6x + 6y + 2 = 0$

21 Para que valores reais de k a equação $x^2 + y^2 - 2x + 6y + k = 0$, nas variáveis x e y, representa uma circunferência?

22 A equação $ax^2 + 2y^2 + bxy + 4x - 2y + c - 2 = 0$, nas variáveis x e y, representa uma circunferência para que números reais a, b e c?

Resolva os exercícios complementares 24 a 27.

Seção 4.2

Posições relativas

Objetivos

- **Discutir** as posições relativas entre um ponto e uma circunferência, entre uma reta e uma circunferência e entre duas circunferências.
- **Determinar** os pontos de intersecção de uma reta com uma circunferência.
- **Determinar** os pontos de intersecção entre duas circunferências.

Posições relativas entre um ponto e uma circunferência

No plano cartesiano, um ponto $P(x_0, y_0)$ em relação a uma circunferência λ de equação $(x - a)^2 + (y - b)^2 = R^2$ tem uma dentre três posições possíveis: P pode ser interior a λ, pode pertencer a λ, ou pode ser exterior a λ. Vamos estudar cada um desses casos.

- ***P* é interior a λ** se, e somente se, a distância entre P e o centro C da circunferência é menor que o raio R.

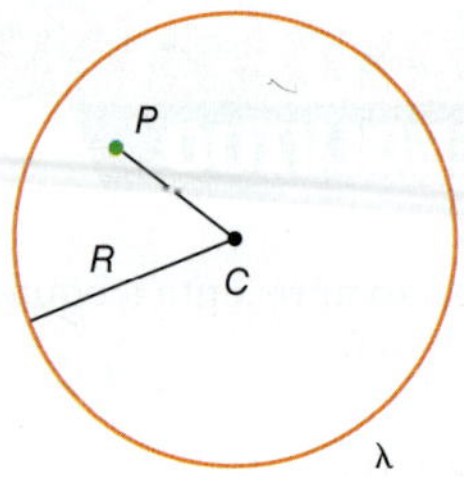

$$CP < R \Rightarrow \sqrt{(x_0 - a)^2 + (y_0 - b)^2} < R$$

Como os dois membros dessa desigualdade são números não negativos, podemos elevá-los ao quadrado, obtendo:

$$(x_0 - a)^2 + (y_0 - b)^2 < R^2$$

ou, de forma equivalente:

$$x_0^2 + y_0^2 - 2ax_0 - 2by_0 + a^2 + b^2 - R^2 < 0$$

- ***P* pertence a λ** se, e somente se, a distância entre P e o centro C da circunferência é igual ao raio R.

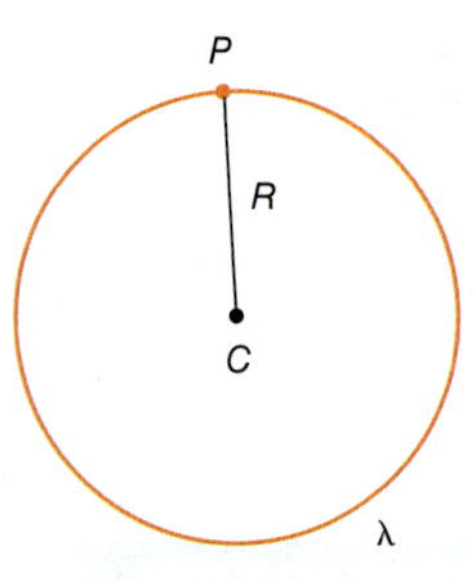

$$CP = R \Rightarrow \sqrt{(x_0 - a)^2 + (y_0 - b)^2} = R$$

Elevando ao quadrado ambos os membros dessa igualdade, obtemos:

$$(x_0 - a)^2 + (y_0 - b)^2 = R^2$$

ou, de forma equivalente:

$$x_0^2 + y_0^2 - 2ax_0 - 2by_0 + a^2 + b^2 - R^2 = 0$$

- **P é exterior a λ** se, e somente se, a distância entre P e o centro C da circunferência é maior que o raio R.

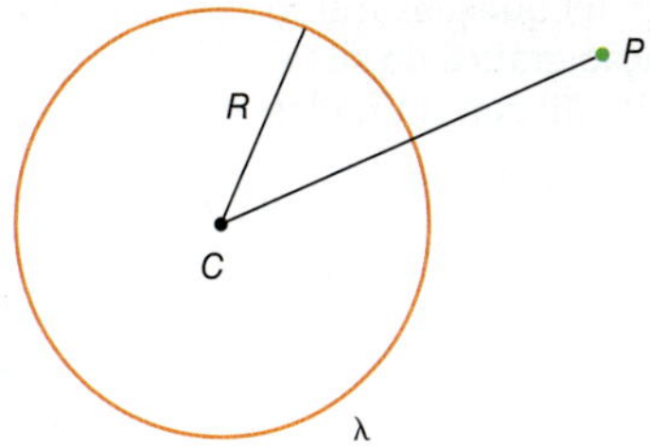

$$CP > R \Rightarrow \sqrt{(x_0 - a)^2 + (y_0 - b)^2} > R$$

Como os dois membros dessa desigualdade são números não negativos, podemos elevá-los ao quadrado, obtendo:

$$(x_0 - a)^2 + (y_0 - b)^2 > R^2$$

ou, de forma equivalente:

$$x_0^2 + y_0^2 - 2ax_0 - 2by_0 + a^2 + b^2 - R^2 > 0$$

EXERCÍCIOS RESOLVIDOS

15 Em cada um dos casos a seguir, descrever a posição relativa do ponto P em relação à circunferência λ.

a) $P(6, 1)$ e $(\lambda)\ (x - 4)^2 + (y - 2)^2 = 9$

b) $P(2, 4)$ e $(\lambda)\ (x + 1)^2 + y^2 = 25$

c) $P(3, 4)$ e $(\lambda)\ x^2 + y^2 - 10x + 4y + 13 = 0$

Resolução

Substituindo as variáveis x e y pela abscissa e pela ordenada de P, respectivamente, no primeiro membro de cada equação, temos:

a) $\underbrace{(6 - 4)^2 + (1 - 2)^2}_{5} < 9$

Logo, P é interior a λ.

b) $\underbrace{(2 + 1)^2 + 4^2}_{25} = 25$

Logo, P pertence a λ.

c) $\underbrace{3^2 + 4^2 - 10 \cdot 3 + 4 \cdot 4 + 13}_{24} > 0$

Logo, P é exterior a λ.

16 Representar no plano cartesiano os pontos (x, y) que satisfazem cada uma das seguintes inequações:

a) $(x - 7)^2 + (y - 5)^2 < 16$

b) $x^2 + y^2 + 10y + 21 \geq 0$

Resolução

a) As soluções (x, y) da inequação $(x - 7)^2 + (y - 5)^2 < 16$ são os pontos interiores à circunferência de centro C(7, 5) e raio 4.

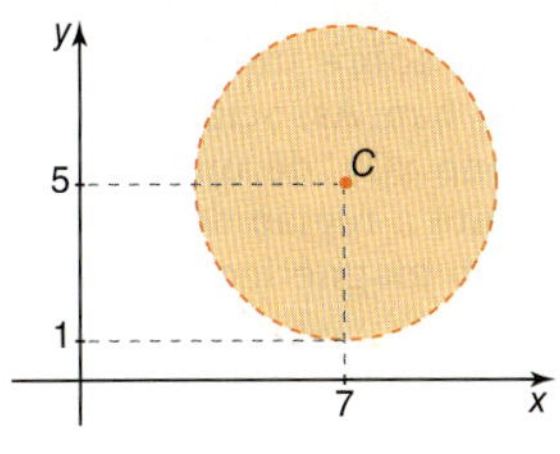

Desenhamos a circunferência tracejada porque ela não faz parte do gráfico.

O conjunto dos pontos interiores a uma figura geométrica é chamado de **interior da figura**. Assim, a representação gráfica da inequação $(x - 7)^2 + (y - 5)^2 < 16$ é o interior da circunferência de centro C(7, 5) e raio 4.

b) As soluções (x, y) da inequação $x^2 + y^2 + 10y + 21 \geq 0$ são os pontos que pertencem à circunferência de equação $x^2 + y^2 + 10y + 21 = 0$ e os pontos exteriores a ela.

Vamos obter o centro C e o raio r dessa circunferência:

$x^2 + (y^2 + 10y + \mathbf{25}) = -21 + \mathbf{25}$

$x^2 + (y + 5)^2 = 4$

Logo, C(0, −5) e r = 2. Assim:

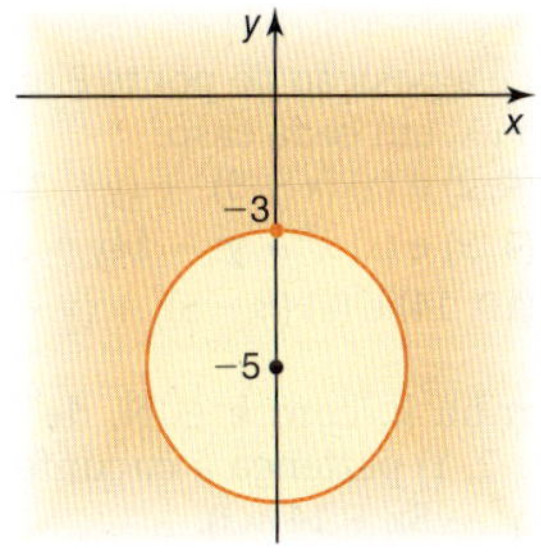

Podemos dizer que essa representação gráfica é a união da circunferência de centro C(0, −5) e raio 2 com o seu exterior.

(*Nota*: Nesse caso, a circunferência faz parte do gráfico e, por isso, foi desenhada de forma contínua.)

17 Representar no plano cartesiano os pontos (x, y) que são soluções do sistema:

$$\begin{cases} x^2 + y^2 \geq 9 \\ x^2 + y^2 \leq 16 \end{cases}$$

Resolução

Um ponto $P(x, y)$ é solução do sistema se, e somente se, é solução de cada uma das inequações que o compõem. Assim, a representação gráfica do sistema é a intersecção das regiões (I) e (II) determinadas pelas duas inequações:

(I) $x^2 + y^2 \geq 9$

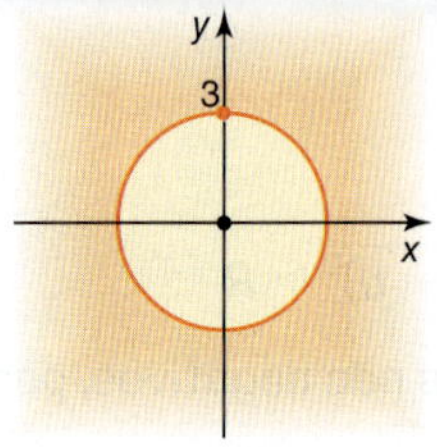

(II) $x^2 + y^2 \leq 16$

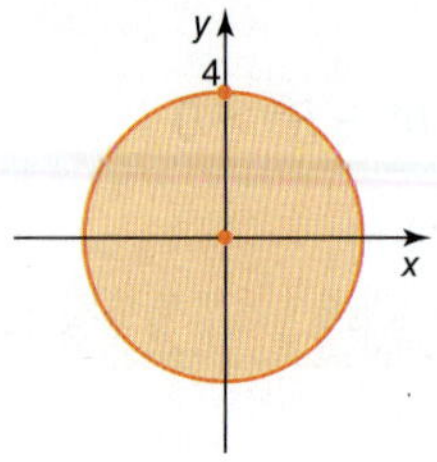

A intersecção das regiões (I) e (II) é a coroa circular representada abaixo.

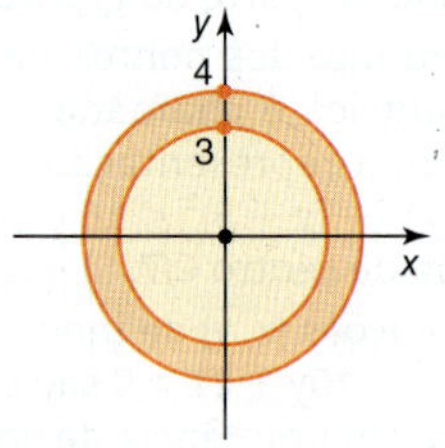

18 Várias ondas circulares iniciam sua propagação em um ponto O à velocidade de 18 cm/s.

Associando ao plano dessas ondas um sistema cartesiano xOy, em que a unidade adotada nos eixos é o centímetro, obter uma relação entre x e y cujo gráfico seja a região dos pontos (x, y) por onde passa a primeira onda no intervalo de 4 s a 6 s, depois de iniciada a propagação.

Resolução

A partir do início da propagação, a medida do raio da onda aumenta 18 cm por segundo; logo, no intervalo de 4 s a 6 s, após esse início, a medida do raio varia de 72 cm a 108 cm. Portanto, a onda descreve a coroa circular, representada abaixo, de centro $O(0, 0)$, raio interno 72 cm e raio externo 108 cm:

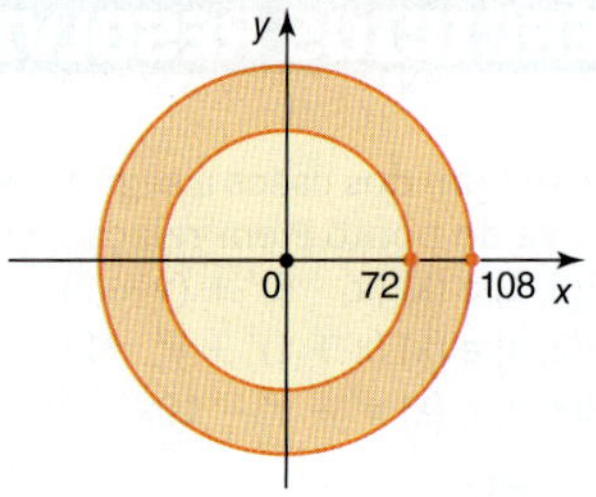

Logo, uma relação entre x e y que descreve essa região é:

$72^2 \leq x^2 + y^2 \leq 108^2$, ou seja, $5.184 \leq x^2 + y^2 \leq 11.664$

EXERCÍCIOS PROPOSTOS

23 Qual é a posição do ponto P em relação à circunferência λ, em cada caso?

a) $P(4, 2)$ e (λ) $(x - 3)^2 + (y - 1)^2 = 6$

b) $P(4, 9)$ e (λ) $x^2 + y^2 - 14y + 30 = 0$

c) $P(10, 14)$ e (λ) $(x - 5)^2 + (y - 2)^2 = 169$

24 Obtenha k, com $k \in \mathbb{R}$, de modo que o ponto $P(k + 2, 1)$ pertença à circunferência λ de equação $x^2 + y^2 - 8x + 14 = 0$.

25 Determine os valores reais de k para que o ponto $P(k, 3)$ seja interior à circunferência λ de equação $(x - 5)^2 + (y - 1)^2 = 20$.

26 Para que valores reais de k o ponto $P(2, k + 1)$ é exterior à circunferência λ de equação $x^2 + y^2 - 4x + 6y + 4 = 0$?

27 Represente no plano cartesiano as soluções (x, y) das inequações:

a) $(x - 6)^2 + (y - 1)^2 \leq 4$

b) $x^2 + y^2 - 4x - 4y + 7 < 0$

c) $(x + 4)^2 + (y + 2)^2 \geq 25$

d) $x^2 + y^2 - 6x - 2y + 1 > 0$

28 Construa o gráfico cartesiano da região formada pelos pontos (x, y) que são soluções de cada sistema:

a) $\begin{cases} (x - 1)^2 + (y - 2)^2 \geq 4 \\ (x - 1)^2 + (y - 2)^2 \leq 16 \end{cases}$ b) $\begin{cases} x^2 + y^2 \leq 9 \\ x \leq 2 \end{cases}$

29 Um sensor magnético detecta a presença de metal em qualquer ponto do espaço do saguão de um banco até uma distância de 10 m. Esse sensor está localizado em um ponto P, cuja projeção ortogonal sobre um plano α é um ponto O, tal que $OP = 6$ m. Associando ao plano α um sistema cartesiano xOy, dê uma relação entre x e y que represente a região do plano cartesiano contida no campo magnético do sensor.

Resolva os exercícios complementares 28 a 32 e 76 a 78.

Posições relativas entre uma reta e uma circunferência

No plano cartesiano, seja s uma reta de equação $ax + by + c = 0$ e λ uma circunferência de centro $C(x_0, y_0)$ e raio R.

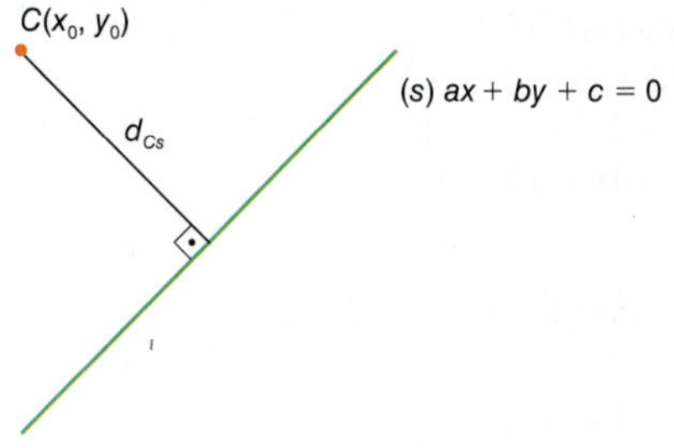

A distância d_{Cs}, do ponto C à reta s, é calculada pela fórmula a seguir:

$$d_{Cs} = \frac{|ax_0 + by_0 + c|}{\sqrt{a^2 + b^2}}$$

Comparando a distância entre C e s com o raio R, podemos identificar a posição relativa entre a reta s e a circunferência λ, de acordo com os três seguintes casos:

- **s é exterior a λ** se, e somente se, $d_{Cs} > R$.

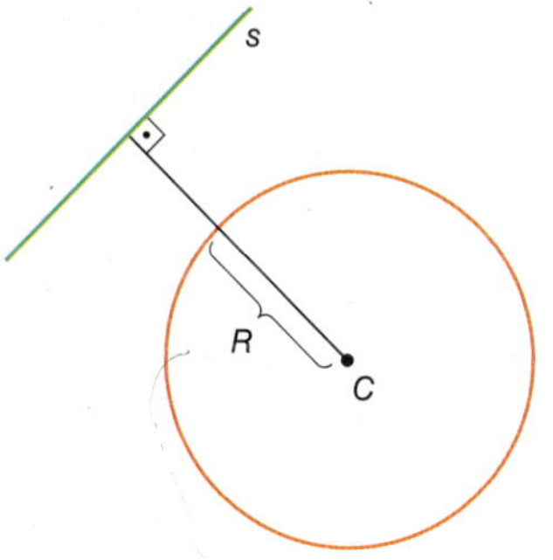

$$d_{Cs} > R \Rightarrow \frac{|ax_0 + by_0 + c|}{\sqrt{a^2 + b^2}} > R$$

- **s é tangente a λ** se, e somente se, $d_{Cs} = R$.

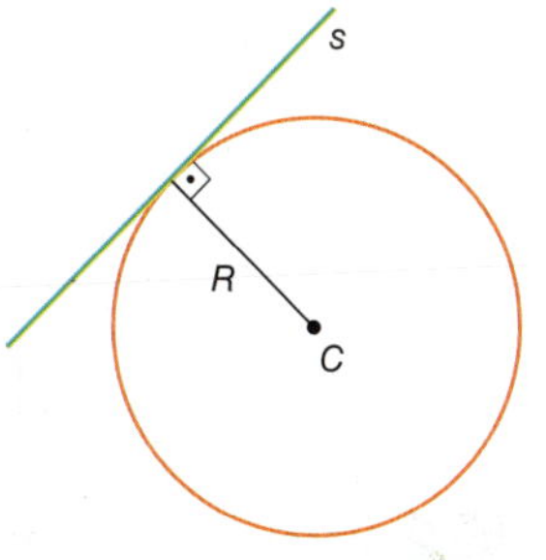

$$d_{Cs} = R \Rightarrow \frac{|ax_0 + by_0 + c|}{\sqrt{a^2 + b^2}} = R$$

- **s é secante a λ** se, e somente se, $d_{Cs} < R$.

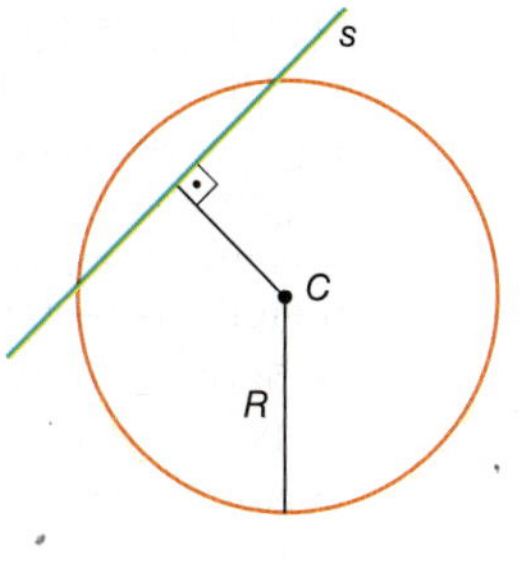

$$d_{Cs} < R \Rightarrow \frac{|ax_0 + by_0 + c|}{\sqrt{a^2 + b^2}} < R$$

EXERCÍCIOS RESOLVIDOS

19 Qual é a posição da reta s em relação à circunferência λ, em cada um dos casos a seguir?

a) (s) $5x + 12y - 5 = 0$ e (λ) $(x - 4)^2 + (y - 2)^2 = 1$

b) (s) $6x - 8y - 1 = 0$ e (λ) $(x - 3)^2 + (y + 1)^2 = 9$

c) (s) $y = 4x + 9$ e (λ) $x^2 + y^2 - 4x - 13 = 0$

Resolução

a) O centro C e o raio R de λ são C(4, 2) e R = 1. Calculando a distância d_{Cs}, temos:

$$d_{Cs} = \frac{|5 \cdot 4 + 12 \cdot 2 - 5|}{\sqrt{5^2 + 12^2}} = \frac{|39|}{\sqrt{169}} = \frac{39}{13} = 3$$

Como $d_{Cs} > R$, pois $3 > 1$, concluímos que s é exterior a λ.

b) O centro C e o raio R de λ são C(3, −1) e R = 3. Calculando a distância d_{Cs}, temos:

$$d_{Cs} = \frac{|6 \cdot 3 - 8 \cdot (-1) - 1|}{\sqrt{6^2 + (-8)^2}} = \frac{|25|}{\sqrt{100}} = \frac{25}{10} = 2,5$$

Como $d_{Cs} < R$, pois $2,5 < 3$, concluímos que s é secante a λ.

c) Para obter o centro C e o raio R de λ, vamos representar a equação $x^2 + y^2 - 4x - 13 = 0$ na forma reduzida:

$(x^2 - 4x + \mathbf{4}) + y^2 = 13 + \mathbf{4} \Rightarrow (x - 2)^2 + y^2 = 17$

Logo, C(2, 0) e $R = \sqrt{17}$.

Para aplicar a fórmula da distância de ponto à reta, vamos representar na forma geral a equação $y = 4x + 9$, obtendo: $4x - y + 9 = 0$.

Assim, a distância d_{Cs} é:

$$d_{Cs} = \frac{|4 \cdot 2 - 0 + 9|}{\sqrt{4^2 + (-1)^2}} = \frac{|17|}{\sqrt{17}} = \frac{17}{\sqrt{17}} = \sqrt{17}$$

Como $d_{Cs} = R$, pois $\sqrt{17} = \sqrt{17}$, concluímos que s é tangente a λ.

20 Atribuindo-se todos os valores reais ao parâmetro k da equação $3x + 2y + k = 0$, obtêm-se as equações de todas as retas do plano cartesiano paralelas entre si com coeficiente angular $-\frac{3}{2}$. Por isso, essa equação é chamada equação do feixe de paralelas com coeficiente angular $-\frac{3}{2}$. Obter as equações das retas desse feixe tangentes à circunferência λ de equação $(x - 1)^2 + (y + 3)^2 = 13$

Resolução

O centro C e o raio R de λ são C(1, −3) e $R = \sqrt{13}$.
Indicando por s uma reta de equação $3x + 2y + k = 0$, temos s tangente a λ se, e somente se, $d_{Cs} = R$, ou seja:

$$\frac{|3 \cdot 1 + 2 \cdot (-3) + k|}{\sqrt{3^2 + 2^2}} = \sqrt{13}\text{, de onde obtemos:}$$

$$\frac{|k - 3|}{\sqrt{13}} = \sqrt{13} \Rightarrow |k - 3| = 13$$

$\therefore k - 3 = 13$ ou $k - 3 = -13$

$\therefore k = 16$ ou $k = -10$

Concluímos então que as retas do feixe tangentes a λ são: (s) $3x + 2y + 16 = 0$ e (s′) $3x + 2y - 10 = 0$

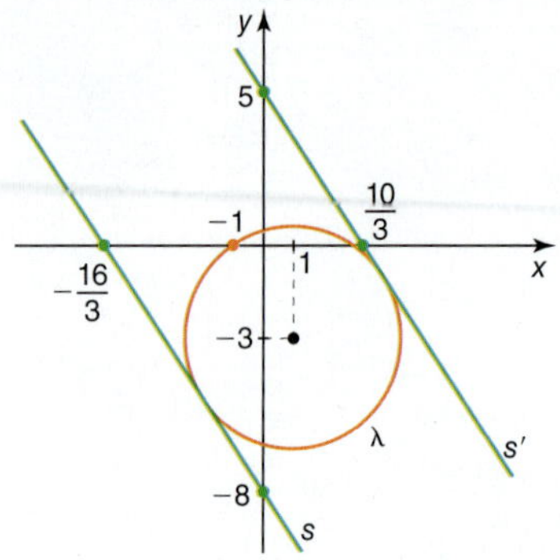

21 Obter as equações das retas paralelas à reta (r) $3x - 4y + 5 = 0$ e tangentes à circunferência (λ) $(x - 4)^2 + y^2 = 9$.

Resolução

O centro C e o raio R da circunferência λ são C(4, 0) e R = 3.
A equação do feixe de paralelas à reta r é $3x - 4y + k = 0$, com $k \in \mathbb{R}$.
Indicando por s uma reta de equação $3x - 4y + k = 0$, temos s tangente a λ se, e somente se, $d_{Cs} = R$, ou seja:

$$\frac{|3 \cdot 4 - 4 \cdot 0 + k|}{\sqrt{3^2 + (-4)^2}} = 3\text{, de onde obtemos:}$$

$$\frac{|12 + k|}{\sqrt{25}} = 3 \Rightarrow |12 + k| = 15$$

$\therefore 12 + k = 15$ ou $12 + k = -15$

$\therefore k = 3$ ou $k = -27$

Logo, as retas do feixe tangentes a λ são:
(s) $3x - 4y + 3 = 0$ e (s′) $3x - 4y - 27 = 0$

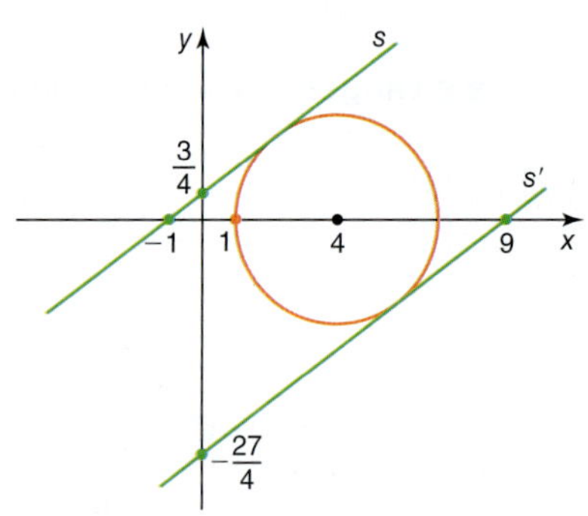

22 Obter uma equação da reta s que passa por P(4, 6) e é tangente à circunferência λ de equação $x^2 + y^2 - 2x - 4y - 20 = 0$.

Resolução

O ponto P pertence à circunferência λ, pois:
$4^2 + 6^2 - 2 \cdot 4 - 4 \cdot 6 - 20 = 0$
Logo, existe uma única reta s que passa por P e é tangente a λ.
O centro C e o raio R de λ podem ser obtidos pelo método da redução:
$(x^2 - 2x + \mathbf{1}) + (y^2 - 4y + \mathbf{4}) = 20 + \mathbf{1} + \mathbf{4} \Rightarrow$
$\Rightarrow (x - 1)^2 + (y - 2)^2 = 25$
Logo, C(1, 2) e R = 5.

A reta s, tangente à circunferência λ em P, é perpendicular ao raio no ponto de tangência:

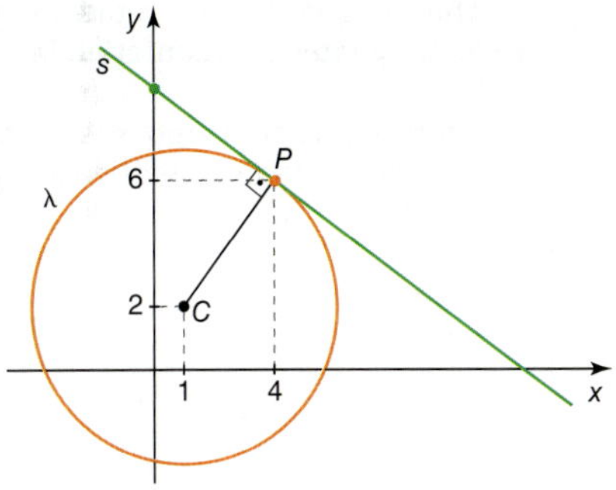

Logo, o coeficiente angular de s é o oposto do inverso do coeficiente angular da reta $\overleftrightarrow{CP}$. Ou seja:

$$m_s = -\frac{1}{m_{CP}}$$

Temos:

$$m_{CP} = \frac{6-2}{4-1} = \frac{4}{3}$$

Logo, $m_s = -\frac{3}{4}$.

Assim, como s passa por P(4, 6), podemos concluir:

$$(s)\ y - 6 = -\frac{3}{4} \cdot (x - 4)$$

ou seja, uma equação da reta s é:

$$y = -\frac{3x}{4} + 9$$

23 Exibir a(s) equação(ões) da(s) reta(s) que passa(m) por P(−2, 7) e é (são) tangente(s) à circunferência λ de equação $(x + 3)^2 + y^2 = 25$.

Resolução

O ponto P não pertence a λ, pois: $(-2 + 3)^2 + 7^2 \neq 25$

Logo, existem duas retas distintas que passam por P e são tangentes a λ.

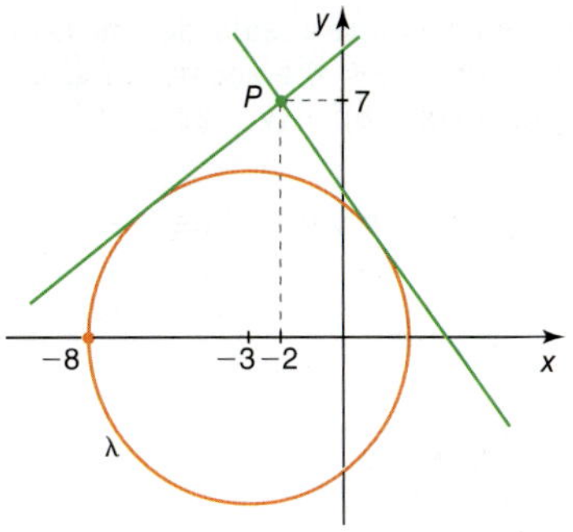

O feixe de retas concorrentes de centro P(−2, 7) tem equações: $y - 7 = m(x + 2)$, com $m \in \mathbb{R}$, ou $x = -2$ ou ainda: $mx - y + 2m + 7 = 0$ ou $x = -2$

Observando o gráfico, constatamos que a reta vertical de equação $x = -2$ é secante à circunferência; logo, as duas retas procuradas têm equações da forma $mx - y + 2m + 7 = 0$.

Para que a reta (s) $mx - y + 2m + 7 = 0$ seja tangente a λ, a distância entre o centro C(−3, 0) e s deve ser igual ao raio, R = 5, da circunferência, ou seja:

$$\frac{|m \cdot (-3) - 0 + 2m + 7|}{\sqrt{m^2 + (-1)^2}} = 5, \text{ de onde obtemos:}$$

$$|7 - m| = 5\sqrt{m^2 + 1} \Rightarrow |7 - m|^2 = \left(5\sqrt{m^2 + 1}\right)^2$$

$$\therefore 49 - 14m + m^2 = 25m^2 + 25 \Rightarrow 24m^2 + 14m - 24 = 0$$

ou ainda: $12m^2 + 7m - 12 = 0$

$$\Delta = 7^2 - 4 \cdot 12 \cdot (-12) = 625$$

$$\therefore m = \frac{-7 \pm \sqrt{625}}{2 \cdot 12} \Rightarrow m = \frac{3}{4} \text{ ou } m = -\frac{4}{3}$$

Concluímos, então, que as retas que passam por P e são tangentes a λ são:

$$(s)\ \frac{3x}{4} - y + 2 \cdot \frac{3}{4} + 7 = 0 \text{ e}$$

$$(s')\ -\frac{4x}{3} - y + 2 \cdot \left(-\frac{4}{3}\right) + 7 = 0$$

isto é: (s) $3x - 4y + 34 = 0$ e (s′) $4x + 3y - 13 = 0$

EXERCÍCIOS PROPOSTOS

30 Descreva a posição da reta s em relação à circunferência λ, em cada um dos casos a seguir:

a) (s) $3x + 4y + 19 = 0$ e (λ) $(x - 1)^2 + (y - 2)^2 = 25$

b) (s) $12x - 5y - 6 = 0$ e (λ) $x^2 + (y - 4)^2 = 9$

c) (s) $y = \frac{x}{4} + 1$ e (λ) $x^2 + y^2 - 10x + 4y + 12 = 0$

31 Determine o raio da circunferência de centro C(2, 3) e tangente à reta s de equação $5x + 12y + 3 = 0$.

32 A reta s de equação $kx + y + 1 = 0$, sendo k uma constante real, é tangente a uma circunferência λ de centro C(2, k) e raio $\sqrt{10}$. Uma equação dessa circunferência é:

a) $4x^2 + 4y^2 - 16x - 12y - 11 = 0$

b) $x^2 + y^2 - 4x - 3y - 1 = 0$

c) $4x^2 + 4y^2 + 8x - 12y + 3 = 0$

d) $x^2 + y^2 - 4x - 6y + 3 = 0$

e) $2x^2 + 2y^2 - 6x - 2y - 13 = 0$

33 A equação $5x + y + m = 0$, com $m \in \mathbb{R}$, representa um feixe de retas paralelas. Obtenha as equações das retas desse feixe tangentes à circunferência λ de equação $(x - 1)^2 + (y + 3)^2 = 26$.

34 Obtenha as equações das retas tangentes à circunferência (λ) $(x - 4)^2 + (y - 2)^2 = 10$ e paralelas à reta (s) $3x + y - 2 = 0$.

35 Obtenha as equações das retas paralelas à reta s e tangentes à circunferência λ de centro C, representadas no gráfico ao lado.

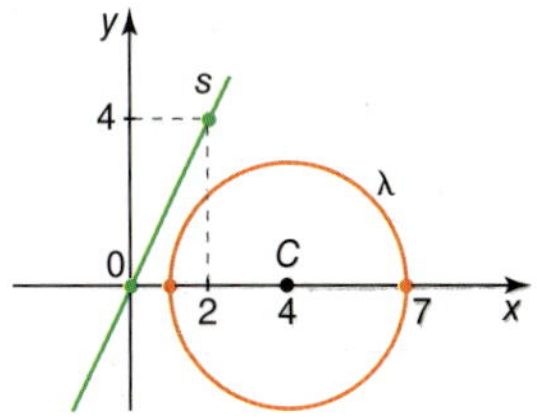

36 Exiba os valores reais de n para que a reta r de equação $x - n = 0$ seja tangente à circunferência λ de equação $x^2 + y^2 - 12x + 20 = 0$.

37 Para que valores reais de k a reta r de equação $5x - 12y + k = 0$ é secante à circunferência λ de equação $(x - 6)^2 + (y - 2)^2 = 39$?

38 Determine os valores de k para que a reta s de equação $y - k = 0$ tenha pelo menos um ponto em comum com a circunferência λ de equação $(x - 3)^2 + y^2 = 4$.

39 Considere o ponto $P(3, -2)$ e a circunferência (λ) $(x + 1)^2 + (y - 2)^2 = 32$.

a) Mostre que o ponto P pertence à circunferência λ.

b) Obtenha a equação da reta s tangente a λ no ponto P.

40 Dados o ponto $P(0, -5)$ e a circunferência (λ) $(x - 1)^2 + (y - 2)^2 = 5$:

a) mostre que o ponto P não pertence à circunferência λ.

b) obtenha as equações das retas que passam por P e são tangentes à circunferência λ.

41 Obtenha uma equação da reta s tangente à circunferência λ representada no gráfico a seguir.

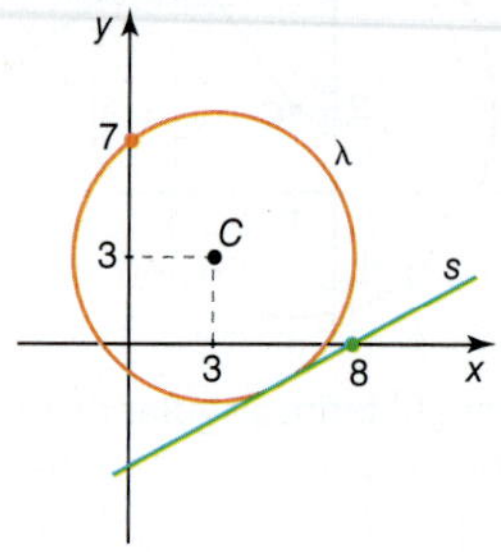

Resolva os exercícios complementares 33 a 47.

Intersecção entre uma reta e uma circunferência

O conjunto intersecção de uma reta s com uma circunferência λ contidas em um mesmo plano pode ser vazio, unitário ou binário, conforme a reta seja exterior, tangente ou secante à circunferência, respectivamente.

• s exterior a λ

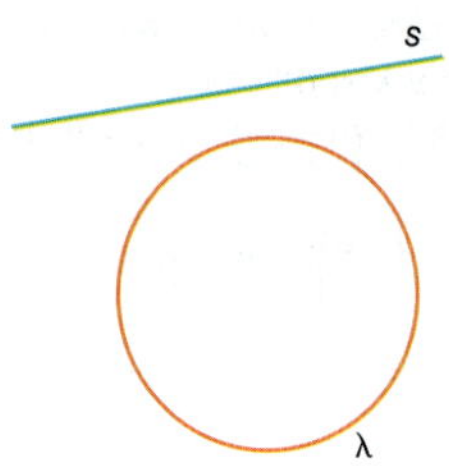

$s \cap \lambda = \varnothing$

• s tangente a λ

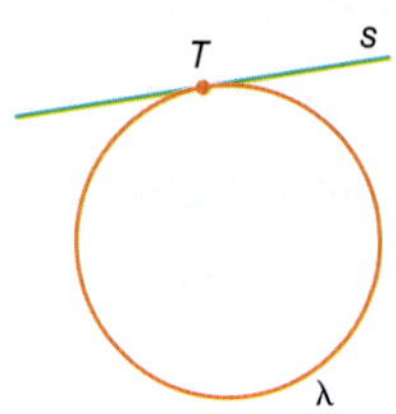

$s \cap \lambda = \{T\}$

• s secante a λ

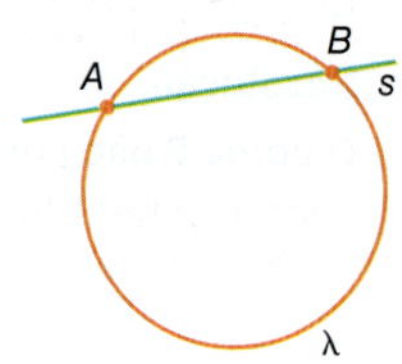

$s \cap \lambda = \{A, B\}$

Em qualquer um dos três casos, sendo conhecidas as equações de (s) $ax + by + c = 0$ e de (λ) $(x - x_0)^2 + (y - y_0)^2 = R^2$, tem-se que $s \cap \lambda$ é o conjunto solução do sistema:

$$\begin{cases} ax + by + c = 0 \\ (x - x_0)^2 + (y - y_0)^2 = R^2 \end{cases}$$

Esse sistema:

- é **impossível** se, e somente se, s é **exterior** a λ.
- tem **uma única solução** se, e somente se, s é **tangente** a λ.
- tem **exatamente duas soluções** se, e somente se, s é **secante** a λ.

A partir desse sistema, podemos reconhecer a posição relativa entre a reta s e a circunferência λ. Para isso, isola-se uma das variáveis na equação de s e substitui-se o valor assim obtido na equação de λ, gerando uma equação do 2º grau em uma variável; se essa equação tiver:

- discriminante negativo $(\Delta < 0)$, então a reta s é exterior a λ.
- discriminante nulo $(\Delta = 0)$, então a reta s é tangente a λ.
- discriminante positivo $(\Delta > 0)$, então a reta s é secante a λ.

EXERCÍCIOS RESOLVIDOS

24 As equações de uma reta s e de uma circunferência λ são $x + y - 3 = 0$ e $(x - 3)^2 + (y - 2)^2 = 4$, respectivamente.

a) Determine a intersecção entre s e λ.

b) Calcule o comprimento da corda que a circunferência λ determina na reta s.

Resolução

a) O conjunto $s \cap \lambda$ é o conjunto solução do sistema:

$$\begin{cases} x + y - 3 = 0 \\ (x - 3)^2 + (y - 2)^2 = 4 \end{cases} \text{ que é equivalente a}$$

$$\begin{cases} y = 3 - x & \text{(I)} \\ (x - 3)^2 + (y - 2)^2 = 4 & \text{(II)} \end{cases}$$

Substituindo (I) em (II), obtemos:

$(x - 3)^2 + (3 - x - 2)^2 = 4 \Rightarrow$

$\Rightarrow (x - 3)^2 + (1 - x)^2 = 4$

$\therefore x^2 - 6x + 9 + 1 - 2x + x^2 = 4 \Rightarrow$

$\Rightarrow 2x^2 - 8x + 6 = 0$

$\therefore x^2 - 4x + 3 = 0$

$\Delta = (-4)^2 - 4 \cdot 1 \cdot 3 = 4$

$$x = \frac{-(-4) \pm \sqrt{4}}{2 \cdot 1} = \frac{4 \pm 2}{2}$$

$\therefore x = 3$ ou $x = 1$

- Para $x = 3$ temos, da equação (I): $y = 3 - 3 = 0$
- Para $x = 1$ temos, da equação (I): $y = 3 - 1 = 2$

Concluímos, então, que: $s \cap \lambda = \{(3, 0), (1, 2)\}$

Representando graficamente, temos:

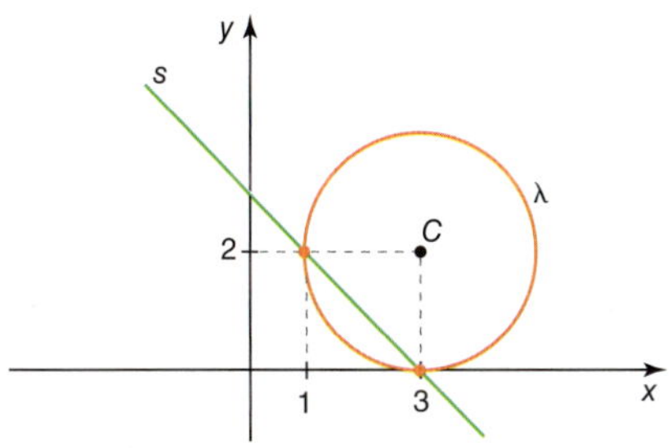

b) A corda que λ determina em s tem extremos A(1, 2) e B(3, 0); logo, o comprimento dessa corda é:

$$AB = \sqrt{(3 - 1)^2 + (0 - 2)^2} = \sqrt{8} = 2\sqrt{2}$$

25 Determinar os pontos de intersecção do eixo das abscissas com a circunferência λ de equação $x^2 + y^2 - 6x - 8y + 5 = 0$.

Resolução

No plano cartesiano xOy, a equação do eixo Ox é $y = 0$. Assim, os pontos de intersecção de λ com esse eixo são as soluções do sistema:

$$\begin{cases} y = 0 & \text{(I)} \\ x^2 + y^2 - 6x - 8y + 5 = 0 & \text{(II)} \end{cases}$$

Substituindo (I) em (II), obtemos:

$x^2 + 0^2 - 6x - 8 \cdot 0 + 5 = 0 \Rightarrow x^2 - 6x + 5 = 0$

$\Delta = (-6)^2 - 4 \cdot 1 \cdot 5 = 16$

$$\therefore x = \frac{-(-6) \pm \sqrt{16}}{2 \cdot 1} = \frac{6 \pm 4}{2} \Rightarrow x = 5 \text{ ou } x = 1$$

Logo, a intersecção pedida é: $\{(5, 0), (1, 0)\}$.

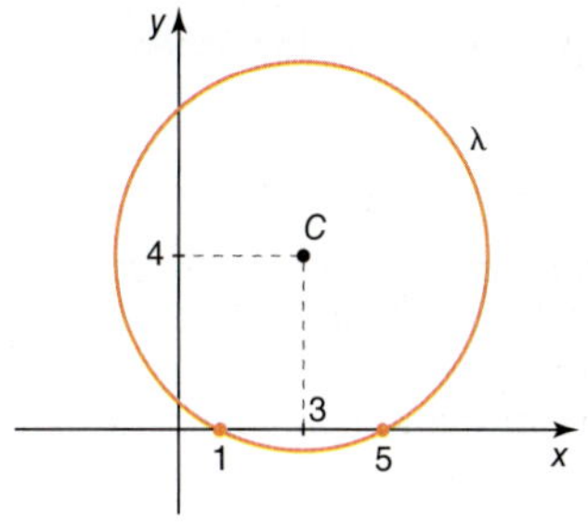

26 Qual é o conjunto intersecção da reta (s) $x - y + 1 = 0$ com a circunferência (λ) $(x + 2)^2 + (y - 4)^2 = 9$?

Resolução

O conjunto $s \cap \lambda$ é o conjunto solução do sistema:

$$\begin{cases} x - y + 1 = 0 \\ (x + 2)^2 + (y - 4)^2 = 9 \end{cases} \text{ que é equivalente a}$$

$$\begin{cases} x = y - 1 & \text{(I)} \\ (x + 2)^2 + (y - 4)^2 = 9 & \text{(II)} \end{cases}$$

Substituindo (I) em (II), obtemos:

$(y - 1 + 2)^2 + (y - 4)^2 = 9 \Rightarrow (y + 1)^2 + (y - 4)^2 = 9$

$\therefore y^2 + 2y + 1 + y^2 - 8y + 16 = 9 \Rightarrow 2y^2 - 6y + 8 = 0$

$\therefore y^2 - 3y + 4 = 0$

$\Delta = (-3)^2 - 4 \cdot 1 \cdot 4 = -7$

Como $\Delta < 0$, o sistema não tem solução. Assim, concluímos que a reta s é exterior a λ e, portanto, $s \cap \lambda = \varnothing$.

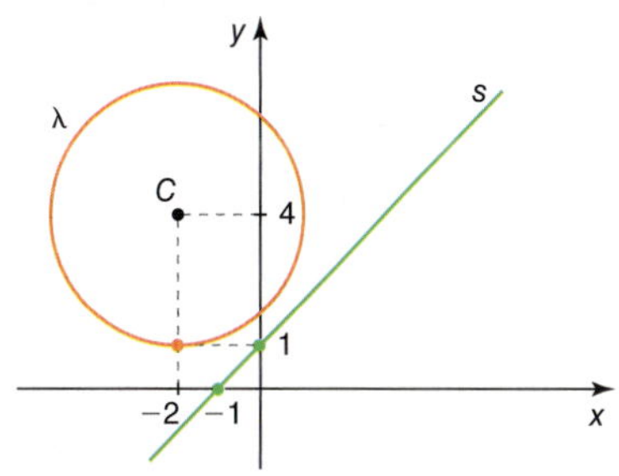

27 Determinar os valores reais de k de modo que a reta (s) $kx - y = 0$ seja exterior à circunferência (λ) $(x - 2)^2 + y^2 = 3$.

Resolução

No estudo das posições relativas entre reta e circunferência, resolvemos esse tipo de problema por meio da fórmula da distância entre ponto e reta. Mostraremos, agora, como esse problema pode ser resolvido a partir do sistema formado pelas equações de s e λ:

$$\begin{cases} kx - y = 0 \\ (x - 2)^2 + y^2 = 3 \end{cases} \text{ que é equivalente a}$$

$$\begin{cases} y = kx & \text{(I)} \\ (x - 2)^2 + y^2 = 3 & \text{(II)} \end{cases}$$

Substituindo (I) em (II), obtemos a equação do 2º grau na variável x:

$(x - 2)^2 + (kx)^2 = 3 \Rightarrow x^2 - 4x + 4 + k^2x^2 = 3$

$\therefore (k^2 + 1)x^2 - 4x + 1 = 0$

A reta s é exterior à circunferência λ se, e somente se, o discriminante dessa equação do 2º grau for negativo:

$\Delta < 0 \Rightarrow (-4)^2 - 4 \cdot (k^2 + 1) \cdot 1 < 0$

$\therefore k^2 > 3 \Rightarrow k < -\sqrt{3}$ ou $k > \sqrt{3}$

Assim, concluímos que a reta s é exterior à circunferência λ para todo número real k tal que

$k < -\sqrt{3}$ ou $k > \sqrt{3}$.

28 Considerando a reta s e a circunferência λ de equações $y = x - 2$ e $x^2 + (y - 3)^2 = 17$, respectivamente:

a) determinar $s \cap \lambda$.

b) representar no plano cartesiano os pontos (x, y) que são soluções do sistema:

$$\begin{cases} y > x - 2 \\ x^2 + (y - 3)^2 \leq 17 \end{cases}$$

Resolução

a) $s \cap \lambda$ é o conjunto solução do sistema:

$$\begin{cases} y = x - 2 & \text{(I)} \\ x^2 + (y - 3)^2 = 17 & \text{(II)} \end{cases}$$

Substituímos (I) em (II), obtendo:

$x^2 + (x - 2 - 3)^2 = 17 \Rightarrow x^2 + (x - 5)^2 = 17$

$\therefore x^2 + x^2 - 10x + 25 = 17 \Rightarrow$

$\Rightarrow 2x^2 - 10x + 8 = 0$

$\therefore x^2 - 5x + 4 = 0$

Resolvendo essa equação do 2º grau, obtemos: $x = 1$ ou $x = 4$

- Para $x = 1$ temos, da equação (I): $y = -1$
- Para $x = 4$ temos, da equação (I): $y = 2$

Logo, $s \cap \lambda = \{(1, -1), (4, 2)\}$.

b) As representações gráficas de $y > x - 2$ e de $x^2 + (y - 3)^2 \leq 17$ são as regiões (A) e (B), respectivamente, representadas a seguir:

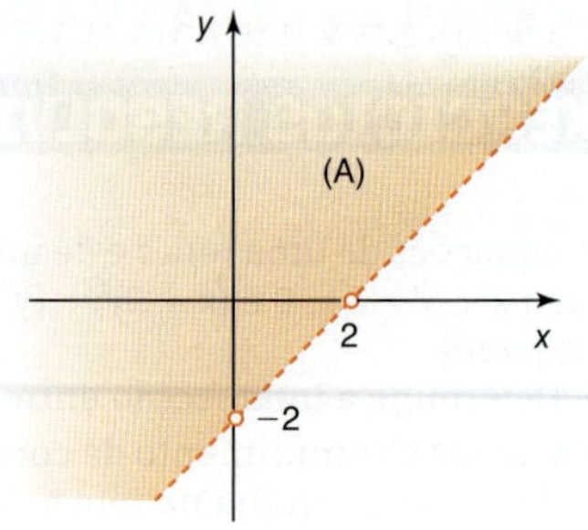

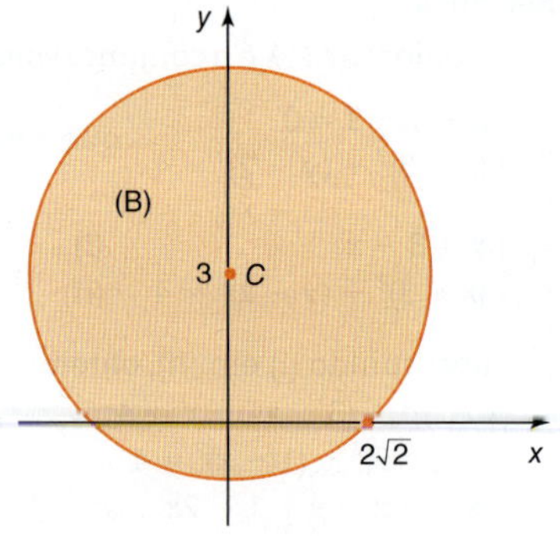

Finalmente, a representação dos pontos (x, y) que satisfazem o sistema é a intersecção das regiões (A) e (B), representada abaixo.

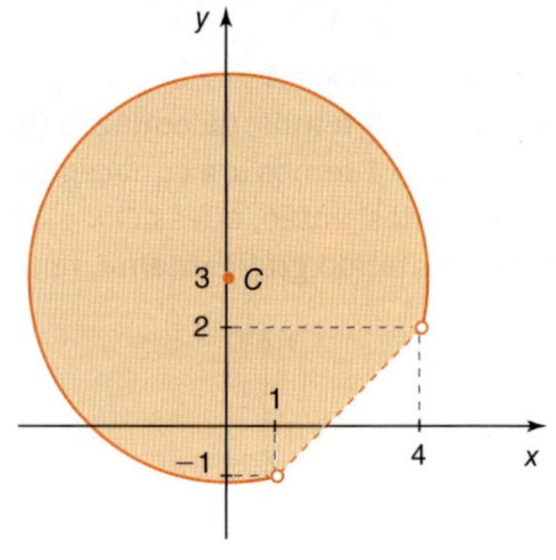

EXERCÍCIOS PROPOSTOS

42 Determine a intersecção da reta s com a circunferência λ nos seguintes casos:

a) (s) $x + y - 6 = 0$ e
(λ) $(x + 1)^2 + y^2 = 25$

b) (s) $x + y - 1 = 0$ e
(λ) $x^2 + y^2 - 2x - 4y + 3 = 0$

c) (s) $x + 3y - 4 = 0$ e
(λ) $(x - 4)^2 + (y - 3)^2 = 3$

d) (s) $y - 5 = 0$ e
(λ) $x^2 + y^2 = 169$

e) (s) $y = x + 1$ e
(λ) $x^2 + y^2 - 4x - 6y + 11 = 0$

43 A circunferência λ de centro C(1, 2) é tangente à reta (s) $x + 2y = 0$. Determine os pontos de intersecção de λ com a reta (t) $4x - y = 0$.

44 No gráfico abaixo, a reta s é secante à circunferência λ de centro C nos pontos A e B. Determine as coordenadas desses pontos.

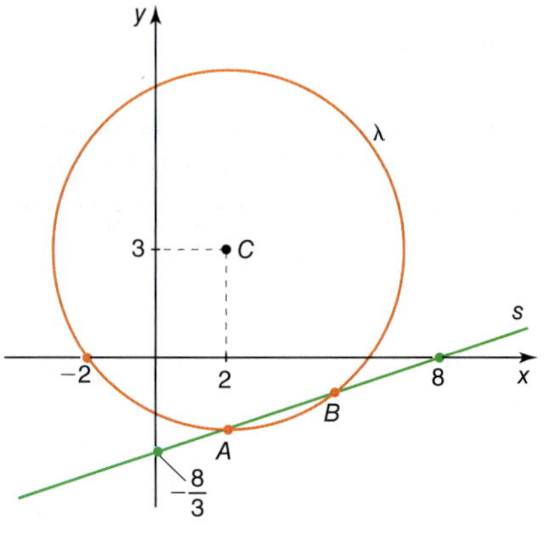

45 Calcule o comprimento da corda que a circunferência (λ) $x^2 + (y - 5)^2 = 10$ determina na reta s de equação $x - y + 1 = 0$.

46 Calcule a distância do ponto P à circunferência λ de centro C, representados no gráfico abaixo.

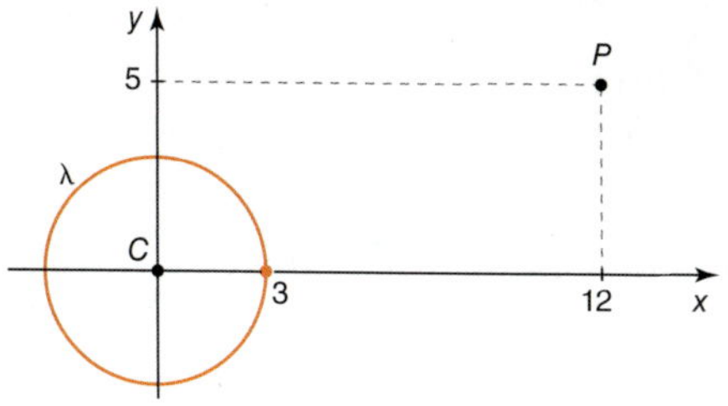

(*Nota*: Lembre-se de que a distância entre duas figuras geométricas é a medida do menor segmento que liga uma figura à outra.)

47 No plano cartesiano a seguir o ponto C é o centro da circunferência λ. Qual é o ponto da circunferência λ mais distante da origem O?

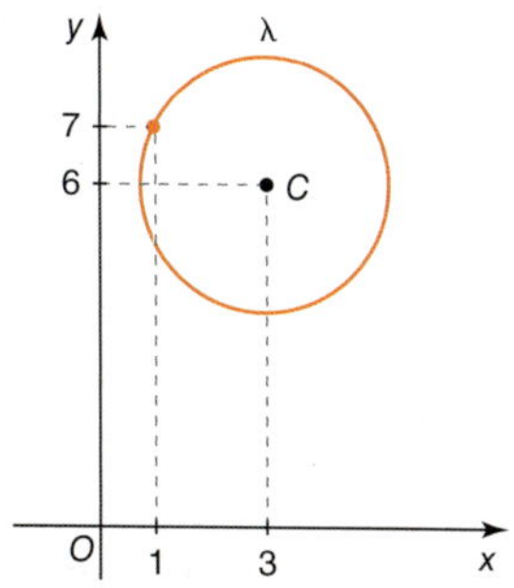

48 (UFG-GO) Dado o sistema de equações:

$$\begin{cases} x^2 + y^2 - 4x - 2y + 4 = 0 \\ y = mx,\ m \in \mathbb{R} \end{cases}$$

a) Represente graficamente, no plano cartesiano, as equações do sistema quando a reta $y = mx$ passa pelo centro da circunferência descrita pela primeira equação.

b) Determine o conjunto de valores de m para que o sistema admita duas soluções.

49 Dadas a reta (s) $y = 3$ e a circunferência (λ) $x^2 + y^2 = 25$:

a) determine o conjunto $s \cap \lambda$.

b) represente no plano cartesiano a região determinada pelos pontos (x, y) que são soluções do sistema $\begin{cases} y \leqslant 3 \\ x^2 + y^2 \leqslant 25 \end{cases}$

50 (UFV-MG) Sabendo que o ponto (4, 2) é o ponto médio de uma corda $\overline{AB}$ da circunferência $(x - 3)^2 + y^2 = 25$, determine:

a) a equação da reta que contém A e B.

b) as coordenadas dos pontos A e B.

c) a distância entre A e B.

51 (UFRJ) A reta $y = x + k$, k fixo, intercepta a circunferência $x^2 + y^2 = 1$ em dois pontos distintos, P_1 e P_2, como mostra a figura a seguir.

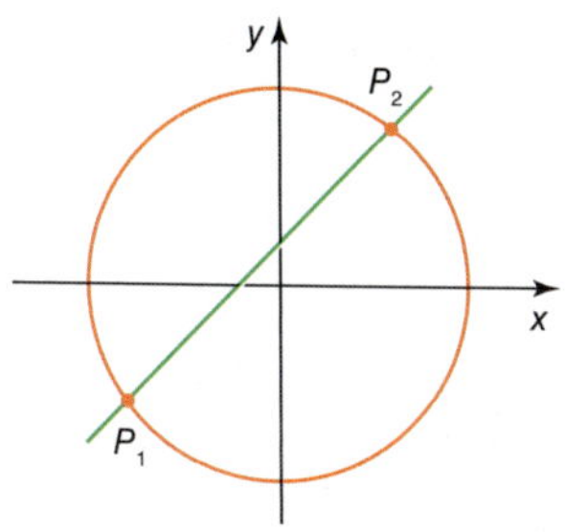

a) Determine os possíveis valores de k.

b) Determine o comprimento do segmento $\overline{P_1P_2}$ em função de k.

Resolva os exercícios complementares 48 a 63.

Posições relativas entre duas circunferências

Sendo λ_1 e λ_2 duas circunferências coplanares de centros C_1 e C_2 e raios R_1 e R_2, respectivamente, temos:

- λ_1 e λ_2 são **exteriores** se, e somente se, $d_{C_1C_2} > R_1 + R_2$.

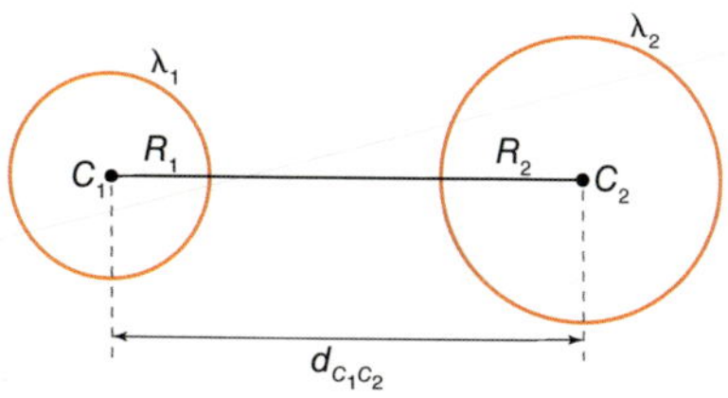

- λ_1 e λ_2 são **tangentes exteriormente** se, e somente se, $d_{C_1C_2} = R_1 + R_2$.

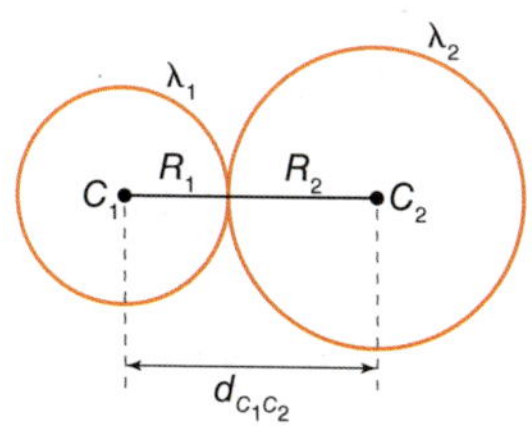

- λ_1 e λ_2 são **secantes** se, e somente se, $|R_1 - R_2| < d_{C_1C_2} < R_1 + R_2$ (note que essa é a condição de existência do triângulo PC_1C_2, da figura abaixo).

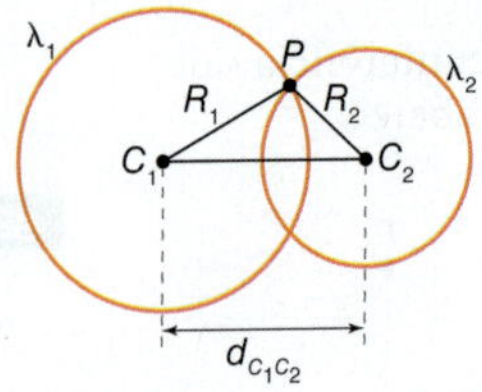

- λ_1 e λ_2 são **tangentes interiormente** se, e somente se, $d_{C_1C_2} = |R_1 - R_2|$.

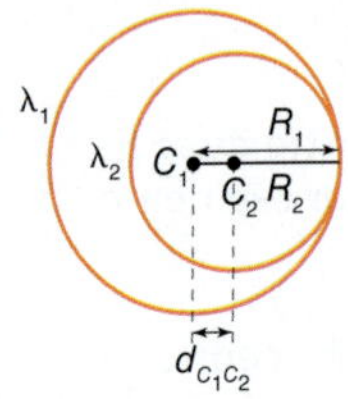

- Supondo que as circunferências tenham raios de medidas diferentes, a de menor raio será **interior** à outra se, e somente se, $d_{C_1C_2} < |R_1 - R_2|$.

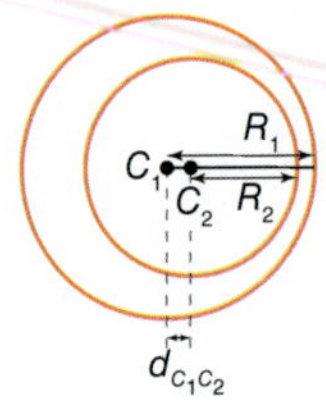

Note que esse caso inclui circunferências concêntricas, o que ocorre quando $d_{C_1C_2} = 0$.

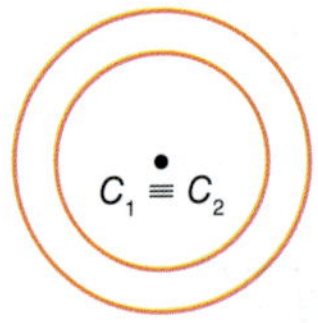

- As circunferências **coincidem** se, e somente se, $d_{C_1C_2} = 0$ e $R_1 = R_2$.

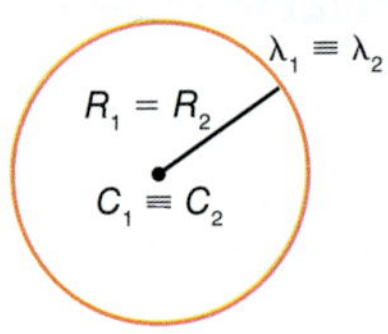

EXERCÍCIOS RESOLVIDOS

29 Descrever a posição relativa entre as circunferências λ_1 e λ_2 nos seguintes casos:

a) $(\lambda_1)\ (x - 8)^2 + (y - 1)^2 = 16$ e
$(\lambda_2)\ x^2 + (y + 5)^2 = 4$

b) $(\lambda_1)\ (x - 3)^2 + (y - 2)^2 = 4$ e
$(\lambda_2)\ x^2 + (y + 2)^2 = 9$

c) $(\lambda_1)\ x^2 + y^2 + 4y - 32 = 0$ e
$(\lambda_2)\ (x - 4)^2 + (y - 1)^2 = 1$

d) $(\lambda_1)\ x^2 + y^2 - 8y + 7 = 0$ e
$(\lambda_2)\ (x - 3)^2 + (y - 5)^2 = 36$

e) $(\lambda_1)\ (x - 1)^2 + (y - 2)^2 = 64$ e
$(\lambda_2)\ x^2 + y^2 - 4x - 8y + 16 = 0$

f) $(\lambda_1)\ (x - 3)^2 + y^2 = \frac{1}{4}$ e
$(\lambda_2)\ 4x^2 + 4y^2 - 24x + 35 = 0$

Resolução

a) O centro C_1 e o raio R_1 de λ_1 são $C_1(8, 1)$ e $R_1 = 4$.
O centro C_2 e o raio R_2 de λ_2 são $C_2(0, -5)$ e $R_2 = 2$.

Temos:

$$\begin{cases} d_{C_1C_2} = \sqrt{(8-0)^2 + [1-(-5)]^2} = \sqrt{100} = 10 \\ R_1 + R_2 = 4 + 2 = 6 \end{cases}$$

Assim, $d_{C_1C_2} > R_1 + R_2$. Logo, λ_1 e λ_2 são exteriores.

b) O centro C_1 e o raio R_1 de λ_1 são $C_1(3, 2)$ e $R_1 = 2$.
O centro C_2 e o raio R_2 de λ_2 são $C_2(0, -2)$ e $R_2 = 3$.
Temos:

$$\begin{cases} d_{C_1C_2} = \sqrt{(3-0)^2 + [2-(-2)]^2} = \sqrt{25} = 5 \\ R_1 + R_2 = 2 + 3 = 5 \end{cases}$$

Assim, $d_{C_1C_2} = R_1 + R_2$. Logo, λ_1 e λ_2 são tangentes exteriormente.

c) Pelo método da redução, vamos obter o centro C_1 e o raio R_1 de λ_1:
$x^2 + y^2 + 4y - 32 = 0 \Rightarrow$
$\Rightarrow x^2 + (y^2 + 4y + \mathbf{4}) = 32 + \mathbf{4}$
$\therefore x^2 + (y + 2)^2 = 36$
Assim, obtivemos: $C_1(0, -2)$ e $R_1 = 6$
O centro C_2 e o raio R_2 de λ_2 são $C_2(4, 1)$ e $R_2 = 1$.
Temos:

$$\begin{cases} d_{C_1C_2} = \sqrt{(4-0)^2 + [1-(-2)]^2} = \sqrt{25} = 5 \\ R_1 - R_2 = 6 - 1 = 5 \end{cases}$$

Como $d_{C_1C_2} = |R_1 - R_2|$, concluímos que λ_1 e λ_2 são tangentes interiormente.

d) Pelo método da redução, vamos obter o centro C_1 e o raio R_1 de λ_1:
$x^2 + y^2 - 8y + 7 = 0 \Rightarrow$
$\Rightarrow x^2 + (y^2 - 8y + \mathbf{16}) = -7 + \mathbf{16}$
$\therefore x^2 + (y - 4)^2 = 9$
Assim, obtivemos: $C_1(0, 4)$ e $R_1 = 3$
O centro C_2 e o raio R_2 de λ_2 são $C_2(3, 5)$ e $R_2 = 6$.
Temos:

$$\begin{cases} d_{C_1C_2} = \sqrt{(3-0)^2 + (5-4)^2} = \sqrt{10} \\ R_1 - R_2 = 3 - 6 = -3 \\ R_1 + R_2 = 3 + 6 = 9 \end{cases}$$

Como $|R_1 - R_2| < d_{C_1C_2} < R_1 + R_2$, concluímos que λ_1 e λ_2 são secantes.

e) O centro C_1 e o raio R_1 de λ_1 são $C_1(1, 2)$ e $R_1 = 8$.
Pelo método da redução, vamos obter o centro C_2 e o raio R_2 de λ_2:
$x^2 + y^2 - 4x - 8y + 16 = 0 \Rightarrow$
$\Rightarrow (x^2 - 4x + \mathbf{4}) + (y^2 - 8y + \mathbf{16}) = -16 + \mathbf{4} + \mathbf{16}$
$\therefore (x - 2)^2 + (y - 4)^2 = 4$
Assim, obtivemos: $C_2(2, 4)$ e $R_2 = 2$
Temos:

$$\begin{cases} d_{C_1C_2} = \sqrt{(2-1)^2 + (4-2)^2} = \sqrt{5} \\ R_1 - R_2 = 8 - 2 = 6 \end{cases}$$

Como $d_{C_1C_2} < |R_1 - R_2|$, concluímos que λ_2 (circunferência de raio menor) é interior a λ_1.

f) O centro C_1 e o raio R_1 de λ_1 são $C_1(3, 0)$ e $R_1 = \frac{1}{2}$.
Dividindo por 4 ambos os membros da equação de λ_2, obtemos:

$x^2 + y^2 - 6x + \frac{35}{4} = 0$

Pelo método da redução, vamos obter o centro C_2 e o raio R_2 de λ_2:

$x^2 + y^2 - 6x + \frac{35}{4} = 0 \Rightarrow$
$\Rightarrow (x^2 - 6x + \mathbf{9}) + y^2 = -\frac{35}{4} + \mathbf{9}$
$\therefore (x - 3)^2 + y^2 = \frac{1}{4}$

Assim, obtivemos: $C_2(3, 0)$ e $R_2 = \frac{1}{2}$

Como λ_1 e λ_2 têm o mesmo centro e o mesmo raio, concluímos que $\lambda_1 \equiv \lambda_2$.

30 Obter as equações das circunferências de centro O(0, 0) que tangenciam a circunferência λ de centro C representada abaixo.

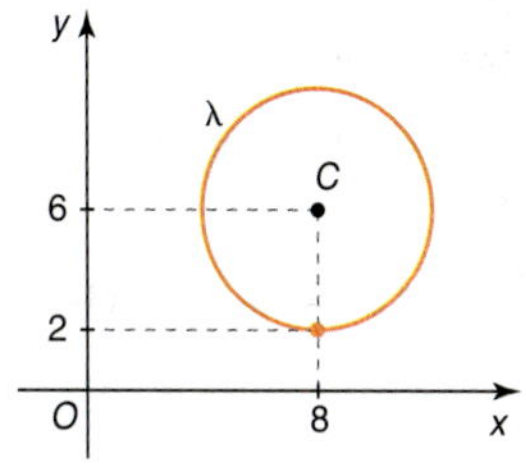

Resolução

Pelo gráfico, constatamos que o centro C e o raio R de λ são C(8, 6) e R = 4. Temos ainda:
$d_{OC} = \sqrt{(8-0)^2 + (6-0)^2} = \sqrt{100} = 10$

- Sendo R_E o raio da circunferência λ_E de centro O, que tangencia λ externamente, temos:
  $d_{OC} = R_E + 4 \Rightarrow 10 = R_E + 4$
  $\therefore R_E = 6$
  Assim, λ_E tem equação:
  $x^2 + y^2 = 36$
- Sendo R_I o raio da circunferência λ_I de centro O, tal que λ e λ_I se tangenciam internamente, temos:
  $d_{OC} + 4 = R_I \Rightarrow 10 + 4 = R_I$
  $\therefore R_I = 14$
  Assim, λ_I tem equação:
  $x^2 + y^2 = 196$
  Representando λ_E e λ_I, graficamente, temos:

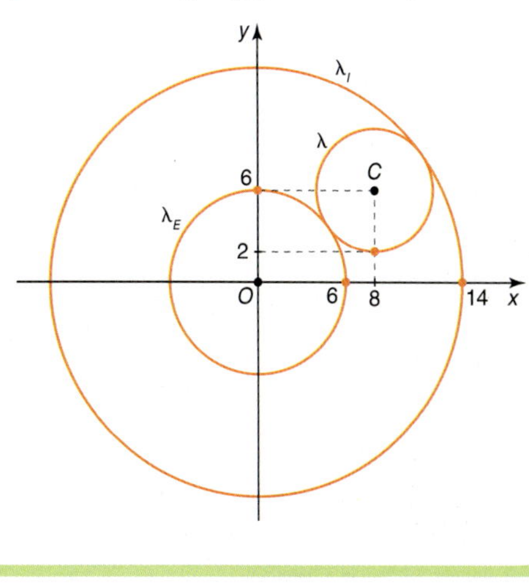

EXERCÍCIOS PROPOSTOS

52 Descreva a posição relativa entre as circunferências λ_1 e λ_2 nos seguintes casos:

a) $(\lambda_1)\ (x - 1)^2 + (y + 1)^2 = 25$ e
$(\lambda_2)\ (x - 5)^2 + (y - 2)^2 = 169$

b) $(\lambda_1)\ x^2 + y^2 - 2y - 24 = 0$ e
$(\lambda_2)\ (x + 3)^2 + (y - 5)^2 = 100$

c) $(\lambda_1)\ x^2 + y^2 = 5$ e $(\lambda_2)\ (x - 3)^2 + (y - 6)^2 = 20$

d) $(\lambda_1)\ x^2 + (y - 3)^2 = 1$ e $(\lambda_2)\ x^2 + y^2 - 8x + 7 = 0$

e) $(\lambda_1)\ x^2 + y^2 - 8x - 18y + 81 = 0$ e
$(\lambda_2)\ (x - 6)^2 + (y - 8)^2 = 100$

f) $(\lambda_1)\ (x - 2)^2 + (y - 1)^2 = \frac{9}{4}$ e
$(\lambda_2)\ 4x^2 + 4y^2 - 16x - 8y + 11 = 0$

53 Considere as circunferências de equações $(\lambda_1)\ (x - 1)^2 + (y - 2)^2 = 25$ e $(\lambda_2)\ (x - 9)^2 + (y - 8)^2 = k$.
Determine a constante positiva k de modo que λ_1 e λ_2 sejam:

a) tangentes.

b) exteriores.

54 Obtenha as equações das circunferências concêntricas de centro $C(1, 0)$ e tangentes à circunferência $(\lambda)\ (x - 1)^2 + (y - 2)^2 = 9$.

55 Duas antenas de rádio emitem ondas a partir de dois pontos distintos A e B. Cada onda atinge a distância máxima de 20 km.
Em relação a um plano cartesiano horizontal que contém $\{A, B\}$, em que a unidade adotada nos eixos é o quilômetro, tem-se: $A(1, 2)$ e $B(6, 10)$.

a) Obtenha uma equação da onda de circunferência máxima transmitida por cada uma das antenas.

b) Qual é o comprimento do segmento contido na reta $\overleftrightarrow{AB}$, que recebe sinal de rádio das duas antenas?

Resolva os exercícios complementares 64 a 66.

Intersecção entre duas circunferências

Conhecendo-se as equações de duas circunferências:

$$(\lambda_1)\ (x - a_1)^2 + (y - b_1)^2 = R_1^2 \text{ e } (\lambda_2)\ (x - a_2)^2 + (y - b_2)^2 = R_2^2$$

O conjunto $\lambda_1 \cap \lambda_2$ é o conjunto solução do sistema:

$$\begin{cases} (x - a_1)^2 + (y - b_1)^2 = R_1^2 \\ (x - a_2)^2 + (y - b_2)^2 = R_2^2 \end{cases}$$

Esse sistema:

- é impossível se, e somente se, λ_1 e λ_2 são exteriores ou uma delas for interior à outra;

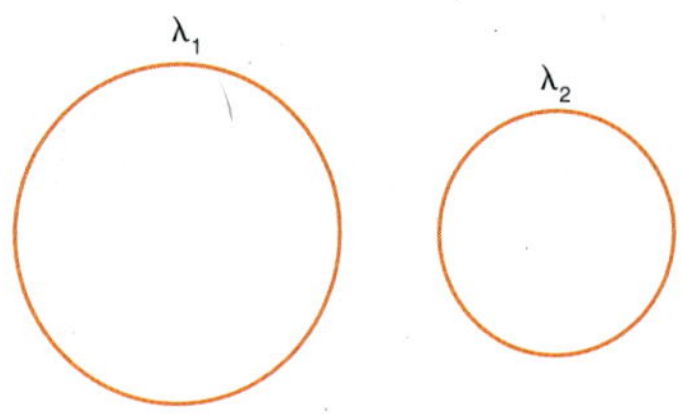

$\lambda_1 \cap \lambda_2 = \varnothing$

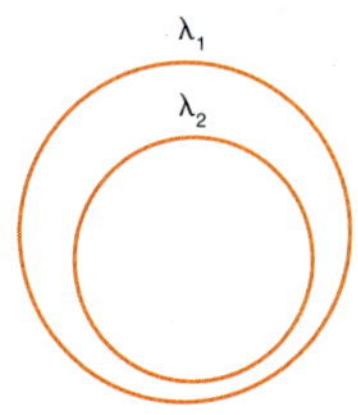

$\lambda_1 \cap \lambda_2 = \varnothing$

- tem uma única solução se, e somente se, λ_1 e λ_2 são tangentes (interior ou exteriormente);

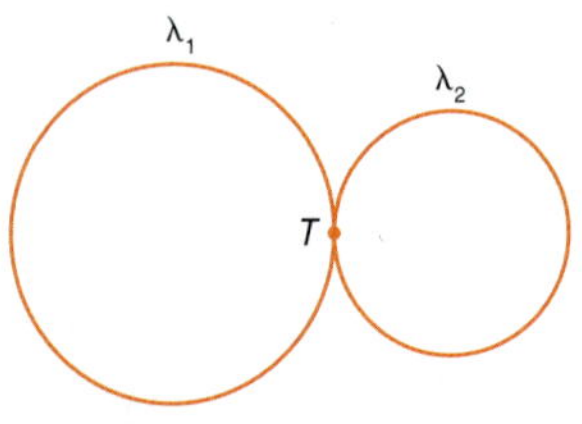

$\lambda_1 \cap \lambda_2 = \{T\}$

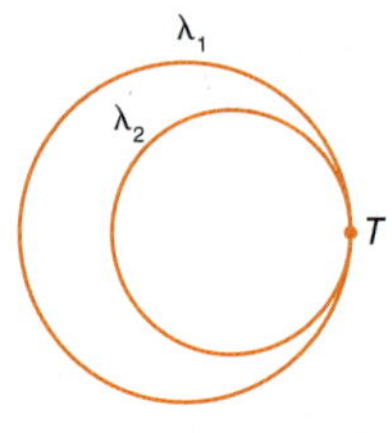

$\lambda_1 \cap \lambda_2 = \{T\}$

- tem exatamente duas soluções se, e somente se, λ_1 e λ_2 são secantes;

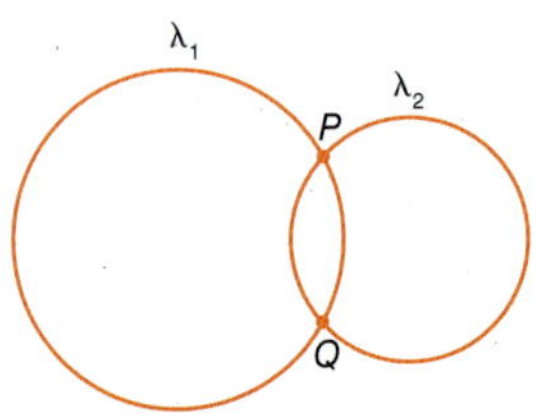

$\lambda_1 \cap \lambda_2 = \{P, Q\}$

- tem mais de duas soluções se, e somente se, λ_1 e λ_2 coincidem.

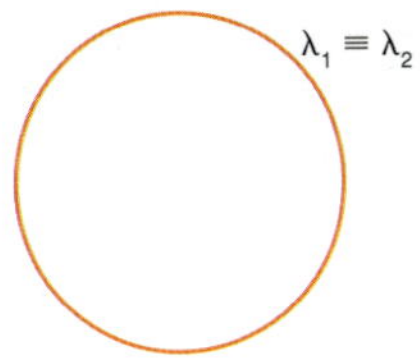

$$\lambda_1 \cap \lambda_2 = \lambda_1 = \lambda_2$$

EXERCÍCIOS RESOLVIDOS

31 Determinar a intersecção das circunferências de equações:

(λ_1) $(x - 1)^2 + (y - 7)^2 = 10$ e

(λ_2) $(x - 3)^2 + (y - 5)^2 = 2$

Resolução

O conjunto $\lambda_1 \cap \lambda_2$ é o conjunto solução do sistema:

$$\begin{cases} (x - 1)^2 + (y - 7)^2 = 10 \\ (x - 3)^2 + (y - 5)^2 = 2 \end{cases}$$

Podemos resolver esse sistema escrevendo cada equação na forma geral e subtraindo-as, membro a membro, obtendo uma equação do 1º grau, onde isolamos uma das variáveis. Observe:

$$\begin{cases} x^2 + y^2 - 2x - 14y + 40 = 0 & \text{(I)} \\ x^2 + y^2 - 6x - 10y + 32 = 0 & \text{(II)} \end{cases}$$

Subtraímos (I) e (II) membro a membro, obtendo $4x - 4y + 8 = 0$, e isolamos uma das variáveis; por exemplo, isolamos x:

$x = y - 2$ (III)

Substituímos (III) em qualquer uma das equações (I) ou (II); por exemplo, em (I):

$(y - 2)^2 + y^2 - 2(y - 2) - 14y + 40 = 0 \Rightarrow$

$\Rightarrow y^2 - 4y + 4 + y^2 - 2y + 4 - 14y + 40 = 0$

$\therefore 2y^2 - 20y + 48 = 0 \Rightarrow y^2 - 10y + 24 = 0$

$\Delta = (-10)^2 - 4 \cdot 1 \cdot 24 = 4$

$$y = \frac{-(-10) \pm \sqrt{4}}{2 \cdot 1} = \frac{10 \pm 2}{2} \Rightarrow y = 6 \text{ ou } y = 4$$

- Para $y = 6$ temos, da equação (III): $x = 4$
- Para $y = 4$ temos, da equação (III): $x = 2$

Concluímos, assim, que:

$\lambda_1 \cap \lambda_2 = \{(4, 6), (2, 4)\}$

Graficamente, temos:

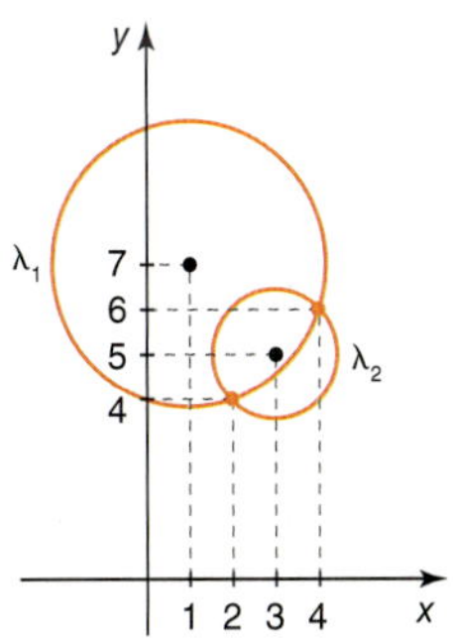

32 Obter a intersecção das circunferências de equações:

(λ_1) $(x - 2)^2 + (y + 4)^2 = 68$ e

(λ_2) $(x - 5)^2 + (y - 8)^2 = 17$

Resolução

O conjunto $\lambda_1 \cap \lambda_2$ é o conjunto solução do sistema:

$$\begin{cases} (x - 2)^2 + (y + 4)^2 = 68 \\ (x - 5)^2 + (y - 8)^2 = 17 \end{cases} \text{ que é equivalente a}$$

$$\begin{cases} x^2 + y^2 - 4x + 8y - 48 = 0 & \text{(I)} \\ x^2 + y^2 - 10x - 16y + 72 = 0 & \text{(II)} \end{cases}$$

Subtraímos (I) e (II), membro a membro, obtendo $6x + 24y - 120 = 0$, e isolamos uma das variáveis; por exemplo, isolamos x:

$x = 20 - 4y$ (III)

Substituímos (III) em qualquer uma das equações, (I) ou (II); por exemplo, em (I):

$(20 - 4y)^2 + y^2 - 4(20 - 4y) + 8y - 48 = 0 \Rightarrow$

$\Rightarrow 400 - 160y + 16y^2 + y^2 - 80 + 16y + 8y - 48 = 0$

$\therefore 17y^2 - 136y + 272 = 0 \Rightarrow y^2 - 8y + 16 = 0$

$\Delta = (-8)^2 - 4 \cdot 1 \cdot 16 = 0$

$$y = \frac{-(-8) \pm \sqrt{0}}{2 \cdot 1} \Rightarrow y = 4$$

Para $y = 4$ temos, da equação (III): $x = 4$

Concluímos, assim, que:

$\lambda_1 \cap \lambda_2 = \{(4, 4)\}$

Graficamente, temos:

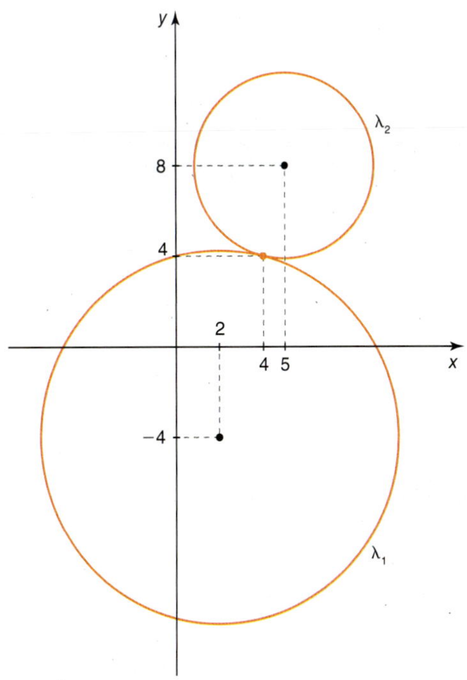

33 Qual é a intersecção das circunferências de equações $(\lambda_1)\ x^2 + y^2 + 2x + 4y = 0$ e $(\lambda_2)\ x^2 + y^2 + 4x + 6y - 12 = 0$?

Resolução

A intersecção de λ_1 com λ_2 é o conjunto solução do sistema:

$$\begin{cases} x^2 + y^2 + 2x + 4y = 0 & \text{(I)} \\ x^2 + y^2 + 4x + 6y - 12 = 0 & \text{(II)} \end{cases}$$

Subtraímos (I) e (II) membro a membro, obtendo $-2x - 2y + 12 = 0$, e isolamos uma das variáveis; por exemplo, isolamos y:

$y = 6 - x$ (III)

Substituímos (III) em qualquer uma das equações, (I) ou (II); por exemplo, em (I):

$x^2 + (6 - x)^2 + 2x + 4(6 - x) = 0 \Rightarrow x^2 + 36 - 12x + x^2 + 2x + 24 - 4x = 0$

$\therefore 2x^2 - 14x + 60 = 0 \Rightarrow x^2 - 7x + 30 = 0$

$\Delta = (-7)^2 - 4 \cdot 1 \cdot 30 = -71$

Como $\Delta < 0$, concluímos que:

$\lambda_1 \cap \lambda_2 = \varnothing$

Graficamente, temos:

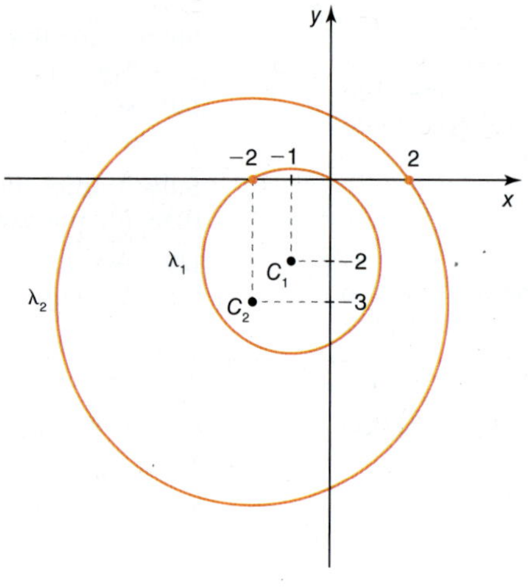

EXERCÍCIOS PROPOSTOS

56 Determine a intersecção das circunferências λ_1 e λ_2, em cada um dos casos:

a) $(\lambda_1)\ (x - 2)^2 + y^2 = 10$ e $(\lambda_2)\ (x + 4)^2 + (y + 3)^2 = 25$

b) $(\lambda_1)\ x^2 + y^2 - 2x + 4y + 3 = 0$ e $(\lambda_2)\ x^2 + y^2 - 10x - 4y + 11 = 0$

c) $(\lambda_1)\ x^2 + (y - 1)^2 = 2$ e $(\lambda_2)\ x^2 + y^2 - 8x - 10y + 31 = 0$

57 Calcule o comprimento da corda comum às circunferências:
$(\lambda_1)\ (x + 6)^2 + (y - 4)^2 = 85$ e $(\lambda_2)\ (x + 2)^2 + (y - 3)^2 = 34$

58 Considere as circunferências secantes λ_1 e λ_2 de equações $(x - 2)^2 + (y - 1)^2 = 25$ e $(x - 5)^2 + (y + 2)^2 = 37$, respectivamente.

a) Obtenha uma equação da reta *r* que passa pelos pontos de intersecção de λ_1 e λ_2.

b) Determine o ponto de λ_2 mais distante da reta *r*, obtida no item **a**.

Resolva os exercícios complementares 67 a 69 e 79.

EXERCÍCIOS COMPLEMENTARES

Exercícios técnicos

1 Determine a equação reduzida da circunferência de centro C e raio R nos seguintes casos:

a) $C(-4, -1)$ e $R = 3$

b) $C(-5, 0)$ e $R = 2\sqrt{5}$

c) $C(0, -8)$ e $R = \frac{1}{5}$

d) $C\left(\frac{2}{3}, -\frac{1}{2}\right)$ e $R = \frac{3\sqrt{2}}{2}$

2 Obtenha o centro C e o raio R da circunferência de equação:

a) $x^2 + (y + 3)^2 = 1$

b) $\left(x + \frac{1}{2}\right)^2 + \left(y - \frac{3}{4}\right)^2 = 36$

c) $x^2 + y^2 = 8$

3 Escreva a equação reduzida da circunferência representada abaixo.

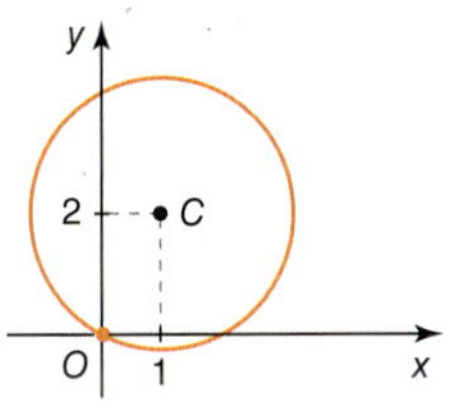

4 Determine os pontos de intersecção da circunferência (λ) $(x - 5)^2 + (y + 4)^2 = 81$ com o eixo das abscissas.

5 (UFT) Considere no plano cartesiano xy, a circunferência de equação $(x - 2)^2 + (y + 1)^2 = 4$ e o ponto P dado pela intersecção das retas L_1: $2x - 3y + 5 = 0$ e L_2: $x - 2y + 4 = 0$. Então, a distância do ponto P ao centro da circunferência é:

a) o dobro do raio da circunferência.

b) igual ao raio da circunferência.

c) a metade do raio da circunferência.

d) o triplo do raio da circunferência.

6 (Vunesp) Considere a circunferência λ, de equação $(x - 3)^2 + y^2 = 5$.

a) Determine o ponto $P(x, y)$ pertencente a λ tal que $y = 2$ e $x > 3$.

b) Se *r* é a reta que passa pelo centro (3, 0) de λ e pelo ponto P obtido no item **a**, dê a equação e o coeficiente angular de *r*.

7 (UFPel-RS) O gráfico a seguir representa a função $f(x) = x^2 - 5x + 6$.

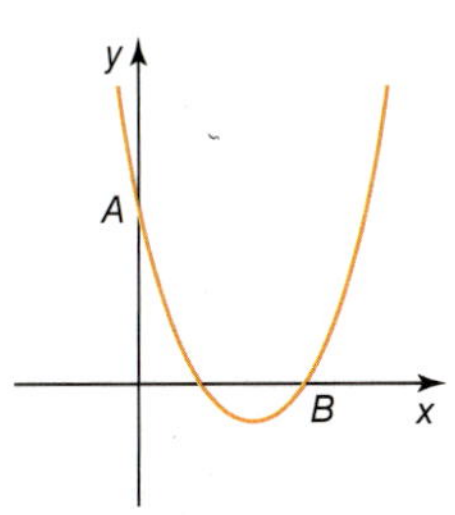

Com base nessas informações é correto afirmar que a equação da circunferência que passa em B e tem centro em A é:

a) $(x - 6)^2 + y^2 = 45$

b) $x^2 + (y - 6)^2 = 9$

c) $x^2 + (y - 6)^2 = 45$

d) $(x - 6)^2 + y^2 = 9$

e) $x^2 + (y - 3)^2 = 9$

8 (UFMT) A circunferência λ tem centro no ponto (1, 0), passa pelo ponto (1, 2) e intercepta os semieixos positivos x e y, respectivamente nos pontos A e B. Determine a equação da mediatriz do segmento $\overline{AB}$.

9 (Ufam) Uma circunferência passa pelos pontos A(0, 2), B(0, 8) e C(8, 8). Então a equação da circunferência é:

a) $(x - 4)^2 + (y + 5)^2 = 25$

b) $(x + 4)^2 + (y - 5)^2 = 25$

c) $(x - 5)^2 + (y - 4)^2 = 25$

d) $(x + 5)^2 + (y + 4)^2 = 25$

e) $(x - 4)^2 + (y - 5)^2 = 25$

10 Obtenha a equação reduzida da circunferência que passa pelos pontos A(4, 4), B(6, 0) e C(0, 0).

11 (UFSCar-SP) Dados os pontos A(2, 0), B(2, 3) e C(1, 3), vértices de um triângulo, o raio da circunferência circunscrita a esse triângulo é:

a) $\frac{\sqrt{10}}{3}$

b) $\frac{10}{3}$

c) $\frac{\sqrt{2}}{2}$

d) $\frac{\sqrt{10}}{2}$

e) $\sqrt{10}$

12 (UFG-GO) Num sistema de coordenadas cartesianas, são dadas três retas e os pontos de intersecção das mesmas, como na figura abaixo.

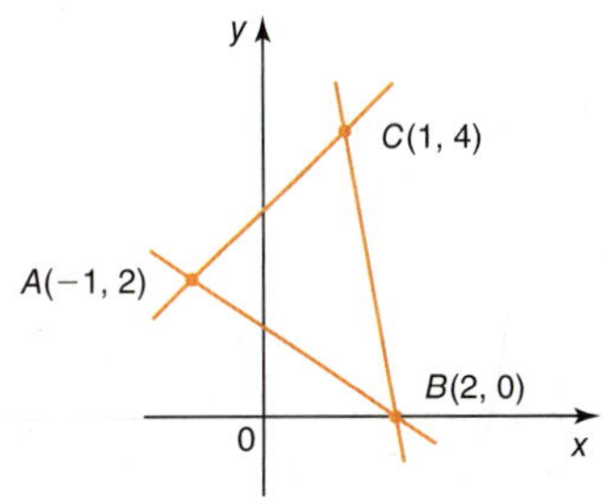

Assim, encontre o centro e o raio da circunferência determinada pelos pontos A, B e C.

13 Para que valores reais de *n* a equação nas variáveis x e y, $(x - 3)^2 + (y + 6)^2 = n^2 - 9$, representa um único ponto?

14 Obtenha os possíveis valores reais de *p* de modo que a equação nas variáveis x e y, $(x - 1)^2 + y^2 = p^2 - 16$, represente uma circunferência.

15 Aplicando o método da comparação, determine o centro C e o raio R da circunferência de equação:

a) $x^2 + y^2 + 2x + 4y + 1 = 0$

b) $x^2 + y^2 - 4y - 21 = 0$

c) $x^2 + y^2 - 8x = 0$

d) $9x^2 + 9y^2 + 18x + 54y + 86 = 0$

16 Utilizando o método da redução, obtenha o centro C e o raio R da circunferência de equação:

a) $x^2 + y^2 + 12x + 2y + 26 = 0$

b) $x^2 + y^2 + 6y + 5 = 0$

c) $x^2 + y^2 - 3x - 2y + 1 = 0$

d) $3x^2 + 3y^2 - 6x - 4y - 4 = 0$

e) $\frac{x^2}{5} + \frac{y^2}{5} - 2x + 2y + 5 = 0$

17 A circunferência λ passa pelos pontos $A(3, 4)$ e $B(2, 5)$ e tem o centro no eixo das ordenadas. Qual é a equação geral de λ?

18 Determine o ponto C da bissetriz dos quadrantes pares que é o centro de uma circunferência que passa pelos pontos $A(2, 1)$ e $B(11, -2)$.

19 Quantos pontos distintos da bissetriz dos quadrantes pares podem ser o centro de uma circunferência que passa pelos pontos $A(6, -4)$ e $B(4, -6)$?

20 Uma circunferência λ passa pelos pontos $A(8, 4)$ e $B(1, -3)$ e tem o centro sobre a reta r de equação $x - y - 3 = 0$. Obtenha a equação normal de λ.

21 Um ponto C da reta r de equação $y = 2x - 1$ é o centro de uma circunferência λ que passa pelos pontos $A(2, 3)$ e $B(3, 2)$. Obtenha uma equação geral de λ.

22 (UFG-GO) Dadas as circunferências de equações $x^2 + y^2 - 4y = 0$ e $x^2 + y^2 - 4x - 2y + 4 = 0$ em um sistema de coordenadas cartesianas,

a) esboce os seus gráficos;

b) determine as coordenadas do ponto de intersecção das retas tangentes comuns às circunferências.

23 (FGV) Dada a equação $x^2 + y^2 = 14x + 6y + 6$, se p é o maior valor possível de x e q é o maior valor possível de y, então $3p + 4q$ é igual a:

a) 73 b) 76 c) 85 d) 89 e) 92

24 Verifique, em cada caso, se a equação representa ou não uma circunferência.

a) $\frac{x^2}{2} + \frac{y^2}{3} - 2x + 8y = 0$

b) $-x^2 - y^2 + 6x + 4y - 10 = 0$

c) $(2x - 2)^2 + 4(y - 1)^2 + 2x + 8y = 0$

d) $3x^2 + 3y^2 - xy + 2x - 2y + 10 = 0$

e) $(2x + y)^2 + (x - 2y)^2 - 10x - 20y + 5 = 0$

25 Obtenha os valores reais de p e q para que a equação $px^2 + 3y^2 - 6x + qy + 3 = 0$, nas variáveis x e y, represente uma circunferência.

26 (UFMS) A equação $ax^2 + y^2 + 2x - 4y + b = 0$, nas variáveis x e y, com a e b reais, representa uma circunferência no plano cartesiano se, e somente se:

a) $a = 1$ e $b < 5$

b) $a = 1$ e $b > 0$

c) $a = 5$ e $b < 10$

d) $a = 5$ e $b > 1$

e) $a = 3$ e $b > 0$

27 (UFV-MG) Considere a equação:

$$x^2 + y^2 - 6x + 4y + p = 0$$

O maior valor inteiro p para que a equação acima represente uma circunferência é:

a) 12 b) 13 c) 14 d) 8 e) 10

28 Qual é a posição do ponto P em relação à circunferência λ, em cada caso?

a) $P(0, 0)$ e $(\lambda)\ x^2 + y^2 - 8x + 7 = 0$

b) $P(-3, 3)$ e $(\lambda)\ x^2 + y^2 = 15$

c) $P\left(\frac{1}{2}, \frac{1}{4}\right)$ e $(\lambda)\ \left(x - \frac{1}{4}\right)^2 + (y - 1)^2 = \frac{4}{3}$

29 O ponto $P(2, 1)$ é interior à circunferência λ de equação $x^2 + qx + y^2 - 3 = 0$. Obtenha os possíveis valores reais de q.

30 Dados o ponto $P(4, n)$ e a circunferência $(\lambda)\ x^2 + (y - 3)^2 = 4$, pode-se afirmar que:

a) existem dois valores reais distintos de n de modo que P pertença a λ.

b) existe um único valor real de n de modo que P pertença a λ.

c) o ponto P é exterior a λ para qualquer valor real de n.

d) o ponto P é interior a λ para qualquer valor real de n.

e) o ponto P é exterior a λ somente para valores positivos de n.

31 Represente no plano cartesiano as soluções (x, y) das inequações:

a) $(x + 2)^2 + y^2 \leq 9$

b) $x^2 + y^2 + 8x + 12 < 0$

c) $x^2 + (y - 3)^2 \geq 16$

d) $x^2 + y^2 - 6y - 7 > 0$

32 Construa o gráfico cartesiano da região formada pelos pontos (x, y) que são soluções do sistema:

a) $\begin{cases} x^2 + y^2 - 14x + 13 < 0 \\ x^2 + y^2 - 12x + 32 \geq 0 \end{cases}$

b) $\begin{cases} x^2 + y^2 \leq 25 \\ x \leq 3 \\ y \geq 1 \end{cases}$

33 Descreva a posição da reta s em relação à circunferência λ, em cada um dos casos a seguir:

a) (s) $2x + y + 2 = 0$ e $(\lambda)\ x^2 + y^2 + 4x - 4y + 2 = 0$

b) (s) $y = -x - 6$ e $(\lambda)\ (x - 2)^2 + (y + 4)^2 = 8$

c) (s) $x - 3y + 15 = 0$ e $(\lambda)\ x^2 + y^2 - 12x + 6y + 35 = 0$

34 Obtenha uma equação da circunferência de centro $C(4, -2)$ e tangente à reta s de equação $3x + 4y + 8 = 0$.

35 (Ufac) Considere a reta (r): $x - 3y + 5 = 0$ e a circunferência (C): $x^2 + y^2 + 4x - 4y - 1 = 0$ contidas em um mesmo plano. Em relação a estes objetos matemáticos é errado afirmar que:

a) A reta r é secante à circunferência C.

b) Eles têm pelo menos um ponto em comum.

c) Toda reta tangente à circunferência C é paralela à reta r.

d) O ponto $(-2, 1)$ está sobre r, mas não está sobre C.

e) O ponto $\left(\frac{1}{\sqrt{2}}, \frac{1}{\sqrt{2}}\right)$ está sobre C, mas não está sobre r.

36 Dentre as retas do feixe de paralelas de equação $3x + 4y + m = 0$, com $m \in \mathbb{R}$, obtenha as equações das retas tangentes à circunferência $(\lambda)\ x^2 + y^2 - 6x + 4y + 9 = 0$.

37 Quais são as equações das retas paralelas à reta (s) $3x + 4y + 1 = 0$ e tangentes à circunferência (λ) $x^2 + y^2 + 2x - 2y - 7 = 0$?

38 Obtenha os valores reais de p para que a reta r de equação $y - p = 0$ seja tangente à circunferência λ de equação $x^2 + (y - 5)^2 = 9$.

39 (UFMS) Se as retas de equação $y = mx$, onde m é constante, interceptam a circunferência de equação

$(x - 2)^2 + (y - 2)^2 = \frac{4}{5}$, então:

a) $\frac{1}{2} \leq m \leq 2$

b) $\frac{1}{4} \leq m \leq 2$

c) $\frac{1}{4} \leq m \leq 3$

d) $\frac{1}{4} \leq m \leq 4$

e) $1 \leq m \leq 2$

40 Obtenha os valores reais de k de modo que a reta de equação $x - k = 0$ tenha dois pontos distintos em comum com a circunferência $(x - 4)^2 + y^2 = 64$.

41 Determine as equações das retas paralelas à reta r de equação $y - 9 = 0$ que sejam secantes à circunferência λ de equação $x^2 + y^2 - 4y - 5 = 0$.

42 Obtenha a equação da reta s que passa pelo ponto $P(-2, 6)$ e é tangente à circunferência λ de equação $x^2 + y^2 + 10x - 8y + 28 = 0$.

43 (UFC-CE) Encontre uma equação da reta tangente à curva $x^2 - 2x + y^2 = 0$ no ponto (1, 1).

44 Obtenha as equações das retas que passam pelo ponto P(0, 2) e tangenciam a circunferência (λ) $(x - 3)^2 + (y - 2)^2 = 2$.

45 Quais são as equações das retas que passam pelo ponto $P(-1, -1)$ e tangenciam a circunferência λ de equação $x^2 + y^2 - 8x + 2y - 3 = 0$?

46 Uma reta r passa pela origem do sistema e tem coeficiente angular m, com $m < 0$. Uma circunferência λ passa pelos pontos (4, 3) e (3, 2) e tem centro no eixo das ordenadas. Para que valor de m a reta r é tangente à circunferência λ?

47 (PUC-RS) A equação da circunferência que tem centro na origem do sistema de eixos e é tangente às retas

(r) $y = \frac{3x}{4} + 5$ e (s) $y = \frac{3x}{4} - 5$ é:

a) $x^2 + y^2 = 4$

b) $x^2 + y^2 = 16$

c) $x^2 + y^2 = 25$

d) $(x - 3)^2 + (y - 4)^2 = 25$

e) $(x + 5)^2 + (y - 5)^2 = 9$

48 Determine a intersecção da reta s com a circunferência λ nos seguintes casos:

a) (s) $x + y - 3 = 0$ e (λ) $x^2 + y^2 - 2x - 1 = 0$

b) (s) $x - y - 4 = 0$ e (λ) $(x - 4)^2 + (y - 2)^2 = 34$

c) (s) $x + 3y - 11 = 0$ e (λ) $x^2 + y^2 - 2x - 9 = 0$

d) (s) $2x - y = 0$ e (λ) $(x + 3)^2 + (y - 1)^2 = 4$

e) (s) $x = 3$ e (λ) $(x + 1)^2 + (y - 2)^2 = 25$

49 Calcule o comprimento da corda que a circunferência λ de equação $x^2 + y^2 - 4x - 12y + 38 = 0$ determina na reta s de equação $y = x + 4$.

50 No gráfico abaixo, a reta s é secante à circunferência λ de centro C nos pontos A e B. Calcule o comprimento da corda $\overline{AB}$.

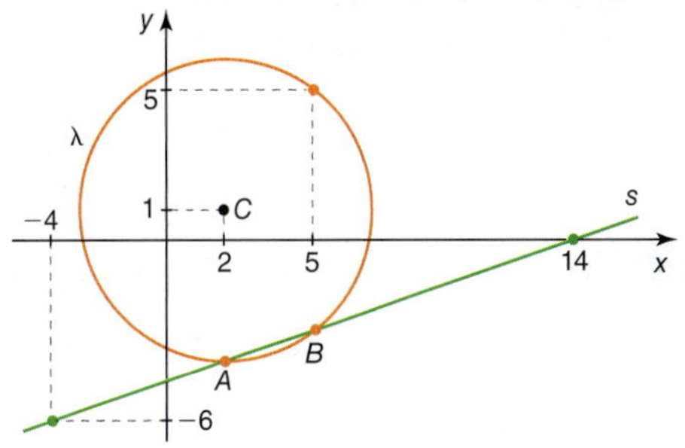

51 (UFPB) A reta $2\sqrt{3}x - 6y + 2\sqrt{3} = 0$ tangencia a circunferência de centro C(1, 0). Encontre o ponto de tangência.

52 Dados o ponto P(7, 5) e a circunferência (λ) $(x - 1)^2 + (y - 2)^2 = 20$, determine o ponto de λ mais próximo de P.

53 (FGV) As coordenadas do ponto da circunferência $(x - 8)^2 + (y - 6)^2 = 25$ que fica mais afastado da origem O(0, 0) são:

a) (8, 6)

b) (4, 3)

c) (0, 25)

d) (13, 12)

e) (12, 9)

54 Obtenha os valores reais de k para que a reta (s) $x - y + k = 0$ seja secante à circunferência (λ) $x^2 + y^2 - 2x - 6y + 8 = 0$.

55 Determine os valores reais de k de modo que a reta s de equação $y = kx$ seja tangente à circunferência λ de equação $(x + 2)^2 + (y - 6)^2 = 40$.

56 Para que valores reais de k a reta (s) $y = -x + k$ é exterior à circunferência (λ) $x^2 + y^2 - 4x - 2y + 3 = 0$?

57 Considerando a reta s e a circunferência λ de equações $y = x$ e $(x - 4)^2 + y^2 = 10$:

a) determine $s \cap \lambda$.

b) dê o gráfico cartesiano que representa as soluções do seguinte sistema:

$$\begin{cases} y > x \\ (x - 4)^2 + y^2 \leq 10 \end{cases}$$

58 Sejam a reta (s) $y = x + 1$ e a circunferência (λ) $x^2 + (y - 1)^2 = 2$.

a) Determine os pontos de intersecção de s e λ.

b) Represente no plano cartesiano o conjunto dos pontos (x, y) que são soluções do sistema:

$$\begin{cases} y \leq x + 1 \\ x^2 + (y - 1)^2 < 2 \end{cases}$$

59 (UFMA) Determine as coordenadas do ponto da circunferência $x^2 + y^2 - 8x - 8y + 23 = 0$, o qual fica mais próximo do ponto P(0, 1).

60 (Fuvest-SP) No plano cartesiano Oxy, a circunferência C tem centro no ponto $A = (-5, 1)$ e é tangente à reta t de equação $4x - 3y - 2 = 0$ em um ponto P. Seja ainda Q o ponto de intersecção da reta t com o eixo Ox. Assim:

a) Determine as coordenadas do ponto P.

b) Escreva uma equação para a circunferência C.

c) Calcule a área do triângulo APQ.

61 (UFSCar-SP) A equação da circunferência de menor raio que passa pelos pontos de coordenadas (3, 1) e (3, 3) e é tangente à reta $x + y = 2$ é:

a) $x^2 + y^2 - 8x - 4y + 18 = 0$
b) $x^2 + y^2 - 6x - 4y + 12 = 0$
c) $x^2 + y^2 - 4y - 6 = 0$
d) $x^2 + y^2 - 4x - 4y + 6 = 0$
e) $x^2 + y^2 - 2x - 4y = 0$

62 (Vunesp) Considere a circunferência $x^2 + (y - 2)^2 = 4$ e o ponto $P(0, -3)$.

a) Encontre uma equação da reta que passe por P e tangencie a circunferência num ponto Q de abscissa positiva.
b) Determine as coordenadas do ponto Q.

63 (Fuvest-SP) Considere, no plano cartesiano Oxy, a circunferência C de equação $(x - 2)^2 + (y - 2)^2 = 4$ e sejam P e Q os pontos nos quais C tangencia os eixos Ox e Oy, respectivamente.
Seja PQR o triângulo isósceles inscrito em C, de base $\overline{PQ}$, e com o maior perímetro possível.
Então, a área de PQR é igual a

a) $2\sqrt{2} - 2$
b) $2\sqrt{2} - 1$
c) $2\sqrt{2}$
d) $2\sqrt{2} + 2$
e) $2\sqrt{2} + 4$

64 (Ufam) As circunferências de equações
$x^2 + y^2 - 4x + 8y - 16 = 0$ e
$x^2 + y^2 - 16x - 8y + 64 = 0$ são:

a) secantes.
b) tangentes externas.
c) tangentes internas.
d) exteriores, sem ponto comum.
e) interiores, sem ponto comum.

65 Observando o gráfico abaixo, determine as equações das circunferências concêntricas de centro C e tangentes à circunferência λ de centro Q.

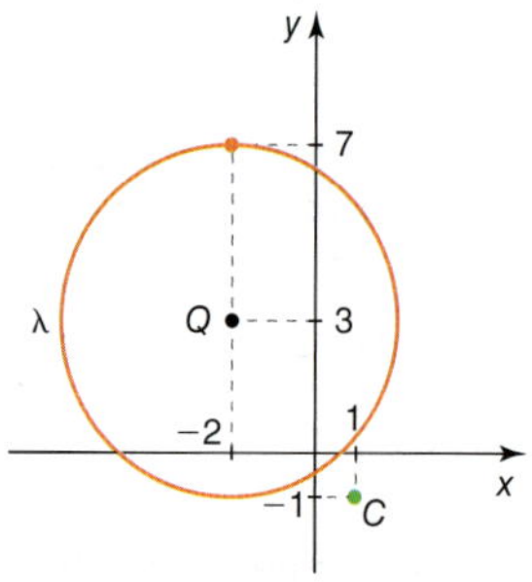

66 (UFG-GO) Considere duas circunferências no plano cartesiano descritas pelas equações $x^2 + y^2 = 10$ e $(x - x_0)^2 + (y - y_0)^2 = 1$. Determine o ponto $P(x_0, y_0)$ para que as duas circunferências sejam tangentes externas no ponto A(3, 1).

67 Determine a intersecção das circunferências λ_1 e λ_2, em cada um dos casos:

a) $(\lambda_1)\ (x + 2)^2 + (y - 2)^2 = 4$ e
$(\lambda_2)\ (x - 1)^2 + (y - 1)^2 = 2$
b) $(\lambda_1)\ x^2 + y^2 + 2x + 6y + 2 = 0$ e
$(\lambda_2)\ x^2 + y^2 - 8x - 4y + 2 = 0$
c) $(\lambda_1)\ x^2 + (y + 2)^2 = 8$ e
$(\lambda_2)\ x^2 + y^2 + 8x + 12 = 0$
d) $(\lambda_1)\ (x + 1)^2 + (y - 3)^2 = 16$ e
$(\lambda_2)\ x^2 + (y - 2)^2 = 4$

68 O gráfico abaixo mostra duas circunferências λ_1 e λ_2 de centros C_1 e C_2, respectivamente. Calcule a área do quadrilátero convexo cujos vértices são C_1, C_2 e os pontos comuns a λ_1 e λ_2.

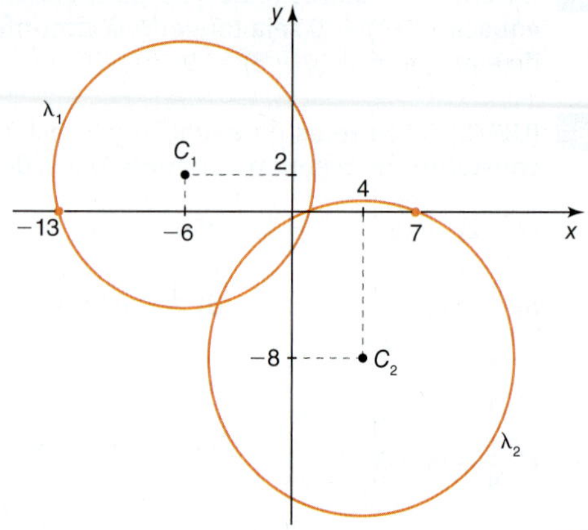

69 (UFMG) Sejam C_1 e C_2 circunferências de, respectivamente, centros O_1 e O_2 e raios r_1 e r_2. A equação de C_1 é $x^2 + y^2 - 10y + 15 = 0$ e a equação de C_2 é $x^2 + y^2 + 20x + 15 = 0$. Sejam A e B os pontos de intersecção de C_1 e C_2.
Considerando essas informações:

a) Determine as coordenadas de O_1 e O_2 e os raios r_1 e r_2.
b) Determine as coordenadas de A e B.
c) Calcule a área do quadrilátero AO_1BO_2.

Exercícios contextualizados

70 Considere um sistema cartesiano ortogonal cuja origem O é o centro da Terra e a unidade adotada nos eixos Ox e Oy é o quilômetro. No plano determinado por esses eixos, um satélite gira em órbita circular com centro O(0, 0) e velocidade constante de 12.560 km/h, completando uma volta a cada 5 horas. Admitindo $\pi = 3{,}14$, concluímos que a equação da órbita desse satélite é:

a) $x^2 + y^2 = 10^8$
b) $x^2 + y^2 = 2^8$
c) $(x - 1)^2 + (y - 1)^2 = 8^{10}$
d) $(x + 1)^2 + (y + 1)^2 = 8^{10}$
e) $x^2 + y^2 = 2^{10}$

71 (Uepa) Com o projeto Sivam será implantado um radar com capacidade de captar sinais num raio de 250 km. Um técnico situou a ação desse radar no sistema de coordenadas cartesianas, conforme figura abaixo.

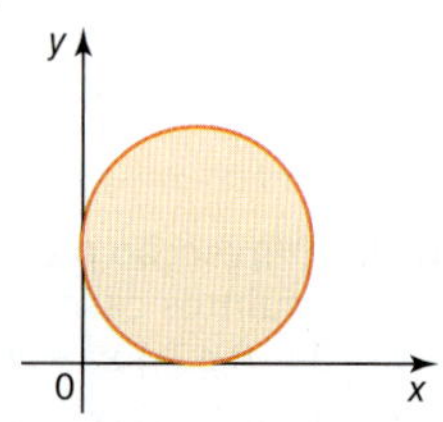

A equação dessa circunferência tangente aos eixos coordenados é:

a) $(x - 500)^2 + (y - 500)^2 = 500^2$
b) $(x - 250)^2 + (y - 250)^2 = 500^2$
c) $(x - 250)^2 + (y - 250)^2 = 250^2$
d) $(x - 500)^2 + (y - 500)^2 = 250^2$
e) $x^2 + y^2 = 250^2$

72 (UFMS) Um radar localiza objetos utilizando círculos concêntricos na origem O de um sistema cartesiano ortogonal de eixos tal que a distância entre duas circunferências consecutivas é R quilômetros, sendo R a medida do raio do menor círculo. Os objetos A, B, C e D foram detectados nesse radar de tal forma que: a reta que contém o segmento $\overline{AO}$ forma um ângulo de 30° com o eixo Ox; a reta que contém os pontos B e O forma um ângulo agudo de 60° com o eixo Ox; C se encontra no eixo Oy e D se encontra no eixo Ox, como na figura a seguir.

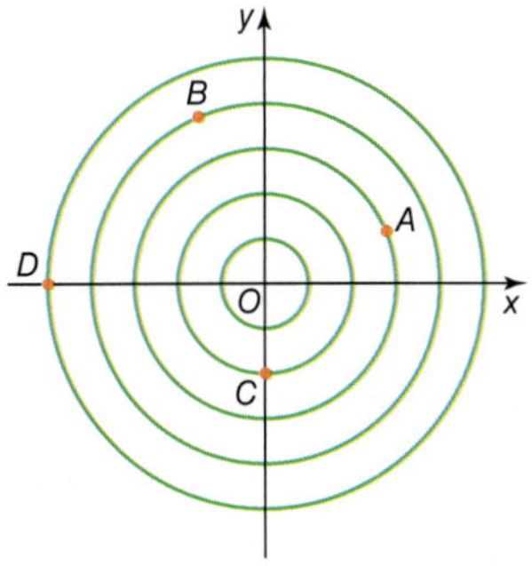

Se $d(A, B)$, $d(A, C)$, $d(A, D)$, $d(B, C)$, $d(B, D)$ e $d(C, D)$ são as distâncias reais entre os objetos (A e B), (A e C), (A e D), (B e C), (B e D) e (C e D), respectivamente, então é **incorreto** afirmar que:

(Se necessário, use: $\sqrt{2} = 1,4$; $\sqrt{3} = 1,7$.)

a) $d(A, B) < d(B, C)$
b) $d(C, D) > d(A, C)$
c) $d(A, B) < d(A, C)$
d) $d(A, D) > d(B, C)$
e) $d(B, D) < d(A, D)$

73 (UFPB) Cumprindo uma promessa de campanha, a prefeita Maria decidiu construir na praça da cidade (figura abaixo) um banheiro público. O esgoto desse banheiro deve partir do centro C da circunferência $x^2 - 16x + y^2 + 14y + 109 = 0$ e ser ligado a um ponto P no cano representado pela reta que passa pelos pontos $A = (2, 6)$ e $B = (-4, -6)$. Determine o ponto P, de modo que a distância entre C e o cano AB seja mínima.

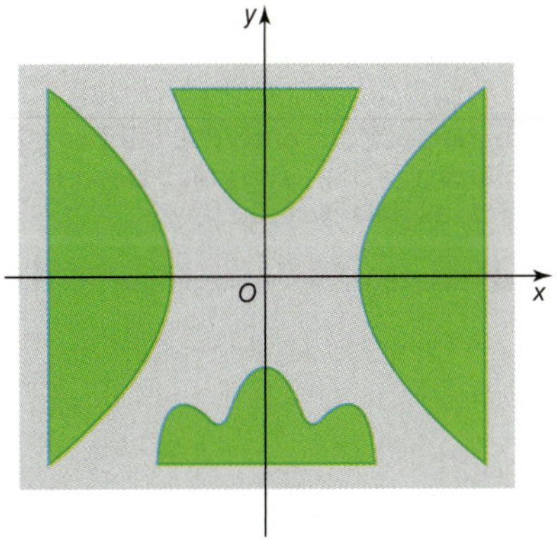

74 Um ponto P gira sobre uma circunferência à velocidade angular de $\frac{4\pi}{5}$ rad por segundo. Calcule a velocidade desse ponto, em centímetro por segundo, sabendo que $x^2 + y^2 - 10x + 12y + 45 = 0$ é a equação dessa circunferência em relação a um sistema cartesiano em que a unidade adotada nos eixos é o centímetro.

75 Um ponto O é marcado no eixo em torno do qual se movimenta a metade de uma ponte elevadiça. No extremo móvel dessa parte da ponte, marca-se um ponto A de modo que o segmento de reta $\overline{OA}$ esteja na mesma margem da ponte.

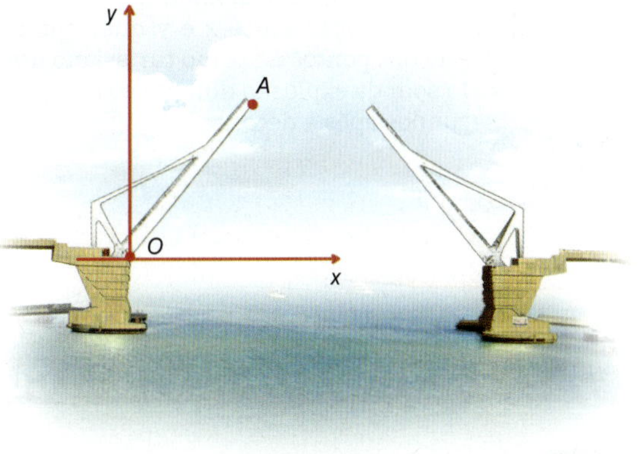

Um sistema cartesiano de origem O, cujo plano contém $\overline{OA}$, é associado a essa estrutura de modo que a unidade adotada nos eixos seja o metro e as abscissas estejam na horizontal. Em relação a esse sistema, o ponto A se movimenta sobre a circunferência de equação $x^2 + y^2 - 7.500 = 0$ desde um ponto do eixo das abscissas até um ângulo máximo de 60° com essa horizontal. Calcule a altura máxima que pode atingir o ponto A em relação ao eixo das abscissas.

76 Um sistema de coordenadas cartesianas, em que as abscissas x e as ordenadas y são expressas em quilômetro, foi associado a um mapa mostrando que o epicentro de um terremoto ocorreu no ponto E(3, 0). Sabendo que os efeitos desse terremoto foram sentidos, no máximo, até um raio de 5 km do epicentro, dê uma relação entre x e y cujo gráfico seja toda a região atingida pelo terremoto.

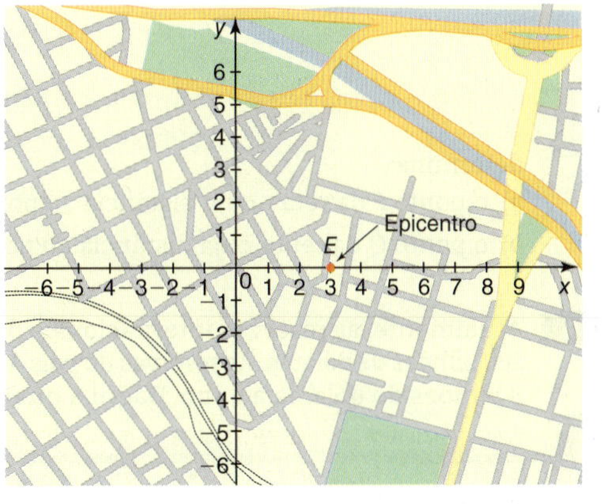

77 Um fabricante produz dois tipos, A e B, de fio para instalações elétricas. Para cada x metros de fio do tipo A, com $x \leq 700$, o custo de produção por metro, em real, é $4 - \frac{x}{200}$; e para cada y metros de fio do tipo B, com $y \leq 800$, o custo de produção por metro é $5 - \frac{y}{200}$. Sob essas condições, represente no plano cartesiano a região que corresponde à produção de x metros do fio A e y metros do fio B, de modo que o custo total de produção:

a) não ultrapasse R$ 1.600,00.
b) ultrapasse R$ 1.600,00.

78 Na construção de uma estrada, a detonação de uma carga de dinamite ocorreu em um ponto O de uma região onde a velocidade do som é de 1.200 km/h. Considerando no plano dessa região um sistema cartesiano de origem O, em que a unidade adotada nos eixos Ox e Oy é o quilômetro:

a) dê uma relação entre x e y que represente a região dos pontos do plano cartesiano atingidos pelo som da explosão durante os seis primeiros segundos após a detonação.

b) calcule o tempo, em segundo, após a explosão em que foram atingidos os pontos da circunferência de equação $x^2 + y^2 = 100$.

79 Um projeto realizado em um sistema cartesiano xOy prevê que as posições de dois anéis viários são determinadas pelas equações $x^2 + (y - p)^2 = 16$ e $(x - 1)^2 + (y - 2)^2 = 4$. Para que valores reais de p esses anéis não se interceptarão?

EXERCÍCIOS DE REVISÃO CUMULATIVA

Ao concluir o estudo deste capítulo, resolva estes exercícios, que envolvem alguns assuntos estudados nos capítulos anteriores.

1 As três retas: $(r)\ x + y + 3 = 0$, $(s)\ x - y + 1 = 0$ e $(t)\ x + ky - k = 0$ concorrem em um mesmo ponto. Determine o valor da constante real k.

2 Um triângulo tem vértices: $A(7, 6)$, $B(3, 2)$ e $C(5, 0)$. Determine nesse triângulo:

a) a equação da reta que contém a altura relativa ao vértice A.

b) a equação da reta que contém a mediana relativa ao vértice A.

c) a tangente do ângulo agudo formado pela altura e pela mediana relativas ao vértice A.

3 De acordo com o gráfico,

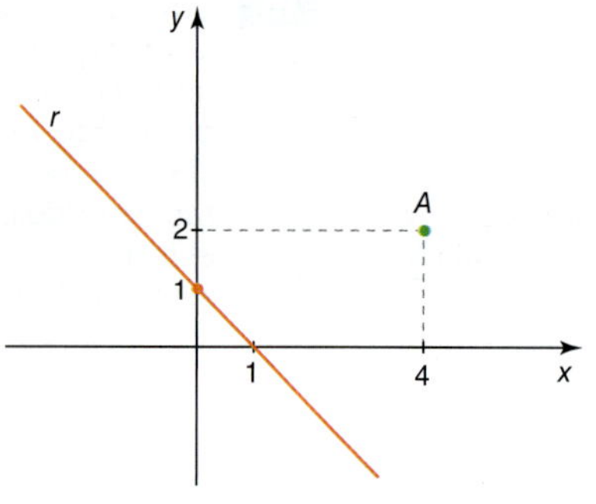

determine:

a) o ponto P da reta r cuja distância ao ponto A é mínima.

b) o ponto Q da reta r cuja distância ao ponto A é 5.

4 Atualmente, as reservas internacionais de dois países, A e B, são, respectivamente, 200 bilhões e 260 bilhões de dólares. As reservas do país A crescem 5 bilhões de dólares ao ano e as do país B crescem 3 bilhões de dólares ao ano. Daqui a quantos anos as reservas desses países serão iguais?

ANÁLISE DA RESOLUÇÃO

Um aluno resolveu o exercício abaixo, conforme reproduzido a seguir. Observe a resolução e reflita sobre o comentário.

Exercício

No plano cartesiano, construa o gráfico formado pelos pontos (x, y) tais que: $y = \sqrt{9 - x^2}$.

Resolução

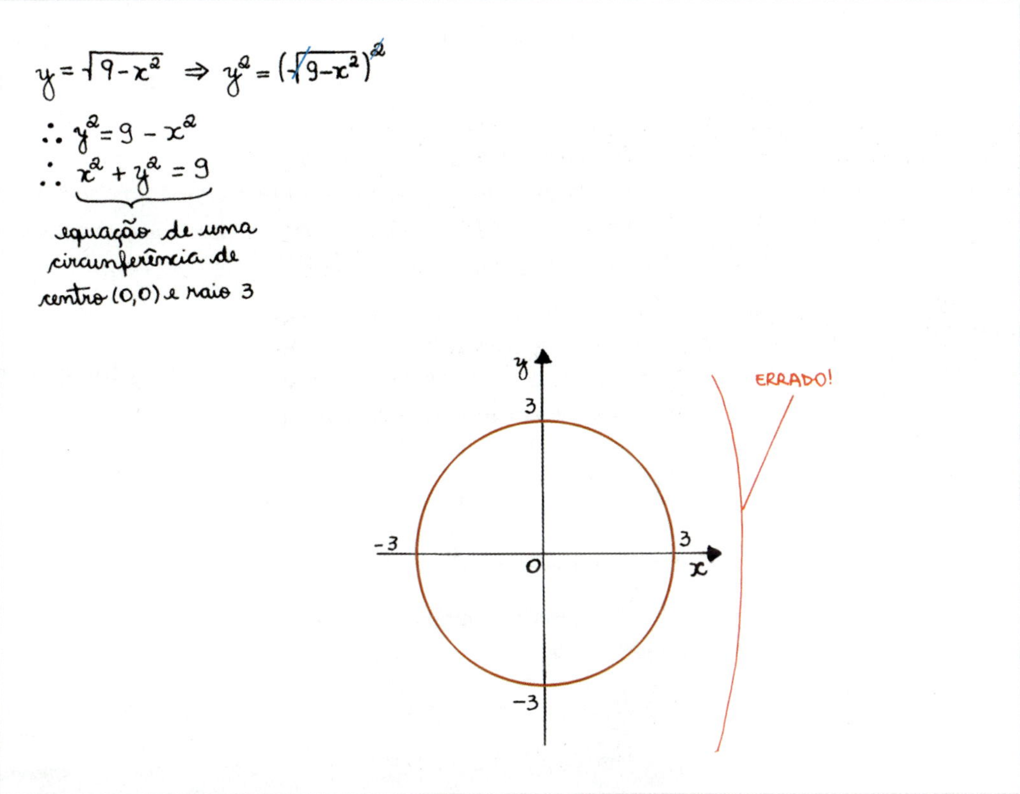

Comentário

Por definição, a raiz quadrada de um número real, quando existe, é um número não negativo. Assim, obedecida a condição de existência para a raiz quadrada, temos que a variável y na equação $y = \sqrt{9 - x^2}$ simboliza um número não negativo, isto é, $y \geq 0$. Portanto, o gráfico apresentado nessa resolução está incorreto, pois possui pontos (x, y) com $y < 0$.

Refaça a resolução, corrigindo-a.

Capítulo

5

Geometria analítica: cônicas

As cônicas estão presentes nos estudos de Astronomia, Óptica, Acústica, Engenharia, Navegação e de várias outras áreas do conhecimento. Neste capítulo estudaremos três figuras cônicas: a elipse, a hipérbole e a parábola.

5.1 Figuras cônicas

As cônicas são curvas obtidas pela intersecção de um plano com a superfície de um cone.

5.2 Elipse

Um plano oblíquo ao eixo de rotação de um cone, interceptando todas as geratrizes em pontos distintos, determina uma elipse na superfície do cone.

5.3 Hipérbole

Um plano que não passa pelo vértice e não é paralelo a nenhuma das geratrizes ilimitadas de dois cones de revolução opostos pelo vértice determina uma hipérbole nas superfícies desses cones.

5.4 Parábola

Um plano paralelo a uma das geratrizes ilimitadas de um cone de revolução determina uma parábola na superfície desse cone.

5.5 Lugar geométrico

Qualquer conjunto de pontos, inclusive o conjunto vazio, é um lugar geométrico.

Forno solar

Com o objetivo de preservar o meio ambiente, diversos países vêm desenvolvendo, com a ajuda da Matemática e da Física, tecnologias que aproveitam a energia solar, uma fonte limpa e renovável de geração de energia. Vamos ver um exemplo da aplicação dessa tecnologia: o forno solar de Odeillo, na França, um dos maiores do mundo, com uma potência térmica de 1.000 kW.

1 Direcionando os raios do Sol

Dezenas de espelhos planos, cuja inclinação é controlada eletronicamente, direcionam os raios do Sol para uma superfície parabólica.

Localização e disposição dos espelhos

O local foi escolhido pela qualidade e duração da insolação, mais de 3.000 horas por ano, além da pureza de sua atmosfera pouco submetida à contaminação. Os 63 espelhos heliostáticos estão dispostos para obter melhor aproveitamento.

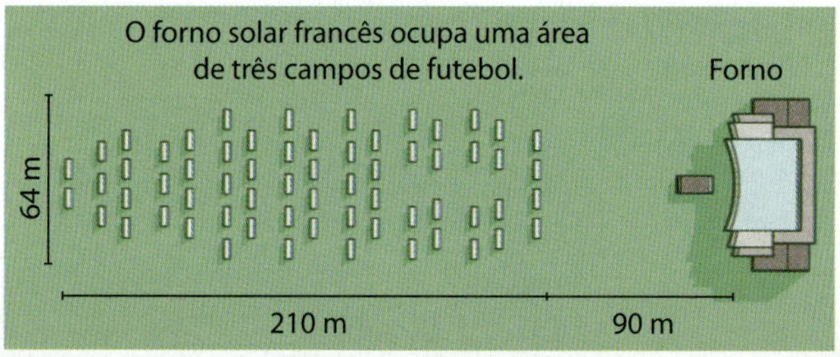

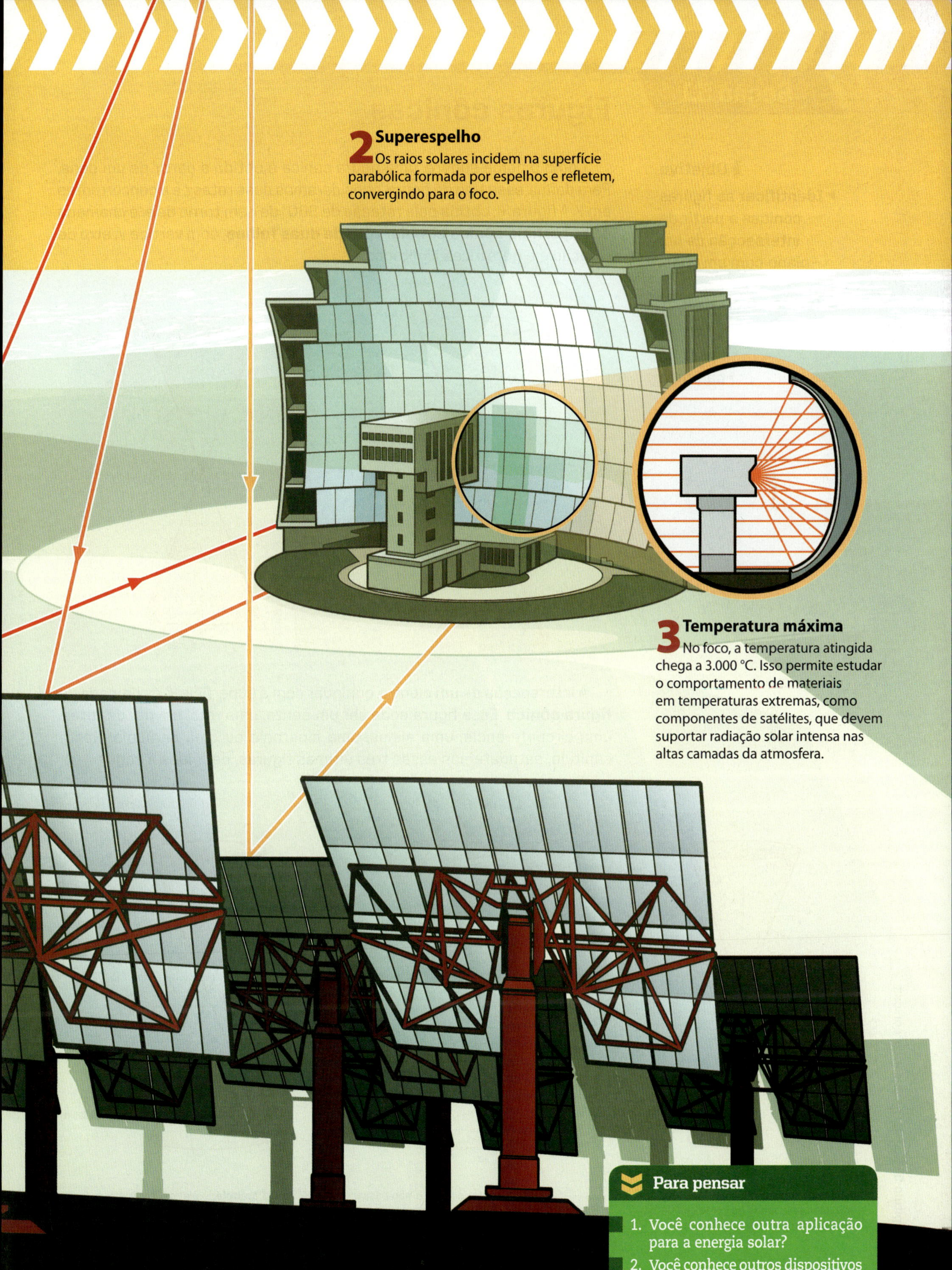

Para pensar

1. Você conhece outra aplicação para a energia solar?
2. Você conhece outros dispositivos tecnológicos que tenham formato parabólico? Para que servem?

Figuras cônicas

Objetivo

- **Identificar** as figuras cônicas a partir da intersecção de um plano com um cone.

Termos e conceitos

- elipse
- hipérbole
- parábola

Como o nome sugere, uma figura cônica é obtida a partir de um cone. Para definir esse tipo de figura, consideramos duas retas *r* e *e* concorrentes em *V*. A figura $\mathscr{C}$, obtida pela rotação de 360° de *r* em torno de *e*, é chamada de **superfície cônica circular reta de duas folhas**, com vértice *V*, eixo de rotação *e* e geratrizes ilimitadas.

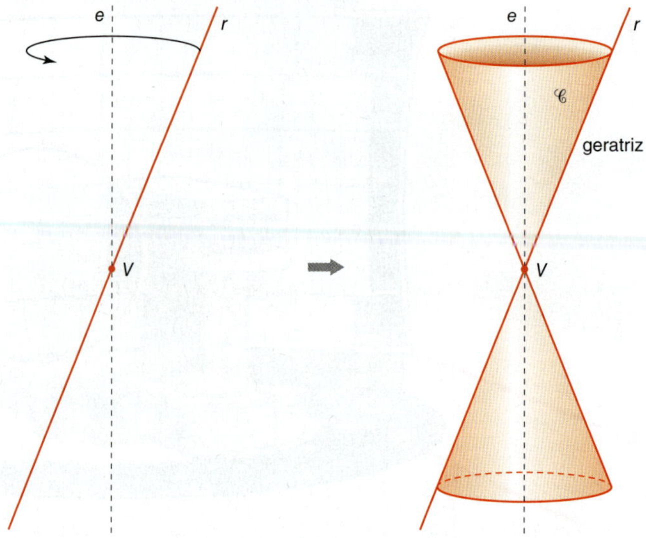

A intersecção de um plano α qualquer com a superfície $\mathscr{C}$ é chamada de **figura cônica**. Essa figura pode ser um ponto, uma reta, um par de retas, uma circunferência, uma elipse, uma hipérbole ou uma parábola. Neste capítulo, estudaremos essas três últimas figuras, definidas a seguir.

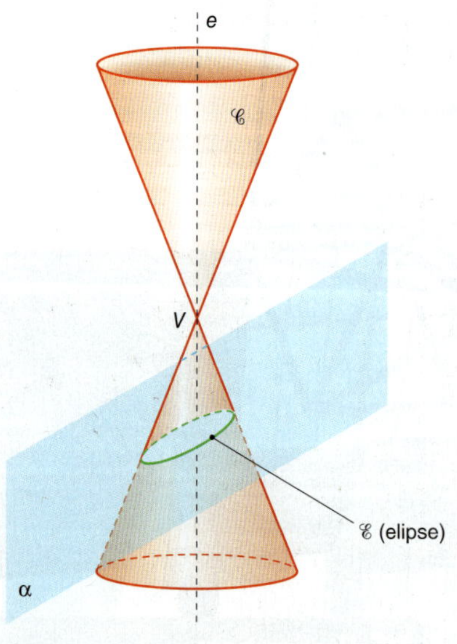

Elipse: o plano α não passa pelo vértice *V* e intercepta todas as geratrizes de $\mathscr{C}$ obliquamente ao eixo de rotação *e*.

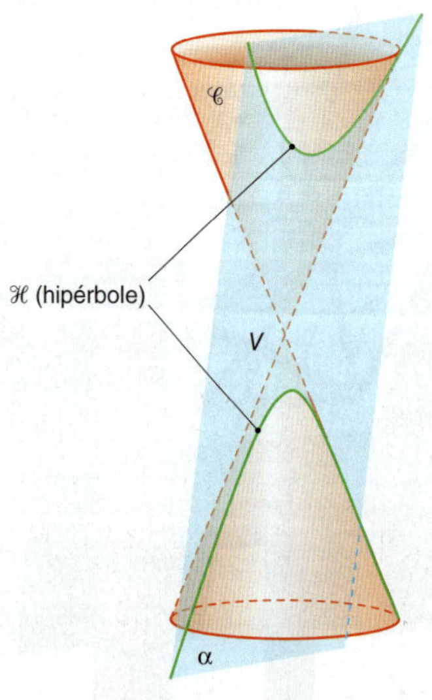

Hipérbole: o plano α não passa pelo vértice *V* e intercepta as duas folhas de $\mathscr{C}$.

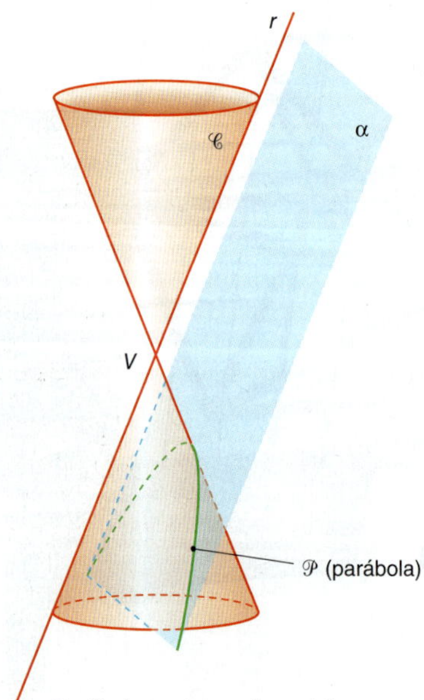

Parábola: o plano α é paralelo a uma geratriz de $\mathscr{C}$.

Conteúdo digital Moderna PLUS http://www.modernaplus.com.br
Animação: *Secções de um plano com um cone.*

Visualizando as cônicas

Ao iluminar uma parede plana com o facho cônico de luz proveniente de uma lanterna, observamos algumas figuras determinadas pelas intersecções da superfície do cone com o plano. Essas intersecções são figuras cônicas. Por exemplo:

- Se o eixo do cone de luz for oblíquo ao plano da parede, de modo que todas as geratrizes do cone sejam interceptadas pelo plano, então a intersecção desse plano com a superfície do cone é uma **elipse**.

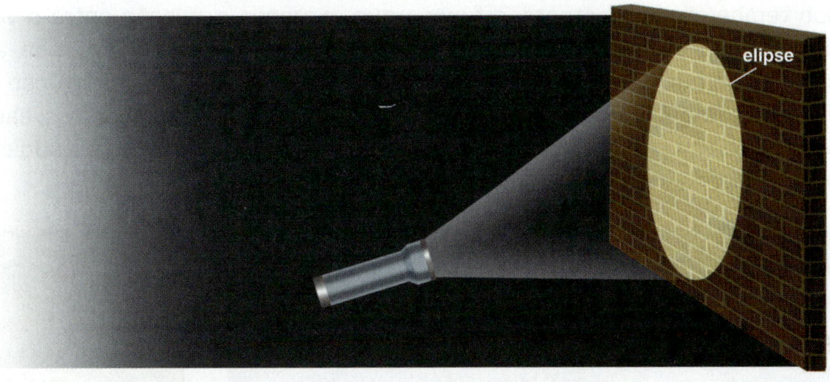

- Se uma das geratrizes do cone de luz for paralela ao plano da parede, então a intersecção desse plano com a superfície do cone é uma **parábola**.

- Se o eixo do cone de luz for paralelo ao plano da parede, então a intersecção desse plano com a superfície do cone é um dos ramos de uma **hipérbole** (a hipérbole é formada por dois ramos como esse).

Há outras posições possíveis da lanterna para se determinar um ramo de hipérbole; esse é apenas um exemplo.

Da origem das cônicas às suas aplicações atuais

O mais completo tratado sobre as cônicas foi escrito pelo matemático e astrônomo grego Apolônio de Perga, por volta de 225 a.C., embora elas tenham sido estudadas antes dele.

A obra *As cônicas*, de Apolônio, foi duramente criticada por alguns sábios de sua época, que não viam nesse estudo nenhuma aplicação no mundo real. Mas o tempo se incumbiu de mostrar que esses sábios estavam enganados: por volta de 1605, o astrônomo alemão Johannes Kepler descobriu que os planetas descrevem órbitas **elípticas** em torno do Sol; em 1632, Galileu Galilei descreveu como **parabólica** a trajetória de projéteis; em 1662, Robert Boyle descobriu que, sob temperatura constante, a função que expressa a relação entre o volume de uma massa fixa de gás e a pressão exercida sobre ela é **hiperbólica**. Constatamos, ainda, a presença das cônicas em muitas outras situações do mundo real, como na construção de antenas, espelhos e lentes parabólicos ou hiperbólicos; na construção de pontes pênseis; nas trajetórias elípticas, parabólicas ou hiperbólicas de astros celestes; em Economia, no estudo da curva parabólica de possibilidades de produção etc.

Os pilares da Catedral de Brasília, DF, têm forma de um hiperboloide.

O Coliseu, em Roma, tem forma elíptica.

No salto, a moto descreve trajetória parabólica.

Seção 5.2

Elipse

Objetivos

- **Conhecer** a definição de elipse a partir de uma propriedade comum a todos os seus pontos.
- **Obter** a equação da elipse a partir da definição.
- **Identificar** e obter a equação reduzida de uma elipse.
- **Esboçar** o gráfico de uma elipse.

Termos e conceitos

- **focos da elipse**
- **distância focal**
- **eixo maior da elipse**
- **eixo menor da elipse**
- **centro da elipse**
- **excentricidade da elipse**

Observe na foto abaixo o projeto de modernização do Complexo Mineirão/Mineirinho, em Belo Horizonte, MG, para a Copa do Mundo de 2014. O estádio manterá a estrutura **elíptica** atual e receberá uma cobertura de vidro.

Montagem fotográfica do projeto de modernização do Complexo Mineirão/Mineirinho.

Definição

Para um estudo analítico da elipse, convém defini-la a partir da seguinte propriedade, comum a todos os seus pontos:

> Fixados dois pontos, F_1 e F_2, de um plano α tal que $F_1F_2 = 2c$, com $c > 0$, chama-se **elipse** o conjunto dos pontos P do plano α cuja soma das distâncias PF_1 e PF_2 é uma constante $2a$, com $2a > 2c$.
>
> $$PF_1 + PF_2 = 2a$$

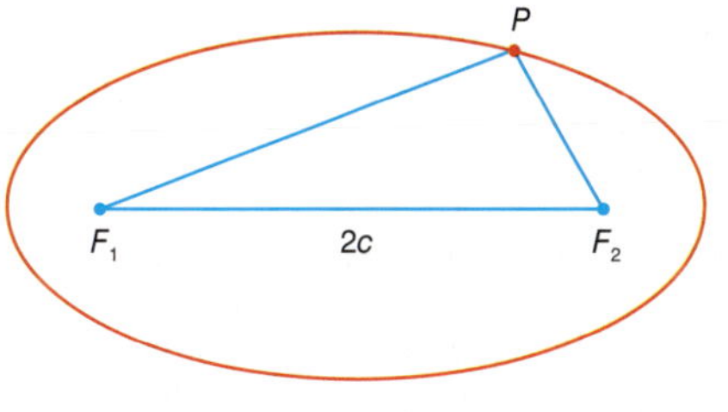

- Os pontos F_1 e F_2 são os **focos** da elipse.
- A medida $2c$ é a **distância focal** (distância entre os focos), sendo c a semidistância focal.
- Qualquer segmento de reta cujos extremos são pontos da elipse é chamado de **corda** da elipse.
- A corda $\overline{A_1A_2}$, que passa pelos focos F_1 e F_2, é chamada de **eixo maior** da elipse e sua medida é $2a$.
- O ponto médio C do eixo maior $\overline{A_1A_2}$, que também é ponto médio do segmento $\overline{F_1F_2}$, é chamado de **centro** da elipse, sendo $\overline{A_1C}$ e $\overline{A_2C}$ os **semieixos maiores**.

- A corda $\overline{B_1B_2}$, que passa por C e é perpendicular ao eixo maior, é o **eixo menor** da elipse, sendo os segmentos $\overline{B_1C}$ e $\overline{B_2C}$ os **semieixos menores**. Esses semieixos têm medidas iguais, que serão indicadas por b, isto é, $B_1C = B_2C = b$.

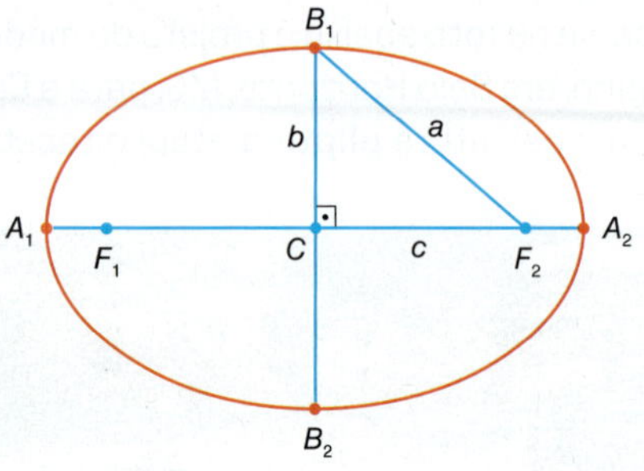

$A_1A_2 = 2a$
$B_1B_2 = 2b$
$F_1F_2 = 2c$
$B_1F_1 = B_1F_2 = a$

- Pelo teorema de Pitágoras, temos do triângulo B_1CF_2: $a^2 = b^2 + c^2$
- O número $e = \dfrac{c}{a}$ é chamado de **excentricidade** da elipse. Observando que esse número é o cosseno do ângulo agudo $B_1\hat{F}_2C$, temos $0 < e < 1$.

Nota:

A **excentricidade** é um número que mostra quanto os pontos da elipse estão próximos de uma circunferência ou de um segmento de reta. Fixada a medida $2b$ do eixo menor, temos: quanto mais próximos estiverem os focos, mais próximos de uma circunferência estarão os pontos da elipse, e quanto mais distantes estiverem os focos, mais próximos de um segmento de reta estarão os pontos da elipse. Observe:

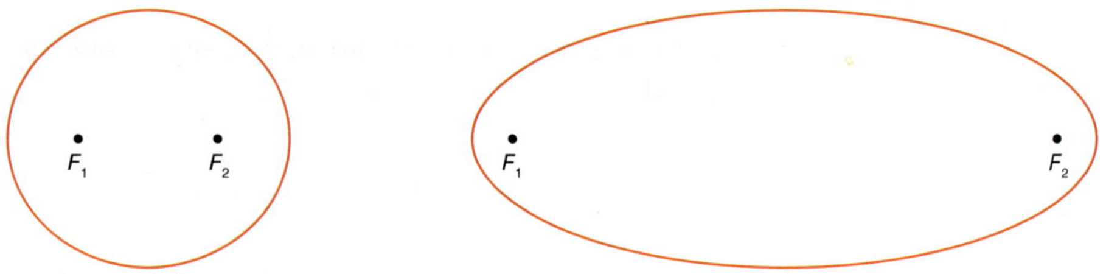

$e = 0{,}45$ $e = 0{,}92$

Assim, quanto mais próximo de zero estiver o número $e = \dfrac{c}{a}$, mais próximos de uma circunferência estarão os pontos da elipse, e quanto mais próximo de 1 estiver o número e, mais próximos de um segmento de reta estarão os pontos da elipse.

Construção de uma elipse

Para construir uma elipse, fixam-se dois pregos em dois pontos distintos de uma tábua e amarram-se neles as extremidades de um barbante de comprimento maior que a distância entre os pregos. A seguir, desenha-se uma linha na tábua com um lápis apoiado no barbante, que deve ficar o mais esticado possível, conforme mostra a figura.

A linha assim desenhada é uma elipse, pois a soma das distâncias de cada um de seus pontos aos dois pregos é igual ao comprimento do barbante.

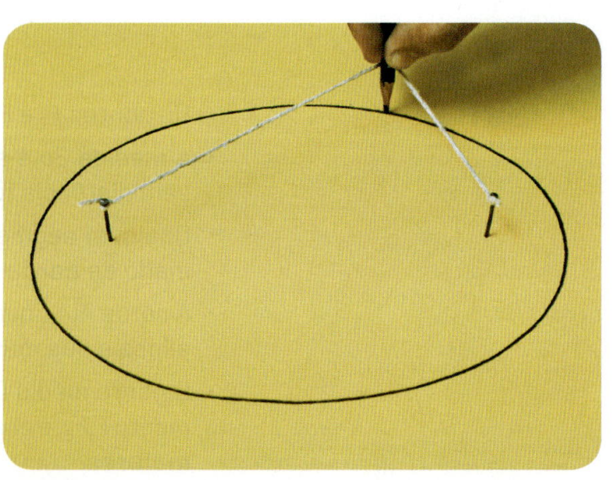

EXERCÍCIO RESOLVIDO

1 Considerando a elipse $\mathscr{E}$:

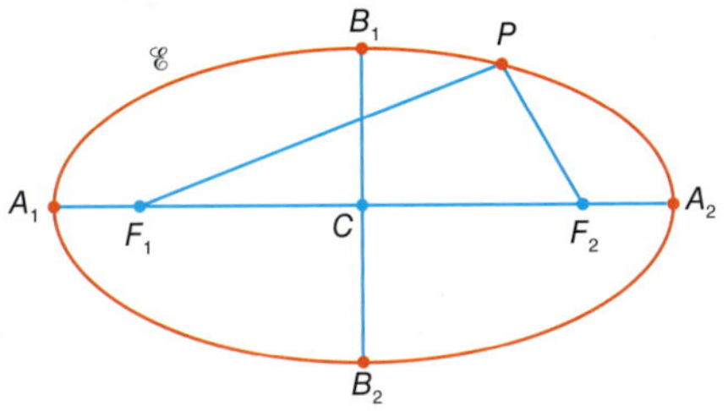

tal que:

- $PF_1 + PF_2 = 2a$
- $F_1F_2 = 2c$, com $2a > 2c$

demonstrar que:

a) a medida do eixo maior $\overline{A_1A_2}$ é $2a$.

b) o ponto médio C de $\overline{A_1A_2}$ também é ponto médio de $\overline{F_1F_2}$ (C é o centro da elipse).

c) cada um dos segmentos $\overline{B_1F_1}$ e $\overline{B_1F_2}$ mede metade do eixo maior, isto é, $B_1F_1 = B_1F_2 = a$.

d) C é o ponto médio do eixo menor $\overline{B_1B_2}$.

Resolução

a) $A_1 \in \mathscr{E} \Rightarrow A_1F_1 + A_1F_2 = 2a$; logo,

$A_1F_1 + \underbrace{A_1F_1 + F_1F_2}_{A_1F_2} = 2a \quad \text{(I)}$

$A_2 \in \mathscr{E} \Rightarrow A_2F_1 + A_2F_2 = 2a$; logo,

$\underbrace{A_2F_2 + F_2F_1}_{A_2F_1} + A_2F_2 = 2a \quad \text{(II)}$

Subtraímos (I) e (II) membro a membro:

$2A_1F_1 - 2A_2F_2 = 0 \Rightarrow A_1F_1 = A_2F_2 \quad \text{(III)}$

Substituímos (III) em (II), concluindo:

$\underbrace{A_2F_2 + F_2F_1 + F_1A_1}_{A_1A_2} = 2a \Rightarrow A_1A_2 = 2a$

b) $A_1C = A_2C \Rightarrow A_1F_1 + F_1C = A_2F_2 + F_2C \quad \text{(I)}$

Provamos no item **a** que $A_1F_1 = A_2F_2 \quad \text{(II)}$

Substituindo (II) em (I), obtemos:

$A_1F_1 + F_1C = A_1F_1 + F_2C \Rightarrow F_1C = F_2C$

Logo, C é ponto médio de $\overline{F_1F_2}$.

c) Observando os triângulos B_1F_1C e B_1F_2C:

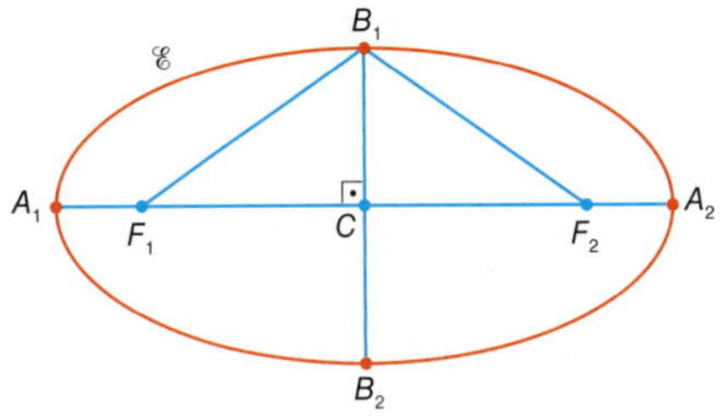

temos:

- $\overline{F_1C} \cong \overline{F_2C}$, pois C é ponto médio de $\overline{F_1F_2}$;
- $B_1\hat{C}F_1 \cong B_1\hat{C}F_2$, pois ambos são retos;
- $\overline{B_1C}$ é lado comum aos dois triângulos.

Assim, pelo caso LAL de congruência de triângulos, temos $\triangle B_1F_1C \cong \triangle B_1F_2C$, portanto:

$B_1F_1 = B_1F_2 \quad \text{(I)}$

Temos ainda:

$B_1 \in \mathscr{E} \Rightarrow B_1F_1 + B_1F_2 = 2a \quad \text{(II)}$

Substituindo (I) em (II), obtemos:

$B_1F_1 + B_1F_1 = 2a \Rightarrow 2B_1F_1 = 2a$

e, portanto: $B_1F_1 = a$

Logo: $B_1F_1 = B_1F_2 = a$

Analogamente, prova-se que $B_2F_1 = B_2F_2 = a$.

d) O quadrilátero $B_1F_1B_2F_2$ é um losango, pois provamos no item **c** que $B_1F_1 = B_1F_2 = B_2F_1 = B_2F_2$. Como as diagonais de um losango se cruzam perpendicularmente no ponto médio de cada uma, concluímos que C é ponto médio de $\overline{B_1B_2}$.

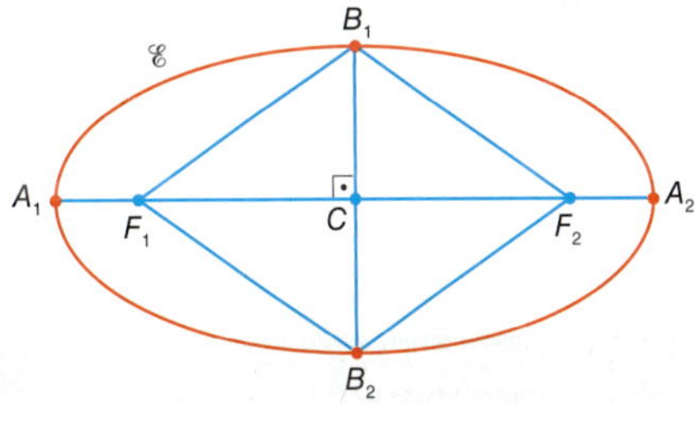

EXERCÍCIOS PROPOSTOS

1 O gráfico abaixo representa uma elipse $\mathscr{E}$ de focos F_1 e F_2.

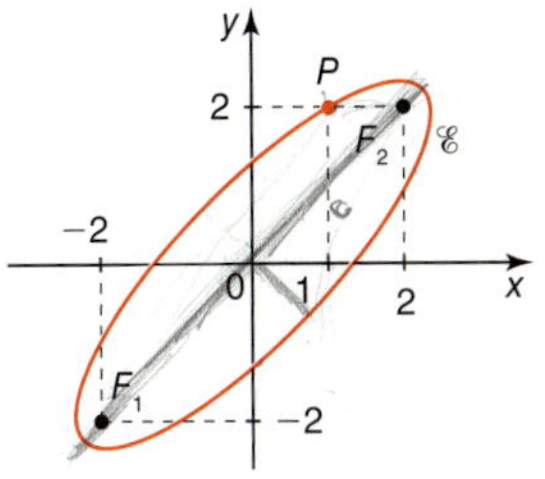

Determine:

a) a medida do eixo maior de $\mathscr{E}$.

b) a distância focal de $\mathscr{E}$.

c) a medida do eixo menor de $\mathscr{E}$.

d) a excentricidade de $\mathscr{E}$.

2 (Cesgranrio-RJ) Para delimitar um gramado, um jardineiro traçou uma elipse tangenciando, nos respectivos pontos médios, os quatro lados de um terreno retangular de 4 m por 3,2 m. Para isso, usou um fio esticado preso por suas extremidades M e N, como mostra a figura. Qual a distância entre os pontos M e N?

3 A primeira lei de Kepler estabelece que qualquer planeta do Sistema Solar descreve uma órbita elíptica em torno do Sol, estando este em um dos focos da elipse.
Sabendo que a maior e a menor distância da Terra ao Sol são $1{,}53 \cdot 10^8$ km e $1{,}47 \cdot 10^8$ km, aproximadamente, calcule a medida do eixo maior e a distância focal da órbita elíptica da Terra em torno do Sol.

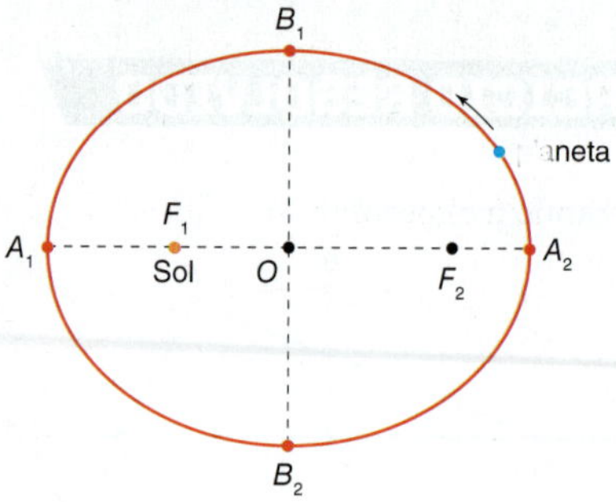

Resolva os exercícios complementares 51 a 53.

Equação da elipse

Sejam $F_1(x_1, y_1)$ e $F_2(x_2, y_2)$ os focos de uma elipse cujo eixo maior mede $2a$.

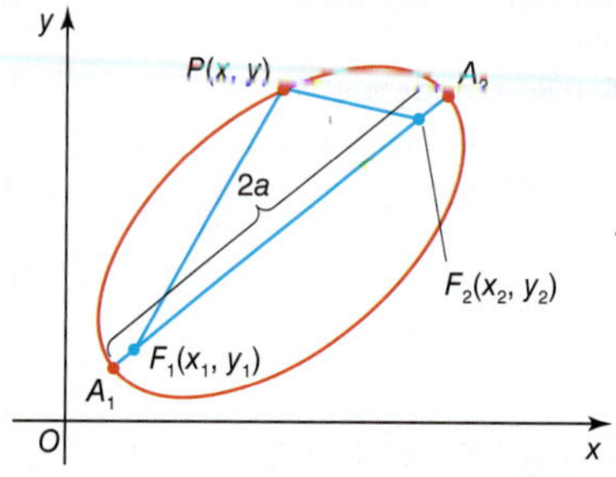

Para obter uma equação dessa elipse, impomos a um ponto genérico $P(x, y)$ a condição estabelecida na definição:

$$PF_1 + PF_2 = 2a$$

ou seja:

$$\sqrt{(x - x_1)^2 + (y - y_1)^2} + \sqrt{(x - x_2)^2 + (y - y_2)^2} = 2a$$

EXERCÍCIO RESOLVIDO

2 Obter uma equação da elipse de focos $F_1(0, -2)$ e $F_2(0, 2)$, cujo eixo maior mede 6 unidades.

Resolução

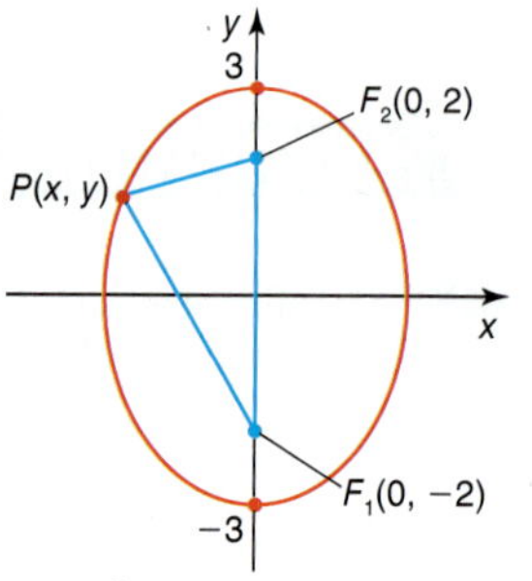

Para obter a equação, consideramos um ponto genérico $P(x, y)$ e impomos que $PF_1 + PF_2 = 6$.

$PF_1 + PF_2 = 6 \Rightarrow \sqrt{(x - 0)^2 + (y + 2)^2} + \sqrt{(x - 0)^2 + (y - 2)^2} = 6$

$\therefore \sqrt{x^2 + (y + 2)^2} + \sqrt{x^2 + (y - 2)^2} = 6$

Essa já é a equação da elipse; porém, se quisermos apresentá-la sem os radicais, agimos do seguinte modo.

Isolamos um dos radicais: $\sqrt{x^2 + (y + 2)^2} = 6 - \sqrt{x^2 + (y - 2)^2}$

Quadramos ambos os membros:

$\left(\sqrt{x^2 + (y + 2)^2}\right)^2 = \left(6 - \sqrt{x^2 + (y - 2)^2}\right)^2 \Rightarrow x^2 + (y + 2)^2 = 36 - 12\sqrt{x^2 + (y - 2)^2} + x^2 + (y - 2)^2$

$\therefore x^2 + y^2 + 4y + 4 = 36 - 12\sqrt{x^2 + (y - 2)^2} + x^2 + y^2 - 4y + 4$

Isolamos o radical remanescente: $12\sqrt{x^2 + (y - 2)^2} = 36 - 8y \Rightarrow 3\sqrt{x^2 + (y - 2)^2} = 9 - 2y$

Quadramos ambos os membros:

$9[x^2 + (y - 2)^2] = (9 - 2y)^2 \Rightarrow 9[x^2 + y^2 - 4y + 4] = 81 - 36y + 4y^2$

$\therefore 9x^2 + 9y^2 - 36y + 36 - 81 + 36y - 4y^2 = 0 \Rightarrow 9x^2 + 5y^2 - 45 = 0$

Encontramos, assim, outra forma da equação da elipse: $9x^2 + 5y^2 - 45 = 0$

EXERCÍCIOS PROPOSTOS

4 Aplicando a definição, obtenha uma equação da elipse $\mathscr{E}$ de focos $F_1(-1, 0)$ e $F_2(1, 0)$, cujo eixo maior mede 4 unidades.

5 Aplicando a definição, obtenha uma equação da elipse de eixos $\overline{A_1A_2}$ e $\overline{B_1B_2}$, representada a seguir.

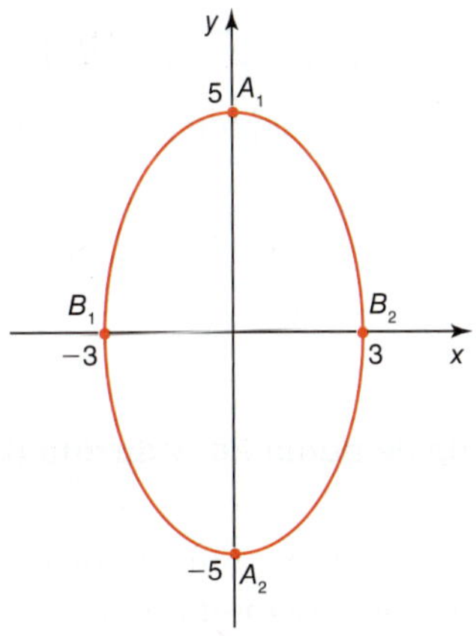

Resolva os exercícios complementares 1 e 2.

Equação reduzida da elipse

Como vimos, associando um sistema de eixos cartesianos ao plano de uma elipse, podemos representá-la por uma equação. Vamos estudar o caso particular em que os focos pertencem ao eixo Ox e o centro está na origem $(0, 0)$.

Consideremos uma elipse de focos $F_1(-c, 0)$ e $F_2(c, 0)$, eixos maior e menor de medidas $2a$ e $2b$, respectivamente, e um ponto genérico $P(x, y)$ da elipse, conforme a figura abaixo:

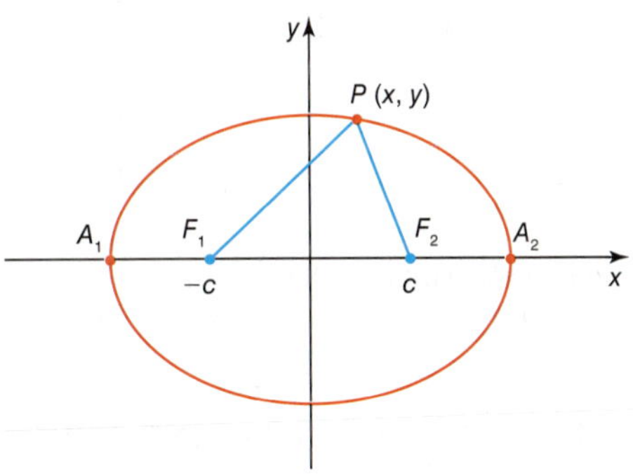

Pela definição de elipse, temos $PF_1 + PF_2 = 2a$, ou seja:

$$\sqrt{(x-(-c))^2+(y-0)^2}+\sqrt{(x-c)^2+(y-0)^2}=2a \Rightarrow \sqrt{(x+c)^2+y^2}+\sqrt{(x-c)^2+y^2}=2a$$

$$\therefore \sqrt{(x+c)^2+y^2}=2a-\sqrt{(x-c)^2+y^2}$$

Quadrando ambos os membros, obtemos:

$$\left(\sqrt{(x+c)^2+y^2}\right)^2=\left(2a-\sqrt{(x-c)^2+y^2}\right)^2 \Rightarrow$$

$$\Rightarrow (x+c)^2+\cancel{y^2}=4a^2-4a\sqrt{(x-c)^2+y^2}+(x-c)^2+\cancel{y^2}$$

$$\therefore \cancel{x^2}+2xc+\cancel{c^2}=4a^2-4a\sqrt{(x-c)^2+y^2}+\cancel{x^2}-2xc+\cancel{c^2} \Rightarrow$$

$$\Rightarrow 4(xc-a^2)=-4a\sqrt{(x-c)^2+y^2}$$

$$\therefore (xc-a^2)=-a\sqrt{x^2-2xc+c^2+y^2}$$

Quadrando ambos os membros novamente, temos:

$$x^2c^2 - \cancel{2xca^2} + a^4 = a^2x^2 - \cancel{2xca^2} + a^2c^2 + a^2y^2 \Rightarrow x^2c^2 + a^4 = a^2x^2 + a^2c^2 + a^2y^2$$

$$\therefore a^2x^2 - x^2c^2 + a^2y^2 = a^4 - a^2c^2$$

$$\therefore x^2(a^2 - c^2) + a^2y^2 = a^2(a^2 - c^2)$$

Como $a^2 = b^2 + c^2$, ou seja, $a^2 - c^2 = b^2$, temos:

$$x^2(b^2) + a^2y^2 = a^2(b^2)$$

Dividindo ambos os membros dessa igualdade por a^2b^2, concluímos:

$$\frac{x^2}{a^2} + \frac{y^2}{b^2} = 1$$

Essa última equação é chamada de **equação reduzida da elipse** centrada na origem e com eixo maior sobre o eixo Ox.

Reproduzindo esse procedimento para uma elipse qualquer de centro $C(x_0, y_0)$, com eixo maior de medida $2a$ e eixo menor de medida $2b$, obtemos as equações apresentadas a seguir.

Equação reduzida da elipse com eixo maior paralelo ao eixo *Ox*

Se uma elipse tem o eixo maior paralelo ao eixo das abscissas, então sua equação pode ser apresentada na forma:

$$\frac{(x - x_0)^2}{a^2} + \frac{(y - y_0)^2}{b^2} = 1$$

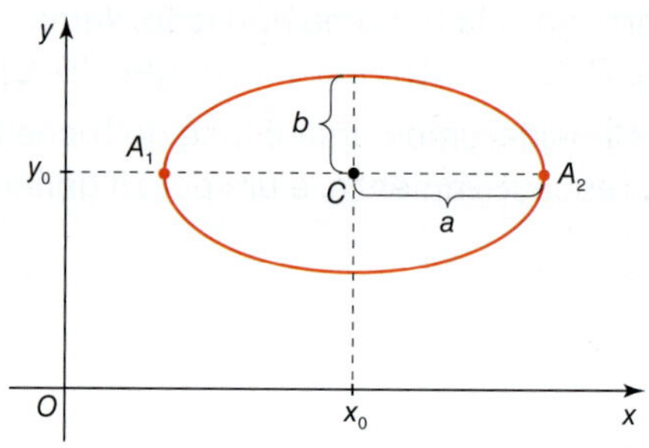

Material complementar Moderna PLUS http://www.modernaplus.com.br
Texto: *Dedução da equação da elipse com eixo maior paralelo ao eixo* Ox.

Equação reduzida da elipse com eixo maior paralelo ao eixo *Oy*

Se uma elipse tem o eixo maior paralelo ao eixo das ordenadas, então sua equação pode ser apresentada na forma:

$$\frac{(x - x_0)^2}{b^2} + \frac{(y - y_0)^2}{a^2} = 1$$

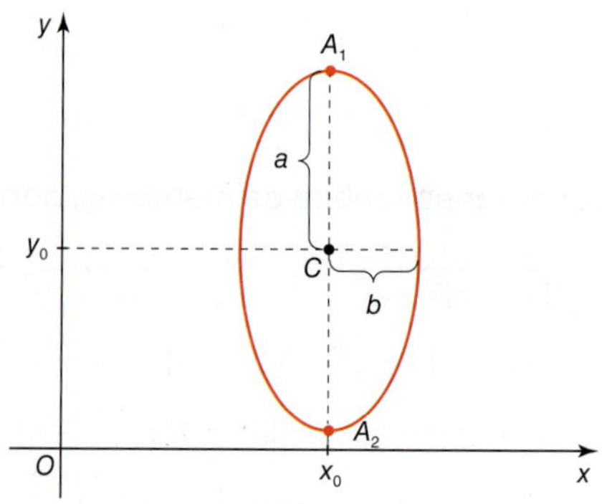

A demonstração desse caso é análoga à anterior.

EXERCÍCIOS RESOLVIDOS

3 Obter a equação reduzida da elipse de centro C nos seguintes casos:

a)

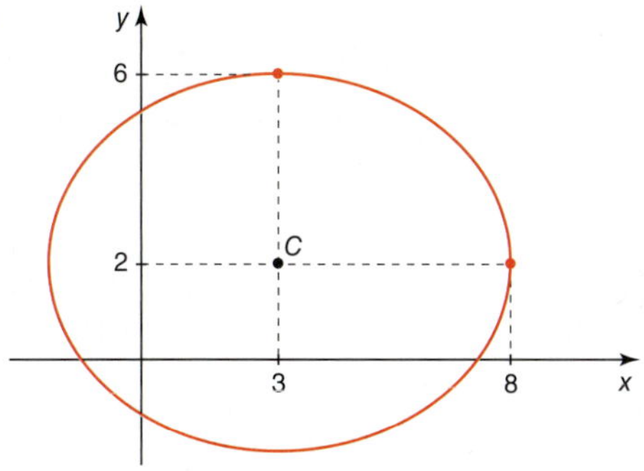

b)

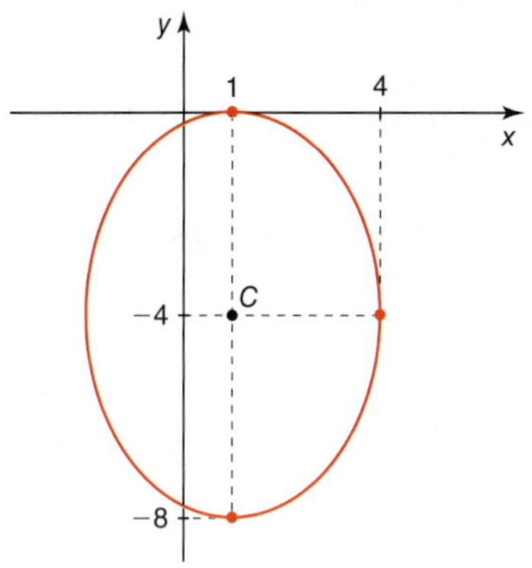

Resolução

a) Pelo gráfico, temos:

- o centro da elipse é o ponto $C(3, 2)$;
- a medida do semieixo maior (metade do eixo maior) é $a = 8 - 3 = 5$;
- a medida do semieixo menor (metade do eixo menor) é $b = 6 - 2 = 4$;
- o eixo maior é paralelo ao eixo das abscissas.

Logo, a equação reduzida da elipse é:

$$\frac{(x-3)^2}{25} + \frac{(y-2)^2}{16} = 1$$

b) Pelo gráfico, temos:

- o centro da elipse é o ponto $C(1, -4)$;
- a medida do semieixo maior é $a = 0 - (-4) = 4$;
- a medida do semieixo menor é $b = 4 - 1 = 3$;
- o eixo maior é paralelo ao eixo das ordenadas.

Logo, a equação reduzida da elipse é:

$$\frac{(x-1)^2}{9} + \frac{(y+4)^2}{16} = 1$$

4 Obter a excentricidade da elipse do item **a** do exercício anterior.

Resolução

Pela equação da elipse, sabemos que $a^2 = 25$ e $b^2 = 16$.

Como $a^2 = b^2 + c^2$, temos:

$c^2 = a^2 - b^2 \Rightarrow c^2 = 25 - 16 = 9$

$\therefore c = 3$

Assim, a excentricidade da elipse é:

$$e = \frac{c}{a} = \frac{3}{5} = 0{,}6$$

5 Esboçar o gráfico da elipse $\mathscr{E}$ nos seguintes casos:

a) $(\mathscr{E})\ \frac{(x-3)^2}{25} + \frac{y^2}{4} = 1$ b) $(\mathscr{E})\ (x+4)^2 + \frac{(y-5)^2}{9} = 1$

Resolução

a) $C(3, 0)$

$a^2 = 25 \Rightarrow a = 5$

$b^2 = 4 \Rightarrow b = 2$

Como o **maior denominador** é o da fração que contém a variável x, concluímos que o **eixo maior** é paralelo ao eixo Ox.

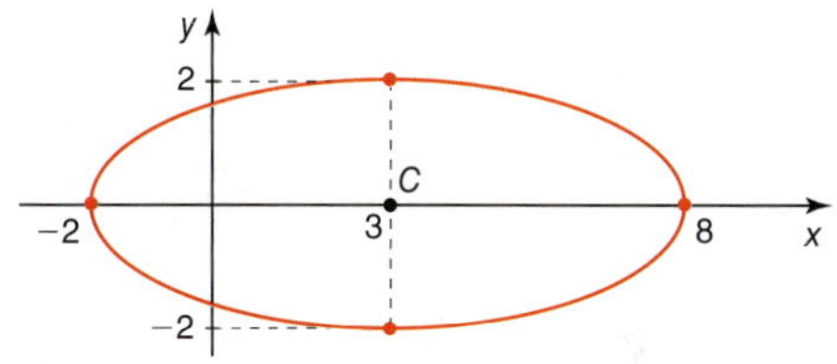

b) $C(-4, 5)$

$a^2 = 9 \Rightarrow a = 3$

$b^2 = 1 \Rightarrow b = 1$

Como o **maior denominador** é o da fração que contém a variável y, concluímos que o **eixo maior** é paralelo ao eixo Oy.

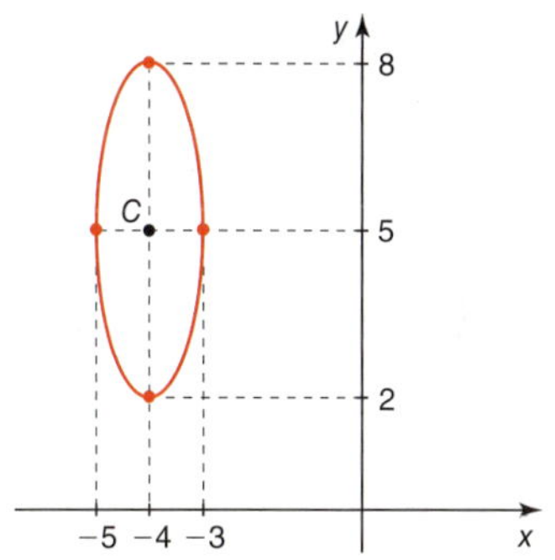

6 Uma elipse $\mathscr{E}$ tem como equação

$9x^2 + 4y^2 - 18x + 16y - 11 = 0$

Representar essa equação na forma reduzida.

Resolução

A forma reduzida pode ser obtida por meio dos seguintes procedimentos:

- Agrupamos os termos em x e os termos em y e isolamos o termo independente em um dos membros da equação:
  $(9x^2 - 18x) + (4y^2 + 16y) = 11$
- Fatoramos cada agrupamento, pondo em evidência os coeficientes de x^2 e y^2:
  $9(x^2 - 2x) + 4(y^2 + 4y) = 11$
- Completamos os quadrados perfeitos nas expressões entre parênteses, adicionando um mesmo número a ambos os membros da igualdade:
  $9(x^2 - 2x + 1) + 4(y^2 + 4y + 4) = 11 + 9 + 16$
  ou seja, $9(x-1)^2 + 4(y+2)^2 = 36$
- Dividimos por 36 ambos os membros dessa equação, obtendo a forma reduzida:
  $$\frac{(x-1)^2}{4} + \frac{(y+2)^2}{9} = 1$$

EXERCÍCIOS PROPOSTOS

6 Obtenha a equação reduzida da elipse $\mathscr{E}$ de centro C e eixos $\overline{A_1A_2}$ e $\overline{B_1B_2}$, em cada um dos casos.

a)

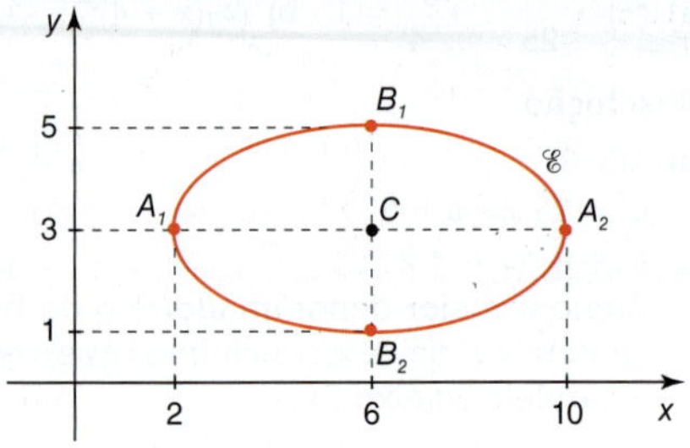

b)

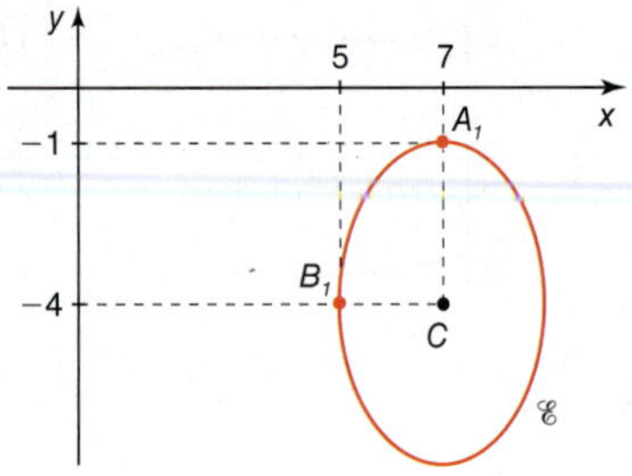

c)

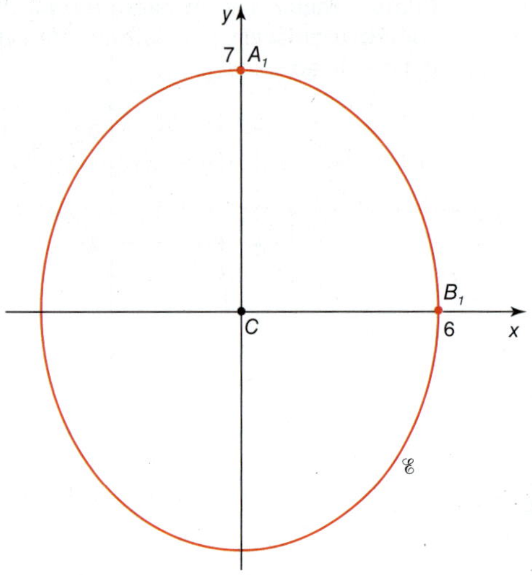

7 Esboce o gráfico da elipse $\mathscr{E}$, em cada um dos casos.

a) $\dfrac{(x-9)^2}{25} + \dfrac{(y-6)^2}{9} = 1$

b) $\dfrac{(x+4)^2}{16} + \dfrac{y^2}{9} = 1$

c) $\dfrac{x^2}{16} + \dfrac{y^2}{36} = 1$

8 Determine a excentricidade da elipse $\mathscr{E}$ de focos F_1 e F_2.

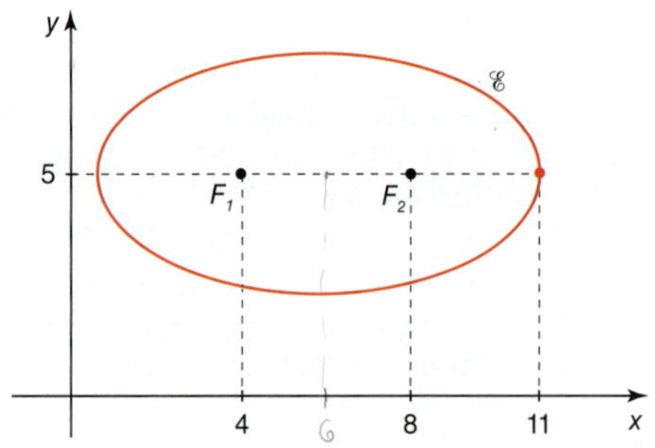

9 Obtenha a equação reduzida da elipse de focos F_1 e F_2.

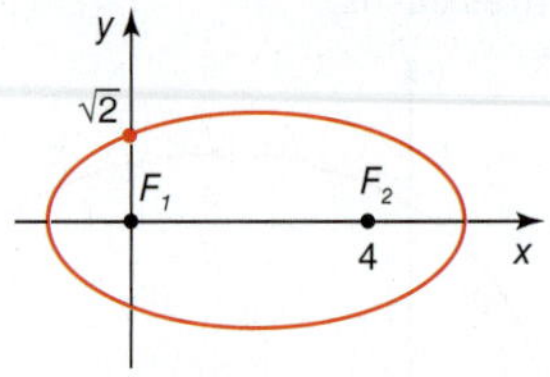

10 Obtenha a equação reduzida da elipse de excentricidade $e = 0{,}8$ e focos $F_1(-4, 0)$ e $F_2(4, 0)$.

11 Obtenha a equação reduzida da elipse que passa pelo ponto P(2, 5) e tem como eixo maior o segmento de extremos $A_1(0, 2)$ e $A_2(0, 8)$.

12 Em uma elipse, os focos são $F_1(3, 2)$ e $F_2(11, 2)$, e o eixo menor mede 4 unidades. Obtenha a equação reduzida dessa elipse.

13 Dê a equação reduzida da elipse $\mathscr{E}$, em cada um dos casos.

a) $(\mathscr{E})\ 5x^2 + 3y^2 = 15$

b) $(\mathscr{E})\ 4(x-1)^2 + 9(y+4)^2 = 36$

c) $(\mathscr{E})\ x^2 + 16y^2 - 6x - 7 = 0$

d) $(\mathscr{E})\ 4x^2 + 9y^2 - 16x - 20 = 0$

e) $(\mathscr{E})\ 4x^2 + 25y^2 - 50y - 75 = 0$

14 Represente graficamente a elipse de equação $4x^2 + 9y^2 - 16x - 20 = 0$.

15 Considerando a reta r e a elipse $\mathscr{E}$ de equações $2x + y - 10 = 0$ e $\dfrac{(x-5)^2}{3} + \dfrac{y^2}{6} = 1$, respectivamente:

a) Represente graficamente r e $\mathscr{E}$.

b) Determine, se existirem, os pontos comuns a r e $\mathscr{E}$.

16 Uma indústria produz dois tipos, A e B, de refrigerante. Para a produção de x quilolitros do tipo A, o custo de produção por quilolitro, em real, é $100 - x$, para $x \leqslant 60$; e, para y quilolitros produzidos do tipo B, o custo de produção, em real, por quilolitro é $120 - \dfrac{y}{4}$, para $y \leqslant 260$. Sob essas condições, represente no plano cartesiano o gráfico formado pelos pontos (x, y) correspondentes à produção de x quilolitros do tipo A e y quilolitros do tipo B, de modo que o custo total da produção seja R$ 16.800,00.

Linha de produção de refrigerantes.

Resolva os exercícios complementares 3 a 17 e 54.

Hipérbole

Objetivos

- **Conhecer** a definição de hipérbole com base em uma propriedade comum a todos os seus pontos.
- **Obter** a equação da hipérbole por meio da definição.
- **Identificar** e obter a equação reduzida de uma hipérbole.
- **Esboçar** o gráfico de uma hipérbole.

Termos e conceitos

- focos da hipérbole
- centro da hipérbole
- eixo real da hipérbole
- eixo imaginário da hipérbole
- assíntotas da hipérbole
- excentricidade da hipérbole

Devido à sua estabilidade, a forma do **hiperboloide** é usada na construção das torres de refrigeração de usinas nucleares. A superfície desse tipo de hiperboloide é obtida pela rotação de uma hipérbole em torno do seu eixo imaginário.

Torres de refrigeração em uma usina de energia nuclear, EUA.

Definição

Da mesma forma que na elipse, necessitamos de uma definição de hipérbole que permita um estudo analítico dessa cônica. Por isso, a seguir, definimos hipérbole com base em uma propriedade comum a todos os seus pontos.

Fixados dois pontos F_1 e F_2 de um plano α tais que $F_1F_2 = 2c$, com $c > 0$, chama-se **hipérbole** o conjunto dos pontos P de α cujas diferenças, em módulo, das distâncias PF_1 e PF_2 são iguais a uma constante $2a$, com $0 < 2a < 2c$, ou seja:

$$|PF_1 - PF_2| = 2a$$

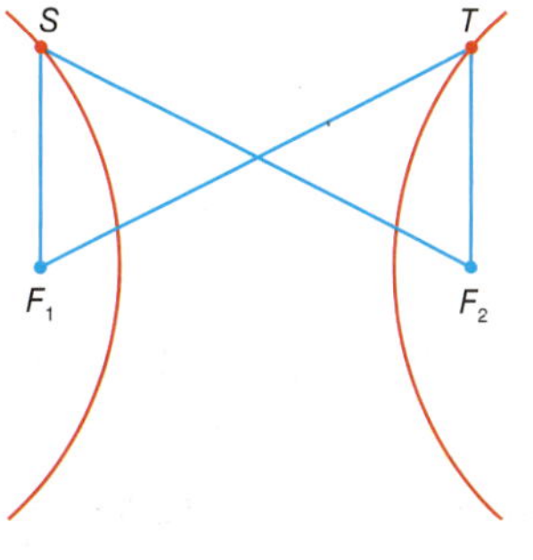

- Os pontos T, com $T \in \alpha$, tais que $TF_1 - TF_2 = 2a$ determinam um **ramo** da hipérbole, e os pontos S, com $S \in \alpha$, tais que $SF_2 - SF_1 = 2a$ determinam o outro ramo.
- Os pontos F_1 e F_2 são os **focos** da hipérbole.
- A medida $2c$ é a **distância focal** (distância entre os focos), sendo c a semidistância focal.
- Os pontos A_1 e A_2, intersecções da hipérbole com o segmento $\overline{F_1F_2}$, são chamados de **vértices** da hipérbole.
- O segmento $\overline{A_1A_2}$ é chamado de **eixo real** da hipérbole e sua medida é $2a$.

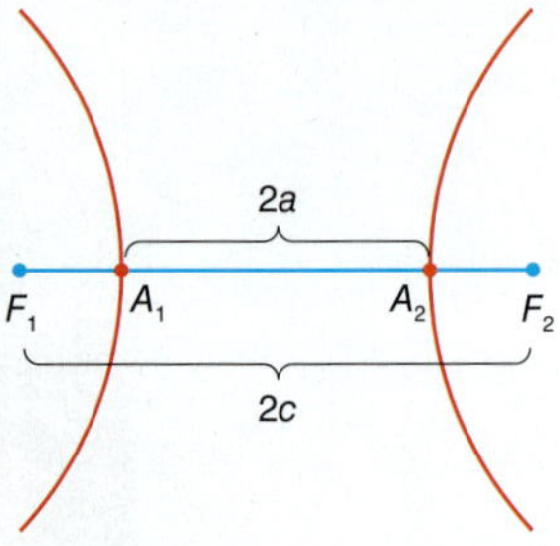

- O ponto médio C do eixo real $\overline{A_1A_2}$, que também é ponto médio do segmento $\overline{F_1F_2}$, é chamado de **centro** da hipérbole, sendo $\overline{A_1C}$ e $\overline{A_2C}$ os semieixos reais.
- O segmento $\overline{B_1B_2}$ do plano α tal que $B_1A_1 = B_1A_2 = B_2A_1 = B_2A_2 = c$ é chamado de **eixo imaginário** da hipérbole (note que a reta $\overleftrightarrow{B_1B_2}$ é a mediatriz do eixo real). Os segmentos $\overline{B_1C}$ e $\overline{B_2C}$, que têm medidas iguais e são indicados por b, são os **semieixos imaginários**.

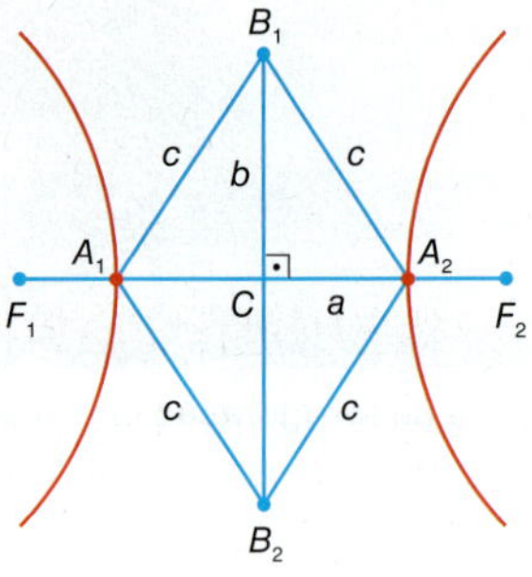

- Pelo teorema de Pitágoras, temos do triângulo retângulo B_1CA_2: $c^2 = a^2 + b^2$
- Chama-se **retângulo referência** da hipérbole o retângulo $MNPQ$ cujos pontos médios dos lados são A_1, B_1, A_2 e B_2. As retas $\overleftrightarrow{MP}$ e $\overleftrightarrow{NQ}$, que contêm as diagonais do retângulo referência, são denominadas **assíntotas** da hipérbole. A hipérbole não tem ponto em comum com nenhuma das assíntotas, e a distância entre a hipérbole e cada assíntota se aproxima indefinidamente de zero.

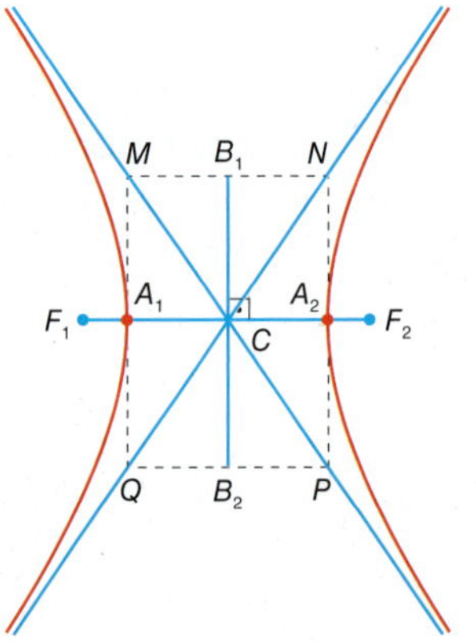

- Quando o retângulo referência é um quadrado ($2a = 2b$), a hipérbole é chamada de **equilátera**.
- O número $e = \frac{c}{a}$ é chamado de **excentricidade** da hipérbole. Observando que esse número é a razão entre a hipotenusa e um cateto de um triângulo retângulo, nessa ordem, concluímos que $e > 1$.

Nota:

A excentricidade é um número que mede quanto a hipérbole está próxima de duas semirretas ou próxima de duas retas paralelas.

- Quanto mais próxima de 1 estiver a excentricidade, mais próxima de duas semirretas colineares de sentidos opostos estará a hipérbole.
- Quanto mais próxima de $+\infty$ estiver a excentricidade, mais próxima de duas retas paralelas estará a hipérbole.

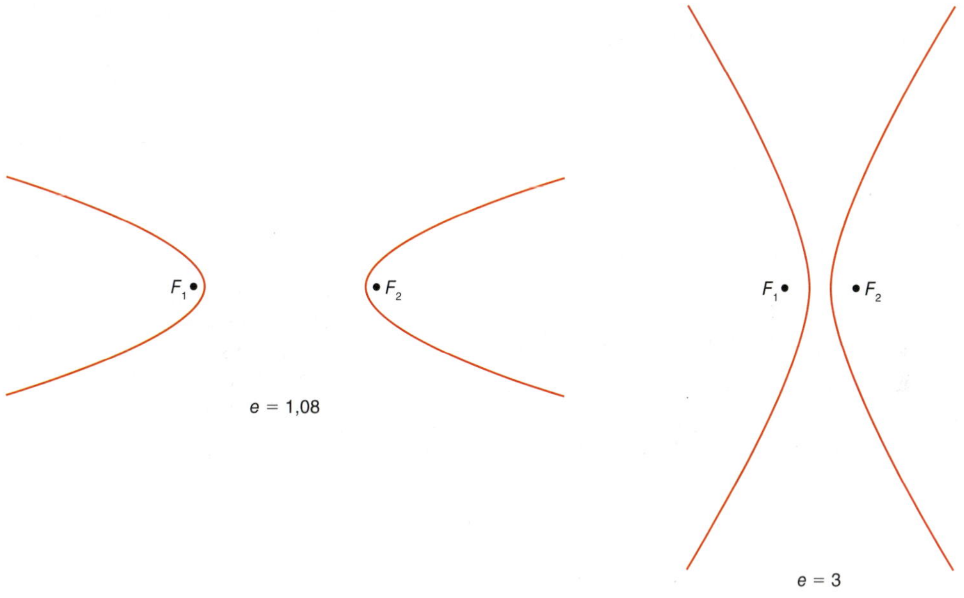

Construção de uma hipérbole

Uma hipérbole pode ser facilmente desenhada com o auxílio de dois pregos, um barbante e uma haste (pode ser uma régua), da seguinte maneira:

- Em uma das extremidades da haste, amarra-se uma extremidade do barbante.
- Fixam-se as outras extremidades da haste e do barbante em dois pregos cravados em pontos distintos, F_1 e F_2, de uma tábua (a diferença entre o comprimento d da régua e o comprimento ℓ do barbante deve ser menor que a distância entre F_1 e F_2, ou seja, $d - \ell < F_1F_2$).
- Com a ponta de um lápis, pressiona-se o barbante contra a haste, deslizando a grafite sobre a régua e mantendo o barbante esticado, sempre junto da haste. Dessa forma, obtém-se um ramo da hipérbole.
- Repete-se a operação, invertendo os pontos de fixação na tábua, isto é, fixa-se a haste em F_2 e o barbante em F_1. Desse modo, obtém-se o outro ramo da hipérbole.

EXERCÍCIO RESOLVIDO

7 Considerando a hipérbole $\mathcal{H}$:

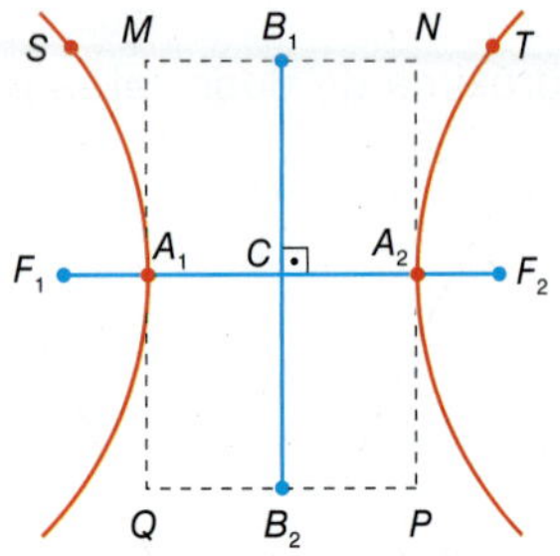

tal que:
$F_1F_2 = 2c$
$TF_1 - TF_2 = 2a$
$SF_2 - SF_1 = 2a$
$0 < 2a < 2c$

demonstrar que:

a) a medida do eixo real $\overline{A_1A_2}$ é $2a$.

b) o ponto médio C de $\overline{A_1A_2}$ também é ponto médio de $\overline{F_1F_2}$ (C é o centro da hipérbole).

c) C é o ponto médio do eixo imaginário $\overline{B_1B_2}$.

Resolução

a) • $A_1 \in \mathcal{H}$

Sem perda de generalidade, vamos supor que $A_1F_2 > A_1F_1$. Assim, temos:

$$A_1F_2 - A_1F_1 = 2a \Rightarrow \underbrace{A_1A_2 + A_2F_2}_{A_1F_2} - A_1F_1 = 2a \quad \text{(I)}$$

• $A_2 \in \mathcal{H}$

Como estamos supondo que $A_1F_2 > A_1F_1$, temos $A_2F_1 > A_2F_2$. Assim, podemos escrever:

$$A_2F_1 - A_2F_2 = 2a \Rightarrow \underbrace{A_2A_1 + A_1F_1}_{A_2F_1} - A_2F_2 = 2a \quad \text{(II)}$$

Subtraindo membro a membro (I) e (II), obtemos:

$2A_2F_2 - 2A_1F_1 = 0 \Rightarrow A_2F_2 = A_1F_1$ (III)

Substituindo (III) em (I), concluímos:

$A_1A_2 + A_2F_2 - A_2F_2 = 2a \Rightarrow A_1A_2 = 2a$

b) Como C é ponto médio de $\overline{A_1A_2}$, temos $A_1C = A_2C$ e, portanto:

$$\underbrace{F_1C - A_1F_1}_{A_1C} = \underbrace{F_2C - A_2F_2}_{A_2C} \Rightarrow$$

$\Rightarrow F_1C + A_2F_2 = F_2C + A_1F_1$ (I)

Provamos no item **a** que: $A_2F_2 = A_1F_1$ (II)

Substituindo (II) em (I), temos:

$F_1C + A_1F_1 = F_2C + A_1F_1 \Rightarrow F_1C = F_2C$

Logo, C é ponto médio de $\overline{F_1F_2}$.

c) O quadrilátero $A_1B_1A_2B_2$ é um losango, pois todos os lados têm a mesma medida c. Como as diagonais do losango se cruzam perpendicularmente no ponto médio de cada uma, concluímos que C é ponto médio de $\overline{B_1B_2}$.

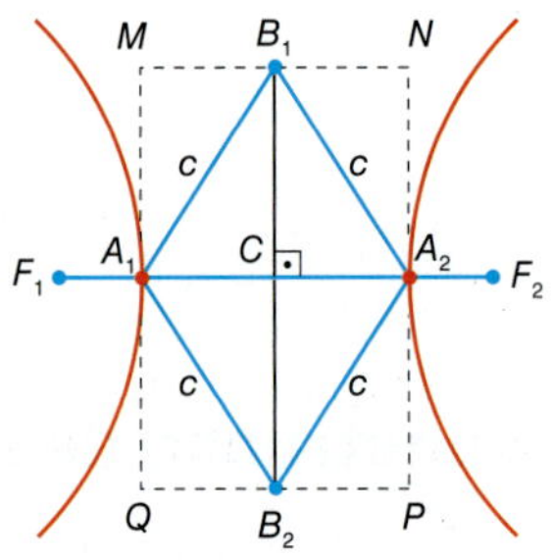

EXERCÍCIOS PROPOSTOS

17 O gráfico a seguir representa uma hipérbole $\mathcal{H}$ de focos F_1 e F_2.

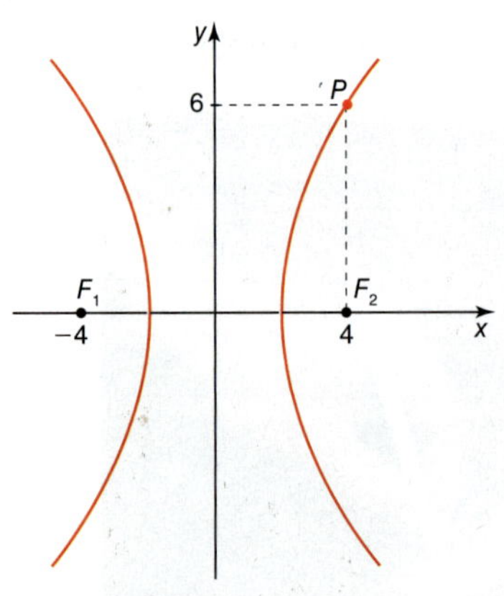

a) Determine a medida do eixo real de $\mathcal{H}$.

b) Determine a distância focal de $\mathcal{H}$.

c) Determine a medida do eixo imaginário de $\mathcal{H}$.

d) Determine a excentricidade de $\mathcal{H}$.

e) Determine as coordenadas do centro C de $\mathcal{H}$.

f) Desenhe o retângulo referência de $\mathcal{H}$.

g) Desenhe as assíntotas de $\mathcal{H}$.

h) Obtenha as equações das assíntotas de $\mathcal{H}$.

18 Um fio suspenso une os topos de dois postes verticais, cada um com 15 m de altura, e suas bases estão em um mesmo plano horizontal a uma distância de 24 m uma da outra. Admitindo que o formato do fio seja de um arco de hipérbole cujo centro é um ponto do solo distante 12 m de cada poste e o vértice esteja a 12 m de altura em relação ao solo, concluímos que um dos focos da hipérbole está a:

a) 12,5 m de altura, em relação ao solo.

b) 13 m de altura, em relação ao solo.

c) 13,5 m de altura, em relação ao solo.

d) 15 m de altura, em relação ao solo.

e) 20 m de altura, em relação ao solo.

Equação da hipérbole

Sejam $F_1(x_1, y_1)$ e $F_2(x_2, y_2)$ os focos de uma hipérbole cujo eixo real mede $2a$.

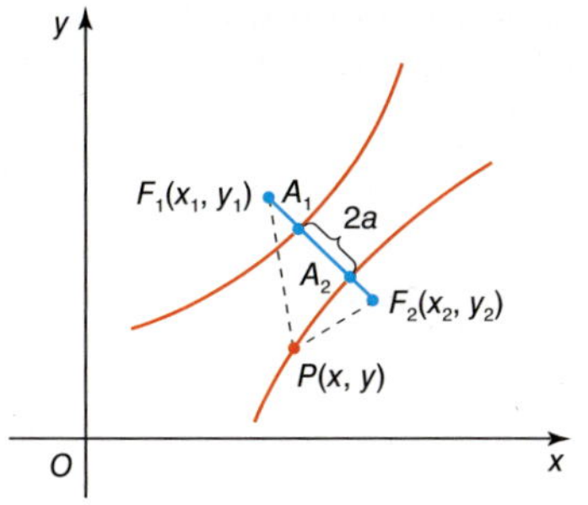

Para obter uma equação dessa hipérbole, impomos a um ponto genérico $P(x, y)$ a condição estabelecida na definição:

$$|PF_1 - PF_2| = 2a$$

ou seja:

$$\left|\sqrt{(x - x_1)^2 + (y - y_1)^2} - \sqrt{(x - x_2)^2 + (y - y_2)^2}\right| = 2a$$

EXERCÍCIO RESOLVIDO

8 Obter uma equação da hipérbole de focos $F_1(0, 0)$ e $F_2(6, 0)$, cujo eixo real mede 4 unidades.

Resolução

Para obter a equação, consideramos um ponto genérico $P(x, y)$ e impomos que $|PF_1 - PF_2| = 4$

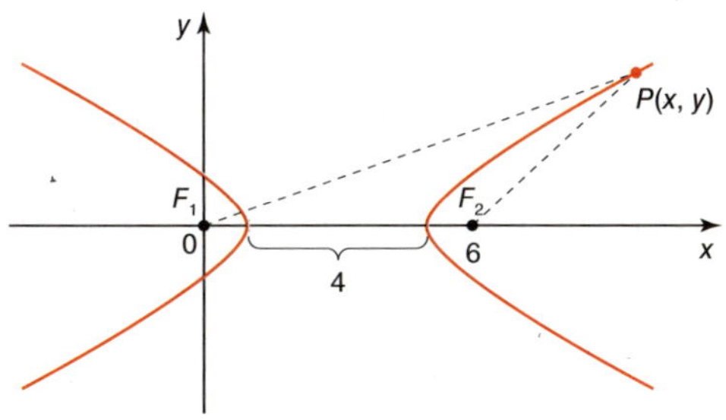

$|PF_1 - PF_2| = 4 \Rightarrow$

$\Rightarrow \left|\sqrt{(x - 0)^2 + (y - 0)^2} - \sqrt{(x - 6)^2 + (y - 0)^2}\right| = 4$

$\therefore \left|\sqrt{x^2 + y^2} - \sqrt{(x - 6)^2 + y^2}\right| = 4$

Essa já é uma equação da hipérbole; porém, se quisermos apresentá-la sem o módulo e os radicais, agimos do modo descrito a seguir.

Aplicamos a definição de módulo:

$\left|\sqrt{x^2 + y^2} - \sqrt{(x - 6)^2 + y^2}\right| = 4 \Rightarrow$

$\Rightarrow \sqrt{x^2 + y^2} - \sqrt{(x - 6)^2 + y^2} = \pm 4$

Isolamos um dos radicais:

$\sqrt{x^2 + y^2} = \pm 4 + \sqrt{(x - 6)^2 + y^2}$

Elevamos ao quadrado ambos os membros:

$\left(\sqrt{x^2 + y^2}\right)^2 = \left(\pm 4 + \sqrt{(x - 6)^2 + y^2}\right)^2 \Rightarrow x^2 + y^2 =$

$= 16 \pm 8\sqrt{(x - 6)^2 + y^2} + x^2 - 12x + 36 + y^2$

Isolamos o radical remanescente:

$\pm 8\sqrt{(x - 6)^2 + y^2} = 52 - 12x \Rightarrow$

$\Rightarrow \pm 2\sqrt{(x - 6)^2 + y^2} = 13 - 3x$

Elevamos ao quadrado ambos os membros:

$\left(\pm 2\sqrt{(x - 6)^2 + y^2}\right)^2 = (13 - 3x)^2 \Rightarrow$

$\Rightarrow 4[(x - 6)^2 + y^2] = (13 - 3x)^2$

$\therefore 4[x^2 - 12x + 36 + y^2] = 169 - 78x + 9x^2 \Rightarrow$

$\Rightarrow 4x^2 - 48x + 144 + 4y^2 = 169 - 78x + 9x^2$

$\therefore 5x^2 - 4y^2 - 30x + 25 = 0$

EXERCÍCIOS PROPOSTOS

19 Aplicando a definição, obtenha uma equação da hipérbole $\mathcal{H}$ de focos $F_1(-3, 0)$ e $F_2(3, 0)$, cujo eixo real mede 2 unidades.

20 Os focos de uma hipérbole $\mathcal{H}$ são $F_1(2, 2)$ e $F_2(0, 0)$, e o eixo real mede 2 unidades. Aplicando a definição, obtenha uma equação dessa hipérbole.

21 No plano cartesiano xOy, toda hipérbole equilátera cujas assíntotas são os eixos Ox e Oy pode ser representada por uma equação da forma $xy = k$, sendo k uma constante real não nula. Constate a veracidade dessa afirmação para um caso particular. Por exemplo, obtenha a equação da hipérbole equilátera de focos $F_1(2, 2)$ e $F_2(-2, -2)$, representada abaixo.

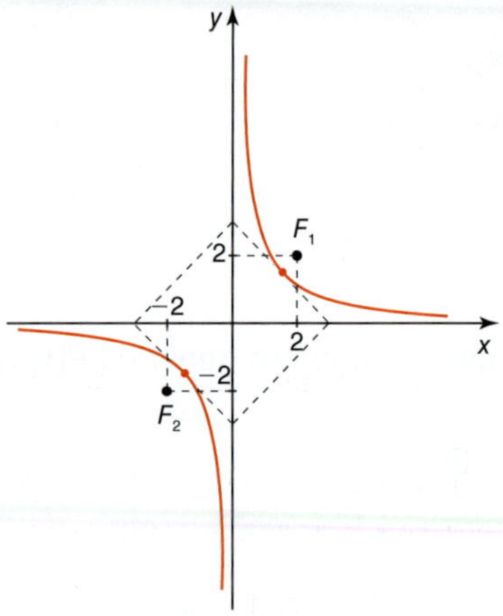

22 Consideremos uma correspondência entre duas grandezas tal que para cada valor x de uma dessas grandezas associa-se um único valor y da outra. Dizemos que essas grandezas são inversamente proporcionais se existe um número real não nulo k tal que $xy = k$, para qualquer par de valores correspondentes x e y.

Aplicando esse conceito, responda às questões dos itens **a**, **b** e **c**, referentes à situação seguinte.

Para um teste, um automóvel percorreu o mesmo trecho de 1.000 m de uma estrada, várias vezes, com velocidades diferentes. Em cada uma das vezes a velocidade foi constante.

a) Nesse caso, as grandezas tempo e velocidade são inversamente proporcionais? Por quê?

b) Representando por y o tempo necessário para completar o trecho com velocidade x, em qualquer uma das vezes em que o automóvel percorreu o trecho, represente com uma equação a correspondência entre y e x.

c) Admitindo que na equação obtida no item **b** a variável x assuma todos os valores reais positivos, construa o gráfico cartesiano dessa equação.

Resolva os exercícios complementares 18 a 20, 55 e 56.

Equação reduzida da hipérbole

Como vimos, associando um sistema de eixos cartesianos ao plano de uma hipérbole, podemos representá-la por uma equação. Assim como fizemos no estudo da elipse, vamos estudar o caso particular em que os focos pertencem ao eixo Ox e o centro está na origem (0, 0).

Consideremos uma hipérbole de focos $F_1(-c, 0)$ e $F_2(c, 0)$, eixos real e imaginário de medidas $2a$ e $2b$, respectivamente, e um ponto genérico $P(x, y)$ da hipérbole, conforme a figura abaixo:

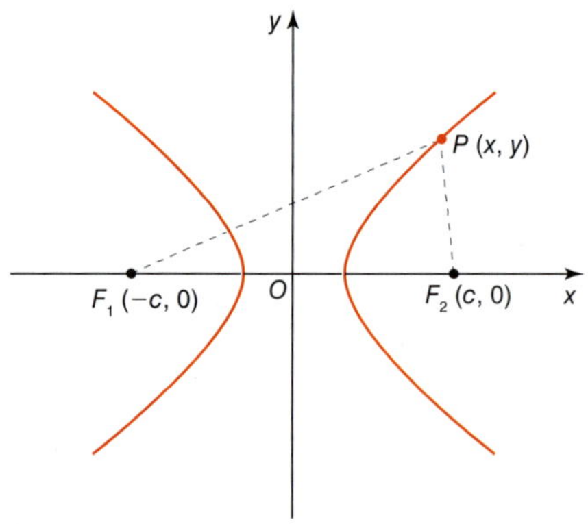

Pela definição de hipérbole, temos $|PF_1 - PF_2| = 2a$, ou seja:

$$\left|\sqrt{(x-(-c))^2+(y-0)^2}-\sqrt{(x-c)^2+(y-0)^2}\right| = 2a \Rightarrow \sqrt{(x+c)^2+y^2}-\sqrt{(x-c)^2+y^2} = \pm 2a$$

$$\therefore \sqrt{(x+c)^2+y^2} = \pm 2a + \sqrt{(x-c)^2+y^2}$$

Quadrando ambos os membros, obtemos:

$$\left(\sqrt{(x+c)^2+y^2}\right)^2 = \left(\pm 2a + \sqrt{(x-c)^2+y^2}\right)^2 \Rightarrow$$

$$\Rightarrow (x+c)^2 + \cancel{y^2} = 4a^2 \pm 4a\sqrt{(x-c)^2+y^2} + (x-c)^2 + \cancel{y^2}$$

$$\therefore \cancel{x^2} + 2xc + \cancel{c^2} = 4a^2 \pm 4a\sqrt{(x-c)^2+y^2} + \cancel{x^2} - 2xc + \cancel{c^2} \Rightarrow \cancel{4}(xc - a^2) = \pm \cancel{4}a\sqrt{(x-c)^2+y^2}$$

$$\therefore (xc - a^2) = \pm a\sqrt{x^2 - 2xc + c^2 + y^2}$$

Quadrando ambos os membros novamente, temos:

$$x^2c^2 - 2xca^2 + a^4 = a^2x^2 - 2xca^2 + a^2c^2 + a^2y^2 \Rightarrow x^2c^2 + a^4 = a^2x^2 + a^2c^2 + a^2y^2$$

$$\therefore a^2x^2 - x^2c^2 + a^2y^2 = a^4 - a^2c^2$$

$$\therefore x^2(a^2 - c^2) + a^2y^2 = a^2(a^2 - c^2)$$

Como $c^2 = a^2 + b^2$, ou seja, $a^2 - c^2 = -b^2$, temos:

$$x^2(-b^2) + a^2y^2 = a^2(-b^2) \Rightarrow x^2b^2 - a^2y^2 = a^2b^2$$

Dividindo ambos os membros dessa igualdade por a^2b^2, concluímos:

$$\frac{x^2}{a^2} - \frac{y^2}{b^2} = 1$$

Essa última equação é chamada de **equação reduzida da hipérbole** centrada na origem e com eixo real sobre o eixo Ox.

Reproduzindo esse procedimento para uma hipérbole qualquer de centro $C(x_0, y_0)$, com eixo real de medida $2a$ e eixo imaginário de medida $2b$, obtemos as equações apresentadas a seguir.

Equação reduzida da hipérbole com eixo real paralelo ao eixo *Ox*

Se uma hipérbole tem o eixo real paralelo ao eixo das abscissas, então sua equação pode ser apresentada na forma:

$$\frac{(x - x_0)^2}{a^2} - \frac{(y - y_0)^2}{b^2} = 1$$

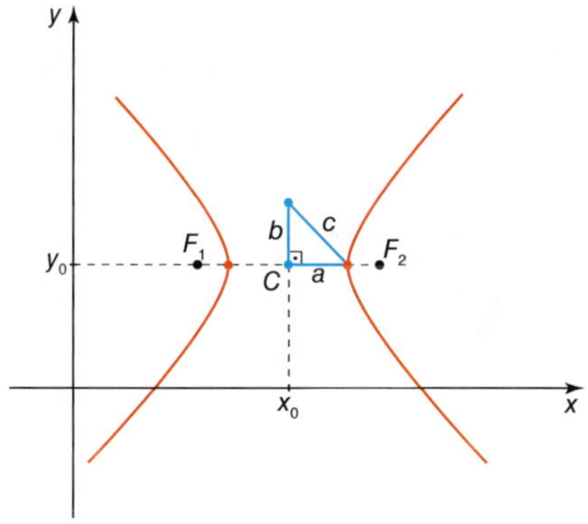

Material complementar Moderna PLUS http://www.modernaplus.com.br
Texto: *Dedução da equação da hipérbole com eixo real paralelo ao eixo* Ox.

Equação reduzida da hipérbole com eixo real paralelo ao eixo *Oy*

Se uma hipérbole tem o eixo real paralelo ao eixo das ordenadas, então sua equação pode ser apresentada na forma:

$$\frac{(y - y_0)^2}{a^2} - \frac{(x - x_0)^2}{b^2} = 1$$

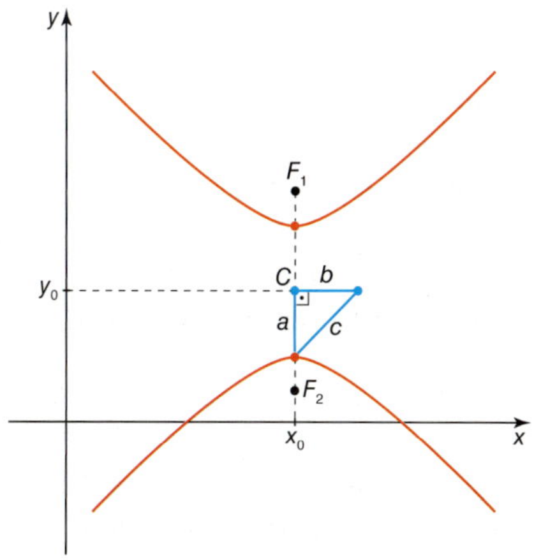

A demonstração desse caso é análoga à anterior.

EXERCÍCIOS RESOLVIDOS

9 Obter a equação reduzida da hipérbole de centro C, eixo real $\overline{A_1A_2}$ e focos F_1 e F_2 em cada um dos casos:

a)

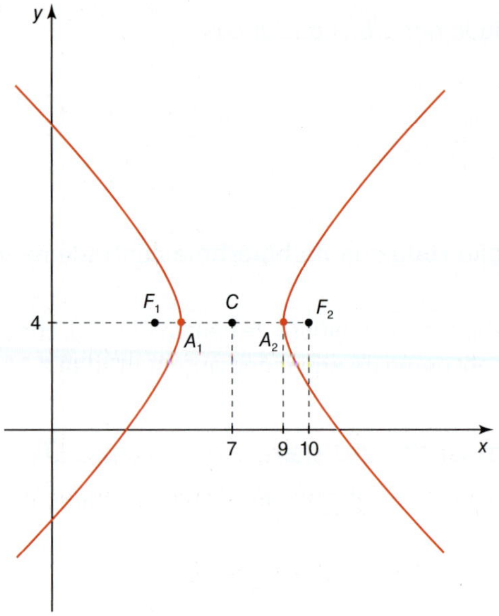

b)

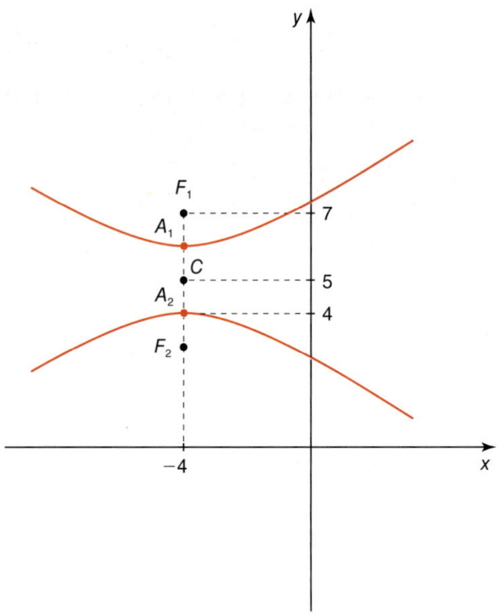

Resolução

a) Pelo gráfico:

- o centro da hipérbole é o ponto $C(7, 4)$;
- a medida do semieixo real é $a = 9 - 7 = 2$;
- a semidistância focal é $c = 10 - 7 = 3$;
- a medida b do semieixo imaginário é dada por:
  $c^2 = a^2 + b^2 \Rightarrow 3^2 = 2^2 + b^2$
  $\therefore b^2 = 5 \Rightarrow b = \sqrt{5}$
- o eixo real é paralelo ao eixo das abscissas.

Logo, a equação da hipérbole é:

$$\frac{(x - 7)^2}{4} - \frac{(y - 4)^2}{5} = 1$$

b) Pelo gráfico:

- o centro da hipérbole é o ponto $C(-4, 5)$;
- a medida do semieixo real é $a = 5 - 4 = 1$;
- a semidistância focal é $c = 7 - 5 = 2$;
- a medida b do semieixo imaginário é dada por:
  $c^2 = a^2 + b^2 \Rightarrow 2^2 = 1^2 + b^2$
  $\therefore b^2 = 3 \Rightarrow b = \sqrt{3}$
- o eixo real é paralelo ao eixo das ordenadas.

Logo, a equação da hipérbole é:

$$(y - 5)^2 - \frac{(x + 4)^2}{3} = 1$$

10 Esboçar o gráfico da hipérbole $\mathcal{H}$ de equação $\frac{(x - 2)^2}{9} - \frac{(y - 4)^2}{16} = 1$

Resolução

Temos:

- o centro da hipérbole é o ponto $C(2, 4)$;
- o denominador da fração precedida pelo sinal "+" é o quadrado da medida do semieixo real e, portanto, $a^2 = 9 \Rightarrow a = 3$;
- o denominador da fração precedida pelo sinal "−" é o quadrado da medida do semieixo imaginário e, portanto, $b^2 = 16 \Rightarrow b = 4$;
- $c^2 = a^2 + b^2 \Rightarrow c^2 = 9 + 16 = 25$ e, portanto, $c = 5$;
- a fração precedida pelo sinal "+" é a que contém x no numerador e, portanto, o eixo real é paralelo ao eixo Ox.

Assim, já podemos esboçar o gráfico.
Convém, inicialmente, desenhar o retângulo referência $MNPQ$ e traçar as assíntotas $\overleftrightarrow{MP}$ e $\overleftrightarrow{NQ}$. A seguir, desenhamos a hipérbole aproximando-a "indefinidamente" das assíntotas. Observe:

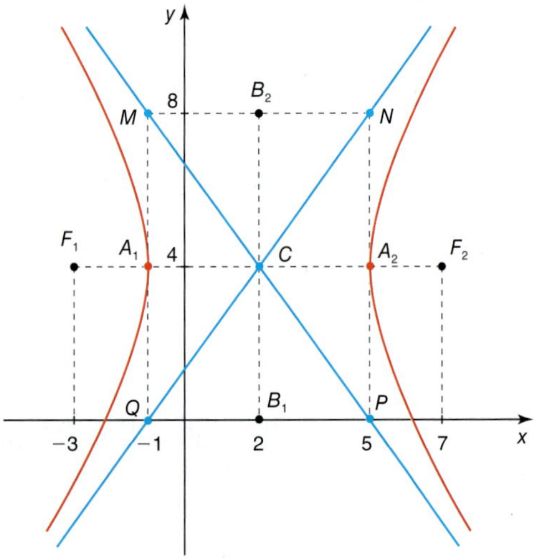

11 Considerando a hipérbole $\mathcal{H}$ de equação $9y^2 - 16x^2 - 36y - 96x - 252 = 0$:

a) obter sua equação reduzida;
b) esboçar o seu gráfico;
c) obter as equações de suas assíntotas.

Resolução

a) Para obter a equação reduzida de $\mathcal{H}$, adotamos os procedimentos a seguir.

- Agrupamos os termos em y e os termos em x e isolamos o termo independente em um dos membros da igualdade:
  $(9y^2 - 36y) + (-16x^2 - 96x) = 252$
- Fatoramos cada agrupamento, pondo em evidência os coeficientes de y^2 e de x^2:
  $9(y^2 - 4y) - 16(x^2 + 6x) = 252$
- Completamos os quadrados perfeitos nas expressões entre parênteses adicionando um mesmo número a ambos os membros da igualdade:
  $9(y^2 - 4y + 4) - 16(x^2 + 6x + 9) =$
  $= 252 + 36 - 144$
  ou seja, $9(y - 2)^2 - 16(x + 3)^2 = 144$
- Dividimos por 144 ambos os membros dessa equação, obtendo a forma reduzida:
  $$\frac{(y-2)^2}{16} - \frac{(x+3)^2}{9} = 1$$

b) Temos:

- o centro da hipérbole é o ponto $C(-3, 2)$;
- o denominador da fração precedida pelo sinal "+" é o quadrado da medida do semieixo real e, portanto, $a^2 = 16 \Rightarrow a = 4$;
- o denominador da fração precedida pelo sinal "−" é o quadrado da medida do semieixo imaginário e, portanto, $b^2 = 9 \Rightarrow b = 3$;
- $c^2 = a^2 + b^2 \Rightarrow c^2 = 4^2 + 3^2$
  $\therefore c = 5$;
- a fração precedida pelo sinal "+" é a que contém y no numerador; logo, o eixo real é paralelo ao eixo Oy.

Para esboçar o gráfico, vamos desenhar o retângulo referência *MNPQ* e as assíntotas $\overleftrightarrow{MP}$ e $\overleftrightarrow{NQ}$. A seguir, traçamos a hipérbole, aproximando-a "indefinidamente" das assíntotas:

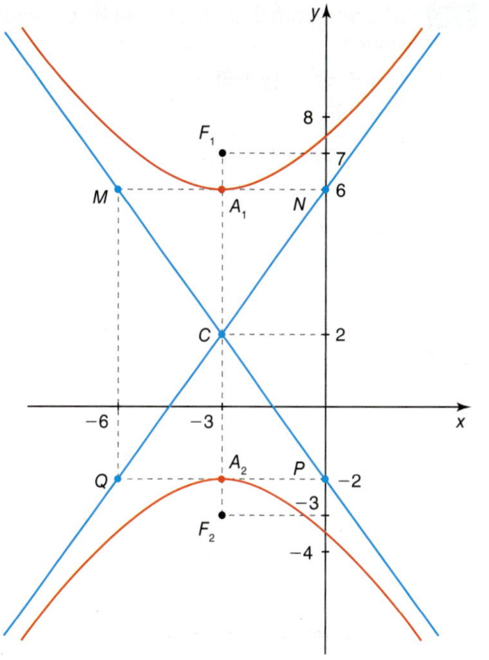

c) A assíntota $\overleftrightarrow{MP}$ passa pelo ponto $P(0, -2)$ e tem coeficiente angular igual a:

$$\frac{6-(-2)}{-6-0} = -\frac{8}{6} = -\frac{4}{3}$$

Logo, a equação dessa assíntota é:

$$y - (-2) = -\frac{4}{3}(x - 0), \text{ ou seja, } y = -\frac{4x}{3} - 2$$

A assíntota $\overleftrightarrow{NQ}$ passa pelo ponto $N(0, 6)$ e tem coeficiente angular igual a:

$$\frac{6-(-2)}{0-(-6)} = \frac{8}{6} = \frac{4}{3}$$

Logo, a equação dessa assíntota é:

$$y - 6 = \frac{4}{3}(x - 0), \text{ ou seja, } y = \frac{4x}{3} + 6$$

EXERCÍCIOS PROPOSTOS

23 Obtenha a equação reduzida da hipérbole $\mathcal{H}$ de centro C, eixo real $\overline{A_1A_2}$ e focos F_1 e F_2, em cada um dos casos.

a)

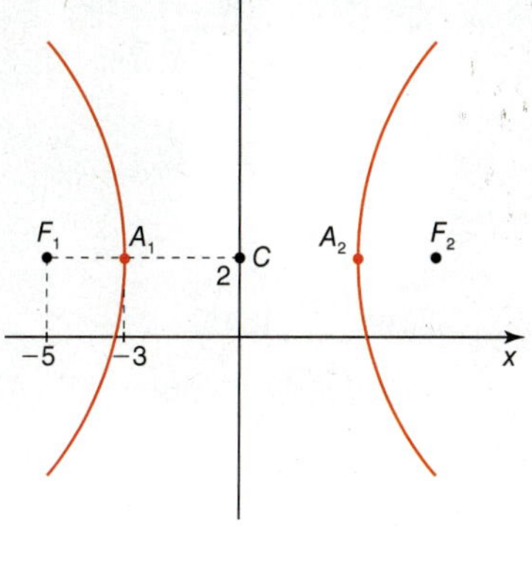

b)

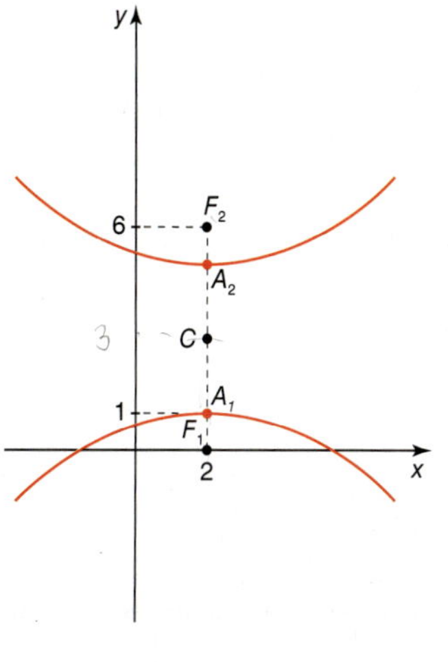

24 Esboce o gráfico da hipérbole $\mathcal{H}$, em cada um dos casos.

a) $\dfrac{(x-6)^2}{16} - \dfrac{(y-2)^2}{9} = 1$

b) $\dfrac{(y+3)^2}{36} - \dfrac{(x-1)^2}{64} = 1$

c) $\dfrac{(x+4)^2}{8} - y^2 = 1$

d) $x^2 - y^2 = 1$

25 Determine a excentricidade da hipérbole $\mathcal{H}$ de focos F_1 e F_2 e centro C.

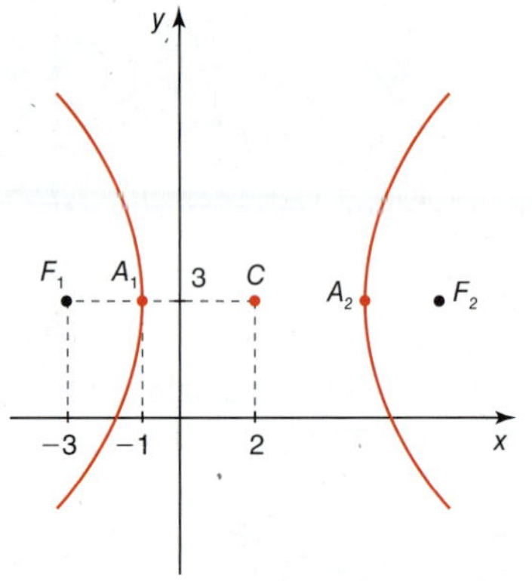

26 Determine a equação reduzida da hipérbole $\mathcal{H}$ de centro C e focos F_1 e F_2, representada a seguir.

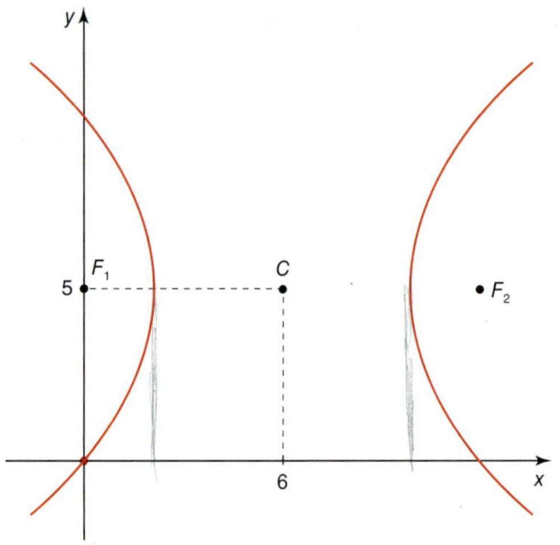

27 (UFMA) Determine a equação da hipérbole equilátera de centro na origem, cuja distância focal é $2c = 8$ e cujo eixo real é horizontal.

28 Obtenha as equações das assíntotas da hipérbole, nos seguintes casos:

a) $x^2 - y^2 = 1$

b) $\dfrac{x^2}{4} - y^2 = 1$

c) $\dfrac{y^2}{16} - \dfrac{(x-4)^2}{9} = 1$

29 Escreva a equação reduzida da hipérbole de excentricidade $e = 1{,}25$ e focos $F_1(-5, 0)$ e $F_2(5, 0)$.

30 Represente, pela equação reduzida, a hipérbole que passa pelo ponto P(2, 3) e tem como focos os pontos $F_1(-2, 0)$ e $F_2(2, 0)$.

31 Dê a equação reduzida da hipérbole $\mathcal{H}$, em cada um dos casos.

a) $4x^2 - 3y^2 = 12$

b) $5(x-2)^2 - 2(y+3)^2 = 10$

c) $x^2 - 4y^2 - 6x + 5 = 0$

d) $x^2 - y^2 - 6x + 4y + 4 = 0$

e) $4y^2 - 9x^2 - 8y + 18x - 41 = 0$

32 Represente graficamente a hipérbole de equação $9y^2 - 16x^2 - 160x - 544 = 0$.

33 Exiba as equações das assíntotas da hipérbole representada por $4x^2 - y^2 - 16x + 6y - 9 = 0$.

34 Considerando a reta r e a hipérbole $\mathcal{H}$ de equações $x - y - 2 = 0$ e $\dfrac{(x-3)^2}{4} - y^2 = 1$, respectivamente:

a) Represente graficamente r e $\mathcal{H}$.

b) Determine, se existirem, os pontos comuns a r e $\mathcal{H}$.

35 Uma metalúrgica fabrica dois tipos de panela de pressão: a do tipo A, com revestimento antiaderente, e a do tipo B, sem esse revestimento. Para x unidades fabricadas do tipo A, o custo unitário de produção, em real, é $25 - \dfrac{x}{40}$, para $x \leq 400$; e para y unidades fabricadas do tipo B, o custo unitário de produção é $20 - \dfrac{y}{10}$, para $y \leq 150$.

Projeta-se para o próximo mês uma produção de x panelas do tipo A e de y panelas do tipo B, de modo que o custo de produção de todas as panelas do tipo A seja R$ 5.000,00 a mais que o custo de produção de todas do tipo B.
Represente no plano cartesiano o gráfico formado pelos pontos (x, y) correspondentes à produção para o próximo mês.

Resolva os exercícios complementares 21 a 30.

Seção 5.4

Parábola

Objetivos

- **Conhecer** a definição de parábola por meio de uma propriedade comum a todos os seus pontos.
- **Obter** a equação da parábola com base na definição.
- **Identificar** e obter a equação reduzida de uma parábola.
- **Esboçar** o gráfico de uma parábola.

Termos e conceitos

- foco da parábola
- diretriz da parábola
- eixo de simetria da parábola
- vértice da parábola
- excentricidade da parábola

A fachada da Igreja da Pampulha, em Belo Horizonte, MG, é composta de arcos **parabólicos**.

A Igreja da Pampulha foi projetada por Oscar Niemeyer e inaugurada em 1943.

No volume 1 desta obra estudamos a parábola como o gráfico de uma função do tipo $f(x) = ax^2 + bx + c$, com $\{a, b, c\} \subset \mathbb{R}$ e $a \neq 0$. Neste capítulo, vamos ampliar o estudo dessa cônica.

Definição

Dados um ponto F e uma reta r de um plano, com $F \notin r$, chama-se **parábola** o conjunto dos pontos P desse plano equidistantes de r e F.

$$PF = Pr$$

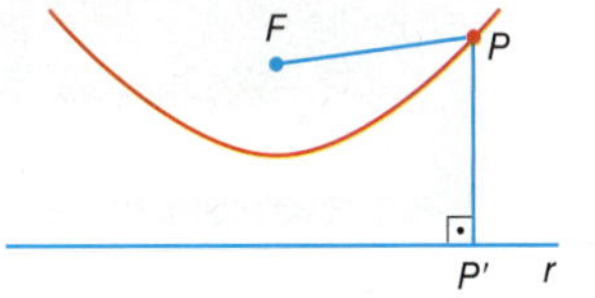

$PF = PP'$
(P' é a projeção ortogonal de P sobre r)

- O ponto F e a reta r são o **foco** e a **diretriz** da parábola, respectivamente.
- A reta e que passa por F e é perpendicular à diretriz é o **eixo de simetria** da parábola.
- O ponto V, intersecção da parábola com o eixo e, é o **vértice** da parábola.

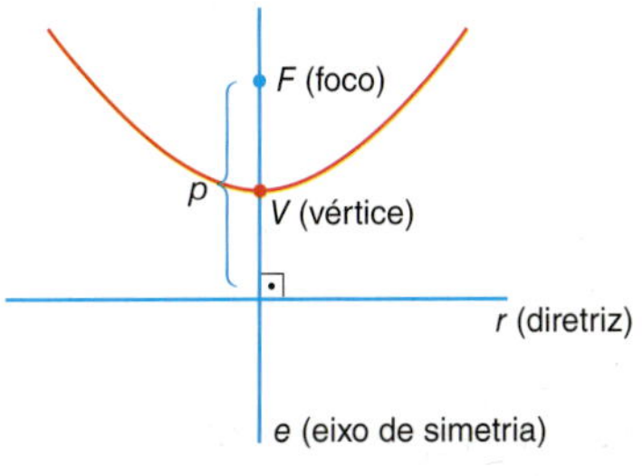

- A distância p do foco à diretriz é chamada de **parâmetro** da parábola.

  Note que a distância entre o vértice V e o foco F é metade do parâmetro, pois V pertence à parábola; portanto, V equidista de F e r. Assim, temos:

$$\begin{cases} VF = Vr \\ VF + Vr = p \end{cases} \Rightarrow VF = \frac{p}{2} \text{ e } Vr = \frac{p}{2}$$

- A razão entre as distâncias de um ponto P da parábola ao foco e à diretriz é chamada de **excentricidade** da parábola. Como essas distâncias são iguais, a excentricidade da parábola é igual a 1.

Conteúdo digital Moderna PLUS http://www.modernaplus.com.br
Simulador: *Excentricidade das cônicas.*

Construção de uma parábola

Pode-se traçar uma parábola com o auxílio de pregos, um pedaço de barbante, uma régua e um esquadro da seguinte maneira:

- Fixa-se a régua em uma tábua com dois pregos.
- Amarra-se a extremidade de um barbante no vértice B do esquadro ABC, retângulo em A.
- Amarra-se a outra extremidade do barbante em um prego cravado em um ponto F da tábua, conforme mostra a foto abaixo, de modo que o comprimento do barbante de F até B seja igual ao comprimento AB.
- Desliza-se sobre a régua a base $\overline{AC}$ do esquadro, pressionando o barbante contra o lado $\overline{AB}$ com a ponta de um lápis, que vai desenhar uma parte da parábola até seu vértice, conforme mostra a figura.
- Ao passar pelo ponto F, inverte-se a posição do esquadro, continuando o traçado da parábola.

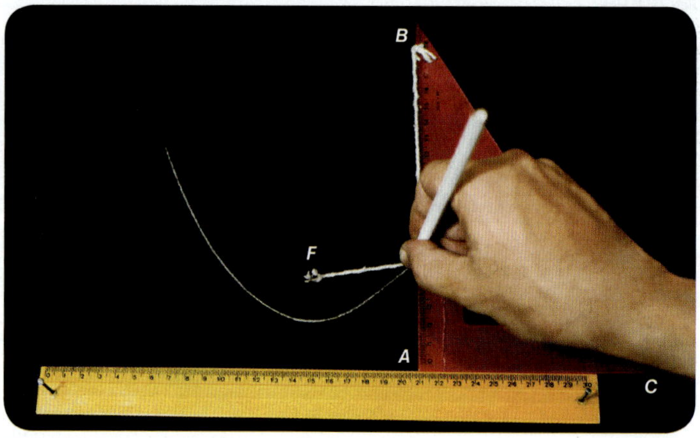

Note que, em qualquer ponto onde a ponta do lápis estiver, ela ficará equidistante da régua e do ponto F, pois o comprimento do barbante é igual à medida do lado $\overline{AB}$ do esquadro.

EXERCÍCIO PROPOSTO

36 O gráfico ao lado mostra uma parábola $\mathcal{P}$ de foco F e diretriz r, paralela ao eixo Ox.
Obtenha:

a) a equação da diretriz de $\mathcal{P}$;
b) o parâmetro de $\mathcal{P}$;
c) a equação do eixo de simetria de $\mathcal{P}$;
d) a ordenada do ponto que pertence à parábola e tem abscissa 1.

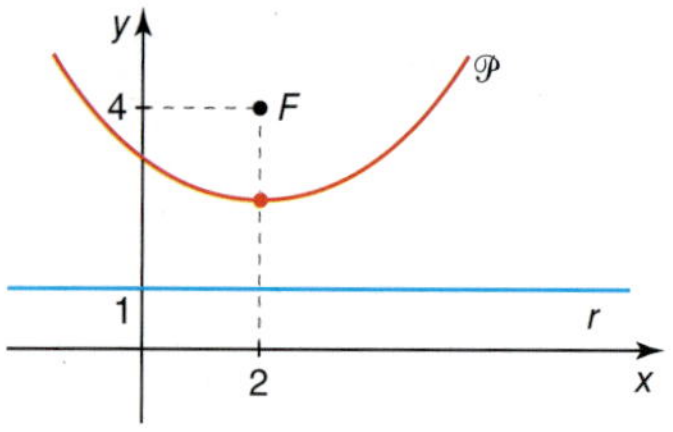

Equação da parábola

Sejam $F(x_0, y_0)$ e (r) $ax + by + c = 0$ o foco e a diretriz de uma parábola, respectivamente.

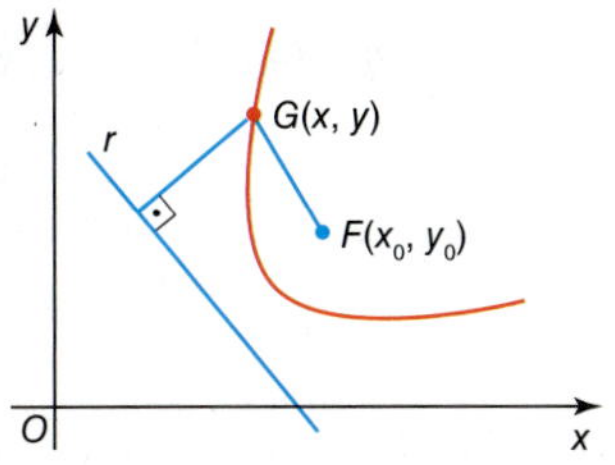

Para obter uma equação dessa parábola, impomos a um ponto genérico $G(x, y)$ a condição:

$$GF = Gr$$

ou seja:

$$\sqrt{(x - x_0)^2 + (y - y_0)^2} = \frac{|ax + by + c|}{\sqrt{a^2 + b^2}}$$

EXERCÍCIO RESOLVIDO

12 Obter uma equação da parábola $\mathcal{P}$ de foco F(2, −2) e diretriz (r) x − y − 1 = 0.

Resolução

Para obter uma equação dessa parábola, impomos a um ponto genérico G(x, y) a condição: GF = Gr

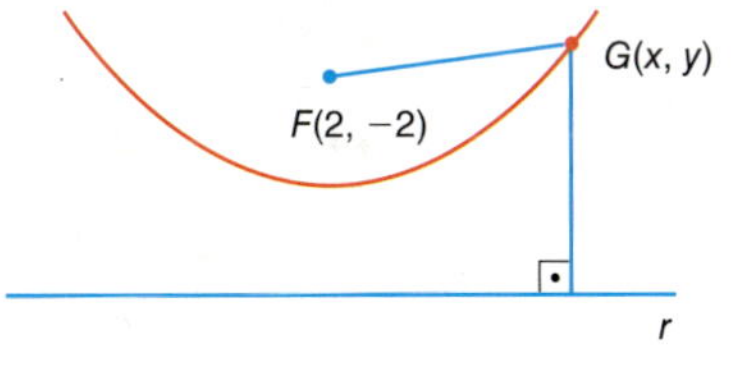

$$GF = Gr \Rightarrow \sqrt{(x-2)^2 + (y+2)^2} = \frac{|x - y - 1|}{\sqrt{1^2 + (-1)^2}}$$

$$\therefore \sqrt{(x-2)^2 + (y+2)^2} = \frac{|x - y - 1|}{\sqrt{2}}$$

Elevamos ao quadrado ambos os membros:

$$\left(\sqrt{(x-2)^2 + (y+2)^2}\right)^2 = \left(\frac{|x - y - 1|}{\sqrt{2}}\right)^2 \Rightarrow (x-2)^2 + (y+2)^2 = \frac{(x - y - 1)^2}{2}$$

$$\therefore x^2 - 4x + 4 + y^2 + 4y + 4 = \frac{x^2 + y^2 + 1 - 2xy - 2x + 2y}{2} \Rightarrow$$

$$\Rightarrow 2x^2 - 8x + 8 + 2y^2 + 8y + 8 = x^2 + y^2 + 1 - 2xy - 2x + 2y$$

$$\therefore x^2 + y^2 + 2xy - 6x + 6y + 15 = 0$$

Graficamente, temos:

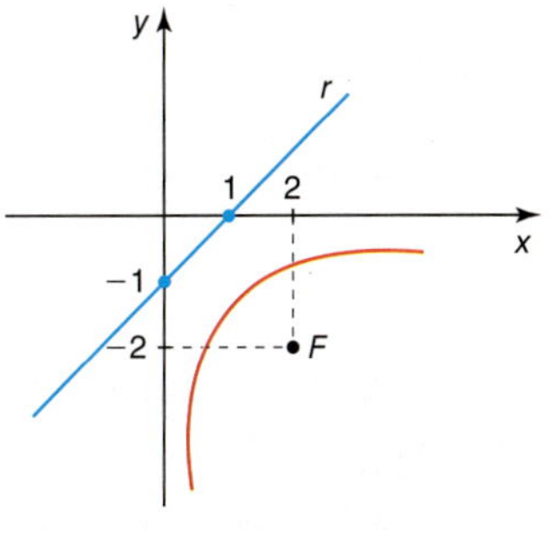

EXERCÍCIOS PROPOSTOS

37 Obtenha uma equação da parábola de foco F(0, 4) e diretriz (r) y − 2 = 0.

38 Determine uma equação da parábola de foco F(1, 2) e diretriz (r) x + y − 3 = 0.

39 (UFRN) No plano cartesiano xOy, o conjunto dos pontos P = (x, y), que estão a uma mesma distância do ponto F = (0, 2) e do eixo Ox, é:

a) a parábola de equação $y = \frac{x^2}{2} + 4$.

b) a parábola de equação $y = \frac{x^2}{4} + 1$.

c) a parábola de equação $y = 4x^2 + 1$.

d) a parábola de equação $y = 2x^2 + 1$.

Resolva os exercícios complementares 31 e 32.

Equação reduzida da parábola

Como vimos, associando um sistema de eixos cartesianos ao plano de uma parábola, podemos representá-la por uma equação. Consideremos o caso particular em que o foco e o vértice pertencem ao eixo Oy e a concavidade está voltada para cima.

Seja uma parábola de vértice $V(0, y_0)$, parâmetro p, foco $F\left(0, y_0 + \frac{p}{2}\right)$, reta diretriz $(r)\ y = y_0 - \frac{p}{2}$, que pode ser representada na forma $0x + y - y_0 + \frac{p}{2} = 0$, e um ponto genérico $P(x, y)$ da parábola, conforme a figura abaixo:

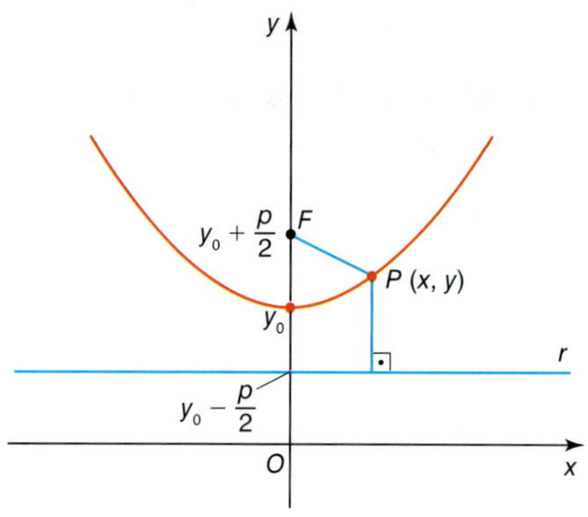

Pela definição de parábola, temos $PF = Pr$, ou seja:

$$\sqrt{(x-0)^2 + \left(y - y_0 - \frac{p}{2}\right)^2} = \frac{\left|0x + y - y_0 + \frac{p}{2}\right|}{\sqrt{0^2 + 1^2}} \Rightarrow \sqrt{x^2 + \left(y - y_0 - \frac{p}{2}\right)^2} = \left|y - y_0 + \frac{p}{2}\right|$$

Quadrando ambos os membros, obtemos:

$$x^2 + \left((y - y_0) - \frac{p}{2}\right)^2 = \left((y - y_0) + \frac{p}{2}\right)^2 \Rightarrow x^2 + (y - y_0)^2 - p(y - y_0) + \frac{p^2}{4} = (y - y_0)^2 + p(y - y_0) + \frac{p^2}{4}$$

$$\therefore x^2 - p(y - y_0) = p(y - y_0) \Rightarrow x^2 = 2p(y - y_0)$$

Essa última equação é chamada de **equação reduzida da parábola** com foco e vértice sobre o eixo Oy e concavidade voltada para cima.

Reproduzindo esse procedimento para uma parábola qualquer de vértice $V(x_0, y_0)$ e parâmetro p, obtemos os resultados apresentados a seguir.

Equação reduzida da parábola com diretriz paralela ao eixo *Ox* e concavidade para cima

Se uma parábola tem a diretriz paralela ao eixo *Ox* e a concavidade voltada para o sentido positivo do eixo *Oy* (concavidade voltada para cima), então sua equação é:

$$(x - x_0)^2 = 2p(y - y_0)$$

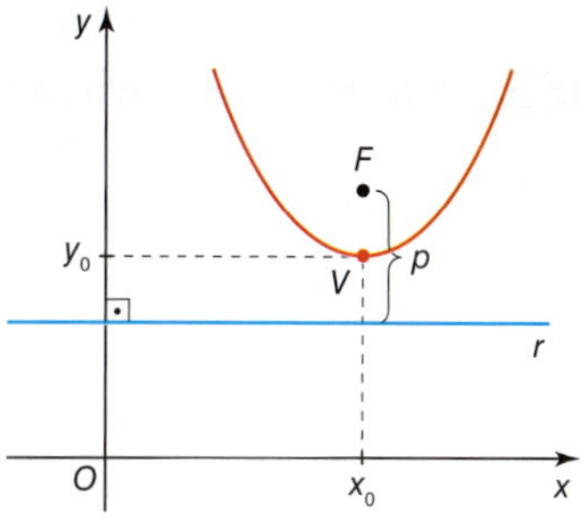

Material complementar Moderna PLUS http://www.modernaplus.com.br
Texto: *Dedução da equação reduzida da parábola com diretriz paralela ao eixo* Ox *e concavidade para cima.*

Equação reduzida da parábola com diretriz paralela ao eixo *Ox* e concavidade para baixo

Se uma parábola tem a diretriz paralela ao eixo *Ox* e a concavidade voltada para o sentido negativo do eixo *Oy* (concavidade voltada para baixo), então sua equação é:

$$(x - x_0)^2 = -2p(y - y_0)$$

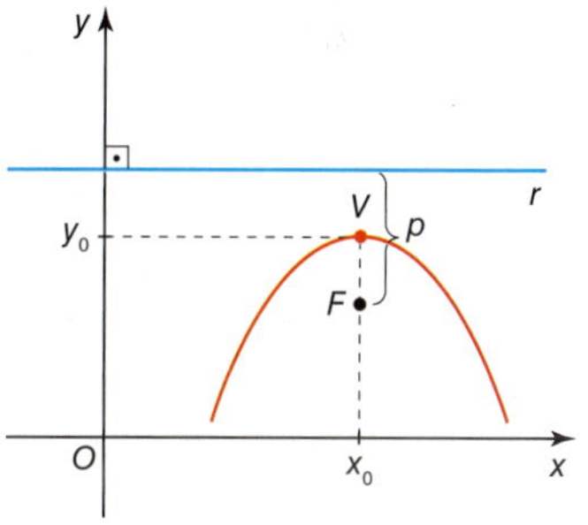

Equação reduzida da parábola com diretriz paralela ao eixo *Oy* e concavidade para a direita

Se uma parábola tem a diretriz paralela ao eixo *Oy* e a concavidade voltada para o sentido positivo do eixo *Ox* (concavidade voltada para a direita), então sua equação é:

$$(y - y_0)^2 = 2p(x - x_0)$$

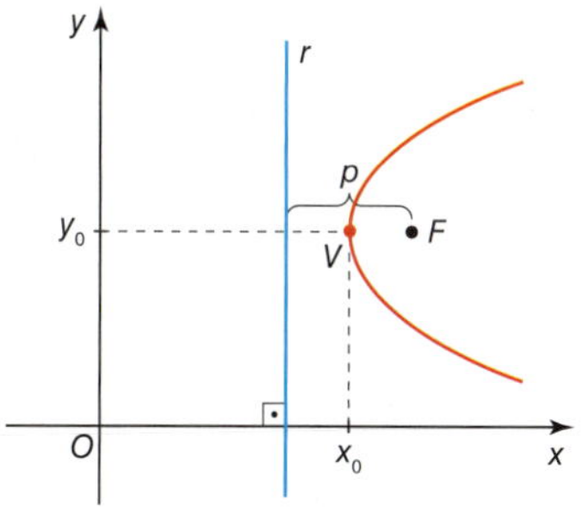

Equação reduzida da parábola com diretriz paralela ao eixo *Oy* e concavidade para a esquerda

Se uma parábola tem a diretriz paralela ao eixo *Oy* e a concavidade voltada para o sentido negativo do eixo *Ox* (concavidade voltada para a esquerda), então sua equação é:

$$(y - y_0)^2 = -2p(x - x_0)$$

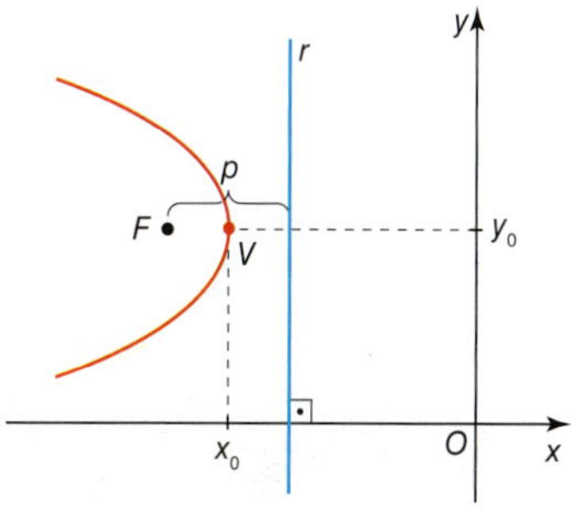

As demonstrações dos três últimos casos são análogas à do primeiro caso.

EXERCÍCIOS RESOLVIDOS

13 Obter a equação reduzida da parábola $\mathcal{P}$ de vértice V, foco F e diretriz r, nos seguintes casos:

a)

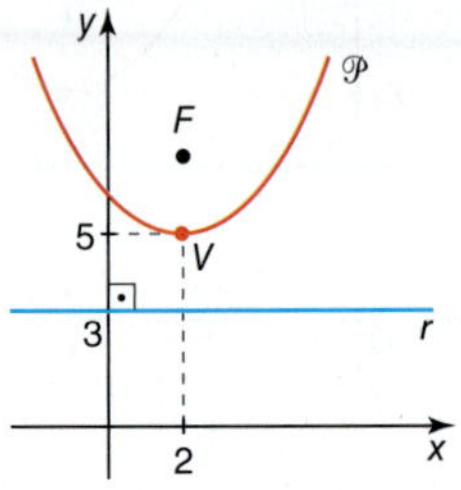

b)

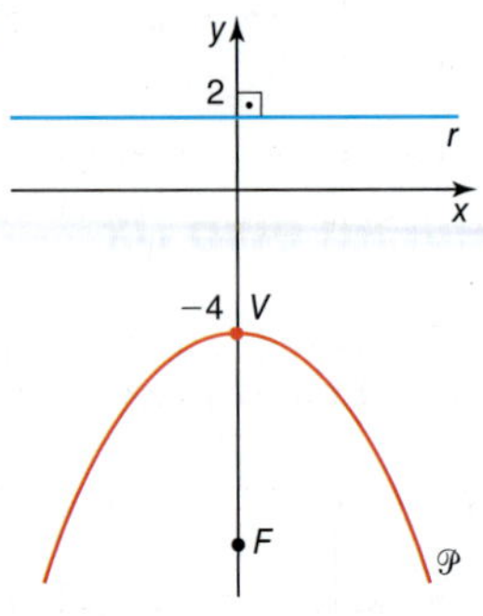

c)

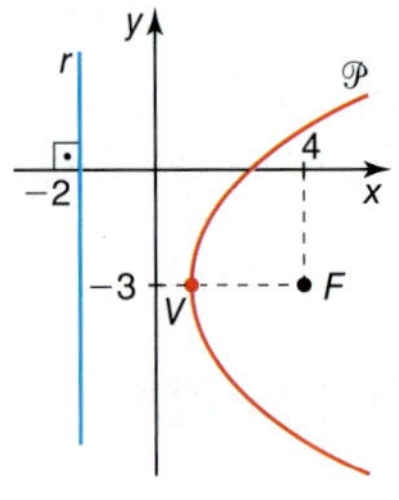

d)

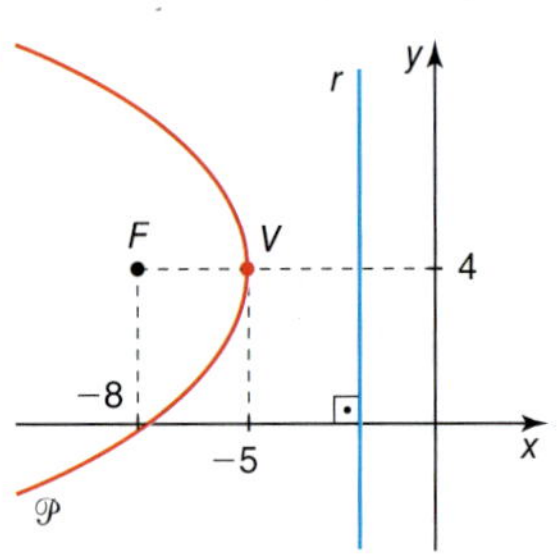

Resolução

a) O vértice da parábola é o ponto V(2, 5).
A distância do foco F à diretriz r é o parâmetro p. Como a distância do vértice à diretriz é metade do parâmetro, temos:

$$Vr = \frac{p}{2} \Rightarrow 5 - 3 = \frac{p}{2} \text{ e, portanto, } p = 4$$

A diretriz é paralela ao eixo Ox e a concavidade da parábola é voltada para o sentido positivo do eixo Oy (voltada para cima). Assim, identificamos o 1º caso; portanto, a equação da parábola é:
$(x - 2)^2 = 8(y - 5)$

b) O vértice da parábola é o ponto V(0, −4).
A distância do foco F à diretriz r é o parâmetro p. Como a distância do vértice à diretriz é metade do parâmetro, temos:

$$Vr = \frac{p}{2} \Rightarrow 2 - (-4) = \frac{p}{2}\text{; logo: } p = 12$$

A diretriz é paralela ao eixo Ox e a concavidade da parábola é voltada para o sentido negativo do eixo Oy (voltada para baixo). Assim, identificamos o 2º caso; portanto, a equação da parábola é:
$(x - 0)^2 = -24[y - (-4)]$ ou seja:
$x^2 = -24(y + 4)$

c) O vértice da parábola é o ponto médio do segmento de reta de extremos (−2, −3) e (4, −3), isto é:

$$V\left(\frac{-2 + 4}{2}, \frac{-3 + (-3)}{2}\right) = V(1, -3)$$

A distância do foco F à diretriz r é o parâmetro p. Logo:
$p = 4 - (-2) = 6$
A diretriz é paralela ao eixo Oy e a concavidade da parábola é voltada para o sentido positivo do eixo Ox (voltada para a direita). Assim, identificamos o 3º caso; logo, a equação da parábola é:
$[y - (-3)]^2 = 12(x - 1)$ ou seja:
$(y + 3)^2 = 12(x - 1)$

d) O vértice da parábola é o ponto V(−5, 4).
A distância do foco F à diretriz r é o parâmetro p. Como a distância do vértice ao foco é metade do parâmetro, temos:

$$VF = \frac{p}{2} \Rightarrow -5 - (-8) = \frac{p}{2} \text{ e, portanto, } p = 6$$

A diretriz é paralela ao eixo Oy e a concavidade da parábola é voltada para o sentido negativo do eixo Ox (voltada para a esquerda). Assim, identificamos o 4º caso; logo, a equação da parábola é:
$(y - 4)^2 = -12[x - (-5)]$ ou seja:
$(y - 4)^2 = -12(x + 5)$

14 Um dos cabos de sustentação de uma ponte de 160 m de comprimento é um arco de parábola preso a pilares verticais de 20 m de altura. O vértice V da parábola é o ponto médio do segmento de reta que liga as bases A e B dos pilares, conforme mostra a figura.

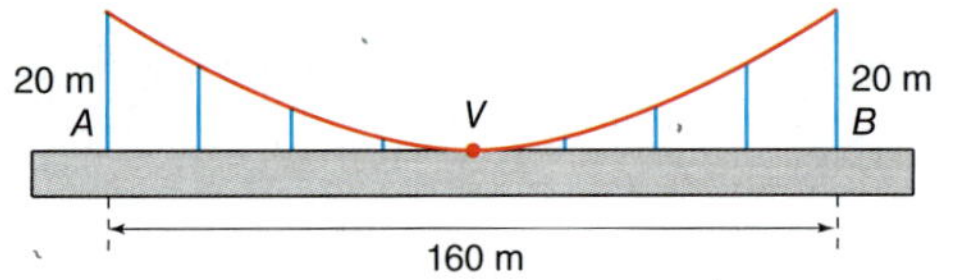

Entre os pilares há seis cabos, que sustentam o piso da ponte de modo que a extremidade inferior de cada um dos cabos e o vértice V da parábola dividem o segmento $\overline{AB}$ em oito segmentos congruentes entre si. Calcular o comprimento de cada um dos cabos menores.

Resolução

Num sistema de coordenadas cartesianas, temos a seguinte situação:

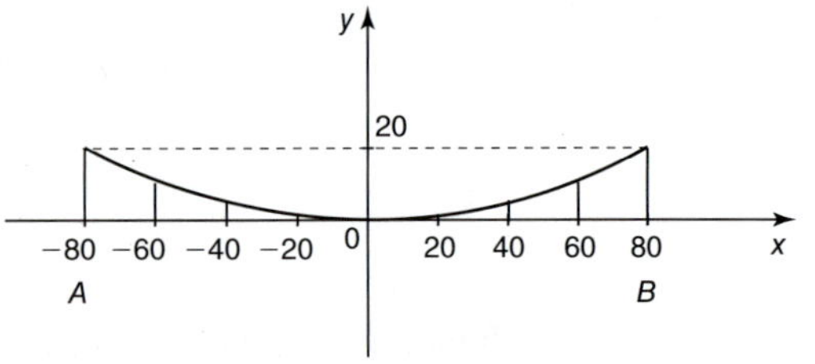

Assim, o vértice da parábola é $V(0, 0)$ e, sendo p seu parâmetro, sua equação é dada por:

$x^2 = 2py$

Como a parábola passa pelo ponto (80, 20), temos:

$80^2 = 2p \cdot 20 \Rightarrow p = 160$

Logo, uma equação da parábola é $x^2 = 320y$.

Dessa forma, o comprimento dos dois cabos mais curtos é dado por:

$20^2 = 320y \Rightarrow y = 1{,}25$

Portanto, cada um dos cabos mais curtos tem 1,25 m de comprimento.

15 Esboçar o gráfico da parábola $(y - 2)^2 = 14\left(x - \frac{1}{2}\right)$.

Resolução

- Comparando a equação $(y - 2)^2 = 14\left(x - \frac{1}{2}\right)$ com a equação do 3º caso, $(y - y_0)^2 = 2p(x - x_0)$, temos:

  $y_0 = 2$, $x_0 = \frac{1}{2}$ e $2p = 14$

  Assim, o vértice V e o parâmetro p são:

  $V\left(\frac{1}{2}, 2\right)$ e $p = 7$

- A intersecção da parábola com o eixo Ox é obtida atribuindo-se o valor zero à variável y da equação:

  $(0 - 2)^2 = 14\left(x - \frac{1}{2}\right) \Rightarrow x = \frac{11}{14}$

  Portanto, a parábola intercepta o eixo Ox no ponto $\left(\frac{11}{14}, 0\right)$.

- A parábola não intercepta o eixo Oy, pois, se atribuirmos o valor zero à variável x da equação, teremos uma igualdade impossível em $\mathbb{R}$:

  $(y - 2)^2 = 14\left(0 - \frac{1}{2}\right)$, ou seja: $(y - 2)^2 = -7$

Concluímos, então, que o gráfico de $\mathcal{P}$ é:

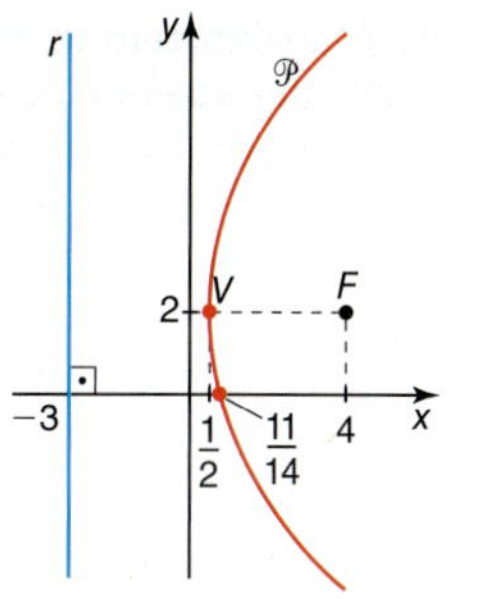

(*Nota*: como o eixo de simetria da parábola é perpendicular ao eixo Oy, o fato de a abscissa do vértice ser menor que a abscissa do ponto de intersecção do gráfico com o eixo Ox já garante que a parábola não intercepta o eixo Oy. Com essa observação, não é necessário atribuir o valor zero à variável x, como fizemos anteriormente.)

16 Uma parábola $\mathcal{P}$ tem equação $y = 2x^2 - 4x + 3$. Representar essa equação na forma reduzida.

Resolução

Para transformar essa equação na forma reduzida, podemos adotar os seguintes procedimentos:

- Isolamos em um dos membros da igualdade os termos na variável que contém o expoente 2:

  $y - 3 = 2x^2 - 4x$
- Fatoramos o polinômio do 2º grau isolado, colocando em evidência o coeficiente do termo do 2º grau:

  $y - 3 = 2(x^2 - 2x)$
- Completamos o quadrado perfeito na expressão entre parênteses, adicionando um mesmo número a ambos os membros da igualdade:

  $y - 3 + 2 = 2(x^2 - 2x + 1)$ ou seja:

  $y - 1 = 2(x - 1)^2$
- Concluímos, obtendo a equação reduzida:

  $(x - 1)^2 = \frac{1}{2} \cdot (y - 1)$

EXERCÍCIOS PROPOSTOS

40 Obtenha a equação reduzida da parábola $\mathcal{P}$ de vértice V, foco F e diretriz r, nos seguintes casos:

a)

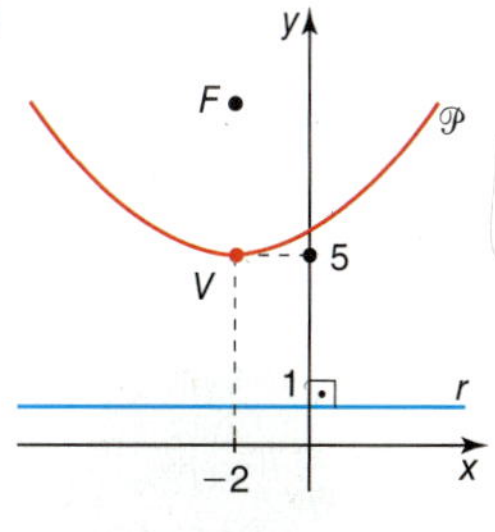

b)

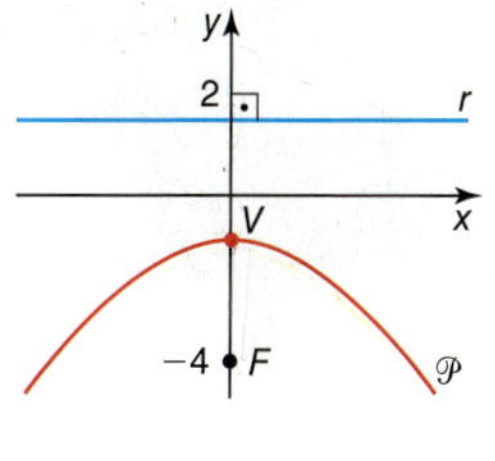

c)

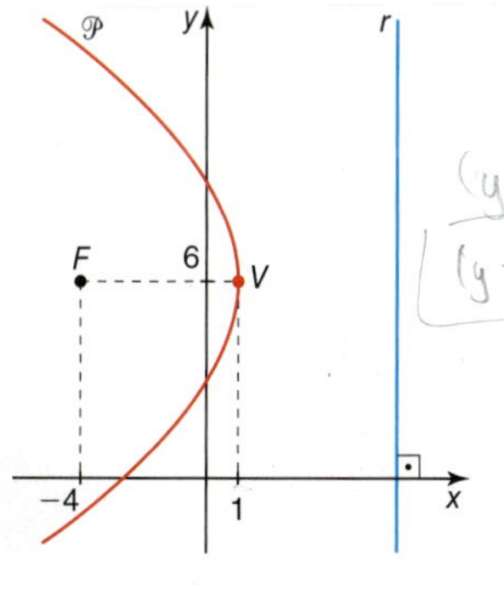

41 Esboce o gráfico da parábola $\mathcal{P}$, representando também o foco, a diretriz e o(s) ponto(s) de intersecção com os eixos coordenados, nos seguintes casos:

a) $(\mathcal{P})\ x^2 = 8(y - 10)$

b) $(\mathcal{P})\ (x - 3)^2 = -20(y - 1)$

c) $(\mathcal{P})\ (y - 3)^2 = 16(x - 6)$

d) $(\mathcal{P})\ (y + 3)^2 = -12(x + 4)$

42 A parábola $\mathcal{P}$, abaixo, tem vértice V e eixo de simetria perpendicular ao eixo Ox. Exiba a sua equação reduzida.

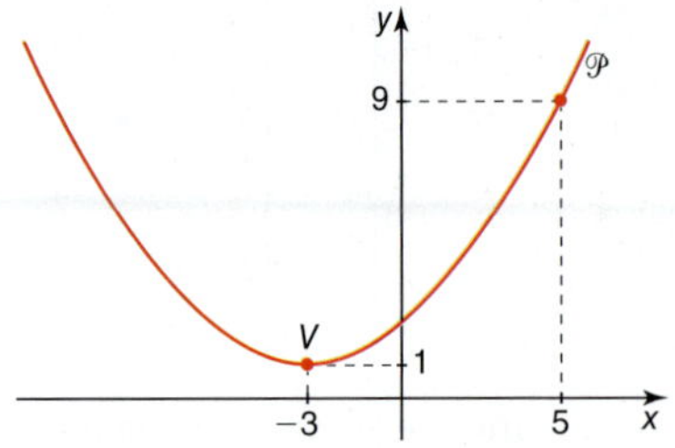

43 Escreva na forma reduzida a equação da parábola $\mathcal{P}$ em cada um dos casos.

a) $y = 3x^2 + 6x - 5$

b) $x = y^2 - 6y + 7$

c) $y = \frac{x^2}{4} - x - 3$

44 Obtenha o vértice V da parábola de equação $y = 2x^2 - 8x + 1$.

45 Qual é o parâmetro da parábola de equação $x = 5y^2 + y$?

46 Considerando a reta *r* e a parábola $\mathcal{P}$ de equações $x - 4y - 9 = 0$ e $(y + 3)^2 = x - 1$, respectivamente:

a) represente graficamente *r* e $\mathcal{P}$.

b) determine, se existirem, os pontos comuns a *r* e $\mathcal{P}$.

47 Para o estudo de um cometa, cuja órbita é uma parábola com o Sol no foco, um astrônomo imaginou um sistema cartesiano ortogonal no plano dessa órbita, adotando nos eixos uma unidade *u*, conveniente para grandes distâncias. Em relação a esse sistema, a equação da trajetória do cometa é $x^2 = 12(y - 4)$. No momento em que o cometa passar pelo ponto (8, 1), sua distância ao Sol será igual a:

a) 25 b) 10 c) 12 d) 144 e) 5

48 As antenas parabólicas receptoras captam as ondas eletromagnéticas e as refletem para um receptor, localizado no foco do paraboloide, que as transforma em sinais elétricos e as envia a um decodificador que, por sua vez, transforma esses sinais elétricos em imagem ou som. Se a circunferência que limita uma antena parabólica tem 2 m de raio e o plano dessa circunferência dista 0,5 m do vértice do paraboloide, a que distância do vértice está localizado o receptor da antena?

(*Nota*: A superfície de um paraboloide é a figura tridimensional obtida pela rotação completa de uma parábola em torno do eixo de simetria.)

Resolva os exercícios complementares 33 a 42 e 57 a 60.

Seção 5.5

Lugar geométrico

Objetivos

- **Entender** o conceito de lugar geométrico.
- **Obter** a equação de um lugar geométrico.
- **Esboçar** o gráfico de um lugar geométrico.

Termo e conceito

- lugar geométrico

Na descrição de uma posição, uma linha ou uma região, está implícito o conceito de conjunto de pontos; por exemplo:

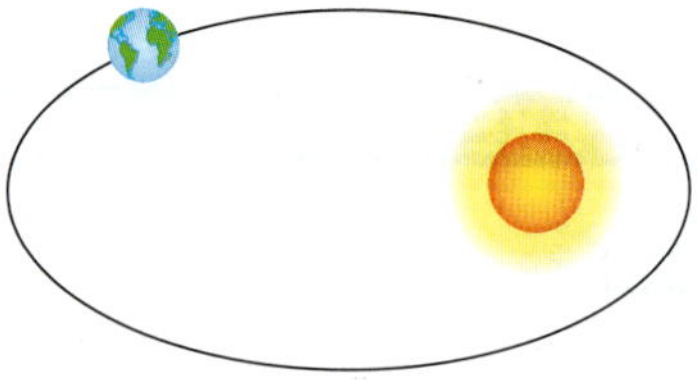

- A Terra tem órbita elíptica em torno do Sol.
- A região Sul do Brasil é formada por três estados: Paraná, Santa Catarina e Rio Grande do Sul.

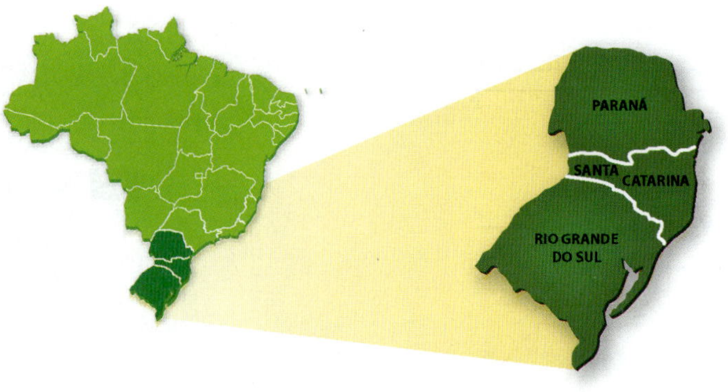

- A trajetória de uma bola atirada obliquamente para cima é parabólica.

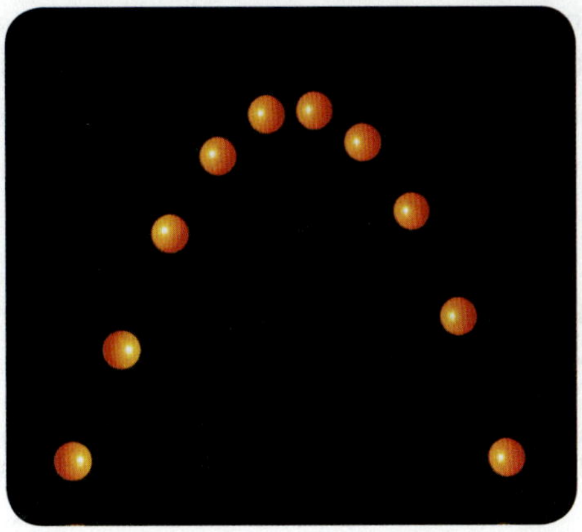

A órbita da Terra, a região Sul do Brasil e a trajetória da bola são representadas por **conjuntos de pontos**. A esses conjuntos daremos o nome de **lugar geométrico** ou, abreviadamente, **L.G.**

De modo geral, podemos dizer que:

Lugar geométrico é todo conjunto de pontos, podendo inclusive ser o conjunto vazio.

Determinação de um lugar geométrico

Um L.G. é determinado por uma propriedade p se, e somente se:

- todos os pontos do L.G. satisfazem a propriedade p;
- somente os pontos do L.G. satisfazem a propriedade p.

Exemplos

a) O L.G. dos pontos de um plano α que equidistam de dois pontos distintos A e B de α é a mediatriz do segmento $\overline{AB}$.

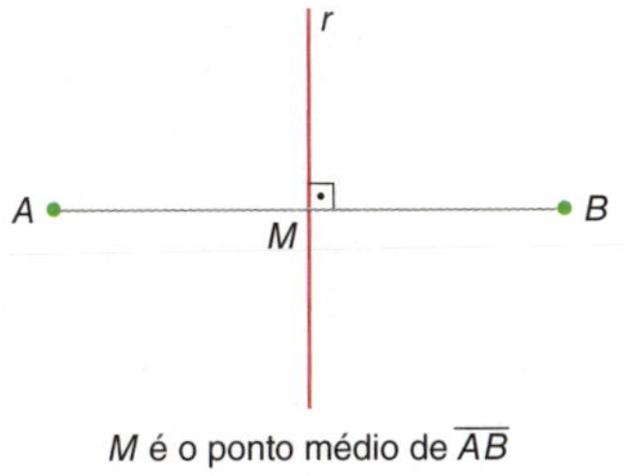

M é o ponto médio de $\overline{AB}$

b) O L.G. dos pontos de um plano α que distam 5 cm de um ponto O desse plano é uma circunferência de centro O e raio 5 cm.

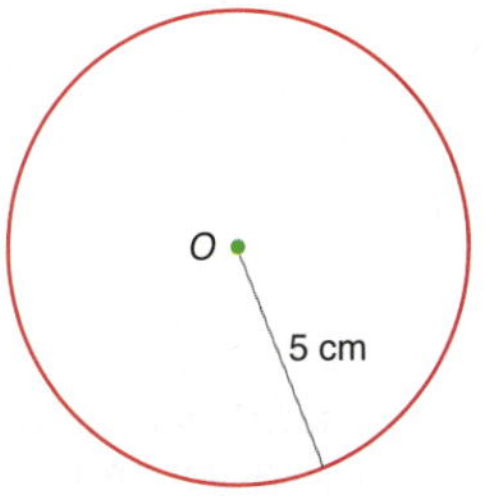

c) O L.G. dos pontos do espaço que distam 5 cm de um ponto O é uma superfície esférica de centro O e raio 5 cm.

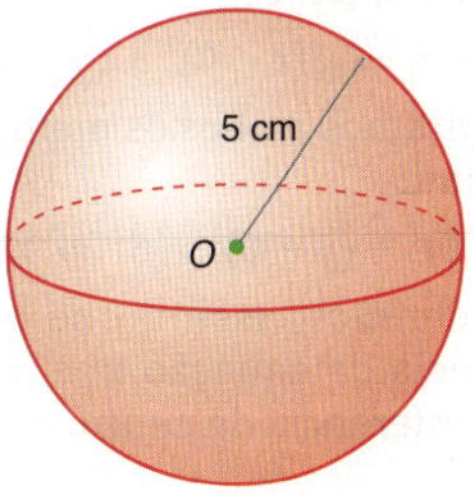

d) O L.G. dos pontos de um plano α equidistantes de um ponto F e de uma reta r, com $F \notin r$, é uma parábola.

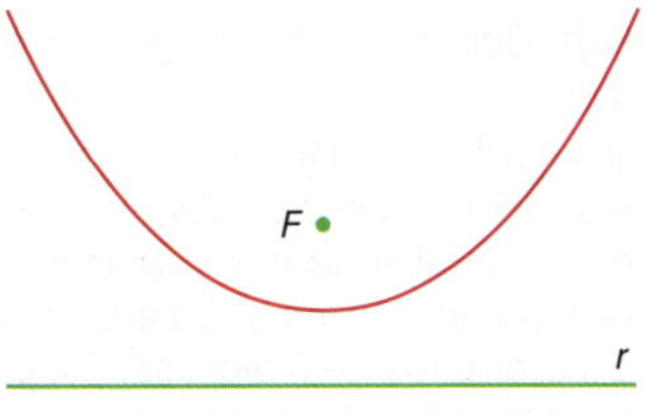

Equação de um lugar geométrico do plano cartesiano

Se um lugar geométrico do plano cartesiano é determinado por uma propriedade p que indica uma **igualdade**, então obtemos a equação desse L.G. do seguinte modo:

- consideramos um ponto genérico $Q(x, y)$ de coordenadas variáveis x e y;
- impomos ao ponto $Q(x, y)$ a condição p, obtendo assim a equação do L.G.

EXERCÍCIOS RESOLVIDOS

17 Representar por uma equação o lugar geométrico dos pontos do plano cartesiano que equidistam dos pontos $A(6, 3)$ e $B(4, 5)$.

Resolução

Para obter a equação do L.G., adotamos os seguintes procedimentos:

- Consideramos um ponto genérico $Q(x, y)$ do plano cartesiano.
- Impomos que o ponto $Q(x, y)$ satisfaça a condição $QA = QB$, ou seja:

$\sqrt{(x-6)^2+(y-3)^2} = \sqrt{(x-4)^2+(y-5)^2}$

Quadramos ambos os membros dessa igualdade:

$(x-6)^2+(y-3)^2 = (x-4)^2+(y-5)^2 \Rightarrow$

$\Rightarrow \cancel{x^2} - 12x + 36 + \cancel{y^2} - 6y + 9 =$

$= \cancel{x^2} - 8x + 16 + \cancel{y^2} - 10y + 25$

$\therefore -4x + 4y + 4 = 0 \Rightarrow x - y - 1 = 0$

Concluímos, então, que o L.G. é a reta de equação $x - y - 1 = 0$, que é a mediatriz do segmento $\overline{AB}$.

18 Obter uma equação do L.G. dos pontos do plano cartesiano que distam 6 unidades da origem O do sistema de eixos.

Resolução

- Seja $Q(x, y)$ um ponto genérico do plano cartesiano.
- Impondo que a distância entre $Q(x, y)$ e $O(0, 0)$ seja igual a 6, temos:

$QO = 6 \Rightarrow \sqrt{(x-0)^2+(y-0)^2} = 6$

Quadramos ambos os membros dessa igualdade, obtendo:

$(x-0)^2+(y-0)^2 = 6^2 \Rightarrow x^2 + y^2 = 36$

Concluímos, assim, que o L.G. é uma circunferência de equação $x^2 + y^2 = 36$, ou seja, uma circunferência de centro na origem e raio 6.

19 Considerar todos os segmentos de reta $\overline{AB}$, de comprimento 8, com A pertencente ao eixo das abscissas e B pertencente ao eixo das ordenadas. Determinar uma equação do L.G. dos pontos médios desses infinitos segmentos.

Resolução

- Seja $Q(x, y)$ um ponto genérico do plano cartesiano.
- Impondo que $Q(x, y)$ seja ponto médio de um segmento genérico $\overline{AB}$, com A pertencente ao eixo das abscissas e B pertencente ao eixo das ordenadas, temos que a abscissa de A deve ser $2x$ e a ordenada de B deve ser $2y$, pois cada uma das coordenadas do ponto médio de um segmento é a média aritmética entre as correspondentes coordenadas dos extremos desse segmento.

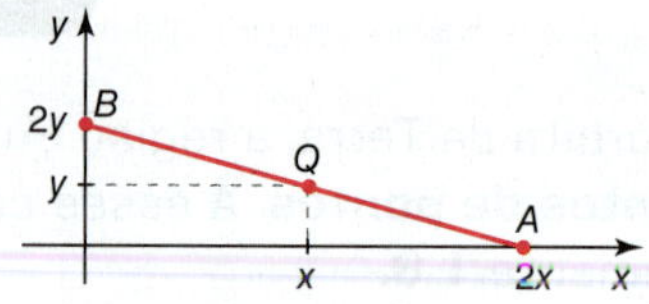

$Q(x, y)$
$A(2x, 0)$
$B(0, 2y)$

Impondo $AB = 8$, temos:

$\sqrt{(2x-0)^2+(0-2y)^2} = 8 \Rightarrow$

$\Rightarrow (2x-0)^2+(0-2y)^2 = 8^2$

$\therefore 4x^2 + 4y^2 = 64 \Rightarrow x^2 + y^2 = 16$

Logo, o L.G. é a circunferência de equação:

$x^2 + y^2 = 16$

20 Obter uma ou mais equações do L.G. das bissetrizes dos ângulos formados pelas retas (r) $3x + y + 1 = 0$ e (s) $x + 3y + 2 = 0$.

Resolução

- Seja $Q(x, y)$ um ponto genérico do plano cartesiano.
- Devemos impor que o ponto Q pertença a uma bissetriz dos ângulos formados pelas retas r e s. Para que essa condição seja obedecida, basta que Q seja equidistante de r e s, isto é:

$$d_{Qr} = d_{Qs} \Rightarrow \frac{|3x+y+1|}{\sqrt{3^2+1^2}} = \frac{|x+3y+2|}{\sqrt{1^2+3^2}}$$

$\therefore |3x + y + 1| = |x + 3y + 2|$

Por definição de módulo, temos:

$|3x + y + 1| = |x + 3y + 2| \Rightarrow$

$\Rightarrow 3x + y + 1 = x + 3y + 2$ ou

$3x + y + 1 = -x - 3y - 2$

ou seja: $2x - 2y - 1 = 0$ ou $4x + 4y + 3 = 0$

Assim, o L.G. é constituído pelo par de retas:

(t) $2x - 2y - 1 = 0$ e (u) $4x + 4y + 3 = 0$

Graficamente, temos:

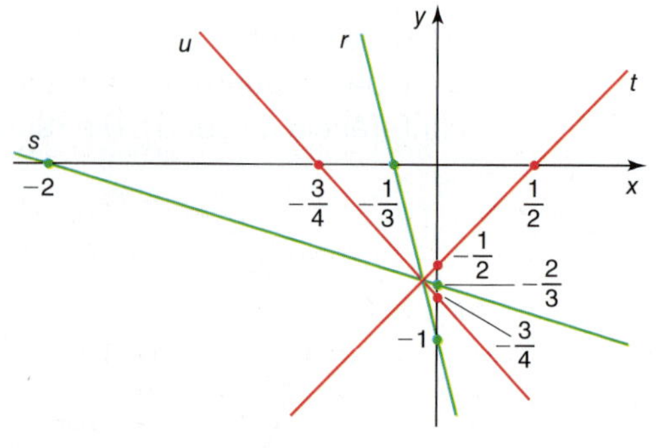

As retas t e u contêm as bissetrizes dos ângulos formados por r e s.

21 Obter uma equação do lugar geométrico dos pontos do plano cartesiano cuja distância à origem O do sistema de eixos seja o triplo da distância à reta (s) $x - 4 = 0$. Construir o gráfico desse L.G.

Resolução

- Seja Q(x, y) um ponto genérico do plano cartesiano.
- Impondo que a distância entre Q(x, y) e O(0, 0) seja o triplo da distância entre Q(x, y) e (s) $x - 4 = 0$, temos:

$$QO = 3 \cdot d_{QS} \Rightarrow \sqrt{(x-0)^2 + (y-0)^2} = 3 \cdot \frac{|x + 0y - 4|}{\sqrt{1^2 + 0^2}}$$

$$\therefore \sqrt{x^2 + y^2} = 3|x - 4|$$

Essa já é uma equação do L.G., porém, para saber que curva essa equação representa, convém efetuar algumas transformações.

Quadramos ambos os membros dessa equação, obtendo:

$$x^2 + y^2 = 9(x-4)^2 \Rightarrow x^2 + y^2 = 9(x^2 - 8x + 16)$$

$$\therefore x^2 + y^2 = 9x^2 - 72x + 144$$

$$\therefore 8x^2 - y^2 - 72x + 144 = 0$$

Agrupamos os termos em x, os termos em y e isolamos o termo independente em um dos membros da igualdade: $(8x^2 - 72x) - y^2 = -144$

Fatoramos a expressão em x, pondo em evidência o coeficiente de x^2: $8(x^2 - 9x) - y^2 = -144$

Adicionamos um mesmo número a ambos os membros da igualdade para obter um quadrado perfeito na expressão entre parênteses:

$$8\left(x^2 - 9x + \frac{81}{4}\right) - y^2 = -144 + 162 \Rightarrow$$

$$\Rightarrow 8\left(x - \frac{9}{2}\right)^2 - y^2 = 18$$

Dividimos por 18 ambos os membros:

$$\frac{8\left(x - \frac{9}{2}\right)^2}{18} - \frac{y^2}{18} = \frac{18}{18} \Rightarrow \frac{\left(x - \frac{9}{2}\right)^2}{\frac{9}{4}} - \frac{y^2}{18} = 1$$

Logo, o L.G. é uma hipérbole de equação:

$$\frac{\left(x - \frac{9}{2}\right)^2}{\frac{9}{4}} - \frac{y^2}{18} = 1$$

Graficamente, temos:

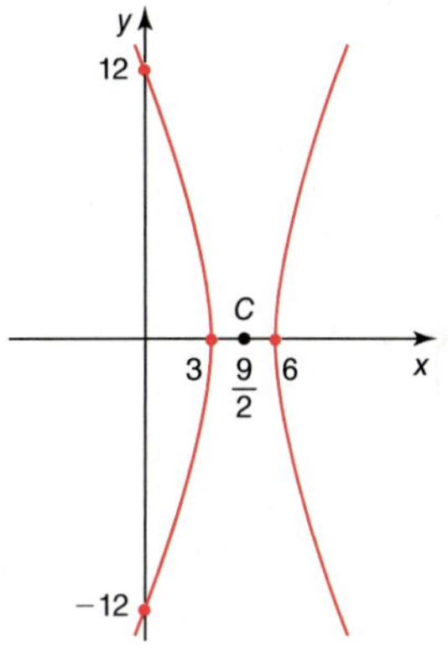

EXERCÍCIOS PROPOSTOS

49 Observe algumas descrições de lugar geométrico:

I. O lugar geométrico dos pontos P do plano, cuja distância a um ponto fixo C é constante.

II. O lugar geométrico dos pontos P do plano, cujo módulo da diferença das distâncias a dois pontos fixos e distintos F e F' é uma constante positiva 2*a*, menor que *FF'*.

III. O lugar geométrico dos pontos P do plano, cuja soma das distâncias a dois pontos fixos e distintos F e F' é constante e maior que *FF'*.

Esses lugares geométricos podem ser associados às definições das figuras:

A. hipérbole B. circunferência C. elipse

As associações corretas são:

a) I-A; II-B; III-C
b) I-C; II-A; III-B
c) I-B; II-C; III-A
d) I-B; II-A; III-C
e) I-C; II-B; III-A

50 (UFPB) Determine a equação e esboce, no plano cartesiano, o gráfico do lugar geométrico:

a) de todos os pontos equidistantes dos pontos (1, 0) e (0, 1).
b) de todos os pontos situados a uma unidade de distância do ponto (1, −1).

51 Dados os pontos A(3, 0) e O(0, 0):

a) obtenha uma equação do L.G. dos pontos Q do plano cartesiano tal que a distância *QA* seja o dobro da distância *QO*.
b) represente no plano cartesiano o gráfico do L.G. do item **a**.

52 Obtenha uma equação do lugar geométrico dos pontos do plano cartesiano cuja distância à reta (s) $y - 4 = 0$ seja o triplo da distância à origem O do sistema de eixos.

53 Dada a reta (*r*) $3x - 4y - 1 = 0$:

a) obtenha uma ou mais equações do L.G. dos pontos do plano cartesiano que distam 4 unidades da reta *r*.
b) represente no plano cartesiano o gráfico do L.G. do item **a**.

54 Considerando as retas (*r*) $x + 2y - 3 = 0$ e (*s*) $x + 2y + 5 = 0$:

a) obtenha uma equação do L.G. dos pontos do plano cartesiano equidistantes de *r* e *s*.
b) represente no plano cartesiano as retas *r* e *s* e o L.G. do item **a**.

55 Dada a circunferência (λ) $x^2 + y^2 = 16$:

a) obtenha uma equação do L.G. dos pontos médios de todas as cordas de comprimento 6 da circunferência λ.
b) represente no plano cartesiano a circunferência λ e o L.G. do item **a**.

Resolva os exercícios complementares 43 a 50 e 61 a 65.

EXERCÍCIOS COMPLEMENTARES

Exercícios técnicos

1 Em uma elipse $\mathscr{E}$ de focos $F_1(0, 1)$ e $F_2(4, 1)$, o eixo maior mede 8 unidades. Aplicando a definição, obtenha uma equação que represente essa elipse.

2 O eixo menor de uma elipse $\mathscr{E}$ mede 4 unidades e os focos são os pontos $F_1(2, 2)$ e $F_2(0, 4)$. Aplicando a definição, represente essa elipse por meio de uma equação.

3 Obtenha a equação reduzida da elipse $\mathscr{E}$ de centro C e eixos $\overline{A_1A_2}$ e $\overline{B_1B_2}$, em cada um dos casos.

a)

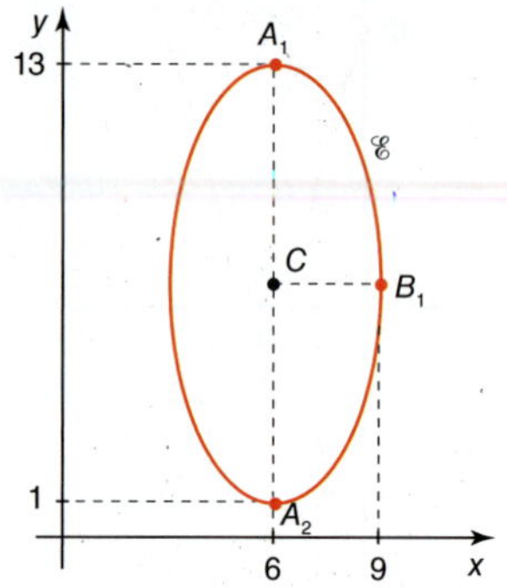

b)

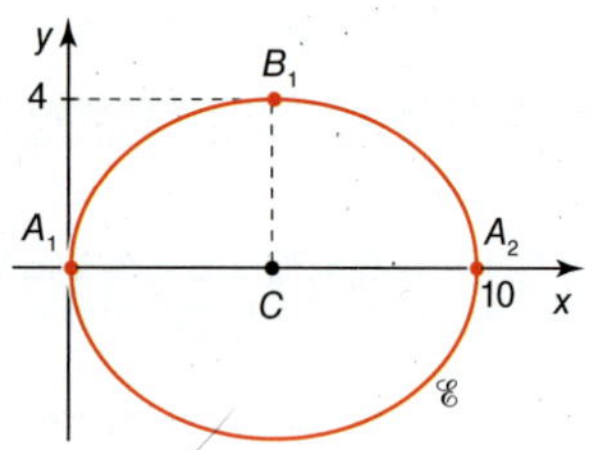

4 Esboce o gráfico da elipse $\mathscr{E}$, em cada um dos casos.

a) $\dfrac{(x+6)^2}{9} + \dfrac{(y-7)^2}{36} = 1$

b) $x^2 + \dfrac{(y-5)^2}{4} = 1$

c) $\dfrac{(x-3)^2}{10} + y^2 = 1$

5 Determine a excentricidade da elipse $\mathscr{E}$ de focos F_1 e F_2.

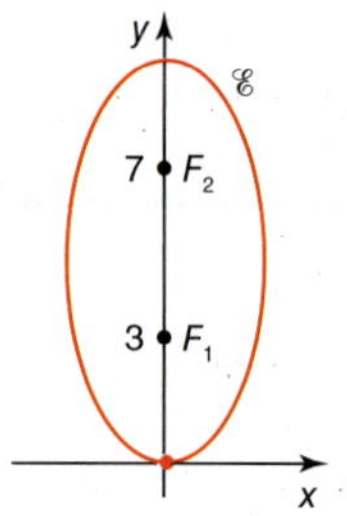

6 Obtenha a equação reduzida da elipse de focos F_1 e F_2.

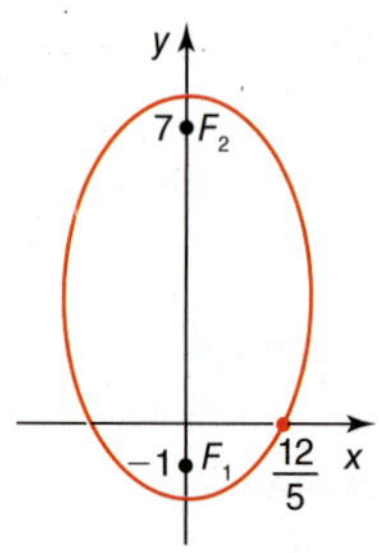

7 Uma elipse com um eixo horizontal tem centro na origem do sistema cartesiano e passa pelos pontos (1, 0) e (0, −2). A distância focal e a excentricidade dessa elipse são, respectivamente:

a) $\sqrt{3}$ e $\dfrac{1}{2}$

b) $\dfrac{1}{2}$ e $\sqrt{3}$

c) $\dfrac{\sqrt{3}}{2}$ e $\dfrac{1}{2}$

d) $\sqrt{3}$ e $\dfrac{\sqrt{3}}{2}$

e) $2\sqrt{3}$ e $\dfrac{\sqrt{3}}{2}$

8 Dê a equação reduzida da elipse $\mathscr{E}$, em cada um dos casos.

a) $(\mathscr{E})\ 16x^2 + 9y^2 + 64x - 54y + 1 = 0$

b) $(\mathscr{E})\ x^2 + 9y^2 - 4x - 18y - 23 = 0$

c) $(\mathscr{E})\ 3x^2 + 5y^2 - 12x - 3 = 0$

d) $(\mathscr{E})\ 9x^2 + 4y^2 = 1$

e) $(\mathscr{E})\ 3x^2 + 5y^2 = 2$

9 Calcule a excentricidade da elipse de equação $25(x-2)^2 + 16(y+1)^2 = 1$.

10 (UFPB) Na figura abaixo está representada a elipse de equação $9x^2 + 25y^2 - 225 = 0$ com seus focos F_1 e F_2 e os pontos A e B.

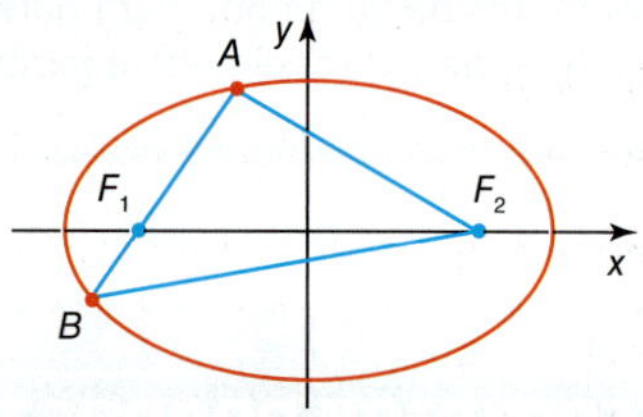

Se d_{PQ} denota a distância entre os pontos P e Q, calcule: $d_{AB} + d_{BF_2} + d_{F_2A}$

11 (FGV) No plano cartesiano, a curva de equações paramétricas $x = 2\cos t$ e $y = 5\,\text{sen}\,t$ com $t \in \mathbb{R}$ é:

a) uma senoide

b) uma cossenoide

c) uma hipérbole

d) uma circunferência

e) uma elipse

12 (UFPB) Sejam k um número real positivo e $F_1(3, 0)$ e $F_2(-3, 0)$ os focos da elipse de equação $16x^2 + ky^2 = 16k$. Sabendo-se que P é um ponto dessa elipse, cuja distância ao foco F_1 mede 4 unidades de comprimento, calcule a distância de P ao foco F_2.

13 (Ufal) Em um sistema de eixos cartesianos ortogonais, considere os pontos $A(5, 0)$, $B(0, 3)$, $C(-5, 0)$ e $D(0, -3)$. Classifique como verdadeira (V) ou falsa (F) cada uma das afirmações abaixo.

a) A equação da reta que contém os pontos A e B é $3x + 5y + 15 = 0$.

b) A área do quadrilátero $ABCD$, em unidades de área do sistema, é igual a 60.

c) A equação da circunferência inscrita no quadrilátero $ABCD$ é $x^2 + y^2 = \dfrac{225}{34}$.

d) A equação da elipse que contém os pontos A, B, C e D é $9x^2 + 25y^2 = 225$.

e) O ponto $P(3, 2)$ é interior à elipse que contém os pontos A, B, C e D, e é exterior ao quadrilátero $ABCD$.

14 Determine a intersecção da reta (r) $y = 2x + 1$ com a elipse ($\mathcal{E}$) $\frac{(x-3)^2}{9} + \frac{y^2}{4} = 1$

15 (Fuvest-SP) A elipse $x^2 + \frac{y^2}{2} = \frac{9}{4}$ e a reta $y = 2x + 1$, do plano cartesiano, se interceptam nos pontos A e B. Pode-se, pois, afirmar que o ponto médio do segmento $\overline{AB}$ é:

a) $\left(-\frac{2}{3}, -\frac{1}{3}\right)$
b) $\left(\frac{2}{3}, -\frac{7}{3}\right)$
c) $\left(\frac{1}{3}, -\frac{5}{3}\right)$
d) $\left(-\frac{1}{3}, \frac{1}{3}\right)$
e) $\left(-\frac{1}{4}, \frac{1}{2}\right)$

16 Conhecendo as equações de duas curvas quaisquer do plano cartesiano, a intersecção dessas curvas é o conjunto solução do sistema formado por essas equações. De acordo com esse fato, determine a intersecção da circunferência (λ) $x^2 + y^2 = 1$ com a elipse ($\mathcal{E}$) $\frac{x^2}{3} + \frac{y^2}{2} = 1$.

17 (UFC-CE) O número de pontos da intersecção das curvas $x^2 + y^2 = 4$ e $\frac{x^2}{15} + \frac{y^2}{2} = 1$ é igual a:

a) 0 b) 3 c) 4 d) 5 e) 6

18 Em uma hipérbole $\mathcal{H}$ de focos $F_1(1, 0)$ e $F_2(1, 3)$, o eixo real mede 1. Aplicando a definição, obtenha uma equação que represente essa hipérbole.

19 O eixo imaginário de uma hipérbole $\mathcal{H}$ mede 2 unidades, e os focos são os pontos $F_1(2, 0)$ e $F_2(0, 4)$. Aplicando a definição, represente essa hipérbole por meio de uma equação.

20 (FGV) A equação de uma hipérbole equilátera cujas assíntotas são paralelas aos eixos x e y pode ser expressa na forma: $(x - h)(y - k) = C$, em que (h, k) é o centro da hipérbole, e as retas $x = h$ e $y = k$ são as assíntotas. As assíntotas vertical e horizontal da hipérbole de equação $xy + x - 3y - 2 = 0$ são, respectivamente:

a) $x = -1$ e $y = 3$
b) $x = -3$ e $y = -1$
c) $x = 3$ e $y = -1$
d) $x = -3$ e $y = 1$
e) $x = 3$ e $y = 1$

21 Obtenha a equação reduzida da hipérbole $\mathcal{H}$ de centro C, eixo real $\overline{A_1A_2}$ e focos F_1 e F_2, em cada um dos casos.

a)

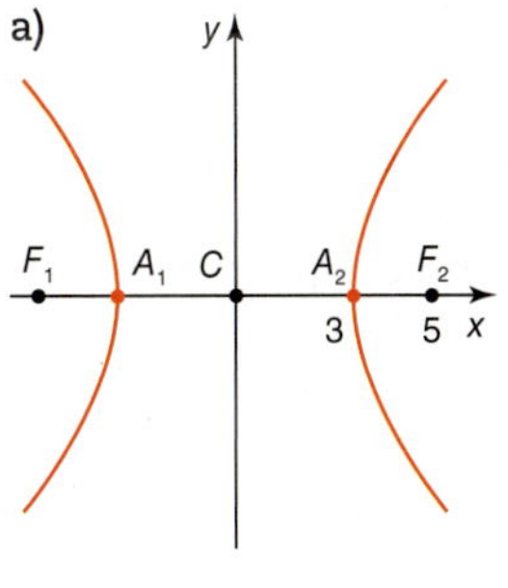

b)

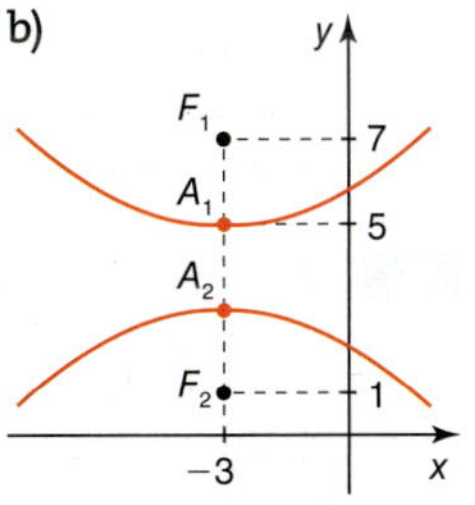

22 Esboce o gráfico da hipérbole $\mathcal{H}$, em cada um dos casos.

a) $\frac{y^2}{144} - \frac{x^2}{25} = 1$
b) $(y - 4)^2 - (x - 2)^2 = 1$
c) $\frac{y^2}{16} - (x - 2)^2 = 1$

23 Determine a excentricidade da hipérbole $\mathcal{H}$ de focos F_1 e F_2 e centro C, representada abaixo.

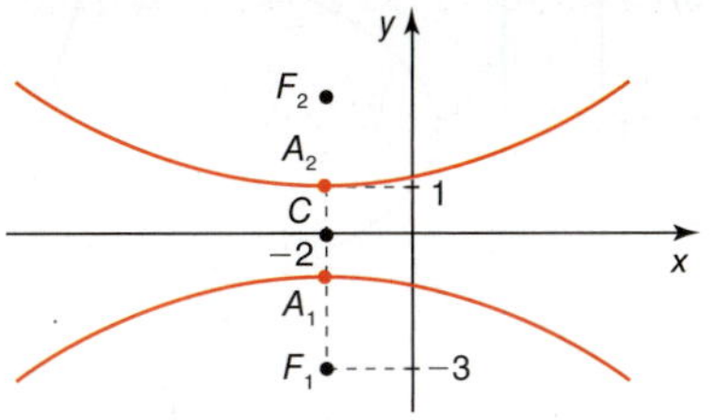

24 Determine a equação reduzida da hipérbole $\mathcal{H}$ de focos F_1 e F_2.

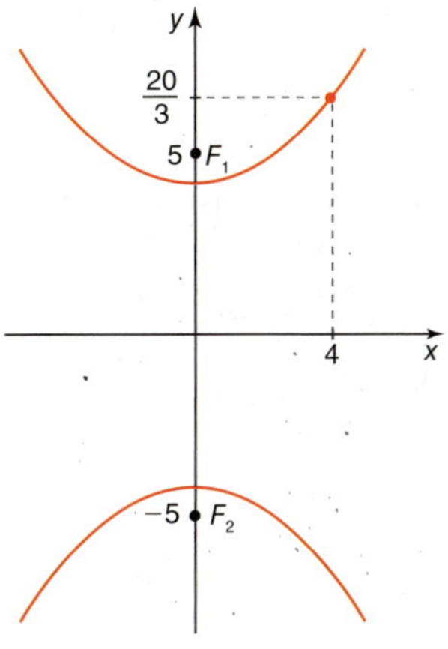

25 Obtenha as equações das assíntotas da hipérbole nos seguintes casos:

a) $\frac{x^2}{3} - \frac{y^2}{4} = 1$
b) $\frac{(y-5)^2}{9} - \frac{(x-6)^2}{4} = 1$

26 Em uma hipérbole, os focos são $F_1(2, 6)$ e $F_2(10, 6)$, e o eixo imaginário mede 4 unidades. Obtenha a equação reduzida dessa hipérbole.

27 Dê a equação reduzida da hipérbole $\mathcal{H}$, em cada um dos casos.

a) $3x^2 - 2y^2 - 8y - 14 = 0$
b) $x^2 - 2y^2 + 2x + 4y - 5 = 0$
c) $3y^2 - 5x^2 + 12y + 40x - 83 = 0$
d) $4y^2 - 8x^2 = 1$
e) $(x + 2)^2 - 9(y - 1)^2 = 1$

28 (ITA-SP) Sabendo que $9y^2 - 16x^2 - 144y + 224x - 352 = 0$ é a equação de uma hipérbole, calcule sua distância focal.

29 Exiba as equações das assíntotas da hipérbole $16x^2 - y^2 - 160x + 399 = 0$.

30 Determine a intersecção da reta r com a hipérbole $\mathcal{H}$, nos seguintes casos:

a) (r) $x - 2y - 2 = 0$ e ($\mathcal{H}$) $\frac{x^2}{8} - y^2 = 1$

b) (r) $x + y - 2 = 0$ e ($\mathcal{H}$) $x^2 - \frac{(y-1)^2}{4} = 1$

31 Represente por uma equação a parábola de foco F(5, 2) e diretriz (r) $x - 1 = 0$.

32 Qual é a equação da parábola de foco F(4, 0) e diretriz (r) $3x + 4y = 0$?

33 Obtenha a equação reduzida da parábola $\mathcal{P}$ de vértice V, foco F e diretriz r, nos seguintes casos:

a)
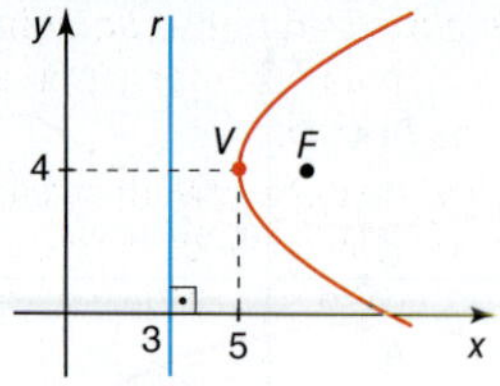

c)
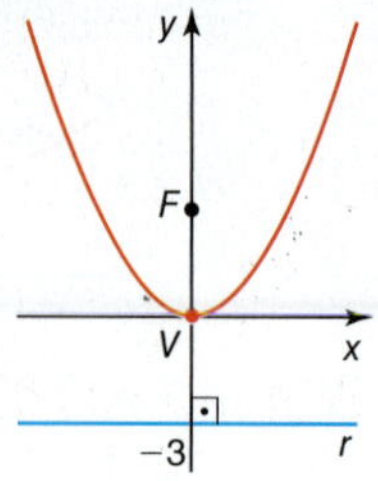

b)
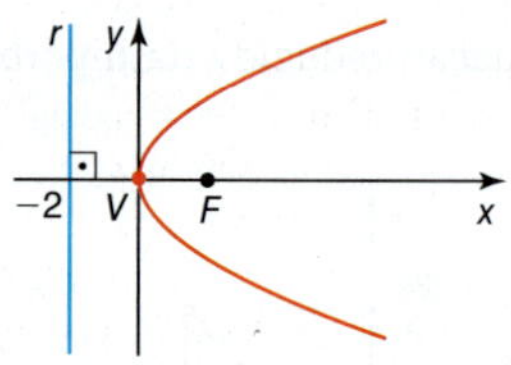

34 Esboce o gráfico da parábola $\mathcal{P}$, representando também o foco, a diretriz e o(s) ponto(s) de intersecção com os eixos coordenados, nos seguintes casos:

a) $(\mathcal{P})\ x^2 = -4y$

b) $(\mathcal{P})\ (x - 1)^2 = -6\left(y + \frac{1}{2}\right)$

c) $(\mathcal{P})\ y^2 = -6\left(x + \frac{7}{2}\right)$

d) $(\mathcal{P})\ \left(y - \frac{11}{5}\right)^2 = 12\left(x + \frac{1}{3}\right)$

35 A parábola $\mathcal{P}$, abaixo, tem vértice V e eixo de simetria perpendicular ao eixo Oy. Escreva sua equação reduzida.

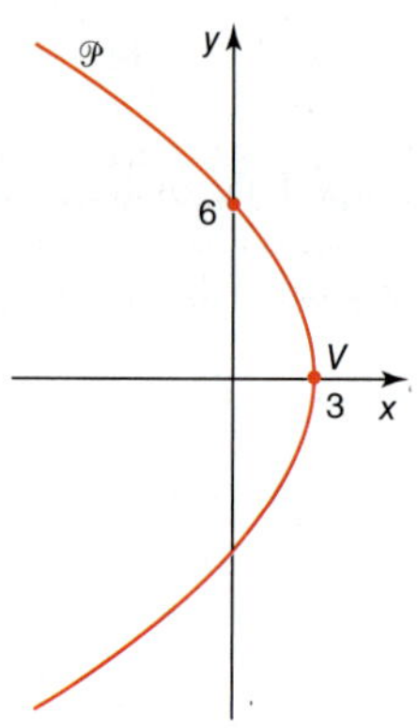

36 Escreva na forma reduzida a equação da parábola $\mathcal{P}$, em cada um dos casos.

a) $x = 2y^2 + 2y - 1$

b) $y = x^2 + 3x$

c) $y = -3x^2 + 6x + 4$

d) $x = 1 - y^2$

37 Determine o vértice V da parábola de equação $x = y^2 + 6y + 5$.

38 Calcule o valor do parâmetro p da parábola de equação $y = 5x^2 - 10x + 7$.

39 Determine a intersecção da reta s com a parábola $\mathcal{P}$, nos seguintes casos:

a) (s) $5x + y - 22 = 0$ e $(\mathcal{P})\ x^2 = 3(y - 4)$

b) (s) $x - 4 = 0$ e $(\mathcal{P})\ (x - 5)^2 = -2(y + 1)$

c) (s) $x - y = 0$ e $(\mathcal{P})\ y^2 = -3(x + 2)$

40 (UFRJ) Determine o comprimento do segmento cujas extremidades são os pontos de intersecção da reta $y = x + 1$ com a parábola $y = x^2$.

41 (UFPE) Qual a inclinação da reta que passa pelo ponto (2, 4) e que intercepta a parábola $y = x^2$ em um único ponto?

42 (UFPG-PR) Em relação à circunferência $x^2 + y^2 - 2x + 4y + 1 = 0$ e à parábola $y = -x^2 + 6x - 8$, assinale o que for correto.

01) A reta que passa pelo centro da circunferência e pelo vértice da parábola tem equação $3x - 2y - 7 = 0$.

02) A parábola e a circunferência não se interceptam.

04) A parábola passa pelo centro da circunferência.

08) A circunferência é tangente ao eixo x.

16) A circunferência intercepta o eixo y em dois pontos distintos.

- Qual é a soma dos números que antecedem as alternativas corretas?

43 Dados os pontos A(2, 1) e B(2, 7), represente no plano cartesiano o lugar geométrico dos pontos Q(x, y) tal que ABQ seja um triângulo de perímetro 15.

44 Dados o ponto A(2, 1) e a reta (r) $x + y = 0$, obtenha uma equação do lugar geométrico dos centros das circunferências que passam por A e tangenciam r.

45 Considerando a parábola $(\mathcal{P})\ x^2 = y$ e o ponto A(2, 0), obtenha uma equação do lugar geométrico dos pontos médios dos segmentos de reta $\overline{AB}$, com $B \in \mathcal{P}$.

46 Considerando a circunferência $(\lambda)\ x^2 + y^2 = 1$ e o ponto A(4, 0), obtenha uma equação do lugar geométrico dos pontos médios dos segmentos de reta $\overline{AB}$, com $B \in \lambda$.

47 (Unifesp) A parábola $y = x^2 - tx + 2$ tem vértice no ponto (x_t, y_t). O lugar geométrico dos vértices da parábola, quando t varia no conjunto dos números reais, é:

a) uma parábola.

b) uma elipse.

c) um ramo de uma hipérbole.

d) uma reta.

e) duas retas concorrentes.

48 (UFC-CE) No plano cartesiano, $x^2 - y^2 + 5x - 5y = 0$ é uma equação de:

a) um conjunto vazio.

b) um conjunto unitário.

c) uma hipérbole.

d) duas retas paralelas.

e) duas retas concorrentes

49 (Fuvest-SP) O conjunto dos pontos (x, y) do plano cartesiano que satisfazem $t^2 - t - 6 = 0$, onde $t = |x - y|$, consiste de:

a) uma reta.

b) duas retas.

c) quatro retas.

d) uma parábola.

e) duas parábolas.

50 Obtenha uma equação do L.G. dos pontos do plano cartesiano que equidistam do ponto A(0, 5) e da circunferência $x^2 + y^2 = 4$.

Exercícios contextualizados

51 (UFPB) A pista de um autódromo está representada pela curva inscrita no retângulo *ABCD*, cujos lados $\overline{AB}$ e $\overline{BC}$ medem 40 m e 20 m, respectivamente, conforme figura abaixo. Duas torres de controle foram instaladas nos pontos T_1 e T_2, de modo que a soma das distâncias de qualquer ponto da pista às torres é sempre constante.

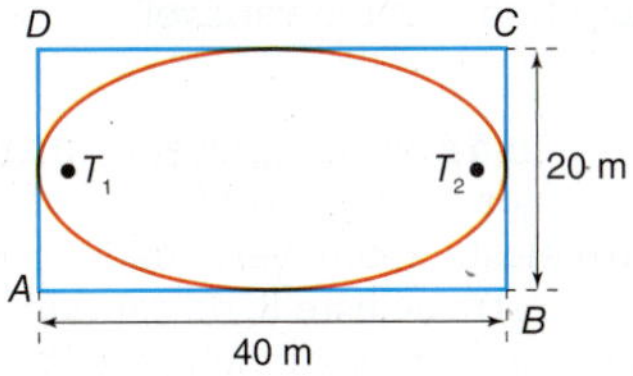

A distância, em metro, entre as duas torres é:

a) 10 b) $10\sqrt{3}$ c) $20\sqrt{3}$ d) $15\sqrt{3}$ e) $18\sqrt{3}$

52 (Uerj) O logotipo de uma empresa é formado por duas circunferências concêntricas tangentes a uma elipse, como mostra a figura ao lado.

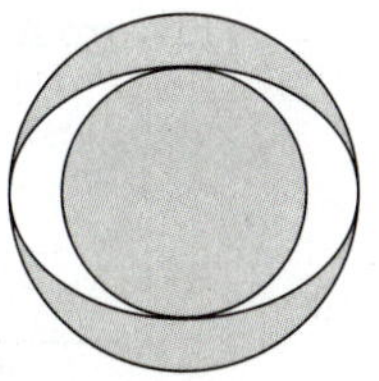

A elipse tem excentricidade 0,6 e seu eixo menor mede 8 unidades. Sabendo que a área de qualquer região elíptica é dada por $ab\pi$, em que a e b são as medidas dos semieixos da elipse, calcule a área da região definida pela cor cinza nesse logotipo.

53 O primeiro satélite artificial, chamado *Sputinik*, foi lançado pela extinta União Soviética no ano de 1957. Sua órbita elíptica tinha o centro da Terra como um dos focos. O ponto dessa órbita mais próximo da Terra distava 212 km da superfície do nosso planeta e o ponto mais afastado distava 616 km dessa superfície. Admitindo que o raio da Terra seja 6.400 km, determine a excentricidade dessa elipse.

54 (Unesp) Suponha que um planeta *P* descreva uma órbita elíptica em torno de uma estrela *O*, de modo que, considerando um sistema de coordenadas cartesianas ortogonais, sendo a estrela *O* a origem do sistema, a órbita possa ser descrita aproximadamente pela equação $\left(\frac{x^2}{100}\right) + \left(\frac{y^2}{25}\right) = 1$, com x e y em milhões de quilômetros.

A figura representa a estrela *O*, a órbita descrita pelo planeta e sua posição no instante em que o ângulo $P\hat{O}A$ mede $\frac{\pi}{4}$.

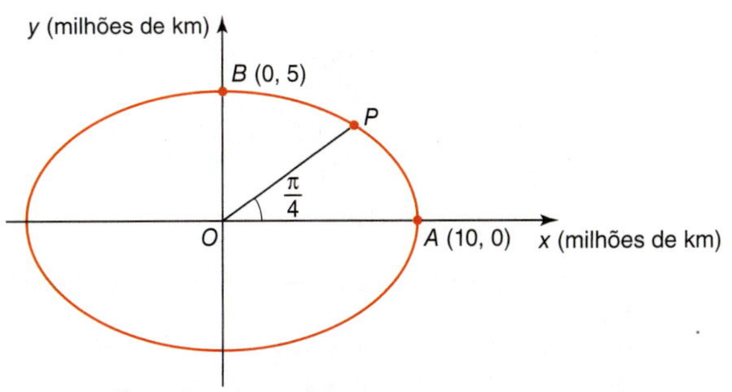

(figura fora de escala)

A distância, em milhões de km, do planeta *P* à estrela *O*, no instante representado na figura, é:

a) $2\sqrt{5}$ b) $2\sqrt{10}$ c) $5\sqrt{2}$ d) $10\sqrt{2}$ e) $5\sqrt{10}$

55 Uma embalagem deve ter a forma de um cilindro circular reto de área lateral 80π cm^2.

a) Indicando por x o raio da base do cilindro e por y a sua altura, represente por uma equação a correspondência entre x e y.

b) Admitindo que na equação obtida no item **a** a variável x assuma todos os valores reais positivos, construa o gráfico cartesiano dessa equação.

56 Em 1662, Robert Boyle publicou a obra *The spring and weight of the air*, na qual apresenta importantes resultados sobre o estudo dos gases. Um desses resultados, conhecido como lei de Boyle, afirma que, sob temperatura constante, o produto da pressão pelo volume de uma massa fixa de gás é constante, isto é, a pressão e o volume de uma massa gasosa variam de forma inversamente proporcional.

Suponha que uma massa fixa de gás de volume 1 dm^3 esteja sob a pressão de 8 atmosferas. Variando a pressão sobre essa massa gasosa, sob a mesma temperatura, construa o gráfico da pressão P em função do volume V.

57 (UFPB) Um míssil foi lançado acidentalmente do ponto A, como mostra a figura abaixo, tendo como trajetória o gráfico da função $f(x) = -x^2 + 70x$, em que x é dado em quilômetro.

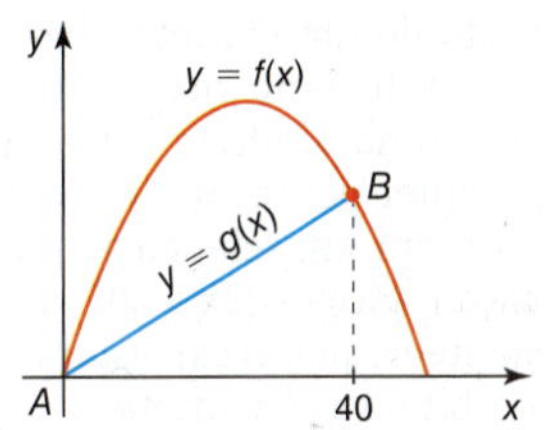

Desejando-se destruí-lo num ponto B, que está a uma distância horizontal de 40 km de A, utiliza-se outro míssil, que se movimenta numa trajetória descrita segundo gráfico da função $g(x) = kx$. Então, para que ocorra a destruição no ponto determinado, deve-se tomar *k* igual a:

a) 20 b) 30 c) 40 d) 50 e) 60

58 Ao dirigir o jato de água de uma mangueira obliquamente para cima, Pedro observou que a trajetória percorrida pela água é parabólica. O bico B da mangueira está a 1 m de altura em relação ao solo plano e horizontal, e a água atinge a altura máxima de 2 m, em relação ao solo, em um ponto V sobre uma reta vertical que dista 1,6 m de B.

a) A que altura, em relação ao solo, passa a diretriz dessa parábola?

b) A que altura, em relação ao solo, está o foco dessa parábola?

59 Em missão de socorro, um avião da Cruz Vermelha, voando a 300 m de altura em relação ao solo plano e horizontal, jogou uma caixa de remédios a refugiados de guerra. A caixa percorreu uma trajetória parabólica, atingindo o solo a 200 m da vertical de onde foi lançada.

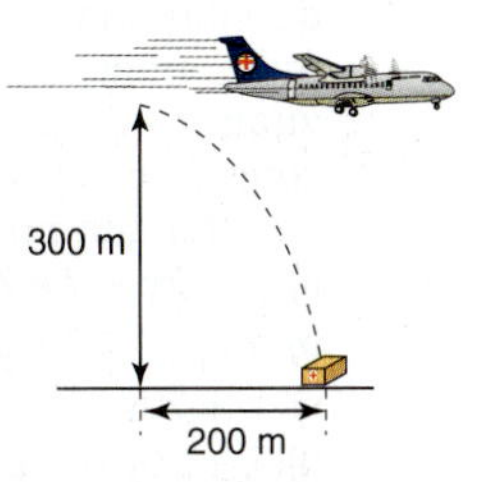

a) A que altura, em relação ao solo, passa a diretriz da parábola que contém essa trajetória?

b) A que altura, em relação ao solo, está o foco da parábola que contém essa trajetória?

60 A figura abaixo é o projeto de uma ponte cujo vão é um arco parabólico de vértice *V*. De acordo com as medidas indicadas, calcule a distância entre os pilares verticais *AB* e *CD*, sabendo que suas bases A e C estão no mesmo plano horizontal.

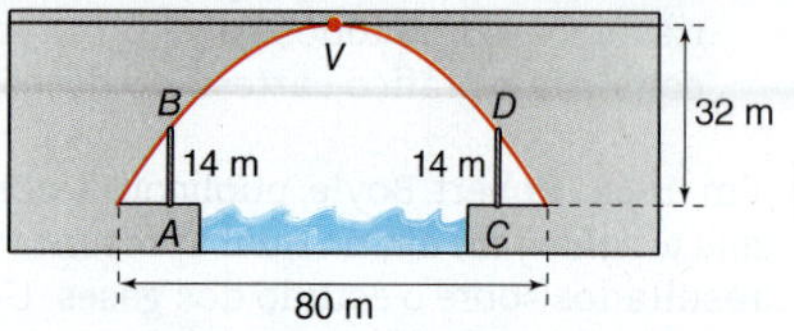

61 Em relação a um sistema cartesiano xOy, a trajetória de uma partícula é formada pelos pontos que equidistam do eixo Oy e do ponto (2, 0). Uma equação dessa trajetória é:

a) $y^2 = 4x - 4$

b) $x^2 + y^2 = 4$

c) $x^2 - 4 = y$

d) $\frac{(x-2)^2}{2} + y^2 = 1$

e) $\frac{(x-2)^2}{2} - y^2 = 1$

62 Alguns cometas têm órbita elíptica e outros escapam do Sistema Solar em órbitas parabólicas ou hiperbólicas.

No estudo de um cometa, fixou-se no espaço um sistema cartesiano ortogonal xOy, adotando-se nos eixos uma unidade conveniente. Observou-se que qualquer ponto A(x, y), com $x \geqslant -1$, da órbita desse cometa, em relação ao ponto O(0, 0), satisfaz a condição: $(AO)^2 - (3x + 2)^2 = 0$

Represente no plano cartesiano xOy o L.G. dos pontos da órbita desse cometa.

63 Uma empresa, fabricante de guarda-chuvas, tem um custo fixo mensal de R$ 10.000,00 e um custo variável, que é o custo de produção e depende do número de unidades produzidas. Para cada x unidades produzidas, o custo de produção por unidade é de $5 - \frac{x}{100}$. Descreva o L.G. dos pontos (x, y) do plano cartesiano, em que x é o número de unidades fabricadas e y é o custo mensal total da empresa (custo fixo + custo variável).

64 O esquema a seguir apresenta um sistema cartesiano ortogonal *xBy* e a órbita circular de raio *r* de um astro celeste A, com velocidade constante, em torno de um astro celeste B, no sentido anti-horário. Em relação a outro sistema cartesiano ortogonal *uOx*, qual é a equação do lugar geométrico dos pontos (*u*, *x*) em que *u* é a medida em radianos do ângulo $A\hat{B}T$, com $0 \leqslant u \leqslant 2\pi$, e x é a abscissa de cada posição do astro A em relação ao sistema *xBy*?

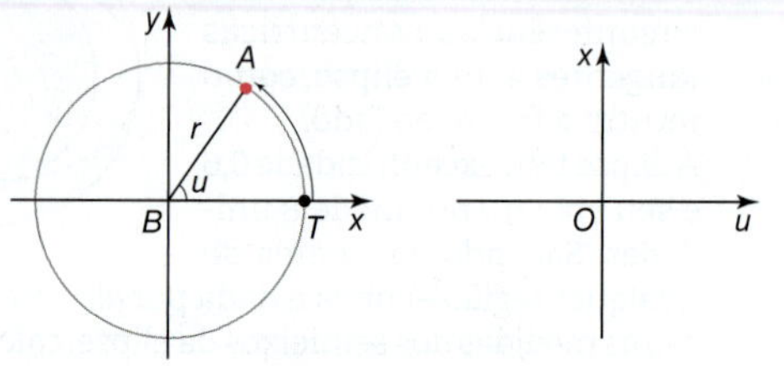

65 Um móvel percorreu uma distância de 10 km em x minutos à velocidade constante y, em quilômetro por minuto. Supondo $1 \leqslant x \leqslant 10$, represente no plano cartesiano ortogonal xOy o L.G. dos pontos (x, y).

EXERCÍCIOS DE REVISÃO CUMULATIVA

Ao concluir o estudo deste capítulo, resolva estes exercícios, que envolvem alguns assuntos estudados nos capítulos anteriores.

1 Calcule a medida de um ângulo agudo formado pelas retas (r) $2x + y - 5 = 0$ e (s) $3x - y + 3 = 0$.

2 (Fuvest-SP) Por recomendação médica, uma pessoa deve fazer, durante um curto período, dieta alimentar que lhe garanta um mínimo diário de 7 miligramas de vitamina A e 60 microgramas de vitamina D, alimentando-se exclusivamente de um iogurte especial e de uma mistura de cereais, acomodada em pacotes. Cada litro do iogurte fornece 1 miligrama de vitamina A e 20 microgramas de vitamina D. Cada pacote de cereais fornece 3 miligramas de vitamina A e 15 microgramas de vitamina D. Consumindo *x* litros de iogurte e y pacotes de cereais diariamente, a pessoa terá certeza de estar cumprindo a dieta se:

a) $x + 3y \geqslant 7$ e $20x + 15y \geqslant 60$

b) $x + 3y \leqslant 7$ e $20x + 15y \leqslant 60$

c) $x + 20y \geqslant 7$ e $3x + 15y \geqslant 60$

d) $x + 20y \leqslant 7$ e $3x + 15y \leqslant 60$

e) $x + 15y \geqslant 7$ e $3x + 20y \geqslant 60$

3 (Fuvest-SP) A circunferência dada pela equação $x^2 + y^2 - 4x - 4y + 4 = 0$ é tangente aos eixos coordenados x e y nos pontos A e B, conforme a figura. O segmento $\overline{MN}$ é paralelo ao segmento $\overline{AB}$ e contém o centro C da circunferência.

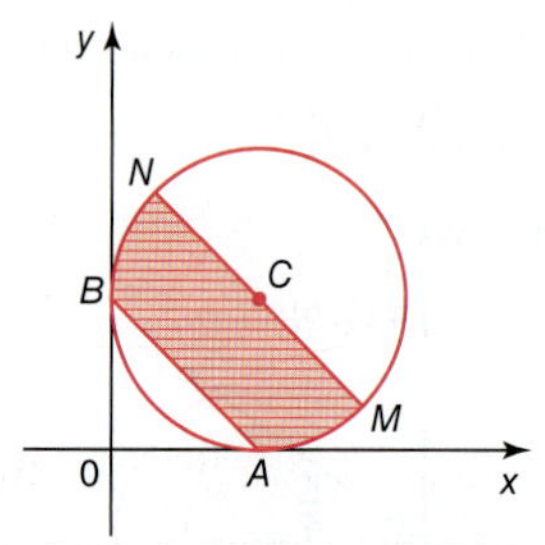

É correto afirmar que a área da região hachurada vale:

a) $\pi - 2$

b) $\pi + 2$

c) $\pi + 4$

d) $\pi + 6$

e) $\pi + 8$

Um aluno resolveu o exercício abaixo, conforme reproduzido a seguir. Observe a resolução e reflita sobre o comentário.

Exercício

Determine o número de pontos comuns à parábola $\mathcal{P}$ e à reta r de equações $(x - 3)^2 = 4(y + 1)$ e $4x - y - 4 = 0$, respectivamente.

Resolução

Esboçando os gráficos, temos:

• reta

$4x - y - 4 = 0 \Rightarrow y = 4x - 4$

x	$y = 4x - 4$
0	−4
1	0

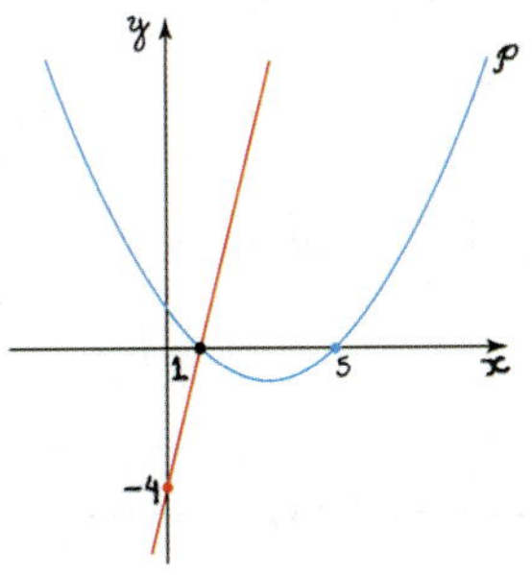

• parábola

$(x-3)^2 = 4(y+1) \Rightarrow x^2 - 6x + 9 = 4y + 4$

$\therefore x^2 - 6x + 5 = 4y \Rightarrow y = \dfrac{x^2 - 6x + 5}{4}$

raízes:

$\dfrac{x^2 - 6x + 5}{4} = 0 \Rightarrow x^2 - 6x + 5 = 0$

$\Delta = (-6)^2 - 4 \cdot 1 \cdot 5 = 36 - 20 = 16$

$x = \dfrac{-(-6) \pm \sqrt{16}}{2 \cdot 1} = \dfrac{6 \pm 4}{2}$ $\quad x' = \dfrac{10}{2} = 5$ $\quad x'' = \dfrac{2}{2} = 1$

Concluímos, pelo gráfico, que a reta e a parábola têm um único ponto comum. — ERRADO!

Comentário

Nessa resolução, o aluno supôs que os gráficos não têm nenhum ponto em comum no primeiro quadrante, o que é um equívoco. Uma resolução algébrica desse problema apontaria o erro.

Refaça a resolução, mostrando que os gráficos têm dois pontos distintos em comum.

RESPOSTAS

CAPÍTULO 4 **Geometria analítica: circunferência**

Para pensar

1 A intersecção de duas circunferências de um mesmo plano pode ser vazia; ou possuir exatamente um ponto; ou exatamente dois pontos; ou infinitos pontos, no caso de as circunferências coincidirem.

2 De acordo com o infográfico, duas circunferências determinam dois pontos, então é necessária uma terceira circunferência que intercepta as duas anteriores para determinar o único ponto que pertence às três.

Exercícios propostos

1 a) $(x - 4)^2 + (y - 6)^2 = 100$
b) $(x - 7)^2 + y^2 = 3$
c) $x^2 + (y - 1)^2 = \frac{4}{9}$
d) $x^2 + y^2 = 16$

2 a) $C(6, 2); R = 7$ c) $C(-1, -2); R = \frac{4}{5}$
b) $C(4, 0); R = \sqrt{5}$

3 d

4 $k = -8$ ou $k = -4$

5 $k = 100$

6 $(x - 3)^2 + (y - 2)^2 = 25$

7 $(0{,}7 + \sqrt{55})$ e $(0{,}7 - \sqrt{55})$

8 $(x - 4)^2 + (y + 4)^2 = 16$

9 $x^2 + y^2 = 5$; $(x - 4)^2 + y^2 = 5$

10 a) demonstração
DICA: Basta substituir na equação as coordenadas dos pontos.
b) $x - y + 1 = 0$
c) demonstração
DICA: Basta substituir na equação as coordenadas do centro.

11 $(x - 1)^2 + (y + 2)^2 = 25$

12 a) qualquer número real k, com $k > 4$
b) $k = 4$
c) qualquer número real k, com $k < 4$

13 a) $C(5, 1); R = 3$ d) $C(0, 0); R = \sqrt{3}$
b) $C(4, -3); R = \sqrt{6}$ e) $C(1, -1); R = 2$
c) $C(7, 0); R = \sqrt{5}$

14 a) $C(3, 1); R = 6$ c) $C(-5, 0); R = \sqrt{2}$
b) $C(-2, 4); R = 1$ d) $C\left(\frac{1}{3}, \frac{1}{2}\right); R = \frac{1}{2}$

15 e

16 c

17 $x^2 + y^2 - 10x + 20 = 0$
DICA: Todo ponto do eixo das abscissas é da forma $(k, 0)$, com $k \in \mathbb{R}$.

18 $x^2 + y^2 - 6x - 6y - 8 = 0$
DICA: Todo ponto da bissetriz dos quadrantes ímpares é da forma (k, k), com $k \in \mathbb{R}$.

19 $x^2 + y^2 - 8x + 2y - 8 = 0$
DICA: Todo ponto da reta r é da forma $(k, k - 5)$, com $k \in \mathbb{R}$.

20 a) não b) não c) não d) sim

21 qualquer número real k, com $k < 10$

22 $a = 2; b = 0; c < \frac{9}{2}$

23 a) P é interior à circunferência λ.
b) P é exterior à circunferência λ.
c) P pertence à circunferência λ.

24 $k = 1$ ou $k = 3$

25 qualquer número real k, com $1 < k < 9$

26 qualquer número real k, com $k < -7$ ou $k > -1$

27 a)

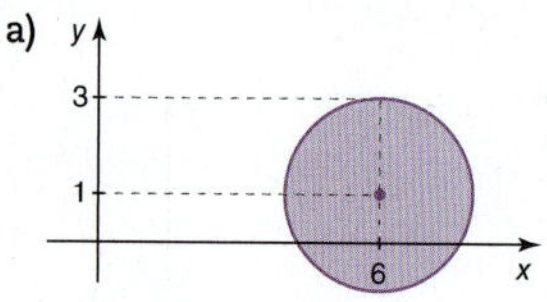

b)

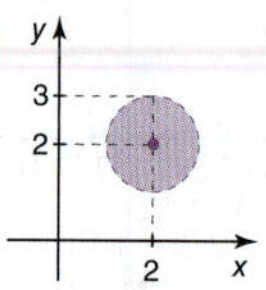

c)

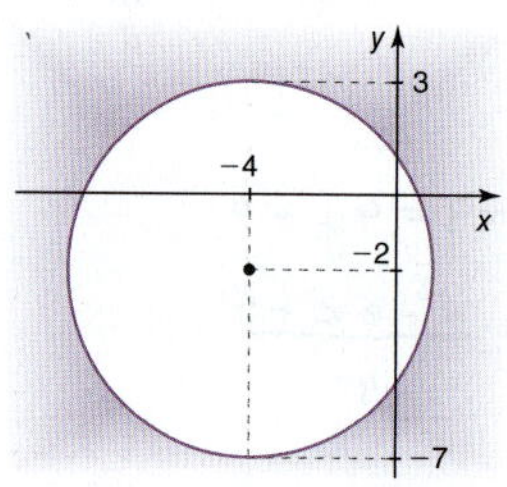

d)

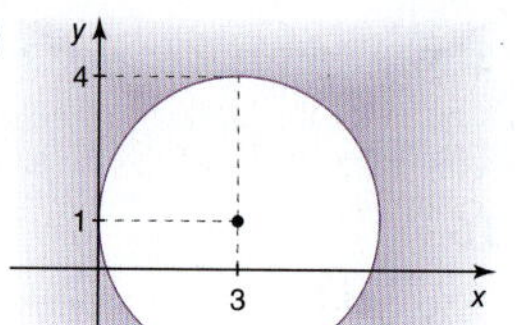

28 a)

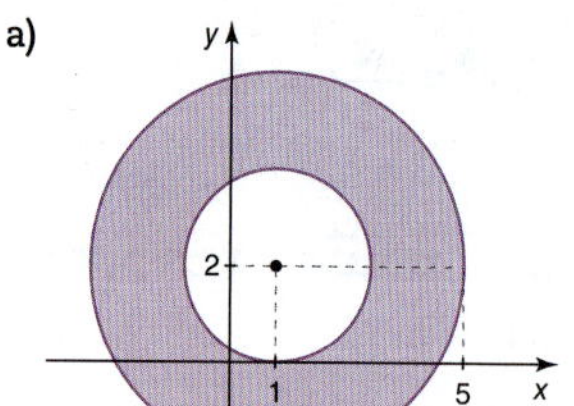

b)

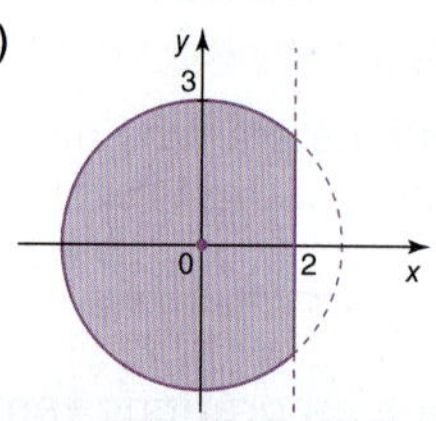

29 $x^2 + y^2 \leq 64$

30 a) exterior b) secante c) tangente

31 $\frac{49}{13}$

32 d

33 $5x + y - 28 = 0$ e $5x + y + 24 = 0$

34 $3x + y - 24 = 0$ e $3x + y - 4 = 0$
DICA: A equação do feixe plano de retas paralelas a s é $3x + y + m = 0$, com $m \in \mathbb{R}$.

35 $2x - y - 8 - 3\sqrt{5} = 0$ e
$2x - y - 8 + 3\sqrt{5} = 0$

36 $n = 10$ ou $n = 2$
DICA: Essa questão é facilmente resolvida pelo gráfico.

37 qualquer número real k, com $-13\sqrt{39} - 6 \leq k \leq 13\sqrt{39} - 6$

38 qualquer número real k, com $-2 \leq k \leq 2$
DICA: Essa questão é facilmente resolvida pelo gráfico.

39 a) demonstração
DICA: Basta substituir na equação as coordenadas do ponto.
b) $x - y - 5 = 0$

40 a) demonstração
DICA: Basta substituir na equação as coordenadas do ponto.
b) $11x + 2y + 10 = 0$ e $2x - y - 5 = 0$
DICA: Como $P \notin \lambda$, há duas retas distintas que passam por P e tangenciam λ. Logo, pelo menos uma dessas retas não é vertical e, portanto, tem equação da forma $y - (-5) = m(x - 0)$, com $m \in \mathbb{R}$.

41 $8x - 15y - 64 = 0$

42 a) $\{(2, 4), (3, 3)\}$ d) $\{(12, 5), (-12, 5)\}$
b) $\{(0, 1)\}$ e) $\{(1, 2), (3, 4)\}$
c) $\varnothing$

43 $(0, 0)$ e $\left(\frac{18}{17}, \frac{72}{17}\right)$

44 $A(2, -2); B(5, -1)$

45 $2\sqrt{2}$
DICA: Obtenha os pontos de intersecção de s com λ.

46 10

47 (4, 8)

48 a)

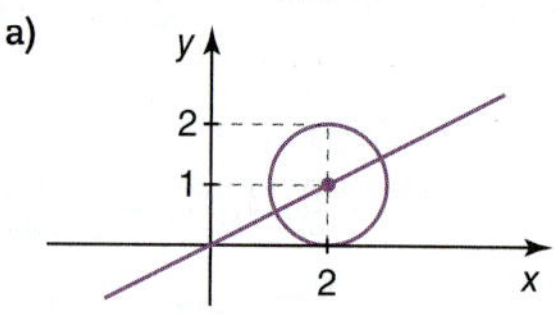

b) qualquer número real m, com $0 < m < \frac{4}{3}$
DICA: Para que o sistema tenha duas soluções distintas, a reta deve ser secante à circunferência.

49 a) $\{(-4, 3), (4, 3)\}$
b)

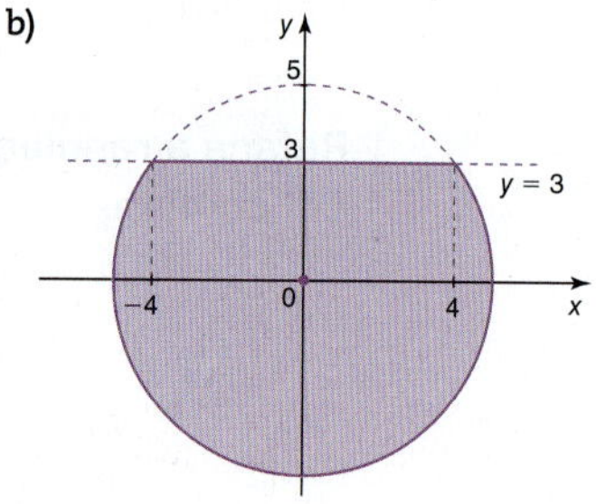

50 a) $x + 2y - 8 = 0$
b) $A(8, 0); B(0, 4)$
c) $4\sqrt{5}$

51 a) qualquer número real k, com $-\sqrt{2} < k < \sqrt{2}$

b) $\sqrt{4 - 2k^2}$

DICA: Obtenha, em função de k, as coordenadas dos pontos de intersecção da reta com a circunferência.

52 a) λ_1 é interior a λ_2.

b) λ_1 e λ_2 são tangentes interiormente.

c) λ_1 e λ_2 são tangentes exteriormente.

d) λ_1 e λ_2 são exteriores.

e) λ_1 é interior a λ_2.

f) λ_1 e λ_2 coincidem.

53 a) $k = 25$ ou $k = 225$

b) qualquer número real k, com $0 < k < 25$

54 $(x - 1)^2 + y^2 = 1$ e $(x - 1)^2 + y^2 = 25$

55 a) Antena A: $(x - 1)^2 + (y - 2)^2 = 400$; Antena B: $(x - 6)^2 + (y - 10)^2 = 400$

b) $(40 - \sqrt{89})$ km

DICA: Observe que a distância AB é menor que o raio de cada circunferência.

56 a) $\{(1, -3), (-1, 1)\}$ c) $\varnothing$

b) $\{(2, -1)\}$

57 $2\sqrt{17}$

58 a) $x - y - 2 = 0$

b) $\left(5 + \frac{\sqrt{74}}{2}, -\frac{\sqrt{74}}{2} - 2\right)$

DICA: Subtraindo, membro a membro, as equações de λ_1 e λ_2, obtém-se a equação da reta secante comum às circunferências.

Exercícios complementares

• **Exercícios técnicos**

1 a) $(x + 4)^2 + (y + 1)^2 = 9$

b) $(x + 5)^2 + y^2 = 20$

c) $x^2 + (y + 8)^2 = \frac{1}{25}$

d) $\left(x - \frac{2}{3}\right)^2 + \left(y + \frac{1}{2}\right)^2 = \frac{9}{2}$

2 a) $C(0, -3)$; $R = 1$

b) $C\left(-\frac{1}{2}, \frac{3}{4}\right)$; $R = 6$

c) $C(0, 0)$; $R = 2\sqrt{2}$

3 $(x - 1)^2 + (y - 2)^2 = 5$

4 $(5 - \sqrt{65}, 0)$ e $(5 + \sqrt{65}, 0)$

5 a

6 a) $P(4, 2)$ b) $y = 2x - 6$; $m_r = 2$

7 c

8 $3x - \sqrt{3}y - 3 = 0$

9 e

10 $(x - 3)^2 + (y - 1)^2 = 10$

11 d

12 centro: $\left(\frac{11}{10}, \frac{19}{10}\right)$; raio: $\frac{\sqrt{442}}{10}$

13 $n = -3$ ou $n = 3$

14 qualquer número real p, com $p < -4$ ou $p > 4$

15 a) $C(-1, -2)$; $R = 2$

b) $C(0, 2)$; $R = 5$

c) $C(4, 0)$; $R = 4$

d) $C(-1, -3)$; $R = \frac{2}{3}$

16 a) $C(-6, -1)$; $R = \sqrt{11}$

b) $C(0, -3)$; $R = 2$

c) $C\left(\frac{3}{2}, 1\right)$; $R = \frac{3}{2}$

d) $C\left(1, \frac{2}{3}\right)$; $R = \frac{5}{3}$

e) $C(5, -5)$; $R = 5$

17 $x^2 + y^2 - 4y - 9 = 0$

18 $C(5, -5)$

19 infinitos pontos

20 $x^2 + y^2 - 8x - 2y - 8 = 0$

DICA: Todo ponto da reta r é da forma $(k, k - 3)$, com $k \in \mathbb{R}$.

21 $x^2 + y^2 - 2x - 2y - 3 = 0$

22 a)

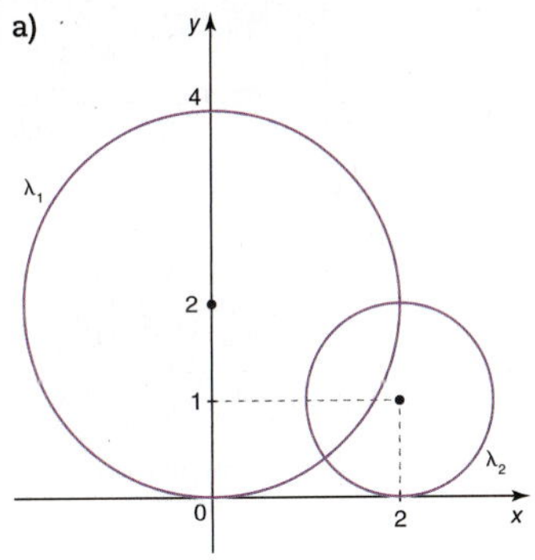

b) $(4, 0)$

23 d

24 a) não c) não e) sim

b) sim d) não

25 $p = 3$ e qualquer número real q, com $q \neq 0$

26 a

27 a

28 a) exterior

b) exterior

c) interior

29 qualquer número real q, com $q < -1$

30 c

31 a)

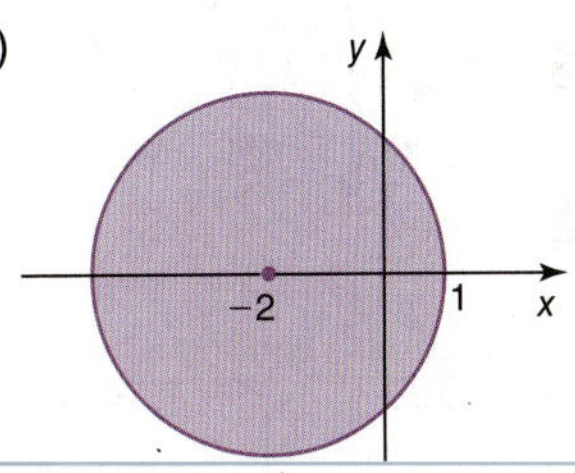

b)

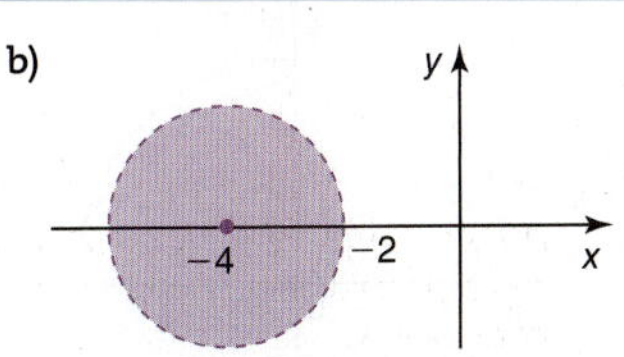

c)

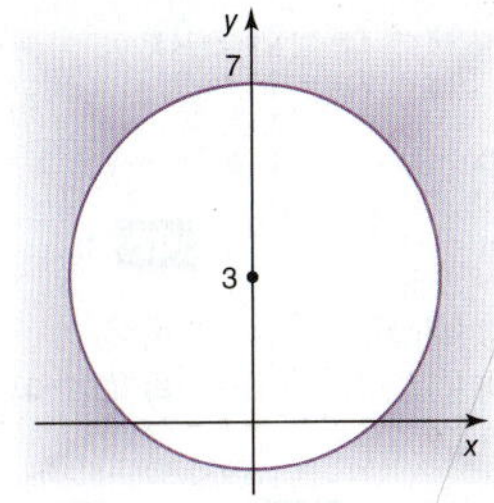

d)

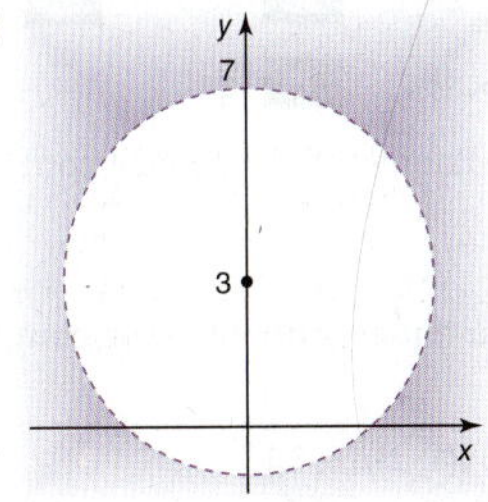

32 a)

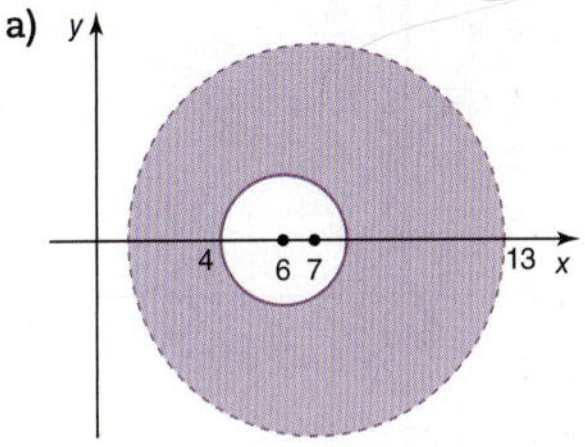

b)

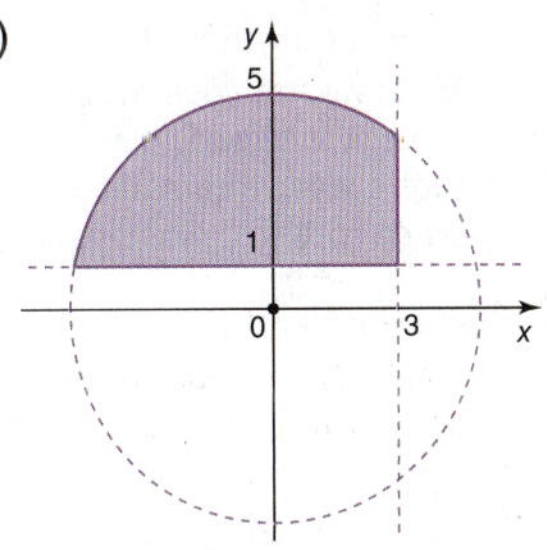

33 a) secante b) tangente c) exterior

34 $(x - 4)^2 + (y + 2)^2 = \frac{144}{25}$

35 c

36 $3x + 4y - 11 = 0$ e $3x + 4y + 9 = 0$

37 $3x + 4y - 16 = 0$ e $3x + y + 14 = 0$

38 $p = 8$ ou $p = 2$

DICA: Essa questão é facilmente resolvida pelo gráfico.

39 a

40 qualquer número real k, com $-4 < k < 12$

DICA: Essa questão é facilmente resolvida pelo gráfico.

41 As equações das retas são da forma $y = k$ para todo real k no intervalo $]-1; 5[$.

42 $3x + 2y - 6 = 0$

DICA: Verifique se o ponto pertence ou não à circunferência.

43 $y = 1$

DICA: Essa questão é facilmente resolvida pelo gráfico.

44 $\sqrt{14}x + 7y - 14 = 0$ e $\sqrt{14}x - 7y + 14 = 0$

45 $2x + y + 3 = 0$ e $2x - y + 1 = 0$

46 $m = -\dfrac{3 + 5\sqrt{3}}{12}$ **47** b

48 a) $\{(2, 1)\}$ b) $\{(1, -3), (9, 5)\}$ c) $\{(2, 3)\}$ d) $\varnothing$ e) $\{(3, -1), (3, 5)\}$

49 $2\sqrt{2}$ **50** $\sqrt{10}$ **51** $\left(\dfrac{1}{2}, \dfrac{\sqrt{3}}{2}\right)$

52 (5, 4) **53** e

54 qualquer número real k, com $0 < k < 4$

55 $k = \dfrac{1}{3}$

56 qualquer número real k, com $k < 1$ ou $k > 5$

57 a) $\{(1, 1), (3, 3)\}$
b)

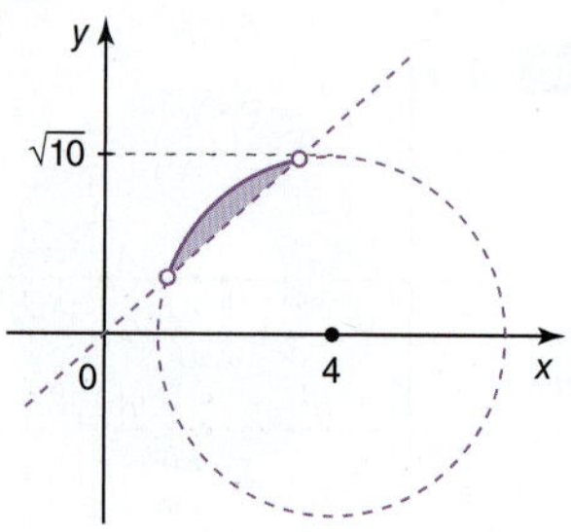

DICA: As soluções, se existirem, do sistema formado pelas equações de duas curvas quaisquer são os pontos de intersecção dessas curvas.

58 a) $\{(-1, 0), (1, 2)\}$
b)

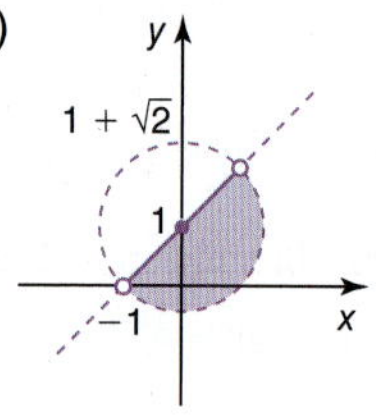

59 $\left(\dfrac{8}{5}, \dfrac{11}{5}\right)$

60 a) $(-1, -2)$
b) $(x + 5)^2 + (y - 1)^2 = 25$
c) $\dfrac{25}{4}$

61 d

62 a) $y = \dfrac{\sqrt{21}x}{2} - 3$ b) $Q\left(\dfrac{2\sqrt{21}}{5}, \dfrac{6}{5}\right)$

63 d **64** b

65 $(x - 1)^2 + (y + 1)^2 = 1$ e $(x - 1)^2 + (y + 1)^2 = 81$

66 $\left(3 + \dfrac{3\sqrt{10}}{10}, 1 + \dfrac{\sqrt{10}}{10}\right)$

67 a) $\left\{(0, 2), \left(-\dfrac{2}{5}, \dfrac{4}{5}\right)\right\}$
b) $\{(1, -1)\}$
c) $\left\{(-2, 0), \left(-\dfrac{14}{5}, -\dfrac{8}{5}\right)\right\}$
d) $\varnothing$

68 50

69 a) $O_1(0, 5)$; $r_1 = \sqrt{10}$; $O_2(-10, 0)$; $r_2 = \sqrt{85}$
b) $A(-1, 2)$; $B(-3, 6)$
c) 25

• **Exercícios contextualizados**

70 a **71** c **72** c

73 $P(-2, -2)$

74 $\dfrac{16\pi}{5}$ cm/s

DICA: Um arco de circunferência de 1 rad tem o comprimento do raio dessa circunferência.

75 75 m **76** $(x - 3)^2 + y^2 \leq 25$

77 a)

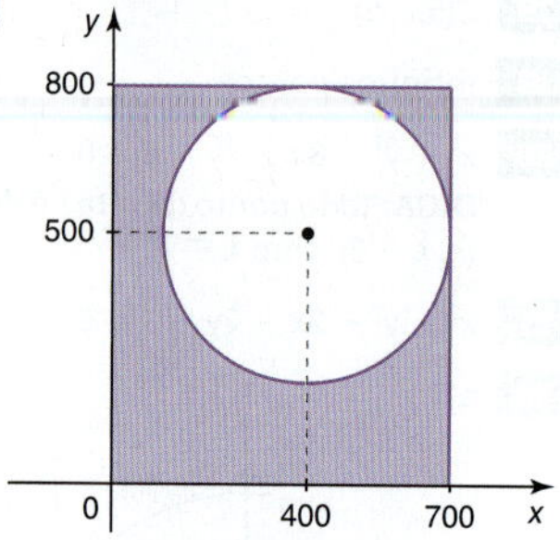

b)

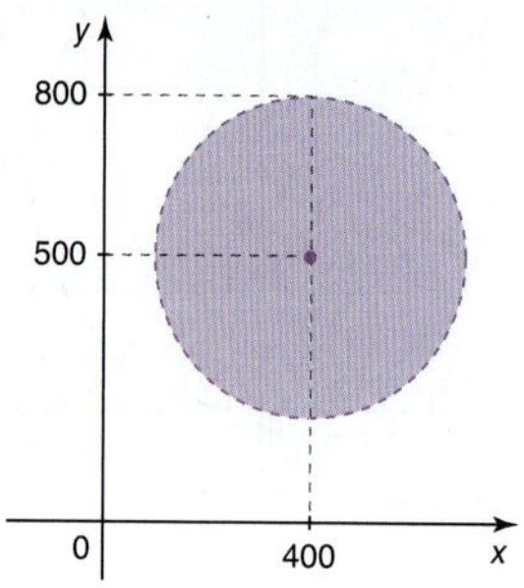

78 a) $x^2 + y^2 \leq 4$
b) 30 segundos

79 qualquer número real p, com $p < 2 - \sqrt{35}$ ou $p > 2 + \sqrt{35}$

Exercícios de revisão cumulativa

1 $k = -1$

2 a) $x - y - 1 = 0$
b) $5x - 3y - 17 = 0$
c) $\dfrac{1}{4}$

3 a) $P\left(\dfrac{3}{2}, -\dfrac{1}{2}\right)$
b) $Q(-1, 2)$ ou $Q(4, -3)$

4 30 anos

Análise da resolução

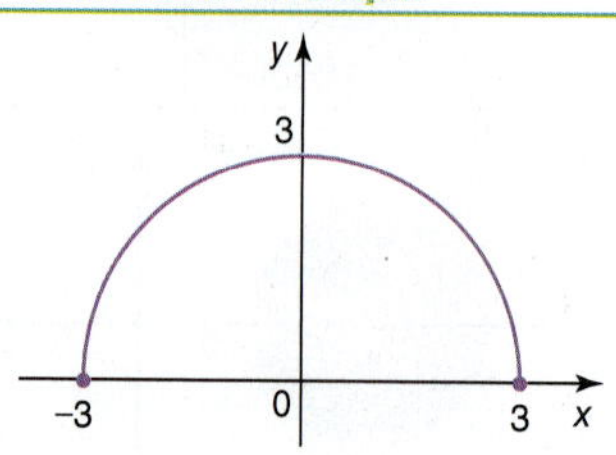

CAPÍTULO 5 Geometria analítica: cônicas

Para pensar

1 resposta pessoal

2 resposta possível: antena parabólica que capta sinais de satélites.

Exercícios propostos

1 a) 6 b) $4\sqrt{2}$ c) 2 d) $\dfrac{2\sqrt{2}}{3}$

2 2,4 m

3 $A_1A_2 = 3 \cdot 10^8$ km; $F_1F_2 = 6 \cdot 10^6$ km

4 $3x^2 + 4y^2 - 12 = 0$

5 $25x^2 + 9y^2 - 225 = 0$

6 a) $\dfrac{(x - 6)^2}{16} + \dfrac{(y - 3)^2}{4} = 1$
b) $\dfrac{(x - 7)^2}{4} + \dfrac{(y + 4)^2}{9} = 1$
c) $\dfrac{x^2}{36} + \dfrac{y^2}{49} = 1$

7 a)

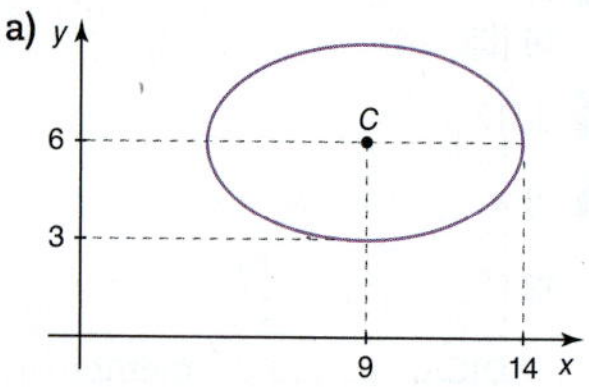

b)

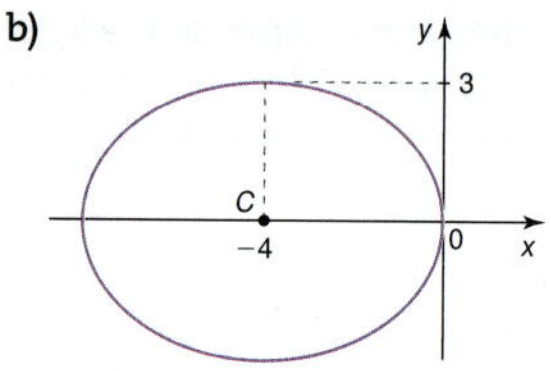

c)

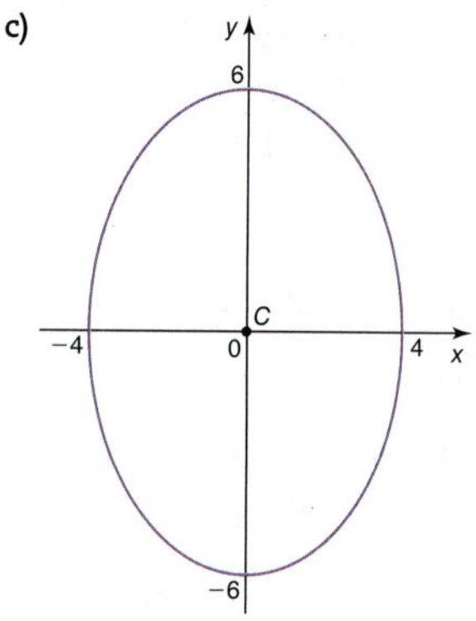

8 $\dfrac{2}{5}$ **9** $\dfrac{(x - 2)^2}{8} + \dfrac{y^2}{4} = 1$

10 $\dfrac{x^2}{25} + \dfrac{y^2}{9} = 1$

DICA: Aplique as equações $e = \dfrac{c}{a}$ e $a^2 = b^2 + c^2$.

11 $\dfrac{x^2}{4} + \dfrac{(y - 5)^2}{9} = 1$

DICA: Escreva a equação da elipse na dependência de b e substitua as variáveis x e y pelas coordenadas do ponto P.

12 $\dfrac{(x-7)^2}{20} + \dfrac{(y-2)^2}{4} = 1$

13 a) $\dfrac{x^2}{3} + \dfrac{y^2}{5} = 1$

b) $\dfrac{(x-1)^2}{9} + \dfrac{(y+4)^2}{4} = 1$

c) $\dfrac{(x-3)^2}{16} + y^2 = 1$

d) $\dfrac{(x-2)^2}{9} + \dfrac{y^2}{4} = 1$

e) $\dfrac{x^2}{25} + \dfrac{(y-1)^2}{4} = 1$

14

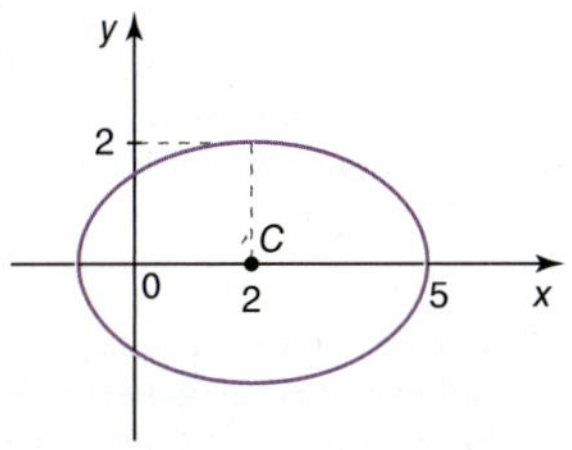

DICA: Represente a equação sob a forma reduzida.

15 a)

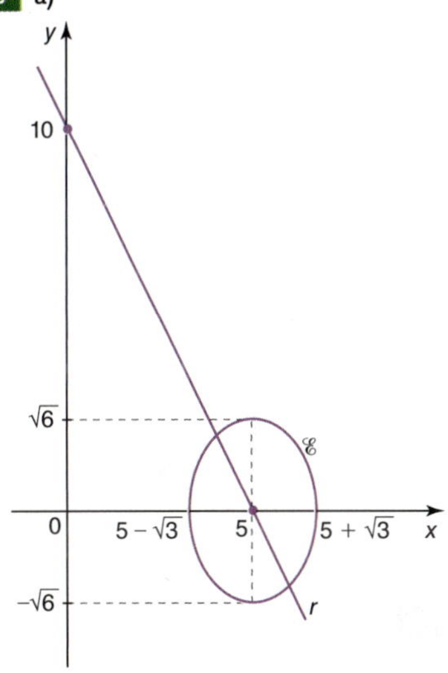

b) $r \cap \mathscr{E} = \{(6, -2), (4, 2)\}$

16

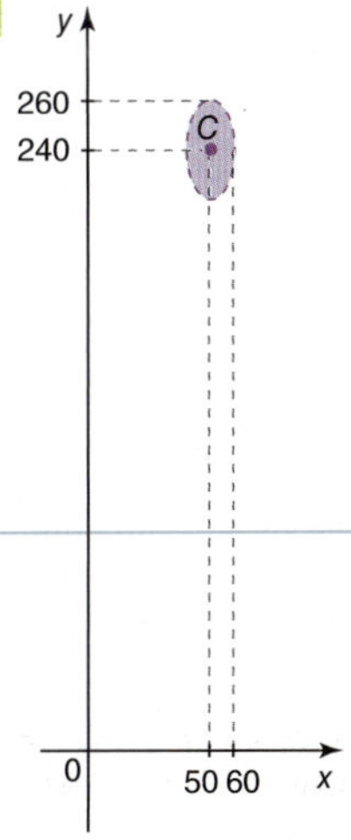

17 a) 4

b) 8

c) $4\sqrt{3}$

d) 2

e) (0, 0)

f)

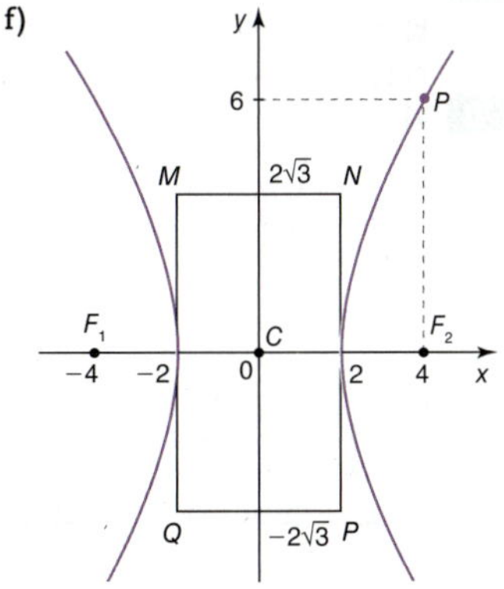

g)

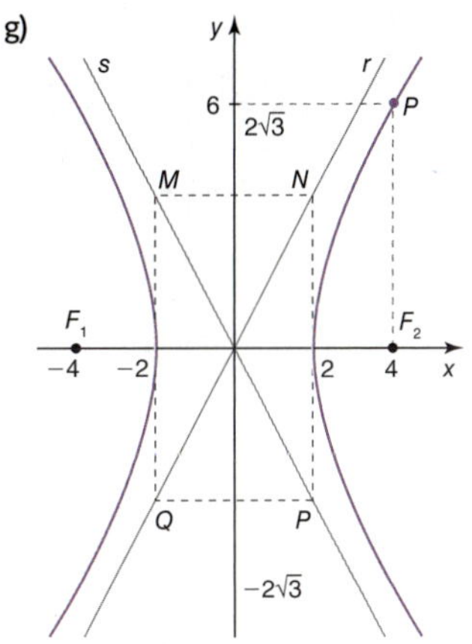

h) (r): $y = \sqrt{3}x$; (s): $y = -\sqrt{3}x$

18 e

19 $8x^2 - y^2 - 8 = 0$

20 $2x + 2y - 2xy - 1 = 0$

21 demonstração

22 a) Sim, porque o produto delas é uma constante não nula.

b) $y = \dfrac{1.000}{x}$

c)

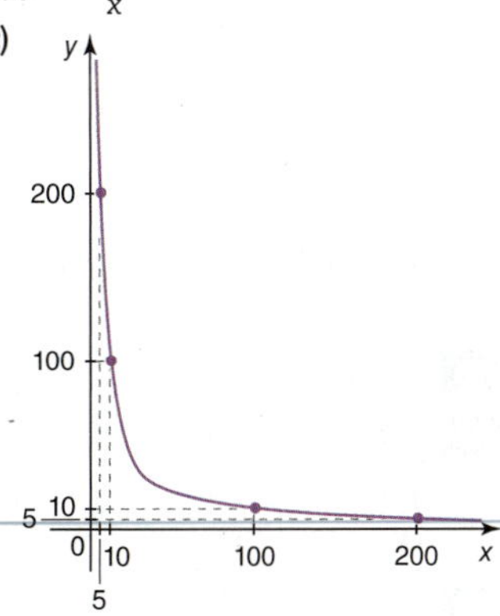

23 a) $\dfrac{x^2}{9} - \dfrac{(y-2)^2}{16} = 1$

b) $\dfrac{(y-3)^2}{4} - \dfrac{(x-2)^2}{5} = 1$

24 a)

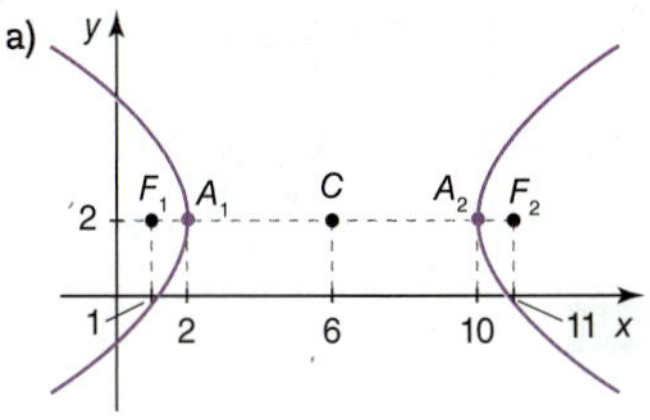

b)

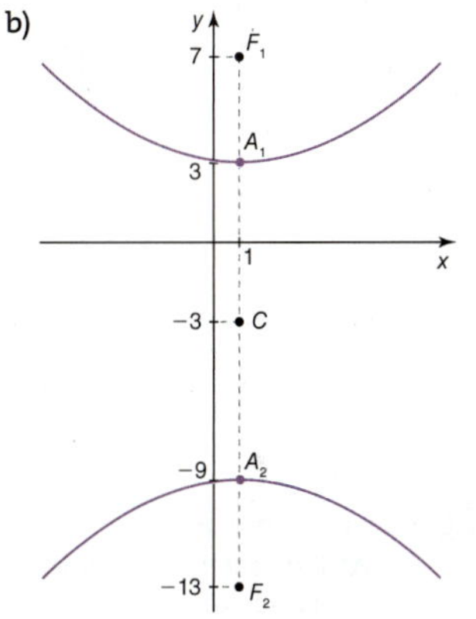

c)

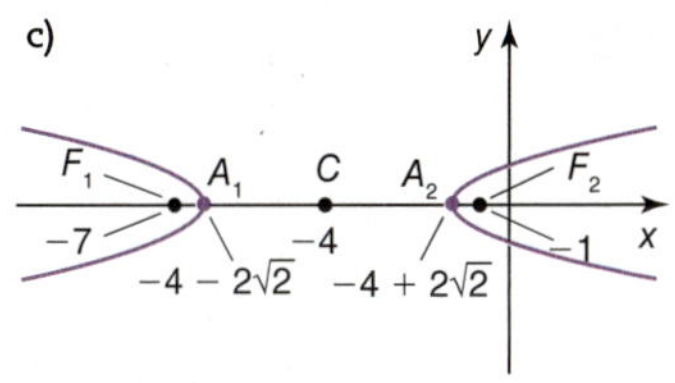

d)

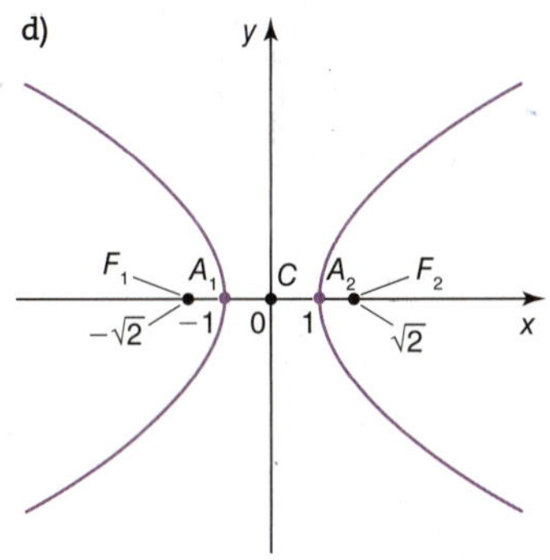

25 $\dfrac{5}{3}$

26 $\dfrac{(x-6)^2}{16} - \dfrac{(y-5)^2}{20} = 1$

27 $\dfrac{x^2}{8} - \dfrac{y^2}{8} = 1$

DICA: Na hipérbole equilátera, o eixo real tem a mesma medida do eixo imaginário.

28 a) $x + y = 0$ e $x - y = 0$

b) $x + 2y = 0$ e $x - 2y = 0$

c) $4x + 3y - 16 = 0$ e $4x - 3y - 16 = 0$

29 $\dfrac{x^2}{16} - \dfrac{y^2}{9} = 1$

30 $x^2 - \dfrac{y^2}{3} = 1$

DICA: $PF_1 + PF_2 = 2a$

31 a) $\dfrac{x^2}{3} - \dfrac{y^2}{4} = 1$

b) $\dfrac{(x-2)^2}{2} - \dfrac{(y+3)^2}{5} = 1$

c) $\frac{(x-3)^2}{4} - y^2 = 1$

d) $(x-3)^2 - (y-2)^2 = 1$

e) $\frac{(y-1)^2}{9} - \frac{(x-1)^2}{4} = 1$

32

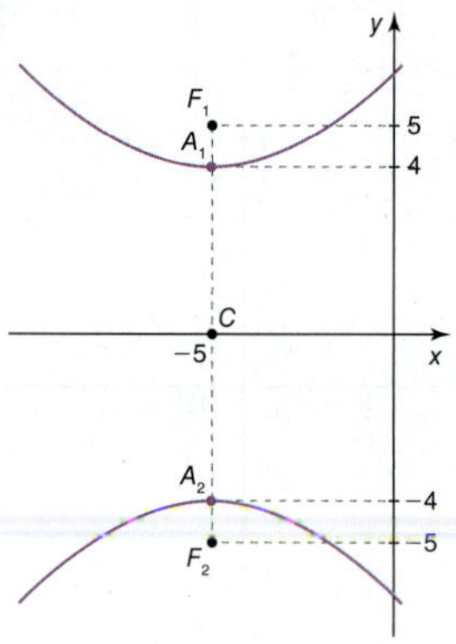

33 $2x + y - 7 = 0$ e $2x - y - 1 = 0$

DICA: Represente a equação sob a forma reduzida.

34 a)

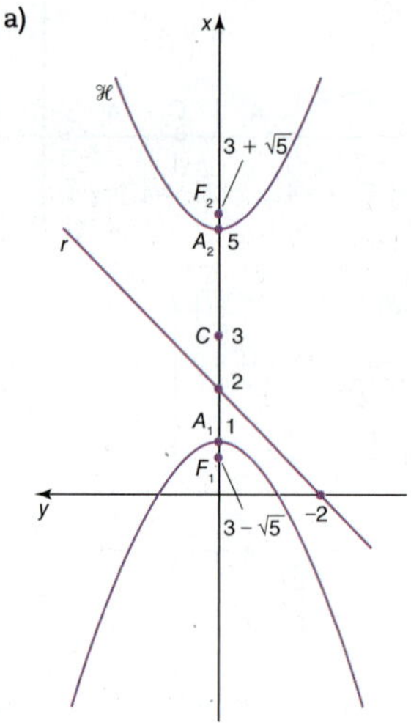

b) $r \cap \mathcal{H} = \varnothing$

35

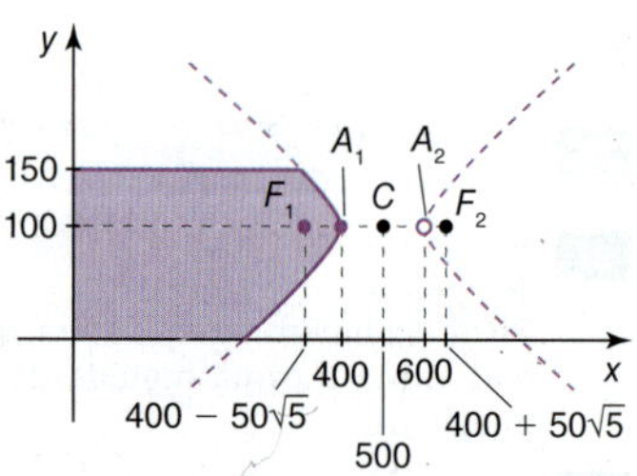

No contexto do problema, os pontos dessa região que interessam são somente aqueles cujas coordenadas são números naturais.

DICA: Os custos de *x* panelas do tipo A e de *y* panelas do tipo B são, respectivamente, $x\left(25 - \frac{x}{40}\right)$ e $y\left(20 - \frac{y}{10}\right)$.

36 a) $y - 1 = 0$

b) $p = 3$

c) $x - 2 = 0$

d) $\frac{8}{3}$

37 $x^2 - 4y + 12 = 0$

38 $x^2 + y^2 - 2xy + 2x - 2y + 1 = 0$

39 b

40 a) $(x + 2)^2 = 16(y - 5)$

b) $x^2 = 12(y + 1)$

c) $(y - 6)^2 = -20(x - 1)$

41 a)

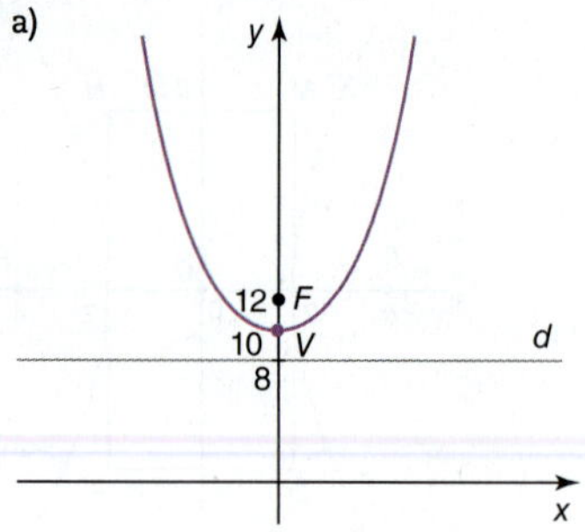

b)

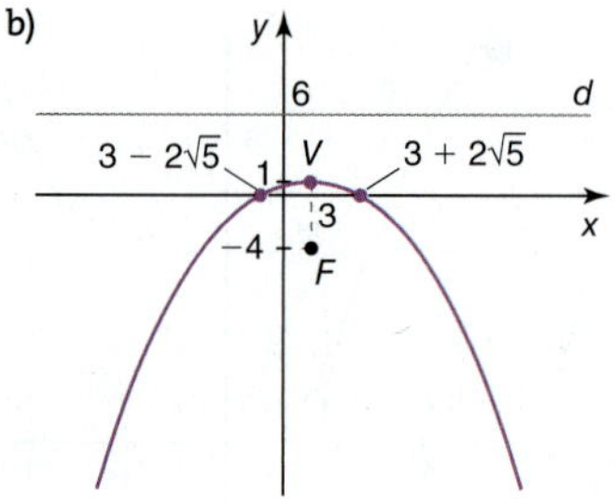

c)

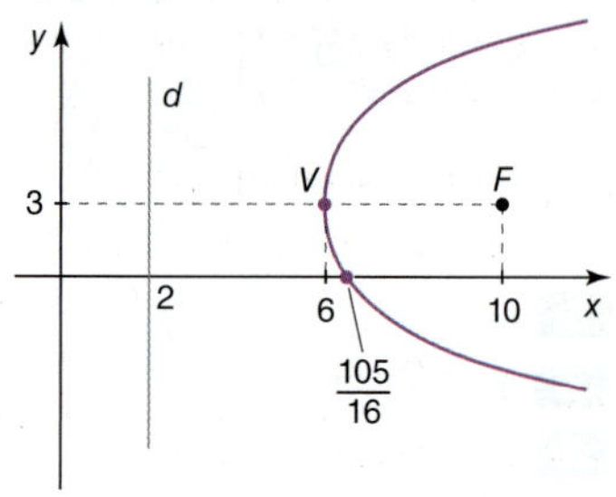

d)

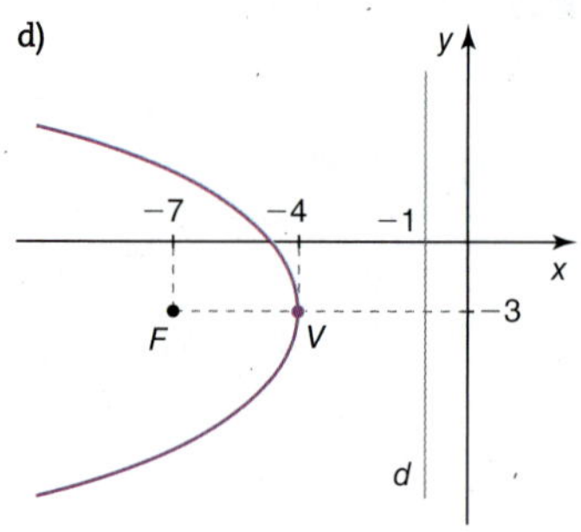

42 $(x + 3)^2 = 8(y - 1)$

43 a) $(x + 1)^2 = \frac{1}{3}(y + 8)$

b) $(y - 3)^2 = x + 2$

c) $(x - 2)^2 = 4(y + 4)$

44 V(2, –7)

DICA: Escreva a equação sob a forma reduzida.

45 $\frac{1}{10}$

46 a)

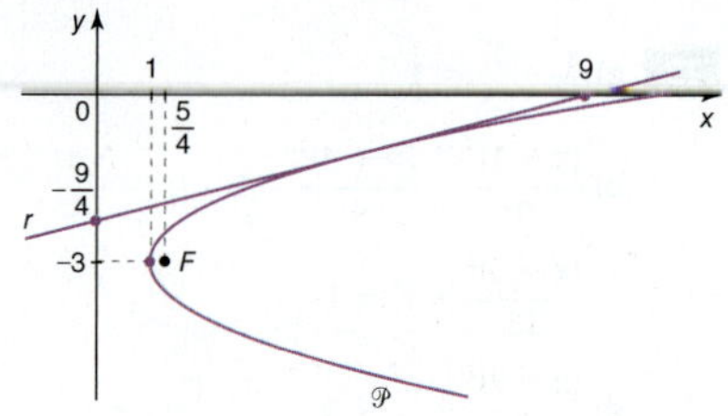

b) $r \cap \mathcal{P} = \{(5, -1)\}$

47 b

48 2 m

DICA: Associe um sistema cartesiano de eixos a uma secção plana que contém o eixo de simetria do paraboloide.

49 d

DICA: Para obter uma equação do L.G., considere um ponto genérico $G(x, y)$ e imponha que esse ponto satisfaça a propriedade *p*, descrita pela igualdade.

50 a) $x = y$

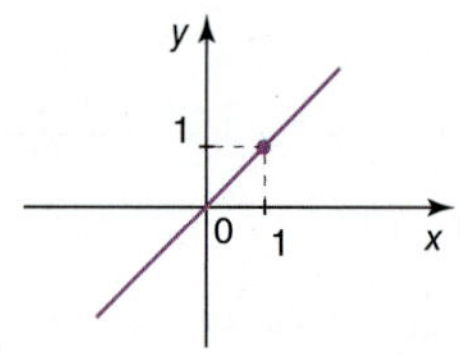

b) $(x - 1)^2 + (y + 1)^2 = 1$

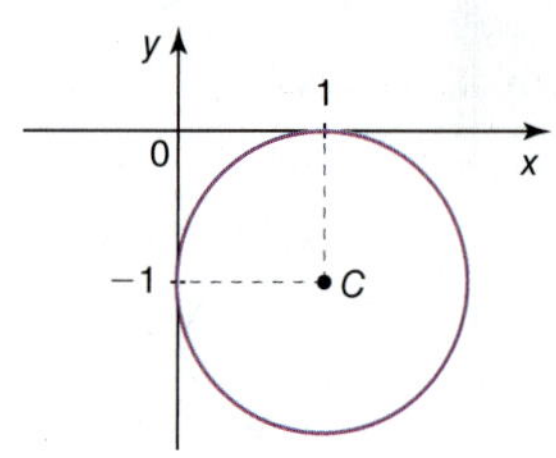

51 a) $(x + 1)^2 + y^2 = 4$

b)

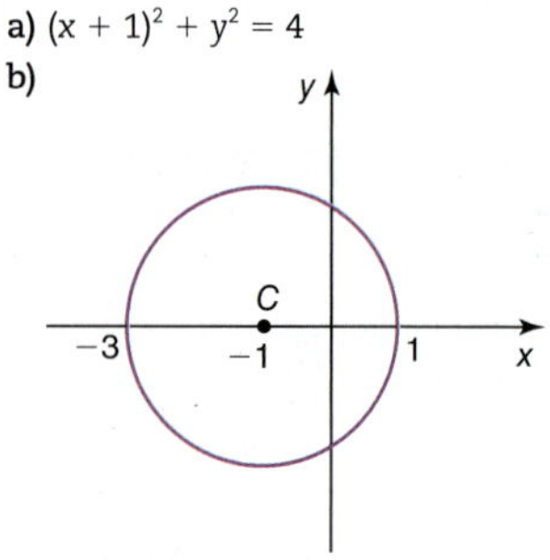

52 $\frac{x^2}{2} + \frac{\left(y + \frac{1}{2}\right)^2}{\frac{9}{4}} = 1$

DICA: A distância *d* entre um ponto $P(m, n)$ e uma reta $(r)\ ax + by + c = 0$ é dada por: $d = \frac{|am + bn + c|}{\sqrt{a^2 + b^2}}$

53 a) O L.G. é formado pelas retas de equações $3x - 4y + 19 = 0$ e $3x - 4y - 21 = 0$

b)

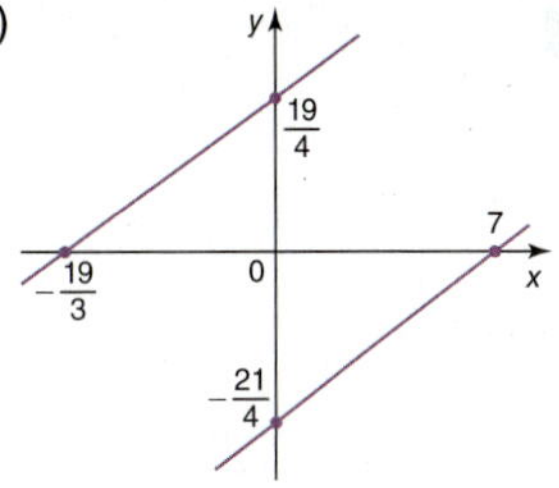

54 a) $x + 2y + 1 = 0$

b)

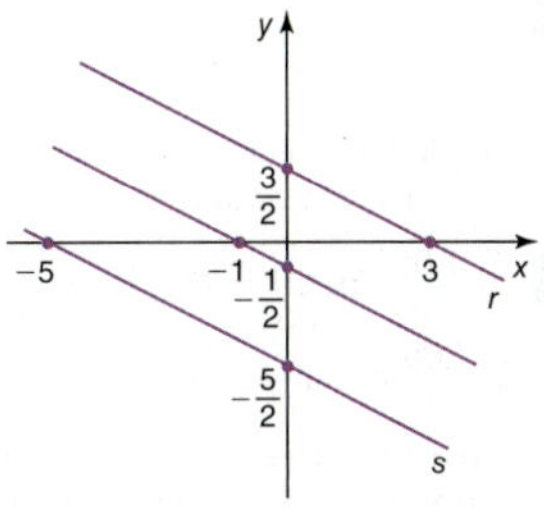

55 a) $x^2 + y^2 = 7$

b)

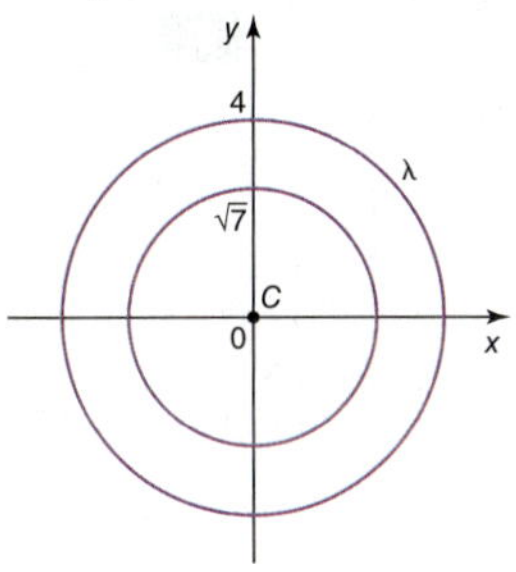

Exercícios complementares

• **Exercícios técnicos**

1 $3x^2 + 4y^2 - 12x - 8y - 32 = 0$

2 $5x^2 + 5y^2 + 2xy - 16x - 32y + 32 = 0$

3 a) $\frac{(x-6)^2}{9} + \frac{(y-7)^2}{36} = 1$

b) $\frac{(x-5)^2}{25} + \frac{y^2}{16} = 1$

4 a)

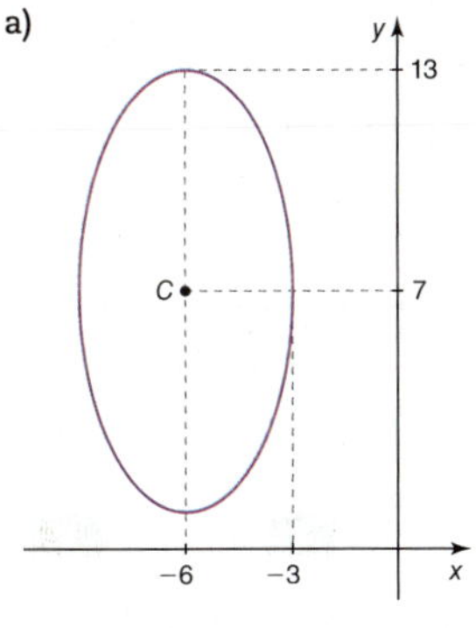

b)

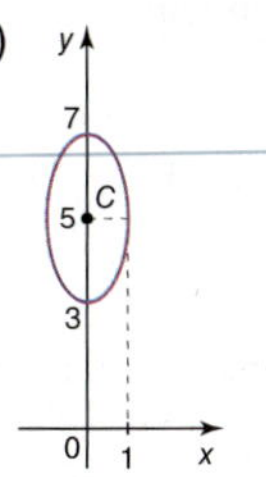

c)

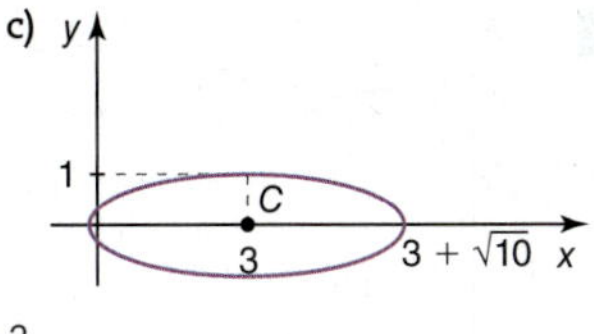

5 $\frac{2}{5}$

6 $\frac{x^2}{9} + \frac{(y-3)^2}{25} = 1$

7 e

8 a) $\frac{(x+2)^2}{9} + \frac{(y-3)^2}{16} = 1$

b) $\frac{(x-2)^2}{36} + \frac{(y-1)^2}{4} = 1$

c) $\frac{(x-2)^2}{5} + \frac{y^2}{3} = 1$

d) $\frac{x^2}{\frac{1}{9}} + \frac{y^2}{\frac{1}{4}} = 1$

e) $\frac{x^2}{\frac{2}{3}} + \frac{y^2}{\frac{2}{5}} = 1$

9 $\frac{3}{5}$ **10** 20 **11** e

12 6

13 a) F c) V e) V
b) F d) V

14 $\varnothing$

15 d
DICA: Resolva o sistema formado pelas equações da elipse e da reta.

16 $\lambda \cap \mathscr{E} = \varnothing$ **17** c

18 $x^2 - 8y^2 - 2x + 24y - 15 = 0$

19 $3x^2 + 4xy - 14x - 18y + 15 = 0$

20 c
DICA: Subtraindo um mesmo número de ambos os membros da equação, é possível fatorar o primeiro membro por agrupamento.

21 a) $\frac{x^2}{9} - \frac{y^2}{16} = 1$

b) $(y-4)^2 - \frac{(x+3)^2}{8} = 1$

22 a)

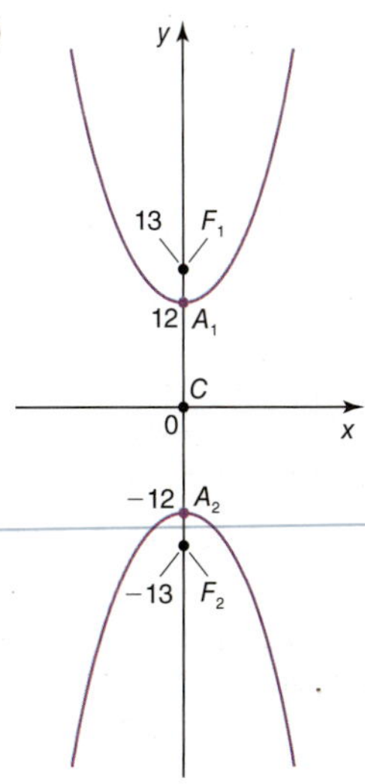

b)

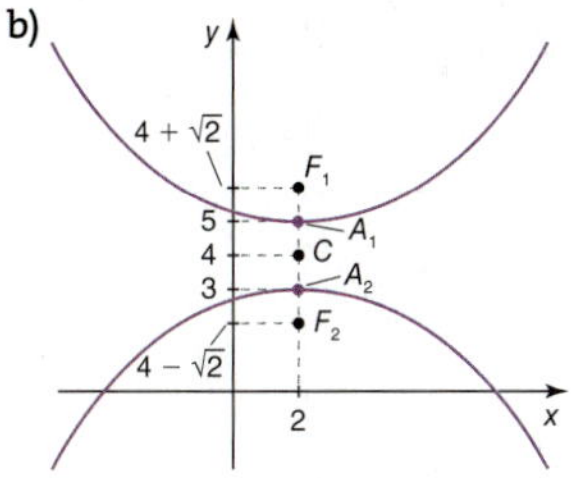

c)

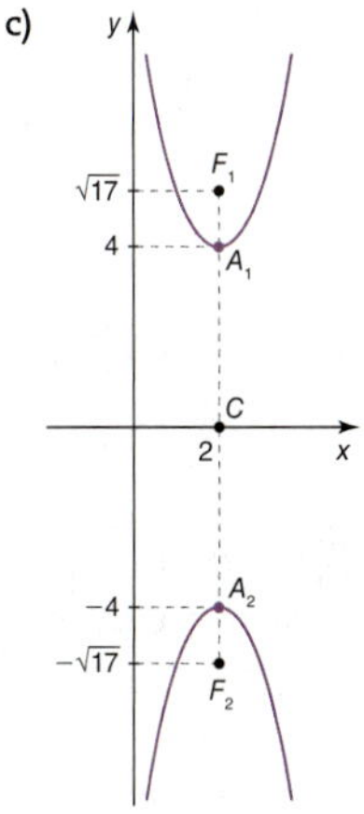

23 $e = 3$ **24** $\frac{y^2}{16} - \frac{x^2}{9} = 1$

25 a) $2x + \sqrt{3}y = 0$ e $2x - \sqrt{3}y = 0$

b) $3x + 2y - 28 = 0$ e $3x - 2y - 8 = 0$

26 $\frac{(x-6)^2}{12} - \frac{(y-6)^2}{4} = 1$

27 a) $\frac{x^2}{2} - \frac{(y+2)^2}{3} = 1$

b) $\frac{(x+1)^2}{4} - \frac{(y-1)^2}{2} = 1$

c) $\frac{(y+2)^2}{5} - \frac{(x-4)^2}{3} = 1$

d) $\frac{y^2}{\frac{1}{4}} - \frac{x^2}{\frac{1}{8}} = 1$

e) $(x+2)^2 - \frac{(y-1)^2}{\frac{1}{9}} = 1$

28 10

29 $4x + y - 20 = 0$ e $4x - y - 20 = 0$

30 a) (4, 1) b) $\left(-\frac{5}{3}, \frac{11}{3}\right)$ e (1, 1)

31 $y^2 - 8x - 4y + 28 = 0$
DICA: Considere um ponto genérico G(x, y) e imponha a condição: GF = Gr.

32 $16x^2 + 9y^2 - 24xy - 200x + 400 = 0$

33 a) $(y-4)^2 = 8(x-5)$

b) $y^2 = 8x$

c) $x^2 = 12y$

34 a)

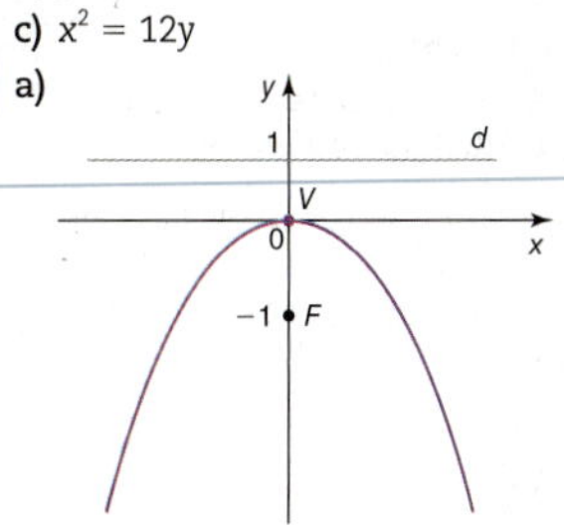

b)

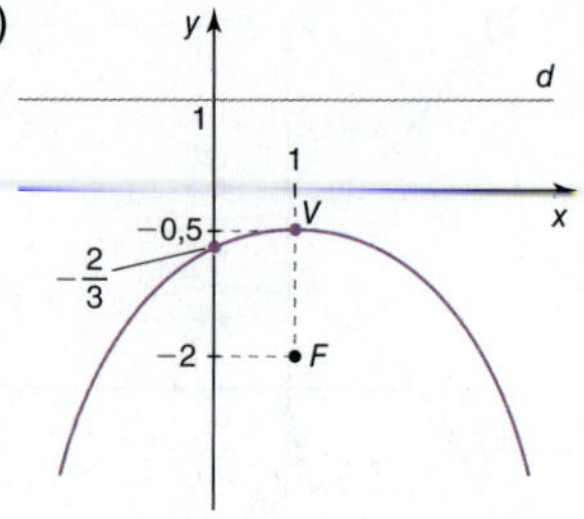

c)

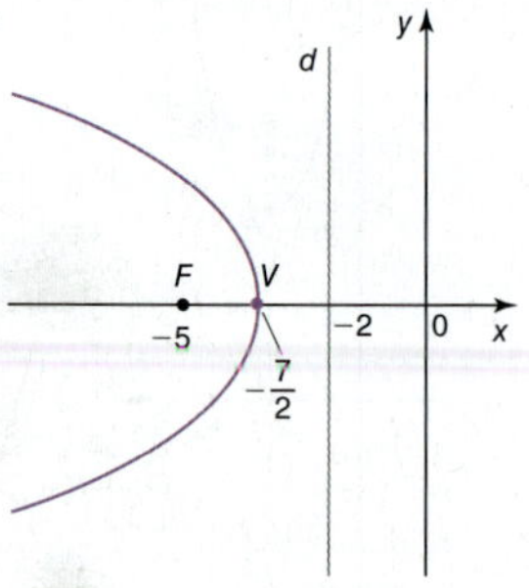

d)

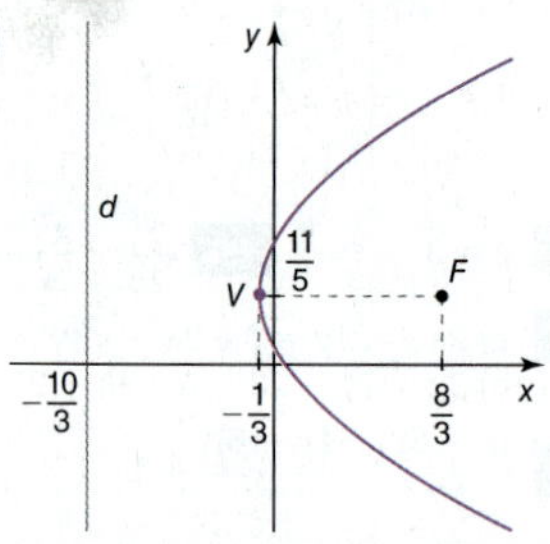

35 $y^2 = -12(x - 3)$

DICA: Escreva a equação da elipse na dependência do parâmetro *p* e substitua as variáveis x e y pelas coordenadas do ponto (0, 6).

36 a) $\left(y + \frac{1}{2}\right)^2 = \frac{1}{2}\left(x + \frac{3}{2}\right)$

b) $\left(x + \frac{3}{2}\right)^2 = y + \frac{9}{4}$

c) $(x - 1)^2 = -\frac{1}{3}(y - 7)$

d) $y^2 = -1(x - 1)$

37 V(−4, −3)

DICA: Represente a equação sob a forma reduzida.

38 $p = \frac{1}{10}$

39 a) (−18, 112) e (3, 7)

b) $\left(4, -\frac{3}{2}\right)$

c) ∅

40 $\sqrt{10}$

41 90° e arctg 4

42 1 + 8 + 16 = 25

43

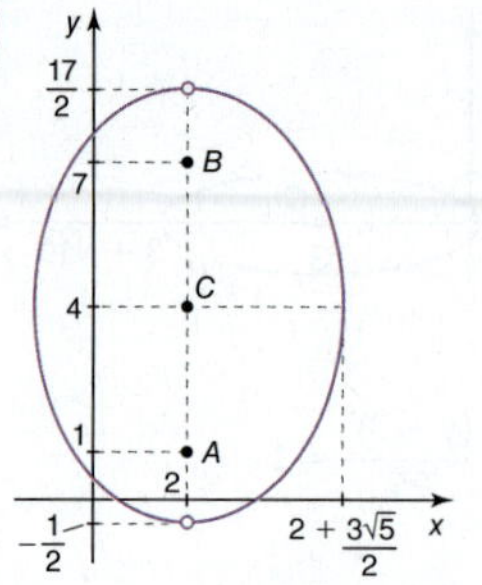

DICA: Inicialmente, imponha a condição para que A, B e C não sejam colineares. A seguir, observe que QA + QB = 9.

44 $x^2 + y^2 - 2xy - 8x - 4y + 10 = 0$

45 $y = 2x^2 - 4x + 2$

DICA: Sendo $B(t, t^2)$ um ponto genérico da parábola, o ponto médio do segmento $\overline{AB}$ é $\left(\frac{t+2}{2}, \frac{t^2}{2}\right)$.

46 $4(x - 2)^2 + 4y^2 = 1$

47 a

DICA: O vértice V da parábola de equação $y = ax^2 + bx + c$ é dado por $V\left(-\frac{b}{2a}, -\frac{b^2 - 4ac}{4a}\right)$.

48 e

49 b

50 $84y^2 - 16x^2 - 420y + 441 = 0$

DICA: A distância entre uma circunferência λ de centro O e um ponto A, exterior a λ, é a medida AC, em que $\{C\} = \overline{AO} \cap \lambda$.

- **Exercícios contextualizados**

51 c

52 21π

53 $e = \frac{101}{3.407} \approx 0,03$

DICA: A distância entre o foco e os pontos mais próximo e mais distante são 212 + 6.400 e 616 + 6.400, respectivamente.

54 b

55 a) xy = 40

b)

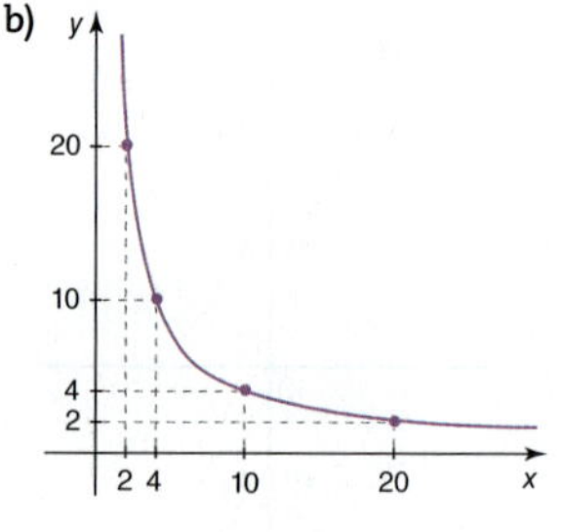

56

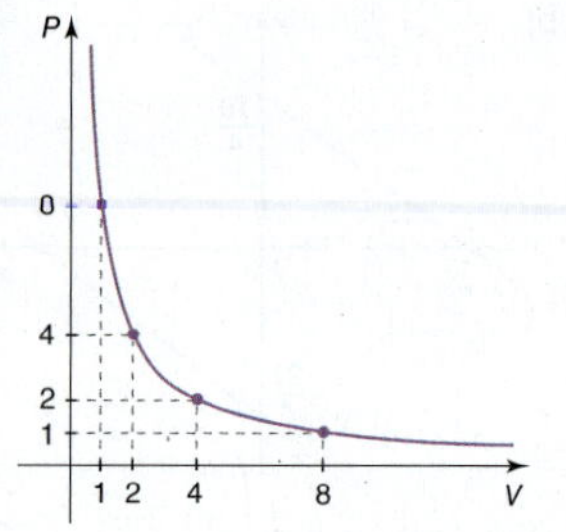

57 b

58 a) 2,64 m b) 1,36 m

DICA: Associe ao plano da trajetória da água um sistema cartesiano de eixos.

59 a) $\frac{1.000}{3}$ m ou ≈ 333,33 m

b) $\frac{800}{3}$ m ou ≈ 266,67 m

DICA: Associe ao plano da trajetória parabólica um sistema cartesiano de eixos.

60 60 m

61 a

62

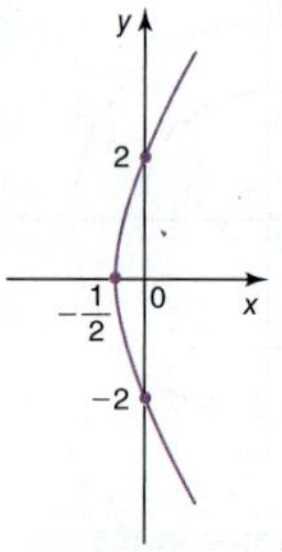

63 O L.G. é o arco da parábola de equação $y = 10.000 + 5x - \frac{x^2}{100}$, com $x \geq 0$.

64 $x = r \cdot \cos u$, com $0 \leq u \leq 2\pi$

65

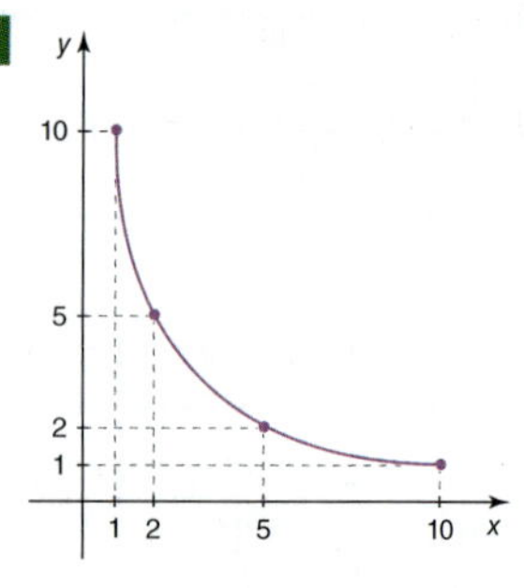

Exercícios de revisão cumulativa

1 45°

2 a

3 b

Análise da resolução

dois pontos: (21, 80) e (1, 0)

PARTE III

PARTE III

Capítulo

6

Conjunto dos números complexos

Neste capítulo, vamos ampliar o campo numérico, apresentando os números complexos. Estudaremos suas representações, relações e operações.

6.1 Os números complexos

A impossibilidade da extração de raízes quadradas, quartas, sextas etc. de números negativos motivou a criação de um novo conjunto numérico.

6.2 Operações com números complexos

Serão estudadas as operações de adição, subtração, multiplicação, divisão e potenciação de números complexos, além da relação de radiciação, que não é considerada uma operação por não ter resultado único.

6.3 Representação geométrica do conjunto dos números complexos

Por meio de uma relação biunívoca, representa-se por um plano o conjunto dos números complexos.

6.4 Forma trigonométrica de um número complexo

A forma trigonométrica dos números complexos simplifica significativamente algumas operações entre eles.

O matemático polonês Benoit Mandelbrot, estudando as representações geométricas de números complexos, descobriu que certas funções complexas têm como gráfico infinitas figuras semelhantes entre si, em uma região limitada do plano complexo. A essas figuras Mandelbrot deu o nome de fractal.

A construção de um fractal é extremamente simples. Por exemplo, dada uma constante complexa c, consideremos a sequência infinita de números complexos (a_1, a_2, a_3, ...), determinada pela lei de formação:

$$\begin{cases} a_1 = 0 \\ a_2 = c \\ a_{n+1} = (a_n)^2 + c, \text{ para } n \geq 2 \end{cases}$$

Essa lei descreve o fractal cujos pontos são determinados pelos números c que obedecem à seguinte condição: todos os termos da sequência (a_n) têm módulo menor ou igual a uma distância fixa d. Os valores de c para os quais essa condição não é obedecida não determinam pontos do fractal.

Para pensar

1. Veremos neste capítulo que todo número real é um número complexo; assim, a constante c na lei de formação anterior pode ser um número real. Construa a sequência infinita determinada por essa lei de formação para:
   a) $c = 0$
   b) $c = 1$
2. Em qual das sequências do exercício 1 todos os termos a_n têm o módulo menor ou igual a uma distância fixa d?
3. Quando c é um número real e todos os termos da sequência (a_n) têm módulo menor ou igual a uma distância fixa d, então o ponto $(c, 0)$ do plano cartesiano pertence ao fractal determinado pela lei de formação. Assim, entre os valores de c apresentados no exercício 1, apenas um deles determina um ponto do fractal descrito pela lei de formação. Qual é esse valor? Por quê?

Seção 6.1

Os números complexos

Objetivos

- **Conceituar** número complexo.
- **Representar** o número complexo na forma algébrica.

Termos e conceitos

- unidade imaginária
- número complexo
- parte real de um número complexo
- parte imaginária de um número complexo
- conjugado de um número complexo

A descoberta do número como abstração de quantidades observadas no cotidiano foi o primeiro e, talvez, o mais importante feito matemático da humanidade. Foi uma longa e árdua caminhada desde os números naturais até os números reais. Mas seriam os números reais o último estágio na escalada do conceito de número? Veremos que não.

Neste capítulo ampliaremos o conceito de número para além dos reais, definindo agora os **números complexos**.

A descoberta de um novo número

O problema a seguir mostrará a insuficiência dos números reais para representar certas situações concretas ou abstratas.

Um engenheiro projetou duas caixas-d'água de mesma altura: uma em forma de cubo e a outra em forma de um paralelepípedo reto-retângulo com 6 m^2 de área da base. O volume da caixa cúbica deve ter 4 m^3 a menos que o volume da outra caixa. Qual deve ser a medida, em metro, da aresta da caixa cúbica?

Indicando por x a medida da aresta da caixa cúbica, temos

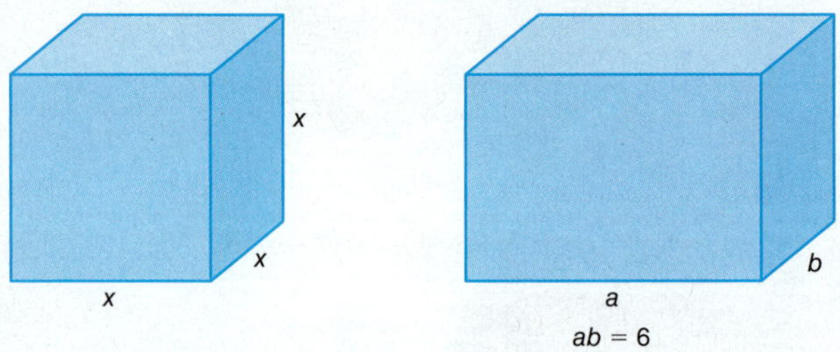

Assim, o valor de x é raiz da equação $x^3 = 6x - 4$, que é equivalente a $x^3 - 6x + 4 = 0$.

Essa equação pode ser resolvida pelo método proposto por volta de 1535 pelo matemático italiano Niccolo Fontana, conhecido como Tartaglia. Tal método consiste em substituir x por $u - v$, de modo que o produto uv seja igual à terça parte do coeficiente de x, isto é:

$$\begin{cases} (u - v)^3 - 6(u - v) + 4 = 0 \\ uv = -2 \end{cases}$$, que é equivalente a

$$\begin{cases} u^3 - 3u^2v + 3uv^2 - v^3 - 6u + 6v + 4 = 0 \\ uv = -2 \end{cases}$$

Fazendo $uv = -2$ na primeira equação, obtemos:

$$\begin{cases} u^3 - v^3 + 4 = 0 \quad \text{(I)} \\ v = -\dfrac{2}{u} \quad \text{(II)} \end{cases}$$

Substituindo (II) em (I), chegamos à equação $u^6 + 4u^3 + 8 = 0$, cuja resolução pode ser feita pela mudança de variável $u^3 = t$, com a qual obtemos a equação do 2º grau:

$$t^2 + 4t + 8 = 0$$

em que $\Delta = 4^2 - 4 \cdot 1 \cdot 8 = -16$ e, portanto,

$$t = \frac{-4 \pm \sqrt{-16}}{2}$$

da qual concluímos que:

$$u^3 = \frac{-4 \pm \sqrt{-16}}{2}$$

Nesse momento, poderíamos ser levados a concluir que a equação $x^3 - 6x + 4 = 0$ não possui raiz real, pois não existe no conjunto $\mathbb{R}$ o número $\sqrt{-16}$. Porém, essa conclusão é equivocada, pois o número real 2 é raiz da equação, como se constata pela substituição de x por 2:

$$2^3 - 6 \cdot 2 + 4 = 0$$

Essa espantosa constatação nos leva a admitir a existência do número **não real** $\sqrt{-16}$.

Historicamente, Gerônimo Cardano, médico e matemático italiano, após ter aprendido com Tartaglia o método descrito acima, foi o primeiro a admitir a existência de números não reais, durante a resolução de uma equação cúbica, como essa que discutimos. Após tal descoberta, um matemático contemporâneo de Cardano, Raphael Bombelli, teve o que considerou uma "ideia louca": começou a operar com os números não reais estudados por Cardano. Bombelli admitiu, por exemplo, a identidade:

$$2 + \sqrt{-1} + 3 - \sqrt{-1} = 5$$

dando, assim, subsídios para o início da construção de um novo conjunto de números: o **conjunto dos números complexos**.

Niccolo Fontana – Tartaglia (cerca de 1500-1557).

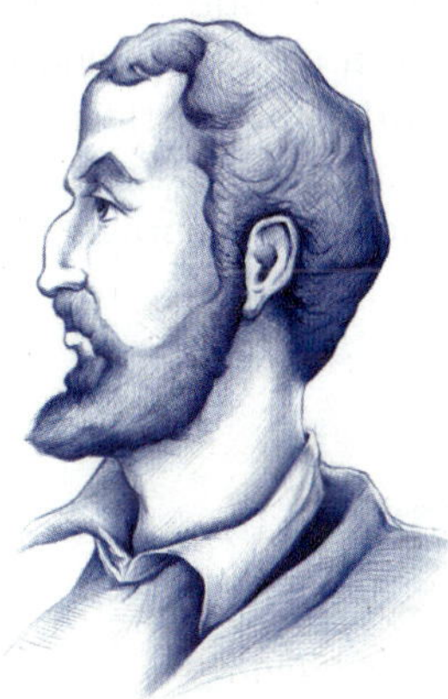

Gerônimo Cardano (1501-1576).

Raphael Bombelli (cerca de 1526-1573).

Número complexo

A insuficiência dos números reais se revela na radiciação: não existem, em $\mathbb{R}$, raízes quadradas, quartas, sextas, ... de números negativos. Para que a radiciação seja sempre possível, os matemáticos ampliaram o conceito de número, definindo o número **i**, não real, que chamaram de **unidade imaginária**, e que satisfaz a seguinte condição:

$$i^2 = i \cdot i = -1$$

A partir da unidade imaginária, define-se:

Número complexo é todo número da forma $a + bi$, em que $\{a, b\} \subset \mathbb{R}$ e i é a unidade imaginária.

Exemplos

a) $5 + 2i$

b) $3i$

c) $0i$ (que é igual a zero)

O conjunto dos números complexos é indicado por $\mathbb{C}$, isto é:

$$\mathbb{C} = \{a + bi, \text{ com } a \text{ e } b \text{ reais}\}$$

Com esses "novos" números é possível definir raiz de índice par e radicando negativo, pois potências de números complexos com expoente par podem ser negativas, por exemplo:

$(3i)^2 = 3^2 \cdot i^2 = 9 \cdot (-1) = -9$

Assim, 3i é uma raiz quadrada de -9.

Forma algébrica de um número complexo

A expressão $a + bi$, com $\{a, b\} \subset \mathbb{R}$, é chamada **forma algébrica** do número complexo, em que a é a **parte real** e b é a **parte imaginária**.

Exemplos

a) No número complexo $5 + 4i$, a parte real é 5 e a parte imaginária é 4. Todo número complexo cuja parte imaginária é diferente de zero é chamado de **número imaginário**.

b) No número complexo 7i, que pode ser representado por $0 + 7i$, a parte real é 0 (zero) e a parte imaginária é 7. Todo número complexo cuja parte real é zero e a parte imaginária é diferente de zero é chamado de **número imaginário puro.**

c) No número complexo 9, que pode ser representado por $9 + 0i$, a parte real é 9 e a parte imaginária é zero. Todo número complexo com parte imaginária zero é um **número real**. Note, portanto, que todo número real a é, também, um número complexo, pois pode ser representado por $a + 0i$. Assim, temos $\mathbb{R} \subset \mathbb{C}$.

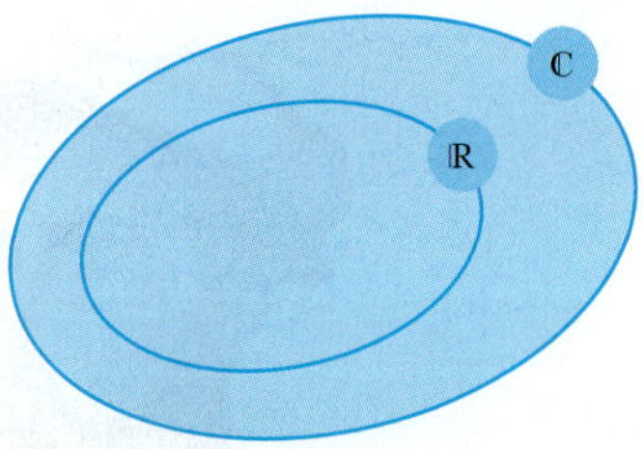

EXERCÍCIOS RESOLVIDOS

1 Determinar x, com $x \in \mathbb{R}$, de modo que o número complexo $8 + (3x - 6)i$ seja real.

Resolução

O número $8 + (3x - 6)i$ é real se, e somente se, a parte imaginária é zero, isto é:

$3x - 6 = 0$

Assim, concluímos que $x = 2$.

2 Obter k, com $k \in \mathbb{R}$, de modo que o número complexo $k^2 - 9 + (k - 3)i$ seja:

a) imaginário.

b) imaginário puro.

Resolução

a) O número $k^2 - 9 + (k - 3)i$ é imaginário se, e somente se, a parte imaginária é diferente de zero, isto é:

$k - 3 \neq 0$

Assim, concluímos que $k \neq 3$.

b) O número $k^2 - 9 + (k - 3)i$ é imaginário puro se, e somente se, a parte real é zero e a parte imaginária é diferente de zero, isto é:

$$\begin{cases} k^2 - 9 = 0 \\ k - 3 \neq 0 \end{cases} \Rightarrow \begin{cases} k = \pm 3 \\ k \neq 3 \end{cases}$$

Assim, concluímos que $k = -3$.

Igualdade entre números complexos

Dois números complexos $a + bi$ e $c + di$, com $\{a, b, c, d\} \subset \mathbb{R}$, são **iguais** se, e somente se, suas partes reais são iguais e suas partes imaginárias são iguais.

Ou seja:

$$a + bi = c + di \Leftrightarrow \begin{cases} a = c \\ b = d \end{cases}$$

EXERCÍCIO RESOLVIDO

3 Determinar os números reais x e y tais que $2x + y + 5i = 6 + (x + y)i$.

Resolução

Dois números complexos são iguais se, e somente se, suas partes reais são iguais e suas partes imaginárias são iguais, ou seja:

$$\begin{cases} 2x + y = 6 \\ x + y = 5 \end{cases} \Rightarrow \begin{cases} y = 6 - 2x \quad \text{(I)} \\ x + y = 5 \quad \text{(II)} \end{cases}$$

Substituindo (I) em (II), obtemos: $x + 6 - 2x = 5 \Rightarrow x = 1$

Substituindo x por 1 na equação (I), obtemos: $y = 6 - 2 \cdot 1 \Rightarrow y = 4$

Números complexos conjugados

O número complexo $a + bi$ é o **conjugado** do número complexo $c + di$, com $\{a, b, c, d\} \subset \mathbb{R}$, se, e somente se, suas partes reais são iguais e suas partes imaginárias são opostas.

Ou seja:

$$a + bi \text{ é conjugado de } c + di \Leftrightarrow \begin{cases} a = c \\ b = -d \end{cases}$$

Indicando por z um número complexo, o conjugado de z será indicado por $\overline{z}$.

Exemplos

a) O conjugado de $z = 8 + 4i$ é $\overline{z} = 8 - 4i$.

b) O conjugado de $z = 5 - 9i$ é $\overline{z} = 5 + 9i$.

c) O conjugado de $z = 10i$ é $\overline{z} = -10i$.

d) O conjugado de $z = 3$ é $\overline{z} = 3$.

EXERCÍCIOS PROPOSTOS

1 No diagrama a seguir, cada uma das letras r, s, t, u e v representa um dos números: $3{,}14$; $\sqrt{2}$; -3; $4 - 2i$ e 0. Determine o valor associado a cada uma dessas letras.

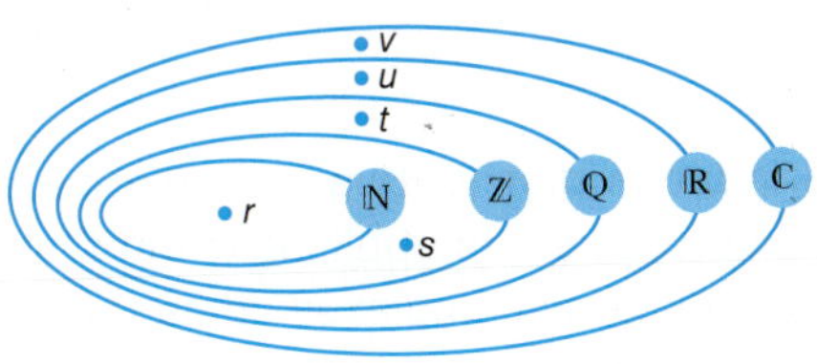

2 Classifique como verdadeira (V) ou falsa (F) cada uma das afirmações.

a) Todo número real é também número complexo.

b) Todo número complexo é também número real.

c) $\mathbb{C} \cap \mathbb{R} = \varnothing$

d) $\mathbb{C} - \mathbb{R} = \{z \mid z = a + bi, \text{ com } \{a, b\} \subset \mathbb{R} \text{ e } b \neq 0\}$

e) O conjugado do número $3 + 4i$ é $-3 - 4i$.

f) O conjugado do número $3 + 4i$ é $3 - 4i$.

g) Se $a + 3i = 6 + bi$, com $\{a, b\} \subset \mathbb{R}$, então $a + b = 9$.

h) Se $a + bi$ é um número imaginário puro, com $\{a, b\} \subset \mathbb{R}$, então o número $b + ai$ é real.

i) Se $a + bi$ é um número real, com $\{a, b\} \subset \mathbb{R}$, então o número $b + ai$ é imaginário puro.

3 Sendo os números complexos $z_1 = (x - 5) + (x^2 - 25)i$ e $z_2 = (x + 5) + (x - 5)i$, classifique cada um deles como real, imaginário ou imaginário puro para:

a) $x = 5$ b) $x = -5$ c) $x = 7$

4 Determine os valores reais de x para que o número complexo $(x^2 - 9) + (x - 3)i$ seja:

a) real.

b) imaginário.

c) imaginário puro.

5 Dada a igualdade $2a + (a + 2)i = (b - a) + bi$, determine os números reais a e b.

6 Encontre os números reais x e y de modo que $x^2 + 4x + (x - y)i = 9 - y^2 + 3i$.

7 Determine os números reais x e y tais que $(2x + 3y) + 2xi = (x + y + 1) + (3 - 4y)i$.

8 Sendo z um número complexo tal que $z = \overline{z}$, pode-se afirmar que:

a) z é um número imaginário com parte real não nula.

b) z é um número imaginário puro.

c) z é um número real.

d) $z = 0 + 0i$

e) $z \neq 0 + 0i$

Resolva os exercícios complementares 1 a 6.

Seção 6.2

Operações com números complexos

Objetivo

- **Operar** com números complexos na forma algébrica.

Operações elementares

Antes de apresentar as operações elementares com números complexos, é importante ressaltar que elas foram definidas como extensões das operações em $\mathbb{R}$, de modo que fossem conservadas as propriedades dessas operações em $\mathbb{R}$.

I. Para a adição foram conservadas as propriedades associativa, comutativa, elemento neutro e elemento oposto, assim:
- o elemento neutro da adição é o número zero, ou seja, $0 + 0i$;
- o oposto de um número complexo qualquer $z = a + bi$, com $\{a, b\} \subset \mathbb{R}$, é o número complexo $-z = -a - bi$.

II. Para a multiplicação foram conservadas as propriedades associativa, comutativa, elemento neutro e elemento inverso, assim:
- o elemento neutro da multiplicação é o número 1, ou seja, $1 + 0i$;
- o inverso de um número complexo não nulo $z = a + bi$, com $\{a, b\} \subset \mathbb{R}$, é o número complexo indicado por z^{-1} tal que $z^{-1} = \dfrac{1}{a + bi}$.

III. Foram conservadas também as propriedades distributivas da multiplicação em relação à adição.

Esses princípios resultaram nas seguintes definições:

Para quaisquer números complexos $z_1 = a + bi$ e $z_2 = c + di$, com $\{a, b, c, d\} \subset \mathbb{R}$, temos:
- $z_1 + z_2 = (a + c) + (b + d)i$
- $z_1 - z_2 = z_1 + (-z_2)$
- $z_1 \cdot z_2 = (ac - bd) + (ad + bc)i$
- $z_1 : z_2 = z_1 \cdot \dfrac{1}{z_2}$ (com $z_2 \neq 0$)

Nota:

Observe como as propriedades distributiva, associativa e comutativa, que se estendem para a adição e a multiplicação em $\mathbb{C}$, permitem a definição de multiplicação de números complexos como foi apresentada anteriormente:

$$z_1 \cdot z_2 = (a + bi) \cdot (c + di) = ac + adi + bci + bdi^2 = ac + adi + bci + bd(-1)$$
$$\therefore\ z_1 \cdot z_2 = (ac - bd) + (ad + bc)i$$

Para agilizar as operações elementares com números complexos, aplicamos as propriedades operatórias – associativa, comutativa, elemento neutro, elemento oposto, elemento inverso e distributivas – em vez das definições, conforme mostram os exercícios resolvidos 4 e 5 a seguir.

Forma algébrica de números complexos inversos

Vimos que o inverso de um número complexo não nulo $z = a + bi$, com $\{a, b\} \subset \mathbb{R}$, é o número:

$$z^{-1} = \frac{1}{z} = \frac{1}{a + bi}$$

Para representar esse número na forma algébrica, podemos multiplicar o numerador e o denominador de $\frac{1}{a + bi}$ pelo conjugado do denominador, obtendo:

$$z^{-1} = \frac{1}{a + bi} = \frac{1}{a + bi} \cdot \frac{a - bi}{a - bi} = \frac{a - bi}{a^2 - (bi)^2} = \frac{a - bi}{a^2 + b^2}$$

Logo, a forma algébrica de z^{-1} é dada por:

$$z^{-1} = \frac{a}{a^2 + b^2} - \frac{bi}{a^2 + b^2}$$

Exemplo

O inverso de $z = 3 + 4i$ é: $z^{-1} = \frac{1}{3 + 4i}$

Para obter a forma algébrica desse número, basta multiplicar o numerador e o denominador pelo conjugado do denominador. Observe:

$$z^{-1} = \frac{1}{3 + 4i} = \frac{1 \cdot (3 - 4i)}{(3 + 4i) \cdot (3 - 4i)} = \frac{3 - 4i}{3^2 - (4i)^2} = \frac{3 - 4i}{25} = \frac{3}{25} - \frac{4i}{25}$$

EXERCÍCIOS RESOLVIDOS

4 Dados os números complexos $z_1 = 4 + 3i$, $z_2 = 2 - 5i$, $z_3 = 2i$ e $z_4 = 7$, calcular:

a) $z_1 + z_2$

b) $z_1 - z_2$

c) $z_1 \cdot z_2$

d) $z_1 : z_2$

e) $z_3 \cdot z_2 + \frac{z_4}{z_3}$

f) $\frac{z_3 \cdot z_1 - z_4}{z_3 + z_4}$

Resolução

a) $z_1 + z_2 = 4 + 3i + 2 - 5i = (4 + 2) + (3 - 5)i$

$\therefore z_1 + z_2 = 6 - 2i$

b) $z_1 - z_2 = 4 + 3i - (2 - 5i) = 4 + 3i - 2 + 5i$

$\therefore z_1 - z_2 = (4 - 2) + (3 + 5)i = 2 + 8i$

c) $z_1 \cdot z_2 = (4 + 3i) \cdot (2 - 5i)$

$\therefore z_1 \cdot z_2 = 4 \cdot 2 + 4 \cdot (-5i) + 3i \cdot 2 + 3i \cdot (-5i)$

$\therefore z_1 \cdot z_2 = 8 - 20i + 6i - 15i^2$

$\therefore z_1 \cdot z_2 = 8 - 20i + 6i - 15 \cdot (-1)$

$\therefore z_1 \cdot z_2 = 8 - 20i + 6i + 15 = 23 - 14i$

d) $z_1 : z_2 = z_1 \cdot \frac{1}{z_2} = (4 + 3i) \cdot \frac{1}{2 - 5i} = \frac{4 + 3i}{2 - 5i}$

Para representar esse resultado na forma algébrica, $a + bi$, com $\{a, b\} \subset \mathbb{R}$, basta multiplicar o numerador e o denominador da expressão pelo conjugado do denominador:

$$z_1 : z_2 = \frac{4 + 3i}{2 - 5i} = \frac{(4 + 3i) \cdot (2 + 5i)}{(2 - 5i) \cdot (2 + 5i)}$$

$$\therefore z_1 : z_2 = \frac{8 + 20i + 6i + 15i^2}{2^2 - (5i)^2}$$

$$\therefore z_1 : z_2 = \frac{-7 + 26i}{29} = -\frac{7}{29} + \frac{26i}{29}$$

e) $z_3 \cdot z_2 + \frac{z_4}{z_3} = 2i(2 - 5i) + \frac{7}{2i}$

Para obter a forma algébrica do número $\frac{7}{2i}$, basta multiplicar o numerador e o denominador por $(-i)$:

$$z_3 \cdot z_2 + \frac{z_4}{z_3} = 2i(2 - 5i) + \frac{7}{2i} =$$

$$= 4i - 10i^2 + \frac{7 \cdot (-i)}{2i \cdot (-i)} = 4i + 10 - \frac{7i}{2} = 10 + \frac{i}{2}$$

(*Nota*: Também poderíamos ter multiplicado o numerador e o denominador por i.)

f) $\frac{z_3 \cdot z_1 - z_4}{z_3 + z_4} = \frac{2i(4 + 3i) - 7}{2i + 7} =$

$$= \frac{8i + 6i^2 - 7}{7 + 2i} = \frac{-13 + 8i}{7 + 2i}$$

Para representar esse resultado na forma algébrica, multiplicamos o numerador e o denominador pelo conjugado do denominador:

$$\frac{z_3 \cdot z_1 - z_4}{z_3 + z_4} = \frac{-13 + 8i}{7 + 2i} = \frac{(-13 + 8i)(7 - 2i)}{(7 + 2i)(7 - 2i)} =$$

$$= \frac{-91 + 26i + 56i - 16i^2}{7^2 - (2i)^2} = \frac{-75 + 82i}{53} =$$

$$= -\frac{75}{53} + \frac{82i}{53}$$

5 Determinar o número complexo z tal que $2z + i \cdot \overline{z} = 9 - 3i$.

Resolução

Representando o número complexo z na forma algébrica $z = x + yi$, com $\{x, y\} \subset \mathbb{R}$, seu conjugado será $\overline{z} = x - yi$. Assim, temos:

$2(x + yi) + i(x - yi) = 9 - 3i \Rightarrow$

$\Rightarrow 2x + 2yi + xi - yi^2 = 9 - 3i$

$\therefore 2x + y + (x + 2y)i = 9 - 3i$

Aplicando a definição de igualdade de números complexos, obtemos o sistema:

$$\begin{cases} 2x + y = 9 \\ x + 2y = -3 \end{cases} \Rightarrow \begin{cases} 2x + y = 9 \quad \text{(I)} \\ -2x - 4y = 6 \quad \text{(II)} \end{cases}$$

Adicionando (I) e (II), membro a membro, temos:

$-3y = 15 \Rightarrow y = -5$

Substituindo y por -5 em (I), concluímos:

$2x - 5 = 9 \Rightarrow x = 7$

Logo, o número complexo pedido é $z = 7 - 5i$.

EXERCÍCIOS PROPOSTOS

9 Dados os números complexos:
$z_1 = -4 + 2i$, $z_2 = 5 + i$, $z_3 = 6$ e $z_4 = -3i$, calcule:

a) $z_1 + z_2$

b) $z_3 + \overline{z}_2 - z_4$

c) $\overline{z_3 + z_4} + \overline{z}_1 - (z_1 - z_2)$

10 Sendo $z_1 = 5 + 3i$, $z_2 = 6$, $z_3 = 2i$ e $z_4 = 2 - i$, calcule:

a) $z_1 \cdot z_2$

b) $z_1 \cdot z_3$

c) $z_2 \cdot \overline{z}_4$

d) $z_1 \cdot \overline{z}_1$

e) $z_1 \cdot z_2 \cdot z_3$

f) $z_2 \cdot z_3 \cdot z_4$

11 Considere os números complexos:
$z_1 = 2 + 3i$, $z_2 = 2 - i$, $z_3 = 4i$ e $z_4 = 2$
Calcule:

a) $\dfrac{z_4}{z_1}$

b) $\dfrac{\overline{z}_3}{z_2}$

c) $\dfrac{z_2}{z_3 \cdot z_2}$

d) $z_1 : z_2$

e) $(z_2)^{-1}$

f) $(z_3)^{-1}$

12 Resolva cada uma das expressões:

a) $3 + 2i + (1 + 5i)(2 - i)$

b) $\dfrac{2 + i}{1 - 2i} + 2i(1 - 3i)$

13 Obtenha o número complexo z tal que
$\overline{z} + 2z - i = 6 + 3i$.

14 Determine o número complexo z tal que
$\overline{z}i - z = 1 - i$.

15 Obtenha o valor real de a para que o número complexo $z = (1 + ai)(a - 4i)$ seja real.

16 Para que valor real de k o número complexo $z = (k - 4)(2 + i)$ é imaginário puro?

17 Obtenha o valor real de a para que o número complexo $z = \dfrac{2 + i}{a + i}$ seja real.

Resolva os exercícios complementares 7 a 14.

Potências de números complexos com expoentes inteiros

Sendo w um número complexo qualquer, definimos:

- $w^0 = 1$, com $w \neq 0 + 0i$
- $w^1 = w$
- $w^n = \underbrace{w \cdot w \cdot w \cdot ... \cdot w}_{n \text{ fatores}}$, $\forall n$, com $n \in \mathbb{N}$ e $n \geqslant 2$
- $w^{-n} = \dfrac{1}{w^n}$, com $w \neq 0$, e $\forall n$, com $n \in \mathbb{Z}$

Exemplos

a) $i^3 = i \cdot i \cdot i = (i \cdot i) \cdot i = i^2 \cdot i = (-1) \cdot i = -i$

b) $i^4 = i \cdot i \cdot i \cdot i = (i \cdot i) \cdot (i \cdot i) = i^2 \cdot i^2 = (-1) \cdot (-1) = 1$

c) $(2i)^{-4} = \dfrac{1}{(2i)^4} = \dfrac{1}{2i \cdot 2i \cdot 2i \cdot 2i} = \dfrac{1}{16i^4} = \dfrac{1}{16 \cdot 1} = \dfrac{1}{16}$

Nota:

Não há unanimidade entre os matemáticos quanto à adoção do valor 1 para a potência 0^0, por isso excluímos a base zero da definição $w^0 = 1$.

Propriedades das potências

Pela definição de potência e considerando as propriedades da multiplicação, demonstra-se que, para quaisquer números complexos w e v, e quaisquer números inteiros m e n, valem as propriedades seguintes, subentendendo-se as condições de existência:

P1. $w^n \cdot w^m = w^{n+m}$

P2. $w^n : w^m = w^{n-m}$

P3. $(w^n)^m = w^{nm}$

P4. $(wv)^n = w^n v^n$

P5. $\left(\dfrac{w}{v}\right)^n = \dfrac{w^n}{v^n}$

EXERCÍCIOS RESOLVIDOS

6 Calcular $(1 + i)^{10}$.

Resolução

$$(1 + i)^{10} \overset{P3}{=} [(1 + i)^2]^5 = [1 + 2i + i^2]^5 = [1 + 2i - 1]^5 = [2i]^5 \overset{P4}{=} 2^5 \cdot i^5 \overset{P1}{=} 2^5 \cdot i^4 \cdot i \overset{P3}{=} 2^5 \cdot (i^2)^2 \cdot i =$$
$$= 32 \cdot (-1)^2 \cdot i = 32i$$

7 Calcular $(2 + i)^4 \cdot (1 + 2i)^4$.

Resolução

$$(2 + i)^4 \cdot (1 + 2i)^4 \overset{P4}{=} [(2 + i)(1 + 2i)]^4 = [2 + 4i + i + 2i^2]^4 = [2 + 4i + i - 2]^4 = [5i]^4 \overset{P4}{=} 5^4 \cdot i^4 \overset{P3}{=} 5^4 \cdot (i^2)^2 =$$
$$= 5^4 \cdot (-1)^2 = 625 \cdot 1 = 625$$

Potências de i

O cálculo das potências de números complexos com expoentes inteiros envolve, particularmente, potências de i. Para agilizar esse tipo de cálculo, é conveniente conhecer o teorema a seguir.

> Existem somente quatro valores para potências de i com expoentes inteiros. São eles:
> - $i^0 = 1$
> - $i^1 = i$
> - $i^2 = -1$
> - $i^3 = -i$

Demonstração

Sendo *n* um número inteiro, vamos calcular o valor da potência i^n.

1º caso: $n \geq 0$

Dividindo *n* por 4, obtemos um quociente inteiro *q* e um resto inteiro *r* tal que $0 \leq r < 4$, isto é, $n = 4q + r$. Assim, aplicando as propriedades das potências, temos:

$i^n = i^{4q + r} = i^{4q} \cdot i^r = (i^4)^q \cdot i^r = 1^q \cdot i^r = 1 \cdot i^r = i^r$

Como *r* é inteiro e $0 \leq r < 4$, concluímos que i^r é um dos quatro valores i^0, i^1, i^2 ou i^3.

2º caso: $n < 0$

$i^n = (i^{-1})^{-n}$

Observando que $i^{-1} = \frac{1}{i}$, vamos multiplicar o numerador e o denominador de $\frac{1}{i}$ por $-i$:

$$i^{-1} = \frac{1}{i} = \frac{1 \cdot (-i)}{i \cdot (-i)} = \frac{-i}{-i^2} = -i$$

Assim, temos:

$i^n = (-i)^{-n} = (-1)^{-n} \cdot i^{-n}$

Como $n < 0$, temos $-n > 0$ e, portanto, pelo 1º caso, i^{-n} é um dos quatro valores i^0, i^1, i^2 ou i^3.

E como $(-1)^{-n}$ é igual a 1 ou -1, concluímos que $(-1)^{-n} \cdot i^{-n}$ é um dos quatro valores i^0, i^1, i^2 ou i^3.

Consequência

Para o cálculo da potência i^n com *n* inteiro e $n \geq 4$, dividimos *n* por 4, obtendo um resto inteiro *r*. Temos, então, $i^n = i^r$.

EXERCÍCIO RESOLVIDO

8 Calcular:

a) i^{14} b) i^{61} c) i^{100} d) i^{-25}

Resolução

a) Dividimos 14 por 4, obtendo resto 2. Logo, $i^{14} = i^2 = -1$.

b) Dividimos 61 por 4, obtendo resto 1. Logo, $i^{61} = i^1 = i$.

c) Dividimos 100 por 4, obtendo resto 0. Logo, $i^{100} = i^0 = 1$.

d) $i^{-25} = \frac{1}{i^{25}}$

Dividimos 25 por 4, obtendo resto 1. Logo:

$$i^{-25} = \frac{1}{i^{25}} = \frac{1}{i^1} = \frac{1}{i} = \frac{1 \cdot (-i)}{i \cdot (-i)} = \frac{-i}{-i^2} = -i$$

EXERCÍCIOS PROPOSTOS

18 A expressão $i^0 + i + i^2 + i^3$ é igual a:

a) 0
b) 1
c) i
d) −i
e) 1 − i

19 Complete a tabela.

Linha 1	$i^0 = 1$	$i^4 = 1$	$i^8 =$ ▬
Linha 2	$i^1 = i$	$i^5 =$ ▬	$i^9 =$ ▬
Linha 3	$i^2 = -1$	$i^6 =$ ▬	$i^{10} =$ ▬
Linha 4	$i^3 = -i$	$i^7 =$ ▬	$i^{11} =$ ▬

Nessa tabela, observamos um padrão nas potências de i. De acordo com esse padrão, responda.

a) Se acrescentássemos mais colunas a essa tabela, em que linha estaria a potência i^{246}? E a potência i^{123}?

b) Qual é o valor de cada uma das potências calculadas no item **a**?

c) Qual é o valor da expressão $i^0 + i^6 + i^9 + i^{40}$?

d) Determine o menor número natural n tal que $i^{n+31} = 1$.

20 Calcule:

a) i^{65}
b) i^{36}
c) i^{22}
d) i^{51}
e) i^{-27}
f) i^{-47}

21 Obtenha o valor da expressão: $i^{18} + i^{31} + i^{26} + i^{103}$.

22 Calcule o valor de cada uma das potências:

a) $(2i)^7$
b) $(3i)^3$
c) $(1 + i)^{16}$
d) $(1 - i)^{20}$
e) $(2 + 2i)^{-2}$
f) $(2 + i)^3$

23 (UFRGS) $(1 + i)^{15}$ é igual a:

a) $64(1 + i)$
b) $128(1 - i)$
c) $128(-1 - i)$
d) $256(-1 + i)$
e) $256(1 + i)$

24 Dois números complexos z e w são tais que $z^3 = -2 + 2i$, $z^4 = -4$ e $w^7 = 3 - 2i$. Calcule:

a) z^7
b) z
c) w^{14}
d) $(zw)^7$
e) $\left(\frac{z}{w}\right)^{14}$

25 Calcule o valor da expressão:

$$\frac{(3 + 2i)^{45} \cdot (2 - i)^{23}}{(-3 - 2i)^{44} \cdot (i - 2)^{24}}$$

26 Um número complexo w é uma raiz quadrada de um número complexo z se, e somente se, $w^2 = z$.

a) Mostre que os números $w_1 = \sqrt{2} + i\sqrt{2}$ e $w_2 = -\sqrt{2} - i\sqrt{2}$ são raízes quadradas do número complexo $z = 4i$.

Resolva os exercícios complementares 15 a 22.

Radiciação em $\mathbb{C}$

Quais são os números complexos cuja quarta potência é igual a 1?

Por tentativa, observamos que os números 1, −1, i e −i são os únicos números complexos cuja quarta potência é igual a 1:

- $1^4 = 1$
- $(-1)^4 = 1$
- $i^4 = 1$
- $(-i)^4 = 1$

Como a quarta potência de cada um dos números 1, −1, i e −i é igual a 1, cada um deles é chamado de **raiz quarta** de 1. Generalizamos esse raciocínio por meio da definição a seguir.

> Sejam z e w números complexos e n um número inteiro positivo tal que:
> $$w^n = z$$
> Nessas condições, o número w é uma **raiz *n*-ésima** de z.

Mais adiante, vamos mostrar um método para encontrar as raízes n-ésimas de um número complexo z.

EXERCÍCIOS RESOLVIDOS

9 Mostrar que $w = 2 + i$ é uma raiz cúbica de $z = 2 + 11i$.

Resolução

Devemos mostrar que $w^3 = z$. Temos:

$(2 + i)^3 = 2^3 + 3 \cdot 2^2 \cdot i + 3 \cdot 2 \cdot i^2 + i^3 =$

$= 8 + 12i + 6i^2 + i^3 = 8 + 12i - 6 - i = 2 + 11i$

Concluímos, então, que w é uma raiz cúbica de z.

10 Determinar as raízes quadradas de $z = 2i$.

Resolução

Sendo $w = x + yi$, com $\{x, y\} \subset \mathbb{R}$, uma raiz quadrada de z, temos:

$w^2 = z \Rightarrow (x + yi)^2 = 2i$

$\therefore x^2 + 2xyi + y^2i^2 = 2i \Rightarrow x^2 - y^2 + 2xyi = 0 + 2i$

Aplicamos a definição de igualdade entre números complexos, obtendo:

$$\begin{cases} x^2 - y^2 = 0 & \text{(I)} \\ 2xy = 2 & \text{(II)} \end{cases}$$

De (I) deduzimos que $x = y$ ou $x = -y$.

- Fazendo $x = y$ em (II):

  $2y^2 = 2 \Rightarrow y = 1$ ou $y = -1$

  Assim, dois valores possíveis de w são:

  $w_1 = 1 + i$ e $w_2 = -1 - i$
- Fazendo $x = -y$ em (II):

  $-2y^2 = 2 \Rightarrow y^2 = -1$

Essa igualdade é impossível, pois, por hipótese, y é um número real.

Concluímos, então, que as raízes quadradas de 2i são $1 + i$ e $-1 - i$.

11 Determinar as raízes quadradas de $z = -4$.

Resolução

Sendo $w = x + yi$, com $\{x, y\} \subset \mathbb{R}$, uma raiz quadrada de z, temos:

$w^2 = z \Rightarrow (x + yi)^2 = -4$

$\therefore x^2 + 2xyi + y^2i^2 = -4$

$\therefore x^2 - y^2 + 2xyi = -4 + 0i$

Aplicamos a definição de igualdade entre números complexos, obtendo:

$$\begin{cases} x^2 - y^2 = -4 & \text{(I)} \\ 2xy = 0 & \text{(II)} \end{cases}$$

De (II) deduzimos que $x = 0$ ou $y = 0$.

- Fazendo $x = 0$ em (I):

  $0^2 - y^2 = -4 \Rightarrow y = 2$ ou $y = -2$

  Assim, dois valores possíveis de w são:

  $w_1 = 0 + 2i$ e $w_2 = 0 - 2i$
- Fazendo $y = 0$ em (I):

  $x^2 - 0^2 = -4 \Rightarrow x^2 = -4$

Essa igualdade é impossível, pois, por hipótese, x é um número real.

Concluímos, então, que as raízes quadradas de −4 são 2i e −2i.

Nota:

Uma condição necessária para que uma **relação** seja chamada de **operação** é que ela tenha resultado único para cada par de números relacionados. Por exemplo, a adição de números complexos obedece a essa condição, isto é, a soma de dois números complexos z_1 e z_2 é um **único** número complexo z_3.

A condição da unicidade do resultado não é obedecida pela radiciação, pois, como vimos no exemplo introdutório e nos exercícios resolvidos 10 e 11, existem quatro valores distintos como raízes quartas de 1, existem dois valores distintos como raízes quadradas de 2i, e existem dois valores distintos como raízes quadradas de -4. Por isso, dizemos que a radiciação é, simplesmente, uma relação sobre $\mathbb{C}$, e não uma operação.

Uma consequência do que foi exposto é que o símbolo $\sqrt[n]{}$ só deve ser usado para indicar a raiz *n*-ésima real de um número real, e não para indicar as raízes *n*-ésimas complexas de um número complexo. Observe a contradição em que incorreríamos se usássemos o símbolo $\sqrt[4]{1}$ para indicar as raízes quartas complexas de 1:

$$\left.\begin{array}{l}\sqrt[4]{1} = 1\\ \sqrt[4]{1} = -1\\ \sqrt[4]{1} = \text{i}\\ \sqrt[4]{1} = -\text{i}\end{array}\right\} \Rightarrow 1 = -1 = \text{i} = -\text{i} \text{ (Absurdo!)}$$

Devido a esse absurdo, indicamos essas raízes escrevendo por extenso: "as raízes quartas de 1".

EXERCÍCIOS PROPOSTOS

27 Mostre que $2 + 5i$ é uma das raízes quadradas de $-21 + 20i$.

28 O número $1 - 2i$ é uma das raízes cúbicas de qual dos números abaixo?
a) $23 + 12i$ b) $-19 - 3i$ c) $16 - 5i$ d) $-11 + 2i$ e) $13 - 15i$

29 Determine as raízes quadradas de $-8i$.

Resolva os exercícios complementares 23 a 25.

Resolução de uma equação do 2º grau em $\mathbb{C}$

Quando estudamos as equações do 2º grau no universo $\mathbb{R}$, demos como vazio ($\varnothing$) o conjunto solução de equações com discriminantes negativos. Porém, no universo $\mathbb{C}$, tais equações possuem conjunto solução **não vazio**, pois em $\mathbb{C}$ é possível extrair raízes quadradas de números negativos, como se pôde ver no exercício resolvido 11. Os exercícios resolvidos a seguir exemplificam a resolução de equações do 2º grau em $\mathbb{C}$.

EXERCÍCIOS RESOLVIDOS

12 Resolver em $\mathbb{C}$ a equação $x^2 + 4x + 5 = 0$.

Resolução

Calculando o discriminante da equação, temos:
$\Delta = 4^2 - 4 \cdot 1 \cdot 5 = -4$

Como vimos na questão resolvida 11, as raízes quadradas de -4 são $2i$ e $-2i$. Logo, pela fórmula resolutiva da equação do 2º grau, temos:

$$x = \frac{-4 \pm 2i}{2 \cdot 1} \Rightarrow x = -2 + i \text{ ou } x = -2 - i$$

Portanto, o conjunto solução S da equação é:
$S = \{-2 + i, -2 - i\}$

13 Resolver em $\mathbb{C}$ a equação $x^2 - 3ix - 2 = 0$.

Resolução

Calculando o discriminante da equação, temos:
$\Delta = (-3i)^2 - 4 \cdot 1 \cdot (-2) = -9 + 8 = -1$

Como as raízes quadradas de -1 são i e $-i$, temos, pela fórmula resolutiva da equação do 2º grau:

$$x = \frac{-(-3i) \pm i}{2 \cdot 1} = \frac{3i \pm i}{2} \Rightarrow x = 2i \text{ ou } x = i$$

Portanto, o conjunto solução S da equação é:
$S = \{2i, i\}$

EXERCÍCIOS PROPOSTOS

30 Resolva em $\mathbb{C}$ cada uma das equações.

a) $x^2 - 2x + 26 = 0$

b) $x^2 + ix + 2 = 0$

c) $x^2 - 4x + 5 = 0$

31 Resolva em $\mathbb{C}$ a equação $z^3 - 8 = 0$.

Resolva os exercícios complementares 26 a 28.

Propriedades dos números complexos conjugados

Seja um número complexo qualquer $z = x + yi$, com $\{x, y\} \subset \mathbb{R}$, e n um número inteiro. Denotando a parte real x desse número complexo por $\text{Re}(z)$, a parte imaginária y por $\text{Im}(z)$ e o seu conjugado por $\overline{z}$, temos as seguintes propriedades:

G1. $\overline{\overline{z}} = z$

G2. $z = \overline{z} \Leftrightarrow z \in \mathbb{R}$

G3. $z + \overline{z} = 2 \cdot \text{Re}(z)$

G4. $z - \overline{z} = 2 \cdot \text{Im}(z) \cdot i$

G5. $\overline{z_1 + z_2} = \overline{z_1} + \overline{z_2}$

G6. $\overline{z_1 - z_2} = \overline{z_1} - \overline{z_2}$

G7. $\overline{z_1 \cdot z_2} = \overline{z_1} \cdot \overline{z_2}$

G8. $\overline{\left(\dfrac{z_1}{z_2}\right)} = \dfrac{\overline{z_1}}{\overline{z_2}}$, com $z_2 \neq 0$

G9. $\overline{z^n} = (\overline{z})^n$ para todo n se $z \neq 0$, ou para $n > 0$ se $z = 0$.

Demonstrações

G1. $\overline{\overline{z}} = \overline{\overline{(x + yi)}} = \overline{(x - yi)} = x + yi = z$

G2. $z = \overline{z} \Leftrightarrow x + yi = x - yi$

Pela definição de igualdade entre números complexos, temos:

$y = -y \Rightarrow 2y = 0$, ou seja, $y = 0$

Assim, concluímos que $z = x$ e, portanto, $z \in \mathbb{R}$.

G3. $z + \overline{z} = x + yi + x - yi = 2x = 2\text{Re}(z)$

G4. $z - \overline{z} = x + yi - (x - yi) = 2yi = 2 \cdot \text{Im}(z) \cdot i$

G5. Sendo $z_1 = a + bi$ e $z_2 = c + di$, com $\{a, b, c, d\} \subset \mathbb{R}$, temos:

$\overline{z_1 + z_2} = \overline{(a + c) + (b + d)i} = (a + c) - (b + d)i = (a - bi) + (c - di) = \overline{z_1} + \overline{z_2}$

G6. Sendo $z_1 = a + bi$ e $z_2 = c + di$, com $\{a, b, c, d\} \subset \mathbb{R}$, temos:

$\overline{z_1 - z_2} = \overline{(a - c) + (b - d)i} = (a - c) - (b - d)i = (a - bi) - (c - di) = \overline{z_1} - \overline{z_2}$

G7. Sendo $z_1 = a + bi$ e $z_2 = c + di$, com $\{a, b, c, d\} \subset \mathbb{R}$, temos:

$\overline{z_1 \cdot z_2} = \overline{(ac - bd) + (ad + bc)i} = (ac - bd) - (ad + bc)i = (a - bi)(c - di) = \overline{z_1} \cdot \overline{z_2}$

G8. Sendo os complexos z_1 e $z_2 = a + bi$, com $z_2 \neq 0$ e $\{a, b\} \subset \mathbb{R}$, temos:

$$\overline{\left(\frac{z_1}{z_2}\right)} = \overline{\left(z_1 \cdot \frac{1}{z_2}\right)} \overset{G7}{=} \bar{z}_1 \cdot \overline{\left(\frac{1}{z_2}\right)} = \bar{z}_1 \cdot \overline{\left(\frac{1}{a + bi}\right)} = \bar{z}_1 \cdot \overline{\left(\frac{a - bi}{a^2 + b^2}\right)} =$$

$$= \bar{z}_1 \cdot \frac{a + bi}{a^2 + b^2} = \bar{z}_1 \cdot \frac{1}{a - bi} = z_1 \cdot \frac{1}{\bar{z}_2} = \frac{\bar{z}_1}{\bar{z}_2}$$

G9. Para $n > 0$, temos:

$$\overline{z^n} = \underbrace{\overline{z \cdot z \cdot z \cdot ... \cdot z}}_{n \text{ fatores}} \overset{\text{extensão de G7}}{=} \underbrace{\bar{z} \cdot \bar{z} \cdot \bar{z} \cdot ... \cdot \bar{z}}_{n \text{ fatores}} = (\bar{z})^n$$

Nota:

Deixamos como exercício a demonstração da propriedade G9 no caso em que $n \leqslant 0$.

EXERCÍCIOS RESOLVIDOS

14 Determinar o número complexo z tal que $\overline{z + (3 + 2i)} = 8i - 2\bar{z}$.

Resolução

Pela propriedade G5 dos números complexos conjugados, temos:

$\overline{z + (3 + 2i)} = 8i - 2\bar{z} \Rightarrow \bar{z} + \overline{3 + 2i} = 8i - 2\bar{z}$

$\therefore \bar{z} + 3 - 2i = 8i - 2\bar{z}$

$\therefore \bar{z} + 2\bar{z} = 8i - 3 + 2i$

$\therefore 3\bar{z} = -3 + 10i$

$\therefore \bar{z} = -1 + \dfrac{10i}{3}$

Assim, concluímos que:

$z = -1 - \dfrac{10i}{3}$

(*Nota*: Resolva esse exercício sem aplicar a propriedade G5. Para isso, basta substituir z pela forma algébrica $z = x + yi$, com $\{x, y\} \subset \mathbb{R}$.)

15 Determinar o número complexo z tal que $\overline{\left(\dfrac{zi}{1 + i}\right)} = \overline{z + 2i}$.

Resolução

Pelas propriedades G5, G7 e G8 dos números complexos conjugados, temos:

$\overline{\left(\dfrac{zi}{1 + i}\right)} = \overline{z + 2i} \Rightarrow \dfrac{\overline{zi}}{\overline{1 + i}} = \bar{z} + \overline{2i}$

$\therefore \dfrac{\bar{z} \cdot \bar{i}}{1 - i} = \bar{z} + \bar{2} \cdot \bar{i} \Rightarrow \dfrac{\bar{z}\,(-i)}{1 - i} = \bar{z} + 2(-i)$

$\therefore \dfrac{-\bar{z} \cdot i}{1 - i} = \bar{z} - 2i \Rightarrow -\bar{z} \cdot i = (1 - i)(\bar{z} - 2i)$

$\therefore -\bar{z} \cdot i = \bar{z} - 2i - i \cdot \bar{z} - 2 \Rightarrow \bar{z} = 2 + 2i$

Assim, concluímos que: $z = 2 - 2i$

(*Nota*: Resolva esse exercício sem aplicar as propriedades G5, G7 e G8. Para isso, basta substituir z pela forma algébrica $z = x + yi$, com $\{x, y\} \subset \mathbb{R}$.)

EXERCÍCIOS PROPOSTOS

32 Sendo z e w dois números complexos quaisquer, com $w \neq -2$, a expressão $\dfrac{\overline{z + w} + \overline{zw} + \overline{z - w}}{\overline{2 + w}}$ é idêntica a:

a) z
b) $z + w$
c) $2\bar{w}$
d) $1 - \bar{w}$
e) $\bar{z}$

33 Determine o número complexo z tal que

$\bar{z} + \overline{z(3 + 2i)} + \overline{\left(\dfrac{z}{i}\right)} = 9 + 2i.$

34 (UFV-MG) Seja a equação $z - \bar{z} + z \cdot \bar{z} = 2 + 2i$, no conjunto dos números complexos. A soma dos dois números que satisfazem essa equação é:

a) 2
b) 2i
c) 0
d) 1
e) i

Resolva o exercício complementar 29.

Seção 6.3

Representação geométrica do conjunto dos números complexos

Objetivos

▸ **Interpretar** geometricamente um número complexo.

▸ **Calcular** o módulo de um número complexo.

▸ **Aplicar** as propriedades dos módulos de um número complexo.

▸ **Determinar** o lugar geométrico da imagem dos números complexos que satisfazem determinada propriedade.

Termos e conceitos

- **plano complexo ou plano de Argand-Gauss**
- **imagem ou afixo**

Quando estudamos o conjunto dos números reais (ℝ), vimos que é possível estabelecer uma relação biunívoca entre ℝ e o conjunto de pontos de uma reta. Assim, podemos representar, geometricamente, o conjunto ℝ por uma reta.

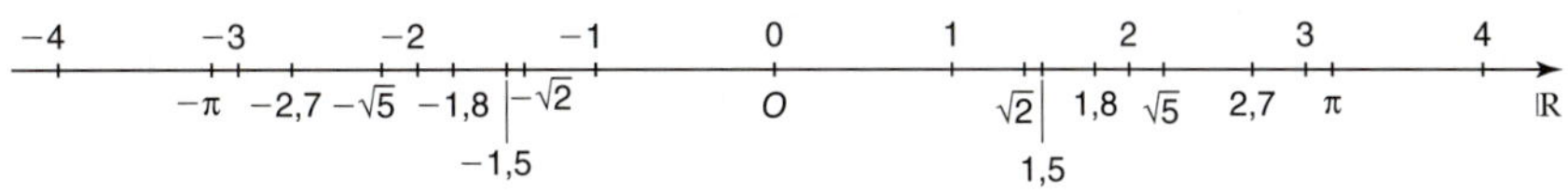

Nesta seção, mostraremos como representar geometricamente o conjunto dos números complexos.

Plano complexo ou plano de Argand-Gauss

A cada número complexo $z = x + yi$, com $\{x, y\} \subset \mathbb{R}$, vamos associar o ponto do plano cartesiano determinado pelo par ordenado de números reais (x, y). Essa associação é biunívoca, isto é, cada número complexo está associado a um único ponto do plano cartesiano, e cada ponto desse plano está associado a um único número complexo.

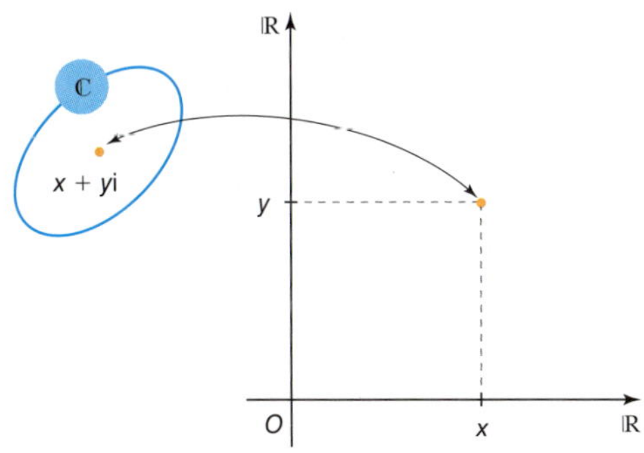

Por meio dessa associação, representa-se geometricamente o conjunto ℂ pelo plano, que é chamado de **plano complexo** ou **plano de Argand-Gauss**, em homenagem aos seus criadores: o matemático alemão Carl Friedrich Gauss (1777-1855) e o guarda-livros suíço Jean Robert Argand (1768-1822).

No plano de Argand-Gauss, o eixo das abscissas é indicado por **Re** e é chamado de **eixo real**, e o eixo das ordenadas é indicado por **Im** e é chamado de **eixo imaginário.** Cada ponto $P(x, y)$ desse plano é a **imagem** ou o **afixo** do número complexo $x + yi$.

EXERCÍCIOS RESOLVIDOS

16 Representar no plano de Argand-Gauss a imagem de cada um dos números complexos:

a) $z_1 = 6 + 3i$

b) $z_2 = -4 + 6i$

c) $z_3 = -6 - 4i$

d) $z_4 = 2 - 5i$

e) $z_5 = 4$

f) $z_6 = 5i$

g) $z_7 = -3i$

h) $z_8 = -2$

Resolução

Aos números z_1, z_2, z_3, z_4, z_5, z_6, z_7 e z_8 associamos os pontos determinados pelos pares ordenados de números reais (6, 3), (−4, 6), (−6, −4), (2, −5), (4, 0), (0, 5), (0, −3) e (−2, 0), respectivamente, obtendo:

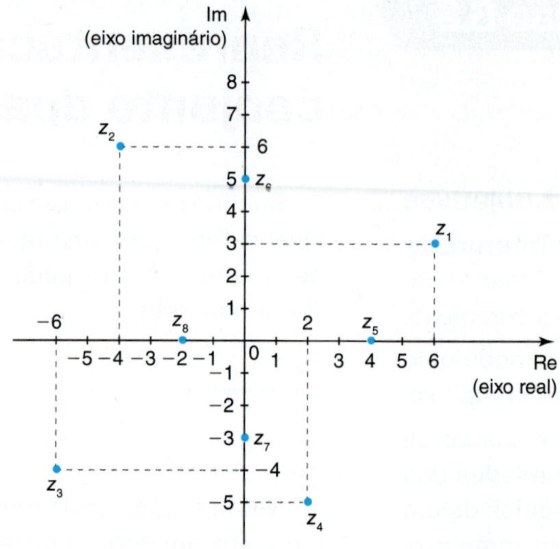

17 Representar no plano complexo o L.G. (lugar geométrico) das imagens dos números complexos z que satisfazem a equação $zi - \bar{z} = -3 + 3i$.

Resolução

Indicamos o número complexo z por x + yi, com $\{x, y\} \subset \mathbb{R}$, obtendo:

$zi - \bar{z} = -3 + 3i \Rightarrow (x + yi)i - (x - yi) = -3 + 3i$

$\therefore xi - y - x + yi = -3 + 3i$

$\therefore -(x + y) + (x + y)i = -3 + 3i$

Pela definição de igualdade entre números complexos, temos:

$$\begin{cases} -(x + y) = -3 \\ x + y = 3 \end{cases}$$

Portanto, $x + y = 3$. Logo, o L.G. das imagens dos números complexos $z = x + yi$ é a reta *r* de equação $x + y = 3$, cujo gráfico é:

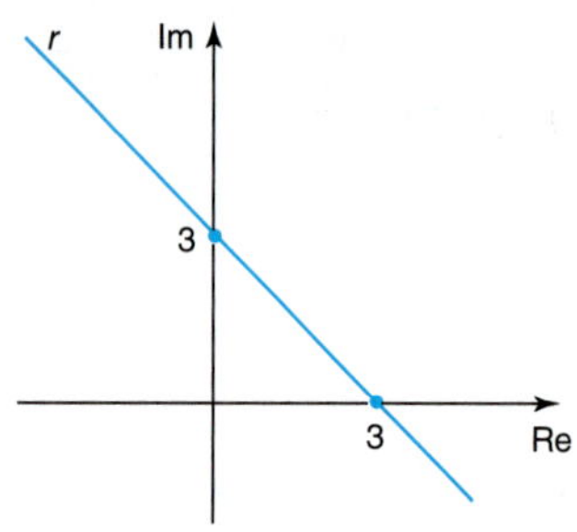

18 Representar no plano complexo o L.G. das imagens dos números complexos z tais que: $z \cdot \bar{z} = 25$

Resolução

Indicamos o número complexo z por x + yi, com $\{x, y\} \subset \mathbb{R}$, obtendo:

$z \cdot \bar{z} = 25 \Rightarrow (x + yi)(x - yi) = 25$

$\therefore x^2 + y^2 = 25$

Logo, o L.G. das imagens dos números complexos $z = x + yi$ é a circunferência de equação $x^2 + y^2 = 25$, cujo gráfico é:

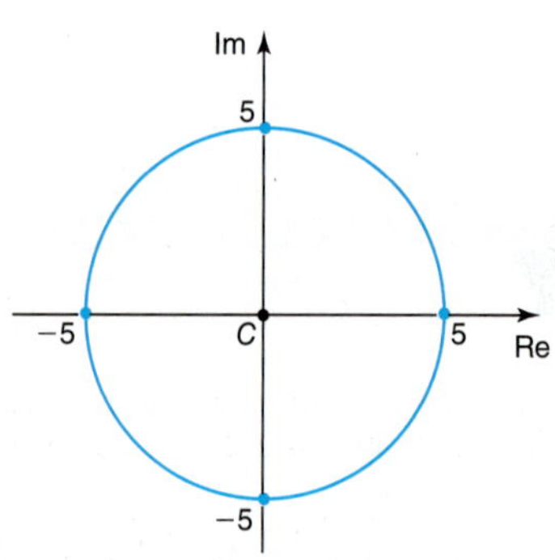

EXERCÍCIOS PROPOSTOS

35 Represente no plano de Argand-Gauss as imagens (afixos) dos seguintes números complexos:

a) $z_1 = 5 + 4i$
b) $z_2 = -3 + 6i$
c) $z_3 = -4 - 5i$
d) $z_4 = 2 - 4i$
e) $z_5 = 6$
f) $z_6 = -3$
g) $z_7 = 3i$
h) $z_8 = -2i$

36 (UFPB) A representação cartesiana dos números complexos $1 + 2i$, $-2 + i$ e $-1 - 2i$ são vértices de um quadrado. O quarto vértice desse quadrado corresponde a:

a) $1 - i$
b) $2 - i$
c) $1 + i$
d) $1 - 2i$
e) $-2 - 2i$

37 Um número complexo z é tal que $2z + \overline{z} = zi - 3 + 5i$. A imagem de z é um ponto que pertence ao:

a) 1º quadrante
b) 2º quadrante
c) 3º quadrante
d) 4º quadrante
e) eixo imaginário

38 Represente no plano de Argand-Gauss todos os números complexos que têm:

a) a parte real igual a 3.
b) a parte imaginária igual a 5.
c) a parte real igual à parte imaginária.
d) a parte real igual ao oposto da parte imaginária.

39 Que figura é o lugar geométrico das imagens dos números complexos z tais que $5z = \overline{z}(-3 + 4i)$?

40 (Unicamp-SP) Dado um número complexo $z = x + yi$, o seu conjugado é o número $\overline{z} = x - yi$.

a) Resolva as equações $z \cdot \overline{z} = 4$ e $(\overline{z})^2 = z^2$.
b) Ache todos os pontos de intersecção dos lugares geométricos que representam as soluções das equações do item **a**.

Resolva os exercícios complementares 30 a 35 e 80 a 83.

Módulo de um número complexo

No volume 1 desta obra, definimos o módulo de um número real *x*. Para isso, consideramos no eixo real de origem *O* um ponto *A* de abscissa *x*, e definimos o módulo de *x* como a distância entre *O* e *A*.

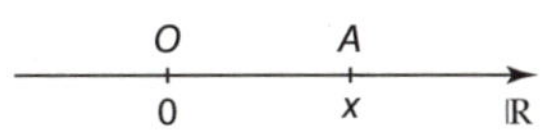

$|x| = OA$

Se estendermos essa definição para o plano complexo, teremos a definição de **módulo de um número complexo**. Por exemplo, considere a imagem *P* do número complexo $z = 6 + 8i$:

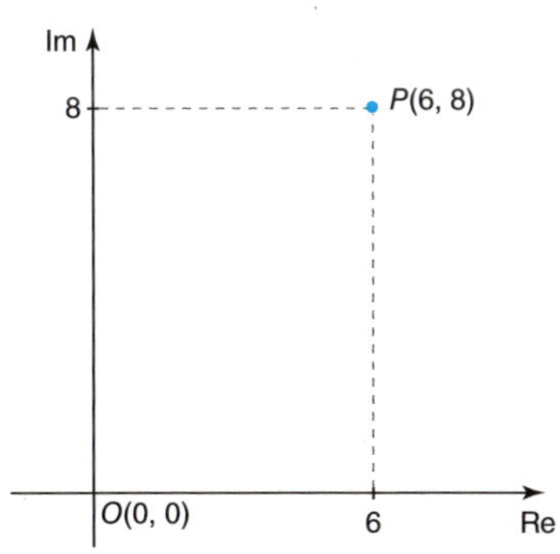

A distância entre a origem *O* e *P* é chamada de **módulo** do número complexo $z = 6 + 8i$.

$$|z| = OP = \sqrt{(6 - 0)^2 + (8 - 0)^2} = \sqrt{100} = 10$$

$$\therefore |z| = |6 + 8i| = 10$$

Definição

O **módulo** ρ de um número complexo $z = x + yi$, com $\{x, y\} \subset \mathbb{R}$, é a distância do ponto (x, y) à origem $(0, 0)$ do plano de Argand-Gauss.

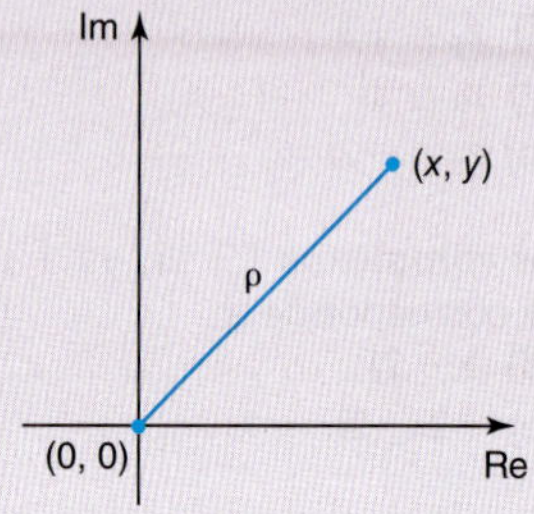

$$\rho = |z| = \sqrt{x^2 + y^2}$$

Adotaremos a letra grega ρ (rô) para indicar o módulo do complexo z.

EXERCÍCIOS RESOLVIDOS

19 Calcular o módulo de cada um dos seguintes números complexos:

a) $z_1 = 12 + 5i$
b) $z_2 = 2 - 4i$
c) $z_3 = 6i$
d) $z_4 = -4$

Resolução

a) $|z_1| = \sqrt{12^2 + 5^2} = \sqrt{169} = 13$

b) $|z_2| = \sqrt{2^2 + (-4)^2} = \sqrt{20} = 2\sqrt{5}$

c) $|z_3| = \sqrt{0^2 + 6^2} = \sqrt{36} = 6$

d) $|z_4| = \sqrt{(-4)^2 + 0^2} = \sqrt{16} = 4$

20 Representar no plano complexo o L.G. das imagens dos números complexos z tais que $|z| = 6$.

Resolução

Indicando o número complexo z por $x + yi$, com $\{x, y\} \subset \mathbb{R}$, temos:

$|z| = 6 \Rightarrow \sqrt{x^2 + y^2} = 6$

Elevamos ao quadrado ambos os membros dessa igualdade, obtendo:

$x^2 + y^2 = 36$

Logo, o L.G. das imagens dos números complexos $z = x + yi$ é a circunferência de equação $x^2 + y^2 = 36$, cujo gráfico é:

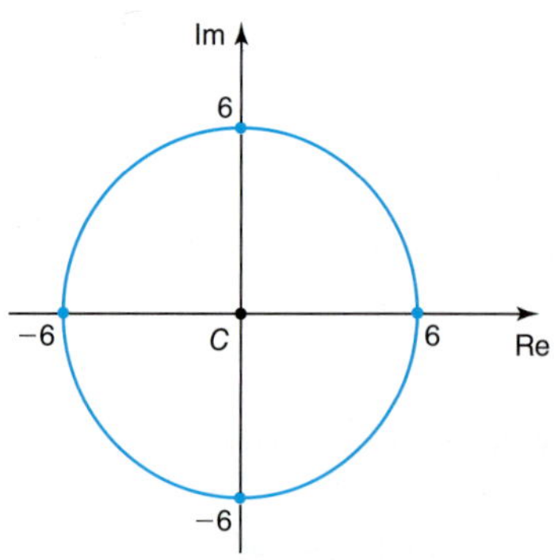

Notas:

1. A equação $|x| = 6$ no universo $\mathbb{C}$ tem infinitas raízes, que são todos os números complexos representados pelos pontos da circunferência anterior.
2. A equação $|x| = 6$ no universo $\mathbb{R}$ tem apenas duas raízes: 6 e -6.

21 Representar no plano complexo o L.G. das imagens dos números complexos z tais que $|z - 5| = 4$.

Resolução

Indicando o número complexo z por $x + yi$, com $\{x, y\} \subset \mathbb{R}$, temos:

$|z - 5| = 4 \Rightarrow |x + yi - 5| = 4$

$\therefore |(x - 5) + yi| = 4$

Aplicando a definição de módulo de um número complexo, obtemos:

$\sqrt{(x - 5)^2 + y^2} = 4 \Rightarrow (x - 5)^2 + y^2 = 16$

Logo, o L.G. das imagens dos números complexos $z = x + yi$ é a circunferência de equação $(x - 5)^2 + y^2 = 16$, cujo gráfico é:

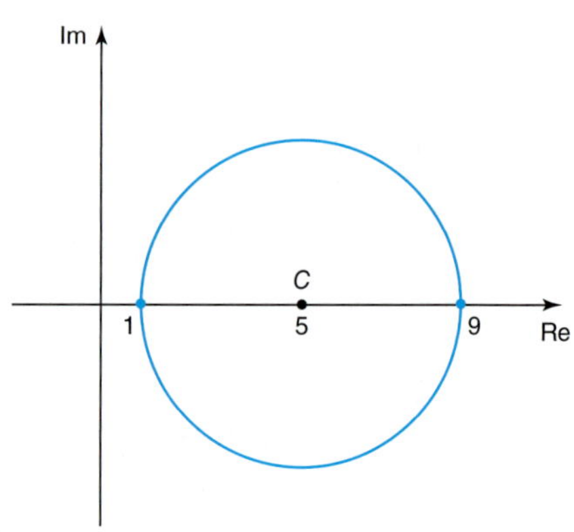

Propriedades do módulo de um número complexo

Sendo z, z_1 e z_2 números complexos quaisquer e n um número inteiro, temos:

M1. $|z| \geq 0$

M2. $z \cdot \bar{z} = |z|^2$

M3. $|z_1 \cdot z_2| = |z_1| \cdot |z_2|$

M4. $\left|\dfrac{z_1}{z_2}\right| = \dfrac{|z_1|}{|z_2|}$, com $z_2 \neq 0$

M5. $|z^n| = |z|^n$, para todo n se $z \neq 0$ ou para $n > 0$ se $z = 0$.

Demonstrações

M1. Seja $z = x + yi$, com $\{x, y\} \subset \mathbb{R}$.

Como $x^2 \geq 0$ e $y^2 \geq 0$, temos $x^2 + y^2 \geq 0$; portanto, $\sqrt{x^2 + y^2} \geq 0$, isto é, $|z| \geq 0$.

M2. Sendo $z = x + yi$, com $\{x, y\} \subset \mathbb{R}$, temos:

$z \cdot \bar{z} = (x + yi)(x - yi) = x^2 + y^2 = \left(\sqrt{x^2 + y^2}\right)^2 = |z|^2$

M3. $|z_1 \cdot z_2|^2 \overset{M2}{=} (z_1 \cdot z_2) \cdot \overline{(z_1 \cdot z_2)} = (z_1 \cdot z_2) \cdot (\bar{z}_1 \cdot \bar{z}_2) = (z_1 \cdot \bar{z}_1) \cdot (z_2 \cdot \bar{z}_2) \overset{M2}{=} |z_1|^2 \cdot |z_2|^2$

$\therefore |z_1 \cdot z_2| = |z_1| \cdot |z_2|$

M4. $\left|\dfrac{z_1}{z_2}\right|^2 \overset{M2}{=} \dfrac{z_1}{z_2} \cdot \overline{\left(\dfrac{z_1}{z_2}\right)} = \dfrac{z_1}{z_2} \cdot \dfrac{\bar{z}_1}{\bar{z}_2} = \dfrac{z_1 \cdot \bar{z}_1}{z_2 \cdot \bar{z}_2} \overset{M2}{=} \dfrac{|z_1|^2}{|z_2|^2}$

$\therefore \left|\dfrac{z_1}{z_2}\right| = \dfrac{|z_1|}{|z_2|}$

M5. $|z^n|^2 \overset{M2}{=} z^n \cdot \overline{z^n} = z^n \cdot (\bar{z})^n = (z \cdot \bar{z})^n \overset{M2}{=} (|z|^2)^n = (|z|^n)^2$

$\therefore |z^n| = |z|^n$

EXERCÍCIOS RESOLVIDOS

22 Calcular:

a) $|(6 + 8i)(4 - 3i)|$

b) $\left|\dfrac{4 + 2i}{15 - 8i}\right|$

c) $|(3 - i)^6|$

Resolução

a) Aplicando a propriedade M3 dos módulos, temos:

$|(6 + 8i)(4 - 3i)| = |6 + 8i| \cdot |4 - 3i| =$

$= \sqrt{6^2 + 8^2} \cdot \sqrt{4^2 + (-3)^2} = \sqrt{100} \cdot \sqrt{25} =$

$= 10 \cdot 5 = 50$

b) Pela propriedade M4 dos módulos, temos:

$\left|\dfrac{4 + 2i}{15 - 8i}\right| = \dfrac{|4 + 2i|}{|15 - 8i|} = \dfrac{\sqrt{4^2 + 2^2}}{\sqrt{15^2 + (-8)^2}} =$

$= \dfrac{\sqrt{20}}{\sqrt{289}} = \dfrac{2\sqrt{5}}{17}$

c) Aplicando a propriedade M5 dos módulos, temos:

$|(3 - i)^6| = |3 - i|^6 = \left(\sqrt{3^2 + (-1)^2}\right)^6 = (\sqrt{10})^6 =$

$= 10^3 = 1.000$

23 Um número complexo é igual ao conjugado de seu inverso. Calcular o módulo desse número complexo.

Resolução

Indicando por z esse número complexo, temos:

$z = \overline{\left(\dfrac{1}{z}\right)} \Rightarrow z = \dfrac{1}{\bar{z}}$

$\therefore z = \dfrac{1}{\bar{z}} \Rightarrow z \cdot \bar{z} = 1$

Pela propriedade M2, $z \cdot \bar{z} = |z|^2$; assim:

$|z|^2 = 1$; portanto, $|z| = 1$

EXERCÍCIOS PROPOSTOS

41 Calcule:
a) $|4 + 3i|$ b) $|12 - 5i|$ c) $|4i|$ d) $|-7i|$ e) $|9|$ f) $|-6|$

42 Represente no plano de Argand-Gauss o L.G. das imagens dos números complexos z em cada um dos casos.
a) $|z - 3| = 6$ b) $|z - 2 + 5i| = 4$

43 (Mackenzie-SP) Sendo $i^2 = -1$, o módulo do número complexo z, solução da equação $2z + \bar{z}i = 6 + 9i$, é:
a) $\sqrt{17}$ b) $\sqrt{13}$ c) $\sqrt{15}$ d) $\sqrt{11}$ e) $\sqrt{19}$

44 No plano complexo, considere o L.G. dos números complexos z tais que $|z - 4 - 2i| = \sqrt{5}$.
a) Represente graficamente esse L.G.
b) Quais são os números complexos cujas imagens pertencem a esse L.G. e têm parte real igual a 2?
c) Qual é o número complexo cuja imagem é o ponto desse L.G. que está mais próximo da origem desse sistema de eixos?
d) Qual é o número complexo cuja imagem é o ponto desse L.G. que está mais distante da origem desse sistema de eixos?

45 (Mackenzie-SP) Se $z = x + yi$, com $i^2 = -1$, é tal que $|z + i| = |z + 2|$, então os pontos de coordenadas (x, y), com x e y reais, percorrem:
a) uma hipérbole.
b) uma circunferência.
c) uma elipse.
d) uma reta.
e) uma parábola.

46 Calcule o módulo do número complexo $z = (3 - 4i) \cdot (-1 + i) \cdot (-6 - 8i) \cdot 6i$.

47 Calcule:
a) $\left|\dfrac{1 + \sqrt{3}i}{\sqrt{7} + \sqrt{2}i}\right|$ b) $|(1 + 2i)^6|$

48 Represente no plano de Argand-Gauss o L.G. das imagens dos números complexos z em cada um dos casos.
a) $|z| + |3z| = 4$ b) $z \cdot \bar{z} = |4z|$

49 Represente no plano de Argand-Gauss o L.G. das imagens dos números complexos z tais que $z \cdot \bar{z} - |z| - 2 = 0$.

50 As trajetórias de dois projéteis, A e B, são estudadas no plano de Argand-Gauss. Enquanto o projétil A descreve a trajetória de equação $|z - 5 - 5i| = 3$, com $z \in \mathbb{C}$, o projétil B, partindo da origem O do sistema de eixos xOy, é lançado em linha reta a fim de atingir o projétil A quando ele estiver o mais próximo possível de O. A trajetória do projétil B é formada por imagens dos números complexos $w = x + yi$, com $\{x, y\} \subset \mathbb{R}$, tais que:
a) $x + 2y - 1 = 0$
b) $x = y$
c) $x + 2y = 0$
d) $x - 2y = 0$
e) $x = -4y$

51 No plano complexo ao lado, estão representadas as imagens dos números complexos $z_1 = 2 + i$ e $z_2 = 6 + 4i$ e o segmento que indica a distância d entre eles.

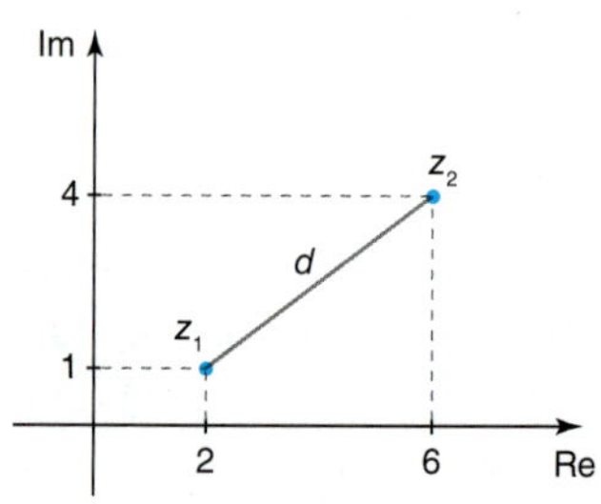

A distância d entre os pontos (2, 1) e (6, 4) é dada por:
$d = \sqrt{(6 - 2)^2 + (4 - 1)^2} = \sqrt{25} = 5$
Observe que essa distância é exatamente o módulo da diferença entre os complexos z_2 e z_1, isto é:
$d = |z_2 - z_1| = |6 + 4i - (2 + i)| =$
$= |(6 - 2) + (4 - 1)i| = \sqrt{(6 - 2)^2 + (4 - 1)^2}$
Essa observação pode ser generalizada, isto é: a distância d entre as imagens de dois números complexos quaisquer z_1 e z_2 é dada por: $d = |z_2 - z_1|$ ou, de maneira equivalente, $d = |z_1 - z_2|$
De acordo com essa ideia, calcule a distância entre as imagens dos complexos z_1 e z_2, em cada um dos casos:
a) $z_1 = 2 + 3i$ e $z_2 = 7 + 15i$ b) $z_1 = 4 + i$ e $z_2 = 2 - i$

Resolva os exercícios complementares 36 a 48.

Seção 6.4

Forma trigonométrica de um número complexo

› Objetivos

- **Determinar** as coordenadas polares de um número complexo.
- **Calcular** o argumento de um número complexo.
- **Representar** o número complexo na forma trigonométrica.
- **Operar** com números complexos na forma trigonométrica.

› Termos e conceitos

- coordenadas polares
- argumento de um número complexo
- forma trigonométrica ou forma polar

Coordenadas polares no plano complexo

A imagem de um número complexo no plano de Argand-Gauss também pode ser determinada por meio de uma distância e de um ângulo. Por exemplo, existe um único número complexo z cuja imagem P dista 4 unidades da origem O do sistema, de modo que a semirreta $\overrightarrow{OP}$ forme com o semieixo positivo Ox um ângulo de 60°, medido no sentido anti-horário, a partir desse semieixo.

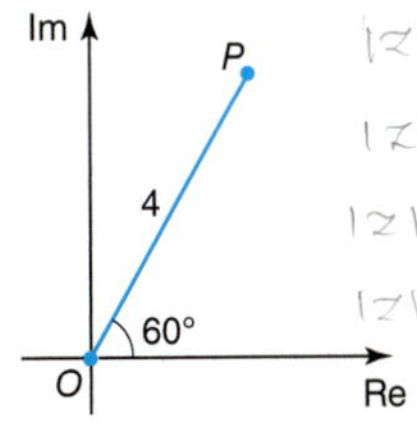

As medidas 4 e 60° são chamadas de **coordenadas polares** da imagem do número complexo z. Com essas coordenadas, podemos determinar a parte real a e a parte imaginária b do número z. Observe:

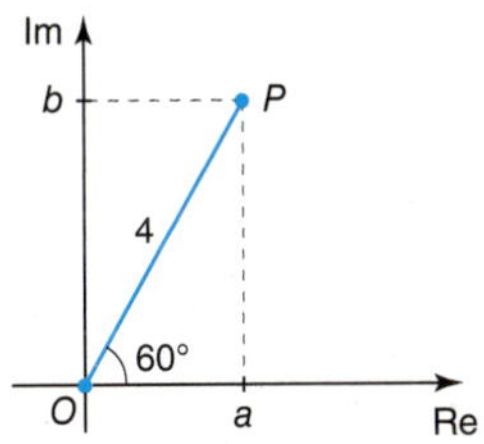

$$\begin{cases} \cos 60° = \dfrac{a}{4} \\ \text{sen } 60° = \dfrac{b}{4} \end{cases} \Rightarrow \begin{cases} \dfrac{1}{2} = \dfrac{a}{4} \\ \dfrac{\sqrt{3}}{2} = \dfrac{b}{4} \end{cases}$$

$$\therefore a = 2 \text{ e } b = 2\sqrt{3}$$

Logo, a forma algébrica do número z é:

$$z = 2 + 2\sqrt{3}\text{i}$$

Reciprocamente, a partir da forma algébrica, podemos determinar as coordenadas polares de um número complexo não nulo, conforme veremos a seguir.

Argumento de um número complexo

Dado um número complexo não nulo $z = a + b\text{i}$, com $\{a, b\} \subset \mathbb{R}$, consideremos no plano complexo os pontos $O(0, 0)$, $P(a, b)$ e o ângulo de medida φ, cujos lados são o semieixo positivo Ox e a semirreta $\overrightarrow{OP}$, conforme a figura abaixo:

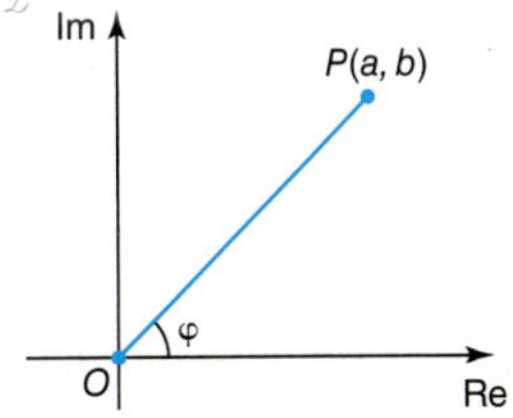

A medida φ, com $0 \leqslant \varphi < 2\pi$ ou $0° \leqslant \varphi < 360°$, é chamada de **argumento** do número complexo z.

Nota:

O único número complexo para o qual **não se define** argumento é o número $z = 0$. Assim, um número complexo possui argumento se, e somente se, é diferente de zero.

EXERCÍCIO RESOLVIDO

24 Obter o argumento de cada um dos números complexos:

a) $z_1 = 4i$ b) $z_2 = -5i$ c) $z_3 = 6$ d) $z_4 = -3$

Resolução

Quando a imagem P de um número complexo pertence a um dos eixos coordenados, o argumento desse número é facilmente obtido pelo gráfico. Observe:

a)

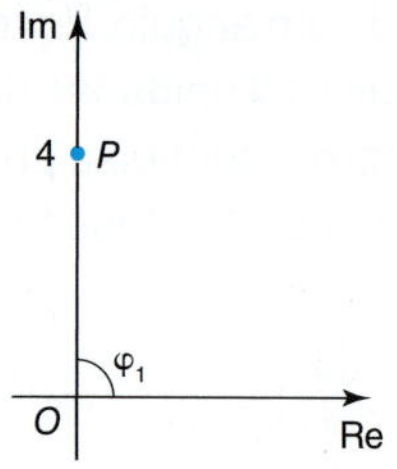

$\varphi_1 = 90° \text{ ou } \varphi_1 = \frac{\pi}{2} \text{ rad}$

b)

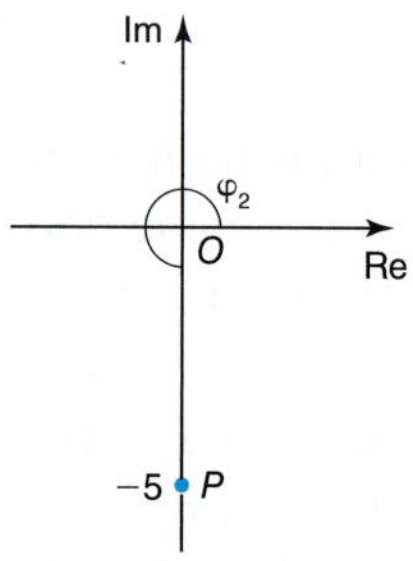

$\varphi_2 = 270° \text{ ou } \varphi_2 = \frac{3\pi}{2} \text{ rad}$

c)

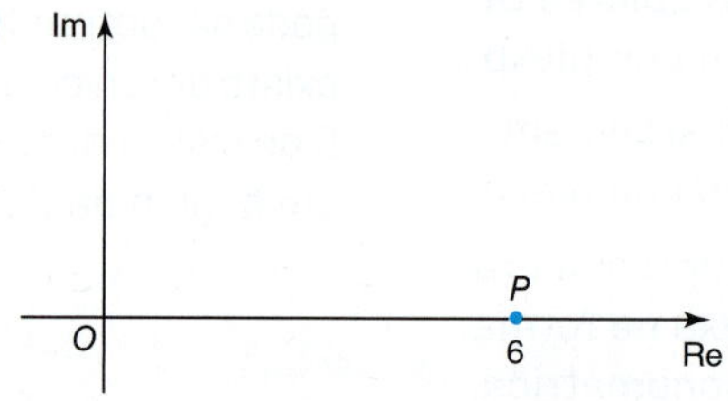

Como a semirreta $\overrightarrow{OP}$ coincide com o semieixo positivo Ox e $0 \leq \varphi < 2\pi$ ou $0° \leq \varphi < 360°$, temos:

$\varphi_3 = 0° \text{ ou } \varphi_3 = 0 \text{ rad}$

d)

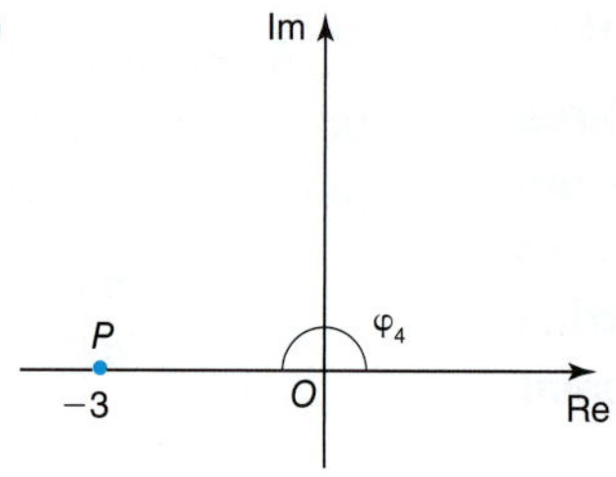

$\varphi_4 = 180° \text{ ou } \varphi_4 = \pi \text{ rad}$

Cálculo do argumento de um número complexo

No exercício resolvido anterior, vimos que, se a imagem de um número complexo não nulo pertence a um dos eixos coordenados, então é muito simples determinar seu argumento. Vejamos agora como se calcula o argumento quando a imagem do número complexo não pertence a nenhum dos eixos coordenados.

1º caso: $a > 0$ e $b > 0$

Seja $z = a + bi$, com $a > 0$ e $b > 0$. A imagem $P(a, b)$ de z é um ponto do 1º quadrante:

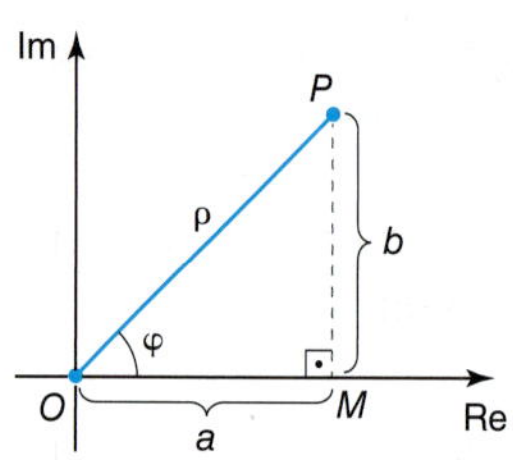

A distância $OP = \rho$ é o módulo de z, isto é:

$$\rho = \sqrt{a^2 + b^2} \quad \text{(I)}$$

No triângulo OMP, temos:

$$\begin{cases} \cos\varphi = \dfrac{a}{\rho} & \text{(II)} \\ \text{sen}\,\varphi = \dfrac{b}{\rho} & \text{(III)} \end{cases}$$

As igualdades (I), (II) e (III) determinam o argumento de z.

2º caso: $a < 0$ e $b > 0$

Seja $z = a + bi$, com $a < 0$ e $b > 0$. A imagem $P(a, b)$ de z é um ponto do 2º quadrante:

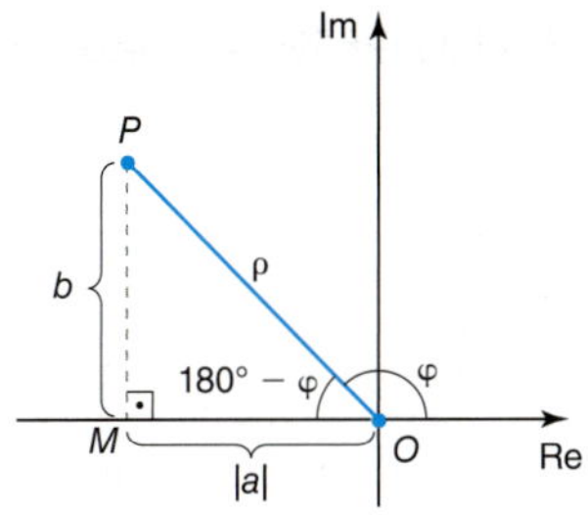

Note que, como $a < 0$, a medida OM é igual a $|a|$. Lembrando que $|a|^2 = a^2$ para qualquer número real a, temos:

$$\rho = \sqrt{|a|^2 + b^2} \Rightarrow \rho = \sqrt{a^2 + b^2} \quad \text{(I)}$$

No triângulo OMP, temos:

$$\begin{cases} \cos(180° - \varphi) = \dfrac{|a|}{\rho} \\ \text{sen}(180° - \varphi) = \dfrac{b}{\rho} \end{cases}$$

Lembrando que $\cos(180° - \varphi) = -\cos\varphi$, $\text{sen}(180° - \varphi) = \text{sen}\,\varphi$ e $|a| = -a$, pois $a < 0$, concluímos:

$$\begin{cases} -\cos\varphi = -\dfrac{a}{\rho} \\ \text{sen}\,\varphi = \dfrac{b}{\rho} \end{cases} \Rightarrow \begin{cases} \cos\varphi = \dfrac{a}{\rho} & \text{(II)} \\ \text{sen}\,\varphi = \dfrac{b}{\rho} & \text{(III)} \end{cases}$$

As igualdades (I), (II) e (III), que são as mesmas do 1º caso, determinam o argumento de z.

Notas:

1. Deixamos como exercício a demonstração do **3º caso** ($a < 0$ e $b < 0$) e do **4º caso** ($a > 0$ e $b < 0$).
2. As igualdades (I), (II) e (III), obtidas nos quatro casos, são válidas também quando a imagem $P(a, b)$ do número complexo não nulo $z = a + bi$ pertence a um dos eixos coordenados.

Os quatro casos e as notas acima permitem enunciar:

Se $z = a + bi$, com $\{a, b\} \subset \mathbb{R}$, é um número complexo não nulo, de módulo ρ e argumento φ, então:

$$\rho = \sqrt{a^2 + b^2} \quad \text{e} \quad \begin{cases} \cos\varphi = \dfrac{a}{\rho} \\ \text{sen}\,\varphi = \dfrac{b}{\rho} \end{cases}$$

EXERCÍCIO RESOLVIDO

25 Calcular o módulo e o argumento de cada um dos números complexos.

a) $z = 2\sqrt{3} + 2i$

b) $w = 4 - 4i$

Resolução

a) $z = 2\sqrt{3} + 2i$ < parte real: $a = 2\sqrt{3}$; parte imaginária: $b = 2$

O módulo ρ e o argumento φ do número z são dados por:

$$\rho = \sqrt{a^2 + b^2} \Rightarrow \rho = \sqrt{(2\sqrt{3})^2 + 2^2} = \sqrt{16} = 4$$

$$\begin{cases} \cos \varphi = \dfrac{a}{\rho} \\ \text{sen } \varphi = \dfrac{b}{\rho} \end{cases} \Rightarrow \begin{cases} \cos \varphi = \dfrac{2\sqrt{3}}{4} = \dfrac{\sqrt{3}}{2} \\ \text{sen } \varphi = \dfrac{2}{4} = \dfrac{1}{2} \end{cases} \quad \therefore \varphi = 30°$$

Concluímos, então, que o número complexo z tem módulo 4 e argumento 30° $\left(\text{ou } \dfrac{\pi}{6} \text{ rad}\right)$.

b) $w = 4 - 4i$ < parte real: $a = 4$; parte imaginária: $b = -4$

O módulo ρ e o argumento φ do número w são dados por:

$$\rho = \sqrt{a^2 + b^2} \Rightarrow \rho = \sqrt{4^2 + (-4)^2} = \sqrt{32} = 4\sqrt{2}$$

$$\begin{cases} \cos \varphi = \dfrac{a}{\rho} \\ \text{sen } \varphi = \dfrac{b}{\rho} \end{cases} \Rightarrow \begin{cases} \cos \varphi = \dfrac{4}{4\sqrt{2}} = \dfrac{1}{\sqrt{2}} = \dfrac{\sqrt{2}}{2} \\ \text{sen } \varphi = -\dfrac{4}{4\sqrt{2}} = -\dfrac{1}{\sqrt{2}} = -\dfrac{\sqrt{2}}{2} \end{cases} \quad \therefore \varphi = 315°$$

Concluímos, então, que o número complexo w tem módulo $4\sqrt{2}$ e argumento 315° $\left(\text{ou } \dfrac{7\pi}{4} \text{ rad}\right)$.

Forma trigonométrica de um número complexo

Para todo número complexo não nulo $z = a + bi$, com $\{a, b\} \subset \mathbb{R}$, de módulo ρ e argumento φ, temos:

$$\begin{cases} \cos \varphi = \dfrac{a}{\rho} \\ \text{sen } \varphi = \dfrac{b}{\rho} \end{cases} \Rightarrow \begin{cases} a = \rho \cos \varphi \\ b = \rho \text{ sen } \varphi \end{cases}$$

Assim, podemos representar o número $z = a + bi$ sob a forma $z = \rho \cos \varphi + (\rho \text{ sen } \varphi)i$ ou, ainda:

$$z = \rho(\cos \varphi + i \text{ sen } \varphi)$$

Essa forma é chamada de **forma trigonométrica** ou **forma polar** do número complexo z.

Nota:

Embora não se defina o argumento do número complexo $z = 0$, pode-se representar z na forma trigonométrica $z = 0(\cos \varphi + i \text{ sen } \varphi)$, para qualquer valor de φ.

26 Representar na forma trigonométrica cada um dos números complexos:

a) $z_1 = 2 + 2i$ b) $z_2 = -5 + 5\sqrt{3}i$ c) $z_3 = -4i$

Resolução

a) $z_1 = 2 + 2i$ < parte real: $a = 2$; parte imaginária: $b = 2$

O módulo ρ e o argumento φ do número z_1 são dados por:

$\rho = \sqrt{a^2 + b^2} \Rightarrow \rho = \sqrt{2^2 + 2^2} = \sqrt{8} = 2\sqrt{2}$

$$\begin{cases} \cos\varphi = \dfrac{a}{\rho} \\ \text{sen}\,\varphi = \dfrac{b}{\rho} \end{cases} \Rightarrow \begin{cases} \cos\varphi = \dfrac{2}{2\sqrt{2}} = \dfrac{1}{\sqrt{2}} = \dfrac{\sqrt{2}}{2} \\ \text{sen}\,\varphi = \dfrac{2}{2\sqrt{2}} = \dfrac{1}{\sqrt{2}} = \dfrac{\sqrt{2}}{2} \end{cases}$$

$\therefore \varphi = 45°$

Logo, a forma trigonométrica de z_1 é:

$z_1 = 2\sqrt{2}(\cos 45° + i\,\text{sen}\,45°)$ ou

$z_1 = 2\sqrt{2}\left(\cos\dfrac{\pi}{4} + i\,\text{sen}\,\dfrac{\pi}{4}\right)$

b) $z_2 = -5 + 5\sqrt{3}i$ < parte real: $a = -5$; parte imaginária: $b = 5\sqrt{3}$

O módulo ρ e o argumento φ do número z_2 são dados por:

$\rho = \sqrt{a^2 + b^2} \Rightarrow \rho = \sqrt{(-5)^2 + (5\sqrt{3})^2} = \sqrt{100} = 10$

$$\begin{cases} \cos\varphi = \dfrac{a}{\rho} \\ \text{sen}\,\varphi = \dfrac{b}{\rho} \end{cases} \Rightarrow \begin{cases} \cos\varphi = -\dfrac{5}{10} = -\dfrac{1}{2} \\ \text{sen}\,\varphi = \dfrac{5\sqrt{3}}{10} = \dfrac{\sqrt{3}}{2} \end{cases}$$

$\therefore \varphi = 120°$

Logo, a forma trigonométrica de z_2 é:

$z_2 = 10(\cos 120° + i\,\text{sen}\,120°)$ ou

$z_2 = 10\left(\cos\dfrac{2\pi}{3} + i\,\text{sen}\,\dfrac{2\pi}{3}\right)$

b) $z_3 = -4i$

Como z_3 é um imaginário puro, sua imagem pertence ao eixo imaginário e, nesse caso, podemos obter graficamente o módulo e o argumento de z_3, sendo desnecessárias as fórmulas.

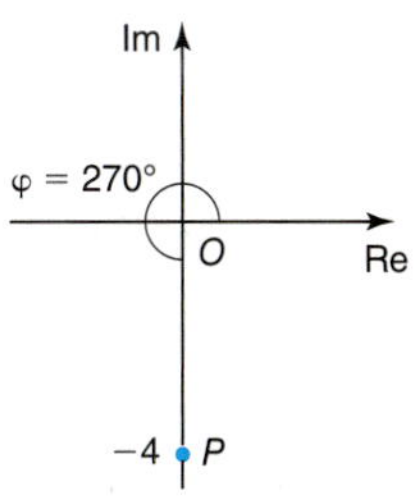

O módulo de $z_3 = -4i$ é a distância ρ do ponto P à origem O do sistema, isto é, $\rho = 4$.

Logo, a forma trigonométrica de z_3 é:

$z_3 = 4(\cos 270° + i\,\text{sen}\,270°)$ ou

$z_3 = 4\left(\cos\dfrac{3\pi}{2} + i\,\text{sen}\,\dfrac{3\pi}{2}\right)$

(*Nota:* Pode-se representar um número complexo não nulo z **também** da seguinte forma:

$z = \rho(\cos\varphi + i\,\text{sen}\,\varphi)$, com $\varphi \notin [0, 2\pi[$ e $\varphi \notin [0°, 360°[$

Por exemplo: $z = 8(\cos 390° + i\,\text{sen}\,390°)$

Essa forma de representação é denominada **forma trigonométrica secundária**, e a medida φ é chamada de **argumento secundário** de z.

Para que não haja confusão de linguagem, convencionamos que:

- ao usar a expressão "argumento de um número complexo", estamos nos referindo à medida φ no intervalo $[0, 2\pi[$ ou $[0°, 360°[$ (alguns autores chamam esse argumento de argumento principal);
- ao usar a expressão "forma trigonométrica de um número complexo", estamos nos referindo à forma $z = \rho(\cos\varphi + i\,\text{sen}\,\varphi)$, com $0° \leq \varphi < 360°$ ou $0 \leq \varphi < 2\pi$.)

27 Uma partícula P percorre uma trajetória circular de raio 5 cm à velocidade de 10 rotações por segundo, no sentido anti-horário. Descrever a posição da partícula em cada instante aplicando o conceito de número complexo.

Resolução

No plano da trajetória circular da partícula, vamos associar um plano complexo cuja origem O coincida com o centro da circunferência.

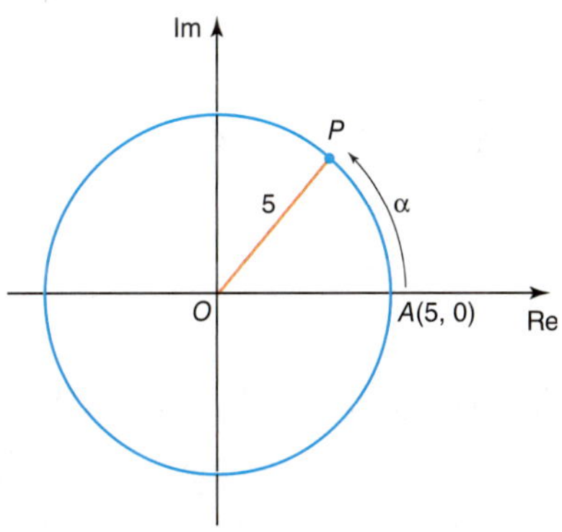

Indicando por α a medida do arco de origem A e extremidade P, no sentido anti-horário, temos que a abscissa e a ordenada do ponto P, em cada posição, são dadas por $5\cos\alpha$ e $5\,\text{sen}\,\alpha$, respectivamente. Assim, o número complexo que tem imagem P em cada posição é:

$z = 5\cos\alpha + 5i\,\text{sen}\,\alpha$, ou seja,

$z = 5(\cos\alpha + i\,\text{sen}\,\alpha)$

Prosseguindo, vamos obter a medida α em função do tempo t, em segundo. Para isso, basta resolver a regra de três:

Tempo (segundo)	Medida do arco descrito (radiano)
1	20π
t	α

Assim, obtemos: $\alpha = 20\pi t$, com o que concluímos que a posição da partícula em cada instante t, em segundo, imagem do número complexo z, é dada por:

$z = 5[\cos(20\pi t) + i\,\text{sen}\,(20\pi t)]$, com $t \geq 0$

EXERCÍCIOS PROPOSTOS

52 Represente no plano complexo cada um dos números $z_1 = 4i$, $z_2 = -5$, $z_3 = -6i$ e $z_4 = 3$, e determine o módulo e o argumento de cada um deles.

53 Sabendo que o argumento de um número complexo z é $\frac{\pi}{7}$ rad, determine o argumento de cada um dos seguintes números:

a) $\bar{z}$ b) $-z$ c) $-\bar{z}$

54 Calcule o módulo e o argumento de cada um dos números complexos.

a) $z_1 = 1 + i$

b) $z_2 = 1 - \sqrt{3}i$

c) $z_3 = -\frac{\sqrt{2}}{2} + \frac{\sqrt{2}i}{2}$

d) $z_4 = -5\sqrt{3} - 5i$

55 O módulo e o argumento do número complexo $z = 2 + 6i$ são, respectivamente:

a) $2\sqrt{10}$ e arctg 3

b) $2\sqrt{10}$ e 60°

c) 40° e 60°

d) 40° e 30°

e) $2\sqrt{10}$ e arcsen $\frac{3}{4}$

56 Represente na forma trigonométrica cada um dos números complexos.

a) $z_1 = 1 + \sqrt{3}i$

b) $z_2 = 1 - i$

c) $z_3 = -\sqrt{3} + i$

d) $z_4 = \frac{\sqrt{2}}{2} + \frac{\sqrt{2}i}{2}$

e) $z_5 = -2i$

57 Represente na forma algébrica cada um dos números complexos.

a) $z_1 = 2(\cos 90° + i\,\text{sen}\, 90°)$

b) $z_2 = 6(\cos 30° + i\,\text{sen}\, 30°)$

c) $z_3 = \cos \frac{5\pi}{4} + i\,\text{sen}\, \frac{5\pi}{4}$

58 Obtenha a forma trigonométrica dos números complexos que têm como imagens os vértices do hexágono regular inscrito na circunferência de centro O e raio 6, representada no plano complexo abaixo.

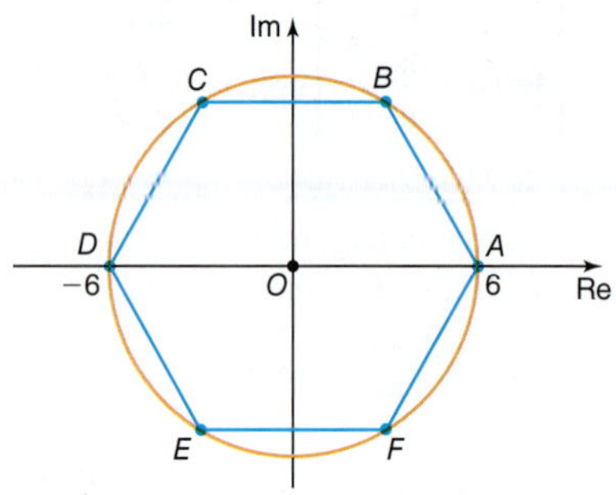

59 Determine o menor valor inteiro positivo n de modo que o número $z = 2\left(\cos \frac{n\pi}{6} + i\,\text{sen}\, \frac{n\pi}{6}\right)$ seja real.

60 Há quatro números complexos distintos cuja forma trigonométrica é $z = \rho(\cos \varphi + i\,\text{sen}\, \varphi)$ tal que $\rho^4(\cos 4\varphi + i\,\text{sen}\, 4\varphi) = 16(\cos \pi + i\,\text{sen}\, \pi)$. Represente na forma algébrica esses quatro números.

Resolva os exercícios complementares 49 a 57 e 84.

Operações com números complexos na forma trigonométrica

Alguns cálculos com números complexos na forma algébrica podem tomar muito tempo. Isso ocorre, por exemplo, com a determinação das raízes cúbicas de i. Para determiná-las, supondo-as na forma $w = x + yi$, com $\{x, y\} \subset \mathbb{R}$, devemos ter:

$$w^3 = i \Rightarrow (x + yi)^3 = 0 + i$$

$$\therefore x^3 + 3x^2yi + 3x(yi)^2 + (yi)^3 = 0 + i \Rightarrow x^3 + 3x^2yi - 3xy^2 - y^3i = 0 + i$$

$$\therefore x^3 - 3xy^2 + (3x^2y - y^3)i = 0 + i$$

Aplicando a definição de igualdade de números complexos, chegamos ao sistema:

$$\begin{cases} x^3 - 3xy^2 = 0 \quad \text{(I)} \\ 3x^2y - y^3 = 1 \quad \text{(II)} \end{cases}$$

Da equação (I), temos:

$$x(x^2 - 3y^2) = 0 \Rightarrow x = 0 \text{ ou } x^2 = 3y^2$$

- Fazendo $x = 0$ em (II):

$$3 \cdot 0^2 \cdot y - y^3 = 1 \Rightarrow y = -1$$

- Fazendo $x^2 = 3y^2$ em (II):

$$3 \cdot 3y^2 \cdot y - y^3 = 1 \Rightarrow 8y^3 = 1$$

$$\therefore y^3 = \frac{1}{8} \Rightarrow y = \frac{1}{2}$$

- Fazendo $y = \frac{1}{2}$ em $x^2 = 3y^2$:

$$x^2 = 3 \cdot \left(\frac{1}{2}\right)^2 = \frac{3}{4} \Rightarrow x = \frac{\sqrt{3}}{2} \text{ ou } x = -\frac{\sqrt{3}}{2}$$

Assim, concluímos que as raízes cúbicas de i são: $w_1 = -i$, $w_2 = \frac{\sqrt{3}}{2} + \frac{i}{2}$ e $w_3 = -\frac{\sqrt{3}}{2} + \frac{i}{2}$

Esse cálculo pode ser simplificado significativamente se utilizarmos a forma trigonométrica dos números complexos, como veremos na página 266.

A seguir, vamos estudar algumas operações com números complexos que podem ser efetuadas de maneira simples e rápida quando seus termos estão representados na forma trigonométrica.

Multiplicação de números complexos na forma trigonométrica

Se $z = \rho(\cos\alpha + i\,\text{sen}\,\alpha)$ e $w = \lambda(\cos\beta + i\,\text{sen}\,\beta)$ são as formas trigonométricas dos números complexos z e w, então:

$$z \cdot w = \rho\lambda[\cos(\alpha + \beta) + i\,\text{sen}(\alpha + \beta)]$$

Demonstração

$z \cdot w = \rho(\cos\alpha + i\,\text{sen}\,\alpha) \cdot \lambda(\cos\beta + i\,\text{sen}\,\beta) = \rho\lambda(\cos\alpha + i\,\text{sen}\,\alpha)(\cos\beta + i\,\text{sen}\,\beta) =$

$= \rho\lambda(\cos\alpha \cdot \cos\beta + i\cos\alpha \cdot \text{sen}\,\beta + i\,\text{sen}\,\alpha \cdot \cos\beta + i^2\text{sen}\,\alpha \cdot \text{sen}\,\beta) =$

$= \rho\lambda[\cos\alpha \cdot \cos\beta - \text{sen}\,\alpha \cdot \text{sen}\,\beta + i(\text{sen}\,\alpha \cdot \cos\beta + \text{sen}\,\beta \cdot \cos\alpha)]$

$\therefore z \cdot w = \rho\lambda[\cos(\alpha + \beta) + i\,\text{sen}(\alpha + \beta)]$

Nota:

A propriedade associativa da multiplicação de complexos permite a extensão dessa fórmula para o produto de mais de dois números, da seguinte maneira: sendo $z_1, z_2, z_3, ..., z_n$, com $n \geqslant 2$, cujas formas trigonométricas são $\rho_1(\cos\alpha_1 + i\,\text{sen}\,\alpha_1)$, $\rho_2(\cos\alpha_2 + i\,\text{sen}\,\alpha_2)$, $\rho_3(\cos\alpha_3 + i\,\text{sen}\,\alpha_3)$, ... e $\rho_n(\cos\alpha_n + i\,\text{sen}\,\alpha_n)$, respectivamente, tem-se:

$z_1 \cdot z_2 \cdot z_3 \cdot ... \cdot z_n =$

$= \rho_1(\cos\alpha_1 + i\,\text{sen}\,\alpha_1) \cdot \rho_2(\cos\alpha_2 + i\,\text{sen}\,\alpha_2) \cdot \rho_3(\cos\alpha_3 + i\,\text{sen}\,\alpha_3) \cdot ... \cdot \rho_n(\cos\alpha_n + i\,\text{sen}\,\alpha_n) =$

$= \rho_1 \cdot \rho_2 \cdot \rho_3 \cdot ... \cdot \rho_n \cdot [\cos(\alpha_1 + \alpha_2 + \alpha_3 + ... + \alpha_n) + i\,\text{sen}(\alpha_1 + \alpha_2 + \alpha_3 + ... + \alpha_n)]$

EXERCÍCIOS RESOLVIDOS

28 Sendo $z_1 = 3(\cos 20° + i\,\text{sen}\,20°)$, $z_2 = 2(\cos 25° + i\,\text{sen}\,25°)$ e $z_3 = 5(\cos 90° + i\,\text{sen}\,90°)$, calcular:

a) $z_1 \cdot z_2$ b) $z_1 \cdot z_2 \cdot z_3$

Resolução

a) $z_1 \cdot z_2 = 3(\cos 20° + i\,\text{sen}\,20°) \cdot 2(\cos 25° + i\,\text{sen}\,25°) =$

$= 3 \cdot 2 \cdot [\cos(20° + 25°) + i\,\text{sen}(20° + 25°)] =$

$= 6[\cos 45° + i\,\text{sen}\,45°] = 6\left[\frac{\sqrt{2}}{2} + \frac{\sqrt{2}i}{2}\right]$

$\therefore z_1 \cdot z_2 = 3\sqrt{2} + 3\sqrt{2}i$

b) $z_1 \cdot z_2 \cdot z_3 = 3(\cos 20° + i\,\text{sen}\,20°) \cdot 2(\cos 25° + i\,\text{sen}\,25°) \cdot 5(\cos 90° + i\,\text{sen}\,90°) =$

$= 3 \cdot 2 \cdot 5 \cdot [\cos(20° + 25° + 90°) + i\,\text{sen}(20° + 25° + 90°)] = 30[\cos 135° + i\,\text{sen}\,135°] \Rightarrow$

$\Rightarrow z_1 \cdot z_2 \cdot z_3 = 30\left[-\frac{\sqrt{2}}{2} + \frac{\sqrt{2}i}{2}\right]$

$\therefore z_1 \cdot z_2 \cdot z_3 = -15\sqrt{2} + 15\sqrt{2}i$

29 Sendo $z = \rho(\cos\varphi + i\,\text{sen}\,\varphi)$ a forma trigonométrica do número complexo z, calcular:

a) z^2 b) z^3

Resolução

a) $z^2 = z \cdot z = \rho(\cos\varphi + i\,\text{sen}\,\varphi) \cdot \rho(\cos\varphi + i\,\text{sen}\,\varphi) =$

$= \rho \cdot \rho \cdot [\cos(\varphi + \varphi) + i\,\text{sen}(\varphi + \varphi)] \Rightarrow$

$\Rightarrow z^2 = \rho^2[\cos 2\varphi + i\,\text{sen}\,2\varphi]$

b) $z^3 = z \cdot z \cdot z = \rho(\cos\varphi + i\,\text{sen}\,\varphi) \cdot \rho(\cos\varphi + i\,\text{sen}\,\varphi) \cdot \rho(\cos\varphi + i\,\text{sen}\,\varphi) =$

$= \rho \cdot \rho \cdot \rho \cdot [\cos(\varphi + \varphi + \varphi) + i\,\text{sen}(\varphi + \varphi + \varphi)] \Rightarrow$

$\Rightarrow z^3 = \rho^3[\cos 3\varphi + i\,\text{sen}\,3\varphi]$

Divisão de números complexos na forma trigonométrica

Se $z = \rho(\cos\alpha + i\,\text{sen}\,\alpha)$ e $w = \lambda(\cos\beta + i\,\text{sen}\,\beta)$ são as formas trigonométricas dos complexos z e w, com $w \neq 0$, então:

$$\frac{z}{w} = \frac{\rho}{\lambda}[\cos(\alpha - \beta) + i\,\text{sen}(\alpha - \beta)]$$

Demonstração

$$\frac{z}{w} = \frac{z \cdot \overline{w}}{w \cdot \overline{w}} = \frac{\rho(\cos\alpha + i\,\text{sen}\,\alpha) \cdot \lambda(\cos\beta - i\,\text{sen}\,\beta)}{|w|^2} =$$

$$= \frac{\rho(\cos\alpha + i\,\text{sen}\,\alpha) \cdot \lambda[\cos(-\beta) + i\,\text{sen}(-\beta)]}{\lambda^2}$$

$$\therefore \frac{z}{w} = \frac{\rho\lambda}{\lambda^2}[\cos(\alpha - \beta) + i\,\text{sen}(\alpha - \beta)] = \frac{\rho}{\lambda}[\cos(\alpha - \beta) + i\,\text{sen}(\alpha - \beta)]$$

EXERCÍCIO RESOLVIDO

30 Sendo $z_1 = 8(\cos 70° + i\,\text{sen}\,70°)$ e $z_2 = 2(\cos 40° + i\,\text{sen}\,40°)$, calcular $\frac{z_1}{z_2}$.

Resolução

$$\frac{z_1}{z_2} = \frac{8}{2} \cdot [\cos(70° - 40°) + i\,\text{sen}(70° - 40°)] = 4[\cos 30° + i\,\text{sen}\,30°] = 4\left[\frac{\sqrt{3}}{2} + i \cdot \frac{1}{2}\right] = 2\sqrt{3} + 2i$$

EXERCÍCIOS PROPOSTOS

61 Sejam:
$z = 4(\cos 25° + i\,\text{sen}\,25°)$, $w = 5(\cos 20° + i\,\text{sen}\,20°)$, $u = 3(\cos 10° + i\,\text{sen}\,10°)$ e $v = 8(\cos 15° + i\,\text{sen}\,15°)$
Considerando os números complexos acima, dê a forma algébrica dos seguintes números:

a) zw
b) wu
c) v^2
d) u^3

62 Determine a forma trigonométrica do número:

$$\frac{4 + 4\sqrt{3}i}{3\left(\cos\frac{\pi}{7} + i\,\text{sen}\,\frac{\pi}{7}\right)}$$

63 Dados os números complexos $z = 2(\cos 45° + i\,\text{sen}\,45°)$, $u = 8(\cos 255° + i\,\text{sen}\,255°)$ e $w = \cos 120° + i\,\text{sen}\,120°$, dê a forma algébrica do resultado de cada uma das expressões:

a) $zu + \frac{z}{u}$ b) $zuw + \frac{zw}{u}$

64 Seja $z = \rho(\cos\varphi + i\,\text{sen}\,\varphi)$ a forma trigonométrica do número complexo z, e seja $w = 7(\cos 18° + i\,\text{sen}\,18°)$.

Determine ρ e φ de modo que $\frac{z}{w} = \sqrt{3} + i$.

65 Sendo $z = 4\left(\cos\frac{\pi}{9} + i\,\text{sen}\,\frac{\pi}{9}\right)$, represente no plano complexo o número w tal que $w = z \cdot (1 + \sqrt{3}i)$.

66 Dados os números complexos

$z = 2\left(\cos\frac{\pi}{5} + i\,\text{sen}\,\frac{\pi}{5}\right)$ e $w = 3\left(\cos\frac{t\pi}{10} + i\,\text{sen}\,\frac{t\pi}{10}\right)$,

determine o menor valor real positivo de t tal que o produto zw seja um número imaginário puro.

67 Prove que, ao multiplicar por i um número complexo não nulo z, a imagem deste é transformada por uma rotação de 90° no sentido anti-horário em torno da origem O do sistema de eixos do plano complexo.

Resolva os exercícios complementares 58 a 66.

Potências de números complexos na forma trigonométrica

Sendo $z = \rho(\cos\varphi + i\,\text{sen}\,\varphi)$ a forma trigonométrica do número complexo z, temos:

- $z^0 = 1 = 1(\cos 0 + \text{sen}\,0) = 1^0(\cos 0\varphi + i\,\text{sen}\,0\varphi)$
- $z^1 = \rho(\cos\varphi + i\,\text{sen}\,\varphi) = \rho^1(\cos 1\varphi + i\,\text{sen}\,1\varphi)$
- $z^2 = \rho^2(\cos 2\varphi + i\,\text{sen}\,2\varphi)$
- $z^3 = \rho^3(\cos 3\varphi + i\,\text{sen}\,3\varphi)$

Retome o exercício resolvido 29 e veja como obtivemos z^2 e z^3.

Observe que cada resultado apresenta o módulo ρ elevado ao expoente de z, e o argumento φ multiplicado por esse expoente. Essas constatações podem ser generalizadas por meio do teorema a seguir, demonstrado pelo matemático francês Abraham de Moivre (1667-1754).

Abraham de Moivre

Teorema de De Moivre

Se $z = \rho(\cos\varphi + i\,\text{sen}\,\varphi)$ é a forma trigonométrica do número complexo não nulo z e n é um número inteiro qualquer, então:

$$z^n = \rho^n(\cos n\varphi + i\,\text{sen}\,n\varphi)$$

Demonstração

1ª parte: $n \geqslant 0$

Indicando por $P(n)$ a propriedade a ser provada, vamos aplicar o princípio da indução matemática (ver conteúdo digital):

I. $P(0)$ é verdadeira, pois, para $n = 0$, a propriedade se resume a:

$$z^0 = 1 = 1(\cos 0 + i\,\text{sen}\,0) = 1^0(\cos 0\varphi + i\,\text{sen}\,0\varphi)$$

II. Provaremos a validade da implicação:

$\underbrace{P(k) \text{ é verdadeira}}_{\text{hipótese de indução}} \Rightarrow P(k+1)$ é verdadeira, para todo $k \in \mathbb{Z}_+$

Isto é, vamos provar que:

$$\underbrace{z^k = \rho^k(\cos k\varphi + i\,\text{sen}\,k\varphi)}_{\text{hipótese de indução}} \Rightarrow z^{k+1} = \rho^{k+1}[\cos (k+1)\varphi + i\,\text{sen}\,(k+1)\varphi]$$

Temos:

$$z^{k+1} = z^k \cdot z = \rho^k(\cos k\varphi + i\,\text{sen}\,k\varphi) \cdot \rho(\cos\varphi + i\,\text{sen}\,\varphi)$$

hipótese de indução

Aplicando a fórmula da multiplicação de números complexos na forma trigonométrica, concluímos:

$z^{k+1} = z^k \cdot z = \rho^k(\cos k\varphi + i\,\text{sen}\,k\varphi) \cdot \rho(\cos\varphi + i\,\text{sen}\,\varphi) = \rho^{k+1}[\cos (k+1)\varphi + i\,\text{sen}\,(k+1)\varphi]$

Logo, vale a implicação citada em (II).

Como $P(n)$ satisfaz (I) e (II), concluímos pelo PIM que $P(n)$ é verdadeira para todo $n \in \mathbb{Z}_+$.

2ª parte: $n < 0$

Sabemos que $z^n = \dfrac{1}{z^{-n}}$. Como $-n > 0$, temos, pela primeira parte:

$$z^n = \frac{1}{z^{-n}} = \frac{1}{\rho^{-n}[\cos(-n\varphi) + i\,\text{sen}\,(-n\varphi)]} = \frac{1(\cos 0 + i\,\text{sen}\,0)}{\rho^{-n}[\cos(-n\varphi) + i\,\text{sen}\,(-n\varphi)]}$$

Aplicando a fórmula da divisão de números complexos na forma trigonométrica, concluímos:

$$z^n = \frac{1(\cos 0 + i\,\text{sen}\,0)}{\rho^{-n}[\cos(-n\varphi) + i\,\text{sen}\,(-n\varphi)]} = \frac{1}{\rho^{-n}}\{\cos[0 - (-n\varphi)] + i\,\text{sen}\,[0 - (-n\varphi)]\}$$

Logo: $z^n = \rho^n(\cos n\varphi + i\,\text{sen}\,n\varphi)$

Material complementar Moderna PLUS http://www.modernaplus.com.br
Texto: *Princípio da indução matemática (PIM).*

EXERCÍCIOS RESOLVIDOS

31 Sendo $z = 2\left(\cos\frac{\pi}{15} + i\,\text{sen}\,\frac{\pi}{15}\right)$, calcular z^5.

Resolução

Pela fórmula de De Moivre, temos:

$$z^5 = 2^5\left(\cos\frac{5\pi}{15} + i\,\text{sen}\,\frac{5\pi}{15}\right) \Rightarrow z^5 = 32\left(\cos\frac{\pi}{3} + i\,\text{sen}\,\frac{\pi}{3}\right)$$

$$\therefore z^5 = 32\left(\frac{1}{2} + \frac{\sqrt{3}i}{2}\right) = 16 + 16\sqrt{3}i$$

32 Calcular $\left(\frac{\sqrt{2}}{2} - \frac{\sqrt{2}i}{2}\right)^{10}$.

Resolução

Inicialmente, vamos representar na forma trigonométrica a base z dessa potência. Para isso, determinamos seu módulo ρ e seu argumento φ. Temos:

$$z = \frac{\sqrt{2}}{2} - \frac{\sqrt{2}i}{2} \begin{cases} \text{parte real: } a = \frac{\sqrt{2}}{2} \\ \text{parte imaginária } b = -\frac{\sqrt{2}}{2} \end{cases}$$

Assim:

$$\rho = \sqrt{a^2 + b^2} \Rightarrow \rho = \sqrt{\left(\frac{\sqrt{2}}{2}\right)^2 + \left(-\frac{\sqrt{2}}{2}\right)^2}$$

$$\therefore \rho = \sqrt{\frac{1}{2} + \frac{1}{2}} = \sqrt{1} = 1$$

$$\begin{cases} \cos\varphi = \frac{a}{\rho} \\ \text{sen}\,\varphi = \frac{b}{\rho} \end{cases} \Rightarrow \begin{cases} \cos\varphi = \frac{\frac{\sqrt{2}}{2}}{1} = \frac{\sqrt{2}}{2} \\ \text{sen}\,\varphi = \frac{-\frac{\sqrt{2}}{2}}{1} = -\frac{\sqrt{2}}{2} \end{cases} \quad \therefore \varphi = 315°$$

Logo, a forma trigonométrica de z é dada por:

$z = 1(\cos 315° + i\,\text{sen}\,315°)$

Pela fórmula de De Moivre, temos:

$z^{10} = 1^{10}(\cos 10 \cdot 315° + i\,\text{sen}\,10 \cdot 315°) = \cos 3.150° + i\,\text{sen}\,3.150°$

Reduzindo 3.150° à primeira volta positiva, obtemos 270°. Assim concluímos:

$z^{10} = \cos 270° + i\,\text{sen}\,270° = 0 - i = -i$

33 Sendo $z = \rho(\cos\varphi + i\,\text{sen}\,\varphi)$ a forma trigonométrica do número complexo z, a fórmula de De Moivre nos garante que $z^2 = \rho^2(\cos 2\varphi + i\,\text{sen}\,2\varphi)$, ou seja:

$[\rho(\cos\varphi + i\,\text{sen}\,\varphi)]^2 = \rho^2(\cos 2\varphi + i\,\text{sen}\,2\varphi)$

A partir dessa identidade, obter as fórmulas de arco duplo:

$\cos 2\varphi = \cos^2\varphi - \text{sen}^2\,\varphi$ e $\text{sen}\,2\varphi = 2\text{sen}\,\varphi \cdot \cos\varphi$

Resolução

$[\rho(\cos\varphi + i\,\text{sen}\,\varphi)]^2 = \rho^2(\cos 2\varphi + i\,\text{sen}\,2\varphi) \Rightarrow \rho^2(\cos\varphi + i\,\text{sen}\,\varphi)^2 = \rho^2(\cos 2\varphi + i\,\text{sen}\,2\varphi)$

$\therefore \rho^2(\cos^2\varphi + 2i\,\text{sen}\,\varphi \cdot \cos\varphi + i^2\text{sen}^2\,\varphi) = \rho^2(\cos 2\varphi + i\,\text{sen}\,2\varphi)$

$\therefore \cos^2\varphi - \text{sen}^2\,\varphi + 2i\,\text{sen}\,\varphi \cdot \cos\varphi = \cos 2\varphi + i\,\text{sen}\,2\varphi$

Aplicando a definição de igualdade entre números complexos, concluímos:

$\cos 2\varphi = \cos^2\varphi - \text{sen}^2\,\varphi$

$\text{sen}\,2\varphi = 2\,\text{sen}\,\varphi \cdot \cos\varphi$

EXERCÍCIOS PROPOSTOS

68 Dado o número complexo

$z = 2\left(\cos\frac{\pi}{12} + i\,\text{sen}\,\frac{\pi}{12}\right)$, determine:

a) a forma trigonométrica de z^8.

b) o menor valor inteiro positivo n de modo que z^n seja um número real.

c) o menor valor inteiro positivo n de modo que z^n seja um número imaginário puro.

69 Mostre que o número complexo $\cos\frac{\pi}{24} + i\,\text{sen}\,\frac{\pi}{24}$ é raiz da equação $z^{36} - z^{12} + 2i = 0$.

70 Calcule:

a) $(1 + \sqrt{3}i)^8$

b) $(-\sqrt{3} + i)^{10}$

c) $(8\sqrt{3} + 8i)^{-4}$

71 Sendo $z = \sqrt{3} + 3i$, determine o menor valor inteiro positivo n de modo que z^n seja um número real.

72 Sendo $z = \frac{1}{2} + \frac{\sqrt{3}i}{2}$, calcule o produto P de todas as potências z^n, com $1 \leqslant n \leqslant 20$, isto é:

$$P = z \cdot z^2 \cdot z^3 \cdot \ldots \cdot z^{20}$$

Resolva os exercícios complementares 67 a 71.

Raízes de números complexos na forma trigonométrica

As raízes de números complexos na forma trigonométrica podem ser obtidas pela fórmula de De Moivre, conforme mostram os exemplos a seguir.

Exemplos

a) Vamos determinar as raízes quartas do número complexo $z = 16\left(\cos\frac{4\pi}{3} + i\,\text{sen}\,\frac{4\pi}{3}\right)$.

Seja $w = \rho(\cos\varphi + i\,\text{sen}\,\varphi)$ a forma trigonométrica de uma das raízes quartas de z. Assim, pela fórmula de De Moivre, temos:

$$w^4 = z \Rightarrow \rho^4(\cos 4\varphi + i\,\text{sen}\,4\varphi) = 16\left(\cos\frac{4\pi}{3} + i\,\text{sen}\,\frac{4\pi}{3}\right)$$

Logo:

$$\begin{cases} \rho^4 = 16 \\ 4\varphi = \frac{4\pi}{3} + k \cdot 2\pi, \text{ com } k \in \mathbb{Z} \end{cases} \Rightarrow \begin{cases} \rho = 2 \\ \varphi = \frac{\pi}{3} + \frac{k\pi}{2}, \text{ com } k \in \mathbb{Z} \end{cases}$$

Como $0 \leqslant \varphi < 2\pi$, atribuímos a k os valores 0, 1, 2 e 3, obtendo:

$$k = 0 \Rightarrow \varphi = \frac{\pi}{3}$$

$$k = 1 \Rightarrow \varphi = \frac{5\pi}{6}$$

$$k = 2 \Rightarrow \varphi = \frac{4\pi}{3}$$

$$k = 3 \Rightarrow \varphi = \frac{11\pi}{6}$$

Assim, as raízes quartas do número $z = 16\left(\cos\frac{4\pi}{3} + i\,\text{sen}\,\frac{4\pi}{3}\right)$ são:

- $w_1 = 2\left(\cos\frac{\pi}{3} + i\,\text{sen}\,\frac{\pi}{3}\right) = 2\left(\frac{1}{2} + \frac{\sqrt{3}i}{2}\right) = 1 + \sqrt{3}i$
- $w_2 = 2\left(\cos\frac{5\pi}{6} + i\,\text{sen}\,\frac{5\pi}{6}\right) = 2\left(-\frac{\sqrt{3}}{2} + \frac{i}{2}\right) = -\sqrt{3} + i$
- $w_3 = 2\left(\cos\frac{4\pi}{3} + i\,\text{sen}\,\frac{4\pi}{3}\right) = 2\left(-\frac{1}{2} - \frac{\sqrt{3}i}{2}\right) = -1 - \sqrt{3}i$
- $w_4 = 2\left(\cos\frac{11\pi}{6} + i\,\text{sen}\,\frac{11\pi}{6}\right) = 2\left(\frac{\sqrt{3}}{2} - \frac{i}{2}\right) = \sqrt{3} - i$

Observe que existem exatamente quatro raízes quartas de $z = 16\left(\cos\frac{4\pi}{3} + i\,\text{sen}\,\frac{4\pi}{3}\right)$, distintas entre si. Todas têm módulo 2 e seus argumentos formam uma progressão aritmética de razão $\frac{\pi}{2}$. Assim, as imagens dessas raízes no plano complexo pertencem a uma circunferência de centro na origem O e raio 2, e são vértices de um quadrado:

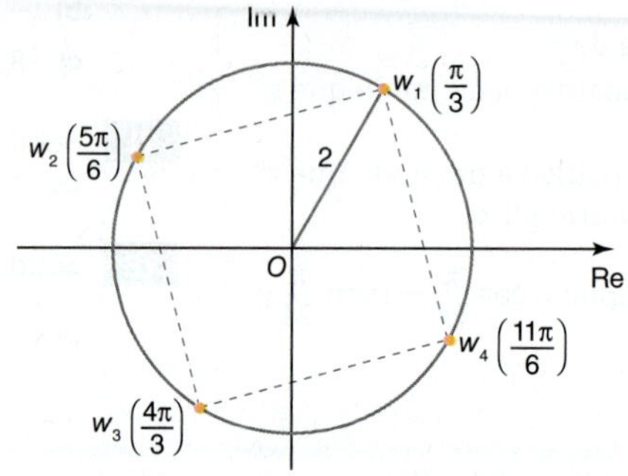

b) Vamos calcular novamente as raízes cúbicas de i, agora usando a forma trigonométrica.

Seja $w = \rho(\cos\varphi + i\,\text{sen}\,\varphi)$ a forma trigonométrica de uma das raízes cúbicas de $z = i$, cuja forma trigonométrica é $z = 1\left(\cos\frac{\pi}{2} + i\,\text{sen}\,\frac{\pi}{2}\right)$. Assim, pela fórmula de De Moivre, temos:

$$w^3 = z \Rightarrow \rho^3(\cos 3\varphi + i\,\text{sen}\,3\varphi) = 1\left(\cos\frac{\pi}{2} + i\,\text{sen}\,\frac{\pi}{2}\right)$$

Logo: $\begin{cases} \rho^3 = 1 \\ 3\varphi = \frac{\pi}{2} + k \cdot 2\pi, \text{ com } k \in \mathbb{Z} \end{cases} \Rightarrow \begin{cases} \rho = 1 \\ \varphi = \frac{\pi}{6} + \frac{k \cdot 2\pi}{3}, \text{ com } k \in \mathbb{Z} \end{cases}$

Como $0 \leqslant \varphi < 2\pi$, atribuímos a k os valores 0, 1 e 2, obtendo:

$$k = 0 \Rightarrow \varphi = \frac{\pi}{6}$$

$$k = 1 \Rightarrow \varphi = \frac{5\pi}{6}$$

$$k = 2 \Rightarrow \varphi = \frac{3\pi}{2}$$

Assim, as raízes cúbicas de i são:

- $w_1 = 1\left(\cos\frac{\pi}{6} + i\,\text{sen}\,\frac{\pi}{6}\right) = \frac{\sqrt{3}}{2} + \frac{i}{2}$
- $w_2 = 1\left(\cos\frac{5\pi}{6} + i\,\text{sen}\,\frac{5\pi}{6}\right) = -\frac{\sqrt{3}}{2} + \frac{i}{2}$
- $w_3 = 1\left(\cos\frac{3\pi}{2} + i\,\text{sen}\,\frac{3\pi}{2}\right) = 0 - i = -i$

Observe que existem exatamente três raízes cúbicas de i distintas entre si, todas com módulo 1 e seus argumentos formam uma progressão aritmética de razão $\frac{2\pi}{3}$. Assim, as imagens dessas raízes no plano complexo pertencem a uma circunferência de centro na origem O e raio 1, e são vértices de um triângulo equilátero:

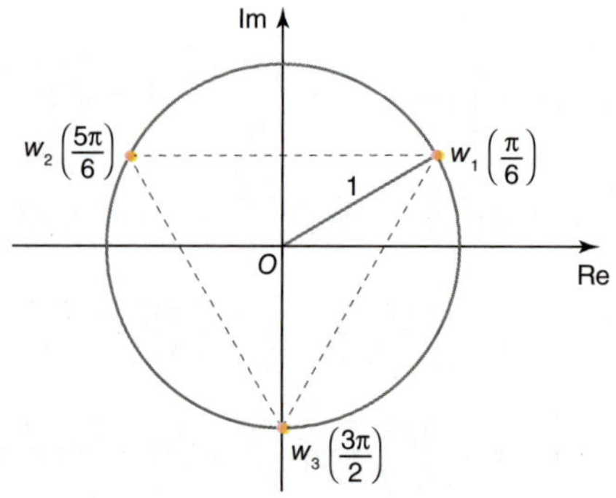

Representação geométrica das raízes de um número complexo

As raízes n-ésimas de um número complexo não nulo $z = \rho(\cos \varphi + i \operatorname{sen} \varphi)$ são n números complexos distintos $w_1, w_2, w_3, ..., w_n$ de mesmo módulo $\rho^{\frac{1}{n}}$, cujos argumentos formam uma progressão aritmética crescente de primeiro termo $\frac{\varphi}{n}$ e razão $\frac{360°}{n}$ $\left(\text{ou } \frac{2\pi}{n}\right)$. Fazendo uma interpretação geométrica, as imagens dessas raízes n-ésimas no plano complexo são vértices de um polígono regular de n vértices inscrito em uma circunferência de raio $\rho^{\frac{1}{n}}$ e centro na origem O do sistema.

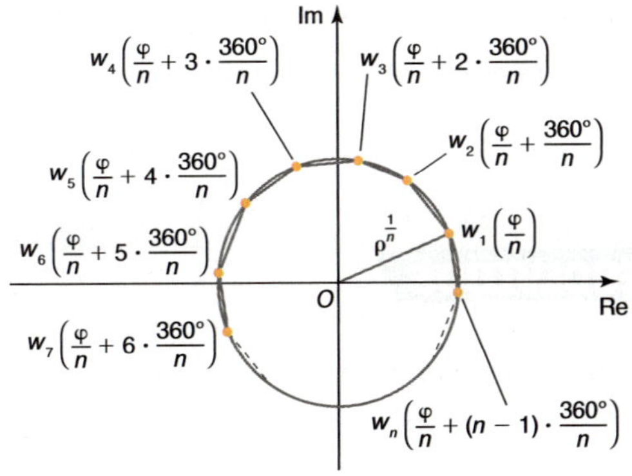

Demonstração

Sendo $w = \lambda(\cos \alpha + i \operatorname{sen} \alpha)$ uma das raízes n-ésimas de $z = \rho(\cos \varphi + i \operatorname{sen} \varphi)$, temos:

$$w^n = z \Rightarrow \lambda^n(\cos n\alpha + i \operatorname{sen} n\alpha) = \rho(\cos \varphi + i \operatorname{sen} \varphi)$$

Logo:

$$\begin{cases} \lambda^n = \rho \\ n\alpha = \varphi + k \cdot 360°, \text{com } k \in \mathbb{Z} \end{cases} \Rightarrow \begin{cases} \lambda = \rho^{\frac{1}{n}} \\ \alpha = \dfrac{\varphi + k \cdot 360°}{n}, \text{com } k \in \mathbb{Z} \end{cases}$$

Logo, as raízes n-ésimas de z são da forma:

$$w = \rho^{\frac{1}{n}}\left(\cos \frac{\varphi + k \cdot 360°}{n} + i \operatorname{sen} \frac{\varphi + k \cdot 360°}{n}\right), \text{com } k \in \mathbb{Z}$$

Assim:

I. w assume apenas os valores:

$$k = 0 \Rightarrow w_1 = \rho^{\frac{1}{n}}\left(\cos \frac{\varphi}{n} + i \operatorname{sen} \frac{\varphi}{n}\right)$$

$$k = 1 \Rightarrow w_2 = \rho^{\frac{1}{n}}\left(\cos \frac{\varphi + 360°}{n} + i \operatorname{sen} \frac{\varphi + 360°}{n}\right)$$

$$k = 2 \Rightarrow w_3 = \rho^{\frac{1}{n}}\left(\cos \frac{\varphi + 2 \cdot 360°}{n} + i \operatorname{sen} \frac{\varphi + 2 \cdot 360°}{n}\right)$$

$$k = 3 \Rightarrow w_4 = \rho^{\frac{1}{n}}\left(\cos \frac{\varphi + 3 \cdot 360°}{n} + i \operatorname{sen} \frac{\varphi + 3 \cdot 360°}{n}\right)$$

$$\vdots$$

$$k = n - 1 \Rightarrow w_n = \rho^{\frac{1}{n}}\left(\cos \frac{\varphi + (n-1) \cdot 360°}{n} + i \operatorname{sen} \frac{\varphi + (n-1) \cdot 360°}{n}\right)$$

As n raízes, $w_1, w_2, w_3, ..., w_n$, são distintas entre si e, se atribuirmos a k qualquer outro valor inteiro, repetiremos uma dessas raízes. Por exemplo:

$$k = n \Rightarrow w_{n+1} = \rho^{\frac{1}{n}}\left(\cos \frac{\varphi + n \cdot 360°}{n} + i \operatorname{sen} \frac{\varphi + n \cdot 360°}{n}\right) = \rho^{\frac{1}{n}}\left(\cos \frac{\varphi}{n} + i \operatorname{sen} \frac{\varphi}{n}\right) = w_1$$

Assim, a expressão $w = \rho^{\frac{1}{n}}\left(\cos\dfrac{\varphi + k \cdot 360°}{n} + i\operatorname{sen}\dfrac{\varphi + k \cdot 360°}{n}\right)$, com $k \in \mathbb{Z}$, representa exatamente n raízes distintas, de mesmo módulo $\rho^{\frac{1}{n}}$. Logo, todas essas raízes pertencem a uma mesma circunferência de raio $\rho^{\frac{1}{n}}$ e centro na origem O do sistema.

II. Os argumentos das raízes $w_1, w_2, w_3, ..., w_n$ são, respectivamente:

$$\frac{\varphi}{n}, \frac{\varphi}{n} + \frac{360°}{n}, \frac{\varphi}{n} + 2 \cdot \frac{360°}{n}, \frac{\varphi}{n} + 3 \cdot \frac{360°}{n}, ..., \frac{\varphi}{n} + (n - 1) \cdot \frac{360°}{n}$$

Essa sequência é uma progressão aritmética crescente de primeiro termo $\frac{\varphi}{n}$ e razão $\frac{360°}{n}$.

Por (I) e (II), concluímos que as imagens das raízes n-ésimas de z no plano complexo são vértices de um polígono regular de n vértices inscrito em uma circunferência de raio $\rho^{\frac{1}{n}}$ e centro na origem O do sistema.

EXERCÍCIOS RESOLVIDOS

34 Uma das raízes sextas de um número complexo z é $w = 3(\cos 20° + i \operatorname{sen} 20°)$. Determinar as outras cinco raízes sextas de z.

Resolução

Todas as raízes procuradas têm o mesmo módulo de w, isto é, 3.

No plano complexo, as imagens das raízes sextas de z dividem em 6 partes iguais a circunferência de raio 3 e centro na origem O do sistema.

Assim, as outras cinco raízes sextas de z são:

$w_2 = 3(\cos 80° + i\operatorname{sen} 80°)$;

$w_3 = 3(\cos 140° + i\operatorname{sen} 140°)$;

$w_4 = 3(\cos 200° + i\operatorname{sen} 200°)$;

$w_5 = 3(\cos 260° + i\operatorname{sen} 260°)$;

$w_6 = 3(\cos 320° + i\operatorname{sen} 320°)$.

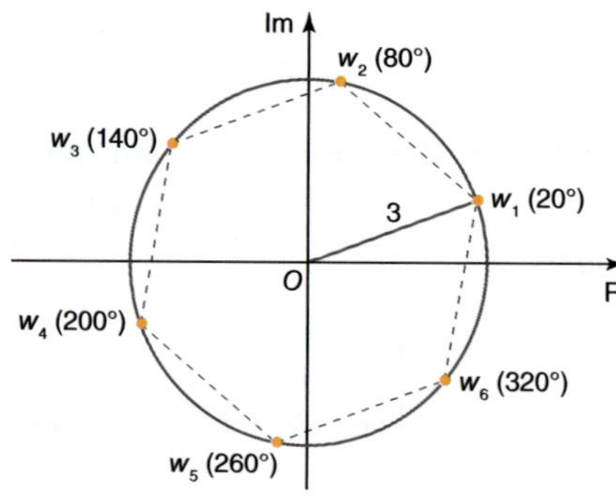

35 Determinar as raízes cúbicas de −1.

Resolução

- Uma das raízes cúbicas de −1 é o número $w = -1$, pois $w^3 = -1$. A forma trigonométrica dessa raiz é $w = 1(\cos 180° + i\operatorname{sen} 180°)$.
- As imagens das três raízes cúbicas de −1 são vértices de um triângulo equilátero inscrito em uma circunferência de raio $|w| = 1$ e centro na origem O do sistema.

Assim, temos:

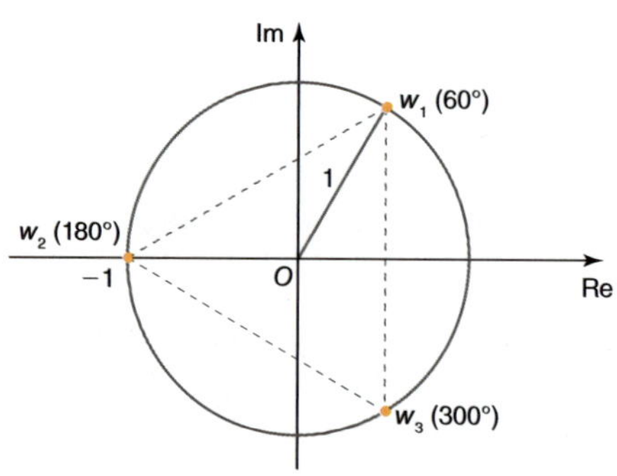

Logo, as raízes cúbicas de −1 são:

$w_1 = 1(\cos 60° + i\operatorname{sen} 60°) = \dfrac{1}{2} + \dfrac{\sqrt{3}i}{2}$

$w_2 = 1(\cos 180° + i\operatorname{sen} 180°) = -1 + 0i = -1$

$w_3 = 1(\cos 300° + i\operatorname{sen} 300°) = \dfrac{1}{2} - \dfrac{\sqrt{3}i}{2}$

EXERCÍCIOS PROPOSTOS

73 (Ufal) O número $2(\cos 12° + i\operatorname{sen} 12°)$ é uma das raízes quintas de:

a) $\frac{1}{2} + \frac{\sqrt{3}i}{2}$
b) $1 + \sqrt{3}i$
c) $8 - 8\sqrt{3}i$
d) $32 + 32\sqrt{3}i$
e) $16 + 16\sqrt{3}i$

74 Obtenha a forma trigonométrica das raízes quadradas do número complexo $z = 25\left(\cos\frac{2\pi}{7} + i\operatorname{sen}\frac{2\pi}{7}\right)$.

75 Represente na forma trigonométrica as raízes quartas do número complexo $z = 16\left(\cos\frac{4\pi}{11} + i\operatorname{sen}\frac{4\pi}{11}\right)$.

76 Obtenha a forma trigonométrica das raízes quintas do número complexo $z = 1$.

77 Represente na forma algébrica as raízes quartas de $z = -8 - 8\sqrt{3}i$.

78 Determine a forma algébrica das raízes sextas de -1.

79 Uma das raízes quintas de um complexo z é $w = 2(\cos 10° + i\operatorname{sen} 10°)$. Obtenha a forma trigonométrica das outras quatro raízes quintas de z.

80 Uma das raízes cúbicas de -125 é -5, pois $(-5)^3 = -125$. A partir dessa raiz conhecida e da representação geométrica das raízes procuradas, obtenha as outras duas raízes cúbicas de -125.

81 Uma das raízes sextas de 1 é 1, pois $1^6 = 1$. A partir dessa raiz conhecida e da representação geométrica das raízes procuradas, obtenha a forma algébrica das outras cinco raízes sextas de 1.

Resolva os exercícios complementares 72 a 79 e 85.

Material complementar Moderna PLUS http://www.modernaplus.com.br
Texto: *Forma exponencial de um número complexo.*

EXERCÍCIOS COMPLEMENTARES

Exercícios técnicos

1 Para que valores reais de x o número complexo $(3x - 12) + (x^2 - 16)i$ é real?

2 Obtenha os valores reais de x de modo que o número $x + (x^2 + 4)i$ seja real.

3 Determine os valores reais de k de modo que o número $(k^4 + 1) + 2i$ seja imaginário puro.

4 Para que valores reais de a e b o número complexo $(2a + b - 6) + (a - b)i$ é imaginário puro?

5 Determine os valores reais de p e q para que se obtenha a igualdade:
$2p + q + (p + q)i = -1 - (2p + q)i$

6 Sabendo que $x - y + (x^6 - y^3)i = 2i$, determine os números reais x e y.

7 (Ufam) A forma algébrica do número complexo $z = \frac{2 - 2i}{1 + i}$ é:

a) $-2i$ b) $2i$ c) $1 + i$ d) $1 - i$ e) $2 + 2i$

8 Resolva a expressão $\frac{2}{3i} - \frac{2i}{1 + i} - i(1 - 3i) + 4i$.

9 Qual é o número complexo z que satisfaz a equação $z\bar{z} + (z + \bar{z})i = 4$?

10 Sabendo que o número complexo $\frac{1 + 2i}{k + i}$ é imaginário puro, determine o número real k.

11 Determine o valor real de a de modo que o número complexo $z = \frac{2a + 1}{1 + ai}$ seja imaginário.

12 Determine o número imaginário puro z tal que $\frac{2z + 3i}{1 + i}$ seja um número real.

13 (Fuvest-SP) Nos itens abaixo, z denota um número complexo e i a unidade imaginária ($i^2 = -1$). Suponha $z \neq i$.

a) Para quais valores de z tem-se $\frac{z + i}{1 + iz} = 2$?
b) Determine o conjunto de todos os valores de z para os quais $\frac{z + i}{1 + iz}$ é um número real.

14 No diagrama a seguir, cada uma das letras t, u e v representa um dos números $z_1 = \frac{2i}{4 + 3i} + i(2 - i)$, $z_2 = \frac{\sqrt{2}}{2\sqrt{2} - i} + \frac{\sqrt{2}}{9i}$ e $z_3 = \frac{\sqrt{2}}{1 + \sqrt{2}i} - \frac{2}{3i}$.
Determine o número associado a cada uma dessas letras.

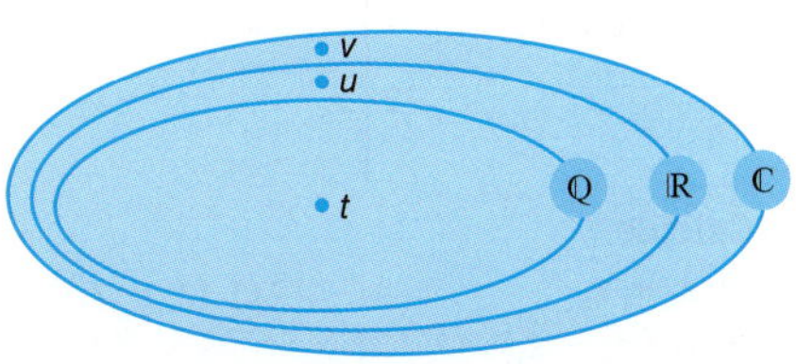

15 Represente na forma algébrica o número z tal que $z = \dfrac{i^{80} + i^{401} + i^{128}}{i^{40} + i^{39}}$.

16 Resolva a expressão $[(1 + i)^2 + (1 - i)^2]^{192}$.

17 (UFT-TO) Considere i a unidade imaginária dos números complexos. O valor da expressão $(i + 1)^8$ é:
a) 32i b) 32 c) 16 d) 16i

18 Determine o número complexo não nulo z tal que $i \cdot z^5 - (2z)^4 = 0$.

19 Determine o número real k tal que $(2k + i)^{10} \cdot (1 + 2ki)^{10} = -1$.

20 Para que valores reais de a o número complexo $(a - i)^4$ é real?

21 O número $2 - 2i$ é raiz da equação $x^8 - k = 0$, na incógnita x. Determine o número k.

22 (UEL-PR) Qual é a parte real do número complexo $z = a + bi$, com a e b reais e $a > 0$ e $b > 0$, cujo quadrado é $-5 + 12i$?
a) $\frac{1}{3}$ b) $\frac{1}{2}$ c) 1 d) 2 e) 3

23 Mostre que $3 + i$ é uma das raízes quartas de $28 + 96i$.

24 O número 2i é uma das raízes sextas de qual dos números abaixo?
a) 64i b) −64 c) −64i d) 64 + i e) 64 − i

25 Determine as raízes quadradas de −9.

26 Resolva em $\mathbb{C}$ cada uma das equações:
a) $x^2 - 6x + 13 = 0$
b) $ix^2 + x + 2i = 0$
c) $2x^2 + 2(1 + i)x + 1 + i = 0$

27 Resolva em $\mathbb{C}$ a equação $x^4 + 8ix^2 + 9 = 0$

28 Resolva em $\mathbb{C}$ a equação $z^3 + 1 = 0$

29 Determine o número complexo z tal que $\overline{z^6} - (\overline{z})^8 = \overline{(z^6 + z^7)}(2 + 8i)$

30 No plano complexo abaixo, estão representadas as imagens dos números complexos z_1, z_2 e z_3.

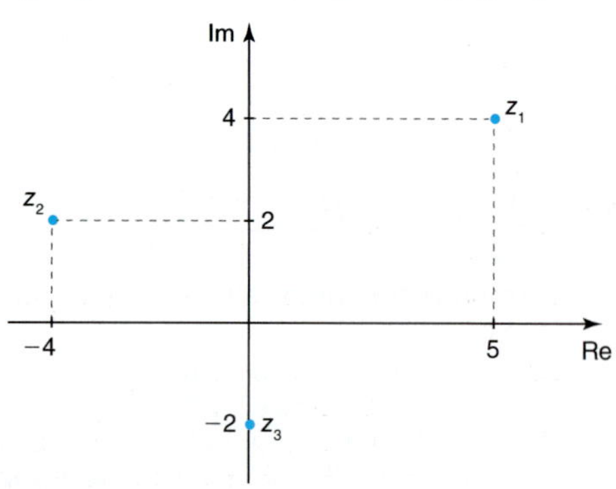

Calcule:
a) $z_1 + z_2$
b) $z_2 \cdot z_3 - z_1$
c) $(z_2 - z_1)^2 + (z_3)^7$

31 (FGV) Os quatro vértices de um quadrado no plano de Argand-Gauss são números complexos, sendo três deles $1 + 2i$, $-2 + i$ e $-1 - 2i$. O quarto vértice do quadrado é o número complexo:
a) 2 + i b) 2 − i c) 1 − 2i d) −1 + 2i e) −2 −i

32 (Unifesp) Quatro números complexos representam, no plano complexo, vértices de um paralelogramo. Três dos números são $z_1 = -3 - 3i$, $z_2 = 1$ e $z_3 = -1 + \frac{5i}{2}$. O quarto número tem as partes real e imaginária positivas. Esse número é:
a) 2 + 3i b) $3 + \frac{11i}{2}$ c) 3 + 5i d) $2 + \frac{11i}{2}$ e) 4 + 5i

33 No plano complexo, represente o lugar geométrico das imagens dos números complexos z tais que $z \cdot z = 16$.

34 Construa, no plano de Argand-Gauss, o gráfico do L.G. das imagens dos números complexos z em cada um dos casos.
a) $z = \overline{z}i$
b) $\overline{z} = zi$
c) $z = \overline{z}$
d) $z = -\overline{z}$
e) $z \cdot \overline{z} = z - \overline{z}$
f) $zi - z(1 + i) = 10i - \overline{z}$

35 Sendo $z = 3 + 4i$, temos $zi = -4 + 3i$. As representações de z e zi no plano complexo são:

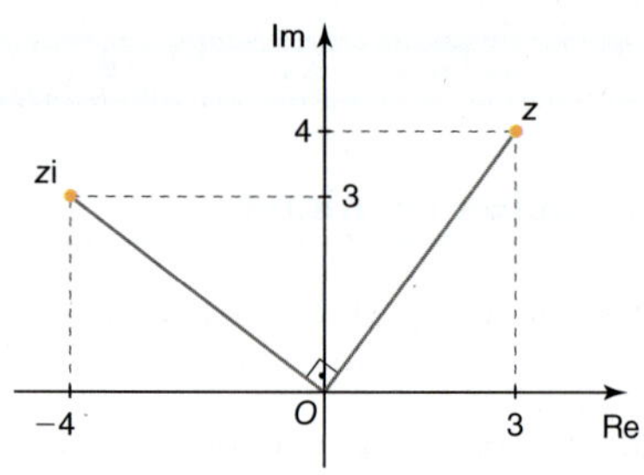

Observe que, ao multiplicar por i o número z, a imagem deste é transformada por uma rotação de 90° no sentido anti-horário em torno da origem O do sistema. Essa observação pode ser generalizada, isto é: ao multiplicar por i um número complexo não nulo qualquer z, a imagem deste é transformada por uma rotação de 90° no sentido anti-horário em torno da origem O do sistema.
De acordo com essa ideia, descreva a transformação sofrida pela imagem de um número complexo não nulo z ao multiplicá-lo por i^n, admitindo que o expoente n assuma todos os valores no conjunto $\mathbb{N}$.

36 Lembrando que o módulo de um número complexo é a distância entre sua imagem e o ponto O(0, 0) do plano de Argand-Gauss, represente nesse plano:
a) todos os números reais que têm módulo igual a 5.
b) todos os números complexos que têm módulo igual a 5.

37 Calcule:
a) $|-2 - 3i|$
b) $|-8 + 15i|$
c) $|1 + \sqrt{3}i|$
d) $\left|\frac{4}{5} - \frac{3i}{5}\right|$
e) $\left|\frac{\sqrt{2}}{2} + \frac{\sqrt{2}i}{2}\right|$
f) $|-4\sqrt{3} + 4i|$

38 Prove que $|z| = |\bar{z}|$ para todo número complexo z.

39 Represente no plano de Argand-Gauss o L.G. das imagens dos números complexos z em cada um dos casos:

a) $|z - 3i| = 5$ b) $|z + 4 - 2i| = 3$

40 (UFMG) Seja S o conjunto de números complexos z tais que $|z - (2 + 4i)| = 2$.

a) No plano complexo, faça o esboço de S, sendo $z = x + iy$, com x e y números reais.

b) Determine o ponto de S mais próximo da origem.

41 (Ufac) Considere x um número real. Dados os números complexos $w_1 = (x - 7)i$ e $w_2 = -2 + (x + 7)i$, o único caso em que ocorre a igualdade $|w_1| = |w_2|$ é quando:

a) $x = 0$ c) $x = -\frac{1}{7}$ e) $x = \frac{2\sqrt{3}}{3}$

b) $x = \frac{1}{7}$ d) $x = -\frac{\sqrt{2}}{2}$

42 Represente no plano de Argand-Gauss o L.G. das imagens dos números complexos z tais que $\left|z - \left(1 + \frac{i}{4}\right)\right| = \frac{1}{4} + \text{Im}(z)$, em que o símbolo Im(z) indica a parte imaginária do número z.

43 O número complexo $z = a + bi$, onde $\{a, b\} \subset \mathbb{R}^*$, é tal que o ponto (a, b) pertence à reta $2x - y + 1 = 0$. Sabendo que $|z| = 1$, determine z.

44 Calcule:

a) $\left|\frac{\sqrt{3} + \sqrt{10}i}{\sqrt{6} - \sqrt{11}i} \cdot \frac{\sqrt{15} + \sqrt{2}i}{\sqrt{7} + \sqrt{6}i}\right|$

b) $|(3 + i)^4 (\sqrt{6} + 2i)^4|$

45 Represente no plano de Argand-Gauss o L.G. das imagens dos números complexos z em cada um dos casos.

a) $|z| + |5\bar{z}| = 24$ b) $|z^4| = (9z)\bar{z}$

46 Considere os números complexos $z_1 = k + 6i$ e $z_2 = -1 + ki$, sendo k uma constante real. Determine k, sabendo que a distância entre as imagens de z_1 e z_2 é igual a 5.

47 (UFMT) O número complexo $z = a + bi$ é representado geometricamente por um ponto $P(a, b)$ no plano de Argand-Gauss que se denomina afixo. Seja $z = 2 + 3i$ e $\bar{z}$ seu conjugado. Os afixos de z, $\bar{z}$, $-z$ e $-\bar{z}$, representados no plano de Argand-Gauss, são os vértices de um quadrilátero Q. Determine o perímetro de Q.

48 (UEG-GO) O conjunto dos números complexos que satisfazem a condição $|z - 3i| = |z - 2|$ é representado no plano cartesiano por uma reta:

a) cujo coeficiente angular é positivo.

b) que contém a origem do sistema.

c) que não intercepta o eixo real.

d) cujo coeficiente angular é negativo.

49 Calcule o módulo e o argumento de cada um dos números complexos.

a) $z_3 = 2 - 2i$ c) $z_5 = \frac{\sqrt{3}}{2} + \frac{i}{2}$

b) $z_4 = -\sqrt{3} - i$

50 Determine o módulo ρ e o argumento φ, em grau, de cada um dos números complexos, z_1, z_2, z_3 e z_4, representados a seguir.

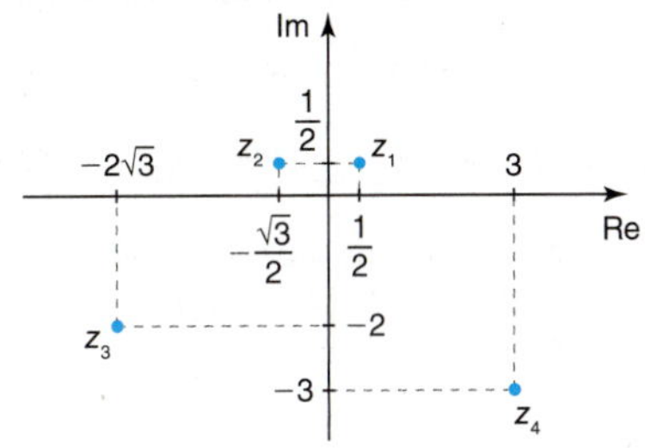

51 (Ibmec) Seja z um número complexo tal que:

$z = \left(\frac{2}{1 - i}\right)^4$, onde i é a unidade imaginária.

É correto afirmar que o módulo e o argumento de z são iguais, respectivamente, a:

a) 2 e $\frac{\pi}{2}$ c) 2 e $\frac{3\pi}{2}$ e) 4 e π

b) 2 e π d) 4 e $\frac{\pi}{2}$

52 Represente na forma trigonométrica cada um dos números complexos.

a) $z_1 = -2 - 2i$ d) $z_4 = 3i$

b) $z_2 = \frac{\sqrt{3}}{2} - \frac{i}{2}$ e) $z_5 = -5$

c) $z_3 = -2\sqrt{3} - 2i$ f) $z_6 = i$

53 Represente na forma algébrica cada um dos números complexos:

a) $z_1 = 4\left(\cos\frac{\pi}{3} + i\,\text{sen}\,\frac{\pi}{3}\right)$

b) $z_2 = 7(\cos 0 + i\,\text{sen}\,0)$

c) $z_3 = 6\left(\cos\frac{3\pi}{2} + i\,\text{sen}\,\frac{3\pi}{2}\right)$

54 (FGV) A figura indica a representação dos números z_1 e z_2 no plano complexo, com $|z_2| = 2$.

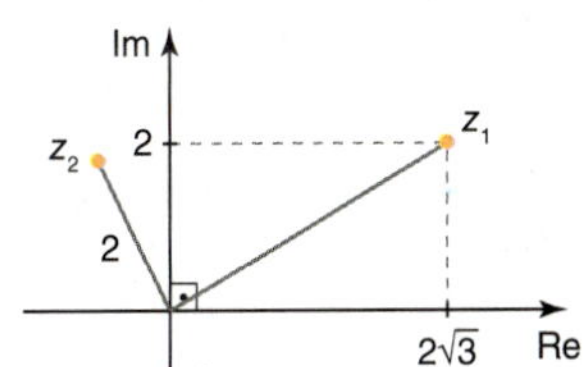

Se $z_1 \cdot z_2 = a + bi$, então $a + b$ é igual a:

a) $4(1 - \sqrt{3})$ d) $8(\sqrt{3} - 1)$

b) $2(\sqrt{3} - 1)$ e) $4(\sqrt{3} + 1)$

c) $2(1 + \sqrt{3})$

55 Considerando o lugar geométrico das imagens dos números complexos z tais que:

$z = 6\left[\cos\left(\frac{k\pi}{2}\right) + i\,\text{sen}\left(\frac{k\pi}{2}\right)\right]$, com $k \in \mathbb{Z}$ e $0 \leqslant k \leqslant 3$,

classifique como verdadeira (V) ou falsa (F) cada uma das afirmações.

a) Os pontos desse lugar geométrico pertencem a uma circunferência de centro (0, 0) e raio 6.

b) Pelo menos um ponto desse lugar geométrico representa um número complexo z tal que $|z| > 6$.

c) Os pontos desse lugar geométrico são vértices de um quadrado.

d) Os argumentos dos números complexos z, em ordem crescente, formam uma progressão aritmética de razão $\frac{\pi}{2}$.

e) Se em $z = 6\left[\cos\left(\frac{k\pi}{2}\right) + i\,\text{sen}\left(\frac{k\pi}{2}\right)\right]$ atribuirmos a k os infinitos valores inteiros, obteremos um lugar geométrico diferente do considerado no enunciado.

56 Obtenha todos os valores inteiros positivos n, com $n < 10$, de modo que $z = 6\left(\cos\frac{n\pi}{6} + i\,\text{sen}\frac{n\pi}{6}\right)$ seja imaginário puro.

57 Um número complexo z tem módulo 9 e argumento $\frac{\pi}{5}$ rad. Dê a forma trigonométrica do número $-z$, isto é, $-z = \rho(\cos\varphi + i\,\text{sen}\,\varphi)$, em que ρ é o módulo de $-z$ e φ é o argumento, com $0 \leq \varphi < 2\pi$.

58 Sejam:

$z = 20\left(\cos\frac{5\pi}{3} + i\,\text{sen}\frac{5\pi}{3}\right)$

$w = 5\left(\cos\frac{7\pi}{6} + i\,\text{sen}\frac{7\pi}{6}\right)$ e

$u = \cos\frac{\pi}{6} + i\,\text{sen}\frac{\pi}{6}$

Considerando os números complexos acima, dê a forma algébrica dos seguintes números:

a) $\frac{z}{w}$　c) $\frac{wu}{z}$　e) zwu

b) $\frac{w}{u}$　d) $\frac{1}{u}$　f) z^2

59 Seja $z = \rho(\cos\varphi + i\,\text{sen}\,\varphi)$ a forma trigonométrica do número complexo z, e seja $w = 5\left(\cos\frac{\pi}{12} + i\,\text{sen}\frac{\pi}{12}\right)$. Determine ρ e φ de modo que $zw = 15$.

60 Sendo $z = 2(\cos 40° + i\,\text{sen}\,40°)$, represente no plano complexo o número complexo w tal que $w = \frac{10}{z}$.

61 No plano complexo, abaixo, está representado o hexágono regular ABCDEF inscrito na circunferência cujo centro é a origem O do sistema de eixos tal que A é imagem do complexo $1 + 0i$.

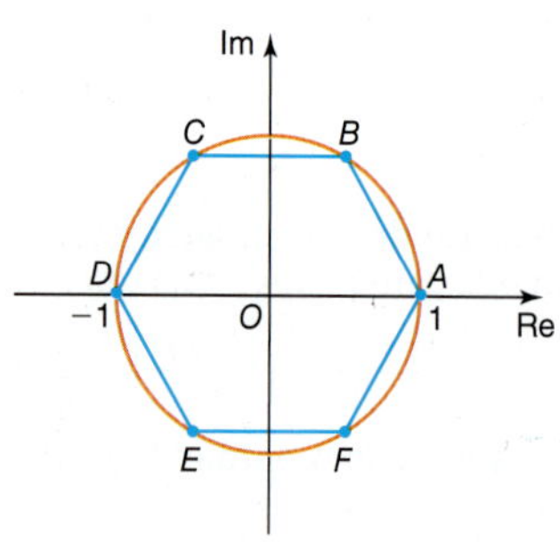

Prove que, se dois números complexos z e w têm imagens em dois vértices quaisquer desse hexágono, então o produto zw também tem imagem em um dos vértices desse hexágono.

62 (UFMS) [...] A figura abaixo mostra, no plano complexo, uma circunferência de centro na origem e raio 1, e as imagens de oito números complexos z_1, z_2, z_3, z_4, z_5, z_6, z_7 e z_8, que estão sobre os vértices de um octógono regular inscrito nessa circunferência.

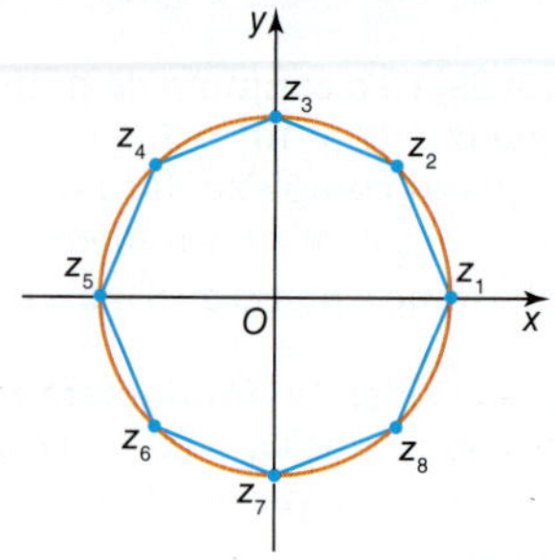

Considerando essas informações, assinale a(s) proposição(ões) verdadeira(s).

(001) $\overline{z}_2 = z_8$

(002) $z_3 \cdot z_7 = -1$

(004) $z_2 \cdot z_3 \cdot z_4 = \overline{z}_3$

(008) $z_4 = \cos 135° - i\,\text{sen}\,135°$

(016) $z_2 + z_6 = 0$

- Qual é a soma dos números que antecedem as alternativas verdadeiras?

63 Dados os números complexos $z = 2\,[\cos(t \cdot 10°) + i\,\text{sen}\,(t \cdot 10°)]$ e $w = 6(\cos 40° + i\,\text{sen}\,40°)$, determine o menor valor real positivo de t tal que o quociente $\frac{z}{w}$ seja um número real.

64 (Uerj) Considere o número complexo $z = \frac{1 - i}{1 + i\sqrt{3}}$.

Ao escrever z na forma trigonométrica, o módulo e o argumento serão, respectivamente:

a) $\sqrt{2}$ e $\frac{25\pi}{12}$　c) $\frac{\sqrt{2}}{2}$ e $\frac{25\pi}{12}$

b) $\sqrt{2}$ e $\frac{17\pi}{12}$　d) $\frac{\sqrt{2}}{2}$ e $\frac{17\pi}{12}$

65 Prove que, ao dividir por i um número complexo não nulo z, a imagem deste é transformada por uma rotação de 90° no sentido horário em torno da origem O do sistema de eixos do plano complexo.

66 (UFMT) Sejam os números complexos não nulos z e w, de argumentos α e β, respectivamente, com $0 \leq \alpha < 2\pi$ e $0 \leq \beta < 2\pi$. Se $w = zi$, pode-se afirmar que $\beta - \alpha$ é igual a:

a) $\frac{3\pi}{2}$　b) $\frac{\pi}{4}$　c) π　d) $\frac{\pi}{2}$　e) $\frac{3\pi}{4}$

67 Calcule:

a) $\left(-\frac{\sqrt{2}}{2} - \frac{\sqrt{2}i}{2}\right)^{100}$

b) $\left(2\sqrt{3} + i - i^{43}\right)^{6}$

c) $\left(\sqrt{2} - \sqrt{6}i\right)^{-6}$

68 Dados os números complexos $z = \sqrt{3}(\cos 60° + i\,\text{sen}\,60°)$ e $w = i^{23} + i^{34} + i$, dê a forma algébrica do complexo u tal que $u = z^6 - w^{29}$.

69 No plano complexo abaixo está representada a imagem de um número complexo z. Calcule z^6.

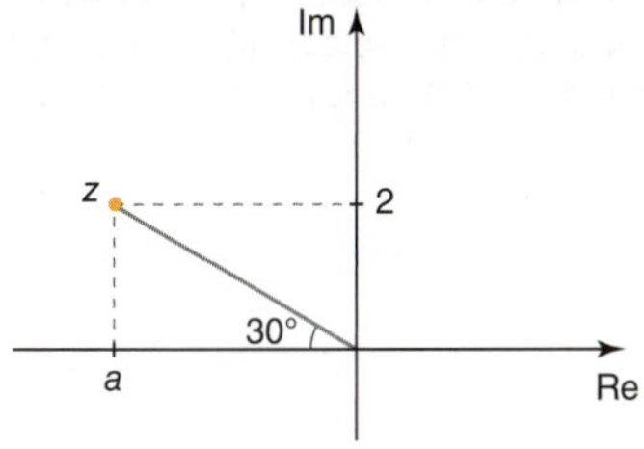

70 Sendo $z = \frac{3}{2} + \frac{\sqrt{3}i}{2}$, determine o maior valor inteiro negativo n de modo que z^n seja um número imaginário puro.

71 (Fuvest-SP) Sendo $w = \frac{-1 + i\sqrt{3}}{2}$, qual é o valor da soma $1 + w + w^2 + w^3 + ... + w^{61}$?

a) $\frac{-1 + i\sqrt{3}}{2}$

b) $\frac{-1 - i\sqrt{3}}{2}$

c) $\frac{1 + i\sqrt{3}}{2}$

d) 0

e) 1

72 Dê a forma trigonométrica das raízes cúbicas do número complexo $z = 27\left(\cos\frac{6\pi}{5} + i\,\text{sen}\,\frac{6\pi}{5}\right)$.

73 Encontre a forma trigonométrica das raízes cúbicas de $z = -\frac{\sqrt{2}}{2} + \frac{\sqrt{2}i}{2}$.

74 Dê a forma algébrica das raízes cúbicas de $z = 8i$.

75 Determine a forma algébrica das raízes quartas de -1.

76 Obtenha a forma algébrica das raízes cúbicas de 8.

77 Uma das raízes quartas de um complexo z é $w = \sqrt{2}\left(\cos\frac{3\pi}{8} + i\,\text{sen}\,\frac{3\pi}{8}\right)$. Determine as outras três raízes quartas de z.

78 Uma das raízes oitavas de 1 é 1, pois $1^8 = 1$. Com base nessa raiz conhecida e na representação geométrica das raízes procuradas, obtenha a forma trigonométrica das outras sete raízes oitavas de 1.

79 (UFC-CE) A área do polígono cujos vértices são as representações geométricas no plano de Argand-Gauss das raízes do polinômio $p(x) = x^6 - 1$ é:

a) $\frac{3\sqrt{3}}{2}$

b) $\frac{2\sqrt{3}}{3}$

c) $\frac{3\sqrt{2}}{2}$

d) $\frac{2\sqrt{2}}{3}$

e) $\frac{3\sqrt{3}}{4}$

Exercícios contextualizados

80 É comum, em Física, estudar o centro de massa de um corpo, aproximadamente plano, considerando-o contido no plano de Argand-Gauss. Dessa forma, dado um conjunto de pontos materiais de massas m_1, m_2 e m_3 localizados, respectivamente, nas imagens dos números complexos z_1, z_2 e z_3, define-se o centro de massa desse conjunto como a imagem do número complexo z dado por:

$$z = \frac{m_1 z_1 + m_2 z_2 + m_3 z_3}{m_1 + m_2 + m_3}$$

De acordo com essa ideia, considerando três pontos materiais de massas 2 kg, 3 kg e 5 kg localizados no plano de Argand-Gauss nos afixos dos complexos $z_1 = 6 + 3i$, $z_2 = -2 + 4i$ e $z_3 = 6i$, respectivamente, determine o centro de massa desse conjunto de pontos.

(*Nota:* O **centro de massa** de um corpo é o ponto onde se considera concentrada toda a massa do corpo para simplificação de cálculos.)

81 A definição de centro de massa z, apresentada na questão anterior, é estendida para qualquer número n de pontos materiais, com $n \in \mathbb{N}^*$, de massas m_1, m_2, m_3, ..., m_n localizados, respectivamente, em n pontos do plano complexo, imagens de z_1, z_2, z_3, ..., z_n, isto é:

$$z = \frac{m_1 z_1 + m_2 z_2 + m_3 z_3 + ... + m_n z_n}{m_1 + m_2 + m_3 + ... + m_n}$$

De acordo com essa ideia, considere cinco pontos materiais, de mesma massa m, localizados nas posições indicadas no plano complexo abaixo. Determine o número complexo que representa o centro de massa do sistema constituído por esses cinco pontos materiais.

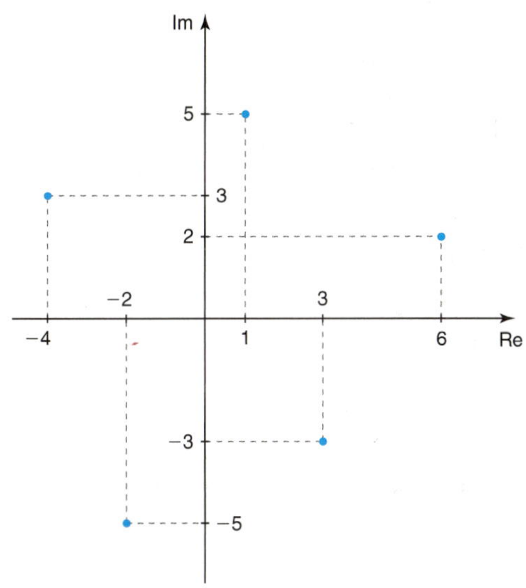

82 O raio da Terra mede aproximadamente 6.400 km. A distância entre os centros da Terra e da Lua é de 384.000 km, aproximadamente, e a massa da Terra é, aproximadamente, 80 vezes a massa da Lua. A que distância do centro da Terra está o centro de massa do sistema Terra-Lua?

83 Em uma região plana, um ciclista, partindo de um ponto O, percorre 8 km para nordeste e, depois, 6 km para sudeste, parando em um ponto P. Considerando essa região contida em um plano de Argand-Gauss de origem O, de eixo real orientado de oeste para leste e eixo imaginário orientado de sul para norte, determine o número complexo cuja imagem é P.

84 (UnB-DF) A figura a seguir ilustra, em determinado instante, a posição de dois segmentos, $\overline{AB}$ e $\overline{AD}$ quaisquer, que giram em torno de A com a mesma velocidade angular $\omega \neq 0$, porém em sentidos opostos, sendo que $\overline{AD}$ gira em sentido horário. Durante o movimento, os comprimentos dos segmentos $\overline{AB}$ e $\overline{AD}$ não variam. A figura tracejada mostra a posição dos segmentos em um instante diferente desse. Quando A, B e D não estão alinhados, um ponto C é determinado de modo que ABCD seja um paralelogramo; caso A, B e D estejam alinhados, o paralelogramo degenera-se em um segmento de reta.

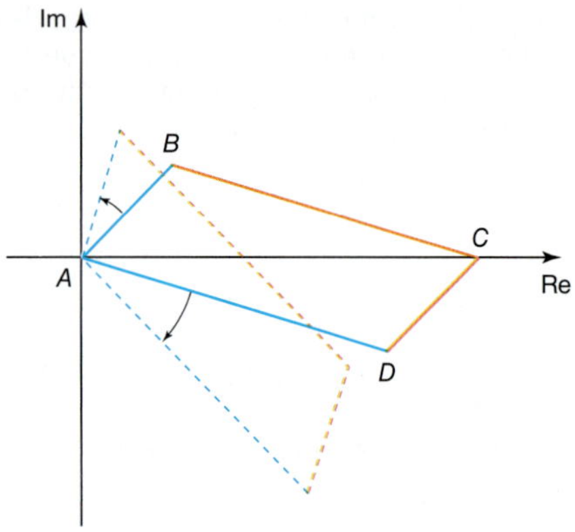

Admitindo que o plano do paralelogramo seja o plano complexo e supondo que o vértice A coincida com a origem do sistema de eixos e que o vértice C corresponda ao número complexo x + iy, classifique como verdadeira (V) ou falsa (F) cada uma das afirmações:

a) Se, em um dado instante do movimento, ABCD for um losango, então é correto concluir que os comprimentos dos segmentos $\overline{AB}$ e $\overline{AD}$ são iguais e que a trajetória do ponto C é um segmento de reta.

b) Se, no instante inicial t = 0, o vértice B coincidir com o número complexo z = 1 + i, então, em um instante arbitrário t, a posição desse vértice coincidirá com o número complexo $w = \cos \omega t - \text{sen}\, \omega t + i(\text{sen}\, \omega t + \cos \omega t)$.

c) Se, em um dado instante, os vértices B e D coincidirem com os números complexos $\sqrt{3}\left(\cos \frac{\pi}{3} + i\,\text{sen}\, \frac{\pi}{3}\right)$ e $1 - i$, respectivamente, então, nesse mesmo instante, o vértice C coincidirá com o número complexo $\frac{2 - \sqrt{3}}{2} + i$.

85 Na torre de uma igreja há um relógio cujo ponteiro dos minutos mede 1 m. Em cada movimento, o ponteiro se desloca $\frac{\pi}{30}$ rad. Associando à trajetória desse ponteiro um plano complexo cuja origem dos eixos coordenados coincide com o centro do relógio, e considerando que o eixo das abscissas esteja na direção desse ponteiro antes do início de um de seus movimentos, concluímos que, após cada movimento, a extremidade móvel do ponteiro estará em um ponto desse plano, que é raiz da equação:

a) $z^{30} = 1$
b) $z^{40} = 1$
c) $z^{50} = 1$
d) $z^{60} = 1$
e) $z^{70} = 1$

EXERCÍCIOS DE REVISÃO CUMULATIVA

Ao concluir o estudo deste capítulo, resolva estes exercícios, que envolvem alguns assuntos estudados nos capítulos anteriores.

1 Considerando no plano cartesiano a reta r de equação x + 2y − 4 = 0, determine os valores reais de k para que os pontos P(3, k) e Q(4, 5) estejam:

a) no mesmo semiplano de origem r.
b) em semiplanos opostos em relação a r.

2 Obtenha a equação reduzida da elipse de centro C(5, 4) e tangente aos dois eixos coordenados do plano cartesiano.

3 Qual é a equação reduzida da hipérbole de focos $F_1(0, 0)$ e $F_2(-6, 0)$ que intercepta o eixo das ordenadas no ponto P(0, 8)?

4 Encontre a equação reduzida da parábola de foco F(−4, 2) e diretriz (r) x − 4 = 0.

Um aluno resolveu o exercício abaixo. Observe a resolução e reflita sobre o comentário.

Exercício

Dado o número complexo $z = \cos\frac{2\pi}{5} + i\,\text{sen}\,\frac{2\pi}{5}$, represente no plano de Argand-Gauss todos os números complexos da forma z^n, com $n \in \mathbb{N}$ e $n \leq 10$.

Resolução

Aplicando o teorema de De Moivre: $z^n = \cos\frac{2\pi n}{5} + i\,\text{sen}\,\frac{2\pi n}{5}$

- Para $n = 0$:

$z^0 = \cos\frac{2\pi \cdot 0}{5} + i\,\text{sen}\,\frac{2\pi \cdot 0}{5}$

$\therefore \rho = 1$ e $\varphi = 0$

- Para $n = 1$:

$z^1 = \cos\frac{2\pi \cdot 1}{5} + i\,\text{sen}\,\frac{2\pi \cdot 1}{5}$

$\therefore \rho = 1$ e $\varphi = \frac{2\pi}{5}$

- Para $n = 2$:

$z^2 = \cos\frac{2\pi \cdot 2}{5} + i\,\text{sen}\,\frac{2\pi \cdot 2}{5}$

$\therefore \rho = 1$ e $\varphi = \frac{4\pi}{5}$

- Para $n = 3$:

$z^3 = \cos\frac{2\pi \cdot 3}{5} + i\,\text{sen}\,\frac{2\pi \cdot 3}{5}$

$\therefore \rho = 1$ e $\varphi = \frac{6\pi}{5}$

- Para $n = 4$:

$z^4 = \cos\frac{2\pi \cdot 4}{5} + i\,\text{sen}\,\frac{2\pi \cdot 4}{5}$

$\therefore \rho = 1$ e $\varphi = \frac{8\pi}{5}$

Etc.

Como todos os números complexos acima têm módulo 1, suas imagens pertencem à circunferência de raio 1 e centro na origem do sistema.

Além disso, em ordem crescente, os argumentos formam uma progressão aritmética de razão $\frac{2\pi}{5}$.

Então, para $n \leq 10$, as imagens procuradas são vértices de um polígono regular de 11 lados inscrito em uma circunferência de raio 1 e centro na origem do sistema de eixos:

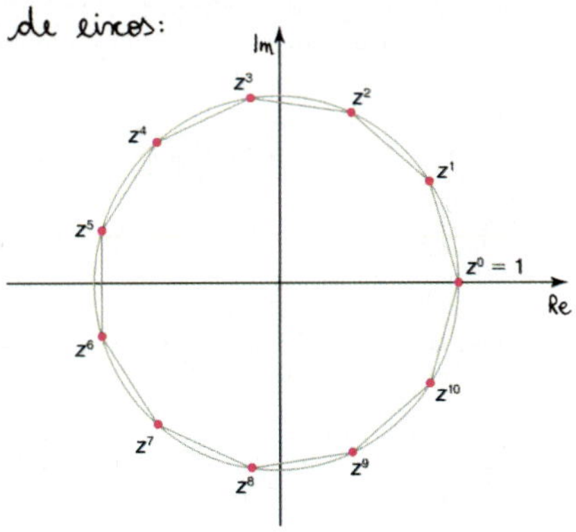

ERRADO!

Comentário

O aluno não percebeu que certos valores distintos de n determinam números complexos iguais; por exemplo, para $n = 0$ ou $n = 5$, obtemos os números complexos $z^0 = \cos 0 + i\,\text{sen}\,0$ e $z^5 = \cos 2\pi + i\,\text{sen}\,2\pi$, que têm a mesma imagem. Assim, o número de pontos do plano complexo determinados por z^n é menor que 11. Portanto, a resposta do aluno está incorreta.

Refaça essa resolução, corrigindo-a.

Capítulo

7

Polinômios

Todo número inteiro pode ser decomposto em uma soma de múltiplos de potências de 10; por exemplo, 2.536 pode ser representado por $2 \cdot 10^3 + 5 \cdot 10^2 + 3 \cdot 10^1 + 6 \cdot 10^0$. Essa representação é chamada de decomposição polinomial do número 2.536. Neste capítulo, estudaremos os polinômios, que são generalizações desse tipo de representação, em que as potências de 10 são substituídas por potências de uma variável e os coeficientes são substituídos por números complexos quaisquer.

7.1 Polinômios

Monômio em uma variável é toda expressão algébrica que representa o produto de um número complexo por uma variável x de expoente natural. Qualquer soma desses monômios é um polinômio em uma variável.

7.2 Operações com polinômios

Os conceitos de adição, subtração, multiplicação e divisão de polinômios têm estreita ligação com os conceitos correspondentes no conjunto dos números inteiros.

Para pensar

Uma equipe de cientistas, estudando a população mundial de uma espécie de animal em extinção, concluiu que o número de espécimes $f(x)$ em todo o mundo decresce, desde o final do ano de 2008, segundo a função polinomial $f(x) = x^2 - 120x + 2.000$, em que x representa o tempo, em ano, a partir do final de 2008.

- De acordo com os dados apresentados, quantos espécimes desse animal havia em todo o planeta ao final do ano de 2008?

Seção 7.1

Polinômios

Objetivos

- **Reconhecer** um polinômio.
- **Determinar** o grau de um polinômio não identicamente nulo.
- **Calcular** o valor numérico de um polinômio.
- **Aplicar** o conceito de identidade de polinômios.

Termos e conceitos

- polinômio
- monômio
- coeficiente dominante
- polinômios idênticos

Acompanhe a seguinte situação.

Um construtor destinou determinada verba para a construção de casas de alto padrão ou de apartamentos populares. O dinheiro pode ser empregado apenas na construção de casas, ou apenas na construção de apartamentos, ou ainda uma parte na construção de casas e a outra na construção de apartamentos.

Casa em condomínio residencial de alto padrão.

Conjunto residencial em fase final de construção.

Após o estudo das possibilidades de construção com os recursos disponíveis, o construtor obteve o gráfico a seguir, em que cada ponto (x, y) da curva, sendo x e y números naturais, representa o número x de casas e o número y de apartamentos.

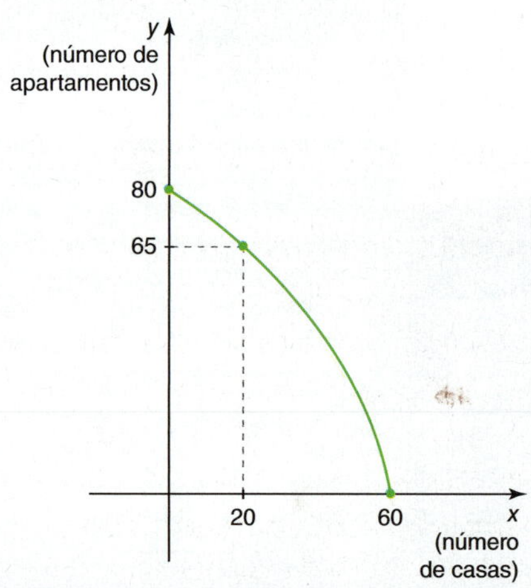

Observe o fato de o gráfico não ser formado por pontos de uma reta. Isso ocorre por vários motivos, entre eles porque o custo por apartamento construído diminui conforme aumenta o número de apartamentos. Por isso, não há proporcionalidade entre as variações correspondentes de x e y. O mesmo ocorre com o número de casas construídas.

Em Economia, esse gráfico é chamado de **curva de possibilidade de produção** e pode ser aproximado pelo gráfico de uma função do tipo $y = ax^2 + bx + c$. Para determinar os valores a, b e c, basta substituir x e y pelas coordenadas dos três pontos (0, 80), (20, 65) e (60, 0), obtendo o sistema:

$$\begin{cases} a \cdot 0^2 + b \cdot 0 + c = 80 \\ a \cdot 20^2 + b \cdot 20 + c = 65 \\ a \cdot 60^2 + b \cdot 60 + c = 0 \end{cases}$$

Portanto: $a = -\dfrac{7}{480}$, $b = -\dfrac{11}{24}$ e $c = 80$. Logo: $y = -\dfrac{7x^2}{480} - \dfrac{11x}{24} + 80$

A expressão $-\dfrac{7x^2}{480} - \dfrac{11x}{24} + 80$ é chamada de **polinômio na variável *x***.

As funções polinomiais são muito utilizadas quando se pretende obter resultados numéricos, porque os cálculos efetuados com esse tipo de função exigem apenas adições e multiplicações. Muitos matemáticos dedicaram boa parte de sua vida em busca de funções polinomiais que se aproximassem o máximo possível de funções não polinomiais como a exponencial e^x, o seno, o cosseno etc.

A importância teórica e prática dos polinômios justifica dedicar este capítulo ao seu estudo.

Polinômio com uma variável

Polinômio na variável x é toda expressão $P(x)$ que pode ser apresentada na forma:

$$a_nx^n + a_{n-1}x^{n-1} + a_{n-2}x^{n-2} + ... + a_1x + a_0$$

em que $\{a_0, a_1, a_2, ..., a_n\} \subset \mathbb{C}$, $\{n, n-1, n-2, ..., 1, 0\} \subset \mathbb{N}$ e a variável x pode assumir qualquer valor complexo.

- Para indicar que $P(x)$ representa a expressão $a_nx^n + a_{n-1}x^{n-1} + a_{n-2}x^{n-2} + ... + a_1x + a_0$, escrevemos:
  $P(x) \equiv a_nx^n + a_{n-1}x^{n-1} + a_{n-2}x^{n-2} + ... + a_1x + a_0$ (O símbolo $\equiv$ deve ser lido: "é idêntico a") ou
  $P(x) = a_nx^n + a_{n-1}x^{n-1} + a_{n-2}x^{n-2} + ... + a_1x + a_0$
- Cada uma das parcelas a_nx^n, $a_{n-1}x^{n-1}$, $a_{n-2}x^{n-2}$, ..., a_1x e a_0 é um **termo** ou **monômio** do polinômio, sendo a_0 o **termo independente** da variável x.
- Os números complexos $a_n, a_{n-1}, a_{n-2}, ..., a_1$ e a_0 são os **coeficientes** do polinômio. Se todos esses coeficientes forem iguais a zero, o polinômio é chamado de **identicamente nulo**. Indica-se que um polinômio $P(x)$ é identicamente nulo por $P(x) \equiv 0$.
- O **grau** de um polinômio não identicamente nulo é o maior expoente da variável entre os termos de coeficientes não nulos. Indicamos o grau de um polinômio P pelo símbolo ∂P (lemos "del P") ou pelo símbolo gr(P).
- Não se define grau de um polinômio identicamente nulo, pois todos os seus coeficientes são nulos.
- O coeficiente não nulo da variável de maior expoente é o **coeficiente dominante** do polinômio, ou seja, o coeficiente dominante é o coeficiente do termo que determina o grau do polinômio.
- Chamamos de **polinômio unitário** todo polinômio de coeficiente dominante igual a 1.
- Atribuindo um valor complexo α à variável x, obtemos a expressão
  $a_n\alpha^n + a_{n-1}\alpha^{n-1} + a_{n-2}\alpha^{n-2} + ... + a_1\alpha + a_0$, cujo resultado é denominado **valor numérico** do polinômio para $x = \alpha$. Indica-se esse valor numérico por $P(\alpha)$.
- Chamamos de **raiz** do polinômio $P(x)$ todo número complexo α tal que $P(\alpha) = 0$. A raiz também é chamada de **zero** do polinômio.

Exemplos

a) A expressão $6x^4 + 2x^3 + x^2 - 7x + 9$ é um polinômio de grau 4 em que:

- 6, 2, 1, −7 e 9 são seus coeficientes;
- x é sua variável;
- $6x^4$, $2x^3$, x^2, $-7x$ e 9 são seus termos ou seus monômios;
- 9 é seu termo independente;
- 6 é o seu coeficiente dominante.

b) A expressão $7t^5 + 6it^3 - 10t$, que pode ser representada na forma $7t^5 + 0t^4 + 6it^3 + 0t^2 - 10t + 0$ é um polinômio de grau 5 em que:

- 7, 0, 6i, 0, −10 e 0 são seus coeficientes;
- t é sua variável;
- $7t^5$, $0t^4$, $6it^3$, $0t^2$, $-10t$ e 0 são seus termos ou seus monômios;
- 0 é seu termo independente;
- 7 é seu coeficiente dominante.

c) O número 3 é um polinômio de grau zero, pois pode ser representado na forma $3x^0$. Todo número complexo não nulo é um polinômio de grau zero.

d) Todo número complexo é chamado de **polinômio constante**, inclusive o número zero, do qual não se define grau.

e) As expressões $5x^{-3} + 6x^2 + 4x^{-1} + 7$ e $3t^{\frac{1}{2}} + 4t^3 + 5t - 2$ não são polinômios, pois em cada uma delas há pelo menos um termo não nulo cujo expoente da variável **não é número natural**.

Notas:

1. Quando os coeficientes de um polinômio são números complexos quaisquer e sua variável pode assumir quaisquer valores complexos, eles são chamados de polinômio complexo de variável complexa.
2. Chamamos de polinômio real de variável real aquele que possui todos os coeficientes reais e sua variável assume apenas valores reais.
3. Toda função do tipo $y = P(x)$, em que $P(x)$ é um polinômio, é chamada de função polinomial.

EXERCÍCIOS RESOLVIDOS

1 Para que valor complexo de k o polinômio $P(x) \equiv (k^2 - 4)x^3 + (k - 2)x$ é identicamente nulo?

Resolução

Por definição de polinômio identicamente nulo, temos:

$$P(x) \equiv 0 \Leftrightarrow \begin{cases} k^2 - 4 = 0 \\ k - 2 = 0 \end{cases}$$

Da primeira equação do sistema, deduzimos que $k = 2$ ou $k = -2$; e da segunda, que $k = 2$. Logo, o valor de k que satisfaz as duas equações simultaneamente é $k = 2$.
Concluímos, então, que $P(x)$ é identicamente nulo para $k = 2$.

2 Determinar os possíveis valores complexos de a de modo que o polinômio $P(t) \equiv (a^2 - 9)t^4 + 2t^3 - 3t - 8$ tenha grau 4.

Resolução

$gr(P) = 4 \Leftrightarrow a^2 - 9 \neq 0$

$\therefore a \neq 3$ e $a \neq -3$

Logo, o polinômio $P(t)$ tem grau 4 para todo número complexo a tal que $a \neq 3$ e $a \neq -3$.

3 Sendo $P(x) \equiv 5x^3 + 3x^2 - 6$, calcular $P(2)$.

Resolução

O símbolo $P(2)$ indica o valor numérico do polinômio para $x = 2$. Assim, temos:

$P(2) = 5 \cdot 2^3 + 3 \cdot 2^2 - 6 = 46$

4 Determinar as raízes de cada um dos polinômios a seguir.

a) $P(x) \equiv 5x^2 - 3x - 2$

b) $Q(x) \equiv x^3 - 1$

Resolução

a) As raízes de $P(x)$ são as raízes da equação $P(x) = 0$, ou seja, as mesmas da equação do 2º grau $5x^2 - 3x - 2 = 0$.
Temos:
$\Delta = (-3)^2 - 4 \cdot 5 \cdot (-2) = 49$
Logo:

$$x = \frac{-(-3) \pm \sqrt{49}}{2 \cdot 5} = \frac{3 \pm 7}{10}$$

$\therefore x = 1$ ou $x = -\frac{2}{5}$

Concluímos, então, que as raízes de $P(x)$ são

1 e $-\frac{2}{5}$.

b) Basta resolver a equação $Q(x) = 0$, ou seja:

$x^3 - 1 = 0$

Podemos fatorar o primeiro membro como uma diferença de cubos e aplicar a propriedade do produto nulo:

$(x - 1)(x^2 + x + 1) = 0 \Rightarrow x - 1 = 0$ ou

$x^2 + x + 1 = 0$

- De $x - 1 = 0$, obtemos:
  $x = 1$
- De $x^2 + x + 1 = 0$, temos:
  $\Delta = 1^2 - 4 \cdot 1 \cdot 1 = -3$
  Como as raízes quadradas de -3 são $\sqrt{3}i$ e $-\sqrt{3}i$, obtemos:
  $x = \frac{-1 + \sqrt{3}i}{2}$ ou $x = \frac{-1 - \sqrt{3}i}{2}$

Concluímos, então, que as raízes de $Q(x)$ são:

$1, \frac{-1 + \sqrt{3}i}{2}$ e $\frac{-1 - \sqrt{3}i}{2}$

EXERCÍCIOS PROPOSTOS

1 Dentre as expressões apresentadas abaixo, qual é polinômio na variável x?

a) $x^{\sqrt{3}} + x^2 - 5x + 3$

b) $4x^5 + 2x^{-3} + x^{-1} + 5$

c) $6x + \frac{1}{x^4} + x - 1$

d) $\sqrt{x} + 3x^2 - 2x$

e) $9ix^3 - \frac{5x^9}{7} - \sqrt{7}$

2 Determine os números complexos a e b para que o polinômio $P(x) \equiv (2a + 3b)x^4 - (a - b + 5)x^2$ seja identicamente nulo.

3 Determine o grau de cada um dos polinômios a seguir.

a) $P(x) \equiv 6x^3 - 2x^7 + 3x^2 + 0x^8 + 3$

b) $Q(t) \equiv 4t^3 + (i^2 + 1)t^6 - 2it^5 - 6$

c) $T(x) \equiv \sum_{j=1}^{9}(9 - j)x^j$

4 Determine o número complexo m para que o polinômio $P(x) \equiv (m^2 - 9)x^6 + (m - 3)x^4 + 7x - 2$ tenha grau 6.

5 Para que valor complexo de k o polinômio $P(z) \equiv (k^2 - 4)z^7 + (k - 2)z^5 + 9z^2 - 1$ tem grau 5?

6 O polinômio $P(x) \equiv x^3 + (a + 4)x^2 + 1$, com $a \in \mathbb{C}$, é tal que $P(-2) = 5$. Determine o número complexo a.

7 O polinômio $P(x) \equiv (a - b)x^4 + ax^2 + 2x - b - 1$, em que a e b são números complexos, é tal que $P(2) = 18$ e $P(1) = 5$. Calcule $P(2i)$.

8 Determine o polinômio $P(x)$ do 2º grau tal que $P(0) = 2$, $P(1) = 3$ e $P(2) = 8$.
[*Sugestão*: Indique o polinômio por $P(x) \equiv ax^2 + bx + c$, com $\{a, b, c\} \subset \mathbb{C}$ e $a \neq 0$.]

9 Estudando um movimento de uma partícula, um físico associou a cada instante x, em segundo, a distância y, em metro, entre a partícula e um referencial. O gráfico da figura 1, abaixo, mostra alguns pontos (x, y) obtidos nessas observações desde o instante inicial do experimento ($x = 0$). Para descrever o movimento da partícula por uma equação matemática, o cientista aproximou os pontos pela função polinomial $P(x) = ax^2 + bx + c$ cujo gráfico é a parábola descrita pelo gráfico da figura 2.

a) Determine as constantes reais a, b e c.

b) De acordo com a função polinomial P, estime a distância entre a partícula e o referencial no instante $x = 2{,}5$ s.

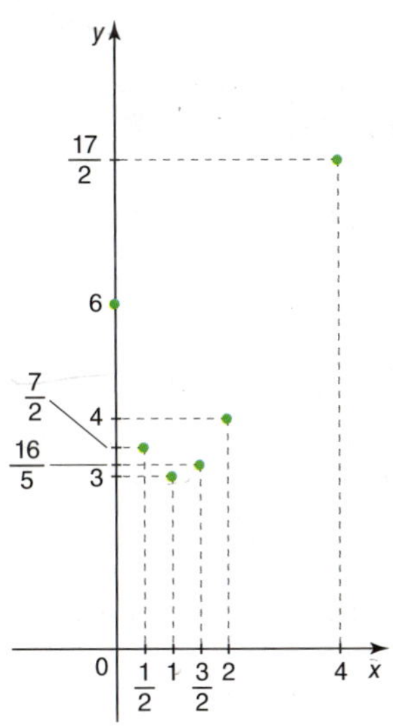

Figura 1

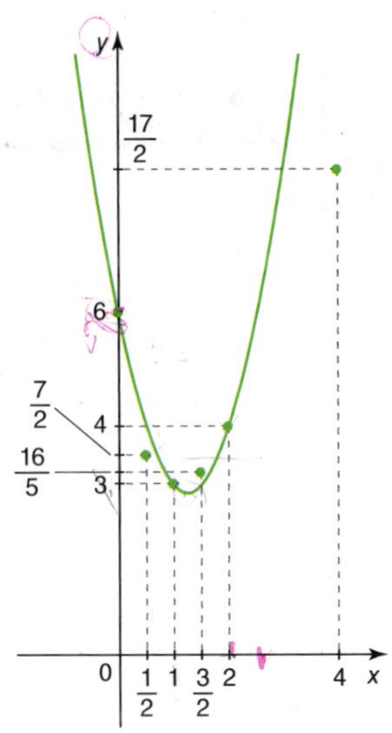

Figura 2

10 Determine as raízes de cada um dos polinômios a seguir.

a) $P(x) \equiv 2x^2 - x - 1$

b) $Q(x) \equiv x^3 + 1$

c) $T(x) \equiv x^3 - 4x^2 + x - 4$

[*Sugestão*: Fatore o polinômio $T(x)$.]

11 Determine os números complexos a e b sabendo que 1 e -1 são raízes do polinômio $P(x) \equiv (2a - b)x^4 + ax^3 + (3b - 2a)x^2 + 1$.

Resolva os exercícios complementares 1 a 10 e 76 a 80.

Identidade de polinômios

Considere os polinômios $P(x) \equiv 2x^2 + 4x + 3$ e $Q(x) \equiv ax^2 + bx + c$, em que a, b e c são constantes complexas. Dizemos que $P(x)$ e $Q(x)$ são polinômios idênticos se, e somente se, $P(\alpha) = Q(\alpha)$ para qualquer $\alpha \in \mathbb{C}$.

Assim, para determinar as constantes a, b e c, podemos atribuir a x três valores distintos quaisquer e formar um sistema de três equações e três incógnitas. Por exemplo:

$$\begin{cases} P(0) = Q(0) \\ P(1) = Q(1) \\ P(-1) = Q(-1) \end{cases} \Leftrightarrow \begin{cases} 2 \cdot 0^2 + 4 \cdot 0 + 3 = a \cdot 0^2 + b \cdot 0 + c \\ 2 \cdot 1^2 + 4 \cdot 1 + 3 = a \cdot 1^2 + b \cdot 1 + c \\ 2 \cdot (-1)^2 + 4 \cdot (-1) + 3 = a \cdot (-1)^2 + b \cdot (-1) + c \end{cases}$$

$$\text{Assim: } \begin{cases} c = 3 \\ a + b + c = 9 \\ a - b + c = 1 \end{cases} \therefore\ a = 2, b = 4 \text{ e } c = 3$$

Então, concluímos que os polinômios $P(x)$ e $Q(x)$ são idênticos se, e somente se, os coeficientes de termos de mesmo grau são iguais. De modo geral, podemos definir:

> Os polinômios $a_nx^n + a_{n-1}x^{n-1} + a_{n-2}x^{n-2} + ... + a_1x + a_0$ e $b_nx^n + b_{n-1}x^{n-1} + b_{n-2}x^{n-2} + ... + b_1x + b_0$, na variável x, são **idênticos** se, e somente se, os coeficientes a_j e b_j obedecerem à condição:
>
> $$a_j = b_j, \forall j, \text{ com } j \in \mathbb{N} \text{ e } 0 \leq j \leq n$$

Indicamos que dois polinômios $P(x)$ e $Q(x)$ são idênticos por $P(x) \equiv Q(x)$; caso não sejam idênticos, indicamos por $P(x) \not\equiv Q(x)$.

EXERCÍCIOS RESOLVIDOS

5 Obter a constante k para que os polinômios $P(x) \equiv (k^2 - 6)x^2 + kx - 3$ e $Q(x) \equiv 10x^2 - 4x - 3$ sejam idênticos.

Resolução

$$P(x) \equiv Q(x) \Leftrightarrow \begin{cases} k^2 - 6 = 10 \\ k = -4 \end{cases}$$

Da primeira equação do sistema, deduzimos que $k = 4$ ou $k = -4$; e da segunda, que $k = -4$.
Logo, o valor de k que satisfaz as duas equações simultaneamente é $k = -4$.
Concluímos, então, que $P(x) \equiv Q(x)$ para $k = -4$.

6 Para que valores complexos de a e b os polinômios $P(x) \equiv (a + b)x^4 + 2x^2 + x - 5$ e $Q(x) \equiv 5x^4 + (a + 6b)x^3 + 2x^2 + x - 5$ são idênticos?

Resolução

$$P(x) \equiv Q(x) \Leftrightarrow \begin{cases} a + b = 5 \\ a + 6b = 0 \end{cases}$$

Assim, obtemos $a = 6$ e $b = -1$.

EXERCÍCIOS PROPOSTOS

12 Determine o complexo a na identidade de polinômios: $(a^2 - 1)x^3 + (4a - 2)x^2 + x + 6 \equiv 2x^2 + x + 6$

13 Os polinômios $P(x) \equiv 3x^2 + 5$ e $Q(x) \equiv (a^2 - 1)x^2 + (a - 2b)x + ab + 3$ obedecem à condição $P(\alpha) = Q(\alpha)$, para qualquer número complexo α. Determine os valores de a e b.

Resolva os exercícios complementares 11 e 12.

Operações com polinômios

Objetivos

- **Efetuar** adições, subtrações, multiplicações e divisões de polinômios.
- **Dividir** polinômios pelo método da chave.
- **Aplicar** o teorema do resto e o de D'Alembert.
- **Verificar** se um polinômio $P(x)$ é divisível por $kx - a$, com $k \neq 0$.
- **Aplicar** o dispositivo de Briot-Ruffini na divisão de um polinômio $P(x)$ por $kx - a$, com $k \neq 0$.

Adição de polinômios

Sejam os polinômios $P(x) \equiv a_nx^n + a_{n-1}x^{n-1} + a_{n-2}x^{n-2} + ... + a_1x + a_0$ e $Q(x) \equiv b_nx^n + b_{n-1}x^{n-1} + b_{n-2}x^{n-2} + ... + b_1x + b_0$.

A **soma** de $P(x)$ com $Q(x)$ é o polinômio:

$$P(x) + Q(x) \equiv (a_n + b_n)x^n + (a_{n-1} + b_{n-1})x^{n-1} + $$
$$+ (a_{n-2} + b_{n-2})x^{n-2} + ... + (a_1 + b_1)x + a_0 + b_0$$

Podemos indicar a soma $P(x) + Q(x)$ também por $(P + Q)(x)$ ou, simplesmente, por $P + Q$.

A operação que associa $P(x)$ e $Q(x)$ à soma desses polinômios é chamada de **adição**.

Exemplo

Para calcular a soma dos polinômios $P(x) \equiv 12x^4 + 6x^2 + 2x + 7$ e $Q(x) \equiv 4x^3 + 9x^2 - x - 8$, que devem ser entendidos como $P(x) \equiv 12x^4 + \mathbf{0x^3} + 6x^2 + 2x + 7$ e $Q(x) \equiv \mathbf{0x^4} + 4x^3 + 9x^2 - x - 8$, adicionamos os coeficientes dos termos de $P(x)$ com os coeficientes dos termos de $Q(x)$ que têm, respectivamente, o mesmo expoente na variável, isto é:

$P(x) + Q(x) \equiv (12 + \mathbf{0})x^4 + (\mathbf{0} + 4)x^3 + (6 + 9)x^2 + (2 - 1)x + 7 - 8 \Rightarrow$

$\Rightarrow P(x) + Q(x) \equiv 12x^4 + 4x^3 + 15x^2 + x - 1$

Propriedades da adição

A adição de polinômios possui as propriedades a seguir, cujas demonstrações, por serem simples, deixamos como exercício.

Sendo $P(x)$, $Q(x)$ e $T(x)$ polinômios quaisquer, temos:

A1. Associativa: $[P(x) + Q(x)] + T(x) \equiv P(x) + [Q(x) + T(x)]$

A2. Comutativa: $P(x) + Q(x) \equiv Q(x) + P(x)$

A3. Elemento neutro: Existe o polinômio $0(x)$ tal que:

$P(x) + 0(x) \equiv 0(x) + P(x) \equiv P(x)$

O polinômio $0(x)$ é chamado de **identicamente nulo** e é o elemento neutro da adição de polinômios.

A4. Elemento oposto: Para todo polinômio $P(x)$ existe o polinômio $-P(x)$, denominado oposto de $P(x)$, tal que:

$P(x) + [-P(x)] \equiv [-P(x)] + P(x) \equiv 0(x)$, em que $0(x)$ é o polinômio identicamente nulo.

Consequência

O oposto do polinômio $P(x) \equiv a_nx^n + a_{n-1}x^{n-1} + a_{n-2}x^{n-2} + ... + a_1x + a_0$ é $-P(x) \equiv -a_nx^n - a_{n-1}x^{n-1} - a_{n-2}x^{n-2} - ... - a_1x - a_0$.

Por exemplo, o oposto do polinômio $P(x) \equiv 4x^3 + 3x^2 - 5x - 9$ é $-P(x) \equiv -4x^3 - 3x^2 + 5x + 9$.

Grau do polinômio soma

Temos o seguinte teorema envolvendo o grau dos polinômios em uma adição:

> Se os polinômios P e Q têm graus m e n, respectivamente, com $m \geqslant n$, e $P + Q$ é não nulo, então:
>
> $$\text{gr}(P + Q) \leqslant m$$

Demonstração

Sejam $P(x) = \sum_{i=1}^{m} a_i x^i$ e $Q(x) = \sum_{j=1}^{n} b_j x^j$, com $\text{gr}(P) = m$, $\text{gr}(Q) = n$ e $m \geqslant n$.

1º caso: $m = n$

- Se $a_m + b_m \neq 0$, então $\text{gr}(P + Q) = m$.
- Se $a_m + b_m = 0$ e $P + Q$ é não nulo, então $\text{gr}(P + Q) < m$.

Logo, $\text{gr}(P + Q) \leqslant m$.

2º caso: $m > n$

Temos:

$$P(x) + Q(x) = \sum_{i=1}^{n} (a_i + b_i)x_i + \sum_{j=n+1}^{m} a_j x^j$$

Por hipótese, $\text{gr}(P) = m$. Logo, $a_m \neq 0$ e, portanto, $\text{gr}(P + Q) = m$.

Assim, pelo 1º e pelo 2º caso, concluímos que $\text{gr}(P + Q) \leqslant m$.

EXERCÍCIOS RESOLVIDOS

7 Dados os polinômios $P(x) \equiv (k^2 - 9)x^5 + 6x^3 + x^2 + 7$ e $Q(x) \equiv 2x^4 - 4x^3 + 5$:

a) calcular $P(x) + Q(x)$.

b) discutir, em função de k, o grau do polinômio $P + Q$.

Resolução

a) $P(x) + Q(x) \equiv (k^2 - 9)x^5 + 2x^4 + 2x^3 + x^2 + 12$

b) Se $k^2 - 9 \neq 0$, então $\text{gr}(P + Q) = 5$

Se $k^2 - 9 = 0$, então $\text{gr}(P + Q) = 4$

Resumindo:

- $k \neq 3$ e $k \neq -3 \Rightarrow \text{gr}(P + Q) = 5$
- $k = 3$ ou $k = -3 \Rightarrow \text{gr}(P + Q) = 4$

8 Os polinômios P e Q têm graus 4 e 5, respectivamente. Qual é o grau do polinômio soma $P + Q$?

Resolução

Sendo $P(x) \equiv a_4x^4 + a_3x^3 + a_2x^2 + a_1x + a_0$ e $Q(x) \equiv b_5x^5 + b_4x^4 + b_3x^3 + b_2x^2 + b_1x + b_0$, com $a_4 \neq 0$ e $b_5 \neq 0$, temos:

$P(x) + Q(x) \equiv b_5x^5 + (a_4 + b_4)x^4 + (a_3 + b_3)x^3 + (a_2 + b_2)x^2 + (a_1 + b_1)x + a_0 + b_0$

Por hipótese, $b_5 \neq 0$, pois o grau de Q é 5; logo, $\text{gr}(P + Q) = 5$.

9 Cada um dos polinômios P e Q tem grau 5. Sabendo que $P + Q$ é não nulo, qual é o grau de $P + Q$?

Resolução

Sendo $P(x) \equiv a_5x^5 + a_4x^4 + a_3x^3 + a_2x^2 + a_1x + a_0$ e $Q(x) \equiv b_5x^5 + b_4x^4 + b_3x^3 + b_2x^2 + b_1x + b_0$, com $a_5 \neq 0$ e $b_5 \neq 0$, temos:

$P(x) + Q(x) \equiv (a_5 + b_5)x^5 + (a_4 + b_4)x^4 + (a_3 + b_3)x^3 + (a_2 + b_2)x^2 + (a_1 + b_1)x + a_0 + b_0$

Se $a_5 + b_5 \neq 0$, então $\text{gr}(P + Q) = 5$.

Se $a_5 + b_5 = 0$, então $\text{gr}(P + Q) < 5$, pois, por hipótese, $P + Q$ é não nulo.

Concluímos, então, que $\text{gr}(P + Q) \leqslant 5$.

Subtração de polinômios

A diferença entre os polinômios $P(x)$ e $Q(x)$, nessa ordem, que indicamos por $P(x) - Q(x)$, é definida como a soma de $P(x)$ com o oposto de $Q(x)$, isto é: $P(x) - Q(x) = P(x) + [-Q(x)]$

Podemos indicar a diferença $P(x) - Q(x)$ também por $(P - Q)(x)$ ou, simplesmente, por $P - Q$.

Exemplo

Sejam $P(x) \equiv x^5 + 8x^3 + 7x^2 + 3$ e $Q(x) \equiv 4x^5 + 6x^4 - 2x^3 - 2$, que devem ser entendidos como $P(x) \equiv x^5 + 0x^4 + 8x^3 + 7x^2 + 0x + 3$ e $Q(x) \equiv 4x^5 + 6x^4 - 2x^3 + 0x^2 + 0x - 2$. Para obter $P(x) - Q(x)$, subtraímos os coeficientes dos termos que têm o mesmo expoente na variável, isto é:

$P(x) - Q(x) \equiv (1 - 4)x^5 + (0 - 6)x^4 + [8 - (-2)]x^3 + (7 - 0)x^2 + (0 - 0)x + 3 - (-2) \Rightarrow$
$\Rightarrow P(x) - Q(x) \equiv -3x^5 - 6x^4 + 10x^3 + 7x^2 + 5$

EXERCÍCIO RESOLVIDO

10 Dois polinômios P e Q são tais que $gr(P) = 6$ e $gr(P - Q) = 8$. Qual é o grau do polinômio Q?

Resolução

Temos $gr(Q) > 6$, pois, caso contrário, teríamos, pelo teorema anterior, que $gr(P - Q) \leq 6$, o que contraria o fato de que $gr(P - Q) = 8$.
Sejam: $P(x) \equiv a_6x^6 + a_5x^5 + a_4x^4 + a_3x^3 + a_2x^2 + a_1x + a_0$ e
$Q(x) \equiv b_nx^n + b_{n-1}x^{n-1} + b_{n-2}x^{n-2} + ... + b_1x + b_0$ com $n > 6$.
Temos: $P(x) - Q(x) \equiv (0 - b_n)x^n + ... + (a_6 - b_6)x^6 + (a_5 - b_5)x^5 + ... + a_0 - b_0$
Como $b_n \neq 0$ e $gr(P - Q) = 8$, concluímos que $n = 8$.
Logo: $gr(Q) = n = 8$

Multiplicação de polinômios

Antes de definir a multiplicação de polinômios, vamos relembrar a definição de multiplicação de monômios:

> O produto dos monômios ax^r e bx^s, de variável x e coeficientes a e b, é o monômio abx^{r+s}.

Exemplo

$3x^4 \cdot 2x^5 = (3 \cdot 2)x^{4+5} = 6x^9$

Com base no conceito de multiplicação de monômios, definimos a multiplicação de polinômios do seguinte modo:

> Sendo P e Q polinômios quaisquer, definimos o **produto** de P por Q como a soma dos produtos de cada monômio de P por todos os monômios de Q.

Indicamos o produto de $P(x)$ por $Q(x)$ pela expressão $P(x) \cdot Q(x)$, ou por $(PQ)(x)$ ou, simplesmente, por PQ.

A operação que associa $P(x)$ e $Q(x)$ ao produto desses polinômios é chamada de **multiplicação**.

Exemplo

Sendo $H(x) \equiv 5x^3 + 2x$ e $G(x) \equiv 2x^2 + 4x - 1$, temos:

$H(x) \cdot G(x) \equiv (5x^3 + 2x)(2x^2 + 4x - 1) \equiv 10x^5 + 20x^4 - 5x^3 + 4x^3 + 8x^2 - 2x \Rightarrow$

$\Rightarrow H(x) \cdot G(x) \equiv 10x^5 + 20x^4 - x^3 + 8x^2 - 2x$

Propriedades da multiplicação

A multiplicação de polinômios tem as propriedades a seguir, cujas demonstrações deixamos como exercício.

Sendo $P(x)$, $Q(x)$ e $T(x)$ polinômios quaisquer, temos:

M1. Associativa: $[P(x) \cdot Q(x)] \cdot T(x) \equiv P(x) \cdot [Q(x) \cdot T(x)]$

M2. Comutativa: $P(x) \cdot Q(x) \equiv Q(x) \cdot P(x)$

M3. Elemento neutro: Existe o polinômio $I(x)$ tal que: $P(x) \cdot I(x) \equiv I(x) \cdot P(x) \equiv P(x)$

O polinômio $I(x)$ é o elemento neutro da multiplicação de polinômios e $I(x) \equiv 1$.

M4. Distributivas: $P(x) \cdot [Q(x) + T(x)] \equiv P(x) \cdot Q(x) + P(x) \cdot T(x)$

$[Q(x) + T(x)] \cdot P(x) \equiv Q(x) \cdot P(x) + T(x) \cdot P(x)$

EXERCÍCIOS RESOLVIDOS

11 Dados os polinômios $H(x) \equiv 2x^4 + 5x^3 - 3x^2 + 4$ e $G(x) \equiv 4x^3 + 3x^2 - 2$, calcular $H(x) \cdot G(x)$.

Resolução

Para simplificar o cálculo do produto de polinômios, vamos mostrar dois dispositivos práticos.

Primeiro dispositivo prático

$$
\begin{array}{rcl}
H(x) & \longrightarrow & 2x^4 + 5x^3 - 3x^2 + 4 \quad \otimes \\
G(x) & \longrightarrow & 4x^3 + 3x^2 - 2 \\
\hline
4x^3 \cdot H(x) & \longrightarrow & 8x^7 + 20x^6 - 12x^5 + 0x^4 + 16x^3 \quad + \\
3x^2 \cdot H(x) & \longrightarrow & 6x^6 + 15x^5 - 9x^4 + 0x^3 + 12x^2 \quad + \\
-2 \cdot H(x) & \longrightarrow & -4x^4 - 10x^3 + 6x^2 + 0x - 8 \quad = \\
\hline
G(x) \cdot H(x) & \longrightarrow & 8x^7 + 26x^6 + 3x^5 - 13x^4 + 6x^3 + 18x^2 + 0x - 8
\end{array}
$$

Logo: $G(x) \cdot H(x) \equiv 8x^7 + 26x^6 + 3x^5 - 13x^4 + 6x^3 + 18x^2 + 0x - 8$

Segundo dispositivo prático

G \ H	$4x^3$	$3x^2$	$0x$	-2
$2x^4$	$8x^7$	$6x^6$	$0x^5$	$-4x^4$
$5x^3$	$20x^6$	$15x^5$	$0x^4$	$-10x^3$
$-3x^2$	$-12x^5$	$-9x^4$	$0x^3$	$6x^2$
$0x$	$0x^4$	$0x^3$	$0x^2$	$0x$
4	$16x^3$	$12x^2$	$0x$	-8

Adicionando os termos nas diagonais destacadas, concluímos:

$G(x) \cdot H(x) \equiv 8x^7 + 26x^6 + 3x^5 - 13x^4 + 6x^3 + 18x^2 + 0x - 8$

12 Dados os polinômios $H(x) \equiv 2x^3 + 3x^2 + 5$, $G(x) \equiv 4x^2 - 5x$ e $P(x) \equiv 3x^4 - 2x^3 + x + 2$, calcular $H(x) \cdot G(x) + P(x)$.

Resolução

A sequência de operações a serem efetuadas obedece às mesmas convenções aplicadas para expressões numéricas. Portanto, na expressão $H(x) \cdot G(x) + P(x)$, efetuamos a multiplicação antes da adição, isto é:

$H(x) \cdot G(x) + P(x) \equiv (2x^3 + 3x^2 + 5)(4x^2 - 5x) + 3x^4 - 2x^3 + x + 2 \equiv$

$\equiv 8x^5 - 10x^4 + 12x^4 - 15x^3 + 20x^2 - 25x + 3x^4 - 2x^3 + x + 2$

$\therefore H(x) \cdot G(x) + P(x) \equiv 8x^5 + 5x^4 - 17x^3 + 20x^2 - 24x + 2$

13 Sendo $P(x) \equiv 3x^2 + 2x - 4$, calcular $[P(x)]^2$.

Resolução

Define-se potência de expoente natural de um polinômio da mesma forma como se define potência de expoente natural de um número. Assim, temos:

$[P(x)]^2 \equiv P(x) \cdot P(x) \equiv (3x^2 + 2x - 4)(3x^2 + 2x - 4)$

$\therefore [P(x)]^2 \equiv 9x^4 + 6x^3 - 12x^2 + 6x^3 + 4x^2 - 8x - 12x^2 - 8x + 16$

$\therefore [P(x)]^2 \equiv 9x^4 + 12x^3 - 20x^2 - 16x + 16$

14 Dados os polinômios $H(x) \equiv ax^3 + bx^2 + c$, $G(x) \equiv 2x - 1$ e $P(x) \equiv 4bx^4 - 2x^2 - 2ax + 2b$, determinar os números complexos a, b e c de modo que $H(x) \cdot G(x) \equiv P(x)$.

Resolução

$(ax^3 + bx^2 + c)(2x - 1) \equiv 4bx^4 - 2x^2 - 2ax + 2b \Rightarrow$

$\Rightarrow 2ax^4 - ax^3 + 2bx^3 - bx^2 + 2cx - c \equiv 4bx^4 - 2x^2 - 2ax + 2b$

$\therefore 2ax^4 + (2b - a)x^3 - bx^2 + 2cx - c \equiv 4bx^4 - 2x^2 - 2ax + 2b \Rightarrow$

$$\Rightarrow \begin{cases} 2a = 4b \\ 2b - a = 0 \\ -b = -2 \\ 2c = -2a \\ -c = 2b \end{cases} \text{ que é equivalente a } \begin{cases} a = 2b & \text{(I)} \\ b = 2 & \text{(II)} \\ c = -a & \text{(III)} \\ c = -2b & \text{(IV)} \end{cases}$$

- Substituindo (II) em (I), obtemos: $a = 4$
- Substituindo (II) em (IV), obtemos: $c = -4$

Observando que os valores encontrados para a e c também satisfazem a equação (III), concluímos que a solução do sistema é formada por $a = 4$, $b = 2$ e $c = -4$.

15 Obter um polinômio qualquer que tenha como raízes apenas os números 2, 3 e 6.

Resolução

Se um polinômio P(x) se apresenta na forma fatorada apenas com os fatores $x - 2$, $x - 3$ e $x - 6$, então a propriedade do produto nulo garante que esse polinômio tem raízes 2, 3 e 6. Observe:

$(x - 2)(x - 3)(x - 6) = 0 \Rightarrow x - 2 = 0$ ou $x - 3 = 0$ ou $x - 6 = 0$

ou seja, $x = 2$ ou $x = 3$ ou $x = 6$.

Logo, um polinômio que satisfaz o pedido do enunciado é:

$P(x) \equiv (x - 2)(x - 3)(x - 6)$, que é equivalente a:

$P(x) \equiv x^3 - 11x^2 + 36x - 36$

Note, porém, que qualquer polinômio $k(x - 2)^n(x - 3)^m(x - 6)^p$, sendo k uma constante qualquer não nula e $\{n, m, p\} \subset \mathbb{N}^*$, também possui como raízes apenas os números 2, 3 e 6, pois da equação $k(x - 2)^n(x - 3)^m(x - 6)^p = 0$ concluímos, pela propriedade do produto nulo, que $(x - 2)^n = 0$ ou $(x - 3)^m = 0$ ou $(x - 6)^p = 0$, ou seja, $x = 2$ ou $x = 3$ ou $x = 6$. Assim, a resposta a essa questão poderia ser qualquer polinômio da forma: $Q(x) \equiv k(x - 2)^n(x - 3)^m(x - 6)^p$

16 Uma peça de madeira tem a forma de um paralelepípedo reto-retângulo de comprimento $6x$, largura $4x + 2$ e altura $x + 5$. Um furo sob a forma de paralelepípedo reto-retângulo atravessa o paralelepípedo ao longo de cada dimensão tal que as bordas do furo em cada face são lados de um quadrado de lado x, com o mesmo centro da face e com lados paralelos aos lados da respectiva face, conforme mostra a figura a seguir. Calcular, em função de x, o volume V dessa peça.

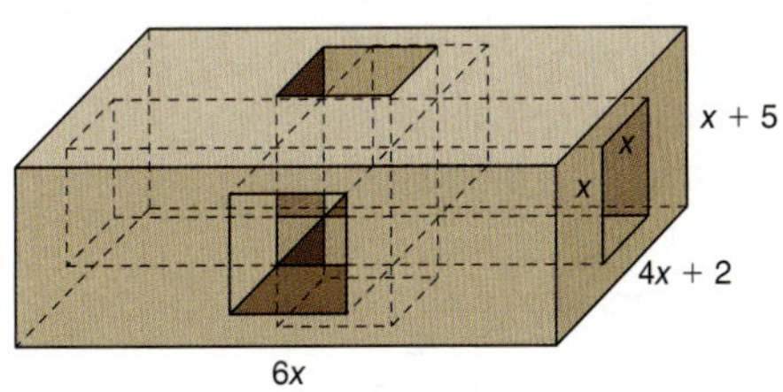

Resolução

- Se o paralelepípedo não tivesse os furos, seu volume seria: $V_1 = 6x(4x + 2)(x + 5)$
- Os paralelepípedos que representam os furos têm volumes:
  $V_2 = x \cdot x \cdot 6x = 6x^3$, $V_3 = x \cdot x \cdot (4x + 2) = x^2(4x + 2)$ e $V_4 = x \cdot x \cdot (x + 5) = x^2(x + 5)$
- A intersecção dos três furos é um cubo de aresta x e, portanto, de volume $V_5 = x^3$.

Assim, o volume V da peça é:

$V = V_1 - V_2 - V_3 - V_4 + 2V_5$

Observe que adicionamos $2V_5$ à diferença $V_1 - V_2 - V_3 - V_4$, porque nessa diferença subtraímos três vezes a intersecção dos furos, quando deveríamos ter subtraído apenas uma vez.

Concluímos, então:

$V = 6x(4x + 2)(x + 5) - 6x^3 - x^2(4x + 2) - x^2(x + 5) + 2x^3$

$\therefore V = 15x^3 + 125x^2 + 60x$

Grau do polinômio produto

Temos o seguinte teorema envolvendo o grau dos polinômios em uma multiplicação:

> Se os polinômios P e Q têm graus m e n, respectivamente, então:
> $$gr(P \cdot Q) = m + n$$

Demonstração

Sejam:

$P(x) \equiv a_m x^m + a_{m-1}x^{m-1} + a_{m-2}x^{m-2} + ... + a_1 x + a_0$, com $a_m \neq 0$, e

$Q(x) \equiv b_n x^n + b_{n-1}x^{n-1} + b_{n-2}x^{n-2} + ... + b_1 x + b_0$, com $b_n \neq 0$

Multiplicando cada monômio de $P(x)$ por todos os monômios de $Q(x)$, um dos produtos obtidos é $a_m b_n x^{m+n}$ e todos os outros produtos são da forma $a_{m-r}b_{n-s}x^{m-r+n-s}$, em que pelo menos um dos números naturais r ou s é não nulo.

Assim:

I. $a_m b_n \neq 0$, pois, por hipótese, $a_m \neq 0$ e $b_n \neq 0$;

II. $m + n > m + n - r - s$, pois pelo menos um dos números naturais r ou s é não nulo.

Por (I) e (II), concluímos que: $gr(P \cdot Q) = m + n$

Exemplo

Sendo $H(x) \equiv 2x^3 + 4x^2 + 1$ e $G(x) \equiv 4x^7 + x$, temos:

$H(x) \cdot G(x) \equiv (2x^3 + 4x^2 + 1)(4x^7 + x) \equiv 8x^{10} + 16x^9 + 4x^7 + 2x^4 + 4x^3 + x$

Note que: $gr(H) = 3$, $gr(G) = 7$ e $gr(H \cdot G) = 3 + 7 = 10$

EXERCÍCIOS RESOLVIDOS

17 Dados os polinômios $H(x) \equiv 8x^3 + 2x^2 - 19x + 5$ e $G(x) \equiv 4x - 5$, determinar o polinômio $P(x)$ tal que $P(x) \cdot G(x) \equiv H(x)$.

Resolução

Pelo teorema anterior, temos:

$H(x) \equiv P(x) \cdot G(x) \Rightarrow gr(H) = gr(P) + gr(G)$

$\therefore 3 = gr(P) + 1 \Rightarrow gr(P) = 2$

Assim, o polinômio $P(x)$ é da forma:

$P(x) \equiv ax^2 + bx + c$, com $a \neq 0$

Logo, devemos ter:

$(ax^2 + bx + c)(4x - 5) \equiv 8x^3 + 2x^2 - 19x + 5$

ou seja, $4ax^3 + (4b - 5a)x^2 + (4c - 5b)x - 5c \equiv$
$\equiv 8x^3 + 2x^2 - 19x + 5$

Pela definição de identidade de polinômios, obtemos:

$$\begin{cases} 4a = 8 \\ 4b - 5a = 2 \\ 4c - 5b = -19 \\ -5c = 5 \end{cases} \Rightarrow \begin{cases} a = 2 & \text{(I)} \\ 4b - 5a = 2 & \text{(II)} \\ 4c - 5b = -19 & \text{(III)} \\ c = -1 & \text{(IV)} \end{cases}$$

Substituindo (I) em (II), obtemos: $b = 3$

Observando que os valores encontrados para b e c também satisfazem a equação (III), concluímos que a solução do sistema é formada por $a = 2$, $b = 3$ e $c = -1$.

Então: $P(x) \equiv 2x^2 + 3x - 1$

18 Três polinômios $H(x)$, $G(x)$ e $P(x)$ são tais que $gr(H) = n$, $gr(G) = 5$ e $gr(P) = 8$. Discutir, em função de n, os possíveis graus do polinômio $H(x) \cdot G(x) + P(x)$, dado que este não é identicamente nulo.

Resolução

Pelo teorema do grau do polinômio produto, temos:
$gr(HG) = gr(H) + gr(G) = n + 5$

Pelo teorema do grau do polinômio soma, temos:

- $gr(HG + P) = gr(HG) = n + 5$, se $n + 5 > 8$
- $gr(HG + P) = gr(P) = 8$, se $n + 5 < 8$

Até aqui, deduzimos que:

- $n > 3 \Rightarrow gr(HG + P) = n + 5$
- $n < 3 \Rightarrow gr(HG + P) = 8$

Note, portanto, que falta discutir apenas o valor $n = 3$. Para esse valor temos duas possibilidades:

- $n = 3$ e os coeficientes dominantes de HG e P são opostos $\Rightarrow gr(HG + P) < 8$;
- $n = 3$ e os coeficientes dominantes de HG e P não são opostos $\Rightarrow gr(HG + P) = 8$.

EXERCÍCIOS PROPOSTOS

14 Dados os polinômios $P(x) \equiv 3x^3 + 2x^2 - 4x$, $Q(x) \equiv x^2 + 3x - 1$ e $T(x) \equiv 4x - 2$, calcule:
a) $P(x) + Q(x)$
b) $P(x) - Q(x)$
c) $4P(x)$
d) $2P(x) - 5Q(x)$
e) $Q(x) \cdot T(x) + P(x)$
f) $[Q(x)]^2$

15 Considerando os polinômios $Q(x) \equiv 2x^4 - 4x^3 + 3x^2 - 1$ e $T(x) \equiv x^3 + 2x + 4$, determine o polinômio $P(x)$ tal que $P(x) + 3Q(x) \equiv 2T(x)$.

16 Obtenha os valores das constantes a e b na identidade:
$(x^3 + x + 1)(ax + b) + 4x^2 - 3x - 1 \equiv 2x^4 + x^3 + 6x^2$

17 Dados os polinômios $H(x) \equiv ax^2 + x + b$, $G(x) \equiv 4x + 5$, $P(x) \equiv bx - 2$ e $Q(x) \equiv (b + 3)x^3 + (3b - 1)x^2 + 15ax + 10a + 3$, determine as constantes a e b, sabendo que $H(x) \cdot G(x) + P(x) \equiv Q(x)$.

18 Qual dos polinômios abaixo possui como raízes apenas os números 1, 3 e 4?
a) $P(x) \equiv (x - 1)^3(x + 3)^5(x - 4)$
b) $Q(x) \equiv (x + 1)^6(x - 3)^5(x - 4)^3$
c) $T(x) \equiv (x - 1)^9(x - 3)^8(x - 4)^2(x + 3)$
d) $H(x) \equiv (x + 1)^2(x + 3)^{10}(x + 4)^8$
e) $S(x) \equiv (x - 1)^4(x - 3)^5(x - 4)^9$

19 Considere os polinômios:
$P(x) \equiv (k^2 - 9)x^5 + kx^3 + 2x + 4$ e $Q(x) \equiv -3x^3 + 2x + 4$
a) Determine o polinômio $P(x) + Q(x)$.
b) Discuta em função de k os possíveis valores do grau do polinômio $P(x) + Q(x)$.

20 Determine o grau de cada um dos polinômios abaixo:
a) $P(x) \equiv (x^4 - 5x^3 + x - 2)(4x^3 + 3x^2 - 5x + 8)$
b) $Q(x) \equiv (2x^5 + 3x^2 + 4)(x^3 + x^2 - x + 3) + 5x^6$
c) $T(x) \equiv (x^7 - 2x^3 + 4x^2 + 1)(x^2 - 3x + 5) + 3x^{10}$

21 Três polinômios, $P(x)$, $Q(x)$ e $H(x)$, são tais que $gr(P) = 5$, $gr(H) = 7$ e $P(x) \cdot Q(x) \equiv H(x)$. Determine o grau de $Q(x)$.

22 Dados os polinômios $P(x) \equiv x^4 + 2x - 1$ e $Q(x) \equiv 3x^5 + 2x^4 + 6x^2 + x - 2$, determine o polinômio $H(x)$ tal que $P(x) \cdot H(x) \equiv Q(x)$.

23 Determine as raízes do polinômio $P(x) \equiv (x^2 - 6x + 8)^{25}$.

24 Calcule a soma dos coeficientes do polinômio $P(x) \equiv (5x^5 + x^2 - 3x - 4)^{30}$.

25 Sendo n um número natural, a soma dos coeficientes do polinômio $P(x) \equiv (4x^6 + 2x^5 + x^2 - 5)^n$ é 512. Determine o grau de $P(x)$.

26 Obtenha o polinômio de menor grau possível e coeficiente dominante igual a 1, que tenha como raízes apenas os números 1, 2 e 5.

27 Obtenha o polinômio $P(x)$ tal que $P(x + 2) \equiv x^2 + 3x - 5$.

Resolva os exercícios complementares 13 a 24 e 81.

Divisão de polinômios

Dividir o polinômio $E(x)$ pelo polinômio não nulo $D(x)$ significa obter os polinômios $Q(x)$ e $R(x)$ tais que:

$$Q(x) \cdot D(x) + R(x) \equiv E(x) \quad \text{e} \quad gr(R) < gr(D) \text{ ou } R(x) \equiv 0$$

- Os polinômios $E(x)$, $D(x)$, $Q(x)$ e $R(x)$ são chamados, respectivamente, de **dividendo**, **divisor**, **quociente** e **resto** da divisão.
- Demonstra-se que existe um único quociente $Q(x)$ e um único resto $R(x)$ na divisão de $E(x)$ por $D(x)$.
- Quando $R(x) \equiv 0$, dizemos que a divisão de $E(x)$ por $D(x)$ é **exata**, ou ainda que $E(x)$ é **divisível** por $D(x)$.

Exemplos

a) Na identidade:

$$\underbrace{(3x + 5)}_{Q(x)}\underbrace{(x^4 + 2x)}_{D(x)} + \underbrace{10x^3}_{R(x)} \equiv \underbrace{3x^5 + 5x^4 + 10x^3 + 6x^2 + 10x}_{E(x)}$$

temos $gr(R) < gr(D)$. Portanto, devido à unicidade do quociente e do resto, concluímos que $Q(x)$ e $R(x)$ são, respectivamente, o quociente e o resto da divisão de $E(x)$ por $D(x)$.

b) Na identidade:

$$\underbrace{(x+3)}_{Q(x)}\underbrace{(x-3)}_{D(x)} + \underbrace{0}_{R(x)} \equiv \underbrace{x^2-9}_{E(x)}$$

temos $R(x) \equiv 0$. Por isso, dizemos que $Q(x)$ é o quociente exato da divisão de E(x) por D(x). Dizemos, também, que $E(x)$ é divisível por $D(x)$.

c) O quociente $Q(x)$ e o resto $R(x)$ da divisão do polinômio $E(x) \equiv 3x + 2$ por $D(x) \equiv x^2 + 3$ são $Q(x) \equiv 0$ e $R(x) \equiv 3x + 2$, pois:

$$\underbrace{0}_{Q(x)} \cdot \underbrace{(x^2+3)}_{D(x)} + \underbrace{3x+2}_{R(x)} \equiv \underbrace{3x+2}_{E(x)}$$

Generalizando, se dois polinômios, $E(x)$ e $D(x)$, são tais que $gr(E) < gr(D)$, então o quociente de $E(x)$ por $D(x)$ é o polinômio identicamente nulo, $Q(x) \equiv 0$, e o resto da divisão é o próprio $E(x)$, isto é, $R(x) \equiv E(x)$.

EXERCÍCIOS RESOLVIDOS

19 Dividindo um polinômio E(x) por $x^3 + 2$, obtemos o quociente $x^4 - 2x + 1$ e o resto $x^2 + 1$. Determinar E(x).

Resolução

Multiplicando o quociente pelo divisor e adicionando ao resultado o resto da divisão, obtemos o dividendo, isto é:

$(x^4 - 2x + 1)(x^3 + 2) + x^2 + 1 \equiv E(x)$

Assim:

$x^7 + 2x^4 - 2x^4 - 4x + x^3 + 2 + x^2 + 1 \equiv E(x)$

Portanto: $E(x) \equiv x^7 + x^3 + x^2 - 4x + 3$

20 Dados os monômios $E(x) \equiv ax^m$ e $D(x) \equiv bx^n$, com $b \neq 0$ e $m \geqslant n$, mostrar que os monômios

$Q(x) \equiv \frac{a}{b} \cdot x^{m-n}$ e $R(x) \equiv 0$ são, respectivamente, o quociente e o resto de E(x) por D(x).

Resolução

Temos:

$Q(x) \cdot D(x) + R(x) \equiv \frac{a}{b} \cdot x^{m-n} \cdot b\,x^n + 0 \equiv$

$\equiv \frac{a}{b} \cdot b \cdot x^{m-n+n} + 0 \equiv a \cdot x^m \equiv E(x)$

Logo, Q(x) e R(x) são, respectivamente, o quociente e o resto de E(x) por D(x).

Note que Q(x) é o quociente exato de E(x) por D(x).

21 De acordo com a questão anterior, obter os quocientes exatos das divisões:

a) $24x^8 : 6x^3$

b) $3x^9 : 2x^3$

Resolução

a) $24x^8 : 6x^3 \equiv \frac{24}{6} \cdot x^{8-3} \equiv 4x^5$

b) $3x^9 : 2x^3 \equiv \frac{3}{2} \cdot x^{9-3} \equiv \frac{3}{2} \cdot x^6$

Grau do polinômio quociente

Se os polinômios $E(x)$ e $D(x)$ são tais que $gr(E) \geqslant gr(D)$ e $Q(x)$ é o quociente de $E(x)$ por $D(x)$, então:

$$gr(Q) = gr(E) - gr(D)$$

Demonstração

Sejam, respectivamente, $Q(x)$ e $R(x)$ o quociente e o resto da divisão de $E(x)$ por $D(x)$. Por definição, temos: $Q(x) \cdot D(x) + R(x) \equiv E(x)$, com $gr(R) < gr(D)$ ou $R(x) \equiv 0$

Logo: $gr(QD + R) = gr(E)$

Como $gr(R) < gr(D)$ ou $R(x) \equiv 0$, podemos afirmar que: $gr(QD) = gr(E)$

e, portanto, $gr(Q) + gr(D) = gr(E)$, ou seja, $gr(Q) = gr(E) - gr(D)$.

EXERCÍCIO RESOLVIDO

22 Dados os polinômios $E(x) \equiv 4x^7 + 2x^5 - 3x^3 - 19x + 5$ e $D(x) \equiv 2x^3 + x^2 + 3x - 5$, calcular o grau do quociente $Q(x)$ da divisão de $E(x)$ por $D(x)$.

Resolução

Pelo teorema anterior, temos $gr(Q) = gr(E) - gr(D)$. Logo: $gr(Q) = 7 - 3 = 4$

Algoritmos da divisão de polinômios

Um algoritmo é qualquer sequência de regras, raciocínios ou operações que permitem solucionar determinado tipo de problema. Estudaremos, a seguir, dois algoritmos para a divisão de polinômios: o método de Descartes e o método da chave.

Método de Descartes

René Descartes (1596-1650) estabeleceu um método para a obtenção do quociente e do resto de uma divisão de polinômios, fundamentado na definição de polinômios idênticos.

Para dividir, pelo método de Descartes, um polinômio $E(x)$ por um polinômio $D(x)$, com $gr(E) \geqslant gr(D)$, adotamos os seguintes procedimentos:

I. determinamos o grau do quociente $Q(x)$ e o maior valor possível do grau do resto $R(x)$;

II. formamos os polinômios Q e R, com os respectivos graus obtidos em (I), com coeficientes a determinar;

III. obtemos os coeficientes desconhecidos dos polinômios formados em (II) por meio da identidade:

$$Q(x) \cdot D(x) + R(x) \equiv E(x)$$

O método de Descartes também é conhecido como **método dos coeficientes a determinar**.

EXERCÍCIOS RESOLVIDOS

23 Aplicando o método dos coeficientes a determinar, obter o quociente $Q(x)$ e o resto $R(x)$ da divisão de $E(x) \equiv 3x^5 + 16x^3 + x^2 - 10x + 9$ por $D(x) \equiv x^2 + 6$.

Resolução

I. Inicialmente, determinamos o grau de $Q(x)$ e o maior grau possível de $R(x)$:
$gr(Q) = gr(E) - gr(D) \Rightarrow gr(Q) = 5 - 2 = 3$
Como $gr(R)$, se existir, deve ser menor que $gr(D)$, deduzimos que o maior grau possível do resto é 1.

II. A seguir, formamos os polinômios $Q(x)$ e $R(x)$ com os respectivos graus obtidos em (I) e com coeficientes a determinar:
$Q(x) \equiv ax^3 + bx^2 + cx + d$; $R(x) \equiv ex + f$

III. Finalmente, obtemos os coeficientes desconhecidos de $Q(x)$ e $R(x)$ por meio da identidade $Q(x) \cdot D(x) + R(x) \equiv E(x)$:

$$\underbrace{(ax^3 + bx^2 + cx + d)}_{Q(x)}\underbrace{(x^2 + 6)}_{D(x)} + \underbrace{ex + f}_{R(x)} \equiv \underbrace{3x^5 + 16x^3 + x^2 - 10x + 9}_{E(x)} \Rightarrow$$

$$\Rightarrow ax^5 + 6ax^3 + bx^4 + 6bx^2 + cx^3 + 6cx + dx^2 + 6d + ex + f \equiv 3x^5 + 16x^3 + x^2 - 10x + 9$$

$$\therefore ax^5 + bx^4 + (6a + c)x^3 + (6b + d)x^2 + (6c + e)x + 6d + f \equiv 3x^5 + 16x^3 + x^2 - 10x + 9$$

Pela definição de identidade de polinômios, obtemos: $\begin{cases} a = 3 \\ b = 0 \\ 6a + c = 16 \\ 6b + d = 1 \\ 6c + e = -10 \\ 6d + f = 9 \end{cases}$

Resolvendo esse sistema, obtemos $a = 3$, $b = 0$, $c = -2$, $d = 1$, $e = 2$, $f = 3$.
Concluímos, então, que $Q(x) \equiv 3x^3 - 2x + 1$ e $R(x) \equiv 2x + 3$.

24 Dividindo o polinômio $E(x) \equiv x^5 + 4x^3 - x^2 + 7x - 4$ pelo polinômio $D(x)$, obtemos o quociente $Q(x) \equiv x^3 + 2x - 1$ e o resto $R(x) \equiv 3x - 2$. Determinar $D(x)$.

Resolução

O grau 3 do polinômio quociente é a diferença entre o grau 5 do dividendo e o grau gr(D) do divisor, isto é, $5 - gr(D) = 3$; logo, $gr(D) = 2$. Assim, o divisor é da forma: $D(x) \equiv ax^2 + bx + c$

Multiplicando o quociente pelo divisor e adicionando ao resultado o resto da divisão, obtemos o dividendo, isto é:

$(x^3 + 2x - 1)(ax^2 + bx + c) + 3x - 2 \equiv x^5 + 4x^3 - x^2 + 7x - 4$

$\therefore ax^5 + bx^4 + cx^3 + 2ax^3 + 2bx^2 + 2cx - ax^2 - bx - c + 3x - 2 \equiv x^5 + 4x^3 - x^2 + 7x - 4$

$\therefore ax^5 + bx^4 + (c + 2a)x^3 + (2b - a)x^2 + (2c - b + 3)x - c - 2 \equiv x^5 + 4x^3 - x^2 + 7x - 4$

Pela definição de identidade de polinômios, obtemos: $\begin{cases} a = 1 \\ b = 0 \\ c + 2a = 4 \\ 2b - a = -1 \\ 2c - b + 3 = 7 \\ -c - 2 = -4 \end{cases}$

Resolvendo esse sistema, obtemos $a = 1$, $b = 0$, $c = 2$.

Concluímos, então, que: $D(x) \equiv x^2 + 2$

Método da chave

O quociente $Q(x)$ e o resto $R(x)$ da divisão de $E(x) \equiv 3x^5 + 16x^3 + x^2 - 10x + 9$ por $D(x) \equiv x^2 + 6$, obtidos no exercício resolvido 23 pelo método de Descartes, podem também ser obtidos por um algoritmo conhecido como **método da chave**, descrito a seguir.

I. Dispomos $E(x)$ e $D(x)$ na forma:

$$3x^5 + \mathbf{0x^4} + 16x^3 + x^2 - 10x + 9 \;\underline{|\; x^2 + 6}$$

II. Dividimos o monômio de mais alto grau de $E(x)$ pelo monômio de mais alto grau de $D(x)$.

III. Subtraímos do dividendo o produto do divisor $D(x)$ pelo quociente encontrado em (II), obtendo assim o primeiro resto parcial.

IV. Dividimos o monômio de mais alto grau do primeiro resto parcial pelo monômio de mais alto grau de $D(x)$.

V. Subtraímos do primeiro resto parcial o produto do divisor $D(x)$ pelo quociente encontrado em (IV), obtendo assim o segundo resto parcial.

E assim sucessivamente, até obter o resto final $R(x)$, que deve obedecer a uma das condições: $gr(R) < gr(D)$ ou $R(x) \equiv 0$

Observe:

$$\begin{array}{rl|l} \ominus & 3x^5 + 0x^4 + 16x^3 + x^2 - 10x + 9 & x^2 + 6 \\ & 3x^5 \qquad + 18x^3 & 3x^3 - 2x + 1 \ (\text{quociente}) \\ \hline \ominus & -2x^3 + x^2 - 10x + 9 & \\ & -2x^3 \qquad - 12x & \\ \hline \ominus & x^2 + 2x + 9 & \\ & x^2 \qquad + 6 & \\ \hline & 2x + 3 \ (\text{resto}) & \end{array}$$

Concluímos, então, que:

$Q(x) \equiv 3x^3 - 2x + 1$ e $R(x) \equiv 2x + 3$

Conteúdo digital Moderna PLUS http://www.modernaplus.com.br
Simulador: *Calculadora de polinômios.*

EXERCÍCIOS PROPOSTOS

28 Dividindo o polinômio $E(x)$ pelo polinômio $D(x) \equiv 2x^2 - 1$, obtemos o quociente $Q(x) \equiv 2x^2 - 1$ e o resto $R(x) \equiv x + 2$. Determine $E(x)$.

29 (FGV) Dividindo o polinômio $P(x)$ por $x^2 + x - 1$ obtém-se quociente igual a $x - 5$ e resto igual a $13x + 5$. O valor de $P(1)$ é.

a) 12 b) 13 c) 15 d) 16 e) 14

30 Aplicando o método de Descartes, também conhecido como método dos coeficientes a determinar, obtenha o quociente $Q(x)$ e o resto $R(x)$ da divisão de $E(x)$ por $D(x)$, nos casos a seguir.

a) $E(x) \equiv 4x^4 + 2x^3 + 11x + 6$ e $D(x) \equiv 2x^3 + 3$

b) $E(x) \equiv 2x^4 + 3x^3 + 5x^2 + 9x - 3$ e $D(x) \equiv 2x^2 + 3x - 1$

c) $E(x) \equiv 4x^3 + 24x^2 + 5x + 38$ e $D(x) \equiv 4x^2 + 5$

31 Dividindo o polinômio $E(x) \equiv 2x^4 + 6x^3 - x^2 - 3x + 5$ pelo polinômio $D(x)$, obtemos o quociente $Q(x) \equiv 2x^2 - 1$ e o resto $R(x) \equiv 5$. Determine $D(x)$.

32 Aplicando o método da chave, obtenha o quociente $Q(x)$ e o resto $R(x)$ da divisão de $E(x)$ por $D(x)$, nos casos a seguir.

a) $E(x) \equiv 8x^4 + 4x^3 + 10x^2 + 14x - 1$ e $D(x) \equiv 2x^2 + 3$

b) $E(x) \equiv x^5 + x^4 + 3x^3 + x^2 + 4x + 2$ e $D(x) \equiv x^3 + 2x - 1$

c) $E(x) \equiv 2x^6 + 4x^5 + 8x^4 + 2x^3 - 16$ e $D(x) \equiv x^4 + x - 2$

d) $E(x) \equiv x^4 - 1$ e $D(x) \equiv x - 1$

33 Se $Q(x)$ é o quociente da divisão de $A(x) \equiv 6x^5 + 2x^3 + x - 1$ por $B(x) \equiv 2x^2 + 1$, calcule $Q(2)$.

34 (UFV-MG) Considere os polinômios $P(x) = x(x^2 - 2x) - (x - 2)(3x + 4)$ e $Q(x) = x^2 - 1$. Determine o resto da divisão de $P(x)$ por $Q(x)$.

35 Dado que o polinômio $E(x) \equiv x^6 + 2x^5 + x^4 + 3x^3 + 3x^2 + x + k$ é divisível pelo polinômio $D(x) \equiv x^2 + 1$, determine a constante complexa k.

Resolva os exercícios complementares 25 a 34, 82 e 83.

Fração polinomial

Chama-se **fração polinomial** toda expressão do tipo $\frac{P(x)}{Q(x)}$, em que $P(x)$ e $Q(x)$ são polinômios, com $Q(x) \not\equiv 0$.

Exemplos

a) $\frac{5x^4 + 2x - 1}{x + 3}$

b) $\frac{5}{x^2 - 1}$

c) $\frac{3x^3 + 2x^2}{x^5 + 4}$

d) $\frac{x^{30} - \sqrt{2}}{10x + i}$

Frações polinomiais idênticas

Duas frações polinomiais $\frac{P(x)}{Q(x)}$ e $\frac{S(x)}{T(x)}$ são **idênticas** se, e somente se, $\frac{P(\alpha)}{Q(\alpha)} = \frac{S(\alpha)}{T(\alpha)}$, para todo número complexo α, desde que $Q(\alpha) \neq 0$ e $T(\alpha) \neq 0$.

Exemplos

a) $\frac{(x + 1)(x - 1)}{x + 5} \equiv \frac{x^2 - 1}{x + 5}$, com $x \neq -5$.

b) $\frac{ax + b}{x^3} \equiv \frac{7x + 6}{x^3} \Leftrightarrow ax + b \equiv 7x + 6$ e, portanto, $a = 7$ e $b = 6$.

EXERCÍCIOS RESOLVIDOS

25 Determinar as constantes complexas a e b na identidade $\frac{a}{x-3} + \frac{b}{x+3} \equiv \frac{6x+6}{x^2-9}$, em que $x \neq 3$ e $x \neq -3$.

Resolução

$$\frac{a}{x-3} + \frac{b}{x+3} \equiv \frac{6x+6}{x^2-9} \Rightarrow \frac{a(x+3)+b(x-3)}{x^2-9} \equiv \frac{6x+6}{x^2-9}$$

$$\therefore \frac{ax+3a+bx-3b}{x^2-9} \equiv \frac{6x+6}{x^2-9} \Rightarrow \frac{(a+b)x+3a-3b}{x^2-9} \equiv \frac{6x+6}{x^2-9}$$

Pela definição de identidade de frações polinomiais, obtemos o sistema:

$$\begin{cases} a+b=6 \\ 3a-3b=6 \end{cases} \text{ que é equivalente a } \begin{cases} a+b=6 & \text{(I)} \\ a-b=2 & \text{(II)} \end{cases}$$

Adicionando (I) e (II), membro a membro, encontramos: $2a = 8$ e, portanto, $a = 4$.
Substituindo a por 4, em (I), encontramos $b = 2$.

26 Para que valores das constantes complexas a e b temos a identidade

$$\frac{ax+b}{x-5} + \frac{2i}{x+2} \equiv \frac{3x^2+(10+2i)x+8-10i}{x^2-3x-10}?$$

Resolução

$$\frac{ax+b}{x-5} + \frac{2i}{x+2} \equiv \frac{3x^2+(10+2i)x+8-10i}{x^2-3x-10} \Rightarrow$$

$$\Rightarrow \frac{(ax+b)(x+2)+2i(x-5)}{(x-5)(x+2)} \equiv \frac{3x^2+(10+2i)x+8-10i}{x^2-3x-10}$$

$$\therefore \frac{ax^2+2ax+bx+2b+2ix-10i}{x^2-3x-10} \equiv \frac{3x^2+(10+2i)x+8-10i}{x^2-3x-10} \Rightarrow$$

$$\Rightarrow \frac{ax^2+(2a+b+2i)x+2b-10i}{x^2-3x-10} \equiv \frac{3x^2+(10+2i)x+8-10i}{x^2-3x-10}$$

Pela definição de identidade de frações polinomiais, obtemos o sistema:

$$\begin{cases} a=3 \\ 2a+b+2i=10+2i \\ 2b-10i=8-10i \end{cases} \text{ que é equivalente a } \begin{cases} a=3 \\ 2a+b=10 \\ 2b=8 \end{cases}$$

Assim, concluímos que $a = 3$ e $b = 4$.

EXERCÍCIOS PROPOSTOS

36 Determine as constantes a e b na identidade $\frac{a}{x} + \frac{b}{x-1} \equiv \frac{6x-4}{x^2-x}$, em que $x \neq 0$ e $x \neq 1$.

37 Na identidade $\frac{a}{x-4} + \frac{b}{x+4} \equiv \frac{4x+32}{x^2-16}$, em que $x \neq 4$ e $x \neq -4$, determine as constantes a e b.

38 Determine as constantes a, b e c de modo que $\frac{a}{x-1} + \frac{b}{x} + \frac{c}{x+1} \equiv \frac{8x^2-x-1}{x^3-x}$, com $x \neq 1$, $x \neq -1$ e $x \neq 0$.

39 Quais são os valores das constantes A, B e C na identidade $\frac{Ax+B}{x-2} + \frac{C}{x+3} \equiv \frac{2x^2+11x-5}{x^2+x-6}$, com $x \neq 2$ e $x \neq -3$.

Resolva os exercícios complementares 35 a 38.

Divisão de polinômios por binômios do 1º grau

Toda propriedade da estrutura algébrica dos polinômios tem sua correspondente na estrutura algébrica dos números inteiros; por isso, é possível compreender muitos procedimentos realizados com polinômios com base em uma analogia com os números inteiros. Por exemplo, para dividir 40 por 10, podemos efetuar:

$$\begin{array}{r|l} 40 & 10 \\ \hline 0 & 4 \end{array}$$

Podemos também dividir 40 por um fator de 10 e, a seguir, dividir o quociente obtido pelo outro fator de 10; assim, o último quociente obtido será o resultado da divisão de 40 por 10. Observe:

$$\begin{array}{rrl} 40 & \multicolumn{1}{|l}{2} & \\ \cline{2-2} 0 & 20 & \multicolumn{1}{|l}{5} \\ \cline{3-3} & 0 & 4 \end{array}$$

fatores de 10

Um procedimento análogo pode ser realizado na divisão de polinômios; por exemplo, para dividir o polinômio $P(x) \equiv x^3 - 5x^2 - 9x + 45$ por $D(x) \equiv x^2 - 9$, podemos efetuar:

$$\begin{array}{rrrr|l} x^3 & -5x^2 & -9x & +45 & x^2 - 9 \\ \cline{5-5} -x^3 & & +9x & & x - 5 \\ \cline{1-4} & -5x^2 & -0x & +45 & \\ & +5x^2 & & -45 & \\ \cline{2-4} & & & 0 & \end{array}$$

(Nas duas subtrações, os termos indicados são subtraídos: $x^3 - 9x$ e $-5x^2 + 45$.)

ou podemos efetuar as divisões sucessivas pelos fatores do 1º grau de $x^2 - 9$:

$$\begin{array}{r|l} x^3 - 5x^2 - 9x + 45 & x + 3 \\ \cline{2-2} x^3 + 3x^2 & x^2 - 8x + 15 \\ \cline{1-1} -8x^2 - 9x + 45 & \\ -8x^2 - 24x & \\ \cline{1-1} 15x + 45 & \\ 15x + 45 & \\ \cline{1-1} 0 & \end{array}
\qquad
\begin{array}{r|l} x^2 - 8x + 15 & x - 3 \\ \cline{2-2} x^2 - 3x & x - 5 \\ \cline{1-1} -5x + 15 & \\ -5x + 15 & \\ \cline{1-1} 0 & \end{array}$$

fatores de $x^2 - 9$

Mesmo que a divisão não fosse exata (resto zero), seria possível obter o quociente de $P(x)$ por $D(x)$ por meio de divisões sucessivas por binômios do 1º grau; e, relacionando de maneira conveniente os restos dessas divisões, seria possível obter o resto da divisão de $P(x)$ por $D(x)$, como mostram os exercícios resolvidos a seguir.

Generalizando, o quociente e o resto da divisão de polinômios podem ser obtidos por meio de divisões por binômios do 1º grau, o que justifica um estudo particular da divisão por esse tipo de binômio.

EXERCÍCIOS RESOLVIDOS

27 O esquema a seguir mostra a divisão de $P(x) \equiv x^5 - x^3 + 2x^2 - 2$ por $x - 1$, e a divisão do quociente obtido por $x + 1$.

$$\begin{array}{r|l} x^5 + 0x^4 - x^3 + 2x^2 + 0x - 2 & x - 1 \\ \cline{2-2} x^5 - x^4 & x^4 + x^3 + 2x + 2 \\ \cline{1-1} x^4 - x^3 + 2x^2 + 0x - 2 & \\ x^4 - x^3 & \\ \cline{1-1} 2x^2 + 0x - 2 & \\ 2x^2 - 2x & \\ \cline{1-1} 2x - 2 & \\ 2x - 2 & \\ \cline{1-1} 0 & \end{array}
\qquad
\begin{array}{r|l} x^4 + x^3 + 2x + 2 & x + 1 \\ \cline{2-2} x^4 + x^3 & x^3 + 2 \\ \cline{1-1} 2x + 2 & \\ 2x + 2 & \\ \cline{1-1} 0 & \end{array}$$

Com base nesse esquema, determinar o quociente e o resto da divisão de $P(x)$ por $x^2 - 1$.

Resolução

Sendo $Q_1(x) \equiv x^4 + x^3 + 2x + 2$ e $Q_2(x) \equiv x^3 + 2$, temos:

$$\begin{array}{l|l} P(x) & x - 1 \\ \hline 0 & Q_1(x) \end{array} \qquad \begin{array}{l|l} Q_1(x) & x + 1 \\ \hline 0 & Q_2(x) \end{array}$$

e, portanto: $\begin{cases} P(x) \equiv Q_1(x) \cdot (x - 1) + 0 & \text{(I)} \\ Q_1(x) \equiv Q_2(x) \cdot (x + 1) + 0 & \text{(II)} \end{cases}$

Substituindo (II) em (I), obtemos:

$P(x) \equiv [Q_2(x) \cdot (x + 1) + 0] \cdot (x - 1) + 0$, ou seja, $P(x) \equiv Q_2(x) \cdot (x^2 - 1) + 0$

Assim, concluímos que o quociente de $P(x)$ por $x^2 - 1$ é $Q_2(x) \equiv x^3 + 2$ e o resto é $R(x) \equiv 0$.

28 O esquema a seguir mostra a divisão de $P(x) \equiv x^4 - 6x^3 + 13x^2 - 28x + 39$ por $x - 4$, e a divisão do quociente obtido por $x - 2$.

$$\begin{array}{r|l} x^4 - 6x^3 + 13x^2 - 28x + 39 & x - 4 \\ \hline \underline{x^4 - 4x^3 } & x^3 - 2x^2 + 5x - 8 \\ -2x^3 + 13x^2 - 28x + 39 & \\ \underline{-2x^3 + 8x^2 } & \\ 5x^2 - 28x + 39 & \\ \underline{5x^2 - 20x } & \\ -8x + 39 & \\ \underline{-8x + 32} & \\ 7 & \end{array} \qquad \begin{array}{r|l} x^3 - 2x^2 + 5x - 8 & x - 2 \\ \hline \underline{x^3 - 2x^2 } & x^2 + 5 \\ 5x - 8 & \\ \underline{5x - 10} & \\ 2 & \end{array}$$

Com base nesse esquema, determinar o quociente e o resto da divisão de $P(x)$ por $x^2 - 6x + 8$.

Resolução

Sendo $Q_1(x) \equiv x^3 - 2x^2 + 5x - 8$ e $Q_2(x) \equiv x^2 + 5$, temos:

$$\begin{array}{l|l} P(x) & x - 4 \\ \hline 7 & Q_1(x) \end{array} \qquad \begin{array}{l|l} Q_1(x) & x - 2 \\ \hline 2 & Q_2(x) \end{array}$$

$\therefore \begin{cases} P(x) \equiv Q_1(x) \cdot (x - 4) + 7 & \text{(I)} \\ Q_1(x) \equiv Q_2(x) \cdot (x - 2) + 2 & \text{(II)} \end{cases}$

Substituindo (II) em (I), obtemos:

$P(x) \equiv [Q_2(x) \cdot (x - 2) + 2] \cdot (x - 4) + 7$, ou seja, $P(x) \equiv Q_2(x) \cdot (x - 2)(x - 4) + 2(x - 4) + 7$, ou ainda

$P(x) \equiv Q_2(x) \cdot (x^2 - 6x + 8) + 2x - 1$

Assim, concluímos que o quociente de $P(x)$ por $x^2 - 6x + 8$ é $Q_2(x) \equiv x^2 + 5$ e o resto é $R(x) \equiv 2x - 1$.

Teorema do resto

Sendo a uma constante complexa qualquer, o resto da divisão de um polinômio $P(x)$ por $x - a$ é igual a $P(a)$.

Demonstração

Sejam, respectivamente, $Q(x)$ e $R(x)$ o quociente e o resto da divisão de $P(x)$ por $x - a$, ou seja:

$$P(x) \equiv Q(x) \cdot (x - a) + R(x) \quad \text{(I)}$$

Como $gr(R) = 0$ ou $R(x) \equiv 0$, podemos indicar $R(x)$ por uma constante R.

Assim, a sentença (I) pode ser representada na forma:

$$P(x) \equiv Q(x) \cdot (x - a) + R$$

Calculando $P(a)$, obtemos:

$$P(a) = Q(a) \cdot (a - a) + R \Rightarrow P(a) = R$$

Logo, o resto R da divisão é igual a $P(a)$.

EXERCÍCIOS RESOLVIDOS

29 Calcular o resto da divisão do polinômio $P(x) \equiv 3x^5 + 4x^3 - 5x + 6$ por $x - 1$.

Resolução

Pelo teorema do resto, temos que o resto R da divisão de P(x) por $x - 1$ é igual a P(1); logo:

$R = P(1) = 3 \cdot 1^5 + 4 \cdot 1^3 - 5 \cdot 1 + 6 \Rightarrow R = 8$

30 Qual é o resto da divisão do polinômio $P(x) \equiv 4x^3 - 3x^2 - x + 5$ por $x + 2$?

Resolução

Observando que $x + 2 = x - (-2)$, temos, pelo teorema do resto, que o resto R da divisão de P(x) por $x + 2$ é igual a $P(-2)$; isto é:

$R = P(-2) = 4 \cdot (-2)^3 - 3 \cdot (-2)^2 - (-2) + 5 \Rightarrow$
$\Rightarrow R = -37$

31 As divisões de um polinômio do 2º grau P(x) por $x - 1$, $x - 2$ e $x - 3$ apresentam restos 2, 8 e 16, respectivamente. Determinar P(x).

Resolução

Indicando o polinômio procurado por $P(x) \equiv ax^2 + bx + c$, temos, pelo teorema do resto:

$P(1) = 2 \Rightarrow a \cdot 1^2 + b \cdot 1 + c = 2$
$P(2) = 8 \Rightarrow a \cdot 2^2 + b \cdot 2 + c = 8$
$P(3) = 16 \Rightarrow a \cdot 3^2 + b \cdot 3 + c = 16$

Assim, o polinômio P(x) estará determinado ao resolvermos o sistema:

$$\begin{cases} a + b + c = 2 \\ 4a + 2b + c = 8 \\ 9a + 3b + c = 16 \end{cases}$$

Escalonando esse sistema, temos:

$$\begin{cases} a + b + c = 2 \\ 4a + 2b + c = 8 \\ 9a + 3b + c = 16 \end{cases} \quad (\times(-4),\ \times(-9)) \sim$$

$$\sim \begin{cases} a + b + c = 2 \\ 0a - 2b - 3c = 0 \\ 0a - 6b - 8c = -2 \end{cases} \quad (\times(-3)) \sim$$

$$\sim \begin{cases} a + b + c = 2 \\ 0a - 2b - 3c = 0 \\ 0a + 0b + c = -2 \end{cases}$$

Daí concluímos que $c = -2$, $b = 3$ e $a = 1$.
Portanto: $P(x) \equiv x^2 + 3x - 2$

EXERCÍCIOS PROPOSTOS

40 O quociente e o resto da divisão de um polinômio P(x) por $x + 4$ são $Q_1(x)$ e $R_1(x) \equiv 0$, respectivamente. O quociente e o resto da divisão de $Q_1(x)$ por $x - 4$ são $Q_2(x) \equiv 2x^3 - x + 1$ e $R_2(x) \equiv 0$. Determine o quociente e o resto da divisão de P(x) por $x^2 - 16$.

41 O quociente e o resto da divisão de um polinômio P(x) por $x - 3$ são $Q_1(x)$ e $R_1(x) \equiv 13$, respectivamente. O quociente e o resto da divisão de $Q_1(x)$ por $x - 2$ são $Q_2(x) \equiv x^2 + 3$ e $R_2(x) \equiv 3$. Determine o quociente e o resto da divisão de P(x) por $x^2 - 5x + 6$.

42 Dividindo o polinômio P(x) por $x^2 - 4x + 3$ e por $x + 2$, obtemos o mesmo resto R(x) e quocientes $x^2 + x - 2$ e Q(x), respectivamente. Determine Q(x).

43 Calcule o resto da divisão do polinômio P(x) por D(x), em cada um dos casos a seguir.

a) $P(x) \equiv 4x^3 + 2x - 4$ e $D(x) \equiv x - 2$
b) $P(x) \equiv x^4 + x^2 - 2x - 7$ e $D(x) \equiv x - 3$
c) $P(x) \equiv 2x^5 - 4x^3 - 2x - 1$ e $D(x) \equiv x + 1$

44 Dividindo o polinômio $P(x) \equiv x^3 - 2x^2 + kx - 5$ por $x - 3$, obtemos resto 1. Determine a constante k.

45 As divisões do polinômio $P(x) \equiv x^4 + 2x^2 + ax + b$ por $x - 1$ e por $x + 2$ apresentam restos -3 e 9, respectivamente. Determine as constantes a e b.

46 Os esquemas a seguir apresentam os respectivos restos e quocientes das divisões do polinômio P(x) por $x^2 + 5$ e $x + 3$, sendo R uma constante:

$$\begin{array}{l|l} P(x) & x^2 + 5 \\ \hline R & x + 2 \end{array} \qquad \begin{array}{l|l} P(x) & x + 3 \\ \hline 6 & Q(x) \end{array}$$

Determine o resto R.

47 As divisões de um polinômio do 2º grau P(x) por $x - 1$, $x + 1$ e $x - 2$ apresentam restos 0, -4 e 11, respectivamente. Determine P(x).

48 Determine o polinômio unitário do 3º grau, P(x), cujas divisões por $x - 1$, $x - 2$ e $x + 1$ apresentam restos -1, 12 e -3, respectivamente.
(*Lembrete*: Polinômio unitário é todo aquele que possui coeficiente dominante igual a 1.)

Resolva os exercícios complementares 39 a 45

Teorema de D'Alembert

Sendo a uma constante complexa qualquer, um polinômio $P(x)$ é divisível por $x - a$ se, e somente se, $P(a) = 0$.

Jean le Rond D'Alembert (1717-1783), matemático, filósofo e físico francês, considerado o cientista mais influente da França em sua época.

Demonstração

Por definição de raiz de um polinômio, o número a é raiz de $P(x)$ se, e somente se, $P(a) = 0$. Mas, pelo teorema do resto, $P(a)$ é o resto R da divisão de $P(x)$ por $x - a$. Concluímos, assim, que:

$$a \text{ é raiz de } P(x) \Rightarrow R = 0$$

Ou seja, afirmar que o número a é raiz de $P(x)$ equivale a afirmar que $P(x)$ é divisível por $x - a$.

EXERCÍCIOS RESOLVIDOS

32 Mostrar que o polinômio $P(x) \equiv 2x^4 - x^3 - 4x^2 - 8x + 8$ é divisível por $x - 2$.

Resolução

Pelo teorema de D'Alembert, basta mostrar que $P(2) = 0$. Temos:

$P(2) = 2 \cdot 2^4 - 2^3 - 4 \cdot 2^2 - 8 \cdot 2 + 8 \Rightarrow P(2) = 32 - 8 - 16 - 16 + 8 = 0$

Logo, $P(x)$ é divisível por $x - 2$.

33 Sabendo que o polinômio $P(x) \equiv 4x^2 + 11x - 3$ é divisível pelo polinômio $D(x) \equiv x - k$, determinar a constante k.

Resolução

Pelo teorema de D'Alembert, $P(x)$ é divisível por $x - k$ se, e somente se, $P(k) = 0$, ou seja:

$4k^2 + 11k - 3 = 0$

Temos:

$\Delta = 11^2 - 4 \cdot 4 \cdot (-3) = 169$

$$\therefore k = \frac{-11 \pm \sqrt{169}}{2 \cdot 4} = \frac{-11 \pm 13}{8} \Rightarrow k = \frac{1}{4} \text{ ou } k = -3$$

EXERCÍCIOS PROPOSTOS

49 Considerando o polinômio $P(x) \equiv 2x^4 + x^3 + 7x^2 + 4x - 4$, classifique como verdadeira (V) ou falsa (F) cada uma das afirmações a seguir.

a) $P(x)$ é divisível por $x - \frac{1}{2}$.

b) $P(x)$ é divisível por $x + 1$.

c) $P(x)$ é divisível por $x - 3$.

d) $P(x)$ é divisível por $x - 2i$.

50 Sem efetuar a divisão, prove que o polinômio $P(x) \equiv 2x^5 + x^3 - 3x^2 + 5x - 3 - 6i$ é divisível por $x - i$.

51 Sabendo que o polinômio $P(x) \equiv x^5 - x^3 + kx + 4$ é divisível por $x - 2$, determine a constante k.

52 (UFMA) Quais os valores de a e b para que o polinômio $p(x) = x^3 + 5x^2 + ax + b$ seja divisível por $x - 1$ e por $x - 3$?

53 O polinômio $P(x) \equiv x^4 + ax^2 + b$ é divisível por $x - 2$ e deixa resto -5 na divisão por $x - i$. Determine os números reais a e b.

54 (UFPB) Seja $p(x) = x^2 + ax + b$ um polinômio. Determine os valores de a e b tais que $p(x)$ seja divisível por $x + 2$ e que os restos da divisão de $p(x)$ por $x - 1$ e por $x + 1$ sejam iguais.

55 Para que valores naturais de n o polinômio $P(x) \equiv x^n - 1$ é divisível por $x + 1$?

Resolva os exercícios complementares 46 a 51.

Dispositivo prático de Briot-Ruffini

Para efetuar a divisão de um polinômio $E(x)$ por um binômio da forma $x - a$, em que a é uma constante complexa qualquer, podemos aplicar o método de Descartes ou o método da chave. Há, porém, uma técnica muito mais prática para efetuar esse tipo de divisão. Essa técnica, descrita a seguir, é conhecida como **dispositivo prático de Briot-Ruffini**, em homenagem aos matemáticos que a criaram, Charles August Briot (1817-1882) e Paolo Ruffini (1765-1822).

Vamos descrever esse dispositivo a partir da divisão do polinômio:

$$E(x) \equiv e_4x^4 + e_3x^3 + e_2x^2 + e_1x + e_0 \text{ por } x - a$$

O quociente $Q(x)$ dessa divisão é um polinômio do 3º grau, e o resto $R(x)$ é um polinômio constante, ou seja:

$$Q(x) \equiv q_3x^3 + q_2x^2 + q_1x + q_0 \text{ e } R(x) \equiv R$$

Pela definição de divisão de polinômios, temos:

$$E(x) \equiv (x - a) \cdot Q(x) + R, \text{ ou seja:}$$

$$e_4x^4 + e_3x^3 + e_2x^2 + e_1x + e_0 \equiv (x - a)(q_3x^3 + q_2x^2 + q_1x + q_0) + R$$

$$\therefore e_4x^4 + e_3x^3 + e_2x^2 + e_1x + e_0 \equiv q_3x^4 + q_2x^3 + q_1x^2 + q_0x - aq_3x^3 - aq_2x^2 - aq_1x - aq_0 + R$$

$$\therefore e_4x^4 + e_3x^3 + e_2x^2 + e_1x + e_0 \equiv q_3x^4 + (q_2 - aq_3)x^3 + (q_1 - aq_2)x^2 + (q_0 - aq_1)x - aq_0 + R$$

Por definição de identidade de polinômios, concluímos que os coeficientes de $Q(x)$ e o resto R podem ser obtidos da seguinte maneira:

$$\begin{cases} q_3 = e_4 \\ q_2 - aq_3 = e_3 \\ q_1 - aq_2 = e_2 \\ q_0 - aq_1 = e_1 \\ -aq_0 + R = e_0 \end{cases} \text{ que é equivalente a } \begin{cases} q_3 = e_4 \\ q_2 = e_3 + aq_3 \\ q_1 = e_2 + aq_2 \\ q_0 = e_1 + aq_1 \\ R = e_0 + aq_0 \end{cases}$$

Os valores q_3, q_2, q_1, q_0 e R, destacados no segundo sistema, podem ser obtidos executando os passos descritos pelo esquema a seguir, conhecido como dispositivo prático de Briot-Ruffini:

- Dispomos a raiz a do polinômio $x - a$ e os coeficientes de $E(x)$ na forma:

a	e_4	e_3	e_2	e_1	e_0

- Repetimos e_4, que é igual a q_3, abaixo da barra horizontal, multiplicando-o por a e adicionando o resultado a e_3, obtendo q_2:

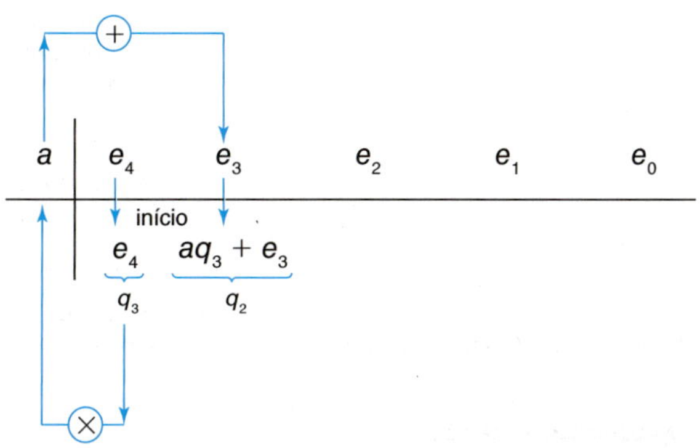

- Multiplicamos q_2 por a, adicionando o resultado a e_2, obtendo q_1, e assim sucessivamente, conforme mostra o esquema:

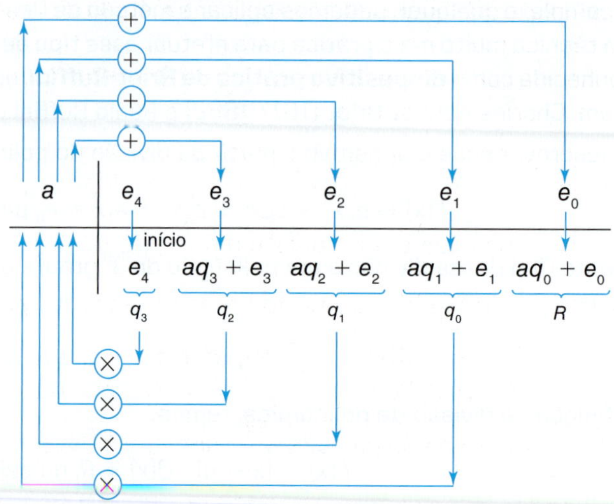

Assim, temos: $Q(x) \equiv e_4x^3 + (aq_3 + e_3)x^2 + (aq_2 + e_2)x + aq_1 + e_1$ e $R = aq_0 + e_0$

Essa técnica pode ser generalizada para qualquer polinômio $E(x)$ de grau maior ou igual a 1.

Conteúdo digital Moderna PLUS http://www.modernaplus.com.br
Animação: *Dispositivo prático de Briot-Ruffini.*

EXERCÍCIOS RESOLVIDOS

34 Aplicar o dispositivo prático de Briot-Ruffini para obter o quociente Q(x) e o resto R da divisão de $E(x) \equiv 2x^5 + 3x^4 - 17x^3 - 70x + 6$ por $x - 3$.

Resolução

Observando que o polinômio E(x) pode ser escrito na forma $E(x) \equiv 2x^5 + 3x^4 - 17x^3 + \mathbf{0x^2} - 70x + 6$, temos:

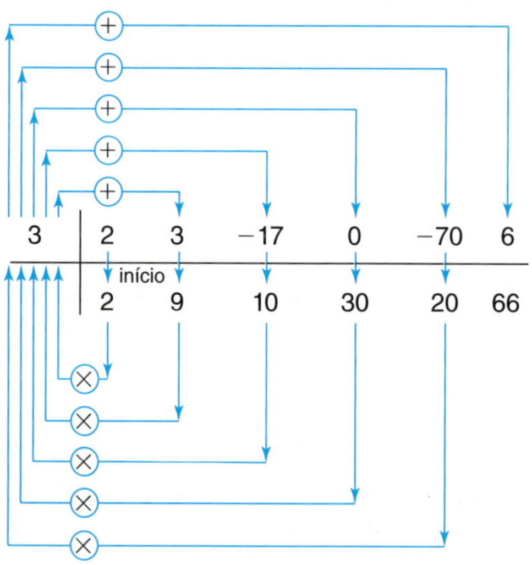

Assim, concluímos:

$Q(x) \equiv 2x^4 + 9x^3 + 10x^2 + 30x + 20$ e $R = 66$

35 Obter o quociente Q(x) e o resto R da divisão do polinômio $E(x) \equiv 4x^6 + 6x^5 + 5x^3 - 4x^2 + 3$ por $x + 2$.

Resolução

Aplicando o dispositivo prático de Briot-Ruffini, temos:

−2	4	6	0	5	−4	0	3
	4	−2	4	−3	2	−4	11

Concluímos, então, que:

$Q(x) \equiv 4x^5 - 2x^4 + 4x^3 - 3x^2 + 2x - 4$ e $R = 11$

36 Decompor o polinômio $E(x) \equiv x^4 - 1$ em um produto de dois fatores, sendo um deles um polinômio do 1º grau.

Resolução

Observando que $E(1) = 0$, temos, pelo teorema de D'Alembert, que E(x) é divisível por $x - 1$.

Assim, E(x) pode ser representado como o produto $(x - 1) \cdot Q(x)$, sendo Q(x) o quociente de E(x) por $x - 1$.

Completando o polinômio E(x) com coeficientes nulos, isto é:

$E(x) \equiv x^4 + 0x^3 + 0x^2 + 0x - 1$,

vamos aplicar o dispositivo prático de Briot-Ruffini para determinar Q(x):

1	1	0	0	0	−1
	1	1	1	1	0 (resto R)

Concluímos, então, que $Q(x) \equiv x^3 + x^2 + x + 1$ e $R = 0$, portanto uma fatoração possível do polinômio E(x), conforme as condições do enunciado, é:

$E(x) \equiv (x - 1)(x^3 + x^2 + x + 1)$

Divisão de um polinômio $P(x)$ por $kx - a$

Sendo, respectivamente, $Q(x)$ e R o quociente e o resto da divisão de um polinômio $P(x)$ por $kx - a$, em que k e a são constantes, com $k \neq 0$, temos a identidade:

$$P(x) \equiv (kx - a) \cdot Q(x) + R$$

que é equivalente a:

$$P(x) \equiv \left(x - \frac{a}{k}\right) \cdot k \cdot Q(x) + R$$

Assim, observamos que o quociente e o resto da divisão de $P(x)$ por $x - \frac{a}{k}$ são, respectivamente, $k \cdot Q(x)$ e R. Logo, podemos estabelecer os seguintes procedimentos:

> Para obter o quociente $Q(x)$ e o resto R da divisão de um polinômio $P(x)$ por $kx - a$:
> - inicialmente, dividimos $P(x)$ por $x - \frac{a}{k}$, obtendo o quociente $Q_1(x) \equiv k \cdot Q(x)$ e o resto R;
> - a seguir, dividimos $Q_1(x)$ por k, obtendo, assim: $\frac{Q_1(x)}{k} = Q(x)$

EXERCÍCIOS RESOLVIDOS

37 Efetuar a divisão do polinômio $P(x) \equiv 8x^5 + 2x^4 - 6x^3 + 4x + 2$ por $4x - 3$.

Resolução

Temos: $4x - 3 \equiv 4\left(x - \frac{3}{4}\right)$

Inicialmente, dividimos $P(x)$ por $x - \frac{3}{4}$ e, a seguir, dividimos o quociente obtido por 4.

Aplicando o dispositivo de Briot-Ruffini na divisão de $P(x)$ por $x - \frac{3}{4}$, temos:

$\frac{3}{4}$	8	2	−6	0	4	2
	8	8	0	0	4	5

Assim, o quociente $Q_1(x)$ e o resto R_1 da divisão de $P(x)$ por $x - \frac{3}{4}$ são: $Q_1(x) \equiv 8x^4 + 8x^3 + 4$ e $R_1 = 5$

Logo, o quociente $Q(x)$ e o resto R da divisão de $P(x)$ por $4x - 3$ são:

$$Q(x) \equiv \frac{Q_1(x)}{4} \equiv 2x^4 + 2x^3 + 1 \text{ e } R = R_1 = 5$$

38 Obter o quociente $Q(x)$ e o resto R da divisão do polinômio $P(x) \equiv 5x^4 - 9x^3 + x - 1$ por $5x + 1$.

Resolução

Observando que $5x + 1 \equiv 5\left(x + \frac{1}{5}\right)$, dividimos $P(x)$ por $x + \frac{1}{5}$ e, a seguir, dividimos o quociente obtido por 5.

Aplicando o dispositivo de Briot-Ruffini na divisão de $P(x)$ por $x + \frac{1}{5}$, temos o esquema a seguir.

$-\frac{1}{5}$	5	−9	0	1	−1
	5	−10	2	$\frac{3}{5}$	$-\frac{28}{25}$

Assim, o quociente $Q_1(x)$ e o resto R_1 da divisão de $P(x)$ por $x + \frac{1}{5}$ são:

$$Q_1(x) \equiv 5x^3 - 10x^2 + 2x + \frac{3}{5} \text{ e } R_1 = -\frac{28}{25}$$

Logo, o quociente $Q(x)$ e o resto R da divisão de $P(x)$ por $5x + 1$ são:

$$Q(x) \equiv \frac{Q_1(x)}{5} \equiv x^3 - 2x^2 + \frac{2x}{5} + \frac{3}{25} \text{ e } R = R_1 = -\frac{28}{25}$$

39 Dividir o polinômio $E(x) \equiv -3x^5 + 12x^4 - x^3 + 5x^2 - 5x + 4$ por $4 - x$.

Resolução

Como $4 - x \equiv -(x - 4)$, podemos dividir $E(x)$ por $x - 4$ e, a seguir, dividir o quociente obtido por -1. Aplicando o dispositivo de Briot-Ruffini na divisão de $E(x)$ por $x - 4$, temos:

4	−3	12	−1	5	−5	4
	−3	0	−1	1	−1	0

Assim, o quociente $Q_1(x)$ e o resto R_1 da divisão de $E(x)$ por $x - 4$ são:

$$Q_1(x) \equiv -3x^4 - x^2 + x - 1 \text{ e } R_1 = 0$$

Logo, o quociente $Q(x)$ e o resto R da divisão de $E(x)$ por $4 - x$ são:

$$Q(x) \equiv \frac{Q_1(x)}{-1} \equiv 3x^4 + x^2 - x + 1 \text{ e } R = R_1 = 0$$

EXERCÍCIOS PROPOSTOS

56 Aplicando o dispositivo prático de Briot-Ruffini, determine o quociente e o resto da divisão de $E(x)$ por $D(x)$ nos casos a seguir.

a) $E(x) \equiv 2x^5 - 40x^3 - 48x^2 + 2$ e $D(x) \equiv x - 5$

b) $E(x) \equiv x^3 + 5x^2 + 6x + 9$ e $D(x) \equiv x + 3$

c) $E(x) \equiv x^6 + 2x^5 - 4x^3 - 48x + 1$ e $D(x) \equiv x + 1$

d) $E(x) \equiv ix^5 + 2x^4 + 5x^2 + 4$ e $D(x) \equiv x - i$

57 Considerando o polinômio $P(x) \equiv x^5 - 1$:

a) mostre que 1 é raiz de $P(x)$.

b) fatore $P(x)$ como o produto de dois polinômios, sendo um deles do 1º grau.

58 Considerando o polinômio $P(x) \equiv x^6 - 1$:

a) mostre que 1 e -1 são raízes de $P(x)$.

b) fatore $P(x)$ como um produto de dois polinômios, sendo um deles do 2º grau.

59 Considerando o polinômio $P(x) \equiv x^3 - 5x^2 + 9x - 5$:

a) mostre que $P(x)$ é divisível por $x - 1$.

b) resolva no universo $\mathbb{C}$ a equação $P(x) = 0$.

60 Com o auxílio do dispositivo de Briot-Ruffini, determine o quociente e o resto da divisão de $E(x)$ por $D(x)$ nos casos a seguir.

a) $E(x) \equiv 6x^5 + 3x^2 - 6x + 9$ e $D(x) \equiv 2x - 2$

b) $E(x) \equiv 3x^4 + x^3 + 4x^2 - x + 1$ e $D(x) \equiv 3x - 2$

c) $E(x) \equiv 4x^3 + 3x^2$ e $D(x) \equiv 2x + 1$

d) $E(x) \equiv 4ix^3 + 5x^2 + ix + 1$ e $D(x) \equiv 2x - i$

61 O polinômio $P(x) \equiv 6x^4 - 9x^3 + 9x^2 - 9x + 3$ pode ser fatorado na forma: $P(x) \equiv (2x - 1)(3x - 3) \cdot Q(x)$. Aplicando o dispositivo de Briot-Ruffini, determine $Q(x)$.

Resolva os exercícios complementares 52 a 56.

Extensão do teorema do resto

Sendo k e a constantes complexas quaisquer, com $k \neq 0$, o resto da divisão de um polinômio $P(x)$ por $kx - a$ é igual a $P\left(\frac{a}{k}\right)$.

Demonstração

Sejam, respectivamente, $Q(x)$ e $R(x)$ o quociente e o resto da divisão de $P(x)$ por $kx - a$, ou seja:

$$P(x) \equiv Q(x) \cdot (kx - a) + R(x) \quad \text{(I)}$$

Como $gr(R) = 0$ ou $R(x) \equiv 0$, podemos indicar $R(x)$ por uma constante R. Assim, a sentença (I) pode ser representada na forma:

$$P(x) \equiv Q(x) \cdot (kx - a) + R$$

Calculando $P\left(\frac{a}{k}\right)$, obtemos: $P\left(\frac{a}{k}\right) = Q\left(\frac{a}{k}\right) \cdot \left(k \cdot \frac{a}{k} - a\right) + R \Rightarrow P\left(\frac{a}{k}\right) = R$

Logo, o resto R da divisão é igual a $P\left(\frac{a}{k}\right)$.

Exemplos

a) O resto R da divisão do polinômio $P(x) \equiv 5x^3 + 3x^2 - 3$ pelo binômio $2x - 1$ é o valor numérico do polinômio P, quando x é substituído pela raiz do binômio, isto é:

$$R = P\left(\frac{1}{2}\right) = 5 \cdot \left(\frac{1}{2}\right)^3 + 3 \cdot \left(\frac{1}{2}\right)^2 - 3 = \frac{5}{8} + \frac{3}{4} - 3 = -\frac{13}{8}$$

b) O resto R da divisão do polinômio $P(x) \equiv 2x^5 + 7x^4 - 2x - 9$ por $9x$ é o valor numérico do polinômio P, quando x é substituído pela raiz do binômio $9x - 0$, isto é:

$$R = P(0) = 2 \cdot 0^5 + 7 \cdot 0^4 - 2 \cdot 0 - 9 = -9$$

EXERCÍCIO RESOLVIDO

40 Obter o polinômio do 2º grau P(x) cujas divisões por 6x, 2x − 1 e 3x − 2 apresentam restos −5, $-\frac{21}{4}$ e −5, respectivamente.

Resolução

Sendo $P(x) \equiv ax^2 + bx + c$, temos, pela extensão do teorema do resto:

$$\begin{cases} P(0) = -5 \\ P\left(\frac{1}{2}\right) = -\frac{21}{4} \\ P\left(\frac{2}{3}\right) = -5 \end{cases} \Rightarrow \begin{cases} a \cdot 0^2 + b \cdot 0 + c = -5 \\ a \cdot \left(\frac{1}{2}\right)^2 + b \cdot \left(\frac{1}{2}\right) + c = -\frac{21}{4} \\ a \cdot \left(\frac{2}{3}\right)^2 + b \cdot \left(\frac{2}{3}\right) + c = -5 \end{cases} \Rightarrow \begin{cases} c = -5 \\ \frac{a}{4} + \frac{b}{2} + c = -\frac{21}{4} \\ \frac{4a}{9} + \frac{2b}{3} + c = -5 \end{cases} \Rightarrow \begin{cases} c = -5 \\ a + 2b + 4c = -21 \\ 4a + 6b + 9c = -45 \end{cases}$$

Assim, obtemos $a = 3$, $b = -2$ e $c = -5$.

Concluímos, então, que: $P(x) \equiv 3x^2 - 2x - 5$

Extensão do teorema de D'Alembert

Sendo k e a constantes complexas quaisquer, com $k \neq 0$, um polinômio $P(x)$ é divisível por $kx - a$ se, e somente se, $P\left(\frac{a}{k}\right) = 0$.

Demonstração

Por definição de raiz de um polinômio, o número $\frac{a}{k}$ é raiz de $P(x)$ se, e somente se, $P\left(\frac{a}{k}\right) = 0$. Mas, pela extensão do teorema do resto, $P\left(\frac{a}{k}\right)$ é o resto R da divisão de $P(x)$ por $kx - a$. Concluímos, assim, que:

$$\frac{a}{k} \text{ é raiz de } P(x) \Leftrightarrow R = 0$$

Ou seja, afirmar que o número $\frac{a}{k}$ é raiz de $P(x)$ equivale a afirmar que $P(x)$ é divisível por $kx - a$.

EXERCÍCIOS RESOLVIDOS

41 Mostrar que o polinômio $P(x) \equiv 16x^4 - 8x^2 - 6x + 4$ é divisível pelo binômio 2x − 1.

Resolução

Basta mostrar que a raiz $\frac{1}{2}$ do binômio também é raiz de P(x).

Temos:

$$P\left(\frac{1}{2}\right) = 16 \cdot \left(\frac{1}{2}\right)^4 - 8 \cdot \left(\frac{1}{2}\right)^2 - 6 \cdot \frac{1}{2} + 4 =$$

$$= 1 - 2 - 3 + 4 = 0$$

Logo, P(x) é divisível por 2x − 1.

42 Determinar a constante complexa k de modo que o polinômio $P(x) \equiv 6x^3 - 2x^2 - x + k$ seja divisível por 3x − 2.

Resolução

Pela extensão do teorema de D'Alembert, P(x) é divisível por 3x − 2 se, e somente se, $P\left(\frac{2}{3}\right) = 0$, ou seja:

$$6\left(\frac{2}{3}\right)^3 - 2\left(\frac{2}{3}\right)^2 - \frac{2}{3} + k = 0$$

$$\therefore \frac{16}{9} - \frac{8}{9} - \frac{2}{3} + k = 0$$

$$\therefore k = -\frac{2}{9}$$

EXERCÍCIOS PROPOSTOS

62 Determine o resto da divisão do polinômio P(x) por D(x), em cada um dos casos a seguir.

a) $P(x) \equiv 54x^3 + 9x^2 + 6x - 1$ e $D(x) \equiv 3x - 1$

b) $P(x) \equiv 16x^4 + 4x^2 - 3x - 2$ e $D(x) \equiv 2x + 1$

c) $P(x) \equiv 8x^3 - 12x^2 + 4x - 6$ e $D(x) \equiv 2x - 3$

d) $P(x) \equiv 9x^6 + 2x^3 - x^2 + 2$ e $D(x) \equiv 7x$

63 Dividindo o polinômio $P(x) \equiv 6x^3 - 5x^2 + kx - 4$ por $2x - 1$, obtemos resto -1. Determine a constante k.

64 As divisões de um polinômio do 2º grau P(x) por $2x - 1$, $3x + 1$ e $x - 1$ apresentam restos 10, 4 e 40, respectivamente. Determine P(x).

65 Dividindo o polinômio P(x) por $2x^2 + x + 2$, obtemos o quociente $8x^2 + 4x$ e o resto $6x + 1$. Calcule o resto da divisão de P(x) por $2x + 1$.

66 Os restos das divisões de um polinômio P(x) por $3x - 5$ e por $2x + 1$ são 3 e 5, respectivamente. Calcule o resto da divisão de P(x) pelo produto $(3x - 5)(2x + 1)$.

67 Considerando o polinômio $P(x) \equiv 8x^3 - 4x^2 + 2x - 1$, classifique como verdadeira (V) ou falsa (F) cada uma das afirmações a seguir.

a) P(x) é divisível por $2x - 1$.

b) P(x) é divisível por $2x + 1$.

c) P(x) é divisível por $2x - i$.

d) P(x) é divisível por $2x + i$.

68 Sem efetuar a divisão, prove que o polinômio $P(x) \equiv 4x^5 + 8x^3 + x^2 + 4x + 1$ é divisível por $2x - 2i$.

69 Determine o valor da constante k para que o polinômio $P(x) \equiv kx^4 - (8 + 2i)x^2 + 4i$ seja divisível por $2x - 1 - i$.

70 Para que valores das constantes a e b o polinômio $P(x) \equiv 2x^5 - 3x^4 - 2x^3 + ax^2 + bx - 2$ é divisível por $2x + 1$ e por $x - 2$?

71 O polinômio $P(x) \equiv 3x^4 - 4x^3 + x^2 + ax + b$ é divisível por $3x - 1$ e deixa resto 4 na divisão por $x - 1$. Determine as constantes a e b.

Resolva os exercícios complementares 57 a 66.

Divisão de um polinômio pelo produto $(kx - a)(mx - b)$

Sendo k, m, a e b constantes complexas quaisquer, com $k \neq 0$, $m \neq 0$ e $\frac{a}{k} \neq \frac{b}{m}$, um polinômio $P(x)$ é divisível por $kx - a$ e por $mx - b$ se, e somente se, $P(x)$ é divisível pelo produto $(kx - a)(mx - b)$.

Para entender por que esse teorema exige a condição $\frac{a}{k} \neq \frac{b}{m}$, considere, por exemplo, o polinômio $P(x) \equiv (2x - 3)(x - 5)$. Esse polinômio é divisível por $2x - 3$ e por $4x - 6$, porém não é divisível pelo produto $(2x - 3)(4x - 6)$.

EXERCÍCIOS RESOLVIDOS

43 Para que valores de a e b o polinômio $P(x) \equiv 2x^3 + ax^2 + bx + 8$ é divisível pelo produto $(x - 4)(x + 2)$?

Resolução

Como os binômios $x - 4$ e $x + 2$ têm raízes diferentes, o teorema anterior garante que P(x) é divisível pelo produto $(x - 4)(x + 2)$ se, e somente se, P(x) é divisível por $x - 4$ e por $x + 2$. Assim, pelo teorema de D'Alembert, temos $P(4) = 0$ e $P(-2) = 0$, ou seja:

$$\begin{cases} 2 \cdot 4^3 + a \cdot 4^2 + b \cdot 4 + 8 = 0 \\ 2 \cdot (-2)^3 + a \cdot (-2)^2 + b \cdot (-2) + 8 = 0 \end{cases} \Rightarrow \begin{cases} 16a + 4b = -136 \\ 4a - 2b = 8 \end{cases}$$

Resolvendo esse sistema, obtemos $a = -5$ e $b = -14$.

44 Obter as constantes complexas u e v de modo que o polinômio $P(x) \equiv 2x^4 + ux^2 + v$ seja divisível por $x^2 - 4$.

Resolução

O polinômio $x^2 - 4$ pode ser fatorado na forma $(x + 2)(x - 2)$.
Como $x + 2$ e $x - 2$ têm raízes diferentes: $P(x)$ é divisível pelo produto $(x + 2)(x - 2)$ se, e somente se, $P(x)$ é divisível por $x + 2$ e por $x - 2$.
Assim, pelo teorema de D'Alembert, temos $P(-2) = 0$ e $P(2) = 0$, ou seja:

$$\begin{cases} 2 \cdot (-2)^4 + u \cdot (-2)^2 + v = 0 \\ 2 \cdot 2^4 + u \cdot 2^2 + v = 0 \end{cases} \Rightarrow \begin{cases} 4u + v = -32 \\ 4u + v = -32 \end{cases}$$

Esse sistema, que é possível e indeterminado, permite concluir que $v = -32 - 4u$.
Logo, $P(x)$ é divisível por $x^2 - 4$ para quaisquer constantes complexas u e v tais que $v = -32 - 4u$.

Nota:
Os exercícios resolvidos 43 e 44 podem ser solucionados sem a aplicação do teorema anterior. Observe, por exemplo, a resolução do exercício 44 pelo método da chave:

$$\begin{array}{l|l} 2x^4 + 0x^3 + ux^2 + 0x + v & x^2 - 4 \\ \cline{2-2} \underline{2x^4 \qquad\quad - 8x^2 \qquad\qquad\quad} & 2x^2 + (u + 8) \\ \qquad (u + 8)x^2 \qquad\quad + v & \\ \qquad \underline{(u + 8)x^2 - 4u - 32} & \\ \qquad\qquad\quad v + 4u + 32 & \end{array}$$

Para que essa divisão seja exata, o resto deve ser identicamente nulo e, portanto, $v + 4u + 32 = 0$, ou seja, $v = -32 - 4u$.

EXERCÍCIOS PROPOSTOS

72 Obtenha os valores das constantes k e m para que o polinômio $P(x) \equiv 2x^3 + kx^2 + x + m$ seja divisível pelo produto $(x - 2)(x + 3)$.

73 Determine os números complexos a e b, sabendo que o polinômio $P(x) \equiv \frac{x^5}{16} - \frac{3x^4}{8} - 2x^3 + ax + b$ é divisível por $x^2 - 4$.
(*Sugestão:* Fatore o binômio $x^2 - 4$.)

74 Obtenha as constantes complexas k e m para que o polinômio $P(x) \equiv x^4 + kix^3 + 2mx^2 + 2ix + 1$ seja divisível por $x^2 + 1$.

75 Sabendo que o polinômio $P(x) \equiv x^3 + ax^2 + 4x + b$ é divisível pelo produto $(x - 2i)(x + 1)$, determine as constantes a e b.

Resolva os exercícios complementares 67 a 75.

EXERCÍCIOS COMPLEMENTARES

Exercícios técnicos

1 Sendo $P(x) \equiv x^4 + 4x^2 - 2x + 1$, calcule:

a) $P(2)$
b) $P(-2)$
c) $P(0)$
d) $P(i)$
e) $P(-i)$
f) $P(1 + i)$

2 Qual é o grau do polinômio $P(x) \equiv (2m + n)x^5 + (n + 6)x^4 - x^2 + 1$, em que m e n são números complexos, $P(-1) = 0$ e $P(2) = P(0) - 4$?

3 (Ufam) Seja $P(x) = ax^2 + bx + c$, em que a, b e c são números reais. Sabendo que $P(-1) = 4$, $P(3) = 0$ e $P(2) = 7$, então $P(0)$ é igual a:

a) -9 b) 10 c) -5 d) 9 e) 0

4 Um polinômio $P(x)$ de coeficiente dominante igual a 1 é tal que $gr(P) = 3$, $P(0) = 5$, $P(1) = 7$ e $P(-1) = 9$. Calcule $P(2)$.

5 Dado o polinômio $P(x) \equiv 1 + \sum_{n=1}^{20} x^n$, temos $P(2)$ igual a:

a) $2^{20} - 1$
b) $2^{21} - 1$
c) $2^{18} - 1$
d) 2^{20}
e) 2^{18}

6 Determine as raízes de cada um dos polinômios a seguir.

a) $S(x) \equiv 3x^3 + 5x^2 - 2x$
b) $U(x) \equiv x^3 - 2x^2 + x - 2$
c) $V(x) \equiv x^4 - 16$

7 Prove que, se a soma dos coeficientes de um polinômio $P(x)$ é igual a zero, então o número 1 é raiz do polinômio.

8 Prove que, se o termo independente da variável x de um polinômio $P(x)$ é igual a zero, então o número 0 (zero) é raiz do polinômio.

9 (PUC-RJ) Dado que as raízes do polinômio $p(x) = x^3 + ax^2 + bx + c$ são 0, 1 e −1, calcule $p(2)$.

10 Determine as raízes comuns aos polinômios $P(x) \equiv 2x^6 - x^2 + 1$ e $Q(x) \equiv x^6 + 4x^4 - 3$.

11 Obtenha os números complexos a e b para que os polinômios $P(x) \equiv (2a^2 - 1)x^5 + x^3 + 10$ e $Q(x) \equiv 17x^5 + (a - 2)x^3 + a + b$ sejam idênticos.

12 Os polinômios $P(x) \equiv ax^2 + bx + 8c$ e $Q(x) \equiv (a + b)x^2 - (a - b)x + 2a + c + d$ são tais que: $P(2) = Q(1)$, $P(x) \equiv Q(x)$ e $c \neq d$. Podemos concluir que:

a) $P(x)$ tem grau dois.
b) $P(x)$ tem grau um.
c) $P(x)$ tem grau zero.
d) $P(x)$ é identicamente nulo.
e) Não se pode determinar o grau de $P(x)$.

13 Dados os polinômios $P(x) \equiv 3x^3 + 2x^2 - 4x$, $Q(x) \equiv x^2 + 3x - 1$ e $T(x) \equiv 4x - 2$, calcule:

a) $Q(x) + T(x)$
b) $Q(x) - T(x) - P(x)$
c) $P(x) \cdot Q(x)$
d) $[T(x)]^2$
e) $P(x) + [T(x)]^3$
f) $[T(x)]^4$
g) $[P(x)]^2 + 3T(x) - 2Q(x)$

14 Determine as constantes a, b, c e d na identidade $(x - 1)^2(ax + b) + cx + d \equiv x^3 - 3x^2 + 6x - 3$.

15 Sendo $P(x) \equiv ax + b$ e $Q(x) \equiv 25x^2 - 25x + 6$, determine as constantes a e b de modo que $[P(x)]^2 + P(x) \equiv Q(x)$.

16 (UFPE) Determine as constantes p, q tais que $x(x + 1)(x + 2)(x + 3) + 1 = (x^2 + px + q)^2$ para todo número complexo x.

17 Determine o grau de cada um dos polinômios abaixo.

a) $H(x) \equiv (3x^4 + 2x^3 + 5x - 4)(2x^2 - x + 1) + 6x^6$
b) $G(x) \equiv (x^4 - 5x^3 + 3x^2 + 6)^5$
c) $T(x) \equiv (3x^5 - x^3 + 2x + 5)^2(7x^2 - x + 1)^3$

18 Três polinômios, $P(x)$, $Q(x)$ e $T(x)$, são tais que $gr(P) = 8$, $gr(Q) = 2$ e $gr(T) = 2$. Qual das afirmações seguintes pode ser falsa?

a) O grau do polinômio $P(x) + Q(x)$ é 8.
b) O grau do polinômio $P(x) - Q(x)$ é 8.
c) O grau do polinômio $P(x) \cdot Q(x)$ é 10.
d) O grau do polinômio $[P(x)]^2$ é 16.
e) O grau do polinômio $Q(x) + T(x)$ é 2.

19 Dados os polinômios $P(x) \equiv 2x^3 + 1$ e $Q(x) \equiv 8x^5 + 4x^4 - 2x^3 + 4x^2 + 2x - 1$, determine o polinômio $H(x)$ tal que $P(x) \cdot H(x) \equiv Q(x)$.

20 Determine o número natural n de modo que a soma dos coeficientes do polinômio $P(x) \equiv (2x^4 - x^3 + x + 1)^n \cdot (x^5 + x^4 + 2x - 1)^{n+1}$ seja 243.

21 (UFC-CE) Seja $(1 + x + x^2)^{10} = A_0 + A_1x + A_2x^2 + ... + A_{20}x^{20}$. Assinale a alternativa na qual consta o valor de $A_1 + A_3 + A_5 + ... + A_{19}$.

a) $3^9 + 3^8 + 3^7 + ... + 3 + 1$
b) 0
c) 3^{10}
d) $3^9 - 3^8 + 3^7 - 3^6 + ... + 3 - 1$
e) 1

22 Obtenha o polinômio de menor grau possível e coeficiente dominante igual a 1, que tenha como raízes apenas os números −2, 3 e 4.

23 (UFG-GO) Determine o polinômio $P(x)$ do terceiro grau que tem uma raiz nula e satisfaz a condição $P(x - 1) = P(x) + (2x)^2$ para todo número complexo x.

24 Determine as raízes complexas do polinômio $P(x) \equiv x^6 - 1$.

25 Na divisão do polinômio $E(x)$ pelo polinômio $D(x) \equiv x^2 + x + 2$, o resto $R(x)$ e o quociente $Q(x)$ são tais que $R(x) \equiv Q(x) \equiv 3x - 1$. Obtenha $E(x)$.

26 Aplicando o método de Descartes, também conhecido como método dos coeficientes a determinar, obtenha o quociente $Q(x)$ e o resto $R(x)$ da divisão de $E(x)$ por $D(x)$, nos seguintes casos:

a) $E(x) \equiv 6x^5 + 12x^4 - 17x^3 + 4x^2 + 2x - 2$ e $D(x) \equiv 6x^3 + x + 2$
b) $E(x) \equiv x^7 + 3x^6 + x + 3$ e $D(x) \equiv x^6 + 1$
c) $E(x) \equiv x^3 - 8$ e $D(x) \equiv x - 2$
d) $E(x) \equiv x^3 + 2ix^2 + (2 - i)x + 2 + i$ e $D(x) \equiv x + 2i$

27 Dividindo o polinômio $E(x) \equiv ax^4 + bx^2 + 3x + c$ pelo polinômio $D(x) \equiv x^3 + 2x$, obtemos o quociente $Q(x)$ e o resto $R(x)$ tais que $Q(x) \equiv R(x)$. Determine $E(x)$, sabendo que a, b e c são constantes.

28 Aplicando o método da chave, obtenha o quociente $Q(x)$ e o resto $R(x)$ da divisão de $E(x)$ por $D(x)$, nos casos a seguir.

a) $E(x) \equiv x^5 + 1$ e $D(x) \equiv x + 1$
b) $E(x) \equiv 6x^4 + x^3 + 8x^2 + 2$ e $D(x) \equiv 3x^2 + x + 4$
c) $E(x) \equiv 2ix^3 + x^2 + 8ix$ e $D(x) \equiv 2x + 3i$
d) $E(x) \equiv 8ix^4 + 4x^3 + ix - 2$ e $D(x) \equiv 4x^2 + i$

29 (FGV) O quociente da divisão do polinômio $P(x) = (x^2 + 1)^4 \cdot (x^3 + 1)^3$ por um polinômio de grau 2 é um polinômio de grau:

a) 5 b) 10 c) 13 d) 15 e) 18

30 Se $R(x)$ é o resto da divisão de $A(x) \equiv 2x^6 + 4x^5 + x + 2$ por $B(x) \equiv x^4 - x + 1$, calcule $R(-2)$.

31 Sabendo que o polinômio $E(x) \equiv 2x^5 + 5x^3 + 2x^2 + 3x + 2$ é divisível pelo polinômio $D(x) \equiv x^2 + k$, determine a constante complexa k.

32 Considere os polinômios $E(x) \equiv 2x^5 + 3x^4 + 3x^3 + 5x^2 + 4x + m$ e $D(x) \equiv x^3 + x + n$.
Determine as constantes complexas m e n, sabendo que $D(x)$ divide $E(x)$. [Dizer que $D(x)$ divide $E(x)$ equivale a dizer que $E(x)$ é divisível por $D(x)$.]

33 (UFC-CE) Os números a, b, c e d são reais. Determine os coeficientes do polinômio $P(x) = ax^3 + bx^2 + cx + d$, sabendo-se que o polinômio $Q(x) = ax^2 + bx + 1$ divide $P(x)$ e que $P(a) = Q(a) = a \neq 0$.

34 (UFRN) Se A, B e C são números reais e $P(x) = x^5 - 7x^2 + 2x + 4$ dividido por $Q(x) = x^3 - 8$ deixa resto $R(x) = Ax^2 + Bx + C$, pode-se afirmar que $4A + 2B + C$ é igual a:

a) 8 b) 16 c) 12 d) 20

35 (PUC-SP) Os valores de A e B tais que

$\frac{1+x}{x-x^2} = \frac{A}{x} + \frac{B}{1-x}$ são, respectivamente:

a) 2 e 1
b) 3 e 2
c) 1 e 2
d) 2 e 3
e) 1 e 3

36 Na identidade $\frac{A}{x} + \frac{B}{x-1} + \frac{C}{x-2} \equiv \frac{3x^2 - 9x + 8}{x^3 - 3x^2 + 2x}$, com $x \neq 0$, $x \neq 1$ e $x \neq 2$, quais são os valores das constantes complexas A, B e C?

37 (UFMS) Determine as constantes A, B e C tal que a igualdade $\frac{4}{x^3 - 4x} = \frac{A}{x} + \frac{B}{x-2} + \frac{C}{x+2}$ se verifica para todo x real, com $x \neq 0$, $x \neq 2$ e $x \neq -2$.

38 (UFC-CE) Se a sentença $\frac{2x+5}{4x^2-1} = \frac{a}{2x+1} + \frac{b}{2x-1}$ onde a e b são constantes, é verdadeira para todo complexo x, com $x \neq \frac{1}{2}$ e $x \neq -\frac{1}{2}$, então a soma $a + b$ é igual a:

a) −2
b) −1
c) 1
d) 2
e) 3

39 O quociente e o resto da divisão de um polinômio $P(x)$ por $x + 2$ são $Q_1(x)$ e $R_1(x) \equiv 0$, respectivamente. O quociente e o resto da divisão de $Q_1(x)$ por $x - 2$ são $Q_2(x) \equiv x^3 - x + 1$ e $R_2(x) \equiv 0$. Determine o quociente e o resto da divisão de $P(x)$ por $x^2 - 4$.

40 Calcule o resto da divisão do polinômio $P(x)$ por $D(x)$, em cada um dos casos:

a) $P(x) \equiv x^3 - 2x^2 + 3x + 1$ e $D(x) \equiv x + 5$
b) $P(x) \equiv 7x^8 + 4x^5 - 9x + 6$ e $D(x) \equiv x$
c) $P(x) \equiv 5x^6 + 2x^4 - 3x^3 + 2$ e $D(x) \equiv x - i$
d) $P(x) \equiv x^4 - 3x^2 + 2x + 5$ e $D(x) \equiv x + 2i$

41 As divisões de um polinômio do 3º grau $P(x)$ por x, $x - 1$, $x + 2$ e $x - 3$ apresentam restos 0, 6, −6 e 84, respectivamente. Determine $P(x)$.

42 Dividindo o polinômio $P(x) \equiv 2x^2 - kx + 5$ por $x - 2$ e por $x - 1$, obtemos o mesmo resto. Determine as raízes de $P(x)$.

43 Dividindo o polinômio $P(x)$ por $2x^2 + 3$, obtemos o quociente $x^2 + 2x$ e o resto $-8x + 5$. Calcule o resto da divisão de $P(x)$ por $x - 2$.

44 (Fuvest-SP) O polinômio $p(x) = x^3 + ax^2 + bx$, em que a e b são números reais, tem restos 2 e 4 quando dividido por $x - 2$ e $x - 1$, respectivamente. Assim, o valor de a é:

a) −6
b) −7
c) −8
d) −9
e) −10

45 (UFRR) Um polinômio $P(x)$ dividido por $(x - 2)$ dá resto 4 e dividido por $(x - 4)$ dá resto 12. Então o resto da divisão de $P(x)$ por $(x - 2)(x - 4)$ é:

a) $4x - 4$
b) $3x - 2$
c) $2x - 1$
d) $4x$
e) 0

46 (UEPB) Dado que o polinômio $p(x) = -2x^3 + mx^2 - 5x + 2$ é divisível por $x - 1$, então:

a) $m = -5$
b) $m = 5$
c) $m = 9$
d) $m = 2$
e) $m = 3$

47 Determine o valor da constante m para que o polinômio $P(x) \equiv x^3 + mx^2 + 2x - 6 + 2i$ seja divisível por $x - 3 + i$.

48 Sabendo que os binômios $x - 1$ e $x - 2$ são fatores de $P(x) \equiv x^4 + ax^3 + 3x^2 - 3x + b$, determine as constantes a e b.
(*Lembre-se*: Dizer que $x - 1$ e $x - 2$ são fatores de $P(x)$ equivale a dizer que uma fatoração de $P(x)$ contém os fatores $x - 1$ e $x - 2$ e, portanto, $P(x)$ é divisível por $x - 1$ e por $x - 2$.)

49 Prove que, se um polinômio $P(x)$ é divisível por $(x - 2)(x - 3)$, então $P(x)$ é divisível por $x - 2$ e $P(x)$ é divisível por $x - 3$.

50 (FGV) O polinômio $P(x) = x^2 + x + a$ é divisível por $x + b$ e por $x + c$, em que a, b, e c são números reais, distintos entre si e não nulos. Então $b + c$ é igual a:

a) −1 b) −2 c) 2 d) 0 e) 1

51 O polinômio $P(x) \equiv x^6 + bx^3 - a$ é divisível por $x - 1$ e por $x - \sqrt[3]{a}$. Determine as constantes reais a e b.

52 Aplicando o dispositivo prático de Briot-Ruffini, determine o quociente e o resto da divisão de $E(x)$ por $D(x)$ nos casos a seguir.

a) $E(x) \equiv 3x^4 - 5x^3 + 2x - 12$ e $D(x) \equiv x - 2$
b) $E(x) \equiv x^6 - 1$ e $D(x) \equiv x - 1$
c) $E(x) \equiv x^4 - 1$ e $D(x) \equiv x + 1$
d) $E(x) \equiv 2ix^4 + 3x^3 + 2ix^2 + 5x - 5i$ e $D(x) \equiv x - 2i$

53 Considerando o polinômio $P(x) \equiv x^n - 1$, com $n \in \mathbb{N}^*$:

a) mostre que 1 é raiz de $P(x)$.
b) fatore $P(x)$ como o produto de dois polinômios, sendo um deles do 1º grau.

54 O polinômio $P(x) \equiv x^5 - 2x^3 + 6x^2 - 35x + 30$ pode ser fatorado na forma: $P(x) \equiv (x - 1)(x - 2)(x + 3) \cdot Q(x)$
Aplicando o dispositivo de Briot-Ruffini, determine o polinômio $Q(x)$.

55 (UFPB) Se $q(x)$ é o quociente de $p(x) = x^3 - 5x + 1$ por $d(x) = x + 3$, então $q(x + 1)$ é igual a:

a) $x^2 - 5x - 4$
b) $x^2 + 5x + 2$
c) $x^2 + 5x + 8$
d) $x^2 - 3x + 8$
e) $x^2 - x + 2$

56 Com o auxílio do dispositivo de Briot-Ruffini, determine o quociente e o resto da divisão de $E(x)$ por $D(x)$ nos casos a seguir.

a) $E(x) \equiv 64x^6 - 1$ e $D(x) \equiv 2x - 1$
b) $E(x) \equiv 2x^5 - 7x^4 + x^2 - 60x - 1$ e $D(x) \equiv 4 - x$
c) $E(x) \equiv x^5 + i$ e $D(x) \equiv i - x$
d) $E(x) \equiv (1 - i)x^4 - 2x^3 - 2ix^2 - 2x + 2i - 2$ e $D(x) \equiv 3x - 3 - 3i$

57 Determine o resto da divisão do polinômio P(x) por D(x), em cada um dos casos:

a) $P(x) \equiv x^5 - 4x^3 + 2x + 2$ e $D(x) \equiv 5x + 5$

b) $P(x) \equiv 2ix^4 + 5x^3 - 3ix^2 + x + i$ e $D(x) \equiv 2x - i$

c) $P(x) \equiv 3ix^3 + x^2 + 4ix + 1$ e $D(x) \equiv 3x + 2i$

58 Os esquemas a seguir apresentam os respectivos restos e quocientes das divisões do polinômio P(x) por $x^2 + 1$ e $2x + 3$, sendo R uma constante:

$$\begin{array}{l|l} P(x) & x^2+1 \\ \hline R & x+5 \end{array} \qquad \begin{array}{l|l} P(x) & 2x+3 \\ \hline 7 & Q(x) \end{array}$$

Determine o resto R.

59 Determine o polinômio unitário do 3º grau, P(x), cujas divisões por $2x - 2$, $2x + 1$ e $x + 1$ apresentam restos 16, $-\frac{1}{8}$ e 6, respectivamente.

60 Dividindo o polinômio $P(x) \equiv 2x^3 + kx^2 + mx - 5$ por $2x - 2$ e por $2x - 1$, obtemos restos 6 e $-\frac{7}{4}$, respectivamente. Determine as constantes k e m.

61 Dado o polinômio $P(x) \equiv \sum_{j=1}^{20} (3j)x^j$, calcule o resto da divisão de P(x) por $2x + 2$.

62 Dado que o polinômio $P(x) \equiv 3x^3 - 5x^2 + ax - 2$ é divisível por $3x - 2$, determine a constante a.

63 O polinômio $P(x) \equiv 8x^3 + ax^2 + bx - 1$ pode ser fatorado sob a forma $P(x) \equiv (2x - i)(2x - 1) \cdot Q(x)$, sendo Q(x) um polinômio. Determine as constantes a e b.

64 Determine as constantes reais a e b no polinômio $P(x) \equiv x^3 + ax^2 + bx + 1$, sabendo que P(x) é divisível por $2x + 3i$.

65 Prove que, se um polinômio P(x) é divisível por $(5x - 7)(9x - 1)$, então P(x) é divisível por $5x - 7$ e P(x) é divisível por $9x - 1$.

66 Nas divisões de um polinômio P(x) por $3x + i$ e por $ix + 3$, em que i é a unidade imaginária, são obtidos restos iguais e quocientes $Q_1(x)$ e $Q_2(x)$, respectivamente. Calcule o resto da divisão de $Q_1(x) + Q_2(x)$ por $x + 1$.

67 Encontre as constantes k e m para que o polinômio $P(x) \equiv x^5 + 3x^4 + 2x^2 + kx + m$ seja divisível pelo produto $x(x - 1)$.

68 Dado que o polinômio $P(x) \equiv 2x^4 + ax^3 + x^2 + bx - 6$ é divisível por $x^2 + 3x + 2$, determine as constantes complexas a e b.
(*Sugestão*: Fatore o trinômio $x^2 + 3x + 2$.)

69 (UFPB) Seja $p(x)$ um polinômio de grau 3, cujo coeficiente do termo de maior grau é igual a 1. Se $p(x)$ é divisível por $d(x) = x^2 - 3x + 2$ e $p(4) = 0$, então $p(5)$ é igual a:

a) 0 b) 1 c) −6 d) 12 e) 15

70 Dado que o polinômio $P(x) \equiv 4x^5 + ax^4 + ax^3 + bx^2 + ax - 2$ é divisível por $(2x - 2)(2x + 1)$, determine as constantes a e b.

71 (UFMS) Sabendo-se que o polinômio $p(x) = x^4 - 3x^3 + 6x^2 + mx + n$ é divisível pelo polinômio $q(x) = x^2 - 3x + 2$, com $\{m, n\} \subset \mathbb{R}$, classifique como verdadeira (V) ou falsa (F) cada uma das afirmações:

a) $m + n = -4$

b) 2 é raiz de $p(x)$.

c) $p(0) = 0$

d) $p(\alpha) \geq 0$ para todo número real α, com $\alpha > 1$.

e) O quociente do polinômio $p(x)$ por $q(x)$ é o polinômio $x^2 - 4$.

72 (Ufes) O polinômio $x^3 + ax^2 + bx + 7$, sendo a e b constantes, é divisível por $x^2 + x + 1$. O valor da soma $a + b$ é igual a:

a) 7 b) 14 c) 15 d) 16 e) 21

73 (PUC-PR) Dado o polinômio $x^4 + x^3 - mx^2 - nx + 2$, determinar m e n para que o mesmo seja divisível por $x^2 - x - 2$. A soma $m + n$ é igual a:

a) 6 b) 7 c) 10 d) 9 e) 8

74 (UFRGS) Se, para todo número real k, o polinômio $p(x) = x^n - (k + 1)x^2 + k$ é divisível por $x^2 - 1$, então, o número natural n é:

a) par.
b) divisível por 4.
c) múltiplo de 3.
d) negativo.
e) primo.

75 (UFG-GO) Determine o valor de k para que o polinômio $p(x) = kx^3 + (k + 1)x^2 + 2kx + 6$ seja divisível por $x^2 + 2$.

Exercícios contextualizados

76 Uma peça de metal tem a forma de um paralelepípedo reto-retângulo de altura 1 e comprimento igual ao triplo da largura, sendo esta maior que a altura. Um plano paralelo às faces de menor área separa o paralelepípedo em dois sólidos, S_1 e S_2, sendo que o volume de S_1 é metade do volume de S_2. Indicando por x a medida da largura dessa peça, obtenha um polinômio P(x) que represente a soma das áreas totais dos dois sólidos obtidos com esse corte.

77 Três contêineres, A, B e C, contêm, respectivamente, x caixas pequenas, $\frac{x}{2}$ caixas médias e $\frac{x}{4}$ caixas grandes. Cada caixa pequena contém $\frac{x^2}{8}$ pacotes com 6 livros em cada um; cada caixa média contém $\frac{x^3}{24}$ pacotes com 8 livros em cada um; e cada caixa grande contém $\frac{x^4}{288}$ pacotes com 12 livros em cada um. Represente por um polinômio P(x) o total de livros dos três contêineres.

78 Durante 4 horas consecutivas, os técnicos do Detran monitoraram três pontos, A, B e C, com a finalidade de avaliar o fluxo de veículos em cada ponto em função do horário. Indicando por 0 (zero) o instante em que os técnicos iniciaram simultaneamente a contagem nos três pontos, constatou-se que no ponto A passaram 100 veículos por hora, no ponto B passaram $50t^2$ veículos em t horas, e no ponto C passaram $40t^3$ veículos em t horas.

a) Dê o polinômio $P(t)$ que representa o total de automóveis que passaram pelos três pontos após t horas do início da contagem.

b) Sendo $P(t)$ o polinômio do item **a**, qual é o significado de $P(3)$ no contexto desse problema?

c) Qual foi o total de automóveis que passaram pelos três pontos durante o tempo de monitoramento?

79 Quando um reservatório está cheio de água, uma torneira é aberta para esvaziá-lo. A quantidade de água remanescente no reservatório, em metro cúbico, após t horas do início do esvaziamento, é dada pela função polinomial $f(t) = t^3 - t^2 - t + 1$. Supondo que não seja acrescida mais água no reservatório, responda:

a) Qual é a quantidade de água, em metro cúbico, contida no reservatório após 30 minutos do início do esvaziamento?

b) Em quanto tempo, após o início do esvaziamento, toda a água do reservatório terá sido vazada?

80 Uma equipe de cientistas, estudando a população mundial de uma espécie de animal em extinção, concluiu que o número de espécimes $f(x)$ em todo o mundo decresce, desde o final do ano de 2008, segundo a função polinomial $f(x) = x^2 - 120x + 2.000$, em que x representa o tempo, em ano, tal que o valor zero de x corresponde ao total de espécimes ao final do ano de 2008.

a) Se a tendência observada pelos cientistas se mantiver, quantos espécimes desse animal haverá ao final do ano 2018?

b) Se a tendência observada pelos cientistas se mantiver, ao final de que ano essa espécie será extinta?

81 Um corretor da Bolsa de Valores realizou um estudo sobre a oscilação de preço, em real, de duas ações dos tipos A e B, num período de 4 dias, a partir de um mesmo instante, denominado instante zero. O preço $f(x)$ de cada ação do tipo A variou de acordo com a função polinomial $f(x) = x^3 - 8x^2 + 15x + 1$, e o preço $g(x)$ de cada ação do tipo B variou de acordo com a função polinomial $g(x) = x^3 - 10x^2 + 21x + 1$, em que x representa o tempo em dia.

a) Qual era o preço de cada ação do tipo A no início desse estudo?

b) Qual era o preço de cada ação do tipo B dois dias após o início do estudo?

c) Três dias após o início do estudo, qual das duas ações estava mais cara?

d) Dê um polinômio que represente, no instante x, o preço de um lote de 10 ações do tipo A e 20 do tipo B.

e) Dê um polinômio que represente, no instante x, o valor comparativo entre cada ação do tipo A e cada ação do tipo B.

82 Uma coluna de sustentação tem a forma de um prisma regular hexagonal cuja altura é o quádruplo de uma aresta da base. Um operário deve pintar as faces laterais dessa coluna, uma parede com 6 m^2 e outra retangular de comprimento 12 m e altura igual à medida da aresta da base da coluna. Sendo x a medida, em metro, de cada aresta da base desse prisma com $x > 1{,}5$, a tinta usada para a pintura tem rendimento de $2x^2 + x$ metros quadrados por litro. Sabendo que a tinta é vendida em múltiplos inteiros de 1 litro, qual é a quantidade mínima de tinta que deve ser comprada?

83 Uma peça de queijo prato tem a forma de um paralelepípedo reto-retângulo de comprimento $2x^2 + x$, largura $8x$ e altura $x - 2$, com $x > 2$. Essa peça foi cortada em cubos de volume $2x^2 - 3x - 2$ cada um. Expresse por um polinômio o total de cubos obtidos.

EXERCÍCIOS DE REVISÃO CUMULATIVA

Ao concluir o estudo deste capítulo, resolva estes exercícios, que envolvem alguns assuntos estudados nos capítulos anteriores.

1 Para que valores reais de a e b os pontos $M(-1, 1)$, $N(1, a)$ e $P(3, b)$ são vértices de um triângulo?

2 Represente no plano cartesiano o gráfico da função $y = \sqrt{9 - (x - 2)^2}$.

3 Considere os pontos A, B, $C(5, 2)$ e $D(-1, 6)$ tal que B é simétrico de C em relação à reta (s) $x - y + 4 = 0$, e A é simétrico de C em relação ao ponto D. Calcule a área do triângulo ABD.

4 Dê a forma trigonométrica da raiz complexa de maior argumento, no intervalo $[0, 2\pi[$, da equação $x^{18} - 1 = 0$.

❯ **Um aluno resolveu o exercício abaixo, conforme reproduzido a seguir. Observe a resolução e reflita sobre o comentário.**

Exercício

Um polinômio $P(x)$ de grau m é divisível pelos polinômios $S(x)$ e $T(x)$. Se o produto $S(x) \cdot T(x)$ é um polinômio de grau n, então se pode afirmar que:

a) $m \geqslant n$
b) $n \leqslant m$
c) n pode ser maior que m
d) $n \neq m$
e) $n + m$ é um número natural par

Resolução

Se o polinômio P(x) é divisível pelos polinômios S(x) e T(x), então P(x) é divisível pelo produto S(x) · T(x). Assim, o grau de P(x) é maior ou igual ao grau de S(x) · T(x). Portanto, m ≥ n.

ERRADO!

Alternativa a.

Comentário

A propriedade aplicada pelo aluno é falsa, o que pode ser constatado pelo exemplo a seguir.

Sendo $P(x) \equiv (x - 1)^4$, $S(x) \equiv (x - 1)^3$ e $T(x) \equiv (x - 1)^2$, temos que $P(x)$ é divisível pelos polinômios $T(x)$ e $S(x)$ e não é divisível pelo produto $S(x) \cdot T(x)$.

Esse equívoco induziu o aluno a indicar uma resposta errada.

❯ **Refaça essa resolução, corrigindo-a.**

Capítulo

8 Equações polinomiais

Já estudamos inúmeros tipos de equações: trigonométricas, exponenciais, logarítmicas etc. Neste capítulo, vamos ampliar o estudo de um tipo particular de equação: aquela que pode ser representada por um polinômio igualado a zero, chamada de equação polinomial.

8.1 Equações polinomiais

Um dos mais importantes teoremas da álgebra afirma que toda equação polinomial admite pelo menos uma raiz complexa.

8.2 Pesquisa de raízes em uma equação polinomial

Alguns teoremas oferecem subsídios para a pesquisa de raízes de uma equação polinomial.

8.3 Relações de Girard

O matemático Albert Girard enunciou algumas relações entre as raízes e os coeficientes de uma equação polinomial.

Para pensar

A velocidade média do tráfego no centro de uma cidade, no período de *rush* (das 15 h às 20 h), pode ser descrita pela função $v(t) = at^3 + bt^2 - 9t + 20$, em que v é a medida em quilômetro por hora, t é o número de horas transcorridas após o início do período de *rush*, e a e b são constantes.

- Sabendo que, após duas horas do início do período de *rush*, a velocidade média do tráfego é 18 km/h e após três horas é 20 km/h, qual é a velocidade média às 15 h 30 min?

Seção 8.1

Equações polinomiais

Objetivos

- **Reconhecer** uma equação polinomial.
- **Determinar** o grau de uma equação polinomial.
- **Obter** as raízes de uma equação polinomial.
- **Determinar** a multiplicidade de uma raiz de uma equação polinomial.

Termo e conceito

- **equação polinomial**

"Equacionar significa traduzir um determinado problema para a linguagem algébrica, ou seja, para a linguagem das fórmulas matemáticas."

Essa frase do físico e matemático inglês Isaac Newton (1642-1727) define uma prática frequente nas pesquisas científicas que envolvem medidas: modelar fenômenos por meio de equações matemáticas. O completo entendimento de um fenômeno pode depender da solução dessas equações. Esse é um dos motivos que justificam o estudo das equações em suas diversas formas.

Niels Henrik Abel (1802-1829), matemático norueguês.

Nesta seção, trataremos de um tipo particular de equação, aquela que pode ser representada na forma de um polinômio igualado a zero. Um dos trabalhos pioneiros sobre esse tipo de equação é a obra *Al-jabr wa'l muqabalah*, escrita no século IX pelo matemático árabe Mohammed ibu-Musa al-Khowarizmi, na qual são estudadas as equações polinomiais do 1º e do 2º grau.

Évariste Galois (1811-1832), matemático francês.

Essa obra inspirou os tratados posteriores até o Renascimento, quando os matemáticos buscavam uma fórmula para resolver equações polinomiais de qualquer grau, o que já haviam conseguido até o 4º grau. Os matemáticos Niels Henrik Abel e Évariste Galois encerraram essa busca, demonstrando que equações de grau superior a 4 não podem ser resolvidas por radicais e combinações de coeficientes, isto é, não existe fórmula geral que resolva equações polinomiais de grau maior que 4.

A seguir, vamos estudar importantes teoremas que surgiram nesse fecundo período da História da Matemática.

Equações polinomiais ou equações algébricas

Equação polinomial (ou **equação algébrica**) na incógnita x é toda equação que pode ser representada na forma:

$$a_nx^n + a_{n-1}x^{n-1} + a_{n-2}x^{n-2} + ... + a_1x + a_0 = 0$$

em que $P(x) \equiv a_nx^n + a_{n-1}x^{n-1} + a_{n-2}x^{n-2} + ... + a_1x + a_0$ é um polinômio de grau n, com $n \geqslant 1$.

- O grau de uma equação polinomial $P(x) = 0$ é o grau do polinômio $P(x)$.
- Em uma equação polinomial $P(x) = 0$, as raízes do polinômio $P(x)$ também são chamadas de raízes da equação polinomial.
- No universo dos números complexos, o conjunto formado por todas as raízes da equação polinomial $P(x) = 0$ é chamado de conjunto solução (S) ou conjunto verdade (V) da equação.

Exemplos

a) $4x - 8 = 0$ é uma equação polinomial do 1º grau na incógnita x, cuja raiz é 2. O conjunto solução dessa equação é $S = \{2\}$.

b) A equação $3x^2 - 4x = 2x^2 + 3x - 12$ pode ser apresentada na forma $x^2 - 7x + 12 = 0$, ou seja, como um polinômio do 2º grau $P(x)$ igualado a zero. Logo, é uma equação polinomial do 2º grau na incógnita x. Suas raízes são 3 e 4; por isso, seu conjunto solução é $S = \{3, 4\}$.

c) $x^3 - 3x^2 + 4x - 12 = 0$ é uma equação polinomial do 3º grau na incógnita x. Para determinar suas raízes complexas, podemos fatorar o primeiro membro:

$$x^3 - 3x^2 + 4x - 12 = 0 \Rightarrow x^2(x - 3) + 4(x - 3) = 0$$
$$\therefore (x - 3)(x^2 + 4) = 0$$

Pela propriedade do produto nulo, obtemos: $x - 3 = 0$ ou $x^2 + 4 = 0$, portanto: $x = 3$ ou $x = 2i$ ou $x = -2i$.

Assim, o conjunto solução da equação é $S = \{3, 2i, -2i\}$.

EXERCÍCIOS RESOLVIDOS

1 A propriedade do produto nulo garante que: "O produto de dois ou mais números complexos é igual a zero se, e somente se, pelo menos um dos fatores é igual a zero".
Aplicando essa propriedade, formar a equação polinomial do 3º grau, $P(x) = 0$, cujas raízes sejam 4, 2 e 3 tal que o coeficiente dominante de $P(x)$ seja 1.

Resolução

Observando que as raízes dos binômios $x - 4$, $x - 2$ e $x - 3$ são 4, 2 e 3, respectivamente, temos, pela propriedade do produto nulo, que essas raízes também são raízes da equação:
$(x - 4)(x - 2)(x - 3) = 0$
Essa é a equação polinomial que satisfaz as condições exigidas. Se quisermos apresentar essa equação sem os parênteses, aplicamos a propriedade distributiva, obtendo: $x^3 - 9x^2 + 26x - 24 = 0$

2 Formar a equação polinomial do 3º grau, $P(x) = 0$, que possua uma raiz igual a 5 e duas iguais a 4 tal que o coeficiente dominante de $P(x)$ seja 1.

Resolução

A equação pedida é:
$$(x - 5)(x - 4)(x - 4) = 0$$
ou, eliminando os parênteses:
$(x - 5)(x - 4)^2 = 0 \Rightarrow (x - 5)(x^2 - 8x + 16) = 0$
$\therefore x^3 - 8x^2 + 16x - 5x^2 + 40x - 80 = 0 \Rightarrow$
$\Rightarrow x^3 - 13x^2 + 56x - 80 = 0$

3 Aplicando a propriedade do produto nulo, formar a equação polinomial do 4º grau, $P(x) = 0$, cujas raízes sejam i, $-i$, 2 e -2 tal que o coeficiente dominante de $P(x)$ seja 3.

Resolução

A equação pedida é:
$$3(x - i)(x + i)(x - 2)(x + 2) = 0$$
ou, eliminando os parênteses:
$3(x - i)(x + i)(x - 2)(x + 2) = 0 \Rightarrow$
$\Rightarrow 3(x^2 + 1)(x^2 - 4) = 0$
$\therefore 3(x^4 - 4x^2 + x^2 - 4) = 0 \Rightarrow 3x^4 - 9x^2 - 12 = 0$

4 O polinômio $P(x) \equiv x^3 - x^2 - 9x + 9$ é divisível por $x - 3$.

a) Fatorar $P(x)$ como o produto de dois polinômios, sendo um deles do 1º grau.

b) Resolver a equação $x^3 - x^2 - 9x + 9 = 0$ no universo dos números complexos.

Resolução

a) $P(x)$ é divisível por $x - 3$, portanto, $P(x) \equiv (x - 3) \cdot Q(x)$, em que $Q(x)$ é um polinômio do 2º grau. Para obter $Q(x)$, basta dividir $P(x)$ por $x - 3$.
Aplicando o dispositivo prático de Briot-Ruffini, temos:

3	1	−1	−9	9
	1	2	−3	0

Logo, $Q(x) \equiv x^2 + 2x - 3$ e, portanto, uma fatoração do polinômio $P(x)$ nas condições pedidas é:
$$P(x) \equiv (x - 3)(x^2 + 2x - 3)$$

b) A equação $x^3 - x^2 - 9x + 9 = 0$ é equivalente a:
$(x - 3)(x^2 + 2x - 3) = 0$
Pela propriedade do produto nulo, temos:
$x - 3 = 0$ ou $x^2 + 2x - 3 = 0$
$\therefore x = 3$ ou $x = -3$ ou $x = 1$
Logo, o conjunto solução da equação é:
$S = \{3, -3, 1\}$

5 Sabendo que uma das raízes da equação $x^3 - 3x^2 - 10x + 24 = 0$ é o número 2, determinar as outras raízes complexas dessa equação.

Resolução

Como 2 é raiz do polinômio $P(x) \equiv x^3 - 3x^2 - 10x + 24$, temos, pelo teorema de D'Alembert, que $P(x)$ é divisível por $x - 2$. Logo, $P(x)$ pode ser representado como o produto de $x - 2$ por um polinômio do 2º grau $Q(x)$, isto é:
$$P(x) \equiv (x - 2) \cdot Q(x)$$

Para obter $Q(x)$, basta dividir $P(x)$ por $x - 2$. Por Briot-Ruffini, temos:

2	1	−3	−10	24
	1	−1	−12	0

Logo, $Q(x) \equiv x^2 - x - 12$, portanto:
$P(x) \equiv (x - 2)(x^2 - x - 12)$
Assim, a equação $x^3 - 3x^2 - 10x + 24 = 0$ é equivalente a: $(x - 2)(x^2 - x - 12) = 0$
Pela propriedade do produto nulo, obtemos:
$x - 2 = 0$ ou $x^2 - x - 12 = 0$ e, portanto: $x = 2$ ou $x = -3$ ou $x = 4$
Concluímos, assim, que, além da raiz 2, a equação tem como raízes os números −3 e 4.

6 Sabendo que 2 e 3 são raízes da equação $x^4 - 5x^3 + 7x^2 - 5x + 6 = 0$, determinar as outras raízes dessa equação.

Resolução

Dizer que 2 e 3 são raízes dessa equação equivale a dizer que 2 e 3 são raízes do polinômio $P(x) \equiv x^4 - 5x^3 + 7x^2 - 5x + 6$. Assim, pelo teorema de D'Alembert, temos que $P(x)$ é divisível por $x - 2$ e por $x - 3$, portanto $P(x)$ pode ser representado por:
$P(x) \equiv (x - 2)(x - 3) \cdot Q(x)$, em que $Q(x)$ é um polinômio do 2º grau.
Dividindo $P(x)$ por $x - 2$, obtemos o quociente $T(x) \equiv (x - 3) \cdot Q(x)$, e dividindo $T(x)$ por $x - 3$, obtemos $Q(x)$. Por Briot-Ruffini, temos:

2	1	−5	7	−5	6
	1	−3	1	−3	0

Logo: $T(x) \equiv x^3 - 3x^2 + x - 3$
Dividimos, agora, $T(x)$ por $x - 3$, obtendo $Q(x)$:

3	1	−3	1	−3
	1	0	1	0

Logo: $Q(x) \equiv x^2 + 1$
Assim, $P(x) \equiv (x - 2)(x - 3)(x^2 + 1)$ e, portanto, a equação $x^4 - 5x^3 + 7x^2 - 5x + 6 = 0$ é equivalente a:
$(x - 2)(x - 3)(x^2 + 1) = 0$
Pela propriedade do produto nulo, obtemos:
$x - 2 = 0$ ou $x - 3 = 0$ ou $x^2 + 1 = 0$, de onde concluímos que: $x = 2$ ou $x = 3$ ou $x = i$ ou $x = -i$
Finalmente, o conjunto solução da equação é:
$S = \{2, 3, i, -i\}$.

EXERCÍCIOS PROPOSTOS

1 Determine a constante k de modo que o número 2 seja raiz da equação polinomial $3x^3 + kx^2 - 2x + 14 = 0$.

2 Aplicando a propriedade do produto nulo, forme uma equação polinomial $P(x) = 0$:
a) do 3º grau, com raízes 1, 2 e 6 tal que o coeficiente dominante de $P(x)$ seja 1.
b) do 3º grau, com duas raízes iguais a 1 e uma igual a −2 tal que o coeficiente dominante de $P(x)$ seja 2.
c) do 4º grau, com todas as raízes iguais a 2 tal que o coeficiente dominante de $P(x)$ seja 4.
d) do 3º grau, com uma raiz igual a −3, uma igual a 3i e outra igual a −3i tal que o coeficiente dominante de $P(x)$ seja 1.

3 Considere a equação $(x - k)(x - 3)(x - 6) = 0$, de incógnita x. Determine a constante complexa k, dado que a soma das raízes dessa equação é 11.

4 Em relação à equação $(x - 2)^3(x + i)^5(x - 3) = 0$, classifique como V (verdadeira) ou F (falsa) cada uma das afirmações a seguir.
a) Possui três raízes iguais a 2.
b) Possui cinco raízes iguais a i.
c) Possui uma única raiz igual a 3.
d) É do 8º grau.
e) A soma de suas raízes é 9 − 5i.
f) A soma de suas raízes é 5 − i.

5 A equação polinomial $(x - 5)^n(x + 4)^m = 0$, de incógnita x, é do 5º grau e possui exatamente três raízes iguais a 5. Determine os números naturais n e m.

6 Calcule a soma das raízes da equação $(x - 1)(x - 2)(x - 3) \cdot ... \cdot (x - 50) = 0$, em que o primeiro membro representa o produto de todos os binômios do tipo $(x - j)$, com $j \in \mathbb{N}^*$ e $1 \leq j \leq 50$.

7 O polinômio $P(x) \equiv 2x^3 - 13x^2 + 16x - 5$ é divisível por $x - 5$.
a) Fatore $P(x)$ como o produto de dois polinômios, sendo um deles do 1º grau.
b) Resolva a equação $2x^3 - 13x^2 + 16x - 5 = 0$, no universo dos números complexos.

8 Resolva a equação $3x^3 - 22x^2 + 37x - 10 = 0$, sabendo que uma de suas raízes é 5.

9 O número 3i é uma raiz da equação $x^3 - 4x^2 + 9x - 36 = 0$. Determine as outras raízes dessa equação.

10 O polinômio $P(x) \equiv x^4 - 6x^3 + 7x^2 + 6x - 8$ é divisível por $x - 4$ e por $x - 1$.
a) Fatore $P(x)$ como o produto de três polinômios, sendo dois deles do 1º grau.
b) Resolva a equação $x^4 - 6x^3 + 7x^2 + 6x - 8 = 0$, no universo dos números complexos.

11 Duas raízes da equação polinomial $x^4 - 5x^3 + 9x^2 - 7x + 2 = 0$ são o número 1 e o número 2. Determine as outras raízes dessa equação.

Resolva os exercícios complementares 1 a 8 e 70 a 72.

Teorema fundamental da Álgebra

Antes de enunciar o teorema fundamental da Álgebra, vamos pensar nas questões a seguir.

- Existe alguma equação polinomial do 1º grau que não possua raiz complexa? E do 2º grau?

Para responder à primeira pergunta, basta observar que toda equação polinomial do 1º grau pode ser representada na forma $ax + b = 0$, com $\{a, b\} \subset \mathbb{C}$ e $a \neq 0$. Logo, o número $-\frac{b}{a}$ é raiz dessa equação para quaisquer valores complexos de a e b, com $a \neq 0$. Concluímos, então, que toda equação do 1º grau tem raiz complexa.

Carl Friedrich Gauss (1777-1855), matemático alemão cujo talento revelou-se precocemente. Doutorou-se aos 21 anos de idade.

Para responder à segunda questão, destacamos que toda equação do 2º grau pode ser representada na forma $ax^2 + bx + c = 0$, com $\{a, b, c\} \subset \mathbb{C}$ e $a \neq 0$. Para qualquer valor do discriminante dessa equação, $\Delta = b^2 - 4ac$, existem suas raízes quadradas complexas w_1 e w_2, portanto, existem, em $\mathbb{C}$, os números $\frac{-b + w_1}{2a}$ e $\frac{-b + w_2}{2a}$

Concluímos, então, que toda equação do 2º grau possui raiz complexa.

Uma nova questão que surge naturalmente nesse momento é:

- Existe alguma equação polinomial, de determinado grau, que não possua raiz complexa?

A resposta a essa pergunta é dada pelo **teorema fundamental da Álgebra**, cujo enunciado é:

> Toda equação polinomial admite pelo menos uma raiz complexa.

A demonstração desse teorema foi a tese de doutoramento do matemático alemão Carl Friedrich Gauss, apresentada na universidade de Helmstädt no ano de 1798. Embora outros matemáticos já tivessem tentado fazer essa demonstração, Gauss foi o primeiro a realizá-la com perfeição.

Gauss deu quatro demonstrações diferentes para o teorema fundamental da Álgebra, a última em 1850. Como todas exigem conhecimentos de Matemática superior, não faremos a demonstração desse teorema.

Teorema da decomposição

Uma consequência imediata do teorema fundamental da Álgebra é o **teorema da decomposição**, apresentado a seguir.

> Todo polinômio de grau n, com $n \geqslant 1$, $P(x) \equiv a_nx^n + a_{n-1}x^{n-1} + a_{n-2}x^{n-2} + ... + a_1x + a_0$ pode ser fatorado na forma $P(x) \equiv a_n(x - r_1)(x - r_2)(x - r_3) \cdot ... \cdot (x - r_n)$, em que $r_1, r_2, r_3, ..., r_n$ são todas as raízes de $P(x)$.

Demonstração

Seja $P(x) \equiv a_nx^n + a_{n-1}x^{n-1} + a_{n-2}x^{n-2} + ... + a_1x + a_0$ um polinômio de grau n, com $n \geqslant 1$.

Pelo teorema fundamental da Álgebra, $P(x)$ admite uma raiz complexa r_1. Logo, $P(x)$ é divisível por $x - r_1$, portanto,

$$P(x) \equiv (x - r_1) \cdot Q_1(x) \qquad \text{(I)}$$

em que $Q_1(x)$ é um polinômio de grau $n - 1$.

Se $n - 1 \geqslant 1$ temos, novamente pelo teorema fundamental da Álgebra, que $Q_1(x)$ tem uma raiz complexa r_2, logo,

$$Q_1(x) \equiv (x - r_2) \cdot Q_2(x) \qquad \text{(II)}$$

em que $Q_2(x)$ é um polinômio de grau $n - 2$.

Substituindo (II) em (I), obtemos:

$$P(x) \equiv (x - r_1)(x - r_2) \cdot Q_2(x)$$

Aplicando n vezes esse procedimento, obtemos:

$$P(x) \equiv (x - r_1)(x - r_2)(x - r_3) \cdot ... \cdot (x - r_n) \cdot Q_n(x)$$

Pela definição de identidade de polinômios, deduzimos que o coeficiente dominante a_n de $P(x)$ deve ser igual a $Q_n(x)$. Logo:

$$P(x) \equiv a_n(x - r_1)(x - r_2)(x - r_3) \cdot ... \cdot (x - r_n)$$

EXERCÍCIOS RESOLVIDOS

7 Decompor o polinômio $P(x) \equiv 2x^2 + 7x - 15$ em um produto de uma constante por polinômios do 1º grau.

Resolução

As raízes de $P(x)$ são as mesmas da equação $2x^2 + 7x - 15 = 0$.

Temos:

$\Delta = 7^2 - 4 \cdot 2 \cdot (-15) = 169$, portanto,

$$x = \frac{-7 \pm \sqrt{169}}{2 \cdot 2} = \frac{-7 \pm 13}{4} \Rightarrow x = \frac{3}{2} \text{ ou } x = -5$$

Aplicando o teorema da decomposição, concluímos que:

$$P(x) \equiv 2\left(x - \frac{3}{2}\right)(x + 5)$$

8 Uma das raízes do polinômio $P(x) \equiv 4x^3 - 11x^2 + 5x + 2$ é o número 1. Fatorar esse polinômio em um produto de uma constante por polinômios do 1º grau.

Resolução

Como 1 é raiz de $P(x)$, temos, pelo teorema de D'Alembert, que $P(x)$ é divisível por $x - 1$. Portanto, $P(x)$ pode ser representado por:

$$P(x) \equiv (x - 1) \cdot Q(x)$$

Dividindo $P(x)$ por $x - 1$, obtemos $Q(x)$:

1	4	−11	5	2
	4	−7	−2	0

Logo: $Q(x) \equiv 4x^2 - 7x - 2$

As raízes de $Q(x)$ são as mesmas da equação $4x^2 - 7x - 2 = 0$. Temos:

$\Delta = (-7)^2 - 4 \cdot 4 \cdot (-2) = 81$

$$x = \frac{-(-7) \pm \sqrt{81}}{2 \cdot 4} = \frac{7 \pm 9}{8} \Rightarrow x = 2 \text{ ou } x = -\frac{1}{4}$$

Como as raízes de $Q(x)$ também são raízes de $P(x)$, concluímos, pelo teorema da decomposição, que:

$$P(x) \equiv 4(x - 1)(x - 2)\left(x + \frac{1}{4}\right)$$

9 Decompor o polinômio $P(x) \equiv x^4 - x^3 - 2x^2 - 4x - 24$ como o produto de uma constante por polinômios do 1º grau, sabendo que duas das raízes desse polinômio são os números $2i$ e $-2i$.

Resolução

1º modo:

Como $2i$ e $-2i$ são raízes de $P(x)$, temos, pelo teorema de D'Alembert, que $P(x)$ é divisível por $x - 2i$ e por $x + 2i$. Portanto, $P(x)$ pode ser representado na forma:

$$P(x) \equiv (x - 2i)\underbrace{(x + 2i) \cdot Q_2(x)}_{Q_1(x)}$$

Para obter $Q_1(x)$, dividimos $P(x)$ por $x - 2i$:

2i	1	−1	−2	−4	−24
	1	−1 + 2i	−6 − 2i	−12i	0

Logo: $Q_1(x) \equiv x^3 + (-1 + 2i)x^2 + (-6 - 2i)x - 12i$

Dividindo $Q_1(x)$ por $x + 2i$, obtemos $Q_2(x)$:

−2i	1	−1 + 2i	−6 − 2i	−12i
	1	−1	−6	0

Assim: $Q_2(x) \equiv x^2 - x - 6$

As raízes de $Q_2(x)$ são dadas por $x^2 - x - 6 = 0$. Para essa equação, temos:

$\Delta = (-1)^2 - 4 \cdot 1 \cdot (-6) = 25$

$$x = \frac{-(-1) \pm \sqrt{25}}{2 \cdot 1} = \frac{1 \pm 5}{2} \Rightarrow x = 3 \text{ ou } x = -2$$

Como as raízes de $Q_2(x)$ também são raízes de $P(x)$, concluímos, pelo teorema da decomposição, que:

$$P(x) \equiv (x - 2i)(x + 2i)(x - 3)(x + 2)$$

2º modo:

Como $P(x)$ é divisível por $x - 2i$ e por $x + 2i$, concluímos que $P(x)$ é divisível por $(x - 2i)(x + 2i) \equiv x^2 + 4$. Dividindo $P(x)$ por $x^2 + 4$, temos:

$$\begin{array}{rrrrr|l}
x^4 & -x^3 & -2x^2 & -4x & -24 & x^2 + 4 \\
\ominus\ x^4 & & +4x^2 & & & x^2 - x - 6 \\
\hline
& -x^3 & -6x^2 & -4x & -24 & \\
& \ominus\ -x^3 & & -4x & & \\
\hline
& & -6x^2 & & -24 & \\
& & \ominus\ -6x^2 & & -24 & \\
\hline
& & & & 0 &
\end{array}$$

Assim, $P(x) \equiv (x^2 + 4)(x^2 - x - 6)$.

As raízes de $P(x)$ são dadas por:

$(x^2 + 4)(x^2 - x - 6) = 0 \Rightarrow x^2 + 4 = 0$ ou $x^2 - x - 6 = 0$, ou seja, $x = 2i$ ou $x = -2i$ ou $x = 3$ ou $x = -2$, portanto:

$$P(x) \equiv (x - 2i)(x + 2i)(x - 3)(x + 2)$$

Número de raízes de uma equação polinomial

Vamos considerar a seguinte equação polinomial de grau n, com $n \geqslant 1$, na variável x:

$$a_nx^n + a_{n-1}x^{n-1} + a_{n-2}x^{n-2} + ... + a_1x + a_0 = 0$$

Pelo teorema da decomposição, essa equação pode ser apresentada na forma:

$$a_n(x - r_1)(x - r_2)(x - r_3) \cdot ... \cdot (x - r_n) = 0,$$

em que $r_1, r_2, r_3, ..., r_n$ são todas as raízes da equação.

Assim, uma consequência imediata do teorema da decomposição é que:

> Qualquer equação polinomial de grau n, com $n \geqslant 1$, admite exatamente n raízes complexas, não necessariamente distintas entre si.

Exemplos

a) A equação polinomial $x^4 - x^3 - 2x^2 - 4x - 24 = 0$ pode ser representada na forma fatorada por $(x - 2i)(x + 2i)(x - 3)(x + 2) = 0$, conforme pode ser observado no exercício resolvido 9. Assim, essa equação do 4º grau apresenta quatro raízes: $2i$, $-2i$, 3 e -2

b) A equação polinomial $(x - 7)^3(x - 2)(x - 4)^2 = 0$ é do 6º grau; portanto, tem seis raízes. Para visualizar as seis raízes, podemos representar a equação na forma:

$$(x - 7)(x - 7)(x - 7)(x - 2)(x - 4)(x - 4) = 0$$

Assim, pela propriedade do produto nulo, temos:

$$\underbrace{x = 7 \text{ ou } x = 7 \text{ ou } x = 7}_{\text{três raízes iguais a 7}} \quad \text{ou} \quad \underbrace{x = 2}_{\text{uma raiz igual a 2}} \quad \text{ou} \quad \underbrace{x = 4 \text{ ou } x = 4}_{\text{duas raízes iguais a 4}}$$

Multiplicidade de uma raiz

Seja a seguinte equação polinomial de grau n, variável x e raízes $r_1, r_2, r_3, ..., r_n$:

$$a_n(x - r_1)(x - r_2)(x - r_3) \cdot ... \cdot (x - r_n) = 0$$

Se uma raiz r_j aparece exatamente k vezes entre os fatores do primeiro membro, com $k \geqslant 1$, então r_j é chamada de **raiz de multiplicidade *k*** da equação.

Assim:

- para $k = 1$, temos uma raiz de multiplicidade 1 ou uma raiz simples;
- para $k = 2$, temos uma raiz de multiplicidade 2 ou uma raiz dupla;
- para $k = 3$, temos uma raiz de multiplicidade 3 ou uma raiz tripla;
- para $k = 4$, temos uma raiz de multiplicidade 4 ou uma raiz quádrupla etc.

Definindo de modo mais preciso:

> Seja $P(x) = 0$ uma equação polinomial de grau n, com $n \geqslant 1$, e seja k um número natural não nulo, com $k \leqslant n$.
> Uma raiz r dessa equação tem multiplicidade k se, e somente se, o polinômio $P(x)$ é divisível por $(x - r)^k$ e não é divisível por $(x - r)^{k+1}$.

Exemplo

A equação $(x - 1)^3(x - 9)(x - 6)^2 = 0$ pode ser escrita como:

$$(x - 1)(x - 1)(x - 1)(x - 9)(x - 6)(x - 6) = 0$$

Assim, observamos que:

- a raiz 1 tem multiplicidade 3, ou podemos dizer que 1 é raiz tripla;
- a raiz 9 tem multiplicidade 1, ou podemos dizer que 9 é raiz simples;
- a raiz 6 tem multiplicidade 2, ou podemos dizer que 6 é raiz dupla.

EXERCÍCIOS RESOLVIDOS

10 Construir a equação polinomial $P(x) = 0$ com conjunto solução $S = \{2, -3, 6\}$ tal que 2 é raiz tripla, -3 é raiz dupla, 6 é raiz simples e o coeficiente dominante de $P(x)$ é 4.

Resolução

Toda equação polinomial $P(x) = 0$ de grau n pode ser representada na forma:

$$a_n(x - r_1)(x - r_2)(x - r_3) \cdot ... \cdot (x - r_n) = 0,$$

em que a_n é o coeficiente dominante de $P(x)$ e r_1, r_2, r_3, ..., r_n são todas as raízes de $P(x)$.

O enunciado desse problema exige que:

- o coeficiente dominante de $P(x)$ seja 4;
- 2 seja raiz tripla, ou seja, o fator $x - 2$ deve comparecer exatamente três vezes na decomposição de $P(x)$;
- -3 seja raiz dupla, ou seja, o fator $x + 3$ deve comparecer exatamente duas vezes na decomposição de $P(x)$;
- 6 seja raiz simples, ou seja, o fator $x - 6$ deve comparecer exatamente uma vez na decomposição de $P(x)$.

Nessas condições, $P(x)$ é o polinômio:

$P(x) \equiv 4(x - 2)(x - 2)(x - 2)(x + 3)(x + 3)(x - 6)$

Portanto, a equação polinomial pedida é:

$$4(x - 2)^3(x + 3)^2(x - 6) = 0$$

11 Dado que o número 1 é raiz dupla da equação $x^4 - 2x^3 + 2x^2 - 2x + 1 = 0$, determinar as outras raízes dessa equação.

Resolução

Pelo teorema da decomposição, essa equação pode ser representada na forma:

$$(x - 1)\underbrace{(x - 1)\overbrace{(x - r_1)(x - r_2)}^{Q_2(x)}}_{Q_1(x)} = 0,$$

em que r_1 e r_2 são as outras raízes, além da raiz 1.

Dividindo o polinômio $P(x) \equiv x^4 - 2x^3 + 2x^2 - 2x + 1$ por $x - 1$, obtemos $Q_1(x)$; e dividindo $Q_1(x)$ por $x - 1$ obtemos $Q_2(x)$.

Por Briot-Ruffini, vamos dividir $P(x)$ por $x - 1$, obtendo $Q_1(x)$:

1	1	−2	2	−2	1
	1	−1	1	−1	0

Logo: $Q_1(x) \equiv x^3 - x^2 + x - 1$

Aplicando novamente Briot-Ruffini, vamos dividir $Q_1(x)$ por $x - 1$, obtendo $Q_2(x)$:

1	1	−1	1	−1
	1	0	1	0

Logo: $Q_2(x) \equiv x^2 + 1$

Assim, a equação $P(x) = 0$ pode ser escrita como:

$$(x - 1)(x - 1)(x^2 + 1) = 0$$

Pela propriedade do produto nulo, obtemos:

$$x - 1 = 0 \text{ ou } x - 1 = 0 \text{ ou } x^2 + 1 = 0$$

Portanto:

$$x = 1 \text{ ou } x = 1 \text{ ou } x = i \text{ ou } x = -i$$

Concluímos, então, que, além da raiz dupla 1, a equação possui as raízes simples i e $-i$.

12 Mostrar que o número 2 é raiz tripla da equação $x^5 - 7x^4 + 12x^3 + 16x^2 - 64x + 48 = 0$.

Resolução

Para que 2 seja raiz tripla da equação proposta, temos, pelo teorema da decomposição, que essa equação deve ser equivalente a:

$$(x - 2)\underbrace{(x - 2)\overbrace{(x - 2)\overbrace{(x - r_1)(x - r_2)}^{Q_3(x)}}^{Q_2(x)}}_{Q_1(x)} = 0$$

em que r_1 e r_2 são raízes da equação, distintas de 2.

Assim, devemos ter:

I. o polinômio $P(x) \equiv x^5 - 7x^4 + 12x^3 + 16x^2 - 64x + 48$ é divisível por $x - 2$, sendo $Q_1(x)$ o quociente dessa divisão;

II. $Q_1(x)$ é divisível por $x - 2$, sendo $Q_2(x)$ o quociente dessa divisão;

III. $Q_2(x)$ é divisível por $x - 2$, sendo $Q_3(x)$ o quociente dessa divisão;

IV. $Q_3(x)$ **não** é divisível por $x - 2$.

Vamos às constatações:

I. Aplicando Briot-Ruffini, dividimos $P(x)$ por $x - 2$:

2	1	−7	12	16	−64	48
	1	−5	2	20	−24	0

Logo, $P(x)$ é divisível por $x - 2$ e o resultado dessa divisão é: $Q_1(x) \equiv x^4 - 5x^3 + 2x^2 + 20x - 24$

II. Aplicando Briot-Ruffini, dividimos $Q_1(x)$ por $x - 2$:

2	1	−5	2	20	−24
	1	−3	−4	12	0

Logo, $Q_1(x)$ é: divisível por $x - 2$ e o resultado dessa divisão é: $Q_2(x) \equiv x^3 - 3x^2 - 4x + 12$

III. Aplicando Briot-Ruffini, dividimos $Q_2(x)$ por $x - 2$:

2	1	−3	−4	12
	1	−1	−6	0

Logo, $Q_2(x)$ é divisível por $x - 2$ e o resultado dessa divisão é: $Q_3(x) \equiv x^2 - x - 6$

IV. Aplicando Briot-Ruffini, dividimos $Q_3(x)$ por $x - 2$:

2	1	−1	−6
	1	1	−4

Logo, $Q_3(x)$ **não** é divisível por $x - 2$, pois o resto da divisão (-4) é diferente de zero.

Assim, o polinômio $P(x)$ é tal que:

$$P(x) \equiv (x - 2)^3(x^2 - x - 6)$$

em que $x^2 - x - 6$ **não** é divisível por $x - 2$, portanto mostramos que 2 é raiz tripla da equação $P(x) = 0$.

EXERCÍCIOS PROPOSTOS

12 Decomponha o polinômio $P(x)$ como o produto de uma constante por polinômios do 1º grau nos seguintes casos:

a) $P(x) \equiv 2x^2 - 7x + 6$

b) $P(x) \equiv 3x^3 - x^2 - 2x$

c) $P(x) \equiv x^4 - 3x^2 + 2$

d) $P(x) \equiv 4x^3 + 15x^2 - 24x + 5$, dado que uma de suas raízes é 1.

e) $P(x) \equiv x^3 - 3x^2 + 4x - 12$, dado que $P(3) = 0$.

f) $P(x) \equiv 3x^3 - 22x^2 + 37x - 10$, sabendo que $P(x)$ é divisível por $x - 5$.

g) $P(x) \equiv x^4 + x^3 - 16x^2 - 4x + 48$, dado que $P(3) = 0$ e $P(-2) = 0$.

h) $P(x) \equiv x^4 - 6x^3 + 9x^2 + 4x - 12$, dado que $P(x)$ possui duas raízes iguais a 2.

i) $P(x) \equiv x^2 - 2x + 1$

j) $P(x) \equiv 3x^3 + (5 - 3i)x^2 - (2 + 5i)x + 2i$, dado que uma de suas raízes é o número i.

13 Na identidade a seguir, determine os polinômios do 1º grau $P(x)$ e $Q(x)$.
$3x^4 - x^3 - 14x^2 + 4x + 8 \equiv 3(x + 2)(x - 1) \cdot P(x) \cdot Q(x)$

14 Decomponha $P(x) \equiv x^4 - 1$ como o produto de uma constante por polinômios do 1º grau.

15 Determine o número de raízes complexas de cada uma das equações a seguir.

a) $x^5 - 1 = 0$

b) $5x^6 + 3x^4 - 2x^2 + 6x - 1 = 0$

16 Para que valor da constante k a equação $(k - 8)x^5 - 3x^4 + 2x^2 - 3 = 0$ possui exatamente quatro raízes complexas?

17 Da equação polinomial $(x - 4)^5(x - 6)^2(x - 9) = 0$, determine:

a) o conjunto solução.

b) a multiplicidade de cada raiz.

c) o grau.

18 Determine a equação polinomial $P(x) = 0$ com conjunto solução $S = \{1, 4, 5\}$ tal que 1 é raiz dupla, 4 é raiz tripla, 5 é raiz simples e o coeficiente dominante de $P(x)$ é 1. (Não é preciso desenvolver as potências, isto é, dê a equação na forma fatorada.)

19 Mostre que:

a) o número 4 é raiz dupla da equação $x^6 - 8x^5 + 16x^4 - x^2 + 8x - 16 = 0$.

b) o número 3 é raiz simples da equação $x^4 - 18x^2 + 32x - 15 = 0$.

c) o número -2 é raiz tripla da equação $x^5 + 4x^4 + x^3 - 10x^2 - 4x + 8 = 0$.

20 O número 1 é uma das raízes da equação polinomial $x^5 + 3x^4 - 6x^3 - 10x^2 + 21x - 9 = 0$. Determine a multiplicidade dessa raiz.

21 A equação $x^5 - 8x^4 + 25x^3 - 38x^2 + 28x - 8 = 0$ possui como raízes apenas os números 1 e 2. Determine a multiplicidade de cada uma dessas raízes.

22 Determine as constantes a e b sabendo que o número 1 é raiz dupla da equação
$x^4 + 2x^3 - 3x^2 + ax + b = 0$.

23 Mostre que $-2i$ é raiz dupla da equação $x^5 - 2x^4 + 8x^3 - 16x^2 + 16x - 32 = 0$.

24 O número 3 é raiz dupla da equação $x^4 - 6x^3 + 10x^2 - 6x + 9 = 0$. Obtenha o conjunto solução dessa equação em $\mathbb{C}$.

25 A equação $x^5 - 12x^4 + 41x^3 - 2x^2 - 180x + 200 = 0$ tem o número 5 como raiz dupla e o número -2 como raiz simples. Determine as outras raízes complexas dessa equação.

Resolva os exercícios complementares 9 a 21.

Seção 8.2

Pesquisa de raízes em uma equação polinomial

Objetivos

- **Aplicar** o teorema das raízes imaginárias.
- **Aplicar** o teorema das raízes racionais.

Como vimos, não existem fórmulas resolutivas para equações polinomiais de grau maior que 4. Ao constatar esse fato, os matemáticos buscaram formas alternativas para a pesquisa de raízes nesse tipo de equação. Os teoremas a seguir auxiliam significativamente na busca de raízes imaginárias e de raízes racionais de uma equação polinomial.

Teorema das raízes imaginárias de uma equação polinomial

Neste item, vamos estudar um importante teorema que diz respeito às raízes imaginárias de uma equação polinomial de **coeficientes reais**. Lembre-se de que número imaginário é todo número complexo não real, isto é, todo número da forma $z = a + bi$, com $\{a, b\} \subset \mathbb{R}$ e $b \neq 0$.

> Se o número imaginário $z = a + bi$, com $\{a, b\} \subset \mathbb{R}$ e $b \neq 0$, é raiz de uma equação polinomial $P(x) = 0$ com coeficientes reais, então o conjugado de z, ou seja, $\bar{z} = a - bi$, também é raiz dessa equação.

Consequências:

- Se um número imaginário z é raiz de multiplicidade k de uma equação polinomial de coeficientes reais, então o conjugado de z também é raiz de multiplicidade k dessa equação.
- O número de raízes imaginárias de uma equação polinomial de coeficientes reais é necessariamente par.
- Se uma equação polinomial de coeficientes reais tem grau ímpar, então essa equação possui pelo menos uma raiz real.

Material complementar Moderna PLUS http://www.modernaplus.com.br
Texto: *Demonstração do teorema das raízes imaginárias de uma equação polinomial.*

EXERCÍCIOS RESOLVIDOS

13 Qual é o menor grau possível de uma equação polinomial $P(x) = 0$ de coeficientes reais que possui como raízes simples os números 4, $6 + 3i$ e $-5i$?

Resolução

Pelo teorema das raízes imaginárias: se $P(x) = 0$ é uma equação polinomial de coeficientes reais e os números imaginários $6 + 3i$ e $-5i$ são raízes simples dessa equação, então os seus conjugados, $6 - 3i$ e $5i$, também são raízes simples dessa equação. Assim, a equação $P(x) = 0$ tem pelo menos cinco raízes, portanto, o menor grau possível dessa equação é 5.

14 Uma equação polinomial $P(x) = 0$ de coeficientes reais possui a raiz $7 + 2i$ com multiplicidade 3 e a raiz $1 - i$ com multiplicidade 4. Qual é o menor grau possível dessa equação?

Resolução

Uma consequência do teorema das raízes imaginárias é que, se uma equação polinomial $P(x) = 0$ de coeficientes reais admite uma raiz imaginária z com multiplicidade k, então o conjugado de z também é raiz de multiplicidade k dessa equação.

Temos:

- $7 + 2i$ é raiz de multiplicidade 3 da equação $P(x) = 0$; logo, $7 - 2i$ também é raiz de multiplicidade 3 dessa equação;
- $1 - i$ é raiz de multiplicidade 4 da equação $P(x) = 0$; logo, $1 + i$ também é raiz de multiplicidade 4 dessa equação.

Assim, a equação $P(x) = 0$ pode ser escrita na forma:
$[x - (7 + 2i)]^3 \cdot [x - (7 - 2i)]^3 \cdot [x - (1 + i)]^4 \cdot [x - (1 - i)]^4 \cdot Q(x) = 0$ em que $Q(x)$ é um polinômio de grau maior ou igual a zero. Logo, o menor grau possível dessa equação é $3 + 3 + 4 + 4 = 14$, o que ocorre quando $Q(x)$ tem grau zero.

15 Dar a equação polinomial $P(x) = 0$ com coeficientes reais, de menor grau possível, que admita como raízes os números 3 e $4 + 5i$ tal que o coeficiente dominante de $P(x)$ seja 2.

Resolução

Pelo teorema das raízes imaginárias, se uma equação polinomial de coeficientes reais admite o número imaginário $4 + 5i$ como raiz, então admite também como raiz o número $4 - 5i$.
Como o enunciado desse problema exige que a equação tenha o menor grau possível, devemos ter 3, $4 + 5i$ e $4 - 5i$ como raízes simples. Logo, a equação pedida é:

$$2(x - 3) \cdot [x - (4 + 5i)] \cdot [x - (4 - 5i)] = 0$$

16 Resolver em $\mathbb{C}$ a equação $x^4 - 2x^3 + x^2 - 18x - 72 = 0$, sabendo que $3i$ é uma de suas raízes.

Resolução

Como os coeficientes dessa equação são reais, se $3i$ é uma raiz dessa equação, então $-3i$ também é.
Assim, o polinômio $P(x) \equiv x^4 - 2x^3 + x^2 - 18x - 72$ é divisível por $(x + 3i)(x - 3i) \equiv x^2 + 9$.
Efetuando essa divisão, temos:

$$\begin{array}{rrrrr|l} x^4 & -2x^3 & +x^2 & -18x & -72 & x^2+9 \\ \ominus\ x^4 & & +9x^2 & & & \hline x^2-2x-8 \\ \hline & -2x^3 & -8x^2 & -18x & -72 & \\ \ominus & -2x^3 & & -18x & & \\ \hline & & -8x^2 & & -72 & \\ & \ominus & -8x^2 & & -72 & \\ \hline & & & & 0 & \end{array}$$

Logo, a equação $P(x) = 0$ é equivalente a $(x^2 + 9)(x^2 - 2x - 8) = 0$
Pela propriedade do produto nulo, obtemos:
$x^2 + 9 = 0$ ou $x^2 - 2x - 8 = 0$
$\therefore\ x = 3i$ ou $x = -3i$ ou $x = 4$ ou $x = -2$
Portanto, o conjunto solução da equação é:
$S = \{3i, -3i, 4, -2\}$

EXERCÍCIOS PROPOSTOS

26 O número $3 + 2i$ é raiz de uma equação polinomial do 3º grau, com coeficientes reais, cuja soma das raízes é 10. Determine o conjunto solução dessa equação.

27 Determine o menor grau possível das equações polinomiais de coeficientes reais, $P(x) = 0$, $Q(x) = 0$ e $F(x) = 0$, tais que:

a) 3, $4 + 2i$ e $5i$ são raízes simples de $P(x) = 0$.
b) 1 é raiz dupla e $1 + i$ é raiz tripla de $Q(x) = 0$.
c) 2 é raiz simples, i é raiz dupla e $2 - 4i$ é raiz tripla de $F(x) = 0$.

28 Construa uma equação polinomial $P(x) = 0$ de coeficientes reais e de menor grau possível que tenha:

a) os números 2, $3i$ e $-2i$ como raízes simples tal que o coeficiente dominante de $P(x)$ seja 1.
b) os números 2 e $3 + 4i$ como raízes simples tal que o coeficiente dominante de $P(x)$ seja 1.
c) o número 1 como raiz dupla e $4 + i$ como raiz simples tal que o coeficiente dominante de $P(x)$ seja 2.
d) o número $2 + 4i$ como raiz tripla e $-5i$ como raiz dupla tal que o coeficiente dominante de $P(x)$ seja -1.

29 Resolva em $\mathbb{C}$ a equação
$2x^5 - 9x^4 + 28x^3 - 84x^2 + 90x - 27 = 0$, dado que os números 1 e $3i$ são duas de suas raízes.

30 O número i é raiz dupla da equação
$x^5 - 2x^4 + 2x^3 - 4x^2 + x - 2 = 0$. Determine o conjunto solução dessa equação no universo dos números complexos.

Resolva os exercícios complementares 22 a 34.

Teorema das raízes racionais de uma equação polinomial

O teorema a seguir é um recurso que nos oferece uma condição necessária, mas não suficiente, para que um número racional seja raiz de uma equação polinomial de **coeficientes inteiros**. Por meio dessa condição, podemos descobrir se a equação em questão tem raízes racionais e, em caso afirmativo, quais são elas.

> Seja o número racional representado por $\frac{p}{q}$, com p e q inteiros primos entre si e $q \neq 0$, e seja a equação polinomial $a_nx^n + a_{n-1}x^{n-1} + a_{n-2}x^{n-2} + ... + a_1x + a_0 = 0$, na variável x e coeficientes inteiros. Se $\frac{p}{q}$ é raiz dessa equação, então p é divisor de a_0 e q é divisor de a_n.

Notas:

1. Nem toda equação polinomial de coeficientes inteiros admite raiz racional. Por exemplo, a equação $x^2 - 2 = 0$ tem coeficientes inteiros e admite apenas as raízes irracionais $\sqrt{2}$ e $-\sqrt{2}$.
2. Se a equação polinomial de coeficientes inteiros $P(x) = 0$ tem o coeficiente dominante de $P(x)$ igual a 1 e admite raiz racional, então toda raiz racional dessa equação é necessariamente inteira. Por exemplo, se $\frac{p}{q}$, com p e q inteiros primos entre si e $q \neq 0$, é raiz da equação $x^2 - 6x + 8 = 0$, então p é divisor de 8 e q é divisor de 1, ou seja:
   $p \in \{\pm1, \pm2, \pm4, \pm8\}$ e $q \in \{\pm1\}$; logo, $\frac{p}{q} \in \{\pm1, \pm2, \pm4, \pm8\}$

Material complementar Moderna PLUS http://www.modernaplus.com.br
Texto: *Demonstração do teorema das raízes racionais de uma equação polinomial.*

EXERCÍCIOS RESOLVIDOS

17 Determinar, se existirem, as raízes racionais da equação $2x^3 - x^2 - 6x + 3 = 0$.

Resolução

Como a equação tem os coeficientes inteiros, podemos aplicar o teorema das raízes racionais. Assim, se essa equação admite uma raiz do tipo $\frac{p}{q}$, com p e q inteiros primos entre si e $q \neq 0$, então p é divisor de 3 e q é divisor de 2, isto é:

$$p \in \{\pm1, \pm3\} \text{ e } q \in \{\pm1, \pm2\}$$

$$\therefore \frac{p}{q} \in \left\{\pm1, \pm3, \pm\frac{1}{2}, \pm\frac{3}{2}\right\}$$

Testando cada uma das "candidatas" à raiz racional da equação $P(x) = 0$, em que $P(x) \equiv 2x^3 - x^2 - 6x + 3$, temos:

$P(1) = 2 \cdot 1^3 - 1^2 - 6 \cdot 1 + 3 = -2$

$P(-1) = 2 \cdot (-1)^3 - (-1)^2 - 6 \cdot (-1) + 3 = 6$

$P(3) = 2 \cdot 3^3 - 3^2 - 6 \cdot 3 + 3 = 30$

$P(-3) = 2 \cdot (-3)^3 - (-3)^2 - 6 \cdot (-3) + 3 = -42$

$P\left(\frac{1}{2}\right) = 2 \cdot \left(\frac{1}{2}\right)^3 - \left(\frac{1}{2}\right)^2 - 6 \cdot \left(\frac{1}{2}\right) + 3 = 0$

$P\left(-\frac{1}{2}\right) = 2 \cdot \left(-\frac{1}{2}\right)^3 - \left(-\frac{1}{2}\right)^2 - 6 \cdot \left(-\frac{1}{2}\right) + 3 = \frac{11}{2}$

$P\left(\frac{3}{2}\right) = 2 \cdot \left(\frac{3}{2}\right)^3 - \left(\frac{3}{2}\right)^2 - 6 \cdot \left(\frac{3}{2}\right) + 3 = -\frac{3}{2}$

$P\left(-\frac{3}{2}\right) = 2 \cdot \left(-\frac{3}{2}\right)^3 - \left(-\frac{3}{2}\right)^2 - 6 \cdot \left(-\frac{3}{2}\right) + 3 = 3$

Logo, a equação admite apenas uma raiz racional: o número $\frac{1}{2}$.

(*Nota*: O teorema do resto garante que o resto da divisão de um polinômio $P(x)$ por $x - a$ é igual a $P(a)$. Assim, nesse exercício, poderíamos ter abreviado os cálculos aplicando o dispositivo prático de Briot-Ruffini. Observe o exercício seguinte, em que utilizaremos esse recurso.)

18 Resolver, em $\mathbb{C}$, a equação $x^4 - x^3 - x^2 - x - 2 = 0$.

Resolução

A equação tem os coeficientes inteiros; logo, se ela admitir raiz do tipo $\frac{p}{q}$, com p e q inteiros primos entre si e $q \neq 0$, então p é divisor de -2 e q é divisor de 1, isto é:

$$p \in \{\pm1, \pm2\} \text{ e } q \in \{\pm1\} \text{ e, portanto, } \frac{p}{q} \in \{\pm1, \pm2\}$$

Vamos verificar se cada um desses valores é raiz racional da equação $P(x) = 0$, em que $P(x) \equiv x^4 - x^3 - x^2 - x - 2$, aplicando o dispositivo prático de Briot-Ruffini.

- Dividindo P(x) por x − 1:

1	1	−1	−1	−1	−2
	1	0	−1	−2	−4 (resto)

Como o resto é diferente de zero, 1 não é raiz da equação.

- Dividindo P(x) por x + 1:

−1	1	−1	−1	−1	−2
	1	−2	1	−2	0 (resto)

Como o resto é zero, −1 é raiz da equação. Assim, podemos escrever:

$$P(x) \equiv (x + 1)\underbrace{(x^3 - 2x^2 + x - 2)}_{Q_1(x)}$$

Logo, se existirem outras raízes racionais, elas serão raízes de $Q_1(x)$. Como, pelo teorema das raízes racionais, essas raízes só podem ser 2 ou −2, testamos a seguir cada uma delas:

- Dividindo $Q_1(x)$ por x − 2:

2	1	−2	1	−2
	1	0	1	0 (resto)

Como o resto é zero, 2 é raiz da equação e podemos escrever:

$$P(x) \equiv (x + 1)(x - 2)(x^2 + 1)$$

Não precisamos continuar testando os outros valores, pois, com essa forma fatorada de P(x), a equação P(x) = 0, que é equivalente a $(x + 1)(x - 2)(x^2 + 1) = 0$, pode ser facilmente resolvida.

Pela propriedade do produto nulo, temos:

$(x + 1)(x - 2)(x^2 + 1) = 0 \Rightarrow$

$\Rightarrow x + 1 = 0$ ou $x - 2 = 0$ ou $x^2 + 1 = 0$

$\therefore x = -1$ ou $x = 2$ ou $x = i$ ou $x = -i$

Concluímos, então, que o conjunto solução da equação proposta é $S = \{-1, 2, i, -i\}$.

19 Duas caixas-d'água têm a forma de um paralelepípedo reto-retângulo. A maior tem dimensões internas, em metro, 3x + 2, x + 2 e 2x + 1, e a menor tem dimensões internas, em metro, 4, x e x. Sabendo que a capacidade da caixa maior é 10 vezes a capacidade da menor, calcular as dimensões da caixa maior.

Resolução

Indicando por V_M e V_m os volumes internos da caixa maior e da menor, respectivamente, temos:

$V_M = (3x + 2)(x + 2)(2x + 1) = 6x^3 + 19x^2 + 16x + 4$

e

$V_m = 4 \cdot x \cdot x = 4x^2$

Logo:

$V_M = 10V_m \Rightarrow 6x^3 + 19x^2 + 16x + 4 = 10 \cdot 4x^2$

$\therefore 6x^3 - 21x^2 + 16x + 4 = 0$

Se essa equação tiver raiz racional $\frac{p}{q}$ com p e q inteiros primos entre si e $q \neq 0$, então p é divisor de 4 e q é divisor de 6, ou seja:

$$\frac{p}{q} \in \left\{\pm 1, \pm\frac{1}{2}, \pm\frac{1}{3}, \pm\frac{1}{6}, \pm 2, \pm\frac{2}{3}, \pm 4, \pm\frac{4}{3}\right\}$$

Testando cada um desses valores, concluímos que 2 é raiz da equação, pois:

$6 \cdot 2^3 - 21 \cdot 2^2 + 16 \cdot 2 + 4 = 0$

Dividindo o polinômio $6x^3 - 21x^2 + 16x + 4$ por x − 2, obtemos:

2	6	−21	16	4
	6	−9	−2	0

Portanto:

$6x^3 - 21x^2 + 16x + 4 = 0 \Rightarrow (x - 2)(6x^2 - 9x - 2) = 0$

Pela propriedade do produto nulo, temos:

$x - 2 = 0$ ou $6x^2 - 9x - 2 = 0$

Resolvendo essas equações obtemos:

$$x = 2 \text{ ou } x = \frac{9 + \sqrt{129}}{12} \text{ ou}$$

$$x = \frac{9 - \sqrt{129}}{12} \text{ (não convém)}$$

Concluímos, então, que há duas possibilidades para as dimensões da caixa maior: 8 m, 4 m e 5 m, ou: $\frac{17 + \sqrt{129}}{4}$ m, $\frac{33 + \sqrt{129}}{12}$ m e $\frac{15 + \sqrt{129}}{6}$ m

EXERCÍCIOS PROPOSTOS

31 Determine, se existirem, as raízes racionais de cada uma das equações a seguir.

a) $2x^3 - x^2 + 2x - 1 = 0$

b) $x^4 + 3x^3 + 3x^2 + 3x + 2 = 0$

c) $3x^3 - 4x^2 - 5x + 2 = 0$

d) $2x^5 - 3x^4 + x^3 - 4x^2 + 6x - 2 = 0$

e) $2x^3 + x^2 - 3 = 0$

32 Resolva as equações em $\mathbb{C}$:

a) $x^4 - x^3 - 2x - 4 = 0$

b) $x^3 + 1 = 0$

c) $4x^3 + x^2 + 3 = 0$

d) $x^5 + 3x^4 + x^3 - 5x^2 - 6x - 2 = 0$

(*Sugestão*: Pesquise a existência de raízes racionais de cada equação.)

33 Determine os números inteiros a e b, sabendo que a equação $3x^3 + ax^2 + bx + 1 = 0$ tem duas raízes inteiras distintas.

34 Sabendo que a equação $2x^3 + kx^2 + 2x - 1 = 0$ possui uma raiz racional positiva e não inteira, determine o número inteiro k.

Resolva os exercícios complementares 35 a 41 e 73 a 79.

Seção 8.3

Relações de Girard

Objetivo

- Aplicar as relações de Girard em equações polinomiais.

A busca por fórmulas gerais que resolvessem equações polinomiais provocou o surgimento de importantes teoremas sobre esse tipo de equação. Um deles, conhecido como "Relações de Girard", foi descoberto pelo matemático francês Albert Girard e publicado, em 1629, em sua obra *Invention nouvelle en l'algèbre*. Esse teorema permite relacionar os coeficientes de uma equação polinomial à soma de suas raízes, à soma dos produtos dessas raízes tomadas duas a duas, à soma dos produtos dessas raízes tomadas três a três etc. e, finalmente, ao produto dessas raízes.

Antes de estudar as relações de Girard em sua forma geral, vamos apresentá-las particularmente para equações polinomiais do 2º e do 3º grau.

As relações de Girard em uma equação polinomial do 2º grau

Considere o polinômio $P(x) \equiv ax^2 + bx + c$, com $\{a, b, c\} \subset \mathbb{C}$, $a \neq 0$ e raízes r_1 e r_2. Pelo teorema da decomposição, temos:

$$ax^2 + bx + c \equiv a(x - r_1)(x - r_2)$$

Dividindo por a ambos os membros, obtemos a identidade:

$$x^2 + \frac{bx}{a} + \frac{c}{a} \equiv (x - r_1)(x - r_2)$$

que é equivalente a:

$$x^2 + \frac{bx}{a} + \frac{c}{a} \equiv x^2 - (r_1 + r_2)x + r_1r_2$$

Pela definição de identidade de polinômios, concluímos:

$$\begin{cases} -(r_1 + r_2) = \dfrac{b}{a} \\ r_1r_2 = \dfrac{c}{a} \end{cases} \Rightarrow \begin{cases} r_1 + r_2 = -\dfrac{b}{a} \\ r_1r_2 = \dfrac{c}{a} \end{cases}$$

Provamos, então, que:

As raízes r_1 e r_2 de uma equação polinomial do 2º grau $ax^2 + bx + c = 0$ obedecem às condições:

$$\begin{cases} r_1 + r_2 = -\dfrac{b}{a} \\ r_1r_2 = \dfrac{c}{a} \end{cases}$$

EXERCÍCIO RESOLVIDO

20 Sendo r_1 e r_2 as raízes da equação do 2º grau $5x^2 + \sqrt{3}x + \sqrt{7} = 0$ calcular:

a) $r_1 + r_2$

b) r_1r_2

c) $\dfrac{1}{r_1} + \dfrac{1}{r_2}$

d) $r_1^2 + r_2^2$

e) $\dfrac{1}{r_1^2} + \dfrac{1}{r_2^2}$

Resolução

Os coeficientes da equação $5x^2 + \sqrt{3}x + \sqrt{7} = 0$ são $a = 5$, $b = \sqrt{3}$ e $c = \sqrt{7}$.

Temos, então:

a) $r_1 + r_2 = -\dfrac{b}{a} = -\dfrac{\sqrt{3}}{5}$

b) $r_1r_2 = \frac{c}{a} = \frac{\sqrt{7}}{5}$

c) $\frac{1}{r_1} + \frac{1}{r_2} = \frac{r_2 + r_1}{r_1r_2} = \frac{-\frac{\sqrt{3}}{5}}{\frac{\sqrt{7}}{5}} = -\frac{\sqrt{3}}{\sqrt{7}} = -\frac{\sqrt{21}}{7}$

d) Observando a identidade $(r_1 + r_2)^2 = r_1^2 + 2r_1r_2 + r_2^2$, temos: $r_1^2 + r_2^2 = (r_1 + r_2)^2 - 2r_1r_2$; logo:

$$r_1^2 + r_2^2 = \left(-\frac{\sqrt{3}}{5}\right)^2 - \frac{2\sqrt{7}}{5} = \frac{3 - 10\sqrt{7}}{25}$$

e) $\frac{1}{r_1^2} + \frac{1}{r_2^2} = \frac{r_2^2 + r_1^2}{r_1^2r_2^2} = \frac{r_2^2 + r_1^2}{(r_1r_2)^2} =$

$$= \frac{\frac{3 - 10\sqrt{7}}{25}}{\left(\frac{\sqrt{7}}{5}\right)^2} = \frac{3 - 10\sqrt{7}}{7}$$

As relações de Girard em uma equação polinomial do 3º grau

Seja o polinômio $P(x) \equiv ax^3 + bx^2 + cx + d$, com $\{a, b, c, d\} \subset \mathbb{C}$, $a \neq 0$ e raízes r_1, r_2 e r_3. Pelo teorema da decomposição, temos:

$$ax^3 + bx^2 + cx + d \equiv a(x - r_1)(x - r_2)(x - r_3)$$

Dividindo por a ambos os membros, obtemos a identidade:

$$x^3 + \frac{bx^2}{a} + \frac{cx}{a} + \frac{d}{a} \equiv (x - r_1)(x - r_2)(x - r_3)$$

que é equivalente a:

$$x^3 + \frac{bx^2}{a} + \frac{cx}{a} + \frac{d}{a} \equiv x^3 - (r_1 + r_2 + r_3)x^2 + (r_1r_2 + r_1r_3 + r_2r_3)x - r_1r_2r_3$$

Pela definição de identidade de polinômios, concluímos:

$$\begin{cases} -(r_1 + r_2 + r_3) = \frac{b}{a} \\ r_1r_2 + r_1r_3 + r_2r_3 = \frac{c}{a} \\ -r_1r_2r_3 = \frac{d}{a} \end{cases} \Rightarrow \begin{cases} r_1 + r_2 + r_3 = -\frac{b}{a} \\ r_1r_2 + r_1r_3 + r_2r_3 = \frac{c}{a} \\ r_1r_2r_3 = -\frac{d}{a} \end{cases}$$

Provamos, então, que:

As raízes r_1, r_2 e r_3 de uma equação polinomial do 3º grau $ax^3 + bx^2 + cx + d = 0$ obedecem às condições:

$$\begin{cases} r_1 + r_2 + r_3 = -\frac{b}{a} \\ r_1r_2 + r_1r_3 + r_2r_3 = \frac{c}{a} \\ r_1r_2r_3 = -\frac{d}{a} \end{cases}$$

EXERCÍCIOS RESOLVIDOS

21 Sendo r_1, r_2 e r_3 as raízes da equação $4x^3 - 3x^2 + 5x + 2 = 0$, calcular:

a) $r_1 + r_2 + r_3$

b) $r_1r_2 + r_1r_3 + r_2r_3$

c) $r_1r_2r_3$

d) $\frac{1}{r_1} + \frac{1}{r_2} + \frac{1}{r_3}$

e) $r_1^2 + r_2^2 + r_3^2$

f) $(r_1r_2)^2 + (r_1r_3)^2 + (r_2r_3)^2$

g) $\frac{1}{r_1^2} + \frac{1}{r_2^2} + \frac{1}{r_3^2}$

Resolução

Os coeficientes da equação $4x^3 - 3x^2 + 5x + 2 = 0$ são $a = 4$, $b = -3$, $c = 5$ e $d = 2$. Temos, então:

a) $r_1 + r_2 + r_3 = -\frac{b}{a} = \frac{-(-3)}{4} = \frac{3}{4}$

b) $r_1r_2 + r_1r_3 + r_2r_3 = \frac{c}{a} = \frac{5}{4}$

c) $r_1r_2r_3 = -\frac{d}{a} = -\frac{2}{4} = -\frac{1}{2}$

d) $\dfrac{1}{r_1} + \dfrac{1}{r_2} + \dfrac{1}{r_3} = \dfrac{r_2r_3 + r_1r_3 + r_1r_2}{r_1r_2r_3} = \dfrac{\frac{5}{4}}{-\frac{1}{2}} = -\dfrac{5}{2}$

e) Observando a identidade:

$(r_1 + r_2 + r_3)^2 = r_1^2 + r_2^2 + r_3^2 + 2r_1r_2 + 2r_1r_3 + 2r_2r_3$, temos:

$r_1^2 + r_2^2 + r_3^2 = (r_1 + r_2 + r_3)^2 - 2(r_1r_2 + r_1r_3 + r_2r_3)$

Logo:

$r_1^2 + r_2^2 + r_3^2 = \left(\dfrac{3}{4}\right)^2 - 2 \cdot \dfrac{5}{4} = -\dfrac{31}{16}$

f) Observando a identidade:

$(r_1r_2 + r_1r_3 + r_2r_3)^2 = (r_1r_2)^2 + (r_1r_3)^2 + (r_2r_3)^2 +$
$+ 2r_1^2r_2r_3 + 2r_1r_2^2r_3 + 2r_1r_2r_3^2$, temos:

$(r_1r_2)^2 + (r_1r_3)^2 + (r_2r_3)^2 =$
$= (r_1r_2 + r_1r_3 + r_2r_3)^2 - 2r_1r_2r_3(r_1 + r_2 + r_3)$

Logo:

$(r_1r_2)^2 + (r_1r_3)^2 + (r_2r_3)^2 = \left(\dfrac{5}{4}\right)^2 - 2 \cdot \left(-\dfrac{1}{2}\right) \cdot \dfrac{3}{4} = \dfrac{37}{16}$

g) $\dfrac{1}{r_1^2} + \dfrac{1}{r_2^2} + \dfrac{1}{r_3^2} = \dfrac{r_2^2r_3^2 + r_1^2r_3^2 + r_1^2r_2^2}{r_1^2r_2^2r_3^2} =$

$= \dfrac{(r_2r_3)^2 + (r_1r_3)^2 + (r_1r_2)^2}{(r_1r_2r_3)^2} = \dfrac{\frac{37}{16}}{\left(-\frac{1}{2}\right)^2} = \dfrac{37}{4}$

22 Resolver em $\mathbb{C}$ a equação $4x^3 + 12x^2 - 15x + 4 = 0$, sabendo que ela possui uma raiz dupla.

Resolução

Indicando as raízes da equação por r, r e s, temos, pelas relações de Girard:

$$\begin{cases} r + r + s = -\dfrac{12}{4} \\ r^2 + rs + rs = -\dfrac{15}{4} \\ r^2s = -\dfrac{4}{4} \end{cases} \Rightarrow \begin{cases} s = -3 - 2r & \text{(I)} \\ r^2 + 2rs = -\dfrac{15}{4} & \text{(II)} \\ r^2s = -1 & \text{(III)} \end{cases}$$

Substituindo (I) em (II), obtemos:

$r^2 + 2r(-3 - 2r) = -\dfrac{15}{4} \Rightarrow r^2 - 6r - 4r^2 = -\dfrac{15}{4}$

$\therefore -3r^2 - 6r = -\dfrac{15}{4} \Rightarrow -12r^2 - 24r = -15$

$\therefore 12r^2 + 24r - 15 = 0 \Rightarrow 4r^2 + 8r - 5 = 0$

Assim:

$\Delta = 8^2 - 4 \cdot 4 \cdot (-5) = 144$

$r = \dfrac{-8 \pm \sqrt{144}}{2 \cdot 4} = \dfrac{-8 \pm 12}{8} \Rightarrow r = \dfrac{1}{2}$ ou $r = -\dfrac{5}{2}$

- Para $r = \dfrac{1}{2}$, temos, da equação (I), que $s = -4$.

  Como esses valores foram obtidos apenas das equações (I) e (II), falta testá-los na equação (III), para verificar se eles constituem uma solução do sistema.

  Substituindo $r = \dfrac{1}{2}$ e $s = -4$ em (III), obtemos:

  $\left(\dfrac{1}{2}\right)^2 \cdot (-4) = -1$ (Verdadeira!)

  Como essa sentença é verdadeira, concluímos que $r = \dfrac{1}{2}$ e $s = -4$ formam uma solução do sistema.

- Para $r = -\dfrac{5}{2}$, temos, da equação (I), que $s = 2$.

  Testando esses valores na equação (III), temos:

  $\left(-\dfrac{5}{2}\right)^2 \cdot 2 = -1$ (Falsa!)

  Como essa sentença é falsa, concluímos que $r = -\dfrac{5}{2}$ e $s = 2$ não constituem uma solução do sistema.

Logo, a raiz dupla $r = \dfrac{1}{2}$ e a raiz simples $s = -4$ formam o conjunto solução da equação proposta:

$S = \left\{\dfrac{1}{2}, -4\right\}$

23 Resolver em $\mathbb{C}$ a equação $6x^3 - x^2 - 20x + 12 = 0$, sabendo que duas de suas raízes são inversas entre si.

Resolução

Indicando as raízes da equação por r, $\dfrac{1}{r}$ e s, temos, pelas relações de Girard:

$$\begin{cases} r + \dfrac{1}{r} + s = \dfrac{1}{6} \\ r \cdot \dfrac{1}{r} + rs + \dfrac{1}{r} \cdot s = -\dfrac{20}{6} \\ r \cdot \dfrac{1}{r} \cdot s = -\dfrac{12}{6} \end{cases} \Rightarrow \begin{cases} r + \dfrac{1}{r} + s = \dfrac{1}{6} & \text{(I)} \\ 1 + rs + \dfrac{s}{r} = -\dfrac{10}{3} & \text{(II)} \\ s = -2 & \text{(III)} \end{cases}$$

Substituímos (III) em (I):

$r + \dfrac{1}{r} - 2 = \dfrac{1}{6}$

Multiplicamos por $6r$ ambos os membros:

$6r^2 + 6 - 12r = r \Rightarrow 6r^2 - 13r + 6 = 0$

$\Delta = (-13)^2 - 4 \cdot 6 \cdot 6 = 25$

$r = \dfrac{-(-13) \pm \sqrt{25}}{2 \cdot 6} = \dfrac{13 \pm 5}{12} \Rightarrow r = \dfrac{3}{2}$ ou $r = \dfrac{2}{3}$

Como esses valores foram obtidos apenas das equações (I) e (III), falta testá-los na equação (II), para verificar se eles constituem uma solução do sistema.

- Testando $r = \dfrac{2}{3}$ e $s = -2$ na equação (II), temos:

  $1 + \dfrac{2}{3} \cdot (-2) + \dfrac{(-2)}{\frac{2}{3}} = -\dfrac{10}{3}$ (Verdadeira!)

  Como essa sentença é verdadeira, concluímos que $r = \dfrac{2}{3}$ e $s = -2$ formam uma solução do sistema.

- Testando $r = \dfrac{3}{2}$ e $s = -2$ na equação (II), temos:

  $1 + \dfrac{3}{2} \cdot (-2) + \dfrac{(-2)}{\frac{3}{2}} = -\dfrac{10}{3}$ (Verdadeira!)

  Como essa sentença é verdadeira, concluímos que $r = \dfrac{3}{2}$ e $s = -2$ formam uma solução do sistema.

Logo, a raiz -2 e as raízes inversas $\dfrac{3}{2}$ e $\dfrac{2}{3}$ formam o conjunto solução da equação proposta:

$S = \left\{-2, \dfrac{3}{2}, \dfrac{2}{3}\right\}$

EXERCÍCIOS PROPOSTOS

35 Determine os valores dos coeficientes b e c, dadas as raízes r_1 e r_2 da equação polinomial do 2º grau, em cada um dos casos a seguir.

a) $4x^2 + bx + c = 0$, com $r_1 = 3$ e $r_2 = 4$

b) $x^2 + bx + c = 0$, com $r_1 = 6$ e $r_2 = -5$

c) $ix^2 + bx + c = 0$, com $r_1 = 5i$ e $r_2 = 1$

36 Sendo r_1 e r_2 as raízes da equação $2x^2 - 3x + \sqrt{3} = 0$, calcule:

a) $r_1 + r_2$

b) $r_1 \cdot r_2$

c) $\frac{1}{r_1} + \frac{1}{r_2}$

d) $r_1^2 + r_2^2$

e) $\frac{1}{r_1^2} + \frac{1}{r_2^2}$

f) $(r_1 - r_2)^2$

37 Obtenha os números reais a e b de modo que uma das raízes da equação $ax^2 + x + b = 0$ seja $5 - i$.

38 Determine os números b e c de modo que as raízes da equação $2x^2 + bx + c = 0$ sejam $2b$ e $\frac{c}{4}$.

39 Obtenha os valores dos coeficientes b, c e d, dadas as raízes r_1, r_2 e r_3 da equação polinomial do 3º grau, em cada um dos casos a seguir.

a) $2x^3 + bx^2 + cx + d = 0$, com $r_1 = 2$, $r_2 = 3$ e $r_3 = 5$

b) $x^3 + bx^2 + cx + d = 0$, com $r_1 = -1$, $r_2 = 4$ e $r_3 = -6$

c) $4x^3 + bx^2 + cx + d = 0$, com $r_1 = 2i$, $r_2 = i$ e $r_3 = 0$

40 Sendo r_1, r_2 e r_3 as raízes da equação $3x^3 - 3x^2 + 6x - 1 = 0$, calcule:

a) $r_1 + r_2 + r_3$

b) $r_1r_2 + r_1r_3 + r_2r_3$

c) $r_1r_2r_3$

d) $\frac{1}{r_1} + \frac{1}{r_2} + \frac{1}{r_3}$

e) $r_1^2 + r_2^2 + r_3^2$

f) $(r_1r_2)^2 + (r_1r_3)^2 + (r_2r_3)^2$

g) $\frac{1}{r_1^2} + \frac{1}{r_2^2} + \frac{1}{r_3^2}$

41 Determine os números reais b e c de modo que uma das raízes da equação $2x^3 + bx^2 + x + c = 0$ seja $1 - 2i$.

42 As dimensões, em centímetro, de um paralelepípedo reto-retângulo são as raízes da equação $x^3 - \sqrt{2}x^2 + \sqrt{3}x - \sqrt{6} = 0$. Calcule a área total e o volume desse paralelepípedo.

43 Obtenha a constante m de modo que as três raízes da equação $x^3 - 3x^2 + 4x + m = 0$ estejam em progressão aritmética.

44 Dentre as raízes da equação $2x^3 - 17x^2 + 32x - 12 = 0$, há uma que é o triplo de outra. Determine as três raízes dessa equação.

Resolva os exercícios complementares 42 a 62.

As relações de Girard em uma equação polinomial de grau *n*

Finalmente, vamos apresentar as relações de Girard em uma equação polinomial de qualquer grau n, com $n \geq 1$.

Em toda equação polinomial

$$a_nx^n + a_{n-1}x^{n-1} + a_{n-2}x^{n-2} + ... + a_1x + a_0 = 0$$

com $\{a_0, a_1, a_2, ..., a_n\} \subset \mathbb{C}$, $a_n \neq 0$, $n \geq 1$, e raízes $r_1, r_2, r_3, ..., r_n$, temos:

- a soma das raízes é igual a $-\frac{a_{n-1}}{a_n}$, isto é:

$$r_1 + r_2 + r_3 + ... + r_n = -\frac{a_{n-1}}{a_n}$$

- a soma dos produtos das raízes tomadas duas a duas é igual a $\frac{a_{n-2}}{a_n}$, isto é:

$$r_1r_2 + r_1r_3 + r_1r_4 + ... + r_{n-1}r_n = \frac{a_{n-2}}{a_n}$$

- a soma dos produtos das raízes tomadas três a três é igual a $-\frac{a_{n-3}}{a_n}$, isto é:

$$r_1r_2r_3 + r_1r_2r_4 + r_1r_2r_5 + ... + r_{n-2}r_{n-1}r_n = -\frac{a_{n-3}}{a_n}$$

e assim por diante.

- o produto de todas as raízes é igual a $\frac{(-1)^n \cdot a_0}{a_n}$, isto é:

$$r_1r_2r_3 \cdot ... \cdot r_n = \frac{(-1)^n \cdot a_0}{a_n}$$

EXERCÍCIOS RESOLVIDOS

24 Sendo r_1, r_2, r_3 e r_4 as raízes da equação $3x^4 - 4x^3 + 2x^2 - 6x + 1 = 0$, calcular:

a) $r_1 + r_2 + r_3 + r_4$

b) $r_1r_2 + r_1r_3 + r_1r_4 + r_2r_3 + r_2r_4 + r_3r_4$

c) $r_1r_2r_3 + r_1r_2r_4 + r_1r_3r_4 + r_2r_3r_4$

d) $r_1r_2r_3r_4$

Resolução

Os coeficientes da equação $3x^4 - 4x^3 + 2x^2 - 6x + 1 = 0$ são $a = 3$, $b = -4$, $c = 2$, $d = -6$ e $e = 1$.
Temos, então, pelas relações de Girard:

a) $r_1 + r_2 + r_3 + r_4 = -\frac{b}{a} = \frac{-(-4)}{3} = \frac{4}{3}$

b) $r_1r_2 + r_1r_3 + r_1r_4 + r_2r_3 + r_2r_4 + r_3r_4 = \frac{c}{a} = \frac{2}{3}$

c) $r_1r_2r_3 + r_1r_2r_4 + r_1r_3r_4 + r_2r_3r_4 = -\frac{d}{a} = \frac{-(-6)}{3} = 2$

d) $r_1r_2r_3r_4 = \frac{e}{a} = \frac{1}{3}$

25 Calcular a soma dos inversos das raízes da equação $2x^5 - \sqrt{2}x^3 + x^2 + x - \sqrt{6} = 0$.

Resolução

A equação pode ser escrita na forma: $2x^5 + 0x^4 - \sqrt{2}x^3 + x^2 + x - \sqrt{6} = 0$
Assim, seus coeficientes são $a = 2$, $b = 0$, $c = -\sqrt{2}$, $d = 1$, $e = 1$ e $f = -\sqrt{6}$.
Indicando as raízes por r_1, r_2, r_3, r_4 e r_5, temos:

$$\frac{1}{r_1} + \frac{1}{r_2} + \frac{1}{r_3} + \frac{1}{r_4} + \frac{1}{r_5} = \frac{r_2r_3r_4r_5 + r_1r_3r_4r_5 + r_1r_2r_4r_5 + r_1r_2r_3r_5 + r_1r_2r_3r_4}{r_1r_2r_3r_4r_5} = \frac{\frac{e}{a}}{-\frac{f}{a}} = \frac{\frac{1}{2}}{\frac{-(-\sqrt{6})}{2}} = \frac{\sqrt{6}}{6}$$

26 Resolver em $\mathbb{C}$ a equação $x^4 - 6ix^3 - 13x^2 + 12ix + 4 = 0$, sabendo que ela tem duas raízes duplas.

Resolução

Os coeficientes da equação são: $a = 1$, $b = -6i$, $c = -13$, $d = 12i$ e $e = 4$.
Indicando as raízes por r, r, s e s, temos, pelas relações de Girard:

$$\begin{cases} r + r + s + s = -\frac{b}{a} = \frac{-(-6i)}{1} = 6i \\ r^2 + rs + rs + rs + rs + s^2 = \frac{c}{a} = -\frac{13}{1} = -13 \\ r^2s + r^2s + rs^2 + rs^2 = -\frac{d}{a} = -\frac{12i}{1} = -12i \\ r^2s^2 = \frac{e}{a} = \frac{4}{1} = 4 \end{cases} \Rightarrow \begin{cases} r = 3i - s & \text{(I)} \\ r^2 + s^2 + 4rs = -13 & \text{(II)} \\ rs(r + s) = -6i & \text{(III)} \\ r^2s^2 = 4 & \text{(IV)} \end{cases}$$

Substituímos (I) em (II):

$(3i - s)^2 + s^2 + 4s(3i - s) = -13 \Rightarrow -9 - 6is + s^2 + s^2 + 12is - 4s^2 + 13 = 0$

$\therefore -2s^2 + 6is + 4 = 0 \Rightarrow s^2 - 3is - 2 = 0$

$\Delta = (-3i)^2 - 4 \cdot 1 \cdot (-2) = -1$

$s = \frac{-(-3i) \pm i}{2} = \frac{3i \pm i}{2} \Rightarrow s = 2i$ ou $s = i$

- Para $s = i$, temos, da equação (I), que $r = 2i$.
- Para $s = 2i$, temos, da equação (I), que $r = i$.

Como esses valores foram obtidos apenas das equações (I) e (II), falta testá-los nas equações (III) e (IV), para verificar se eles podem ser solução do sistema.

- Testando $r = 2i$ e $s = i$ nas equações (III) e (IV), respectivamente, temos:
  $2i \cdot i(2i + i) = -6i$ (Verdadeira!)
  $(2i)^2 \cdot i^2 = 4$ (Verdadeira!)
  Como essas sentenças são verdadeiras, concluímos que $r = 2i$ e $s = i$ formam uma solução do sistema.
- Testando $r = i$ e $s = 2i$ nas equações (III) e (IV), respectivamente, temos:
  $i \cdot 2i(i + 2i) = -6i$ (Verdadeira!)
  $i^2 \cdot (2i)^2 = 4$ (Verdadeira!)
  Como essas sentenças são verdadeiras, concluímos que $r = i$ e $s = 2i$ formam uma solução do sistema.

Logo, a raiz dupla i e a raiz dupla 2i formam o conjunto solução da equação proposta: $S = \{i, 2i\}$

EXERCÍCIOS PROPOSTOS

45 As raízes da equação $2x^4 - 13x^3 + 30x + 2 = 0$ são r_1, r_2, r_3 e r_4. Escreva todas as relações de Girard para essa equação.

46 Determine os valores dos coeficientes b, c, d e e dadas as raízes r_1, r_2, r_3 e r_4 da equação polinomial do 4º grau, em cada um dos casos a seguir.

a) $3x^4 + bx^3 + cx^2 + dx + e = 0$, com $r_1 = 1, r_2 = 2, r_3 = 4$ e $r_4 = 5$

b) $4x^4 + bx^3 + cx^2 + dx + e = 0$, com $r_1 = -i, r_2 = i, r_3 = 2i$ e $r_4 = -2i$

47 Determine as constantes b, c, d e e, de modo que a equação $3x^4 + bx^3 + cx^2 + dx + e = 0$ tenha a raiz dupla 3 e as raízes simples 2 e 1.

48 Resolva em $\mathbb{C}$ a equação $8x^4 + 20x^3 - 18x^2 - 81x - 54 = 0$, sabendo que ela possui uma raiz tripla.

49 Cada uma das raízes da equação $4x^4 - 20x^3 + 33x^2 - 20x + 4 = 0$ é um número real positivo e tem multiplicidade 2. Determine essas raízes.

Resolva os exercícios complementares 63 a 69.

Material complementar Moderna PLUS http://www.modernaplus.com.br
Texto: *Raízes de uma função polinomial real de variável real.*

EXERCÍCIOS COMPLEMENTARES

Exercícios técnicos

1 Dado que o número 2i é raiz da equação $x^4 + 2x^2 + ix + m = 0$, determine a constante m.

2 Aplicando a propriedade do produto nulo, forme uma equação polinomial $P(x) = 0$ do 5º grau, com três raízes iguais a 1 e duas iguais a -2 tal que o coeficiente dominante de $P(x)$ seja 1.

3 (UFRN) A equação $(x + 1)(x^2 + 4) = 0$ tem:

a) duas raízes reais e uma imaginária.

b) uma raiz real e uma imaginária.

c) duas raízes reais e duas imaginárias.

d) uma raiz real e duas imaginárias.

e) apenas raízes reais.

4 (Fuvest-SP) A soma dos valores de m para os quais $x = 1$ é raiz da equação $x^2 + (1 + 5m - 3m^2)x + (m^2 + 1) = 0$ é igual a:

a) $\frac{5}{2}$ b) $\frac{3}{2}$ c) 0 d) $-\frac{3}{2}$ e) $-\frac{5}{2}$

5 Uma das raízes da equação $x^3 + 6x^2 - 5x - 2 = 0$ é o número 1. Determine as outras raízes dessa equação.

6 Dado que a equação $x^5 - 2x^4 - 5x^3 + 10x^2 + 4x - 8 = 0$ tem uma raiz igual a 2, determine as outras raízes dessa equação.

7 Obtenha o conjunto solução da equação $2x^4 + x^3 - 19x^2 - 9x + 9 = 0$, sabendo que duas de suas raízes são 3 e -1.

8 (FGV-SP) A equação $x^3 - 3x^2 + 4x + 28 = 0$ admite -2 como raiz. As outras raízes satisfazem a equação:

a) $x^2 - 4x + 14 = 0$

b) $x^2 - 5x + 14 = 0$

c) $x^2 - 6x + 14 = 0$

d) $x^2 - 7x + 14 = 0$

e) $x^2 - 8x + 14 = 0$

9 Uma fatoração possível do polinômio $P(x) \equiv x^4 + 3x^3 - 19x^2 - 27x + 90$ é $P(x) \equiv (x^2 - 9) \cdot Q(x)$. Decomponha o polinômio $P(x)$ como o produto de uma constante por polinômios do 1º grau.

10 Decomponha o polinômio $P(x) \equiv x^3 - 1$ como o produto de uma constante por polinômios do 1º grau.

11 Determine o número de raízes complexas de cada uma das equações a seguir.

a) $6x^4 + 2x^3 = 6x^4 - x^3 + 4x^2 - 1$

b) $(x^2 + 2)^5(x - 1)^4 = 0$

12 Determine os possíveis valores da constante m de modo que a equação $(2m - 1)x^6 + 3x^4 + 2x - 5 = 0$ tenha exatamente seis raízes complexas.

13 Uma equação polinomial $P(x) = 0$ apresenta apenas as raízes $2i$, $-2i$, -4 e 5, sendo que $2i$ e $-2i$ são raízes simples, -4 é raiz dupla e 5 é raiz de multiplicidade 4. Exiba essa equação, sabendo que o coeficiente dominante de $P(x)$ é 2.
(*Nota*: Não é preciso desenvolver as potências, isto é, escreva a equação na forma fatorada.)

14 Dado $S = \{-2, 3, 1\}$ o conjunto solução da equação $x^6 - 2x^5 - 8x^4 + 14x^3 + 11x^2 - 28x + 12 = 0$, determine a multiplicidade de cada raiz dessa equação.

15 Obtenha os valores das constantes k e m, sabendo que o número 3 é raiz dupla da equação $x^4 - 6x^3 + kx^2 + mx + 9 = 0$.

16 Resolva em $\mathbb{C}$ a equação $x^5 - 2x^4 - 9x^3 + 22x^2 + 4x - 24 = 0$, sabendo que o número 2 é uma raiz tripla dessa equação.

17 Sabendo que o número $\frac{3}{2}$ é uma raiz dupla da equação $4x^4 - 12x^3 - 7x^2 + 48x - 36 = 0$, determine as outras raízes dessa equação.

18 O conjunto solução da equação $x^4 + 9x^3 + 30x^2 + 44x + 24 = 0$ é $S = \{-2, r\}$. Determine r.

19 Dado que o número i é uma raiz dupla da equação $x^4 - 2ix^3 + x^2 - 4ix - 2 = 0$, determine as outras raízes complexas dessa equação.

20 (FGV) Considere a função polinomial definida por $P(x) = ax^3 + bx^2 + cx + d$, com a, b, c, d sendo números reais, e cuja representação gráfica é dada na figura.

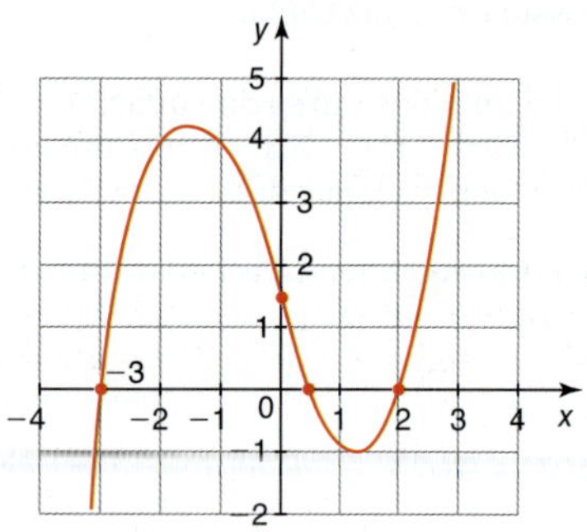

É correto afirmar que:

a) $-1 < a + b + c + d < 0$

b) $0 < d < 1$

c) para $-1 \leq x \leq 1$, $P(x) > 0$

d) O produto de suas raízes é menor que -6.

e) Há uma raiz de multiplicidade 2.

21 (Vunesp) Assinale a alternativa que indica o polinômio que possui os números 0 e 1 como raízes, sendo 0 uma raiz de multiplicidade 3:

a) $p(x) = x(x^3 - 1)$

b) $p(x) = x(x - 1)^3$

c) $p(x) = x^3(x - 1)$

d) $p(x) = (x^3 - x)(x - 1)$

e) $p(x) = x(x^3 + x^2 - 2)$

22 (PUC-SP) O grau mínimo que um polinômio de coeficientes reais admite, sabendo-se que $1 + i$ e $-1 + i$ são raízes, é:

a) 1º grau

b) 2º grau

c) 3º grau

d) 4º grau

e) 5º grau

23 (PUC-RS) Os números i e 2i são raízes de um polinômio $p(x)$ de grau n e coeficientes reais. O valor de n é:

a) igual a 1.

b) igual a 2.

c) menor ou igual a 3.

d) menor ou igual a 4.

e) maior ou igual a 4.

24 Qual é o grau mínimo da equação polinomial $x^n - 1 = 0$, sabendo que ela admite uma raiz $a + bi$, com $\{a, b\} \subset \mathbb{R}$ e $b \neq 0$?

25 Os números 3i e −6i são raízes de uma equação polinomial do 4º grau $P(x) = 0$ de coeficientes reais e coeficiente dominante de $P(x)$ igual a 1. Qual é essa equação?

26 Uma das raízes da equação $x^4 - 2x^3 + 22x^2 - 50x - 75 = 0$ é o número 5i. Resolva em $\mathbb{C}$ essa equação.

27 O número 2i é raiz da equação $x^4 - 4x^3 + 7x^2 - 16x + 12 = 0$. Determine o conjunto solução dessa equação.

28 Os números i e 3i são raízes da equação $x^5 - 2x^4 + 10x^3 - 20x^2 + 9x - 18 = 0$. Quais são as outras raízes dessa equação?

29 (UFMG) Sabe-se que a equação $x^4 - 6x^3 + 15x^2 - 18x + 10 = 0$ admite as raízes complexas $1 - i$ e $2 + i$. Quais as demais raízes dessa equação?

a) $-1 - i$ e $-2 + i$

b) $1 + i$ e $2 + i$

c) $-1 + i$ e $-2 - i$

d) $1 - i$ e $2 - i$

e) $1 + i$ e $2 - i$

30 (ITA-SP) A equação $4x^3 - 3x^2 + 4x - 3 = 0$ admite uma raiz igual a i (unidade imaginária). Deduzimos que:

a) Tal equação não admite raiz real menor que 2.

b) Tal equação admite como raiz um número racional.

c) Tal equação não admite como raiz um número positivo.

d) Tal equação não possui raiz da forma bi, com $b < 1$.

e) Nenhuma das anteriores.

31 (UFJF-MG) O grau de um polinômio com coeficientes reais que possui três raízes reais distintas e uma raiz complexa não real é, no mínimo:

a) 4 b) 5 c) 6 d) 7

32 (UFJF-MG) Se $P(x) = x^5 + x^4 + 13x^2 + 5x$, com $P(1 + 2i) = 0$, determine todas as raízes de $P(x)$.

33 (UFG-GO) Sabe-se que todo polinômio de grau ímpar com coeficientes reais admite pelo menos uma raiz real. Dado o polinômio $p(x) = [(m - 1)(m^2 + 1)]x^5 + x^2 + kx + 1$, com $m, k \in \mathbb{R}$, as condições sobre m e k, para que o polinômio $p(x)$ não admita raiz real, são:

a) $m = 0$ e $k < -2$

b) $m = -1$ e $-2 < k < 2$

c) $m = 1$ e $k < -2$

d) $m = 1$ e $-2 < k < 2$

e) $m = 0$ e $k > 2$

34 (Fuvest-SP) A equação $x^3 + mx^2 + 2x + n = 0$, em que m e n são números reais, admite $1 + i$ como raiz (i é a unidade imaginária). Então m e n valem, respectivamente:

a) 2 e 2

b) 2 e 0

c) 0 e 2

d) 2 e −2

e) −2 e 0

35 Determine, se existirem, as raízes racionais de cada uma das equações a seguir.

a) $x^5 + x^3 + 3x^2 + 3x + 3 = 0$

b) $2x^4 + 3x^3 + 3x^2 + 3x + 1 = 0$

c) $x^4 - 2x^3 + x^2 + 2x - 2 = 0$

d) $2x^3 + x^2 - 6x - 3 = 0$

e) $x^5 - 2x^2 - 2x^3 + 4 = 0$

36 Resolva em $\mathbb{C}$ as equações abaixo.

a) $x^4 + 2x^3 + 2x^2 + 2x + 1 = 0$

b) $x^4 + 3x^3 + 3x^2 + 3x + 2 = 0$

c) $2x^3 - 5x^2 - 4x + 3 = 0$

(*Sugestão*: Pesquise a existência de raízes racionais de cada equação.)

37 Dada a equação $x^5 + mx^2 + nx + 1 = 0$, com $\{m, n\} \subset \mathbb{R}$, classifique como verdadeira (V) ou falsa (F) cada uma das afirmações.

a) Se a equação admite raiz inteira, então esta só pode ser 1 ou −1.
b) Se $a + bi$, com $\{a, b\} \subset \mathbb{R}$ e $b \neq 0$, é raiz da equação, então $a - bi$ também é raiz da equação.
c) A equação pode ter quatro raízes imaginárias e uma real.
d) A equação pode ter quatro raízes reais e uma imaginária.
e) A equação pode ter uma raiz imaginária com multiplicidade maior que 2.

38 (UFRGS) A equação $x^3 + 5x^2 - x - 5 = 0$ possui:
a) somente uma raiz positiva.
b) exatamente duas raízes positivas.
c) três raízes positivas.
d) nenhuma raiz positiva.
e) nenhuma raiz real.

39 (UFPB) Determine os possíveis valores de a e b, com $\{a, b\} \subset \mathbb{Z}$, de modo que o polinômio $p(x) = ax^2 + 3x - 7$ seja divisível por $q(x) = x - b$.

40 (FGV) Podemos afirmar que a equação $x^6 - 5x^5 + 10x^3 - 3x^2 - 5x + 2 = 0$ admite:
a) duas raízes duplas e duas raízes simples.
b) duas raízes duplas e uma raiz tripla.
c) uma raiz simples, uma raiz dupla e uma raiz tripla.
d) uma raiz tripla e três raízes simples.
e) duas raízes triplas.

41 (Puccamp-SP) Sabe-se que a equação $2x^3 + x^2 - 6x - 3 = 0$ admite uma única raiz racional e não inteira. As demais raízes dessa equação são:
a) inteiras e positivas.
b) inteiras e de sinais contrários.
c) não reais.
d) irracionais e positivas.
e) irracionais e de sinais contrários.

42 Determine os valores dos coeficientes b e c, dadas as raízes r_1 e r_2 da equação polinomial do 2º grau, em cada um dos casos a seguir.
a) $3x^2 + bx + c = 0$, com $r_1 = \frac{4}{5}$ e $r_2 = -1$
b) $x^2 + bx + c = 0$, com $r_1 = 2i$ e $r_2 = -4i$
c) $x^2 + bx + c = 0$, com $r_1 = 1 + i$ e $r_2 = 1 - i$

43 Sendo r_1 e r_2 as raízes da equação $2x^2 - 3x + i = 0$, calcule $\frac{r_1}{r_2} + \frac{r_2}{r_1} + 1$.

44 As dimensões, em centímetro, de um retângulo são as raízes da equação $\sqrt{5}x^2 - 5x + \sqrt{15} = 0$. Calcule o perímetro e a área desse retângulo.

45 A equação do segundo grau $x^2 - ax + 2a - 2 = 0$, na variável x, tem como raízes dois números inteiros positivos consecutivos. Quais são essas raízes?

46 Determine os valores dos coeficientes b, c e d, dadas as raízes r_1, r_2 e r_3 da equação polinomial do 3º grau, em cada um dos casos a seguir.
a) $3x^3 + bx^2 + cx + d = 0$, com $r_1 = -\frac{2}{5}$, $r_2 = 1$ e $r_3 = -2$
b) $x^3 + bx^2 + cx + d = 0$, com $r_1 = 2$, $r_2 = 1 + 4i$ e $r_3 = 1 - 4i$

47 As raízes da equação $\sqrt{2}x^3 + x^2 + 3 = 0$ são os números r_1, r_2 e r_3. Calcule o valor da expressão $r_1^2 + r_2^2 + r_3^2$.

48 Sendo r_1, r_2 e r_3 as raízes da equação $x^3 - 3ix^2 + 2ix - i = 0$, calcule $\frac{r_2r_3}{r_1} + \frac{r_1r_3}{r_2} + \frac{r_1r_2}{r_3}$.

49 Determine a constante k de modo que dentre as raízes da equação $9x^3 - 7x + k = 0$ haja uma que seja o dobro de outra.

50 Na equação $x^3 - 6x^2 + 11x + k = 0$, obtenha a constante k sabendo que uma de suas raízes é igual à soma das outras duas.

51 (Fuvest-SP) O produto de duas das raízes do polinômio $p(x) = 2x^3 - mx^2 + 4x + 3$ é igual a −1. Determinar:
a) o número m.
b) as raízes de p.

52 Dois números inteiros consecutivos são raízes da equação $2x^3 + 7x^2 - 3x - 18 = 0$. Determine as três raízes dessa equação.

53 A soma de duas raízes da equação $3x^3 - 28x^2 + 63x - 18 = 0$ é $\frac{10}{3}$. Determine as três raízes dessa equação.

54 Dentre as raízes da equação $2x^3 + (4 - 3\sqrt{2})x^2 + (2 - 6\sqrt{2})x + 4 = 0$ há uma que é inversa de outra. Qual é a maior raiz real dessa equação?

55 (Mackenzie-SP) Se as três raízes reais, não necessariamente distintas, do polinômio $p(x) = x^3 - a^3x^2 + ax - 1$, $a \in \mathbb{R}$, formam uma progressão geométrica, então o valor de $a - a^3$ é:
a) −2 b) −1 c) 0 d) 1 e) 2

56 (ITA-SP) Para algum número real r, o polinômio $8x^3 - 4x^2 - 42x + 45$ é divisível por $(x - r)^2$. Qual dos números abaixo está mais próximo de r?
a) 1,62 b) 1,52 c) 1,42 d) 1,32 e) 1,22

57 (Uece) O polinômio $P(x) = x^3 + ax^2 + bx + c$ é tal que o polinômio $Q(x) = P(x) + P(-x)$ se anula em $x = 2$ e $Q(1) = 2$. Podemos afirmar corretamente que o produto das raízes de $P(x)$ é:
a) $\frac{4}{3}$ b) $\frac{3}{4}$ c) $-\frac{4}{3}$ d) $-\frac{3}{4}$

58 (UFSCar-SP) Sabendo-se que a soma de duas das raízes da equação $x^3 - 7x^2 + 14x - 8 = 0$ é igual a 5, pode-se afirmar a respeito das raízes dessa equação que:
a) são todas iguais e não nulas.
b) somente uma raiz é nula.
c) as raízes constituem uma progressão geométrica.
d) as raízes constituem uma progressão aritmética.
e) nenhuma raiz é real.

59 (Uerj) Os zeros do polinômio a seguir formam uma PA:
$$p(x) = x^3 - 12x^2 + 44x - 48$$
O conjunto solução da equação $p(x) = 0$ pode ser descrito por:
a) {0, 4, 8}
b) {2, 4, 6}
c) {−1, 4, 9}
d) {−2, −4, −6}

60 (Unifesp) Se m, p, mp são as três raízes reais não nulas da equação $x^3 + mx^2 + mpx + p = 0$, a soma das raízes dessa equação será:

a) 3 b) 2 c) 1 d) 0 e) -1

61 (UnB-DF) Considerando que os comprimentos das arestas de um paralelepípedo retângulo são números racionais, o volume desse sólido é igual a 12 e suas dimensões são as raízes do polinômio $s(x) = x^3 + px^2 + qx + r$, classifique como verdadeira (V) ou falsa (F) cada uma das afirmações seguintes.

a) A soma dos comprimentos das 3 arestas que incidem em um mesmo vértice do paralelepípedo é igual a $|p|$.

b) Se as raízes de $s(x)$ forem números inteiros, então $|p| \in \{7, 8, 9\}$.

c) Se as raízes de $s(x)$ forem números inteiros e $|p| = 7$, então $|q| = 19$.

d) Se p e q forem números inteiros, então os comprimentos das arestas do paralelepípedo serão números inteiros.

62 (Unicamp-SP) As três raízes da equação $x^3 - 3x^2 + 12x - q = 0$, onde q é um parâmetro real, formam uma progressão aritmética.

a) Determine q.

b) Utilizando o valor de q determinado no item **a**, encontre as raízes complexas da equação.

63 Determine os valores dos coeficientes b, c, d e e dadas as raízes r_1, r_2, r_3 e r_4 da equação polinomial do 4º grau, em cada um dos casos a seguir.

a) $x^4 + bx^3 + cx^2 + dx + e = 0$, com $r_1 = -2$, $r_2 = 2$, $r_3 = -3$ e $r_4 = 1$

b) $2x^4 + bx^3 + cx^2 + dx + e = 0$, com $r_1 = -\dfrac{1}{2}$, $r_2 = \dfrac{1}{4}$, $r_3 = -2$ e $r_4 = 0$

64 Dado que as raízes da equação polinomial $x^5 - 15x^4 + 85x^3 - 225x^2 + 274x + k = 0$ estão em progressão aritmética, determine a constante k.

65 O número $\sqrt{2}i$ é uma das raízes da equação $x^7 - 3x^6 + 2x^5 - 6x^4 + x^3 - 3x^2 + 2x - 6 = 0$. Calcule a soma das outras seis raízes dessa equação.

66 Resolva em $\mathbb{C}$ a equação $x^5 - 6x^4 + 64x^2 - 144x + 96 = 0$, sabendo que três raízes são iguais entre si e as outras duas são opostas.

67 Resolva em $\mathbb{C}$ a equação $x^4 - 4x^3 + 2x^2 + 4x - 3 = 0$, dado que ela tem todas as raízes reais e duas delas são opostas.

68 (UEL-PR) A equação $3x^4 - 7x^3 + 14x^2 - 28x + 8 = 0$ tem uma raiz inteira e duas raízes complexas imaginárias puras. Sua quarta raiz é:

a) $-\dfrac{2}{3}$ b) $-\dfrac{1}{3}$ c) $\dfrac{1}{3}$ d) $\dfrac{2}{3}$ e) $\dfrac{4}{3}$

69 (ITA-SP) Seja p um polinômio com coeficientes reais, de grau 7, que admite $1 - i$ como raiz de multiplicidade 2. Sabe-se que a soma e o produto de todas as raízes de p são, respectivamente, 10 e -40. Sendo afirmado que três raízes de p são reais e distintas e formam uma progressão aritmética, então, tais raízes são:

a) $\dfrac{3}{2} - \dfrac{\sqrt{193}}{6}, 3, \dfrac{3}{2} + \dfrac{\sqrt{193}}{6}$

b) $2 - 4\sqrt{13}, 2, 2 + 4\sqrt{13}$

c) $-4, 2, 8$

d) $-2, 3, 8$

e) $-1, 2, 5$

Exercícios contextualizados

70 (UnB-DF) Uma viga metálica de seção transversal variável está presa nas suas extremidades, A e B, e sofre uma deflexão (medida em metro) na vertical, em relação ao segmento horizontal $\overline{AB}$, dada por:

$$y(x) = \frac{x^3 - 26x^2 + 160x}{3.600},$$

em um ponto de $\overline{AB}$ que dista x metros de A, conforme ilustra a figura abaixo.

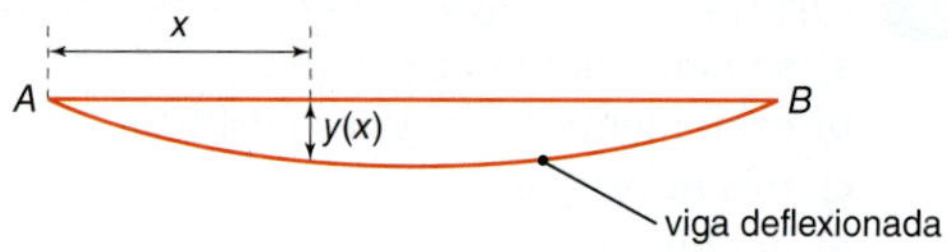

Com base nessas informações, classifique como verdadeira (V) ou falsa (F) cada uma das afirmações:

a) A distância entre os pontos A e B é igual a 10 m.

b) No ponto C do segmento $\overline{AB}$, distante 4 m de B, a deflexão da viga é menor que 10 cm.

c) Sabendo-se que a maior deflexão da viga é igual a $\dfrac{2}{25}$ m e que uma das raízes do polinômio $\dfrac{x^3 - 26x^2 + 160x}{3.600} - \dfrac{2}{25}$ é igual a 18, conclui-se que a maior deflexão ocorre em um ponto D que dista mais de 5 m do ponto A.

71 (Uerj) Um ciclista e um corredor começam, juntos, uma competição.

A equação $e = t^3 - 6t^2 + 9t$ descreve a posição e, em metro, do ciclista, em função do tempo t, em segundo. No instante em que ambos partem da posição zero, o corredor inicia um movimento, descrito pela equação $e = 4t$, na mesma pista e no mesmo sentido. Determine a posição mais afastada do ponto de partida na qual o ciclista e o corredor voltam a se encontrar.

72 O Departamento de Trânsito de uma cidade descreve a velocidade média do tráfego no centro da cidade, no período de *rush* de um dia normal de trabalho, por meio da função:

$$v(t) = at^3 + bt^2 - 9t + 20$$

Nessa função, v é medida em quilômetros por hora, t é o número de horas transcorridas após o início do período de *rush*, e a e b são constantes. Verifica-se, ainda, que após 2 horas e 3 horas do início do período de *rush*, as velocidades médias são, respectivamente, 18 km/h e 20 km/h. Se o período de *rush* é considerado das 15 h às 20 h, em que horário do período de *rush* a velocidade média do tráfego é de 16 km/h?

73 Em um mesmo dia, Carlos tomou emprestado R$ 20.000,00 de um banco A, à taxa anual x de juro simples, e R$ 10.000,00 do banco B, à taxa anual x de juro composto. Três anos depois, ele pagou quantias iguais aos dois bancos, liquidando as dívidas.

a) Sabendo que no decorrer desses três anos não foi feita nenhuma amortização das dívidas, qual é a equação, na incógnita x, que relaciona as quantias pagas aos bancos?

b) Resolvendo a equação sugerida no item **a**, obtém-se a taxa x. Qual é essa taxa?

74 Em Economia, a função custo C descreve o custo de produção de determinado bem e varia de acordo com o número de unidades produzidas; a função receita R descreve o total bruto, em dinheiro, recebido pela venda das unidades produzidas; e a função lucro L é a diferença entre as funções R e C, nessa ordem, isto é:

$$L = R - C$$

Supondo que o custo de produção, em milhares de reais, de x milhares de unidades de certo produto seja $C(x) = 2x^3 + 8x^2 + 30x + 10$, e a receita arrecadada, em milhares de reais, com a venda desses x milhares de unidades seja $R(x) = 4x^3 + 3x^2 + 7x$, responda:

a) Qual é a função L que descreve o lucro $L(x)$, em milhares de reais, obtido com a venda desses x milhares de unidades?

b) Qual é a interpretação do valor α, com $\alpha \geq 0$, tal que $L(\alpha) = 0$?

c) Determine o valor α citado no item **b**.

75 As medidas, em centímetro, dos raios de duas bolas são R e R + 1. O volume da bola maior tem $\frac{8\pi}{3}$ cm³ a mais que o dobro do volume da menor. Determine R.

76 Uma folha de cartolina tem a forma de um quadrado com 10 cm de lado. São retirados desse pedaço quatro quadrados congruentes de modo que cada um deles tenha um dos vértices em um vértice da cartolina. A seguir, dobra-se a parte remanescente, conforme mostra a figura, formando--se uma caixa no formato de um paralelepípedo reto-retângulo sem tampa com 48 cm³ de volume.

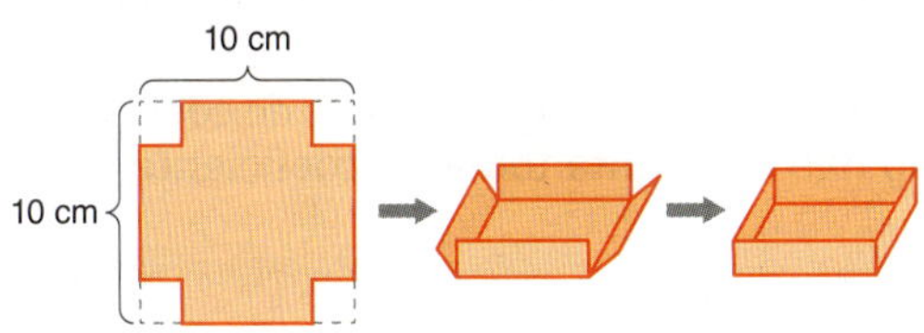

a) Indicando por x a medida, em centímetro, do lado de cada quadrado retirado, obtenha o polinômio P(x) que representa o volume da caixa assim construída.

b) Calcule a medida do lado de cada quadrado retirado.

77 A cada hora são despejados $x^2 + \frac{8}{x}$ decalitros de água em uma piscina. Sabendo que em x horas são despejados 3x + 6 decalitros de água nessa piscina, determine o valor de x.

78 (UFRN) Duas partículas se movimentam no plano de acordo com as trajetórias dadas pelas funções $f(t) = t^3$ e $g(t) = 2t + 1$. Após uma delas cruzar a origem, o instante t em que elas se encontram tem o valor de:

a) $\frac{1 + \sqrt{5}}{2}$

b) $\frac{1 + \sqrt[3]{5}}{2}$

c) $\frac{1 - \sqrt{5}}{2}$

d) $\frac{1 - \sqrt[3]{5}}{2}$

79 (UFRN) O volume do cubo de aresta 6 é igual à soma dos volumes dos cubos de arestas 5, 4 e 3, conforme ilustração abaixo.

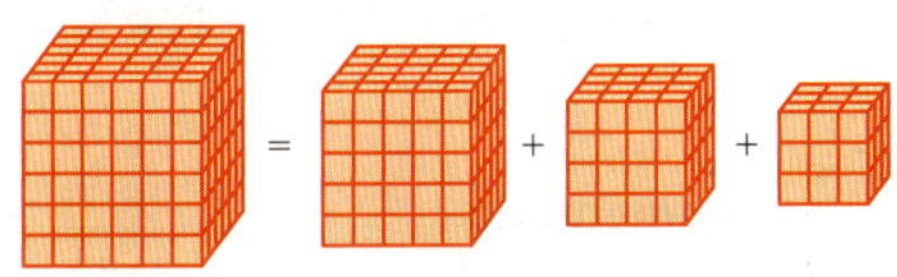

a) Comprove essa afirmação, explicitando os cálculos.

b) Determine as raízes inteiras e positivas da equação polinomial $n^3 = (n - 1)^3 + (n - 2)^3 + (n - 3)^3$, para justificar que o único cubo de aresta inteira n que tem volume igual à soma dos volumes dos cubos de arestas $n - 1$, $n - 2$ e $n - 3$ é o cubo de aresta 6.

EXERCÍCIOS DE REVISÃO CUMULATIVA

Ao concluir o estudo deste capítulo, resolva estes exercícios, que envolvem alguns assuntos estudados nos capítulos anteriores.

1 Construa o gráfico da função $f: \mathbb{R} \rightarrow \mathbb{R}$ tal que $f(x) = \sqrt{x^2 - 2x + 1}$.

2 Simplifique as frações polinomiais a seguir.

a) $\frac{x^2 - 9}{x - 3}$

b) $\frac{x^2 - 8x + 16}{x^2 - 16}$

c) $\frac{x^3 + 3x^2 - x - 3}{x + 3}$

d) $\frac{x^5 - 32}{x - 2}$

3 Simplifique as expressões trigonométricas:

a) $\frac{\text{sen } 3x + \text{sen } x}{\text{sen } 2x}$

b) $\frac{\text{sen } 4x - \text{sen } 2x}{2 \text{ sen } x}$

c) $\frac{\cos 3x + \cos x}{\cos 2x}$

d) $\frac{\cos 5x - \cos 7x}{\text{sen } 6x}$

4 Considere a circunferência trigonométrica a seguir, em que o arco $\widehat{AB}$ tem medida α, com $0 < \alpha < \frac{\pi}{2}$.

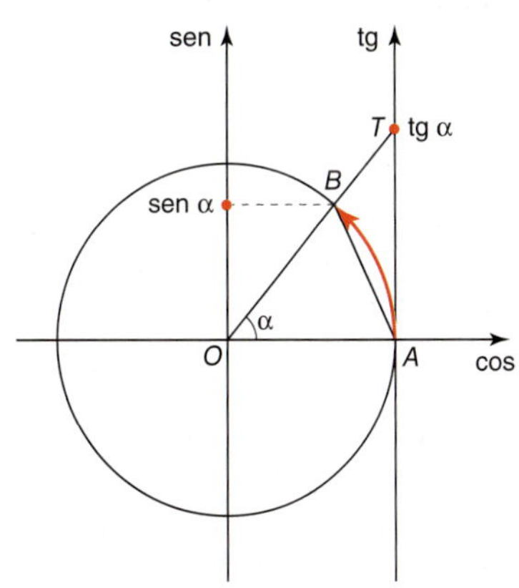

Partindo do fato de que a área do triângulo OAB é menor que a área do setor circular OAB, que por sua vez é menor que a área do triângulo OAT, prove que sen $\alpha < \alpha <$ tg α.

ANÁLISE DA RESOLUÇÃO

Um aluno resolveu o exercício abaixo, conforme reproduzido a seguir. Observe a resolução e reflita sobre o comentário.

Exercício

Resolva em $\mathbb{C}$ a equação $2x^3 + 14x - 12i = 0$, sabendo que uma de suas raízes é o número imaginário i.

Resolução

Pelo teorema das raízes imaginárias, se i é raiz da equação, então $-i$ (conjugado de i) também é raiz.

Seja r a terceira raiz. Pelas relações de Girard, temos:

$$i + (-i) + r = -\frac{0}{2} \Rightarrow r = 0$$

Portanto: $S = \{i, -i, 0\}$

ERRADO!

Comentário

O teorema das raízes imaginárias garante que:

"Se um número imaginário z é raiz de uma equação polinomial de **coeficientes reais**, então o conjugado de z também é raiz da equação."

Note, portanto, que o teorema só pode ser aplicado a equações polinomiais de coeficientes reais. Como a equação proposta nesse exercício não apresenta todos os coeficientes reais, esse teorema não é válido.

Refaça essa resolução, corrigindo-a.

Capítulo

9

Introdução ao Cálculo diferencial: limite de uma função

Em qualquer trecho de uma viagem de automóvel, dividindo a distância percorrida pelo tempo transcorrido, obtemos a velocidade média do automóvel nesse trecho. Se formos diminuindo o tempo de percurso, de modo a aproximá-lo indefinidamente de zero, a velocidade média do automóvel se aproximará indefinidamente da velocidade instantânea. Problemas como esse deram origem a um dos mais importantes conceitos da Matemática: o conceito de limite de uma função.

9.1 A origem e a ideia central do Cálculo diferencial

A ideia central do Cálculo diferencial é a de taxa de variação. A partir dela, define-se o limite de uma função.

9.2 O conceito de limite

A ideia de limite, que aplicamos no dia a dia, é muito semelhante ao conceito formal de limite. Por isso, vamos relacionar frequentemente as duas ideias.

9.3 Função contínua

O reconhecimento da continuidade de uma função facilitará significativamente o cálculo de limites dessa função.

Um fractal é uma figura geométrica caracterizada pela repetição ilimitada de figuras semelhantes. Pode ser gerado por um processo recorrente ou iterativo. Um exemplo é o triângulo de Sierpinski, que é obtido através do seguinte processo recursivo: de um triângulo retira-se o triângulo cujos vértices são os pontos médios do triângulo inicial; para cada um dos triângulos restantes, repete-se o procedimento anterior e assim sucessivamente, como mostra a sequência de triângulos abaixo.

Para pensar

Observe que, na sequência de triângulos acima, a área remanescente, após cada retirada, vai diminuindo de uma figura para a seguinte. Se o processo de retirada continuar indefinidamente, para que valor tenderá a área remanescente?

Seção 9.1

A origem e a ideia central do Cálculo diferencial

Objetivo

▶ **Resolver** problemas que envolvam taxa média de variação.

Termos e conceitos

- **taxa média de variação de uma função**
- **taxa pontual de variação de uma função**

O problema da reta tangente

Estudamos em Geometria que, sendo *P* um ponto de uma circunferência λ de centro *O*, a reta tangente a λ em P é aquela contida no plano de λ e perpendicular ao raio $\overline{OP}$ em *P*.

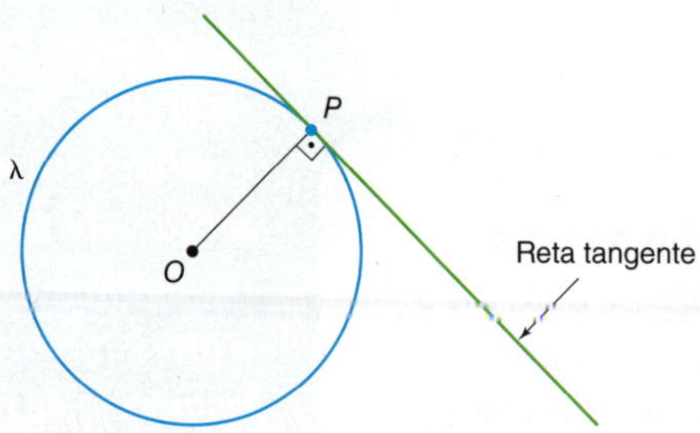

Gottfried Wilhelm von Leibniz (1646-1716), matemático alemão, que criou, simultaneamente a Newton, um dos mais admirados trabalhos científicos de todos os tempos: o Cálculo diferencial e integral.

Uma pergunta que surge, naturalmente, é: Podemos definir reta tangente para qualquer curva?

Durante mais de dois mil anos, desde a Antiguidade grega até o século XVII, os matemáticos tentaram sem sucesso definir a reta tangente a uma curva qualquer por um de seus pontos. Para que você perceba a dificuldade de se estabelecer essa definição, pense na questão: Qual é a reta tangente à curva no ponto *P* abaixo?

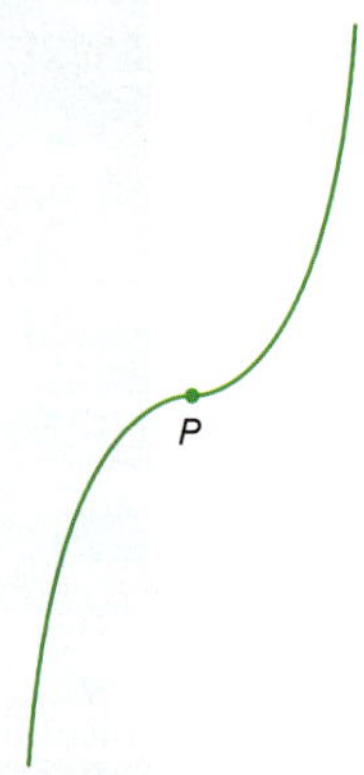

Sir Isaac Newton (1642-1727), matemático e físico inglês. Sobre sua obra, frequentemente ele afirmava: "Se enxerguei um pouco mais longe, foi por estar em pé sobre os ombros de gigantes".

Note que qualquer reta que passa por *P* cruza, obrigatoriamente, essa curva. Então, essas retas não seriam secantes à curva? Ou alguma delas é tangente à curva? Essas questões serão respondidas ao longo deste e do próximo capítulo.

O problema do traçado da reta tangente por um ponto de uma curva qualquer, que desafiou os matemáticos por tanto tempo, só foi solucionado no século XVII com o auxílio da Geometria analítica, em estudos realizados por René Descartes, Blaise Pascal, Pierre de Fermat, Isaac Newton, Gottfried Wilhelm von Leibniz e outros matemáticos da época. O crédito maior dessa descoberta ficou para Isaac Newton e Gottfried Wilhelm von Leibniz, que a completaram e a sistematizaram.

O problema da reta tangente conduz à ideia fundamental do Cálculo diferencial que é a de **taxa de variação**. Vamos procurar entendê-la com base no problema a seguir.

Taxa média de variação

Considere que a velocidade escalar v de um avião, em km/min, em função do tempo t, em minuto, seja descrita pela tabela a seguir, desde o instante 0 (zero) em que se iniciou o movimento:

Tempo t (minuto)	Velocidade escalar v (km/min)
0,0	0,00
1,0	1,00
1,2	1,44
1,5	2,25
2,0	4,00
2,1	4,41
2,5	6,25
3,0	9,00

A tabela informa que a velocidade escalar variou 9 km/min em 3 minutos, por isso dizemos que a taxa média de variação da velocidade escalar, no intervalo $0 \leqslant t \leqslant 3$, foi de $\frac{9}{3}\frac{\text{km/min}}{\text{min}}$, ou seja, 3 km/min². Analogamente, se quisermos conhecer a taxa média de variação da velocidade escalar no intervalo $1 \leqslant t \leqslant 3$, basta calcular a razão entre a variação da velocidade escalar e a correspondente variação do tempo, nessa ordem, isto é: $\frac{9-1}{3-1}\frac{\text{km/min}}{\text{min}}$, ou seja, 4,0 km/min². Essas taxas médias de variação são chamadas de **aceleração escalar média** do avião, nos respectivos intervalos de tempo.

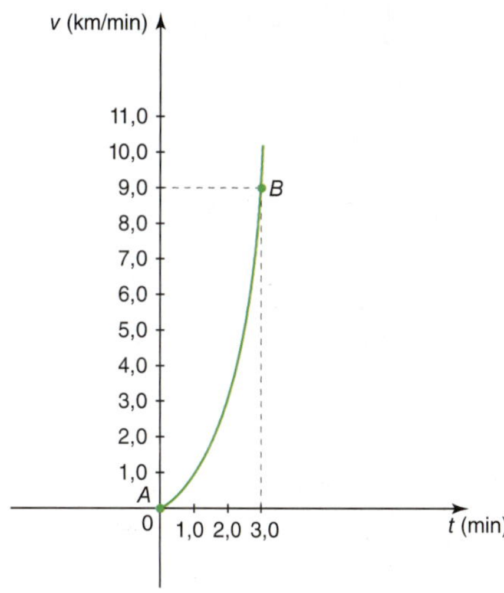

Gráfico 1

Observamos que, em cada linha da tabela, o número que indica a velocidade escalar é o quadrado do correspondente número que indica o tempo, isto é, $v = t^2$. Admitindo que essa relação seja verdadeira para qualquer instante do intervalo $0 \leqslant t \leqslant 3$, podemos descrever v em função de t através do arco AB da parábola representada no gráfico 1.

Note, no gráfico 2, que a taxa média de variação da velocidade escalar (aceleração escalar média) do avião no intervalo $1 \leqslant t \leqslant 3$ é o coeficiente angular da reta secante ao gráfico nos pontos (1, 1) e (3, 9).

Generalizamos

> Dada uma função f, a taxa média de variação de f no intervalo $[x_1, x_2]$, com $\{x_1, x_2\} \subset D(f)$ e $x_1 \neq x_2$, é o coeficiente angular m da reta que passa pelos pontos $(x_1, f(x_1))$ e $(x_2, f(x_2))$, isto é,
>
> $$m = \frac{f(x_2) - f(x_1)}{x_2 - x_1}$$

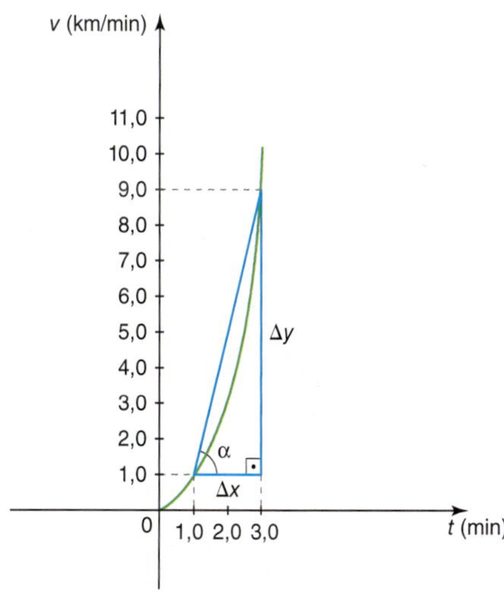

Gráfico 2

$$\text{tg}\,\alpha = \frac{\Delta y}{\Delta x} = \frac{9-1}{3-1}$$

EXERCÍCIOS PROPOSTOS

1 Considerando a função $y = x^2 - 2x$:

a) Determine a taxa média de variação de y em relação a x, para $x \in [4, 5]$.

b) Construa o gráfico da função $y = x^2 - 2x$ e determine os pontos A e B desse gráfico, que têm abscissas 4 e 5, respectivamente.

c) No gráfico do item anterior, desenhe a reta que passa por A e B.

d) Que relação existe entre a taxa média de variação obtida no item **a** e o coeficiente angular da reta desenhada no item **c**?

2 Considerando a função $y = \frac{1}{x}$:

a) Determine a taxa média de variação de y em relação a x, para $x \in \left[\frac{1}{2}, 2\right]$.

b) Construa o gráfico da função $y = \frac{1}{x}$ e determine os pontos A e B desse gráfico, que têm abscissas $\frac{1}{2}$ e 2, respectivamente.

c) No gráfico do item anterior, desenhe a reta que passa por A e B.

d) Que relação existe entre a taxa média de variação obtida no item **a** e o coeficiente angular da reta desenhada no item **c**?

3 Considerando a função afim $y = 6x + 2$:

a) Calcule a taxa média de variação de y em relação a x, para $2 \leq x \leq 8$.

b) Calcule a taxa média de variação de y em relação a x, para $50 \leq x \leq 150$.

c) Calcule a taxa média de variação de y em relação a x, para $-10 \leq x \leq 15$.

d) Mostre que a taxa média de variação de y em relação a x é constante para qualquer variação de x, isto é, para $x \in [x_1, x_2]$, quaisquer que sejam os valores distintos x_1 e x_2, obtém-se **sempre** a mesma taxa média de variação.

4 Considerando a função constante $y = 5$:

a) Calcule a taxa média de variação de y em relação a x, para $1 \leq x \leq 2$.

b) Calcule a taxa média de variação de y em relação a x, para $4 \leq x \leq 9$.

c) Calcule a taxa média de variação de y em relação a x, para $p \leq x \leq q$, sendo p e q números reais distintos.

5 A reta de equação $y = 3x + 2$ é secante ao gráfico de uma função f nos pontos (1, 5) e (3, 11). Determine a taxa média de variação de f em relação a x para $x \in [1, 3]$.

6 Considerando a função $y = x^3$, determine a taxa média de variação de y em relação a x, quando x varia no intervalo $[2, 2 + p]$, em que p é um número real positivo.

7 Considerando a função $y = \frac{1}{x}$, determine a taxa média de variação de y em relação a x, quando x varia de 3 a $3 + p$, em que p é um número real positivo.

8 A pressão p, em atmosfera, no interior de um líquido homogêneo e em equilíbrio, varia com a profundidade h, em metro, de acordo com a tabela a seguir:

Profundidade h (m)	Pressão p (atm)
0	1,0
5	1,5
8	k
10	2,0
12	2,2
15	2,5

Usando os dados da tabela:

a) Calcule a taxa média de variação da pressão em relação à profundidade no intervalo de 0 m a 15 m.

b) Calcule a taxa média de variação da pressão em relação à profundidade no intervalo de 5 m a 15 m.

c) Para qualquer profundidade h do intervalo de 0 m a 15 m, a pressão p pode ser descrita por uma função do tipo $p = ah + b$, em que a e b são constantes reais, com $a \neq 0$. Determine a e b.

d) Calcule a pressão a 8 m de profundidade.

e) Prove que a taxa média de variação da pressão em relação à profundidade, no intervalo de 0 m a 15 m, é constante para quaisquer valores distintos, h_1 e h_2, da profundidade.

f) Construa o gráfico da função obtida no item **c** e represente a reta cujo coeficiente angular é numericamente igual à taxa média de variação da pressão no intervalo de 5 m a 15 m.

9 O gráfico abaixo representa a velocidade v, em km/h, de um automóvel em função do tempo t, em segundo. Calcule a taxa média de variação da velocidade v, em relação ao tempo t, para t variando de 20 a 40 segundos.

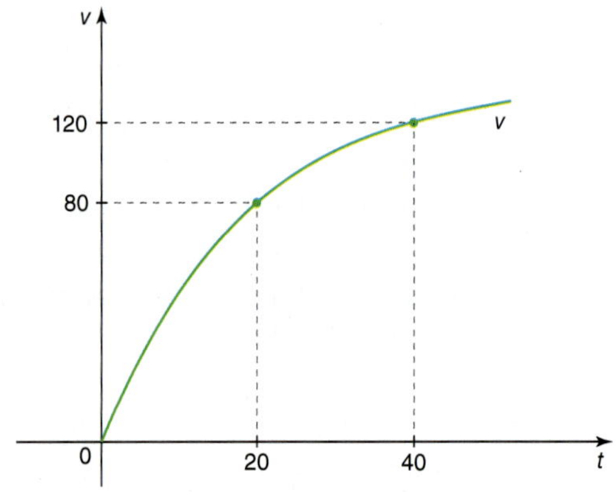

Resolva os exercícios complementares 19 a 21.

Taxa pontual de variação

Vamos continuar o estudo do problema que introduziu o conceito de taxa média de variação, em que a velocidade escalar do avião é dada por $v = t^2$, para $0 \leqslant t \leqslant 3$. As taxas médias de variação da velocidade para $t \in [1, 3]$, $t \in [1, 2]$ e $t \in \left[1, \frac{3}{2}\right]$ são, respectivamente, os coeficientes angulares das retas *r*, *s* e *u* representadas abaixo:

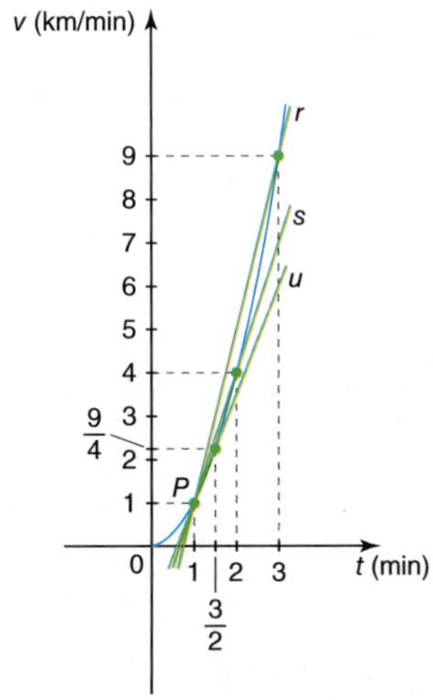

$$m_r = \frac{9-1}{3-1} = 4$$

$$m_s = \frac{4-1}{2-1} = 3$$

$$m_u = \frac{\frac{9}{4}-1}{\frac{3}{2}-1} = \frac{5}{2}$$

Se considerarmos valores de *t* cada vez mais próximos de 1, as retas secantes que passam por (1, 1) e (t, t^2) se aproximarão cada vez mais da reta tangente à parábola no ponto *P* e, portanto, os coeficientes angulares dessas retas secantes, que são calculados por $\frac{t^2-1}{t-1}$, se aproximarão cada vez mais do coeficiente angular *m* da reta tangente à parábola no ponto *P*. Esse fato é indicado matematicamente por:

$$\lim_{t \to 1} \frac{t^2-1}{t-1} = m$$

$\left(\text{Lê-se: “limite de } \frac{t^2-1}{t-1} \text{ para } t \text{ tendendo a 1 é igual a } m\text{”.}\right)$

O valor da expressão $\lim_{t \to 1} \frac{t^2-1}{t-1} = m$ é chamado de taxa pontual da variação da velocidade escalar *v* no instante 1, que, também, é chamada de **aceleração escalar instantânea** do avião no instante 1.

Generalizamos:

> A partir do conceito de limite de uma função, que definiremos a seguir, podemos determinar a reta tangente ao gráfico de uma função $y = f(x)$ em um ponto qualquer $(k, f(k))$, desde que essa reta exista.

Assim, naturalmente, nosso próximo passo é estudar o conceito de **limite**. Por se tratar de uma introdução ao assunto, faremos um estudo intuitivo desse conceito, deixando seu estudo formal para o curso superior, para aqueles estudantes que optarem por carreiras das ciências exatas.

Nota:

Intuição é a nossa capacidade de pressentir que algo ocorreu, ocorre ou ocorrerá, sem necessidade de uma prova concreta. Por exemplo, intuímos, observando alguns indícios, que vai chover hoje.

Seção 9.2

O conceito de limite

Objetivos

- **Aplicar** as propriedades dos limites.
- **Resolver** problemas que envolvam o conceito de limite.

Termos e conceitos

- **vizinhança completa de um número real**
- **vizinhança reduzida de um número real**
- **limite de uma função**
- **limite lateral de uma função**

A palavra **limite** em nosso cotidiano é usada para indicar um ponto que pode ser eventualmente atingido, mas que jamais pode ser ultrapassado.

Exemplos

a) Se injetarmos ar, ininterruptamente, em um balão de borracha, em determinado momento, ele vai estourar. Isso porque existe o **limite** de elasticidade da borracha.

b) Para que um objeto boie na água, há um **limite** máximo para a sua densidade. Ultrapassado esse limite, o objeto afunda.

c) No Brasil, o **limite** mínimo de idade para que o cidadão tenha direito de votar é 16 anos.

d) Para que um foguete entre em órbita, há um **limite** mínimo de combustível necessário.

É fundamental ter em mente que, mesmo que o limite nunca seja atingido, é possível se aproximar dele tanto quanto se desejar. Por exemplo, considere um segmento de reta de medida 1 m.

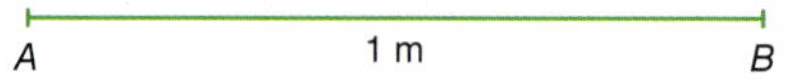

Sejam:

- M_1 o ponto médio de $\overline{AB}$;

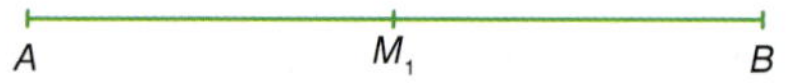

- M_2 o ponto médio de $\overline{M_1B}$;

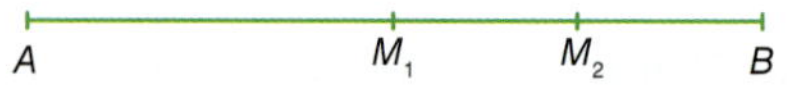

- M_3 o ponto médio de $\overline{M_2B}$;

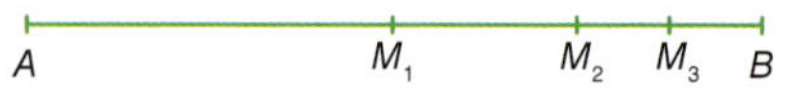

⋮

- M_{n+1} o ponto médio de $\overline{M_nB}$.

Obtemos, desse modo, a sequência dos infinitos segmentos de reta:

$$\overline{AM_1}, \overline{M_1M_2}, \overline{M_2M_3}, \overline{M_3M_4}, ..., \overline{M_nM_{n+1}}, ...$$

Se adicionarmos os 50 primeiros segmentos dessa sequência, ou seja,

$$\overline{AM_1} + \overline{M_1M_2} + \overline{M_2M_3} + \overline{M_3M_4} + ... + \overline{M_{49}M_{50}}$$

vamos obter o segmento $\overline{AB}$?

A resposta é não, pois além desses 50 há outros infinitos segmentos contidos em $\overline{AB}$ que não fazem parte dos 50 primeiros dessa sequência. Por maior que seja o número de segmentos de reta adicionados a essa sequência, jamais obteremos o segmento $\overline{AB}$. Porém, podemos nos aproximar de $\overline{AB}$ tanto quanto desejarmos.

Observe, portanto, que o segmento $\overline{AB}$ é o limite da soma

$$\overline{AM_1} + \overline{M_1M_2} + \overline{M_2M_3} + \overline{M_3M_4} + ... + \overline{M_nM_{n+1}} + ...$$

ainda que esse limite jamais seja atingido.

O conceito de limite de uma função $y = f(x)$ pode ser definido para x tendendo a um número a ou para x tendendo a $+\infty$ ou $-\infty$, sendo que esse limite, caso exista, pode resultar em um número ou em $+\infty$ ou $-\infty$. Neste capítulo, vamos estudar apenas os limites finitos, quando a variável tende a um número a. Para isso, necessitamos da ideia de vizinhança, definida a seguir.

Vizinhanças em $\mathbb{R}$

Entre os tipos de vizinhança de um número real, estudaremos apenas os dois a seguir, que são suficientes para o desenvolvimento deste curso.

Vizinhança completa de um número real

No conjunto dos números reais, chama-se **vizinhança completa** de um número a, indicada por $V(a)$, qualquer intervalo $]p, q[$ tal que $a \in]p, q[$.

Exemplos

a) O intervalo aberto $]2, 5[$ é uma vizinhança completa do número 3, pois $3 \in]2, 5[$.

b) O intervalo aberto $\left]-\frac{1}{2}, \sqrt{2}\right[$ é uma vizinhança completa do número 0, pois $0 \in \left]-\frac{1}{2}, \sqrt{2}\right[$.

Vizinhança reduzida de um número real

No conjunto dos números reais, seja $V(a)$ uma vizinhança completa qualquer de um número a. O conjunto $V(a) - \{a\}$ é chamado de **vizinhança reduzida** de a, que indicaremos por $\overline{V}(a)$.

$$\overline{V}(a) = V(a) - \{a\}$$

Exemplos

a) O conjunto $]2, 5[- \{3\}$ é uma vizinhança reduzida do número 3.

b) O conjunto $\left]-\frac{1}{2}, \sqrt{2}\right[- \{0\}$ é uma vizinhança reduzida do número 0.

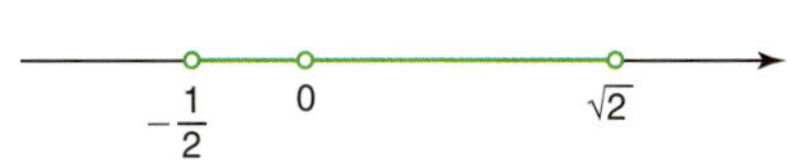

EXERCÍCIOS PROPOSTOS

10 Determine uma vizinhança completa e uma vizinhança reduzida do número real a, em cada um dos seguintes casos:

a) $a = 8$
b) $a = -2$
c) $a = 0$
d) $a = -3$

11 O conjunto dos valores reais de x tais que $|x - 3| < 5$ é uma vizinhança completa de:

a) 9 b) −3 c) 6 d) −9 e) 10

12 O conjunto dos valores reais de x tais que $\begin{cases} |x - 6| < 8 \\ |x - 9| \neq 6 \end{cases}$ é uma vizinhança reduzida de:

a) 3 b) 15 c) 0 d) 4 e) 5

13 Considerando a função $f(x) = x^2 - 8x + 12$ e qualquer vizinhança reduzida de 2, qual das afirmações a seguir é verdadeira?

a) $f(x) > 0$ para qualquer x pertencente a essa vizinhança.
b) $f(x) < 0$ para qualquer x pertencente a essa vizinhança.
c) Para quaisquer valores α e β, pertencentes a essa vizinhança, temos $f(\alpha) + f(\beta) > 0$.
d) Há valores α e β pertencentes a essa vizinhança para os quais $f(\alpha) \cdot f(\beta) < 0$.
e) Há um valor α pertencente a essa vizinhança tal que $f(\alpha) = 0$.

14 Sendo $V_1(3)$ e $V_2(3)$ quaisquer vizinhanças completas de 3, qual das afirmações abaixo é verdadeira?

a) $V_1(3) - V_2(3)$ é uma vizinhança reduzida de 3.
b) $V_1(3) \subset V_2(3)$ ou $V_2(3) \subset V_1(3)$.
c) Se $V_1(3) \subset V_2(3)$, então todo elemento do conjunto $V_2(3) - V_1(3)$ é menor que 3.
d) $V_1(3) \cup V_2(3)$ é uma vizinhança completa de 3.
e) $V_1(3) \cap V_2(3)$ é uma vizinhança reduzida de 3.

Resolva os exercícios complementares 1 a 5.

Definição de limite

A seguir, vamos definir limite de uma função real de variável real, $y = f(x)$, para x tendendo a um número a, somente no caso de existir uma vizinhança reduzida de a contida no domínio de f. Podemos definir, também, limite para função de variável racional ou função de variável inteira, porém não estudaremos esse tipo de limite neste curso.

Definição

Seja f uma função real de variável real e seja $a \in \mathbb{R}$ tal que existe pelo menos uma vizinhança **reduzida** de a contida no domínio de f.

O **limite** dos valores $f(x)$ para x tendendo ao número a é o número L se, e somente se, para qualquer vizinhança completa de L, $V(L)$, existe alguma vizinhança reduzida de a, $\overline{V}(a)$, de modo que **todo** elemento x de $\overline{V}(a)$ possui imagem $f(x)$ em $V(L)$.

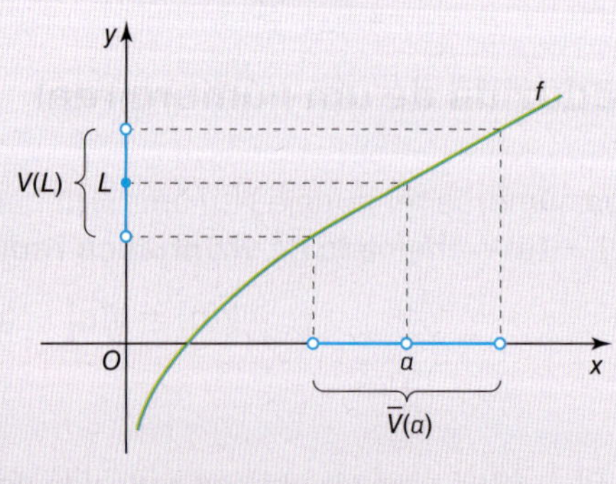

Indicamos que o limite de $f(x)$ para x tendendo a a é igual a L por:

$$\lim_{x \to a} f(x) = L$$

Note que a definição de $\lim_{x \to a} f(x)$ não exige que o número a pertença ao domínio de f, ou seja, é possível que exista $\lim_{x \to a} f(x)$ mesmo que não exista $f(a)$.

Exemplos

a) Seja a função $f: \mathbb{R} \to \mathbb{R}$ tal que $f(x) = 2x - 6$, cujo gráfico é a reta representada a seguir:

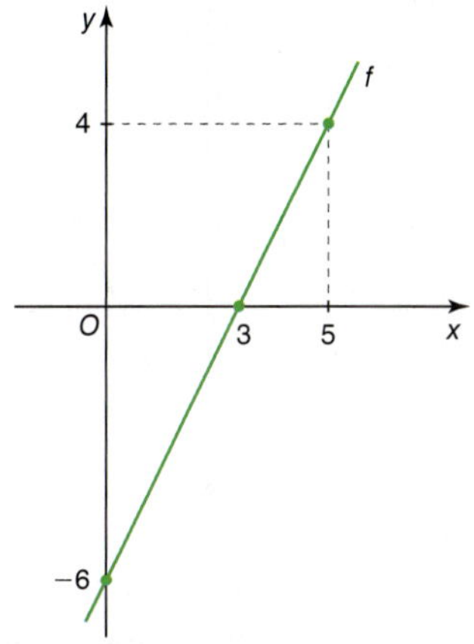

Consideremos no eixo Oy uma vizinhança completa $]a, b[$ qualquer de 4:

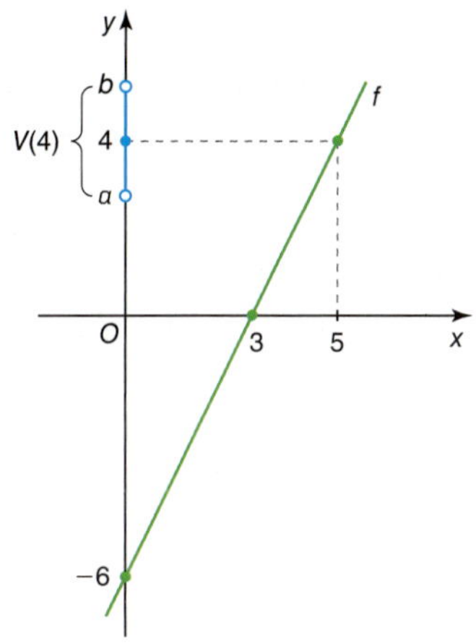

Note que, para quaisquer valores reais a e b, com $a < 4 < b$, é possível determinar no eixo Ox uma vizinhança reduzida de 5, $\overline{V}(5)$, tal que todos os elementos dessa vizinhança têm imagens, em $]a, b[$, através de f.

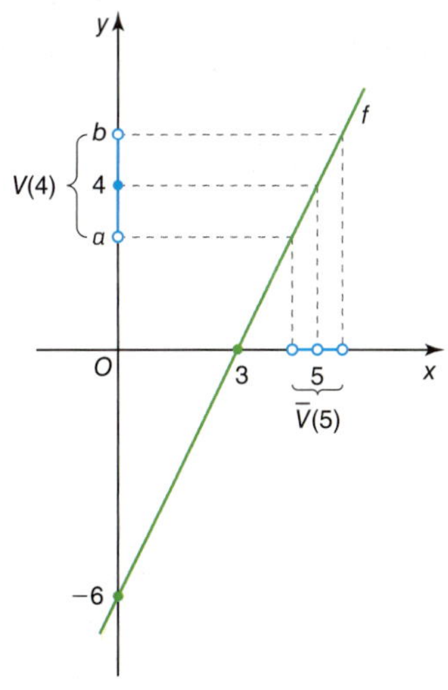

Por isso, concluímos que $\lim\limits_{x \to 5} f(x) = 4$.

Note que, neste caso, o limite da função f para x tendendo a 5 é igual a $f(5)$, pois:

$f(5) = 2 \cdot 5 - 6 = 4$

b) Sendo $E = \mathbb{R} - \{5\}$, considere a função $g: E \to \mathbb{R}$, cujo gráfico é a mesma reta do exemplo **a**, com exceção do ponto $(5, 4)$.

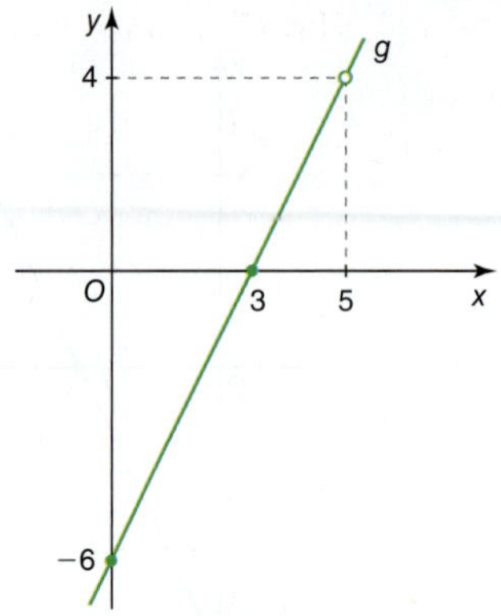

Para qualquer vizinhança completa $]a, b[$ de 4, no eixo Oy, é possível determinar no eixo Ox uma vizinhança reduzida de 5, $\overline{V}(5)$, tal que todos os elementos dessa vizinhança têm imagens em $]a, b[$, através de g.

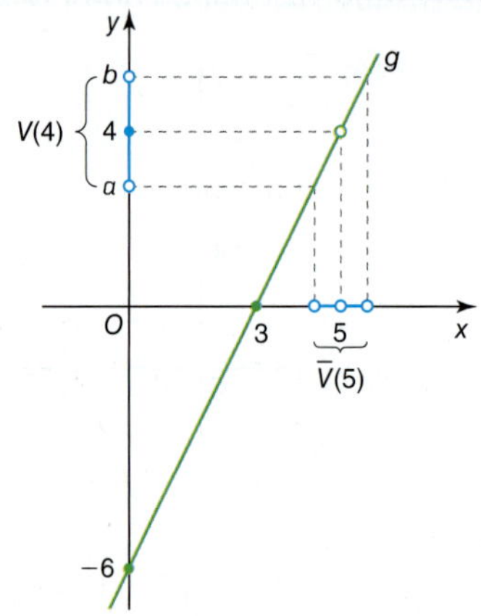

Por isso, concluímos que $\lim\limits_{x \to 5} g(x) = 4$.

Notas:

1. Apesar de 5 não pertencer ao domínio da função g, podemos calcular o limite de $g(x)$ para x tendendo a 5.
2. Apesar de 4 não pertencer ao conjunto imagem da função, o limite de $g(x)$ para x tendendo a 5 é 4.
3. Neste caso, o limite de $g(x)$ para x tendendo a 5 não é igual a $g(5)$, pois $\lim\limits_{x \to 5} g(x) = 4$ e não existe $g(5)$.

c) Como próximo exemplo, considere a função $h: \mathbb{R} \to \mathbb{R}$ cujo gráfico é o mesmo do exemplo **b** reunido com o conjunto $\{(5, 7)\}$:

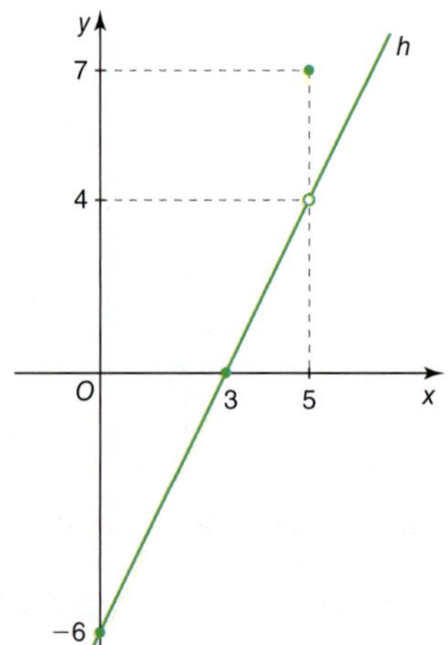

Qual é o limite de $h(x)$ para x tendendo a 5? É o número 7, é o número 4 ou nenhum deles? Vejamos:

Seja a vizinhança completa]6, 8[de 7, no eixo Oy.

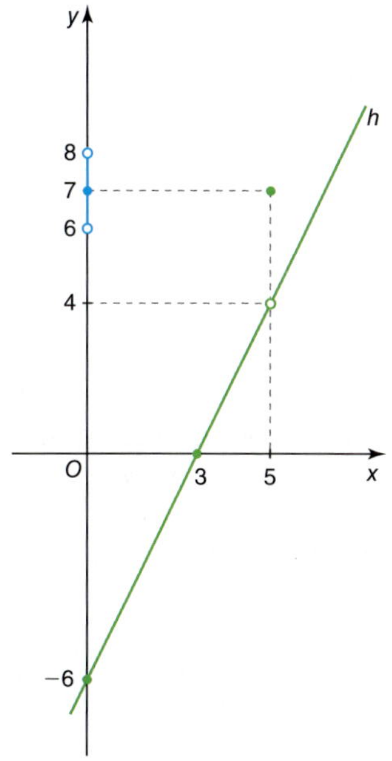

Será que existe no eixo Ox uma vizinhança reduzida de 5, $\overline{V}(5)$, de modo que qualquer elemento dessa vizinhança tenha imagem em]6, 8[, através de h?

Não, pois qualquer vizinhança reduzida de 5 possui algum elemento k com imagem $h(k)$ menor do que 4 e, portanto, $h(k)$ não pertence ao intervalo]6, 8[do eixo Oy. Logo, o limite de $h(x)$ para x tendendo a 5 não é 7.

Por outro lado, analogamente ao exemplo anterior, para qualquer vizinhança completa]a, b[de 4, no eixo Oy, é possível determinar no eixo Ox uma vizinhança reduzida de 5, $\overline{V}(5)$, tal que todos os elementos dessa vizinhança têm imagens em]a, b[, através de h. Concluímos, então, que $\lim_{x \to 5} h(x) = 4$.

Note que, embora exista $h(5)$, temos $\lim_{x \to 5} h(x) \neq h(5)$, pois $\lim_{x \to 5} h(x) = 4$ e $h(5) = 7$. Podemos generalizar, afirmando que o limite de uma função $y = h(x)$, para x tendendo a um número a, **pode ser diferente de $h(a)$**.

d) Seja a função $s: \mathbb{R} \to \mathbb{R}$ tal que $s(x) = 6$, cujo gráfico é:

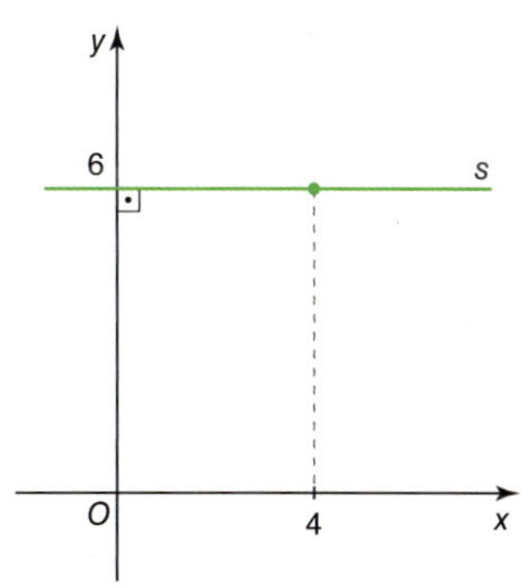

Qual é o limite dos valores $s(x)$ para x tendendo a 4?

Para responder a essa pergunta, basta observar que, para qualquer vizinhança completa]a, b[de 6, no eixo Oy, existe uma vizinhança reduzida de 4, $\overline{V}(4)$, no eixo Ox, de modo que todos os elementos x de $\overline{V}(4)$ têm imagens em]a, b[, através de s (note que a imagem de qualquer x de $\overline{V}(4)$ é igual a 6).

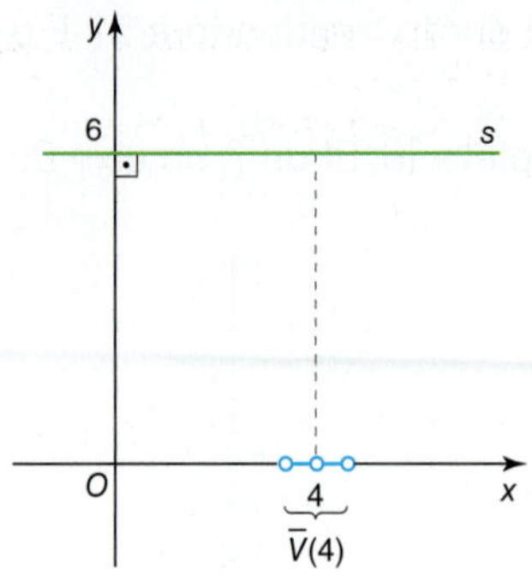

Portanto, $\lim_{x \to 4} s(x) = 6$.

Podemos generalizar o raciocínio deste exemplo, afirmando que o limite de uma função constante $s(x) = k$ é a própria constante k, qualquer que seja a tendência da variável x.

e) Como último exemplo, observe a função $t: \mathbb{R} \rightarrow \mathbb{R}$ tal que $t(x) = \begin{cases} 2x - 1, \text{ se } x < 4 \\ x + 7, \text{ se } x \geq 4 \end{cases}$ cujo gráfico é:

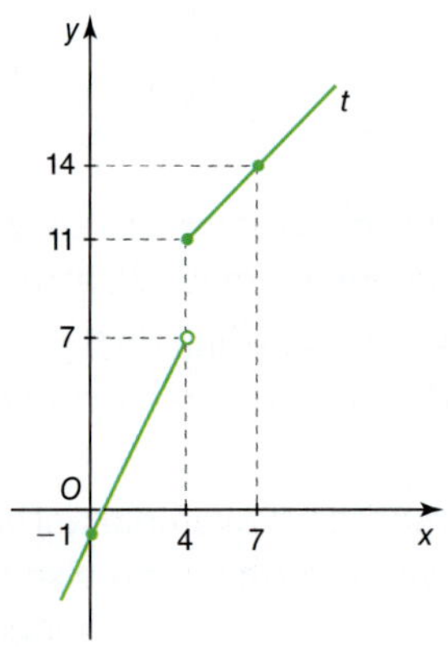

Qual é o limite de $t(x)$ para x tendendo a 4? É 11, é 7 ou nenhum deles?

Para responder a essa pergunta, considere, no eixo Oy, a vizinhança completa $]10, 12[$ de 11.

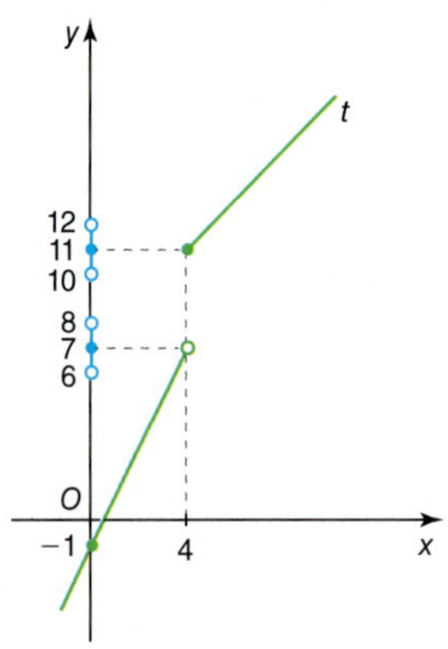

Note que, no eixo Ox, qualquer vizinhança reduzida de 4, $\overline{V}(4)$, possui algum elemento k com imagem $t(k)$ menor que 7, portanto, $t(k)$ não pertence a $]10, 12[$. Concluímos, então, que 11 não é o limite de $t(x)$ com x tendendo a 4.

Analogamente, escolhendo no eixo Oy a vizinhança completa $]6, 8[$ de 7, observamos que, no eixo Ox, qualquer vizinhança reduzida de 4, $\overline{V}(4)$, possui algum elemento r com imagem $t(r)$ maior que 11, logo, $t(r)$ não pertence a $]6, 8[$. Concluímos, então, que 7 não é o limite de $t(x)$ com x tendendo a 4.

Na verdade, não existe $\lim_{x \to 4} t(x)$. Para provar essa afirmação, vamos supor que esse limite exista e seja igual a L. Assim, temos as alternativas:

I. $L > 11$

II. $L = 11$

III. $7 < L < 11$

IV. $L = 7$

V. $L < 7$

Já vimos que as alternativas (II) e (IV) não ocorrem.

Vamos analisar a alternativa (I), isto é, $L > 11$. Seja a vizinhança completa $]11, b[$ de L. Qualquer vizinhança reduzida de 4, $\overline{V}(4)$, possui algum elemento s com imagem $t(s)$ menor que 7; logo, $t(s) \notin]11, b[$ e, portanto, $\lim_{x \to 4} t(x)$ não pode ser maior que 11.

De modo análogo, provamos que (III) e (V) também não ocorrem.

Portanto, **não existe** $\lim_{x \to 4} t(x)$.

Limites laterais

Considere a função $t(x) = \begin{cases} 2x - 1, \text{ se } x < 4 \\ x + 7, \text{ se } x \geq 4 \end{cases}$ cujo gráfico é:

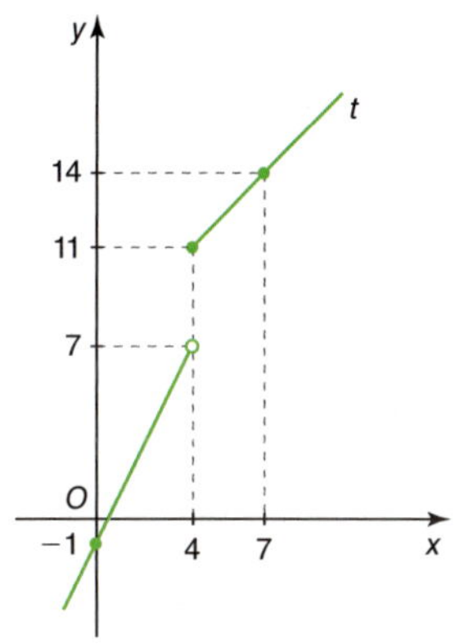

Conforme vimos no exemplo **e**, não existe $\lim_{x \to 4} t(x)$. Porém, se consideramos x tendendo a 4 apenas por valores maiores que 4, ou seja, à direita de 4, percebemos que $t(x)$ tende a 11. Por isso dizemos que a função t admite limite lateral para x tendendo a 4 pela direita, e que esse limite é igual a 11. Indicamos esse fato por:

$\lim_{x \to 4^+} t(x) = 11$ (lemos "limite de $t(x)$ para x tendendo a 4 pela direita é igual a 11".)

Analogamente, se consideramos x tendendo a 4 apenas por valores menores que 4, ou seja, à esquerda de 4, percebemos que $t(x)$ tende a 7.

Indicamos esse fato por:

$\lim_{x \to 4^-} t(x) = 7$ (lemos: "limite de $t(x)$ para x tendendo a 4 pela esquerda é igual a 7".)

Embora existam os limites laterais $\lim_{x \to 4^+} t(x)$ e $\lim_{x \to 4^-} t(x)$, eles são diferentes; isso implica que não existe o limite $\lim_{x \to 4} t(x)$.

De modo geral, uma condição necessária e suficiente para a existência do limite L de uma função $f(x)$, para x tendendo a um número a, é que existam e sejam iguais a L os **limites laterais** de $f(x)$, à esquerda e à direita de a, isto é:

$$\lim_{x \to a} f(x) = L \text{ se, e somente se, } \lim_{x \to a^-} f(x) = \lim_{x \to a^+} f(x) = L$$

EXERCÍCIOS RESOLVIDOS

1 Construir o gráfico da função f: $\mathbb{R} \to \mathbb{R}$ tal que $f(x) = 3x - 5$ e calcular $\lim_{x \to 4} f(x)$.

Resolução

O gráfico de f é uma reta e, portanto, para construí-lo basta determinar dois de seus pontos distintos:

x	$f(x) = 3x - 5$
0	−5
$\frac{5}{3}$	0

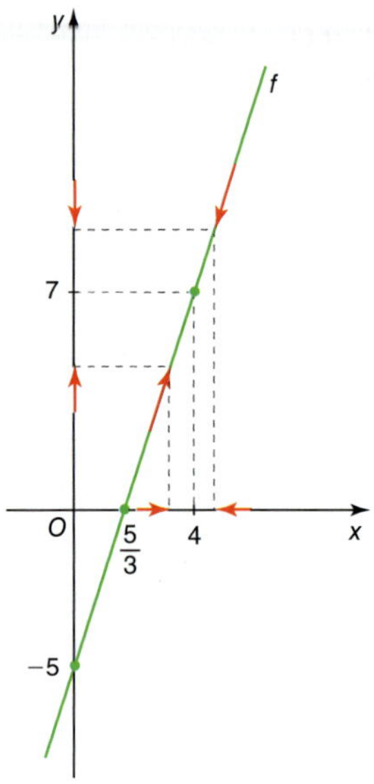

Vamos calcular $\lim_{x \to 4} f(x)$ de maneira intuitiva.

Considerando-se no eixo Oy uma vizinhança completa qualquer de 7, $V(7)$, cujos extremos são as pontas das setas verticais da figura, podemos determinar no eixo Ox uma vizinhança reduzida de 4, $\overline{V}(4)$, cujos extremos são as pontas das setas horizontais da figura tal que, quanto mais as pontas das setas horizontais se aproximam do ponto de abscissa 4, sem tocar esse ponto, mais as pontas das setas verticais correspondentes se aproximam de 7. Isso significa que, quando x tende a 4, como consequência, $f(x)$ tende a 7. Logo, $\lim_{x \to 4} f(x) = 7$.

2 Construir o gráfico da função g: $\mathbb{R} \to \mathbb{R} - \{3\}$ tal que $g(x) = \frac{x^2 - 9}{x - 3}$ e calcular $\lim_{x \to 3} g(x)$.

Resolução

$g(x) = \frac{x^2 - 9}{x - 3} = \frac{(x + 3)(x - 3)}{x - 3} \Rightarrow g(x) = x + 3$, para $x \neq 3$

Assim, o gráfico de g é a reta de equação $y = x + 3$, exceto o ponto (3, 6):

x	$g(x) = x + 3$
0	3
−3	0

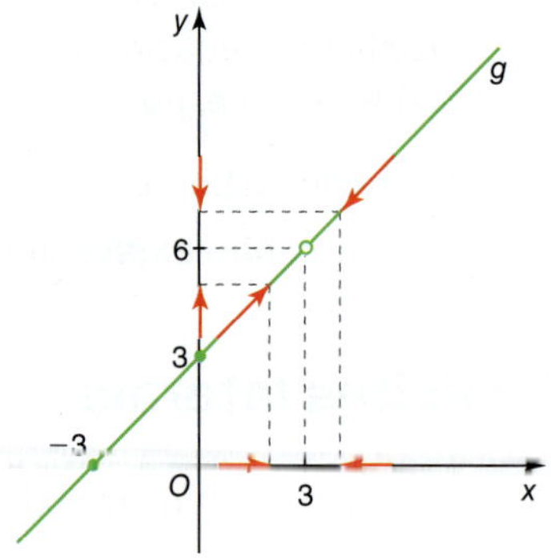

Intuitivamente, observamos que, ao considerar no eixo Oy uma vizinhança completa qualquer de 6, $V(6)$, cujos extremos são as pontas das setas verticais da figura, podemos determinar no eixo Ox uma vizinhança reduzida de 3, $\overline{V}(3)$, cujos extremos são as pontas das setas horizontais da figura, tal que, quanto mais as pontas das setas horizontais se aproximam do ponto de abscissa 3, sem tocar esse ponto, mais as pontas das setas verticais correspondentes se aproximam de 6. Isso significa que, quando x tende a 3, como consequência, $g(x)$ tende a 6. Logo, $\lim_{x \to 3} g(x) = 6$.

É importante destacar que, embora a função g não esteja definida para $x = 3$, existe $\lim_{x \to 3} g(x)$.

3 Considerando a função h: $\mathbb{R} \to \mathbb{R}$ tal que

$$h(x) = \begin{cases} \frac{x^2 - 9}{x - 3}, \text{ se } x \neq 3 \\ 10, \text{ se } x = 3 \end{cases}$$

construir o gráfico de h e calcular $\lim_{x \to 3} h(x)$.

Resolução

O gráfico da função h é a reunião do gráfico da função g, do exercício resolvido 2, com o conjunto $\{(3, 10)\}$:

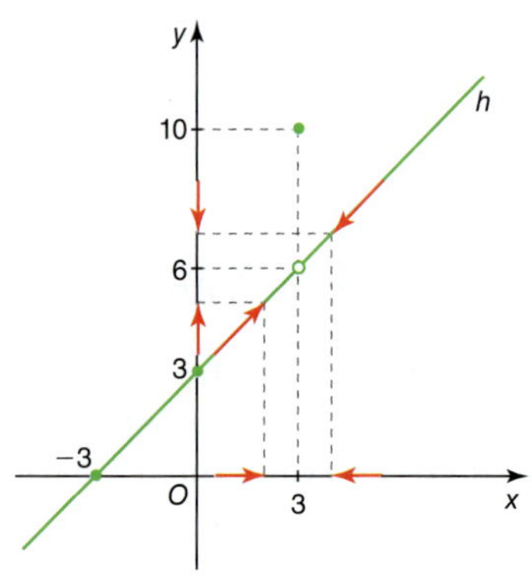

Vamos fazer o cálculo intuitivo de $\lim_{x \to 3} h(x)$.

Considerando no eixo Oy uma vizinhança completa qualquer de 6, V(6), cujos extremos são as pontas das setas verticais da figura, podemos determinar no eixo Ox uma vizinhança reduzida de 3, $\overline{V}(3)$, cujos extremos são as pontas das setas horizontais da figura tal que, quanto mais as pontas das setas horizontais se aproximam do ponto de abscissa 3, sem tocar esse ponto, mais as pontas das setas verticais correspondentes se aproximam de 6. Isso significa que, quando x tende a 3, como consequência, $h(x)$ tende a 6. Logo, $\lim\limits_{x \to 3} h(x) = 6$.

Note que $\lim\limits_{x \to 3} h(x) \neq h(3)$, pois $\lim\limits_{x \to 3} h(x) = 6$ e $h(3) = 10$.

4 Construir o gráfico da função p: $\mathbb{R} \to \mathbb{R}$ com $p(x) = x^2$ e calcular $\lim\limits_{x \to 2} p(x)$.

Resolução

O gráfico da função p é:

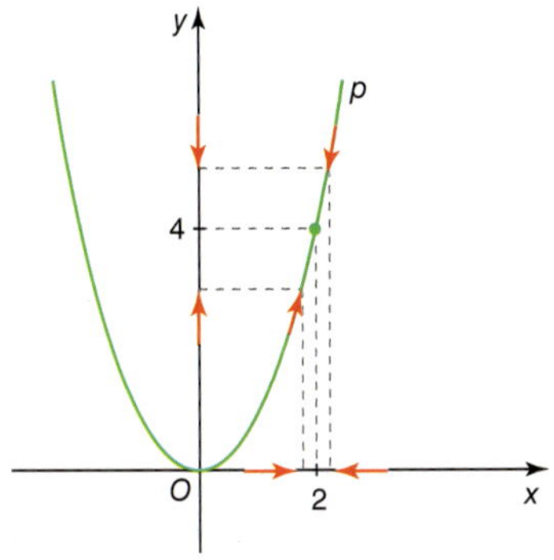

Considerando no eixo Oy uma vizinhança completa qualquer de 4, V(4), cujos extremos são as pontas das setas verticais da figura, podemos determinar no eixo Ox uma vizinhança reduzida de 2, $\overline{V}(2)$, cujos extremos são as pontas das setas horizontais da figura, tal que, quanto mais as pontas das setas horizontais se aproximam do ponto de abscissa 2, sem tocar esse ponto, mais as pontas das setas verticais correspondentes se aproximam de 4. Isso significa que, quando x tende a 2, como consequência, $p(x)$ tende a 4. Logo, $\lim\limits_{x \to 2} p(x) = 4$.

5 Construir o gráfico da função q: $\mathbb{R} \to \mathbb{R}$ com $q(x) = x^3$ e calcular $\lim\limits_{x \to 2} q(x)$.

Resolução

O gráfico da função q é:

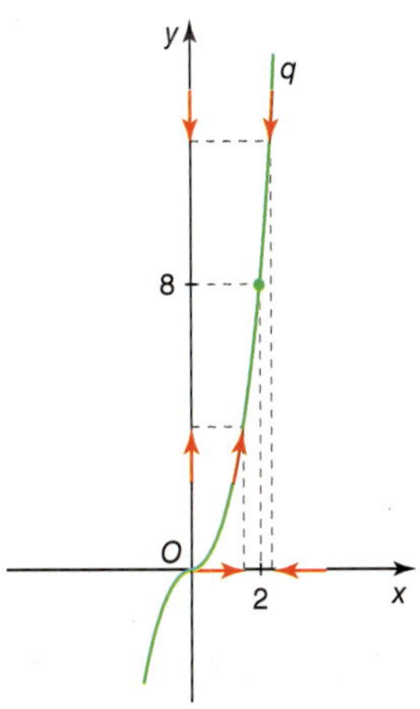

Para qualquer vizinhança completa de 8, V(8), cujos extremos são as pontas das setas no eixo Oy, podemos determinar no eixo Ox uma vizinhança reduzida de 2, $\overline{V}(2)$, cujos extremos são as pontas das setas horizontais da figura, tal que, quanto mais as pontas das setas horizontais se aproximam do ponto de abscissa 2, sem tocar esse ponto, mais as pontas das setas verticais correspondentes se aproximam de 8. Isso significa que, quando x tende a 2, como consequência, $q(x)$ tende a 8. Logo, $\lim\limits_{x \to 2} q(x) = 8$.

6 Construir o gráfico da função t: $\mathbb{R} \to \mathbb{R}$ com

$$t(x) = \begin{cases} x^2 - 2x + 2, \text{ se } x < 3 \\ x + 2, \text{ se } x \geqslant 3 \end{cases}$$

e calcular $\lim\limits_{x \to 3} t(x)$.

Resolução

Para $x < 3$, temos:

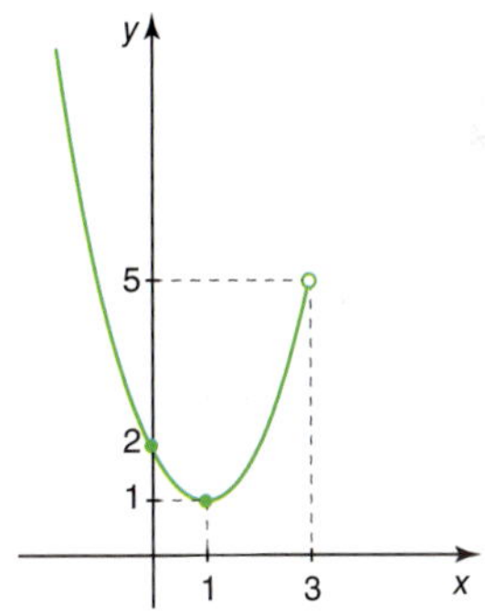

Para $x \geqslant 3$, temos:

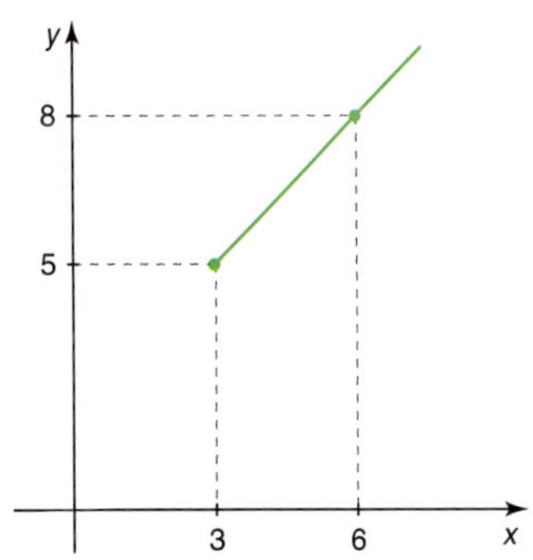

Logo, o gráfico da função t é:

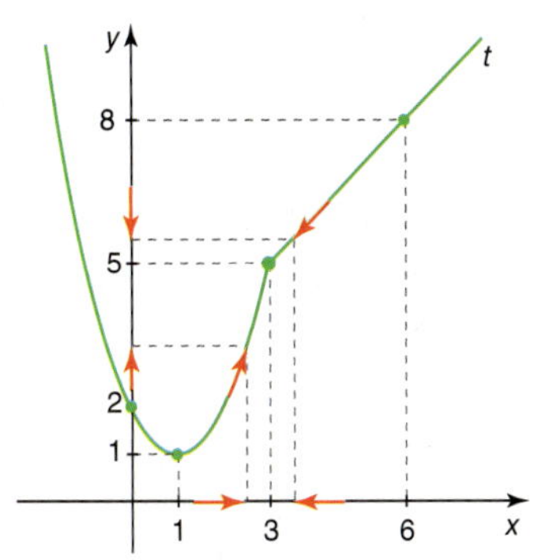

Note que, quando x tende a 3, como consequência, $t(x)$ tende a 5. Logo, $\lim\limits_{x \to 3} t(x) = 5$.

7 Com base no gráfico da função $s: \mathbb{R} \to \mathbb{R}$ com $s(x) = 5$, calcular $\lim\limits_{x \to 2} s(x)$.

Resolução

O gráfico da função s é:

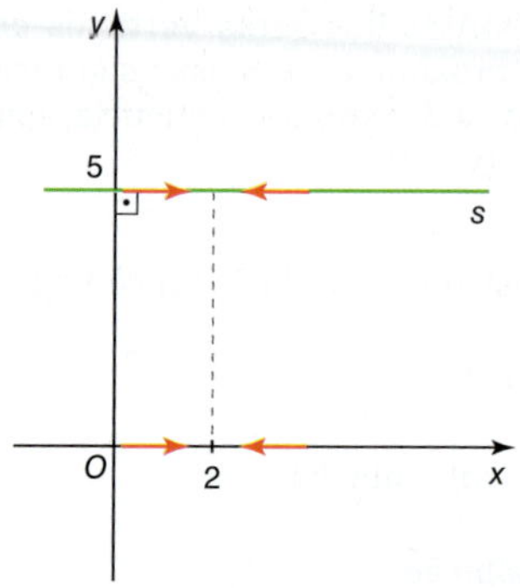

Note que, para x tendendo a 2, temos $s(x) = 5$. Logo, $\lim\limits_{x \to 2} s(x) = 5$.

O limite de uma função constante qualquer $s(x) = k$ é a própria constante k para qualquer tendência da variável x.

8 Construir o gráfico da função $u: \mathbb{R} \to \mathbb{R}$ com

$u(x) = \begin{cases} -x + 9, \text{ se } x \leqslant 3 \\ -x + 7, \text{ se } x > 3 \end{cases}$ e calcular $\lim\limits_{x \to 3} u(x)$.

Resolução

Para $x \leqslant 3$, temos:

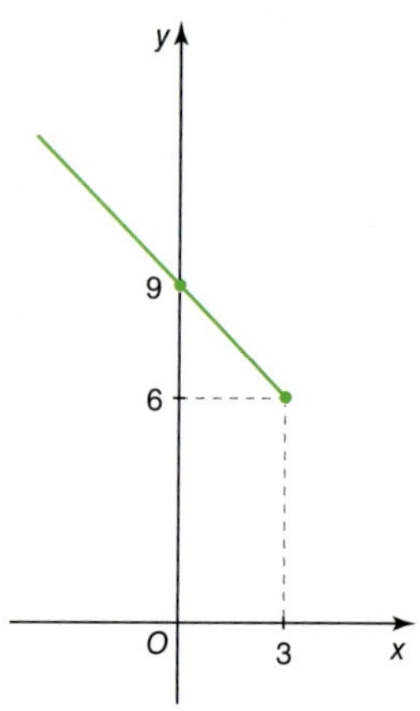

Para $x > 3$, temos:

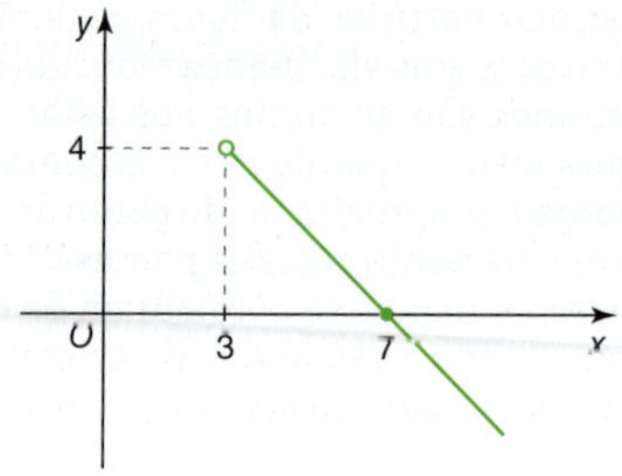

Logo, o gráfico da função u é:

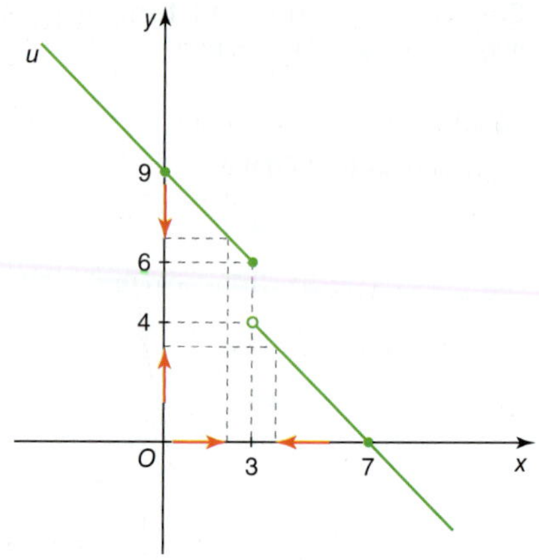

Observamos que:

I. no eixo Ox, quando a ponta da seta à direita do ponto de abscissa 3 se aproxima indefinidamente desse ponto, sem tocá-lo, a ponta da seta correspondente no eixo Oy se aproxima indefinidamente do ponto de ordenada 4. Isso significa que, quando x tende a 3 pela direita, $u(x)$ tende a 4, ou ainda, que o **limite lateral** de $u(x)$, para x tendendo a 3 pela direita, é 4;

II. no eixo Ox, quando a ponta da seta à esquerda do ponto de abscissa 3 se aproxima indefinidamente desse ponto, sem tocá-lo, a ponta da seta correspondente no eixo Oy se aproxima indefinidamente do ponto de ordenada 6. Isso significa que, quando x tende a 3 pela esquerda, $u(x)$ tende a 6, ou ainda, que o **limite lateral** de $u(x)$, para x tendendo a 3 pela esquerda, é 6.

Por (I) e (II), constatamos que, quando x tende a 3, $u(x)$ tende a dois valores diferentes. Por isso, dizemos que **não existe** $\lim\limits_{x \to 3} u(x)$.

Conjectura

Usamos o termo **conjectura** para indicar o ato ou efeito de inferir ou deduzir que algo é provável, com base em presunções, evidências incompletas, pressentimentos.

Os exercícios resolvidos 1, 4, 5, 6 e 7 nos conduzem, inevitavelmente, à conjectura:

"No cálculo do $\lim\limits_{x \to a} f(x)$ se existir no eixo Ox uma vizinhança completa de a, $V(a)$, tal que a parte do gráfico de f correspondente aos valores de x pertencentes a $V(a)$ é uma linha sem interrupções, então esse limite é o valor numérico de $f(x)$ para x igual a a, ou seja, $\lim\limits_{x \to a} f(x) = f(a)$."

Essa suposição será discutida na seção 9.3, "Função contínua".

Propriedades dos limites

Admitiremos, sem demonstração, as dez propriedades a seguir, que facilitam o cálculo de limites.

Propriedades das operações elementares com limites

Se k, a, L_1 e L_2 são constantes reais e as funções f e g são tais que $\lim\limits_{x \to a} f(x) = L_1$ e $\lim\limits_{x \to a} g(x) = L_2$, valem as seguintes propriedades:

P1. $\lim\limits_{x \to a} k = k$

P2. $\lim\limits_{x \to a} [f(x) + g(x)] = \lim\limits_{x \to a} f(x) + \lim\limits_{x \to a} g(x) = L_1 + L_2$

P3. $\lim\limits_{x \to a} [f(x) - g(x)] = \lim\limits_{x \to a} f(x) - \lim\limits_{x \to a} g(x) = L_1 - L_2$

P4. $\lim\limits_{x \to a} [f(x) \cdot g(x)] = \lim\limits_{x \to a} f(x) \cdot \lim\limits_{x \to a} g(x) = L_1 \cdot L_2$

P5. $\lim\limits_{x \to a} \dfrac{f(x)}{g(x)} = \dfrac{\lim\limits_{x \to a} f(x)}{\lim\limits_{x \to a} g(x)} = \dfrac{L_1}{L_2}$ (sob a condição $L_2 \neq 0$)

Generalização das propriedades P2 e P4:

As propriedades P2 e P4 podem ser generalizadas para n funções $f_1, f_2, f_3, ..., f_n$ tais que $\lim\limits_{x \to a} f_j(x) = L_j$, com $j \in \mathbb{N}$ e $1 \leq j \leq n$, isto é:

P6. $\lim\limits_{x \to a} [f_1(x) + f_2(x) + f_3(x) + ... + f_n(x)] = \lim\limits_{x \to a} f_1(x) + \lim\limits_{x \to a} f_2(x) + \lim\limits_{x \to a} f_3(x) + ... +$

$+ \lim\limits_{x \to a} f_n(x) = L_1 + L_2 + L_3 + ... + L_n$

P7. $\lim\limits_{x \to a} [f_1(x) \cdot f_2(x) \cdot f_3(x) \cdot ... \cdot f_n(x)] = \lim\limits_{x \to a} f_1(x) \cdot \lim\limits_{x \to a} f_2(x) \cdot \lim\limits_{x \to a} f_3(x) \cdot ... \cdot \lim\limits_{x \to a} f_n(x) = L_1 \cdot L_2 \cdot L_3 \cdot ... \cdot L_n$

Se na propriedade P7 tivermos $f_1 = f_2 = f_3 = ... = f_n = f$ com $\lim\limits_{x \to a} f(x) = L$, então podemos concluir:

P8. $\lim\limits_{x \to a} [f(x)]^n = \left[\lim\limits_{x \to a} f(x)\right]^n$, para qualquer número natural não nulo n.

Propriedades dos limites de funções compostas

P9. Se $a \in \mathbb{R}$ e f e g são funções reais de variável real tal que existem $f \circ g$, $\lim\limits_{x \to a} g(x)$ e $\lim\limits_{x \to a} f(g(x))$, então $\lim\limits_{x \to a} f(g(x)) = f\left[\lim\limits_{x \to a} g(x)\right]$

Decorre imediatamente da propriedade P9 a seguinte propriedade:

P10. Sejam as condições:

I. $n \in \mathbb{N}^*$ e $\lim\limits_{x \to a} f(x) = L$, com $L \geq 0$

II. $n \in \mathbb{N}$, n é ímpar e $\lim\limits_{x \to a} f(x) = L$, com $L < 0$

Sob cada uma dessas condições, temos:

$\lim\limits_{x \to a} \sqrt[n]{f(x)} = \sqrt[n]{\lim\limits_{x \to a} f(x)}$

EXERCÍCIOS RESOLVIDOS

9 Sobre as funções p: $\mathbb{R} \to \mathbb{R}$, com $p(x) = x^2$; q: $\mathbb{R} \to \mathbb{R}$, com $q(x) = x^3$; e s: $\mathbb{R} \to \mathbb{R}$, com $s(x) = 5$, vimos nos exercícios resolvidos 4, 5 e 7 que $\lim\limits_{x \to 2} x^2 = 4$, $\lim\limits_{x \to 2} x^3 = 8$ e $\lim\limits_{x \to 2} 5 = 5$. Com base nesses resultados, calcular:

a) $\lim\limits_{x \to 2} (x^2 + x^3)$

b) $\lim\limits_{x \to 2} (x^2 - x^3)$

c) $\lim\limits_{x \to 2} x^5$

d) $\lim\limits_{x \to 2} \dfrac{x^2}{x^3}$, com $x \neq 0$

e) $\lim\limits_{x \to 2} (x^3 + x^2 + 5)$

f) $\lim\limits_{x \to 2} x^6$

Resolução

a) Pela propriedade P2, o limite da soma é a soma dos limites, portanto:
$\lim\limits_{x \to 2} (x^2 + x^3) = \lim\limits_{x \to 2} x^2 + \lim\limits_{x \to 2} x^3 = 4 + 8 = 12$

b) Pela propriedade P3, o limite da diferença é a diferença dos limites, portanto:
$\lim\limits_{x \to 2} (x^2 - x^3) = \lim\limits_{x \to 2} x^2 - \lim\limits_{x \to 2} x^3 = 4 - 8 = -4$

c) Pela propriedade P4, o limite do produto é o produto dos limites. Como $x^5 = x^2 \cdot x^3$, temos:
$\lim\limits_{x \to 2} (x^2 \cdot x^3) = \lim\limits_{x \to 2} x^2 \cdot \lim\limits_{x \to 2} x^3 = 4 \cdot 8 = 32$

d) Pela propriedade P5, o limite do quociente é o quociente dos limites, portanto:

$$\lim_{x \to 2} \frac{x^2}{x^3} = \frac{\lim\limits_{x \to 2} x^2}{\lim\limits_{x \to 2} x^3} = \frac{4}{8} = \frac{1}{2}$$

e) Pela propriedade P6, temos:
$\lim\limits_{x \to 2} (x^3 + x^2 + 5) = \lim\limits_{x \to 2} x^3 + \lim\limits_{x \to 2} x^2 + \lim\limits_{x \to 2} 5 =$
$= 8 + 4 + 5 = 17$

f) Pela propriedade P8, o limite da potência é a potência dos limites. Como $x^6 = (x^2)^3$, temos:
$\lim\limits_{x \to 2} x^6 = \lim\limits_{x \to 2} (x^2)^3 = \left(\lim\limits_{x \to -2} x^2\right)^3 = 4^3 = 64$

10 Sobre as funções p: $\mathbb{R} \to \mathbb{R}$, com $p(x) = x^2$, e b: $\mathbb{R} \to \mathbb{R}$, com $b(x) = x^3 + x^2 + 5$, vimos nos exercícios resolvidos 4 e 9 que $\lim\limits_{x \to 2} x^2 = 4$ e $\lim\limits_{x \to 2} (x^3 + x^2 + 5) = 17$.

Com base nesses resultados, calcular:

a) $\lim\limits_{x \to 2} [(p \circ b)(x)]$

b) $\lim\limits_{x \to 2} [(b \circ p)(x)]$

Resolução

a) Pela propriedade P9, temos:
$\lim\limits_{x \to 2} [(p \circ b)(x)] = \lim\limits_{x \to 2} p(b(x)) = p\left(\lim\limits_{x \to 2} b(x)\right) =$
$= p\left(\lim\limits_{x \to 2} (x^3 + x^2 + 5)\right) = p(17) = 17^2 = 289$

b) Novamente, aplicamos a propriedade P9, obtendo:
$\lim\limits_{x \to 2} [(b \circ p)(x)] = \lim\limits_{x \to 2} b(p(x)) = b\left(\lim\limits_{x \to 2} p(x)\right) =$
$= b\left(\lim\limits_{x \to 2} x^2\right) = b(4) = 4^3 + 4^2 + 5 = 85$

EXERCÍCIOS PROPOSTOS

15 Construa o gráfico da função f e calcule, se existir, o limite pedido em cada um dos casos:

a) f: $\mathbb{R} \to \mathbb{R}$ tal que $f(x) = 2x + 4$; $\lim\limits_{x \to 3} f(x)$

b) f: $\mathbb{R} - \{4\} \to \mathbb{R}$ tal que $f(x) = \dfrac{x^2 - 16}{x - 4}$; $\lim\limits_{x \to 4} f(x)$

c) f: $\mathbb{R} \to \mathbb{R}$ tal que
$f(x) = \begin{cases} \dfrac{x^2 - 6x + 5}{x - 5}, \text{ se } x \neq 5 \\ 2, \text{ se } x = 5 \end{cases}$; $\lim\limits_{x \to 5} f(x)$

d) f: $\mathbb{R} \to \mathbb{R}$ tal que $f(x) = -x^2 + x$; $\lim\limits_{x \to -3} f(x)$

e) f: $\mathbb{R} \to \mathbb{R}$ tal que $f(x) = x^2 + 1$; $\lim\limits_{x \to 2} f(x)$

f) f: $\mathbb{R} \to \mathbb{R}$ tal que $f(x) = \begin{cases} x^3, \text{ se } x < 2 \\ x + 3, \text{ se } x \geqslant 2 \end{cases}$; $\lim\limits_{x \to 2} f(x)$

g) f: $\mathbb{R} \to \mathbb{R}$ tal que $f(x) = \cos x$; $\lim\limits_{x \to 0} f(x)$

16 Seja a função $f(x) = \begin{cases} -x^2 + 4x - 3, \text{ se } x \leqslant 2 \\ \dfrac{x}{2} + 2, \text{ se } x > 2 \end{cases}$

a) Construa o gráfico de f.

b) Calcule $\lim\limits_{x \to 2^+} f(x)$, $\lim\limits_{x \to 2^-} f(x)$ e $\lim\limits_{x \to 2} f(x)$.

17 Seja a função $f(x) = \begin{cases} 4, \text{ se } x \leqslant 3 \\ 2x - 2, \text{ se } x > 3 \end{cases}$

a) Construa o gráfico de f.

b) Calcule $\lim\limits_{x \to 3^+} f(x)$, $\lim\limits_{x \to 3^-} f(x)$ e $\lim\limits_{x \to 3} f(x)$.

18 Considerando as funções f e g tais que $\lim\limits_{x \to 5} f(x) = 3$ e $\lim\limits_{x \to 5} g(x) = 7$, calcule:

a) $\lim\limits_{x \to 5} [f(x) + g(x)]$

b) $\lim\limits_{x \to 5} [f(x) - g(x)]$

c) $\lim\limits_{x \to 5} [f(x) \cdot g(x)]$

d) $\lim\limits_{x \to 5} \dfrac{f(x)}{g(x)}$

e) $\lim\limits_{x \to 5} [f(x) + f(x) + f(x)]$

f) $\lim\limits_{x \to 5} [f(x) \cdot f(x) \cdot f(x) \cdot f(x)]$

g) $\lim\limits_{x \to 5} [f(x)]^5$

19 Sejam as funções f: $\mathbb{R} \to \mathbb{R}$, com $f(x) = \cos x$, e g: $\mathbb{R} \to \mathbb{R}$, com $g(x) = x^2$.

a) Obtenha a função composta $(f \circ g)(x)$.

b) Dado que $\lim\limits_{x \to 0} g(x) = 0$, calcule $\lim\limits_{x \to 0} \cos (x^2)$.

Resolva os exercícios complementares 6 a 9.

Seção 9.3

Função contínua

Objetivo

▸ **Reconhecer** e **aplicar** o conceito de função contínua.

Termos e conceitos

- **função contínua**
- **limite trigonométrico fundamental**

Um dos conceitos mais importantes do Cálculo diferencial é o de **função contínua**. Antes de defini-lo, vamos discutir duas situações do dia a dia que nos auxiliarão a entender esse conceito.

- Uma criança nasceu com 50 cm e hoje, 10 anos depois, sua estatura é 150 cm. A representação gráfica do crescimento dessa criança em função do tempo é uma linha sem "falhas", pois sua estatura, ao longo de todo o tempo de sua vida, assumiu todas as medidas de 50 cm a 150 cm.

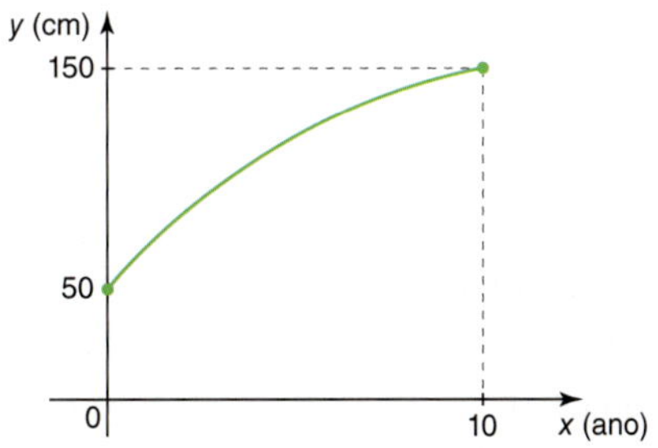

Usando linguagem técnica, dizemos que essa função é **contínua** no intervalo $[0, 10]$, ou seja, seu gráfico para $x \in [0, 10]$ é uma linha sem interrupções.

- No mês de janeiro, um automóvel custava R$ 32.000,00. Em fevereiro, esse preço sofreu um reajuste, passando a R$ 34.000,00. O preço desse automóvel em função do tempo, nesse período, é descrito pelo gráfico abaixo.

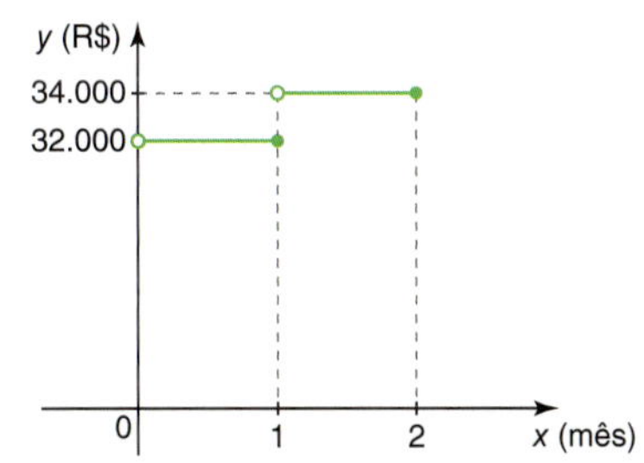

Note que, para $x \in]0, 2]$, os preços não assumem todos os valores de R$ 32.000,00 a R$ 34.000,00. Por exemplo, o preço do automóvel não foi, em nenhum momento do período considerado, igual a R$ 33.000,00. Essa "falha" caracteriza uma **descontinuidade** da função no intervalo $]0, 2]$. Por isso, dizemos que essa função **não é contínua** nesse intervalo.

> Intuitivamente, uma função $y = f(x)$ de domínio D é contínua em um intervalo real I, com $I \subset D$, quando o gráfico de f, para $x \in I$, é uma linha sem interrupções.

É preciso muito cuidado ao interpretar essa ideia intuitiva. Ela se refere à continuidade de uma função f em um intervalo I, e deve ser entendida da seguinte maneira: se uma parte do gráfico de uma função f é uma linha sem interrupções, então essa função é contínua no intervalo formado pelas abscissas de todos os pontos dessa parte do gráfico. A seguir, discutiremos essa interpretação detalhadamente.

O conceito de continuidade de uma função em um intervalo pode ser formalizado a partir da definição de continuidade de uma função em um ponto, apresentada a seguir.

Definição

Seja *f* uma função real de variável real tal que existe uma vizinhança completa de um número real *a* contida no domínio de *f*.

A função *f* é **contínua** em *a* se, e somente se:

$$\lim_{x \to a} f(x) = f(a)$$

Note que essa definição exige que sejam obedecidas três condições:

I. o número *a* pertence ao domínio de *f* e, portanto, existe $f(a)$;

II. existe $\lim_{x \to a} f(x)$;

III. $\lim_{x \to a} f(x) = f(a)$.

Notas:

1. Se for obedecida a condição (I), acima, e não for obedecida pelo menos uma das condições (II) ou (III), então dizemos que *f* é **descontínua** em *a*.
2. Só podemos dizer que uma função é contínua ou descontínua em *a* se o número *a* pertence ao domínio dessa função. Caso contrário, dizemos que a função não está definida em *a*. Por exemplo, observe a função $f: \mathbb{R} - \{2\} \to \mathbb{R}$ cujo gráfico é representado ao lado.

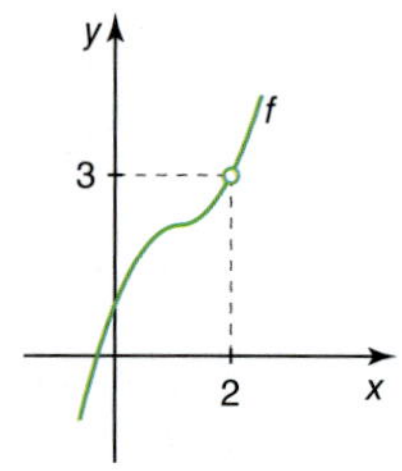

Essa função **não pode ser classificada como contínua ou descontínua** para $x = 2$, porque $2 \notin D(f)$. Dizemos simplesmente que *f* não está definida para $x = 2$.

3. Se uma função *f* é contínua em todos os pontos de um intervalo aberto $]a, b[$, então dizemos que *f* é contínua em $]a, b[$.
4. Dizemos que uma função *f* é contínua em $[a, b[$ se *f* é contínua em todos os pontos do intervalo aberto $]a, b[$ e $\lim_{x \to a^+} f(x) = f(a)$.
5. Dizemos que uma função *f* é contínua em $]a, b]$ se *f* é contínua em todos os pontos do intervalo aberto $]a, b[$ e $\lim_{x \to b^-} f(x) = f(b)$.
6. Dizemos que uma função *f* é contínua em $[a, b]$ se *f* é contínua em todos os pontos do intervalo aberto $]a, b[$ e $\lim_{x \to a^+} f(x) = f(a)$ e $\lim_{x \to b^-} f(x) = f(b)$.
7. Se a função *f* é contínua em todo o seu domínio, dizemos simplesmente que *f* é contínua.

EXERCÍCIOS RESOLVIDOS

11 Explicar por que a função $p: \mathbb{R} \to \mathbb{R}$, com $p(x) = x^2$, é contínua em $x = 2$.

Resolução

Observamos que:

I. o número 2 pertence ao domínio de *p* e, portanto, existe $p(2)$;

II. existe $\lim_{x \to 2} p(x)$
(como vimos no exercício resolvido 4);

III. $\lim_{x \to 2} p(x) = p(2)$
(como vimos no exercício resolvido 4).

Concluímos, então, que *p* é contínua em $x = 2$.

12 Explicar por que a função $q: \mathbb{R} \to \mathbb{R}$, com $q(x) = x^3$, é contínua em $x = 2$.

Resolução

Observamos que:

I. o número 2 pertence ao domínio de *q* e, portanto, existe $q(2)$;

II. existe $\lim_{x \to 2} q(x)$
(como vimos no exercício resolvido 5);

III. $\lim_{x \to 2} q(x) = q(2)$
(como vimos no exercício resolvido 5);

Concluímos, então, que *q* é contínua em $x = 2$.

Outra forma da definição de função contínua em um ponto

Definimos

Seja f uma função real de variável real e seja $a \in \mathbb{R}$, tal que existe pelo menos uma vizinhança **completa** de a contida no domínio de f.

Dizemos que f é **contínua** em a se, e somente se, para qualquer vizinhança completa de $f(a)$, $V(f(a))$, existe alguma vizinhança reduzida de a, $\overline{V}(a)$, de modo que **todo** elemento x de $\overline{V}(a)$ possui imagem $f(x)$ em $V(f(a))$.

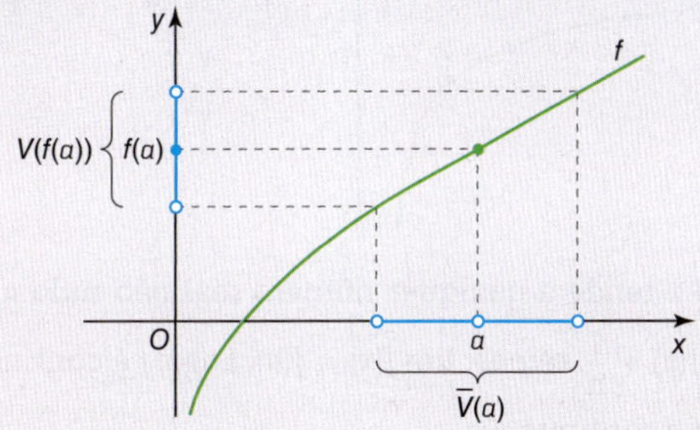

EXERCÍCIOS RESOLVIDOS

13 Explicar por que, sendo k uma constante real, a função $f(x) = k$ é contínua.

Resolução

Lembre-se de que dizer que uma função é contínua, sem especificar o ponto ou o intervalo de continuidade, significa dizer que ela é contínua em todos os pontos do seu domínio. Como o domínio de f é $\mathbb{R}$, devemos mostrar que, dado um número real a qualquer, temos $\lim\limits_{x \to a} f(x) = f(a) = k$.

Para qualquer constante k, o gráfico da função $f(x) = k$ é uma reta paralela ao eixo das abscissas passando pelo ponto $(0, k)$:

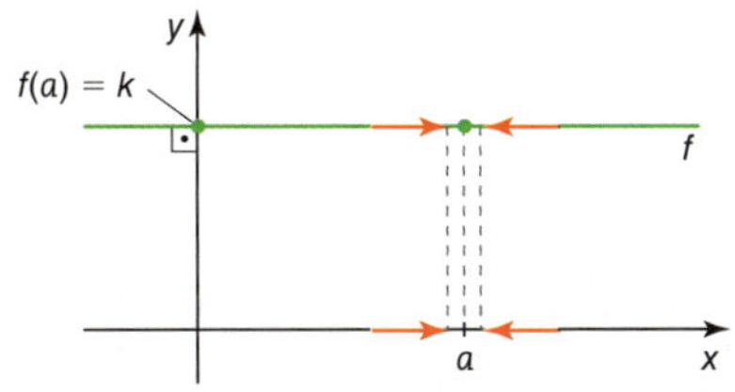

Observando que, quando x tende a qualquer número real a, temos $f(x) = k$, concluímos que $\lim\limits_{x \to a} f(x) = k$. E, como $f(a) = k$, segue que $\lim\limits_{x \to a} f(x) = f(a)$.

Logo, f é contínua em a para qualquer a de seu domínio $\mathbb{R}$, ou seja, **f é contínua**.

14 Explicar por que a função $f(x) = x$ é contínua.

Resolução

O gráfico de f é a reta bissetriz dos quadrantes ímpares:

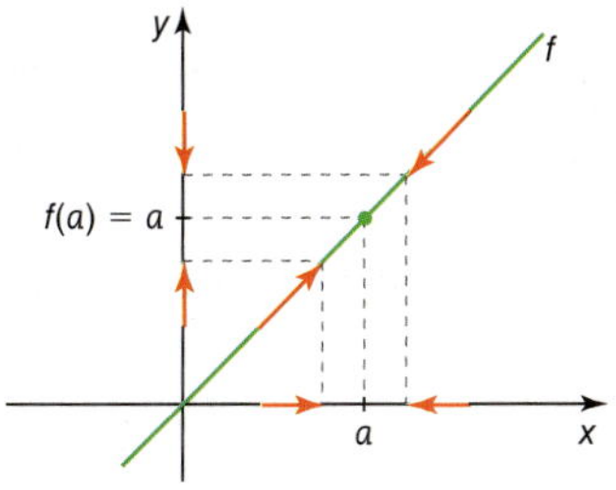

Observando que, quando x tende a qualquer número real a, $f(x)$ tende a a, concluímos que $\lim\limits_{x \to a} f(x) = a$. E, como $f(a) = a$, segue que $\lim\limits_{x \to a} f(x) = f(a)$. Logo, f é contínua em a para qualquer a de seu domínio $\mathbb{R}$, ou seja, **f é contínua**.

15 Explicar por que a função $f(x) = \dfrac{1}{x}$ é contínua.

Resolução

O gráfico de f é a hipérbole equilátera de vértices (1, 1) e (−1, −1), representada a seguir:

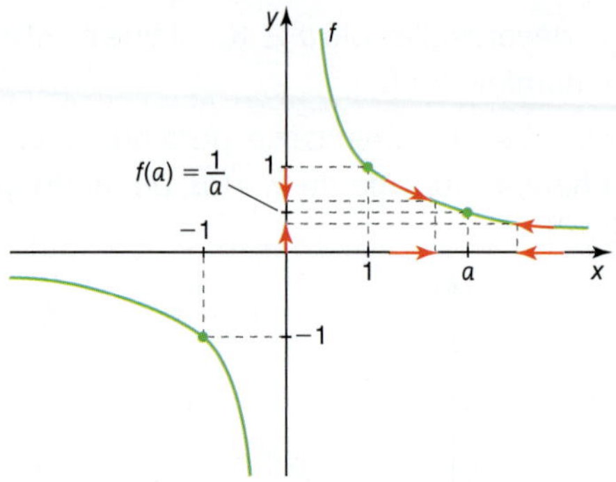

Observando que, quando x tende a qualquer número real não nulo a, $f(x)$ tende a $\dfrac{1}{a}$, concluímos que $\lim\limits_{x \to a} f(x) = \dfrac{1}{a}$. E, como $f(a) = \dfrac{1}{a}$, temos: $\lim\limits_{x \to a} f(x) = f(a)$. Logo, f é contínua em a para qualquer a de seu domínio $\mathbb{R}^*$, ou seja, ***f* é contínua**.

16 Explicar por que a função $f(x) = \text{sen } x$ é contínua.

Resolução

O gráfico de f é:

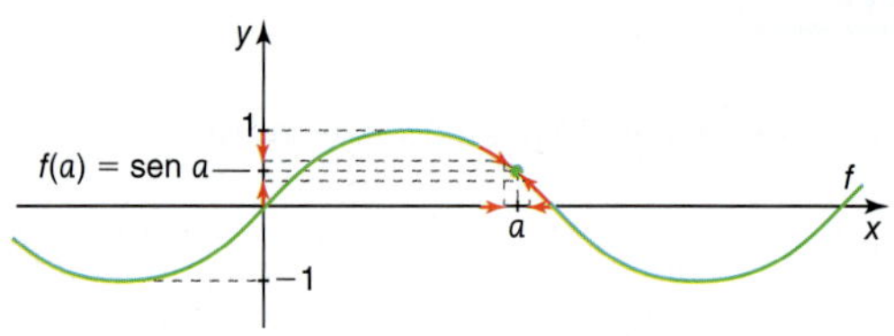

Observando que, quando x tende a qualquer número real a, $f(x)$ tende a sen a, concluímos que $\lim\limits_{x \to a} f(x) = \text{sen } a$. E, como $f(a) = \text{sen } a$, temos: $\lim\limits_{x \to a} f(x) = f(a)$. Logo, f é contínua em a para qualquer a de seu domínio $\mathbb{R}$, ou seja, ***f* é contínua**.

Uma sutileza da definição de função contínua

Na introdução deste tópico, demos uma ideia intuitiva de função contínua em um intervalo, afirmando:

> Uma função $y = f(x)$ de domínio D é contínua em um intervalo real I, com $I \subset D$, quando o gráfico de f, para $x \in I$, é uma linha sem interrupções.

É preciso tomar muito cuidado para não interpretar essa afirmação de forma equivocada. Essa ideia intuitiva **não** diz que a função f é contínua em seu domínio D quando o seu gráfico, para $x \in D$, é uma linha sem interrupções, porque isso é falso! Basta olhar o exercício resolvido 15 e ver um exemplo de uma função contínua em seu domínio, cujo gráfico não é formado por uma linha sem interrupções.

Note, no exercício resolvido 15, que a função f é contínua no intervalo $]0, +\infty[$, pois, para x percorrendo esse intervalo, o gráfico de f é uma linha sem interrupções. O mesmo ocorre no intervalo $]-\infty, 0[$. Podemos generalizar essa ideia intuitiva afirmando:

> Se o domínio de uma função é a reunião de intervalos reais **abertos** tais que, para x percorrendo cada um desses intervalos, o gráfico de f é uma linha sem interrupções, então f é contínua.

Exemplo

Considere o conjunto $D = \mathbb{R} - \mathbb{Z}$ e a função $f: D \rightarrow \mathbb{R}$, com $f(x) = x$, cujo gráfico é:

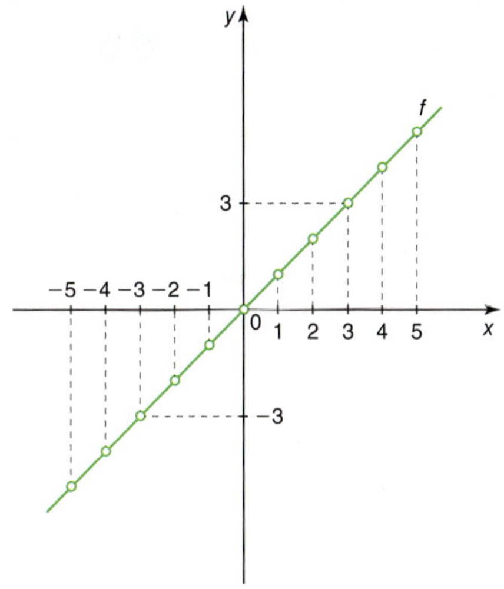

Apesar de parecer estranho, essa função é contínua em seu domínio D, pois D é uma reunião de intervalos abertos, sendo que a parte do gráfico de f correspondente aos valores de x, que pertencem a cada um desses intervalos, é uma linha sem interrupções.

Cuidado! Não dissemos que f é contínua em $\mathbb{R}$, mas, sim, que f é contínua em seu domínio D.

Propriedades das funções contínuas

P1. Se f e g são funções contínuas em a, então também são contínuas em a as funções $f + g$, $f - g$, $f \cdot g$ e $\frac{f}{g}$, sendo que em $\frac{f}{g}$ exige-se que $g(a) \neq 0$.

P2. Se as funções f e g são tais que existe $f \circ g$, g é contínua em a e f é contínua em $g(a)$, então $f \circ g$ é contínua em a.

Exemplos

a) Nos exercícios resolvidos 13 e 14, vimos que toda função constante é contínua e a função $g(x) = x$ é contínua. Assim, considerando a função constante $f(x) = 5$, temos, pela propriedade P1, que são contínuas:

- $h_1(x) = f(x) + g(x) = 5 + x$, pois h_1 é uma soma de funções contínuas;
- $h_2(x) = f(x) - g(x) = 5 - x$, pois h_2 é uma diferença de funções contínuas;
- $h_3(x) = f(x) \cdot g(x) = 5x$, pois h_3 é um produto de funções contínuas;
- $h_4(x) = \frac{f(x)}{g(x)} = \frac{5}{x}$, pois h_4 é uma razão de funções contínuas (neste caso, a continuidade se dá no domínio $\mathbb{R}^*$);
- $h_5(x) = f(x) \cdot f(x) = x^2$, pois h_5 é um produto de funções contínuas.

b) Os exercícios resolvidos 13 e 14, com a propriedade P1, permitem concluir que a função $h(x) = 5x^4 - 4x^3 + 3x^2 + 8$ é contínua, pois h é uma soma de produtos de funções contínuas. Podemos generalizar afirmando que **toda função polinomial é contínua**.

c) A função $f: \mathbb{R} \rightarrow \mathbb{R}$, com $f(x) = \text{sen}\, x$, é contínua, conforme vimos no exercício resolvido 16, e a função $g: \mathbb{R} \rightarrow \mathbb{R}$, com $g(x) = x + \frac{\pi}{2}$, também é contínua, pois é uma soma de funções contínuas. Ainda existe a função composta $h(x) = (f \circ g)(x) = \text{sen}\left(x + \frac{\pi}{2}\right)$. Logo, pela propriedade P2, a função h é contínua.

EXERCÍCIOS RESOLVIDOS

17 Explicar por que a soma de duas funções contínuas em a é uma função contínua em a.

Resolução

Sejam f e g funções contínuas em a, isto é, $\lim_{x \to a} f(x) = f(a)$ e $\lim_{x \to a} g(x) = g(a)$.

A soma das funções f e g é a função h tal que $h(x) = f(x) + g(x)$, que também pode ser indicada por $h(x) = (f + g)(x)$.

Aplicando a propriedade P2 dos limites, temos:

$\lim_{x \to a} h(x) = \lim_{x \to a} [f(x) + g(x)] =$

$= \lim_{x \to a} f(x) + \lim_{x \to a} g(x) = f(a) + g(a) = h(a)$

Logo, a função h é contínua em a.

18 Explicar por que o produto de duas funções contínuas em a é uma função contínua em a.

Resolução

Sejam f e g funções contínuas em a, isto é, $\lim_{x \to a} f(x) = f(a)$ e $\lim_{x \to a} g(x) = g(a)$.

O produto das funções f e g é a função h tal que $h(x) = f(x) \cdot g(x)$, que também pode ser indicada por $h(x) = (fg)(x)$.

Aplicando a propriedade P4 dos limites, temos:

$\lim_{x \to a} h(x) = \lim_{x \to a} [f(x) \cdot g(x)] =$

$= \lim_{x \to a} f(x) \cdot \lim_{x \to a} g(x) = f(a) \cdot g(a) = h(a)$

Logo, a função h é contínua em a.

Algumas funções contínuas

Destacamos que, quando uma função f é contínua em todo o seu domínio, dizemos simplesmente que f é contínua. Podemos demonstrar que são contínuas as funções:

I. $f(x) = k$, sendo k uma constante real qualquer

II. $f(x) = x^n$, sendo n um número natural qualquer

III. $f(x) = \sqrt[n]{x}$, sendo n um número natural não nulo qualquer

IV. $f(x) = |x|$

V. $f(x) = \frac{1}{x}$

VI. $f(x) = a^x$, sendo a um número real qualquer, positivo e diferente de 1

VII. $f(x) = \log_a x$, sendo a um número real qualquer, positivo e diferente de 1

VIII. $f(x) = \text{sen}\, x$

IX. $f(x) = \cos x$

X. $f(x) = \text{tg}\, x$

XI. $f(x) = \text{cotg}\, x$

XII. $f(x) = \sec x$

XIII. $f(x) = \text{cossec}\, x$

Daqui em diante, admitiremos a continuidade dessas funções, que já são suficientes para o que pretendemos desenvolver neste capítulo. Com base nessas funções, aplicando as propriedades P1 e P2 das funções contínuas, podemos construir infinitas funções contínuas.

Exemplos

São contínuas as funções:

- $h_1(x) = x + \frac{1}{x}$, pois h_1 é uma soma de funções contínuas;
- $h_2(x) = 8x$, pois h_2 é um produto de funções contínuas;
- $h_3(x) = 8x - 4$, pois h_3 é uma diferença de funções contínuas;
- $h_4(x) = \frac{3}{8x - 4}$, pois h_4 é uma razão de funções contínuas $\left(\text{neste caso, a continuidade se dá no domínio } \mathbb{R} - \left\{\frac{1}{2}\right\}\right)$;
- $h_5(x) = \sqrt{8x - 4}$, pois h_5 é a composição $f \circ g$ das funções contínuas $f(x) = \sqrt{x}$ e $g(x) = 8x - 4$;
- $h_6 = |\text{sen}\, x|$, pois h_6 é a composição $u \circ v$ das funções contínuas $u(x) = |x|$ e $v(x) = \text{sen}\, x$.

EXERCÍCIO RESOLVIDO

19 Calcular os limites:

a) $\lim_{x \to 2} (3x^2 - 3x + 1)$ b) $\lim_{x \to 4} \frac{1}{2x - 1}$ c) $\lim_{x \to \frac{\pi}{3}} \cos\left(\frac{\pi}{2} - x\right)$ d) $\lim_{x \to 3} \log_5 (4x + 13)$

Resolução

Pela definição de função contínua, temos:

Se uma função *f* é contínua e o número *a* pertence ao domínio de *f*, então o $\lim_{x \to a} f(x)$ é o valor numérico da função *f* para x igual a *a*.

De acordo com esse fato vamos calcular os limites pedidos:

a) A função $f(x) = 3x^2 - 3x + 1$ é contínua, pois é uma soma de produtos de funções contínuas. Logo, como 2 pertence ao domínio de *f*, o $\lim_{x \to 2} (3x^2 - 3x + 1)$ é o valor numérico de *f* para x = 2, isto é:

$$\lim_{x \to 2} (3x^2 - 3x + 1) = 3 \cdot 2^2 - 3 \cdot 2 + 1 = 7$$

b) A função $g(x) = \frac{1}{2x - 1}$ é contínua, pois é uma razão de funções contínuas $\left(\text{nesse caso, a continuidade se dá em } \mathbb{R} - \left\{\frac{1}{2}\right\}\right)$. Logo, como 4 pertence ao domínio de *g*, o $\lim_{x \to 4} \frac{1}{2x - 1}$ é o valor numérico de *g* para x = 4, isto é:

$$\lim_{x \to 4} \frac{1}{2x - 1} = \frac{1}{2 \cdot 4 - 1} = \frac{1}{7}$$

c) A função $h(x) = \cos\left(\frac{\pi}{2} - x\right)$ é contínua, pois é a composição $p \circ q$ das funções contínuas $p(x) = \cos x$ e $q(x) = \frac{\pi}{2} - x$. Logo, como $\frac{\pi}{3}$ pertence ao domínio de *h*, o $\lim_{x \to \frac{\pi}{3}} \cos\left(\frac{\pi}{2} - x\right)$ é o valor numérico de *h* para $x = \frac{\pi}{3}$, isto é:

$$\lim_{x \to \frac{\pi}{3}} \cos\left(\frac{\pi}{2} - x\right) = \cos\left(\frac{\pi}{2} - \frac{\pi}{3}\right) = \cos \frac{\pi}{6} = \frac{\sqrt{3}}{2}$$

d) A função $u(x) = \log_5 (4x + 13)$ é contínua, pois é a composição $r \circ s$ das funções contínuas $r(x) = \log_5 x$ e $s(x) = 4x + 13$. Logo, como 3 pertence ao domínio de *u*, o $\lim_{x \to 3} \log_5 (4x + 13)$ é o valor numérico de *u* para x = 3, isto é:

$$\lim_{x \to 3} \log_5 (4x + 13) = \log_5 (4 \cdot 3 + 13) = \log_5 25 = 2$$

EXERCÍCIOS PROPOSTOS

20 Considere a função $f: \mathbb{R} \to \mathbb{R}$ tal que $f(x) = 3x - 6$.
a) Construa o gráfico de *f*.
b) Calcule *f*(4).
c) Calcule $\lim_{x \to 4} f(x)$.
d) Mostre que a função *f* é contínua em x = 4.

21 Considere a função $f: \mathbb{R} \to \mathbb{R}$, com $f(x) = 2x^2$.
a) Construa o gráfico de *f*.
b) Calcule *f*(2).
c) Calcule $\lim_{x \to 2} f(x)$.
d) Mostre que a função *f* é contínua em x = 2.

22 Em cada um dos casos a seguir, construa o gráfico da função *f*.
a) $f: \mathbb{R} \to \mathbb{R}$, com $f(x) = 2x - 4$
b) $f: \mathbb{R} \to \mathbb{R}$, com $f(x) = x^2 - 1$
c) $f: \mathbb{R} \to \mathbb{R}$, com $f(x) = \cos x$
d) $f: \mathbb{R}^* \to \mathbb{R}$, com $f(x) = \frac{x + 1}{x}$

Explique por que *f* é contínua, em cada item.
(*Nota*: Dizer que uma função *f* é contínua, **sem especificar o ponto ou o intervalo de continuidade**, significa dizer que *f* é contínua em todo o seu domínio.)

23 Mostre que a diferença de duas funções contínuas em *a* é uma função contínua em *a*.

24 Mostre que o quociente de duas funções contínuas em *a* é uma função contínua em *a*, supondo o divisor diferente de zero.

25 Admitindo a continuidade das funções apresentadas na página 358, e aplicando as propriedades das funções contínuas, apresentadas na página 357, explique por que a função f é contínua, em cada um dos casos.

a) $f(x) = x^5 + 4$

b) $f(x) = x^3 - x$

c) $f(x) = 7x^2$

d) $f(x) = 5x^4 + 3x^2 + 2x$

e) $f(x) = \frac{x}{x + 5}$ (neste caso, a continuidade se dá no domínio $\mathbb{R} - \{-5\}$)

f) $f(x) = \text{sen } x \cdot \cos x$

g) $f(x) = \cos\left(x + \frac{\pi}{5}\right)$

26 O gráfico a seguir representa a função $f(x) = \text{tg } x$.

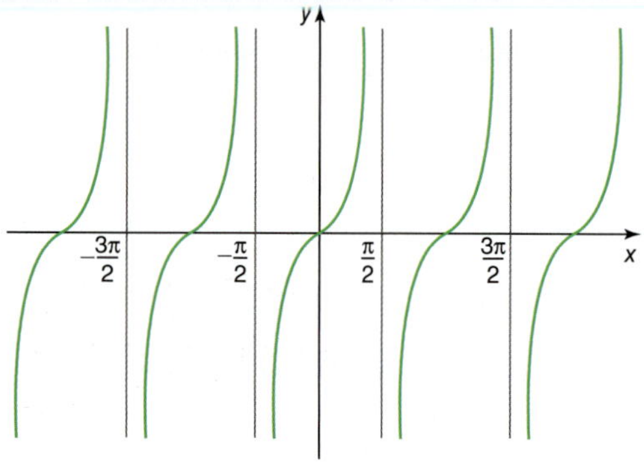

Classifique cada uma das afirmações como verdadeira (V) ou falsa (F).

a) A função f é descontínua em $x = \frac{\pi}{2}$.

b) A função f é contínua em $x = \frac{\pi}{2}$.

c) A função f é contínua em todo o seu domínio.

d) A função f não está definida em $x = \frac{\pi}{2}$.

27 Pela definição de função contínua, se uma função f é contínua e o número a pertence ao domínio de f, o $\lim\limits_{x \to a} f(x)$ é o valor numérico da função f para x igual a a. De acordo com essa ideia, admitindo a continuidade das funções apresentadas na página 358, e aplicando as propriedades das funções contínuas, apresentadas na página 357, calcule os limites a seguir.

a) $\lim\limits_{x \to 0} 7$

b) $\lim\limits_{x \to 5} x$

c) $\lim\limits_{x \to 2} x^4$

d) $\lim\limits_{x \to -2} 5x^3$

e) $\lim\limits_{x \to 2} (2x^3 + 3x^2 - 2x + 1)$

f) $\lim\limits_{x \to 0} (x^5 - x^4 + 2x^3 - 5x - 3)$

g) $\lim\limits_{x \to \frac{\pi}{2}} \text{sen } x$

h) $\lim\limits_{x \to 0} \cos x$

i) $\lim\limits_{x \to \frac{\pi}{3}} \text{tg } x$

j) $\lim\limits_{x \to -3} |x|$

k) $\lim\limits_{x \to 2} |x - 1|(4x + 1)$

l) $\lim\limits_{x \to 1} [(2x^3 + x + 1)(x^2 - 3)(x^4 - 1)]$

m) $\lim\limits_{x \to 2} \frac{x^2 - 3x}{x + 1}$

Resolva os exercícios complementares 10 e 11.

Cálculo do limite de uma função f para x tendendo a a, com f descontínua em a ou f não definida em a

Como vimos, uma função f é contínua em a se, e somente se, $\lim\limits_{x \to a} f(x) = f(a)$, ou seja, o limite de $f(x)$ para x tendendo a a é simplesmente o valor numérico de f para x igual a a.

A maior dificuldade no cálculo do limite de uma função f, para x tendendo a a, é o caso em que f é **descontínua** em a ou **não está definida** em a. Uma possível maneira de calcular o $\lim\limits_{x \to a} f(x)$, desde que ele exista, é substituir a função f por uma função g, contínua em a, que satisfaça a seguinte condição: existe alguma vizinhança reduzida de a, $\overline{V}(a)$, de modo que, para todo x, com $x \in \overline{V}(a)$, temos $f(x) = g(x)$. Sob essa condição, concluímos:

$$\lim_{x \to a} f(x) = \lim_{x \to a} g(x) = g(a)$$

Exemplo

Considerando as funções $f: \mathbb{R} - \{5\} \to \mathbb{R}$, com $f(x) = \frac{x^2 - 7x + 10}{x - 5}$, e $g: \mathbb{R} \to \mathbb{R}$, com $g(x) = x - 2$, temos:

$$f(x) = \frac{x^2 - 7x + 10}{x - 5} = \frac{(x - 2)(x - 5)}{x - 5} \Leftrightarrow f(x) = x - 2, \text{ com } D(f) = \mathbb{R} - \{5\}$$

Observe os gráficos das funções f e g:

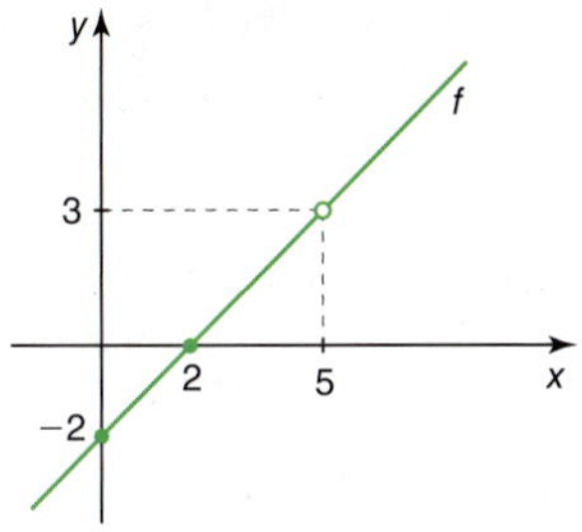

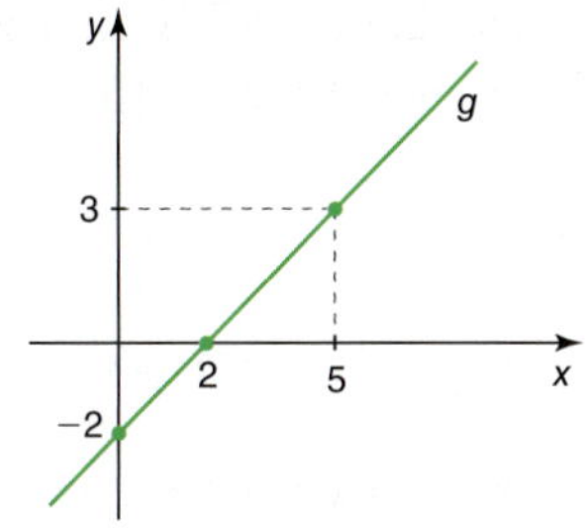

A função f não está definida em 5 e a função g é contínua em 5. Além disso, como o gráfico de g contém o gráfico de f, existe vizinhança reduzida de 5 de modo que, para qualquer x pertencente a essa vizinhança, temos $f(x) = g(x)$. Assim, concluímos que $\lim\limits_{x \to 5} f(x) = \lim\limits_{x \to 5} g(x) = g(5)$, ou seja, $\lim\limits_{x \to 5} \dfrac{x^2 - 7x + 10}{x - 5} = \lim\limits_{x \to 5} \dfrac{(x - 2)\cancel{(x - 5)}}{\cancel{x - 5}} = \lim\limits_{x \to 5} (x - 2) = 5 - 2 = 3.$

EXERCÍCIOS RESOLVIDOS

20 Calcular $\lim\limits_{x \to 4} \dfrac{x^2 - 16}{x - 4}$.

Resolução

A função $f(x) = \dfrac{x^2 - 16}{x - 4}$ não está definida em 4, pois o valor numérico $f(4) = \dfrac{4^2 - 16}{4 - 4} = \dfrac{0}{0}$ não existe.

Assim, para o cálculo de $\lim\limits_{x \to 4} \dfrac{x^2 - 16}{x - 4}$, vamos substituir a função f por uma função g, contínua em 4, tal que **exista alguma** vizinhança reduzida de 4, de modo que, para todo x dessa vizinhança, tenhamos $f(x) = g(x)$. Uma função g que satisfaz essa condição é obtida simplificando-se a fração $\dfrac{x^2 - 16}{x - 4}$; observe:

$f(x) = \dfrac{x^2 - 16}{x - 4} = \dfrac{(x + 4)\cancel{(x - 4)}}{\cancel{x - 4}} \Leftrightarrow$

$\Rightarrow f(x) = x + 4$, com $D(f) = \mathbb{R} - \{4\}$

As funções $f(x) = x + 4$, com $D(f) = \mathbb{R} - \{4\}$, e $g(x) = x + 4$, com $D(g) = \mathbb{R}$, têm o mesmo limite para x tendendo a 4, pois existe vizinhança reduzida de 4 tal que todo x dessa vizinhança satisfaz a condição $f(x) = g(x)$. Além disso, a função g é contínua em 4. Assim, concluímos:

$\lim\limits_{x \to 4} \dfrac{x^2 - 16}{x - 4} = \lim\limits_{x \to 4} \dfrac{(x + 4)\cancel{(x - 4)}}{\cancel{x - 4}} =$

$= \lim\limits_{x \to 4} (x + 4) = 4 + 4 = 8$

21 Calcular $\lim\limits_{x \to 0} \dfrac{\text{sen } 3x + \text{sen } x}{\text{sen } 2x}$.

Resolução

Como a função $f(x) = \dfrac{\text{sen } 3x + \text{sen } x}{\text{sen } 2x}$ não está definida em 0, pois $f(0) = \dfrac{\text{sen } (3 \cdot 0) + \text{sen } 0}{\text{sen } (2 \cdot 0)} = \dfrac{0 + 0}{0}$ não existe, o cálculo do limite será feito por uma substituição da função f por uma função g, contínua em 0, tal que **exista alguma** vizinhança reduzida de 0, de modo que para todo x dessa vizinhança tenhamos $f(x) = g(x)$. Uma função g que satisfaz essa condição é obtida pela simplificação da fração $\dfrac{\text{sen } 3x + \text{sen } x}{\text{sen } 2x}$.

Para isso, vamos aplicar no numerador a fórmula $\text{sen } p + \text{sen } q = 2\text{sen } \dfrac{p + q}{2} \cos \dfrac{p - q}{2}$ de transformação em produto:

$f(x) = \dfrac{\text{sen } 3x + \text{sen } x}{\text{sen } 2x} = \dfrac{2\cancel{\text{sen } 2x} \cos x}{\cancel{\text{sen } 2x}} \Leftrightarrow$

$\Leftrightarrow f(x) = 2\cos x$, com $D(f) = \{x \in \mathbb{R} \mid \text{sen } 2x \neq 0\}$

As funções $f(x) = 2\cos x$, com $D(f) = \{x \in \mathbb{R} \mid \text{sen } 2x \neq 0\}$, e $g(x) = 2\cos x$, com $D(g) = \mathbb{R}$, têm o mesmo limite para x tendendo a 0, pois existe vizinhança reduzida de 0 tal que todo x dessa vizinhança satisfaz a condição $f(x) = g(x)$. Além disso, a função g é contínua em 0. Assim, concluímos:

$\lim\limits_{x \to 0} \dfrac{\text{sen } 3x + \text{sen } x}{\text{sen } 2x} = \lim\limits_{x \to 0} \dfrac{2\cancel{\text{sen } 2x} \cos x}{\cancel{\text{sen } 2x}} =$

$= \lim\limits_{x \to 0} (2\cos x) = 2\cos 0 = 2 \cdot 1 = 2$

22 Calcular $\lim\limits_{x \to 1} \dfrac{\sqrt{x} - 1}{x - 1}$.

Resolução

O número 1 não pertence ao domínio da função $f(x) = \dfrac{\sqrt{x} - 1}{x - 1}$, pois não existe $f(1) = \dfrac{\sqrt{1} - 1}{1 - 1} = \dfrac{0}{0}$. Assim, para o cálculo do limite pedido, vamos substituir a função f por uma função g, contínua em 1, tal que **exista alguma** vizinhança reduzida de 1, $\overline{V}(1)$, de modo que para todo x, com $x \in \overline{V}(1)$, tenhamos $f(x) = g(x)$. Para obter uma função g que satisfaça essa condição, basta notar que, no domínio de f, os valores de x não são negativos e, portanto, a expressão $x - 1$ pode ser escrita como $(\sqrt{x})^2 - 1$.

Assim, simplificando a fração $\dfrac{\sqrt{x} - 1}{(\sqrt{x})^2 - 1}$ da maneira a seguir, obtemos uma possível função g:

$$f(x) = \frac{\sqrt{x} - 1}{(\sqrt{x})^2 - 1} = \frac{\cancel{\sqrt{x} - 1}}{(\sqrt{x} + 1)(\cancel{\sqrt{x} - 1})} \Leftrightarrow$$

$$\Leftrightarrow f(x) = \frac{1}{\sqrt{x} + 1}, \text{ com } D(f) = \mathbb{R}_+ - \{1\}$$

As funções $f(x) = \dfrac{1}{\sqrt{x} + 1}$, com $D(f) = \mathbb{R}_+ - \{1\}$ e $g(x) = \dfrac{1}{\sqrt{x} + 1}$, com $D(g) = \mathbb{R}_+$ têm o mesmo limite para x tendendo a 1, pois existe vizinhança reduzida de 1 tal que todo x dessa vizinhança satisfaz a condição $f(x) = g(x)$. Além disso, a função g é contínua em 1. Assim, concluímos:

$$\lim_{x \to 1} \frac{\sqrt{x} - 1}{(\sqrt{x})^2 - 1} = \lim_{x \to 1} \frac{\cancel{\sqrt{x} - 1}}{(\sqrt{x} + 1)(\cancel{\sqrt{x} - 1})} =$$

$$= \lim_{x \to 1} \frac{1}{\sqrt{x} + 1} = \frac{1}{\sqrt{1} + 1} = \frac{1}{2}$$

23 Seja a função $f: \mathbb{R} \to \mathbb{R}$, com $f(x) = \begin{cases} \dfrac{x^2 - 9}{x - 3}, \text{ se } x \neq 3 \\ k, \text{ se } x = 3 \end{cases}$, sendo k uma constante real. Determinar k para que essa função seja contínua em 3.

Resolução

Vamos resolver esse problema de dois modos diferentes.

1º modo: resolução gráfica

- Para $x \neq 3$, temos $\dfrac{x^2 - 9}{x - 3} = \dfrac{(x + 3)\cancel{(x - 3)}}{\cancel{x - 3}} = x + 3$.

  Logo, a parte do gráfico de f obtida para $x \neq 3$ é a reta de equação $y = x + 3$ com exceção do ponto (3, 6).
- A parte do gráfico de f obtida para $x = 3$ é o ponto (3, k).

Uma possibilidade para o gráfico de f é aquela em que o ponto (3, k) está acima do ponto (3, 6), isto é:

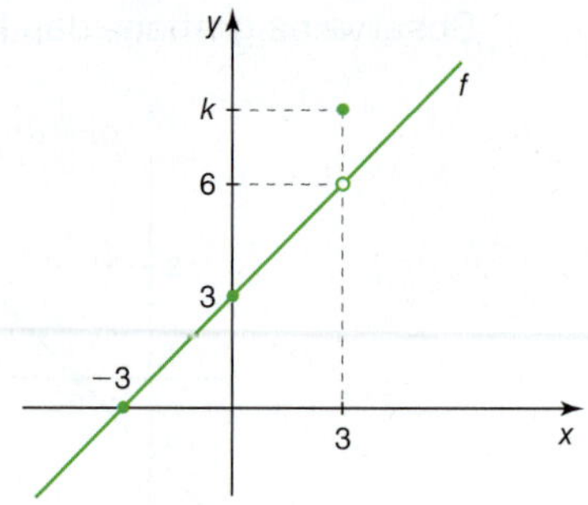

Nessa possibilidade, a função é descontínua em 3, pois, considerando no eixo Oy uma vizinhança $]a, b[$ de k, com $a > 6$, não existe no eixo Ox vizinhança reduzida de 3, $\overline{V}(3)$, tal que todo x de $\overline{V}(3)$ tenha imagem em $]a, b[$, através de f.

Raciocinando analogamente sobre a possibilidade de o ponto (3, k) estar abaixo do ponto (3, 6), concluímos também que a função é descontínua em 3.

Resta, portanto, analisar a última possibilidade, que é a do ponto (3, k) coincidir com o ponto (3, 6). Nesse caso, o gráfico de f é uma reta e, portanto, f é contínua em 3.

Concluímos, então, que f é contínua em 3 se, e somente se, $k = 6$.

2º modo: resolução algébrica

A função f é contínua em 3 se, e somente se, $\lim\limits_{x \to 3} f(x) = f(3) = k$.

Como o cálculo do limite de $f(x)$ para x tendendo a 3 estuda a variação de x em vizinhanças reduzidas de 3 e, portanto, $x \neq 3$, esse limite é igual ao limite de $\dfrac{x^2 - 9}{x - 3}$ para x tendendo a 3, isto é:

$$\lim_{x \to 3} f(x) = \lim_{x \to 3} \frac{x^2 - 9}{x - 3} = \lim_{x \to 3} \frac{(x + 3)\cancel{(x - 3)}}{\cancel{x - 3}} =$$

$$= \lim_{x \to 3} (x + 3) = 3 + 3 = 6$$

Concluímos, então, que f é contínua em 3 se, e somente se, $k = 6$.

EXERCÍCIOS PROPOSTOS

28 Calcule os limites a seguir.

a) $\lim\limits_{x \to 6} \dfrac{x^2 - 36}{x - 6}$

b) $\lim\limits_{x \to \frac{5}{3}} \dfrac{9x^2 - 25}{3x - 5}$

c) $\lim\limits_{x \to 5} \dfrac{x^2 - 7x + 10}{x - 5}$

d) $\lim\limits_{x \to -\frac{1}{2}} \dfrac{2x^2 - x - 1}{2x + 1}$

e) $\lim\limits_{x \to 0} \dfrac{x}{x}$

f) $\lim\limits_{x \to -3} \dfrac{x + 3}{x + 3}$

g) $\lim\limits_{x \to 2} \dfrac{x^3 - 2x^2 + x - 2}{x^2 - 4}$

h) $\lim\limits_{x \to 5} \dfrac{x^2 - 25}{|x| - 5}$

i) $\lim\limits_{x \to 4} \dfrac{x - 4}{\sqrt{x} - 2}$

j) $\lim\limits_{x \to 1} \dfrac{1 - \sqrt{x}}{1 - x}$

k) $\lim\limits_{x \to \frac{\pi}{2}} \dfrac{\text{sen } x + \cos x}{1 + \text{tg } x}$

l) $\lim\limits_{x \to \pi} \dfrac{\text{sen } 3x + \text{sen } x}{\text{sen } 2x}$

m) $\lim\limits_{x \to \frac{\pi}{2}} \dfrac{\cos 5x + \cos 3x}{\cos x}$

n) $\lim\limits_{x \to \pi} \dfrac{\cos 3x - \cos x}{\text{sen } 3x - \text{sen } x}$

o) $\lim\limits_{x \to -\frac{\pi}{2}} \dfrac{1 + \text{sen } x}{\text{sen}\left(\dfrac{\pi}{4} + \dfrac{x}{2}\right)}$

29 Obtenha o valor de cada um dos limites a seguir.

a) $\lim\limits_{x \to 1} \dfrac{\sqrt{x} - 1}{x^2 - 3x + 2}$

b) $\lim\limits_{x \to 2} \dfrac{\sqrt{x - 1} - 1}{\sqrt{x + 2} - 2}$

c) $\lim\limits_{x \to 5} \dfrac{\sqrt{x - 4} - \sqrt{2x - 9}}{\sqrt{x + 4} - 3}$

d) $\lim\limits_{x \to 9} \dfrac{x^2 - 81}{\sqrt{x} - 3}$

e) $\lim\limits_{x \to 1} \dfrac{x - 1}{\sqrt[4]{x} - 1}$

f) $\lim\limits_{x \to 16} \dfrac{16 - x}{2 - \sqrt[4]{x}}$

g) $\lim\limits_{x \to 8} \dfrac{x - 8}{\sqrt[3]{x} - 2}$

h) $\lim\limits_{x \to -1} \dfrac{\sqrt[3]{x} + 1}{x + 1}$

30 Determine a constante real k para que a função f, abaixo, seja contínua em $x = 7$.

$$f: \mathbb{R} \to \mathbb{R}, \text{ com } f(x) = \begin{cases} \dfrac{x^2 - 49}{x - 7}, \text{ se } x \neq 7 \\ k, \text{ se } x = 7 \end{cases}$$

31 Sabendo que a função a seguir é contínua em $x = 4$, determine o valor real de k.

$$f: \mathbb{R}_+ \to \mathbb{R}, \text{ com } f(x) = \begin{cases} \dfrac{x - 4}{\sqrt{x} - 2}, \text{ se } x \neq 4 \\ k, \text{ se } x = 4 \end{cases}$$

Resolva os exercícios complementares 12 e 13.

O limite trigonométrico fundamental

O cálculo de muitos limites de funções trigonométricas depende do cálculo do limite $\lim\limits_{x \to 0} \dfrac{\text{sen } x}{x}$, que será chamado, daqui em diante, de **limite trigonométrico fundamental**.

Para entender o valor desse limite, considere um arco trigonométrico $\widehat{AB}$ de medida x, com $-\dfrac{\pi}{2} < x < \dfrac{\pi}{2}$.

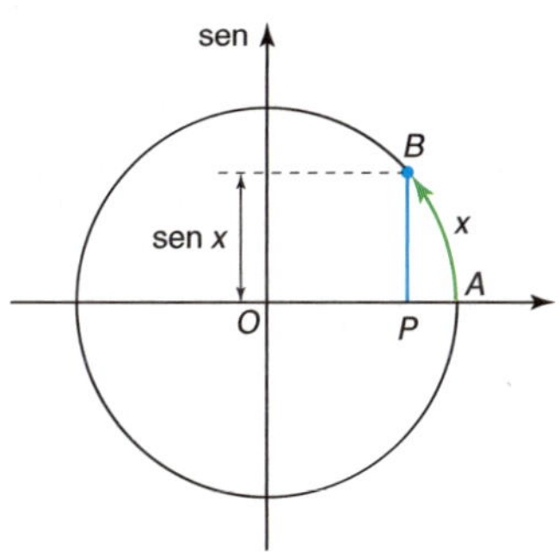

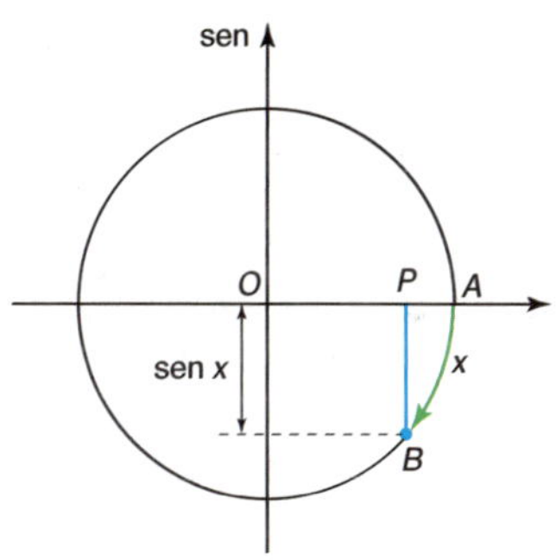

Note que, no intervalo considerado, quanto mais o ponto B se aproximar do ponto A, mais o valor do sen x se aproximará do valor de x. Intuitivamente, isso significa que, quando x tende a zero, os valores de x e sen x tendem a ficar iguais, fazendo o valor da expressão $\dfrac{\text{sen } x}{x}$, com $x \neq 0$, tender a 1, isto é:

$$\lim_{x \to 0} \frac{\text{sen } x}{x} = 1$$

A demonstração desse limite pode ser feita pelo teorema do confronto, enunciado a seguir.

Teorema do confronto

Sejam:

- f, g e h funções reais de variável real;
- um número real a tal que existe uma vizinhança reduzida de a, $\overline{V}(a)$, contida no domínio de cada uma dessas funções, e existem $\lim\limits_{x \to a} g(x)$, $\lim\limits_{x \to a} h(x)$ e $\lim\limits_{x \to a} f(x)$.

Se $\lim\limits_{x \to a} g(x) = \lim\limits_{x \to a} h(x) = L$ e, para qualquer x pertencente a $\overline{V}(a)$ temos $g(x) \leq f(x) \leq h(x)$, então $\lim\limits_{x \to a} f(x) = L$.

Entenda, geometricamente, esse teorema da seguinte maneira: se em $\overline{V}(a)$ o gráfico de f está "entre" os gráficos de g e h e, quando x tende a a, os valores $g(x)$ e $h(x)$ tendem a um mesmo valor L, então os valores de $f(x)$ também tendem a esse valor L.

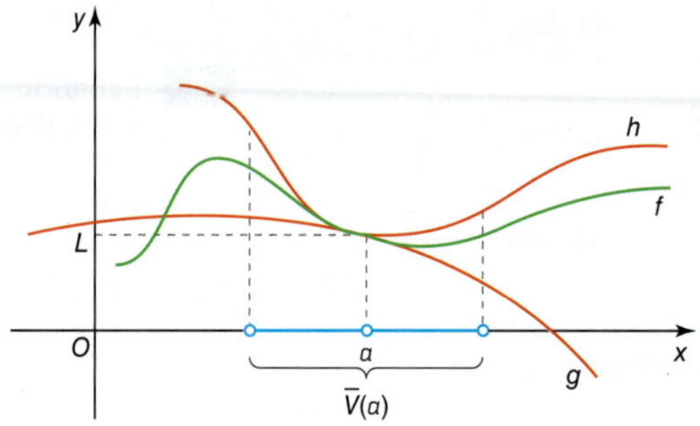

Exemplo

Como exemplo de aplicação desse teorema, vamos demonstrar o limite trigonométrico fundamental:

$$\lim_{x \to 0} \frac{\text{sen } x}{x} = 1$$

Considere os valores de x na seguinte vizinhança reduzida de zero:

$\overline{V}(0) = \left]-\frac{\pi}{2}, \frac{\pi}{2}\right[- \{0\}$, conforme mostram as figuras.

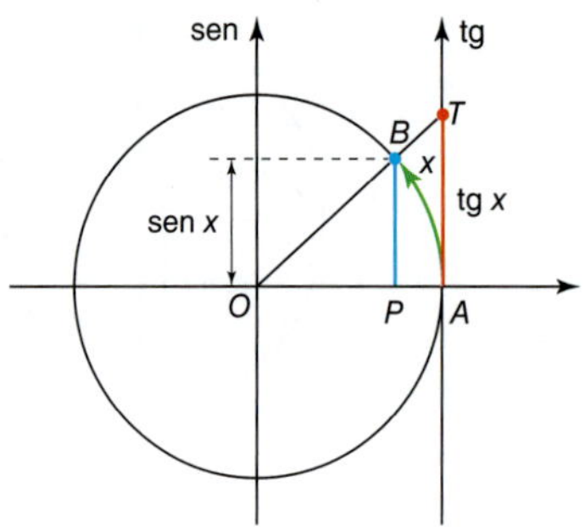

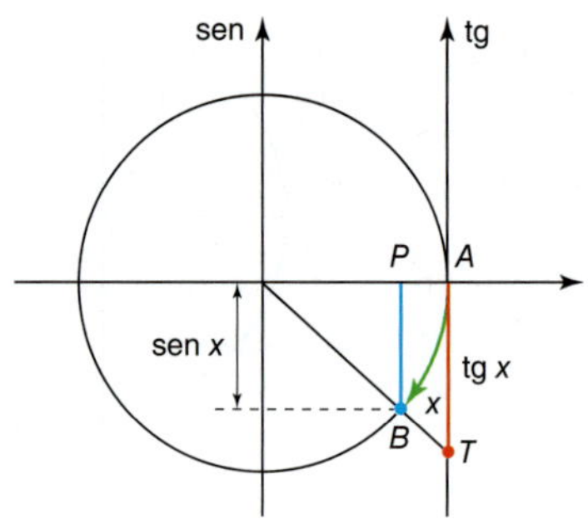

1ª parte

Sob a condição $-\frac{\pi}{2} < x < \frac{\pi}{2}$, vamos provar que o comprimento do segmento $\overline{PB}$ é menor ou igual ao comprimento do arco $\widehat{AB}$, que por sua vez é menor ou igual ao comprimento do segmento $\overline{AT}$, isto é:

$$-\frac{\pi}{2} < x < \frac{\pi}{2} \Rightarrow |\text{sen } x| \leq |x| \leq |\text{tg } x|$$

De fato:

I. sen 0 = 0 e a sentença $|\text{sen } x| \leq |x| \leq |\text{tg } x|$ é verdadeira para $x = 0$

II. Para qualquer valor x, com $-\frac{\pi}{2} < x < \frac{\pi}{2}$ e $x \neq 0$, a área do triângulo OAB é menor que a área do setor circular OAB, que por sua vez é menor que a área do triângulo OAT, ou seja:

$$\frac{OA \cdot PB}{2} < \frac{|m(\widehat{AB})| \cdot OA}{2} < \frac{OA \cdot |AT|}{2} \Rightarrow 1 \cdot |\text{sen } x| < |x| < 1 \cdot |\text{tg } x|$$

Logo: $-\frac{\pi}{2} < x < \frac{\pi}{2}$ e $x \neq 0 \Rightarrow |\text{sen x}| < |x| < |\text{tg } x|$

Por (I) e (II), concluímos a 1ª parte, isto é:

$$-\frac{\pi}{2} < x < \frac{\pi}{2} \Rightarrow |\text{sen } x| \leq |x| \leq |\text{tg } x|$$

2ª parte

Para concluir a demonstração do limite trigonométrico fundamental, observamos que a sentença $-\frac{\pi}{2} < x < \frac{\pi}{2}$ e $x \neq 0 \Rightarrow |\text{sen } x| < |x| < |\text{tg } x|$ continua verdadeira se dividirmos por $|\text{sen } x|$ os membros de $|\text{sen } x| < |x| < |\text{tg } x|$, isto é:

$$-\frac{\pi}{2} < x < \frac{\pi}{2} \text{ e } x \neq 0 \Rightarrow \frac{|\text{sen } x|}{|\text{sen } x|} < \frac{|x|}{|\text{sen } x|} < \frac{|\text{tg } x|}{|\text{sen } x|}$$

$$\therefore -\frac{\pi}{2} < x < \frac{\pi}{2} \text{ e } x \neq 0 \Rightarrow 1 < \left|\frac{x}{\text{sen } x}\right| < \left|\frac{1}{\cos x}\right|$$

$$\therefore -\frac{\pi}{2} < x < \frac{\pi}{2} \text{ e } x \neq 0 \Rightarrow 1 > \left|\frac{\text{sen } x}{x}\right| > |\cos x|$$

Como, para qualquer x, com $-\frac{\pi}{2} < x < \frac{\pi}{2}$ e $x \neq 0$, temos $\frac{\text{sen } x}{x} > 0$ e $\cos x > 0$, podemos escrever:

$$-\frac{\pi}{2} < x < \frac{\pi}{2} \text{ e } x \neq 0 \Rightarrow 1 > \frac{\text{sen } x}{x} > \cos x$$

Finalmente, observando que $\lim\limits_{x \to 0} 1 = \lim\limits_{x \to 0} \cos x = 1$ e que existe vizinhança reduzida de zero, $\overline{V}(0) = \left]-\frac{\pi}{2}, \frac{\pi}{2}\right[- \{0\}$, tal que $1 \geqslant \frac{\text{sen } x}{x} \geqslant \cos x$, concluímos, pelo teorema do confronto, que $\lim\limits_{x \to 0} \frac{\text{sen } x}{x} = 1$.

Consequência do limite trigonométrico fundamental

Com base no limite trigonométrico fundamental, concluímos:

$$\lim_{x \to -\frac{m}{k}} \frac{\text{sen } (kx + m)}{kx + m} = 1$$

em que k e m são constantes reais, com $k \neq 0$.

Para justificar esse fato, basta substituir por t a expressão $kx + m$ e observar que t tende a zero quando a variável x tende a $-\frac{m}{k}$. Assim, temos:

$$\lim_{x \to -\frac{m}{k}} \frac{\text{sen } (kx + m)}{kx + m} = \lim_{t \to 0} \frac{\text{sen } t}{t} = 1$$

Observe que, para $m = 0$, esse limite se resume a:

$$\lim_{x \to 0} \frac{\text{sen } kx}{kx} = 1$$

Exemplos

a) $\lim\limits_{x \to -\frac{\pi}{9}} \frac{\text{sen } (9x + \pi)}{9x + \pi} = 1$

b) $\lim\limits_{x \to \frac{\pi}{7}} \frac{\text{sen}\left(x - \frac{\pi}{7}\right)}{x - \frac{\pi}{7}} = 1$

c) $\lim\limits_{x \to 0} \frac{\text{sen } 7x}{7x} = 1$

d) $\lim\limits_{x \to 0} \frac{\text{sen } \pi x}{\pi x} = 1$

EXERCÍCIOS RESOLVIDOS

24 Aplicando o limite trigonométrico fundamental e sua consequência, calcular:

a) $\lim\limits_{x \to 0} \dfrac{\text{sen } 3x}{x}$

b) $\lim\limits_{x \to 0} \dfrac{\text{sen } 8x}{\text{sen } 4x}$

Resolução

a) $\lim\limits_{x \to 0} \dfrac{\text{sen } 3x}{x} = \lim\limits_{x \to 0} \dfrac{3\text{sen } 3x}{3x} = \lim\limits_{x \to 0} 3 \cdot \lim\limits_{x \to 0} \dfrac{\text{sen } 3x}{3x} = 3 \cdot 1 = 3$

b) $\lim\limits_{x \to 0} \dfrac{\text{sen } 8x}{\text{sen } 4x} = \lim\limits_{x \to 0} \dfrac{\dfrac{8\text{sen } 8x}{8x}}{\dfrac{4\text{sen } 4x}{4x}} = \lim\limits_{x \to 0} \left(\dfrac{8}{4} \cdot \dfrac{\dfrac{\text{sen } 8x}{8x}}{\dfrac{\text{sen } 4x}{4x}} \right) = \lim\limits_{x \to 0} \dfrac{8}{4} \cdot \lim\limits_{x \to 0} \dfrac{\dfrac{\text{sen } 8x}{8x}}{\dfrac{\text{sen } 4x}{4x}} = \lim\limits_{x \to 0} \dfrac{8}{4} \cdot \dfrac{\lim\limits_{x \to 0} \dfrac{\text{sen } 8x}{8x}}{\lim\limits_{x \to 0} \dfrac{\text{sen } 4x}{4x}} = 2 \cdot \dfrac{1}{1} = 2$

25 Calcular os limites:

a) $\lim\limits_{x \to 0} \dfrac{\text{tg } x}{x}$

b) $\lim\limits_{x \to 0} \dfrac{\text{tg } 3x}{2x}$

Resolução

a) $\lim\limits_{x \to 0} \dfrac{\text{tg } x}{x} = \lim\limits_{x \to 0} \left(\dfrac{\text{sen } x}{x} \cdot \dfrac{1}{\cos x} \right) = \lim\limits_{x \to 0} \dfrac{\text{sen } x}{x} \cdot \lim\limits_{x \to 0} \dfrac{1}{\cos x} = 1 \cdot \dfrac{1}{\cos 0} = 1$

b) $\lim\limits_{x \to 0} \dfrac{\text{tg } 3x}{2x} = \lim\limits_{x \to 0} \left(\dfrac{3}{3} \cdot \dfrac{\text{tg } 3x}{2x} \right) = \lim\limits_{x \to 0} \left(\dfrac{3}{2} \cdot \dfrac{\text{tg } 3x}{3x} \right) = \lim\limits_{x \to 0} \left(\dfrac{3}{2} \cdot \dfrac{\text{sen } 3x}{3x} \cdot \dfrac{1}{\cos 3x} \right) =$

$= \lim\limits_{x \to 0} \dfrac{3}{2} \cdot \lim\limits_{x \to 0} \dfrac{\text{sen } 3x}{3x} \cdot \lim\limits_{x \to 0} \dfrac{1}{\cos 3x} = \dfrac{3}{2} \cdot 1 \cdot \dfrac{1}{\cos (3 \cdot 0)} = \dfrac{3}{2}$

26 Calcular os limites:

a) $\lim\limits_{x \to \frac{\pi}{2}} \dfrac{\cos x}{\dfrac{\pi}{2} - x}$

b) $\lim\limits_{x \to 1} \dfrac{\cos \dfrac{\pi x}{2}}{1 - x}$

Resolução

a) Temos $\cos x = \text{sen} \left(\dfrac{\pi}{2} - x \right)$, pois x e $\dfrac{\pi}{2} - x$ são arcos complementares. Logo:

$$\lim_{x \to \frac{\pi}{2}} \frac{\cos x}{\frac{\pi}{2} - x} = \lim_{x \to \frac{\pi}{2}} \frac{\text{sen} \left(\frac{\pi}{2} - x \right)}{\frac{\pi}{2} - x} = 1$$

b) Temos $\cos \dfrac{\pi x}{2} = \text{sen} \left(\dfrac{\pi}{2} - \dfrac{\pi x}{2} \right)$, pois $\dfrac{\pi x}{2}$ e $\dfrac{\pi}{2} - \dfrac{\pi x}{2}$ são arcos complementares.

Logo:

$$\lim_{x \to 1} \frac{\cos \frac{\pi x}{2}}{1 - x} = \lim_{x \to 1} \frac{\text{sen} \left(\frac{\pi}{2} - \frac{\pi x}{2} \right)}{1 - x} = \lim_{x \to 1} \frac{\frac{\pi}{2} \cdot \text{sen} \left(\frac{\pi}{2} - \frac{\pi x}{2} \right)}{\frac{\pi}{2} \cdot (1 - x)} = \lim_{x \to 1} \frac{\pi}{2} \cdot \lim_{x \to 1} \frac{\text{sen} \left(\frac{\pi}{2} - \frac{\pi x}{2} \right)}{\frac{\pi}{2} - \frac{\pi x}{2}} = \frac{\pi}{2} \cdot 1 = \frac{\pi}{2}$$

27 Calcular $\lim\limits_{x \to \frac{\pi}{4}} \dfrac{\text{sen } x - \dfrac{\sqrt{2}}{2}}{x - \dfrac{\pi}{4}}$.

Resolução

Aplicando a fórmula de transformação em produto $\text{sen } p - \text{sen } q = 2 \text{ sen } \dfrac{p - q}{2} \cos \dfrac{p + q}{2}$, temos:

$$\text{sen } x - \frac{\sqrt{2}}{2} = \text{sen } x - \text{sen } \frac{\pi}{4} = 2\text{sen } \frac{x - \frac{\pi}{4}}{2} \cos \frac{x + \frac{\pi}{4}}{2}$$

Assim, concluímos:

$$\lim_{x \to \frac{\pi}{4}} \frac{\operatorname{sen} x - \frac{\sqrt{2}}{2}}{x - \frac{\pi}{4}} = \lim_{x \to \frac{\pi}{4}} \frac{2 \operatorname{sen} \frac{x - \frac{\pi}{4}}{2} \cos \frac{x + \frac{\pi}{4}}{2}}{x - \frac{\pi}{4}} = \lim_{x \to \frac{\pi}{4}} \frac{\operatorname{sen} \frac{x - \frac{\pi}{4}}{2} \cos \frac{x + \frac{\pi}{4}}{2}}{\frac{x - \frac{\pi}{4}}{2}} =$$

$$= \lim_{x \to \frac{\pi}{4}} \frac{\operatorname{sen} \frac{x - \frac{\pi}{4}}{2}}{\frac{x - \frac{\pi}{4}}{2}} \cdot \lim_{x \to \frac{\pi}{4}} \cos \frac{x + \frac{\pi}{4}}{2} = 1 \cdot \cos \frac{\frac{\pi}{4} + \frac{\pi}{4}}{2} = 1 \cdot \cos \frac{\pi}{4} = 1 \cdot \frac{\sqrt{2}}{2} = \frac{\sqrt{2}}{2}$$

28 Calcular $\lim_{x \to 0} \frac{1 - \cos x}{x}$.

Resolução

Existe vizinhança reduzida de 0, $\overline{V}(0)$, tal que para todo x, com $x \in \overline{V}(0)$, tem-se $\cos x \neq -1$. Assim, para $x \in \overline{V}(0)$, podemos escrever:

$$\frac{1 - \cos x}{x} = \frac{(1 - \cos x)(1 + \cos x)}{x(1 + \cos x)} = \frac{1 - \cos^2 x}{x(1 + \cos x)} = \frac{\operatorname{sen}^2 x}{x(1 + \cos x)} = \frac{\operatorname{sen} x}{x} \cdot \frac{\operatorname{sen} x}{1 + \cos x}$$

Logo, temos:

$$\lim_{x \to 0} \frac{1 - \cos x}{x} = \lim_{x \to 0} \left(\frac{\operatorname{sen} x}{x} \cdot \frac{\operatorname{sen} x}{1 + \cos x}\right) = \lim_{x \to 0} \frac{\operatorname{sen} x}{x} \cdot \lim_{x \to 0} \frac{\operatorname{sen} x}{1 + \cos x} = 1 \cdot \frac{\operatorname{sen} 0}{1 + \cos 0} = 1 \cdot \frac{0}{1 + 1} = 0$$

EXERCÍCIOS PROPOSTOS

32 A partir da consequência do limite trigonométrico fundamental, apresentada na página 365, calcule os limites a seguir.

a) $\lim_{x \to 0} \frac{\operatorname{sen} 5x}{5x}$

b) $\lim_{x \to 0} \frac{\operatorname{sen} 4x}{x}$

c) $\lim_{x \to 0} \frac{\operatorname{sen} 3x}{2x}$

d) $\lim_{x \to 0} \frac{x}{\operatorname{sen} x}$

e) $\lim_{x \to 0} \frac{\operatorname{sen} 4x}{\operatorname{sen} 6x}$

f) $\lim_{x \to 0} \frac{\cos\left(\frac{\pi}{2} - x\right)}{8x}$

g) $\lim_{x \to \frac{\pi}{7}} \frac{\operatorname{sen}\left(x - \frac{\pi}{7}\right)}{x - \frac{\pi}{7}}$

h) $\lim_{x \to \frac{\pi}{20}} \frac{\operatorname{sen}\left(4x - \frac{\pi}{5}\right)}{4x - \frac{\pi}{5}}$

i) $\lim_{x \to \frac{\pi}{15}} \frac{\operatorname{sen}\left(3x - \frac{\pi}{5}\right)}{x - \frac{\pi}{15}}$

j) $\lim_{x \to 0} \frac{5 \operatorname{sen} 2x}{x}$

33 Obtenha o valor de cada um dos limites a seguir.

a) $\lim_{x \to 0} \frac{\operatorname{tg} 4x}{x}$

b) $\lim_{x \to 0} \frac{\operatorname{tg} 8x}{\operatorname{tg} 5x}$

c) $\lim_{x \to 0} \frac{1 - \cos x}{x}$

d) $\lim_{x \to 0} \frac{1 - \cos x}{x^2}$

e) $\lim_{x \to 0} \frac{\operatorname{sen}^4 x}{x^4}$

f) $\lim_{x \to 0} \frac{\operatorname{sen}^4 x}{x^3}$

Resolva os exercícios complementares 14 a 18.

EXERCÍCIOS COMPLEMENTARES

Exercícios técnicos

1 Classifique cada uma das afirmações como V (verdadeira) ou F (falsa).

I. Sendo p um número real positivo qualquer, o intervalo $]7 - p, 7 + p[$ é uma vizinhança completa de 7.

II. Se o intervalo $]a - 2, a + 3[$ é uma vizinhança completa de 5, então o número real a é tal que $0 < a < 3$.

III. Se o intervalo $]a - 2, b + 4[$ é uma vizinhança completa de 3, então os números reais a e b são tais que $a < 5$ e $b > -1$.

IV. Sendo p um número real positivo qualquer, o intervalo $]p, 2p[$ é uma vizinhança completa de $\frac{3p}{2}$.

V. O conjunto $[5, 8[- \{5\}$ é uma vizinhança reduzida de 5.

VI. Toda vizinhança de zero possui números positivos e números negativos.

VII. Dados dois números reais distintos quaisquer, a e b, existem vizinhanças $V(a)$ e $V(b)$ tais que $V(a) \cap V(b) = \varnothing$.

VIII. Se a e b são números reais tais que, para quaisquer vizinhanças $\overline{V}(a)$ e $\overline{V}(b)$, temos $\overline{V}(a) \cap \overline{V}(b) \neq \varnothing$, então $a = b$.

IX. Se $\overline{V}(a)$ e $\overline{V}(b)$ são vizinhanças reduzidas de dois números reais distintos a e b, com $\overline{V}(a) \cap \overline{V}(b) \neq \varnothing$, então $\frac{a + b}{2}$ pertence às duas vizinhanças $\overline{V}(a)$ e $\overline{V}(b)$.

2 Considere a vizinhança completa de 6, da forma $]6 - a, 6 + a[$, em que a é um número real positivo. Represente essa vizinhança no eixo real para:

a) $a = 3$ b) $a = 1$ c) $a = \frac{1}{2}$

3 Considere todas as vizinhanças completas de 6, da forma $]6 - a, 6 + a[$, em que a variável a pode assumir todos os valores reais positivos. Qual é a intersecção de todas essas vizinhanças?

4 Considere a vizinhança reduzida de 4, da forma $]4 - a, 4 + a[- \{4\}$, em que a é um número real positivo. Represente essa vizinhança no eixo real para:

a) $a = 1$ b) $a = \frac{1}{2}$ c) $a = \frac{1}{4}$

5 Considere todas as vizinhanças reduzidas de 4, da forma $]4 - a, 4 + a[- \{4\}$, em que a variável a pode assumir todos os valores reais positivos. Qual é a intersecção de todas essas vizinhanças?

6 Construa o gráfico da função f e calcule, se existe, o limite pedido em cada um dos casos:

a) $f: \mathbb{R} \to \mathbb{R}$, tal que $f(x) = -3x + 12$; $\lim\limits_{x \to 0} f(x)$

b) $f: \mathbb{R} - \{2\} \to \mathbb{R}$, tal que $f(x) = \frac{x^2 - 6x + 8}{x - 2}$; $\lim\limits_{x \to 2} f(x)$

c) $f: \mathbb{R} \to \mathbb{R}$, tal que

$$f(x) = \begin{cases} \frac{x^2 - 1}{x - 1}, \text{ se } x \neq 1 \\ 5, \text{ se } x = 1 \end{cases}; \lim_{x \to 1} f(x)$$

d) $f: \mathbb{R} \to \mathbb{R}$, tal que $f(x) = x^2 - x$; $\lim\limits_{x \to 2} f(x)$

e) $f: \mathbb{R}^* \to \mathbb{R}$, tal que $f(x) = \frac{1}{x}$; $\lim\limits_{x \to 2} f(x)$

f) $f: \mathbb{R} \to \mathbb{R}$, tal que $f(x) = \begin{cases} x^2, \text{ se } x < 3 \\ x + 2, \text{ se } x \geq 3 \end{cases}$; $\lim\limits_{x \to 3} f(x)$

g) $f: \mathbb{R} \to \mathbb{R}$ tal que $f(x) = \text{sen } x$; $\lim\limits_{x \to \frac{\pi}{6}} f(x)$

7 O limite de uma função constante qualquer, $f(x) = k$, é igual à própria constante real k, para qualquer tendência da variável x, isto é, $\lim\limits_{x \to a} k = k$ (veja exercício resolvido 7). Considerando esse fato, e dado que g é uma função tal que $\lim\limits_{x \to 4} g(x) = 2$, calcule:

a) $\lim\limits_{x \to 4} [9 + g(x)]$

b) $\lim\limits_{x \to 4} [6 - g(x)]$

c) $\lim\limits_{x \to 4} [5 \cdot g(x)]$

d) $\lim\limits_{x \to 4} \frac{1}{g(x)}$

e) $\lim\limits_{x \to 4} [5 + g(x)]^4$

f) $\lim\limits_{x \to 4} [(g(x))^3 - 5g(x)]$

8 Usando as considerações da questão anterior sobre o limite da função constante, e considerando que, para qualquer número real a, $\lim\limits_{x \to a} x = a$, calcule:

a) $\lim\limits_{x \to 2} x$

b) $\lim\limits_{x \to 3} (x^2 + x)$

c) $\lim\limits_{x \to 2} (x^3 + 6)$

d) $\lim\limits_{x \to -1} (x^3 + x^2 - x + 7)$

e) $\lim\limits_{x \to -2} (2x^3 + 4x^2 - 5)$

f) $\lim\limits_{x \to 3} \frac{x^3}{2 + x^2}$

9 Sejam as funções $f: \mathbb{R} \to \mathbb{R}$, com $f(x) = x^2$, e $g: \mathbb{R} \to \mathbb{R}$, com $g(x) = \text{sen } x + \cos x$.

a) Obtenha a função composta $(f \circ g)(x)$.

b) Dado que $\lim\limits_{x \to \frac{\pi}{4}} g(x) = \sqrt{2}$, calcule $\lim\limits_{x \to \frac{\pi}{4}} (1 + \text{sen } 2x)$.

10 O gráfico 1, a seguir, representa a função $f: \mathbb{R} - \{3\} \to \mathbb{R}$ tal que $f(x) = 2x - 2$, e o gráfico 2 representa a função $g: \mathbb{R} \to \mathbb{R}$ tal que

$$g(x) = \begin{cases} 2x - 2, \text{ se } x \neq 3 \\ 5, \text{ se } x = 3 \end{cases}$$

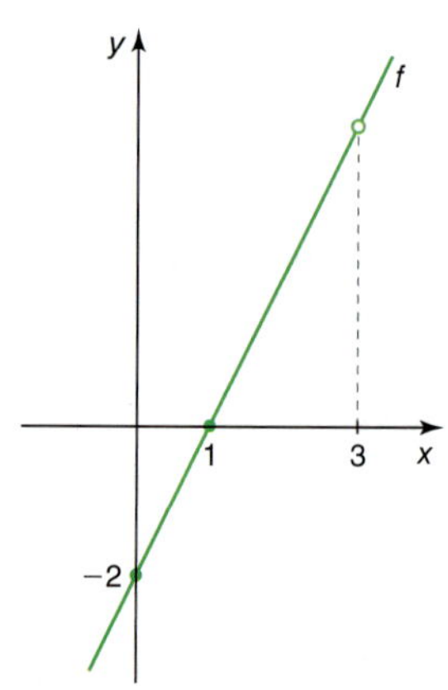

Gráfico 1

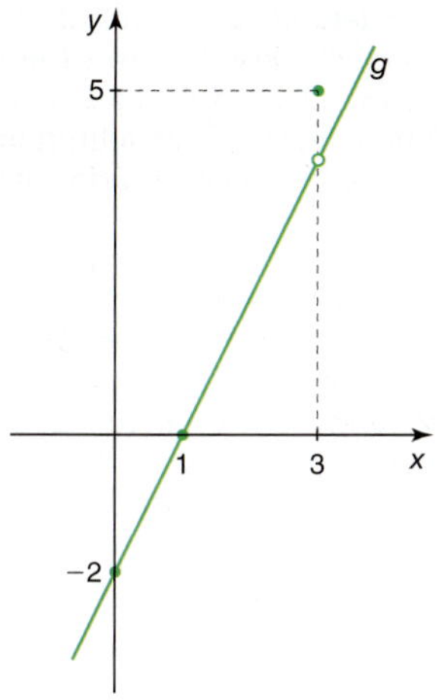

Gráfico 2

Classifique cada uma das afirmações como verdadeira (V) ou falsa (F).

a) A função f é descontínua em $x = 3$.
b) A função f é contínua em $x = 3$.
c) A função f não está definida em $x = 3$.
d) A função f é contínua em todo o seu domínio.
e) A função g é descontínua em $x = 3$.
f) A função g é contínua em $x = 3$.
g) A função g é contínua em todo o seu domínio.
h) A função g não está definida em $x = 3$.

11 Pela definição de função contínua, se uma função f é contínua e o número a pertence ao domínio de f, então o $\lim_{x \to a} f(x)$ é o valor numérico da função f para x igual a a. De acordo com essa ideia, admitindo a continuidade das funções apresentadas na página 358, e aplicando as propriedades das funções contínuas, apresentadas na página 357, calcule os limites a seguir.

a) $\lim_{x \to 0} \dfrac{3}{\cos x}$

b) $\lim_{x \to 2} \dfrac{(x^3 + 2x)(x^2 - 2x + 1)(x + 3)}{(x^2 + 1)(x + 2)}$

c) $\lim_{x \to -2} (3x^2 + 5x)^8$

d) $\lim_{x \to \frac{\pi}{4}} \cos^6 x$

e) $\lim_{x \to 2} \sqrt{2x^3 - x}$

f) $\lim_{x \to 1} |x^5 - 2x + 2|$

g) $\lim_{x \to 2} 5^x$

h) $\lim_{x \to \frac{\pi}{12}} (\text{sen}\, x \cdot \cos x)$

i) $\lim_{x \to \frac{\pi}{8}} (\cos^2 x - \text{sen}^2 x)$

j) $\lim_{x \to \frac{5\pi}{12}} \dfrac{2\,\text{tg}\, x}{1 - \text{tg}^2 x}$

12 Para que valor real de k a função abaixo é contínua em todo o seu domínio?

$$f: \mathbb{R} \to \mathbb{R}, \text{ com } f(x) = \begin{cases} \dfrac{x^2 - x - 6}{x + 2}, \text{ se } x \neq -2 \\ k, \text{ se } x = -2 \end{cases}$$

13 Obtenha os possíveis valores reais de k de modo que a função abaixo seja descontínua em $x = 0$.

$$f: \mathbb{R} \to \mathbb{R}, \text{ com } f(x) = \begin{cases} \dfrac{x}{\sqrt[3]{x}}, \text{ se } x \neq 0 \\ k, \text{ se } x = 0 \end{cases}$$

14 A partir da consequência do limite trigonométrico fundamental, apresentada na página 365, calcule os limites a seguir.

a) $\lim_{x \to 0} \dfrac{4\,\text{sen}\, 3x}{5x}$

b) $\lim_{x \to 0} \dfrac{6x}{\text{sen}\, 5x}$

c) $\lim_{x \to 0} \dfrac{7 \cos\left(\frac{\pi}{2} - x\right)}{4x}$

d) $\lim_{x \to -\frac{4\pi}{9}} \dfrac{\cos\left(\frac{\pi}{18} - x\right)}{x + \frac{4\pi}{9}}$

e) $\lim_{x \to \frac{\pi}{5}} \dfrac{\text{sen}\, x \cdot \cos \frac{\pi}{5} - \text{sen}\, \frac{\pi}{5} \cdot \cos x}{5x - \pi}$

f) $\lim_{x \to \frac{\pi}{6}} \dfrac{\text{sen}\, x - \frac{1}{2}}{x - \frac{\pi}{6}}$

g) $\lim_{x \to \frac{\pi}{4}} \dfrac{\cos x - \frac{\sqrt{2}}{2}}{x - \frac{\pi}{4}}$

15 Obtenha o valor de cada um dos limites a seguir.

a) $\lim_{x \to 0} \dfrac{-1 + \cos x}{x}$

b) $\lim_{x \to 0} \dfrac{\text{sen}^3\left(\frac{x}{5}\right)}{x^3}$

c) $\lim_{x \to 0} \dfrac{x}{\text{tg}\, 5x}$

d) $\lim_{x \to 0} \dfrac{\text{tg}\, x}{\text{tg}\, 3x}$

e) $\lim_{x \to 0} \dfrac{x^4}{\text{tg}^4 x}$

f) $\lim_{x \to 0} \dfrac{\text{sen}\, x}{\text{tg}\, 3x}$

16 Sendo a uma constante real, calcule os limites a seguir.

a) $\lim_{x \to a} \dfrac{\text{sen}\, x - \text{sen}\, a}{x - a}$

b) $\lim_{x \to a} \dfrac{\cos x - \cos a}{x - a}$

c) $\lim_{x \to \frac{2a}{3}} \dfrac{\text{sen}\, 6x - \text{sen}\, 4a}{3x - 2a}$

d) $\lim_{x \to \frac{a}{4}} \dfrac{\cos 8x - \cos 2a}{4x - a}$

17 Calcule os limites a seguir.

a) $\lim_{x \to 0} \dfrac{1 - \sec x}{x}$

b) $\lim_{x \to 0} \dfrac{\sec x - 1}{x^2}$

c) $\lim_{x \to 0} \dfrac{1 - \cos 2x}{x^2}$

d) $\lim_{x \to 0} \dfrac{\text{sen}\, 3x}{\sqrt{x + 9} - 3}$

e) $\lim_{x \to 0} \dfrac{\text{tg}\, x - \text{sen}\, x}{x^3}$

f) $\lim_{x \to 0} \dfrac{x - \text{sen}\, x}{\text{sen}\, x}$

g) $\lim_{x \to 0} \dfrac{1 - \cos 2x}{x\, \text{sen}\, x}$

h) $\lim_{x \to 0} \dfrac{\text{sen}\, 5x + \text{sen}\, 3x}{x \cos x}$

18 Sendo a uma constante real, calcule os limites a seguir.

a) $\lim_{x \to a} \dfrac{\sec x - \sec a}{x - a}$

b) $\lim_{x \to a} \dfrac{\text{tg}\, x - \text{tg}\, a}{x - a}$

Exercícios contextualizados

19 No período das 7 às 9 horas de uma manhã, a temperatura de uma região variou de acordo com a função $f(t) = \frac{8t}{t+1}$, em que $f(t)$ representa a temperatura, em grau Celsius, em função do tempo t, em hora.

a) Calcule a taxa média de variação da temperatura em relação ao tempo, no intervalo de 7 a 9 horas.

b) Calcule a taxa média de variação da temperatura em relação ao tempo, no intervalo de 7 a 8 horas.

c) Calcule a taxa média de variação da temperatura em relação ao tempo, no intervalo de 7 a $(7 + p)$ horas, em que p é um número real positivo.

20 Uma caixa-d'água tem a forma de um paralelepípedo reto-retângulo cuja base horizontal tem 2 m de comprimento por 1 m de largura. Com essa caixa vazia, é aberta uma torneira para enchê-la, à razão de 1.200 litros de água por hora.

a) Dê a função $h(t)$ que expressa a altura, em decímetro, do nível da água em relação à base da caixa, em função do tempo t, em hora.

b) Considerando a função h do item **a**, determine a taxa média de variação de h em relação ao tempo t, quando t varia de 0 a 2 horas, admitindo que esse tempo é menor que o necessário para encher a caixa.

c) Considerando a função h do item **a**, determine a taxa média de variação de h em relação ao tempo t, quando t varia de 0 a p horas, em que p é um número real positivo, admitindo que esse tempo é menor que o necessário para encher a caixa.

21 O crescimento de uma espécie de eucalipto até os sete anos de idade, quando a árvore está madura para o corte, pode ser descrito pela função $f(t) = 21 \cdot \log_8 (t + 1)$, em que $f(t)$ representa a altura da árvore, em metro, em função do tempo t, em ano. No intervalo de 3 a 7 anos de idade, a taxa média de variação do crescimento dessa planta é:

a) 1,35 metro por ano.
b) 1,45 metro por ano.
c) 1,75 metro por ano.
d) 1,85 metro por ano.
e) 2,5 metros por ano.

EXERCÍCIOS DE REVISÃO CUMULATIVA

Ao concluir o estudo deste capítulo, resolva estes exercícios, que envolvem alguns assuntos estudados nos capítulos anteriores.

1 (UFMG) Sejam A e B dois pontos da reta de equação $y = 2x + 2$, que distam duas unidades da origem. Nesse caso, a soma das abscissas de A e B é:

a) $\frac{5}{8}$ b) $-\frac{8}{5}$ c) $-\frac{5}{8}$ d) $\frac{8}{5}$

2 (UFRJ) A distância entre os focos da cônica $3x^2 - y^2 - 9 = 0$ é:

a) $\sqrt{3}$ b) $2\sqrt{3}$ c) $4\sqrt{3}$ d) $6\sqrt{3}$ e) $8\sqrt{3}$

3 Resolva em $\mathbb{C}$ a equação polinomial $x^3 - 2x^2 + x - 2 = 0$.

4 A interrupção do tráfego de veículos em uma avenida de muito movimento provocou congestionamento na ruas vizinhas. Na rua A, o fluxo de veículos passou de 80 veículos por hora para 40 veículos por minuto. Assim, o fluxo de veículos na rua A aumentou cerca de:

a) 2,9%
b) 29%
c) 290%
d) 2.900%
e) 29.000%

Um aluno resolveu o exercício abaixo, conforme reproduzido a seguir. Observe a resolução e reflita sobre o comentário.

Exercício

Sendo $f(x) = \begin{cases} x + 5, \text{ se } x < 0 \\ 5x, \text{ se } x \geqslant 0 \end{cases}$ e $g(x) = \begin{cases} 5x, \text{ se } x < 0 \\ x + 5, \text{ se } x \geqslant 0 \end{cases}$ calcule $\lim\limits_{x \to 0} [f(x) + g(x)]$

Resolução

Gráfico de f

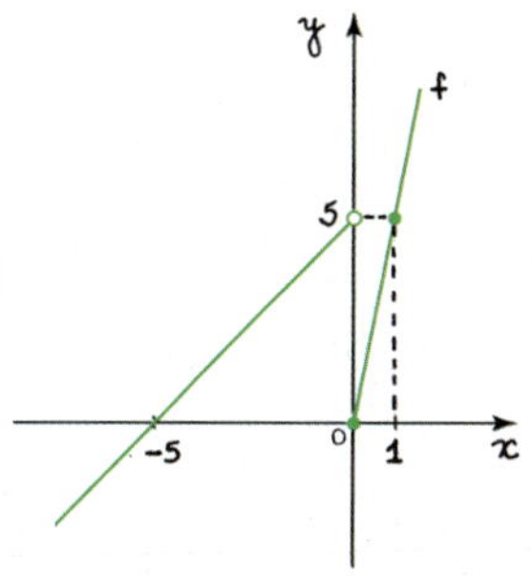

- $\lim\limits_{x \to 0^+} f(x) = 0$
- $\lim\limits_{x \to 0^-} f(x) = 5$

Como os limites laterais são diferentes, não existe $\lim\limits_{x \to 0} f(x)$.

Gráfico de g

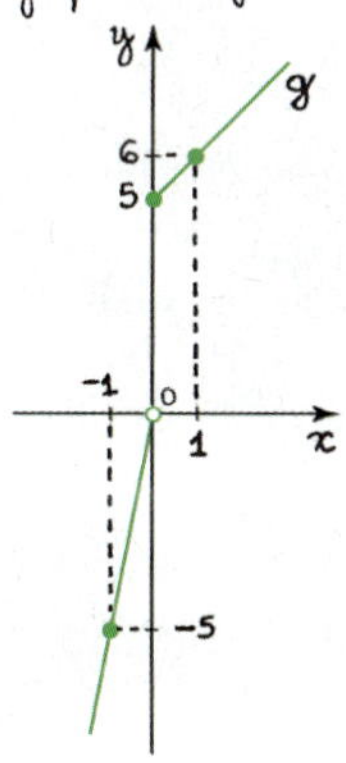

- $\lim\limits_{x \to 0^+} g(x) = 5$
- $\lim\limits_{x \to 0^-} g(x) = 0$

Como os limites laterais são diferentes, não existe $\lim\limits_{x \to 0} g(x)$.

Temos:

$$\lim_{x \to 0} [f(x) + g(x)] = \underbrace{\lim_{x \to 0} f(x)}_{\text{não existe}} + \underbrace{\lim_{x \to 0} g(x)}_{\text{não existe}}$$

Logo, $\lim\limits_{x \to 0} [f(x) + g(x)]$ não existe. ERRADO!

Comentário

A propriedade $\lim\limits_{x \to a} [f(x) + g(x)] = \lim\limits_{x \to a} f(x) + \lim\limits_{x \to a} g(x)$ pressupõe que existam e sejam finitos os limites $\lim\limits_{x \to a} f(x)$ e $\lim\limits_{x \to a} g(x)$; logo, não se pode aplicá-la se essas condições não estiverem asseguradas. Assim, pode existir e ser finito o limite $\lim\limits_{x \to a} [f(x) + g(x)]$ mesmo que não existam $\lim\limits_{x \to a} f(x)$ e $\lim\limits_{x \to a} g(x)$.

Refaça essa resolução, corrigindo-a.

Capítulo

10

Introdução ao Cálculo diferencial: derivada de uma função

O velocímetro de um automóvel em movimento registra a velocidade instantânea do veículo, isto é, ao olharmos para o velocímetro, o que lemos é a velocidade do veículo no instante da observação.

A derivada se originou da necessidade de definir reta tangente a uma curva qualquer. Quando essa definição foi estabelecida, houve um extraordinário avanço em todas as ciências que pesquisam as relações entre grandezas.

10.1 Derivada de uma função em um ponto (taxa pontual de variação)
Quando existe, a derivada de uma função em um ponto de abscissa a é o coeficiente angular da reta tangente ao gráfico dessa função no ponto de abscissa a.

10.2 A função derivada
Se uma função f é derivável em um subconjunto E de seu domínio, a função derivada f' é aquela que associa cada x de E à derivada f'(x).

10.3 Estudo da variação de uma função através de sua derivada
Podemos estudar a variação e os eventuais máximos ou mínimos dessa função através de sua derivada.

10.4 Aplicação das derivadas ao estudo do movimento
O cálculo da variação instantânea de uma grandeza, quando possível, é feito pela derivada da função que relaciona essa grandeza ao tempo.

10.5 Diferencial
A partir de um valor conhecido de uma função derivável em um ponto, o conceito de diferencial possibilita o cálculo de valores aproximados da função nas vizinhanças desse ponto.

O gráfico f abaixo representa a distância d percorrida pelo automóvel em função do tempo t, então o coeficiente angular da reta r, que é dado por $\frac{f(t_1) - f(t_0)}{t_1 - t_0}$, representa a velocidade média do veículo no intervalo de tempo de t_0 a t_1. O coeficiente angular m da reta s, tangente ao gráfico no ponto de abscissa t_0, representa a velocidade instantânea do veículo no instante t_0. Esse valor m é exatamente o que lemos no velocímetro no instante t_0.

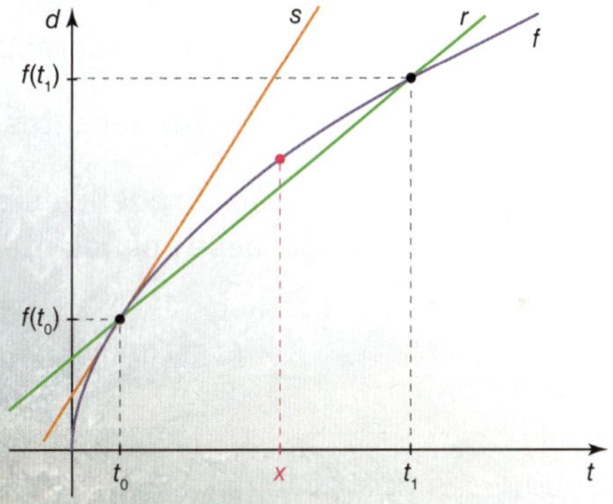

O coeficiente angular da reta tangente ao gráfico de uma função em um ponto é chamado de derivada da função nesse ponto, e será o objeto de estudo deste capítulo.

Para pensar

Como você calcularia a velocidade instantânea do veículo num instante x entre t_0 e t_1?

Seção 10.1

Derivada de uma função em um ponto (taxa pontual de variação)

Objetivos

- **Calcular** a derivada de uma função em um ponto.
- **Obter** uma equação da reta tangente a um gráfico em um ponto.

Termos e conceitos

- **derivada de uma função em um ponto**
- **derivadas laterais de uma função em um ponto**

Vamos retomar o problema que introduziu, no capítulo 9, o conceito de taxa média de variação. Naquele problema, a velocidade escalar do avião é dada por $v = t^2$, para $0 \leqslant t \leqslant 3$. Assim, as taxas médias de variação da velocidade para $t \in [1, 3]$, $t \in [1, 2]$ e $t \in \left[1, \frac{3}{2}\right]$ são, respectivamente, os coeficientes angulares das retas r, s e u representadas ao lado.

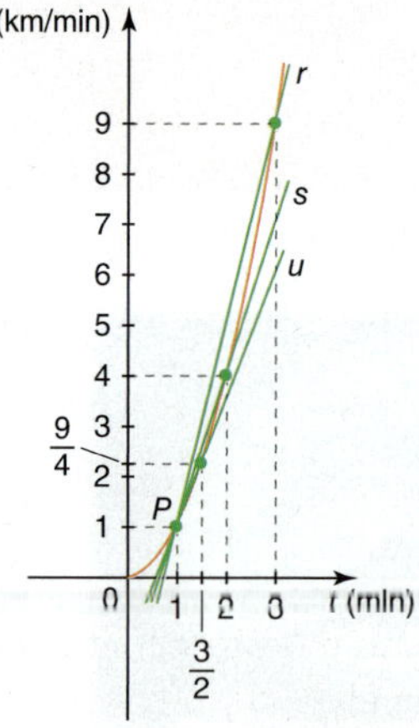

$$m_r = \frac{9 - 1}{3 - 1} = 4$$

$$m_s = \frac{4 - 1}{2 - 1} = 3$$

$$m_u = \frac{\frac{9}{4} - 1}{\frac{3}{2} - 1} = \frac{5}{2}$$

Se considerarmos valores de t cada vez mais próximos de 1, as retas secantes que passam por $(1, 1)$ e (t, t^2) se aproximarão cada vez mais da reta tangente à parábola no ponto P e, portanto, os coeficientes angulares dessas retas secantes, que são calculados por $\frac{t^2 - 1}{t - 1}$, se aproximarão cada vez mais do coeficiente angular m da reta tangente à parábola no ponto P. Logo, esse coeficiente angular é dado por:

$$m = \lim_{t \to 1} \frac{t^2 - 1}{t - 1} = \lim_{t \to 1} \frac{(t + 1)\cancel{(t - 1)}}{\cancel{t - 1}} = \lim_{t \to 1} (t + 1) = 1 + 1 = 2$$

O coeficiente angular m é chamado de taxa pontual da variação da velocidade escalar v no instante 1 min ou **derivada** da função $v(t) = t^2$ para $t = 1$. Essa derivada representa a aceleração instantânea do avião no instante $t = 1$ min.

Definição

Seja f uma função real de variável real e seja a um número real tal que existe uma vizinhança completa de a contida no domínio de f. O limite $\lim_{x \to a} \frac{f(x) - f(a)}{x - a}$, se existir, é chamado de **derivada** da função f no ponto de abscissa a. Indicaremos essa derivada por $f'(a)$, isto é:

$$f'(a) = \lim_{x \to a} \frac{f(x) - f(a)}{x - a}$$

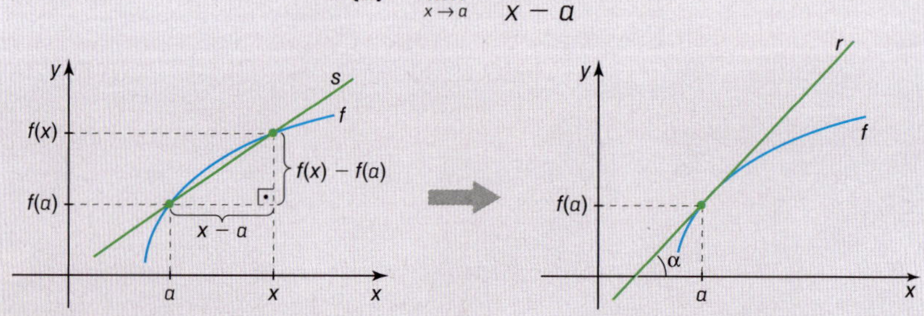

As retas que passam por $(a, f(a))$ e $(x, f(x))$ tendem à reta tangente r quando x tende a a.

Notas:

1. Dizemos que existe a reta tangente a uma curva f em um ponto A se existir uma única reta como limite das retas secantes $\overleftrightarrow{AB}$, com B pertencente ao gráfico de f, quando a distância entre A e B tende a zero. Assim, há curvas que não admitem tangente em um ou mais pontos; por exemplo, considere o ponto A da figura 1 a seguir.
Traçando por A as retas secantes que interceptem a curva à direita de A, determinando cordas cada vez menores, essas retas tenderão à reta r, representada na figura 2; porém, traçando por A as retas secantes que interceptem a curva à esquerda de A, determinando cordas cada vez menores, essas retas tenderão à reta s da figura 3:

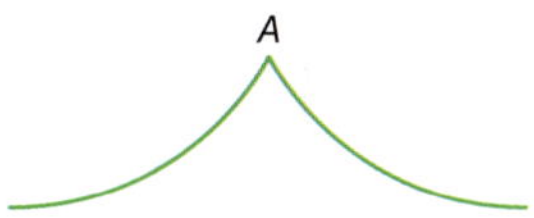

Figura 1

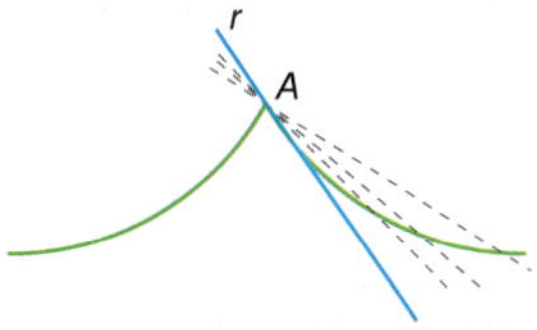

Figura 2

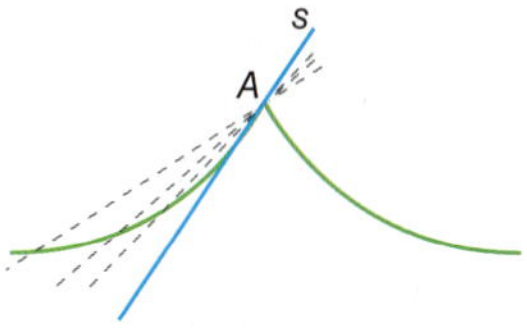

Figura 3

Como as retas limites das secantes, à direita e à esquerda de A são diferentes, concluímos que essa curva não admite reta tangente no ponto A.

2. Dizer que existe a derivada de uma função em um ponto de abscissa a equivale a dizer que existe a reta tangente ao gráfico no ponto de abscissa a e que essa reta não é vertical. Assim, há funções que não admitem derivada em um ou mais pontos; por exemplo, observe o gráfico da função $g(x) = |x|$:

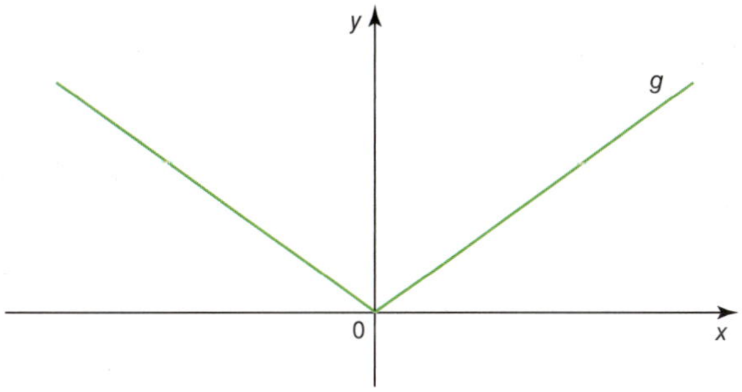

Essa função não admite derivada no ponto de abscissa 0 (zero), pois a curva não admite reta tangente no ponto de abscissa zero.

Como outro exemplo, considere a função h cujo gráfico é formado pelas duas semicircunferências a seguir:

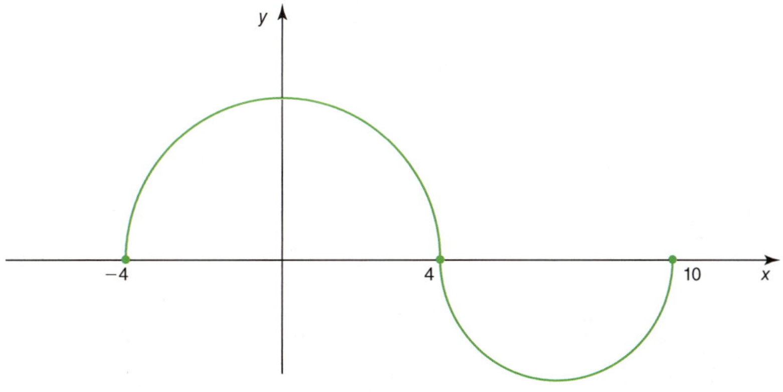

Apesar de existir a reta tangente ao gráfico no ponto de abscissa 4, essa reta é vertical e, portanto, não tem coeficiente angular. Logo, não existe a derivada dessa função no ponto de abscissa 4.

3. Dizemos que uma função $y = v(x)$ é derivável em intervalo aberto I de seu domínio quando existe a derivada de v em todo x pertencente a I.

EXERCÍCIOS RESOLVIDOS

1 Seja a função $f: \mathbb{R} \rightarrow \mathbb{R}$ tal que $f(x) = 3x^2 - 1$.

a) Determinar a derivada de f no ponto de abscissa 2, isto é, $f'(2)$.

b) Obter uma equação da reta tangente ao gráfico de f no ponto de abscissa 2.

Resolução

a) $f'(2) = \lim\limits_{x \to 2} \dfrac{f(x) - f(2)}{x - 2}$, ou seja, $f'(2) = \lim\limits_{x \to 2} \dfrac{(3x^2 - 1) - (3 \cdot 2^2 - 1)}{x - 2} =$

$$= \lim_{x \to 2} \frac{3x^2 - 12}{x - 2} = \lim_{x \to 2} \frac{3(x^2 - 4)}{x - 2} = \lim_{x \to 2} \frac{3(x + 2)(x - 2)}{x - 2} =$$

$$= \lim_{x \to 2} 3(x + 2) = 3(2 + 2) = 12$$

b) Temos $f(2) = 3 \cdot 2^2 - 1 = 11$. Logo, devemos obter uma equação da reta t tangente ao gráfico no ponto P(2, 11). O coeficiente angular dessa reta é a derivada da função f no ponto de abscissa 2, isto é, $f'(2) = 12$. Assim, pela equação fundamental:

$y - y_0 = m(x - x_0)$

obtemos a equação da reta t:

$y - 11 = 12(x - 2)$, ou seja,

$y = 12x - 13$

Observe o gráfico ao lado:

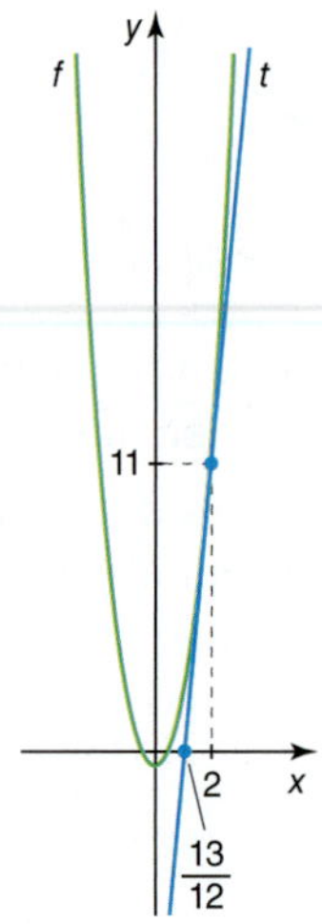

2 Uma barra de ferro foi aquecida durante determinado período, de modo que sua temperatura C(t), em graus Celsius, aumentou em função do tempo t, em minuto, de acordo com a função $C(t) = t^3$.

a) Calcular a taxa média de variação da temperatura C em relação ao tempo t, para $5 \leq t \leq 6$.

b) Calcular a taxa pontual (taxa instantânea) de variação da temperatura em relação ao tempo para t = 5.

Resolução

a) A taxa média de variação da temperatura em relação ao tempo, em °C/min, para $5 \leq t \leq 6$, é:

$$\frac{C(6) - C(5)}{6 - 5} = \frac{6^3 - 5^3}{6 - 5} = \frac{216 - 125}{1} = 91$$

Logo, a taxa média de variação, no intervalo considerado, foi de 91 °C/min.

b) A taxa instantânea de variação da temperatura em relação ao tempo para t = 5 é a derivada da função $C(t) = t^3$ no ponto de abscissa 5, isto é,

$$C'(5) = \lim_{t \to 5} \frac{t^3 - 5^3}{t - 5} = \lim_{t \to 5} \frac{\cancel{(t - 5)}(t^2 + 5t + 25)}{\cancel{t - 5}} = \lim_{t \to 5} (t^2 + 5t + 25) = 5^2 + 5 \cdot 5 + 25 = 75$$

Portanto, a taxa instantânea de variação, para t = 5 min, foi de 75 °C/min.

3 Seja a função $f: \mathbb{R} \rightarrow \mathbb{R}$ tal que $f(x) = \text{sen } x$.

a) Determinar a derivada de f no ponto de abscissa $\dfrac{\pi}{4}$, isto é, $f'\left(\dfrac{\pi}{4}\right)$.

b) Obter uma equação da reta tangente ao gráfico de f no ponto de abscissa $\dfrac{\pi}{4}$.

Resolução

$$\text{a) } f'\left(\frac{\pi}{4}\right) = \lim_{x \to \frac{\pi}{4}} \frac{\text{sen } x - \text{sen } \frac{\pi}{4}}{x - \frac{\pi}{4}} = \lim_{x \to \frac{\pi}{4}} \frac{2 \text{ sen } \dfrac{x - \frac{\pi}{4}}{2} \cdot \cos \dfrac{x + \frac{\pi}{4}}{2}}{x - \frac{\pi}{4}} = \lim_{x \to \frac{\pi}{4}} \frac{\text{sen } \dfrac{x - \frac{\pi}{4}}{2} \cdot \cos \dfrac{x + \frac{\pi}{4}}{2}}{\dfrac{x - \frac{\pi}{4}}{2}} =$$

$$= \lim_{x \to \frac{\pi}{4}} \frac{\text{sen } \dfrac{x - \frac{\pi}{4}}{2}}{\dfrac{x - \frac{\pi}{4}}{2}} \cdot \lim_{x \to \frac{\pi}{4}} \cos \frac{x + \frac{\pi}{4}}{2} = 1 \cdot \cos \frac{\frac{\pi}{4} + \frac{\pi}{4}}{2} = 1 \cdot \cos \frac{\pi}{4} = \frac{\sqrt{2}}{2}$$

b) Temos $f\left(\frac{\pi}{4}\right) = \text{sen}\ \frac{\pi}{4} = \frac{\sqrt{2}}{2}$. Logo, devemos obter uma equação da reta t tangente ao gráfico no ponto $P\left(\frac{\pi}{4}, \frac{\sqrt{2}}{2}\right)$. O coeficiente angular dessa reta é a derivada da função f no ponto de abscissa $\frac{\pi}{4}$, isto é, $f'\left(\frac{\pi}{4}\right) = \frac{\sqrt{2}}{2}$.

Assim, pela equação fundamental $y - y_0 = m(x - x_0)$, obtemos a equação da reta t:

$$y - \frac{\sqrt{2}}{2} = \frac{\sqrt{2}}{2}\left(x - \frac{\pi}{4}\right) \Rightarrow y = \frac{\sqrt{2}x}{2} - \frac{\sqrt{2}\pi}{8} + \frac{\sqrt{2}}{2}$$

Graficamente, temos:

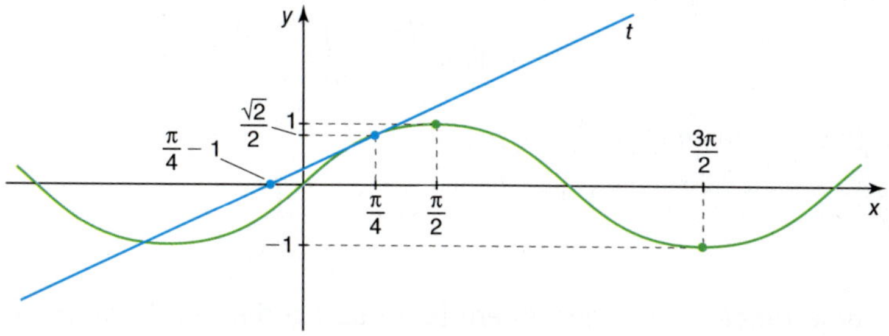

Derivadas laterais

Considere a função $f(x) = |x|$ cujo gráfico é:

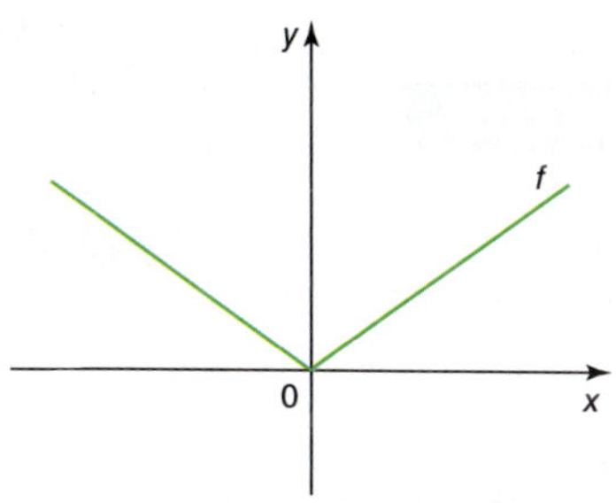

Observando que $\frac{f(0 + h) - f(0)}{h} = \frac{|0 + h| - |0|}{h} = \frac{|h|}{h}$, vamos calcular os limites laterais $\lim\limits_{h \to 0^+} \frac{f(0 + h) - f(0)}{h}$ e $\lim\limits_{h \to 0^-} \frac{f(0 + h) - f(0)}{h}$.

- Para $h > 0$, temos $|h| = h$ e, portanto,

  $$\lim_{h \to 0^+} \frac{f(0 + h) - f(0)}{h} = \lim_{h \to 0^+} \frac{|h|}{h} = \lim_{h \to 0^+} \frac{h}{h} = \lim_{h \to 0^+} 1 = 1$$

  Esse limite lateral é chamado de **derivada lateral direita** da função f no ponto de abscissa zero. Indicaremos essa derivada por $f'_+(0)$.

- Para $h < 0$, temos que $|h| = -h$ e, portanto,

  $$\lim_{h \to 0^-} \frac{f(0 + h) - f(0)}{h} = \lim_{h \to 0^-} \frac{|h|}{h} = \lim_{h \to 0^-} \frac{-h}{h} = \lim_{h \to 0^-} (-1) = -1$$

  Esse limite lateral é chamado de **derivada lateral esquerda** da função f no ponto de abscissa zero. Indicaremos essa derivada por $f'_-(0)$.

  Embora existam as derivadas laterais de f no ponto de abscissa zero, elas são diferentes, isto é, $f'_+(0) \neq f'_-(0)$, o que implica que **não existe** $f'(0)$, ou seja, não existe a derivada de f no ponto de abscissa zero.

Generalizando:

Seja f uma função real de variável real e seja $[a, b]$, com $a < b$, um intervalo fechado contido no domínio de f.

- A derivada de f para x tendendo a a pela direita, que se indica por $f'_+(a)$, é

$$f'_+(a) = \lim_{h \to a^+} \frac{f(a + h) - f(a)}{h}$$

se, e somente se, esse limite existe e é finito.

- A derivada de f para x tendendo a b pela esquerda, que se indica por $f'_-(b)$, é

$$f'_-(b) = \lim_{h \to b^-} \frac{f(b + h) - f(b)}{h}$$

se, e somente se, esse limite existe e é finito.

Notas:

1. Dizemos que uma função f é derivável em $[a, b]$ se f é derivável em $]a, b[$ e existem $f'_+(a)$ e $f'_-(b)$.
2. Dizemos que existe e é igual a L a derivada de uma função f em um ponto de abscissa k se, e somente se, existem e são iguais a L as derivadas laterais $f'_+(k)$ e $f'_-(k)$, isto é, $f'(k) = L$ se, e somente se, $f'_+(k) = f'_-(k) = L$.

EXERCÍCIOS PROPOSTOS

1 Considere a função $y = 2x^2 - 4x$.

a) Determine a taxa média de variação de y em relação a x para $x \in [1, 2]$.

b) Construa o gráfico da função $y = 2x^2 - 4x$ e da reta que passa pelo ponto $(1, -2)$ e tem coeficiente angular numericamente igual à taxa média de variação obtida no item anterior.

c) Obtenha o coeficiente angular da reta t, tangente ao gráfico da função no ponto de abscissa 1. Esse coeficiente angular é a **taxa pontual** de variação da função y em relação a x, para $x = 1$.

[*Nota*: Se traçarmos pelo ponto $(1, -2)$ retas secantes ao gráfico $y = 2x^2 - 4x$ de modo que a parábola determine cordas cada vez menores sobre essas retas, vamos nos aproximar cada vez mais da reta tangente à curva no ponto $(1, -2)$. Por isso dizemos que, quando os comprimentos dessas cordas tendem a zero, as retas secantes ao gráfico tendem à reta t tangente ao gráfico no ponto $(1, -2)$.]

2 Considere a função $y = 2x + 3$:

a) Determine a taxa média de variação de y em relação a x, para $x \in [1, 1 + p]$, em que p é variável e pode assumir qualquer valor positivo.

b) Quando p tende a zero, para que valor tenderá a expressão obtida no item anterior?

c) Qual é a **taxa pontual** de variação da função y em relação a x, para $x = 1$?

3 Considerando a função $f: \mathbb{R} \to \mathbb{R}$ tal que $f(x) = 4x^2 - 2$, obtenha:

a) $f'(1)$.

b) a equação da reta t tangente ao gráfico de f no ponto de abscissa 1.

4 Considere a função $y = x^2 + 2x$.

a) Determine a taxa média de variação de y em relação a x para $x \in [0, 1]$.

b) Construa o gráfico dessa função e da reta que passa pelo ponto $(0, 0)$ e tem coeficiente angular numericamente igual à taxa média de variação obtida no item anterior.

c) Determine a taxa média de variação de y em relação a x para $x \in [0, p]$, em que p é variável e pode assumir qualquer valor real positivo.

d) A partir da expressão obtida no item anterior, faça p tender a zero e calcule o coeficiente angular da reta tangente à curva no ponto $(0, 0)$. Esse coeficiente angular é a **taxa pontual** de variação da função y em relação a x, para $x = 0$.

[*Nota*: Se traçarmos pelo ponto $(0, 0)$ retas secantes ao gráfico $y = x^2 + 2x$ de modo que esse gráfico determine cordas cada vez menores sobre essas retas, vamos nos aproximar cada vez mais da reta t tangente à curva no ponto $(0, 0)$. Por isso dizemos que, quando a abscissa x tende a 0, os coeficientes angulares dessas retas secantes tendem ao coeficiente angular da reta tangente t ao gráfico no ponto $(0, 0)$.]

Resolva os exercícios complementares 1 a 9.

A função derivada

Objetivos

- **Obter** a derivada de uma função pela definição.
- **Aplicar** a derivada em resolução de problemas.
- **Compreender** e aplicar regras de derivação.

Termo e conceito

- **função derivada de uma função**

Vimos que se existe a reta tangente ao gráfico de uma função $y = f(x)$ em um ponto de abscissa a, o coeficiente angular dessa reta é a derivada de f no ponto de abscissa a e é calculada por:

$$f'(a) = \lim_{x \to a} \frac{f(x) - f(a)}{x - a} \quad \text{(I)}$$

Essa derivada pode ser representada, de forma equivalente, fazendo-se a seguinte mudança de variável: $x - a = h$, portanto, $x = a + h$. É importante observar que, como x tende a a, concluímos que h tende a zero, pois $x - a = h$. Assim, podemos escrever:

$$f'(a) = \lim_{h \to 0} \frac{f(a + h) - f(a)}{h} \quad \text{(II)}$$

Interpretando graficamente esse limite, temos:

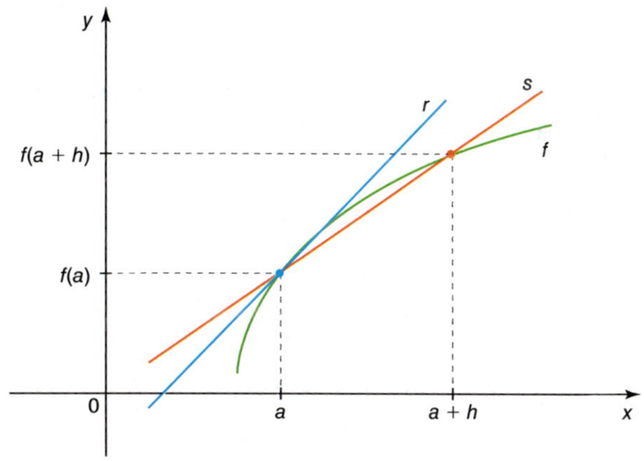

Note que, se h tende a zero, a reta secante s tende à reta tangente r.

Usaremos o limite (II) para definir **função derivada**.

Definição

Seja a função $f\colon A \rightarrow \mathbb{R}$, com $A \subset \mathbb{R}$, e seja E o subconjunto de A cujos elementos são todos os valores x tal que existe $f'(x)$.

Chama-se de **função derivada de f** a função $f'\colon E \rightarrow \mathbb{R}$ tal que:

$$f'(x) = \lim_{h \to 0} \frac{f(x + h) - f(x)}{h}$$

Em outras palavras, a função derivada é aquela que associa cada x do conjunto E à derivada $f'(x)$.

Conteúdo digital Moderna PLUS http://www.modernaplus.com.br
Animação: *Interpretação gráfica da derivada.*

EXERCÍCIOS RESOLVIDOS

4 Seja $f: \mathbb{R} \rightarrow \mathbb{R}$, com $f(x) = x^2$. Obter a função derivada de f.

Resolução

$$f'(x) = \lim_{h \to 0} \frac{f(x+h) - f(x)}{h} = \lim_{h \to 0} \frac{(x+h)^2 - x^2}{h} = \lim_{h \to 0} \frac{x^2 + 2xh + h^2 - x^2}{h} =$$

$$= \lim_{h \to 0} \frac{2xh + h^2}{h} = \lim_{h \to 0} \frac{h(2x+h)}{h} = \lim_{h \to 0} (2x + h) = 2x + 0 = 2x$$

Note, portanto, que existe a derivada de f para qualquer número real x. Assim, a função derivada de f é a função $f': \mathbb{R} \rightarrow \mathbb{R}$, com $f'(x) = 2x$.

5 Seja $f: \mathbb{R} \rightarrow \mathbb{R}$, com $f(x) = x^3$. Obter a função derivada de f.

Resolução

$$f'(x) = \lim_{h \to 0} \frac{f(x+h) - f(x)}{h} = \lim_{h \to 0} \frac{(x+h)^3 - x^3}{h} = \lim_{h \to 0} \frac{x^3 + 3x^2h + 3xh^2 + h^3 - x^3}{h} =$$

$$= \lim_{h \to 0} \frac{3x^2h + 3xh^2 + h^3}{h} = \lim_{h \to 0} \frac{h(3x^2 + 3xh + h^2)}{h} = \lim_{h \to 0} (3x^2 + 3xh + h^2) = 3x^2 + 3x \cdot 0 + 0^2 = 3x^2$$

Note, portanto, que existe a derivada de f para qualquer número real x. Assim, a função derivada de f é a função $f': \mathbb{R} \rightarrow \mathbb{R}$, com $f'(x) = 3x^2$.

6 A função $f': \mathbb{R} \rightarrow \mathbb{R}$, com $f'(x) = 4x - 8$, é a derivada de uma função f.

a) Qual é o coeficiente angular da reta tangente ao gráfico da função f no ponto de abscissa 1?

b) Qual é o coeficiente angular da reta tangente ao gráfico da função f no ponto de abscissa 2?

Resolução

Para cada a do domínio de f, a derivada $f'(a)$ é o coeficiente angular da reta tangente ao gráfico de f no ponto de abscissa a. Assim:

a) O coeficiente angular da reta tangente ao gráfico de f no ponto de abscissa 1 é $f'(1) = 4 \cdot 1 - 8 = -4$.

b) O coeficiente angular da reta tangente ao gráfico de f no ponto de abscissa 2 é $f'(2) = 4 \cdot 2 - 8 = 0$.

(*Nota*: Há outras notações para a função derivada. Por exemplo, no exercício resolvido 4, vimos que a derivada da função $f(x) = x^2$ é $f'(x) = 2x$. Essa função derivada também pode ser indicada por:

- $y' = 2x$
- $y'_x = 2x$
- $y = 2x$
- $\frac{dy}{dx} = 2x$
- $\frac{df}{dx} = 2x$
- $Df = 2x$

Aqui, vamos adotar as notações f', y', $\frac{df}{dx}$ e $\frac{dy}{dx}$).

Derivadas fundamentais

As derivadas de algumas funções são a base para as derivadas de muitas outras, por isso, dizemos que elas são fundamentais. Como estamos introduzindo o assunto, apresentaremos apenas algumas das derivadas fundamentais.

Derivada da função constante

Sendo k uma constante real, temos:

$$f(x) = k \Rightarrow f'(x) = 0$$

Demonstração

$$f'(x) = \lim_{h \to 0} \frac{f(x+h) - f(x)}{h} = \lim_{h \to 0} \frac{k - k}{h} = \lim_{h \to 0} 0 = 0$$

Exemplo

$f(x) = 7 \Rightarrow f'(x) = 0$

Derivada da função potência

> Sendo n um número natural não nulo, temos:
> $$f(x) = x^n \Rightarrow f'(x) = nx^{n-1}$$

Demonstração

$$f'(x) = \lim_{h \to 0} \frac{f(x+h) - f(x)}{h} = \lim_{h \to 0} \frac{(x+h)^n - x^n}{h} =$$

$$= \lim_{h \to 0} \frac{\binom{n}{0}x^n h^0 + \binom{n}{1}x^{n-1}h^1 + \binom{n}{2}x^{n-2}h^2 + ... + \binom{n}{n}x^0 h^n - x^n}{h} =$$

$$= \lim_{h \to 0} \frac{\cancel{x^n} + \binom{n}{1}x^{n-1}h^1 + \binom{n}{2}x^{n-2}h^2 + ... + \binom{n}{n}x^0 h^n - \cancel{x^n}}{h} =$$

$$= \lim_{h \to 0} \frac{\cancel{h}\left[\binom{n}{1}x^{n-1} + \binom{n}{2}x^{n-2}h + ... + \binom{n}{n}x^0 h^{n-1}\right]}{\cancel{h}} =$$

$$= \lim_{h \to 0} \left[\binom{n}{1}x^{n-1} + \binom{n}{2}x^{n-2}h + ... + \binom{n}{n}x^0 h^{n-1}\right] =$$

$$= \binom{n}{1}x^{n-1} + \binom{n}{2}x^{n-2} \cdot 0 + ... + \binom{n}{n}x^0 \cdot 0^{n-1} = \binom{n}{1}x^{n-1} = nx^{n-1}$$

Exemplos

a) $f(x) = x^5 \Rightarrow f'(x) = 5x^4$

b) $f(x) = x^{10} \Rightarrow f'(x) = 10x^9$

c) $f(x) = x^1 \Rightarrow f'(x) = 1x^0 = 1$

Derivada da função seno

> $$f(x) = \text{sen}\, x \Rightarrow f'(x) = \cos x$$

Demonstração

$$f'(x) = \lim_{h \to 0} \frac{f(x+h) - f(x)}{h} = \lim_{h \to 0} \frac{\text{sen}\,(x+h) - \text{sen}\, x}{h} = \lim_{h \to 0} \frac{2\,\text{sen}\,\frac{x+h-x}{2} \cos \frac{x+h+x}{2}}{h} =$$

$$= \lim_{h \to 0} \frac{2\,\text{sen}\,\frac{h}{2} \cos \frac{2x+h}{2}}{h} = \lim_{h \to 0} \frac{\text{sen}\,\frac{h}{2} \cos \frac{2x+h}{2}}{\frac{h}{2}} = \lim_{h \to 0} \frac{\text{sen}\,\frac{h}{2}}{\frac{h}{2}} \cdot \lim_{h \to 0} \cos \frac{2x+h}{2} =$$

$$= 1 \cdot \cos \frac{2x+0}{2} = \cos x$$

Derivada da função cosseno

$$f(x) = \cos x \Rightarrow f'(x) = -\operatorname{sen} x$$

Demonstração

$$f'(x) = \lim_{h \to 0} \frac{f(x+h) - f(x)}{h} = \lim_{h \to 0} \frac{\cos(x+h) - \cos x}{h} =$$

$$= \lim_{h \to 0} \frac{-2 \operatorname{sen} \frac{x+h+x}{2} \operatorname{sen} \frac{x+h-x}{2}}{h} = \lim_{h \to 0} \frac{-2 \operatorname{sen} \frac{2x+h}{2} \operatorname{sen} \frac{h}{2}}{h} =$$

$$= \lim_{h \to 0} \frac{\left(-\operatorname{sen} \frac{2x+h}{2}\right) \cdot \operatorname{sen} \frac{h}{2}}{\frac{h}{2}} = \lim_{h \to 0} \left(-\operatorname{sen} \frac{2x+h}{2}\right) \cdot \lim_{h \to 0} \frac{\operatorname{sen} \frac{h}{2}}{\frac{h}{2}} =$$

$$= \left(-\operatorname{sen} \frac{2x+0}{2}\right) \cdot 1 = -\operatorname{sen} x$$

Regras de derivação

A partir das derivadas fundamentais, podemos obter as derivadas de infinitas outras funções, aplicando as propriedades descritas a seguir, chamadas de **regras de derivação**.

Derivada da soma

Sejam u e v funções deriváveis em um intervalo aberto I. Para todo x, com $x \in I$, temos:

$$f(x) = u(x) + v(x) \Rightarrow f'(x) = u'(x) + v'(x)$$

Demonstração

$$f'(x) = \lim_{h \to 0} \frac{f(x+h) - f(x)}{h} = \lim_{h \to 0} \frac{u(x+h) + v(x+h) - [u(x) + v(x)]}{h} =$$

$$= \lim_{h \to 0} \frac{u(x+h) - u(x) + v(x+h) - v(x)}{h} =$$

$$= \lim_{h \to 0} \left[\frac{u(x+h) - u(x)}{h} + \frac{v(x+h) - v(x)}{h}\right] =$$

$$= \lim_{h \to 0} \frac{u(x+h) - u(x)}{h} + \lim_{h \to 0} \frac{v(x+h) - v(x)}{h} = u'(x) + v'(x)$$

Essa propriedade pode ser estendida para a soma $u_1(x) + u_2(x) + u_3(x) + ... + u_n(x)$ de n funções deriváveis em um intervalo aberto I, ou seja:

$$f(x) = u_1(x) + u_2(x) + u_3(x) + ... + u_n(x) \Rightarrow f'(x) = u_1'(x) + u_2'(x) + u_3'(x) + ... + u_n'(x)$$

Derivada da diferença

Sejam u e v funções deriváveis em um intervalo aberto I. Para todo x, com $x \in I$, temos:

$$f(x) = u(x) - v(x) \Rightarrow f'(x) = u'(x) - v'(x)$$

Você mesmo pode fazer a demonstração dessa propriedade, pois é análoga à demonstração da derivada da soma.

Podemos estender essa propriedade para n funções deriváveis em um intervalo aberto I, ou seja:

$$f(x) = u_1(x) - u_2(x) - u_3(x) - ... - u_n(x) \Rightarrow f'(x) = u_1'(x) - u_2'(x) - u_3'(x) - ... - u_n'(x)$$

EXERCÍCIO RESOLVIDO

7 Determinar a função derivada de cada uma das seguintes funções:

a) $f(x) = x^6 + x^4$

b) $g(x) = x^8 + x^2 + 5$

c) $u(x) = x^{10} - x$

d) $v(x) = x^7 - x^4 + 3$

e) $t(x) = x + \text{sen } x$

Resolução

Aplicando as regras da derivada da soma e da diferença e as derivadas fundamentais da função potência, da função constante e da função seno, temos:

a) $f'(x) = 6x^5 + 4x^3$

b) $g'(x) = 8x^7 + 2x^1 + 0$, ou seja, $g'(x) = 8x^7 + 2x$

c) $u'(x) = 10x^9 - 1x^0$, ou seja, $u'(x) = 10x^9 - 1$

d) $v'(x) = 7x^6 - 4x^3 + 0$, ou seja, $v'(x) = 7x^6 - 4x^3$

e) $t'(x) = 1 + \cos x$

Derivada do produto

Sejam u e v funções deriváveis em um intervalo aberto I. Para todo x, com $x \in I$, temos:

$$f(x) = u(x) \cdot v(x) \Rightarrow f'(x) = u'(x) \cdot v(x) + u(x) \cdot v'(x)$$

Demonstração

$$f'(x) = \lim_{h \to 0} \frac{f(x+h) - f(x)}{h} = \lim_{h \to 0} \frac{u(x+h) \cdot v(x+h) - u(x) \cdot v(x)}{h}$$

Vamos adicionar a expressão $u(x) \cdot v(x+h) - u(x) \cdot v(x+h)$ ao numerador de

$\frac{u(x+h) \cdot v(x+h) - u(x) \cdot v(x)}{h}$. Com isso, não alteramos a expressão e obtemos:

$$f'(x) = \lim_{h \to 0} \frac{f(x+h) - f(x)}{h} = \lim_{h \to 0} \frac{u(x+h) \cdot v(x+h) - u(x) \cdot v(x)}{h} =$$

$$= \lim_{h \to 0} \frac{u(x+h) \cdot v(x+h) - u(x) \cdot v(x) + u(x) \cdot v(x+h) - u(x) \cdot v(x+h)}{h} =$$

$$= \lim_{h \to 0} \frac{[u(x+h) - u(x)] \cdot v(x+h) + u(x) \cdot [v(x+h) - v(x)]}{h} =$$

$$= \lim_{h \to 0} \frac{[u(x+h) - u(x)] \cdot v(x+h)}{h} + \lim_{h \to 0} \frac{u(x) \cdot [v(x+h) - v(x)]}{h} =$$

$$= \lim_{h \to 0} \frac{[u(x+h) - u(x)]}{h} \cdot \lim_{h \to 0} v(x+h) + \lim_{h \to 0} u(x) \cdot \lim_{h \to 0} \frac{[v(x+h) - v(x)]}{h} =$$

$$= u'(x) \cdot v(x) + u(x) \cdot v'(x)$$

EXERCÍCIOS RESOLVIDOS

8 Determinar a função derivada de $f(x) = x^4 \cos x$.

Resolução

Sendo $u(x) = x^4$ e $v(x) = \cos x$, temos $u'(x) = 4x^3$ e $v'(x) = -\text{sen}\ x$. Assim.

$f'(x) = u'(x) \cdot v(x) + u(x) \cdot v'(x) \Rightarrow f'(x) = 4x^3 \cos x + x^4 \cdot (-\text{sen}\ x)$

$\therefore\ f'(x) = 4x^3 \cos x - x^4 \text{sen}\ x$

9 Demonstrar que, para qualquer constante real k e qualquer número natural não nulo n, tem-se:
$f(x) = kx^n \Rightarrow f'(x) = knx^{n-1}$

Resolução

Na função $f(x) = kx^n$, consideramos $u(x) = k$ e $v(x) = x^n$ e, portanto, $u'(x) = 0$ e $v'(x) = nx^{n-1}$.
Assim:

$f(x) = u(x) \cdot v(x) \Rightarrow f'(x) = u'(x) \cdot v(x) + u(x) \cdot v'(x)$

$\therefore\ f'(x) = 0 \cdot x^n + k \cdot nx^{n-1} = knx^{n-1}$

10 Determinar a derivada de cada uma das seguintes funções:

a) $f(x) = 8x^4$

b) $g(x) = 9x$

c) $u(x) = \dfrac{4x^7}{3}$

Resolução

Aplicando o resultado demonstrado no exercício resolvido 9, temos:

a) $f'(x) = 8 \cdot 4x^3$, ou seja, $f'(x) = 32x^3$

b) $g'(x) = 9 \cdot 1x^0$, ou seja, $g'(x) = 9$

c) $u'(x) = \dfrac{4}{3} \cdot 7x^6$, ou seja, $u'(x) = \dfrac{28x^6}{3}$

11 Determinar a derivada da função $f(x) = 3x^6 + 7x^4 - 2x + 9$.

Resolução

$f'(x) = 3 \cdot 6x^5 + 7 \cdot 4x^3 - 2 \cdot 1x^0 + 0$, ou seja, $f'(x) = 18x^5 + 28x^3 - 2$

12 Sejam g, h e t funções deriváveis em um intervalo aberto I. Provar que, para todo x, com $x \in I$, tem-se:
$f(x) = g(x) \cdot h(x) \cdot t(x) \Rightarrow f'(x) = g'(x) \cdot h(x) \cdot t(x) + g(x) \cdot h'(x) \cdot t(x) + g(x) \cdot h(x) \cdot t'(x)$

Resolução

Representando a função f por $f(x) = [g(x) \cdot h(x)] \cdot t(x)$, consideramos $u(x) = g(x) \cdot h(x)$ e $v(x) = t(x)$.
Assim, $f(x) = u(x) \cdot v(x)$, logo:

$f'(x) = u'(x) \cdot v(x) + u(x) \cdot v'(x) \Rightarrow f'(x) = [g'(x)h(x) + g(x)h'(x)]\ v(x) + g(x)h(x)v'(x)$

$\therefore\ f'(x) = g'(x) \cdot h(x) \cdot t(x) + g(x) \cdot h'(x) \cdot t(x) + g(x) \cdot h(x) \cdot t'(x)$

[*Nota*: Essa propriedade pode ser estendida para o produto de n funções deriváveis, qualquer que seja n, com $n \in \mathbb{N}^*$. Por exemplo, se $f(x) = g(x) \cdot h(x) \cdot t(x) \cdot r(x)$, em que g, h, t e r são funções deriváveis em um intervalo aberto I; então, para todo x, com $x \in I$, temos:

$f'(x) = g'(x) \cdot h(x) \cdot t(x) \cdot r(x) + g(x) \cdot h'(x) \cdot t(x) \cdot r(x) + g(x) \cdot h(x) \cdot t'(x) \cdot r(x) + g(x) \cdot h(x) \cdot t(x) \cdot r'(x)$]

Derivada do quociente

Sejam u e v funções deriváveis em um intervalo aberto I. Para todo x, com $x \in I$ e $v(x) \neq 0$, temos:

$$f(x) = \frac{u(x)}{v(x)} \Rightarrow f'(x) = \frac{u'(x) \cdot v(x) - u(x) \cdot v'(x)}{[v(x)]^2}$$

Demonstração

$$f'(x) = \lim_{h \to 0} \frac{f(x+h) - f(x)}{h} = \lim_{h \to 0} \frac{\dfrac{u(x+h)}{v(x+h)} - \dfrac{u(x)}{v(x)}}{h} =$$

$$= \lim_{h \to 0} \frac{\dfrac{u(x+h) \cdot v(x) - u(x) \cdot v(x+h)}{v(x+h) \cdot v(x)}}{h} = \lim_{h \to 0} \frac{u(x+h) \cdot v(x) - u(x) \cdot v(x+h)}{h \cdot v(x+h) \cdot v(x)}$$

Vamos adicionar a expressão $u(x) \cdot v(x) - u(x) \cdot v(x)$ ao numerador de $\dfrac{u(x+h) \cdot v(x) - u(x) \cdot v(x+h)}{h \cdot v(x+h) \cdot v(x)}$.

Com isso, não alteramos a expressão e obtemos:

$$f'(x) = \lim_{h \to 0} \frac{u(x+h) \cdot v(x) - u(x) \cdot v(x+h) + u(x) \cdot v(x) - u(x) \cdot v(x)}{h \cdot v(x+h) \cdot v(x)} =$$

$$= \lim_{h \to 0} \frac{[u(x+h) - u(x)] \cdot v(x) - u(x) \cdot [v(x+h) - v(x)]}{h \cdot v(x+h) \cdot v(x)} =$$

$$= \lim_{h \to 0} \frac{\left[\dfrac{u(x+h) - u(x)}{h}\right] \cdot v(x) - u(x) \cdot \left[\dfrac{v(x+h) - v(x)}{h}\right]}{v(x+h) \cdot v(x)} =$$

$$= \frac{\lim\limits_{h \to 0} \dfrac{u(x+h) - u(x)}{h} \cdot \lim\limits_{h \to 0} v(x) - \lim\limits_{h \to 0} u(x) \cdot \lim\limits_{h \to 0} \dfrac{v(x+h) - v(x)}{h}}{\lim\limits_{h \to 0} v(x+h) \cdot \lim\limits_{h \to 0} v(x)} =$$

$$= \frac{u'(x) \cdot v(x) - u(x) \cdot v'(x)}{[v(x)]^2}$$

EXERCÍCIOS RESOLVIDOS

13 Determinar a função derivada de $f(x) = \dfrac{x^2 + 2}{3x^5}$.

Resolução

Sendo $u(x) = x^2 + 2$ e $v(x) = 3x^5$, temos $u'(x) = 2x$ e $v'(x) = 15x^4$. Assim:

$$f'(x) = \frac{u'(x) \cdot v(x) - u(x) \cdot v'(x)}{[v(x)]^2} \Rightarrow f'(x) = \frac{2x \cdot 3x^5 - (x^2 + 2) \cdot 15x^4}{(3x^5)^2} = \frac{6x^6 - 15x^6 - 30x^4}{9x^{10}} = \frac{-9x^6 - 30x^4}{9x^{10}}$$

Simplificando essa fração, concluímos:

$$f'(x) = -\frac{3x^2 + 10}{3x^6}$$

14 Determinar a função derivada de $f(x) = \dfrac{5}{\text{sen } x}$.

Resolução

Sendo $u(x) = 5$ e $v(x) = \text{sen } x$, temos $u'(x) = 0$ e $v'(x) = \cos x$. Assim:

$$f'(x) = \frac{u'(x) \cdot v(x) - u(x) \cdot v'(x)}{[v(x)]^2} \Rightarrow f'(x) = \frac{0 \cdot \text{sen } x - 5 \cdot \cos x}{(\text{sen } x)^2} = -\frac{5 \cos x}{\text{sen}^2 x}$$

Consequências da derivada do quociente

Sendo k uma constante inteira não nula, temos:

$$f(x) = x^k \Rightarrow f'(x) = kx^{k-1}$$

Na página 381, provamos que essa propriedade é válida para qualquer expoente natural não nulo. Falta, portanto, demonstrá-la para qualquer expoente inteiro negativo.

Demonstração

Sendo $k = -n$, com $n \in \mathbb{N}^*$, podemos representar $f(x) = x^k$ por $f(x) = x^{-n}$ ou, ainda, por $f(x) = \frac{1}{x^n}$.

Assim, pela derivada do quociente, temos:

$$f'(x) = \frac{0 \cdot x^n - 1 \cdot nx^{n-1}}{(x^n)^2} = \frac{-nx^{n-1}}{x^{2n}} = -nx^{n-1-2n} = -nx^{-n-1}$$

Como $-n = k$, concluímos:

$$f'(x) = kx^{k-1}$$

Exemplo

$f(x) = x^{-4} \Rightarrow f'(x) = -4 \cdot x^{-5}$

$$f(x) = \text{tg } x \Rightarrow f'(x) = \sec^2 x$$

Demonstração

A função $f(x) = \text{tg } x$ pode ser representada por $f(x) = \frac{\text{sen } x}{\cos x}$. Assim, pela derivada do quociente, temos:

$$f'(x) = \frac{\cos x \cdot \cos x - \text{sen } x \cdot (-\text{sen } x)}{\cos^2 x} = \frac{\cos^2 x + \text{sen}^2 x}{\cos^2 x} = \frac{1}{\cos^2 x}$$

$\therefore f'(x) = \sec^2 x$

- $f(x) = \text{cotg } x \Rightarrow f'(x) = -\text{cossec}^2 x$
- $f(x) = \sec x \Rightarrow f'(x) = \sec x \cdot \text{tg } x$
- $f(x) = \text{cossec } x \Rightarrow f'(x) = -\text{cossec } x \cdot \text{cotg } x$

As demonstrações das três últimas consequências são análogas às anteriores. Faça-as como exercício.

EXERCÍCIOS PROPOSTOS

5 Aplicando a definição de função derivada de uma função f, isto é, $f'(x) = \lim_{h \to 0} \frac{f(x + h) - f(x)}{h}$, mostre que a derivada da função $f(x) = x^4$ é $f'(x) = 4x^3$.

6 Aplicando a definição de função derivada de uma função f, mostre que a derivada de $f(x) = \sqrt{x}$ é $f'(x) = \frac{1}{2\sqrt{x}}$.

7 Aplicando as derivadas fundamentais e as regras de derivação apresentadas nas páginas 380 a 383, obtenha a função derivada da função f, em cada um dos casos a seguir.

a) $f(x) = x^5 + x^4 + 2$

b) $f(x) = 5x^4$

c) $f(x) = 2x^5 + 4x^2 + 2$

d) $f(x) = 2x^3 - 7x^2 + 4$

e) $f(x) = (4x^3 + 2)(x^4 + 3)$

f) $f(x) = \text{sen } x + \cos x$

g) $f(x) = 3\,\text{sen } x$

h) $f(x) = 4\cos x$

i) $f(x) = x \cdot \text{sen } x$

j) $f(x) = \text{sen } x \cdot \cos x$

8 Aplicando as derivadas fundamentais e a regra da derivada do quociente, obtenha a função derivada da função f, em cada um dos casos a seguir.

a) $f(x) = \dfrac{x^2 - 2}{x}$

b) $f(x) = \dfrac{x^2 + 2x + 4}{x + 2}$

c) $f(x) = x^{-3}$

d) $f(x) = 5x^{-4}$

e) $f(x) = \dfrac{4}{\text{sen } x}$

f) $f(x) = \dfrac{\text{sen } x}{\text{sen } x + \cos x}$

g) $f(x) = \dfrac{2x^3 + x}{\text{sen } x}$

9 Obtenha a função derivada da função f, em cada um dos casos a seguir.

a) $f(x) = x \cdot \text{sen } x + x^2 + 4$

b) $f(x) = x \cdot \text{tg } x$

c) $f(x) = \dfrac{x \cdot \text{sen } x}{2 + \cos x}$

d) $f(x) = \dfrac{x^2 + x^3}{5 + \text{sen } x}$

e) $f(x) = \dfrac{2 \text{ sen } x}{1 + \text{tg } x}$

f) $f(x) = \dfrac{x + \text{sen } x}{1 - \cos x}$

10 Calcule a derivada da função $f(x) = \dfrac{x^6}{x - 1}$ no ponto de abscissa 2.

11 (Uniube-MG) A equação da reta tangente à curva $f(x) = x^3 - 5x + 1$ no ponto de abscissa 1 é:

a) $x - y - 4 = 0$

b) $x - y + 4 = 0$

c) $x + y - 4 = 0$

d) $2x + y - 1 = 0$

e) $2x + y + 1 = 0$

12 (Cefet-PR) A equação da reta tangente à curva

$y = x + \dfrac{1}{x}$ no ponto (1, 2) é:

a) $y = 2$

b) $y = 2x + 1$

c) $y = 2x - 1$

d) $y = 2x$

13 Obtenha uma equação da reta tangente ao gráfico da função $f(x) = \dfrac{x^2 - x}{x + 2}$ no ponto de abscissa -1.

14 (Uespi) Considere a parábola de equação $y = x^2 - 2x + 5$ e a reta r, tangente a essa parábola no ponto de abscissa -3. Nessas condições, é correto afirmar que:

a) o ponto de tangência entre a reta e a parábola tem coordenada $(-3, 30)$.

b) o coeficiente angular de r é 8.

c) a equação de r é $x - y + 3 = 0$.

d) o coeficiente linear da reta r é igual -4.

e) a reta r é paralela ao eixo das abscissas.

Resolva os exercícios complementares 10, 11 e 29.

Derivada da função composta (Regra da cadeia)

Sejam $g: A \rightarrow B$ e $f: B \rightarrow C$ funções reais de variável real tais que:

- $g(x) = u$
- $f(u) = y$
- g é derivável no ponto de abscissa x
- f é derivável no ponto de abscissa u

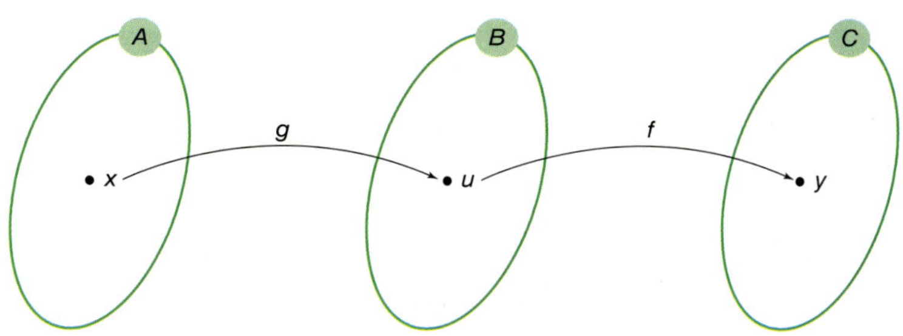

Nessas condições, a derivada da função composta $(f \circ g)(x) = f(g(x))$ é:

$$(f \circ g)'(x) = f'(u) \cdot g'(x)$$

Demonstração

Sejam h_x, h_u e h_y incrementos reais tais que:

$$g(x + h_x) = u + h_u \text{ e } f(u + h_u) = y + h_y$$

Consequentemente, temos:

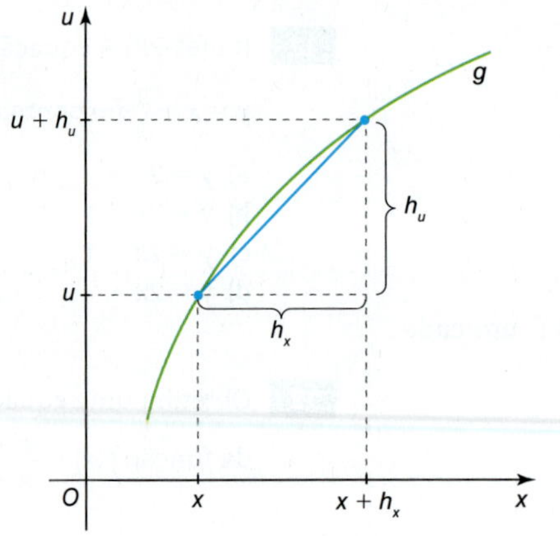

$$g'(x) = \lim_{h_x \to 0} \frac{h_u}{h_x}$$

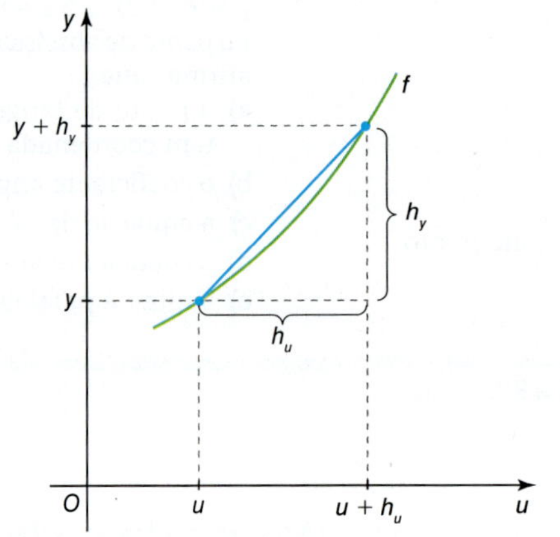

$$f'(u) = \lim_{h_u \to 0} \frac{h_y}{h_u}$$

Devemos provar que existe $(f \circ g)'(x) = \lim\limits_{h_x \to 0} \frac{h_y}{h_x}$ e que $(f \circ g)'(x) = f'(u) \cdot g'(x)$.

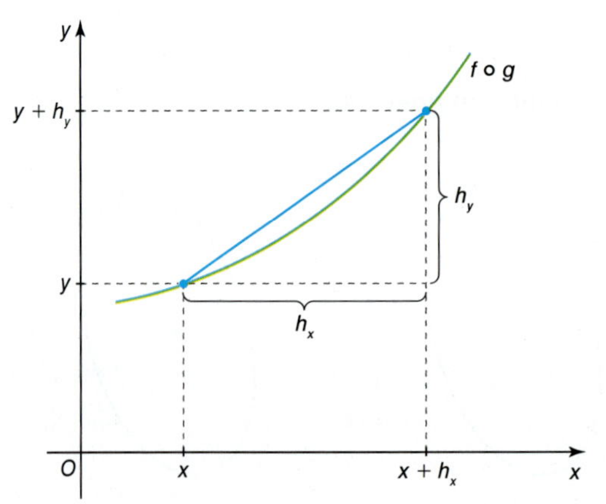

1º caso: suponha que exista uma vizinhança reduzida de x para a qual $h_u \neq 0$ para qualquer x dessa vizinhança. Assim, podemos escrever:

$$\frac{h_y}{h_x} = \frac{h_y}{h_u} \cdot \frac{h_u}{h_x}$$

Por hipótese, existem:

$$f'(u) = \lim_{h_u \to 0} \frac{h_y}{h_u} \text{ e } g'(x) = \lim_{h_x \to 0} \frac{h_u}{h_x}$$

Logo, existe $\lim_{h_x \to 0} \frac{h_y}{h_x} = (f \circ g)'(x)$ e podemos escrever:

$$(f \circ g)'(x) = \lim_{h_x \to 0} \frac{h_y}{h_x} = \lim_{h_x \to 0} \left(\frac{h_y}{h_u} \cdot \frac{h_u}{h_x}\right) = \lim_{h_x \to 0} \frac{h_y}{h_u} \cdot \lim_{h_x \to 0} \frac{h_u}{h_x}$$

Para h_x tendendo a zero, temos que h_u também tende a zero, pois a função g é derivável no ponto de abscissa x e, portanto, é contínua nesse ponto. Assim, concluímos:

$$(f \circ g)'(x) = \lim_{h_u \to 0} \frac{h_y}{h_u} \cdot \lim_{h_x \to 0} \frac{h_u}{h_x} = f'(u) \cdot g'(x)$$

2º caso: suponha que h_u se anule para algum valor de qualquer vizinhança reduzida de x e considere a função:

$$t(h_u) = \begin{cases} \frac{h_y}{h_u} - f'(u), \text{ se } h_u \neq 0 \\ 0, \text{ se } h_u = 0 \end{cases}$$

Observe que:

- a sentença $h_y = [t(h_u) + f'(u)]h_u$ (I) é verdadeira, mesmo quando $h_u = 0$;
- $t(h_u)$ tende a zero quando h_u tende a zero;
- $t(h_u)$ tende a zero quando h_x tende a zero.

Dividindo por h_x ambos os membros de (I), obtemos:

$$\frac{h_y}{h_x} = [t(h_u) + f'(u)] \cdot \frac{h_u}{h_x}$$

Levando ao limite, para h_x tendendo a zero, concluímos:

$$(f \circ g)'(x) = \lim_{h_x \to 0} \frac{h_y}{h_x} = \lim_{h_x \to 0} [t(h_u) + f'(u)] \cdot \lim_{h_x \to 0} \frac{h_u}{h_x} = f'(u) \cdot g'(x)$$

EXERCÍCIOS RESOLVIDOS

15 Dadas as funções $f(x) = x^4$ e $g(x) = x^3 - 5x$, determinar a derivada da função composta:
$y = (f \circ g)(x) = (x^3 - 5x)^4$

Resolução

Fazendo $u = g(x) = x^3 - 5x$, temos:
$y = f(g(x)) = f(u) = u^4$

Assim: $\frac{du}{dx} = 3x^2 - 5$ e $\frac{dy}{du} = 4u^3 = 4(x^3 - 5x)^3$

Pela regra da cadeia, obtemos a função derivada de $y = (f \circ g)(x)$:

$$\frac{dy}{dx} = \frac{dy}{du} \cdot \frac{du}{dx} = 4(x^3 - 5x)^3 \cdot (3x^2 - 5)$$

Resumindo: para derivar $y = (f \circ g)(x) = (x^3 - 5x)^4$, derivamos $y = u^4$, em relação a u, e derivamos $u = x^3 - 5x$, em relação a x, multiplicando-se as derivadas assim obtidas.

16 Determinar a função derivada de $y = \text{sen } (x^4)$.

Resolução

Fazendo $u = x^4$, temos:
$y = \text{sen } u$

Assim: $\frac{du}{dx} = 4x^3$ e $\frac{dy}{du} = \cos u = \cos (x^4)$

Pela regra da cadeia, obtemos a função derivada de $y = (f \circ g)(x)$:

$$\frac{dy}{dx} = \frac{dy}{du} \cdot \frac{du}{dx} = \cos (x^4) \cdot 4x^3$$

Resumindo: para derivar $y = \text{sen } (x^4)$, derivamos $y = \text{sen } u$, em relação a u, e derivamos $u = x^4$, em relação a x, multiplicando as derivadas assim obtidas.

17 Determinar a função derivada de $y = (\text{sen } x)^4$.

Resolução

Fazendo $u = \text{sen } x$, temos $y = u^4$. Assim:

$\frac{du}{dx} = \cos x$ e $\frac{dy}{du} = 4u^3 = 4 \text{ sen}^3 x$

Pela regra da cadeia, obtemos a função derivada de $y = (f \circ g)(x)$:

$$\frac{dy}{dx} = \frac{dy}{du} \cdot \frac{du}{dx} = 4 \text{ sen}^3 x \cos x$$

Resumindo: para derivar $y = (\text{sen } x)^4$, derivamos $y = u^4$, em relação a u, e derivamos $u = \text{sen } x$, em relação a x, multiplicando as derivadas assim obtidas.

18 Obter uma equação da reta t tangente ao gráfico da função $y = \cos 4x$ no ponto de abscissa $\frac{\pi}{8}$.

Resolução

O ponto de tangência é

$\left(\frac{\pi}{8}, \cos\frac{4\pi}{8}\right) = \left(\frac{\pi}{8}, \cos\frac{\pi}{2}\right) = \left(\frac{\pi}{8}, 0\right)$.

Para obter o coeficiente angular da reta tangente, vamos derivar a função y.

Fazendo $u = 4x$, temos $y = \cos u$. Assim:

$\frac{du}{dx} = 4$ e $\frac{dy}{du} = -\text{sen } u = -\text{sen } 4x$

Pela regra da cadeia, obtemos a função derivada de $y = \cos 4x$:

$\frac{dy}{dx} = \frac{dy}{du} \cdot \frac{du}{dx} = (-\text{sen } 4x) \cdot 4 = -4 \text{ sen } 4x$

O coeficiente angular m da reta tangente ao gráfico da função $y = \cos 4x$ no ponto de abscissa $\frac{\pi}{8}$ é o valor numérico da função derivada para $x = \frac{\pi}{8}$, isto é:

$m = -4 \text{ sen } \frac{4\pi}{8} = -4 \text{ sen } \frac{\pi}{2} = -4 \cdot 1 = -4$

Como a reta t procurada passa pelo ponto $\left(\frac{\pi}{8}, 0\right)$ e tem coeficiente angular -4, concluímos que sua equação é:

$y - 0 = -4\left(x - \frac{\pi}{8}\right) \Rightarrow y = -4x + \frac{\pi}{2}$

Graficamente, temos:

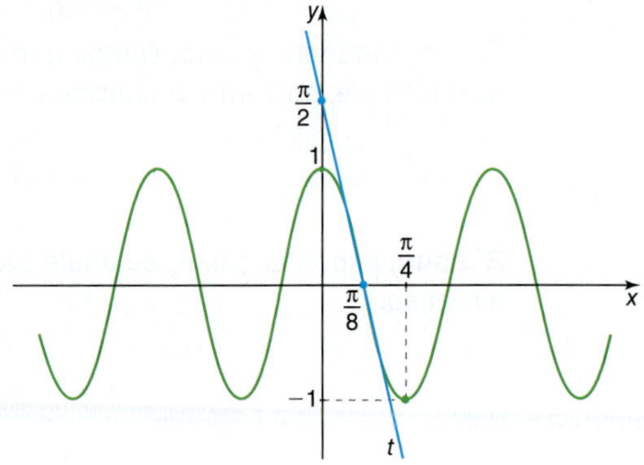

EXERCÍCIOS PROPOSTOS

15 Sendo $f(x) = x^4$ e $g(x) = x^2 + 3x$, qual das alternativas a seguir apresenta a derivada da função $y = (f \circ g)(x)$?

a) $y' = 2x(x^2 + 3x)^3$

b) $y' = (x^2 + 3x)^3(2x + 8)$

c) $y' = 4(x^2 + 3x)^3$

d) $y' = (x^2 + 3x)(2x + 3)$

e) $y' = 4(x^2 + 3x)^3(2x + 3)$

16 Qual das alternativas a seguir apresenta a derivada da função $y = (5x^4 - 3x^2)^7$?

a) $y' = 7(5x^4 - 3x^2)^6$

b) $y' = 7(5x^4 - 3x^2)^6(20x^3 - 3)$

c) $y' = 7(5x^4 - 3x^2)^6(20x^3 - 6x)$

d) $y' = (5x^4 - 3x^2)^6(20x^3 - 6x)$

e) $y' = 7(20x^3 - 6x)^6$

17 Sendo $y = (2x^4 + 3x)^{-3}$, a derivada de y é:

a) $y' = -3(2x^4 + 3x)^{-4}(8x^3 + 3)$

b) $y' = -3(2x^4 + 3x)^{-2}(8x^3 + 3)$

c) $y' = (2x^4 + 3x)^{-3}(8x^3 + 3)$

d) $y' = -\frac{1}{3(2x^4 + 3x)^{-4}(8x^3 + 3)}$

e) $y' = -3(8x^3 + 3)^{-4}$

18 Dadas as funções f e g, obtenha a derivada y' da função $y = (f \circ g)(x)$, nos seguintes casos:

a) $f(x) = \text{sen } x$ e $g(x) = x^2 + 2x$

b) $f(x) = \cos x$ e $g(x) = \frac{x}{x^2 + 1}$

c) $f(x) = x^3 + x^2$ e $g(x) = \text{sen } x$

d) $f(x) = \frac{x^2}{x^2 + 2x + 3}$ e $g(x) = \cos x$

19 Determine a derivada y' da função y, em cada um dos casos:

a) $y = \text{sen } (x^6)$

b) $y = (\text{sen } x)^6$

c) $y = \cos (x^4)$

d) $y = (\cos x)^4$

e) $y = \text{tg } (x^2 + x)$

f) $y = (\text{sen } x)^{-4}$

g) $y = (\sec x)^5$

h) $y = \text{cossec } (x^4)$

i) $y = \text{sen}^3 x + \text{sen } x$

j) $y = (\text{tg } x)^2 - \text{tg } x$

k) $y = \frac{1}{2 + \text{sen } x}$

l) $y = (\sec^2 x + \text{tg}^2 x)^3$

Resolva os exercícios complementares 12 e 13.

Derivada da função inversa

Sejam f e g funções reais de variável real, inversas entre si, ou seja, $g = f^{-1}$.

Se f é contínua em um intervalo aberto I, com $y = f(x)$, para $x \in I$, $g(y) \neq 0$ e g derivável em y, então:

$$f'(x) = \frac{1}{g'(y)}$$

Demonstração

Sejam h_x e h_y acréscimos reais tais que:

$f(x) = y \Rightarrow f(x + h_x) = y + h_y$

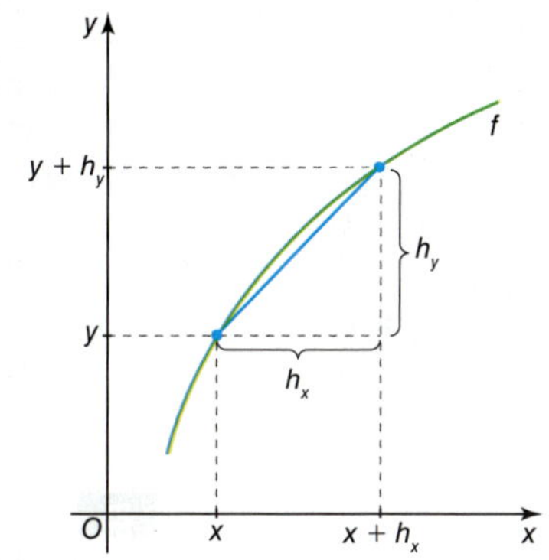

Consequentemente, podemos escrever:

$g(y + h_y) = x + h_x$

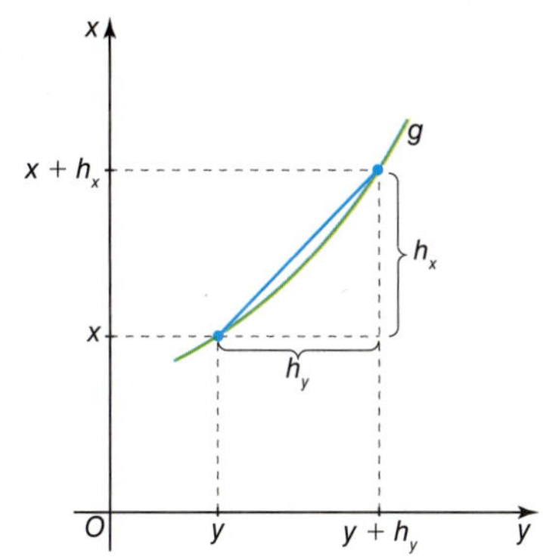

Temos que existe $g'(y) = \lim\limits_{h_y \to 0} \dfrac{h_x}{h_y}$ e devemos provar que existe $f'(x) = \lim\limits_{h_x \to 0} \dfrac{h_y}{h_x}$ e que $f'(x) = \dfrac{1}{g'(y)}$.

As funções f e g são bijetoras, pois uma é inversa da outra. Assim, se $h_x \neq 0$, então $h_y \neq 0$. Por isso, podemos escrever:

$$g'(y) = \lim_{h_y \to 0} \frac{h_x}{h_y} = \lim_{h_y \to 0} \frac{1}{\frac{h_y}{h_x}} = \frac{\lim\limits_{h_y \to 0} 1}{\lim\limits_{h_y \to 0} \frac{h_y}{h_x}} = \frac{1}{\lim\limits_{h_y \to 0} \frac{h_y}{h_x}} \quad \text{(I)}$$

Por hipótese, f é contínua. Logo, h_y tende a zero se, e somente se, o correspondente h_x também tende a zero. Assim, temos:

$$\lim_{h_y \to 0} \frac{h_y}{h_x} = \lim_{h_x \to 0} \frac{h_y}{h_x} \quad \text{(II)}$$

Substituindo (II) em (I), obtemos:

$$g'(y) = \frac{1}{\lim\limits_{h_x \to 0} \frac{h_y}{h_x}} \Rightarrow \lim_{h_x \to 0} \frac{h_y}{h_x} = \frac{1}{g'(y)}$$

Logo, provamos que existe $f'(x) = \lim\limits_{h_x \to 0} \frac{h_y}{h_x}$ e que $f'(x) = \frac{1}{g'(y)}$.

EXERCÍCIOS RESOLVIDOS

19 Dada a função $f(x) = 5x^3$, cuja inversa é a função g, calcular $g'(40)$.

Resolução

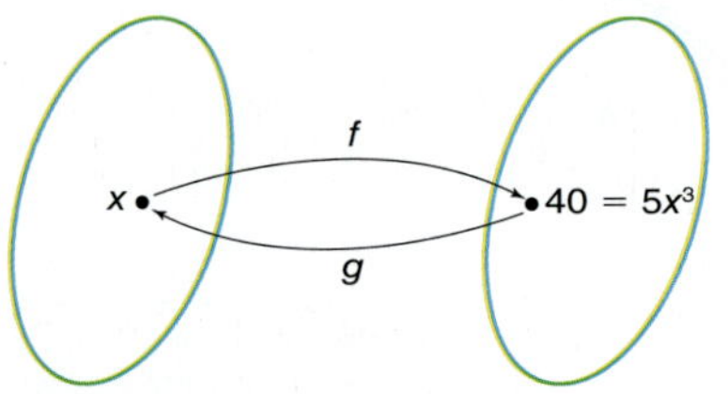

Observe que $40 = 5x^3 \Rightarrow x = 2$

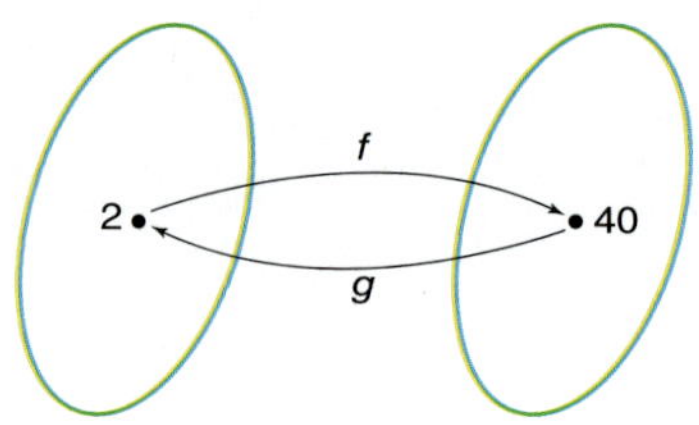

Temos, pelo teorema anterior, que $f'(x) = \frac{1}{g'(y)}$.

Assim, podemos escrever:

$f'(2) = \frac{1}{g'(40)} \Rightarrow g'(40) = \frac{1}{f'(2)}$

Como $f'(x) = 5 \cdot 3x^2 = 15x^2$ e, portanto, $f'(2) = 15 \cdot 2^2 = 60$, concluímos:

$$g'(40) = \frac{1}{60}$$

20 Obter a derivada da função $f\colon \mathbb{R}_+^* \to \mathbb{R}_+^*$ tal que $f(x) = \sqrt{x}$.

Resolução

A função f é bijetora e, portanto, admite inversa g, com $g(\sqrt{x}) = x$.

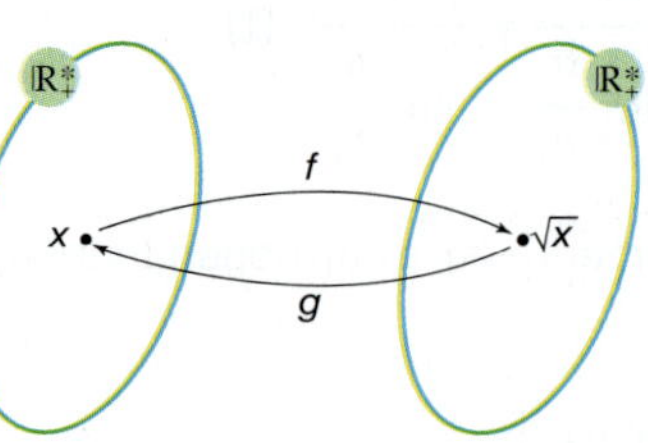

Como, sob a condição $\{x, y\} \subset \mathbb{R}_+^*$, temos $y = \sqrt{x} \Leftrightarrow x = y^2$, podemos escrever $g(y) = y^2$ e, portanto, $g'(y) = 2y$. (Admitimos que f e g são deriváveis em $\mathbb{R}_+^*$.)

O teorema da **derivada da função inversa** afirma que $f'(x) = \frac{1}{g'(y)}$, logo:

$f'(x) = \frac{1}{2y} \Rightarrow f'(x) = \frac{1}{2\sqrt{x}}$

21 A função $f\colon \mathbb{R}_+^* \to \mathbb{R}_+^*$ tal que $f(x) = x^{\frac{1}{q}}$, com q inteiro positivo, é bijetora, portanto admite inversa g. Admitindo que f e g são deriváveis em $\mathbb{R}_+^*$ e aplicando o teorema da derivada da função inversa, provar que a derivada de f é a função $f'(x) = \frac{1}{q} \cdot x^{\frac{1}{q} - 1}$.

Resolução

Sendo g a inversa de f, temos que a função f é bijetora e, portanto, admite inversa g, com $g\left(x^{\frac{1}{q}}\right) = x$.

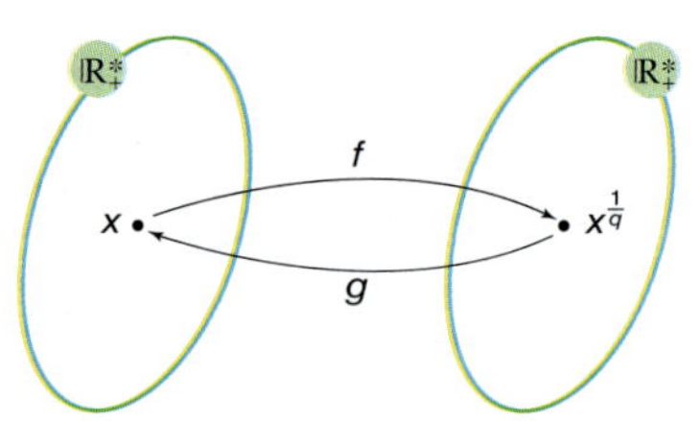

Como, sob a condição $\{x, y\} \subset \mathbb{R}_+^*$, temos $y = x^{\frac{1}{q}} \Leftrightarrow x = y^q$, podemos escrever $g(y) = y^q$ e, portanto, $g'(y) = qy^{q-1}$.

O teorema da **derivada da função inversa** afirma que $f'(x) = \frac{1}{g'(y)}$, logo:

$$f'(x) = \frac{1}{qy^{q-1}} = \frac{1}{q\left(x^{\frac{1}{q}}\right)^{q-1}} =$$

$$= \frac{1}{q} \cdot \frac{1}{x^{\frac{q-1}{q}}} = \frac{1}{q} \cdot x^{\frac{1-q}{q}} = \frac{1}{q} \cdot x^{\frac{1}{q} - 1}$$

Derivada da função potência

Já demonstramos que a derivada da função $f(x) = x^k$, sendo k uma constante inteira não nula, é dada por $f'(x) = kx^{k-1}$. Vamos provar, agora, que essa derivada pode ser estendida para qualquer expoente racional, desde que esteja definida a potência.

> Sendo $f: \mathbb{R}_+^* \to \mathbb{R}_+^*$ tal que $f(x) = x^{\frac{p}{q}}$, com p e q inteiros e $q > 0$, a derivada de f é a função $f'(x) = \frac{p}{q} \cdot x^{\frac{p}{q}-1}$.

Demonstração

Sejam as funções $g: \mathbb{R}_+^* \to \mathbb{R}_+^*$, com $g(x) = x^p$, e $h: \mathbb{R}_+^* \to \mathbb{R}_+^*$, com $h(x) = x^{\frac{1}{q}}$.
(Admitimos o fato de que g e h são deriváveis em $\mathbb{R}_+^*$.)

Como a função $f(x) = x^{\frac{p}{q}}$ é a composta $f(x) = (g \circ h)(x) = \left(x^{\frac{1}{q}}\right)^p$, temos pela derivada da composta e pelo exercício resolvido 21:

$$f'(x) = \left(x^{\frac{1}{q}}\right)^{p-1} \cdot \frac{1}{q} \cdot x^{\frac{1}{q}-1} = \frac{p}{q} \cdot x^{\frac{p}{q}-\frac{1}{q}} \cdot x^{\frac{1}{q}-1} \Rightarrow f'(x) = \frac{p}{q} \cdot x^{\frac{p}{q}-1}$$

Demonstra-se que, para qualquer constante real k, a função $f: \mathbb{R}_+^* \to \mathbb{R}_+^*$, com $f(x) = x^k$, tem como derivada a função $f'(k) = kx^{k-1}$.

EXERCÍCIOS RESOLVIDOS

22 Determinar a derivada das funções:

a) $f: \mathbb{R}_+^* \to \mathbb{R}_+^*$, com $f(x) = \sqrt[4]{x}$

b) $g: \mathbb{R}_+^* \to \mathbb{R}_+^*$, com $g(x) = \sqrt[6]{x^5}$

Resolução

a) $f(x) = \sqrt[4]{x} = x^{\frac{1}{4}} \Rightarrow f'(x) = \frac{1}{4} \cdot x^{\frac{1}{4}-1} = \frac{1}{4} \cdot x^{-\frac{3}{4}} = \frac{1}{4} \cdot \frac{1}{x^{\frac{3}{4}}}$

$\therefore f'(x) = \frac{1}{4\sqrt[4]{x^3}}$

b) $g(x) = \sqrt[6]{x^5} = x^{\frac{5}{6}} \Rightarrow g'(x) = \frac{5}{6} \cdot x^{\frac{5}{6}-1} = \frac{5}{6} \cdot x^{-\frac{1}{6}} = \frac{5}{6} \cdot \frac{1}{x^{\frac{1}{6}}}$

$\therefore g'(x) = \frac{5}{6\sqrt[6]{x}}$

23 Determinar a derivada da função $f: \mathbb{R}_+^* \to \mathbb{R}_+^*$, com $f(x) = \sqrt{x^2 + 3x}$.

Resolução

$f(x) = \sqrt{x^2 + 3x} = (x^2 + 3x)^{\frac{1}{2}}$

Pela derivada da função composta, temos:

$f'(x) = \frac{1}{2} \cdot (x^2 + 3x)^{\frac{1}{2}-1} \cdot (2x + 3) = \frac{1}{2} \cdot (x^2 + 3x)^{-\frac{1}{2}} (2x + 3)$

$\therefore f'(x) = \frac{2x + 3}{2\sqrt{x^2 + 3x}}$

Derivada da função arco-seno

A função $f: [-1, 1] \rightarrow \left[-\frac{\pi}{2}, \frac{\pi}{2}\right]$, com $f(x) = \text{arcsen } x$ é denominada **função arco-seno**.

Sua inversa é a função $g: \left[-\frac{\pi}{2}, \frac{\pi}{2}\right] \rightarrow [-1, 1]$, com $g(y) = \text{sen } y$.

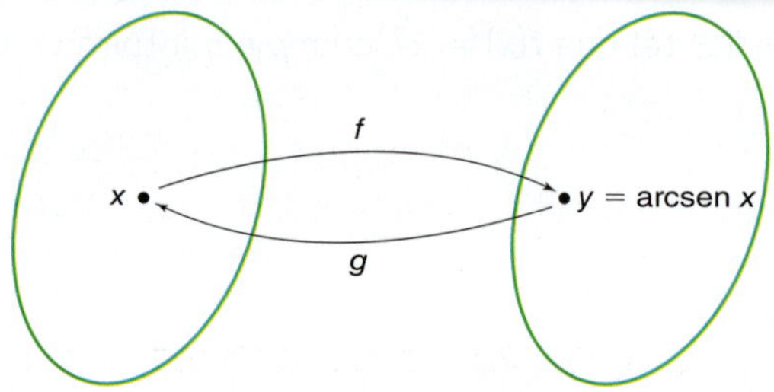

Como $g'(y) = \cos y$, deduzimos, pelo teorema da derivada da função inversa:

$$f'(x) = \frac{1}{g'(y)} = \frac{1}{\cos y} = \frac{1}{\cos(\text{arcsen } x)} \quad \text{(I)}$$

Fazendo arcsen $x = \alpha$, temos sen $\alpha = x$, com $-\frac{\pi}{2} \leqslant \alpha \leqslant \frac{\pi}{2}$. Pela relação fundamental da Trigonometria, obtemos cos α:

$$\text{sen}^2 \alpha + \cos^2 \alpha = 1 \Rightarrow x^2 + \cos^2 \alpha = 1$$

$$\therefore \cos \alpha = \pm\sqrt{1 - x^2}$$

Como $-\frac{\pi}{2} \leqslant \alpha \leqslant \frac{\pi}{2}$, temos cos α não negativo e, portanto:

$$\cos \alpha = \sqrt{1 - x^2} \quad \text{(II)}$$

Substituindo (II) em (I), obtemos:

$$f'(x) = \frac{1}{\sqrt{1 - x^2}}, \text{ para } -1 < x < 1$$

Concluindo:

$$f(x) = \text{arcsen } x \Rightarrow f'(x) = \frac{1}{\sqrt{1 - x^2}}$$

Derivada da função arco-cosseno

A função $f: [-1, 1] \rightarrow [0, \pi]$, com $f(x) = \text{arccos } x$, é denominada **função arco-cosseno**. Sua inversa é a função $g: [0, \pi] \rightarrow [-1, 1]$, com $g(y) = \cos y$.

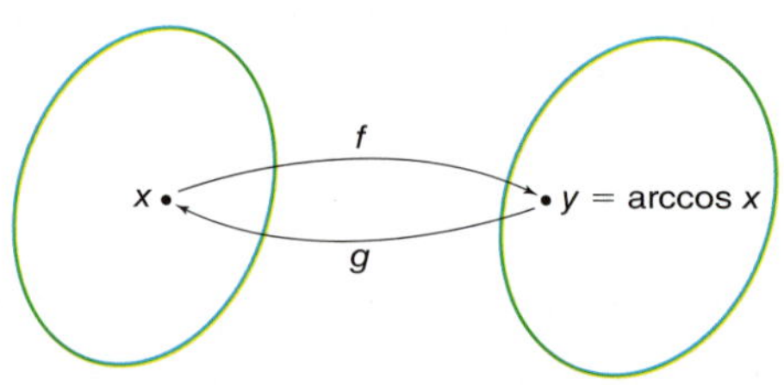

Como $g'(y) = -\text{sen } y$, deduzimos, pelo teorema da derivada da função inversa:

$$f'(x) = \frac{1}{g'(y)} = \frac{1}{-\text{sen } y} = \frac{1}{-\text{sen}(\text{arccos } x)} \quad \text{(I)}$$

Fazendo arccos $x = \alpha$, temos cos $\alpha = x$, com $0 \leqslant \alpha \leqslant \pi$. Pela relação fundamental da Trigonometria, obtemos sen α:

$$\text{sen}^2 \alpha + \cos^2 \alpha = 1 \Rightarrow \text{sen}^2 \alpha + x^2 = 1$$

$$\therefore \text{sen } \alpha = \pm\sqrt{1 - x^2}$$

Como $0 \leqslant \alpha \leqslant \pi$, temos sen α não negativo e, portanto:

$$\text{sen } \alpha = \sqrt{1 - x^2} \quad \text{(II)}$$

Substituindo (II) em (I), obtemos:

$$f'(x) = -\frac{1}{\sqrt{1 - x^2}}, \text{ para } -1 < x < 1$$

Concluindo:

$$f(x) = \text{arccos } x \Rightarrow f'(x) = -\frac{1}{\sqrt{1 - x^2}}$$

Derivada da função arco-tangente

A função f: $\mathbb{R} \rightarrow \left]-\frac{\pi}{2}, \frac{\pi}{2}\right[$, com $f(x) = \text{arctg } x$, é denominada **função arco-tangente**. Sua inversa é a função g: $\left]-\frac{\pi}{2}, \frac{\pi}{2}\right[\rightarrow \mathbb{R}$, com $g(y) = \text{tg } y$.

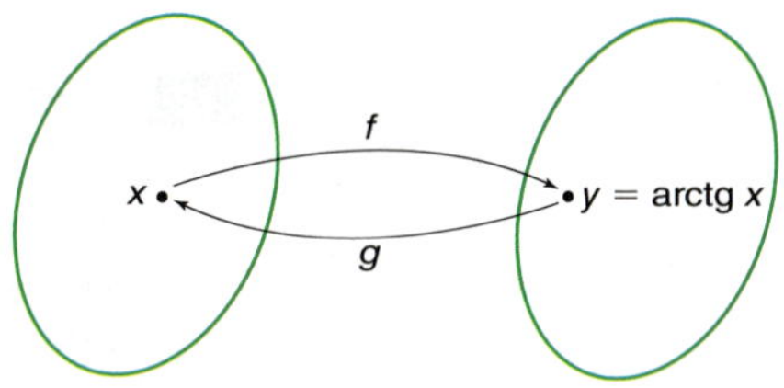

Como $g'(y) = \sec^2 y$, deduzimos, pelo teorema da derivada da função inversa:

$$f'(x) = \frac{1}{g'(y)} = \frac{1}{\sec^2 y} = \frac{1}{\sec^2 (\text{arctg } x)} \quad \text{(I)}$$

Fazendo $\text{arctg } x = \alpha$, temos $\text{tg } \alpha = x$, com $-\frac{\pi}{2} < \alpha < \frac{\pi}{2}$. Pela identidade $\sec^2 \alpha = 1 + \text{tg}^2 \alpha$, obtemos:

$$\sec^2 \alpha = 1 + x^2 \quad \text{(II)}$$

Substituindo (II) em (I), obtemos:

$$f'(x) = \frac{1}{1 + x^2}$$

Concluindo:

$$f(x) = \text{arctg } x \Rightarrow f'(x) = \frac{1}{1 + x^2}$$

EXERCÍCIOS RESOLVIDOS

24 Determinar a derivada de:

a) $y = 4x^3 + \text{arccos } x$

b) $y = x^2 \text{ arctg } x$

c) $y = \frac{\text{arcsen } x}{x}$

Resolução

a) Pela regra da derivada da soma, temos:

$$y' = u'(x) + v'(x) \Rightarrow y' = 12x^2 - \frac{1}{\sqrt{1 - x^2}}$$

b) Pela regra da derivada do produto, temos:

$$y' = u'(x)v(x) + u(x)v'(x) \Rightarrow$$

$$\Rightarrow y' = 2x \cdot \text{arctg } x + x^2 \cdot \frac{1}{\sqrt{1 + x^2}}$$

$$\therefore y' = 2x \cdot \text{arctg } x + \frac{x^2}{1 + x^2}$$

c) Pela regra da derivada do quociente, temos:

$$y' = \frac{u'(x) \cdot v(x) - u(x) \cdot v'(x)}{[v(x)]^2} \Rightarrow$$

$$\Rightarrow y' = \frac{\frac{1}{\sqrt{1 - x^2}} \cdot x - \text{arcsen } x \cdot 1}{x^2}$$

$$\therefore y' = \frac{x - \sqrt{1 - x^2}\,\text{arcsen } x}{x^2\sqrt{1 - x^2}}$$

25 Determinar a derivada da função $y = \text{arccos } 5x$.

Resolução

Fazendo $u = 5x$, temos $y = \text{arccos } u$. Assim:

$$\frac{du}{dx} = 5 \text{ e}$$

$$\frac{dy}{du} = -\frac{1}{\sqrt{1 - u^2}} = -\frac{1}{\sqrt{1 - (5x)^2}} = -\frac{1}{\sqrt{1 - 25x^2}}$$

Pela regra da cadeia, obtemos:

$$\frac{dy}{dx} = \frac{dy}{du} \cdot \frac{du}{dx} = -\frac{1}{\sqrt{1 - 25x^2}} \cdot 5 \Rightarrow \frac{dy}{dx} = -\frac{5}{\sqrt{1 - 25x^2}}$$

26 Obter a derivada da função $y = \text{arcsen } (x^2 + 3x)$

Resolução

Fazendo $u = x^2 + 3x$, temos $y = \text{arcsen } u$. Assim:

$$\frac{du}{dx} = 2x + 3 \text{ e}$$

$$\frac{dy}{du} = \frac{1}{\sqrt{1 - u^2}} = \frac{1}{\sqrt{1 - (x^2 + 3x)^2}}$$

Pela regra da cadeia, obtemos:

$$\frac{dy}{dx} = \frac{dy}{du} \cdot \frac{du}{dx} = \frac{1}{\sqrt{1 - (x^2 + 3x)^2}} \cdot (2x + 3) \Rightarrow$$

$$\Rightarrow \frac{dy}{dx} = \frac{2x + 3}{\sqrt{1 - (x^2 + 3x)^2}}$$

27 Sendo $f(x) = x \cdot \text{arctg } x$, calcular $f'(1)$.

Resolução

Pela regra da derivada do produto, temos:

$$f'(x) = u'(x)v(x) + u(x)v'(x) \Rightarrow$$

$$\Rightarrow f'(x) = 1 \cdot \text{arctg } x + x \cdot \frac{1}{1 + x^2}$$

$$\therefore f'(x) = \text{arctg } x + \frac{x}{1 + x^2}$$

Logo:

$$f'(1) = \text{arctg } 1 + \frac{1}{1 + 1^2} = \frac{\pi}{4} + \frac{1}{2} = \frac{\pi + 2}{4}$$

28 Obter uma equação da reta t tangente ao gráfico da função $f(x) = \text{arcsen } x$ no ponto de abscissa $x = 0$.

Resolução

Temos $f(0) = \text{arcsen } 0 = 0$. Assim, o ponto de tangência é $(0, 0)$.

A derivada da função f é $f'(x) = \frac{1}{\sqrt{1 - x^2}}$ e, portanto, o coeficiente angular da reta t é $f'(0) = 1$.

Pela equação fundamental $y - y_0 = m(x - x_0)$, concluímos que uma equação da reta t é $y - 0 = 1(x - 0)$, ou seja, $y = x$.

EXERCÍCIOS PROPOSTOS

20 Seja a função $f(x) = 4x^3$ cuja inversa é g. Calcule $g'(32)$.

21 Sendo g a função inversa da função

$f: \left[-\frac{\pi}{2}, \frac{\pi}{2}\right] \rightarrow [-1, 1]$ com $f(x) = \text{sen } x$, calcule $g'\left(\frac{\sqrt{3}}{2}\right)$.

22 As funções $f: \mathbb{R}_+^* \rightarrow \mathbb{R}_+^*$ e $g: \mathbb{R}_+^* \rightarrow \mathbb{R}_+^*$ são inversas entre si e $f'(x) = 4y \cdot g'(y)$, com $y = f(x)$. Nessas condições, temos:

a) $g'(y) = \frac{1}{4y}$

b) $g'(y) = \frac{1}{2y}$

c) $g'(y) = \frac{1}{2y^2}$

d) $g'(y) = \frac{1}{2\sqrt{y}}$

e) $g'(y) = \frac{1}{\sqrt{y}}$

23 Obtenha a função derivada de cada uma das seguintes funções:

a) $y = 5x^2 + \text{arccos } x$

b) $y = x^3 \cdot \text{arctg } x$

c) $y = \frac{3\,\text{arcsen } x}{x^4}$

d) $y = (\text{arccos } x)^3$

e) $y = \text{arccos } (x^3)$

f) $y = \text{arctg } x \cdot \text{arcsen } x$

g) $y = \frac{\text{arcsen } x}{\text{arccos } x}$

h) $y = \frac{\text{arctg } x}{x}$

i) $y = \text{arcsen } (2x)$

j) $y = \text{arctg } \frac{x + 3}{x}$

24 Sendo $f(x) = \frac{\text{arctg } x}{x}$ calcule $f'(-1)$.

25 Dada a função $f(x) = \text{arccos } \frac{x^3}{5}$, calcule $f'(0)$.

26 Sendo $f(x) = \text{arctg } \frac{x}{1 + x}$, calcule $f'(0)$.

Resolva os exercícios complementares 14 a 16.

Estudo da variação de uma função através de sua derivada

Objetivos

- **Identificar** máximos e mínimos de funções.
- **Verificar** se uma função é crescente ou decrescente num dado intervalo com o auxílio da derivada.

Termos e conceitos

- valor máximo absoluto de uma função
- valor mínimo absoluto de uma função
- valor máximo relativo de uma função
- valor mínimo relativo de uma função
- ponto de inflexão horizontal de uma função

A derivada é um importante recurso no estudo da variação de uma função. Se uma função é derivável, podem-se determinar os eventuais intervalos nos quais ela é crescente, decrescente ou constante, e determinar importantes pontos que vamos chamar de pontos de máximo, de mínimo e de inflexão. Por se tratar de uma introdução ao assunto, faremos esse estudo apenas para algumas funções.

Máximos e mínimos de funções

Máximo absoluto

Seja a função $f(x) = -x^2 + 6x$, cujo gráfico é:

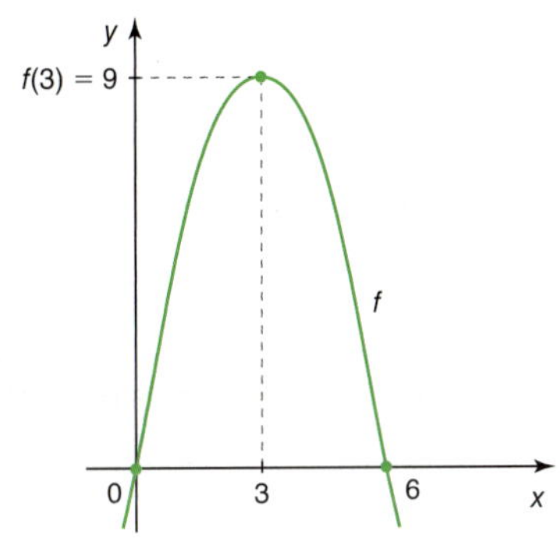

Note que $f(3) \geqslant f(x)$, para qualquer valor x do domínio $D(f)$. Por isso, dizemos que:

- $f(3) = 9$ é o **valor máximo absoluto** da função f;
- 3 é chamado de abscissa de ponto máximo absoluto de f.

Definição

Seja f uma função real de variável real. A função f admite **valor máximo absoluto** se, e somente se, existe x_M, com $x_M \in D(f)$, tal que:

$$f(x_M) \geqslant f(x), \forall\, x, \text{ com } x \in D(f)$$

- O número $f(x_M)$ é chamado de **valor máximo absoluto** da função f.
- O número x_M é chamado de abscissa de ponto máximo absoluto da função f.

Graficamente, temos:

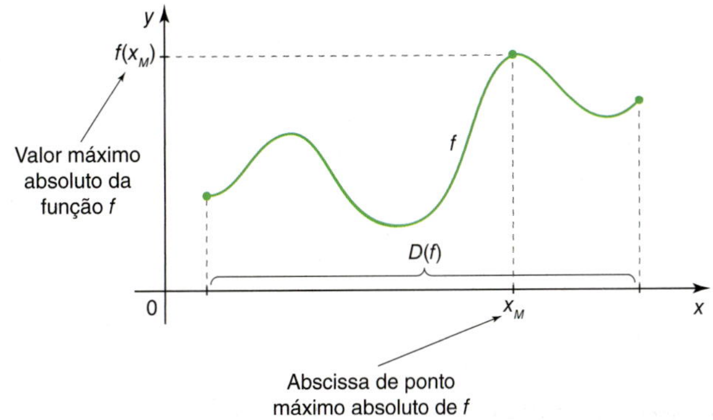

Mínimo absoluto

Seja a função $f(x) = x^2 - 6x$, cujo gráfico é:

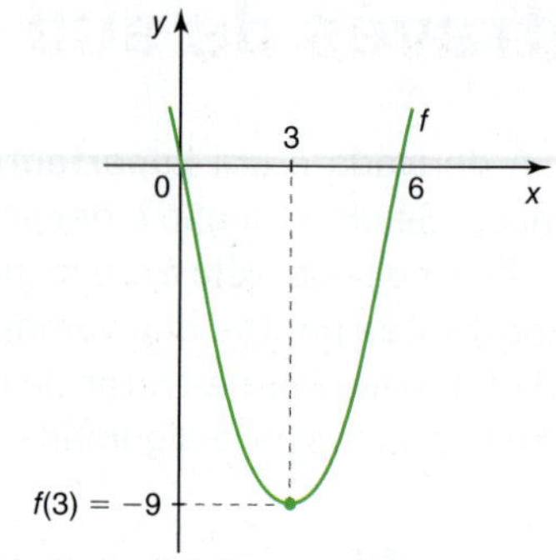

Note que $f(3) \leq f(x)$ para qualquer valor x do domínio $D(f)$. Por isso, dizemos que:

- $f(3) = -9$ é o **valor mínimo absoluto** da função f;
- 3 é chamado de abscissa de ponto mínimo absoluto de f.

Definição

> Seja f uma função real de variável real. A função f admite **valor mínimo absoluto** se, e somente se, existe x_m, com $x_m \in D(f)$, tal que:
>
> $$f(x_m) \leq f(x), \forall\ x, \text{com } x \in D(f)$$
>
> - O número $f(x_m)$ é chamado de **valor mínimo absoluto** da função f.
> - O número x_m é chamado de abscissa de ponto mínimo absoluto da função f.

Graficamente, temos:

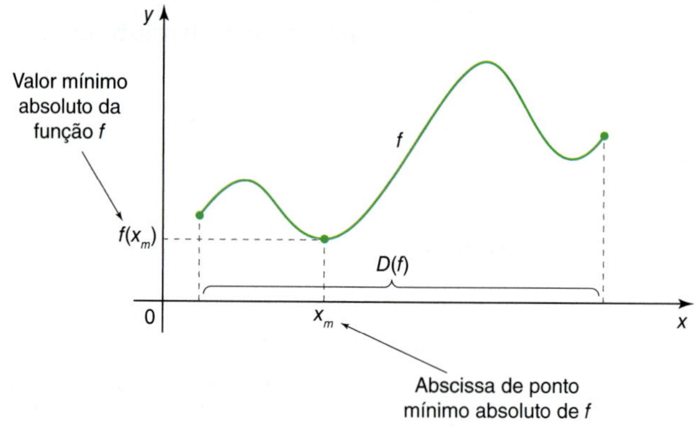

Máximo relativo

Seja a função f, cujo gráfico é:

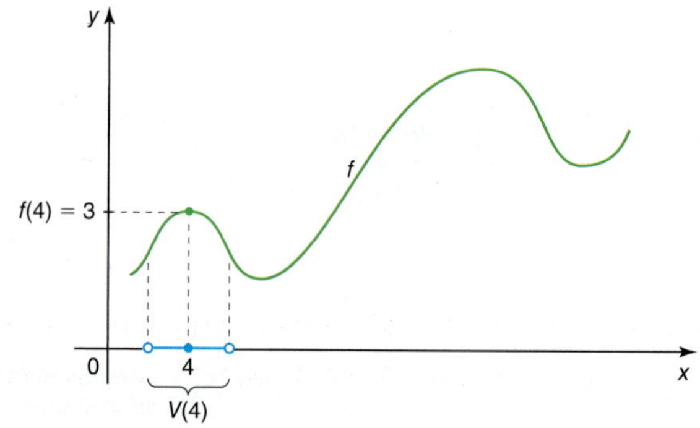

Note que existe uma vizinhança completa de 4, $V(4)$, tal que $f(4) \geqslant f(x)$, para qualquer valor x do domínio $D(f)$ que pertença à vizinhança $V(4)$. Por isso, dizemos que:

- $f(4) = 3$ é um valor máximo relativo (ou máximo local) da função f;
- 4 é abscissa de ponto máximo relativo de f.

Definição

Seja f uma função real de variável real. A função f admite **valor máximo relativo** (ou **valor máximo local**) se, e somente se, para algum número x_M do domínio $D(f)$, existe uma vizinhança completa $V(x_M)$ tal que:

$$f(x_M) \geqslant f(x), \forall\ x, \text{ com } x \in (V(x_M) \cap D(f))$$

- O número $f(x_M)$ é chamado de **valor máximo relativo** (ou **valor máximo local**) da função f.
- O número x_M é chamado de abscissa de ponto máximo relativo da função f.

Graficamente, temos:

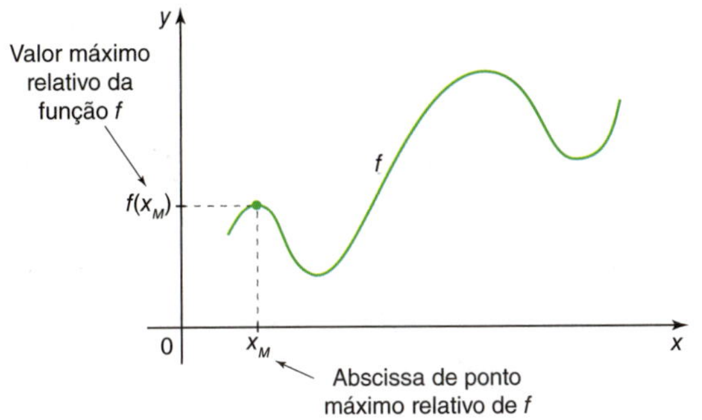

Mínimo relativo

Seja a função f, cujo gráfico é:

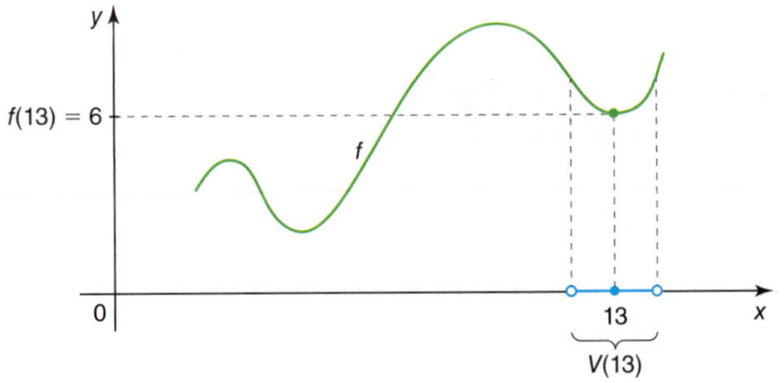

Note que existe uma vizinhança completa de 13, $V(13)$, tal que $f(13) \leqslant f(x)$, para qualquer valor x do domínio $D(f)$ que pertença à vizinhança $V(13)$. Por isso, dizemos que:

- $f(13) = 6$ é um valor mínimo relativo (ou mínimo local) da função f;
- 13 é a abscissa de ponto mínimo relativo de f.

Definição

Seja f uma função real de variável real. A função f admite **valor mínimo relativo** (ou **valor mínimo local**) se, e somente se, para algum número x_m do domínio $D(f)$, existe uma vizinhança completa $V(x_m)$ tal que:

$$f(x_m) \leqslant f(x), \forall\ x, \text{ com } x \in (V(x_m) \cap D(f)).$$

- O número $f(x_m)$ é chamado de **valor mínimo relativo** (ou **valor mínimo local**) da função f.
- O número x_m é chamado de abscissa de ponto mínimo relativo da função f.

Graficamente, temos:

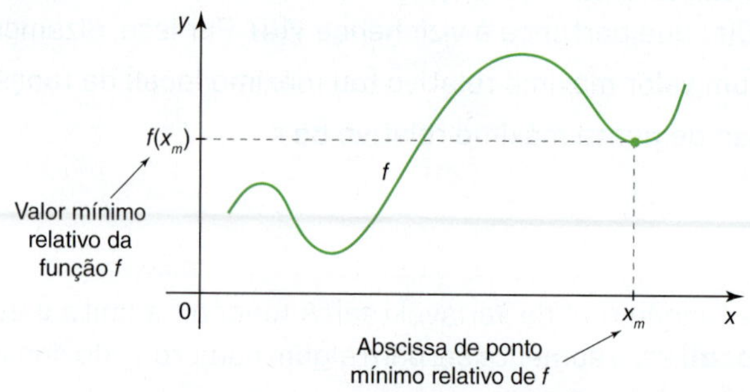

Se o valor $f(x_m)$ é mínimo absoluto da função f, ele também é mínimo relativo de f, pois existe vizinhança completa de x_m, $V(x_m)$ tal que $f(x_m) \leqslant f(x)$, $\forall\ x$, com $x \in (V(x_m) \cap D(f))$.

Analogamente, todo valor máximo absoluto também é máximo relativo.

Extremantes e extremos de uma função

Se a é a abscissa de um ponto máximo ou mínimo (local ou absoluto) de uma função f, então os números a e $f(a)$ são chamados de **extremante** e **extremo** da função f, respectivamente.

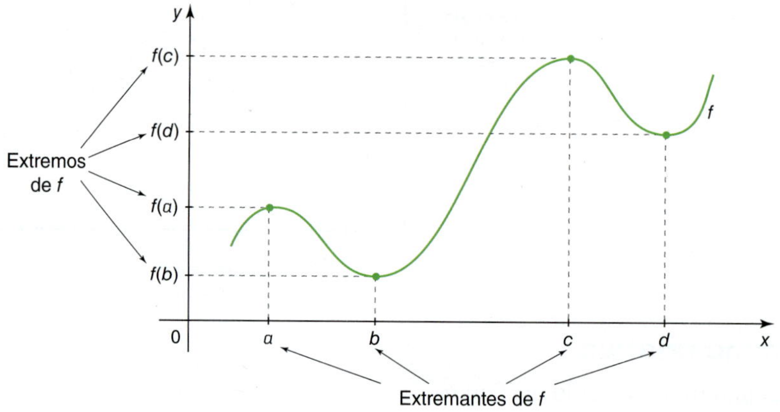

EXERCÍCIOS RESOLVIDOS

29 O gráfico a seguir representa a função $f(x) = x^4 - 2x^2 - 3$.

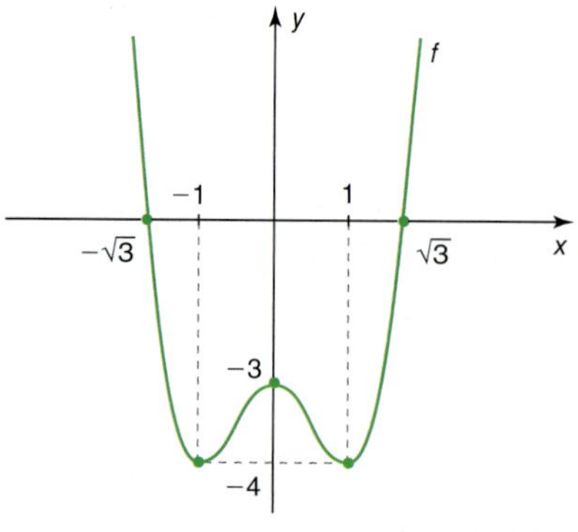

Indicar os extremos dessa função, classificando-os como máximo absoluto ou relativo, ou mínimo absoluto ou relativo.

Resolução

O valor $f(-1) = f(1) = -4$ é mínimo absoluto da função, pois para qualquer x do domínio $D(f)$ temos $-4 \leqslant f(x)$.

O valor $f(0) = -3$ é máximo relativo da função, pois existe vizinhança completa de 0, por exemplo $V(0) = \left]-\frac{1}{2}, \frac{1}{2}\right[$, tal que, para qualquer x dessa vizinhança temos $-3 \geqslant f(x)$.

30 O gráfico a seguir representa a função $f(x) = \frac{1}{x}$.

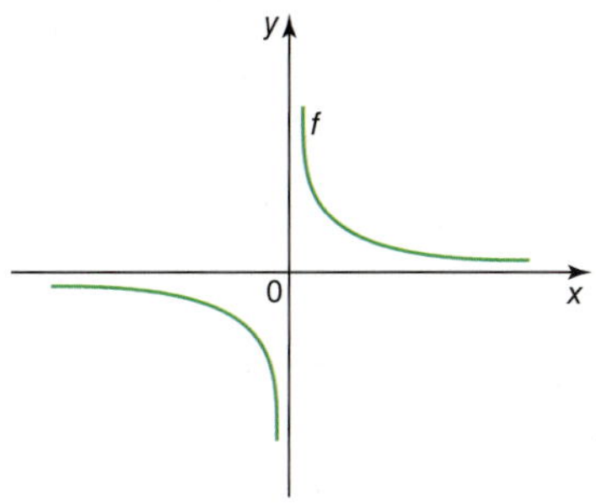

Essa função possui máximo absoluto ou mínimo absoluto?

Resolução

A análise dessa função nos mostra que:

- para qualquer número positivo k do domínio de f existe um número positivo α à esquerda de k, $\left(\text{por exemplo, } \alpha = \frac{k}{2}\right)$ tal que $f(\alpha) > f(k)$. Além disso, $f(\alpha)$ é maior que $f(\beta)$, para qualquer número negativo β. Logo, a função não possui máximo absoluto;
- para qualquer número negativo k do domínio de f existe um número negativo α à direita de k, $\left(\text{por exemplo, } \alpha = \frac{k}{2}\right)$ tal que $f(\alpha) < f(k)$. Além disso, $f(\alpha)$ é menor que $f(\beta)$, para qualquer número positivo β. Logo, a função não possui mínimo absoluto.

EXERCÍCIOS PROPOSTOS

27 Construa o gráfico da função $f(x) = \begin{cases} x^2 - 2x, \text{ se } x \leq 2 \\ -x^2 + 5x - 6, \text{ se } x > 2 \end{cases}$ e determine os extremantes e os extremos de f, se existirem.

28 Através do gráfico da função $f(x) = \begin{cases} -x^2 + x, \text{ se } x \leq 0 \text{ ou } x \geq \frac{1}{4} \\ 7x^2 - x, \text{ se } 0 < x < \frac{1}{4} \end{cases}$ pesquise a existência de extremos e extremantes.

29 O segmento de reta representado no plano cartesiano abaixo é o gráfico da função f: $[2, 5] \rightarrow \mathbb{R}$. Determine o(s) extremo(s) e extremante(s) de f, se existirem.

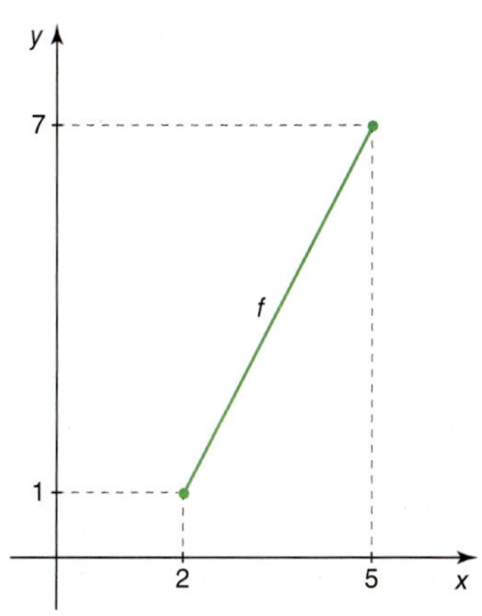

30 O segmento de reta representado no plano cartesiano abaixo é o gráfico da função f: $]2, 5[\rightarrow \mathbb{R}$. Determine o(s) extremo(s) e extremante(s) de f, se existirem.

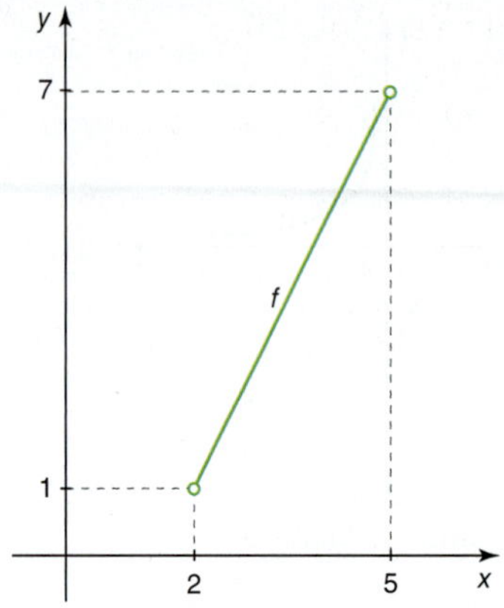

31 Pesquise a existência de extremos e extremantes da função f, em cada um dos casos a seguir.

a) f: $[0, 2\pi] \rightarrow \mathbb{R}$, com $f(x) = \text{sen } x$

b) f: $\left]-\frac{\pi}{2}, \frac{\pi}{2}\right[\rightarrow \mathbb{R}$, com $f(x) = \text{tg } x$

c) f: $[0, \pi[\rightarrow \mathbb{R}$, com $f(x) = \cos x$

d) f: $\left]\frac{\pi}{2}, 2\pi\right] \rightarrow \mathbb{R}$, com $f(x) = \text{sen } x$

32 A semicircunferência representada no plano cartesiano abaixo é o gráfico de uma função f: $]0, 8[\rightarrow \mathbb{R}$.

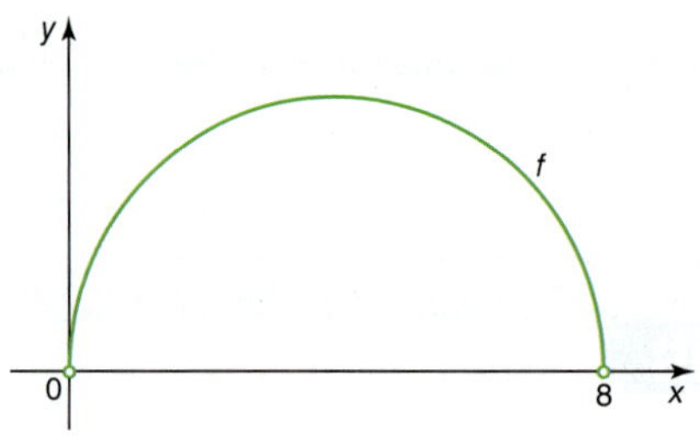

Sendo $M(\alpha, \beta)$ um ponto qualquer dessa semicircunferência e t a reta tangente ao gráfico no ponto M, determine:

a) o(s) extremante(s) e o(s) extremo(s) de f;

b) os possíveis valores de α para que o coeficiente angular da reta t seja positivo;

c) os possíveis valores de α para que o coeficiente angular da reta t seja igual a zero;

d) os possíveis valores de α para que o coeficiente angular da reta t seja negativo.

Resolva o exercício complementar 17.

Relação entre o sinal da derivada e a variação de uma função

Considere a função $f(x) = -\frac{x^2}{4} + x$ cujo gráfico é:

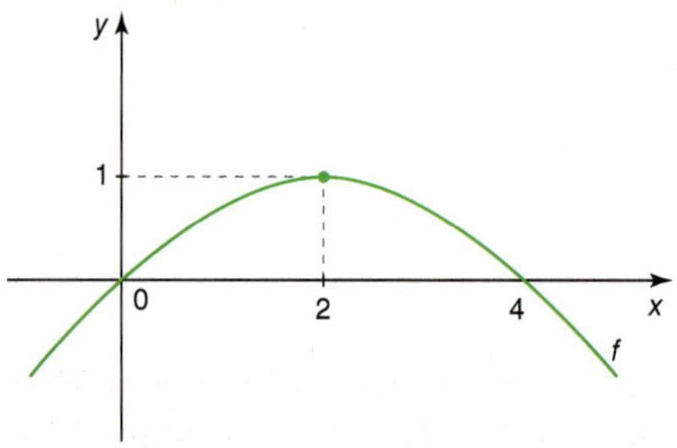

A análise desse gráfico nos mostra que:

- para qualquer ponto A de f com abscissa a, sendo $a < 2$, a reta tangente ao gráfico em A possui coeficiente angular positivo, ou seja, $f'(a) > 0$;

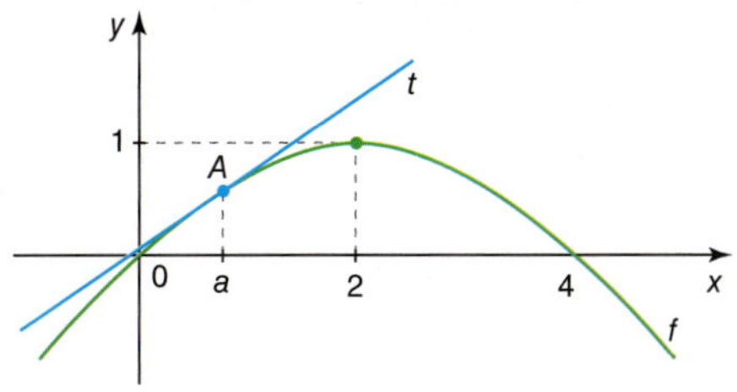

- para qualquer ponto B de f com abscissa b, sendo $b > 2$, a reta tangente ao gráfico em B possui coeficiente angular negativo, ou seja, $f'(b) < 0$;

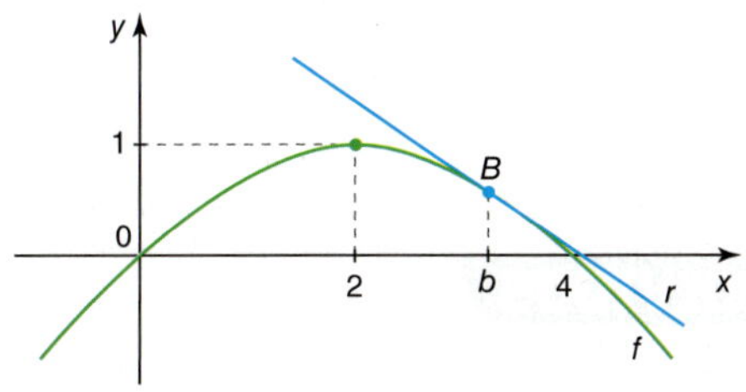

- a reta s, tangente ao gráfico no ponto V de abscissa 2, é paralela ao eixo Ox e, portanto, $f'(2) = 0$.

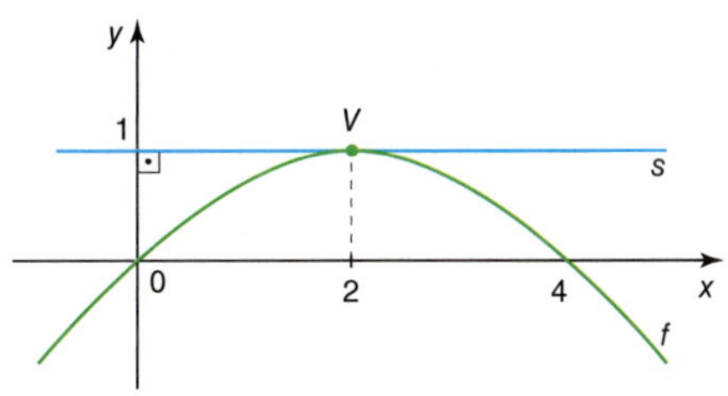

Essas observações podem ser generalizadas por meio dos dois teoremas que veremos a seguir.

Teorema

Sendo f uma função real de variável real, derivável em $]a, b[$, temos:

- se $f'(x) > 0$, para todo x pertencente a $]a, b[$, então f é crescente em $]a, b[$;
- se $f'(x) < 0$, para todo x pertencente a $]a, b[$, então f é decrescente em $]a, b[$.

Interprete geometricamente esse teorema do seguinte modo:

- $f'(x) > 0$ em $]a, b[$

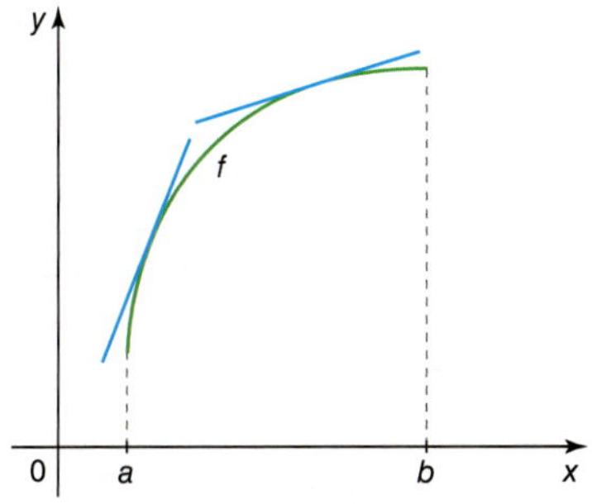

Qualquer reta tangente ao gráfico de f em um ponto de abscissa x, com $a < x < b$, possui coeficiente angular positivo, ou seja, $f'(x) > 0$. Logo, a função é crescente em $]a, b[$.

- $f'(x) < 0$ em $]a, b[$

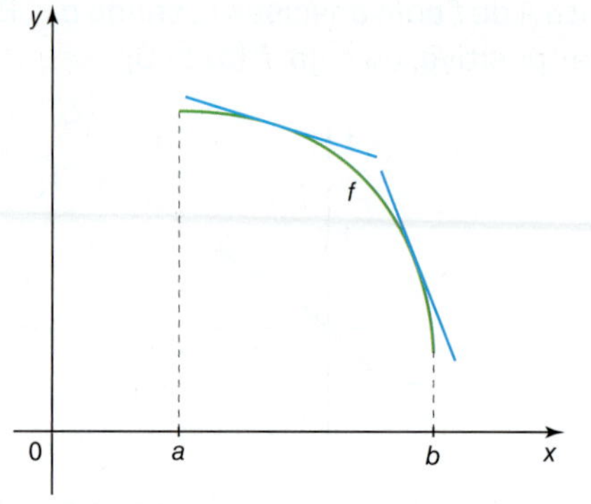

Qualquer reta tangente ao gráfico de f em um ponto de abscissa x, com $a < x < b$, possui coeficiente angular negativo, ou seja, $f'(x) < 0$. Logo, a função é decrescente em $]a, b[$.

EXERCÍCIOS RESOLVIDOS

31 Dada a função $f(x) = x^3 - 5x^2 + 7x + 8$, determinar:

a) o(s) intervalo(s) aberto(s) onde f é crescente. b) o(s) intervalo(s) aberto(s) onde f é decrescente.

Resolução

A função f é derivável em $\mathbb{R}$ e sua derivada é $f'(x) = 3x^2 - 10x + 7$.

a) f é crescente em um intervalo real I se $f'(x) > 0$, $\forall$ x com $x \in I$.
Assim, para determinar o(s) intervalo(s) onde f é crescente, basta resolver a inequação $f'(x) > 0$, ou seja, $3x^2 - 10x + 7 > 0$.

1º passo: vamos encontrar as raízes de f'

$3x^2 - 10x + 7 = 0$

$\Delta = (-10)^2 - 4 \cdot 3 \cdot 7 = 16$

$x = \frac{10 \pm \sqrt{16}}{2 \cdot 3} = \frac{10 \pm 4}{6} \Rightarrow x = \frac{7}{3}$ ou $x = 1$

2º passo: vamos esboçar ao lado o gráfico de f'

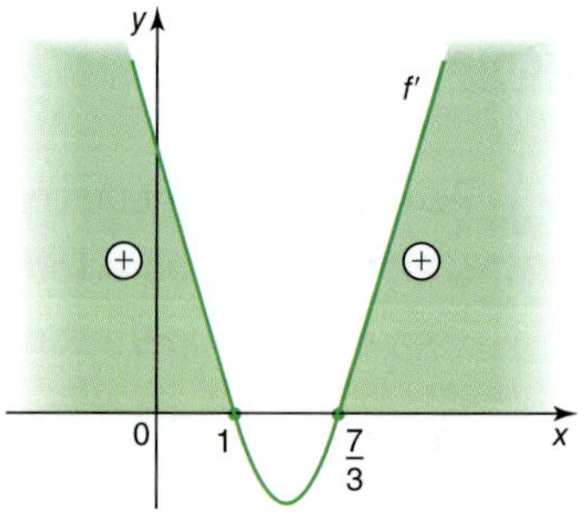

Como $f'(x)$ é positiva para $x < 1$ ou $x > \frac{7}{3}$, concluímos que a função f é crescente nos intervalos $]-\infty, 1[$ e $\left]\frac{7}{3}, +\infty\right[$.

b) f é decrescente em um intervalo real I se $f'(x) < 0$, $\forall$ x com $x \in I$. Assim, para determinar o(s) intervalo(s) em que f é decrescente, basta resolver a inequação $f'(x) < 0$, ou seja, $3x^2 - 10x + 7 < 0$.
Observando o gráfico de f' no item **a**, constatamos que f' é negativa entre as raízes 1 e $\frac{7}{3}$; logo, a função f é decrescente no intervalo $\left]1, \frac{7}{3}\right[$.

32 Provar que a função $f(x) = \frac{x^2 - 1}{x}$ é crescente em cada um dos intervalos $]-\infty, 0[$ e $]0, +\infty[$.

Resolução

A função f é derivável em $\mathbb{R}^*$. Aplicando a regra da derivada do quociente, obtemos:

$f'(x) = \frac{2x \cdot x - (x^2 - 1) \cdot 1}{x^2} \Rightarrow f'(x) = \frac{x^2 + 1}{x^2}$

Observando que o numerador e o denominador da fração $\frac{x^2 + 1}{x^2}$ são positivos para qualquer x pertencente a $\mathbb{R}^*$, deduzimos que $f'(x)$ é positiva para qualquer x pertencente a $\mathbb{R}^*$.
Logo, a função f é crescente em cada um dos intervalos $]-\infty, 0[$ e $]0, +\infty[$.

Nota:

O gráfico da função $f(x) = \dfrac{x^2 - 1}{x}$ é:

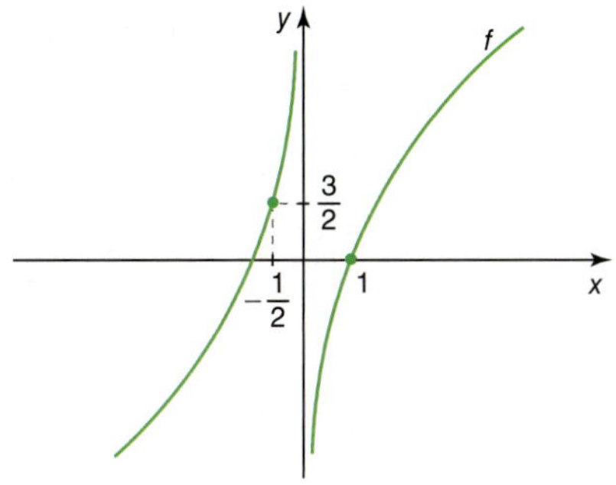

Observe que $1 > -\dfrac{1}{2}$ e $f(1) < f\left(-\dfrac{1}{2}\right)$; portanto, a função f não é crescente em $\mathbb{R}^*$, embora seja crescente em cada um dos intervalos $]-\infty, 0[$ e $]0, +\infty[$.

Teorema

Seja f uma função real de variável real, derivável em uma vizinhança completa $V(a)$ de um número a.

- Se $f'(a) = 0$ e $\begin{cases} f'(x) > 0, \text{ para todo } x, \text{ com } x \in V(a) \text{ e } x < a \\ f'(x) < 0, \text{ para todo } x, \text{ com } x \in V(a) \text{ e } x > a \end{cases}$, então o número a é abscissa de um ponto máximo relativo de f, e $f(a)$ é valor máximo relativo de f.

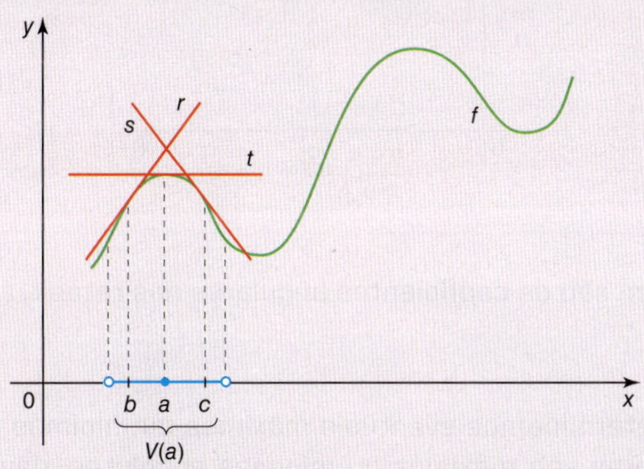

$m_r = f'(b) > 0$

$m_t = f'(a) = 0$

$m_s = f'(c) < 0$

- Se $f'(a) = 0$ e $\begin{cases} f'(x) < 0, \text{ para todo } x, \text{ com } x \in V(a) \text{ e } x < a \\ f'(x) > 0, \text{ para todo } x, \text{ com } x \in V(a) \text{ e } x > a \end{cases}$, então o número a é abscissa de um ponto mínimo relativo de f, e $f(a)$ é valor mínimo relativo de f.

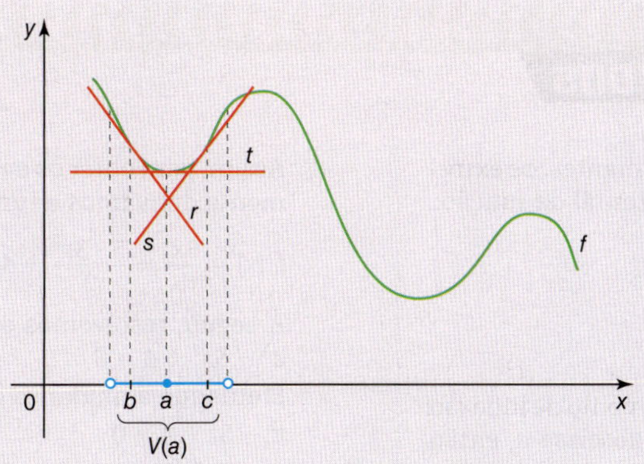

$m_r = f'(b) < 0$

$m_t = f'(a) = 0$

$m_s = f'(c) > 0$

- Se $f'(a) = 0$ e para alguma vizinhança reduzida do número a, $\overline{V}(a)$, $f'(x)$ não mudar de sinal, $\forall x$ com $x \in \overline{V}(a)$, então o ponto $P(a, f(a))$ é chamado de **ponto de inflexão horizontal de *f***. Observe as duas situações possíveis:

  I. Se $m_r = f'(b) > 0$, com $b \in \overline{V}(a)$ e $b < a$, $m_t = f'(a) = 0$ e $m_s = f'(c) > 0$, com $c \in \overline{V}(a)$ e $c > a$, então P é ponto de inflexão horizontal.

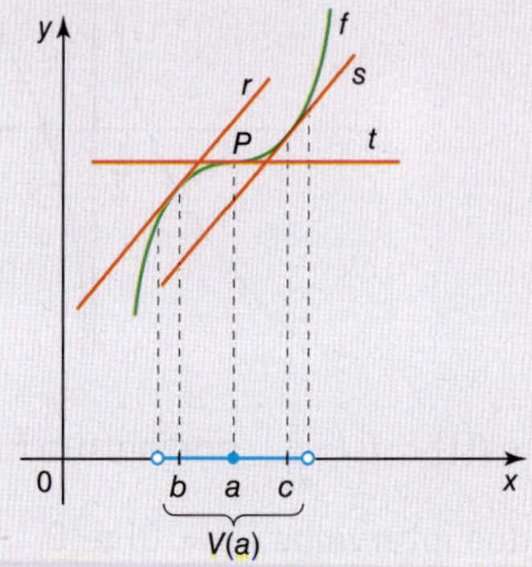

  II. Se $m_r = f'(b) < 0$, com $b \in \overline{V}(a)$ e $b < a$, $m_t = f'(a) = 0$ e $m_s = f'(c) < 0$, com $c \in \overline{V}(a)$ e $c > a$, então P é ponto de inflexão horizontal.

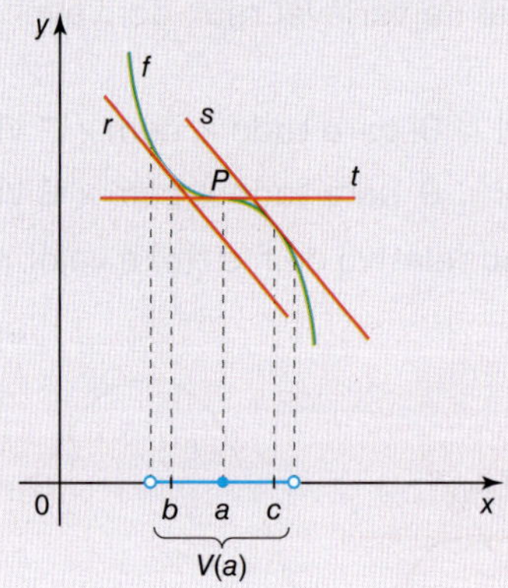

Observe que m_r, m_t e m_s são os coeficientes angulares das retas r, t e s, respectivamente.

Notas:

1. Com esse teorema, determinamos eventuais máximos ou mínimos **locais** da função f. Para verificar se esses valores são máximos ou mínimos absolutos, devemos fazer o estudo da função f' quando x percorre todo o domínio $D(f')$, como será feito no exercício resolvido 39.
2. A reta tangente ao gráfico no ponto de inflexão horizontal de abscissa a cruza esse gráfico nesse ponto.

EXERCÍCIOS RESOLVIDOS

33 Determinar, se existirem, os extremantes, os extremos e os pontos de inflexão horizontal da função:

$$f(x) = \frac{x^5}{5} - \frac{5x^3}{3} + 4x$$

Resolução

A função f é derivável em $\mathbb{R}$.

Logo, se f tiver máximo, mínimo ou ponto de inflexão horizontal para algum ponto de abscissa a, então $f'(a) = 0$.

Assim, para obter os eventuais valores de a, inicialmente derivamos a função f:

$$f'(x) = \frac{5x^4}{5} - \frac{5 \cdot 3x^2}{3} + 4 \Rightarrow f'(x) = x^4 - 5x^2 + 4$$

A seguir, resolvemos a equação $f'(x) = 0$, ou seja, $x^4 - 5x^2 + 4 = 0$

Efetuando a mudança de variável $x^2 = t$, obtemos:

$t^2 - 5t + 4 = 0$

$\Delta = (-5)^2 - 4 \cdot 1 \cdot 4 = 9$

$$t = \frac{-(-5) \pm \sqrt{9}}{2 \cdot 1} = \frac{5 \pm 3}{2} \Rightarrow t = 4 \text{ ou } t = 1$$

Retornando à variável original, temos:

$x^2 = 4 \Rightarrow x = 2$ ou $x = -2$

$x^2 = 1 \Rightarrow x = 1$ ou $x = -1$

Para classificar cada uma dessas raízes como abscissa de ponto máximo, mínimo ou de ponto de inflexão horizontal, devemos estudar o sinal de $f'(x)$.

Representando $f'(x)$ na forma fatorada,

$f'(x) = (x - 2)(x + 2)(x - 1)(x + 1)$,

podemos estudar sua variação de sinal no quadro:

		−2		−1		1		2	
$x - 2$	−		−		−		−		+
$x + 2$	−		+		+		+		+
$x - 1$	−		−		−		+		+
$x + 1$	−		−		+		+		+
$f'(x)$	+		−		+		−		+

Temos, então:

$$\begin{cases} f'(-2) = 0 \\ f'(x) > 0, \text{ para } x < -2 \\ f'(x) < 0, \text{ para } -2 < x < -1 \end{cases}$$

Logo, −2 é abscissa do ponto máximo relativo $(-2, f(-2))$ de f, sendo

$$f(-2) = \frac{(-2)^5}{5} - \frac{5 \cdot (-2)^3}{3} + 4 \cdot (-2) = -\frac{16}{15}$$

o valor máximo relativo.

$$\begin{cases} f'(-1) = 0 \\ f'(x) < 0, \text{ para } -2 < x < -1 \\ f'(x) > 0, \text{ para } -1 < x < 1 \end{cases}$$

Logo, −1 é abscissa do ponto mínimo relativo $(-1, f(-1))$ de f, sendo

$$f(-1) = \frac{(-1)^5}{5} - \frac{5 \cdot (-1)^3}{3} + 4 \cdot (-1) = -\frac{38}{15}$$

o valor mínimo relativo.

$$\begin{cases} f'(1) = 0 \\ f'(x) > 0, \text{ para } -1 < x < 1 \\ f'(x) < 0, \text{ para } 1 < x < 2 \end{cases}$$

Logo, 1 é abscissa do ponto máximo relativo $(1, f(1))$ de f, sendo

$$f(1) = \frac{1^5}{5} - \frac{5 \cdot 1^3}{3} + 4 \cdot 1 = \frac{38}{15}$$

o valor máximo relativo.

$$\begin{cases} f'(2) = 0 \\ f'(x) < 0, \text{ para } 1 < x < 2 \\ f'(x) > 0, \text{ para } x > 2 \end{cases}$$

Logo, 2 é abscissa do ponto mínimo relativo $(2, f(2))$ de f, sendo

$$f(2) = \frac{2^5}{5} - \frac{5 \cdot 2^3}{3} + 4 \cdot 2 = \frac{16}{15}$$

o valor mínimo relativo.

Com esse estudo, podemos afirmar que f não possui ponto de inflexão horizontal.

Nota: Para auxiliá-lo na interpretação geométrica das conclusões dessa questão, apresentamos a seguir o gráfico da função: $f(x) = \frac{x^5}{5} - \frac{5x^3}{3} + 4x$

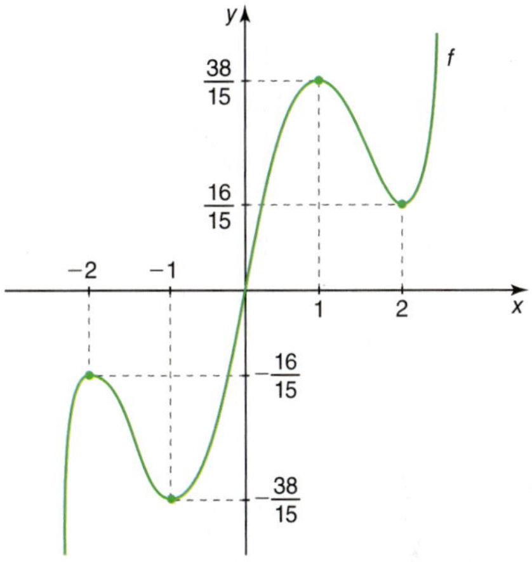

34 Determinar, se existirem, os extremantes, os extremos e os pontos de inflexão horizontal da função:

$$f(x) = \frac{x^3}{3} - 2x^2 + 4x$$

Resolução

A função f é derivável em $\mathbb{R}$.

Logo, se f tiver máximo, mínimo ou ponto de inflexão horizontal para algum ponto de abscissa a, então $f'(a) = 0$.

Assim, para obter os eventuais valores de a, inicialmente derivamos a função f:

$$f'(x) = \frac{3x^2}{3} - 2 \cdot 2x + 4 \Rightarrow f'(x) = x^2 - 4x + 4$$

A seguir, resolvemos a equação $f'(x) = 0$, ou seja, $x^2 - 4x + 4 = 0$:

$\Delta = (-4)^2 - 4 \cdot 1 \cdot 4 = 0$

$$x = \frac{-(-4) \pm \sqrt{0}}{2 \cdot 1} = \frac{4 \pm 0}{2} \Rightarrow x = 2$$

Para classificar essa raiz como abscissa de ponto máximo, mínimo ou de ponto de inflexão horizontal, devemos estudar o sinal de $f'(x)$, cujo gráfico é:

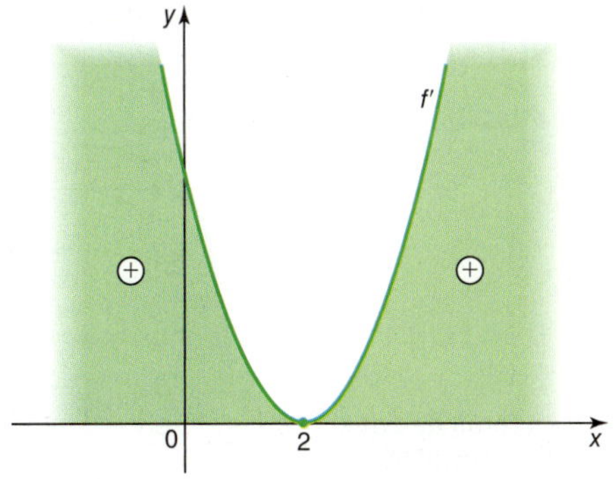

Observe que existe vizinhança reduzida de 2, de modo que $f'(x)$ não muda de sinal para qualquer x dessa vizinhança. Por isso, concluímos que $(2, f(2))$, ou seja, $\left(2, \frac{8}{3}\right)$, é ponto de inflexão horizontal da função f. Note também que f não possui máximo nem mínimo.

Nota: Para auxiliá-lo na interpretação geométrica das conclusões dessa questão, apresentamos a seguir o gráfico da função: $f(x) = \frac{x^3}{3} - 2x^2 + 4x$

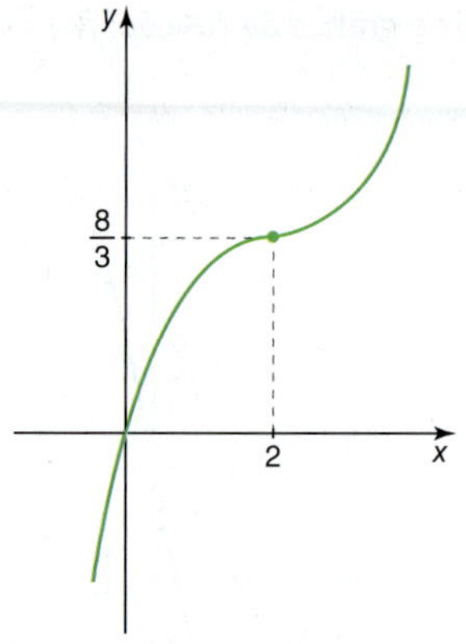

35 Mostrar que a função $f(x) = \frac{x}{x+1}$ não possui extremantes nem pontos de inflexão horizontal.

Resolução

A função f é derivável em todo o seu domínio $\mathbb{R} - \{-1\}$. Pela regra da derivada do quociente, temos:

$$f'(x) = \frac{1 \cdot (x+1) - x \cdot 1}{(x+1)^2} \Rightarrow f'(x) = \frac{1}{(x+1)^2}$$

Os eventuais extremantes ou abscissas de pontos de inflexão horizontal da função f seriam as raízes reais da equação $f'(x) = 0$, ou seja, $\frac{1}{(x+1)^2} = 0$. Mas, como essa equação não possui raízes, concluímos que a função f não possui extremantes nem pontos de inflexão horizontal.

Nota: Para auxiliá-lo na interpretação geométrica da conclusão dessa questão, apresentamos a seguir o gráfico da função: $f(x) = \frac{1}{x+1}$

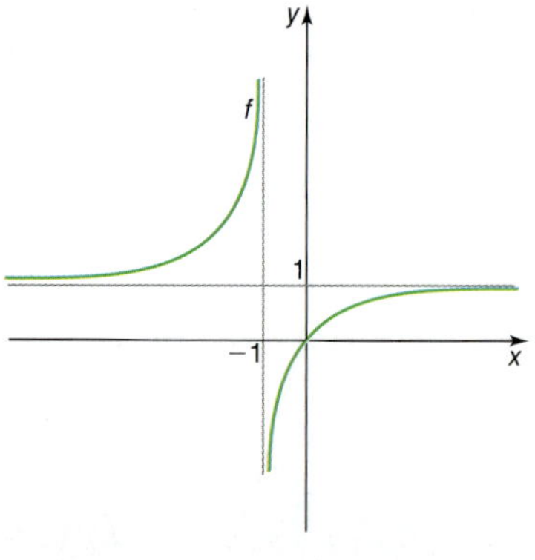

As retas de equações $x = -1$ e $y = 1$ são assíntotas desse gráfico.

36 Considerando um cilindro circular reto de volume máximo inscrito em uma esfera de raio 5 cm, calcular o volume desse cilindro.

(*Nota*: Um cilindro está inscrito em uma esfera quando as circunferências das bases do cilindro estão contidas na superfície da esfera.)

Resolução

Indicando por r e h as medidas do raio da base e da altura do cilindro, respectivamente, temos, pelo teorema de Pitágoras:

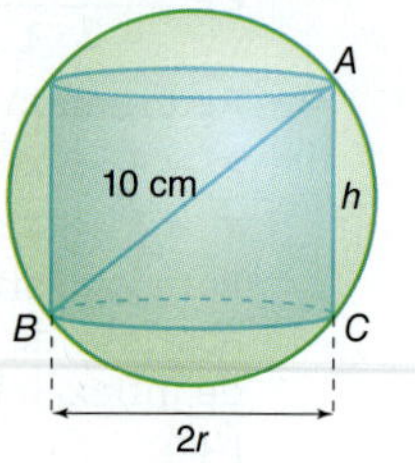

$h^2 + 4r^2 = 100 \Rightarrow$

$\Rightarrow r^2 = \frac{100 - h^2}{4}$

$\therefore r = \sqrt{25 - \frac{h^2}{4}}$

Assim, o volume $V(h)$ do cilindro é dado por:

$$V(h) = \pi r^2 h = \pi \cdot \left(\sqrt{25 - \frac{h^2}{4}}\right)^2 \cdot h \Rightarrow$$

$$\Rightarrow V(h) = 25\pi h - \frac{\pi h^3}{4}$$

A derivada de $V(h)$ é: $V'(h) = 25\pi - \frac{3\pi h^2}{4}$

O valor de h, para que $V(h)$ seja máximo, deve ser raiz da equação $V'(h) = 0$, ou seja:

$$25\pi - \frac{3\pi h^2}{4} = 0 \Rightarrow 25\pi = \frac{3\pi h^2}{4}$$

$$\therefore h = \sqrt{\frac{100}{3}} \Rightarrow h = \frac{10\sqrt{3}}{3}$$

Para nos certificar de que $h = \frac{10\sqrt{3}}{3}$ é realmente abscissa de ponto máximo, vamos estudar o sinal da função $V'(h) = 25\pi - \frac{3\pi h^2}{4}$.

O gráfico de V' é:

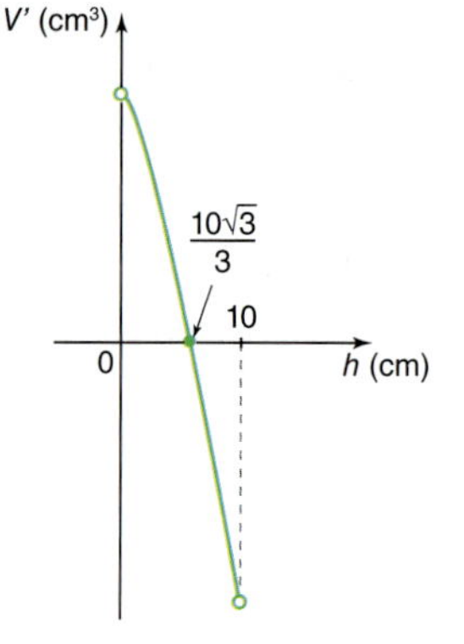

Como $V'(x) > 0$ para $0 < h < \frac{10\sqrt{3}}{3}$ e $V'(h) < 0$ para $\frac{10\sqrt{3}}{3} < h < 10$, concluímos que a função V, em todo o seu domínio, é crescente à esquerda de $\frac{10\sqrt{3}}{3}$ e decrescente à direita de $\frac{10\sqrt{3}}{3}$, portanto, $\frac{10\sqrt{3}}{3}$ é abscissa de ponto máximo absoluto.

Logo, o valor máximo da função V é:

$$V\left(\frac{10\sqrt{3}}{3}\right) = 25\pi \cdot \frac{10\sqrt{3}}{3} - \frac{\pi \cdot \left(\frac{10\sqrt{3}}{3}\right)^3}{4} = \frac{500\pi\sqrt{3}}{9}$$

Portanto, o volume máximo do cilindro é $\frac{500\pi\sqrt{3}}{9}$ cm³.

37 Qual é a medida do raio da base de um cilindro circular reto de volume máximo, inscrito em um cone circular reto de altura 8 cm e raio da base 6 cm? (*Nota*: Um cilindro circular está inscrito em um cone circular quando uma base do cilindro está contida na base do cone e a circunferência da outra base do cilindro está contida na superfície lateral do cone.)

Resolução

Sejam r e h as medidas do raio da base e da altura do cilindro, respectivamente, conforme a figura abaixo.

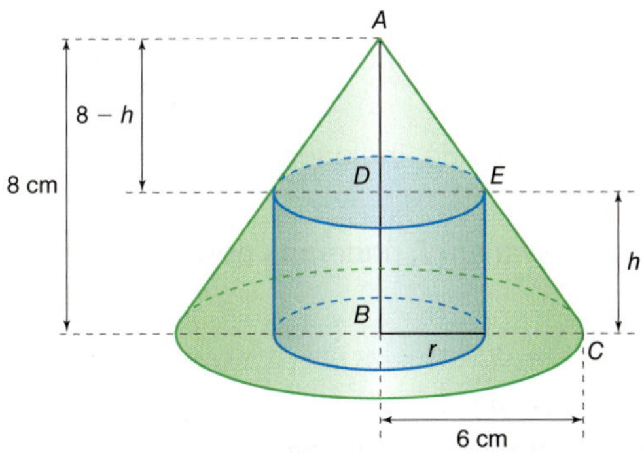

Da semelhança entre os triângulos *ABC* e *ADE*, temos:

$$\frac{8}{8-h} = \frac{6}{r} \Rightarrow h = 8 - \frac{4r}{3}$$

Sendo $V(r)$ o volume do cilindro, temos:

$$V(r) = \pi r^2 h = \pi r^2\left(8 - \frac{4r}{3}\right) \Rightarrow V(r) = 8\pi r^2 - \frac{4\pi r^3}{3}$$

A derivada de $V(r)$ é: $V'(r) = 16\pi r - 4\pi r^2$

O valor de r, para que $V(r)$ seja máximo, deve ser raiz da equação $V'(r) = 0$, ou seja:

$16\pi r - 4\pi r^2 = 0 \Rightarrow 4r - r^2 = 0$

$\therefore r = 0$ ou $r = 4$

Como r deve ser positivo, pois r é a medida do raio da base do cilindro, devemos excluir o valor $r = 0$. Assim, a função $V(r)$ possui como único extremante o valor $r = 4$.

Para nos certificar de que $r = 4$ é realmente ponto de máximo, vamos estudar o sinal da função $V'(r) = 16\pi r - 4\pi r^2$, cujo gráfico é representado abaixo.

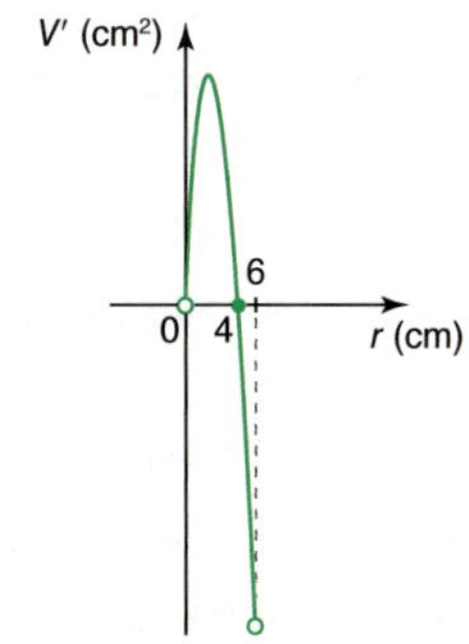

Como $V'(r) > 0$ para $0 < h < 4$ e $V'(r) < 0$ para $4 < h < 6$, concluímos que a função V, em todo o seu domínio, é crescente à esquerda de 4 e decrescente à direita de 4 e, portanto, 4 é abscissa de ponto máximo absoluto.

Logo, o raio procurado mede 4 cm.

EXERCÍCIOS PROPOSTOS

33 Determine o(s) intervalo(s) aberto(s) em que cada uma das funções a seguir é crescente ou decrescente.

a) $f(x) = x^3 - 8x^2 + 20x + 2$

b) $g(x) = -\frac{x^3}{3} + \frac{x^2}{2} + 2x + 5$

c) $h(x) = \frac{x^4}{4} - 3x^3 + 7x^2 + 6$

d) $t(x) = \frac{x^2}{1 + x}$

34 Mostre que a função $f(x) = x^3 + x$ é crescente em todo o seu domínio.

35 A função $f(x) = x^3 - x^2 - kx$ é crescente em

$\left]-\infty, -\frac{1}{3}\right[\cup \left]1, +\infty\right[$ e decrescente em $\left]-\frac{1}{3}, 1\right[$.

Determine a constante real k.

36 O gráfico a seguir representa a função derivada f' de uma função f: $]-3, 2[\to \mathbb{R}$.

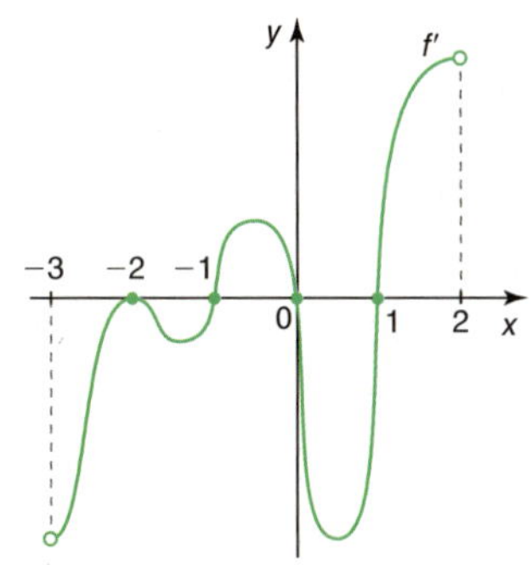

a) Em que intervalo(s) aberto(s) a função f é crescente?

b) Em que intervalo(s) aberto(s) a função f é decrescente?

37 (FEI-SP) Se a derivada da função $f(x)$ é $f'(x) = \frac{x+1}{x-1}$, então f é crescente nos intervalos:

a) $]-1, 0[$ e $]0, 1[$

b) $]-\infty, -1[$ e $]-1, 1[$

c) $]-\infty, -1[$ e $]1, +\infty[$

d) $]-1, 1[$

e) n.d.a.

Resolva os exercícios complementares 18 a 23.

Um teorema auxiliar para a determinação de extremos e de pontos de inflexão

Os dois teoremas anteriores oferecem um método para a determinação de extremantes e extremos relativos ou de pontos de inflexão de uma função *f*, pelo estudo do sinal da derivada de *f*. Esse método pode ser simplificado pelo próximo teorema, que exige como pré-requisito o conceito de derivadas sucessivas, apresentado a seguir.

Derivadas sucessivas

Seja *f* uma função derivável em um intervalo *I*.

- Se a função f' também for derivável em *I*, então sua derivada, indicada por f'', é a **derivada segunda** ou **derivada de ordem 2** da função *f*;
- Se a função f'' também for derivável em *I*, então sua derivada, indicada por f''', é a **derivada terceira** ou **derivada de ordem 3** da função *f*;
- E assim por diante, se a derivada de ordem *n* for derivável em *I*, podemos obter a derivada de ordem $n + 1$ da função *f*.

Notações

Adotaremos também as seguintes notações para as derivadas sucessivas:

Função	Derivada primeira	Derivada segunda	Derivada terceira	...	Derivada enésima
$y = f(x)$	$f^{(1)}$ ou $y^{(1)}$	$f^{(2)}$ ou $y^{(2)}$	$f^{(3)}$ ou $y^{(3)}$	...	$f^{(n)}$ ou $y^{(n)}$

Exemplos

a) Sendo $f(x) = 3x^4 + 2x^3 + 3x^2 + 5x$, temos:

$f'(x) = 12x^3 + 6x^2 + 6x + 5$ $\quad$ $f''(x) = 36x^2 + 12x + 6$ $\quad$ $f'''(x) = 72x + 12$

b) Sendo $y = \text{sen}\, x$, temos:

$y^{(1)} = \cos x$ $\quad$ $y^{(2)} = -\text{sen}\, x$ $\quad$ $y^{(3)} = -\cos x$ $\quad$ $y^{(4)} = \text{sen}\, x$

Teorema

Seja *f* uma função derivável até a ordem *n* em uma vizinhança completa $V(a)$ de um número real *a*.

Se *a* é raiz de todas as derivadas de *f* até a ordem $n - 1$ e $f^{(n)}(a) \neq 0$, então:

- para *n* par e $f^{(n)}(a) < 0$, *a* é abscissa de um ponto máximo local de *f*;
- para *n* par e $f^{(n)}(a) > 0$, *a* é abscissa de um ponto mínimo local de *f*;
- para *n* ímpar, *a* é abscissa de um ponto de inflexão horizontal do gráfico de *f*.

Exemplo

No exercício resolvido 37, vimos que $r = 4$ é raiz da função $V'(r) = 16\pi r - 4\pi r^2$, derivada de $V(r) = 8\pi r^2 - \dfrac{4\pi r^3}{3}$. Para nos certificar de que $r = 4$ é realmente abscissa de ponto máximo da função *V*, basta aplicar o teorema anterior.

Temos:

$V''(r) = 16\pi - 8\pi r \Rightarrow V''(4) = 16\pi - 32\pi = -16\pi$

Assim, $V'(4) = 0$ e $V''(4) < 0$ e, portanto, 4 é abscissa de ponto máximo.

EXERCÍCIOS RESOLVIDOS

38 Seja a função $f(x) = \frac{x^4}{4} - \frac{4x^3}{3} + \frac{5x^2}{2} - 2x$:

a) mostrar que 2 é abscissa de um ponto mínimo local de f.

b) calcular o valor mínimo local da função f, para $x = 2$.

Resolução

a) $f'(x) = \frac{4x^3}{4} - \frac{4 \cdot 3x^2}{3} + \frac{5 \cdot 2x}{2} - 2 \Rightarrow$

$\Rightarrow f'(x) = x^3 - 4x^2 + 5x - 2$

Pelo teorema anterior, temos que 2 é abscissa de ponto mínimo local se for raiz de todas as derivadas de f até a ordem $n - 1$ e $f^{(n)}(2) > 0$, com n par.

Calculando $f'(2)$, obtemos:

$f'(2) = 2^3 - 4 \cdot 2^2 + 5 \cdot 2 - 2 \Rightarrow f'(2) = 0$

A derivada segunda de f é:

$f''(x) = 3x^2 - 8x + 5$

Calculando $f''(2)$, temos:

$f''(2) = 3 \cdot 2^2 - 8 \cdot 2 + 5 \Rightarrow f''(2) = 1$

Como $f'(2) = 0$ e $f''(2) > 0$, concluímos, pelo teorema anterior, que 2 é abscissa de um ponto mínimo local de f.

b) $f(2) = \frac{2^4}{4} - \frac{4 \cdot 2^3}{3} + \frac{5 \cdot 2^2}{3} - 2 \cdot 2 \Rightarrow$

$\Rightarrow f(2) = -\frac{2}{3}$

Logo, o valor mínimo local de f para $x = 2$ é $-\frac{2}{3}$.

39 Seja a função $f: \mathbb{R}_+^* \to \mathbb{R}$, com $f(x) = \frac{x^3}{3} - 2x^2 + 5$, determinar, caso exista, o valor mínimo absoluto de f.

Resolução

$f'(x) = \frac{3x^2}{3} - 2 \cdot 2x \Rightarrow f'(x) = x^2 - 4x$

Resolvendo a equação $f'(x) = 0$, temos:

$x^2 - 4x = 0 \Rightarrow x = 0$ ou $x = 4$

O valor $x = 0$ não convém, pois $0 \notin D(f)$. Portanto, $x = 4$ é abscissa de ponto máximo, ou mínimo ou de inflexão. Para descobrir qual dessas possibilidades ocorre, aplicamos o teorema anterior.

Temos: $f''(x) = 2x - 4$ e, portanto, $f''(4) = 4$.

Como $f'(4) = 0$ e $f''(4) > 0$, deduzimos que 4 é abscissa de um ponto mínimo local da função f.

Para verificar se 4 é ou não abscissa de ponto mínimo absoluto de f, vamos estudar o sinal da derivada $f'(x) = x^2 - 4x$, cujo gráfico é:

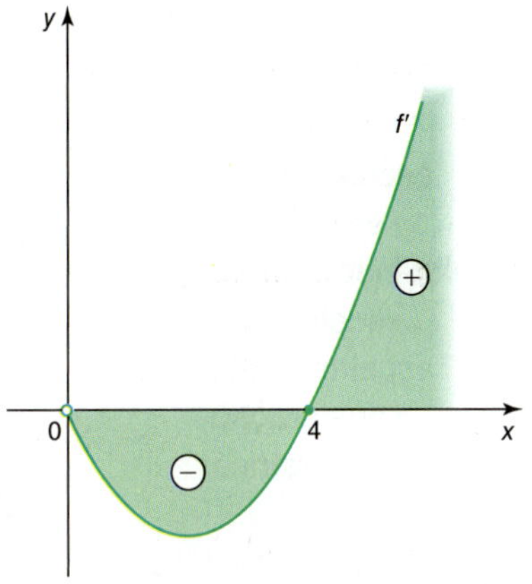

Observe que:
- $f'(x) < 0$ para todo x, com $0 < x < 4$;
- $f'(x) > 0$ para todo x, com $x > 4$.

Assim, concluímos que f é decrescente em $]0, 4[$ e crescente em $]4, +\infty[$. Além disso, existe $f(4)$ e, portanto, 4 é abscissa do ponto mínimo absoluto de f.

O valor mínimo absoluto de f é:

$f(4) = \frac{4^3}{3} - 2 \cdot 4^2 + 5 \Rightarrow f(4) = -\frac{17}{3}$

EXERCÍCIOS PROPOSTOS

38 Mostre que o número 1 é abscissa de ponto mínimo local da função $f(x) = x^5 - 2x^4 - x^3 + 6x^2 - 6x + 2$ e calcule o valor mínimo local de f para a abscissa 1.

39 Mostre que o número 3 é abscissa de ponto máximo local da função $f(x) = -\frac{x^3}{3} + 2x^2 - 3x + 2$ e calcule o valor máximo local de f para a abscissa 3.

40 Mostre que o número 2 é abscissa de um ponto de inflexão da função $f(x) = x^4 - 6x^3 + 12x^2 - 8x$ e determine esse ponto de inflexão.

41 Dada a função $f: \mathbb{R} \to \mathbb{R}$, com $f(x) = \frac{x}{2} + \cos x$:

a) mostre que o número $\frac{\pi}{6}$ é abscissa de ponto máximo local de f;

b) determine o valor máximo local de f para a abscissa $\frac{\pi}{6}$.

42 Sendo $f: \mathbb{R} \to \mathbb{R}$ com $f(x) = \text{sen } x + \cos x$:

a) mostre que o número $\frac{5\pi}{4}$ é abscissa de ponto mínimo local de f;

b) determine o valor mínimo local de f para a abscissa $\frac{5\pi}{4}$.

Resolva os exercícios complementares 24 a 27 e 30.

Seção 10.4

Aplicação das derivadas ao estudo do movimento

Objetivos

- **Obter** a velocidade e a aceleração escalar instantânea.
- **Determinar** a equação da velocidade e da aceleração escalar instantânea.

Termos e conceitos

- velocidade escalar média
- velocidade escalar instantânea
- aceleração escalar média
- aceleração escalar instantânea

Neste item, vamos retomar os conceitos de velocidade escalar e de aceleração escalar para destacar algumas relações entre eles e o estudo das derivadas.

Velocidade escalar média e velocidade escalar instantânea

Um automóvel percorre uma estrada. Associemos a essa estrada um sistema de abscissas, tomando como unidade o metro e adotando como origem um determinado ponto O da rodovia. Durante certo período, a abscissa $s(t)$ de cada ponto onde está o automóvel, após o início da marcação do tempo t, em segundo, é dada pela equação $s(t) = t^2 + 5t$, denominada equação horária do movimento. A abscissa $s(t)$ também pode ser chamada de espaço.

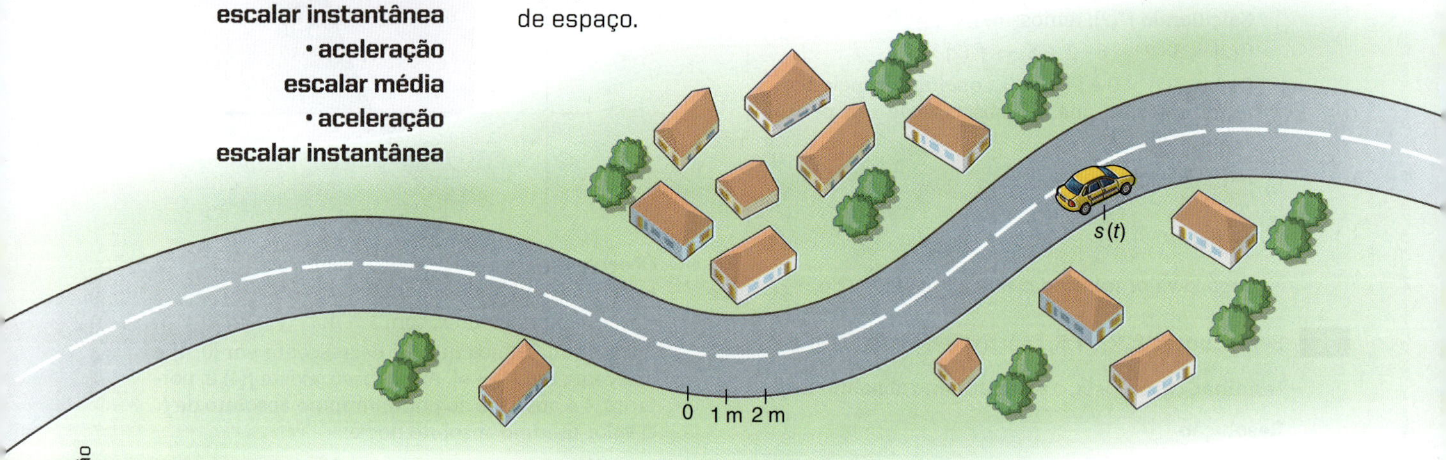

Assim:

- A abscissa (ou espaço) do ponto em que está o veículo após 4 s do início da marcação de tempo é $s(4) = 4^2 + 5 \cdot 4 = 36$, ou seja, a distância entre o automóvel e a origem O após 4 s do início da marcação de tempo é 36 m.
- A distância percorrida pelo veículo para $4 \leq t \leq 6$ é dada por: $s(6) - s(4) = 6^2 + 5 \cdot 6 - (4^2 + 5 \cdot 4) = 66 - 36 = 30$, ou seja, a distância percorrida no intervalo de 4 s a 6 s é 30 m.

Dizemos que a **velocidade escalar média** (v_m) do veículo em determinado intervalo de tempo é a razão da distância percorrida pelo tempo gasto para o automóvel percorrer essa distância; por exemplo, a velocidade escalar média do veículo no intervalo de 4 s a 6 s é dada por:

$$v_m = \frac{s(6) - s(4)}{6 - 4} = \frac{30}{2}, \text{ ou seja, } v_m = 15 \text{ m/s}$$

Se considerarmos outro intervalo de tempo, por exemplo de 4 s a 5 s, a velocidade escalar média será a mesma anterior?

Vejamos. A velocidade escalar média V_{m_1}, nesse intervalo, é:

$$V_{m_1} = \frac{s(5) - s(4)}{5 - 4} = \frac{5^2 + 5 \cdot 5 - (4^2 + 5 \cdot 4)}{5 - 4} = \frac{50 - 36}{1} = 14, \text{ ou seja,}$$

$V_{m_1} = 14$ m/s

Note, portanto, que $V_{m_1} \neq v_m$.

Quanto mais diminuirmos o intervalo de tempo, em segundo, $[4, 4 + h]$, para $h > 0$; ou $[4 + h, 4]$, para $h < 0$, mais nos aproximaremos da velocidade escalar exata no instante 4 s. Essa velocidade é denominada **velocidade escalar instantânea** (v_i) do automóvel no instante $t = 4$ s. Para determinar a velocidade v_i, basta fazer o acréscimo h tender a zero, calculando o limite:

$$\lim_{h \to 0} \frac{s(4 + h) - s(4)}{h} =$$

$$= \lim_{h \to 0} \frac{(4 + h)^2 + 5(4 + h) - (4^2 + 5 \cdot 4)}{h} =$$

$$= \lim_{h \to 0} \frac{16 + 8h + h^2 + 20 + 5h - 36}{h} = \lim_{h \to 0} \frac{h^2 + 13h}{h} =$$

$$= \lim_{h \to 0} \frac{h(h + 13)}{h} = \lim_{h \to 0} (h + 13) = 13$$

Portanto, a velocidade escalar no instante 2 s é 13 m/s.

Note que esse limite é exatamente a derivada de $S(t)$ no ponto de abscissa 4.

Generalizando:

> Se a equação que expressa o espaço s de um ponto material, em função do tempo t, é $s = s(t)$, e s é derivável em t_0, então a velocidade escalar instantânea do ponto material no instante t_0 é $v(t_0) = s'(t_0)$.

EXERCÍCIOS RESOLVIDOS

40 A equação horária do movimento de uma partícula é $s(t) = \frac{t^3}{2} + 5t$, em que s(t) e t representam, respectivamente, o espaço, em metro, e o tempo, em segundo. A partir dessa equação, calcular a velocidade escalar instantânea da partícula para $t = 4$.

Resolução

A velocidade escalar instantânea da partícula para $t = 4$ s é $v(4) = s'(4)$. Temos:

$$s'(t) = \frac{3t^2}{2} + 5$$

Logo:

$$s'(4) = \frac{3 \cdot 4^2}{2} + 5 = 29, \text{ ou seja, } v(4) = 29 \text{ m/s}$$

41 Um ponto material tem seu espaço s(t), em quilômetro, variando com o tempo t, em hora, segundo a função $s(t) = t^3 - 2t^2 + t$.

a) Obter a velocidade escalar instantânea do ponto em qualquer instante t.

b) Obter a velocidade escalar instantânea do ponto para $t = 2$.

Resolução

a) A equação da velocidade escalar instantânea é:
$v(t) = s'(t) = 3t^2 - 4t + 1$

b) $v(2) = 3 \cdot 2^2 - 4 \cdot 2 + 1 = 5$, ou seja, $v(2) = 5$ km/h

Aceleração escalar média e aceleração escalar instantânea

Se $s(t) = t^2 + 5t$ é a equação horária do movimento de um automóvel, em que $s(t)$ é o espaço, em metro, e t é o tempo, em segundo, vimos que a equação da velocidade escalar instantânea é:

$$v(t) = s'(t) \Rightarrow v(t) = 2t + 5$$

De acordo com essa equação, por exemplo, a variação da velocidade escalar do veículo no intervalo $3 \leqslant t \leqslant 6$ é:

$$v(6) - v(3) = 2 \cdot 6 + 5 - (2 \cdot 3 + 5) = 6$$

Logo, a variação da velocidade escalar do veículo é 6 m/s.

Dizemos que a **aceleração escalar média** (a_m) do veículo no intervalo $3 \leqslant t \leqslant 6$ é a razão entre a variação da velocidade escalar e o tempo necessário para que ocorra essa variação. Assim, temos:

$$a_m = \frac{v(6) - v(3)}{6 - 3} = \frac{6}{3} = 2$$

Logo, a aceleração escalar média do veículo é de 2 m/s^2.

Quanto mais diminuirmos o intervalo de tempo $[3, 3 + h]$, para $h > 0$, ou $[3 + h, 3]$, para $h < 0$, mais nos aproximaremos da aceleração escalar exata no instante 3 s. Essa aceleração é denominada **aceleração escalar instantânea** do automóvel no instante $t = 3$ s. Para determinar essa aceleração, basta fazer o acréscimo h tender a zero, calculando o limite:

$$\lim_{h \to 0} \frac{v(3 + h) - v(3)}{h} =$$

$$= \lim_{h \to 0} \frac{2(3 + h) + 5 - (2 \cdot 3 + 5)}{h} =$$

$$= \lim_{h \to 0} \frac{6 + 2h + 5 - 11}{h} =$$

$$= \lim_{h \to 0} \frac{2h}{h} = \lim_{h \to 0} 2 = 2$$

Assim, a aceleração escalar instantânea para $t = 3$ s é 2 m/s^2.

Note que esse limite é a derivada de $v(t)$ no ponto de abscissa 3.

Generalizando:

Se a equação que expressa a velocidade escalar instantânea v de um ponto material, em função do tempo t, é $v = v(t)$, e v é derivável em t_0, então a aceleração escalar instantânea do ponto material em t_0 é $a(t_0) = v'(t_0)$.

EXERCÍCIOS RESOLVIDOS

42 A equação horária do movimento de uma partícula é $s(t) = t^3 + 4t^2$, em que $s(t)$ e t representam, respectivamente, o espaço, em metro, e o tempo, em segundo.

a) Obter a velocidade instantânea da partícula para $t = 1$.

b) Obter a aceleração instantânea da partícula para $t = 1$.

Resolução

a) Temos: $v(t) = s'(t) = 3t^2 + 8t$

A velocidade instantânea da partícula para $t = 1$ s é: $v(1) = s'(1) = 3 \cdot 1^2 + 8 \cdot 1 = 11$, ou seja, 11 m/s.

b) Temos: $a(t) = v'(t) = 6t + 8$

A aceleração instantânea da partícula para $t = 1$ s é: $a(1) = v'(1) = 6 \cdot 1 + 8 = 14$, ou seja, 14 m/s^2.

43 Um ponto material tem seu espaço s(t), em quilômetro, variando com o tempo t, em hora, segundo a função $s(t) = 6t^3 - 2t + 3$.

a) Qual é a equação da velocidade escalar instantânea desse ponto material?

b) Qual é a equação da aceleração escalar instantânea desse ponto material?

c) Qual é a aceleração escalar instantânea desse ponto material para $t = 2$?

Resolução

a) A equação da velocidade escalar instantânea desse ponto material é:

$v(t) = s'(t)$, ou seja, $v(t) = 18t^2 - 2$

b) A equação da aceleração escalar instantânea desse ponto material é:

$a(t) = v'(t)$, ou seja, $a(t) = 36t$

c) $a(2) = 36 \cdot 2 = 72$, ou seja, a aceleração escalar instantânea par $t = 2$ é 72 km/h^2.

EXERCÍCIOS PROPOSTOS

43 Um ponto material percorre uma trajetória tal que seu espaço s(t), em metro, em função do tempo t, em segundo, é dado por $s(t) = t^3 - 2t^2 + t - 1$.

a) Determine a equação da velocidade escalar instantânea do ponto material.

b) Determine a velocidade escalar instantânea do ponto material no instante $t = 3$.

c) Determine a equação da aceleração escalar instantânea do ponto material.

d) Determine a aceleração escalar instantânea do ponto material no instante $t = 2$.

44 Um projétil é atirado verticalmente para cima, a partir do solo. Considerando a trajetória orientada para cima, a origem dos espaços localizada no solo e o tempo medido a partir do início do lançamento, temos a equação que descreve o espaço s(t) do projétil, em metro, em função do tempo t, em segundo: $s(t) = 50t - 5t^2$.

a) Determine a equação da velocidade escalar instantânea desse projétil.

b) Determine a altura máxima atingida pelo projétil.

c) Com que velocidade escalar esse projétil caiu no solo?

d) Qual é a aceleração da gravidade no local do lançamento?

45 Um automóvel, partindo do repouso, atingiu a velocidade escalar de 30 m/s em 10 segundos.

a) Nesse período, qual foi a aceleração escalar média (taxa média de variação da velocidade escalar) do automóvel?

b) Sabendo que $v(t) = 3t$ é a equação que expressa a velocidade escalar $v(t)$ desse automóvel, em m/s, em função do tempo t, em segundo, determine a aceleração escalar instantânea desse veículo para $t = 5$.

46 Um acidente provocou um vazamento de petróleo no mar. Para avaliar a velocidade com que a mancha de óleo se espalha na superfície da água, um técnico estimou que a área dessa mancha é aproximadamente a área de um círculo cuja medida r(t) do raio, em quilômetro, varia em função do tempo t, em minuto, de acordo com a equação $r(t) = t + 3$.

a) Calcule a área coberta pela mancha de óleo 2 minutos depois do início das medições realizadas pelo técnico.

b) Calcule a variação média da área coberta pela mancha no intervalo de 2 a 4 minutos.

c) Obtenha a equação que descreve a velocidade instantânea de espalhamento da mancha em km^2/min.

d) Determine a velocidade instantânea de espalhamento da mancha no instante $t = 2$.

47 No movimento de uma partícula, a equação $s(t) = 2t^4 + 3t - 4$ descreve o espaço s(t), em quilômetro, em função do tempo t, em hora.

a) Determine a equação da velocidade escalar instantânea da partícula.

b) Determine a velocidade escalar instantânea da partícula no instante $t = 1$.

c) Determine a equação da aceleração escalar instantânea da partícula.

d) Determine a aceleração escalar instantânea da partícula no instante $t = 2$.

Resolva o exercício complementar 31.

Seção 10.5

Diferencial

Objetivo

- **Aplicar** o conceito de diferencial para cálculos que envolvam aproximações.

Considere uma função f derivável em um intervalo I. Para todo x pertencente a I, a derivada de f é:

$$f'(x) = \lim_{\Delta x \to 0} \frac{\Delta y}{\Delta x}$$

Essa derivada é o coeficiente angular da reta r tangente ao gráfico de f no ponto de abscissa x, conforme mostra o gráfico abaixo:

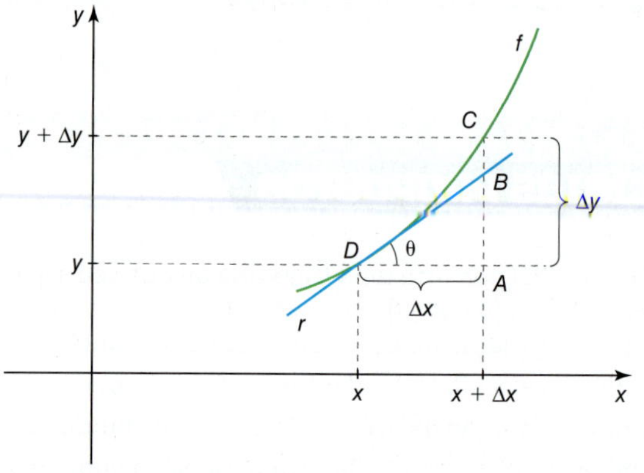

Temos na figura:

$$f'(x) = \text{tg}\ \theta = \frac{AB}{DA}$$

$$\Delta x = DA$$

$$\Delta y = AB + BC$$

- A medida DA é chamada de **diferencial da variável *x***. Indicaremos essa diferencial por dx, isto é, $\Delta x = dx$.
- A medida AB é chamada de **diferencial da função *f* no ponto de abscissa *x***. Essa diferencial será indicada por dy e expressa em função da derivada $f'(x)$ do seguinte modo:

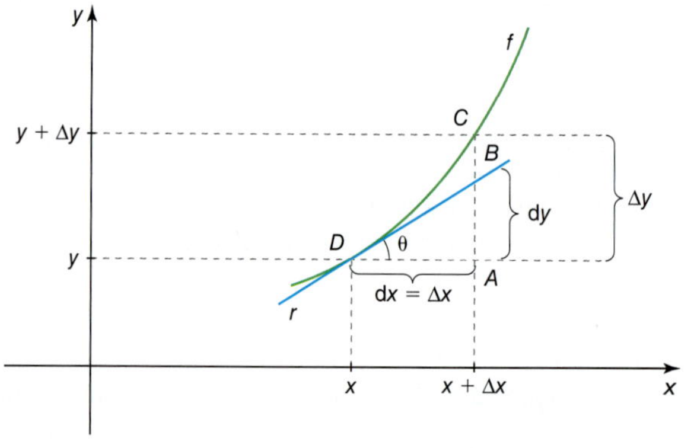

$$\text{tg}\ \theta = \frac{AB}{DA} \Leftrightarrow AB = \text{tg}\ \theta \cdot DA$$

Como $AB = dy$, $\text{tg}\ \theta = f'(x)$ e $DA = dx$, concluímos:

$$dy = f'(x) \cdot dx$$

Note, pelo gráfico, que $f(x + \Delta x) = f(x) + \Delta y$. Assim, para um valor fixo de Δx, se aproximarmos Δy por dy, isto é, $\Delta y \approx dy$, teremos $f(x + \Delta x) \approx f(x) + dy$, portanto:

$$f(x + \Delta x) \approx f(x) + f'(x)\Delta x$$

Com essa relação, podemos calcular valores aproximados de funções deriváveis, conforme mostram os exercícios resolvidos 44 e 45 a seguir.

EXERCÍCIOS RESOLVIDOS

44 Calcular um valor aproximado para $\sqrt{2}$.

Resolução

Seja a função $f(x) = \sqrt{x}$. Para uma aproximação de $\sqrt{2}$, consideremos um número menor que 2 cuja raiz quadrada seja exata. Por exemplo, o maior número que satisfaz essa condição, com duas casas após a vírgula, é 1,96.

Assim, vamos aplicar a aproximação

$f(x + \Delta x) \approx f(x) + f'(x)\Delta x$ para $x = 1{,}96$ e $\Delta x = 0{,}04$:

$\sqrt{2} = f(2) = f(1{,}96 + 0{,}04) \approx f(1{,}96) + f'(1{,}96) \cdot 0{,}04$

Como $f'(x) = \dfrac{1}{2\sqrt{x}}$, temos:

$$\sqrt{2} \approx \sqrt{1{,}96} + \frac{1}{2\sqrt{1{,}96}} \cdot 0{,}04 \Rightarrow \sqrt{2} \approx 1{,}4 + \frac{1}{2 \cdot 1{,}4} \cdot 0{,}04$$

$\therefore \sqrt{2} \approx 1{,}414285714$

Para ter uma ideia da precisão dessa aproximação, vamos elevar ao quadrado o resultado obtido:

$(1{,}414285714)^2 \approx 2{,}000204081$

Quanto mais próximo de zero estiver o valor Δx, melhor será nossa aproximação. Por exemplo, o maior número, menor que 2 e com raiz quadrada exata, com quatro casas após a vírgula, é 1,9881.

Assim, aplicando a aproximação

$f(x + \Delta x) \approx f(x) + f'(x)\Delta x$ para $x = 1{,}9881$ e $\Delta x = 0{,}0119$, obtemos:

$$\sqrt{2} \approx 1{,}41 + \frac{1}{2 \cdot 1{,}41} \cdot 0{,}0119 \Rightarrow$$

$$\Rightarrow \sqrt{2} \approx 1{,}414219858$$

Para ter uma ideia da precisão dessa nova aproximação, vamos elevar ao quadrado o resultado obtido: $(1{,}414219858)^2 \approx 2{,}000017808$

45 Calcular um valor aproximado de sen 46° a partir dos valores da tabela trigonométrica dos ângulos notáveis.

Resolução

Sabemos que as medidas 45° e 1° podem ser representadas pelos números reais $\dfrac{\pi}{4}$ e $\dfrac{\pi}{180}$, respectivamente. Assim, considerando a função $f(x) = \text{sen } x$, vamos aplicar a aproximação

$f(x + \Delta x) \approx f(x) + f'(x)\Delta x$ para $x = \dfrac{\pi}{4}$ e $\Delta x = \dfrac{\pi}{180}$:

$$\text{sen } 46° = \text{sen}\left(\frac{\pi}{4} + \frac{\pi}{180}\right) = f\left(\frac{\pi}{4} + \frac{\pi}{180}\right) \approx$$

$$\approx f\left(\frac{\pi}{4}\right) + f'\left(\frac{\pi}{4}\right) \cdot \frac{\pi}{180}$$

Como $f'(x) = \cos x$, temos:

$$\text{sen } 46° \approx \text{sen } \frac{\pi}{4} + \left(\cos \frac{\pi}{4}\right) \cdot \frac{\pi}{180}$$

Da tabela trigonométrica dos ângulos notáveis, temos:

$$\text{sen } \frac{\pi}{4} = \frac{\sqrt{2}}{2} = \frac{1{,}4142}{2} = 0{,}7071 \text{ e } \cos \frac{\pi}{4} = \frac{\sqrt{2}}{2} \approx 0{,}7071$$

Além disso, podemos substituir π pelo valor aproximado 3,14, portanto:

$$\text{sen } 46° \approx 0{,}7071 + 0{,}7071 \cdot \frac{3{,}14}{180} \Rightarrow$$

$$\Rightarrow \text{sen } 46° \approx 0{,}7071 + 0{,}7071 \cdot 0{,}017$$

$\therefore \text{sen } 46° \approx 0{,}7194$

Para ter uma ideia da precisão dessa aproximação, o valor de sen 46°, com precisão de sete casas decimais, será 0,7193398.

EXERCÍCIO PROPOSTO

48 Aplicando o conceito de diferencial, calcule um valor aproximado de:

a) $\sqrt{3}$ b) $\sqrt[3]{2}$ c) $\sqrt{5}$ d) $\sqrt[3]{7}$

Resolva o exercício complementar 28.

Exercícios técnicos

1 Em relação à função $f: \mathbb{R} \to \mathbb{R}$, com $f(x) = x^3$, qual é a taxa pontual de variação de f em relação a x, para $x = 2$?

2 Dada a função $g: \mathbb{R} \to \mathbb{R}$, com $g(x) = \text{sen } x$, calcule a taxa pontual de variação de g em relação a x, para $x = \frac{\pi}{3}$.

3 No gráfico a seguir, a reta r tangencia o gráfico da função f no ponto T de abscissa 5. Calcule $f'(5)$.

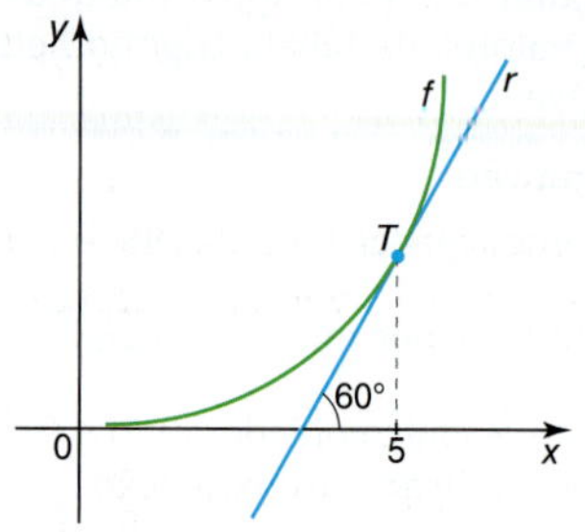

4 No gráfico a seguir, a reta r tangencia o gráfico da função f no ponto T(4, 2). Calcule $f'(4)$.

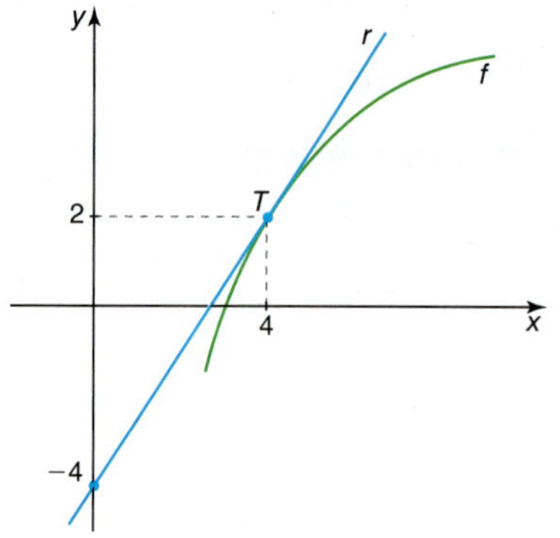

5 As retas r, s, t e u são tangentes ao gráfico da função f nos pontos de abscissas a, b, c e d, respectivamente, conforme o gráfico:

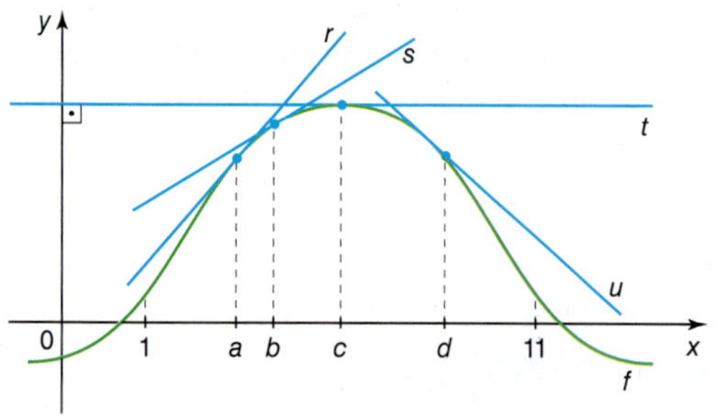

Sabendo que f é derivável no intervalo]1, 11[, classifique como V (verdadeira) ou F (falsa) cada uma das sentenças a seguir.

a) $f'(a) > f'(b)$
b) $f'(d) > f'(a)$
c) $f'(c) = 0$
d) $f'(b) \cdot f'(c) > 0$
e) $f'(a) + f'(b) > 0$
f) $a < x < c \Rightarrow f'(x) > 0$
g) $c < x < d \Rightarrow f'(x) < 0$

6 A função $f: \mathbb{R} \to \mathbb{R}$ é tal que $f(x) = 2x^3$. Obtenha:
a) $f'(2)$.
b) a equação da reta t tangente ao gráfico de f no ponto de abscissa 2.

7 (FEI-SP) Ache a declividade da reta tangente à curva $y = x^2$ no ponto de coordenadas (−2, 4).
(*Nota*: declividade é o mesmo que coeficiente angular.)

8 Sendo a função $f: \mathbb{R}^* \to \mathbb{R}$ tal que $f(x) = \frac{1}{x}$, obtenha uma equação da reta tangente ao gráfico de f no ponto de abscissa 2.

9 No gráfico abaixo estão representadas a função $f: \mathbb{R}_+ \to \mathbb{R}$, com $f(x) = \sqrt{x}$, e a reta r tangente ao gráfico de f no ponto de ordenada 2. Obtenha uma equação da reta r.

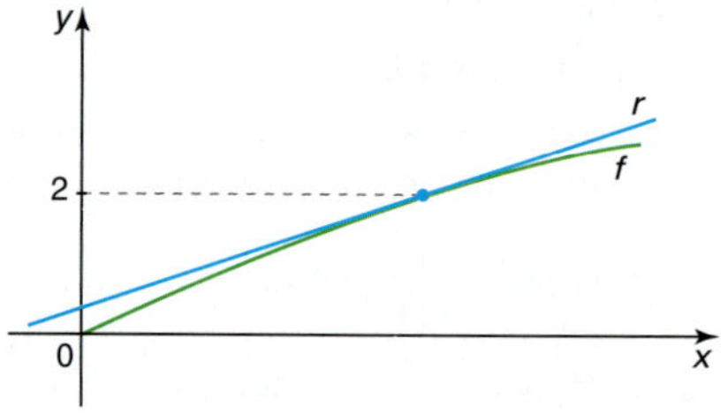

10 Aplicando as derivadas fundamentais e as regras de derivação apresentadas nas páginas 380 a 383, obtenha a função derivada da função f, em cada um dos casos a seguir.
a) $f(x) = x^3 - x^2 + x$
b) $f(x) = \frac{9x^8}{4}$
c) $f(x) = \frac{2x^4}{3} - 3x^5 + \frac{3x^7}{14}$
d) $f(x) = (x^2 + 2x)\text{sen } x$
e) $f(x) = x^2 \cdot \text{sen } x \cdot \cos x$

11 Aplicando as derivadas fundamentais e a regra da derivada do quociente, obtenha a função derivada da função f em cada um dos casos a seguir.
a) $f(x) = \frac{3x^4}{x^2 + 5}$
b) $f(x) = \frac{x^2}{\text{sen } x}$
c) $f(x) = \frac{4\cos x}{3x + x^3}$

12 Obtenha uma equação da reta tangente ao gráfico da função $f(x) = (\cos x)^3$ no ponto de abscissa $\frac{\pi}{6}$.

13 Considerando as funções $f(x) = a \text{ sen } x$, $g(x) = 3x$ e $y = (f \circ g)(x)$, determine a constante real a, sabendo que o valor máximo da derivada y', da função y, é 9.

14 Obtenha uma equação da reta tangente ao gráfico da função $f(x) = \text{arctg } x$ no ponto de abscissa 1.

15 A reta r é tangente ao gráfico da função $f(x) = \text{arcsen } x - \text{arccos } x$ no ponto de abscissa $\frac{\sqrt{3}}{2}$. Determine o coeficiente angular da reta r.

16 Seja f uma função invertível tal que $f(6) = 3$ e o coeficiente angular da reta tangente ao gráfico de f no ponto de abscissa 6 é $\frac{7}{9}$. Qual é o coeficiente angular da reta tangente ao gráfico da função f^{-1} no ponto (3, 6)?

17 O gráfico abaixo, formado por duas semicircunferências, representa uma função $f: [-1, 5] \rightarrow \mathbb{R}$.

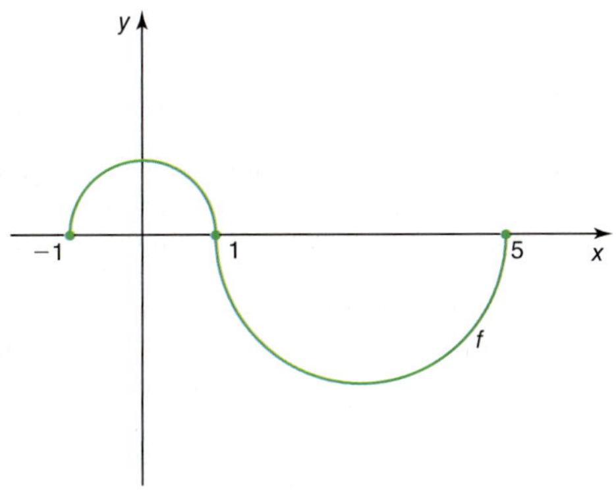

Sendo $M(\alpha, \beta)$ um ponto qualquer desse gráfico e t a reta tangente ao gráfico no ponto M, determine:

a) o(s) extremante(s) e o(s) extremo(s) de f;

b) os possíveis valores de α para que o coeficiente angular da reta t seja positivo;

c) os possíveis valores de α para que o coeficiente angular da reta t seja igual a zero;

d) os possíveis valores de α para que o coeficiente angular da reta t seja negativo.

18 Mostre que a função $f(x) = -\frac{x}{x+1}$ é decrescente em cada um dos intervalos $]-\infty, -1[$ e $]-1, +\infty[$.

19 O gráfico abaixo representa a função $f(x) = x^3 - 2x^2 + x - 2$, em que as ordenadas dos pontos A e B são valores máximo e mínimo relativos de f, respectivamente. Determine as coordenadas desses pontos.

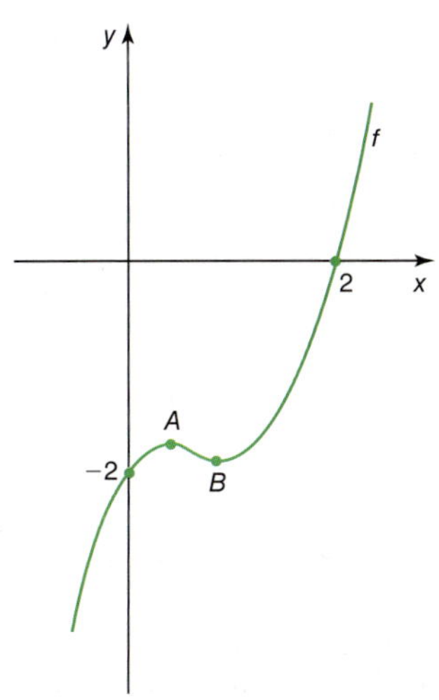

20 O gráfico abaixo representa a função $f(x) = \frac{3x^4}{4} - \frac{10x^3}{4} + \frac{9x^2}{2} - 2x$ em que as ordenadas dos pontos A, B e C são extremos de f.

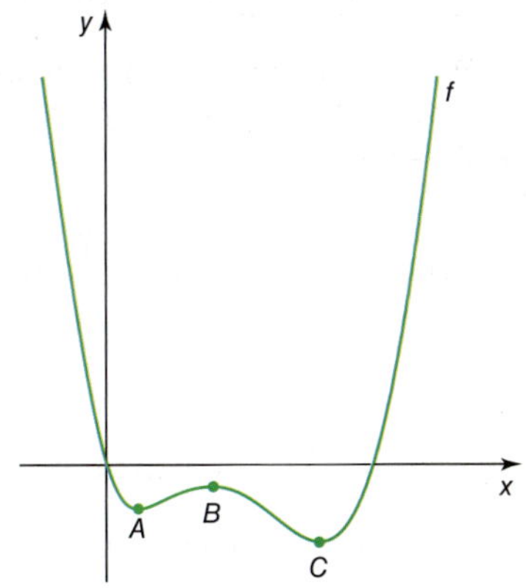

a) Determine as abscissas de A, B e C.

b) Determine o valor mínimo absoluto de f.

c) Determine o valor máximo relativo de f.

21 (Aman-RJ) O gráfico da função $y = \frac{x^3}{3} - \frac{x^2}{2} + 1$ admite, em dois pontos distintos, tangentes geométricas paralelas ao eixo das abscissas. As ordenadas desses pontos são:

a) 0 e 1

b) 0 e −1

c) 1 e $-\frac{5}{6}$

d) 1 e $\frac{5}{6}$

22 Determine, se existirem, os extremantes, os extremos e os pontos de inflexão horizontal da função f nos seguintes casos:

a) $f(x) = \frac{x^5}{5} - \frac{10x^3}{3} + 9x + 6$

b) $f(x) = x^4 - 3x^3 + 3x^2 - x$

c) $f(x) = x^4 - 3x^3 + 3x^2 - x - 2$

d) $f: \left]-\frac{\pi}{2}, \frac{\pi}{2}\right[\rightarrow \mathbb{R}$, com $f(x) = x - \text{tg } x$

23 (PUC-SP) A função $y = x^3$

a) tem valor máximo relativo para $x = 0$.

b) tem valor mínimo relativo para $x = 0$.

c) tem um extremo em $x = 0$.

d) não tem máximo relativo nem mínimo relativo.

e) não tem derivada para $x = 0$.

24 Considerando a função polinomial $f(x) = x^3 + 3x^2 + 3x + 4$:

a) mostre que o número −1 é abscissa de um ponto de inflexão de f;

b) determine o ponto de inflexão de f, citado no item **a**.

25 (UFPI) Seja a função derivável $f:]0, +\infty[\rightarrow \mathbb{R}$ definida pela lei $f(x) = x + \frac{1}{x}$. O valor mínimo de f é:

a) 1 b) $\frac{1}{2}$ c) 2 d) $\frac{3}{2}$ e) $\frac{1}{4}$

26 Qual é a maior diferença possível entre um número real positivo e o seu cubo, nessa ordem? Qual é esse número?

27 Um cone circular reto tem 4π m^2 de área lateral. Qual é o volume máximo que esse cone pode ter?

28 Com base na tabela trigonométrica dos ângulos notáveis, aplique o conceito de diferencial para obter uma aproximação de:

a) cos 46°

b) sen 31°

c) tg 46°

d) sen 45° 30′

29 Um recipiente contendo um líquido sofreu uma rachadura. A vazão v, em litro por segundo, provocada por essa avaria pode ser descrita pela função $v(t) = \dfrac{5 - t}{5t + 1}$, em que t representa o tempo, em segundo, medido a partir do instante em que começou o vazamento.

a) Calcule a taxa média de variação da vazão v, em relação ao tempo t, para $3 \leq t \leq 5$.

b) Calcule a taxa instantânea de variação da vazão v, em relação ao tempo t, para $t = 3$.

30 Uma nova marca de molho de tomate em lata será lançada no mercado. Para isso, foi feito um contrato com uma indústria de embalagens, que deve fabricar recipientes cilíndricos, em folha de metal, com capacidade de 400 cm^3. Qual deve ser a medida R do raio da base e a medida H da altura de cada um desses recipientes cilíndricos de modo que a quantidade de metal utilizada para a sua fabricação seja mínima?

31 Um físico, estudando o movimento de um ponto material, concluiu que sua trajetória é plana e que seus deslocamentos na horizontal e na vertical, em relação a um sistema cartesiano xOy, são descritos pelas equações paramétricas $\begin{cases} x = t + 1 \\ y = t^2 \end{cases}$, em que x e y representam a abscissa e a ordenada, em metro, e t representa o tempo, em segundo.

a) Determine a equação da velocidade escalar instantânea da projeção ortogonal desse ponto sobre o eixo Ox.

b) Determine a equação da aceleração escalar instantânea da projeção ortogonal desse ponto sobre o eixo Ox.

c) Determine a equação da velocidade escalar instantânea da projeção ortogonal desse ponto sobre o eixo Oy.

d) Determine a equação da aceleração escalar instantânea da projeção ortogonal desse ponto sobre o eixo Oy.

EXERCÍCIOS DE REVISÃO CUMULATIVA

Ao concluir o estudo deste capítulo, resolva estes exercícios, que envolvem alguns assuntos estudados nos capítulos anteriores.

1 (PUC-SP) A cônica representada pela equação $3x^2 - 4y^2 + 8y - 16 = 0$ é:

a) parábola.

b) hipérbole.

c) elipse.

d) circunferência.

e) duas retas.

2 Sendo $P(x) = ax^5 + bx^3 + cx + 9$, calcule $P(-2)$ sabendo que $P(2) = 2$.

3 (Vunesp) A temperatura T de um forno, após ser desligado, varia com o tempo t, de acordo com a expressão $T = 1.000 - 15t^2$, na qual T é dado em graus Celsius e t, em minutos, até atingir a temperatura ambiente.

a) Obtenha a taxa de variação média de T, considerando o período entre 3 e 5 minutos após o desligamento do forno.

b) Verifique o valor do tempo em que a temperatura atinge 50% de seu valor inicial.

4 Um copo tem a forma de um cone circular reto com 10 cm de altura e 4 cm de raio da base. A superfície da água contida no copo, que era um círculo de raio 3 cm, passou a ser de 2 cm após um gole. Adotando $\pi = 3,14$, calcule, em cm^3, o volume de água ingerido nesse gole.

Um aluno resolveu o exercício abaixo, conforme reproduzido a seguir. Observe a resolução e reflita sobre o comentário.

Exercício

Obtenha uma equação da reta tangente ao gráfico da função $f(x) = \text{tg } x$ no ponto de abscissa 0 (zero).

Resolução

Esboço do gráfico de f para $x \in \left]-\frac{\pi}{2}, \frac{\pi}{2}\right[$:

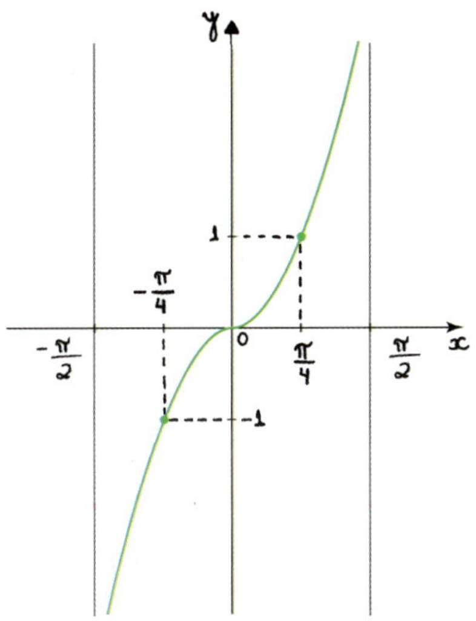

Pela figura, a reta tangente ao gráfico de f no ponto de abscissa 0 (zero) é o eixo das abscissas. Então, a equação da reta tangente é $y = 0$.

ERRADO!

Comentário

A imprecisão na construção do gráfico induziu o aluno a um erro, pois a função derivada de f é $f'(x) = \sec^2 x$, portanto, a reta tangente ao gráfico no ponto de abscissa 0 (zero) tem como coeficiente angular $\sec^2 0$, que é igual a 1. Como a reta de equação $y = 0$ tem coeficiente angular igual a zero, concluímos que essa reta não é tangente ao gráfico no ponto de abscissa 0 (zero).

Refaça esse exercício, obtendo a equação correta da reta tangente. Embora o gráfico seja desnecessário para a resolução, corrija, também, o gráfico esboçado pelo aluno.

RESPOSTAS

CAPÍTULO 6 Conjunto dos números complexos

Para pensar

1 a) (0, 0, 0, ...)
b) (0, 1, 2, 5, ...)

2 a

Exercícios propostos

1 $r = 0$; $s = -3$; $t = 3{,}14$; $u = \sqrt{2}$;
$v = 4 - 2i$

2 a) V
b) F
c) F
d) V
e) F
f) V
g) V
h) V
i) F

3 a) z_1 e z_2 são números reais.
b) z_1 é um número real e z_2 é um número imaginário puro.
c) z_1 e z_2 são números imaginários.

4 a) $x = 3$
b) qualquer número real x, com $x \neq 3$
c) $x = -3$

5 $a = 1$; $b = 3$

6 ($x = 0$ e $y = -3$) ou ($x = 1$ e $y = -2$)
DICA: Em um sistema envolvendo equações do 1º e do 2º grau, isole uma das variáveis na equação do 1º grau.

7 Não existem valores reais de x e y que satisfaçam a igualdade.

8 c

9 a) $1 + 3i$
b) $11 + 2i$
c) 11

10 a) $30 + 18i$
b) $-6 + 10i$
c) $12 + 6i$
d) 34
e) $-36 + 60i$
f) $12 + 24i$

11 a) $\frac{4}{13} - \frac{6i}{13}$
b) $-\frac{4}{5} + \frac{8i}{5}$
c) $-\frac{i}{4}$
d) $\frac{1}{5} + \frac{8i}{5}$
e) $\frac{2}{5} + \frac{i}{5}$
f) $-\frac{i}{4}$

12 a) $10 + 11i$
b) $6 + 3i$

13 $z = 2 + 4i$

14 $z = x + (x + 1)i$, com $x \in \mathbb{R}$
DICA: Represente o número complexo z por $x + yi$, com $\{x, y\} \subset \mathbb{R}$.

15 $a = 2$ ou $a = -2$

16 Não existe $k \in \mathbb{R}$ que torne z imaginário puro.

17 $a = 2$

18 a

19

Linha 1	$i^0 = 1$	$i^4 = 1$	$i^8 = 1$
Linha 2	$i^1 = i$	$i^5 = i$	$i^9 = i$
Linha 3	$i^2 = -1$	$i^6 = -1$	$i^{10} = -1$
Linha 4	$i^3 = -i$	$i^7 = -i$	$i^{11} = -i$

a) linha 3; linha 4
b) -1; $-i$
c) $1 + i$
d) $n = 1$

20 a) i
b) 1
c) -1
d) $-i$
e) i
f) i

21 $-2 - 2i$

22 a) $-128i$
b) $-27i$
c) 256
DICA: Faça $[(1 + i)^2]^8$.
d) -1.024
DICA: Faça $[(1 - i)^2]^{10}$.
e) $-\frac{i}{8}$
f) $2 + 11i$

23 b

24 a) $8 - 8i$
b) $1 + i$
c) $5 - 12i$
d) $5 + i$
e) $\frac{1.536}{169} - \frac{640i}{169}$

25 $\frac{4}{5} + \frac{7i}{5}$

26 demonstração

27 demonstração
DICA: Basta mostrar que $(2 + 5i)^2 = -21 + 20i$

28 d

29 $2 - 2i$ e $-2 + 2i$
DICA: Indique por $a + bi$, com $\{a, b\} \subset \mathbb{R}$, uma das raízes quadradas de $-8i$ e, portanto, $(a + bi)^2 = -8i$.

30 a) $S = \{1 + 5i, 1 - 5i\}$
b) $S = \{i, -2i\}$
c) $S = \{2 + i, 2 - i\}$

31 $S = \{2, -1 + i\sqrt{3}, -1 - i\sqrt{3}\}$
DICA: $a^3 - b^3 = (a + b)(a^2 - ab + b^2)$

32 e

33 $z = 2 - i$

34 b

35

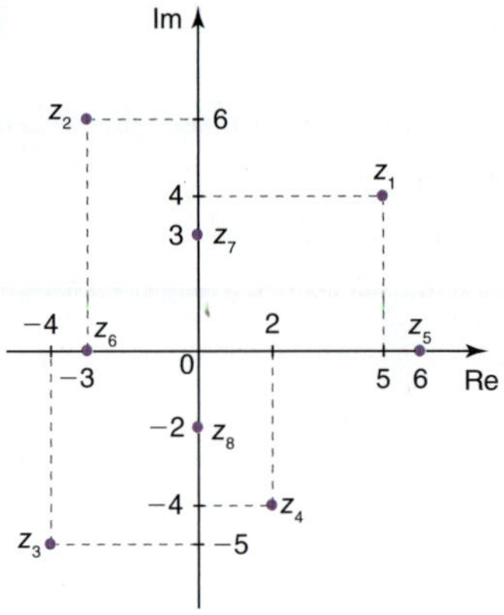

36 b
DICA: O centro do quadrado é a origem do sistema de eixos.

37 b

38 a)

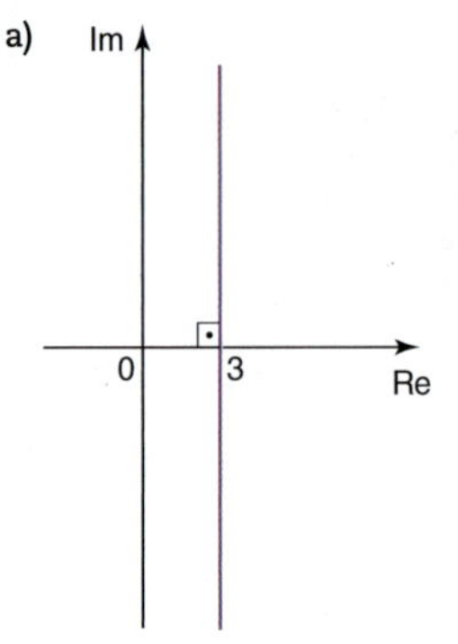

b)

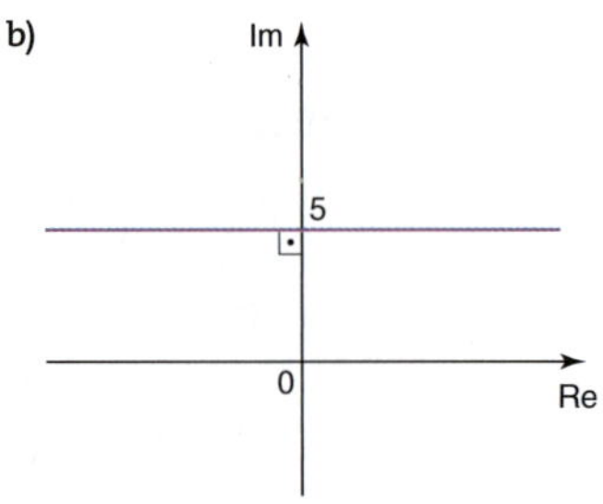

c)

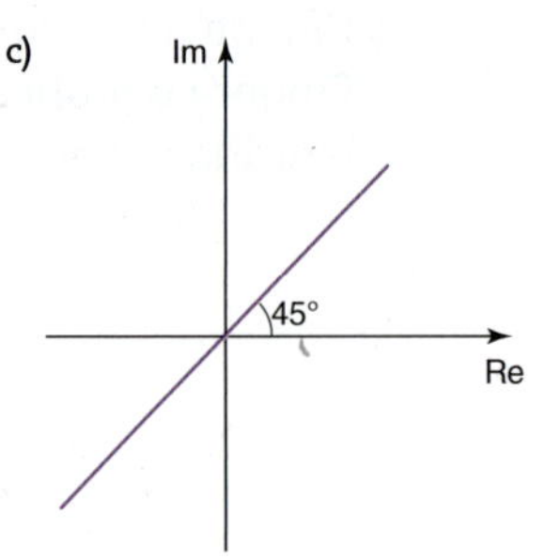

d)

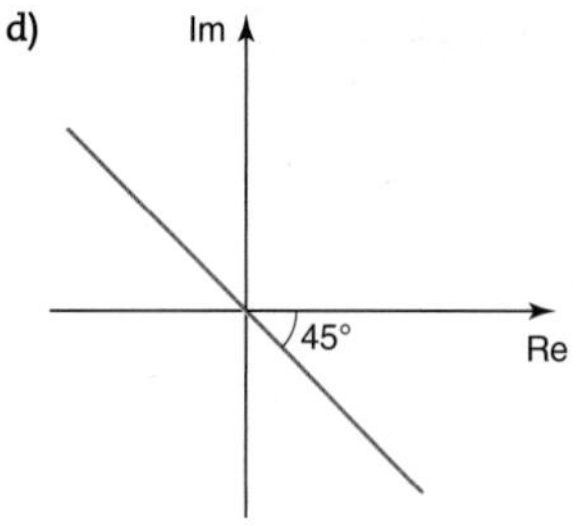

39 O L.G. é a reta r de equação $y - 2x = 0$.

40 a) A equação $z \cdot \bar{z} = 4$ tem como raízes todos os números complexos $z = x + yi$, com $\{x, y\} \subset \mathbb{R}$, tais que $x^2 + y^2 = 4$.
A equação $(\bar{z})^2 = z^2$ tem como raízes todos os números complexos z da forma $z = x$ ou $z = yi$, com $\{x, y\} \subset \mathbb{R}$.
b) $(0, -2)$, $(0, 2)$, $(-2, 0)$ e $(2, 0)$

41 a) 5 d) 7
b) 13 e) 9
c) 4 f) 6

42 a)

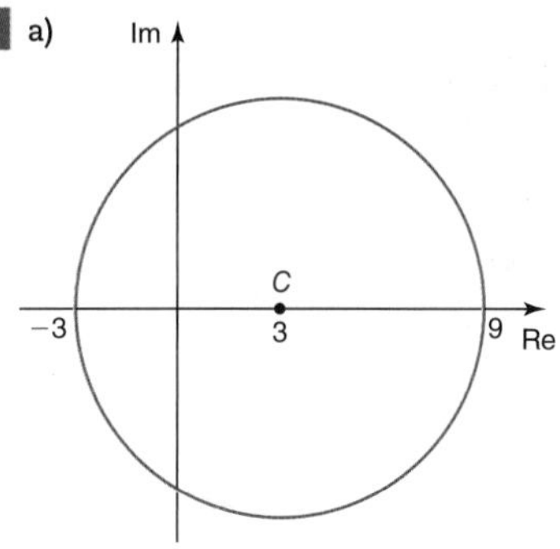

b)

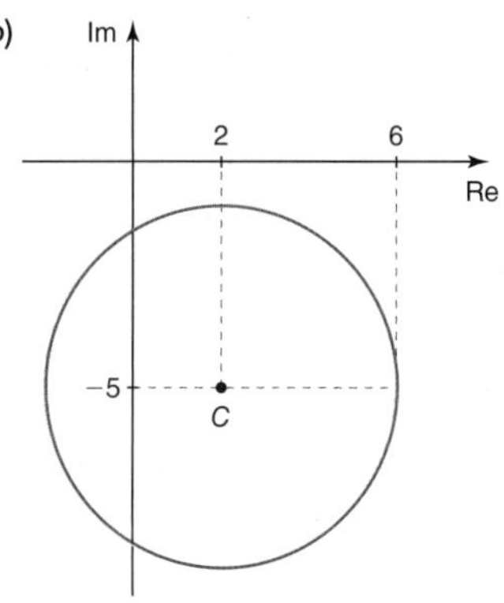

DICA: Represente o número complexo z por $x + yi$, com $\{x, y\} \subset \mathbb{R}$.

43 a

44 a)

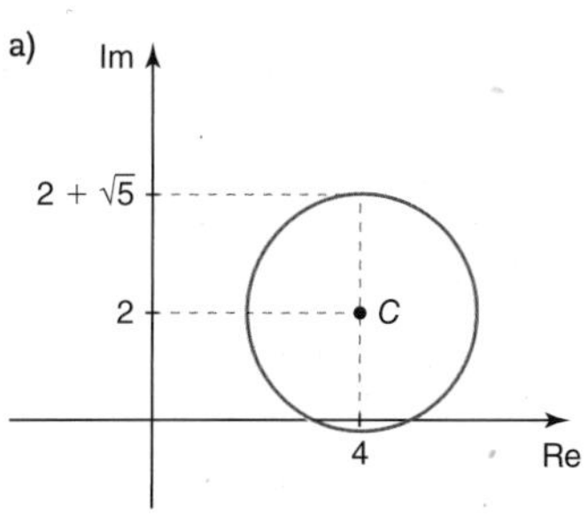

b) $z = 2 + i$ e $z = 2 + 3i$.
c) O ponto mais próximo é a imagem de $2 + i$
d) O ponto mais distante é a imagem de $6 + 3i$
DICA: A reta que passa pela origem O e pelo centro da circunferência intercepta a circunferência em dois pontos: um deles é o mais próximo de O e o outro é o mais distante.

45 d

46 $300\sqrt{2}$
DICA: O módulo do produto é igual ao produto dos módulos.

47 a) $\frac{2}{3}$
b) 125

48 a)

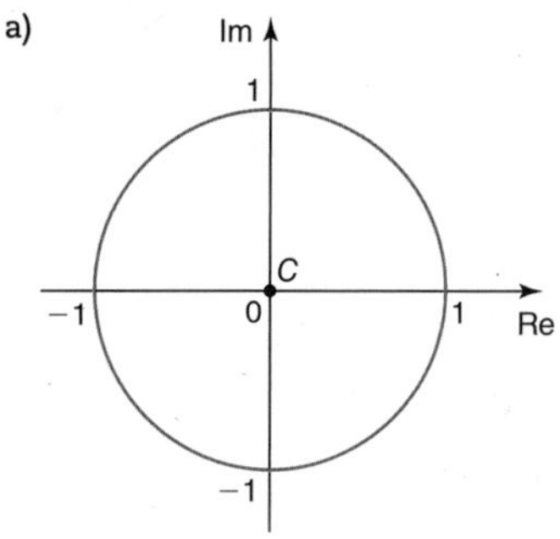

DICA: Observe que $|3z| = 3|z|$.
b)

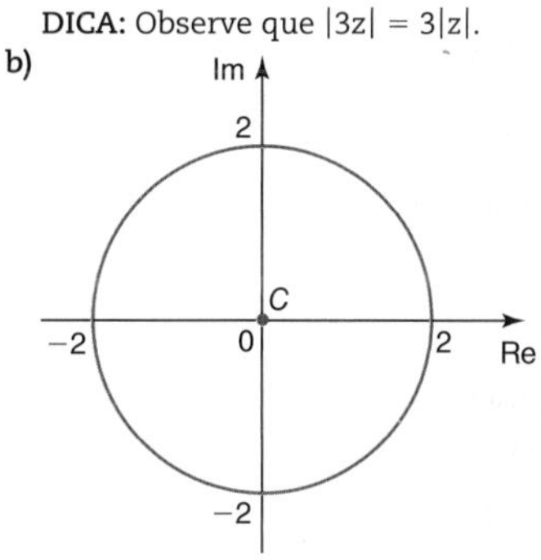

DICA: Observe que $z \cdot \bar{z} = |z|^2$.

49

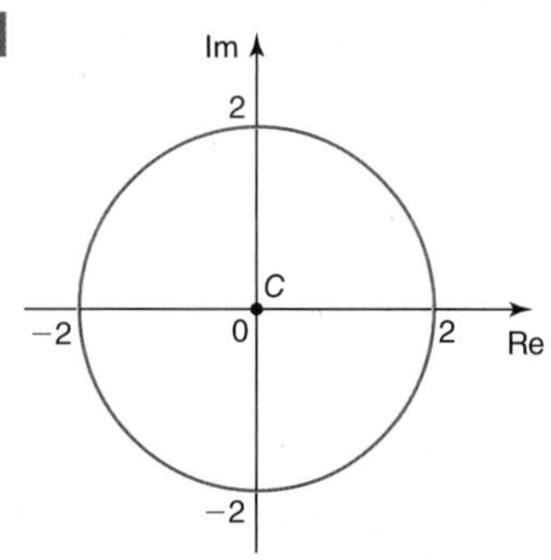

50 b

51 a) 13
b) $2\sqrt{2}$

52 $|z_1| = 4$; $\varphi_1 = 90°$ $\left(\text{ou } \frac{\pi}{2} \text{ rad}\right)$; $|z_2| = 5$; $\varphi_2 = 180°$ (ou π rad); $|z_3| = 6$; $\varphi_3 = 270°$ $\left(\text{ou } \frac{3\pi}{2} \text{ rad}\right)$; $|z_4| = 3$; $\varphi_4 = 0°$ (ou 0 rad).

53 a) $\frac{13\pi}{7}$ rad c) $\frac{6\pi}{7}$ rad
b) $\frac{8\pi}{7}$ rad

54 a) $|z_1| = \sqrt{2}$; $\varphi_1 = 45°$ $\left(\text{ou } \frac{\pi}{4} \text{ rad}\right)$.
b) $|z_2| = 2$; $\varphi_2 = 300°$ $\left(\text{ou } \frac{5\pi}{3} \text{ rad}\right)$.
c) $|z_3| = 1$; $\varphi_3 = 135°$ $\left(\text{ou } \frac{3\pi}{4} \text{ rad}\right)$.
d) $|z_4| = 10$; $\varphi_1 = 210°$ $\left(\text{ou } \frac{7\pi}{6} \text{ rad}\right)$.

55 a
DICA: Revise as funções trigonométricas inversas na página 67.

56 a) $z_1 = 2(\cos 60° + i\text{sen } 60°)$ ou
$z_1 = 2\left(\cos \frac{\pi}{3} + i\text{sen } \frac{\pi}{3}\right)$
b) $z_2 = \sqrt{2}(\cos 315° + i\text{sen } 315°)$ ou
$z_2 = \sqrt{2}\left(\cos \frac{7\pi}{4} + i\text{sen } \frac{7\pi}{4}\right)$
c) $z_3 = 2(\cos 150° + i\text{sen } 150°)$ ou
$z_3 = 2\left(\cos \frac{5\pi}{6} + i\text{sen } \frac{5\pi}{6}\right)$
d) $z_4 = \cos 45° + i\text{sen } 45°$ ou
$z_4 = \cos \frac{\pi}{4} + i\text{sen } \frac{\pi}{4}$
e) $z_5 = 2(\cos 270° + i\text{sen } 270°)$ ou
$z_5 = 2\left(\cos \frac{3\pi}{2} + i\text{sen } \frac{3\pi}{2}\right)$

57 a) $2i$
b) $3\sqrt{3} + 3i$
c) $-\frac{\sqrt{2}}{2} - \frac{\sqrt{2}i}{2}$

58 A: $z = 6(\cos 0° + i\text{sen } 0°)$ ou
$z = 6(\cos 0 + i\text{sen } 0)$
B: $z = 6(\cos 60° + i\text{sen } 60°)$ ou
$z = 6\left(\cos \frac{\pi}{3} + i\text{sen } \frac{\pi}{3}\right)$
C: $z = 6(\cos 120° + i\text{sen } 120°)$ ou
$z = 6\left(\cos \frac{2\pi}{3} + i\text{sen } \frac{2\pi}{3}\right)$
D: $z = 6(\cos 180° + i\text{sen } 180°)$ ou
$z = 6(\cos \pi + i\text{sen } \pi)$
E: $z = 6(\cos 240° + i\text{sen } 240°)$ ou
$z = 6\left(\cos \frac{4\pi}{3} + i\text{sen } \frac{4\pi}{3}\right)$
F: $z = 6(\cos 300° + i\text{sen } 300°)$ ou
$z = 6\left(\cos \frac{5\pi}{3} + i\text{sen } \frac{5\pi}{3}\right)$

59 $n = 6$

60 $\sqrt{2} + i\sqrt{2}$, $-\sqrt{2} + i\sqrt{2}$, $-\sqrt{2} - i\sqrt{2}$ e $\sqrt{2} - i\sqrt{2}$
DICA: $\rho^4 = 16$ e $4\varphi = \pi + k \cdot 2\pi$, com $k \in \mathbb{Z}$

61 a) $10\sqrt{2} + 10\sqrt{2}i$
b) $\frac{15\sqrt{3}}{2} + \frac{15i}{2}$
c) $32\sqrt{3} + 32i$
d) $\frac{27\sqrt{3}}{2} + \frac{27i}{2}$

62 $\frac{8}{3}\left(\cos \frac{4\pi}{21} + i\text{sen } \frac{4\pi}{21}\right)$

63 a) $\frac{64 - \sqrt{3}}{8} + \left(\frac{1 - 64\sqrt{3}}{8}\right)i$

b) $8 + \left(\frac{32\sqrt{3} - 1}{4}\right)i$

64 módulo: 14; argumento: 48°
DICA: Represente na forma trigonométrica o número $\sqrt{3} + i$

65

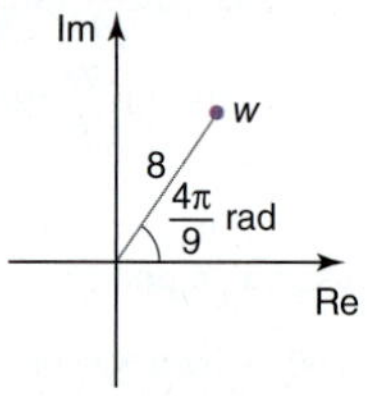

66 t = 3

67 demonstração
DICA: Para que o número não nulo $z = \rho(\cos \varphi + i\text{sen})$ seja imaginário puro, basta que $\cos \varphi = 0$, pois isso garante que $\text{sen}\ \varphi \neq 0$.

68 a) $256\left(\cos \frac{2\pi}{3} + i\text{sen}\ \frac{2\pi}{3}\right)$
b) 12
c) 6

69 demonstração

70 a) $-128 + 128\sqrt{3}i$
b) $512 + 512\sqrt{3}i$
c) $-\frac{1}{131.072} - \frac{\sqrt{3}i}{131.072}$

71 3

72 P = 1

73 e
DICA: Eleve à quinta potência o número $2(\cos 12° + i\text{sen}\ 12°)$.

74 $w_1 = 5\left(\cos \frac{\pi}{7} + i\text{sen}\ \frac{\pi}{7}\right)$

$w_2 = 5\left(\cos \frac{8\pi}{7} + i\text{sen}\ \frac{8\pi}{7}\right)$

75 $w_1 = 2\left(\cos \frac{\pi}{11} + i\text{sen}\ \frac{\pi}{11}\right)$

$w_2 = 2\left(\cos \frac{13\pi}{22} + i\text{sen}\ \frac{13\pi}{22}\right)$

$w_3 = 2\left(\cos \frac{12\pi}{11} + i\text{sen}\ \frac{12\pi}{11}\right)$

$w_4 = 2\left(\cos \frac{35\pi}{22} + i\text{sen}\ \frac{35\pi}{22}\right)$

76 $w_1 = \cos 0 + i\text{sen}\ 0$

$w_2 = \cos \frac{2\pi}{5} + i\text{sen}\ \frac{2\pi}{5}$

$w_3 = \cos \frac{4\pi}{5} + i\text{sen}\ \frac{4\pi}{5}$

$w_4 = \cos \frac{6\pi}{5} + i\text{sen}\ \frac{6\pi}{5}$

$w_5 = \cos \frac{8\pi}{5} + i\text{sen}\ \frac{8\pi}{5}$

DICA: Uma das raízes quintas de z é 1, pois $1^5 = 1$. Logo, as raízes procuradas têm o mesmo módulo da raiz 1 e suas imagens são vértices de um pentágono regular cujo centro é a origem do sistema de eixos do plano complexo.

77 $w_1 = 1 + \sqrt{3}i$; $w_2 = -\sqrt{3} + i$;
$w_3 = -1 - \sqrt{3}i$; $w_4 = \sqrt{3} - i$

78 $w_1 = \frac{\sqrt{3}}{2} + \frac{i}{2}$; $w_2 = i$; $w_3 = -\frac{\sqrt{3}}{2} + \frac{i}{2}$;

$w_4 = -\frac{\sqrt{3}}{2} - \frac{i}{2}$; $w_5 = -i$; $w_6 = \frac{\sqrt{3}}{2} - \frac{i}{2}$

79 $w_1 = 2(\cos 10° + i\text{sen}\ 10°)$
$w_2 = 2(\cos 82° + i\text{sen}\ 82°)$
$w_3 = 2(\cos 154° + i\text{sen}\ 154°)$
$w_4 = 2(\cos 226° + i\text{sen}\ 226°)$
$w_5 = 2(\cos 298° + i\text{sen}\ 298°)$

80 $w_1 = \frac{5}{2} + \frac{5\sqrt{3}i}{2}$; $w_2 = -5$;

$w_3 = \frac{5}{2} - \frac{5\sqrt{3}i}{2}$

81 $w_1 = 1$; $w_2 = \frac{1}{2} + \frac{\sqrt{3}i}{2}$;

$w_3 = -\frac{1}{2} + \frac{\sqrt{3}i}{2}$; $w_4 = -1$;

$w_5 = -\frac{1}{2} - \frac{\sqrt{3}i}{2}$; $w_6 = \frac{1}{2} - \frac{\sqrt{3}i}{2}$

Exercícios complementares

- **Exercícios técnicos**

1 x = 4 ou x = −4

2 Não existe número real x.

3 Não existe número real *k*.

4 O número dado será imaginário puro para quaisquer valores reais de *a* e *b* tais que $b = 6 - 2a$, com $a \neq 2$ e $b \neq 2$.

5 $p = -2$; $q = 3$

6 $(x = -1 \text{ e } y = -1)$ ou $\left(x = \sqrt[3]{2} \text{ e } y = \sqrt[3]{2}\right)$

7 a

8 $-4 + \frac{4i}{3}$

9 z = 2i ou z = −2i

10 $k = -2$
DICA: Represente o número complexo na forma algébrica.

11 $a \neq 0$ e $a \neq -\frac{1}{2}$

12 $-\frac{3i}{2}$
DICA: Represente o número complexo z por yi, com $y \in \mathbb{R}^*$.

13 a) $z = \frac{4}{5} + \frac{3i}{5}$
b) $\{z \in \mathbb{C} \mid |z|^2 = 1 \text{ e } z \neq i\}$

14 $z_2 = t$; $z_3 = u$; $z_1 = v$

15 $z = \frac{1}{2} + \frac{3i}{2}$

16 zero

17 c

18 z = −16i
DICA: Fatore o primeiro membro da equação.

19 $k = 0$
DICA: $a^n \cdot b^n = (ab)^n$

20 $a = 0$ ou $a = 1$ ou $a = -1$

21 $k = 4.096$

22 d

23 demonstração

24 b

25 As raízes quadradas de −9 são 3i e −3i

26 a) S = {3 + 2i, 3 − 2i}
b) S = {−i, 2i}
c) $S = \left\{\frac{-1 + (\sqrt{2} - 1)i}{2}, \frac{-1 - (\sqrt{2} + 1)i}{2}\right\}$

27 $S = \left\{\frac{\sqrt{2}}{2} + \frac{\sqrt{2}i}{2}, -\frac{\sqrt{2}}{2} - \frac{\sqrt{2}i}{2}, \frac{3\sqrt{2}}{2} - \frac{3\sqrt{2}i}{2}, -\frac{3\sqrt{2}}{2} + \frac{3\sqrt{2}i}{2}\right\}$

28 $S = \left\{-1, \frac{1 + \sqrt{3}i}{2}, \frac{1 - \sqrt{3}i}{2}\right\}$
DICA: $a^3 + b^3 = (a + b)(a^2 - ab + b^2)$

29 z = 0 ou z = −1 ou z = 1 − 8i
DICA: Aplique as propriedades do conjugado de um número complexo.

30 a) 1 + 6i
b) −1 + 4i
c) 77 + 164i

31 b

32 b
DICA: O ponto comum às diagonais de um paralelogramo é ponto médio de cada diagonal.

33

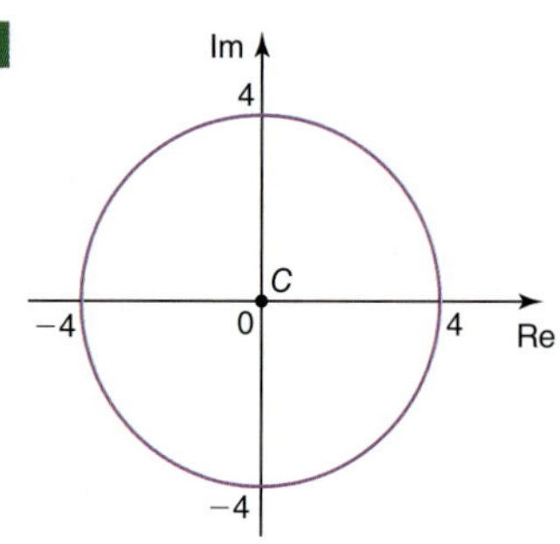

34 a)

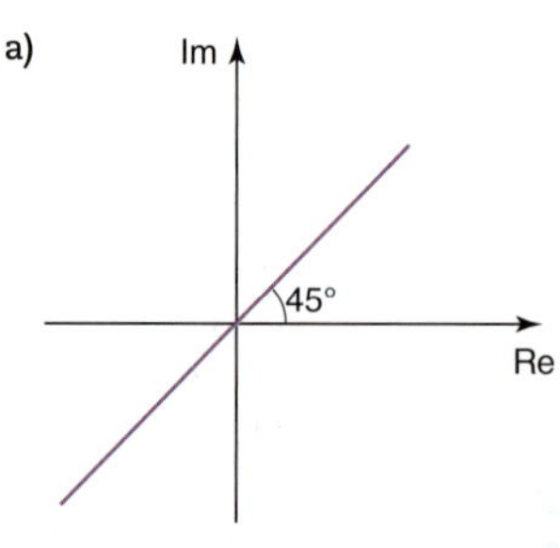

b)

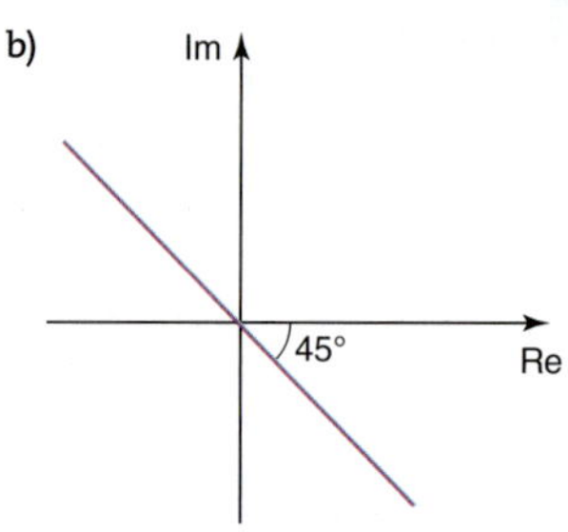

c)

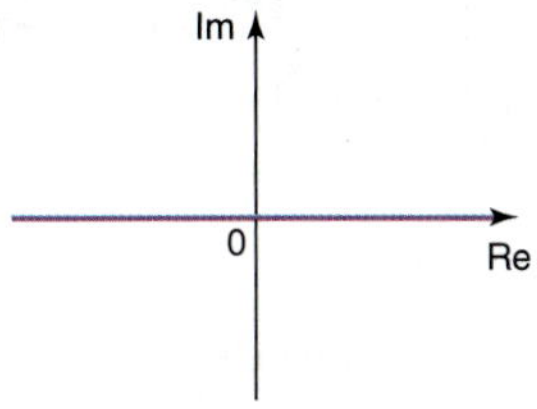

d)

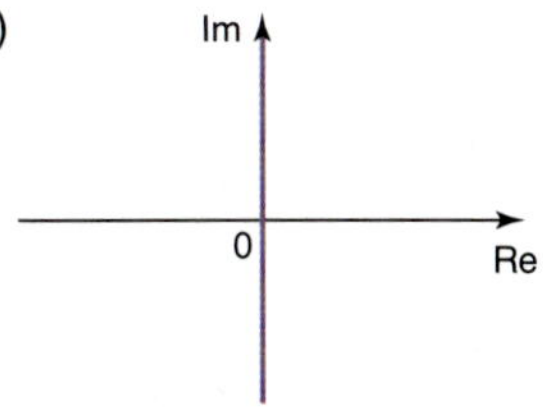

e)

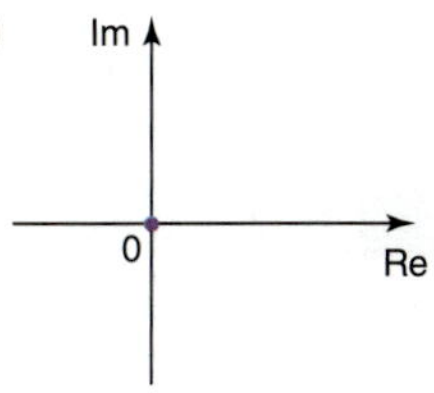

f)

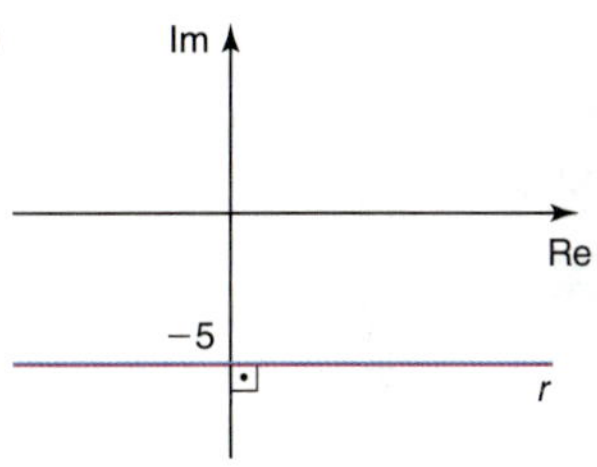

35 Ao multiplicar um número complexo não nulo z por i^n, com n assumindo os valores 0, 1, 2, 3, ..., nessa ordem, obtém-se a sequência $(z, zi, zi^2, zi^3, ...)$ em que a imagem de cada número complexo, a partir do segundo, é uma rotação de 90° da imagem do número complexo anterior.

36 a)

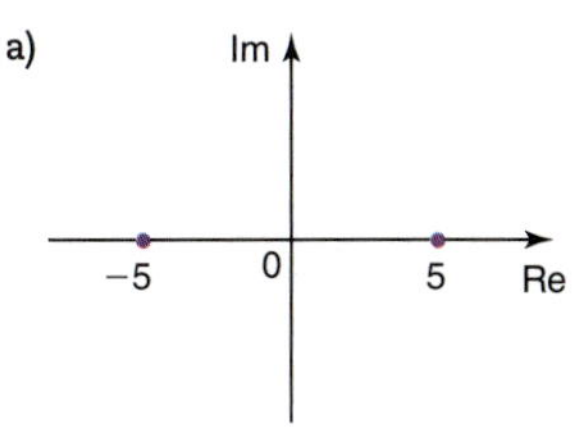

b)

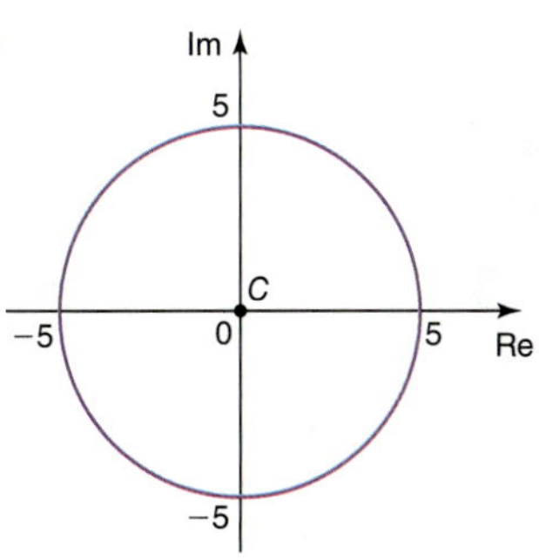

37 a) $\sqrt{13}$
b) 17
c) 2
d) 1
e) 1
f) 8

38 demonstração

39 a)

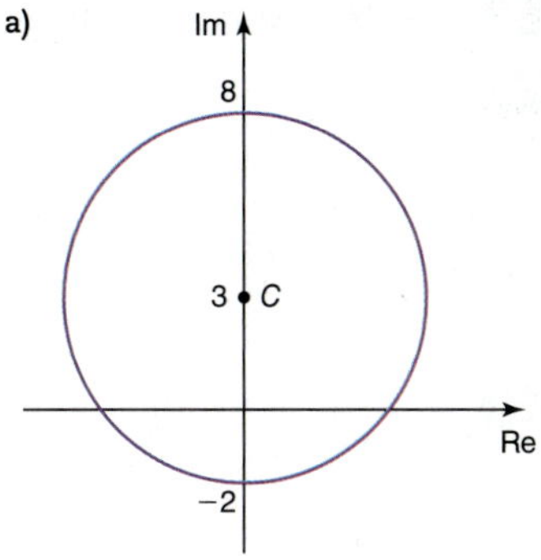

b)

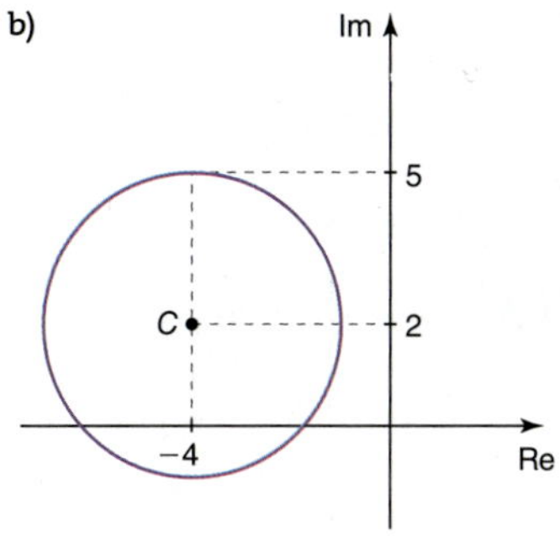

40 a)

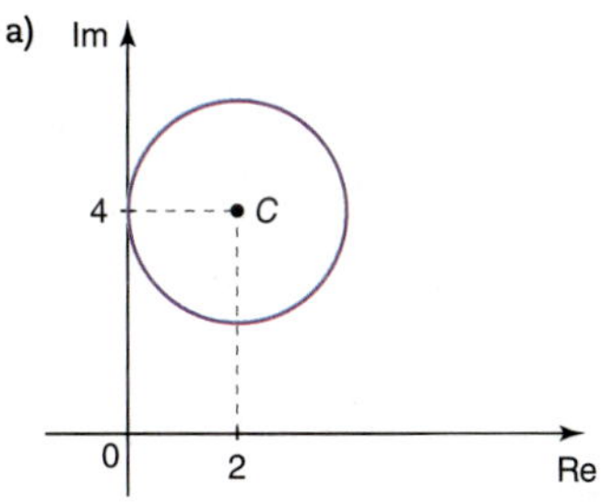

b) $\left(\dfrac{10 - 2\sqrt{5}}{5}, \dfrac{20 - 4\sqrt{5}}{5}\right)$

41 c

42

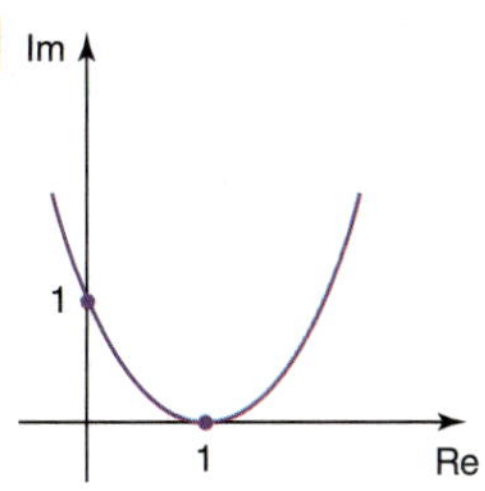

43 $z = -\dfrac{4}{5} - \dfrac{3i}{5}$

44 a) 1
b) 10.000

45 a)

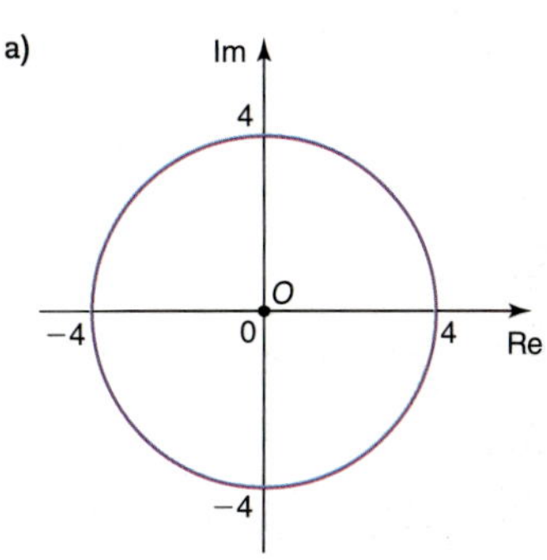

b)

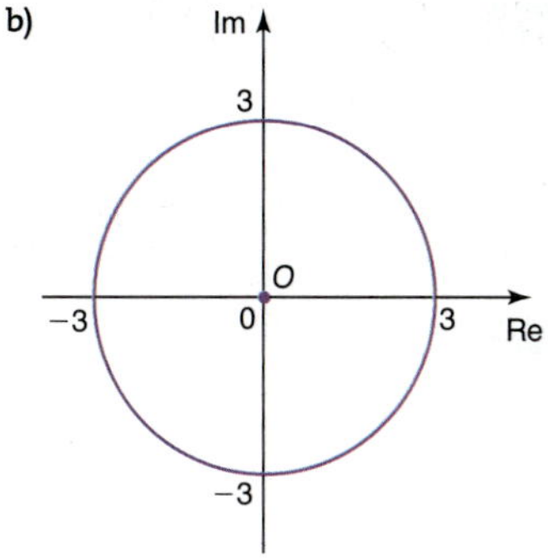

46 $k = 3$ ou $k = 2$
DICA: A distância entre as imagens de z_1 e z_2 é dada por $|z_1 - z_2|$.

47 20

48 a

49 a) módulo: $2\sqrt{2}$; argumento:
315° ou $\dfrac{7\pi}{4}$ rad
b) módulo: 2; argumento:
210° ou $\dfrac{7\pi}{6}$ rad
c) módulo: 1; argumento:
30° ou $\dfrac{\pi}{6}$ rad

50 O número complexo z_1 tem módulo $\dfrac{\sqrt{2}}{2}$ e argumento 45° ou $\dfrac{\pi}{4}$ rad.
O número complexo z_2 tem módulo 1 e argumento 150° ou $\dfrac{5\pi}{6}$ rad.
O número complexo z_3 tem módulo 4 e argumento 210° ou $\dfrac{7\pi}{6}$ rad.
O número complexo z_4 tem módulo $3\sqrt{2}$ e argumento 315° ou $\dfrac{7\pi}{4}$ rad.

51 e

52 a) $z_1 = 2\sqrt{2}(\cos 225° + i\,\text{sen}\, 225°)$ ou
$z_1 = 2\sqrt{2}\left(\cos \dfrac{5\pi}{4} + i\,\text{sen}\, \dfrac{5\pi}{4}\right)$
b) $z_2 = \cos 330° + i\,\text{sen}\, 330°$ ou
$z_2 = \cos \dfrac{11\pi}{6} + i\,\text{sen}\, \dfrac{11\pi}{6}$
c) $z_3 = 4(\cos 210° + i\,\text{sen}\, 210°)$ ou
$z_3 = 4\left(\cos \dfrac{7\pi}{6} + i\,\text{sen}\, \dfrac{7\pi}{6}\right)$
d) $z_4 = 3(\cos 90° + i\,\text{sen}\, 90°)$ ou
$z_4 = 3\left(\cos \dfrac{\pi}{2} + i\,\text{sen}\, \dfrac{\pi}{2}\right)$
e) $z_5 = 5(\cos 180° + i\,\text{sen}\, 180°)$ ou
$z_5 = 5(\cos \pi + i\,\text{sen}\, \pi)$
f) $z_6 = \cos 90° + i\,\text{sen}\, 90°$ ou
$z_6 = \cos \dfrac{\pi}{2} + i\,\text{sen}\, \dfrac{\pi}{2}$

53 a) $z_1 = 2 + 2\sqrt{3}i$
b) $z_2 = 7$
c) $-6i$

54 a

55 a) V
b) F
c) V
d) V
e) F
DICA: Atribua a k mais alguns valores inteiros, além de 0, 1, 2 e 3.

56 $n = 3$ ou $n = 9$

57 $-z = 9\left(\cos\frac{6\pi}{5} + i\operatorname{sen}\frac{6\pi}{5}\right)$

58 a) $4i$
b) -5
c) $\frac{1}{8} - \frac{\sqrt{3}i}{8}$
d) $\frac{\sqrt{3}}{2} - \frac{i}{2}$
e) -100
f) $-200 - 200\sqrt{3}i$

59 $\rho = 3$; $\varphi = \frac{23\pi}{12}$

60

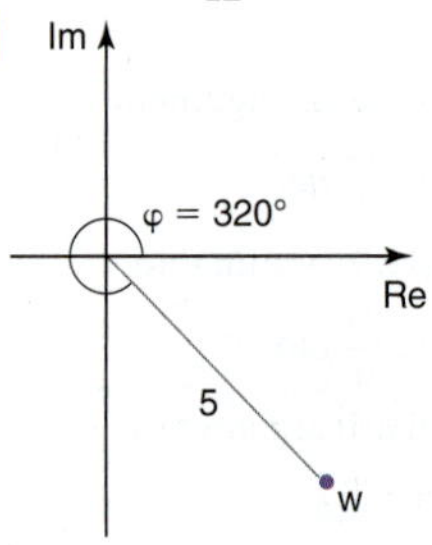

61 demonstração

62 $1 + 4 + 16 = 21$

63 $t = 4$

64 d

65 demonstração
DICA: Divida um número complexo genérico na forma trigonométrica por $1(\cos 90° + i\operatorname{sen} 90°)$.

66 d

67 a) -1
b) -4.096
c) $\frac{1}{512}$

68 28

69 -4.096

70 $n = -3$

71 c
DICA: A soma pedida é a soma dos termos de uma P.G.

72 $w_1 = 3\left(\cos\frac{2\pi}{5} + i\operatorname{sen}\frac{2\pi}{5}\right)$;

$w_2 = 3\left(\cos\frac{16\pi}{15} + i\operatorname{sen}\frac{16\pi}{15}\right)$;

$w_3 = 3\left(\cos\frac{26\pi}{15} + i\operatorname{sen}\frac{26\pi}{15}\right)$

73 $w_1 = \cos\frac{\pi}{4} + i\operatorname{sen}\frac{\pi}{4}$;

$w_2 = \cos\frac{11\pi}{12} + i\operatorname{sen}\frac{11\pi}{12}$;

$w_3 = \cos\frac{19\pi}{12} + i\operatorname{sen}\frac{19\pi}{12}$

74 $w_1 = \sqrt{3} + i$; $w_2 = -\sqrt{3} + i$; $w_3 = -2i$

75 $w_1 = \frac{\sqrt{2}}{2} + \frac{\sqrt{2}i}{2}$;

$w_2 = -\frac{\sqrt{2}}{2} + \frac{\sqrt{2}i}{2}$;

$w_3 = -\frac{\sqrt{2}}{2} - \frac{\sqrt{2}i}{2}$;

$w_4 = \frac{\sqrt{2}}{2} - \frac{\sqrt{2}i}{2}$

76 $w_1 = 2$; $w_2 = -1 + \sqrt{3}i$; $w_3 = -1 - \sqrt{3}i$
DICA: Encontrando a raiz cúbica real de 8, é possível determinar as outras raízes geometricamente.

77 $w_2 = \sqrt{2}\left(\cos\frac{7\pi}{8} + i\operatorname{sen}\frac{7\pi}{8}\right)$;

$w_3 = \sqrt{2}\left(\cos\frac{11\pi}{8} + i\operatorname{sen}\frac{11\pi}{8}\right)$;

$w_4 = \sqrt{2}\left(\cos\frac{15\pi}{8} + i\operatorname{sen}\frac{15\pi}{8}\right)$

78 $w_2 = \cos\frac{\pi}{4} + i\operatorname{sen}\frac{\pi}{4}$;

$w_3 = \cos\frac{\pi}{2} + i\operatorname{sen}\frac{\pi}{2}$;

$w_4 = \cos\frac{3\pi}{4} + i\operatorname{sen}\frac{3\pi}{4}$;

$w_5 = \cos\pi + i\operatorname{sen}\pi$;

$w_6 = \cos\frac{5\pi}{4} + i\operatorname{sen}\frac{5\pi}{4}$;

$w_7 = \cos\frac{3\pi}{2} + i\operatorname{sen}\frac{3\pi}{2}$;

$w_8 = \cos\frac{7\pi}{4} + i\operatorname{sen}\frac{7\pi}{4}$

79 a

• **Exercícios contextualizados**

80 $z = \frac{3}{5} + \frac{24i}{5}$

81 $z = \frac{4}{5} + \frac{2i}{5}$

82 $\frac{384.000}{81}$ km ou $\approx$ 4.740,74 km
DICA: Considere o centro da Terra coincidindo com a origem do sistema de eixos do plano complexo e o centro da Lua coincidindo com a imagem do número complexo $384.000 + 0i$.

83 $7\sqrt{2} + \sqrt{2}i$
DICA: Aplique os conceitos de seno e cosseno de um ângulo agudo nos triângulos retângulos que compõem a figura sugerida.

84 a) V
DICA: As diagonais do losango estão contidas nas bissetrizes dos ângulos internos.
b) V
c) F
DICA: O ponto comum às diagonais de um paralelogramo é o ponto médio de cada diagonal.

85 d

Exercícios de revisão cumulativa

1 a) qualquer número real k tal que $k > \frac{1}{2}$

b) qualquer número real k tal que $k < \frac{1}{2}$

2 $\frac{(x-5)^2}{25} + \frac{(y-4)^2}{16} = 1$

3 $(x+3)^2 - \frac{y^2}{8} = 1$

4 $(y-2)^2 = -16x$

Análise da resolução

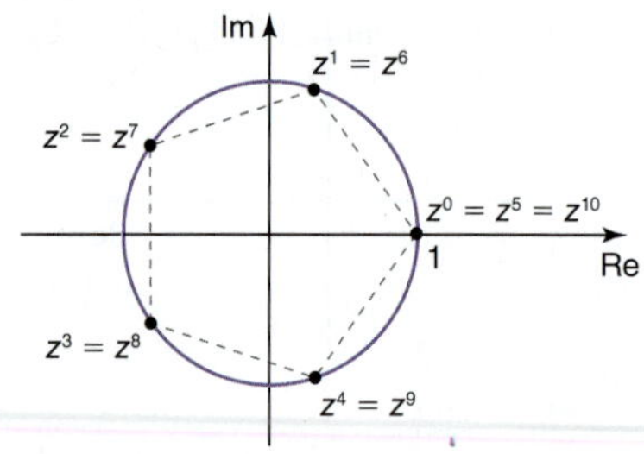

CAPÍTULO 7 Polinômios

Para pensar

2000

Exercícios propostos

1 e

2 $a = -3$; $b = 2$

3 a) 7º grau
b) 5º grau
c) 8º grau

4 $m \neq 3$ e $m \neq -3$

5 $k = -2$

6 $a = -1$

7 $P(2i) = \frac{194}{3} + 4i$

8 $P(x) \equiv 2x^2 - x + 2$

9 a) $a = 1$; $b = -5$ e $c = 6$
b) 6 m

10 a) 1 e $-\frac{1}{2}$
b) -1, $\frac{1}{2} + \frac{\sqrt{3}i}{2}$ e $\frac{1}{2} - \frac{\sqrt{3}i}{2}$
DICA: $a^3 + b^3 = (a + b)(a^2 + ab + b^2)$
c) 4, i e $-i$

11 $a = 0$; $b = -\frac{1}{2}$

12 $a = 1$

13 ($a = 2$ e $b = 1$) ou ($a = -2$ e $b = -1$)

14 a) $3x^3 + 3x^2 - x - 1$
b) $3x^3 + x^2 - 7x + 1$
c) $12x^3 + 8x^2 - 16x$
d) $6x^3 - x^2 - 23x + 5$
e) $7x^3 + 12x^2 - 14x + 2$
f) $x^4 + 6x^3 + 7x^2 - 6x + 1$

15 $P(x) \equiv -6x^4 + 14x^3 - 9x^2 + 4x + 11$

16 $a = 2$; $b = 1$

17 $a = 2$; $b = 5$

18 e

19 a) $(k^2 - 9)x^5 + (k - 3)x^3 + 4x + 8$

b) Se $k \neq 3$ e $k \neq -3$, então $gr(P + Q) = 5$
Se $k = -3$, então $gr(P + Q) = 3$
Se $k = 3$, então $gr(P + Q) = 1$
DICA: Discutir o grau, em função de k, significa determinar o grau para cada valor complexo assumido pelo parâmetro k.

20 a) $gr(P) = 7$
b) $gr(Q) = 8$
c) $gr(T) = 10$

21 $gr(Q) = 2$

22 $H(x) \equiv 3x + 2$
DICA: Inicialmente, calcule o grau de $H(x)$.

23 2 e 4

24 1
DICA: Em qualquer polinômio $P(x)$, a soma dos coeficientes é igual a $P(1)$.

25 $gr(P) = 54$

26 $P(x) \equiv x^3 - 8x^2 + 17x - 10$

27 $P(x) \equiv x^2 - x - 7$
DICA: Faça a mudança de variável: $x + 2 = t$.

28 $E(x) \equiv 4x^4 - 4x^2 + x + 3$

29 e

30 a) $Q(x) \equiv 2x + 1$; $R(x) \equiv 5x + 3$
b) $Q(x) \equiv x^2 + 3$; $R(x) \equiv 0$
c) $Q(x) \equiv x + 6$; $R(x) \equiv 8$

31 $D(x) \equiv x^2 + 3x$

32 a) $Q(x) \equiv 4x^2 + 2x - 1$; $R(x) \equiv 8x + 2$
b) $Q(x) \equiv x^2 + x + 1$; $R(x) \equiv 3x + 3$
c) $Q(x) \equiv 2x^2 + 4x + 8$; $R(x) \equiv 0$
d) $Q(x) \equiv x^3 + x^2 + x + 1$; $R(x) \equiv 0$

33 $Q(2) = 23$

34 $3x + 3$

35 $k = 3$
DICA: $E(x)$ é divisível por $D(x)$ quando o resto da divisão de $E(x)$ por $D(x)$ é zero.

36 $a = 4$; $b = 2$

37 $a = 6$; $b = -2$

38 $a = 3$; $b = 1$; $c = 4$

39 $A = 2$; $B = 1$; $C = 4$
DICA: Fatorando o trinômio $x^2 + x - 6$, obtém-se $(x + 3)(x - 2)$.

40 quociente: $2x^3 - x + 1$; resto: zero

41 quociente: $x^2 + 3$; resto: $3x + 4$

42 $Q(x) \equiv x^3 - 5x^2 + 7x - 3$

43 a) 32
b) 77
c) 3

44 $k = -1$

45 $a = 3$; $b = -9$

46 $R = 20$

47 $P(x) \equiv 3x^2 + 2x - 5$

48 $P(x) \equiv x^3 + 2x^2 - 4$
DICA: Represente $P(x)$ sob a forma $x^3 + ax^2 + bx + c$, com $\{a, b, c\} \subset \mathbb{C}$.

49 a) V
b) V
c) F
d) V

50 demonstração
DICA: Aplique o teorema de D'Alembert.

51 $k = -14$
DICA: $P(2) = 0$

52 $a = -33$; $b = 27$

53 $a = -2$; $b = -8$

54 $a = 0$; $b = -4$
DICA: Aplique os teoremas do resto e de D'Alembert.

55 $P(x)$ é divisível por $x + 1$ se, e somente se, n é um número natural par não nulo.
DICA: No Universo $\mathbb{N}$, as soluções da equação $(-1)^n = 1$ são os números naturais pares.

56 a) quociente: $2x^4 + 10x^3 + 10x^2 + 2x + 10$; resto: 48
b) quociente: $x^2 + 2x$; resto: 9
c) quociente: $x^5 + x^4 - x^3 - 3x^2 + 3x - 51$; resto: 52
d) quociente: $ix^4 + x^3 + ix^2 + 4x + 4i$; resto: 0

57 a) demonstração
b) $P(x) \equiv (x - 1)(x^4 + x^3 + x^2 + x + 1)$

58 a) demonstração
b) $P(x) \equiv (x^2 - 1)(x^4 + x^2 + 1)$

59 a) demonstração
b) $S = \{1, 2 + i, 2 - i\}$
DICA: Fatore $P(x)$ sob a forma $(x - 1) \cdot Q(x)$.

60 a) quociente: $3x^4 + 3x^3 + 3x^2 + \frac{9x}{2} + \frac{3}{2}$; resto: 12
b) quociente: $x^3 + x^2 + 2x + 1$; resto: 3
c) quociente: $2x^2 + \frac{x}{2} - \frac{1}{4}$; resto: $\frac{1}{4}$
d) quociente: $2ix^2 + \frac{3x}{2} + \frac{5i}{4}$; resto: $-\frac{1}{4}$

61 $Q(x) \equiv x^2 + 1$

62 a) 4
b) $\frac{3}{2}$
c) zero
d) 2

63 $k = 7$

64 $P(x) \equiv \frac{198x^2}{5} + \frac{3x}{5} - \frac{1}{5}$

65 -2

66 $-\frac{12x}{13} + \frac{59}{13}$
DICA: O resto procurado é da forma $ax + b$, $\{a, b\} \subset \mathbb{C}$.

67 a) V
b) F
c) V
d) V

68 demonstração

69 $k = 4$

70 $a = 2$; $b = -3$

71 $a = 6$; $b = -2$

72 $k = 15$; $m = -78$

73 $a = 7$; $b = 6$

74 $k = 2$; $m = 1$
DICA: O binômio $(x^2 + 1)$ pode ser fatorado sob a forma $(x + i)(x - i)$.

75 $a = 1$; $b = 4$

Exercícios complementares

• Exercícios técnicos

1 a) $P(2) = 29$
b) $P(-2) = 37$
c) $P(0) = 1$
d) $P(i) = -2 - 2i$
e) $P(-i) = -2 + 2i$
f) $P(1 + i) = -5 + 6i$

2 $gr(P) = 2$

3 d

4 $P(2) = 21$

5 b
DICA: A soma S_n dos n primeiros termos de uma P.G. não constante é dada por: $S_n = \frac{a_1(1 - q^n)}{1 - q}$

6 a) -2, 0 e $\frac{1}{3}$
b) 2, i e $-i$
c) 2, -2, 2i e $-2i$.

7 demonstração
DICA: Represente, genericamente, o polinômio $P(x)$ e calcule $P(1)$.

8 demonstração
DICA: Represente, genericamente, o polinômio $P(x)$ com termo independente nulo, e calcule $P(0)$.

9 $P(2) = 6$

10 i e $-i$
DICA: As raízes comuns aos polinômios $P(x)$ e $Q(x)$ também são raízes da equação $P(x) = Q(x)$.

11 $a = 3$; $b = 7$

12 c

13 a) $x^2 + 7x - 3$
b) $-3x^3 - x^2 + 3x + 1$
c) $3x^5 + 11x^4 - x^3 - 14x^2 + 4x$
d) $16x^2 - 16x + 4$
e) $67x^3 - 94x^2 + 44x - 8$
f) $256x^4 - 512x^3 + 384x^2 - 128x + 16$
g) $9x^6 + 12x^5 - 20x^4 - 16x^3 + 14x^2 + 6x - 4$

14 $a = 1$; $b = -1$; $c = 3$; $d = -2$

15 ($a = 5$ e $b = -3$) ou ($a = -5$ e $b = 2$)

16 $p = 3$; $q = 1$

17 a) $gr(H) = 6$
b) $gr(G) = 20$
c) $gr(T) = 16$

18 e

19 $H(x) \equiv 4x^2 + 2x - 1$
DICA: Inicialmente, determine o grau de $H(x)$.

20 $n = 2$

21 a
DICA: Obtenha duas equações: uma para $x = 1$, e outra para $x = -1$.

22 $x^3 - 5x^2 - 2x + 24$

23 $P(x) \equiv -\frac{4x^3}{3} - 2x^2 - \frac{2x}{3}$

24 $1, -1, \frac{1}{2} + \frac{\sqrt{3}i}{2}, \frac{1}{2} - \frac{\sqrt{3}i}{2}, -\frac{1}{2} + \frac{\sqrt{3}i}{2}$ e $-\frac{1}{2} - \frac{\sqrt{3}i}{2}$
DICA: As soluções da equação $x^6 = 1$ são as raízes sextas de 1.

25 $E(x) \equiv 3x^3 + 2x^2 + 8x - 3$

26 a) $Q(x) \equiv x^2 + 2x - 3$; $R(x) \equiv x + 4$
b) $Q(x) \equiv x + 3$; $R(x) \equiv 0$
c) $Q(x) \equiv x^2 + 2x + 4$; $R(x) \equiv 0$
d) $Q(x) \equiv x^2 + 2 - i$; $R(x) \equiv -3i$

27 $E(x) = 3x^4 + 6x^2 + 3x$
DICA: Faça $R(x) \equiv dx + e$, $\{d, e\} \subset \mathbb{C}$ e $d \neq 0$.

28 a) $Q(x) \equiv x^4 - x^3 + x^2 - x + 1$; $R(x) \equiv 0$
b) $Q(x) \equiv 2x^2 - \frac{x}{3} + \frac{1}{9}$; $R(x) \equiv \frac{11x}{9} + \frac{14}{9}$
c) $Q(x) \equiv ix^2 + 2x + i$; $R(x) \equiv 3$
d) $Q(x) \equiv 2ix^2 + x + \frac{1}{2}$; $R(x) \equiv -2 - \frac{i}{2}$

29 d

30 $R(-2) = 0$

31 $k = 1$

32 $n = 1$; $m = 1$

33 $a = 1$; $b = -1$; $c = 1$ e $d = 0$

34 c

35 c

36 $A = 4$; $B = -2$; $C = 1$
DICA: Fatore o polinômio $x^3 - 3x^2 + 2x$.

37 $A = -1$; $B = \frac{1}{2}$; $C = \frac{1}{2}$

38 c

39 quociente: $x^3 - x + 1$; resto: 0

40 a) -189
b) 6
c) $-1 + 3i$
d) $33 - 4i$

41 $P(x) \equiv 2x^3 + 3x^2 + x$
DICA: Represente $P(x)$ sob a forma $ax^3 + bx^2 + cx + d$, com $\{a, b, c, d\} \subset \mathbb{C}$ e $a \neq 0$

42 $\frac{3}{2} + \frac{i}{2}$ e $\frac{3}{2} - \frac{i}{2}$

43 77

44 a

45 a
DICA: O resto $R(x)$ é da forma $R(x) \equiv ax + b$, $\{a, b\} \subset \mathbb{C}$.

46 b

47 $m = -3 + i$

48 $a = -3$; $b = 2$

49 demonstração

50 e

51 ($a = 0$ e $b = -1$) ou ($a = 1$ e $b = 0$)

52 a) quociente: $3x^3 + x^2 + 2x + 6$; resto: 0
b) quociente: $x^5 + x^4 + x^3 + x^2 + x + 1$; resto: 0
c) quociente: $x^3 - x^2 + x - 1$; resto: 0
d) quociente: $2ix^3 - x^2 + 5$; resto: $5i$

53 a) demonstração
b) $P(x) \equiv$
$\equiv (x - 1)(x^{n-1} + x^{n-2} + x^{n-3} + \ldots + x)$
DICA: Para qualquer número n, tem-se que $1^n = 1$.

54 $Q(x) \equiv x^2 + 5$

55 e

56 a) quociente: $32x^5 + 16x^4 + 8x^3 + 4x^2 + 2x + 1$; resto: 0
b) quociente: $-2x^4 - x^3 - 4x^2 - 17x - 8$; resto: 31
c) quociente: $-x^4 - ix^3 + x^2 + ix - 1$; resto: $2i$
d) quociente: $\left(\frac{1}{3} - \frac{i}{3}\right)x^3 - \frac{2ix}{3} - \frac{2i}{3}$; resto: 0

57 a) 3
b) $\frac{7i}{4}$
c) 3

58 $R = -\frac{35}{8}$

59 $P(x) \equiv x^3 + 12x^2 + 4x - 1$

60 $k = 6$; $m = 3$

61 30
DICA: Ao desenvolver o somatório, observam-se duas progressões aritméticas: uma de termos positivos e a outra de termos negativos.

62 $a = 5$

63 $a = -4$; $b = 2$

64 $a = \frac{4}{9}$; $b = \frac{9}{4}$

65 demonstração

66 zero

67 $k = -6$; $m = 0$

68 $a = 6$; $b = -9$

69 d

70 $a = -2$; $b = 4$

71 a) V
b) V
c) F
d) F
e) F

72 d

73 e

74 a

75 $k = 2$

- **Exercícios contextualizados**

76 $P(x) \equiv 6x^2 + 10x$
DICA: A área total A_t de um paralelepípedo reto-retângulo de dimensões a, b e c é dada por: $A_t = 2(ab + ac + bc)$

77 $P(x) \equiv \frac{3x^3}{4} + \frac{x^4}{6} + \frac{x^5}{96}$

78 a) $P(t) \equiv 40t^3 + 50t^2 + 100t$
b) $P(3)$ é o número de veículos que passaram pelos três pontos nas três primeiras horas de monitoramento.
c) 3.760
DICA: Se passam 100 veículos por hora pelo ponto A, então, em t horas passam $100t$ veículos por esse ponto.

79 a) 0,375 m^3
b) 1 hora

80 a) 900 espécimes
b) Ao final de 2028.

81 a) R$ 1,00
b) R$ 11,00
c) As duas ações estavam com o mesmo valor de R$ 1,00 após 3 dias.
d) $P(x) \equiv 30x^3 - 280x^2 + 570x + 30$
e) $f(x) - g(x) = 2x^2 - 6x$

82 13 L
DICA: Sendo $A(x)$ a área a ser pintada, interprete o quociente e o resto da divisão de $A(x)$ por $2x^2 + x$.

83 $8x^2$

Exercícios de revisão cumulativa

1 para quaisquer números reais a e b, com $b \neq 2a - 1$

2

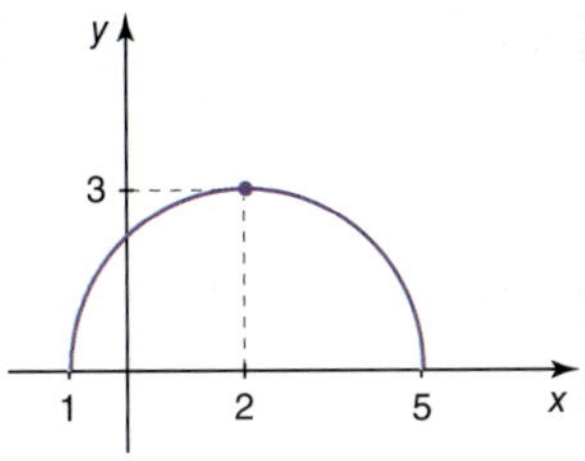

3 7

4 $z = \cos\left(\frac{17\pi}{9}\right) + i\,\text{sen}\left(\frac{17\pi}{9}\right)$

Análise da resolução

c

CAPÍTULO 8 Equações polinomiais

Para pensar

≈ 17 km/h

Exercícios propostos

1 $k = -\frac{17}{2}$

2 a) $x^3 - 9x^2 + 20x - 12 = 0$
b) $2x^3 - 6x + 4 = 0$
c) $4x^4 - 32x^3 + 96x^2 - 128x + 64 = 0$
d) $x^3 + 3x^2 + 9x + 27 = 0$

3 $k = 2$

4 a) V
b) F
c) V
d) F
e) V
f) F

5 $n = 3$; $m = 2$
DICA: O grau da equação polinomial é igual ao número de raízes.

6 1.275

7 a) $P(x) \equiv (x - 5)(2x^2 - 3x + 1)$
b) $S = \left\{\frac{1}{2}, 1, 5\right\}$
DICA: Se o polinômio P(x) é divisível por $x - 5$, então 5 é raiz da equação $P(x) = 0$.

8 $S = \left\{\frac{1}{3}, 2, 5\right\}$
DICA: Aplicando o dispositivo de Briot-Ruffini, represente a equação na forma $(x - 5) \cdot Q(x) = 0$.

9 outras raízes: $-3i$ e 4

10 a) $P(x) \equiv (x - 4)(x - 1)(x^2 - x - 2)$
b) $S = \{-1, 1, 2, 4\}$

11 outras raízes: 1 e 1
DICA: Aplicando o dispositivo de Briot-Ruffini, represente a equação na forma $(x - 1)(x - 2)Q(x) = 0$.

12 a) $P(x) \equiv 2(x - 2)\left(x - \frac{3}{2}\right)$
b) $P(x) \equiv 3x(x - 1)\left(x + \frac{2}{3}\right)$
c) $P(x) \equiv (x + 1)(x - 1)(x + \sqrt{2})(x - \sqrt{2})$
d) $P(x) \equiv 4(x - 1)(x + 5)\left(x - \frac{1}{4}\right)$
e) $P(x) \equiv (x - 3)(x - 2i)(x + 2i)$
f) $P(x) \equiv 3(x - 5)(x - 2)\left(x - \frac{1}{3}\right)$
g) $P(x) \equiv (x - 3)(x + 2)(x - 2)(x + 4)$
h) $P(x) \equiv (x - 2)(x - 2)(x - 3)(x + 1)$
i) $P(x) \equiv (x - 1)(x - 1)$
j) $P(x) \equiv 3(x - i)(x + 2)\left(x - \frac{1}{3}\right)$

13 $P(x) \equiv x + \frac{2}{3}$ e $Q(x) \equiv x - 2$ ou
$Q(x) \equiv x + \frac{2}{3}$ e $P(x) \equiv x - 2$
DICA: Aplicando o dispositivo de Briot-Ruffini, divida o polinômio por $x + 2$ e, depois, divida o quociente obtido por $x - 1$.

14 a) $P(x) \equiv (x - 1)(x + 1)(x - i)(x + i)$
DICA: Observe que $P(1) = 0$.

15 a) 5 raízes complexas
b) 6 raízes complexas

16 $k = 8$

17 a) $S = \{4, 6, 9\}$
b) As raízes 4, 6, 9 têm multiplicidades 5, 2, 1, respectivamente.
c) 8

18 $(x - 1)^2(x - 4)^3(x - 5) = 0$

19 demonstração
DICA: No item **a**, divida, sucessivamente, o polinômio do primeiro membro por $x - 4$, mostrando que as duas primeiras divisões são exatas e a terceira não é.

20 multiplicidade 3
DICA: Divida, sucessivamente, o polinômio do primeiro membro por $x - 1$.

21 As raízes 1 e 2 têm multiplicidades 2 e 3, respectivamente.

22 $a = -4$; $b = 4$

23 demonstração

24 $S = \{3, -i, i\}$

25 outras raízes: -2 e 2

26 $S = \{4, 3 + 2i, 3 - 2i\}$

27 a) 5
b) 8
c) 11

28 a) $1(x - 2)(x - 3i)(x + 2i)(x + 3i)(x - 2i) = 0$
b) $1(x - 2)(x - 3 - 4i)(x - 3 + 4i) = 0$
c) $2(x - 1)^2(x - 4 - i)(x - 4 + i) = 0$
d) $-1(x - 2 - 4i)^3(x + 5i)^2(x - 2 + 4i)^3(x - 5i)^2 = 0$

29 $S = \left\{1, 3i, -3i, \frac{1}{2}, 3\right\}$

30 $S = \{i, -i, 2\}$

31 a) $\frac{1}{2}$
b) -1 e -2
c) -1, 2 e $\frac{1}{3}$
d) 1 e $\frac{1}{2}$
DICA: Se a soma dos coeficientes de uma equação polinomial é igual a zero, então o número 1 é raiz da equação.
e) 1

32 a) $S = \{-1, 2, \sqrt{2}i, -\sqrt{2}i\}$
b) $S = \left\{-1, \frac{1}{2} + \frac{i\sqrt{3}}{2}, \frac{1}{2} - \frac{i\sqrt{3}}{2}\right\}$
c) $S = \left\{-1, \frac{3}{8} + \frac{i\sqrt{39}}{8}, \frac{3}{8} - \frac{i\sqrt{39}}{8}\right\}$
d) $S = \{-1, \sqrt{2}, -\sqrt{2}\}$

33 $a = -1$; $b = -3$

34 $k = -1$

35 a) $b = -28$; $c = 48$
b) $b = -1$; $c = -30$
c) $b = 5 - i$; $c = -5$

36 a) $\frac{3}{2}$
b) $\frac{\sqrt{3}}{2}$
c) $\sqrt{3}$
d) $\frac{9 - 4\sqrt{3}}{4}$
e) $\frac{9 - 4\sqrt{3}}{3}$
f) $\frac{9 - 8\sqrt{3}}{4}$

37 $a = -\frac{1}{10}$; $b = -\frac{13}{5}$

38 ($b = 1$ e $c = -10$) ou ($b = 0$ e $c = 0$)

39 a) $b = -20$; $c = 62$; $d = -60$
b) $b = 3$; $c = -22$; $d = -24$
c) $b = -12i$; $c = -8$; $d = 0$

40 a) 1
b) 2
c) $\frac{1}{3}$
d) 6
e) -3
f) $\frac{10}{3}$
g) 30
h) -10
DICA: Desenvolva os quadrados e aplique os resultados dos itens **b** e **e**.

41 $b = \frac{1}{2}$; $c = \frac{45}{2}$

42 área total: $2\sqrt{3}$ cm²
volume: $\sqrt{6}$ cm³
DICA: A área total A_t e o volume V de um paralelepípedo reto-retângulo de dimensões a, b e c são dados por: $A_t = 2(ab + ac + bc)$ e $V = abc$.

43 $m = -2$

44 $2, \frac{1}{2}$ e 6

DICA: Aplique as relações de Girard para as raízes a, $3a$ e b.

45 $r_1 + r_2 + r_3 + r_4 = \frac{13}{2}$

$r_1r_2 + r_1r_3 + r_1r_4 + r_2r_3 + r_2r_4 + r_3r_4 = 0$

$r_1r_2r_3 + r_1r_2r_4 + r_1r_3r_4 + r_2r_3r_4 = -15$

$r_1r_2r_3r_4 = 1$

46 a) $b = -36; c = 147; d = -234; e = 120$
b) $b = 0; c = 20; d = 0; e = 16$

47 $b = -27; c = 87; d = -117; e = 54$

48 $S = \left\{-\frac{3}{2}, 2\right\}$

49 $\frac{1}{2}$ e 2

Exercícios complementares

• Exercícios técnicos

1 $m = -6$

2 $x^5 + x^4 - 5x^3 - x^2 + 8x - 4 = 0$

3 d

4 a

5 outras raízes: $\frac{-7 - \sqrt{41}}{2}$ e $\frac{-7 + \sqrt{41}}{2}$

6 outras raízes: $-2, -1, 1$ e 2

7 $S = \left\{-3, \frac{1}{2}, -1, 3\right\}$

8 b

9 $P(x) \equiv (x - 3)(x + 3)(x + 5)(x - 2)$

10 $P(x) \equiv$
$\equiv (x - 1)\left(x + \frac{1}{2} - \frac{i\sqrt{3}}{2}\right)\left(x + \frac{1}{2} + \frac{i\sqrt{3}}{2}\right)$

DICA: Observe que $P(1) = 0$.

11 a) 3 raízes complexas
b) 14 raízes complexas

12 qualquer número complexo m, com $m \neq \frac{1}{2}$

13 $P(x) \equiv 2(x - 2i)(x + 2i)(x + 4)^2(x - 5)^4$

14 As raízes -2, 3 e 1 têm multiplicidades 2, 1 e 3, respectivamente.

15 $k = 10; m = -6$

DICA: Represente a equação na forma $(x - 3)^2Q(x) = 0$.

16 $S = \{-1, 2, -3\}$

17 outras raízes: -2 e 2

18 $r = -3$

19 outras raízes: $-\sqrt{2}i$ e $\sqrt{2}i$

20 a

21 c

22 d

23 e

24 3

DICA: Observe que o número 1 é raiz real da equação.

25 $x^4 + 45x^2 + 324 = 0$

26 $S = \{5i, -5i, -1, 3\}$

27 $S = \{2i, -2i, 1, 3\}$

28 outras raízes: $-i$, $-3i$ e 2

29 e

30 b

31 b

32 $S = \left\{0, 1 + 2i, 1 - 2i, \frac{-3 - \sqrt{5}}{2}, \frac{-3 + \sqrt{5}}{2}\right\}$

33 d

34 e

35 a) A equação não admite raiz racional.
b) -1 e $-\frac{1}{2}$
c) 1 e -1
d) $-\frac{1}{2}$
e) A equação não admite raiz racional.

36 a) $S = \{-1, -i, i\}$
b) $S = \{-1, -2, i, -i\}$
c) $S = \left\{-1, \frac{1}{2}, 3\right\}$

37 a) F
b) V
c) V
d) F
e) F

38 a

39 $(a = 4$ e $b = 1)$ ou $(a = 10$ e $b = -1)$

40 a

41 e

42 a) $b = \frac{3}{5}; c = -\frac{12}{5}$
b) $b = 2i; c = 8$
c) $b = -2; c = 2$

43 $-1 - \frac{9i}{2}$

44 área: $\sqrt{3}$ cm^2; perímetro: $2\sqrt{5}$ cm

45 3 e 4

46 a) $b = \frac{21}{5}; c = -\frac{24}{5}; d = \frac{12}{5}$
b) $b = -4; c = 21; d = -34$

47 $\frac{1}{2}$

48 $-2i$

49 $k = -2$ ou $k = 2$

50 $k = -6$

51 a) $m = 7$
b) $1 + \sqrt{2}, 1 - \sqrt{2}$ e $\frac{3}{2}$

52 $-3, -2$ e $\frac{3}{2}$

53 $6, 3$ e $\frac{1}{3}$

54 $\sqrt{2}$

55 c

DICA: Indique as raízes por $\frac{k}{q}$, k e kq.

56 b

57 c

58 c

59 b

DICA: Indique as raízes por: $r - s$, r e $r + s$.

60 e

61 a) V b) F c) F d) V

62 a) $q = 10$
b) $1 - 3i$, 1 e $1 + 3i$

63 a) $b = 2; c = -7; d = -8; e = 12$
b) $b = \frac{9}{2}; c = \frac{3}{4}; d = -\frac{1}{2}; e = 0$

64 $k = -120$

65 $3 - \sqrt{2}i$

66 $S = \{2, 2\sqrt{3}, -2\sqrt{3}\}$

67 $S = \{-1, 1, 3\}$

68 c

69 e

• Exercícios contextualizados

70 a) V
DICA: Calcule $y(0)$.
b) V
DICA: Calcule $y(6)$.
c) F

71 20 m

72 a) 16,875 km/h
b) às 16 h e às 19 h

73 a) $x^3 + 3x^2 - 3x - 1 = 0$
b) 100%

DICA: A fórmula para o cálculo do montante M, em juro simples, é $M = C + Cit$; e em juro composto é $M = C(1 + i)^t$, em que C é o capital inicial, i é a taxa e t é o tempo.

74 a) $L(x) \equiv 2x^3 - 5x^2 - 23x - 10$
b) Se $L(\alpha) = 0$, com $a \geq 0$, então α é raiz de $L(x)$, ou seja, para α milhares de unidades não há lucro nem prejuízo, pois o valor da receita será igual ao valor do custo de produção.
c) $\alpha = 5$

75 $R = 2 + \sqrt{3}$ ou $R = 2 - \sqrt{3}$

76 a) $P(x) = 4x^3 - 40x^2 + 100x$

b) 3 ou $\frac{7 - \sqrt{33}}{2}$

DICA: A medida x é tal que $0 < x < 5$.

77 $x = 1$

78 a

79 a) demonstração

b) $n = 6$

Exercícios de revisão cumulativa

1

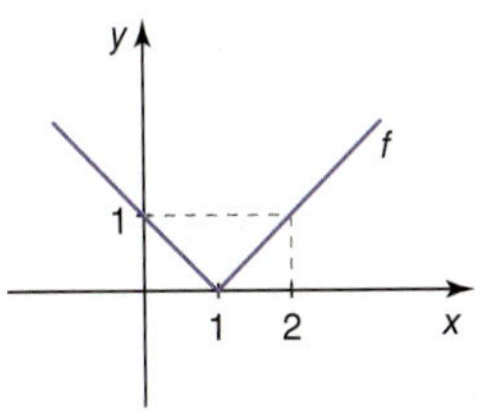

2 a) $x + 3$

b) $\frac{x - 4}{x + 4}$

c) $x^2 - 1$

d) $x^4 + 2x^3 + 4x^2 + 8x + 16$

3 a) 2 cos x

b) cos 3x

c) 2 cos x

d) 2 sen x

4 demonstração

Análise da resolução

$S = \{i, 2i, -3i\}$

CAPÍTULO 9 Introdução ao Cálculo diferencial: limite de uma função

Para pensar

zero

Exercícios propostos

1 a) 7

b) e c)

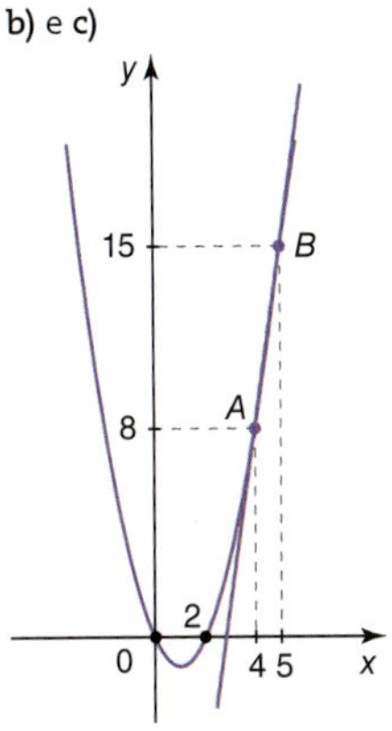

d) O coeficiente angular da reta $\overleftrightarrow{AB}$ é igual à taxa média de variação obtida no item **a**.

2 a) -1

b) e c)

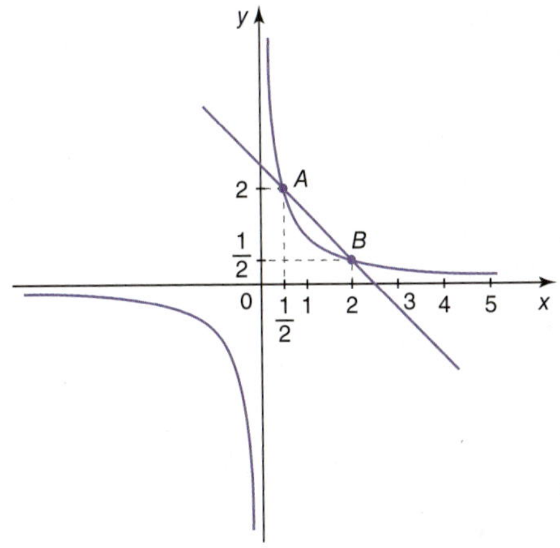

d) São iguais.

3 a) 6

b) 6

c) 6

d) demonstração

4 a) 0

b) 0

c) 0

5 3

6 $p^2 + 6p + 12$

7 $-\frac{1}{9 + 3p}$

8 a) 0,1 atm/m

b) 0,1 atm/m

c) $a = 0,1$ e $b = 1$

d) 1,8 atm

e) demonstração

f)

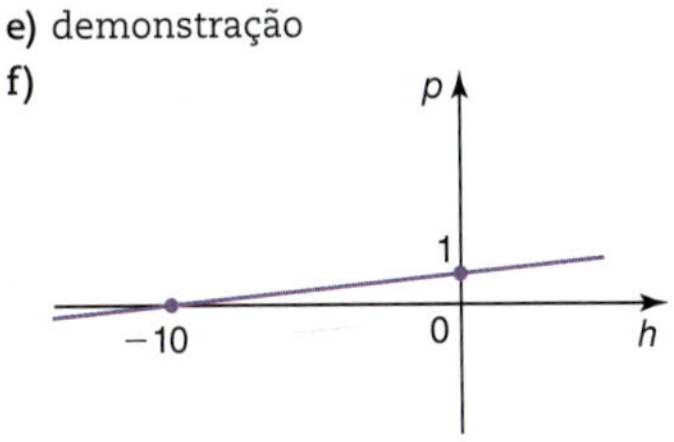

9 2 m/s^2

10 respostas possíveis:

a) $V(8) =]6, 18[$ e $\overline{V}(8) =]6, 18[- \{8\}$

b) $V(-2) =]-4, 10[$ e $\overline{V}(-2) =$
$=]-4, 10[- \{-2\}$

c) $V(0) =]-5, 3[$ e $\overline{V}(0) =]-5, 3[- \{0\}$

d) $V(-3) =]-7, 2[$ e $\overline{V}(-3) =$
$=]-7, 2[- \{-3\}$

11 c

12 a

13 d

14 d

15 a)

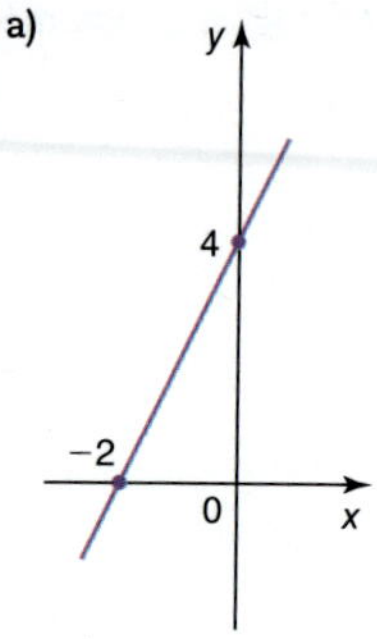

$\lim_{x \to 3} f(x) = 10$

b)

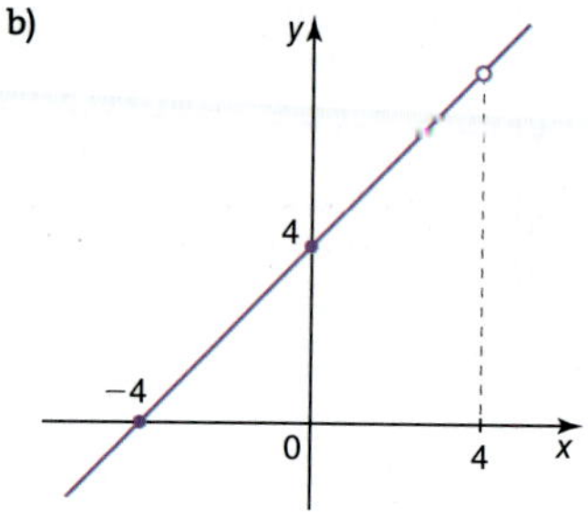

$\lim_{x \to 4} f(x) = 8$

c)

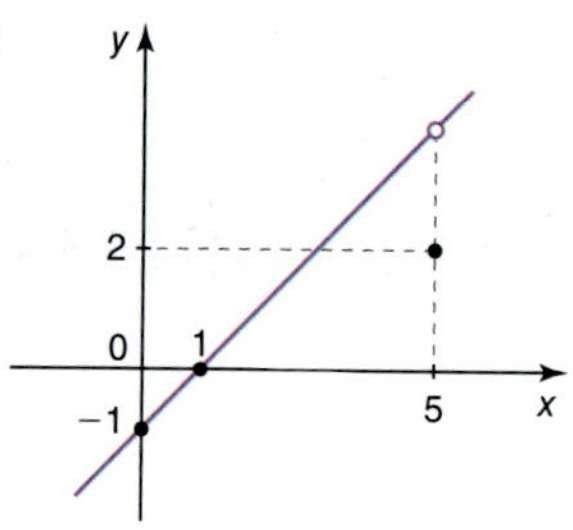

$\lim_{x \to 5} f(x) = 4$

d)

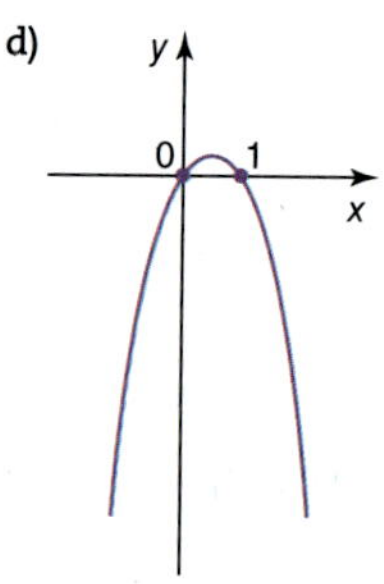

$\lim_{x \to -3} f(x) = -12$

e)

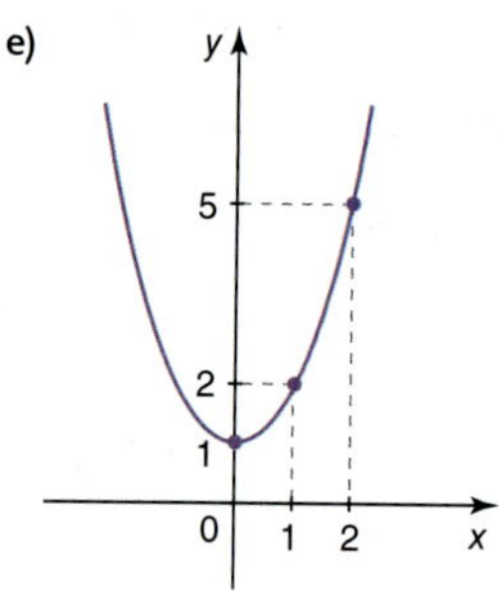

$\lim_{x \to 2} f(x) = 5$

f)

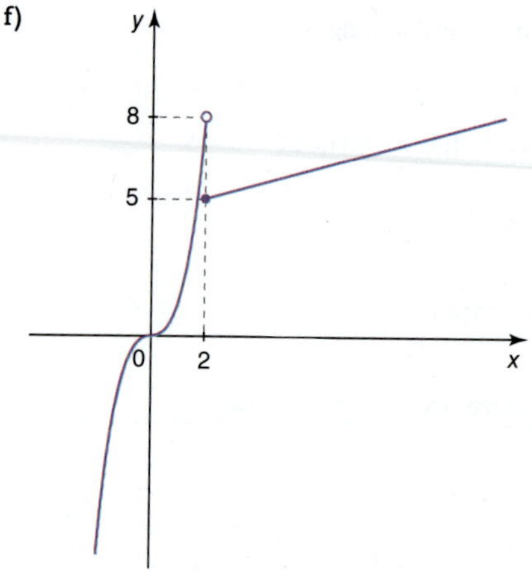

Não existe $\lim_{x \to 2} f(x)$.

g)

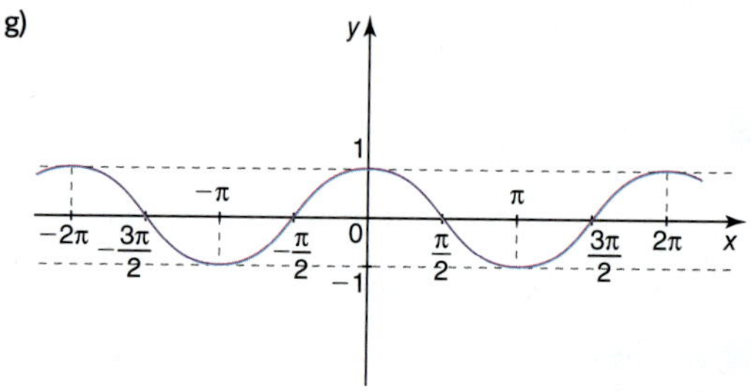

$\lim_{x \to 0} f(x) = 1$

16 a)

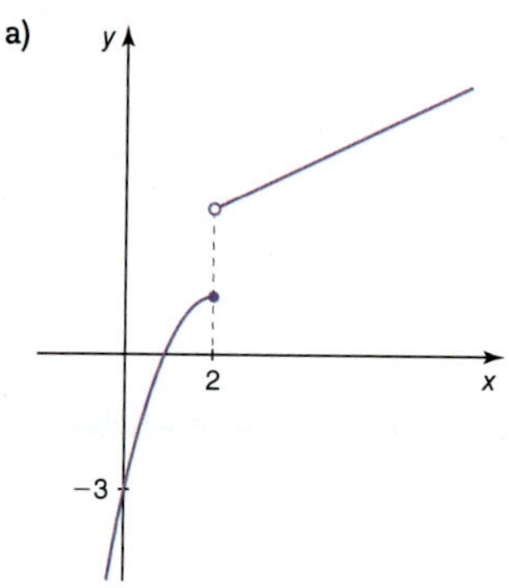

b) $\lim_{x \to 2^+} f(x) = 3$, $\lim_{x \to 2^-} f(x) = 1$. Não existe $\lim_{x \to 2} f(x)$

17 a)

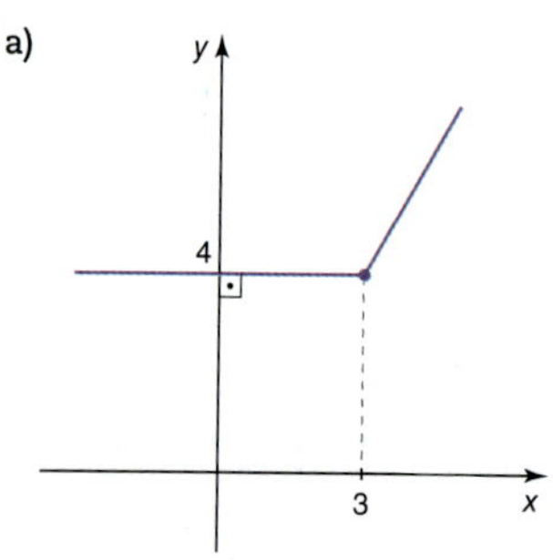

b) $\lim_{x \to 3^+} f(x) = 4$, $\lim_{x \to 3^-} f(x) = 4$ e $\lim_{x \to 3} f(x) = 4$

18
a) 10
b) −4
c) 21
d) $\frac{3}{7}$
e) 9
f) 81
g) 243

19 a) $\cos(x^2)$
b) 1

20 a)

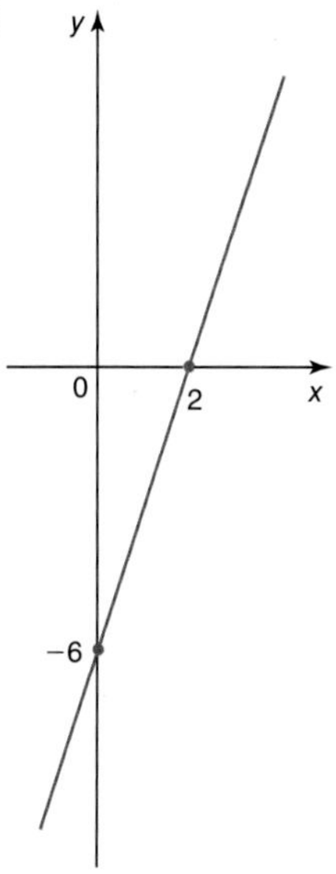

b) 6
c) 6
d) demonstração

21 a)

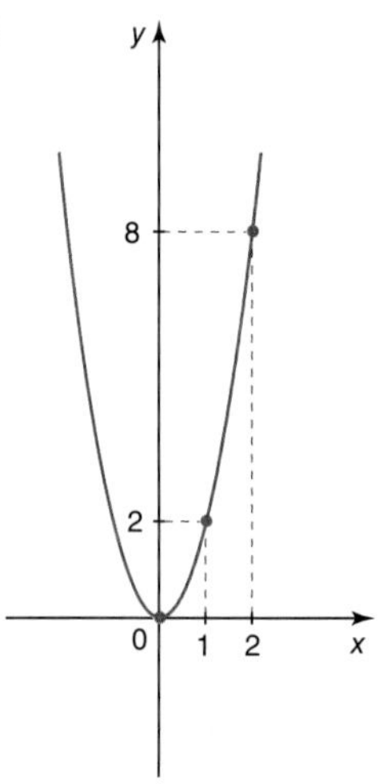

b) 8
c) 8
d) demonstração

22 a)

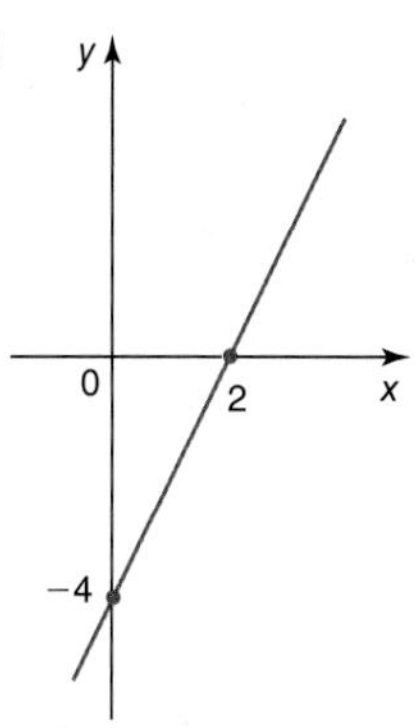

• demonstração

b)

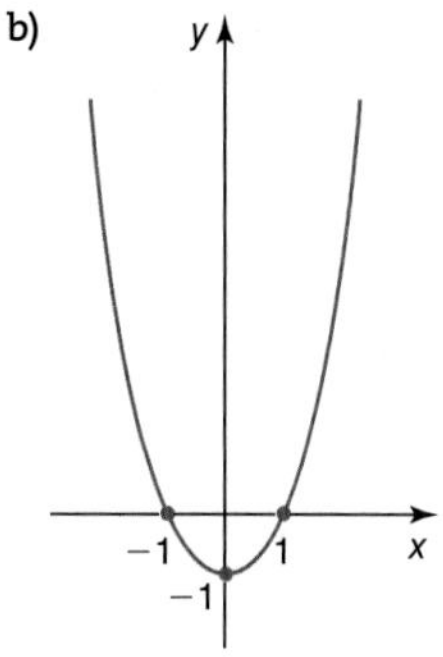

• demonstração

c)

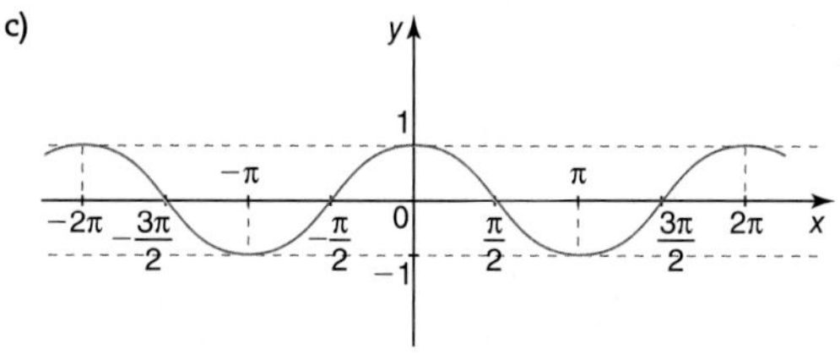

• demonstração

d)

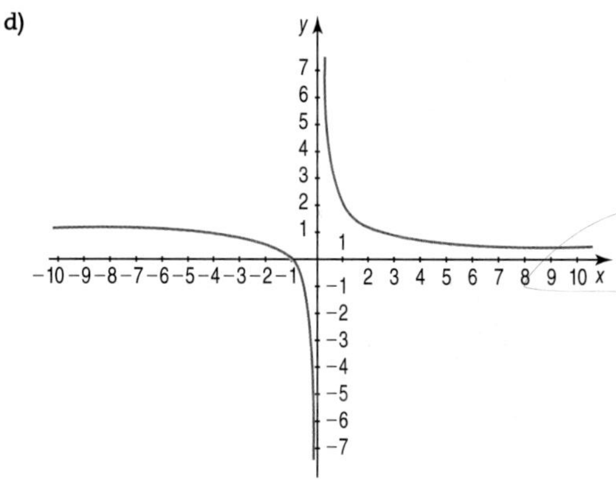

• demonstração

23 demonstração

24 demonstração

25 a) Porque a soma de funções contínuas é uma função contínua.
b) Porque a diferença de funções contínuas é uma função contínua.
c) Porque o produto de funções contínuas é uma função contínua.
d) Porque o produto e a soma de funções contínuas também são uma função contínua.
e) Porque a soma e o quociente de funções contínuas são uma função contínua (nesse caso, a continuidade se dá no domínio $\mathbb{R} - \{-5\}$).
f) Porque o produto de funções contínuas é uma função contínua.
g) Porque a composição de funções contínuas é uma função contínua.

26 a) F b) F c) V d) V

27

a) 7	e) 25	i) $\frac{\sqrt{3}}{3}$	m) $-\frac{2}{3}$
b) 5	f) −3	j) 3	
c) 16	g) 1	k) 9	
d) −4	h) 1	l) 0	

28 a) 12 b) 10 c) 3 d) $-\frac{3}{2}$ e) 1 f) 1 g) $\frac{5}{4}$ h) 10 i) 4 j) 0 k) 0 l) -2 m) 2 n) 0 o) 2

29 a) $-\frac{1}{2}$ b) 2 c) -3 d) 108 e) 4 f) 24 g) 12 h) $\frac{1}{3}$

30 $k = 14$

31 4

32 a) 1 b) 4 c) $\frac{3}{2}$ d) 1 e) $\frac{4}{6}$ f) $\frac{1}{8}$ g) 1 h) 1 i) 3 j) 10

33 a) 4 b) $\frac{8}{5}$ c) 0 d) $\frac{1}{2}$ e) 1 f) 0

Exercícios complementares

• **Exercícios técnicos**

1 I. V II. F III. V IV. V V. F VI. V VII. V VIII. V IX. F

2 a)

b)

c)

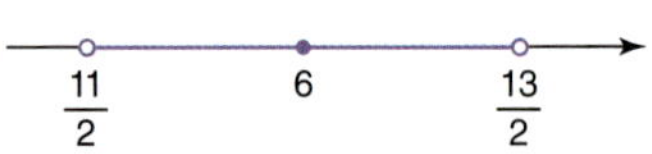

3 É o número 6.

4 a)

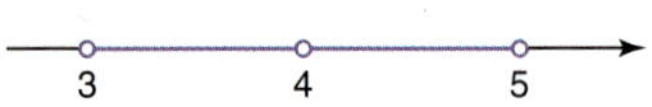

b)

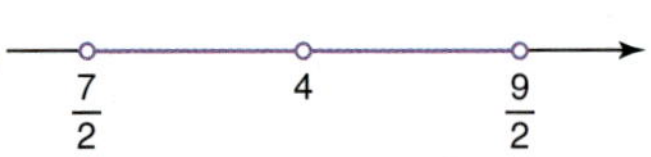

c)

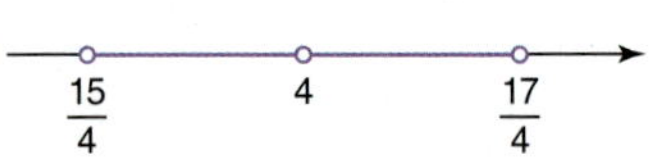

5 É vazia.

6 a)

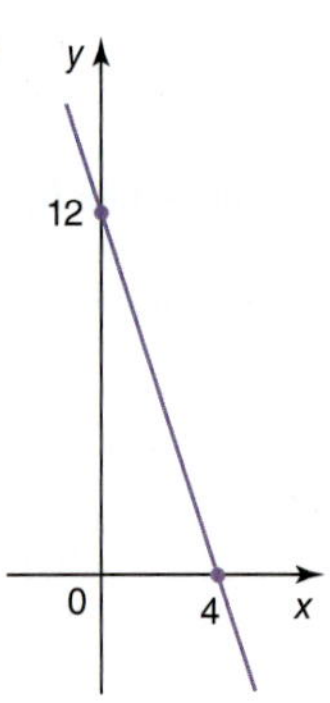

$\lim_{x \to 0} f(x) = 12$

b)

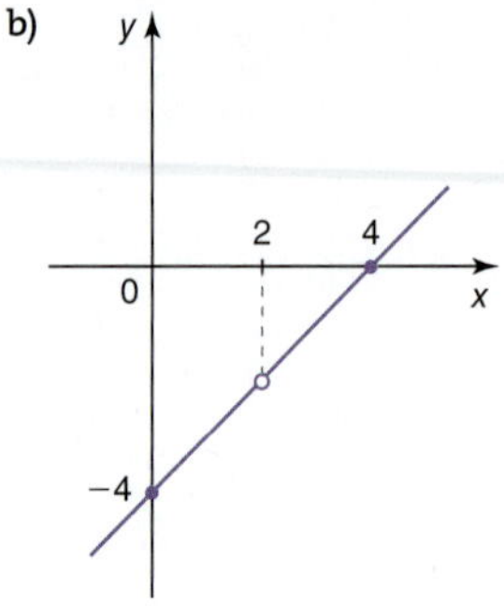

$\lim_{x \to 2} f(x) = -2$

c)

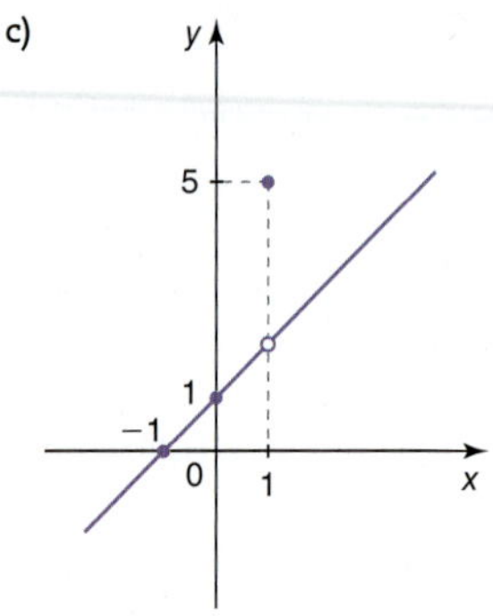

$\lim_{x \to 1} f(x) = 2$

d)

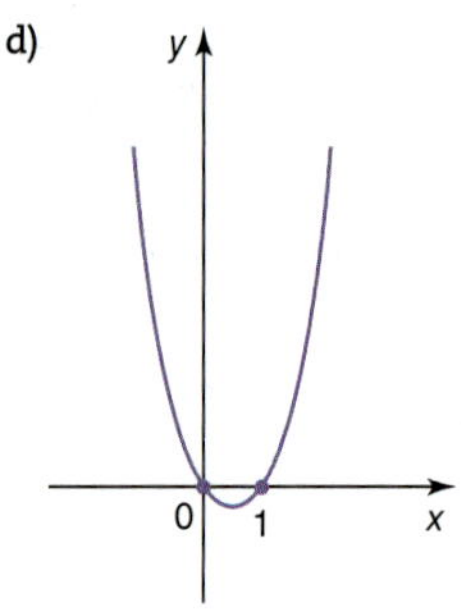

$\lim_{x \to 2} f(x) = 2$

e)

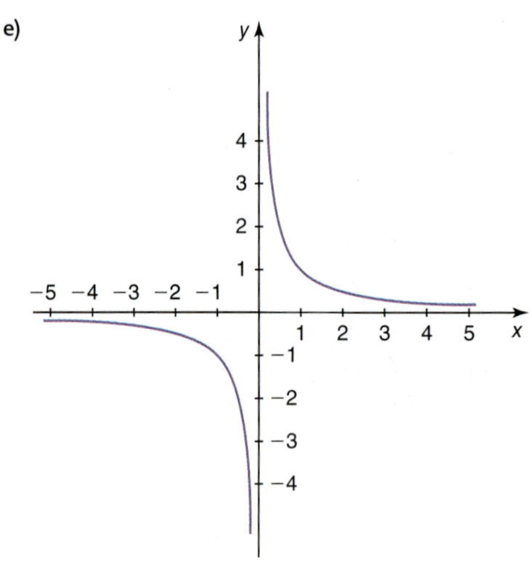

$\lim_{x \to 2} f(x) = \frac{1}{2}$

f)

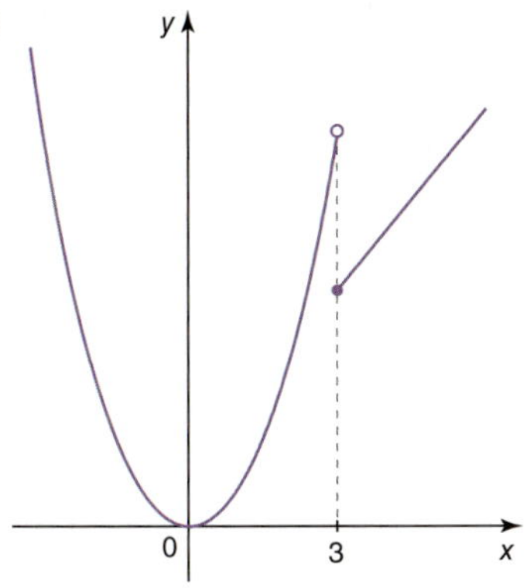

Não existe $\lim_{x \to 0} f(x) = 12$.

g)

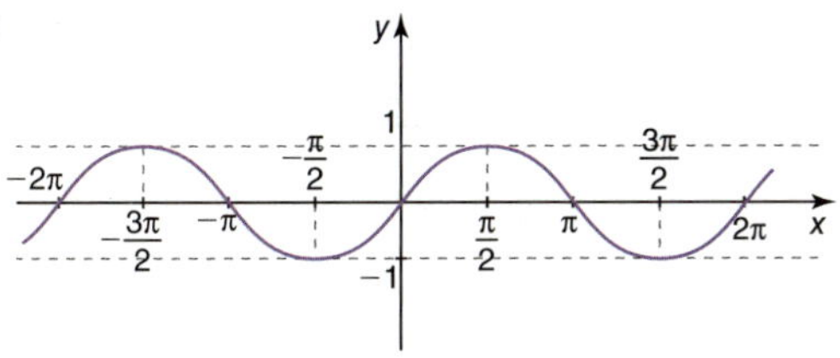

$\lim_{x \to \frac{\pi}{6}} f(x) = \frac{1}{2}$

7 a) 11 c) 10 e) 2.401
b) 4 d) $\frac{1}{2}$ f) −2

8 a) 2 c) 14 e) −5
b) 12 d) 8 f) $\frac{27}{11}$

9 a) $1 + 2\text{sen}(2x)$ b) 2

10 a) F d) V g) F
b) F e) V h) F
c) V f) F

11 a) 3 e) $\sqrt{14}$ i) $\frac{\sqrt{2}}{2}$
b) 3 f) 1 j) $-\frac{\sqrt{3}}{3}$
c) 256 g) 5
d) $\frac{1}{8}$ h) $\frac{1}{4}$

12 −5

13 $S = \{k \in \mathbb{R} \mid k \neq 0\}$

14 a) $\frac{12}{5}$ d) 7 f) $\frac{\sqrt{3}}{2}$
b) $\frac{6}{5}$ e) $\frac{1}{5}$ g) $-\frac{\sqrt{2}}{2}$
c) $\frac{7}{4}$

15 a) 0 c) $\frac{1}{5}$ e) 1
b) $\frac{1}{125}$ d) $\frac{1}{3}$ f) $\frac{1}{3}$

16 a) $\cos a$ c) $2\cos(4a)$
b) $-\text{sen}\ a$ d) $-2\ \text{sen}\ (2a)$

17 a) 0 d) 18 g) 2
b) $\frac{1}{2}$ e) 1 h) 8
c) 2 f) 0

18 a) $\frac{\text{sen}\ a}{\cos^2 a}$ b) $\sec^2 a$

- **Exercícios contextualizados**

19 a) 0,1 °C/h b) $\frac{1}{9}$ °C/h c) $\frac{1}{8+p}$ °C/h

20 a) $h(t) = 6t$ b) 6 dm/h c) 6 dm/h

21 c

Exercícios de revisão cumulativa

1 b **2** c

3 $S = \{-i, i, 2\}$ **4** d

Análise da resolução

$\lim_{x \to 0} [f(x) + g(x)] = 5$

CAPÍTULO 10 Introdução ao Cálculo diferencial: derivada de uma função

Para pensar

1 Traçando uma reta tangente à reta s no instante x e calculando seu coeficiente angular, o que resulta na velocidade instantânea.

Exercícios propostos

1 a) 2
b)

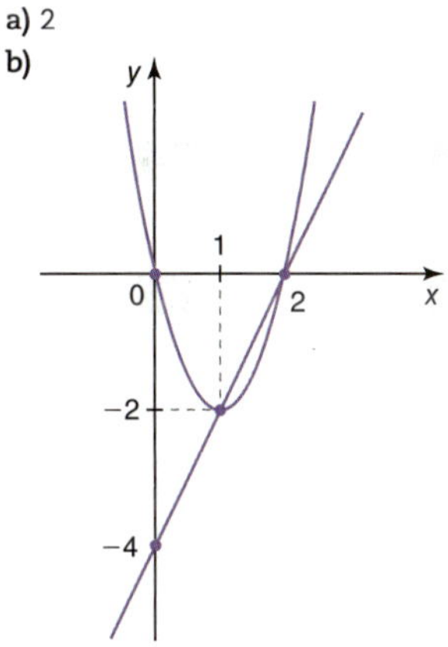

c) 0

2 a) $\frac{2}{p}$ b) 2 c) 2

3 a) 8 b) $y = 8x - 6$

4 a) 3
b)

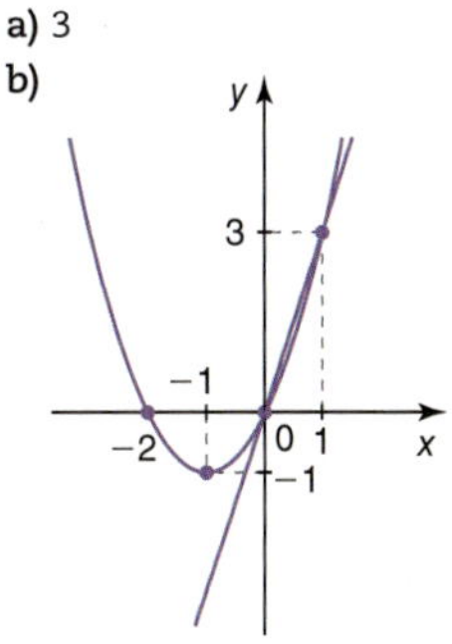

c) $p + 2$
d) $m_t = \lim_{p \to 0} p + 2 = 0 + 2 = 2$

5 demonstração

6 demonstração

7 a) $f'(x) = 5x^4 + 4x^3$
b) $f'(x) = 20x^3$
c) $f'(x) = 10x^4 + 8x$
d) $f'(x) = 6x^2 - 14x$
e) $f'(x) = 28x^6 + 8x^3 + 36x^2$
f) $f'(x) = \cos x - \text{sen } x$
g) $f'(x) = 3\cos x$
h) $f'(x) = -4\text{sen } x$
i) $f'(x) = \text{sen } x + x\cos x$
j) $f'(x) = \cos 2x$

8 a) $f'(x) = \dfrac{x^2+2}{x^2}$
b) $f'(x) = \dfrac{x^2+4x}{(x+2)^2}$
c) $f'(x) = -3x^{-4}$
d) $f'(x) = -20x^{-5}$
e) $f'(x) = -\dfrac{4\cos x}{\text{sen}^2\, x}$
f) $f'(x) = \dfrac{1}{(\text{sen } x + \cos x)^2}$
g) $f'(x) = \dfrac{(6x+1)\text{sen } x - (2x^3+x)\cos x}{\text{sen}^2\, x}$

9 a) $f'(x) = \text{sen } x + \cos x + 2x$
b) $f'(x) = \text{tg } x + x\sec^2 x$
c) $f'(x) = \dfrac{(\text{sen } x - x\cos x)(2+\cos x) + x\,\text{sen}^2\, x}{(2+\cos x)^2}$
d) $f'(x) = \dfrac{(2x+3x^2)(5+\text{sen } x) - (x^2+x^3)\cos x}{(5+\text{sen } x)^2}$
e) $f'(x) = \dfrac{2\cos x(1+\text{tg } x) - 2\text{sen } x \sec^2 x}{(1+\text{tg } x)^2}$
f) $f'(x) = -\dfrac{x\,\text{sen } x}{(1-\cos x)^2}$

10 128 **11** e **12** a

13 $y - 2 = -5(x+1)$ ou $y = -5x - 3$

14 d **15** e **16** c

17 a

18 a) $y' = (2x+2)\cdot\cos(x^2+2x)$
b) $y' = \dfrac{x^2-1}{(x^2+1)^2}\cdot\text{sen}\left(\dfrac{x}{x^2+1}\right)$
c) $y' = \text{sen } x\cdot(\cos x)(3\text{sen } x + 2)$
d) $y' = -\dfrac{2\cos x\,\text{sen } x\,(\cos x + 3)}{(\cos^2 x + 2\cos x + 3)^2}$

19 a) $y' = 6x^5\cos(x^6)$
b) $y' = 6(\text{sen } x)^5\cdot\cos x$
c) $y' = -4x^3\,\text{sen}(x^4)$

20 $\dfrac{1}{48}$ **21** 2 **22** d

23 a) $y' = 10x - \dfrac{1}{\sqrt{1-x^2}}$
b) $y' = 3x^2\cdot\text{arctg } x + \dfrac{x^3}{1+x^2}$
c) $y' = \dfrac{3x - 12\sqrt{1-x^2}\cdot\text{arcsen } x}{x^5\sqrt{1-x^2}}$
d) $y' = -\dfrac{3(\arccos x)^2}{\sqrt{1-x^2}}$
e) $y' = -\dfrac{3x^2}{\sqrt{1-x^6}}$
f) $y' = \dfrac{\text{arcsen } x}{1+x^2} + \dfrac{\text{arctg } x}{\sqrt{1-x^2}}$
g) $y' = \dfrac{\arccos x + \text{arcsen } x}{\sqrt{1-x^2}\,(\arccos x)^2}$
h) $y' = \dfrac{x - (1+x^2)\,\text{arctg } x}{x^2+x^4}$
i) $y' = \dfrac{2}{\sqrt{1-4x^2}}$
j) $y' = -\dfrac{3}{2x^2+6x+9}$

24 $\dfrac{\pi-2}{4}$

25 0

26 1

27

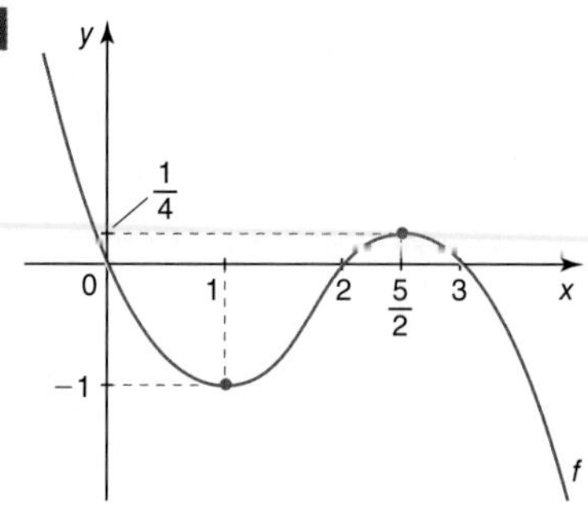

extremos: -1 e $\dfrac{1}{4}$

extremantes: 1 e $\dfrac{5}{2}$

28 extremos: $-\dfrac{1}{28}$ e $\dfrac{1}{4}$

extremantes: $\dfrac{1}{14}$ e $\dfrac{1}{2}$

29 extremos: 1 e 7
extremantes: 2 e 5

30 *f* não possui extremantes nem extremos.

31 a) extremos: 1 e -1
extremantes: $\dfrac{\pi}{2}$ e $\dfrac{3\pi}{2}$
b) *f* não possui extremantes nem extremos.
c) extremo: 1
extremante: 0
d) extremo: -1
extremante: $\dfrac{3\pi}{2}$

32 a) extremo: 4
extremante: 4
b) $0 < \alpha < 4$
c) $\alpha = 4$
d) $4 < \alpha < 8$

33 a) A função *f* é crescente nos intervalos $]-\infty, 2[$ e $\left]\dfrac{10}{3}, +\infty\right[$.
b) A função *g* é decrescente nos intervalos $]-\infty, -1[$ e $]2, +\infty[$.
c) A função *h* é decrescente nos intervalos $]-\infty, 0[$ e $]2, 7[$
d) A função *t* é decrescente nos intervalos $]-2, -1[$ e $]-1, 0[$.

34 demonstração

35 $k = 1$

36 a) $]-1, 0[$ e $]1, 2[$ b) $]-3, -2[$, $]-2, -1[$ e $]0, 1[$

37 c

38 demonstração

39 demonstração

40 demonstração

41 a) demonstração b) $\frac{\pi + 6\sqrt{3}}{12}$

42 a) demonstração b) $-\sqrt{2}$

43 a) $v(t) = 3t^2 - 4t + 1$
b) 16 m/s
c) $a(t) = 6t - 4$
d) 8 m/s^2

44 a) $v(t) = 50 - 10t$
b) 125 m
c) −50 m/s
d) 10 m/s^2

45 a) 3 m/s^2 b) 3 m/s^2

46 a) 25π km^2
b) 12π km^2/min
c) $A'(t) = 2\pi(t + 3)$
d) 10π km^2/min

47 a) $v(t) = 8t^3 + 3$
b) 11 km/h
c) $a(t) = 24t^2$
d) 96 km/h^2

48 a) ≈ 1.73235
b) ≈ 1,26296
c) ≈ 2.23636
d) ≈ 1,91302

Exercícios complementares

- **Exercícios técnicos**

1 12

2 $\frac{1}{2}$

3 $\sqrt{3}$

4 $\frac{3}{2}$

5 a) V
b) F
c) V
d) F
e) V
f) V
g) V

6 a) 24 b) $y = 24x - 32$

7 −4

8 $x - 4y = 0$

9 $x - 4y + 4 = 0$

10 a) $f'(x) = 3x^2 - 2x + 1$
b) $f'(x) = 18x^7$
c) $f'(x) = \frac{8x^3}{3} - 15x^4 + \frac{3x^6}{2}$
d) $f'(x) = (2x + 2)\text{sen } x + (x^2 + 2x)\cos x$
e) $f'(x) = x\,\text{sen } 2x + x^2 \cos 2x$

11 a) $f'(x) = \frac{6x^5 + 60x^3}{(x^2 + 5)^2}$
b) $f'(x) = \frac{2x\,\text{sen } x - x^2 \cos x}{\text{sen}^2 x}$
c) $f'(x) = -\frac{4\,\text{sen } x \cdot (3x + x^3) + 4\cos x \cdot (3 + 3x^2)}{(3x + x^3)^2}$

12 $y - \frac{3\sqrt{3}}{8} = -\frac{9}{8}\left(x - \frac{\pi}{6}\right)$ ou $y = -\frac{9x}{8} + \frac{3\pi}{16} + \frac{3\sqrt{3}}{8}$

13 $a = 3$ ou $a = -3$

14 $y - \frac{\pi}{4} = \frac{1}{2}(x - 1)$ ou $y = \frac{x}{2} - \frac{1}{2} + \frac{\pi}{4}$

15 4

16 $\frac{9}{7}$

17 a) extremantes: −1, 5, 0 e 3
extremos: 0, 1 e −2
b) $-1 < \alpha < 0$ ou $3 < \alpha < 5$
c) $\alpha = 0$ ou $\alpha = 3$
d) $0 < \alpha < 3$ e $\alpha \neq 1$

18 demonstração

19 $A\left(\frac{1}{3}, -\frac{50}{27}\right)$ e $B(1, -2)$

20 a) $\frac{1}{3}$, 1 e 2
b) $-\frac{2}{3}$
c) $-\frac{1}{12}$

21 d

22 a) extremantes: −3, −1, 1, 3
extremos: $\frac{102}{5}, \frac{2}{15}, \frac{178}{15}, -\frac{42}{5}$
b) extremantes: $\frac{1}{4}$
extremos: $-\frac{27}{256}$
ponto de inflexão horizontal: 1
c) extremantes: $\frac{1}{4}$
extremos: $-\frac{539}{256}$
ponto de inflexão horizontal: 1
d) ponto de inflexão horizontal: 0

23 d

24 a) demonstração
b) (−1, 3)

25 c

26 O maior valor possível da diferença entre um número positivo x e o seu cubo, nessa ordem, é $\frac{2\sqrt{3}}{9}$, e essa diferença ocorre para $x = \frac{\sqrt{3}}{3}$.

27 $\frac{\pi\sqrt[4]{49.152}}{9}$ m^3

28 a) ≈ 0,69508
b) ≈ 0,5147
c) ≈ 1,034
d) ≈ 0,7014

29 a) $-\frac{1}{16}$ b) $-\frac{13}{128}$ L/s^2

30 $R = \sqrt[3]{\frac{200}{\pi}}$ cm e $H = \frac{400}{\pi\left(\sqrt[3]{\frac{200}{\pi}}\right)^2}$ cm

31 a) $v_x(t) = 1$
b) $a_x(t) = 0$
c) $v_y(t) = 2t$
d) $a_y(t) = 2$

Exercícios de revisão cumulativa

1 b

2 $P(-2) = 16$

3 a) −140 °C/min
b) $\frac{10\sqrt{3}}{3}$ s

4 ≈ 50 cm^3

Análise da resolução

1 $y = x$

SIGLAS DE VESTIBULARES

Sigla	Instituição
Aman-RJ	Academia Militar das Agulhas Negras
Cefet-PR	Centro Federal de Educação Tecnológica do Paraná
Cesgranrio-RJ	Fundação Cesgranrio
Covest-PE	Comissão de Processos Seletivos e Treinamentos
Enem	Exame Nacional do Ensino Médio
Faap-SP	Fundação Armando Álvares Penteado
FEI-SP	Faculdade de Engenharia Industrial
FGV	Fundação Getúlio Vargas
Fuvest-SP	Fundação Universitária para o Vestibular
Ibmec	Instituto Brasileiro de Mercado de Capitais
ITA-SP	Instituto Tecnológico de Aeronáutica
Mackenzie-SP	Universidade Presbiteriana Mackenzie
PUC-PR	Pontifícia Universidade Católica do Paraná
PUC-RJ	Pontifícia Universidade Católica do Rio de Janeiro
PUC-SP	Pontifícia Universidade Católica de São Paulo
PUC-RS	Pontifícia Universidade Católica do Rio Grande do Sul
Puccamp-SP	Pontifícia Universidade Católica de Campinas
Uece	Universidade Estadual do Ceará
UEG-GO	Universidade Estadual de Goiás
UEL-PR	Universidade Estadual de Londrina
Uenf-RJ	Universidade Estadual do Norte Fluminense Darcy Ribeiro
Uepa	Universidade do Estado do Pará
UEPB	Universidade Estadual da Paraíba
Uerj	Universidade Estadual do Rio de Janeiro
Uespi	Universidade Estadual do Piauí
Ufac	Universidade Federal do Acre
Ufal	Universidade Federal de Alagoas

Sigla	Instituição
Ufam	Universidade Federal do Amazonas
UFC-CE	Universidade Federal do Ceará
Ufes	Universidade Federal do Espírito Santo
UFG-GO	Universidade Federal de Goiás
UFJF-MG	Universidade Federal de Juiz de Fora
UFMA	Universidade Federal do Maranhão
UFMG	Universidade Federal de Minas Gerais
UFMS	Universidade Federal de Mato Grosso do Sul
UFMT	Universidade Federal de Mato Grosso
UFPA	Universidade Federal do Pará
UFPB	Universidade Federal da Paraíba
UFPE	Universidade Federal de Pernambuco
UFPel-RS	Universidade Federal de Pelotas
UFPI	Universidade Federal do Piauí
UFRGS	Universidade Federal do Rio Grande do Sul
UFRJ	Universidade Federal do Rio de Janeiro
UFRN	Universidade Federal do Rio Grande do Norte
UFRR	Universidade Federal de Roraima
UFSCar-SP	Universidade Federal de São Carlos
UFT-TO	Universidade Federal do Tocantins
UFU-MG	Universidade Federal de Uberlândia
UFV-MG	Universidade Federal de Viçosa
Unama-AM	Universidade da Amazônia
UnB-DF	Universidade de Brasília
Unesp	Universidade Estadual Paulista
Unicamp-SP	Universidade Estadual de Campinas
Unifesp	Universidade Federal de São Paulo
Uniube-MG	Universidade de Uberaba
Vunesp	Fundação para o Vestibular da Universidade Estadual Paulista

BIBLIOGRAFIA

ADAS, M. *Geografia*. São Paulo, Moderna, 1999, v. 3.

AGUIAR, A. F. A. et al. *Cálculo para ciências médicas e biológicas*. São Paulo, Harbra, 1988.

BARBOSA, J. L. M. *Geometria euclidiana plana*. Rio de Janeiro, Sociedade Brasileira de Matemática, 1985.

BERLOQUIN, P. *Cem jogos lógicos*. Lisboa, Gradiva, 1991.

BOYER, C. B. *História da Matemática*. São Paulo, Edgard Blücher, 1974.

CÂNDIDO, S. L. *Formas num mundo de formas*. São Paulo, Moderna, 1997.

CARAÇA, B. de J. *Conceitos fundamentais de Matemática*. Lisboa, Brás Monteiro, 1951.

CARVALHO, T. M. *Matemática para os cursos clássico e científico*. São Paulo, Companhia Editora Nacional, 1946, v. 1, v. 2 e v. 3.

D'AMBROSIO, U. *Da realidade à ação:* reflexões sobre Educação e Matemática. Campinas, Editora da Unicamp, 1986.

DAVIS, P. J. & HERSH, R. *A experiência matemática*. São Paulo, Francisco Alves, 1986.

ENCICLOPÉDIA ENCARTA 2000. Microsoft.

EVES, H. *Introdução à História da Matemática*. Campinas, Editora da Unicamp, 1997.

GAMOW, G. *Um, dois, três... infinito*. Rio de Janeiro, Zahar, 1962.

GRANDE ENCICLOPÉDIA LAROUSSE CULTURAL. São Paulo, Nova Cultural, 1995.

HOGBEN, L. *Maravilhas da Matemática*. Porto Alegre, Globo, 1952.

IEZZI, G. et al. *Fundamentos da Matemática elementar*. São Paulo, Atual, 1977, v. 2 e v. 4.

IFRAH, G. *História universal dos algarismos*. Trad. Alberto Muñoz e Ana Beatriz Katinsky. Rio de Janeiro, Nova Fronteira, 1997.

JOHNSON, D. A. et al. *Matemática sem problemas*. São Paulo, José Olympio, 1972.

KAPLAN, W. & LEWIS, D. J. *Cálculo e Álgebra linear*. Rio de Janeiro, Livros Técnicos e Científicos & Editora da Universidade de Brasília, 1973, v. 3.

KARSON, P. *A magia dos números*. Porto Alegre, Globo, 1961.

KASNER, E. & NEWMAN, J. *Matemática e imaginação*. Rio de Janeiro, Zahar, 1968.

LEME, R. A. da S. *Curso de Estatística*. Rio de Janeiro, Ao Livro Técnico, 1969.

LESH, R. & LANDAU, M. *Aquisition of mathematics concepts and process*. London, Academic Press, 1983.

MIORIN, M. Â. *O ensino de Matemática:* evolução e modernização. Faculdade de Educação da Unicamp, 1995. (Tese, Doutorado)

NOVA ENCICLOPÉDIA BARSA. São Paulo, Encyclopaedia Britannica do Brasil, 2000.

PENROSE, R. *A mente nova do rei*. Rio de Janeiro, Campus, 1991.

PERUZZO, T. M. & CANTO, E. L. do. *Química:* na abordagem do cotidiano. São Paulo, Moderna, 1993.

RAMALHO JUNIOR, F. et al. *Os fundamentos da Física*. São Paulo, Moderna, 1993.

REVISTA DO PROFESSOR DE MATEMÁTICA. São Paulo, Sociedade Brasileira de Matemática. Publicação quadrimestral.

SCHOOL MATHEMATICS STUDY GROUP. *Matemática:* curso colegial. São Paulo, Edart, 1966.

SPIEGEL, M. R. *Estatística*. São Paulo, McGraw-Hill, 1961.

VERAS, L. L. *Matemática aplicada à Economia*. São Paulo, Atlas, 1995.

CRÉDITOS DAS FOTOS

(da esquerda para direita, de cima para baixo)
As imagens identificadas com a sigla CID foram fornecidas pelo Centro de Informação e Documentação da Editora Moderna.

PARTE I

Pág. 13 - Walter Bibikow/Keystone

CAPÍTULO 1

Pág. 14 - Onoky/Getty Images; Janine Wiedel Photolibrary/Alamy/Other Images
Pág. 15 - Fernando Favoretto/CID
Pág. 22 - Sergio Jorge/Isuzu Imagens
Pág. 23 - Schramm/Photocuisine/Corbis/Latinstock
Pág. 26 - Josef Lago/AFP/Getty Images
Pág. 27 - Marcos Michael/JC Imagem
Pág. 28 - TPG Images/AGB Photo
Pág. 29 - Rodolfo Buhrer/Agência Estado
Pág. 43 - 67photo/Alamy/Other Images
Pág. 44 - Picture-alliance/Dpa/Other Images

CAPÍTULO 2

Pág. 64 - Mohammed Ameen/Reuters/Latinstock
Pág. 93 - Kirill Iordansky/Reuters/Latinstock
Pág. 100 - Paul Sutherland/National Geographic/Getty Images
Pág. 101 - Juca Martins/Olhar Imagem; Júlio Costa/Futura Press
Pág. 103 - Peter Macdiarmid/Getty Images

CAPÍTULO 3

Pág. 124 - Imago/Zuma Press/Diomedia
Pág. 127 - Alvarélio Kurossu/Agência RBS
Pág. 133 - Emilio Ereza/Alamy/Other Images
Pág. 134 - Eddie Linssen/Alamy/Other Images
Pág. 137 - Sanford/Agliolo/Corbis/Latinstock
Pág. 138 - Antônio Gaudério/Folhapres

PARTE II

Pág. 153 - Paulo Fridman/Corbis/Latinstock

CAPÍTULO 4

Pág. 154 - Fotos: Digital Globe/AFP
Pág. 166 - Plain Picture/Image Plus
Pág. 184 - Stock Connection/Craig Lovell/Image Plus

CAPÍTULO 5

Pág. 190 - Lalo de Almeida/Sambaphoto; Bo Bridges/Corbis/Latinstock
Pág. 191 - Governo do Estado de Minas Gerais
Pág. 192 - Luiz Antônio/CID
Pág. 198 - Heudes Regis/JC Imagem
Pág. 199 - All Over Photography/Alamy/Other Images
Pág. 208 - Jacek/Kino
Pág. 209 - Andre Seale/Pulsar Imagens
Pág. 210 - Luiz Antônio/CID
Pág. 216 - Emídio Bastos/Isuzu Imagens
Pág. 217 - Dr. Loren Winters/Visuals Unlimited/Corbis/Latinstock

PARTE III

Pág. 233 - Tim Bird/Corbis/Latinstock

CAPÍTULO 6

Pág. 234/235 - Steve Allen/Alamy/Other Images
Pág. 273 - NASA/Diomedia

CAPÍTULO 7

Pág. 276 - Piper Mackay/NaturePL/Other Images; Luiz Cláudio Marigo/Sambaphoto; Eric Baccega/NaturePL/Other Images
Pág. 277 - Cássio Vasconcellos/Sambaphoto; Luiz Cláudio Marigo/Tyba
Pág. 278 - Fuse/Getty Images; Paulo Fridman/Corbis/Latinstock
Pág. 308 - Siri Stafford/Getty Images
Pág. 309 - Mauricio Simonetti/Tyba

CAPÍTULO 8

Pág. 311 - Fernando Quevedo/Agência O Globo

CAPÍTULO 9

Pág. 335 - Panthermedia Basic/Imageplus
Pág. 337 - Ray O'Hara/Getty Images
Pág. 340 - AllOver photography/Alamy/Other Images; Washington Fidélis/Folhapress
Pág. 370 - Gentil Barreira/Imagem Brasil; Paulo Fridman/Sambaphoto

CAPÍTULO 10

Pág. 372/373 - Rogério Reis/Tyba
Pág. 372 - Transtock/Corbis/Latinstock
Pág. 373 - Alan Schein/Corbis/Latinstock
Pág. 420 - Lenscap/Alamy/Other Images

CRÉDITOS DE INFOGRAFIA

Cap. 1 - *Ilustração*: Alex Affonso
Cap. 2 - *Ilustração*: Éber Evangelista
Cap. 3 - *Ilustração*: Gabriel Silveira
Cap. 4 - *Ilustração*: Marcus Penna, *Fotos*: Digital Globe/AFP
Cap. 5 - *Ilustração*: Kako

Moderna PLUS

MATEMÁTICA 3

PAIVA

Manoel Paiva

Licenciado em Matemática pela Faculdade de Filosofia, Ciência e Letras de Santo André. Mestre em Educação Matemática pela Pontifícia Universidade Católica de São Paulo. Professor do ensino fundamental, médio e de cursos pré-vestibular durante 29 anos.

2ª edição

Moderna Plus

Coordenação editorial: Juliane Matsubara Barroso
Edição de texto: Débora Regina Yogui, Fabio Martins de Leonardo, Marilu Maranho Tassetto, Willian Raphael Silva
Assistência editorial: Enrico Briese Casentini, Thais Toldo Antagoni
Preparação de texto: Solange Gonçalves Guerra Martins
Coordenação de *design* e projetos visuais: Sandra Homma
Projeto gráfico: Everson de Paula, Marta Cerqueira Leite
Capa: Everson de Paula
Fotos: Terra e satélite, Protótipo do satélite Seasat 1
© Max Dannenbaum/The Image Bank/Getty Images, © Corbis/Latinstock
Coordenação de produção gráfica: André Monteiro, Maria de Lourdes Rodrigues
Coordenação de arte: Wilson Gazzoni Agostinho
Edição de arte: Elaine Cristina da Silva
Edição de infografia: William H. Taciro, Fabio Martins de Leonardo, A+ Comunicação, Fernanda Fencz, Ana Cláudia Fernandes
Ilustrações: Éber Evangelista, Eduardo Alejandro, Carlos Bourdiel, Claudio Chiyo, Elisa Nievas Pereira, Fábio Cortez, Paulo Manzi
Cartografia: Alessandro Passos da Costa, Anderson de Andrade Pimentel
Editoração eletrônica: Grapho Editoração
Coordenação de revisão: Elaine Cristina del Nero
Revisão: Afonso N. Lopes, Ana Cortazzo, Ana Maria A. Curci, Eduardo Sigrist, Nancy H. Dias
Coordenação de pesquisa iconográfica: Ana Lucia Soares
Pesquisa iconográfica: Camila D'Angelo, Marcia Sato
As imagens identificadas com a sigla CID foram fornecidas pelo Centro de Informação e Documentação da Editora Moderna.
Coordenação de *bureau*: Américo Jesus
Tratamento de imagens: Arleth Rodrigues, Fabio N. Precendo, Rodrigo Fragoso, Rubens M. Rodrigues
Pré-impressão: Alexandre Petreca, Everton L. de Oliveira Silva, Helio P. de Souza Filho, Marcio H. Kamoto
Coordenação de produção industrial: Wilson Aparecido Troque

Dados Internacionais de Catalogação na Publicação (CIP)
(Câmara Brasileira do Livro, SP, Brasil)

Paiva, Manoel Rodrigues
Matemática : Paiva / Manoel Rodrigues Paiva. — 2. ed. — São Paulo : Moderna, 2010 .

Obra em 3v. para alunos do 1º ao 3º ano.
Bibliografia.

1. Matemática (Ensino médio) I. Título

10-07085 CDD-510.7

Índices para catálogo sistemático:
1. Matemática : Ensino médio 510.7

ISBN 978-85-16-06834-9 (LA)
ISBN 978-85-16-06835-6 (LP)

EDITORA MODERNA LTDA.
Rua Padre Adelino, 758 - Belenzinho
São Paulo - SP - Brasil - CEP 03303-904
Vendas e Atendimento: Tel. (0_ _11) 2602-5510
Fax (0_ _11) 2790-1501
www.moderna.com.br
2015
Impresso na China

1 3 5 7 9 10 8 6 4 2

Apresentação

Caro estudante

As transformações do Ensino Médio brasileiro nos últimos anos visam, entre outros objetivos, a um aprendizado voltado para a continuação dos estudos e ao mundo do trabalho. Por isso, uma das orientações do Ministério da Educação para o Ensino Médio é recorrer a situações práticas, que possibilitem o trânsito entre as disciplinas escolares e suas aplicações na indústria, no comércio, em serviços etc.

Além dessas orientações, comuns a todas as disciplinas, os documentos oficiais enfatizam: "A Matemática no Ensino Médio não possui apenas o caráter formativo e instrumental, mas deve ser vista como ciência, com suas características estruturais específicas". Essa ênfase tem a finalidade de alertar sobre os exageros da visão pragmática da ciência, que podem pôr em risco a aquisição do pensamento matemático.

Neste livro, seguimos essas orientações, recorrendo frequentemente a aplicações práticas, destacando, porém, a Matemática como conhecimento científico e, como tal, evolutivo e sistêmico. Enfim, buscamos um ponto de equilíbrio entre ciência e prática.

Manoel Paiva

Ao tio Paulo, cujos ensinamentos transpõem gerações.

ORGANIZAÇÃO DESTE LIVRO

A coleção *Moderna Plus Matemática* é composta de três livros. O conteúdo de cada volume é encadernado separadamente em três partes: Parte I, Parte II e Parte III. Assim, você leva para a sala de aula apenas a parte onde está o conteúdo em estudo.

Abertura de Parte
Cada parte está dividida em capítulos.

Abertura de Capítulo
Cada abertura de capítulo traz uma imagem retratando situações cotidianas que envolvem a Matemática ou propiciam a aquisição de informações sobre assuntos relacionados ao capítulo.

Apresenta uma breve descrição do que será estudado no capítulo e uma síntese de cada seção.

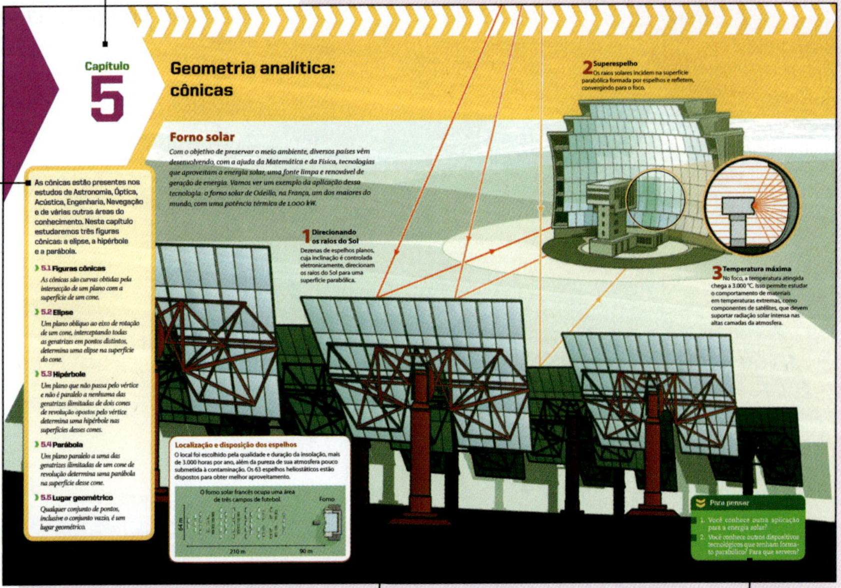

Alguns temas foram destacados com infografias, para possibilitar a interpretação da leitura de imagens.

Cada abertura propõe algumas questões que possibilitam o estudo do tema proposto.

Abertura de Seção

Cada capítulo é organizado em seções. No início de cada seção, há a descrição dos seus objetivos e também dos termos e conceitos envolvidos em seu estudo. Os termos e conceitos são retomados no Caderno do estudante, promovendo a revisitação dos temas do capítulo. Dessa maneira, você tem uma visão geral sobre a seção em estudo.

Exercícios resolvidos

Junto aos exemplos, têm o objetivo de auxiliar na sistematização do aprendizado.

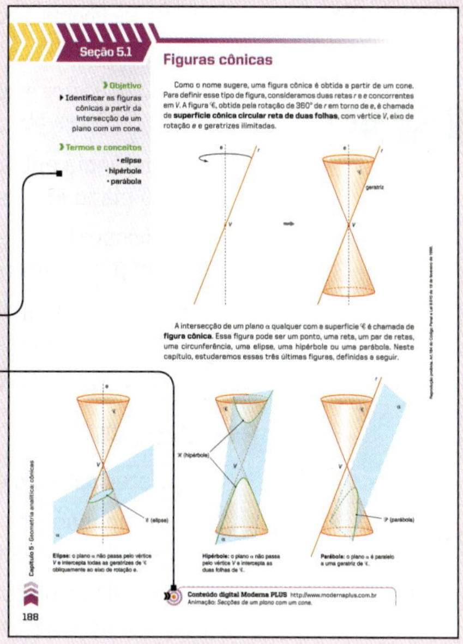

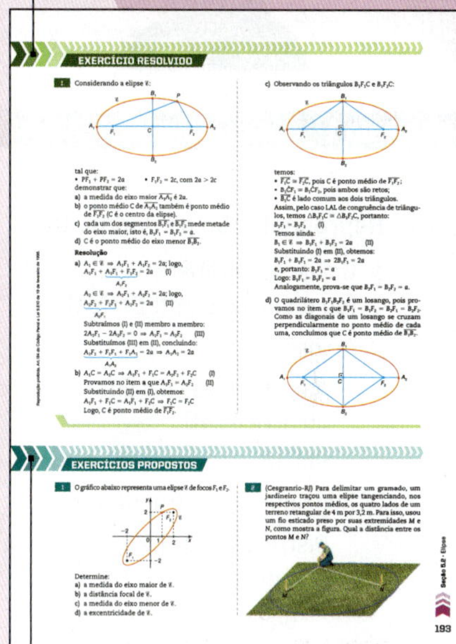

Conteúdo digital *Moderna Plus*

Ícone com indicação de conteúdo digital no portal do *Projeto Moderna Plus*, como leituras complementares, animações e simuladores relativos ao tema estudado.

Exercícios propostos

Acompanham os tópicos do capítulo. São uma aplicação mais imediata dos conteúdos ali trabalhados.

Exercícios complementares

O final de cada capítulo oferece exercícios de aprofundamento, subdivididos nas modalidades: *Exercícios técnicos* e *Exercícios contextualizados*.

Análise da resolução

Possibilita a análise e a reflexão sobre erros comuns na resolução de exercícios, além de sua correção.

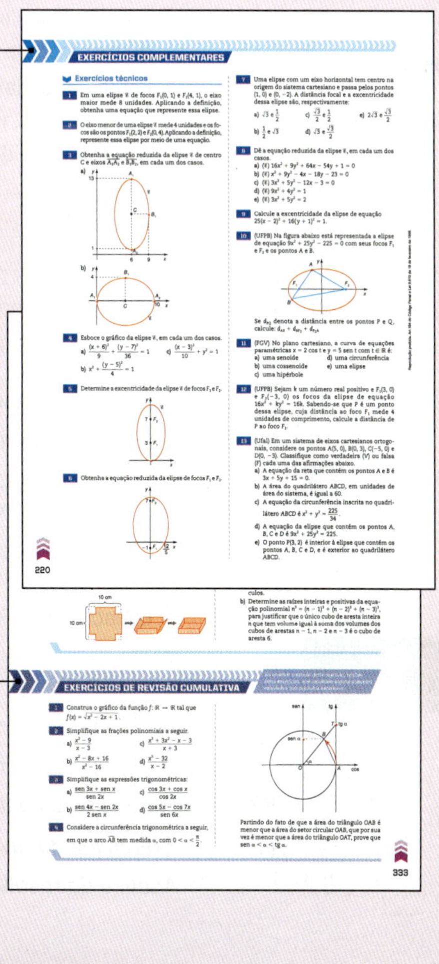

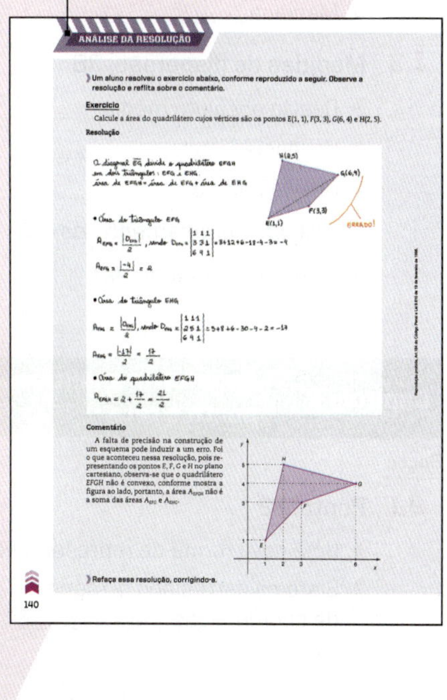

Exercícios de revisão cumulativa

Aparecem após os exercícios complementares, englobam conteúdos vistos nos capítulos anteriores.

SUMÁRIO GERAL

PARTE I

PARTE I

PARTE

I

Capítulo

1

Estatística

Após várias transformações na grafia e no sentido, a palavra latina *statisticum* adquiriu a forma estatística e, a partir do início do século XIX, passou a significar: coleta, classificação, análise, interpretação e representação de dados.

1.1 Representação de dados

A análise dos dados coletados de uma população exige uma representação que sintetize as informações, simplificando o entendimento e a interpretação. Nessa seção estudaremos algumas técnicas de representação de dados.

1.2 Medidas de posição

As medidas de posição são valores relacionados com sua localização em relação aos termos de uma sequência de dados numéricos.

1.3 Medidas de dispersão

As medidas de dispersão são valores que avaliam o afastamento dos elementos de um conjunto de dados numéricos, em relação a um valor previamente fixado.

O que quer o jovem brasileiro

Estudar, fazer universidade e conseguir um bom emprego são os principais interesses de quem tem entre 15 e 24 anos.

Quem pensa que o jovem prefere diversão a responsabilidade vai se surpreender, pois o que os jovens brasileiros deste século XXI querem mais é estudar e trabalhar. Isso segundo a pesquisa Perfil da Juventude Brasileira, que entrevistou milhares de jovens de 15 a 24 anos em 2003. Leia mais sobre essa pesquisa.

Educação

Mais de um terço dos jovens citou como interesse a escola, os estudos, o vestibular e outros temas desse tipo. Essa média é bem maior na região Norte.

Um quinto das garotas e 14% dos rapazes mencionaram o estudo como uma preocupação.

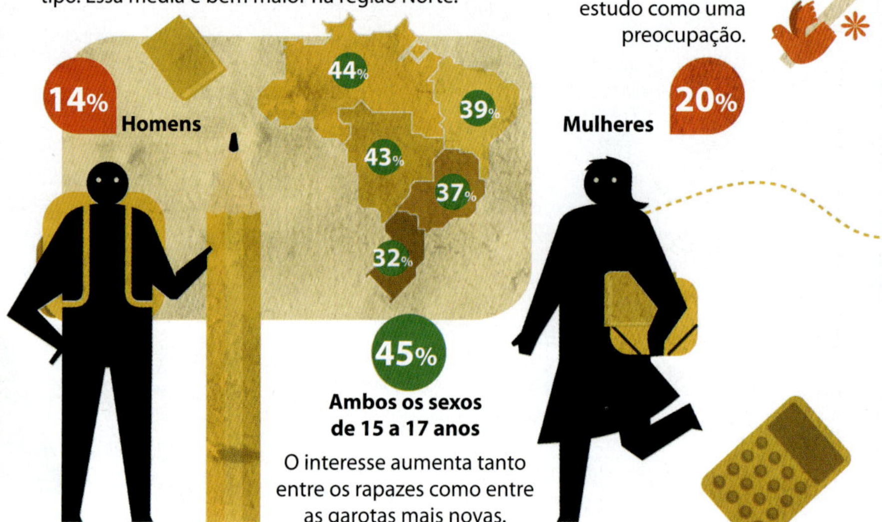

Trabalho

Mais citado como preocupacão do que como interesse, o trabalho, entre os homens mais velhos, é quase tão preocupante quanto a violência (veja os dados de Segurança).

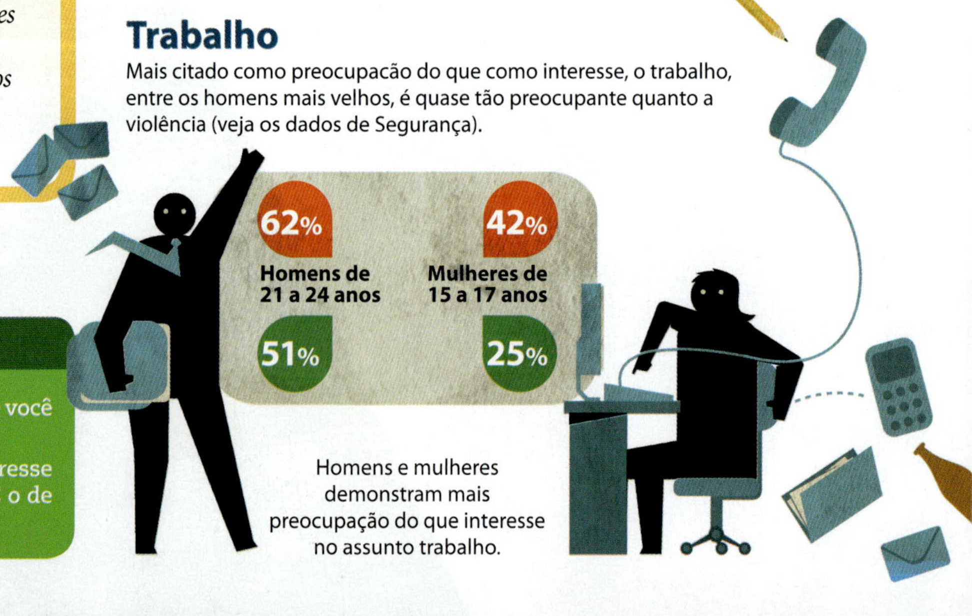

Para pensar

1. De acordo com a pesquisa, o que você entende por amostra?
2. Qual é o assunto de maior interesse entre os jovens entrevistados? E o de maior preocupação?

Homens 25%

Mulheres 14%

Relacionamentos

Um quarto de todos os rapazes citou namoro entre seus interesses, 11% a mais que as garotas.

31% Homens de 15 a 17 anos

E o romantismo masculino é ainda maior entre os mais novos.

Segurança

Crimes, brigas e outras questões ligadas à segurança e à violência são os mais citados entre as preocupações, especialmente nas regiões mais ricas.

Quase dois terços dos jovens das metrópoles e metade dos entrevistados do interior disseram preocupar-se com a violência.

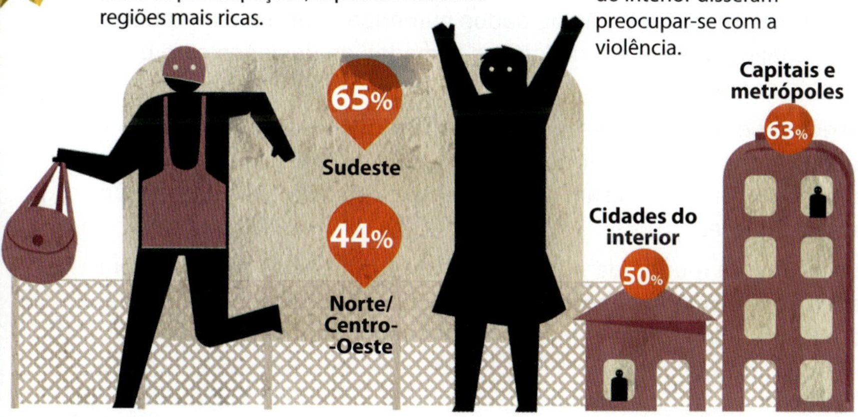

Drogas

Apenas 7% dos jovens citou drogas, inclusive bebidas, como um de seus interesses, mas o tema foi o terceiro mais mencionado entre os problemas.

A média dos que acham o assunto preocupante é ligeiramente maior entre os mais novos de ambos os sexos.

Os assuntos mais populares

Os pesquisadores pediram a cada entrevistado que citasse os três assuntos que mais despertavam interesse e preocupação.

Porcentagem de entrevistados que mencionaram o assunto

Maiores interesses

Assunto	%
Educação	38%
Emprego / profissional	37%
Cultura / lazer	27%
Esportes / ativ. físicas	21%
Relacionamentos amorosos	20%
Família	16%
Saúde	13%
Segurança / violência	10%
Drogas	7%
Governo / política	7%
Sexualidade	7%
Temas gerais	6%
Religião	6%
Amizades	6%
Economias / finanças	5%

Maiores preocupações

Assunto	%
Segurança / violência	55%
Emprego / profissional	52%
Drogas	24%
Educação	17%
Saúde	17%
Fome / miséria	16%
Família	14%
Crise econômica	10%
Assuntos pessoais	8%
Questões sociais	5%
Adm. política Brasil	3%
Relacionamento / amizades	2%
Meio ambiente	2%
Moradia	2%
Sexualidade	2%

A amostra

Foram entrevistadas 3.501 pessoas de 15 a 24 anos, sorteadas de modo a reproduzir as proporções de sexo e renda do universo de 34 milhões de jovens brasileiros da época, segundo o IBGE. Os pesquisadores foram a 198 municípios urbanos e rurais de todos os tamanhos e estados, também selecionados para compor uma amostra de cidades que refletisse a diversidade do país.

% Citada como interesse — % Citada como preocupação

Fonte: Perfil da Juventude Brasileira, Instituto Cidadania, Instituto de Hospitalidade, Sebrae.

Seção 1.1

Representação de dados

› Objetivos

- **Conceituar** população, amostra, frequência e frequência relativa.
- **Construir** tabelas de distribuição de frequência.
- **Representar** uma distribuição de frequência em gráfico de linha, gráfico de barras (horizontais e verticais) e gráfico de setores.
- **Construir** e interpretar histogramas de uma distribuição de frequência de classes não unitárias.

› Termos e conceitos

- **universo estatístico**
- **amostra**
- **rol**
- **tabela de distribuição de frequência**
- **gráfico de linha**
- **gráfico de barras**
- **gráfico de setores**
- **histograma**

Ao preparar uma sopa, Carlos prova uma colherada para avaliar o teor de sal. Para experimentar o tempero, ele não precisa tomar toda a sopa da panela.

O mesmo princípio que orienta Carlos é um dos fundamentos da **Estatística**, que é a ciência da indução lógica, isto é, das generalizações de características observadas em uma parte da coletividade que se deseja conhecer.

Detalhando, a Estatística é um conjunto de técnicas e métodos de pesquisa que abrange, entre outros temas: planejamento de experimentos, coleta de dados, representação de dados numéricos por meio de tabelas e gráficos, análise de dados, previsões e tomadas de decisões com base na análise de dados.

Nós temos contato com essa ciência quando vemos, por exemplo, a previsão do tempo nos noticiários, os resultados de pesquisas eleitorais, a porcentagem de eficácia de um medicamento ou as previsões de inflação para o ano seguinte.

Vivemos em um mundo de números. E saber relacionar números com fatos facilita o acompanhamento das rápidas transformações do dia a dia, assim como dificulta o engano induzido por resultados falseados.

Exemplo

Em novembro de 2009, o DataSenado (órgão que realiza pesquisas para conhecer a opinião da população sobre assuntos em discussão dentro e fora do Senado) realizou uma pesquisa de abrangência nacional para ouvir o cidadão brasileiro a respeito do aquecimento global.

Uma das perguntas feitas aos entrevistados foi:

Esta tabela descreve o percentual de respostas a essa pergunta:

Resposta	Percentual
A floresta deve ser preservada	64,4%
O uso da floresta deve combinar a preservação e a exploração controlada	30,7%
A floresta deve ser explorada e produzir as riquezas de que o país precisa	4,5%
Não sabe/não respondeu	0,5%

Essas respostas permitiram ao DataSenado a seguinte conclusão, transcrita do relatório divulgado:

"O resultado mostra que a população está consciente do processo de mudança climática e preocupada com o futuro do planeta."

Observando que essa conclusão se refere ao universo de todos os brasileiros, algumas questões surgem naturalmente:

- Como são realizadas pesquisas como essa?
- O DataSenado teria entrevistado toda a população brasileira para chegar a essa conclusão?

Veremos que não é necessário entrevistar toda a população para chegar a uma conclusão confiável. Esses resultados são obtidos por **amostragem**, ou seja, da população toda é escolhido um subconjunto, chamado de **amostra**, e a pesquisa é feita nessa amostra.

Esse exemplo mostra o principal papel da Estatística, que é estudar comportamentos coletivos e traduzir as conclusões em resultados numéricos. Para esse estudo precisamos de alguns conceitos, que serão vistos a seguir.

Universo estatístico (ou população estatística)

Na coleta de dados sobre determinado assunto, chama-se **universo estatístico**, ou **população estatística**, o conjunto formado por todos os elementos que possam oferecer dados relativos ao assunto em questão.

Exemplos

a) O Instituto Brasileiro de Geografia e Estatística (IBGE) divulga, periodicamente, um estudo sobre o salário médio do trabalhador brasileiro. O universo estatístico (ou população estatística) é, nesse caso, o conjunto de todos os assalariados brasileiros.

b) Em uma pesquisa sobre a audiência dos canais de televisão de uma cidade, o universo estatístico (ou população estatística) é o conjunto de todos os telespectadores dessa cidade.

Amostra

Quando o universo estatístico é muito vasto ou quando não é possível coletar dados de todos os elementos desse universo, seleciona-se um subconjunto dele, chamado **amostra**, no qual os dados para a pesquisa são coletados.

Para que a amostra seja representativa, isto é, para que ela não apresente tendências distintas das do universo estatístico, devem ser adotados alguns critérios para torná-la imparcial.

Exemplo

Um partido político quer conhecer a tendência do eleitorado quanto à preferência entre dois candidatos ao governo do estado do Ceará. Para isso, encomenda uma pesquisa a um instituto especializado.

O universo estatístico (ou população estatística) é, nesse caso, o conjunto de todos os eleitores que votam no estado do Ceará. Para a realização da pesquisa, os técnicos do instituto escolhem algumas regiões do estado e, nessas regiões, entrevistam os eleitores. Os eleitores entrevistados formam a amostra da pesquisa.

A escolha das regiões deve obedecer a critérios que procurem aproximar o máximo possível as tendências da amostra das tendências do universo estatístico, como:

- as regiões devem estar igualmente distribuídas pelo estado;
- os entrevistados devem estar proporcionalmente distribuídos pelas várias classes sociais;
- a quantidade de entrevistados em cada região deve ser proporcional ao número de eleitores dessa região.

Amplitude de uma amostra de dados numéricos

Acompanhe a situação.

Uma amostra de barras de ferro para a construção civil apresenta os seguintes comprimentos, em metro:

6,28   6,35   6,26   6,30   6,20   6,38   6,28   6,29   6,30   6,25   6,26   6,32

Observando que o maior e o menor comprimento dessa amostra são, respectivamente, 6,38 m e 6,20 m, dizemos que a **amplitude** da amostra é $(6,38 - 6,20)$ m, ou seja, 0,18 m.

Assim, podemos definir: Sendo a e b, respectivamente o menor e o maior elemento de uma amostra de dados numéricos, chama-se **amplitude da amostra** o número $b - a$.

Rol

Os dados coletados em uma amostra podem ser organizados em tabelas ou gráficos. Quando esses dados são numéricos, podemos ainda organizá-los em sequências chamadas **rol**.

Rol é toda sequência de dados numéricos $(a_1, a_2, a_3, ..., a_n)$ tal que cada elemento, a partir do segundo:

- é maior ou igual a seu antecessor; ou
- é menor ou igual a seu antecessor.

Exemplo

Em uma amostra de sete dias, os números de atendimentos diários em um pronto-socorro público foram: 28, 25, 32, 18, 29, 32, 25, respectivamente.

Apresentando esses dados em rol, temos:

(18, 25, 25, 28, 29, 32, 32) ou (32, 32, 29, 28, 25, 25, 18)

Distribuição de frequências

A análise dos dados numéricos de uma amostra é facilitada pela organização dos dados em uma tabela ou em um gráfico. Para isso, os elementos da amostra são separados em **classes**. Por exemplo:

- Uma amostra de pares de sapato produzidos por uma indústria em determinado período pode ser agrupada em classes representadas por um único número, referente ao tamanho do sapato: 38, 39, 40, 41, 42 e 43. Uma classe representada por um único número é chamada de **classe unitária**.
- Uma amostra das estaturas, em centímetro, de pessoas adultas de certa região pode ser separada em classes representadas por **intervalos reais**: [140, 150[, [150, 160[, [160, 170[, [170, 180[, [180, 190[e [190, 200].

Apresentamos a seguir a construção da tabela e do gráfico em situações que apresentam a amostra separada em classes unitárias ou em classes representadas por intervalos reais.

Distribuição de frequências em classes unitárias

Para uma pré-avaliação do desempenho dos candidatos em um exame vestibular, foi selecionada uma amostra de 80 provas.

Depois de corrigidas essas provas, as notas foram organizadas em uma tabela, obedecendo-se aos seguintes critérios:

- a amostra foi separada em classes determinadas pelas notas das provas;
- a quantidade de notas de uma mesma classe é chamada de **frequência** (F) dessa classe;
- a soma das frequências de todas as classes é chamada de **frequência total** (F_t) da amostra;
- dividindo-se a frequência F de uma classe pela frequência total F_t obtém-se um número chamado de **frequência relativa** (F%) da classe.

Com os resultados, construiu-se a tabela a seguir, chamada de **tabela de distribuição de frequências**.

Classe (nota)	Frequência (número de alunos)	Frequência relativa
4	8	10%
5	17	21,25%
6	24	30%
7	20	25%
8	11	13,75%
	Frequência total: $F_t = 80$	

O cálculo da frequência relativa de uma classe é dado por: $\frac{F}{F_t}$

Observe:

- a frequência relativa da nota 4 é: $\frac{8}{80} = 0{,}1 = 10\%$
- a frequência relativa da nota 5 é: $\frac{17}{80} = 0{,}2125 = 21{,}25\%$
- a frequência relativa da nota 6 é: $\frac{24}{80} = 0{,}3 = 30\%$
- a frequência relativa da nota 7 é: $\frac{20}{80} = 0{,}25\% = 25\%$
- a frequência relativa da nota 8 é: $\frac{11}{80} = 0{,}1375 = 13{,}75\%$

Os dados da tabela anterior também podem ser descritos por gráficos de diferentes tipos, conforme é mostrado a seguir.

Gráfico de linha

Marcamos os pontos determinados pelos pares ordenados (classe, frequência) e os ligamos por segmentos de reta.

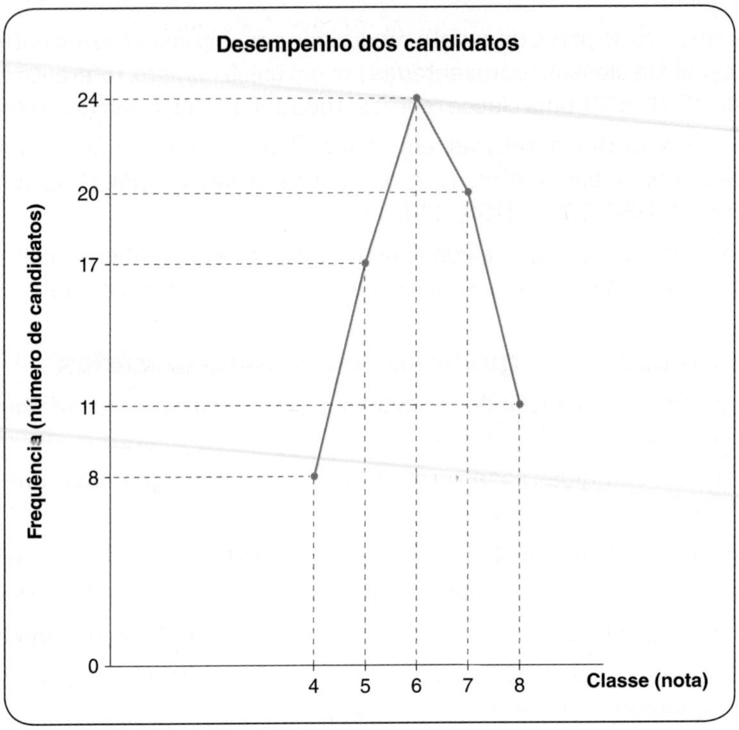

Nesse tipo de gráfico, apenas os extremos dos segmentos de reta que compõem a linha oferecem informações sobre o comportamento da amostra.

Gráfico de barras verticais

As frequências são indicadas em um eixo vertical. Marcamos os pontos determinados pelos pares ordenados (classe, frequência) e os ligamos ao eixo das classes por meio de barras verticais.

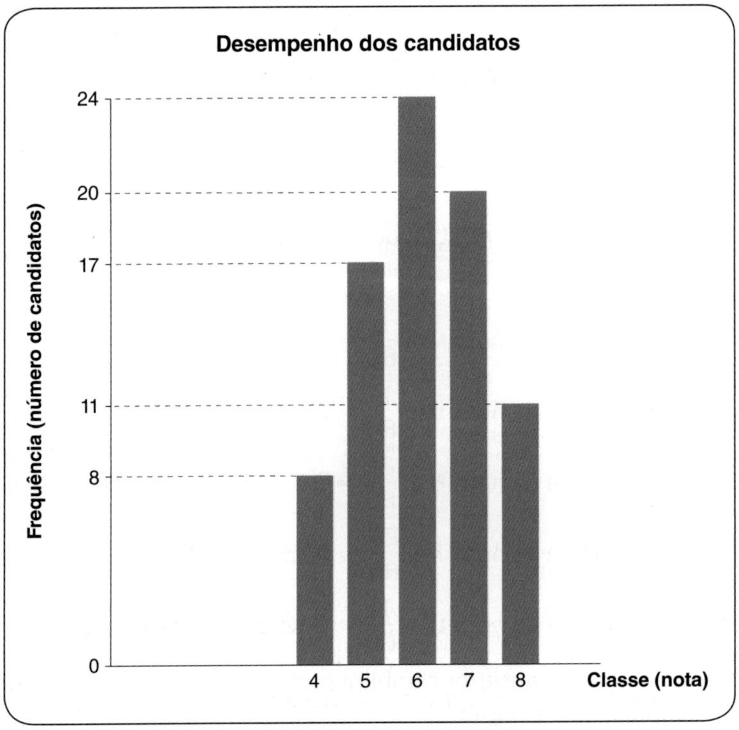

Gráfico de barras horizontais

As frequências são indicadas em um eixo horizontal. Marcamos os pontos determinados pelos pares ordenados (frequência, classe) e os ligamos ao eixo das classes por meio de barras horizontais.

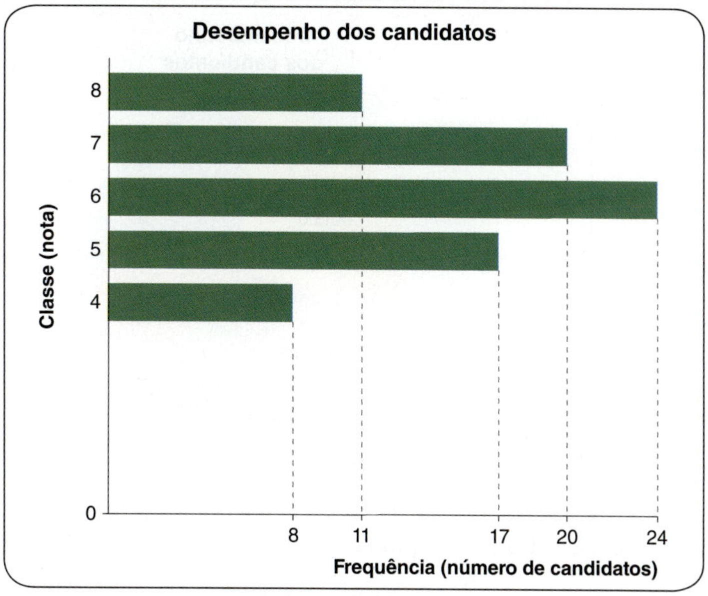

Gráfico de setores

Dividimos um círculo em setores, com ângulos de medidas diretamente proporcionais às frequências das classes.

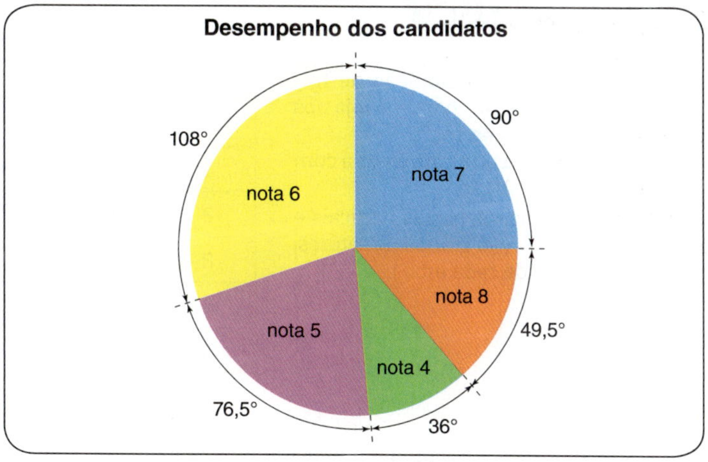

A medida α, em grau, do ângulo central que corresponde a uma classe de frequência F é dada por: $\alpha = \frac{360°}{F_t} \cdot F$

Observe:

- a medida do ângulo central que corresponde à nota 4 é: $\alpha = \frac{360°}{80} \cdot 8 = 36°$
- a medida do ângulo central que corresponde à nota 5 é: $\alpha = \frac{360°}{80} \cdot 17 = 76{,}5°$
- a medida do ângulo central que corresponde à nota 6 é: $\alpha = \frac{360°}{80} \cdot 24 = 108°$
- a medida do ângulo central que corresponde à nota 7 é: $\alpha = \frac{360°}{80} \cdot 20 = 90°$
- a medida do ângulo central que corresponde à nota 8 é: $\alpha = \frac{360°}{80} \cdot 11 = 49{,}5°$

A forma mais usual do gráfico de setores é a que apresenta em cada setor a frequência relativa da respectiva classe. Por exemplo, vamos representar o gráfico anterior com as frequências relativas das classes:

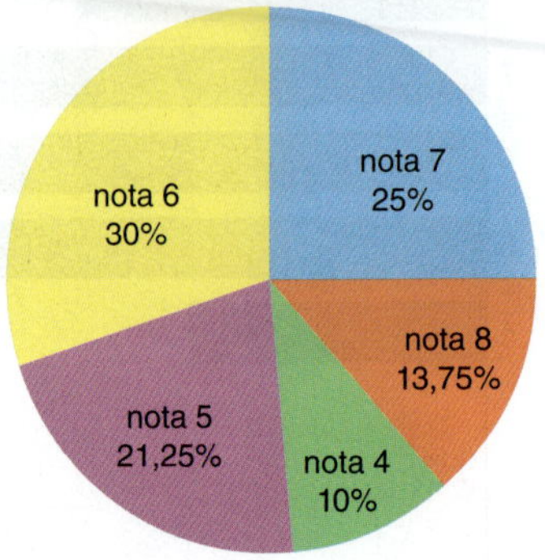

Note que a frequência relativa de cada classe pode ser obtida dividindo-se a medida, em grau, do arco de setor por 360°; por exemplo, o arco da classe "nota 5" mede 76,5°; então, a frequência relativa dessa classe é: $\frac{76,5°}{360°} = 0,2125 = 21,25\%$

EXERCÍCIOS PROPOSTOS

1 A tabela ao lado corresponde à distribuição de frequências dos refrigeradores vendidos por uma loja nos cinco primeiros dias do mês de janeiro.

a) Copie essa tabela em seu caderno e complete-a com a coluna das frequências relativas.

b) Construa os gráficos de linha, de barras verticais e de setores dessa distribuição. (No gráfico de setores, indique a medida, em grau, de cada arco.)

Classe (dia)	Frequência (número de refrigeradores)
1	14
2	13
3	20
4	17
5	16
	$F_t = 80$

2 Os conteúdos de 20 caixas de leite longa vida apresentaram os seguintes volumes, em litro:

0,98	1,00	1,01	0,98	0,99
0,99	1,01	1,01	1,00	0,99
1,00	1,02	0,98	0,99	1,00
0,99	1,00	1,01	0,98	0,99

a) Calcule a amplitude dessa amostra.

b) A tabela ao lado apresenta a coluna relativa às classes dessa amostra. Complete-a com as colunas correspondentes à distribuição de frequências e às frequências relativas.

c) Construa os gráficos de linha, de barras verticais e de setores dessa distribuição. (Em cada arco do gráfico de setores, indique a frequência relativa da respectiva classe.)

Classe (volume em litro)
0,98
0,99
1,00
1,01
1,02

3 O gráfico abaixo corresponde à distribuição de frequências dos televisores vendidos por uma loja em certo mês, segundo a medida da diagonal da tela, em polegada: 20, 21, 27, 29, 32 e 42.

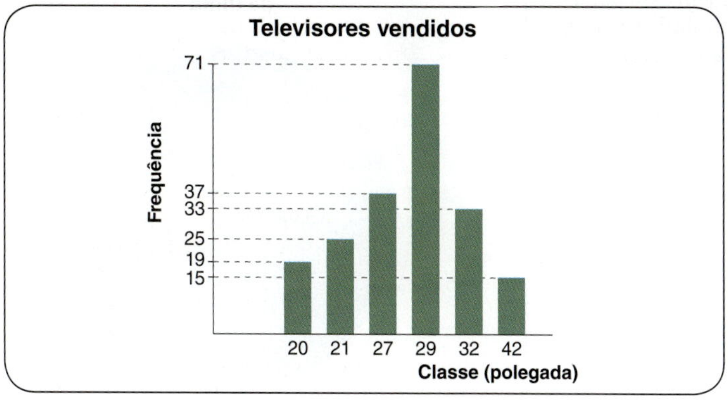

a) Quantos televisores foram vendidos por essa loja nesse mês?
b) Qual é a frequência relativa da classe "20 polegadas"?
c) Construa o gráfico de linha correspondente a essa distribuição.

4 O gráfico de setores abaixo corresponde à distribuição de frequências das massas, em quilograma, do conteúdo de 20 latas de leite em pó.

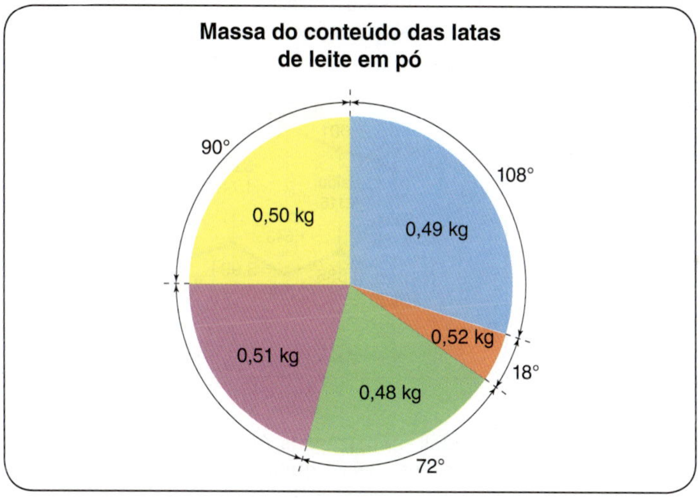

a) Quantas latas correspondem à classe 0,49 kg? b) Quantas latas correspondem à classe 0,51 kg?

5 A distribuição das frequências relativas (F%) das notas obtidas em um vestibular pelos candidatos a uma vaga na faculdade de Medicina de uma universidade é descrita pelo gráfico a seguir.

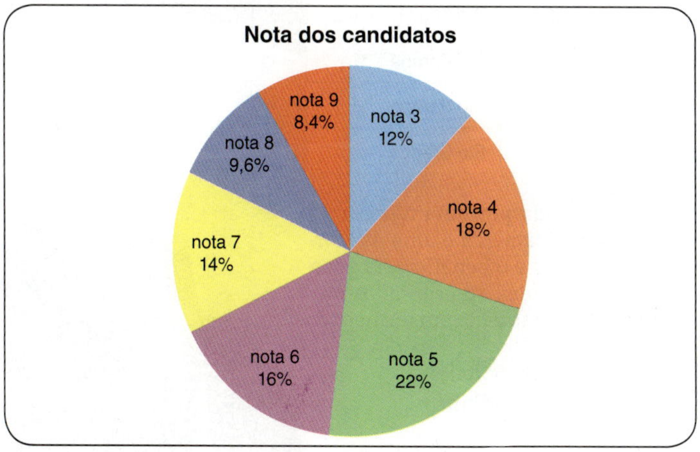

a) Sabendo que 800 candidatos obtiveram a nota 6, calcule o número de candidatos que participaram desse vestibular.
b) Refaça esse gráfico em seu caderno e substitua as frequências relativas das classes (F%) pelas medidas, em grau, dos arcos dos setores.

6 A população da Índia é estimada em 1,04 bilhão de habitantes. Os segmentos religiosos que compõem essa população são descritos, quantitativamente, pelo gráfico de setores ao lado, em que x representa uma medida em grau.
Pelo gráfico, a população hinduísta da Índia corresponde a:

a) 780 milhões
b) 924 milhões
c) 894 milhões
d) 832 milhões
e) 980 milhões

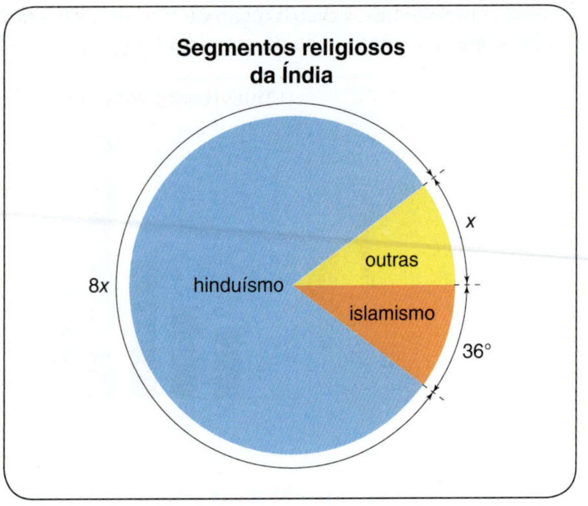

7 A balança comercial de um país é a diferença entre o valor monetário das exportações e o das importações, nessa ordem. O gráfico ao lado mostra os valores, em bilhão de dólares, das exportações e das importações de um país no período de janeiro a julho de certo ano.
Qual foi o maior saldo mensal da balança comercial nesse período?

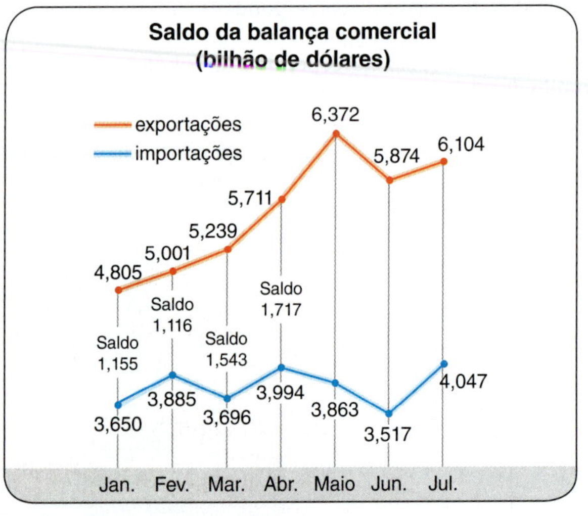

8 (Enem) Muitas usinas hidroelétricas estão situadas em barragens. As características de algumas das grandes represas e usinas brasileiras estão apresentadas no quadro abaixo.

Usina	Área alagada (km^2)	Potência (MW)	Sistema hidrográfico
Tucuruí	2.430	4.240	Rio Tocantins
Sobradinho	4.214	1.050	Rio São Francisco
Itaipu	1.350	12.600	Rio Paraná
Ilha Solteira	1.077	3.230	Rio Paraná
Furnas	1.450	1.312	Rio Grande

A razão entre a área da região alagada por uma represa e a potência produzida pela usina nela instalada é uma das formas de estimar a relação entre o dano e o benefício trazidos por um projeto hidroelétrico. Pelos dados apresentados no quadro, o projeto que mais onerou o ambiente em termos de área alagada por potência foi:

a) Tucuruí
b) Furnas
c) Itaipu
d) Ilha Solteira
e) Sobradinho

Resolva os exercícios complementares 5 a 14.

Distribuição de frequências em classes representadas por intervalos reais

Para avaliar o consumo de água em um bairro, considerou-se uma amostra de 25 residências, cujos consumos em certo mês, em metro cúbico, foram:

30,0	45,6	15,2	21,8	16,4
22,8	44,9	37,2	26,7	32,1
38,1	32,1	30,6	6,0	17,6
6,1	14,5	42,6	33,0	34,1
10,2	41,6	19,2	29,3	9,1

Para representar esses dados em uma **tabela de distribuição de frequências**, com classes não unitárias, os procedimentos usuais são:

I. Calcular a amplitude da amostra, que é a diferença entre o maior e o menor elemento da amostra: 45,6 − 6,0 = 39,6

II. Escolher um intervalo fechado, de comprimento maior ou igual à amplitude da amostra, que contenha a amostra, isto é, todos os elementos da amostra devem pertencer ao intervalo escolhido. Por exemplo, escolhemos o intervalo fechado [6, 46], que tem comprimento igual a 40 e contém a amostra.

III. Dividir o intervalo escolhido no item (II) em subintervalos de mesmo comprimento, fechados à esquerda e abertos à direita, exceto o subintervalo de extremos maiores, que deve ser fechado. Por exemplo, como o quociente de 40 por 5 é igual a 8, vamos dividir o intervalo do item (II) nos 5 subintervalos de comprimento igual a 8: [6, 14[, [14, 22[, [22, 30[, [30, 38[e [38, 46]. Esses subintervalos são chamados de **classes**, e o comprimento de cada um é chamado de **amplitude** da respectiva classe.

IV. Agrupam-se os elementos da amostra de modo que cada agrupamento seja formado por elementos que pertençam a uma mesma classe:

- 6,0; 6,1; 9,1 e 10,2 pertencem à classe [6, 14[;
- 14,5; 15,2; 16,4; 17,6; 19,2 e 21,8 pertencem à classe [14, 22[;
- 22,8; 26,7 e 29,3 pertencem à classe [22, 30[;
- 30,0; 30,6; 32,1; 32,1; 33,0; 34,1 e 37,2 pertencem à classe [30, 38[;
- 38,1; 41,6; 42,6; 44,9 e 45,6 pertencem à classe [38, 46].

O total de elementos da amostra que pertencem a uma mesma classe é a frequência F dessa classe; por exemplo, a frequência da classe [6, 14[é 4, pois 4 elementos da amostra pertencem a essa classe.

A soma das frequências de todas as classes é a frequência total F_t da amostra, nesse caso, 25.

A frequência relativa $F\%$ de uma classe é dada por $\frac{F}{F_t}$.

Assim, podemos construir a seguinte tabela de distribuição de frequências:

Classe (consumo em metro cúbico)	Frequência absoluta (F)	Frequência relativa (F_r)
[6, 14[	4	16%
[14, 22[	6	24%
[22, 30[	3	12%
[30, 38[	7	28%
[38, 46]	5	20%
	$F_t = 25$	

Notas:

1. No item (II) dos procedimentos, em vez do intervalo [6, 46], poderíamos ter escolhido outro intervalo que contém a amostra, por exemplo [5,5; 46,5] ou [5, 47].
2. Poderiam ter sido escolhidos outros intervalos para representar as classes; por exemplo, poderíamos ter dividido o intervalo [6, 46] em 4 intervalos de classe, e não em 5.
3. Não é obrigatório que todos os intervalos de classe tenham o mesmo comprimento, porém é conveniente, pois facilita a construção do gráfico (histograma) que será feita a seguir.
4. Os extremos de cada intervalo de classe não precisam ser, necessariamente, elementos da amostra, mas, se forem, deve-se tomar o cuidado de não permitir que um mesmo elemento da amostra pertença a duas classes simultaneamente. Por isso, na situação explorada na página 23, foram escolhidos intervalos de classe abertos à direita, com exceção do último intervalo.
5. Embora não seja obrigatório, é conveniente que, em duas classes consecutivas, o extremo à direita (aberto) da primeira classe coincida com o extremo à esquerda (fechado) da segunda.

Histograma

Quando as classes são intervalos reais, a representação da distribuição de frequências em um sistema de eixos é feita por um tipo de gráfico chamado **histograma**. A tabela da situação anterior sobre o consumo de água corresponde ao histograma ao lado:

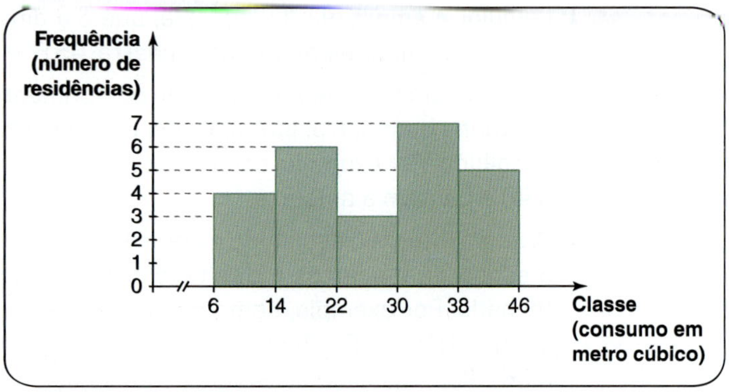

A diferença entre o histograma e o gráfico de barras é que cada retângulo do histograma descreve a frequência dos dados agrupados em um intervalo real. No gráfico de barras, cada barra descreve a frequência de uma classe unitária (um único número).

Nota:

Os histogramas podem ser construídos com classes de amplitudes diferentes, mas a altura de cada retângulo não representará a frequência da classe; por isso, é usual adotar a mesma amplitude para todas as classes.

Se no histograma forem adotadas amplitudes diferentes para os intervalos de classe, as áreas dos retângulos devem ser proporcionais às frequências. Isto é, se uma classe tiver amplitude ℓ, a altura do retângulo correspondente deverá ser $\frac{kF}{\ell}$, em que F é a frequência absoluta da classe e k é uma constante real positiva. Adotando-se $k = 1$, a área do retângulo representará a frequência da classe: $\ell \cdot \frac{1F}{\ell} = F$. Para detalhar essas informações, vamos separar a amostra do exemplo anterior em classes de amplitudes diferentes, conforme a tabela:

Classe (consumo em metro cúbico)	Frequência absoluta (F)	Amplitude da classe
[6, 16[	6	10
[16, 20[	3	4
[20, 35[	10	15
[35, 41[	2	6
[41, 46]	4	5

Como as amplitudes são diferentes, as áreas dos retângulos, no histograma, devem ser proporcionais às frequências das respectivas classes. Por isso, adotamos como altura de cada retângulo o número $\frac{kF}{\ell}$ em que F e ℓ são a frequência e a amplitude da classe correspondente ao retângulo, respectivamente, e k é um número real positivo qualquer. Se quisermos trabalhar apenas com números inteiros, podemos escolher como valor de k um múltiplo comum às amplitudes das classes, por exemplo, $k = 60$. Assim, teremos como alturas dos retângulos correspondentes às classes [6, 16[, [16, 20[, [20, 35[, [35, 41[e [41, 46] os números $\frac{60 \cdot 6}{10} = 36$, $\frac{60 \cdot 3}{4} = 45$, $\frac{60 \cdot 10}{15} = 40$, $\frac{60 \cdot 2}{6} = 20$, $\frac{60 \cdot 4}{5} = 48$, respectivamente. Construímos então o seguinte histograma:

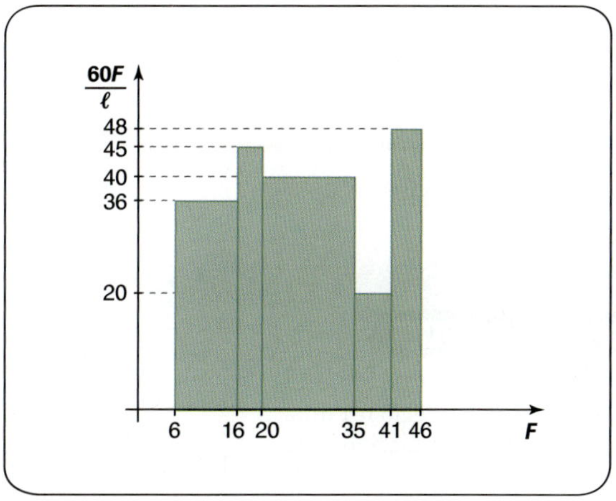

Esse tipo de gráfico é pouco usado devido à complexidade de sua construção. Neste livro, adotaremos sempre, para a construção de histogramas, classes de mesma amplitude.

EXERCÍCIO RESOLVIDO

1 As massas, em grama, de 18 pacotes de café são:

506	500	504	490	503	485
506	498	500	494	485	510
495	508	520	480	490	495

Construir uma tabela de distribuição de frequências dessa amostra, com 6 classes de mesma amplitude, e o respectivo histograma.

Resolução

I. Calculamos a amplitude da amostra:
(520 − 480) g = 40 g

II. Escolhemos um intervalo fechado, de comprimento maior ou igual à amplitude da amostra, que contenha a amostra.
Se escolhêssemos o intervalo [480, 520], teríamos um inconveniente, pois, como o problema pede que a amostra seja separada em 6 classes de comprimentos iguais, teríamos de dividir o comprimento do intervalo escolhido por 6, o que resulta em uma dízima periódica (40 ÷ 6 = 6,666...). Vamos, então, escolher um intervalo de comprimento tal que seu quociente por 6 seja um número com representação decimal finita. Por exemplo, escolhemos o intervalo [479, 521]. (É conveniente escolher um intervalo de extremos relativamente próximos dos extremos da amostra.)

III. Dividimos, então, a amplitude do intervalo escolhido (42) por 6, obtendo 6 subintervalos de mesmo comprimento (7), fechados à esquerda e abertos à direita, exceto o subintervalo de extremos maiores, que deve ser fechado.
Assim, temos as classes:
[479, 486[, [486, 493[, [493, 500[, [500, 507[, [507, 514[e [514, 521]

IV. Agrupamos os elementos da amostra de modo que cada agrupamento seja formado por elementos que pertençam a uma mesma classe:
- 480, 485 e 485 pertencem a [479, 486[;
- 490 e 490 pertencem a [486, 493[;
- 494, 495, 495 e 498 pertencem a [493, 500[;
- 500, 500, 503, 504, 506 e 506 pertencem a [500, 507[;
- 508 e 510 pertencem a [507, 514[;
- 520 pertence a [514, 521].

Assim, temos a tabela de distribuição de frequências:

Classe (massa em grama)	F
[479, 486[	3
[486, 493[	2
[493, 500[	4
[500, 507[	6
[507, 514[	2
[514, 521]	1
	$F_t = 18$

O histograma correspondente a essa distribuição é:

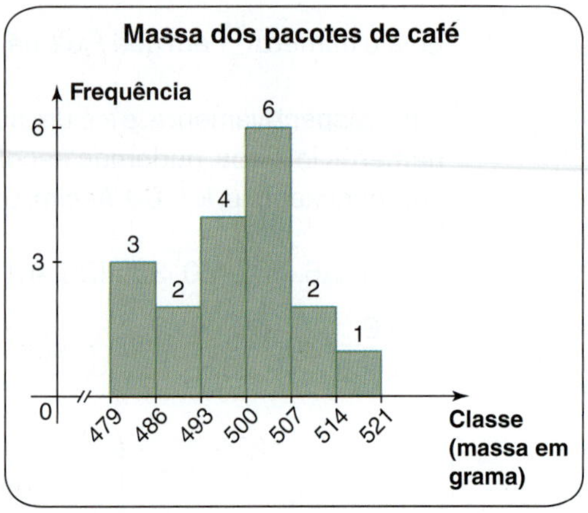

EXERCÍCIOS PROPOSTOS

9 O coordenador pedagógico de um colégio fez uma pesquisa sobre o tempo despendido diariamente pelos alunos do ensino médio para o estudo das disciplinas escolares em casa. Os resultados dessa pesquisa são apresentados na tabela de distribuição de frequências ao lado:

a) Construa o histograma correspondente a essa distribuição de frequências.

b) Qual é o percentual de alunos dessa amostra que estudam em casa menos de 3 horas por dia?

c) Construindo um gráfico de setores para essa distribuição, quantos graus deverá medir o arco correspondente à classe dos alunos que estudam em casa mais tempo por dia?

Classe (tempo em minuto)	Frequência (número de alunos)
[0, 45[	122
[45, 90[	195
[90, 135[	233
[135, 180[	153
[180, 225[	77
[225, 270]	20

10 Em um teste de esforço com 24 atletas, obtiveram-se os seguintes números de batimentos cardíacos por minuto:

140	148	150	146
160	160	158	152
152	164	139	164
138	136	145	153
120	142	159	152
165	140	165	160

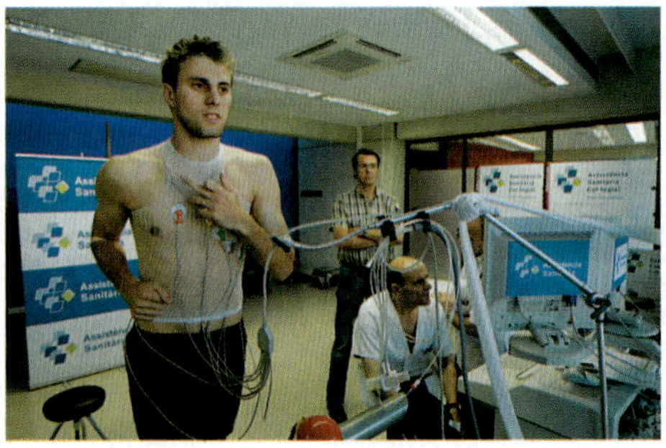

Construa o histograma correspondente a essa amostra adotando as seguintes classes:

Classe (batimentos/minuto)
[120, 132[
[132, 144[
[144, 156[
[156, 168]

11 Uma seguradora fez um estudo sobre a idade de 25 pessoas, entre seus clientes, que possuem seguro de vida. As idades, em anos, das pessoas dessa amostra são:

60	69	28	46	35
58	56	36	42	82
35	42	75	45	50
43	61	82	62	60
70	43	39	70	52

a) Qual é a amplitude dessa amostra?
b) Construa uma tabela de distribuição de frequências dessa amostra com 6 classes de mesma amplitude.
c) Construa o histograma correspondente à tabela feita no item **b**.

12 Um técnico de atletismo mediu os tempos, em segundo, obtidos por 20 atletas para completar 100 metros rasos. Esses tempos foram:

11,26	11,22	10,72	11,03
11,28	10,95	10,39	11,09
10,45	10,83	10,58	10,79
10,85	11,38	11,39	10,45
10,73	10,78	11,22	11,30

a) Calcule a amplitude dessa amostra.
b) Construa uma tabela de distribuição de frequências dessa amostra com 5 classes de mesma amplitude.
c) Construa o histograma correspondente à tabela feita no item **b**.

13 O gráfico de barras a seguir representa a distribuição de frequências das idades das mulheres chefes de família de uma comunidade.

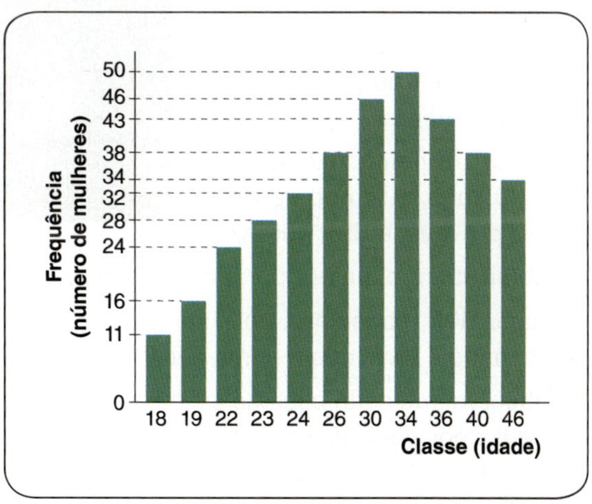

a) Construa uma tabela de distribuição de frequências dessa amostra, separando as idades em quatro classes de mesma amplitude.
b) Construa o histograma correspondente à tabela do item **a**.

Resolva os exercícios complementares 15 a 19.

Medidas de posição

Objetivo

▶ **Aplicar** média aritmética, mediana e moda na resolução de problemas.

Termos e conceitos

- média aritmética
- média aritmética ponderada
- moda
- mediana

Dividindo a renda nacional anual de um país pelo número de habitantes, obtém-se a renda *per capita*, isto é, a renda por pessoa.

Supondo que a renda *per capita* de um país seja de 5.000 dólares, pode-se concluir que a distribuição de renda desse país é equitativa, ou seja, é distribuída igualmente entre as pessoas?

É claro que não, pois pode-se ter, por exemplo, metade da população não ganhando nada e cada cidadão da outra metade ganhando 10.000 dólares; a renda *per capita* continuaria sendo de 5.000 dólares.

Esse exemplo ajuda a entender que é necessário mais de um parâmetro para avaliar a distribuição dos valores de uma amostra de números. Alguns desses parâmetros são as medidas estatísticas, classificadas como medidas de posição ou medidas de dispersão (veja a próxima seção).

Acompanhe a situação.

Três engenheiros de uma grande indústria testaram o tempo de duração de um tipo de lâmpada. Para isso, deixaram acesas, ininterruptamente, nove lâmpadas.

Os tempos de vida útil, em hora, das lâmpadas foram: 890, 890, 890, 930, 950, 960, 970, 990 e 990.

No rótulo das lâmpadas que serão vendidas aos consumidores, deve constar o tempo aproximado de vida útil de cada uma. Para decidir sobre o número que melhor representava esse tempo, um dos engenheiros escolheu o número 890, o outro, 950, e o terceiro, 940, com os seguintes argumentos, respectivamente:

- o valor de maior frequência é 890; logo, o tempo de vida mais provável é 890 horas;
- o valor 950 é o melhor por estar exatamente no ponto médio do rol;
- o valor 940 é o melhor, pois, somando os tempos de duração das nove lâmpadas e dividindo a soma por 9, obtém-se 940.

Observe que cada escolha está fundamentada em uma argumentação lógica e convincente. Em Estatística, os três números escolhidos pelos engenheiros são chamados, respectivamente, de **moda**, **mediana** e **média aritmética** da amostra de números. No tipo de escolha desse exemplo, é usual adotar a média aritmética, 940, como o valor representativo da amostra.

Moda, mediana e média aritmética são denominadas **medidas de posição**, pois indicam o posicionamento dos elementos de uma amostra de números quando esta é representada em rol.

Média aritmética

A tabela abaixo mostra o número de gols marcados nos jogos de uma rodada de um campeonato de futebol.

Jogo	I	II	III	IV	V	VI
Número de gols	4	2	0	1	5	3

Dividindo o total de gols pelo número de jogos dessa rodada, obtemos o número médio de gols marcados por jogo, isto é:

$$\frac{4+2+0+1+5+3}{6}=\frac{15}{6}=2{,}5$$

Assim, dizemos que nessa rodada ocorreram, em média, 2,5 gols por jogo. O número 2,5 é chamado de **média aritmética** dos números 4, 2, 0, 1, 5 e 3.

> A **média aritmética** dos n números $x_1, x_2, x_3, ..., x_n$, indicada por $\bar{x}$, é dada por:
>
> $$\bar{x}=\frac{x_1+x_2+x_3+...+x_n}{n}$$

Usando o símbolo de somatório, a média aritmética $\bar{x}$ entre os n números $x_1, x_2, x_3, ..., x_n$ é:

$$\bar{x}=\frac{\sum_{i=1}^{n} x_i}{n}$$

Exemplos

a) A média aritmética dos números 48 e 54 é:

$$\bar{x}=\frac{48+54}{2}=51$$

b) A média aritmética dos números 7, 10, 11 e 18 é:

$$\bar{x}=\frac{7+10+11+18}{4}=11{,}5$$

Média aritmética ponderada

A tabela abaixo mostra o número de gols marcados nos jogos de uma rodada de um campeonato de futebol.

Jogo	I	II	III	IV	V	VI	VII	VIII	IX	X
Número de gols	1	4	4	0	4	0	1	4	1	4

Dividindo o total de gols pelo número de jogos dessa rodada, obtemos o número médio de gols marcados por jogo. Observando que os números 1, 4 e 0 aparecem **3**, **5** e **2** vezes, respectivamente, na segunda linha da tabela, podemos indicar o número médio de gols por:

$$\frac{\mathbf{3}\cdot 1+\mathbf{5}\cdot 4+\mathbf{2}\cdot 0}{10}=2{,}3$$

Assim, dizemos que nessa rodada ocorreram, em média, 2,3 gols por jogo. O número 2,3 é chamado de **média aritmética ponderada** dos números 1, 4 e 0, com pesos (fatores de ponderação) **3**, **5** e **2**, respectivamente.

A **média aritmética ponderada** dos n números $x_1, x_2, x_3, ..., x_n$, com pesos $p_1, p_2, p_3, ..., p_n$, respectivamente, é o número $\bar{x}$ tal que:

$$\bar{x} = \frac{x_1p_1 + x_2p_2 + x_3p_3 + ... + x_np_n}{p_1 + p_2 + p_3 + ... + p_n}$$

Usando o símbolo de somatório, a média aritmética ponderada $\bar{x}$ dos n números $x_1, x_2, x_3, ..., x_n$ é:

$$\bar{x} = \frac{\sum_{i=1}^{n} x_ip_i}{\sum_{i=1}^{n} p_i}$$

Exemplo

A média aritmética dos números 2, 6, 8 e 10, com fatores de ponderação (pesos) 5, 4, 2 e 1, respectivamente, é:

$$\bar{x} = \frac{5 \cdot 2 + 4 \cdot 6 + 2 \cdot 8 + 1 \cdot 10}{5 + 4 + 2 + 1} = 5$$

EXERCÍCIOS RESOLVIDOS

2 Os rendimentos de uma aplicação financeira em 4 dias foram: R$ 45,20; R$ 52,34; R$ 48,22; e R$ 42,00. Qual foi o rendimento médio diário dessa aplicação nesses quatro dias?

Resolução

Calculando a média aritmética $\bar{x}$ entre as quatro quantias, temos:

$$\bar{x} = \frac{45{,}20 + 52{,}34 + 48{,}22 + 42{,}00}{4} = \frac{187{,}76}{4} = 46{,}94$$

Logo, o rendimento médio diário dessa aplicação foi R$ 46,94.

3 A tabela mostra a distribuição de frequências das áreas construídas, em metro quadrado, das 10 residências de um condomínio:

Classe (área em metro quadrado)	[250, 276[	[276, 302[	[302, 328[	[328, 354]	
Frequência (número de residências)	3	3	2	2	$F_t = 10$

Calcular a área média (média aritmética) de cada residência desse condomínio.

Resolução

Quando os dados de uma amostra estão agrupados em intervalos reais, como nesse caso, para calcular a média aritmética, tomamos o ponto médio x_M de cada classe e calculamos a média aritmética ponderada entre os valores x_M, atribuindo a cada um o peso igual à frequência da respectiva classe.

Classe (área em metro quadrado)	[250, 276[	[276, 302[	[302, 328[	[328, 354]	
Ponto médio (x_M)	$\frac{250 + 276}{2} = 263$	$\frac{276 + 302}{2} = 289$	$\frac{302 + 328}{2} = 315$	$\frac{328 + 354}{2} = 341$	
Frequência (número de residências)	3	3	2	2	$F_t = 10$

Calculando a média aritmética ponderada $\bar{x}$ dos números 263, 289, 315 e 341, com pesos respectivamente iguais a 3, 3, 2 e 2, temos:

$$\bar{x} = \frac{3 \cdot 263 + 3 \cdot 289 + 2 \cdot 315 + 2 \cdot 341}{3 + 3 + 2 + 2} = 296{,}8$$

Logo, a área média de cada residência desse condomínio é 296,80 m^2.

Moda

Nem sempre a média aritmética é o melhor elemento para a representação de uma amostra. Dependendo da situação, é possível que outro elemento seja a melhor escolha ou, até mesmo, que não exista média aritmética, como o caso de amostras cujos elementos não são números. Por exemplo, suponha que cada um de cinco medicamentos, A, B, C, D e E, indicados contra insônia tenha sido testado em vinte pacientes e que os resultados sejam descritos na tabela:

Medicamento	Número de resultados positivos
A	12
B	14
C	11
D	12
E	16

Observe que o medicamento E corresponde à maior frequência na amostra de resultados positivos. Portanto, se não houver contraindicação médica, a escolha do medicamento E é a melhor opção contra insônia. O elemento de maior frequência em uma amostra é chamado de **moda** da amostra.

Em uma amostra cujas frequências dos elementos **não** são todas iguais, chama-se **moda**, e se indica por ***Mo***, todo elemento de maior frequência.

Exemplos

- Na amostra 2, 6, 4, 6, 4, 6 e 5, temos $Mo = 6$.
- Na amostra 1, 4, 3, 7, 2, 7, 8 e 4, temos duas modas (**amostra bimodal**): $Mo = 4$ e $Mo' = 7$.
- A amostra 1, 8, 3, 5, 0, 2, 7 e 4 não tem moda, pois todos os elementos têm a mesma frequência.

Mediana

Em um escritório de contabilidade, trabalham cinco pessoas com salário médio de R$ 2.460,00, isto é, a média aritmética entre os cinco salários é R$ 2.460,00.

Essa informação pode dar a falsa ideia de que os cinco trabalhadores desse escritório têm salário próximo de R$ 2.460,00. Para perceber que apenas a média aritmética não é representativa dessa amostra, observe os salários dos cinco funcionários apresentados em rol:

R$ 450,00 R$ 500,00 R$ 520,00 R$ 4.550,00 R$ 6.280,00

Na verdade, os altos salários estão concentrados em um extremo do rol. Isso faz a média aritmética perder a tendência central e ficar mais próxima desse extremo que do extremo dos baixos salários. Por isso, nesse caso, além da média aritmética, convém informar o valor do centro do rol (R$ 520,00), que é chamado de **mediana da amostra**. Note como a amostra fica mais bem representada pelas informações:

O salário médio dos cinco funcionários é R$ 2.460,00, e a mediana é R$ 520,00.

Com essas informações, concluímos que metade dos funcionários tem salário menor ou igual a R$ 520,00 e que a outra metade tem salário maior ou igual a R$ 520,00. E, como a média aritmética é R$ 2.460,00, concluímos também que há uma grande desigualdade de salários entre os extremos do rol.

Podemos definir mediana, genericamente, assim:

> Considerando n números, $x_1, x_2, x_3, ..., x_n$, dispostos em rol:
> - sendo n ímpar, chama-se **mediana**, indicada por ***Md***, o termo central do rol, isto é, o termo x_i com $i = \frac{n + 1}{2}$;
> - sendo n par, chama-se **mediana** (Md) a média aritmética entre os termos centrais desse rol, isto é, a média aritmética entre os termos x_i e x_{i+1} com $i = \frac{n}{2}$.

Para determinar a mediana em uma amostra de números diferentes, a amostra pode ser colocada em rol, do número menor para o maior ou do maior para o menor. Nos dois róis, a mediana é a mesma.

Exemplos

a) Considere o rol com número ímpar de termos:

1, 5, 9, 14, 15, 19, 25

termo central

A mediana é o termo central 14, isto é, $Md = 14$.

b) Considere o rol com número par de termos:

10, 12, 15, 19, 22, 29, 38, 45

termos centrais

A mediana é a média aritmética entre os termos centrais, 19 e 22, isto é:

$$Md = \frac{19 + 22}{2} = 20,5$$

EXERCÍCIO RESOLVIDO

4 Dois países, A e B, de 100 milhões de habitantes cada um, têm a mesma renda *per capita* mensal. As tabelas abaixo descrevem a distribuição de renda entre os habitantes desses países.

País A	
Renda mensal por pessoa (em real)	**Número de habitantes (em milhão)**
400,00	90
16.400,00	10

País B	
Renda mensal por pessoa (em real)	**Número de habitantes (em milhão)**
1.500,00	60
2.750,00	40

Calcular:

a) a renda *per capita* mensal de cada país;

b) a mediana das rendas mensais dos habitantes de cada país;

c) a moda das rendas mensais dos habitantes de cada país.

Resolução

a) Indicando por $\bar{x}_A$ e $\bar{x}_B$ as rendas *per capita* mensais dos países A e B, respectivamente, temos:

$$\bar{x}_A = \frac{90.000.000 \cdot 400 + 10.000.000 \cdot 16.400}{100.000.000} = 2.000 \text{ e}$$

$$\bar{x}_B = \frac{60.000.000 \cdot 1.500 + 40.000.000 \cdot 2.750}{100.000.000} = 2.000$$

Note que, apesar de os dois países terem a mesma renda *per capita* mensal (R$ 2.000,00), no país A a riqueza está concentrada em apenas 10% da população, enquanto no país B há uma distribuição de renda mais equitativa.

b) Representando em rol os rendimentos mensais dos habitantes, temos:

País A:

400, 400, 400, ..., 400, 400, ..., 400, 16.400, 16.400, ..., 16.400

termos centrais

País B:

1.500, 1.500, 1.500, ..., 1.500, 1.500, ..., 1.500, 2.750, 2.750, ..., 2.750

termos centrais

Assim, as medianas das rendas mensais dos habitantes dos países A e B são, respectivamente, R$ 400,00 e R$ 1.500,00.

c) No país A a renda mais frequente é R$ 400,00, e no país B a renda mais frequente é R$ 1.500,00. Assim, as modas das rendas dos países A e B são R$ 400,00 e R$ 1.500,00, respectivamente.

Note que as rendas *per capita*, as medianas e as modas permitem a comparação da riqueza dos países e da riqueza individual de seus habitantes. Os dois países são igualmente ricos, mas, como a mediana no país A é menor que no país B, concluímos que a distribuição de renda em B é mais equitativa. Além disso, a moda revela que a maioria das rendas no país B é superior à maioria das rendas no país A.

EXERCÍCIOS PROPOSTOS

14 Calcule a média aritmética dos números apresentados em cada item.

a) 2; 5; 8 e 6

b) 4,5; 2,8; 3,2; 7,0 e 4,5

15 (UFMA) A média aritmética de um conjunto de 15 números é 12. Se os números 10, 16, 25 e 30 forem retirados do conjunto, a média aritmética dos números restantes é:

a) 15

b) 12

c) 8

d) 7

e) 9

16 Em cada item, escreva os dados numéricos em rol e determine a moda e a mediana.

a) 2, 5, 1, 0, 3, 5, 9, 8, 7, 17 e 5

b) 23, 16, 10, 13, 22, 13, 15, 16, 16 e 15

17 Os 735 elementos de uma amostra de números foram colocados em rol. A mediana, nesse rol, ocupa a:

a) 366ª posição

b) 367ª posição

c) 369ª posição

d) 368ª posição

e) 370ª posição

18 O preço de um produto sofre apenas um reajuste por ano. O gráfico a seguir descreve a evolução desse preço, em real, de 2007 a 2010.

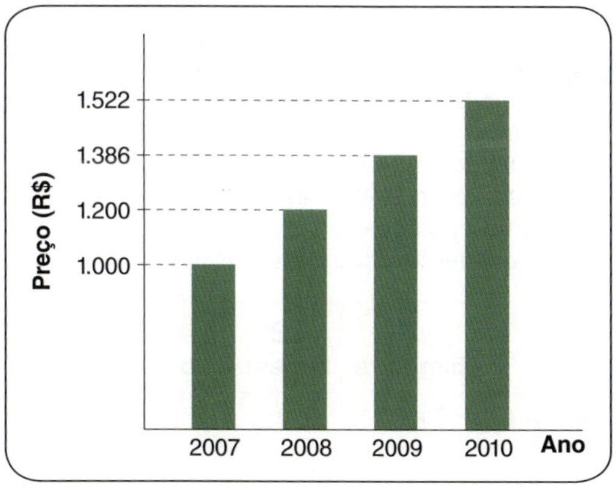

Nesse período:

a) Qual foi a média anual de preço desse produto?

b) Qual foi a média anual de aumento, em real, no preço desse produto?

c) Qual foi a média anual de aumento percentual no preço desse produto?

19 (UFMS) A média aritmética do salário de um grupo de 100 pessoas é 422 reais. Se a média aritmética do salário das mulheres é 380 reais e a dos homens é 520 reais, quantas são as mulheres do grupo?

20 As notas obtidas por 41 alunos em uma prova foram diferentes entre si. O professor escreveu essas notas em ordem decrescente e separou-as em dois grupos: o grupo A, com as 21 notas mais altas, e o grupo B, com as demais notas. A seguir, calculou a nota média (média aritmética) em cada grupo. Depois, no entanto, decidiu passar a menor nota do grupo A para o grupo B. Com essa mudança:

a) a média do grupo A aumentou e a do B diminuiu.
b) a média do grupo A diminuiu e a do B aumentou.
c) as médias de ambos os grupos aumentaram.
d) as médias de ambos os grupos diminuíram.
e) as médias dos grupos podem ter aumentado ou diminuído, dependendo das notas dos alunos.

21 O gráfico abaixo descreve a distância percorrida por um móvel em função do tempo.

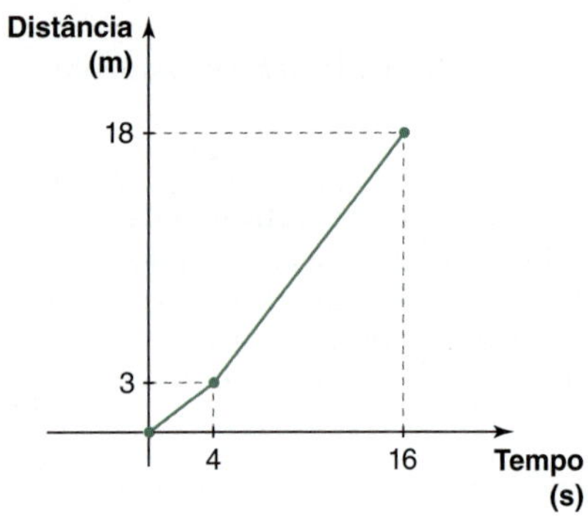

a) Calcule a velocidade média do móvel no trecho de 0 s a 4 s.
b) Calcule a velocidade média do móvel no trecho de 4 s a 16 s.
c) Calcule a velocidade média do móvel no trecho de 0 s a 16 s.

22 A densidade demográfica de uma região é 32,2 habitantes por quilômetro quadrado. Sabendo que a população dessa região é 8.050.000 pessoas, calcule a área da região, em quilômetro quadrado.

23 Em um colégio, a média final em cada disciplina é calculada atribuindo-se peso 1 à nota do primeiro bimestre, peso 2 à nota do segundo bimestre e peso 3 às notas do terceiro e quarto bimestres. A tabela abaixo apresenta as notas em Geografia de um aluno nos quatro bimestres. Calcule a nota média final desse aluno nessa disciplina.

	1º bimestre	2º bimestre	3º bimestre	4º bimestre
Geografia	6,0	7,5	5,0	6,0

24 Os levantamentos que determinam os níveis de audiência de emissoras televisivas são feitos por amostragem, por meio de entrevistas, telefonemas ou dispositivos conectados a um certo número de televisores, que recolhem informações sobre o tempo em que a tevê permanece ligada e os canais sintonizados. A audiência é medida em pontos, e cada ponto indica um determinado número de espectadores.

A tabela abaixo mostra a audiência de uma emissora durante dez horas consecutivas.

Número de horas	Audiência (número de pontos)
3	18
4	19
2	20
1	21

Qual foi a média horária de pontos de audiência dessa emissora nesse período?

25 A Fundação Instituto de Pesquisas Econômicas (Fipe) calcula a cada semana as variações quadrissemanais do Índice de Preços ao Consumidor (IPC) para a faixa de renda familiar de 1 a 20 salários mínimos. O Índice Geral de Preços (IGP) é a média aritmética ponderada entre as variações de preços de 7 grupos de despesas, com fatores de ponderação que representam o percentual médio de gastos de uma família, com renda na faixa considerada, com os respectivos grupos.

A tabela abaixo apresenta esses grupos, os fatores de ponderação e as taxas de variação quadrissemanal calculadas em determinada semana.

Grupo	Ponderação (%)	Variação (%)
Habitação	32,8	0,4
Alimentação	22,7	−0,5
Transporte	16,0	0,5
Despesas pessoais	12,4	1,5
Saúde	7,0	1,2
Vestuário	5,3	0,0
Educação	3,8	−0,2

Assinale, entre as alternativas a seguir, aquela que apresenta o valor mais próximo do Índice Geral de Preços (IGP) obtido dessa tabela.

a) 0,30%
b) 0,24%
c) 0,65%
d) 0,27%
e) 0,36%

26 A tabela de distribuição de frequências das massas, em grama, de 25 tabletes de manteiga é:

Classe (massa em grama)	Frequência (número de tabletes)
[242, 246[	4
[246, 250[	6
[250, 254[	10
[254, 258]	5
	$F_t = 25$

Calcule a massa média por tablete de manteiga.

27 A distribuição da população economicamente ativa de um pequeno município, por grupos de idade, é descrita pelo histograma:

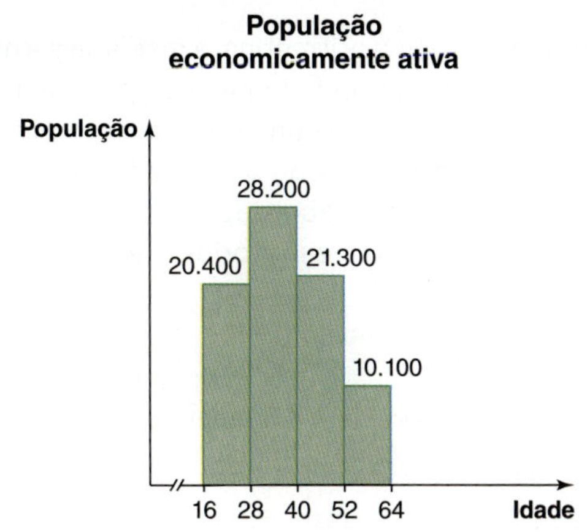

A idade média da população economicamente ativa desse município é:

a) 35,165 anos
b) 34,280 anos
c) 37,200 anos
d) 36,282 anos
e) 37,165 anos

28 O gráfico abaixo descreve a distribuição, segundo o preço de venda, dos veículos de uma concessionária em um feirão de automóveis.

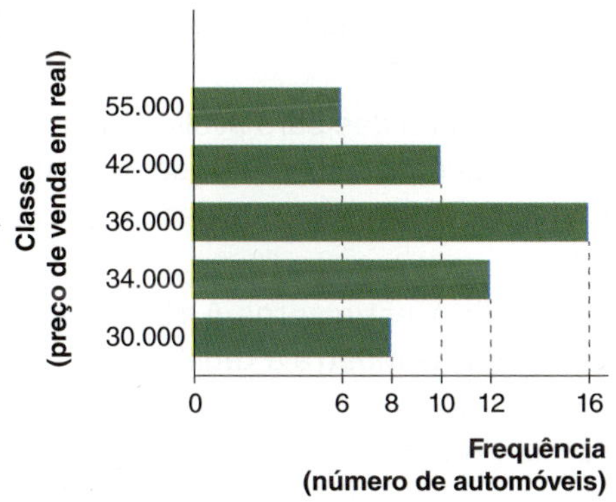

a) Qual foi o preço médio por veículo vendido nessa feira por essa concessionária?

b) Considerando a amostra dos preços de todos os veículos vendidos por essa concessionária no feirão, determine a moda e a mediana.

29 (FGV) Quatro amigos calcularam a média e a mediana de suas alturas, tendo encontrado como resultado 1,72 m e 1,70 m, respectivamente. A média entre as alturas do mais alto e do mais baixo, em metro, é igual a:

a) 1,70
b) 1,71
c) 1,72
d) 1,73
e) 1,74

30 (UFMT) A tabela abaixo contém os dados referentes ao consumo de energia elétrica de uma residência, em quilowatt-hora, no período de maio a novembro do ano passado.

Mês	Consumo (kWh)
Maio	250
Junho	300
Julho	255
Agosto	262
Setembro	313
Outubro	300
Novembro	280

Por essas informações, é correto afirmar:

a) O valor do consumo mediano supera o valor do consumo médio em 20 kWh.
b) O valor do consumo médio supera o valor do consumo modal em 20 kWh.
c) O valor do consumo mediano supera o valor do consumo modal em 20 kWh.
d) O valor do consumo modal é igual ao valor do consumo mediano.
e) O valor do consumo médio é igual ao valor do consumo mediano.

Resolva os exercícios complementares 1 a 3 e 20 a 45.

Seção 1.3

Medidas de dispersão

Objetivo

- **Aplicar** desvio absoluto médio, variância e desvio padrão na resolução de problemas.

Termos e conceitos

- desvio absoluto médio
- variância
- desvio padrão

As medidas de posição, como a média aritmética, a mediana e a moda de um conjunto de dados numéricos, não são suficientes para uma análise conclusiva sobre como variam os valores desse conjunto; por exemplo, quanto esses valores estão próximos ou distantes de uma medida previamente fixada. Esse fato pode ser percebido pela tabela abaixo, que apresenta os salários mensais dos funcionários de dois escritórios, I e II.

Salários mensais		
Escritório / Salário	I (número de funcionários)	II (número de funcionários)
R$ 4.900,00	0	2
R$ 4.500,00	1	0
R$ 2.700,00	1	0
R$ 1.600,00	2	0
R$ 500,00	2	0
R$ 400,00	0	4

Dados fictícios.

Apesar de a média salarial nos dois escritórios ser a mesma, R$ 1.900,00, as distribuições são muito diferentes; por exemplo, os salários no escritório I estão mais próximos da média aritmética do que os salários no escritório II.

Por isso, precisamos de outras medidas para avaliar a distribuição de uma amostra de números. Nesta seção, vamos estudar algumas dessas medidas, chamadas de **medidas de dispersão**, que podem ser entendidas a partir do problema a seguir.

De janeiro a maio, dois fundos de investimentos, A e B, tiveram a mesma rentabilidade média mensal, conforme mostra a tabela:

Rentabilidade, em real, para cada R$ 1.000,00 aplicados	Mês	Janeiro	Fevereiro	Março	Abril	Maio	
	Fundo A	10	11	6	10	8	média = 9
	Fundo B	7	12	8	11	7	média = 9

Um investidor pretende aplicar seu dinheiro em um desses fundos. Por ter um perfil conservador, esse investidor quer aplicar no fundo que teve o desempenho mais regular no período considerado na tabela.

Como proceder, matematicamente, para determinar qual é o fundo de desempenho mais regular?

A comparação entre os desempenhos desses dois fundos de investimento pode ser feita por medidas estatísticas que indicam quanto os elementos de uma amostra de números estão afastados da média aritmética. Essas medidas são conhecidas como: **desvio absoluto médio**, **variância** e **desvio padrão**. Calculando uma dessas medidas em cada uma de duas amostras de um mesmo universo estatístico, será considerada menos dispersa a amostra que apresentar a menor medida. No caso dos fundos A e B, a amostra de rentabilidade menos dispersa em relação à média aritmética corresponde ao desempenho mais regular.

Desvio absoluto médio

No fundo de investimento A, a média mensal dos rendimentos nos cinco meses considerados na tabela anterior foi 9 reais, e esses rendimentos foram 10, 11, 6, 10 e 8 reais, de janeiro a maio, respectivamente.

Para determinar quanto cada rendimento está afastado da média aritmética, basta calcular a diferença entre o rendimento e a média aritmética, nessa ordem; essa diferença é chamada de **desvio** do rendimento. Esses desvios são:

$10 - 9 = 1$ → no mês de janeiro, o rendimento foi 1 real acima da média

$11 - 9 = 2$ → no mês de fevereiro, o rendimento foi 2 reais acima da média

$6 - 9 = -3$ → no mês de março, o rendimento foi 3 reais abaixo da média

$10 - 9 = 1$ → no mês de abril, o rendimento foi 1 real acima da média

$8 - 9 = -1$ → no mês de maio, o rendimento foi 1 real abaixo da média

O módulo de cada um desses desvios é chamado de **desvio absoluto** do rendimento correspondente. No caso, temos os seguintes desvios absolutos:

- do rendimento de janeiro: $|10 - 9| = |1| = 1$
- do rendimento de fevereiro: $|11 - 9| = |2| = 2$
- do rendimento de março: $|6 - 9| = |-3| = 3$
- do rendimento de abril: $|10 - 9| = |1| = 1$
- do rendimento de maio: $|8 - 9| = |-1| = 1$

A média aritmética entre esses desvios absolutos é chamada de **desvio absoluto médio**, que se indica por ***Dam***. Indicando o desvio absoluto médio da amostra de rendimentos do fundo A por Dam_A, temos:

$$Dam_A = \frac{|1| + |2| + |-3| + |1| + |-1|}{5} = \frac{1 + 2 + 3 + 1 + 1}{5} = 1{,}6$$

Analogamente, calculamos o desvio absoluto médio da amostra de rendimentos do fundo B, Dam_B:

$$Dam_B = \frac{|7 - 9| + |12 - 9| + |8 - 9| + |11 - 9| + |7 - 9|}{5} = \frac{2 + 3 + 1 + 2 + 2}{5} = 2$$

Como o nome sugere, o desvio absoluto médio fornece o afastamento médio dos elementos da amostra em relação à média aritmética. Assim, verificamos que, no período de janeiro a maio, os rendimentos do fundo A estiveram, em média, 1,6 real acima ou abaixo da média aritmética, e os rendimentos do fundo B estiveram, em média, 2 reais acima ou abaixo da média aritmética. Como $Dam_A < Dam_B$, concluímos que o fundo A teve desempenho mais regular que o fundo B. Por isso, o investidor conservador deve optar pelo fundo A.

Generalizando esses procedimentos para uma amostra numérica qualquer, definimos:

Sendo $\bar{x}$ a média aritmética de uma amostra de números $x_1, x_2, x_3, ..., x_n$, chama-se **desvio absoluto médio**, indicado por ***Dam***, o número:

$$Dam = \frac{|x_1 - \bar{x}| + |x_2 - \bar{x}| + |x_3 - \bar{x}| + ... + |x_n - \bar{x}|}{n}$$

Usando o símbolo de somatório:

$$Dam = \frac{\sum_{i=1}^{n} |x_i - \bar{x}|}{n}$$

Nota:

A medida da dispersão dos números de uma amostra, em relação à média aritmética desses números, não pode ser calculada pelo desvio médio (média aritmética entre os desvios), porque este é sempre igual a zero. Por isso é que se adota o módulo de cada desvio.

Variância

Outra medida que indica o afastamento dos elementos de uma amostra de números em relação à média é a **variância**, representada por σ^2 (σ é a letra grega sigma).

Define-se **variância** como a média aritmética entre os quadrados dos desvios dos elementos da amostra, isto é:

$$\sigma^2 = \frac{(x_1 - \bar{x})^2 + (x_2 - \bar{x})^2 + (x_3 - \bar{x})^2 + ... + (x_n - \bar{x})^2}{n}$$

Usando o símbolo de somatório:

$$\sigma^2 = \frac{\sum_{i=1}^{n} (x_i - \bar{x})^2}{n}$$

Note, portanto, que a variância não expressa o desvio absoluto médio, mas sim a média entre os quadrados dos desvios.

Indicando, respectivamente, por σ_A^2 e σ_B^2 as variâncias das amostras de rendimentos dos fundos A e B descritos na tabela da página 36, temos:

$$\sigma_A^2 = \frac{(10 - 9)^2 + (11 - 9)^2 + (6 - 9)^2 + (10 - 9)^2 + (8 - 9)^2}{5} =$$

$$= \frac{1^2 + 2^2 + (-3)^2 + 1^2 + (-1)^2}{5} = \frac{16}{5} = 3,2$$

e

$$\sigma_B^2 = \frac{(7 - 9)^2 + (12 - 9)^2 + (8 - 9)^2 + (11 - 9)^2 + (7 - 9)^2}{5} =$$

$$= \frac{(-2)^2 + 3^2 + (-1)^2 + 2^2 + (-2)^2}{5} = \frac{22}{5} = 4,4$$

Como $\sigma_A^2 < \sigma_B^2$, concluímos que o fundo de investimentos A teve, no período de janeiro a maio, desempenho mais regular que o fundo B.

Desvio padrão

Na interpretação da variância, pode surgir alguma dificuldade em relação à unidade de medida dos elementos da amostra. Por exemplo, quando os elementos da amostra representam capacidades em litro (L), a variância representa um resultado em L^2 (litro quadrado – essa unidade não existe). Como essa unidade não tem significado físico, não é conveniente utilizar a variância nesse caso. Por causa de dificuldades como essa, definimos:

O **desvio padrão**, representado por σ, é a raiz quadrada da variância.

Indicando, respectivamente, por σ_A e σ_B os desvios padrão das amostras de rendimentos dos fundos A e B descritos na tabela da página 36, temos:

$$\sigma_A = \sqrt{3,2} \approx 1,79 \quad \text{e} \quad \sigma_B = \sqrt{4,4} \approx 2,10$$

Como $\sigma_A < \sigma_B$, concluímos que o fundo de investimento A teve, no período de janeiro a maio, desempenho mais regular que o fundo B.

Note que as três medidas, desvio absoluto médio, variância e desvio padrão, conduziram à mesma conclusão. Essa é uma observação geral, isto é, a comparação da dispersão de duas amostras de números pode ser feita por qualquer um dos três índices.

EXERCÍCIOS PROPOSTOS

31 Considerando a amostra de números 1, 3, 5, 9 e 6, calcule:

a) o desvio de cada elemento dessa amostra;

b) a soma dos desvios desses elementos.

32 Considerando a amostra de números 2, 8, 6, 5, 0 e 9, calcule:

a) o módulo do desvio de cada elemento dessa amostra;

b) a média aritmética entre os módulos dos desvios desses elementos.
(*Nota*: Como vimos, essa média é chamada de desvio absoluto médio.)

33 Considerando a amostra de números; 14, 12, 8 e 2, calcule:

a) o quadrado do desvio de cada elemento dessa amostra;

b) a média aritmética dos quadrados dos desvios desses elementos.
(*Nota*: Como vimos, essa média é chamada de variância.)

34 Qual é o desvio padrão da amostra de números da questão anterior?

35 Para fiscalizar as queimadas provocadas por agricultores, os técnicos do Núcleo de Monitoramento Ambiental (NMA) dividem o mapa do Brasil em quadrículas e estudam em cada uma delas os pontos de queimada na região correspondente.
A tabela abaixo mostra a distribuição de pontos de queimada detectados em cinco quadrículas:

Quadrícula	Número de pontos de queimada
Q_1	845
Q_2	446
Q_3	936
Q_4	461
Q_5	672

Monitoramento orbital de queimadas Brasil — jun./nov. de 2009

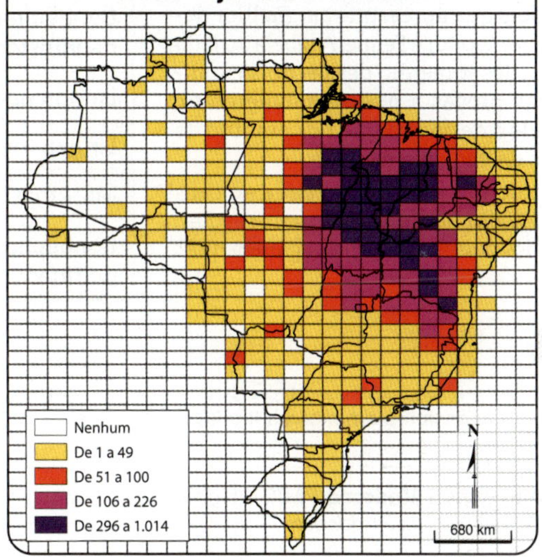

Disponível em: <http://www.queimadas.cnpm.embrapa.br>. Acesso em: 8 jan. 2010.

a) Calcule o número médio de pontos de queimada por quadrícula dessa distribuição.

b) Calcule o desvio absoluto médio dessa distribuição.

c) Se fosse incluída nessa distribuição mais uma quadrícula, com 672 pontos de queimada, o desvio absoluto médio da nova distribuição seria maior, menor ou igual ao desvio absoluto médio calculado no item **b**?

36 Em uma fábrica de rolamentos, duas máquinas, A e B, fabricam esferas de aço, projetadas para ter 10 mm de diâmetro. Uma amostra de 4 esferas de cada máquina foi analisada para verificar se os inevitáveis erros de medida, produzidos no processo de fabricação, são aceitáveis. A tabela abaixo mostra as medidas, em milímetro, do diâmetro das esferas dessa amostra.

Máquina	Diâmetro das esferas (em milímetro)				Diâmetro médio ($\overline{x}$) (em milímetro)
A	10,6	9,6	10,0	9,4	9,9
B	10,2	10,6	9,6	9,2	9,9

Qual das duas máquinas apresentou, nessa amostra, maior dispersão de medidas em relação ao diâmetro médio?

37 Gustavo e Lucas tiveram a mesma média no vestibular, conforme pode ser constatado nos boletins ao lado. Como eles disputavam a última vaga, foi adotado como critério de desempate a variância do conjunto de notas em todas as disciplinas: o candidato com desempenho mais regular teve direito à vaga. (Entende-se por desempenho mais regular aquele cujas notas apresentaram menor dispersão em relação à média aritmética.)

Gustavo Ferreira	
Disciplina	**Nota**
Biologia	7,0
História	7,5
Geografia	8,0
Português	7,0
Inglês	6,0
Matemática	7,0
Física	6,5
Química	7,0

Lucas de Oliveira Guimarães	
Disciplina	**Nota**
Biologia	7,0
História	6,5
Geografia	8,0
Português	6,5
Inglês	7,5
Matemática	7,5
Física	6,0
Química	7,0

a) Calcule a média aritmética do conjunto de notas de cada candidato.

b) Calcule a variância do conjunto de notas de cada candidato.

c) Qual dos candidatos teve o desempenho mais regular? Por quê?

38 Para preencher uma vaga de gerente de produção, o departamento de recursos humanos de uma empresa realizou testes com vários candidatos, dos quais selecionou os dois que apresentaram melhor desempenho: Leonor e Felipe. A tabela ao lado mostra o desempenho desses dois candidatos nas provas a que se submeteram.

a) Calcule o desvio padrão do conjunto de notas de cada candidato.

b) Sabendo que a vaga será dada ao candidato com desempenho mais regular, qual dos dois ficará com a vaga? Por quê?

	Candidato	
Disciplina	**Leonor**	**Felipe**
Conhecimentos de informática	8,5	9,5
Língua portuguesa	9,5	9,0
Língua inglesa	8,0	8,5
Matemática	7,0	8,0
Conhecimentos de finanças	7,0	5,0
	média = 8	média = 8

Resolva os exercícios complementares 4 e 46 a 52.

Conteúdo digital Moderna PLUS http://www.modernaplus.com.br
Simulador: *Noções de Estatística.*

EXERCÍCIOS COMPLEMENTARES

Exercícios técnicos

1 (Mackenzie-SP) A média aritmética de n números positivos é 7. Retirando do conjunto desses números o número 5, a média aritmética dos números que restam passa a ser 8. O valor de n é:
a) 2 b) 3 c) 5 d) 6 e) 9

2 (Fuvest-SP) Sabe-se que a média aritmética de 5 números inteiros distintos, estritamente positivos, é 16. O maior valor que um desses inteiros pode assumir é:
a) 16 b) 20 c) 50 d) 70 e) 100

3 (FGV) Sejam os números 7, 8, 3, 5, 9 e 5 seis números de uma lista de nove números inteiros. O maior valor possível para a mediana dos nove números da lista é:
a) 5 b) 6 c) 7 d) 8 e) 9

4 Classifique como verdadeira (V) ou falsa (F) cada afirmação a seguir.

a) Se o desvio padrão de uma amostra de números é maior que 1, a variância dessa amostra também é maior que 1.

b) Se o desvio absoluto médio de uma amostra de números é 0,5, o desvio de qualquer elemento dessa amostra é, no máximo, 0,5.

c) O desvio padrão de uma amostra de números é sempre maior que a variância dessa amostra.

d) A variância de uma amostra de números pode ser menor que o desvio absoluto médio dessa amostra.

e) Se A e B são duas amostras de números com a mesma média aritmética e o desvio absoluto médio de A é menor que o de B, então os valores de A estão, em média, mais distantes da média aritmética do que em B.

Exercícios contextualizados

5 Em certo período, uma confecção produziu apenas camisas de numeração 38, 39, 40, 41 e 42. A tabela de distribuição de frequências dessa produção é:

Classe (numeração das camisas)	Frequência (quantidade de camisas)
38	85
39	90
40	110
41	70
42	45
	$F_t = 400$

Construa os gráficos de linha, de barras horizontais e de setores correspondentes a essa distribuição. [No gráfico de setores, indique as frequências relativas (F_r) das classes.]

6 A distribuição da produção de café em cinco estados brasileiros, A, B, C, D e E, em certo ano, é descrita pelo gráfico:

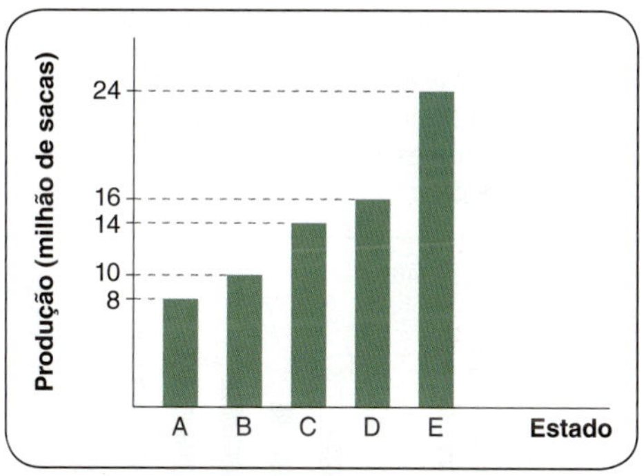

Construa o gráfico de setores correspondente a essa distribuição, indicando as medidas em grau nos arcos.

7 Uma rede de lojas tem 5 unidades, A, B, C, D e E. O gráfico abaixo descreve o faturamento dessas unidades na semana passada.

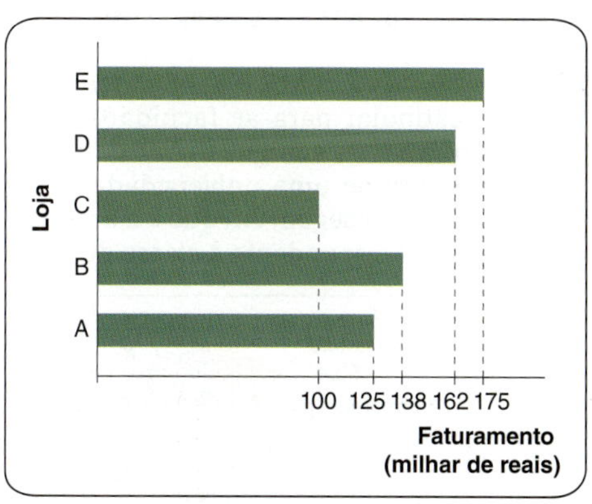

a) Qual foi o faturamento dessa rede de lojas na semana passada?

b) O faturamento da unidade E representou que percentual do faturamento de toda a rede na semana passada?

8 O gráfico abaixo descreve a produção total de grãos e a produção de soja de certo país no intervalo de 2006 a 2009.

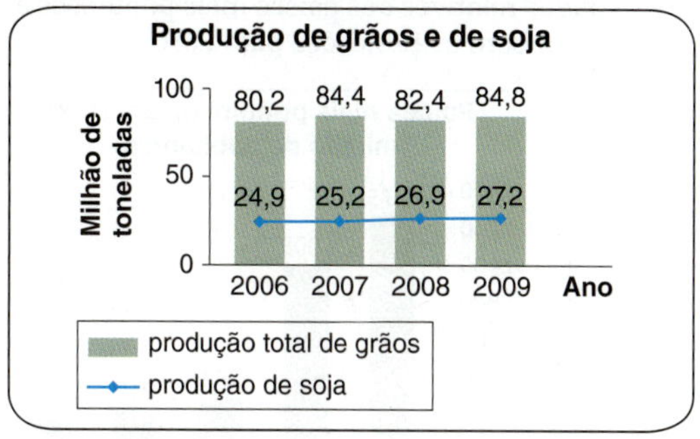

Considerando, em cada um dos anos registrados, o percentual que a produção de soja representava da produção total de grãos desse país no respectivo ano, concluímos que esses percentuais:

a) formam uma sequência crescente, de 2006 a 2009.

b) formam uma sequência decrescente, de 2006 a 2009.

c) decresceram de 2006 a 2007 e cresceram de 2007 a 2008.

d) formam uma sequência decrescente de 2006 a 2008 e crescem de 2008 para 2009.

e) de 2006 a 2009, são iguais em pelo menos dois anos consecutivos.

9 Uma amostra de 16 pacotes de café apresentou as seguintes massas em grama:

490	490	500	490
510	495	495	490
505	505	490	510
510	500	510	505

a) Separando esses dados em classes unitárias, construa a correspondente tabela de distribuição de frequências e de frequências relativas.

b) Construa os gráficos de linha, de barras verticais e de setores correspondentes a essa distribuição. (No gráfico de setores, indique as medidas em grau dos arcos.)

10 Um medicamento é comercializado em caixas com comprimidos de 5, 10, 20, 40 ou 80 mg. O laboratório fabricante recebeu um pedido desse medicamento segundo a distribuição:

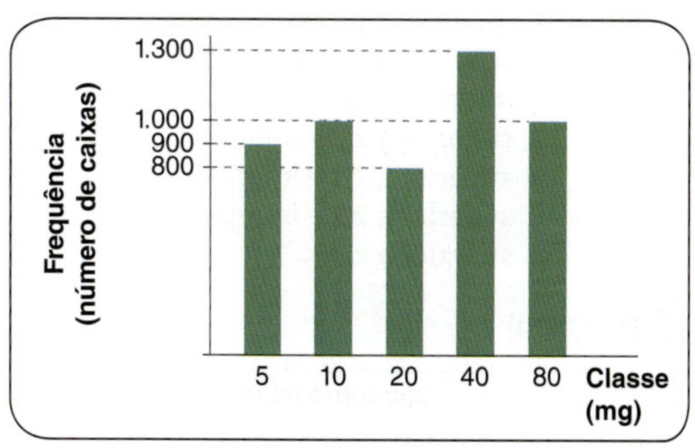

a) Construa a tabela de distribuição de frequências e de frequências relativas correspondente a esse gráfico.

b) Escolhendo ao acaso uma caixa de comprimidos dessa amostra, qual é a probabilidade de obter comprimidos com 20 mg ou mais?

11 (Enem) Nos últimos anos, ocorreu redução gradativa da taxa de crescimento populacional em quase todos os continentes. A seguir, são apresentados dados relativos aos países mais populosos em 2000 e também as projeções para 2050.

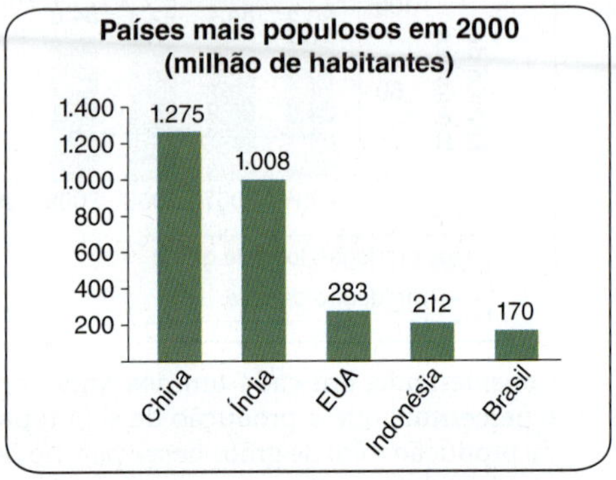

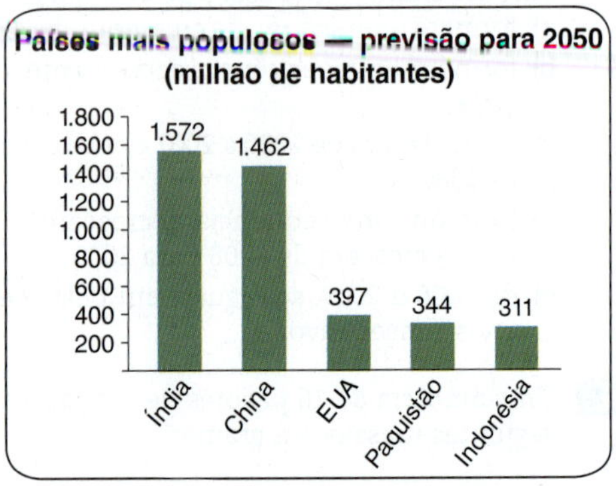

Fonte: IBGE (Instituto Brasileiro de Geografia e Estatística).

I. Com base nas informações dos gráficos, é correto afirmar que, no período 2000-2050:
   a) a taxa de crescimento populacional da China será negativa.
   b) a população do Brasil duplicará.
   c) a taxa de crescimento da população da Indonésia será menor que a dos EUA.
   d) a população do Paquistão crescerá mais de 100%.
   e) a China será o país com a maior taxa de crescimento populacional do mundo.

II. Com base nas informações dos gráficos, suponha que, no período 2050-2100, a taxa de crescimento populacional da Índia seja a mesma projetada para o período 2000-2050. Assim, no início do século XXII, a população da Índia, em bilhão de habitantes, será:
   a) inferior a 2,0.
   b) superior a 2,0 e inferior a 2,1.
   c) superior a 2,1 e inferior a 2,2.
   d) superior a 2,2 e inferior a 2,3.
   e) superior a 2,3.

12 (Enem)

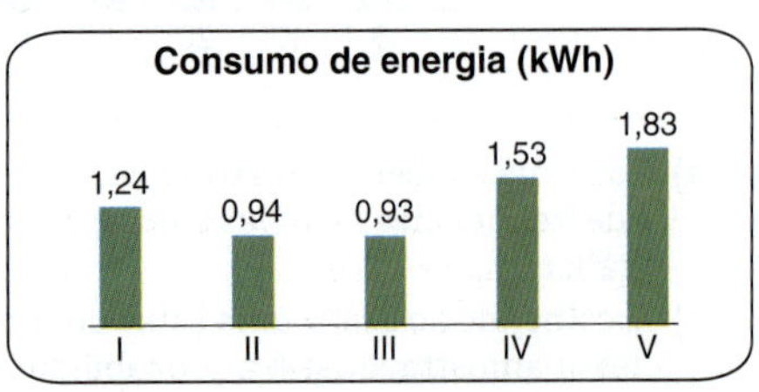

Figura I

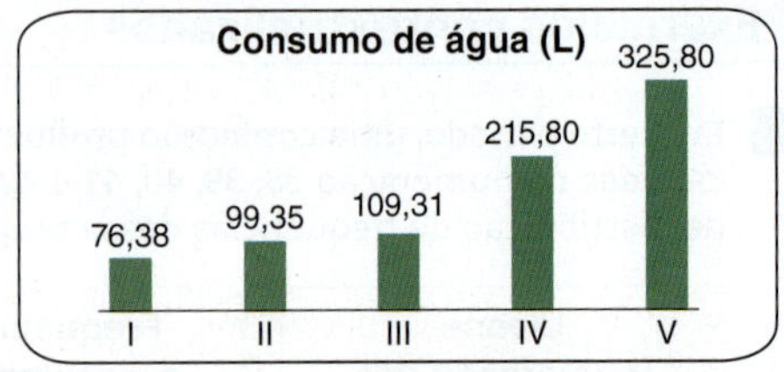

Figura II

Fonte: Associação Brasileira de Defesa do Consumidor (com adaptações).

As figuras anteriores apresentam dados referentes aos consumos de energia elétrica e de água relativos a cinco máquinas industriais de lavar roupa comercializadas no Brasil. A máquina ideal, quanto a rendimento econômico e ambiental, é aquela que gasta, simultaneamente, menos energia e água. Com base nessas informações, conclui-se que, no conjunto pesquisado:

a) uma máquina de lavar roupa, quanto mais economiza água, mais consome energia elétrica.
b) a quantidade de energia elétrica consumida por uma máquina de lavar roupa é inversamente proporcional à quantidade de água consumida por ela.
c) a máquina I é ideal, de acordo com a definição apresentada.
d) a máquina que menos consome energia elétrica não é a que consome menos água.
e) a máquina que mais consome energia elétrica não é a que consome mais água.

13 (Enem) O gráfico obtido a partir de dados do Ministério do Meio Ambiente, mostra o crescimento do número de espécies da fauna brasileira ameaçadas de extinção.

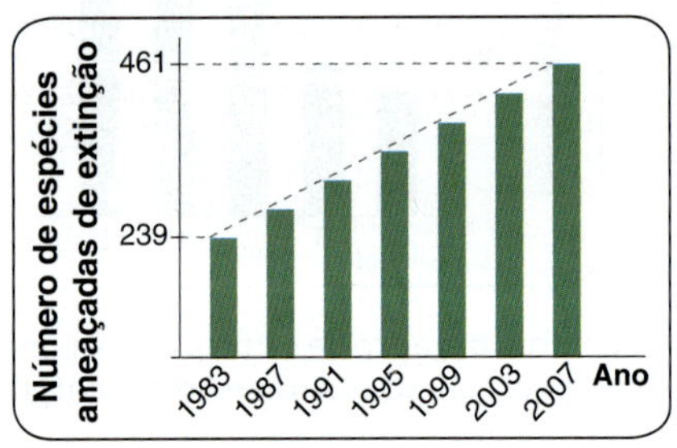

Se mantida, pelos próximos anos, a tendência de crescimento mostrada no gráfico, o número de espécies ameaçadas de extinção em 2011 será igual a:

a) 465 b) 493 c) 498 d) 538 e) 699

14 A distribuição dos 500 candidatos aprovados em um vestibular para as faculdades de Medicina, Engenharia, Psicologia, Economia, Agronomia e Arquitetura de uma universidade é representada pelo gráfico a seguir, em que x é a medida em grau do arco correspondente à classe de Medicina.

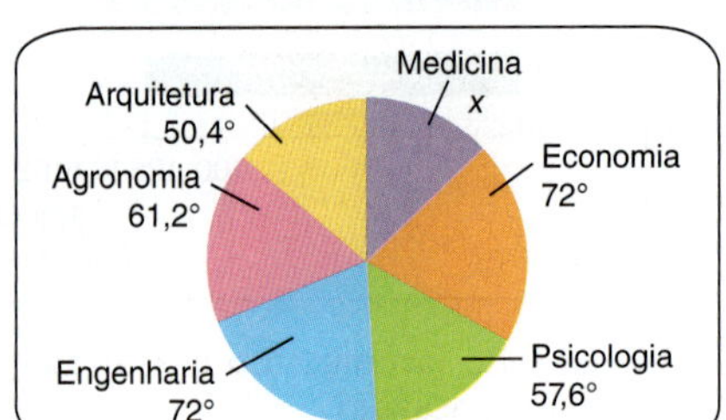

Quantos alunos foram aprovados na faculdade de Medicina?

15 Um estudo sobre o tempo de uso dos automóveis utilizados como táxi em uma pequena cidade pode ser resumido pela seguinte tabela de distribuição de frequências:

Classe (anos de uso)	Frequência (número de táxis)
[0, 2[	12
[2, 4[	25
[4, 6[	38
[6, 8[	22
[8, 10]	13

a) Construa o histograma correspondente a essa distribuição.
b) Tomando um táxi ao acaso nessa cidade, qual é a probabilidade de esse veículo ter menos de 6 anos de uso?
c) Uma pessoa tomou um táxi ao acaso nessa cidade. Sabendo que esse táxi tem menos de 6 anos de uso, qual é a probabilidade de ele ter 4 anos ou mais?

16 No final de um dia, as multas por excesso de velocidade aplicadas em uma estrada podem ser descritas pela seguinte tabela de distribuição de frequências:

Classe (velocidade em km/h)	Frequência (número de multas)
[80, 90[	18
[90, 100[	12
[100, 110[	10
[110, 120[	8
[120, 130]	2

a) Construa o histograma correspondente a essa tabela.
b) Escolhido um desses motoristas ao acaso, qual é a probabilidade de ele ter sido multado por estar a uma velocidade x, em km/h, com $90 \leq x < 120$? (*Nota*: Considere que cada motorista autuado tenha recebido uma única multa.)

17 Durante o treinamento para uma corrida de 100 metros rasos, um atleta percorreu essa distância, em velocidade, por 15 vezes. O treinador marcou o tempo de percurso em cada uma das vezes, obtendo os seguintes resultados, em segundo:

10,34	10,28	10,20	10,36	10,41
10,22	10,18	10,18	10,26	10,20
10,36	10,16	10,40	10,30	10,12

Construa uma tabela de distribuição de frequências dessa amostra, com 3 classes de mesma amplitude, e o respectivo histograma.

18 A Lei n. 11.705 de 19 de junho de 2008, que ficou conhecida como "lei seca", prevê severas punições para quem dirigir sob a influência de álcool ou de qualquer outra substância psicoativa que determine dependência. Antes da promulgação dessa lei, um motorista só era considerado embriagado se a concentração de álcool em seu sangue fosse maior ou igual a 0,6 g/L.

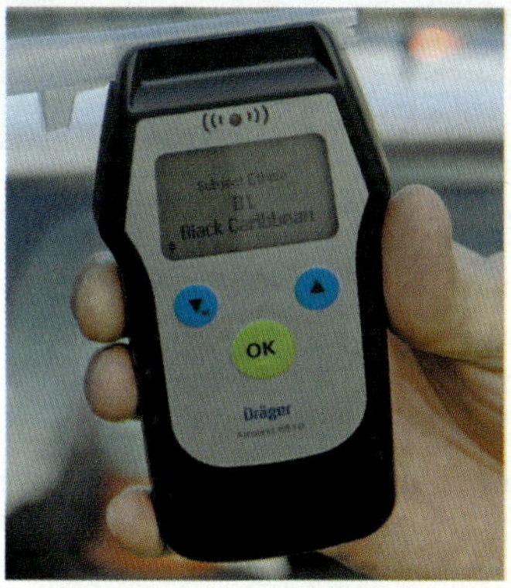

Bafômetro, ou etilômetro, usado para medir a concentração de álcool no sangue.

A situação a seguir, que pode parecer absurda após a lei seca, era muito comum em nossas estradas. Durante as festas de fim de ano, foram medidas, em um posto de fiscalização, as concentrações de álcool no sangue de 30 motoristas. Essas concentrações, em grama por litro, foram:

0,5	0,4	0,9	0,0	0,3	1,0
0,7	0,0	0,8	0,2	0,0	0,9
0,6	0,3	1,1	0,5	0,8	0,2
0,8	0,2	0,9	0,6	0,2	0,8
0,9	0,6	0,4	0,9	1,2	0,9

a) Calcule a amplitude dessa amostra.
b) Construa uma tabela de distribuição de frequências dessa amostra com 5 classes de mesma amplitude.
c) Construa o histograma correspondente à tabela obtida no item **b**.

19 O gráfico de setores abaixo mostra a distribuição das notas de 500 alunos em uma prova de redação.

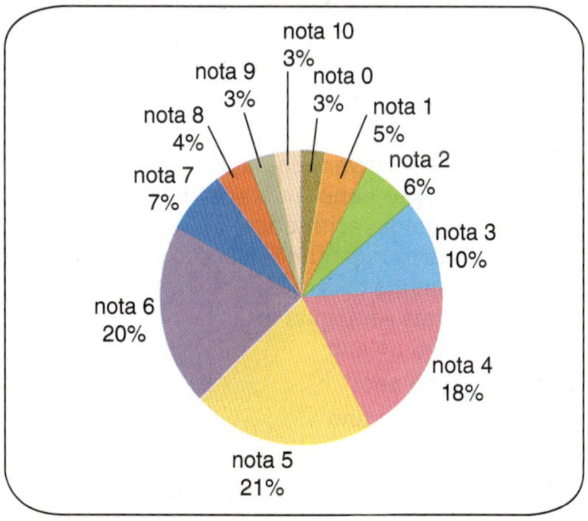

a) Construa uma tabela de distribuição de frequências dessa amostra, separando as notas em 4 classes de mesma amplitude.
b) Construa o histograma correspondente à tabela do item **a**.

20 Um rali Paris-Dacar teve sua largada no dia 1º de janeiro. Os participantes cruzaram França, Espanha, Marrocos, Mauritânia, Mali e Senegal, em um percurso de 10.739 km.

O vencedor, que percorreu uma média de 494,24 km diários, terminou a prova no dia:

a) 22 de janeiro.
b) 21 de janeiro.
c) 20 de janeiro.
d) 19 de janeiro.
e) 18 de janeiro.

21 A tabela abaixo apresenta alguns dados referentes a três municípios brasileiros, A, B e C, no ano de 2009.

Municípios brasileiros (2009)				
Município	População total	População urbana	População rural	Área (km^2)
A	28.559	18.057	10.502	230
B	38.224	26.432	11.792	460
C	68.448	42.625	25.823	810

Em relação a essa tabela, classifique como verdadeira (V) ou falsa (F) cada uma das afirmações:

a) A área média por município é 500 km^2.
b) Em 2009, a densidade demográfica do município A era maior que a densidade demográfica do município B.
c) Em 2009, a população média rural por município era de 15.889 habitantes.
d) Em 2009, a população média urbana por município representava menos de 60% da população média total por município.

22 (UFPB) Se as 4 notas bimestrais de um aluno estão em uma progressão aritmética de razão 2 e a média aritmética dessas notas é 7,0, então se pode afirmar que a soma das duas primeiras notas é:

a) 10,5 b) 10,0 c) 9,5 d) 9,0 e) 8,5

23 (FGV) Um investidor aplicou seu patrimônio em 5 ações por 1 ano. A taxa média de rentabilidade por ação (média aritmética) foi de 12% ao ano. A ação mais lucrativa rendeu 25% ao ano. Se essa ação for eliminada, a taxa média de rentabilidade das 4 ações restantes será igual a:

a) 8,75% ao ano
b) 9% ao ano
c) 9,25% ao ano
d) 9,5% ao ano
e) 9,75% ao ano

24 (UFMS) Uma empresa tem 18 funcionários. Um deles pede demissão e é substituído por um funcionário de 22 anos de idade. Com isso, a média das idades dos funcionários diminui dois anos. Assim, a idade do funcionário que se demitiu é:

a) 50 anos
b) 48 anos
c) 54 anos
d) 56 anos
e) 58 anos

25 (UFC-CE) A média aritmética das notas dos alunos de uma turma, formada por 25 meninas e 5 meninos, é igual a 7. Se a média aritmética das notas dos meninos é igual a 6, a média aritmética das notas das meninas é igual a:

a) 6,5 b) 7,2 c) 7,4 d) 7,8 e) 8,0

26 (UFV-MG) Após a revisão de provas de uma turma de 25 alunos, um único aluno teve sua nota alterada, passando a ser 80 pontos. Com isso, o professor verificou que a média aritmética das notas da turma aumentou em 1 ponto. Determine a nota desse aluno antes da revisão.

27 Um país estabeleceu com o Fundo Monetário Internacional (FMI) uma meta anual de inflação de no máximo 6% para o ano de 2009. Sabendo que esse país cumpriu a meta e que, no período de janeiro a agosto de 2009, a inflação média mensal foi de 0,6%, é correto afirmar que, no período de setembro a outubro de 2009, a inflação média mensal:

a) foi igual a 0,3%.
b) não superou 0,3%.
c) foi igual a 0,6%.
d) não superou 0,6%.
e) foi maior que a média mensal do período de janeiro a agosto.

28 Na tentativa de controlar a pesca predatória, o Ibama fiscaliza barcos pesqueiros nos rios do Pantanal. Se um exemplar com menos de 2,8 kg de determinada espécie de peixe for encontrado em um barco, o pescador é multado e corre o risco de perder sua licença de pesca.
Em uma dessas inspeções, foram encontrados a bordo de um barco pesqueiro 10 exemplares dessa espécie de peixe. Os fiscais puseram os 10 peixes, simultaneamente, em uma balança, registrando 28 kg de pescado; a seguir retiraram 9 exemplares da balança, constatando que o peixe que restou sobre a balança pesava 3,2 kg. Com isso, concluíram que o pescador era um infrator e, portanto, multaram-no. O pescador era mesmo um infrator? Justifique sua resposta.

29 Um ciclista fez uma viagem de 145 km em 7 h. O gráfico abaixo descreve a distância, em quilômetro, percorrida pelo ciclista, em função do tempo, em hora.

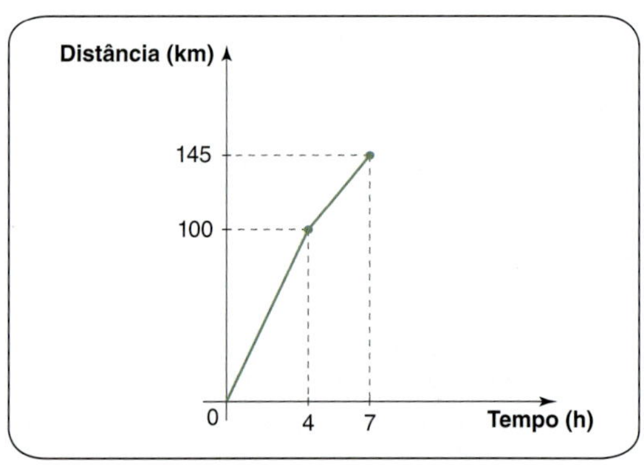

a) Calcule a velocidade escalar média desse ciclista nos primeiros 100 quilômetros.
b) Calcule a velocidade escalar média desse ciclista nas três últimas horas de viagem.
c) Calcule a velocidade escalar média desse ciclista ao longo de todo o percurso.

30 (Uerj) A posição de um automóvel em viagem entre duas cidades foi registrada em função do tempo. O gráfico a seguir resume as observações realizadas do início ao fim da viagem.

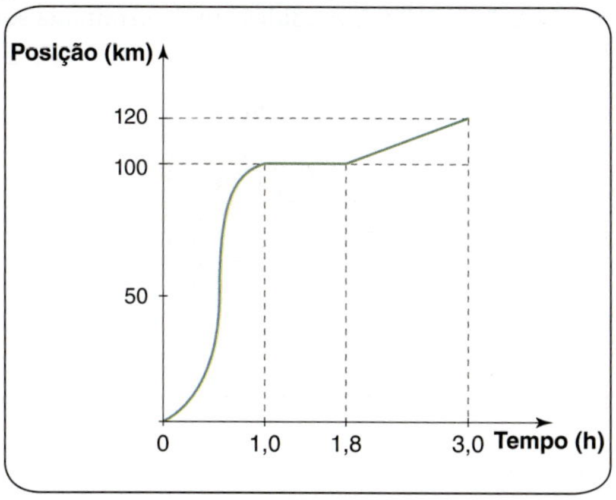

a) Indique durante quanto tempo o automóvel permaneceu parado.
b) Calcule a velocidade escalar média do automóvel nessa viagem.

31 (Enem) A tabela mostra alguns dados da emissão de dióxido de carbono de uma fábrica, em função do número de toneladas produzidas.

Produção (em toneladas)	Emissão de dióxido de carbono (em partes por milhão - ppm)
1,1	2,14
1,2	2,30
1,3	2,46
1,4	2,64
1,5	2,83
1,6	3,03
1,7	3,25
1,8	3,48
1,9	3,73
2,0	4,00

Cadernos do Gestar II, Matemática TP3. Disponível em: <http://www.mec.gov.br>. Acesso em: 14 jul. 2009.

Os dados na tabela indicam que a taxa média de variação entre a emissão de dióxido de carbono (em ppm) e a produção (em toneladas) é:
a) inferior a 0,18.
b) superior a 0,18 e inferior a 0,50.
c) superior a 0,50 e inferior a 1,50.
d) superior a 1,50 e inferior a 2,80.
e) superior a 2,80.

32 Uma partícula gira em movimento circular, completando 6 voltas a cada 4 minutos. Calcule a velocidade angular média dessa partícula em radiano por minuto.

33 (UFMT) A tabela abaixo apresenta as notas obtidas por três candidatos (A, B e C) nas disciplinas de Português, Matemática e Conhecimentos Gerais, num determinado concurso. Admita que o critério para a classificação dos candidatos seja o da média aritmética ponderada e que os pesos das disciplinas sejam, respectivamente, 5, 3 e 2.

Candidato	Português	Matemática	Conhecimentos Gerais
A	3,0	6,0	5,0
B	4,0	5,0	8,0
C	5,0	x	7,0

Por essas informações, é correto afirmar que o valor mínimo de x, $x \in \mathbb{Z}$, para que o candidato C seja o primeiro colocado é:
a) 5,0 b) 4,0 c) 6,0 d) 7,0 e) 3,0

34 (PUC-PR) Em um grupo de pessoas, 70% não têm curso superior e 30% têm. O salário dos que não têm curso superior é R$ 500,00, e o salário dos que têm é R$ 1.500,00. O salário médio das pessoas do grupo é:
a) R$ 800,00
b) R$ 866,00
c) R$ 900,00
d) R$ 1.000,00
e) R$ 1.200,00

35 (UFRN) Uma prova foi aplicada em duas turmas distintas. Na primeira, com 30 alunos, a média aritmética das notas foi 6,40. Na segunda, com 50 alunos, foi 5,20. A média aritmética das notas dos 80 alunos foi:
a) 5,65 b) 5,70 c) 5,75 d) 5,80

36 (UFG-GO) A média aritmética das notas dos alunos em uma disciplina é 5,5. Sabe-se que 60% dos alunos obtiveram nota de 5,5 a 10 e que a média das notas desse grupo de alunos é 6,5. Nesse caso, considerando o grupo de alunos que tiveram notas inferiores a 5,5, a média de suas notas foi:
a) 2,5 b) 3,0 c) 3,5 d) 4,0 e) 4,5

37 O gráfico de linha a seguir descreve as temperaturas médias, em grau Celsius, obtidas no mês de maio de 2009 em determinada região.

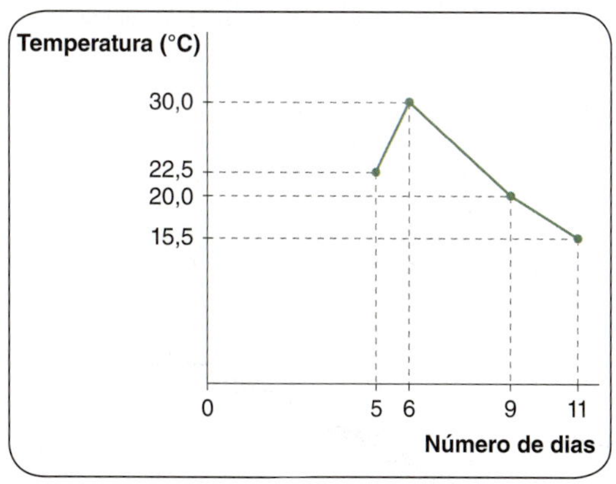

Assinale a alternativa que apresenta a melhor aproximação para a temperatura média diária nessa região em maio de 2009.
a) 23,9 °C
b) 22,5 °C
c) 18,9 °C
d) 20,7 °C
e) 19,1 °C

38 As alturas, em centímetros, dos 25 jogadores de futebol que pertencem a um clube apresentam a seguinte distribuição:

Classe (altura em centímetro)	Frequência (número de jogadores)
[164, 174[	4
[174, 184[	10
[184, 194[	8
[194, 204]	3

Calcule a altura média desses jogadores.

39 Um teste de durabilidade com uma amostra de baterias de automóvel apresentou a seguinte distribuição:

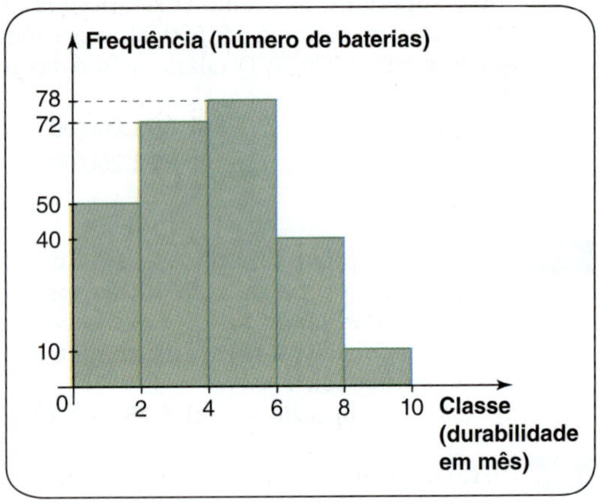

Qual foi o tempo médio de duração por bateria dessa amostra?

40 Com o objetivo de melhorar o atendimento em um hospital público, foram registrados os tempos de espera dos pacientes em determinado dia. O resultado apresentou a distribuição a seguir.

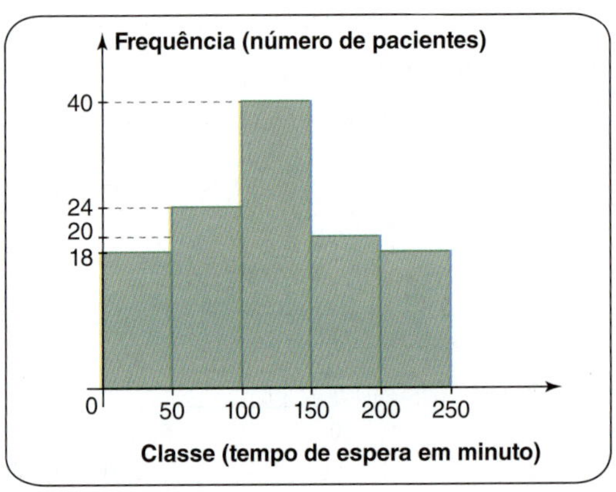

a) Qual é a amplitude dessa amostra se os valores 0 min e 250 min pertencem a ela?
b) Qual é a amplitude da classe de maior frequência?
c) Qual é o tempo médio de espera por paciente nessa amostra?

41 O comprador de uma grande rede de supermercados tem à sua disposição relatórios sobre as vendas dos produtos comercializados nas diversas lojas. Um desses relatórios apresenta o gráfico abaixo, que descreve a distribuição das marcas de leite longa vida A, B, C, D, E e F, vendidas em determinada semana.

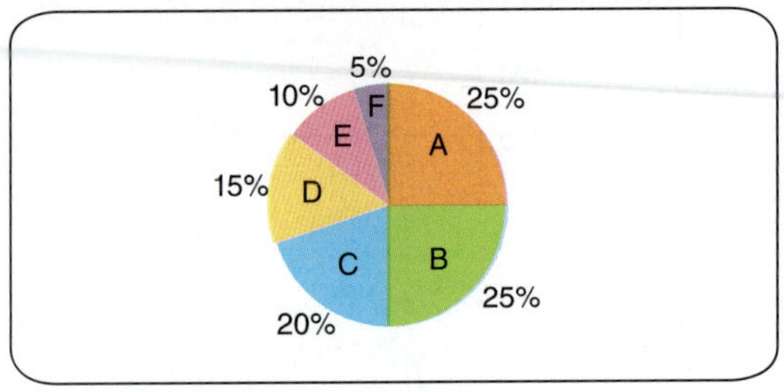

Considerando a amostra das marcas de todos os litros de leite vendidos nessa semana, qual é a moda dessa amostra?

42 (Enem) Na tabela são apresentados dados da cotação mensal do ovo extra branco vendido no atacado, em Brasília, em reais, por caixa de 30 dúzias de ovos, em alguns meses dos anos 2007 e 2008.

Mês	Cotação	Ano
Outubro	R$ 83,00	2007
Novembro	R$ 73,10	2007
Dezembro	R$ 81,60	2007
Janeiro	R$ 82,00	2008
Fevereiro	R$ 85,30	2008
Março	R$ 84,00	2008
Abril	R$ 84,60	2008

De acordo com esses dados, o valor da mediana das cotações mensais do ovo extra branco nesse período era igual a:

a) R$ 73,10
b) R$ 81,50
c) R$ 82,00
d) R$ 83,00
e) R$ 85,30

43 (Enem) Suponha que a etapa final de uma gincana escolar consista em um desafio de conhecimentos. Cada equipe escolheria 10 alunos para realizar uma prova objetiva, e a pontuação da equipe seria dada pela mediana das notas obtidas pelos alunos. As provas valiam, no máximo, 10 pontos cada. Ao final, a vencedora foi a equipe Ômega, com 7,8 pontos, seguida pela equipe Delta, com 7,6 pontos. Um dos alunos da equipe Gama, a qual ficou na terceira e última colocação, não pôde comparecer, tendo recebido nota zero na prova. As notas obtidas pelos 10 alunos da equipe Gama foram 10; 6,5; 8; 10; 7; 6,5; 7; 8; 6; 0.

Se o aluno da equipe Gama que faltou tivesse comparecido, essa equipe:

a) teria a pontuação igual a 6,5 se ele obtivesse nota 0.
b) seria a vencedora se ele obtivesse a nota 10.
c) seria a segunda colocada se ele obtivesse nota 8.
d) permaneceria na terceira posição, independentemente da nota obtida pelo aluno.
e) empataria com a equipe Ômega na primeira colocação se o aluno obtivesse nota 9.

44 Uma pesquisa feita com 250 universitários sobre o número de livros que cada um leu em certo ano apresentou a seguinte distribuição:

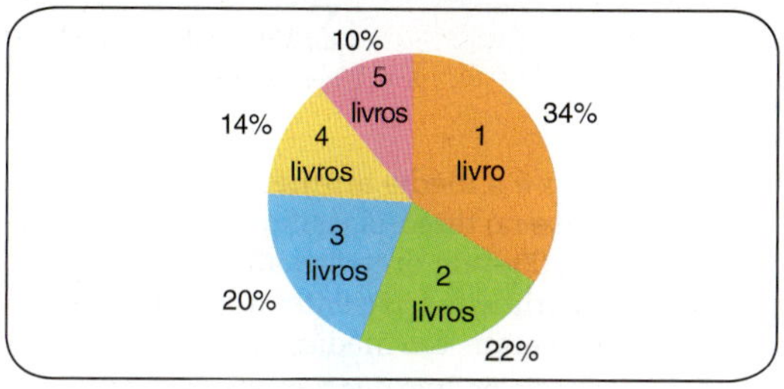

a) Qual é a média do número de livros lidos nesse ano por pessoa entrevistada nessa pesquisa?

b) Considerando a amostra dos números de livros lidos por todas as pessoas entrevistadas, qual é a moda e a mediana dessa amostra?

45 Após a correção das provas de todas as classes da 2ª série do ensino médio, um professor construiu o seguinte gráfico de barras representando a distribuição das notas:

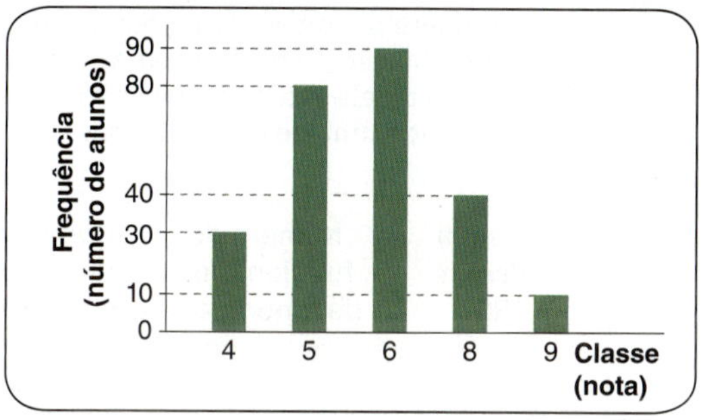

Em relação à média aritmética $\bar{x}$, à mediana *Md* e à moda *Mo* dessa distribuição, pode-se afirmar que:

a) $Md = Mo = \bar{x}$

b) $Md = Mo$ e $\bar{x} > Md$

c) $Md = Mo$ e $\bar{x} < Md$

d) $Md < Mo$ e $\bar{x} > Mo$

e) $Md > Mo$ e $\bar{x} > Md$

46 A equipe de edição de uma produtora selecionou as 50 principais cenas para a montagem de um filme. Como essas cenas totalizam 160 minutos de filmagem e o filme deve ter 120 minutos de duração, devem ser feitos alguns cortes. Após um estudo, a equipe concluiu que é possível manter todas as cenas selecionadas, efetuando cortes, sem perder o essencial de cada uma. Os cálculos mostraram que os 40 minutos de cortes devem ser distribuídos em partes proporcionais aos tempos das cenas selecionadas. A tabela a seguir mostra o número de cenas selecionadas e o tempo de duração de cada uma, antes dos cortes.

Número de cenas	Tempo de duração de cada cena antes do corte (min)
18	3
11	4
5	6
16	2

O desvio absoluto médio dos tempos dos cortes será de:

a) 0,324 min

b) 0,228 min

c) 0,520 min

d) 0,380 min

e) 0,460 min

47 Uma revista avaliou o consumo de combustível de dois modelos de automóvel, A e B. Para isso, cada um dos veículos percorreu um mesmo trecho de estrada três vezes: a primeira vez à velocidade v_1; a segunda à velocidade v_2; e a terceira à velocidade v_3. O desempenho dos dois modelos é mostrado na tabela a seguir.

Velocidade	Consumo do automóvel A (km/L)	Consumo do automóvel B (km/L)
v_1	10,3	10,8
v_2	12,7	11,6
v_3	11,2	11,8

a) Calcule o consumo médio de cada modelo, isto é, a média aritmética das medidas de consumo de cada um.

b) Calcule a variância do conjunto de medidas de consumo de cada modelo.

c) O automóvel cujo conjunto de medidas de consumo teve menor dispersão em relação à média aritmética é considerado o que possui melhor desempenho. Qual dos automóveis teve o melhor desempenho?

48 (Fuvest-SP) A distribuição dos salários em uma empresa é dada na seguinte tabela:

Salário (R$)	Número de funcionários
500,00	10
1.000,00	5
1.500,00	1
2.000,00	10
5.000,00	4
10.500,00	1

a) Qual é a média dos salários nessa empresa?

b) Suponha que sejam contratados dois novos funcionários, com salário de R$ 2.000,00 cada um. A variância da nova distribuição de salários ficará menor, igual ou maior que a anterior?

49 A tabela a seguir mostra a produção de grãos em dois municípios, A e B, com a mesma área cultivada.

	Produção de grãos (tonelada)	
	Município A	Município B
Feijão	54	50
Soja	171	170
Arroz	75	80

a) Calcule o desvio padrão da distribuição da produção em cada município.
(*Nota*: Deixe o resultado indicado, sem aproximar a raiz quadrada.)

b) Em qual dos dois municípios a distribuição da produção dos três tipos de grão foi menos dispersa? Justifique sua resposta.

50 (FGV) O gráfico a seguir indica as massas dos objetos de uma amostra.

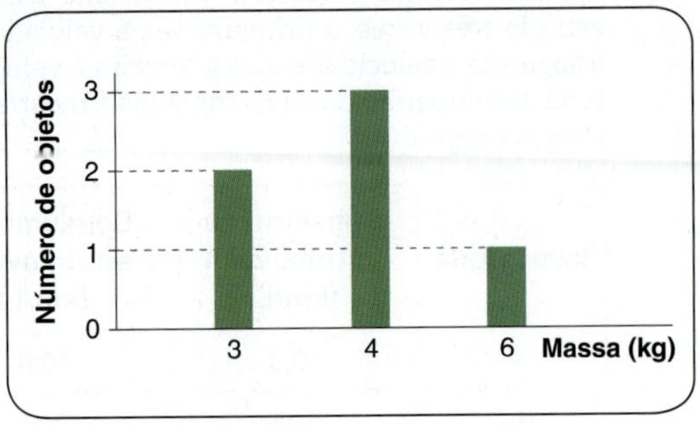

Acrescentando-se à amostra n objetos, com massa de 4 kg cada, a média não se altera, mas o desvio padrão se reduz à metade do que era. Assim, é correto afirmar que n é igual a:

a) 18
b) 15
c) 12
d) 9
e) 8

51 (UnB-DF) Em um experimento realizado com 6 pacientes, cada um deles recebeu, em momentos diferentes, um implante de coração artificial. Quando da conclusão do estudo, só o último a receber o implante continuava vivo. Os tempos, em mês, de sobrevivência após o implante, para os 5 primeiros pacientes, são mostrados na tabela abaixo. O 6º paciente recebeu o implante dois meses antes da conclusão do estudo, de forma que só é conhecido que seu tempo de sobrevivência x satisfará à desigualdade $x > 2$.

Paciente	Tempo de sobrevivência (mês)
1	1
2	1
3	3
4	5
5	5
6	x

O desvio padrão s para um conjunto de observações $\{x_1, x_2, \ldots, x_n\}$ é definido pela fórmula:

$$s = \sqrt{\frac{\sum_{i=1}^{n} (x_1 - \bar{x})^2}{n}}$$

em que $\bar{x}$ é a média aritmética das n observações. Com base no texto, classifique como verdadeira (V) ou falsa (F) cada uma das afirmações a seguir.

a) Os 5 primeiros pacientes a receber o implante sobreviveram, em média, 3 meses após o implante.
b) O desvio padrão dos tempos de sobrevivência dos 5 primeiros pacientes a receber o implante foi de 2 meses.
c) O tempo médio de sobrevivência dos 6 pacientes é uma função crescente de x.
d) Qualquer que seja o tempo $x > 2$ que o 6º paciente sobreviva ao implante, o desvio padrão dos tempos de sobrevivência será maior que o desvio padrão dos tempos dos 5 primeiros pacientes.

52 Em duas empresas concorrentes, A e B, com o mesmo número de funcionários, fez-se um estudo sobre a distribuição de renda salarial entre os trabalhadores. A tabela abaixo descreve a distribuição salarial em cada uma dessas empresas.

Classes salariais (R$)	Número de funcionários da empresa A	Número de funcionários da empresa B
[0, 1.000[	30	25
[1.000, 2.000[	20	20
[2.000, 3.000[	20	20
[3.000, 4.000[	15	35
[4.000, 5.000]	15	0

Em qual dessas empresas há melhor distribuição de renda salarial? Justifique sua resposta.
(*Nota*: Entende-se por melhor distribuição de renda aquela menos dispersa.)

Um aluno resolveu o exercício abaixo, conforme reproduzido a seguir. Observe a resolução e reflita sobre o comentário.

Exercício

Um motorista viaja da cidade A para a cidade B, à velocidade média de 60 km/h. Na viagem de volta, de B para A, pelo mesmo caminho, o motorista viaja à velocidade média de 100 km/h.

Determine a velocidade média de toda a viagem (ida e volta).

Resolução

A velocidade média é:

$$v = \frac{100+60}{2} \text{ km/h} \Rightarrow v = 80 \text{ km/h}$$

ERRADO!

Comentário

A velocidade média de toda a viagem não é a média aritmética das velocidades de ida e de volta. Para calcular a velocidade média, devemos supor que a distância entre as duas cidades seja d e t_1 e t_2 sejam os tempos de viagem na ida e na volta, respectivamente.

Para entender essa afirmação, supomos que a distância entre as cidades A e B seja 300 km. Assim, a 60 km/h, o motorista levou 5 horas na viagem de ida, e a 100 km/h o motorista levou 3 horas na viagem de volta, totalizando 8 horas no percurso de ida e volta. Logo, a velocidade média de toda a viagem não é 80 km/h, pois com essa velocidade o motorista teria percorrido 640 km em 8 horas e não 600 km.

Agora, refaça a resolução, corrigindo-a.

Capítulo

2

Geometria analítica: ponto e reta

Localizando pontos

Criado inicialmente para uso militar, o Sistema de Posicionamento Global (GPS) é um sistema de coordenadas que se popularizou e hoje é usado por milhares de pessoas para localizar endereços, rotas, pontos na superfície da Terra. Mas você sabe como o GPS funciona?

Um sistema de coordenadas é necessário para localizar um ponto; por exemplo, um ponto da superfície terrestre é determinado pela latitude e pela longitude. Neste capítulo, estudaremos as figuras planas associadas ao sistema ortogonal de coordenadas cartesianas.

2.1 Ponto

Um par ordenado de números reais determina um ponto do plano associado a um sistema de coordenadas cartesianas. Em função desses números, vamos calcular a distância entre pontos e as coordenadas de um ponto de divisão de um segmento de reta.

2.2 Reta

Uma reta pode ser representada por uma equação, obtida a partir das coordenadas de dois pontos distintos ou de um ponto e um ângulo.

2.3 Formas da equação da reta

A equação da reta será estudada nas formas: geral, reduzida e paramétrica. Cada uma delas tem uma aplicação específica.

1 O receptor GPS detecta um dos satélites e calcula a distância: o raio da esfera cujo centro é o satélite. A intersecção dessa esfera com a esfera da Terra determina uma circunferência na qual está localizado o ponto procurado.

24 é o número de satélites que orbitam ao redor da Terra e enviam sinais para os receptores GPS.

20.200 km é a altitude desses satélites em relação à superfície da Terra.

12 horas é o tempo que os satélites levam para circular a Terra.

2 Quando um segundo satélite é detectado, a distância é calculada e uma segunda esfera é formada. A intersecção dessa esfera com a primeira determina uma circunferência que intecepta a esfera da Terra em dois pontos.

3 Um terceiro satélite forma uma terceira esfera que intercepta a circunferência em dois pontos. Um dos pontos está acima da superfície da Terra, portanto sua localização não é considerada. O outro, que está na superfície da Terra, indica a localização correta.

Para pensar

1. Quais são as coordenadas usadas para localizar um ponto na superfície da Terra?
2. Na aviação também é necessária a determinação de pontos através de coordenadas. Quantas coordenadas são necessárias para determinação de um ponto no espaço aéreo? Quais são elas?

Outras aplicações

Hoje o GPS é usado em diversas áreas.

- Mantém o atleta informado da distância, da velocidade e do tempo.
- Apresenta mapas das áreas de terra com maior ou menor fertilidade.
- Usado na navegação aérea, marítima e terrestre
- Usado na Paleontologia, Arqueologia e no rastreamento de animais.

Ponto

Objetivos

- **Calcular** a distância entre dois pontos.
- **Obter** o ponto médio de um segmento de reta.
- **Determinar** o baricentro de um triângulo.

Termos e conceitos

- sistema cartesiano ortogonal de coordenadas
- plano cartesiano
- bissetriz dos quadrantes ímpares
- bissetriz dos quadrantes pares
- distância entre dois pontos
- ponto médio de um segmento de reta
- baricentro de um triângulo

Uma nova forma de representação

Em qualquer ciência, o entendimento de um objeto de estudo é facilitado quando o representamos por mais de um registro (desenhos, equações, símbolos etc.) e transitamos por esses registros, de modo que a carência de um seja suprida pelo outro.

Um exemplo notável dessa prática é a Geometria analítica, concebida por René Descartes (1596-1650). Transitando entre a Álgebra e a Geometria euclidiana, a Geometria analítica possibilita a representação de figuras geométricas por meio de pares ordenados, equações ou inequações.

René Descartes rompeu com as tradições clássicas da Geometria grega e criou a Geometria analítica.

Exemplos

- O par ordenado (5, 4) representa o ponto P da figura abaixo.

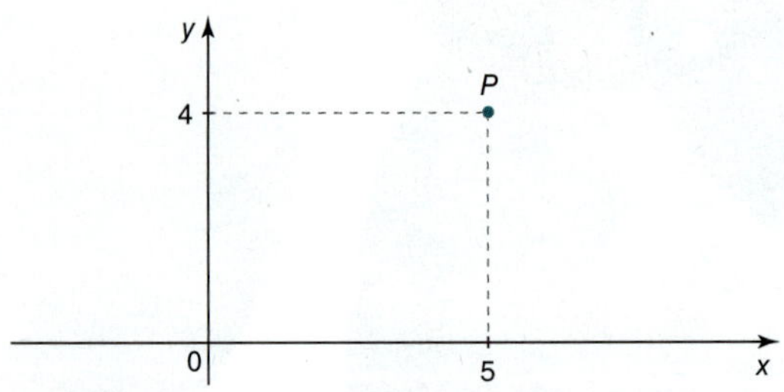

- A equação $y = x^2$ representa a parábola abaixo.

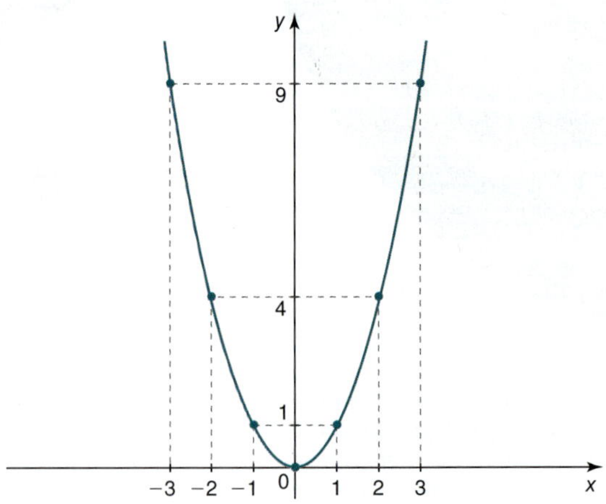

- A inequação $x \geqslant 4$ representa o semiplano abaixo.

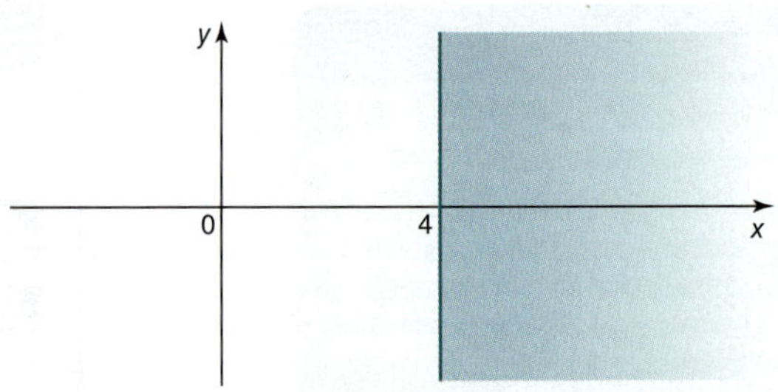

Sintetizando, podemos afirmar:

A **Geometria analítica** estuda as figuras geométricas associadas a um sistema de coordenadas.

Em vários assuntos estudados nos volumes 1 e 2 desta coleção, aplicamos conceitos da Geometria analítica. A seguir, faremos uma breve revisão para o bom desenvolvimento deste capítulo.

Sistema cartesiano ortogonal de coordenadas

Dois eixos reais *Ox* e *Oy*, perpendiculares entre si na origem *O*, formam o **sistema cartesiano ortogonal de coordenadas**.

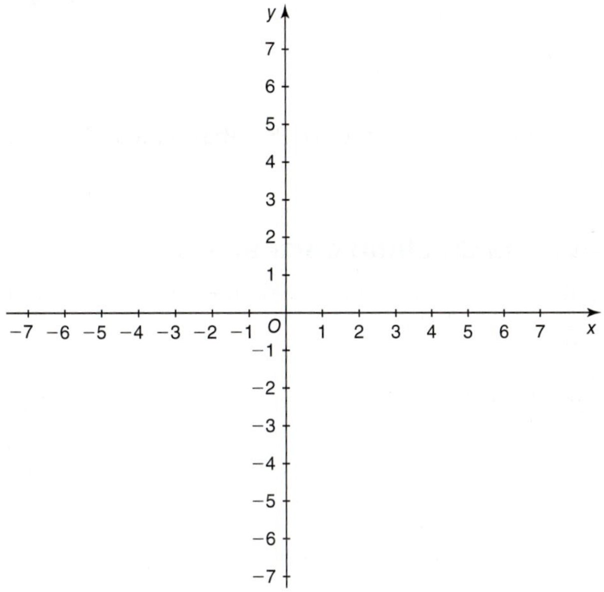

- O plano que contém esse sistema é chamado de **plano cartesiano**.
- Os eixos *Ox* e *Oy*, denominados **eixos coordenados**, são, respectivamente, o **eixo das abscissas** e o **eixo das ordenadas**.
- O ponto *O* é a **origem** do sistema de eixos.
- Os eixos coordenados separam o plano cartesiano em quatro regiões denominadas **quadrantes**, que são enumerados conforme a figura a seguir. Os pontos dos eixos coordenados não pertencem a nenhum dos quadrantes.

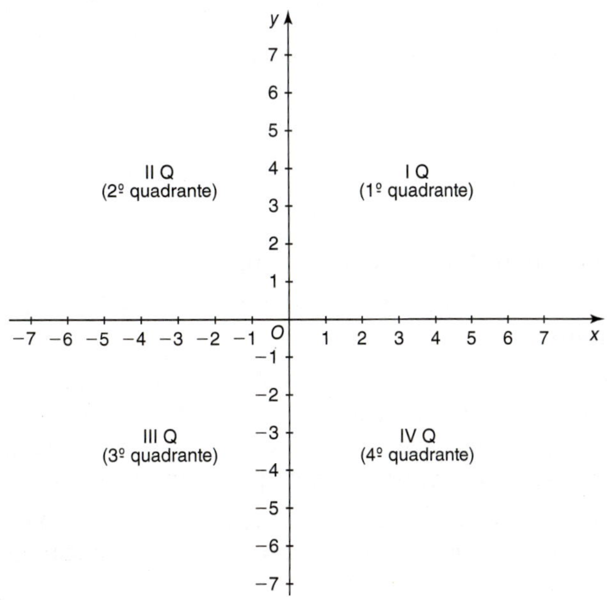

Coordenadas de um ponto

Para determinar as **coordenadas** do ponto P no sistema de coordenadas da figura abaixo, traçamos por P as perpendiculares aos eixos Ox e Oy, obtendo, nesses eixos, dois números chamados de **abscissa** e **ordenada** do ponto P, respectivamente.

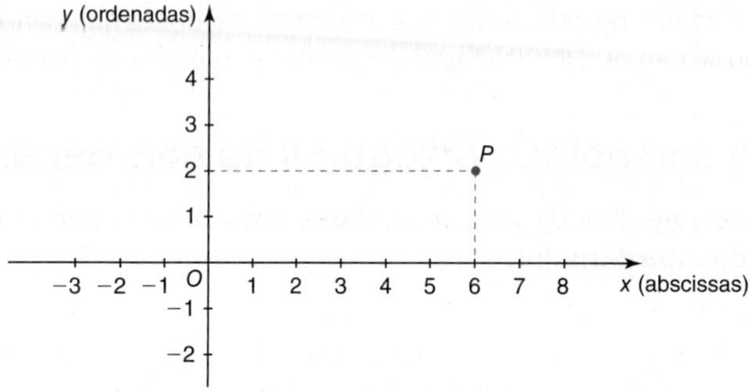

Assim, as coordenadas de P são 6 e 2: a **abscissa** de P é 6 e a **ordenada** é 2. Indicamos esse fato por $P(6, 2)$.

Pontos notáveis do plano cartesiano

Alguns pontos do plano cartesiano são mencionados com mais frequência, por isso vamos estudá-los a seguir.

Pontos do eixo das abscissas

A perpendicular ao eixo das ordenadas (Oy), traçada por qualquer ponto P do eixo das abscissas (Ox), encontra o eixo Oy na origem O; logo, a ordenada de P é zero. Assim:

> Todo ponto P pertencente ao eixo das abscissas é da forma $P(x, 0)$.

Exemplo

São pontos do eixo das abscissas: $(-3, 0)$, $(0, 0)$, $(5, 0)$, $\left(\frac{4}{5}, 0\right)$ e $(\sqrt{2}, 0)$.

Pontos do eixo das ordenadas

A perpendicular ao eixo das abscissas (Ox), traçada por qualquer ponto Q do eixo das ordenadas (Oy), encontra o eixo Ox na origem O; logo, a abscissa de Q é zero. Assim:

> Todo ponto Q pertencente ao eixo das ordenadas é da forma $Q(0, y)$.

Exemplo

São pontos do eixo das ordenadas: $(0, -3)$, $(0, 0)$, $(0, 5)$, $\left(0, \frac{4}{5}\right)$ e $(0, \sqrt{2})$.

Pontos da bissetriz dos quadrantes ímpares

A reta b_I que contém as bissetrizes dos quadrantes I e III, é chamada de **bissetriz dos quadrantes ímpares**.

As perpendiculares aos eixos coordenados Ox e Oy, traçadas por qualquer ponto P, com $P \neq O$, da bissetriz dos quadrantes ímpares, determinam, respectivamente, nesses eixos, os pontos A e B tal que o quadrilátero $PAOB$ é um quadrado, conforme a figura ao lado.

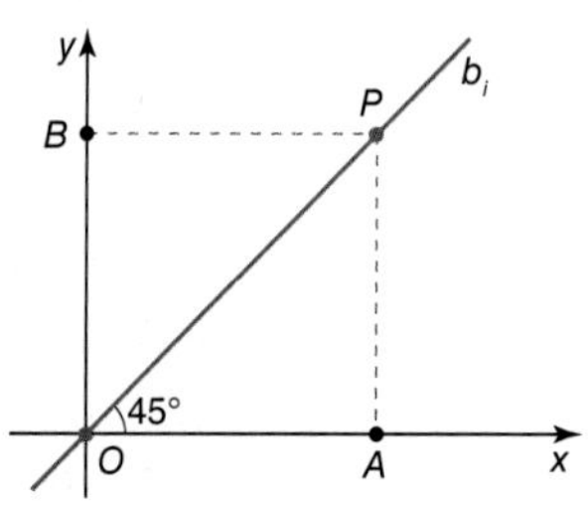

Como a abscissa de A é igual à ordenada de B, e essas são as coordenadas de P, concluímos que a abscissa e a ordenada de P são iguais.

Observando que a abscissa e a ordenada de P também são iguais no caso em que P coincide com O, podemos afirmar que:

> Todo ponto P da bissetriz b_i dos quadrantes ímpares é da forma $P(x, x)$.

Exemplo

São pontos da bissetriz b_i dos quadrantes ímpares: $(-3, -3)$, $(0, 0)$, $(5, 5)$, $\left(\frac{4}{5}, \frac{4}{5}\right)$ e $\left(\sqrt{2}, \sqrt{2}\right)$.

Pontos da bissetriz dos quadrantes pares

A reta b_p que contém as bissetrizes dos quadrantes II e IV é chamada de **bissetriz dos quadrantes pares**.

As perpendiculares aos eixos coordenados Ox e Oy, traçadas por qualquer ponto Q, com $Q \neq O$, da bissetriz dos quadrantes pares, determinam, respectivamente, nesses eixos, os pontos A e B tal que o quadrilátero $QAOB$ é um quadrado, conforme a figura ao lado.

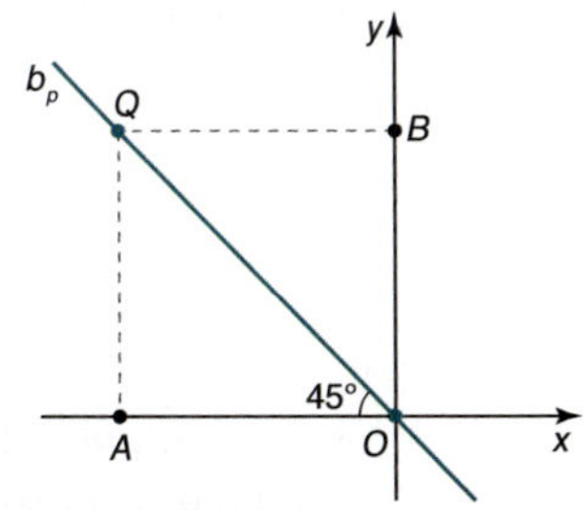

Como a abscissa de A é oposta da ordenada de B, e essas são as coordenadas de Q, concluímos que a abscissa e a ordenada de Q são opostas. Observando que a abscissa e a ordenada de Q também são opostas no caso em que Q coincide com O, podemos afirmar que:

> Todo ponto Q da bissetriz b_p dos quadrantes pares é da forma $Q(x, -x)$.

Exemplo

São pontos da bissetriz b_p dos quadrantes pares: $(0, 0)$, $(-5, 5)$, $(5, -5)$, $\left(-\frac{4}{5}, \frac{4}{5}\right)$, $\left(\frac{4}{5}, -\frac{4}{5}\right)$, $\left(-\sqrt{2}, \sqrt{2}\right)$ e $\left(\sqrt{2}, -\sqrt{2}\right)$.

Distância entre dois pontos no plano cartesiano

> Em um plano cartesiano, em que u é a unidade adotada nos eixos coordenados, a distância entre dois pontos, A e B, que se indica por AB ou d_{AB}, é o comprimento do segmento $\overline{AB}$ na unidade u.

1º caso

- Se A e B pertencem ao eixo Ox, a distância entre eles é o módulo da diferença entre suas abscissas. (Note que podemos definir essa distância simplesmente como a diferença entre as abscissas de A e B: a maior menos a menor.)
- Se C e D pertencem ao eixo Oy, a distância entre eles é o módulo da diferença entre suas ordenadas. (Note que podemos definir essa distância simplesmente como a diferença entre as ordenadas de C e D: a maior menos a menor.)

Exemplo

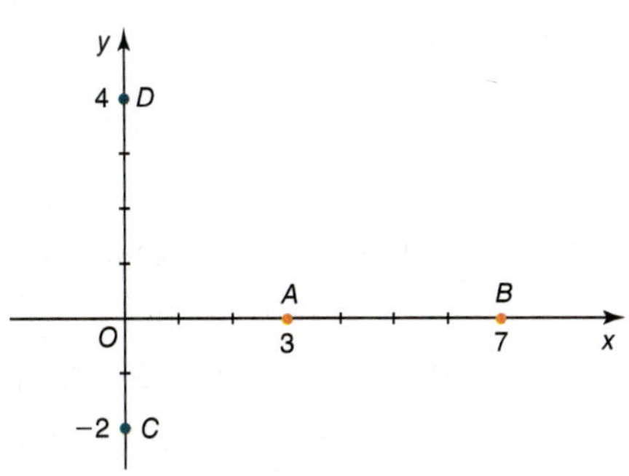

A distância entre os pontos A e B é dada por $AB = |7 - 3| = |3 - 7| = 4$ ou, simplesmente, a abscissa maior menos a menor: $AB = 7 - 3 = 4$

A distância entre os pontos C e D é dada por $CD = |4 - (-2)| = |-2 - 4| = 6$ ou, simplesmente, a ordenada maior menos a menor: $CD = 4 - (-2) = 6$

2º caso

- Se o segmento $\overline{AB}$ é paralelo ao eixo Oy, e A' e B' são, respectivamente, as projeções ortogonais de A e B sobre esse eixo, então a distância entre A e B é igual à distância entre A' e B'.

Exemplo

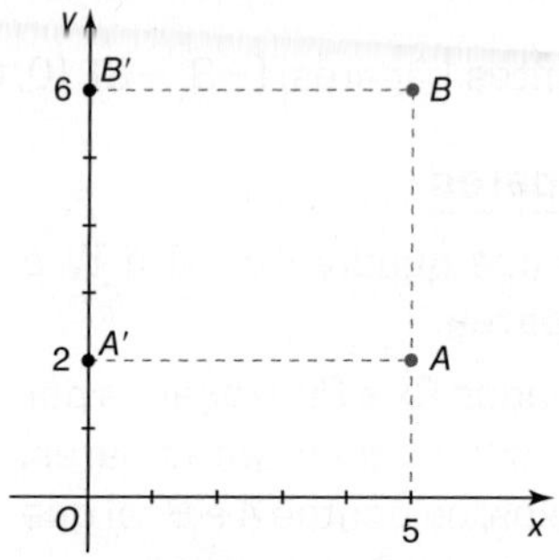

$$AB = A'B' = 6 - 2 = 4$$

- Se o segmento $\overline{CD}$ é paralelo ao eixo Ox, e C' e D' são, respectivamente, as projeções ortogonais de C e D sobre esse eixo, então a distância entre C e D é igual à distância entre C' e D'.

Exemplo

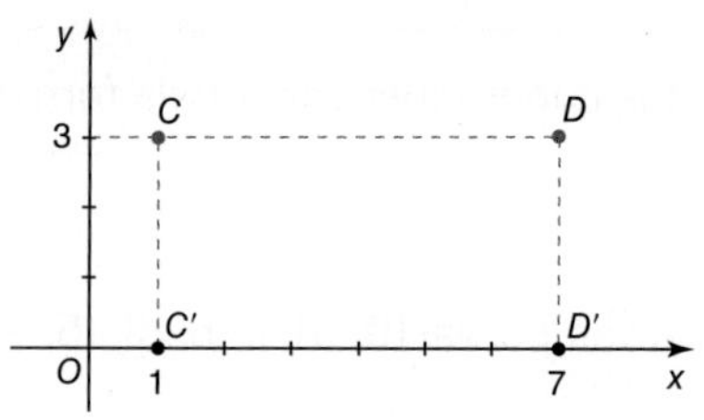

$$CD = C'D' = 7 - 1 = 6$$

3º caso

- Se o segmento $\overline{AB}$ não é paralelo a nenhum dos eixos coordenados, a distância entre os pontos A e B pode ser calculada pelo teorema de Pitágoras, conforme o exemplo a seguir.

Exemplo

Para calcular a distância entre os pontos $A(4, 2)$ e $B(7, 6)$, traçamos por A e B as retas paralelas aos eixos Ox e Oy, respectivamente, obtendo o triângulo retângulo ABC, conforme mostra a figura:

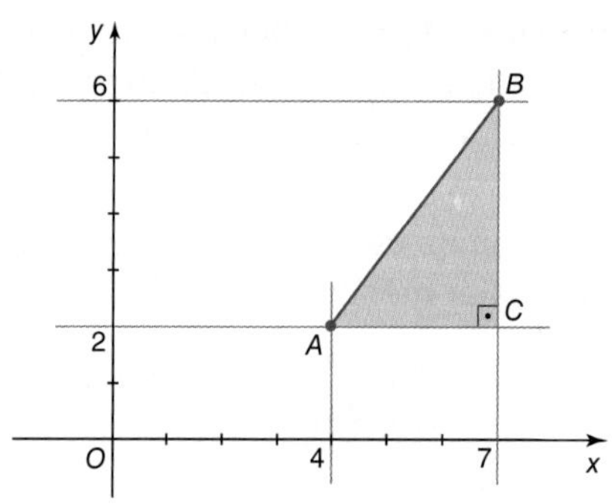

Aplicamos o teorema de Pitágoras no triângulo ABC:

$$(AB)^2 = (AC)^2 + (BC)^2$$

Observando que $AC = 7 - 4 = 3$ e $BC = 6 - 2 = 4$, temos:

$$(AB)^2 = 3^2 + 4^2 \Rightarrow (AB)^2 = 25$$

$$\therefore AB = \pm 5$$

Como a distância não pode ser um valor negativo, concluímos que $AB = 5$.

A unidade de comprimento de AB fica subentendida como a mesma unidade adotada nos eixos coordenados.

O cálculo da distância entre dois pontos do plano cartesiano pode ser generalizado pelo teorema a seguir.

> A distância AB entre dois pontos $A(x_A, y_A)$ e $B(x_B, y_B)$ é dada por:
> $$AB = \sqrt{(x_B - x_A)^2 + (y_B - y_A)^2}$$

Nota:

Observando que $(x_B - x_A)^2 = (x_A - x_B)^2$ e $(y_B - y_A)^2 = (y_A - y_B)^2$, a fórmula da distância AB pode ser $AB = \sqrt{(x_A - x_B)^2 + (y_A - y_B)^2}$ ou, simplificando:

$$AB = \sqrt{(\Delta x)^2 + (\Delta y)^2}$$

em que Δx (lemos "delta x") e Δy (lemos "delta y") representam, respectivamente, a diferença entre as abscissas e a diferença entre as ordenadas dos pontos A e B, em qualquer ordem.

EXERCÍCIOS RESOLVIDOS

1 Calcular o comprimento do segmento $\overline{AB}$ em cada um dos casos.

a) $A(3, 4)$ e $B(8, 16)$ b) $A(-1, 0)$ e $B(2, -6)$

Resolução

a) $AB = \sqrt{(\Delta x)^2 + (\Delta y)^2} = \sqrt{(8 - 3)^2 + (16 - 4)^2}$

$\therefore AB = \sqrt{5^2 + 12^2} = \sqrt{169}$

$\therefore AB = 13$

b) $AB = \sqrt{(\Delta x)^2 + (\Delta y)^2} = \sqrt{(-1 - 2)^2 + [0 - (-6)]^2}$

$\therefore AB = \sqrt{(-3)^2 + 6^2} = \sqrt{45} = 3\sqrt{5}$

2 Determinar o ponto T, pertencente ao eixo Oy, que dista igualmente dos pontos $A(2, 3)$ e $B(6, 5)$.

Resolução

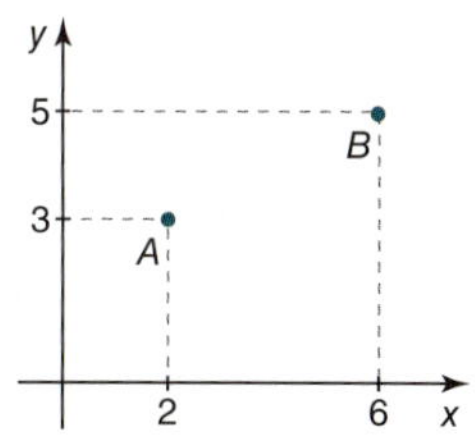

Todo ponto do eixo Oy possui abscissa zero. Logo, o ponto T é da forma $T(0, t)$.

Assim:

$TA = TB \Rightarrow \sqrt{(0 - 2)^2 + (t - 3)^2} = \sqrt{(0 - 6)^2 + (t - 5)^2}$

Elevando ao quadrado ambos os membros dessa igualdade, obtemos:

$(0 - 2)^2 + (t - 3)^2 = (0 - 6)^2 + (t - 5)^2 \Rightarrow$

$\Rightarrow 4 + t^2 - 6t + 9 = 36 + t^2 - 10t + 25$

$\therefore 4t = 48 \Rightarrow t = 12$

Assim, concluímos que $T(0, 12)$.

3 Sendo $A(4, 8)$, obter o ponto P pertencente à bissetriz dos quadrantes ímpares tal que $AP = 2\sqrt{10}$.

Resolução

Todo ponto da bissetriz dos quadrantes ímpares possui a abscissa igual à ordenada; logo, o ponto P é da forma $P(p, p)$.

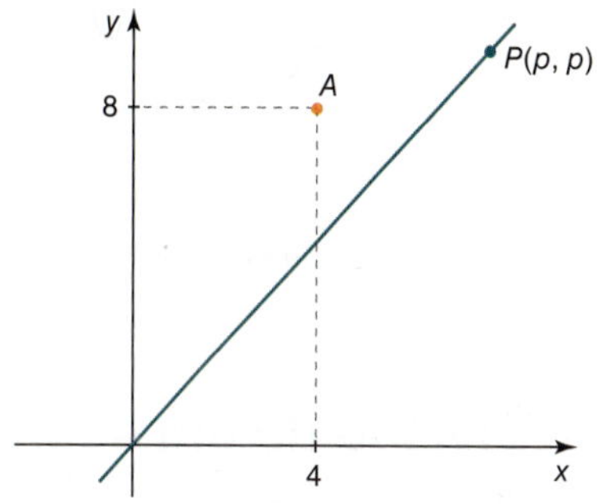

Assim:

$AP = 2\sqrt{10} \Rightarrow \sqrt{(p - 4)^2 + (p - 8)^2} = 2\sqrt{10}$

Elevando ao quadrado ambos os membros dessa igualdade, obtemos:

$(p - 4)^2 + (p - 8)^2 = 40 \Rightarrow$

$\Rightarrow p^2 - 8p + 16 + p^2 - 16p + 64 = 40$

$\therefore 2p^2 - 24p + 40 = 0$

Dividindo por 2 ambos os membros dessa igualdade, obtemos:

$p^2 - 12p + 20 = 0$

$\Delta = (-12)^2 - 4 \cdot 1 \cdot 20 = 64$

$p = \dfrac{-(-12) \pm \sqrt{64}}{2} \Rightarrow p = 2$ ou $p = 10$

Concluímos, então, que há dois pontos da bissetriz dos quadrantes ímpares cuja distância ao ponto A é $2\sqrt{10}$; são eles: $P(2, 2)$ e $P'(10, 10)$.

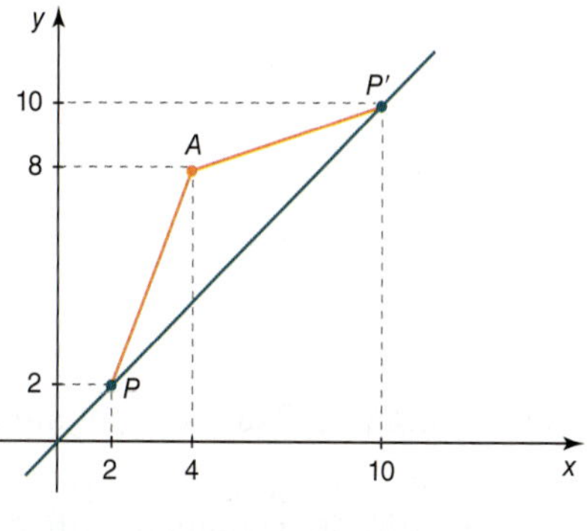

EXERCÍCIOS PROPOSTOS

1 Em cada um dos itens abaixo, calcule a distância entre os pontos A e B.

a) A(2, 4) e B(0, 12)

b) A(0, 2) e B(4, 0)

c) A(−2, 6) e B(3, 18)

d) A(−1, −4) e B(−3, −8)

2 Um ponto P do primeiro quadrante tem abscissa 15 e dista 17 unidades da origem O do sistema de coordenadas. Determine a ordenada de P.

3 Calcule a medida do raio da circunferência de centro C representada no plano cartesiano abaixo.

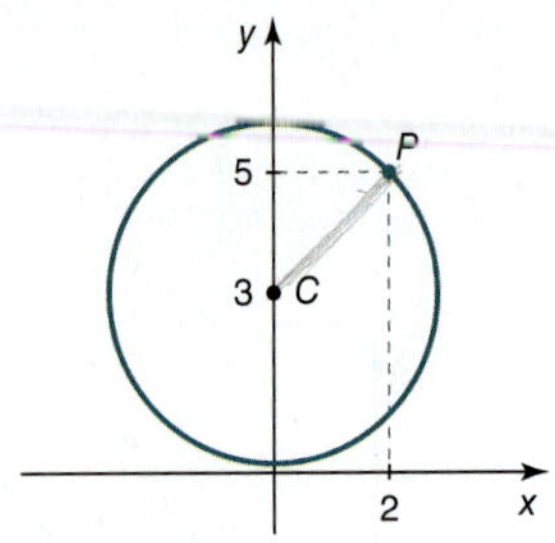

4 Sejam os pontos A(2, 5), B(10, −1) e C(9, −2).

a) Calcule o perímetro do triângulo ABC.

b) Mostre que ABC é um triângulo retângulo.

5 O ponto A(2, 6) dista 10 unidades de um ponto P do eixo das abscissas. Determine o ponto P.
(*Nota*: Determinar um ponto, em Geometria analítica, significa determinar as coordenadas desse ponto.)

6 A distância entre o ponto A(2, −8) e um ponto Q da bissetriz dos quadrantes pares é $2\sqrt{5}$. Determine o ponto Q.

7 (UFJF-MG) Os pontos A = (2, 6) e B = (3, 7) são vértices do triângulo ABC, retângulo em A. O vértice C está sobre o eixo Ox. A abscissa do ponto C é:

a) 8,5

b) 9

c) 9,5

d) 8

Resolva os exercícios complementares 1 a 8 e 70 a 72.

Divisão de um segmento por um ponto interno ao segmento

Sejam *A* e *B* dois pontos distintos e *P* um ponto entre *A* e *B*:

Dizemos que:

- *P* divide o segmento $\overline{AB}$, de *A* para *B*, na razão $\frac{AP}{PB}$;
- *P* divide o segmento $\overline{AB}$, de *B* para *A*, na razão $\frac{PB}{AP}$.

Exemplo

No plano cartesiano abaixo, os pontos *A*, *P* e *B* têm abscissas 1, 3 e 7, respectivamente.

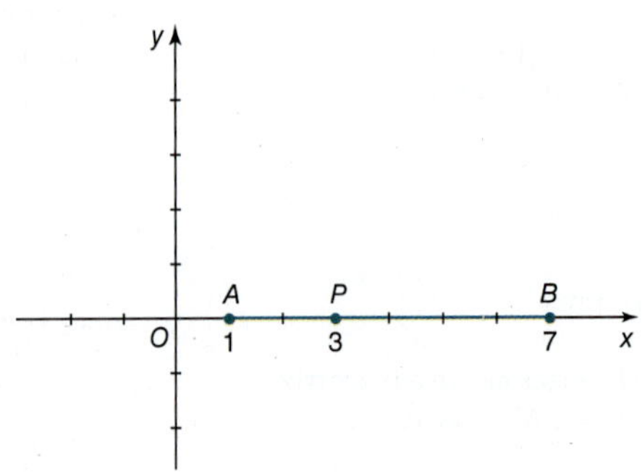

- O ponto *P* divide o segmento $\overline{AB}$, de *A* para *B*, na razão $\frac{2}{4} = \frac{1}{2}$;
- *P* divide o segmento $\overline{AB}$, de *B* para *A*, na razão $\frac{4}{2} = \frac{2}{1}$.

EXERCÍCIOS RESOLVIDOS

4 Observando o gráfico abaixo, constata-se que as retas paralelas $\overleftrightarrow{A'A}$, $\overleftrightarrow{P'P}$ e $\overleftrightarrow{B'B}$ concorrem com as transversais $\overline{AB}$ e Oy.

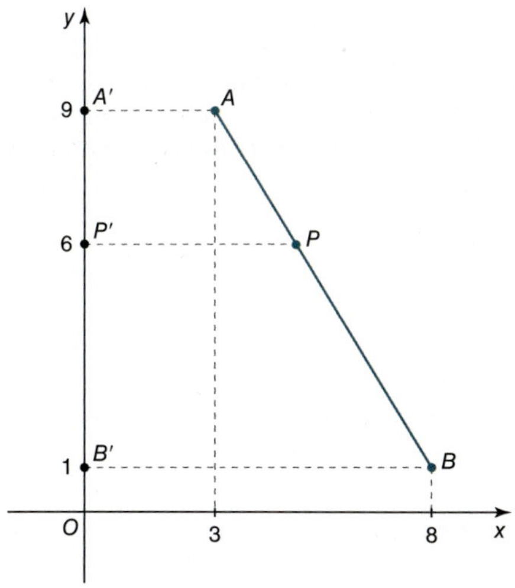

a) Aplicando o teorema de Tales, determinar a razão em que o ponto P divide o segmento $\overline{AB}$, de A para B.

b) Traçar pelo ponto P a reta paralela ao eixo Oy e, aplicando o teorema de Tales, determinar a abscissa x_P desse ponto.

Resolução

a) Pelo teorema de Tales, temos:

$$\frac{AP}{PB} = \frac{A'P'}{P'B'} \Rightarrow \frac{AP}{PB} = \frac{9-6}{6-1}$$

$$\therefore \frac{AP}{PB} = \frac{3}{5}$$

b)

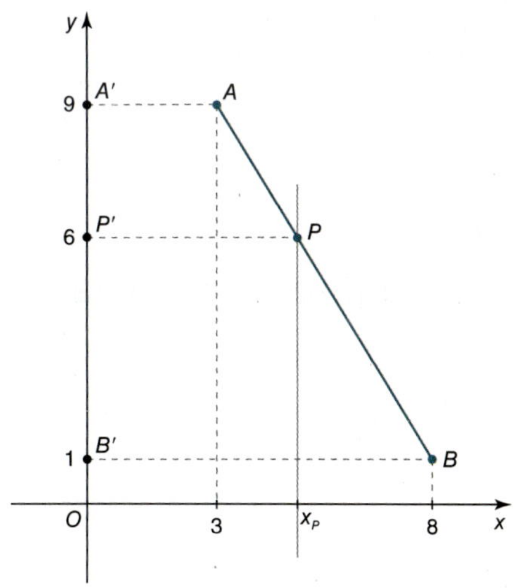

Aplicando o teorema de Tales, temos:

$$\frac{AP}{PB} = \frac{x_P - 3}{8 - x_P} \Rightarrow \frac{3}{5} = \frac{x_P - 3}{8 - x_P}$$

$$\therefore 5x_P - 15 = 24 - 3x_P \Rightarrow 8x_P = 39$$

$$\therefore x_P = \frac{39}{8}$$

5 Dados os pontos A(3, 2) e B(8, 7), determinar o ponto P que divide o segmento $\overline{AB}$, de A para B, na razão $\frac{2}{3}$.

Resolução

Indicamos a abscissa e a ordenada do ponto P por x_P e y_P, respectivamente, obtendo:

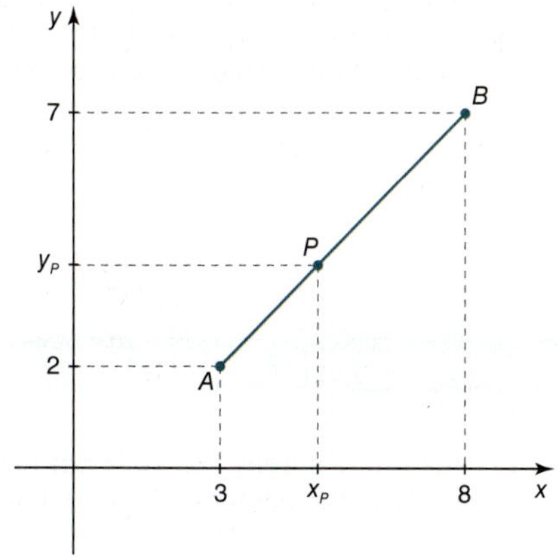

Pelo teorema de Tales, temos:

$$\begin{cases} \dfrac{AP}{PB} = \dfrac{x_P - 3}{8 - x_P} \\ \dfrac{AP}{PB} = \dfrac{y_P - 2}{7 - y_P} \end{cases}$$

Como $\frac{AP}{PB} = \frac{2}{3}$, concluímos:

$$\frac{x_P - 3}{8 - x_P} = \frac{2}{3} \Rightarrow 3x_P - 9 = 16 - 2x_P$$

$$\therefore 5x_P = 25 \Rightarrow x_P = 5$$

e

$$\frac{y_P - 2}{7 - y_P} = \frac{2}{3} \Rightarrow 3y_P - 6 = 14 - 2y_P$$

$$\therefore 5y_P = 20 \Rightarrow y_P = 4$$

Logo, P(5, 4).

6 Um capital de R$ 10.000,00 foi aplicado em regime de juro simples durante 30 dias. Ao final da aplicação, o montante acumulado era de R$ 10.150,00. Qual era o montante acumulado ao final do 19º dia dessa aplicação?

Resolução

Dentre as várias maneiras possíveis de resolver esse problema, vamos aplicar o método gráfico.

Como já vimos no volume 1 desta obra, o crescimento do montante acumulado em regime de juro simples, em função do tempo, é linear. Assim, os pares ordenados da forma (tempo, montante), no intervalo de 1 a 30 dias, representam pontos do segmento de reta a seguir, em que o tempo 0 (zero) corresponde ao instante da aplicação.

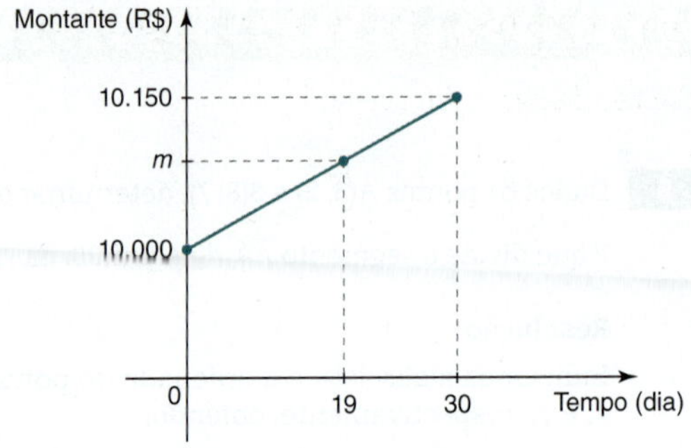

No eixo horizontal, o ponto de abscissa 19 divide o segmento com extremos de abscissas 0 e 30 na razão $\frac{19 - 0}{30 - 19} = \frac{19}{11}$; logo, no eixo vertical, o ponto de ordenada m divide o segmento com extremos de ordenadas 10.000 e 10.150 na mesma razão, isto é:

$$\frac{19 - 0}{30 - 19} = \frac{m - 10.000}{10.150 - m} \Rightarrow \frac{19}{11} = \frac{m - 10.000}{10.150 - m}$$

$$\therefore 11m - 110.000 = 192.850 - 19m \Rightarrow$$

$$\Rightarrow 30m = 302.850$$

$$\therefore m = \frac{302.850}{30} = 10.095$$

Logo, o montante acumulado ao final do 19º dia era R$ 10.095,00.

EXERCÍCIOS PROPOSTOS

8 Em cada um dos itens abaixo, o ponto C está entre os pontos A e B. Determine a razão em que o ponto C divide o segmento $\overline{AB}$, de A para B.

a) $A(4, 9)$, $B(10, 12)$ e $C(6, 10)$

b) $A(-1, 8)$, $B(6, 1)$ e $C(4, 3)$

c) $A\left(4, \frac{2}{5}\right)$, $B\left(10, \frac{3}{2}\right)$ e $C\left(7, \frac{19}{20}\right)$

9 Determine o ponto C, interno ao segmento $\overline{AB}$, que divide esse segmento, de A para B, na razão r, em cada um dos casos.

a) $A(3, 5)$, $B(12, 11)$ e $r = \frac{1}{2}$

b) $A(-1, 12)$, $B(8, 0)$ e $r = \frac{2}{3}$

c) $A\left(1, \frac{3}{4}\right)$, $B\left(\frac{13}{2}, \frac{1}{5}\right)$ e $r = \frac{5}{2}$

10 Dados os pontos $A(1, 5)$ e $B(4, 8)$, determine os pontos C e D que dividem o segmento $\overline{AB}$ em três partes congruentes.

11 (Mackenzie-SP) O segmento de extremos $A(1, -1)$ e $B(4, 5)$ é prolongado, no sentido de A para B, até um ponto M de modo que seu comprimento triplique. Então, o ponto M é dado por:

a) (9, 16) b) (9, 17) c) (10, 16) d) (10, 17) e) n.d.a.

Resolva os exercícios complementares 9 a 12 e 73 a 76.

Coordenadas do ponto médio de um segmento de reta

No gráfico abaixo, M é o ponto médio do segmento $\overline{AB}$, isto é, M divide o segmento $\overline{AB}$ em dois segmentos de mesma medida, $AM = MB$; portanto: $\frac{AM}{MB} = 1$

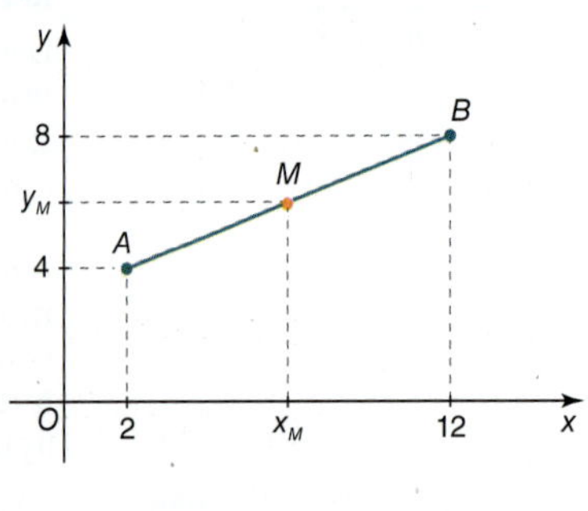

A partir da razão $\frac{AM}{MB} = 1$, podemos determinar as coordenadas de M aplicando o teorema de Tales, do mesmo modo que fizemos no exercício resolvido 5. Observe:

$$\frac{AM}{MB} = \frac{x_M - 2}{12 - x_M} \Rightarrow 1 = \frac{x_M - 2}{12 - x_M}$$
$$\therefore x_M - 2 = 12 - x_M \Rightarrow 2x_M = 14$$
$$\therefore x_M = 7$$

e

$$\frac{AM}{MB} = \frac{y_M - 4}{8 - y_M} \Rightarrow 1 = \frac{y_M - 4}{8 - y_M}$$
$$\therefore y_M - 4 = 8 - y_M \Rightarrow 2y_M = 12$$
$$\therefore y_M = 6$$

Concluímos, então, que $M(7, 6)$.

Podemos generalizar esses procedimentos pelo seguinte teorema:

> Se $A(x_A, y_A)$ e $B(x_B, y_B)$ são pontos distintos, então o ponto médio $M(x_M, y_M)$ do segmento $\overline{AB}$ é tal que:
>
> $$x_M = \frac{x_A + x_B}{2} \text{ e } y_M = \frac{y_A + y_B}{2}$$

Demonstração

Faremos a demonstração para o caso em que $\overline{AB}$ não é paralelo a nenhum dos eixos coordenados, $x_B > x_M > x_A$ e $y_B > y_M > y_A$ (os demais casos são demonstrados de modo análogo).

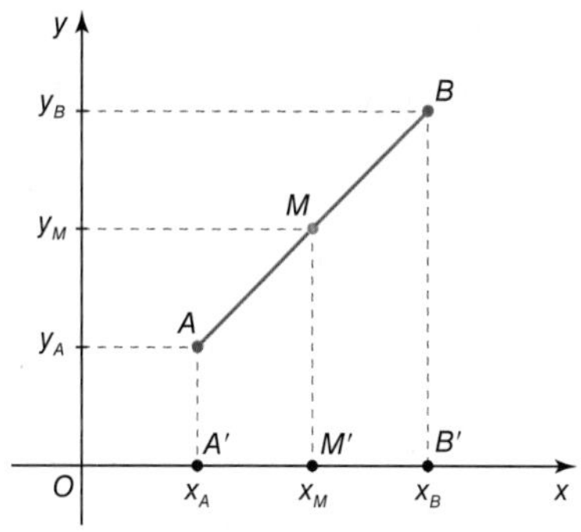

As retas paralelas $\overleftrightarrow{AA'}$, $\overleftrightarrow{MM'}$ e $\overleftrightarrow{BB'}$ concorrem com as transversais $\overleftrightarrow{AB}$ e $\overleftrightarrow{A'B'}$; assim; podemos aplicar o teorema de Tales:

$$\frac{AM}{MB} = \frac{A'M'}{M'B'} \quad \text{(I)}$$

Como $AM = MB$, pois M é ponto médio de $\overline{AB}$, temos:

$$\frac{AM}{MB} = 1 \quad \text{(II)}$$

As condições $x_B > x_M > x_A$ e $y_B > y_M > y_A$ garantem que $A'M' = x_M - x_A$ e $M'B' = x_B - x_M$. Portanto:

$$\frac{A'M'}{M'B'} = \frac{x_M - x_A}{x_B - x_M} \quad \text{(III)}$$

Substituindo (II) e (III) em (I), temos:

$$1 = \frac{x_M - x_A}{x_B - x_M}$$
$$\therefore x_M - x_A = x_B - x_M \Rightarrow 2x_M = x_A + x_B$$
$$\therefore x_M = \frac{x_A + x_B}{2}$$

Raciocinando do mesmo modo em relação ao eixo Oy, obtemos:

$$y_M = \frac{y_A + y_B}{2}$$

EXERCÍCIOS RESOLVIDOS

7 Determinar o ponto médio do segmento $\overline{AB}$ em cada um dos casos.

a) $A(10, 6)$ e $B(4, 2)$

b) $A(-5, 7)$ e $B(1, 0)$

c) $A\left(-3, \frac{2}{5}\right)$ e $B\left(-5, \frac{1}{4}\right)$

Resolução

Seja $M(x_M, y_M)$ o ponto médio do segmento $\overline{AB}$ em cada um dos casos.

a) $x_M = \frac{10 + 4}{2} = 7$ e $y_M = \frac{6 + 2}{2} = 4$

$\therefore M(7, 4)$

b) $x_M = \frac{-5 + 1}{2} = -2$ e $y_M = \frac{7 + 0}{2} = \frac{7}{2}$

$\therefore M\left(-2, \frac{7}{2}\right)$

c) $x_M = \frac{-3 + (-5)}{2} = -4$ e $y_M = \frac{\frac{2}{5} + \frac{1}{4}}{2} = \frac{13}{40}$

$\therefore M\left(-4, \frac{13}{40}\right)$

8 Obter o simétrico do ponto $P(1, 3)$ em relação ao ponto $T(4, 6)$.

Resolução

O simétrico de $P(1, 3)$ em relação a $T(4, 6)$ é o ponto $P'(x_{P'}, y_{P'})$ tal que T é o ponto médio do segmento $\overline{PP'}$:

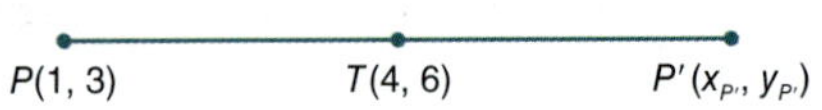

Assim, temos:

$\frac{1 + x_{P'}}{2} = 4 \Rightarrow x_{P'} = 7$

$\frac{3 + y_{P'}}{2} = 6 \Rightarrow y_{P'} = 9$

Logo, o simétrico do ponto P em relação ao ponto T é $P'(7, 9)$.

9 Em um paralelogramo $ABCD$, $A(0, 8)$ e $C(4, 16)$ são vértices opostos e $B(1, 7)$. Determinar o vértice D.

Resolução

O ponto M, comum às duas diagonais de um paralelogramo, é ponto médio de cada uma delas.

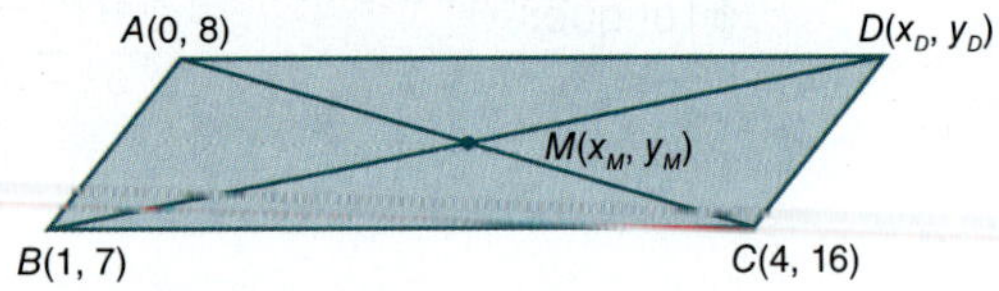

Como M é ponto médio de $\overline{AC}$, temos:

$x_M = \frac{x_A + x_C}{2} = \frac{0 + 4}{2} = 2$

$y_M = \frac{y_A + y_C}{2} = \frac{8 + 16}{2} = 12$

Como M também é ponto médio de $\overline{BD}$, temos:

$x_M = \frac{x_B + x_D}{2} = 2 \Rightarrow \frac{1 + x_D}{2} = 2$

$\therefore x_D = 3$

e

$y_M = \frac{y_B + y_D}{2} = 12 \Rightarrow \frac{7 + y_D}{2} = 12$

$\therefore y_D = 17$

Concluímos, então, que $D(3, 17)$.

Baricentro de um triângulo

As três medianas de um triângulo interceptam-se em um mesmo ponto G que divide cada mediana, a partir do vértice, na razão 2 para 1. O ponto G é chamado de **baricentro do triângulo**.

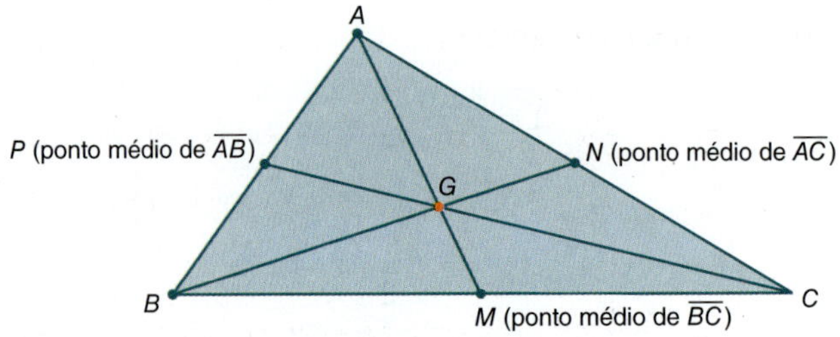

$$\frac{AG}{GM} = \frac{BG}{GN} = \frac{CG}{GP} = \frac{2}{1}$$

Com base nessa propriedade e conhecendo as coordenadas dos vértices de um triângulo, podemos determinar as coordenadas de seu baricentro, conforme mostra o teorema a seguir.

Se $A(x_A, y_A)$, $B(x_B, y_B)$ e $C(x_C, y_C)$ são vértices de um triângulo, então o baricentro $G(x_G, y_G)$ desse triângulo é tal que:

$$x_G = \frac{x_A + x_B + x_C}{3} \text{ e } y_G = \frac{y_A + y_B + y_C}{3}$$

Demonstração

Qualquer que seja a posição do triângulo ABC no plano cartesiano, haverá pelo menos uma mediana não paralela a nenhum dos eixos coordenados. Suponha que $\overline{AM}$ seja essa mediana e $G(x_G, y_G)$ seja o baricentro desse triângulo, em que $A(x_A, y_A)$, $B(x_B, y_B)$ e $C(x_C, y_C)$, com $x_M > x_G > x_A$ e $y_M > y_G > Y_A$ (para qualquer outra posição do triângulo, a demonstração é análoga).

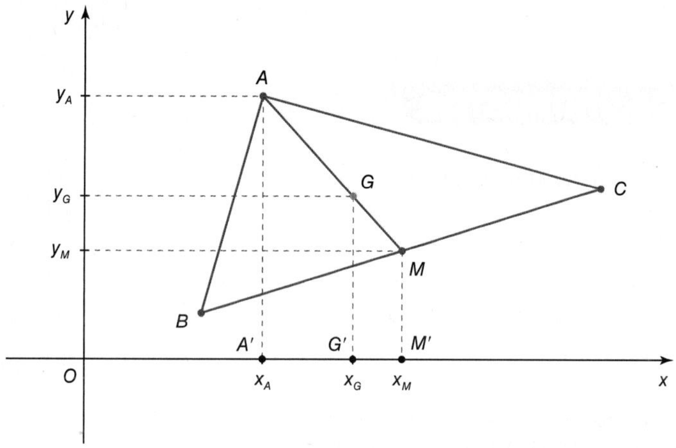

As retas paralelas $\overleftrightarrow{AA'}$, $\overleftrightarrow{GG'}$ e $\overleftrightarrow{MM'}$ concorrem com as retas $\overleftrightarrow{AM}$ e $\overleftrightarrow{A'M'}$; portanto, pelo teorema de Tales:

$$\frac{AG}{GM} = \frac{A'G'}{G'M'} \Rightarrow \frac{AG}{GM} = \frac{x_G - x_A}{x_M - x_G} \quad \text{(I)}$$

Como G é baricentro, temos:

$$\frac{AG}{GM} = \frac{2}{1} \quad \text{(II)}$$

Substituímos (II) em (I), obtendo:

$$\frac{2}{1} = \frac{x_G - x_A}{x_M - x_G} \Rightarrow x_G - x_A = 2x_M - 2x_G$$

$$\therefore 3x_G = x_A + 2x_M$$

Como M é ponto médio de $\overline{BC}$, podemos substituir x_M por $\frac{x_B + x_C}{2}$ e, portanto:

$$3x_G = x_A + 2 \cdot \frac{x_B + x_C}{2} \Rightarrow 3x_G = x_A + x_B + x_C$$

$$\therefore x_G = \frac{x_A + x_B + x_C}{3}$$

Raciocinando de modo análogo em relação ao eixo Oy, temos também:

$$y_G = \frac{y_A + y_B + y_C}{3}$$

EXERCÍCIOS RESOLVIDOS

10 Determinar o baricentro G do triângulo ABC em que A(4, 2), B(1, 5) e C(7, −3).

Resolução

As coordenadas (x_G, y_G) do baricentro do triângulo ABC são:

$$x_G = \frac{x_A + x_B + x_C}{3} = \frac{4 + 1 + 7}{3} = 4$$

$$y_G = \frac{y_A + y_B + y_C}{3} = \frac{2 + 5 + (-3)}{3} = \frac{4}{3}$$

Então, concluímos que $G\left(4, \frac{4}{3}\right)$.

11 Um triângulo ABC é tal que A(1, 6), B(7, 1) e o baricentro é G(2, −4). Determinar o vértice $C(x_C, y_C)$.

Resolução

O baricentro $G(x_G, y_G) = G(2, -4)$ é tal que:

$$x_G = \frac{x_A + x_B + x_C}{3} \Rightarrow 2 = \frac{1 + 7 + x_C}{3}$$

$\therefore x_C = -2$

e

$$y_G = \frac{y_A + y_B + y_C}{3} \Rightarrow -4 = \frac{6 + 1 + y_C}{3}$$

$\therefore y_C = -19$

Concluímos, então, que o vértice C é C(−2, −19).

EXERCÍCIOS PROPOSTOS

12 Determine o ponto médio M do segmento $\overline{AB}$ em cada um dos casos.

a) A(5, 9) e B(1, 13)

b) $A\left(2, \frac{3}{2}\right)$ e $B(-1, 2)$

c) $A(\sqrt{2}, 1 + \sqrt{3})$ e $B(1 - \sqrt{2}, \sqrt{3} - 1)$

13 As bases $\overline{AD}$ e $\overline{BC}$ de um trapézio são tais que A(0, 8), B(1, 6), C(−1, 2) e D(−4, 0). Calcule o comprimento da base média desse trapézio.
(*Nota*: A base média do trapézio é o segmento que une os pontos médios dos lados não paralelos.)

14 Calcule o comprimento da mediana $\overline{AM}$ do triângulo ABC, em que A(3, 7), B(−8, 8) e C(2, 10).

15 Dois vértices opostos de um quadrado ABCD são os pontos A(2, 5) e B(2, 9). Obtenha os outros dois vértices.

16 Dois vértices consecutivos de um paralelogramo ABCD são os pontos A(1, 6) e B(3, 8). Determine os vértices C e D, sabendo que as diagonais desse paralelogramo se cruzam no ponto $P\left(\frac{3}{2}, 5\right)$.

17 Determine o simétrico do ponto A em relação ao ponto Q, nos seguintes casos:

a) A(3, 6) e Q(5, 9)

b) $A(-3, 8)$ e $Q\left(2, \frac{4}{3}\right)$

18 O segmento $\overline{AM}$ é mediana e o ponto G é baricentro do triângulo ABC representado a seguir. Determine as coordenadas do vértice A.

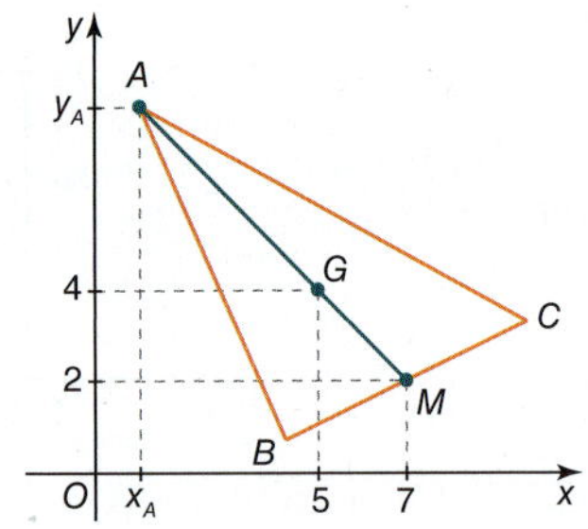

19 Obtenha o baricentro G do triângulo ABC nos seguintes casos:

a) A(1, 3), B(8, 1) e C(6, 5)

b) $A\left(\frac{3}{2}, 4\right)$, $B\left(\frac{1}{4}, -\frac{1}{2}\right)$ e $C\left(2, \frac{5}{6}\right)$

20 Para estudar o movimento de um astro que se desloca com velocidade constante em trajetória retilínea, um astrônomo fixou um plano cartesiano, contendo essa trajetória, e adotou nos eixos coordenados uma unidade conveniente para grandes distâncias. Em certo momento, o cientista observou que o astro estava no ponto A(3, 6) e quatro minutos depois estava no ponto B(5, 8).

Luneta astronômica

a) Qual era a posição do astro dois minutos após a passagem pelo ponto A?

b) Qual era a posição do astro um minuto após a passagem pelo ponto A?

Resolva os exercícios complementares 13 a 19.

Seção 2.2

Reta

Objetivos

- **Calcular** o coeficiente angular de uma reta não vertical conhecendo sua inclinação ou as coordenadas de dois de seus pontos.
- **Verificar** se três pontos do plano são ou não colineares.
- **Obter** a equação de uma reta, conhecendo seu coeficiente angular e as coordenadas de um de seus pontos.
- **Obter** as equações das retas bissetrizes dos quadrantes, das retas horizontais e das retas verticais.

Termos e conceitos

- inclinação de uma reta
- coeficiente angular de uma reta
- equação fundamental da reta

No primeiro volume desta obra, estudamos as funções polinomiais do 1º grau. Vimos que qualquer função do tipo $y = ax + b$, com $\{a, b\} \subset \mathbb{R}$ e $a \neq 0$, representa uma reta do plano cartesiano; e qualquer reta do plano cartesiano não paralela a nenhum dos eixos coordenados pode ser representada por uma função desse tipo. Neste e nos próximos capítulos, ampliaremos esses conceitos e apresentaremos novas ideias sobre o estudo da reta.

Determinação de uma reta

Conhecendo as coordenadas de dois pontos distintos de uma reta, podemos representá-la no plano cartesiano, pois **dois pontos distintos determinam uma reta**. Por exemplo, dados os pontos $A(2, 3)$ e $B(5, 4)$ de uma reta r, a representação de r é:

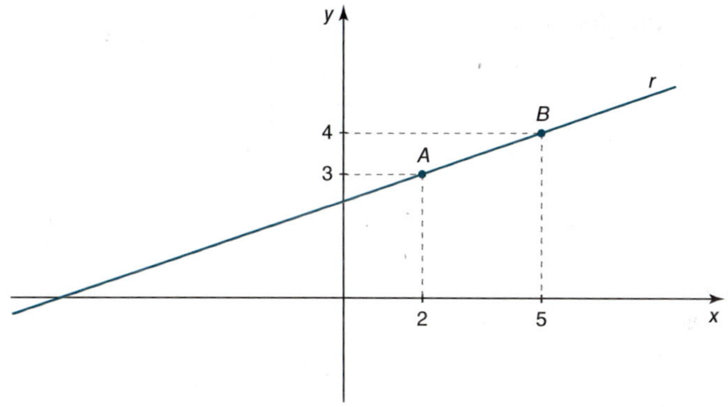

Há, porém, outras maneiras de determinar uma reta no plano cartesiano. Por exemplo, sabendo que uma reta s passa pelo ponto $P(2, 0)$ e forma com o eixo Ox um ângulo de 45°, medido no sentido anti-horário a partir de um ponto do eixo Ox à direita de P, a reta s está determinada:

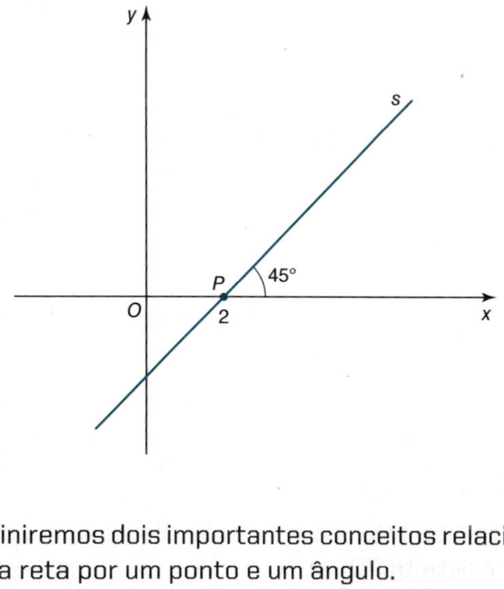

A seguir, definiremos dois importantes conceitos relacionados à determinação de uma reta por um ponto e um ângulo.

Inclinação e coeficiente angular de uma reta

No plano cartesiano xOy, r é uma reta que intercepta o eixo das abscissas em um ponto P, formando com esse eixo um ângulo de medida α, com $0° \leqslant \alpha < 180°$, medido no sentido anti-horário a partir de um ponto do eixo Ox à direita de P. A medida α é chamada de **inclinação** da reta r.

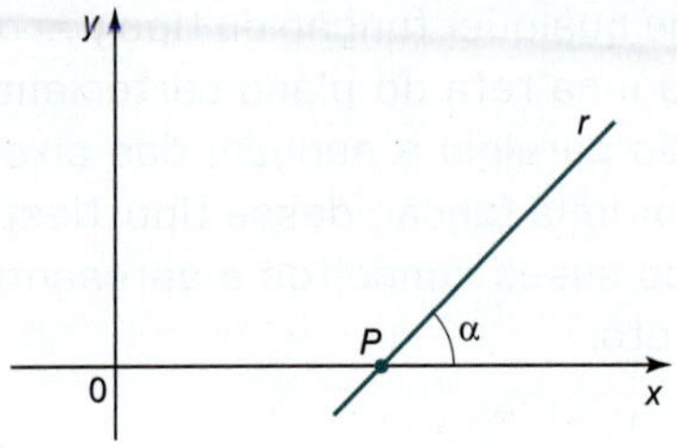

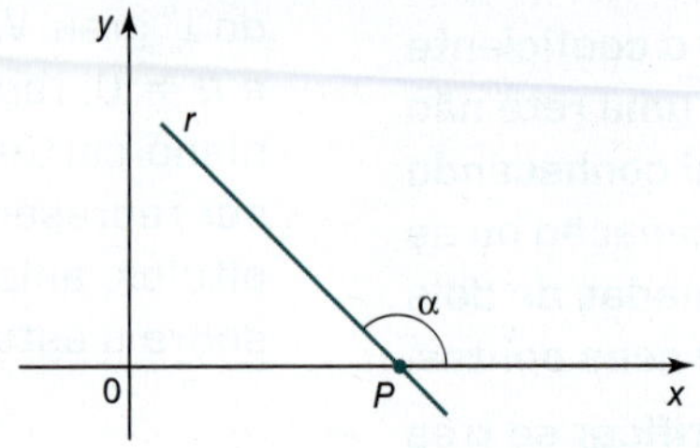

A inclinação de uma reta paralela ao eixo Ox é 0°.

> Chama-se **coeficiente angular** de uma reta r de inclinação α, com $\alpha \neq 90°$, o número m tal que:
>
> $$m = \text{tg}\ \alpha$$

O coeficiente angular de uma reta é chamado, também, de **declividade** da reta.

Exemplos

a)

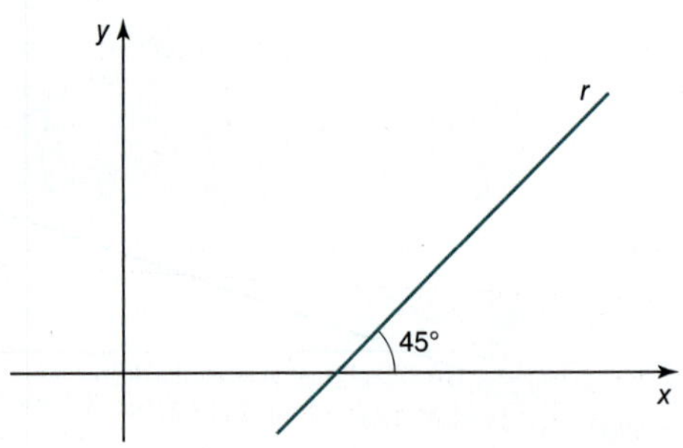

A reta r tem 45° de inclinação e, portanto, seu coeficiente angular é $m = \text{tg}\ 45° = 1$.

b)

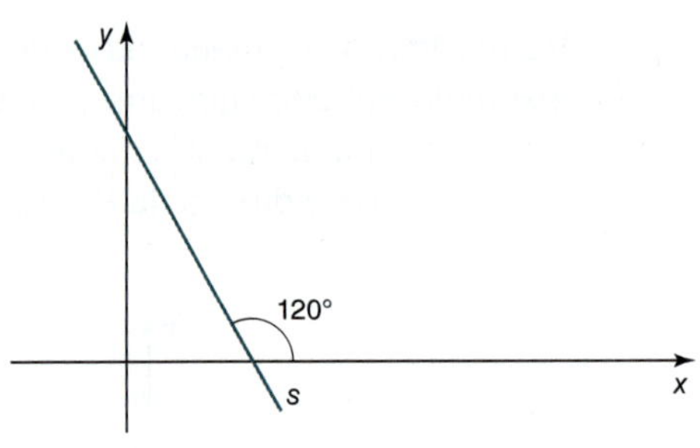

A reta s tem 120° de inclinação e, portanto, seu coeficiente angular é $m = \text{tg}\ 120° = -\sqrt{3}$.

c)

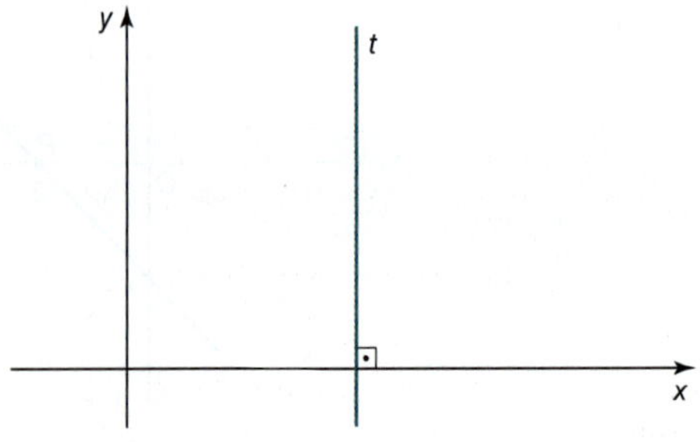

A reta t tem 90° de inclinação. Retas com essa inclinação não têm coeficiente angular, pois não existe tg 90°.

d)

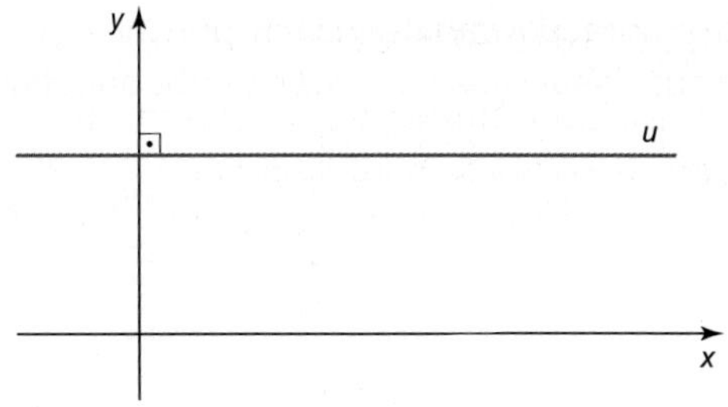

A reta u tem 0° de inclinação e, portanto, seu coeficiente angular é $m = \text{tg } 0° = 0$.

Notas:

1. Retas com 90° de inclinação são chamadas de **retas verticais**.
2. Retas com 0° de inclinação são chamadas de **retas horizontais**.
3. Retas não verticais e não horizontais são chamadas de **retas oblíquas**.

Cálculo do coeficiente angular de uma reta não vertical por dois de seus pontos

Considere dois pontos distintos $A(x_A, y_A)$ e $B(x_B, y_B)$ de uma reta r não vertical, de inclinação α:

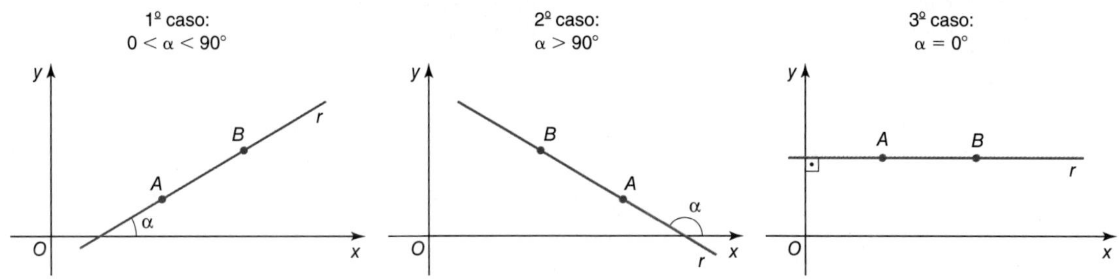

Sem perda de generalidade, podemos supor os pontos A e B nas posições indicadas.

No 1º caso, tracemos por A e B as retas paralelas aos eixos Ox e Oy, respectivamente, obtendo o triângulo retângulo ABP. Observe que a medida do ângulo $B\hat{A}P$ é igual à inclinação α da reta r:

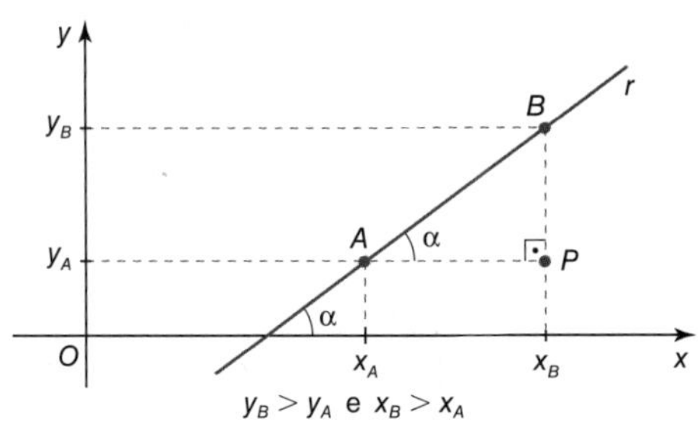

Do triângulo ABP, temos:

$$\text{tg } \alpha = \frac{PB}{AP} = \frac{y_B - y_A}{x_B - x_A}$$

Logo, o coeficiente angular m_r da reta r é dado por:

$$m_r = \frac{y_B - y_A}{x_B - x_A}$$

Também para o 2º e 3º casos, obtemos como coeficiente angular da reta r a razão da diferença das ordenadas de A e B para a diferença de suas abscissas, isto é: $m_r = \frac{y_B - y_A}{x_B - x_A}$

Observe que, multiplicando por -1 o numerador e o denominador da fração $\frac{y_B - y_A}{x_B - x_A}$, obtemos uma fração equivalente:

$$m_r = \frac{y_B - y_A}{x_B - x_A} = \frac{y_A - y_B}{x_A - x_B}$$

Para simplificar a notação, vamos indicar por Δy a diferença entre as ordenadas e por Δx a diferença entre as abscissas; assim, o coeficiente angular de r pode ser representado, simplesmente, por:

$$m_r = \frac{\Delta y}{\Delta x}$$

Atenção! No cálculo do coeficiente angular por dois pontos, A e B, as diferenças indicadas no numerador e no denominador da fração $\frac{\Delta y}{\Delta x}$ devem ser ambas obtidas de A para B, $\frac{y_A - y_B}{x_A - x_B}$, ou ambas de B para A, $\frac{y_B - y_A}{x_B - x_A}$.

EXERCÍCIOS RESOLVIDOS

12 Calcular o coeficiente angular da reta $\overleftrightarrow{AB}$ nos seguintes casos:

a) A(4, 9) e B(7, 15)

b) A(5, 2) e B(1, 10)

c) A(−4, 2) e B(2, −16)

d) A(4, 7) e B(−3, 1)

e) A(7, 9) e B(2, 9)

f) A(2, 5) e B(2, 7)

Resolução

a) $m = \frac{\Delta y}{\Delta x} = \frac{15 - 9}{7 - 4} = \frac{6}{3} = 2$

(Note que podemos calcular esse coeficiente angular de A para B, ou seja:

$m = \frac{\Delta y}{\Delta x} = \frac{9 - 15}{4 - 7} = \frac{-6}{-3} = 2$)

b) $m = \frac{\Delta y}{\Delta x} = \frac{10 - 2}{1 - 5} = \frac{8}{-4} = -2$

c) $m = \frac{\Delta y}{\Delta x} = \frac{-16 - 2}{2 - (-4)} = \frac{-18}{6} = -3$

d) $m = \frac{\Delta y}{\Delta x} = \frac{7 - 1}{4 - (-3)} = \frac{6}{7}$

e) $m = \frac{\Delta y}{\Delta x} = \frac{9 - 9}{7 - 2} = \frac{0}{5} = 0$

(Note que, nesse caso, a reta $\overleftrightarrow{AB}$ é horizontal.)

f) $m = \frac{\Delta y}{\Delta x} = \frac{7 - 5}{2 - 2} = \frac{2}{0}$ ($\nexists$, lemos "não existe")

(Note que, nesse caso, a reta $\overleftrightarrow{AB}$ é vertical.)

13 Os pontos A(11, 7) e B(13, k) pertencem à reta r representada abaixo. Determinar a ordenada k do ponto B.

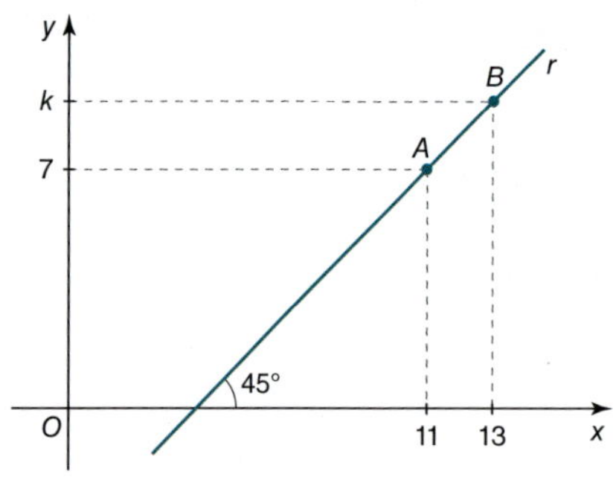

Resolução

Sendo m_r o coeficiente angular da reta r, temos:

$$\begin{cases} m_r = \text{tg } 45° = 1 \\ m_r = \frac{k - 7}{13 - 11} \end{cases} \Rightarrow \frac{k - 7}{13 - 11} = 1$$

$$\therefore \frac{k - 7}{2} = 1 \Rightarrow k = 9$$

Interpretação do coeficiente angular como taxa de variação

Para qualquer função $y = f(x)$, a razão entre a variação de valores de y e a correspondente variação de valores de x, nessa ordem, é chamada de taxa média de variação de y em relação a x; isto é, se $A(x_A, y_A)$ e $B(x_B, y_B)$ são dois pontos distintos do gráfico da função $y = f(x)$, então qualquer uma das razões abaixo é a taxa média de variação de y em relação a x, quando este varia de x_A a x_B.

$$\frac{\Delta y}{\Delta x} = \frac{y_B - y_A}{x_B - x_A} \text{ ou } \frac{\Delta y}{\Delta x} = \frac{y_A - y_B}{x_A - x_B}$$

Se a função $y = f(x)$ tiver como gráfico uma reta, a taxa média de variação da função é constante e, por isso, pode ser chamada simplesmente de **taxa de variação** (sem necessidade da palavra "média"). Note que essa constante é o coeficiente angular da reta, que será:

- **positivo** se, e somente se, a reta representar uma função crescente;
- **negativo** se, e somente se, a reta representar uma função decrescente;
- **zero** se, e somente se, a reta representar uma função constante.

EXERCÍCIOS RESOLVIDOS

14 O gráfico ao lado descreve a temperatura y, em grau Celsius, de um aquecedor de ambiente, em função do tempo x, em minuto, desde o instante em que foi ligado (instante zero), quando sua temperatura era 10 °C, até o instante em que atinge a temperatura de 28 °C.

a) Calcular o coeficiente angular da reta que contém esse gráfico.

b) Determinar a taxa de variação da temperatura em relação ao tempo.

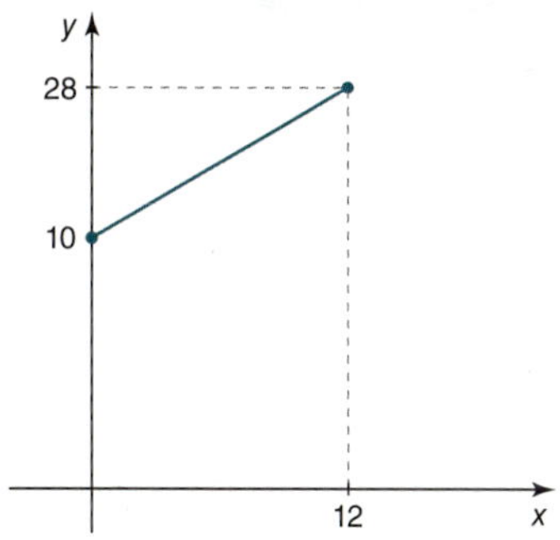

Resolução

a) A reta que contém esse gráfico passa pelos pontos A(0, 10) e B(12, 28). Logo, o coeficiente angular m dessa reta é dado por:

$$m = \frac{y_B - y_A}{x_B - x_A} = \frac{28 - 10}{12 - 0} = \frac{18}{12} = 1,5$$

b) Em uma função cujo gráfico é uma reta, a taxa de variação de y em relação a x é constante, portanto pode ser calculada a partir de dois pontos distintos quaisquer da reta. Assim, a taxa de variação da temperatura em relação ao tempo é numericamente igual ao coeficiente angular da reta que contém o gráfico apresentado, ou seja, $m = 1,5$. Esse valor indica que a temperatura sobe 1,5 °C a cada minuto.

15 O gráfico a seguir descreve a evolução da dívida externa brasileira, em bilhão de dólares, do ano 2000 ao ano 2007.

a) Calcular os coeficientes angulares das retas que contêm os segmentos do gráfico de 2001 a 2002 e de 2002 a 2003.

b) Comparando os coeficientes angulares obtidos no item **a**, em qual dos dois períodos de tempo considerados houve a maior taxa de variação da dívida externa brasileira?

c) Em qual dos períodos, [2000, 2001], [2001, 2002], [2002, 2003], ..., [2006, 2007], a taxa de variação da dívida foi maior?

Fonte: Banco Central do Brasil.

Resolução

a) Indicando por m_1 e m_2 os coeficientes angulares das retas que contêm os segmentos do gráfico de 2001 a 2002 e de 2002 a 2003, respectivamente, temos:

$$m_1 = \frac{210{,}7 - 209{,}9}{2002 - 2001} = \frac{0{,}8}{1} = 0{,}8 \quad \text{e} \quad m_2 = \frac{214{,}9 - 210{,}7}{2003 - 2002} = \frac{4{,}2}{1} = 4{,}2$$

b) O coeficiente angular mede a taxa de variação em cada um dos dois períodos considerados, isto é, o coeficiente angular indica quantos bilhões de dólares a dívida externa cresceu ou decresceu no respectivo período. Como $4{,}2 > 0{,}8$, concluímos que de 2002 a 2003 a taxa de variação da dívida foi maior que a de 2001 a 2002. Isso significa que, de 2002 a 2003, o acréscimo da dívida, em bilhão de dólares, foi maior que o acréscimo no período de 2001 a 2002.

c) O coeficiente angular m da reta que contém o segmento correspondente ao período de 2006 a 2007 é dado por:

$$m = \frac{197{,}7 - 176{,}5}{2007 - 2006} = \frac{21{,}2}{1} = 21{,}2$$

Esse coeficiente angular é o maior dentre todos os coeficientes angulares das retas que contêm os segmentos que compõem o gráfico; logo, a maior taxa de variação ocorreu no período de 2006 a 2007.

EXERCÍCIOS PROPOSTOS

21 Determine a inclinação α e o coeficiente angular m da reta r em cada um dos casos:

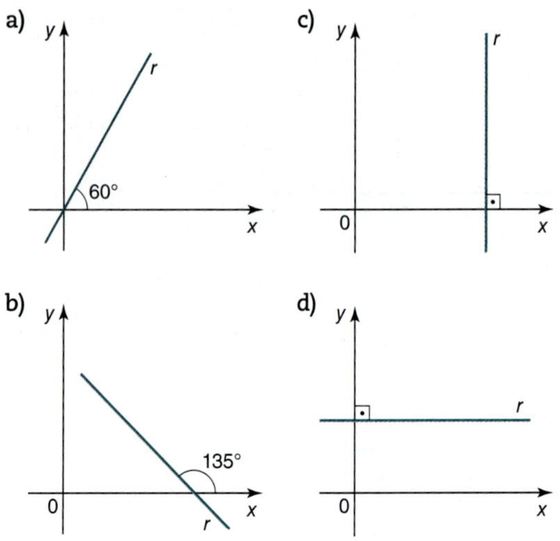

22 As retas r e s representadas no plano cartesiano abaixo são paralelas. Determine a inclinação e o coeficiente angular da reta r.

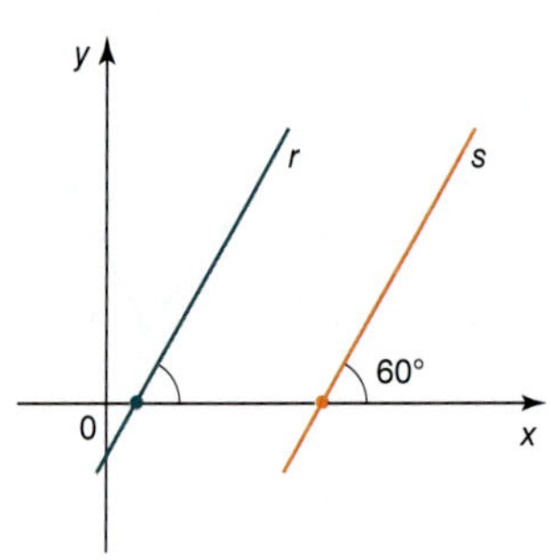

23 As retas r e s representadas no plano cartesiano a seguir são perpendiculares. Determine a inclinação e o coeficiente angular da reta s.

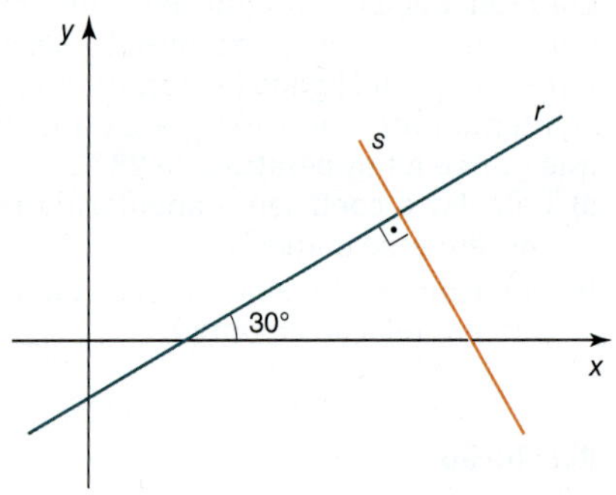

24 Desenhe em seu caderno o sistema cartesiano de eixos ortogonais e represente, no plano cartesiano assim obtido, a reta r que passa pelo ponto $P(-4, 0)$ e tem coeficiente angular igual a 1.

25 O gráfico abaixo mostra a reta $\overleftrightarrow{AB}$ de inclinação α. Considere a reta r paralela ao eixo das abscissas, passando por A; e a reta s paralela ao eixo das ordenadas, passando por B, sendo C o ponto comum às retas r e s.

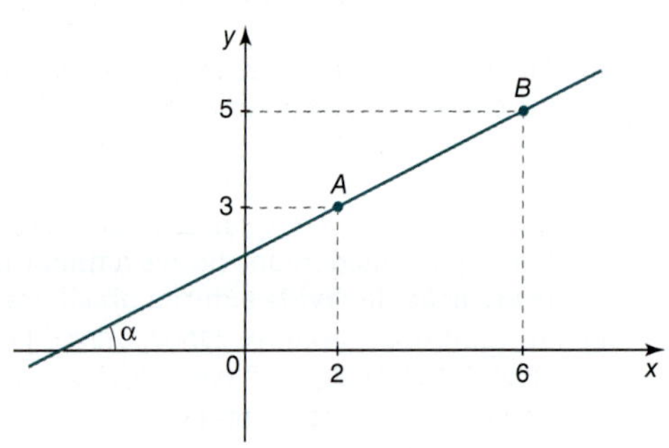

a) Que relação existe entre a medida do ângulo $B\hat{A}C$ e a inclinação α da reta $\overleftrightarrow{AB}$?

b) Calcule as medidas dos segmentos $\overline{AC}$ e $\overline{BC}$.

c) Calcule o coeficiente angular da reta $\overleftrightarrow{AB}$.

26 No plano cartesiano abaixo estão representadas as retas *r* e *s*.

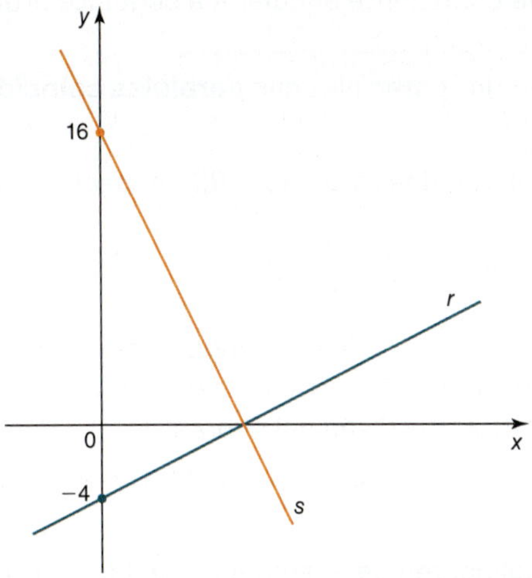

De acordo com esse gráfico, classifique como verdadeira (V) ou falsa (F) cada uma das afirmações a seguir.

a) A inclinação da reta *s* é maior que a inclinação da reta *r*.

b) O coeficiente angular da reta *s* é maior que o coeficiente angular da reta *r*.

c) Sendo m_r e m_s os coeficientes angulares das retas *r* e *s*, respectivamente, tem-se $|m_r| < |m_s|$.

d) O coeficiente angular da reta *r* é negativo.

e) O coeficiente angular da reta *s* é negativo.

f) A soma das inclinações das retas *r* e *s* pode ser maior que 180°.

27 Determine o coeficiente angular *m* da reta $\overleftrightarrow{AB}$ em cada um dos casos a seguir.

a) $A(1, 6)$ e $B(4, 9)$

b) $A(-6, 4)$ e $B(3, -5)$

c) $A(2, 6)$ e $B(10, 6)$

d) $A(-4, 2)$ e $B(-4, 8)$

28 Determine o coeficiente angular *m* e a inclinação α da reta *s* representada abaixo.

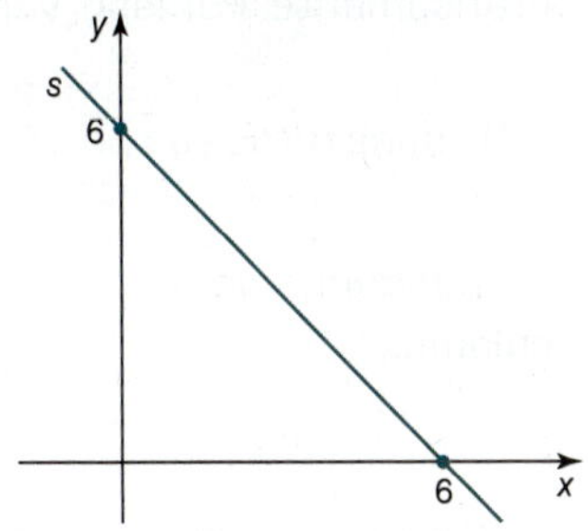

29 A reta *r* representada abaixo tem 150° de inclinação. Determine a ordenada *q* do ponto em que *r* intercepta o eixo Oy.

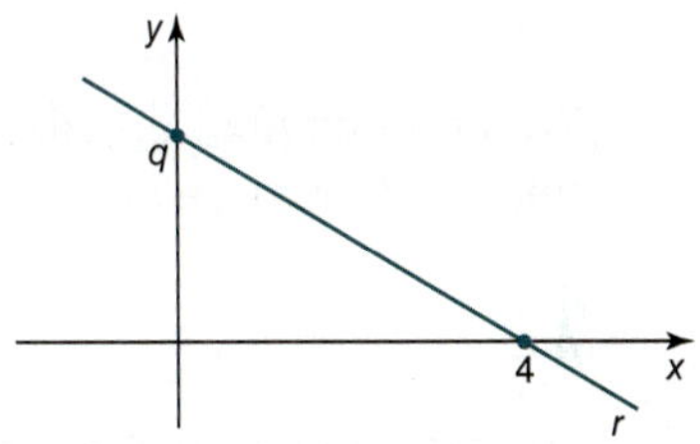

30 (Ufam) A reta *r* que passa pelo ponto $A(2, 5)$ e tem 135° de inclinação intercepta o eixo das abscissas no ponto:

a) (7, 0)
b) (−7, 0)
c) (5, 0)
d) (−5, 0)
e) (0, 0)

31 Em cada um dos casos a seguir, calcule o coeficiente angular das retas $\overleftrightarrow{AB}$ e $\overleftrightarrow{CD}$ e classifique-as como paralelas ou concorrentes.

a) $A(4, 6)$ e $B(7, 9)$; $C(1, 2)$ e $D(5, 6)$

b) $A(2, -3)$ e $B(1, 4)$; $C(5, 8)$ e $D(3, 9)$

c) $A(6, 9)$ e $B(6, 1)$; $C(2, 8)$ e $D(2, 12)$

32 A reta *r* é horizontal e passa pelos pontos $A(5, 2k - 8)$ e $B(7, 5k + 12)$. Determine o número real *k*.

Resolva os exercícios complementares 20 a 26.

Condição de alinhamento de três pontos

Os pontos *A*(1, 3), *B*(3, 7) e *C*(5, 11), representados abaixo, são colineares? Isto é, pertencem à mesma reta?

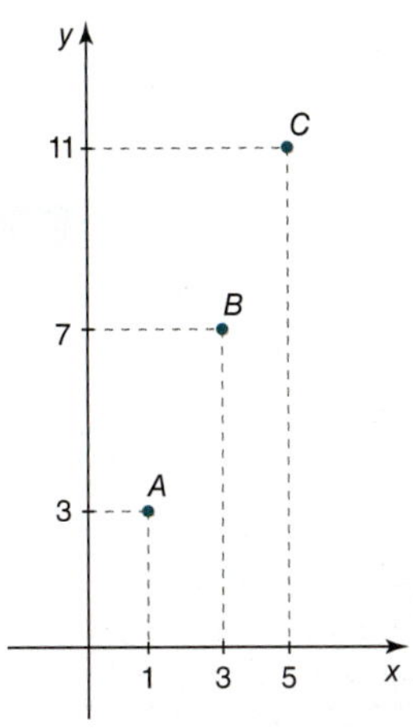

Para responder a essa pergunta, não basta traçar a reta $\overleftrightarrow{AB}$ com o auxílio da régua, pois o ponto C pode estar fora dessa reta a uma distância tão pequena que não possa ser detectada graficamente. Por isso, vamos usar o conceito de coeficiente angular e a seguinte propriedade:

Se duas retas são paralelas e têm um ponto comum, então elas são **paralelas coincidentes**.

Indicando por m_{AB} e m_{BC} os coeficientes angulares das retas $\overleftrightarrow{AB}$ e $\overleftrightarrow{BC}$, respectivamente, calculamos:

$$m_{AB} = \frac{7-3}{3-1} = 2 \quad \text{e} \quad m_{BC} = \frac{11-7}{5-3} = 2$$

Como $m_{AB} = m_{BC}$, deduzimos que $\overleftrightarrow{AB}$ e $\overleftrightarrow{BC}$ têm a mesma inclinação; logo, essas retas são paralelas. Além de paralelas, $\overleftrightarrow{AB}$ e $\overleftrightarrow{BC}$ têm o ponto B em comum e, portanto, essas retas são paralelas coincidentes, com o que concluímos que os pontos A, B e C são colineares.

Podemos generalizar a condição de alinhamento de três pontos pelo teorema a seguir.

Três pontos $A(x_A, y_A)$, $B(x_B, y_B)$ e $C(x_C, y_C)$ são colineares se, e somente se, $m_{AB} = m_{BC}$ ou se não existem m_{AB} e m_{BC}.

Nota:

Se três pontos D, E e F do plano cartesiano são tais que não existem os coeficientes angulares das retas $\overleftrightarrow{DE}$ e $\overleftrightarrow{EF}$, então essas retas são verticais e, portanto, paralelas. Como, além de paralelas, as retas $\overleftrightarrow{DE}$ e $\overleftrightarrow{EF}$ têm o ponto E em comum, concluímos que essas retas são paralelas coincidentes e, portanto, os pontos D, E e F são colineares.

EXERCÍCIOS RESOLVIDOS

16 Verificar se os pontos A, B e C são ou não colineares nos seguintes casos:

a) A(2, 4), B(3, 7) e C(5, 13)
b) A(4, 2), B(1, 2) e C(−1, 2)
c) A(3, 8), B(3, 4) e C(3, −1)
d) A(5, 1), B(3, 3) e C(0, 4)
e) A(4, 2), B(4, 7) e C(1, 3)

Resolução

Em cada item, devemos observar m_{AB} e m_{BC}:

- se $m_{AB} = m_{BC}$ ou se não existirem m_{AB} e m_{BC}, então concluímos que A, B e C são colineares;
- se $m_{AB} \neq m_{BC}$ ou se existir apenas um dos coeficientes angulares m_{AB} e m_{BC}, então concluímos que A, B e C não são colineares.

Assim temos:

a) $m_{AB} = \frac{7-4}{3-2} = 3$

$m_{BC} = \frac{13-7}{5-3} = 3$

Como $m_{AB} = m_{BC}$, concluímos que A, B e C são colineares.

b) $m_{AB} = \frac{2-2}{4-1} = 0$

$m_{BC} = \frac{2-2}{1-(-1)} = 0$

Como $m_{AB} = m_{BC}$, concluímos que A, B e C são colineares.

c) $m_{AB} = \frac{8-4}{3-3} = \frac{4}{0}\ (\nexists)$

$m_{BC} = \frac{4-(-1)}{3-3} = \frac{5}{0}\ (\nexists)$

Como não existem m_{AB} e m_{BC}, concluímos que A, B e C são colineares.

d) $m_{AB} = \frac{3-1}{3-5} = -1$

$m_{BC} = \frac{4-3}{0-3} = -\frac{1}{3}$

Como $m_{AB} \neq m_{BC}$, concluímos que A, B e C não são colineares.

e) $m_{AB} = \frac{7-2}{4-4} = \frac{5}{0}\ (\nexists)$

$m_{BC} = \frac{7-3}{4-1} = \frac{4}{3}$

Como existe apenas um dos coeficientes angulares, concluímos que A, B e C não são colineares.

17 Determinar o valor de y para que os pontos A(2, 5), B(4, 11) e C(5, y) sejam colineares.

Resolução

$m_{AB} = \frac{11-5}{4-2} = 3$

$m_{BC} = \frac{y-11}{5-4} = y - 11$

Para que A, B e C sejam colineares, devemos ter $m_{AB} = m_{BC}$, isto é: $3 = y - 11 \Rightarrow y = 14$

EXERCÍCIOS PROPOSTOS

33 Verifique se os pontos A, B e C são ou não colineares, nos seguintes casos:

a) $A(4, 2)$, $B(6, 8)$ e $C(7, 11)$

b) $A\left(\frac{1}{3}, -2\right)$, $B(0, -5)$ e $C\left(\frac{1}{2}, -\frac{7}{2}\right)$

c) $A(5, 2)$, $B(3, 1)$ e $C(4, 2)$

d) $A\left(\frac{1}{4}, 2\right)$, $B\left(\frac{2}{5}, 2\right)$ e $C\left(\frac{3}{4}, 2\right)$

e) $A(-3, -4)$, $B(1, -4)$ e $C(3, -4)$

34 Determine o número real k para que os pontos $A(3, -2)$, $B(4, 5)$ e $C(k, -9)$ sejam colineares.

35 Determine o número real q para que os pontos $A(6, 2)$, $B(1, 4)$ e $C(2, q + 3)$ sejam vértices de um triângulo.

36 (Vunesp) Sejam $P(a, b)$, $Q(1, 3)$ e $R(-1, -1)$ pontos do plano.
Se $a + b = 7$, determine P de modo que P, Q e R sejam colineares.

37 Se o ponto (x, y) pertence à mesma reta que os pontos $A(2, 5)$ e $B(4, 9)$, então:

a) $y = 2x + 1$
b) $y = 3x - 1$
c) $y = x$
d) $y = 3 - 2x$
e) $y = 5x - 4$

Resolva os exercícios complementares 27 a 29 e 77 a 80.

Equação fundamental da reta

A reta r representada abaixo passa pelo ponto $P(6, 3)$ e seu coeficiente angular é $m_r = 2$.

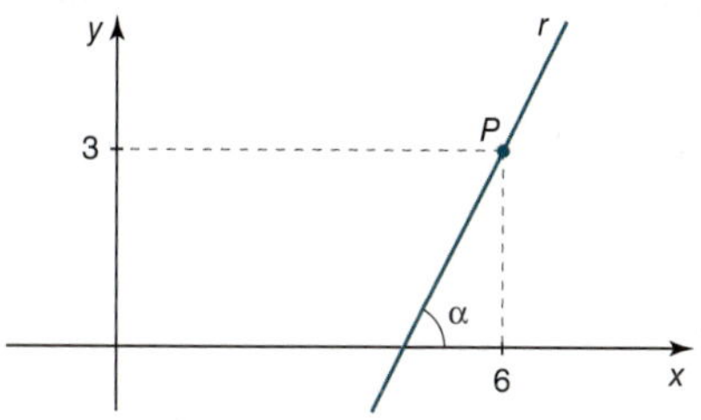

$m_r = \text{tg } \alpha = 2$

Com base nesses dados, podemos obter uma equação que represente todos os pontos (x, y) que pertencem à reta r. Para obtê-la, consideremos um ponto genérico $G(x, y)$, distinto de P. O ponto G pertence à reta se, e somente se, o coeficiente angular calculado pelos pontos P e G for igual ao coeficiente angular de r, isto é:

$$m_{PG} = m_r \Rightarrow \frac{y - 3}{x - 6} = 2$$

$$\therefore y - 3 = 2x - 12$$

$$\therefore y = 2x - 9$$

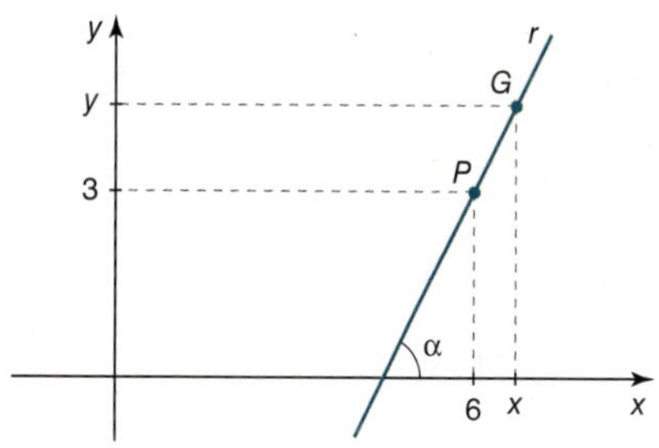

Note que o ponto $P(6, 3)$ também satisfaz a equação $y = 2x - 9$, pois substituindo x por 6 e y por 3, essa igualdade é satisfeita; observe:

$$3 = 2 \cdot 6 - 9$$

Assim, concluímos que a equação $y = 2x - 9$ representa todos os pontos (x, y) do plano cartesiano que pertencem à reta r, por isso ela é chamada de **equação da reta r**.

Podemos generalizar esse raciocínio pelo teorema a seguir.

Se r é a reta não vertical que passa pelo ponto $P(x_0, y_0)$ e tem coeficiente angular m, então uma equação de r é:

$$y - y_0 = m(x - x_0)$$

Essa equação é denominada **equação fundamental** da reta r.

Demonstração

Seja $G(x, y)$ um ponto genérico de r, distinto de P.

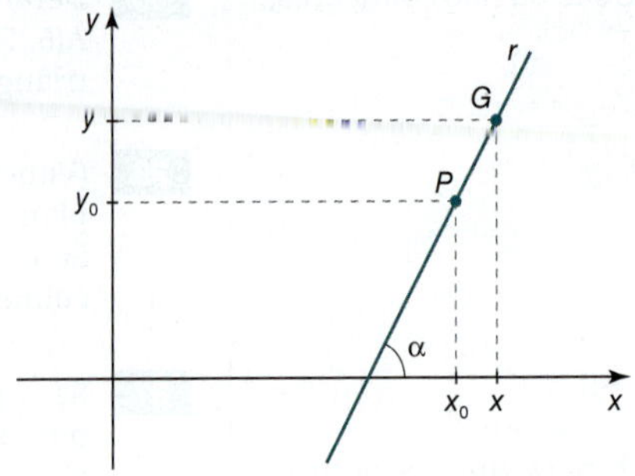

O ponto G pertence à reta se, e somente se, o coeficiente angular calculado pelos pontos P e G é igual ao coeficiente angular m de r, isto é:

$$\frac{y - y_0}{x - x_0} = m$$

Logo:

$$y - y_0 = m(x - x_0)$$

Note que o ponto $P(x_0, y_0)$ também satisfaz essa equação, pois:

$$y_0 - y_0 = m(x_0 - x_0) \Leftrightarrow 0 = 0$$

Assim, a equação $y - y_0 = m(x - x_0)$ representa todos os pontos do plano cartesiano que pertencem à reta r.

EXERCÍCIOS RESOLVIDOS

18 Obter uma equação da reta r que passa pelo ponto $P(-5, 2)$ e tem coeficiente angular $m = 3$.

Resolução

Na equação fundamental da reta, $y - y_0 = m(x - x_0)$, substituímos x_0, y_0 e m, respectivamente, por -5, 2 e 3, obtendo:

$y - 2 = 3[x - (-5)]$

De onde concluímos que:

$y = 3x + 17$

Essa é uma equação da reta r, que também pode ser apresentada na forma: $3x - y + 17 = 0$

19 Representar por meio de uma equação a reta r cujo gráfico é:

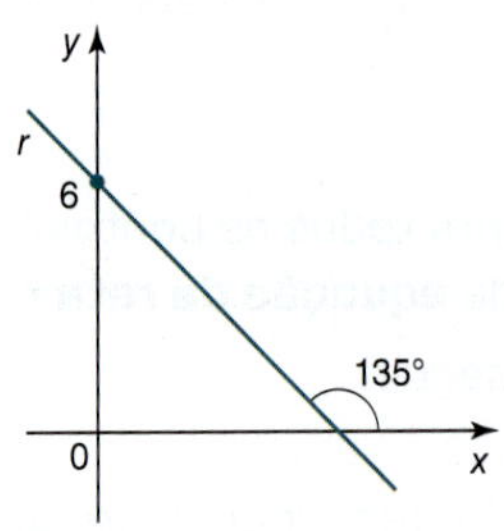

Resolução

A reta r passa pelo ponto $P(0, 6)$ e tem coeficiente angular $m = \text{tg } 135° = -1$.

Substituindo x_0 por 0; y_0 por 6 e m por -1 na equação fundamental da reta, $y - y_0 = m(x - x_0)$, temos:

$y - 6 = -1(x - 0)$

De onde concluímos que:

$y = -x + 6$

Essa equação da reta r também pode ser apresentada na forma:

$x + y - 6 = 0$

20 Obter uma equação da reta que passa pelos pontos $A(-1, -2)$ e $B(-4, 7)$.

Resolução

Calculando o coeficiente angular da reta $\overleftrightarrow{AB}$, temos:

$$m_{AB} = \frac{7 - (-2)}{-4 - (-1)} = -3$$

Com esse coeficiente angular e **qualquer um** dos dois pontos A ou B, obtemos a equação pedida. Consideremos o ponto $A(-1, -2)$.

Fazendo $x_0 = -1$, $y_0 = -2$ e $m = -3$ na equação fundamental da reta, $y - y_0 = m(x - x_0)$, obtemos:

$y - (-2) = -3[x - (-1)]$

De onde concluímos que a equação da reta $\overleftrightarrow{AB}$ é:

$y = -3x - 5$

Ou, em outra forma de apresentação:

$3x + y + 5 = 0$

Equações das bissetrizes dos quadrantes e das retas horizontais e verticais

Os gráficos a seguir mostram retas em quatro posições notáveis do plano cartesiano. Vamos obter as equações dessas retas.

Bissetriz dos quadrantes ímpares

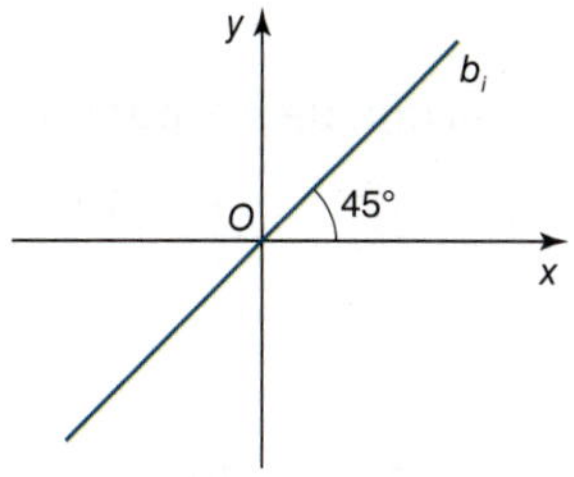

A reta b_i, chamada de bissetriz dos quadrantes ímpares, passa pelo ponto (0, 0) e tem coeficiente angular $m = \text{tg } 45° = 1$; logo, sua equação é dada por:

$$y - 0 = 1(x - 0)$$

ou seja:

> A reta bissetriz dos quadrantes ímpares tem equação:
> $y = x$

Por exemplo, são pontos da reta b_i: $\left(-\frac{1}{2}, -\frac{1}{2}\right)$, (0, 0), (1, 1), $(\sqrt{5}, \sqrt{5})$. Podemos representar um ponto genérico G da bissetriz dos quadrantes ímpares por $G(x, x)$, com $x \in \mathbb{R}$.

Bissetriz dos quadrantes pares

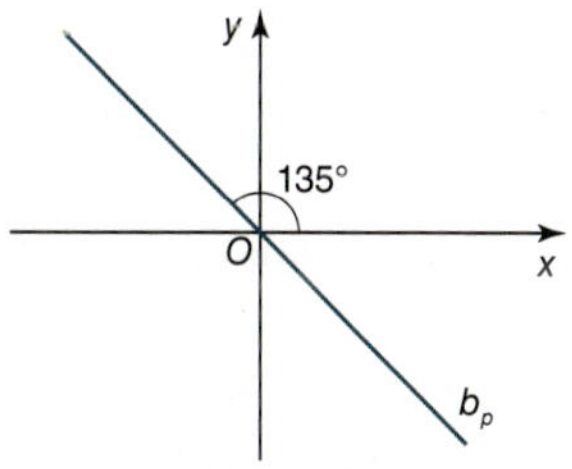

A reta b_p, chamada de bissetriz dos quadrantes pares, passa pelo ponto (0, 0) e tem coeficiente angular $m = \text{tg } 135° = -1$; logo, sua equação é dada por:

$$y - 0 = -1(x - 0)$$

ou seja:

> A reta bissetriz dos quadrantes pares tem equação:
> $y = -x$

Por exemplo, são pontos da reta b_p: (0, 0), (1, −1), (−1, 1), $(\sqrt{5}, -\sqrt{5})$, $(-\sqrt{5}, \sqrt{5})$. Podemos representar um ponto genérico G da bissetriz dos quadrantes pares por $G(x, -x)$, com $x \in \mathbb{R}$.

Retas horizontais

Toda reta paralela ao eixo das abscissas é chamada de reta horizontal; por exemplo:

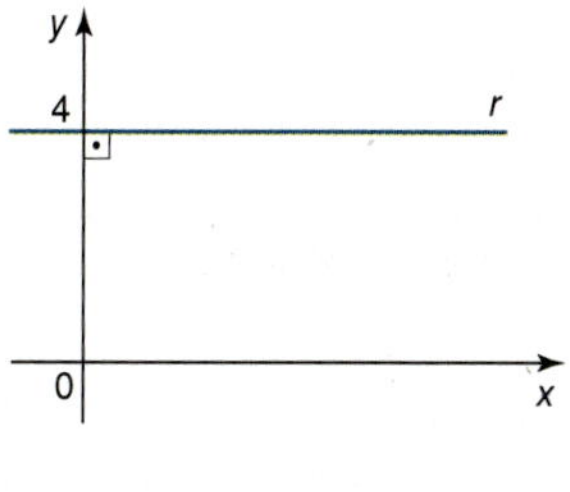

A reta r passa pelo ponto (0, 4) e tem coeficiente angular $m = \text{tg } 0° = 0$; logo, sua equação é dada por:

$$y - 4 = 0(x - 0)$$

ou seja:

$$y = 4$$

Podemos generalizar essa conclusão do seguinte modo:

> Toda reta horizontal que passa por um ponto de ordenada k tem equação:
> $$y = k$$

Retas verticais

Toda reta perpendicular ao eixo das abscissas é chamada de reta vertical; por exemplo:

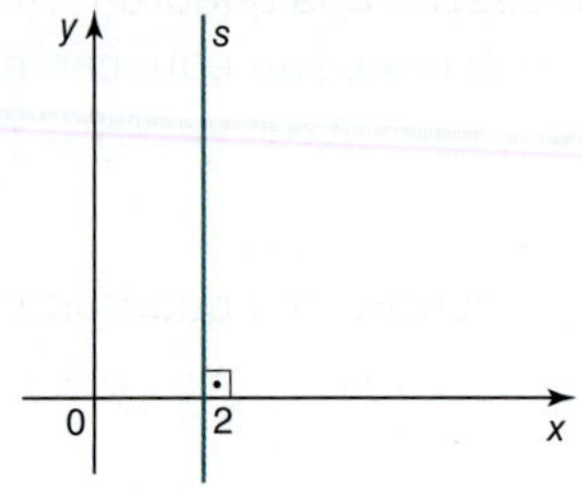

A reta s não possui coeficiente angular, pois não existe tg 90°; portanto, sua equação não pode ser obtida a partir da equação fundamental $y - y_0 = m(x - x_0)$.

Porém, podemos obter uma equação dessa reta observando que ela é formada por todos os pontos do plano cartesiano que têm abscissa 2, e somente eles, o que permite representar essa reta pela equação $x = 2$.

Podemos generalizar essa conclusão do seguinte modo:

> Toda reta vertical que passa por um ponto de abscissa k tem equação:
> $$x = k$$

EXERCÍCIOS RESOLVIDOS

21 Determinar o ponto P, pertencente à bissetriz dos quadrantes ímpares, que dista 13 unidades do ponto $A(-5, 2)$.

Resolução

Todo ponto da bissetriz dos quadrantes ímpares possui a abscissa igual à ordenada. Logo, o ponto P pode ser representado, genericamente, por $P(x, x)$:

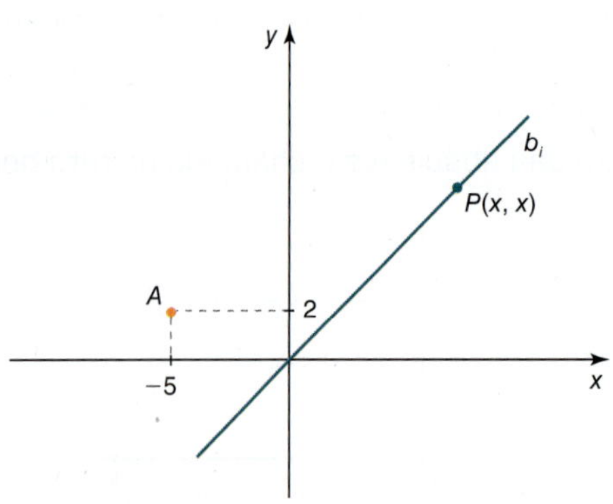

Consideramos a condição exigida no enunciado, isto é, $PA = 13$:

$$PA = 13 \Rightarrow \sqrt{[x - (-5)]^2 + (x - 2)^2} = 13$$

Elevando ao quadrado ambos os membros dessa igualdade, obtemos:

$$[x - (-5)]^2 + (x - 2)^2 = 13^2 \Rightarrow [x + 5]^2 + (x - 2)^2 = 169$$

$$\therefore x^2 + 10x + 25 + x^2 - 4x + 4 = 169 \Rightarrow 2x^2 + 6x - 140 = 0$$

Dividimos por 2 ambos os membros dessa equação, obtendo:

$$x^2 + 3x - 70 = 0$$

Resolvendo essa equação, temos:

$$\Delta = 3^2 - 4 \cdot 1 \cdot (-70) = 289$$

$$x = \frac{-3 \pm \sqrt{289}}{2 \cdot 1} = \frac{-3 \pm 17}{2} \Rightarrow x = 7 \text{ ou } x = -10$$

Concluímos, portanto, que existem dois pontos da bissetriz dos quadrantes ímpares que distam 13 unidades do ponto A; são eles: $P(7, 7)$ e $P'(-10, -10)$

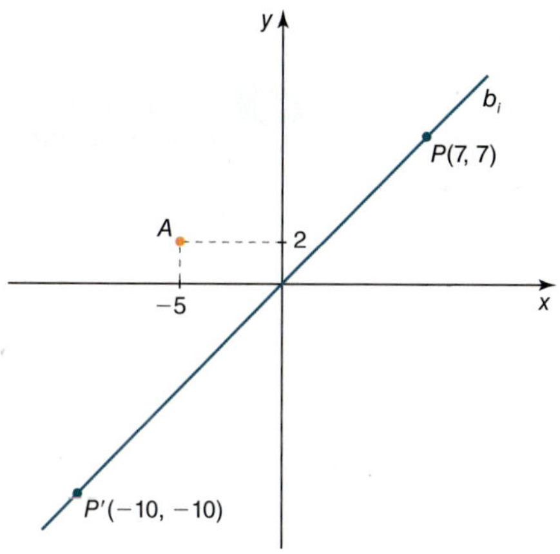

22 No plano cartesiano abaixo estão representados o ponto $A(2, 3)$ e a reta vertical r de equação $x = 6$. Determinar o ponto P da reta r tal que P seja equidistante de A e O.

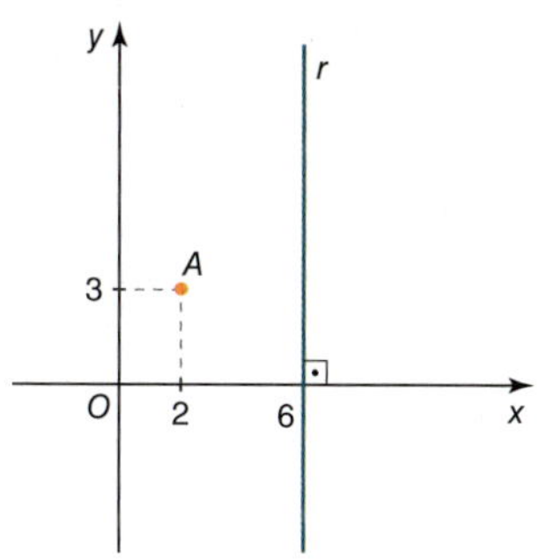

Resolução

Todo ponto da reta vertical r tem abscissa 6 e, portanto, P é um ponto da forma $P(6, p)$. Considerando a condição exigida no enunciado, isto é, $PA = PO$, temos:

$$PA = PO \Rightarrow \sqrt{(6 - 2)^2 + (p - 3)^2} = \sqrt{(6 - 0)^2 + (p - 0)^2}$$

Elevando ao quadrado ambos os membros dessa igualdade, obtemos:

$$(6 - 2)^2 + (p - 3)^2 = (6 - 0)^2 + (p - 0)^2 \Rightarrow 16 + p^2 - 6p + 9 = 36 + p^2$$

$$\therefore -6p = 11 \Rightarrow p = -\frac{11}{6}$$

Concluímos, então, que o ponto procurado é: $P\left(6, -\frac{11}{6}\right)$

EXERCÍCIOS PROPOSTOS

38 Obtenha uma equação da reta que passa pelo ponto P e tem coeficiente angular m em cada um dos seguintes casos:

a) $P(6, 3)$ e $m = 2$

b) $P(4, -5)$ e $m = 1$

c) $P\left(\frac{3}{2}, -\frac{1}{4}\right)$ e $m = -\frac{5}{6}$

39 Obtenha uma equação para cada uma das retas representadas a seguir.

a)

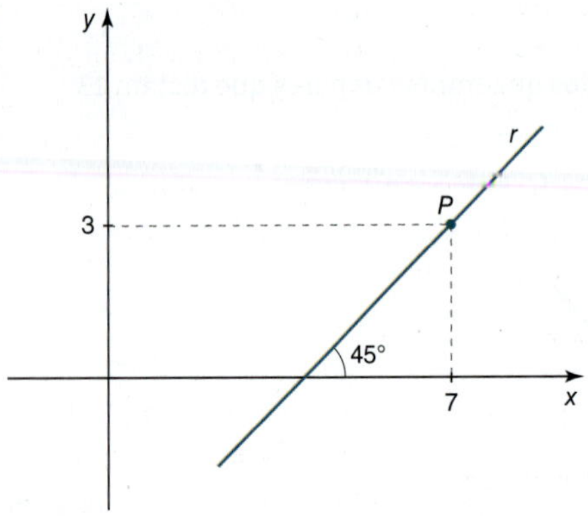

b)

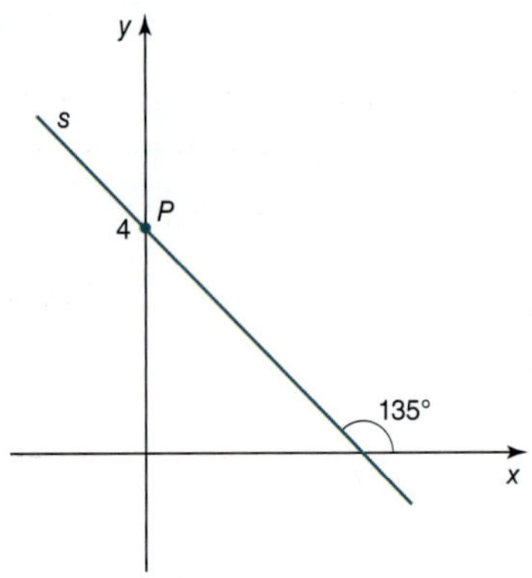

c)

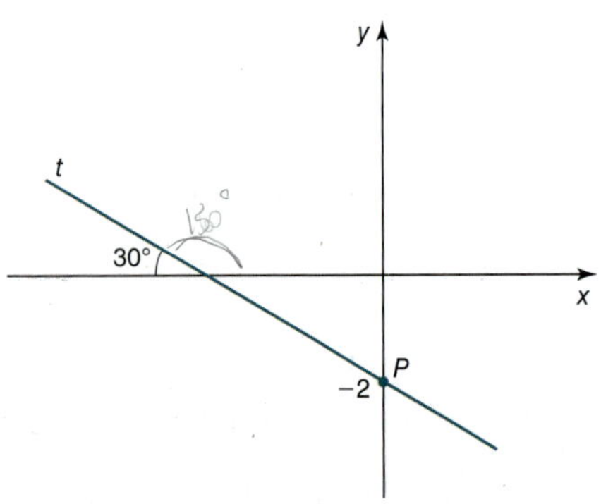

40 Represente, por meio de uma equação, a reta que passa pelos pontos A e B nos seguintes casos:

a) $A(2, 3)$ e $B(6, 11)$

b) $A(-1, 5)$ e $B(2, -1)$

c) $A(4, 8)$ e $B(6, 8)$

41 Obtenha uma equação da reta r representada no plano cartesiano abaixo.

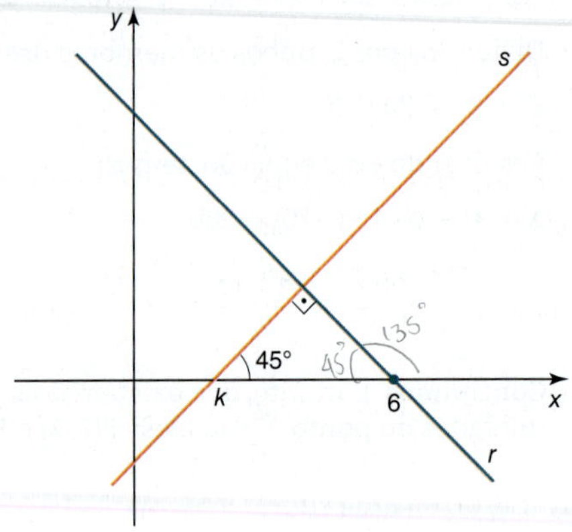

42 Obtenha as equações das retas r e s representadas abaixo, sabendo que: $r \cap s = \{(-2, 3)\}$

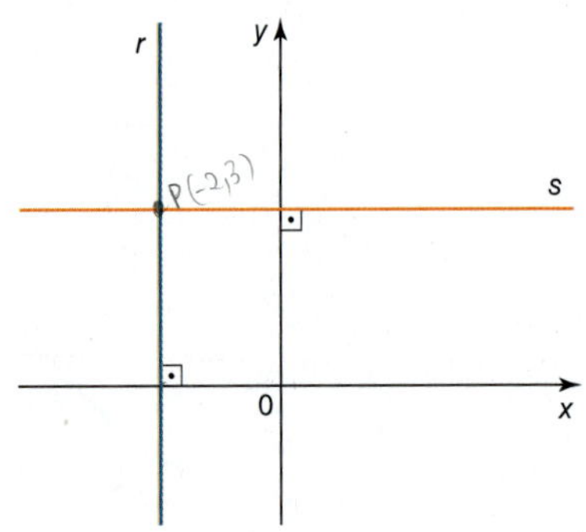

43 No gráfico abaixo, b_p e b_i são as bissetrizes dos quadrantes pares e ímpares, respectivamente, e M é o ponto médio do segmento $\overline{OQ}$. Determine os pontos M, Q e T.

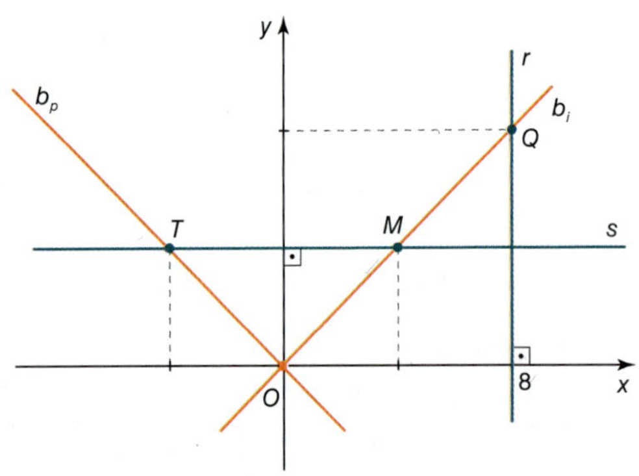

44 Determine o ponto P, pertencente à bissetriz dos quadrantes ímpares, cuja distância ao ponto $Q(1, 3)$ é igual a 10.

45 Determine o ponto P, pertencente à bissetriz dos quadrantes pares, cuja distância ao ponto $Q(0, -1)$ é igual a 5.

Resolva os exercícios complementares 30 a 38 e 81 a 87.

Seção 2.3

Formas da equação da reta

Objetivos

- **Representar** qualquer reta do plano por uma equação geral.
- **Determinar** as coordenadas do ponto de intersecção de duas retas concorrentes.
- **Representar** qualquer reta não vertical do plano por uma equação reduzida.
- **Reconhecer** a posição relativa de duas retas não verticais do plano por meio de seus coeficientes angulares e lineares.
- **Reconhecer** a perpendicularidade entre retas não verticais do plano com base em seus coeficientes angulares.
- **Expressar** as equações paramétricas de uma reta na forma geral e reduzida.

Termos e conceitos

- **equação geral da reta**
- **equação reduzida da reta**
- **equação paramétrica da reta**

Vimos que, no plano cartesiano, a reta que passa pelo ponto $P(x_0, y_0)$ e tem coeficiente angular m pode ser representada pela equação $y - y_0 = m(x - x_0)$, e a reta vertical que passa por $P(x_0, y_0)$ tem como representação a equação $x = x_0$.

Embora essas equações sejam suficientes para representar qualquer reta do plano cartesiano, é útil conhecer outras formas de apresentar essas equações.

Assim, vamos estudar três formas de equação da reta: a **forma geral**, a **forma reduzida** e a **forma paramétrica**. Cada uma delas tem uma utilidade específica: a forma geral recebe esse nome porque permite representar qualquer reta do plano, horizontal, vertical ou oblíqua; a forma reduzida explicita o coeficiente angular e o coeficiente linear, que é a ordenada do ponto de intersecção com o eixo Oy; e a forma paramétrica permite o estudo de cada variável da equação em função de um parâmetro real.

Equação geral da reta

Toda reta do plano cartesiano é gráfico de uma equação da forma $ax + by + c = 0$, em que x e y são variáveis e a, b e c são constantes reais, com a e b não simultaneamente nulas. Reciprocamente, toda equação dessa forma representa uma reta do plano cartesiano. Essa equação é chamada de **equação geral** da reta.

Note, portanto, que a equação geral da reta é uma equação do 1º grau com duas variáveis em que um dos membros da igualdade é zero.

Exemplos

a) A reta oblíqua de equação $y = 5x - 6$ pode ser representada pela equação geral:

$5x - y - 6 = 0$

b) A reta horizontal de equação $y = 7$ pode ser representada pela equação geral:

$0x + y - 7 = 0$

c) A reta vertical de equação $x = 2$ pode ser representada pela equação geral:

$x + 0y - 2 = 0$

EXERCÍCIOS RESOLVIDOS

23 Construir o gráfico da reta r cuja equação geral é: $3x + 5y - 15 = 0$

Resolução

Dois pontos distintos determinam uma reta; assim, para construir o gráfico da reta r, basta representar no plano cartesiano dois pontos distintos de r e traçar a reta que passa por eles.

- Substituindo $x = 0$ na equação $3x + 5y - 15 = 0$, obtemos:

  $3 \cdot 0 + 5y - 15 = 0 \Rightarrow y = 3$

- Substituindo $y = 0$ na equação $3x + 5y - 15 = 0$, obtemos:

  $3x + 5 \cdot 0 - 15 = 0 \Rightarrow x = 5$

Portanto, dois pontos distintos de r são $(0, 3)$ e $(5, 0)$. Logo, o gráfico de r é:

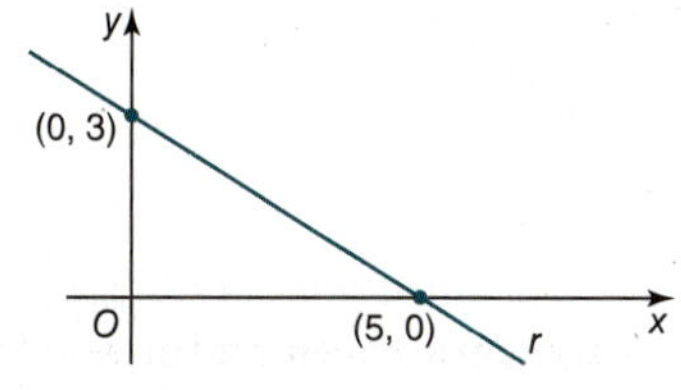

24 Obter uma equação geral para cada um dos eixos coordenados, Ox e Oy, do plano cartesiano.

Resolução

No plano cartesiano xOy, todos os pontos do eixo Ox, e somente eles, têm ordenada zero; logo, podemos representar esse eixo pela equação y = 0.

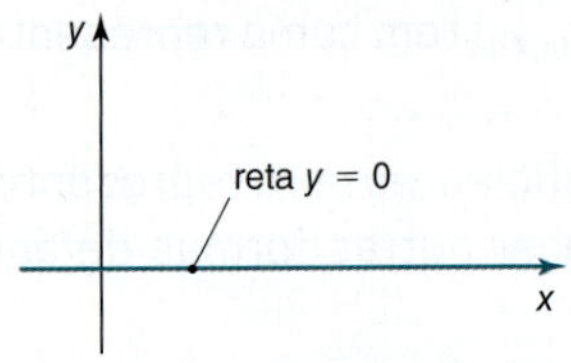

De maneira análoga, todos os pontos do eixo Oy, e somente eles, têm abscissa zero; logo, podemos representar esse eixo pela equação x = 0.

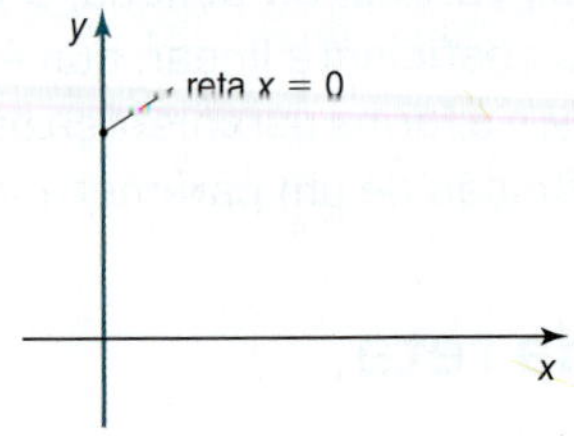

25 Considerando o ponto P(1, 5) e a reta r de equação $x - y - 3 = 0$, determinar o(s) ponto(s) de r que dista(m) 5 unidades de P.

Resolução

Tomemos um ponto genérico de r. Para isso, basta atribuir um valor genérico para x. Substituindo x por um valor genérico a, temos:

$a - y - 3 = 0 \Rightarrow y = a - 3$

Assim, um ponto genérico da reta r é $G(a, a - 3)$.

Consideramos a condição exigida no enunciado, isto é, PG = 5:

$PG = 5 \Rightarrow \sqrt{(a-1)^2 + (a-3-5)^2} = 5$

Elevando ao quadrado ambos os membros dessa igualdade, obtemos:

$(a-1)^2 + (a-8)^2 = 5^2 \Rightarrow$

$\Rightarrow a^2 - 2a + 1 + a^2 - 16a + 64 = 25$

$\therefore 2a^2 - 18a + 40 = 0 \Rightarrow a^2 - 9a + 20 = 0$

Resolvendo essa equação do 2º grau, obtemos $a = 4$ ou $a = 5$.

Há, portanto, dois pontos, G e G′, de r que distam 5 unidades de P:

- para $a = 4$, temos G(4, 1);
- para $a = 5$, temos G′(5, 2).

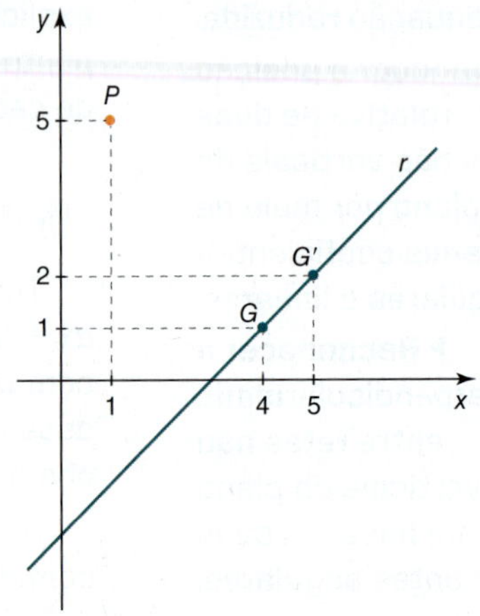

Intersecção de retas concorrentes

Seja $P(x_0, y_0)$ o ponto comum às retas concorrentes r e s de equações $a_1x + b_1y + c_1 = 0$ e $a_2x + b_2y + c_2 = 0$, respectivamente.

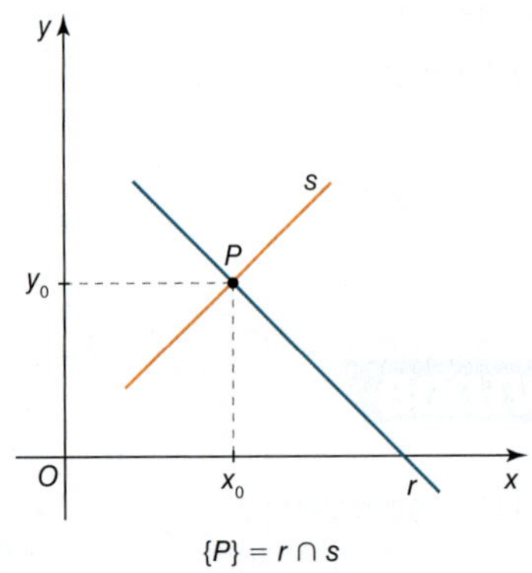

$\{P\} = r \cap s$

Como $P(x_0, y_0)$ pertence às duas retas simultaneamente, o par ordenado (x_0, y_0) é solução do sistema:

$$\begin{cases} a_1x + b_1y + c_1 = 0 \\ a_2x + b_2y + c_2 = 0 \end{cases}$$

Assim, concluímos que, para obter o ponto de intersecção de duas retas concorrentes, basta resolver o sistema formado por suas equações.

EXERCÍCIOS RESOLVIDOS

26 As retas r e s representadas no plano cartesiano abaixo têm equações $x - y + 1 = 0$ e $2x - y - 1 = 0$, respectivamente. Determinar o ponto P, comum a r e s.

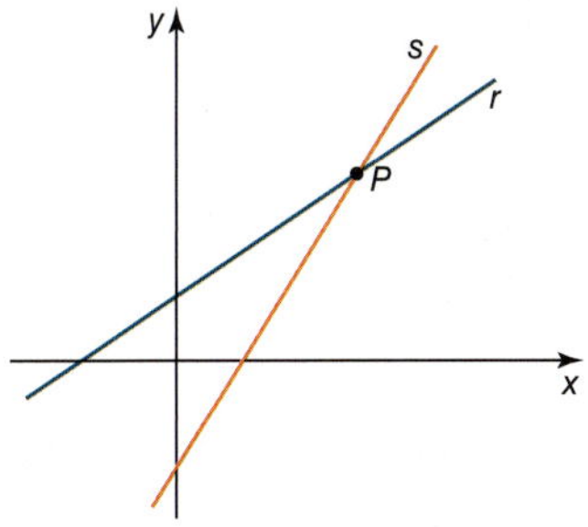

Resolução

As coordenadas do ponto P formam a solução do sistema:

$$\begin{cases} x - y + 1 = 0 \\ 2x - y - 1 = 0 \end{cases} \text{ que é equivalente a } \begin{cases} x - y = -1 \\ 2x - y = 1 \end{cases}$$

Resolvendo esse sistema linear, temos:

$$\begin{cases} x - y = -1 \quad \times(-2) \\ 2x - y = 1 \quad (+) \end{cases} \sim \begin{cases} x - y = -1 \quad (\text{I}) \\ 0x + y = 3 \quad (\text{II}) \end{cases}$$

De (II), temos $y = 3$.

Substituindo y por 3 em (I), temos:

$x - 3 = -1 \Rightarrow x = 2$

Concluímos então que P(2, 3).

27 Sendo r a reta oblíqua de equação $3x + 5y - 12 = 0$, determinar o ponto de intersecção de r com o eixo das abscissas.

Resolução

Vimos no exercício resolvido 24 que a equação do eixo Ox, das abscissas, é $y = 0$. Assim, o par ordenado que representa o ponto de intersecção de r com esse eixo é a solução do sistema:

$$\begin{cases} 3x + 5y - 12 = 0 \\ y = 0 \end{cases}$$

Substituindo y por 0 na primeira equação do sistema, temos:

$3x + 5 \cdot 0 - 12 = 0 \Rightarrow x = 4$

Concluímos, então, que a reta r intercepta o eixo das abscissas no ponto (4, 0).

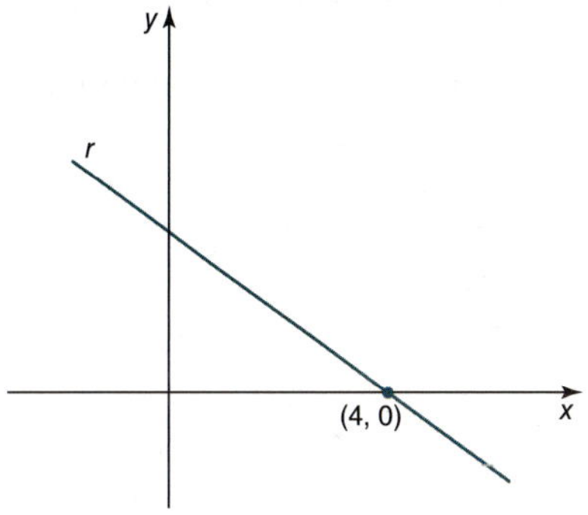

Uma condição de concorrência de duas retas

Sejam $a_1x + b_1y + c_1 = 0$ e $a_2x + b_2y + c_2 = 0$ as equações de duas retas quaisquer r e s, respectivamente. O sistema formado por essas equações pode ser representado na forma:

$$\begin{cases} a_1x + b_1y = -c_1 \\ a_2x + b_2y = -c_2 \end{cases}$$

Esse sistema é possível e determinado se, e somente se: $\begin{vmatrix} a_1 & b_1 \\ a_2 & b_2 \end{vmatrix} \neq 0$

Isso significa que:

As retas de equações $a_1x + b_1y + c_1 = 0$ e $a_2x + b_2y + c_2 = 0$ são **concorrentes** se, e somente se, $\begin{vmatrix} a_1 & b_1 \\ a_2 & b_2 \end{vmatrix} \neq 0$.

Como consequência, temos:

Duas retas de equações $a_1x + b_1y + c_1 = 0$ e $a_2x + b_2y + c_2 = 0$ são **paralelas** (distintas ou coincidentes) se, e somente se, $\begin{vmatrix} a_1 & b_1 \\ a_2 & b_2 \end{vmatrix} = 0$.

EXERCÍCIOS RESOLVIDOS

28 As equações de duas retas, r e s, são, respectivamente, $5x - y - 21 = 0$ e $3x - y - 13 = 0$. Demonstrar que r e s são retas concorrentes.

Resolução

Considere o sistema linear:

$$\begin{cases} 5x - y = 21 & (r) \\ 3x - y = 13 & (s) \end{cases}$$

Sendo D o determinante da matriz dos coeficientes desse sistema, temos:

$$D = \begin{vmatrix} 5 & -1 \\ 3 & -1 \end{vmatrix} = 5 \cdot (-1) - 3 \cdot (-1) = -2$$

Como $D \neq 0$, o sistema linear é possível e determinado, isto é, admite uma única solução. Portanto, as retas r e s têm um único ponto em comum, ou seja, r e s são retas concorrentes.

(*Nota*: Poderíamos ter resolvido o sistema $\begin{cases} 5x - y = 21 \\ 3x - y = 13 \end{cases}$ e constatado que apenas um par ordenado satisfaz as duas equações simultaneamente, com o que concluiríamos que as duas retas têm um único ponto em comum; portanto, são concorrentes.)

29 No plano cartesiano xOy, as equações de duas retas, r e s, são, respectivamente, $3x + 2y - 1 = 0$ e $kx + 4y + 6 = 0$, sendo k um número real. Para que valores de k essas retas são concorrentes?

Resolução

Considere o sistema linear:

$$\begin{cases} 3x + 2y = 1 & (r) \\ kx + 4y = -6 & (s) \end{cases}$$

Sendo D o determinante da matriz dos coeficientes desse sistema linear, temos que as retas r e s serão concorrentes se, e somente se, $D \neq 0$, isto é:

$$\begin{vmatrix} 3 & 2 \\ k & 4 \end{vmatrix} \neq 0 \Rightarrow 3 \cdot 4 - 2 \cdot k \neq 0$$

$\therefore k \neq 6$

Assim, as retas r e s serão concorrentes se, e somente se, $k \neq 6$.

EXERCÍCIOS PROPOSTOS

46 Construa o gráfico cartesiano da reta:

a) q de equação geral $3x - 2y - 12 = 0$

b) t de equação geral $2x + 3y = 0$

c) v de equação geral $x - 6 = 0$

47 Os itens a seguir apresentam as equações das retas r e s. Obtenha dois pontos distintos quaisquer de cada reta e calcule seu coeficiente angular a partir desses pontos.

a) (r) $x + 2y - 6 = 0$

b) (s) $4x - 3y - 24 = 0$

48 Dados o ponto A(2, 5) e a reta r de equação $x - y + 1 = 0$, determine o ponto P pertencente a r e distante 10 unidades de A.

49 O gráfico abaixo representa uma reta r. Sendo O a origem do sistema de eixos, determine o ponto P pertencente a r tal que a distância PO seja $4\sqrt{2}$.

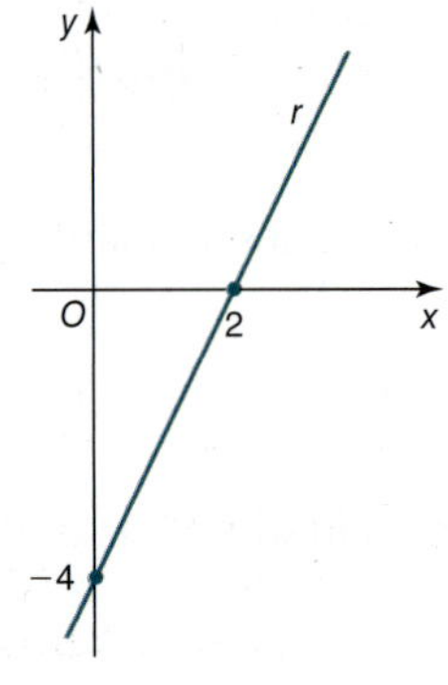

50 Determine o ponto de intersecção das retas r e s, em cada um dos seguintes casos:

a) $(r)\ x + 2y - 1 = 0$ e $(s)\ 2x - y + 3 = 0$

b) $(r)\ 5x + y - 3 = 0$ e $(s)\ 2x + 3y + 17 = 0$

51 No plano cartesiano xOy, a reta r de equação $4x - 3y + 12 = 0$ intercepta os eixos Ox e Oy nos pontos P e Q, respectivamente. Calcule a distância entre P e Q.

52 Determine o ponto de intersecção das retas r e s representadas no plano cartesiano abaixo.

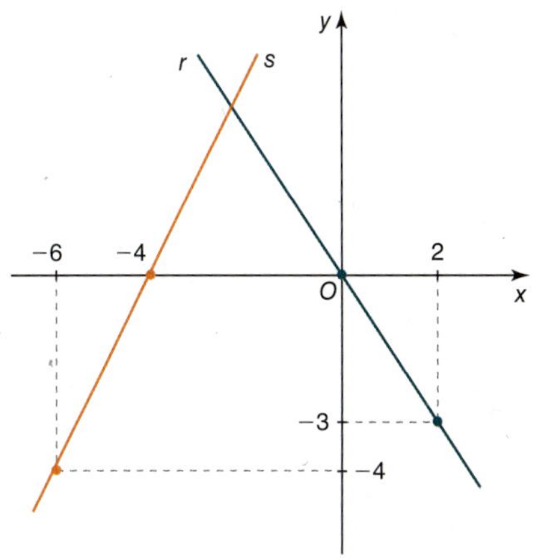

53 Calcule o perímetro do triângulo ABC limitado pelas retas r e s e pelo eixo Oy, representados abaixo.

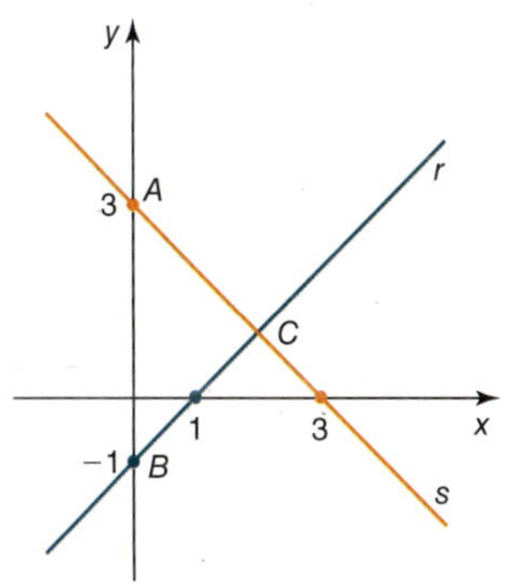

54 Calcule o perímetro do triângulo cujos lados estão contidos, respectivamente, nas retas:
$(r)\ x - 2y + 5 = 0$, $(s)\ x + 2y + 5 = 0$ e $(t)\ x - 3 = 0$

55 Em qual das alternativas abaixo as retas r e s não são concorrentes?

a) $(r)\ 2x + 4y + 3 = 0$ e $(s)\ 3x + 5y - 1 = 0$

b) $(r)\ x + 2y - 4 = 0$ e $(s)\ 3x - y + 1 = 0$

c) $(r)\ 4x + y - 3 = 0$ e $(s)\ 6x - y + 1 = 0$

d) $(r)\ x + y - 1 = 0$ e $(s)\ x - y + 2 = 0$

e) $(r)\ 2x + 3y - 1 = 0$ e $(s)\ 4x + 6y + 3 = 0$

56 As retas r e s têm, respectivamente, as equações $4x + 2y - 3 = 0$ e $5x + ky - 1 = 0$, sendo k um número real. Para que valores de k as retas r e s são concorrentes?

57 (UFG-GO) Duas empresas, A e B, comercializam o mesmo produto e iniciaram suas atividades simultaneamente. A relação entre o patrimônio (y) e o tempo de atividade em anos (x) de cada empresa é representada, respectivamente, por A: $x - 2y + 6 = 0$ e B: $x - 3y + 15 = 0$. Considerando essas relações, o patrimônio da empresa A será superior ao patrimônio da empresa B a partir de quantos anos de atividade dessas empresas?

a) 3
b) 5
c) 9
d) 12
e) 15

58 Para publicar um livro, uma editora teve um custo fixo de produção de R$ 30.000,00 e mais R$ 4,00 por livro produzido.

a) Qual é o custo total C, em real, em função do número n de livros produzidos?

b) A receita R é o total arrecadado com a venda dos livros produzidos. Sabendo que cada livro é vendido por R$ 9,00, dê uma equação que expresse R, em real, em função do número n de livros vendidos.

c) Quantos livros, no mínimo, devem ser produzidos e vendidos para que as despesas sejam todas pagas?

Resolva os exercícios complementares 39 a 49 e 88 a 90.

Equação reduzida da reta

Vimos que uma equação da reta r que passa pelo ponto $P(x_0, y_0)$ e tem coeficiente angular igual a m é $y - y_0 = m(x - x_0)$. Isolando a variável y nessa equação, obtemos:

$$y = mx + y_0 - mx_0$$

Indicando por q a constante $y_0 - mx_0$, podemos representar:

$$y = mx + q$$

Essa equação é chamada de **equação reduzida** da reta r.

O coeficiente de x na equação reduzida é o **coeficiente angular** da reta. Ao termo q, independente de x e y, que é a ordenada do ponto de intersecção da reta com o eixo das ordenadas, damos o nome de **coeficiente linear** da reta.

Exemplos

a) Na equação reduzida $y = 4x + 8$, de uma reta r, temos:

$m = 4$ (coeficiente angular) $\qquad q = 8$ (coeficiente linear)

O gráfico de r pode ser construído a partir de dois de seus pontos distintos; por exemplo, a partir dos pontos de intersecção de r com os eixos coordenados:

x	y
0	8
−2	0

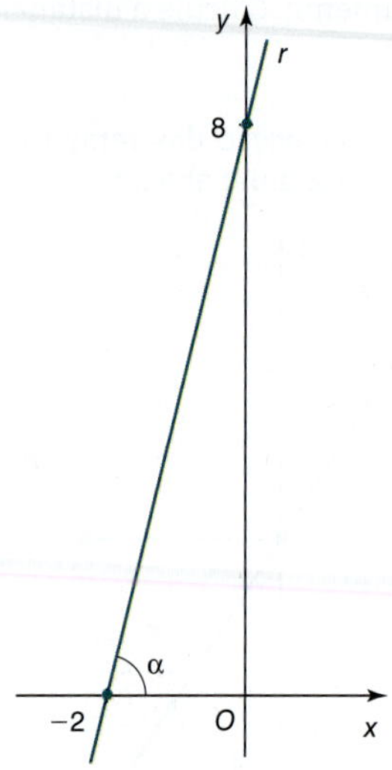

Observe no gráfico as interpretações geométricas do coeficiente angular e do coeficiente linear da reta r:

- No triângulo retângulo limitado pela reta r e pelos eixos coordenados, a tangente de α é a razão entre o comprimento do cateto oposto a α e o comprimento do cateto adjacente a α, isto é:

$$\text{tg}\,\alpha = \frac{8}{2} = 4$$

  Esse número, que é o coeficiente angular da reta r, é o coeficiente de x na equação reduzida de r.

- A ordenada do ponto de intersecção da reta r com o eixo das ordenadas é 8. Esse número, que é o coeficiente linear da reta r, é o termo independente de x e y, na equação reduzida da reta.

b) Seja s a reta de equação geral $7x + 3y - 12 = 0$. Obtemos a forma reduzida da equação de r isolando a variável y na equação geral, isto é:

$$3y = -7x + 12 \Rightarrow y = -\frac{7x}{3} + 4$$

Assim, temos:

$m = -\frac{7}{3}$ (coeficiente angular) $\qquad q = 4$ (coeficiente linear)

O resultado obtido neste exemplo pode ser generalizado do seguinte modo:

Se r é uma reta não vertical de equação geral $ax + by + c = 0$, então seu coeficiente angular m e seu coeficiente linear q são dados por:

$$m = -\frac{a}{b} \text{ e } q = -\frac{c}{b}$$

Justificativa

Se a reta r de equação geral $ax + by + c = 0$ não é vertical, então $b \neq 0$. Assim, podemos isolar a variável y nessa equação, obtendo a equação reduzida:

$$y = -\frac{ax}{b} - \frac{c}{b}$$

Logo, o coeficiente angular m e o coeficiente linear q da reta r são dados por:

$$m = -\frac{a}{b} \text{ e } q = -\frac{c}{b}$$

EXERCÍCIOS PROPOSTOS

59 Considere a reta r de equação reduzida $y = 2x + 6$.

a) Construa o gráfico de r.

b) Determine:
- o coeficiente angular da reta r.
- o coeficiente linear da reta r.

c) Explique, a partir do gráfico da reta r:
- a interpretação geométrica do coeficiente angular da reta r.
- a interpretação geométrica do coeficiente linear da reta r.

60 A inclinação α da reta r, representada abaixo, é tal que tg $\alpha = 3$. Obtenha a equação reduzida de r.

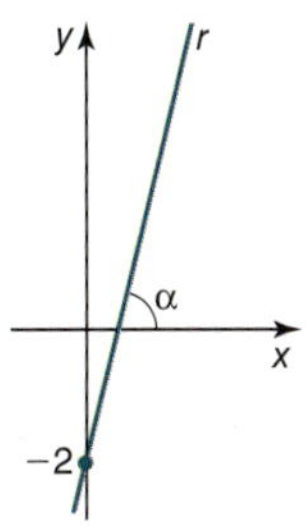

61 No triângulo retângulo ABC, representado abaixo, o comprimento do cateto $\overline{BC}$ é o dobro do comprimento do cateto $\overline{AC}$. Obtenha a equação reduzida da reta $\overleftrightarrow{AB}$.

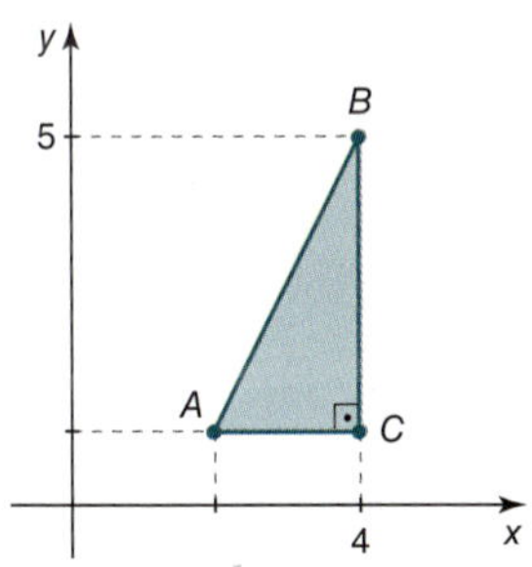

62 Determine o coeficiente angular e o coeficiente linear das retas r, s, t e u de equações:

a) $(r)\ 5x + y - 2 = 0$

b) $(s)\ 6x - 2y + 1 = 0$

c) $(t)\ 7x + 4y = 0$

d) $(u)\ \frac{2x}{3} + \frac{y}{2} = \frac{1}{4}$

63 Em Economia destacam-se três conceitos básicos: função custo (C), função receita (R) e função lucro (L). A função C descreve o custo de produção de um bem, a função R descreve o total bruto recebido pela venda de determinada quantidade do produto fabricado, e a função lucro (L) expressa a diferença entre as funções R e C, nessa ordem.

O ponto de intersecção dos gráficos das funções R e C é chamado de *break-even point* (ponto de equilíbrio), que é o ponto onde as funções R e C se igualam; isto é, nesse ponto, a receita gerada pela venda da quantidade produzida se iguala ao custo de produção e, portanto, não há lucro nem prejuízo.

Suponha que, para determinado período, um fabricante de tesouras tem um custo fixo de R$ 5.000,00 e um custo de R$ 4,00 por tesoura fabricada. Se cada tesoura é vendida por R$ 12,00, e toda produção de x tesouras é vendida nesse período, as funções C, R e L e o *break-even point* são, respectivamente:

a) $C(x) = 5.000 + 4x$, $R(x) = 8x$, $L(x) = 4x - 5.000$ e (1.250, 10.000)

b) $C(x) = 5.000 + 12x$, $R(x) = 14x$, $L(x) = 2x - 5.000$ e (2.500, 35.000)

c) $C(x) = 5.000 + 4x$, $R(x) = 12x$, $L(x) = 8x - 5.000$ e (625, 7.500)

d) $C(x) = 1.000 + 8x$, $R(x) = 12x$, $L(x) = 4x - 1.000$ e (250, 3.000)

e) $C(x) = 8.000 + 4x$, $R(x) = 12x$, $L(x) = 8x - 8.000$ e (1.000, 12.000)

Resolva os exercícios complementares 50, 51 e 91.

Estudo das posições relativas de duas retas no plano cartesiano

No plano cartesiano, duas retas, r e s, podem ser paralelas distintas, paralelas coincidentes ou concorrentes. A seguir, vamos determinar as posições relativas de duas retas com base em seus coeficientes angulares e lineares.

I. As retas r e s são **paralelas** se, e somente se, têm o mesmo coeficiente angular ou se não existem seus coeficientes angulares:

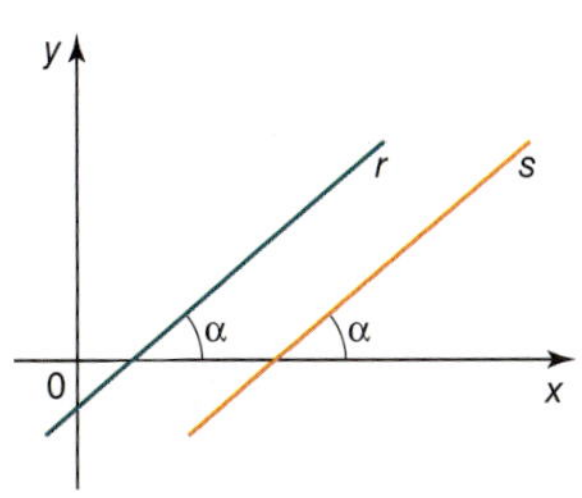

$m_r = m_s \Rightarrow r /\!/ s$

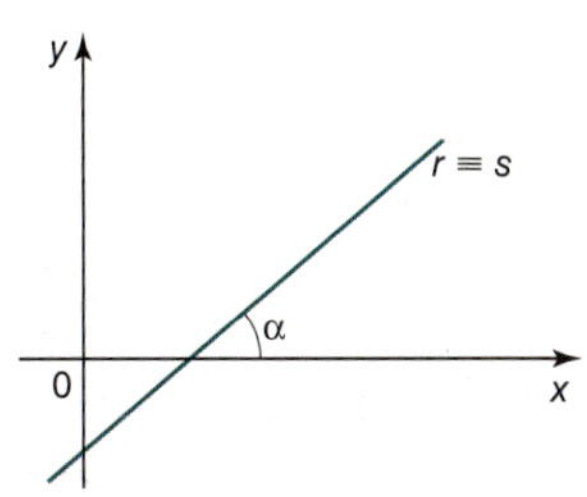

$m_r = m_s \Rightarrow r /\!/ s$

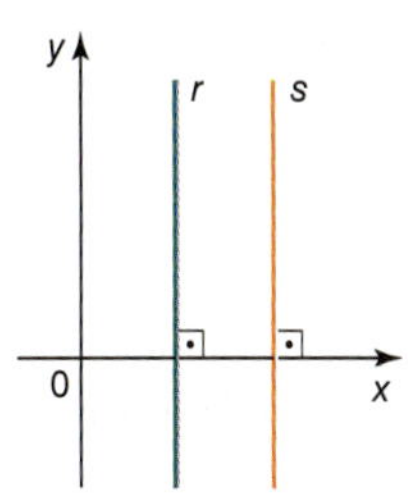

$\nexists\, m_r$ e $\nexists\, m_s \Rightarrow r /\!/ s$

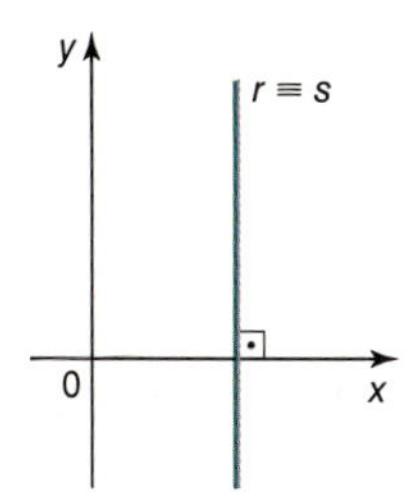

$\nexists\, m_r$ e $\nexists\, m_s \Rightarrow r /\!/ s$

II. As retas *r* e *s* são **concorrentes** se, e somente se, têm coeficientes angulares diferentes ou se existe o coeficiente angular de uma delas e não existe o da outra:

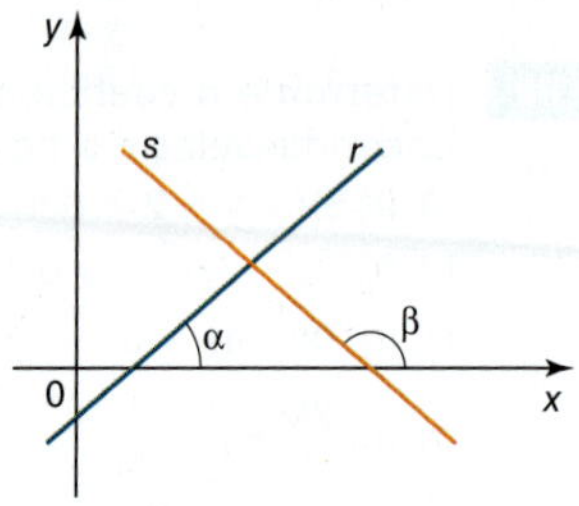

$m_r \neq m_s \Rightarrow r$ concorre com s

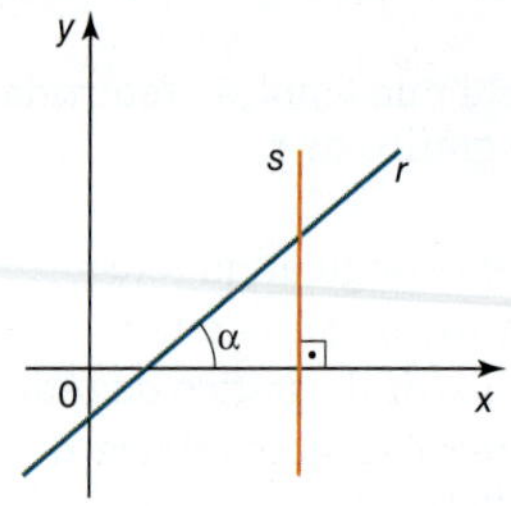

$\exists\, m_r$ e $\nexists\, m_s \Rightarrow r$ concorre com s

As propriedades apresentadas em I e II permitem enunciar:

Duas retas não verticais, *r* e *s*, de equações reduzidas $y = m_r x + q_r$ e $y = m_s x + q_s$, respectivamente, são:

- **Paralelas distintas** se, e somente se, $m_r = m_s$ e $q_r \neq q_s$.

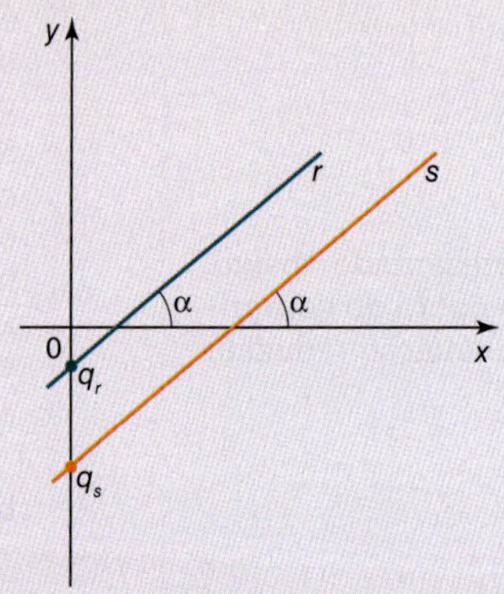

- **Paralelas coincidentes** se, e somente se, $m_r = m_s$ e $q_r = q_s$.

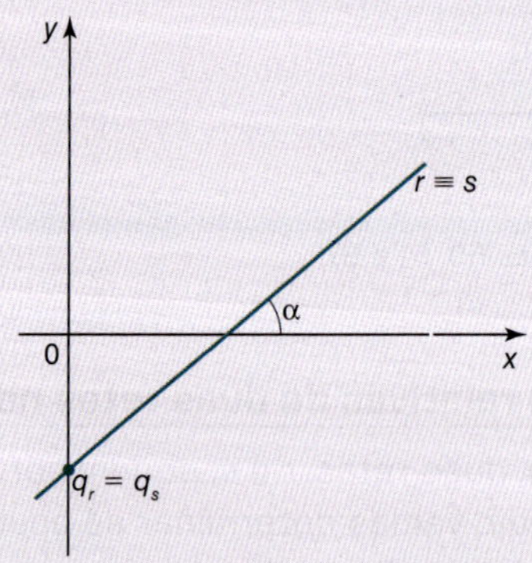

- **Concorrentes** se, e somente se, $m_r \neq m_s$.

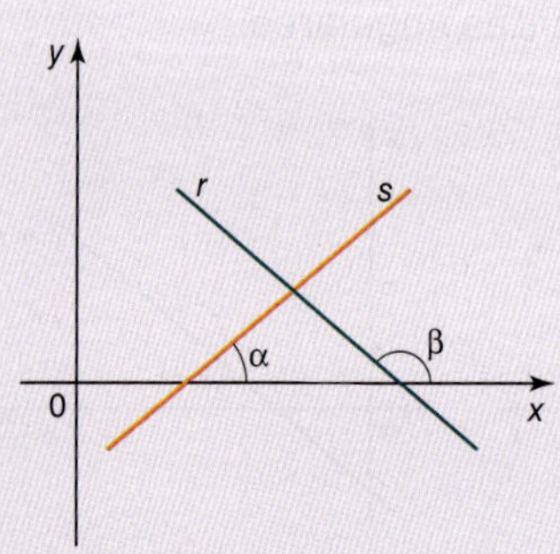

EXERCÍCIOS RESOLVIDOS

30 Dadas as seguintes retas:

(*r*) $y = 4x + 3$
(*s*) $y = 4x - 7$
(*t*) $8x - 2y + 6 = 0$
(*u*) $y = 9x$
(*v*) $x = 2$

Descrever a posição relativa entre:

a) *r* e *s*
b) *r* e *t*
c) *s* e *u*
d) *s* e *v*

Resolução

Temos:

- $m_r = 4$ e $q_r = 3$
- $m_s = 4$ e $q_s = -7$
- A forma reduzida da equação da reta t é $y = 4x + 3$; logo, $m_t = 4$ e $q_t = 3$.
- $m_u = 9$ e $q_u = 0$
- Não existe m_v.

Portanto:

a) $m_r = m_s$ e $q_r \neq q_s \Rightarrow$ *r* e *s* são paralelas distintas.
b) $m_r = m_t$ e $q_r = q_t \Rightarrow$ *r* e *t* são paralelas coincidentes.
c) $m_s \neq m_u \Rightarrow$ *s* e *u* são concorrentes.
d) $\exists\, m_s$ e $\nexists\, m_v \Rightarrow$ *s* e *v* são concorrentes.

31 As retas *r* e *s* têm equações $2x - 3y - 1 = 0$ e $(k - 3)x + y - 7 = 0$, respectivamente. Determinar o número real *k* para que essas retas sejam paralelas.

Resolução

Representando na forma reduzida as equações das retas *r* e *s*, temos:

(*r*) $y = \frac{2x}{3} - \frac{1}{3}$

(*s*) $y = -(k - 3)x + 7$

Logo: $m_r = \frac{2}{3}$ e $m_s = -(k - 3)$

Para que *r* e *s* sejam paralelas, seus coeficientes angulares devem ser iguais, isto é:

$\frac{2}{3} = -(k - 3) \Rightarrow k = \frac{7}{3}$

32 Determinar a equação reduzida da reta *r*, que passa pelo ponto P e é paralela à reta *s* representada abaixo.

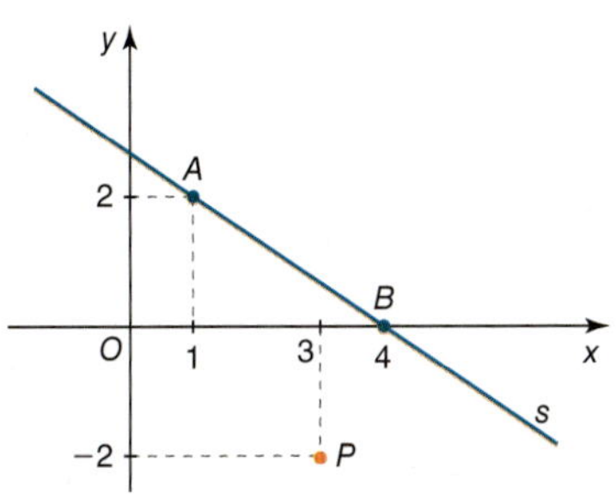

Resolução

A reta *s* passa pelos pontos A(1, 2) e B(4, 0); logo, seu coeficiente angular m_s é dado por:

$m_s = \frac{\Delta y}{\Delta x} = \frac{2 - 0}{1 - 4} = -\frac{2}{3}$

A reta *r* passa pelo ponto P(3, −2); logo, sua equação fundamental é: $y - (-2) = m_r\,(x - 3)$

Para que sejam paralelas, as retas *r* e *s* devem ter o mesmo coeficiente angular, assim: $m_r = m_s = -\frac{2}{3}$;

logo: (*r*) $y - (-2) = -\frac{2}{3}(x - 3)$

e, portanto, a equação reduzida da reta *r* é:

$y = -\frac{2x}{3}$

33 Obter uma equação da reta *r* que passa pelo ponto P(−5, 1) e é paralela à reta *s* de equação $6x + 3y - 1 = 0$.

Resolução

Representando na forma reduzida a equação da reta *s*, obtemos $y = -2x + \frac{1}{3}$; portanto, $m_s = -2$.

Para que sejam paralelas, as retas *r* e *s* devem ter o mesmo coeficiente angular; então $m_r = m_s = -2$; assim, como *r* passa pelo ponto P(−5, 1), temos:

(*r*) $y - 1 = -2[x - (-5)]$

Portanto, uma equação da reta *r* é: $2x + y + 9 = 0$

34 Dada uma reta *r* de um plano, chama-se feixe plano de retas paralelas a *r* o conjunto de todas as retas paralelas a *r* contidas nesse plano.

a) Obter a equação do feixe plano de retas paralelas à reta *r* de equação $3x + 2y - 5 = 0$.
b) A partir da equação do feixe, obtida no item **a**, determinar a equação da reta *s* pertencente ao feixe e que passa pelo ponto P(2, 6).

Resolução

a) Para obter a equação de todas as retas do plano cartesiano paralelas a *r*, basta substituir, na equação $3x + 2y - 5 = 0$, o termo independente (−5) por um parâmetro *k* que possa assumir todos os valores reais; isto é:

$3x + 2y + k = 0$, com $k \in \mathbb{R}$

Note que, para qualquer valor atribuído a *k*, obtemos a equação de uma reta com o mesmo coeficiente angular de *r* e, portanto, a reta assim obtida é paralela a *r*.

b) Para obter a equação da reta *s* que pertence ao feixe e passa por P(2, 6), basta substituir na equação do feixe as variáveis *x* e *y* por 2 e 6, respectivamente, obtendo o valor conveniente de *k*; isto é:

$3 \cdot 2 + 2 \cdot 6 + k = 0 \Rightarrow k = -18$

Assim, a equação da reta *s* é: $3x + 2y - 18 = 0$

EXERCÍCIOS PROPOSTOS

64 Considere as retas *r*, *s*, *t*, *u*, *v* e *z* de equações:
(r) $y = 5x + 2$
(s) $y = 5x - 4$
(t) $10x - 2y + 4 = 0$
(u) $15x - 3y + 1 = 0$
(v) $x = 7$
(z) $x = 4$
Descreva a posição relativa entre:
a) *r* e *s*
b) *r* e *t*
c) *s* e *u*
d) *t* e *v*
e) *u* e *v*
f) *v* e *z*

65 Para que valor real de p as retas de equações $(p - 1)x + 5y + 1 = 0$ e $2px + y - 2 = 0$ são paralelas?

66 As retas *r* e *s* têm equações $kx + 2y - 5 = 0$ e $y = \frac{5x}{4} + 2$, respectivamente. Para que valores reais do parâmetro k essas retas são concorrentes?

67 Obtenha uma equação geral da reta *r* que passa pelo ponto P(5, 4) e é paralela à reta *s* representada no plano cartesiano a seguir.

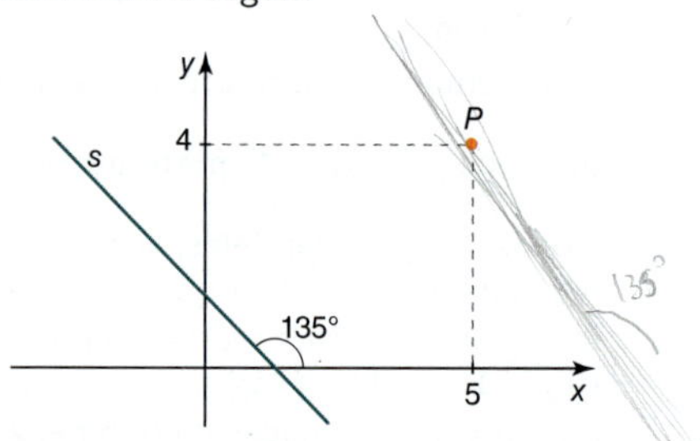

68 Qual é a equação reduzida da reta *r* que passa pelo ponto P(−3, 1) e é paralela à reta *s* representada no plano cartesiano abaixo?

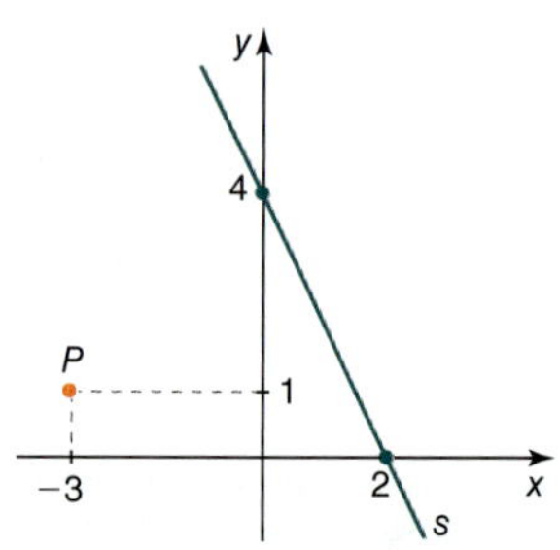

69 Determine a equação reduzida da reta *r* que passa pelo ponto P e é paralela à reta *s*, nos seguintes casos:
a) P(2, 5) e (s) $3x + y - 2 = 0$
b) P(0, 1) e (s) $y = -4x + 2$
c) P(0, 0) e (s) $2x - 3y + 1 = 0$

70 Em um paralelogramo *ABCD*, tem-se: *A*(3, 1), *B*(1, 7) e *C*(5, 2), em que *A* e *B* são vértices consecutivos. Obtenha uma equação geral da reta $\overleftrightarrow{CD}$.

71 Atribuindo todos os valores reais ao parâmetro q da equação $y = 3x + q$, obtêm-se as equações de infinitas retas paralelas entre si. Obtenha a equação de uma dessas infinitas retas que forma com os eixos coordenados um triângulo de área 4.

72 Considere a equação $2x + y + k = 0$, sendo k um parâmetro real.
a) Determine o valor de k para que essa equação represente uma reta que passa pelo ponto P(5, −1).
b) Atribuindo a k cada um dos valores: 2, 4 e 6, represente no plano cartesiano as três retas assim obtidas. Qual a posição relativa dessas retas?
c) Atribuindo a k os infinitos valores reais, obtêm-se infinitas retas. Qual é a posição relativa dessas infinitas retas? Por quê?

73 (FGV) Considere a receita R de uma indústria como a quantia em dinheiro recebida por ela com a venda dos milhares de litros de suco que produz, e o custo de produção C como a quantia gasta por ela para produzir esse suco. Chamamos de lucro dessa empresa a diferença, quando positiva, entre a receita e o custo de produção, e de prejuízo, essa diferença, quando negativa. Sabendo que a receita R e o custo de produção C, referentes à quantidade x em milhares de litros de suco produzidos e vendidos por essa empresa, variam de acordo com as leis $R = 2x$ e $C = x + 3$, em milhares de reais:
a) Represente R e C num mesmo sistema cartesiano.
b) Interprete o significado:
- do ponto $P = (x_P, y_P)$, comum às duas curvas;
- da posição relativa das duas curvas para $x < x_P$ e para $x > x_P$, de acordo com a situação apresentada.

Resolva os exercícios complementares 52 a 56 e 92.

Retas perpendiculares

O gráfico abaixo mostra duas retas perpendiculares, *r* e *s*, de coeficientes angulares m_r e m_s, respectivamente.

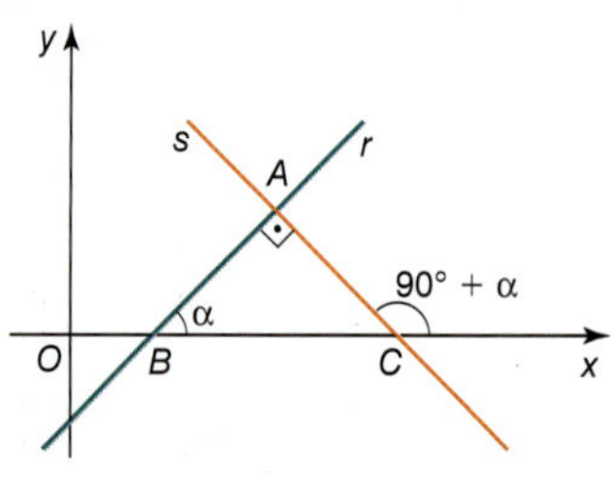

Note que a inclinação de s é a medida do ângulo externo relativo ao vértice C do triângulo ABC, por isso essa inclinação é a soma das medidas dos ângulos internos $\hat{A}$ e $\hat{B}$.

Pelos conceitos da Trigonometria, temos:

$$\text{tg}\,(90° + \alpha) = \frac{\text{sen}\,(90° + \alpha)}{\cos\,(90° + \alpha)} = \frac{\text{sen}\,90° \cdot \cos\alpha + \text{sen}\,\alpha \cdot \cos 90°}{\cos 90° \cdot \cos\alpha - \text{sen}\,90° \cdot \text{sen}\,\alpha} = \frac{\cos\alpha}{-\text{sen}\,\alpha}$$

$$\therefore \text{tg}\,(90° + \alpha) = -\frac{1}{\text{tg}\,\alpha}$$

Portanto, os coeficientes angulares das retas r e s são:

$$\begin{cases} m_r = \text{tg}\,\alpha \\ m_s = \text{tg}\,(90° + \alpha) = -\dfrac{1}{\text{tg}\,\alpha} \end{cases} \Rightarrow m_s = -\frac{1}{m_r}$$

Demonstramos assim que, se duas retas não verticais são perpendiculares, então o coeficiente angular de uma delas é igual ao oposto do inverso do coeficiente angular da outra. A recíproca desse teorema também é verdadeira e será demonstrada no exercício resolvido 35.

Assim, o teorema demonstrado acima e sua recíproca podem ser sintetizados no enunciado:

> Duas retas, r e s, não verticais, são **perpendiculares** se, e somente se, o coeficiente angular de uma delas é igual ao oposto do inverso do coeficiente angular da outra.

Nota:

Sendo t uma reta vertical, uma reta u é perpendicular a t se, e somente se, u é horizontal.

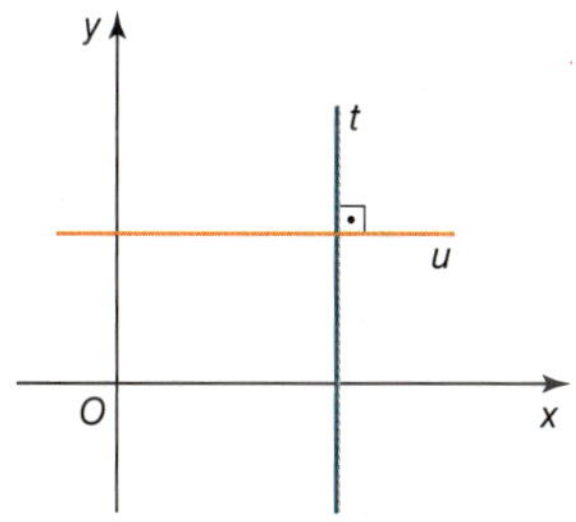

EXERCÍCIOS RESOLVIDOS

35 Demonstrar que: "Se duas retas, r e s, com coeficientes angulares m_r e m_s, respectivamente, são tais que $m_s = -\frac{1}{m_r}$, então r e s são perpendiculares".

Resolução

Sejam α e β as inclinações de r e s, respectivamente:

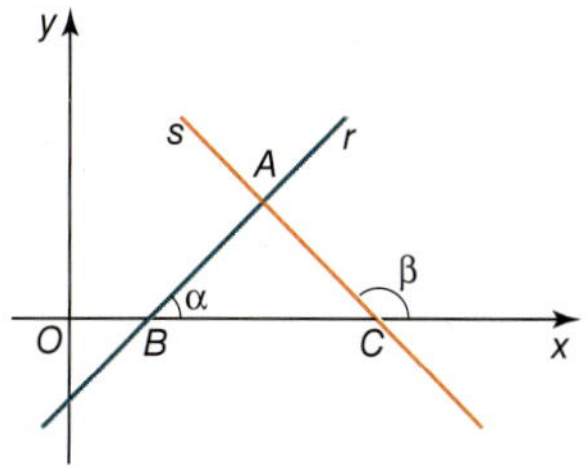

Temos:

$$m_s = -\frac{1}{m_r} \Rightarrow \text{tg}\,\beta = -\frac{1}{\text{tg}\,\alpha}$$

$$\therefore \text{tg}\,\beta \cdot \text{tg}\,\alpha = -1 \Rightarrow \frac{\text{sen}\,\beta}{\cos\beta} \cdot \frac{\text{sen}\,\alpha}{\cos\alpha} + 1 = 0$$

$$\therefore \frac{\text{sen}\,\beta \cdot \text{sen}\,\alpha + \cos\beta \cdot \cos\alpha}{\cos\beta \cdot \cos\alpha} = 0 \Rightarrow$$

$$\Rightarrow \text{sen}\,\beta \cdot \text{sen}\,\alpha + \cos\beta \cdot \cos\alpha = 0$$

$$\therefore \cos(\beta - \alpha) = 0$$

Como $0° \leq \alpha < 180°$ e $0° \leq \beta < 180°$, concluímos que $\beta - \alpha = 90°$ e, portanto, $r \perp s$.

36 Considere as retas:

(r) $5x + 2y + 3 = 0$

(s) $y = \frac{2x}{5} + 7$

(t) $y - 4 = 0$

(u) $x + 3 = 0$

(v) $y = 5x - 4$

Verificar se são ou não perpendiculares as retas:

a) r e s **b)** t e u **c)** r e v

Resolução

a) Inicialmente obtemos os coeficientes angulares de *r* e *s*.

- A equação reduzida de *r* é $y = -\frac{5x}{2} - \frac{3}{2}$ e, portanto, $m_r = -\frac{5}{2}$.
- $m_s = \frac{2}{5}$

Como o coeficiente angular de *s* é o oposto do inverso do coeficiente angular de *r*, isto é, $m_s = -\frac{1}{m_r}$, concluímos que *s* e *r* são retas perpendiculares.

b) A reta *t* é horizontal e a reta *u* é vertical; logo, *t* e *u* são perpendiculares.

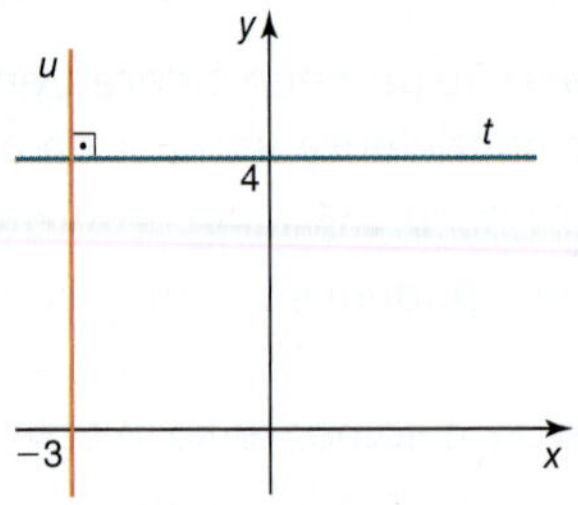

c) Os coeficientes angulares de *r* e *v* são dados por:

- $m_r = -\frac{5}{2}$
- $m_v = 5$

Como $m_r \neq -\frac{1}{m_v}$, concluímos que as retas *r* e *v* não são perpendiculares.

37 Obter uma equação geral da reta *r* que passa pelo ponto P(1, 5) e é perpendicular à reta *s* de equação $2x + y + 4 = 0$.

Resolução

Representando na forma reduzida a equação da reta *s*, temos: $y = -2x - 4$; portanto, $m_s = -2$.
Para que as retas *r* e *s* sejam perpendiculares, o coeficiente angular de *r* deve ser igual ao oposto do inverso do coeficiente angular de *s*. Assim:

$$m_r = -\frac{1}{m_s} = -\frac{1}{-2} = \frac{1}{2}$$

Como a reta *r* passa pelo ponto P(1, 5), temos:

$$(r)\ y - 5 = \frac{1}{2} \cdot (x - 1)$$

Logo, uma equação geral da reta *r* é:

$x - 2y + 9 = 0$

Graficamente, temos:

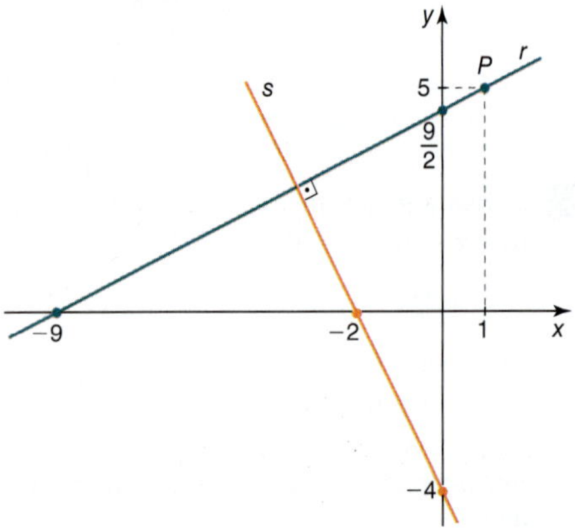

38 Determinar a equação reduzida da reta *r* que passa pelo ponto P(2, 5) e é perpendicular à reta *s* representada a seguir.

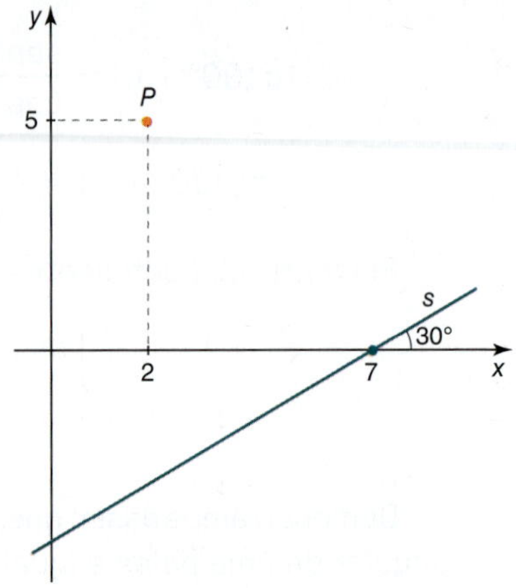

Resolução

Temos: $m_s = \text{tg } 30° = \frac{\sqrt{3}}{3}$

Para que as retas *r* e *s* sejam perpendiculares, o coeficiente angular de *r* deve ser igual ao oposto do inverso do coeficiente angular de *s*. Assim:

$$m_r = -\frac{1}{m_s} = -\frac{1}{\frac{\sqrt{3}}{3}} = -\sqrt{3}$$

Como a reta *r* passa pelo ponto P(2, 5), temos:

$(r)\ y - 5 = -\sqrt{3}(x - 2)$

Logo, a equação reduzida da reta *r* é:

$y = -\sqrt{3}x + 2\sqrt{3} + 5$

Graficamente, temos:

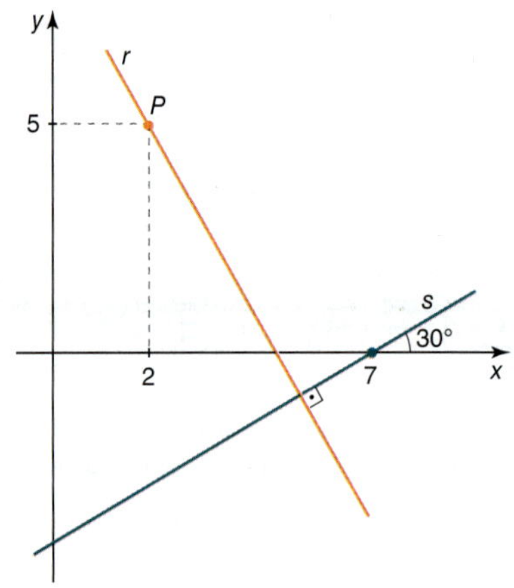

39 Determinar a equação reduzida da mediatriz do segmento $\overline{AB}$, representado a seguir.

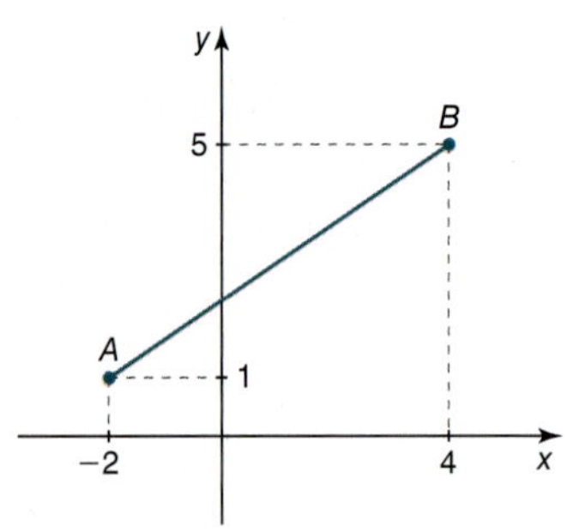

Resolução

A mediatriz do segmento $\overline{AB}$ é a reta r que passa pelo ponto médio M de $\overline{AB}$ e é perpendicular à reta $\overleftrightarrow{AB}$.

O ponto médio de $\overline{AB}$ é:

$$M\left(\frac{-2+4}{2}, \frac{1+5}{2}\right) = M(1, 3)$$

A mediatriz r de $\overline{AB}$ é perpendicular a $\overleftrightarrow{AB}$ e, portanto:

$$m_r = -\frac{1}{m_{AB}}$$

Como $m_{AB} = \dfrac{5-1}{4-(-2)} = \dfrac{4}{6} = \dfrac{2}{3}$, obtemos:

$$m_r = -\frac{1}{m_{AB}} = -\frac{3}{2}$$

A reta r passa pelo ponto $M(1, 3)$; assim:

$$(r)\ y - 3 = -\frac{3}{2} \cdot (x - 1)$$

Logo, a equação reduzida da mediatriz r é:

$$y = -\frac{3x}{2} + \frac{9}{2}$$

Graficamente, temos:

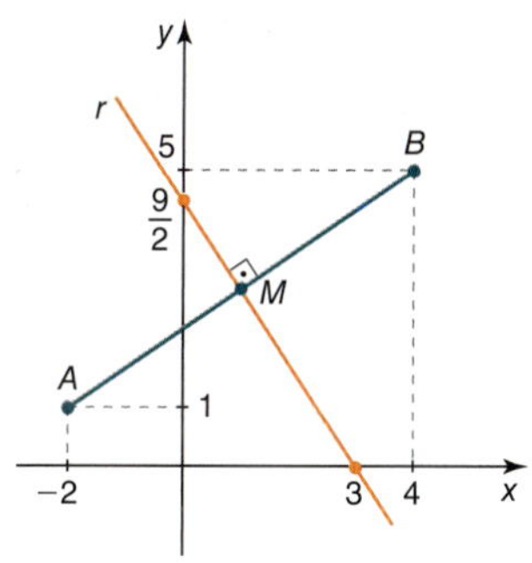

40 Determinar a projeção ortogonal Q do ponto P(3, 5) sobre a reta r de equação $x + y - 4 = 0$.

Resolução

Vamos resolver esse exercício de dois modos.

1º modo

A projeção ortogonal Q do ponto P sobre a reta r é a intersecção de r com a reta s que passa por P e é perpendicular a r.

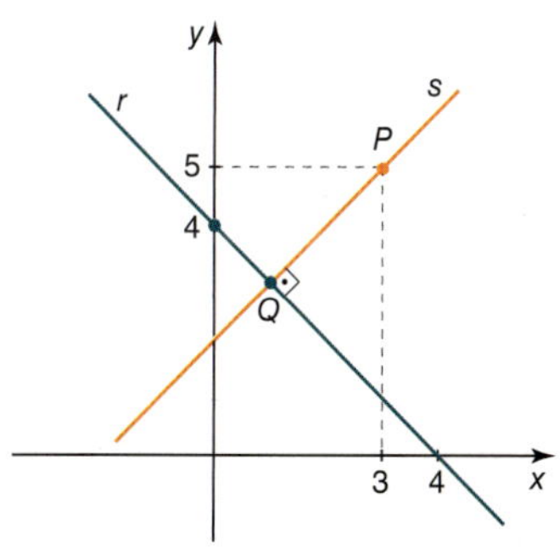

A equação reduzida da reta r é $y = -x + 4$ e, portanto, $m_r = -1$.

O coeficiente angular da reta s é o oposto do inverso do coeficiente angular da reta r, isto é, $m_s = -\dfrac{1}{m_r} = -\dfrac{1}{-1} = 1$; e a reta s passa pelo ponto P(3, 5). Assim:

$$(s)\ y - 5 = 1(x - 3)$$

Logo, a reta s tem como equação: $x - y + 2 = 0$

O ponto Q, intersecção de r com s, é a solução do sistema:

$$\begin{cases} x + y - 4 = 0 \\ x - y + 2 = 0 \end{cases} \Rightarrow x = 1 \text{ e } y = 3$$

Concluímos, então, que Q(1, 3).

2º modo

Vamos obter um ponto genérico da reta $(r)\ x + y - 4 = 0$. Para isso, atribuímos à variável x um valor genérico k, obtendo:

$$k + y - 4 = 0 \Rightarrow y = 4 - k$$

Assim, um ponto genérico da reta r é $(k, 4 - k)$, com $k \in \mathbb{R}$.

Como o ponto Q pertence à reta r, ele é representado por $Q(k, 4 - k)$.

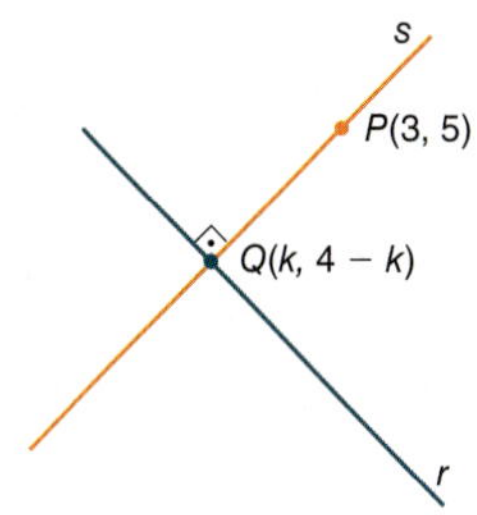

Como as retas r e s são perpendiculares, temos:

$$m_s = -\frac{1}{m_r} \Rightarrow \frac{4 - k - 5}{k - 3} = -\frac{1}{(-1)}$$

$$\therefore \frac{-k-1}{k-3} = 1 \Rightarrow k - 3 = -k - 1$$

$$\therefore k = 1$$

Logo, o ponto Q é: $Q(1, 4 - 1) = Q(1, 3)$

41 Determinar o simétrico do ponto P(3, 5) em relação à reta r de equação $x + y - 4 = 0$.

Resolução

O simétrico de P em relação a r é o ponto $P'(x, y)$ tal que P e P′ pertencem à mesma reta s perpendicular à reta r e equidistam de r. Indicando por Q a intersecção de r e s, temos do exercício resolvido anterior:

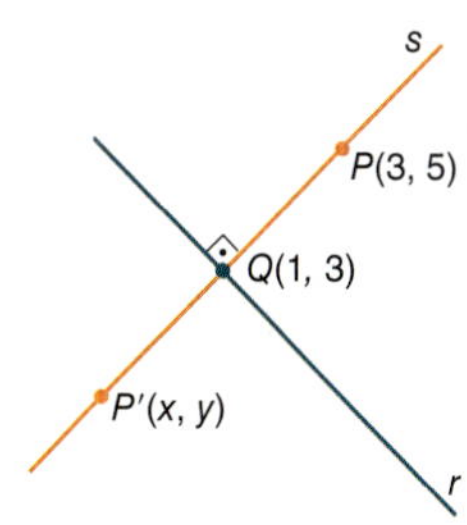

Como Q é ponto médio do segmento $\overline{PP'}$, temos:

$$\frac{3 + x}{2} = 1 \Rightarrow x = -1$$

$$\frac{5 + y}{2} = 3 \Rightarrow y = 1$$

Concluímos, então, que $P'(-1, 1)$.

EXERCÍCIOS PROPOSTOS

74 Considere as retas:

(r) $3x + 5y - 1 = 0$ (t) $y = -\frac{5x}{3} + 4$ (v) $y - 1 = 0$

(s) $y = \frac{5x}{3} + 4$ (u) $x = 9$ (z) $2x - 10y - 1 = 0$

Classifique como verdadeira (V) ou falsa (F) cada uma das afirmações:

a) As retas r e s são perpendiculares.
b) As retas r e t são perpendiculares.
c) As retas u e v são perpendiculares.
d) As retas t e z são perpendiculares.
e) As retas s e z são perpendiculares.
f) As retas v e z são perpendiculares.

75 As retas r e s têm equações $(2 - k)x + 3y - 1 = 0$ e $y = -\frac{5x}{4} + 2$, respectivamente. Determine o número real k para que r e s sejam perpendiculares.

76 Obtenha uma equação da reta s que passa pelo ponto P e é perpendicular à reta r nos seguintes casos:

a) P(2, 4) e (r) $x + 2y - 10 = 0$
b) P(5, −6) e (r) $3x - y - 1 = 0$
c) P(0, −4) e (r) $5x + 4y = 0$
d) P(2, 5) e (r) $x - 6 = 0$

77 Obtenha uma equação da reta s que passa pelo ponto P e é perpendicular à reta r representada abaixo.

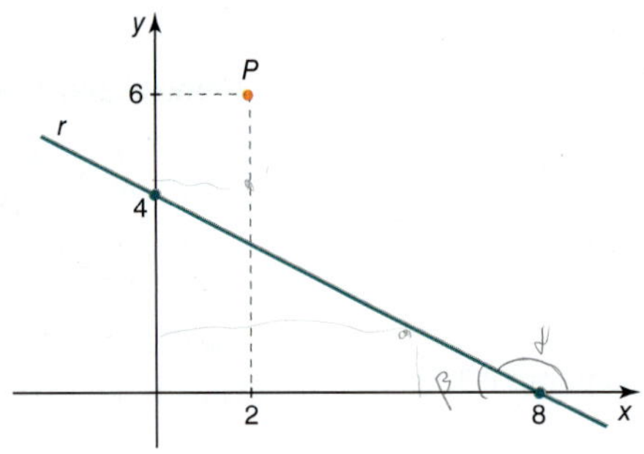

78 Represente, por meio de uma equação, a reta r que passa pelo ponto P e é perpendicular à reta $\overleftrightarrow{AB}$ nos seguintes casos:

a) P(1, 3), A(2, 5) e B(6, 3)
b) P(−2, 6), A(1, 9) e B(2, 15)
c) P(−4, −2), A(3, 5) e B(0, 7)
d) P(6, −1), A(4, 8) e B(4, 10)

79 Obtenha a equação da reta que passa pelo ponto P e é perpendicular à reta r nos seguintes casos:

a)

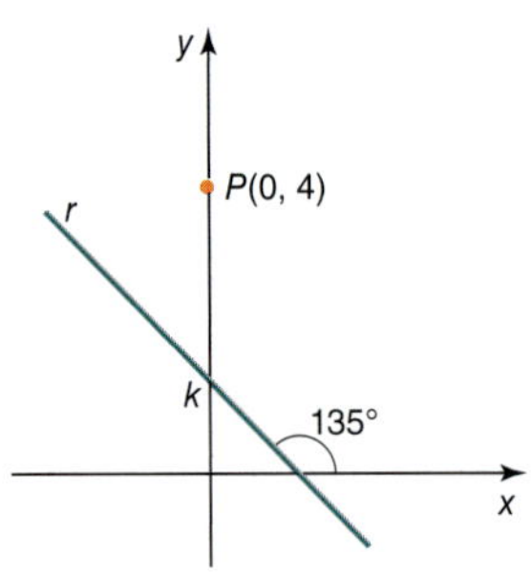

b)

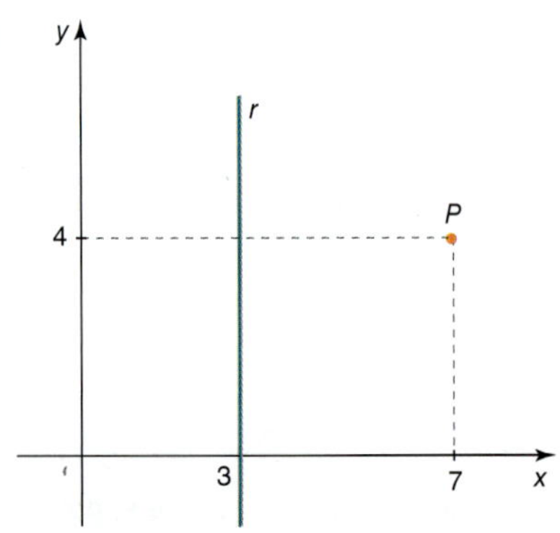

80 Determine a projeção ortogonal do ponto P sobre a reta r nos seguintes casos:

a) P(8, 1) e (r) $x - y + 5 = 0$
b) P(2, 6) e (r) $y = 4$

81 (Fuvest-SP) Uma das diagonais de um quadrado está contida na reta $x + y = 4$. Determine os vértices desse quadrado, sabendo que um deles é o ponto (1, 1).

Resolva os exercícios complementares 57 a 66.

Equações paramétricas da reta

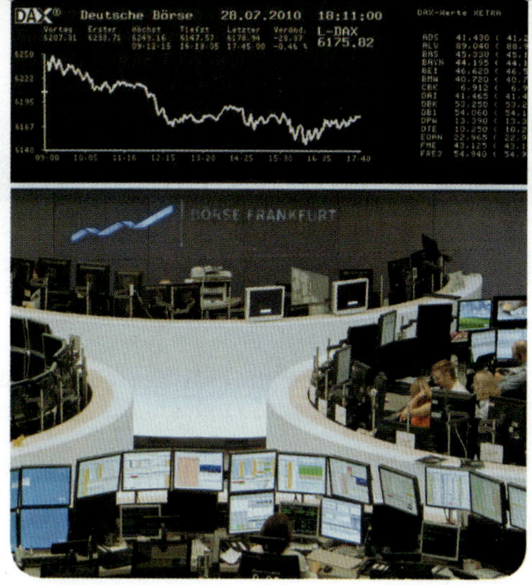

Um corretor da bolsa de valores avaliou que o preço p, em real, de determinada ação em certo dia, em função do tempo t, em hora, poderia ser estimado pela equação $p = 20 + 0{,}05t$. Simultaneamente, projetou que o número n dessas ações vendidas nesse dia, em função do tempo t, em hora, poderia ser estimado pela equação $n = 100t$. Assim, obteve o sistema de equações:

$$\begin{cases} p = 20 + 0{,}05t \\ n = 100t \end{cases}$$

Com esse sistema, o corretor avaliou, também, o preço p em função do número n de ações vendidas. Para isso, isolou a variável t na segunda equação e substituiu o valor assim obtido na primeira:

$$\begin{cases} p = 20 + 0{,}05t \\ t = \dfrac{n}{100} \end{cases} \Rightarrow p = 20 + 0{,}05 \cdot \dfrac{n}{100}$$

$$\therefore p = 20 + 0{,}0005n$$

As equações $p = 20 + 0{,}05t$ e $n = 100t$ são chamadas de **equações paramétricas** associadas à equação $p = 20 + 0{,}0005n$. A variável t é chamada de **parâmetro** das equações paramétricas.

De modo geral, para qualquer equação que relacione apenas as variáveis x e y, podemos apresentar essas variáveis em função de um parâmetro t:

$$\begin{cases} x = f(t) \\ y = g(t) \end{cases}$$

Se essas equações têm como gráfico uma reta r, são chamadas de **equações paramétricas da reta r**.

Quando as equações paramétricas são aplicadas em situações práticas, como em Física, Química, Economia etc., o parâmetro t pode representar qualquer grandeza, como tempo, temperatura, pressão e preço.

EXERCÍCIO RESOLVIDO

42 As equações paramétricas de uma reta r são:

$\begin{cases} x = 2t + 5 \\ y = 4t - 2 \end{cases}$ em que t é o parâmetro. Obter uma equação geral da reta r.

Resolução

Isolamos o parâmetro t em uma das equações; por exemplo, na primeira:

$$\begin{cases} t = \dfrac{x - 5}{2} & \text{(I)} \\ y = 4t - 2 & \text{(II)} \end{cases}$$

Substituímos o parâmetro t da equação (II) pela expressão obtida em (I):

$$y = 4 \cdot \left(\frac{x - 5}{2}\right) - 2 \Rightarrow y = 2x - 12$$

Logo, uma equação geral da reta r é: $2x - y - 12 = 0$

EXERCÍCIOS PROPOSTOS

82 As equações paramétricas de uma reta r são:

$$\begin{cases} x = 2t - 5 \\ y = 3 - t \end{cases}$$

em que o parâmetro t assume todos os valores reais. Obtenha a equação reduzida da reta r.

83 Construa o gráfico da reta r cujas equações paramétricas são:

$$\begin{cases} x = 2 - 3t \\ y = 6t - 1 \end{cases}$$

em que o parâmetro é t.

84 A reta r, representada ao lado, tem equações paramétricas:

$$\begin{cases} x = t + 1 \\ y = kt - 5 \end{cases}$$

em que o parâmetro t assume todos os valores reais e k é uma constante real. Determine o coeficiente angular dessa reta.

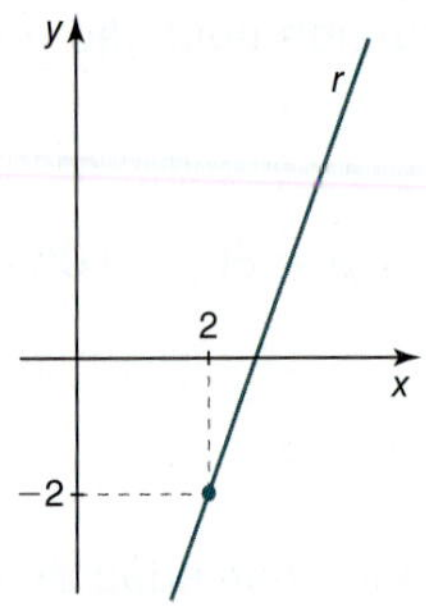

85 Uma bióloga avaliou o crescimento de um vegetal, em determinado período, constatando que a altura h da planta, em centímetro, em função do tempo t, em dia, pôde ser calculada por $h = 10 + 0{,}25t$. No mesmo período, a massa m da planta, em grama, em função do tempo t, em dia, pôde ser calculada por $m = 3 + 0{,}1t$. Desse modo, a cientista obteve o sistema de equações:

$$\begin{cases} h = 10 + 0{,}25t \\ m = 3 + 0{,}1t \end{cases}$$

No relatório da experiência, a bióloga teve de descrever o crescimento da planta por meio de uma equação, relacionando apenas a altura h e a massa m. Qual é essa equação?

86 Ao estudar o movimento de um projétil, um cientista concluiu que sua trajetória é plana e seus deslocamentos, em metro, na horizontal e na vertical são descritos, respectivamente, pelas equações $x = t + 5$ e $y = 3t + 6$, em que t representa o tempo, em segundo. Obtenha uma equação que relacione apenas as variáveis x e y.

Resolva os exercícios complementares 67 a 69 e 93 a 96.

Material complementar Moderna PLUS http://www.modernaplus.com.br
Texto: *Feixe plano de retas concorrentes.*
Texto: *Uma aplicação à Estatística: a reta de tendência.*

EXERCÍCIOS COMPLEMENTARES

Exercícios técnicos

1 Considere os pontos $A(-1, 2)$, $B(2, 6)$ e $C(2, 0)$.
a) Calcule o perímetro do triângulo ABC.
b) Classifique o triângulo ABC como retângulo, acutângulo ou obtusângulo.

2 Considere os pontos $A(0, 0)$, $B(3, 4)$ e $C(15, 8)$.
a) Calcule o perímetro do triângulo ABC.
b) Classifique o triângulo ABC como retângulo, acutângulo ou obtusângulo.

3 Um ponto P do primeiro quadrante tem abscissa 3 e um ponto Q do segundo quadrante tem abscissa -4. Sabendo que cada um desses pontos dista 5 unidades da origem O do sistema de eixos, calcule a distância entre P e Q.

4 A distância entre o ponto $A(-5, 2)$ e um ponto Q do eixo das ordenadas é $5\sqrt{2}$. Determine o ponto Q.

5 Um ponto T pertence à bissetriz dos quadrantes ímpares e dista 5 unidades do ponto $A(-1, 6)$. Determine o ponto T.

6 (Uece) Se o triângulo de vértices nos pontos $A(0, 0)$, $B(3, 1)$ e $C(2, k)$ é retângulo, com o ângulo reto em B, então k é igual a:
a) 3 b) 4 c) 5 d) 6 e) 7

7 (PUC-SP) Os pontos $A(0, 3)$ e $B(2, -1)$ são vértices de um triângulo ABC isósceles de base $\overline{AB}$. Determine o vértice C, sabendo que ele pertence à bissetriz do 2º e 4º quadrantes do sistema cartesiano ortogonal.

8 (Ufac) Dois vértices de um triângulo equilátero são os pontos $A(0, 4)$ e $B(4, 0)$. Sabendo que o vértice C desse triângulo é um ponto do primeiro quadrante, concluímos que:
a) $C(2\sqrt{3}, 2\sqrt{3})$
b) $C(-2\sqrt{3}, -2\sqrt{3})$
c) $C(2\sqrt{3} - 1, 2\sqrt{3} - 1)$
d) $C(2 - 2\sqrt{3}, 2 - 2\sqrt{3})$
e) $C(2 + 2\sqrt{3}, 2 + 2\sqrt{3})$

9 Em cada um dos itens abaixo, o ponto C está entre os pontos A e B. Determine a razão em que o ponto C divide o segmento $\overline{AB}$, de A para B.
a) $A(6, 1)$, $B(13, 8)$ e $C(8, 3)$
b) $A(-4, 1)$, $B(2, 7)$ e $C(0, 5)$
c) $A\left(\frac{1}{2}, \frac{2}{3}\right)$, $B\left(\frac{5}{2}, \frac{8}{3}\right)$ e $C\left(\frac{3}{4}, \frac{11}{12}\right)$

10 Determine o ponto C, interno ao segmento $\overline{AB}$, que divide esse segmento, de A para B, na razão r, em cada um dos casos.

a) $A(4, 1)$, $B(7, 4)$ e $r = \frac{3}{4}$

b) $A(-13, 4)$, $B(-3, 8)$ e $r = \frac{3}{7}$

c) $A(4, 9)$, $B(10, 3)$ e $r = 1$

d) $A(5, 1)$, $B(16, 12)$ e $r = \frac{8}{3}$

e) $A(4, 2)$, $B(13, 8)$ e $r = 2$

11 No gráfico abaixo, o ponto C divide o segmento $\overline{AB}$, de A para B, na razão $\frac{1}{3}$. Determine as coordenadas do ponto C.

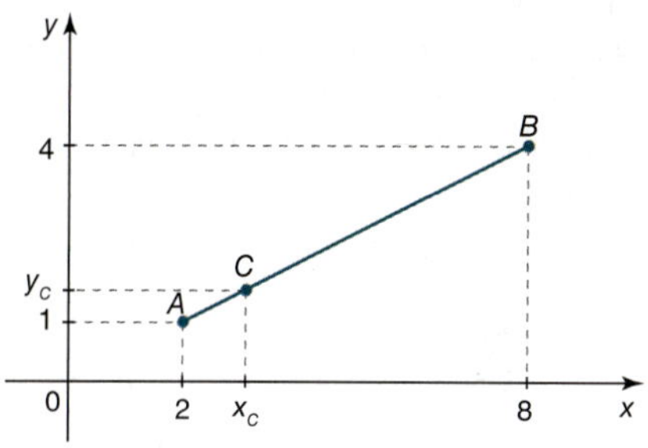

12 Dados os pontos $A\left(\frac{1}{2}, \frac{3}{2}\right)$ e $B\left(\frac{3}{4}, \frac{2}{5}\right)$, determine os pontos C, D e E, que dividem o segmento $\overline{AB}$ em quatro partes congruentes.

13 Determine o ponto médio M do segmento $\overline{AB}$ em cada um dos casos.

a) $A(-6, 4)$ e $B(2, -10)$

b) $A\left(\frac{5}{4}, \frac{3}{2}\right)$ e $B\left(-\frac{1}{2}, 2\right)$

c) $A\left(\sqrt{20}, 3\right)$ e $B\left(\sqrt{45}, 7\right)$

14 (UEPB) O segmento $\overline{AC}$ é uma diagonal do paralelogramo ABCD em que $A(-3, 5)$, $B(2, 7)$ e $C(5, 3)$. O vértice D é o ponto determinado pelo par ordenado:

a) $(2, 3)$

b) $(1, -5)$

c) $(0, 1)$

d) $(-1, 3)$

e) $(4, -1)$

15 Determine o simétrico do ponto A em relação ao ponto Q, nos seguintes casos:

a) $A(0, -6)$ e $Q(-3, 1)$

b) $A\left(\sqrt{8}, \frac{3}{4}\right)$ e $Q\left(\sqrt{32}, -\frac{1}{8}\right)$

16 O segmento $\overline{AB}$ é diâmetro da circunferência de centro $C(2, -1)$. Determine o ponto B, sabendo que $A(3, 8)$.

17 Em um triângulo ABC, em que $B(-1, 0)$ e $C(5, -2)$, a base média $\overline{MN}$ é tal que $M \in \overline{AB}$, com $M(2a - 6, a - 1)$, e $N \in \overline{AC}$, com $N(a, a - 2)$ e $a \in \mathbb{R}$. Determine o vértice A desse triângulo.

18 Obtenha o baricentro G do triângulo ABC nos seguintes casos:

a) $A(-1, 6)$, $B(0, -4)$ e $C(5, 8)$

b) $A\left(\sqrt{27}, -1\right)$, $B\left(\sqrt{3}, 2\right)$ e $C\left(\sqrt{12}, 0\right)$

19 (Vunesp) Dados dois pontos, $A(-2, 1)$ e $B(1, -2)$, conforme a figura seguir:

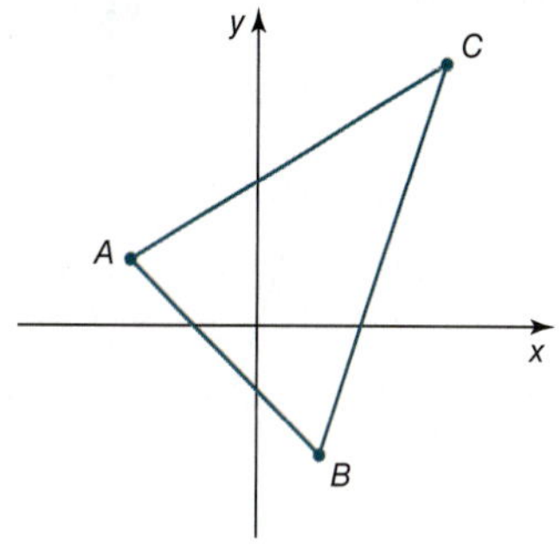

a) Calcule a distância entre A e B.

b) Sabendo-se que as coordenadas cartesianas do baricentro G do triângulo ABC são $\left(\frac{2}{3}, 1\right)$, calcule as coordenadas do vértice C do triângulo.

20 Observando o gráfico abaixo, podemos concluir que:

a) O coeficiente angular da reta r é $\frac{\sqrt{3}}{3}$.

b) O coeficiente angular da reta r é $\sqrt{3}$.

c) O coeficiente angular da reta r é 1.

d) A inclinação da reta r é 30°.

e) A soma das inclinações das retas r e s é 60°.

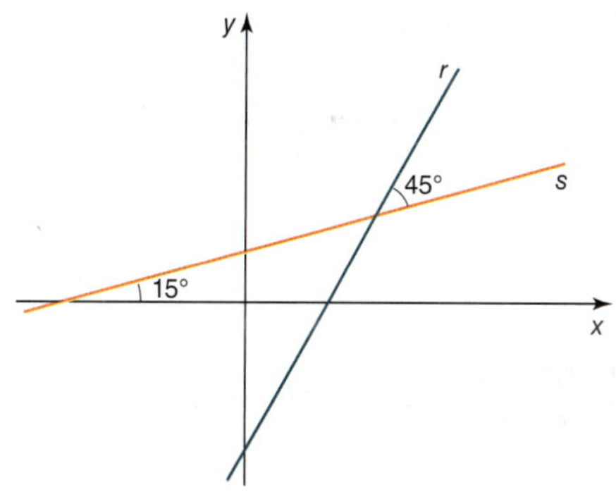

21 Determine o coeficiente angular m da reta $\overleftrightarrow{AB}$ em cada um dos casos a seguir.

a) $A(7, 3)$ e $B(3, 5)$

b) $A(5, 2)$ e $B(2, -8)$

c) $A\left(\frac{1}{2}, 2\right)$ e $B\left(3, \frac{2}{5}\right)$

d) $A\left(1, \sqrt{3} + 5\right)$ e $B\left(\sqrt{3}, 8\right)$

22 Determine o coeficiente angular m e a inclinação α da reta r representada abaixo.

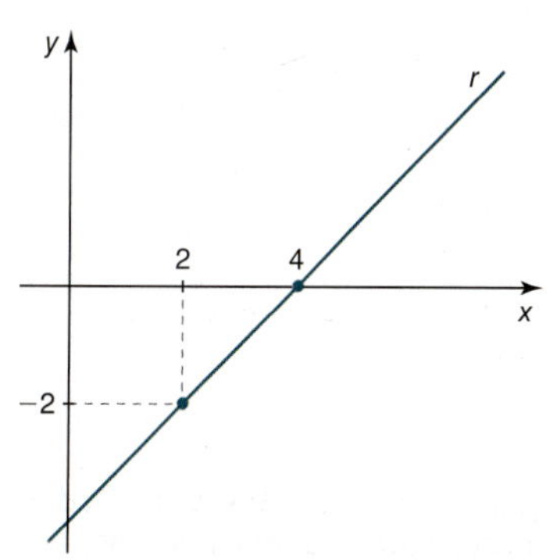

23 A reta r representada a seguir tem coeficiente angular -2. Calcule o comprimento do segmento $\overline{PO}$.

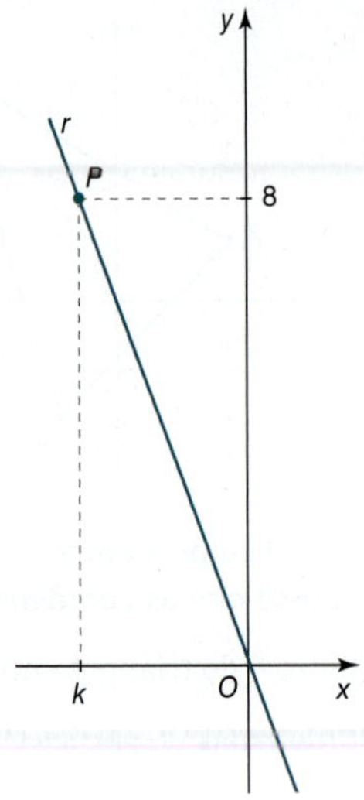

24 As retas r e s, representadas abaixo, são paralelas. Qual das alternativas seguintes apresenta um ponto que pertence à reta r?

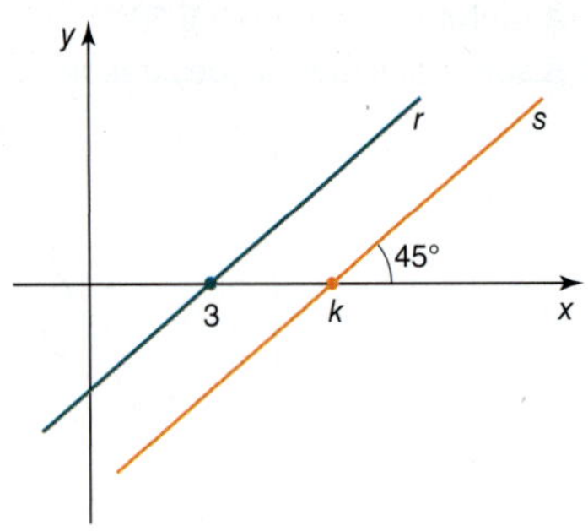

a) (4, 5)
b) (6, 4)
c) (8, 6)
d) (5, 2)
e) (−7, −4)

25 A reta s é vertical e passa pelos pontos $A(6k + 2, 5)$ e $B(k - 6, 1)$. Determine o número real k.

26 (Fuvest-SP) Os vértices de um triângulo ABC, no plano cartesiano, são: $A(1, 0)$, $B(0, 1)$ e $C(0, \sqrt{3})$. Então, o ângulo $B\hat{A}C$ mede:

a) 60°
b) 45°
c) 30°
d) 18°
e) 15°

27 Verifique se os pontos A, B e C são ou não colineares, nos seguintes casos:

a) $A(1, 1)$, $B(-1, -9)$ e $C(0, -4)$

b) $A\left(1, \frac{2}{3}\right)$, $B\left(-\frac{3}{4}, 1\right)$ e $C\left(0, \frac{1}{5}\right)$

c) $A\left(2, \frac{3}{2}\right)$, $B\left(\frac{3}{2}, \frac{5}{4}\right)$ e $C\left(-5, -\frac{1}{4}\right)$

d) $A(\sqrt{3}, 5)$, $B(\sqrt{3}, 7)$ e $C(\sqrt{3}, 2)$

e) $A\left(4, \frac{2}{\sqrt{2}}\right)$, $B(6, \sqrt{8})$ e $C(1, 2\sqrt{2})$

28 Dados os pontos $A(2, 5)$ e $B(6, 1)$, determine o ponto C de abscissa 9 tal que $AB + BC = AC$.

29 No gráfico abaixo, determine o ponto P onde a reta r intercepta o eixo das ordenadas.

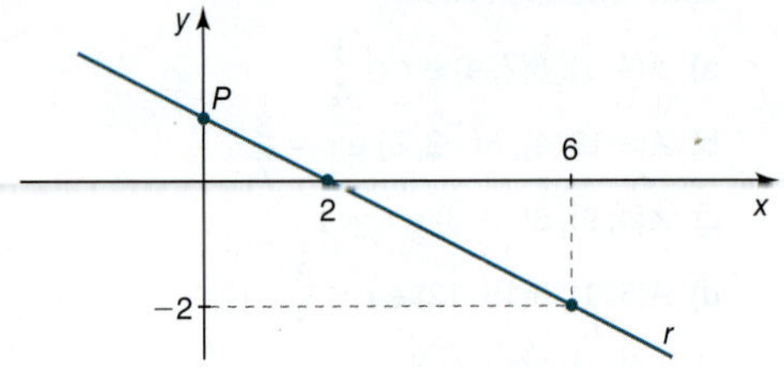

30 Obtenha uma equação da reta que passa pelo ponto P e tem coeficiente angular m em cada um dos seguintes casos:

a) $P(8, 0)$ e $m = -\frac{1}{3}$
b) $P(\sqrt{3}, 2)$ e $m = -\sqrt{3}$
c) $P(2 + \sqrt{3}, 0)$ e $m = 2 - \sqrt{3}$

31 Obtenha uma equação para cada uma das retas representadas a seguir.

a)

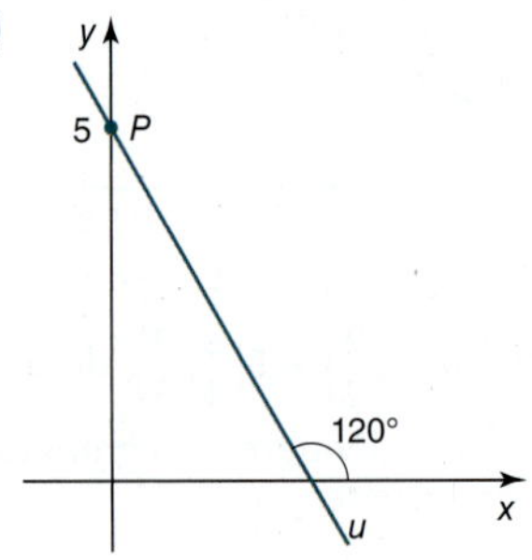

b)

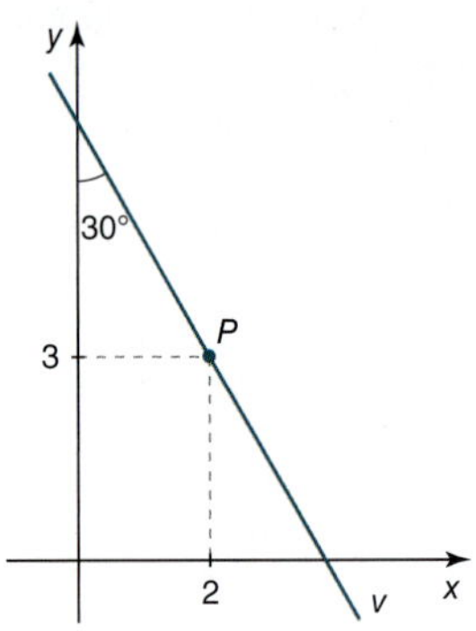

32 Represente, por meio de uma equação, a reta que passa pelos pontos A e B nos seguintes casos:

a) $A(-7, 0)$ e $B(-5, 10)$
b) $A(1, 5)$ e $B(4, 6)$
c) $A(-3, 2)$ e $B(1, -1)$

33 A inclinação da reta s, representada abaixo, é α tal que $\text{tg}\ \alpha = \frac{4}{3}$. Obtenha uma equação da reta r.

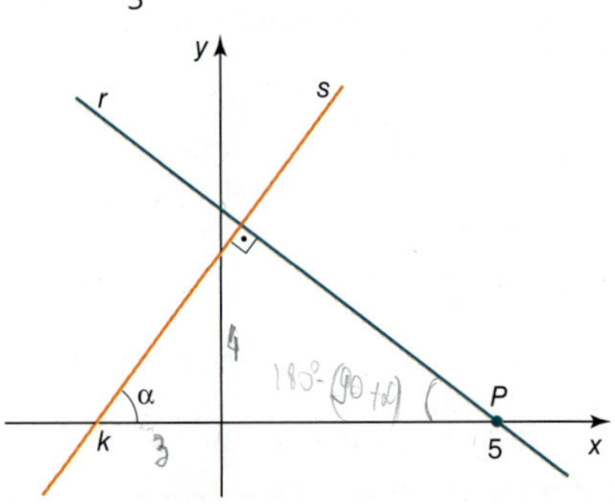

34 São dados os pontos $A(0, 4)$, $B(4, 4)$, $C(4, 0)$ e $D(0, 0)$.

a) Represente no plano cartesiano o quadrilátero $ABCD$.

b) Obtenha a equação da reta suporte do lado $\overline{AB}$. (*Nota*: A reta suporte de um lado é a reta que contém esse lado.)

c) Obtenha a equação da reta suporte do lado $\overline{BC}$.

d) Obtenha a equação da reta suporte do lado $\overline{DC}$.

e) Obtenha a equação da reta suporte do lado $\overline{AD}$.

f) Obtenha a equação da reta suporte da diagonal $\overline{DB}$.

35 (UFMG) Os pontos (a, b) e (c, d) estão representados na figura a seguir.

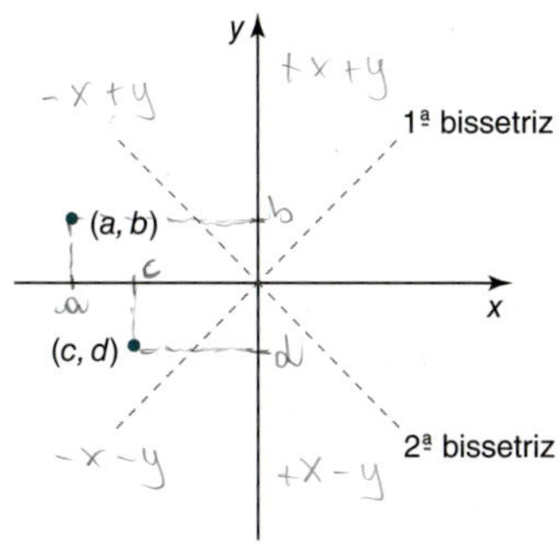

O ponto $(a + b, c - d)$ está situado no:

a) 1º quadrante
b) 2º quadrante
c) 3º quadrante
d) 4º quadrante

36 Os vértices A e B de um triângulo equilátero ABC são $A(2, 8)$ e $B(6, 8)$. Determine a equação da reta suporte da altura relativa ao lado $\overline{AB}$ desse triângulo.

37 Sendo $A(3, -5)$ e $B(0, -1)$, obtenha o ponto P da bissetriz dos quadrantes pares tal que a distância PA seja o dobro da distância PB.

38 O ponto $P(2, 5)$ equidista de dois pontos A e B, sendo que A pertence à bissetriz dos quadrantes ímpares e B pertence à reta horizontal que passa por A, com $AB = 8$. Determine os pontos A e B.

39 Construa o gráfico cartesiano da reta:

a) r de equação geral $x + 4y + 8 = 0$

b) s de equação geral $5x - 3y + 1 = 0$

c) u de equação geral $2y - 5 = 0$

40 Considerando a reta r de equação $2x - y - 3 = 0$, qual das alternativas abaixo apresenta um ponto de r para qualquer valor real atribuído à variável k?

a) $(k, 2k + 3)$
b) $(k, 3 - 2k)$
c) $\left(k, \frac{2k}{3}\right)$
d) $(k, 2k - 3)$
e) $(k, 2k)$

41 Sendo r a reta de equação $3x - y + 2 = 0$ e os pontos $A(1, 1)$ e $B(5, 0)$, determine o ponto P pertencente a r e equidistante de A e B.

42 Determine o ponto de intersecção das retas r e s dadas por:
$(r)\ 2x + 3y - 1 = 0$ e $(s)\ 3x + 4y + 2 = 0$

43 Sendo r a reta de equação $3x + 5y - 30 = 0$, determine o ponto de intersecção de r com:

a) o eixo das abscissas.

b) o eixo das ordenadas.

44 (UFPB) Determine as coordenadas do ponto P, representado no gráfico abaixo.

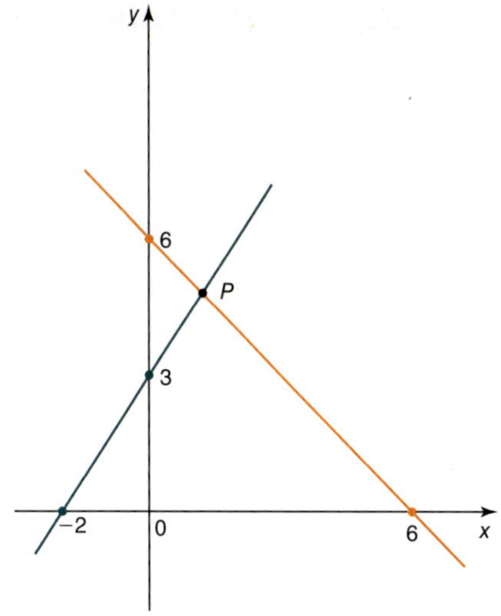

45 Mostre que o triângulo limitado pelas retas $(r)\ x + 2y - 12 = 0$, $(s)\ 2x - y + 11 = 0$ e $(t)\ y - 3 = 0$ é um triângulo retângulo.

46 (Fuvest-SP) Duas retas s e t do plano cartesiano se interceptam no ponto $(2, 2)$. O produto de seus coeficientes angulares é 1 e a reta s intercepta o eixo y no ponto $(0, 3)$. A área do triângulo delimitado pelo eixo x e pelas retas s e t é:

a) 2 b) 3 c) 4 d) 5 e) 6

47 (Mackenzie-SP) Os pontos A e B pertencem ao gráfico da função $y = \frac{1}{x}$, com $x > 0$.

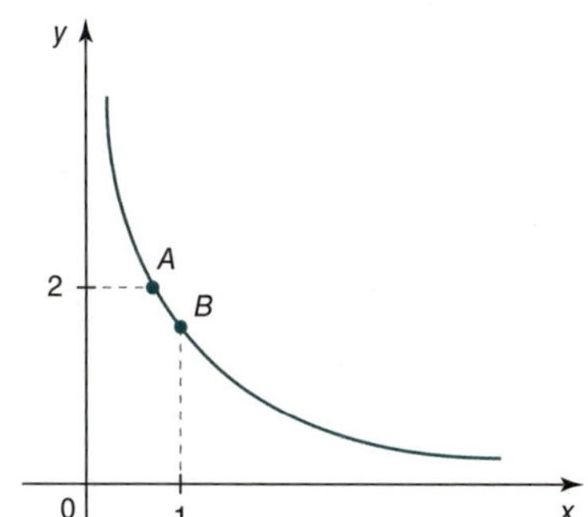

A reta r, determinada pelos pontos A e B, forma com os eixos cartesianos um triângulo de área:

a) $\frac{3}{2}$ b) $\frac{1}{2}$ c) $\frac{7}{4}$ d) $\frac{9}{4}$ e) $\frac{5}{2}$

48 As retas $(r)\ x + (k - 2)y + 1 = 0$ e $(s)\ kx + 8y - 3 = 0$ têm um único ponto comum. Pode-se concluir que o número real k é tal que:

a) $k \neq 4$ e $k \neq -2$
b) $k \neq 4$ e $k \neq 2$
c) $k \neq 0$
d) $k \neq 5$
e) $k \neq 3$ e $k \neq 6$

49 (PUC-RS) As retas representadas pelas equações $x - 2y = -4$, $x + y = 5$ e $mx - y = 3$ têm um ponto em comum. O valor de m é:

a) −1 b) 0 c) 1 d) 3 e) 6

50 Considere os pontos $A(2, 3)$ e $B(1, 5)$.

a) Represente no plano cartesiano a reta r que passa por A e B.

b) Obtenha a equação reduzida da reta r.

c) Determine o coeficiente angular e o coeficiente linear da reta r.

51 (UFMG) Sejam A e B dois pontos da reta de equação $y = 2x + 2$, que distam duas unidades da origem. Nesse caso, a soma das abscissas de A e B é:

a) $\frac{5}{8}$

b) $-\frac{8}{5}$

c) $-\frac{5}{8}$

d) $\frac{8}{5}$

52 As retas r e s têm equações $(2k + 3)x - 3y - 1 = 0$ e $y = \frac{3x}{2} + \frac{1}{3}$, respectivamente.

a) Determine o número real k para que r seja paralela a s.

b) Para o valor encontrado no item **a**, as retas r e s são paralelas distintas ou paralelas coincidentes?

53 Obtenha os valores reais de a para que as retas de equações $(2a - 5)x + 3y + 1 = 0$ e $(a + 3)x - y = 0$ sejam concorrentes.

54 Determine a equação reduzida da reta r que passa pelo ponto P e é paralela à reta s, nos seguintes casos:

a) $P(-3, 1)$ e $(s)\ y = 8x + 3$

b) $P\left(-\frac{1}{3}, -2\right)$ e $(s)\ 4x - 3y + 5 = 0$

c) $P\left(-\frac{2}{5}, -\frac{1}{2}\right)$ e $(s)\ y = \frac{3x}{4}$

55 (UFJF-MG) A reta r passa pelo ponto $(16, 11)$ e não intercepta a reta de equação $y = \frac{x}{2} - 5$. Considerando-se os seguintes pontos, o **único** que pertence à reta r é:

a) $(7, 6)$

b) $\left(7, \frac{13}{2}\right)$

c) $(7, 7)$

d) $\left(7, \frac{15}{2}\right)$

56 Considere a reta r de equação $4x + 3y - 1 = 0$.

a) Obtenha a equação do feixe plano de retas paralelas a r.

b) Obtenha uma equação da reta s, pertencente ao feixe do item **a**, que passa pelo ponto $P(1, 3)$. (*Sugestão*: Veja o exercício resolvido 34.)

57 Para que valor real de n as retas de equações $3x + y - 1 = 0$ e $(2n - 4)x + y + 2 = 0$ são perpendiculares?

58 Obtenha uma equação da reta s que passa pelo ponto P e é perpendicular à reta r nos seguintes casos:

a) $P(-1, 2)$ e $(r)\ 2x + y + 7 = 0$

b) $P(2, 6)$ e $(r)\ 2x + 5y - 1 = 0$

c) $P(-1, 0)$ e $(r)\ 3x - 4y = 0$

d) $P\left(\frac{1}{3}, -\frac{1}{2}\right)$ e $(r)\ x - y + 3 = 0$

59 (UEL-PR) No gráfico abaixo, cada divisão dos eixos corresponde a uma unidade. A equação da reta que passa por P e é perpendicular à reta r dada é:

a) $y = -\frac{4}{3}x + \frac{38}{3}$

b) $y = \frac{3}{4}x + \frac{1}{2}$

c) $y = -\frac{4}{3}x + \frac{39}{3}$

d) $y = \frac{3}{4}x + \frac{9}{4}$

e) $y = \frac{9}{4}x + \frac{38}{3}$

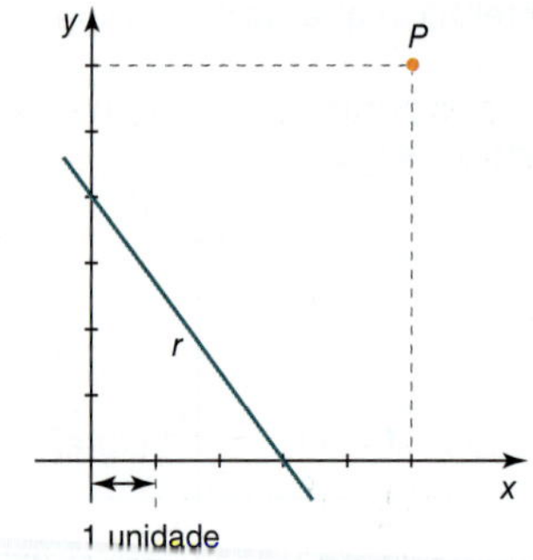

60 Represente, por meio de uma equação, a reta r que passa pelo ponto P e é perpendicular à reta $\overleftrightarrow{AB}$ nos seguintes casos:

a) $P(-7, 0)$, $A(0, 5)$ e $B(4, 8)$

b) $P\left(\frac{1}{3}, -\frac{1}{2}\right)$, $A\left(\frac{2}{3}, 0\right)$ e $B\left(0, \frac{3}{2}\right)$

c) $P(0, 0)$, $A(5, 3)$ e $B(7, 3)$

61 (FGV) Dados $A(-5, 4)$, $B(-1, 1)$ e $C(-3,7)$, sabe-se que o triângulo $A'B'C'$ é simétrico ao triângulo ABC em relação ao eixo x, com A, B e C sendo vértices simétricos a A', B' e C', respectivamente.
Assim, a equação da reta suporte da altura do triângulo $A'B'C'$ relativa ao lado $\overline{A'B'}$ é:

a) $4x - 3y + 44 = 0$

b) $4x - 3y - 33 = 0$

c) $4x + 3y + 33 = 0$

d) $3x + 4y + 33 = 0$

e) $3x + 4y - 44 = 0$

62 Obtenha a equação da reta que passa pelo ponto P e é perpendicular à reta r nos seguintes casos:

a)

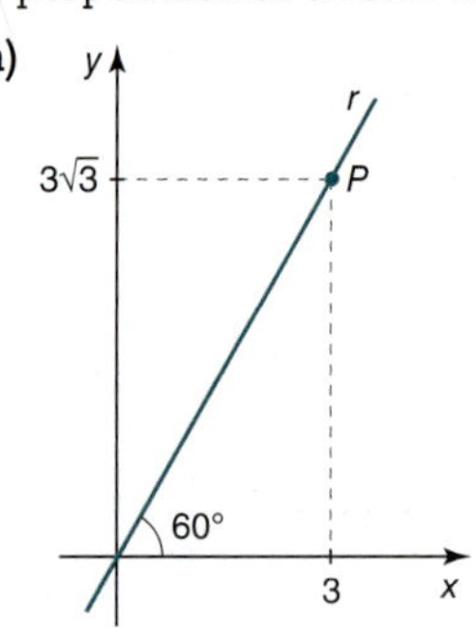

b)

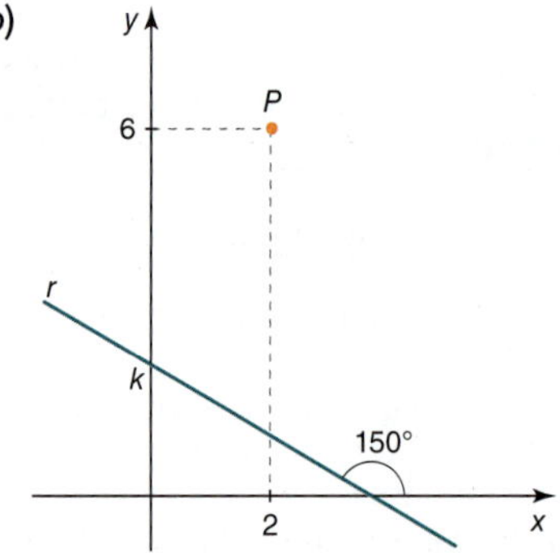

63 A inclinação α da reta s, representada abaixo, é tal que $\text{tg}\,\alpha = \frac{3}{5}$. Obtenha a equação reduzida da reta r que passa por P e é perpendicular a s.

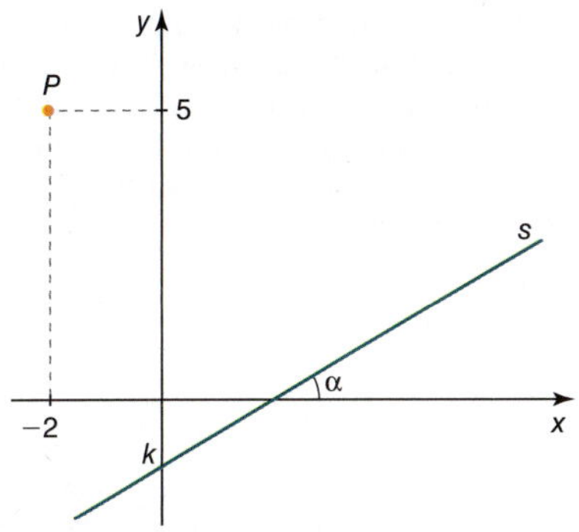

64 Determine a projeção ortogonal do ponto P sobre a reta r nos seguintes casos:

a) $P(-1, 4)$ e $(r)\ x + 2y - 1 = 0$

b) $P(-1, -3)$ e $(r)\ x = 1$

65 Determine o simétrico do ponto P em relação à reta r nos seguintes casos:

a) $P(1, 2)$ e $(r)\ x + 2y - 15 = 0$

b) $P(-4, 0)$ e $(r)\ 4x - 6y + 29 = 0$

c) $P(2, 5)$ e $(r)\ x - 9 = 0$

d) $P(1, -6)$ e $(r)\ y - 2 = 0$

66 (FGV) Seja PQRS um quadrado de diagonal $\overline{PR}$, com P e R sendo pontos pertencentes à reta de equação $x - y - 1 = 0$. Se $Q(4, 6)$, então a distância de S à origem (0, 0) do sistema cartesiano de coordenadas retangulares é:

a) $3\sqrt{5}$

b) $\sqrt{51}$

c) $3\sqrt{6}$

d) $\sqrt{58}$

e) $3\sqrt{7}$

67 Obtenha uma equação geral da reta r cujas equações paramétricas são:

$$\begin{cases} x = 3t + 5 \\ y = 2t + 4 \end{cases}$$

em que o parâmetro é t.

68 As equações paramétricas de uma reta r são:

$$\begin{cases} x = 2t + 1 \\ y = 1 - 3t \end{cases}$$

a) Para que valor do parâmetro t obtêm-se as coordenadas do ponto de intersecção da reta r com o eixo das abscissas?

b) Para que valor do parâmetro t obtêm-se as coordenadas do ponto de intersecção da reta r com o eixo das ordenadas?

c) Para que valor do parâmetro t obtém-se o ponto de abscissa 5 da reta r?

69 Abaixo são apresentadas as equações paramétricas de duas retas, r e s, em que t e k são os parâmetros reais.

$$r\begin{cases} x = t + 5 \\ y = 3t - 1 \end{cases} \quad \text{e} \quad s\begin{cases} x = 2k \\ y = 1 - 2k \end{cases}$$

Determine o ponto comum às retas r e s.

Exercícios contextualizados

70 Um sistema cartesiano ortogonal é associado à planta de uma cidade plana de modo que o eixo Ox é orientado de oeste para leste, o eixo Oy é orientado de sul para norte e a unidade adotada em cada eixo é o quilômetro. Um automóvel que parte do ponto A do terceiro quadrante, distante 3 km do eixo Ox e 5 km do eixo Oy, percorre o seguinte trajeto: 15 km para o leste, 3 km para o norte, 3 km para o oeste e, finalmente, 2 km para o norte, estacionando em um ponto B. O ponto A, em relação a esse sistema de coordenadas, e a distância entre os pontos A e B são:

a) $A(-5, -3)$ e $AB = 15$ km

b) $A(-5, -3)$ e $AB = 13$ km

c) $A(-5, -3)$ e $AB = 10$ km

d) $A(-3, -5)$ e $AB = 13$ km

e) $A(-3, -5)$ e $AB = 10$ km

71 Para a confecção do mapa de um bairro plano, a Secretaria de Urbanização de uma cidade fixou um sistema cartesiano de eixos ortogonais ao plano desse bairro. Para isso:

- determinou três pontos, O, A e B, e obteve as medidas: $OA = 3$ km, $AB = 7$ km e $m(A\hat{O}B) = 60°$;
- adotou o ponto O como a origem do sistema e a reta $\overleftrightarrow{OA}$, orientada de O para A, como eixo das abscissas;
- fixou o eixo das ordenadas de modo que o ponto B ficasse no primeiro quadrante.

a) Quais são as coordenadas dos pontos O, A e B, em relação a esse sistema de eixos?

b) Uma rua reta desse bairro tem extremos nos pontos B e C(4, 3). Qual é o comprimento dessa rua, em quilômetro?

72 (Unicamp-SP) As transmissões de uma determinada emissora de rádio são feitas por meio de 4 antenas situadas nos pontos A(0, 0), B(100, 0), C(60, 40) e D(0, 40), sendo o quilômetro a unidade de comprimento. Desprezando a altura das antenas e supondo que o alcance máximo de cada antena é de 20 km, a área da região limitada pelo quadrilátero ABCD que não é alcançada pelas transmissões da referida emissora é:

a) $100 \cdot (16 - 2\pi)$ km²

b) $400 \cdot (8 - \pi)$ km²

c) $100 \cdot (15 - 2\pi)$ km²

d) $(85 - 12\pi)$ km²

e) $(408 - 25\pi)$ km²

73 A temperatura de uma região variou linearmente de 12 °C a −3 °C, das 5 h às 11 h de determinado dia, conforme mostra o gráfico a seguir.

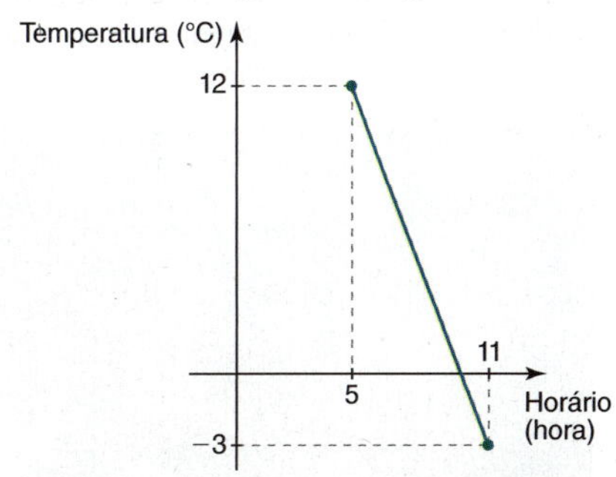

a) Qual era a temperatura às 7 h desse dia?

b) Em que horário desse dia, entre 5 h e 11 h, a temperatura atingiu 4 °C?

74 Quando um tanque continha 10 L de água, foi aberta uma torneira com vazão constante. Vinte e quatro segundos depois, o tanque havia atingido sua capacidade total, que é de 40 L, conforme descreve o gráfico ao lado.

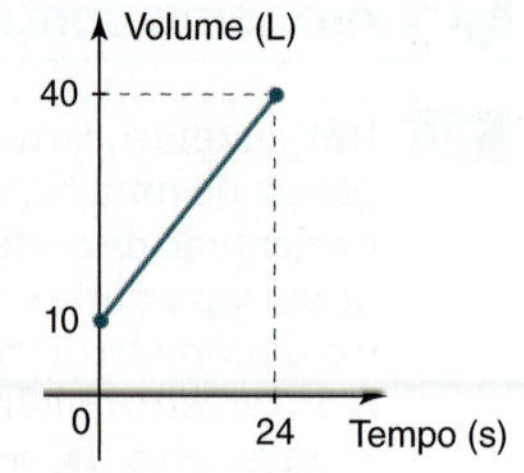

a) Quantos litros de água continha o tanque depois de 8 segundos de aberta a torneira?

b) Quanto tempo depois de aberta a torneira a água atingiu 75% da capacidade total do tanque?

75 Para estudar o movimento de um projétil que se desloca em linha reta, um cientista associou um sistema cartesiano ao plano vertical que contém essa reta, adotando o quilômetro como unidade para dividir os eixos coordenados.

O projétil passou pelo ponto A(3, 2) e 50 segundos depois atingiu o ponto B(18, 10), percorrendo esse trecho com velocidade constante.

a) Qual era a velocidade do projétil, em quilômetro por segundo, no trecho $\overline{AB}$?

b) Determine as coordenadas do ponto P no qual estava o projétil 25 segundos após a passagem pelo ponto A.

76 Uma indústria produz tubos cilíndricos para instalações hidráulicas. Esses tubos podem ser fabricados com qualquer diâmetro x, em centímetro, tal que $4 \leq x \leq 20$. A função que expressa o preço de venda y, em real, do metro de tubo de diâmetro x, em centímetro, tem como gráfico o segmento de reta representado no plano cartesiano abaixo.

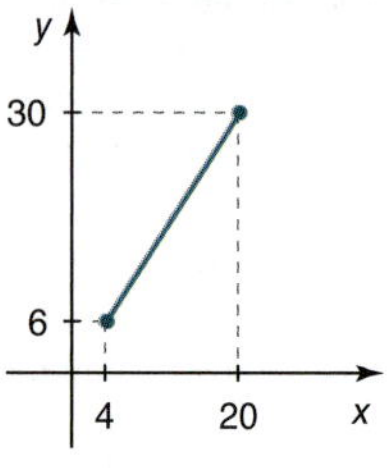

Calcule o preço de venda do metro de tubo com diâmetro de 8 cm.

77 Para um estudo oceanográfico foram feitas duas medições da temperatura das águas de certa região do oceano Atlântico: uma na superfície, onde se obteve a temperatura de 27 °C, e outra a 100 m de profundidade, onde se obteve a temperatura de 21 °C. Admitindo que a temperatura varie linearmente com a profundidade, de 0 a 100 m, calcule a temperatura da água a 40 m de profundidade.

78 **Efeito estufa** é o nome dado à retenção de calor na Terra causada pela concentração de diversos tipos de gases na atmosfera.

Estudos têm mostrado que, se as emissões dos gases que provocam o efeito estufa não diminuírem, a quantidade desses gases presentes na atmosfera pode triplicar em 100 anos. Entre os cientistas há o consenso de que o resultado mais direto das mudanças climáticas seja o aumento da temperatura do planeta em até 5,8 °C ao final desses 100 anos (Fonte: Cetesb).

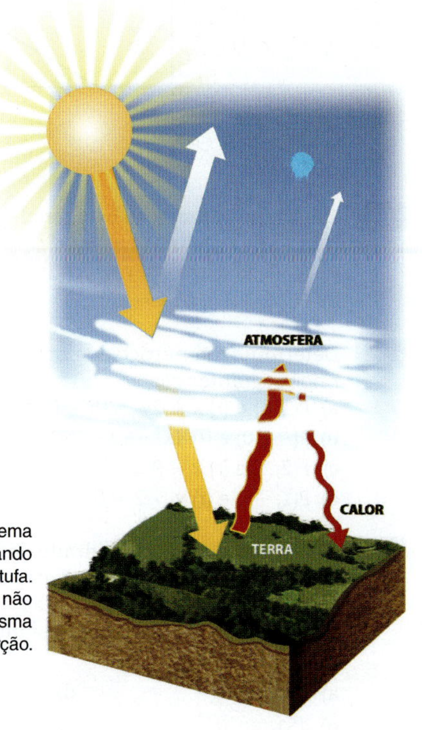

Esquema representando o efeito estufa. As figuras não estão na mesma proporção.

Admitindo as expectativas mais pessimistas, responda:

a) Se, nos próximos 100 anos, a temperatura do planeta aumentar linearmente em função do tempo, qual será o percentual de aumento em relação à quantidade atual desses gases daqui a 54 anos?

b) Se, nos próximos 100 anos, a quantidade desses gases na atmosfera aumentar linearmente em função do tempo, daqui a quanto tempo haverá um acréscimo de 1,7 °C à temperatura atual.

c) Admitindo a hipótese do item **b**, calcule a taxa anual de variação da temperatura do planeta na primeira década do período considerado.

79 (UFRN) A figura mostra um terreno às margens de duas estradas, X e Y, que são perpendiculares.

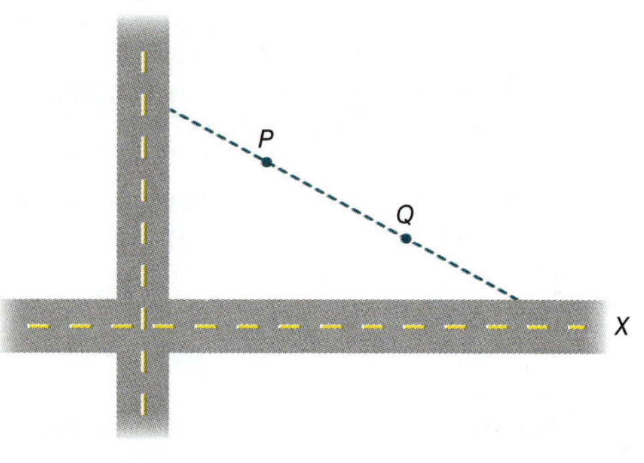

O proprietário deseja construir uma tubulação reta passando pelos pontos P e Q. O ponto P dista 6 km da estrada X e 4 km da estrada Y, e o ponto Q está a 4 km da estrada X e a 8 km da estrada Y.

a) Determine as coordenadas dos pontos P e Q em relação ao sistema cartesiano de eixos xOy que contém as margens das estradas, conforme a figura a seguir.

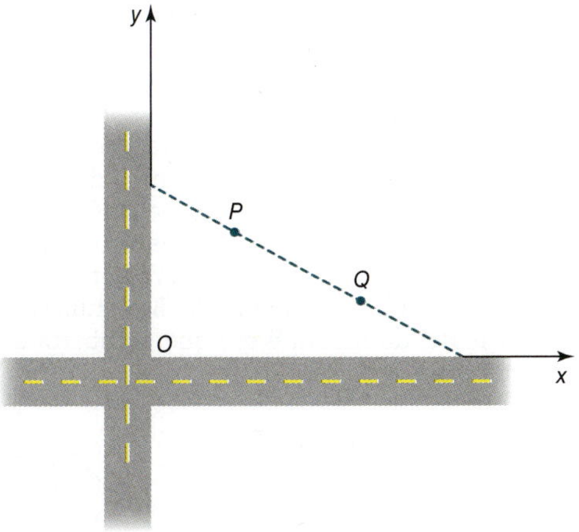

b) Determine a quantos quilômetros da margem da estrada X a tubulação vai cortar a margem da estrada Y.

c) Determine a quantos quilômetros da margem da estrada Y a tubulação cortará a estrada X.

80 (UFPB) O gráfico abaixo mostra como varia a pressão da água do mar em função da profundidade.

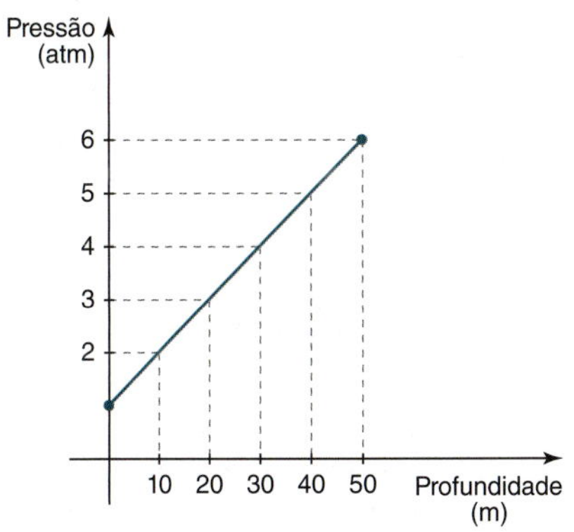

Baseado nesse gráfico, são feitas as seguintes afirmativas:

I. Uma pessoa, ao passar de 20 m para 30 m de profundidade, sofre um acréscimo de pressão de 1 atm.

II. O aumento na pressão é maior quando se passa de 40 m para 50 m de profundidade do que quando se passa de 10 m para 30 m.

III. A pressão da água ao nível do mar é 1 atm.

IV. Um mergulhador, portando um relógio que suporte no máximo 10 atm, pode descer até 100 m, sem danificá-lo.

Estão corretas:

a) I e III
b) II e III
c) III e IV
d) I e IV
e) II e IV

81 Um carro foi abastecido em um posto de combustível.

O gráfico a seguir descreve o volume y, em litro de combustível, contido no tanque, em função do tempo x, em segundo, a partir do instante x = 0 em que foi acionado o gatilho que libera o combustível da bomba para o tanque.

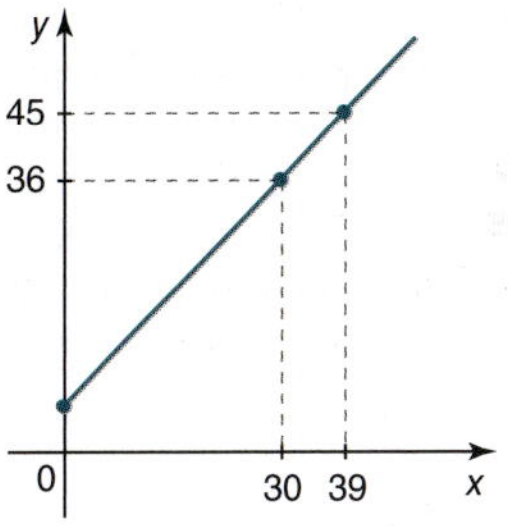

a) Obtenha uma equação da reta que contém esse gráfico.

b) Quantos litros de combustível havia no tanque quando foi acionado o gatilho?

c) Calcule a capacidade do tanque, sabendo que o gatilho esteve acionado por 65 segundos para encher o tanque.

82 Um botijão cheio de gás foi conectado a um fogão.

Dez dias depois dessa conexão, um medidor mostrava que havia no botijão 8 kg de gás; e, 16 dias depois da conexão, o medidor mostrava que havia 5 kg de gás no botijão. Considere que a quantidade de gás consumida diariamente seja constante.

a) Obtenha uma equação que expresse a quantidade de gás, em quilograma, restante no botijão em função do tempo, em dia.

b) Quantos quilogramas de gás havia no botijão no momento em que ele foi conectado ao fogão?

c) Em quantos dias será consumido todo o gás do botijão?

d) Qual é o coeficiente angular da reta que contém o gráfico da equação deduzida no item **a**? No contexto do problema, o que significa esse coeficiente angular?

83 Um fabricante de canetas tem um custo mensal fixo que corresponde a aluguéis, salários de funcionários, manutenção etc.; e um custo mensal que varia linearmente, em função do número de unidades produzidas no mês. Sabe-se que o custo total mensal para a produção de 600 canetas é de R$ 1.100,00; e o custo total mensal de produção de 800 canetas é de R$ 1.200,00.

a) Obtenha uma equação que expresse o custo total mensal y de produção em função do número x de unidades produzidas no mês.

b) Qual é o custo fixo mensal de produção?

c) Qual é o coeficiente angular da reta que contém o gráfico da equação deduzida no item **a**? Qual é o significado desse coeficiente angular?

84 Um capital de R$ 5.000,00 foi aplicado em regime de juro simples à taxa de 20% ao ano. No mesmo instante dessa aplicação, um capital de R$ 4.000,00 foi aplicado em regime de juro simples à taxa de 25% ao ano.

a) Em cada aplicação, obtenha uma equação que expresse o montante acumulado y, em real, em função do tempo x, em ano.

b) Represente no plano cartesiano os gráficos das equações obtidas no item **a**.

c) Depois de quanto tempo do início das aplicações os montantes acumulados serão iguais?

85 (Unama-AM) O sistema de eixos cartesianos foi utilizado para orientar o lançamento, em linha reta, de um míssil contra uma base militar. No sistema de eixos, a base de lançamento do míssil está localizada no ponto A, de coordenadas $(-1, 5)$, e o alvo, no ponto B, de coordenadas $(3, 7)$. Nestas condições, pede-se:

a) Determinar a distância que deve percorrer o míssil para atingir o alvo.

b) Obter a equação da reta que passa pela base de lançamento do míssil e pelo alvo.

86 (Uenf-RJ) Um atleta está treinando em uma pista retilínea e o gráfico abaixo apresenta dados sobre seu movimento.

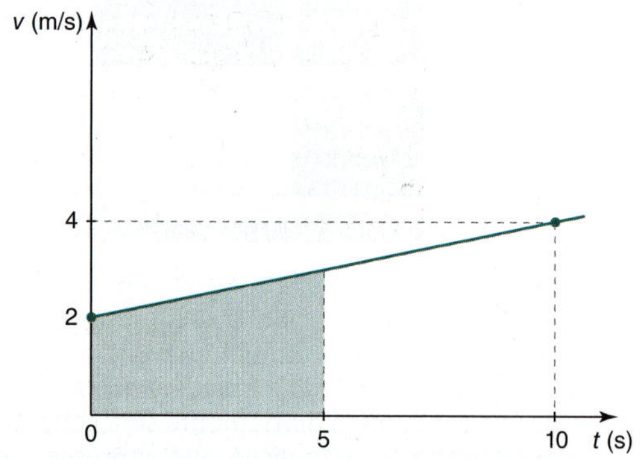

A distância percorrida pelo corredor, no intervalo entre 0 e 5 segundos, é igual à área do trapézio sombreado. Calcule essa distância.

87 (Enem) Considerando que o calendário muçulmano teve início em 622 da era cristã e que cada 33 anos muçulmanos corresponde a 32 anos cristãos, é possível estabelecer uma correspondência aproximada de anos entre os dois calendários (sendo C os anos cristãos e M os anos muçulmanos) dada por:

a) $C = M + 622 - \frac{M}{33}$

b) $C = M - 622 + \left(C - \frac{622}{32}\right)$

c) $C = M - 622 - \frac{M}{33}$

d) $C = M - 622 + \left(C - \frac{622}{33}\right)$

e) $C = M + 622 - \frac{M}{32}$

88 Uma torneira foi aberta para encher um tanque A, até então vazio. Algum tempo depois foi aberta uma segunda torneira para encher um tanque B, até então vazio. As semirretas *a* e *b*, representadas a seguir, descrevem, respectivamente, o volume de água contida nos tanques A e B em função do tempo, a partir do instante em que foi aberta a segunda torneira.

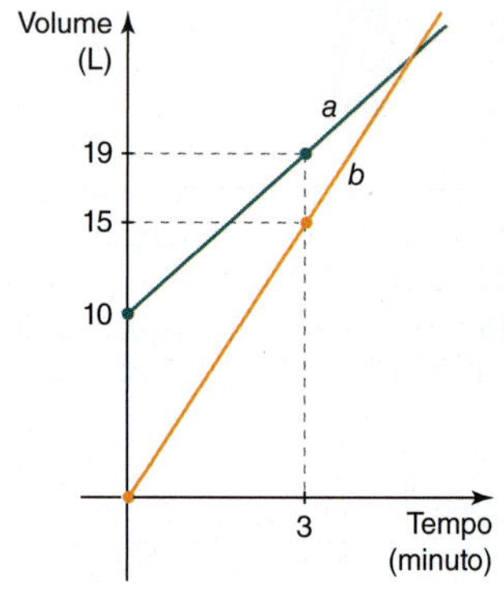

a) Qual era o volume de água contida no tanque A quando foi aberta a segunda torneira?

b) Quais são as equações das retas *r* e *s* que contêm os gráficos *a* e *b*, respectivamente?

c) Depois de quanto tempo de aberta a segunda torneira os dois tanques ficaram com o mesmo volume de água? Qual era esse volume?

d) Depois de quanto tempo de aberta a primeira torneira foi aberta a segunda?

89 No gráfico abaixo, cada ponto (x, y), com $x \in \mathbb{N}$, da semirreta *r* representa o custo y de produção de x bicicletas fabricadas por uma indústria; e cada ponto (x, y), com $x \in \mathbb{N}$, da semirreta s representa a receita y obtida com a venda de x bicicletas. Por exemplo, para iniciar a produção, o custo foi de R$ 50.000,00 e, para a fabricação das 100 primeiras unidades, o custo de produção foi de R$ 60.000,00; a receita obtida com a venda dessas unidades foi de R$ 15.000,00.

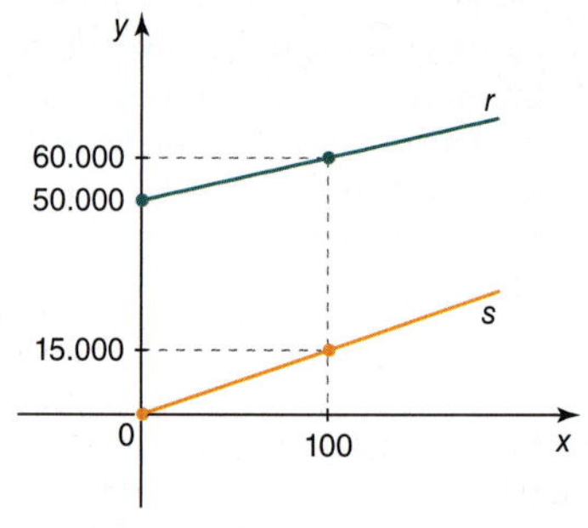

a) Quantas bicicletas devem ser produzidas e vendidas para que a receita se iguale ao custo de produção?

b) A partir de quantas unidades fabricadas e vendidas a indústria passará a obter lucro?

90 (UFPA) Em um jornal de circulação nacional foi publicada uma pesquisa, realizada no Brasil, com os percentuais, em função do ano, de famílias compostas por pai, mãe e filhos, chamadas famílias nucleares, e de famílias resultantes de processos de separação ou divórcio, chamadas novas famílias. Sabe-se que o gráfico abaixo representa, a partir de 1987, a variação percentual desses dois tipos de família, com suas respectivas projeções para anos futuros.

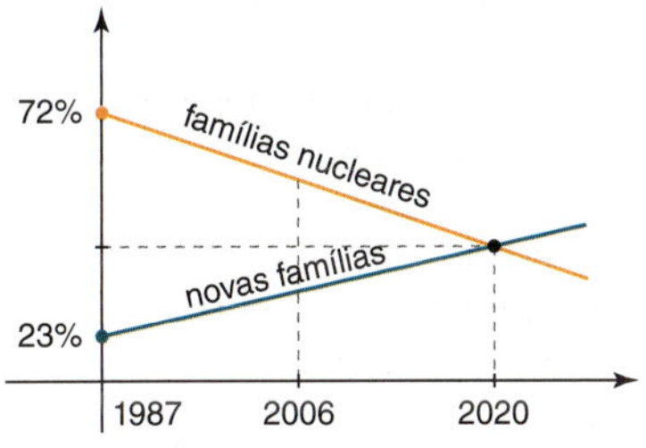

É correto afirmar:

a) No ano 2030, o número de novas famílias será igual ao de famílias nucleares.

b) No ano 2030, o número de novas famílias será menor do que o de famílias nucleares.

c) No ano 2030, o número de novas famílias será maior do que o de famílias nucleares.

d) No ano 2015, o número de novas famílias será igual ao de famílias nucleares.

e) No ano 2012, o número de famílias nucleares será menor do que o de novas famílias.

91 Verifica-se experimentalmente que a variação do comprimento de uma barra metálica ao ser aquecida é diretamente proporcional à variação da temperatura. Assim, se L_0 e L são o comprimento inicial e o final da barra, respectivamente, e t_0 e t são a temperatura inicial e a final da barra, respectivamente, então:

$\frac{L - L_0}{t - t_0} = k$, ou, ainda, $L = kt + L_0 - kt_0$, em que k é uma constante não nula.

Dividindo-se o coeficiente angular da reta de equação $L = kt + L_0 - kt_0$ pelo comprimento inicial da barra, obtém-se um número chamado de **coeficiente de dilatação linear** do material de que é constituída a barra.

É importante observar que essa relação entre L e t só vale dentro de certos limites de variação da temperatura, pois a partir de certa temperatura uma barra de alumínio, por exemplo, derrete. Dentro desses limites, o gráfico de L em função de t está contido em uma reta, pois $y = L(t)$ é uma função afim.

O gráfico a seguir descreve a variação do comprimento L de uma barra metálica, em centímetro (cm), em função da temperatura t, em grau Celsius (°C).

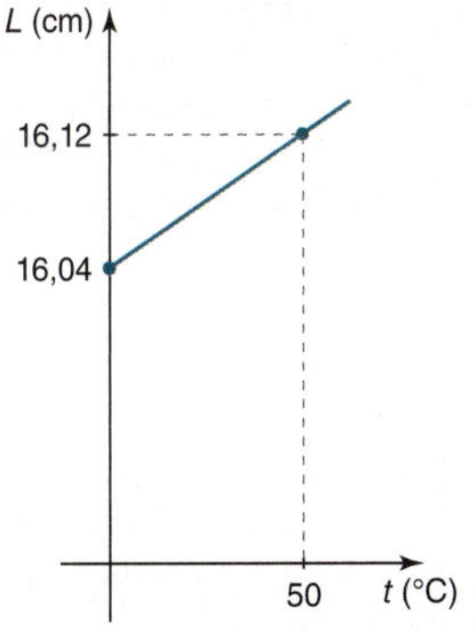

a) Admitindo que a relação entre as variações de L e t continue linear, pelo menos até a temperatura de 60°, determine o comprimento da barra a essa temperatura.

b) Determine o coeficiente de dilatação linear do metal que constitui a barra.

92 (UnB-DF) Um tanque com capacidade para 1.000 L está cheio de um combustível composto de uma mistura de álcool e gasolina. Considerando x e y as possíveis quantidades em litro, respectivamente, de álcool e gasolina no tanque, julgue os itens seguintes.

a) Se $y = 575$ L, então o combustível no tanque possui mais de 45% de álcool.

b) Supondo que o combustível contenha 25% de álcool, se (x_0, y_0) é o ponto de intersecção da reta $y = 3x$ com a reta $x + y = 1.000$, então y_0 corresponde à quantidade de litros de gasolina no tanque.

c) Suponha que se retire uma certa quantidade de litros de combustível composto e se acrescente a mesma quantidade de gasolina pura ao tanque. Nessa hipótese, se existiam inicialmente 22% de álcool no combustível e obteve-se agora uma nova mistura contendo 20% de álcool, o total de gasolina pura acrescentada ao tanque foi superior a 100 L.

d) Considere que o combustível do tanque contenha 25% de álcool e que se deseja retirar uma certa quantidade desse combustível e acrescentar a mesma quantidade de uma mistura homogênea de álcool e gasolina contendo 17% de álcool, de modo a obter um combustível com 20% de álcool. Nesse caso, deve-se retirar mais de 600 L do combustível do tanque.

e) Se o tanque em apreço tivesse a forma de um paralelepípedo retângulo cuja base fosse um quadrado de lado x e altura $\frac{x}{8}$, então a medida do lado do quadrado seria superior a 10 m.

[*Nota*: Julgar os itens significa classificá-los como verdadeiro (V) ou falso (F).]

93 O volume v de mercúrio no bulbo de um termômetro varia em função da temperatura T, de acordo com o gráfico (I) abaixo. Simultaneamente, o comprimento c da coluna de mercúrio varia em função da temperatura T de acordo com o gráfico (II). Obtenha uma equação que expresse v em função de c.

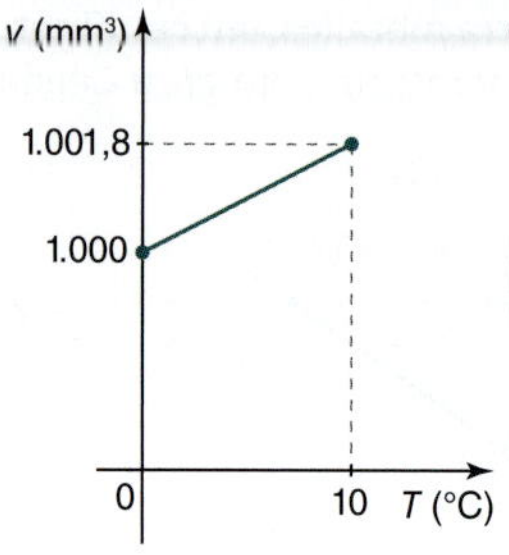

(I)

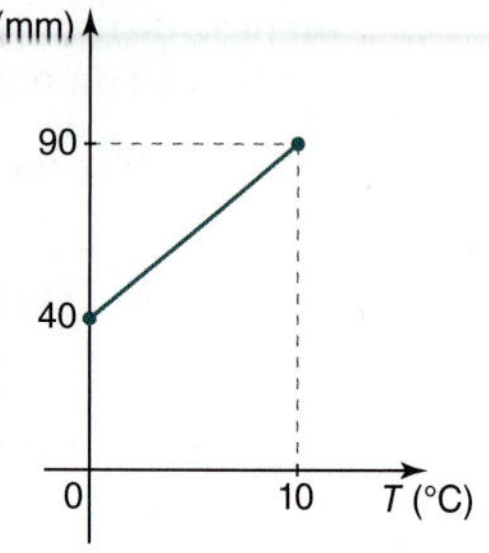

(II)

94 Quando um reservatório está cheio de água e esta começa a ser utilizada, a altura h, em metro, da superfície da água, em relação ao fundo do reservatório, varia em função do tempo t, em hora, de acordo com a equação $h = 10 - 0{,}2t$. Simultaneamente, seu volume V de água, em metro cúbico (m^3), varia em função do tempo, em hora, de acordo com a equação $V = 100 - 8t$. Obtenha uma equação que expresse o volume V em função da altura h.

95 O consumo c, em litro de gasolina, de um automóvel em função do tempo t, em hora, é descrito pela equação $c = 8t$; e a distância d, em quilômetro, percorrida por esse automóvel, em função do tempo t, em hora, é descrita pela equação $d = 80t$. Represente no plano cartesiano os pontos (c, d), para $1 \leq t \leq 5$.

96 (UFMT) Num determinado instante t (em minuto), as posições de duas partículas P e Q são dadas, respectivamente, pelas equações paramétricas das retas

$$\begin{cases} x = 1 + 2t \\ y = 1 + t \end{cases} \text{ e } \begin{cases} x = 4 + t \\ y = -3 + 6t \end{cases}$$

A partir das informações dadas, julgue os itens.

a) As trajetórias se interceptam no ponto (5, 3).
b) As partículas se chocam no ponto (5, 3).
c) A partícula Q passa em (5, 3), 1 minuto depois que a partícula P.

EXERCÍCIOS DE REVISÃO CUMULATIVA

Ao concluir o estudo deste capítulo, resolva estes exercícios, que envolvem alguns assuntos estudados nos capítulos anteriores.

1 Calcule sen α no triângulo ABC, abaixo.

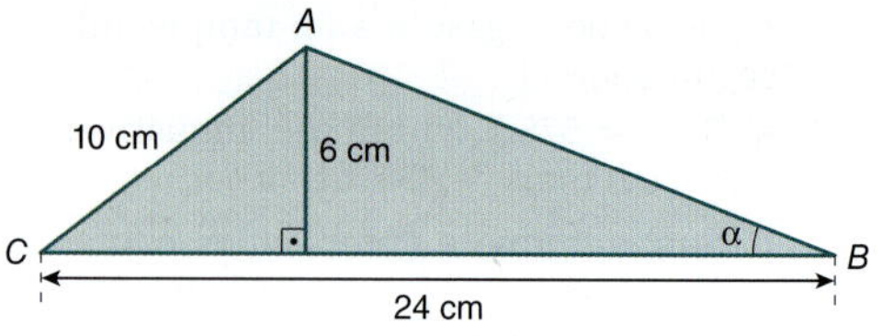

2 A partir da zero hora de cada dia, a pressão p, em bar, de uma caldeira é controlada automaticamente, variando com o tempo t, em hora, de acordo com a função $p(t) = 300 + 200 \text{ sen } \dfrac{(t-1)\pi}{2}$. Assinale a alternativa que apresenta todos os horários do dia em que a caldeira está com a pressão máxima.

a) 0 hora, 4 horas, 8 horas, 12 horas, 16 horas, 20 horas e 24 horas.
b) 2 horas, 6 horas, 10 horas, 14 horas, 18 horas e 22 horas.
c) 3 horas, 7 horas, 11 horas, 15 horas, 19 horas, 21 horas e 24 horas.
d) 1 hora, 5 horas, 9 horas, 13 horas, 17 horas e 21 horas.
e) 1 hora, 6 horas, 11 horas, 19 horas e 24 horas.

3 Calcule o período da função $f(x) = \text{sen } x + \cos x$.

4 Em um retângulo, a medida da altura é metade da medida da base. A medida do menor ângulo que uma diagonal forma com um dos lados desse retângulo é:

a) arctg 2
b) $\text{arccos } \dfrac{2\sqrt{5}}{5}$
c) $\text{arcsen } \dfrac{2\sqrt{5}}{5}$
d) $\text{arccos } \dfrac{\sqrt{5}}{5}$
e) $\text{arcsen } \dfrac{1}{2}$

Um aluno resolveu o exercício abaixo, conforme reproduzido a seguir. Observe a resolução e reflita sobre o comentário.

Exercício

No plano cartesiano, construa o gráfico formado pelos pontos (x, y) tais que:

$$\begin{cases} x = \text{sen}^2\, t \\ y = \cos^2 t \end{cases}$$

em que o parâmetro t assume todos os valores em $\mathbb{R}$.

Resolução

Pela reação fundamental da trigonometria, temos:

$$\text{sen}^2 t + \cos^2 t = 1 \Rightarrow \cos^2 t = 1 - \text{sen}^2 t$$

Assim:

$$\begin{cases} x = \text{sen}^2 t \\ y = \cos^2 t \end{cases} \Rightarrow \begin{cases} x = \text{sen}^2 t & \text{(I)} \\ y = 1 - \text{sen}^2 t & \text{(II)} \end{cases}$$

Substituindo (I) em (II):

$y = 1 - x$

O gráfico dessa equação é:

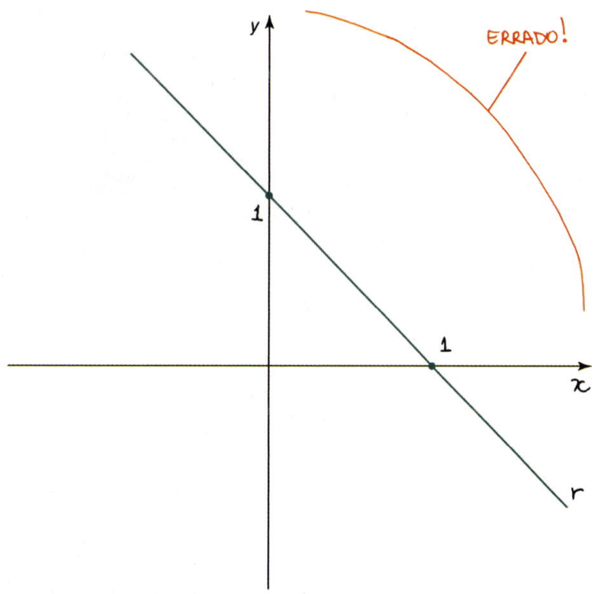

Comentário

O aluno esqueceu que sen *t* e cos *t* assumem valores apenas no intervalo $[-1, 1]$; portanto, o gráfico pedido não pode ser toda a reta *r*.

Refaça a resolução, corrigindo-a.

Capítulo

3

Geometria analítica: ângulos, distâncias, áreas e inequações

Neste capítulo estudaremos áreas, distâncias e ângulos em relação a um sistema de coordenadas. Este estudo, aliado a novas tecnologias, como o GPS, tem importantes aplicações na aviação, na navegação marítima, em estudos topográficos etc.

3.1 Ângulos entre duas retas
A partir do conceito de inclinação de uma reta no plano cartesiano, determinaremos as medidas dos ângulos formados por duas retas nesse plano.

3.2 Distância entre ponto e reta
O conceito analítico de distância entre dois pontos será aplicado no cálculo da distância entre ponto e reta.

3.3 Aplicação de determinantes na Geometria analítica
Diversos procedimentos na Geometria analítica podem ser simplificados por meio do conceito de determinante.

3.4 Representação gráfica de uma inequação do 1º grau
A representação gráfica de uma inequação do 1º grau é um recurso fundamental em problemas de otimização.

Cuidados no trânsito

A crescente concentração da população nas grandes metrópoles, geralmente, provoca sérias consequências para o convívio social, como lotação dos meios de transporte público, aumento do número de veículos nas ruas e tráfego intenso. Para evitar acidentes, pedestres, ciclistas, motoqueiros e motoristas precisam se respeitar e se locomover com atenção.

Seja visto!

Muitos acidentes podem ser evitados, não só pelo motorista, mas também pelo pedestre e pelo ciclista, se eles evitarem se posicionar no ponto cego do motorista, ou seja, na região fora do campo de visão do motorista. No esquema abaixo, as regiões rosas representam os pontos cegos de um carro.

Todo cuidado é pouco quando ciclistas trafegam entre carros.

Principalmente quando os carros fazem ultrapassagens ou entram em uma curva.

Neste caso, o pedestre está no ponto cego do motorista, pois está fora do seu campo visual.

Para pensar

1. Você se considera um pedestre ou ciclista cuidadoso?
2. Em algumas rampas de estacionamento, usam-se espelhos convexos (esféricos ou parabólicos) para ampliar o ângulo de visão. Explique por que um espelho convexo proporciona um maior ângulo de visão do que um espelho plano.

Acidentes podem ser evitados se os ciclistas ficarem fora do ponto cego dos motoristas.

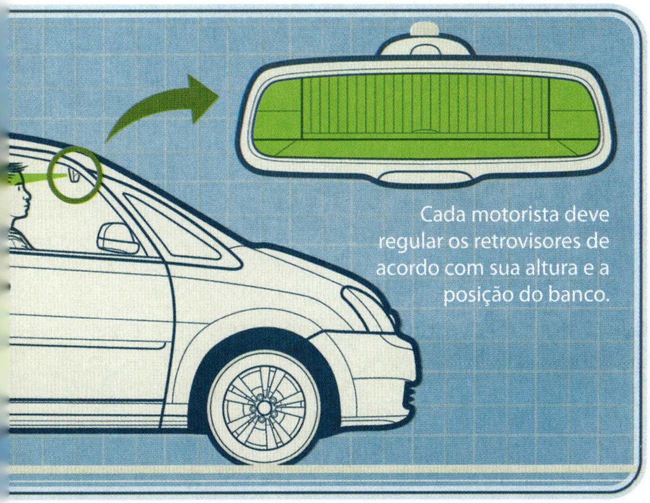

Cada motorista deve regular os retrovisores de acordo com sua altura e a posição do banco.

Posição do retrovisor

Regular corretamente a posição do retrovisor é fundamental para diminuir os pontos cegos e evitar acidentes.

Muito aberto

O motorista não enxerga o que está próximo à lateral direita do carro, só o que está mais distante.

Muito fechado

O motorista enxerga a lateral do carro, mas não vê o que está do lado do carro.

Correto

O motorista enxerga a lateral do veículo e o que está ao lado.

Seção 3.1

Ângulos entre duas retas

Objetivo

- **Calcular** a medida de um ângulo entre duas retas do plano cartesiano.

Termos e conceitos

- retas concorrentes
- ângulos opostos pelo vértice
- retas paralelas

Antes de iniciar este assunto, vamos lembrar alguns conceitos vistos na Geometria plana.

- Duas retas paralelas, distintas ou coincidentes, formam entre si o ângulo nulo.

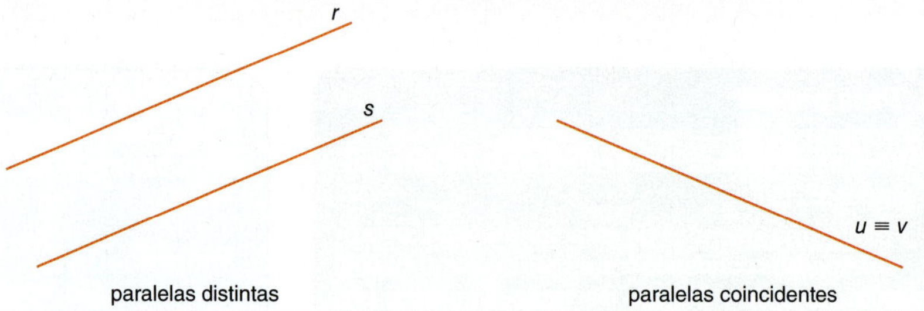

- Duas retas concorrentes formam entre si dois pares de ângulos congruentes (opostos pelo vértice).

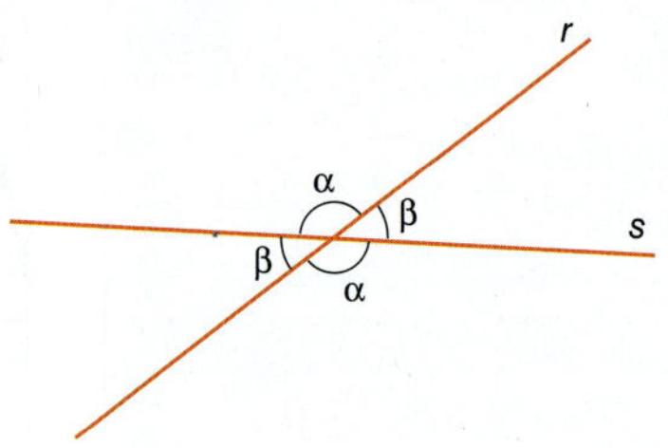

Em Geometria analítica, podemos calcular a medida de um ângulo entre duas retas por meio das equações dessas retas. Por exemplo, considere as retas r e s de equações $3x + y - 3 = 0$ e $2x - y + 8 = 0$, respectivamente.

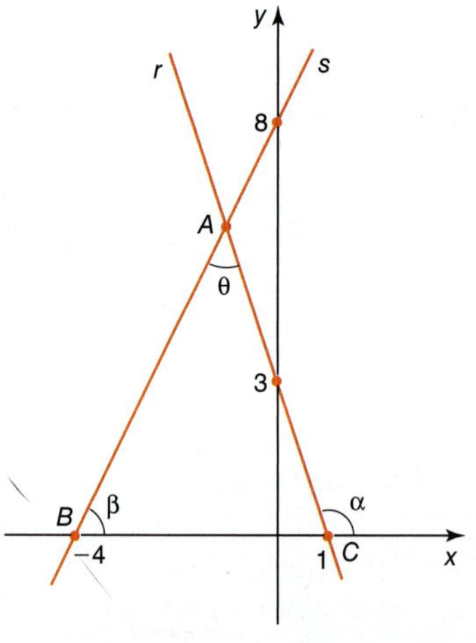

Temos: $m_r = \text{tg}\,\alpha = -3$ e $m_s = \text{tg}\,\beta = 2$

O ângulo de medida α é externo do triângulo ABC; portanto:

$$\alpha = \theta + \beta \Rightarrow \theta = \alpha - \beta$$

Para relacionar a medida θ com os coeficientes angulares de r e s, calculamos $\text{tg}\,\theta$ do seguinte modo:

$$\text{tg}\,\theta = \text{tg}(\alpha - \beta) = \frac{\text{tg}\,\alpha - \text{tg}\,\beta}{1 + \text{tg}\,\alpha \cdot \text{tg}\,\beta} = \frac{-3 - 2}{1 + (-3) \cdot 2} = \frac{-5}{-5} = 1$$

Além disso, θ é a medida de um ângulo interno de um triângulo; logo:

$$\begin{cases} \text{tg } \theta = 1 \\ 0° < \theta < 180° \end{cases} \Rightarrow \theta = 45°$$

Assim, concluímos que um dos ângulos formados pelas retas r e s mede 45°.

O cálculo da medida do ângulo agudo formado por duas retas oblíquas ou uma reta oblíqua e uma horizontal pode ser generalizado pelo seguinte teorema:

> Se duas retas, r e s, não verticais, de coeficientes angulares respectivamente iguais a m_r e m_s, formam entre si um ângulo agudo de medida θ, então:
>
> $$\text{tg } \theta = \left| \frac{m_r - m_s}{1 + m_r m_s} \right|$$

Demonstração

1º caso: nenhuma das retas (r e s) é horizontal

As retas r e s e o eixo Ox determinam um triângulo ABC. Temos então duas possibilidades.

- 1ª possibilidade: O ângulo de medida θ formado por r e s, interno ao triângulo ABC, é agudo.

  Sendo α e β as inclinações de r e s, respectivamente, com $\alpha > \beta$, uma possível ilustração dessa situação é:

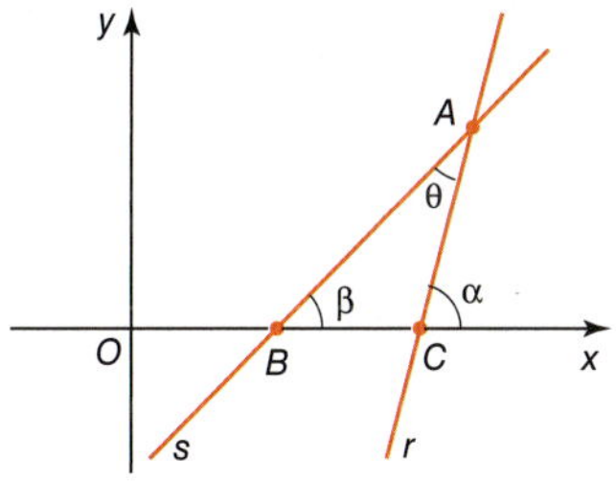

$m_r = \text{tg } \alpha$

$m_s = \text{tg } \beta$

$m_r > m_s$

- 2ª possibilidade: O ângulo de medida θ formado por r e s, externo ao triângulo ABC, é agudo.

  Sendo α e β as inclinações de r e s, respectivamente, com $\alpha > \beta$, uma possível ilustração dessa situação é:

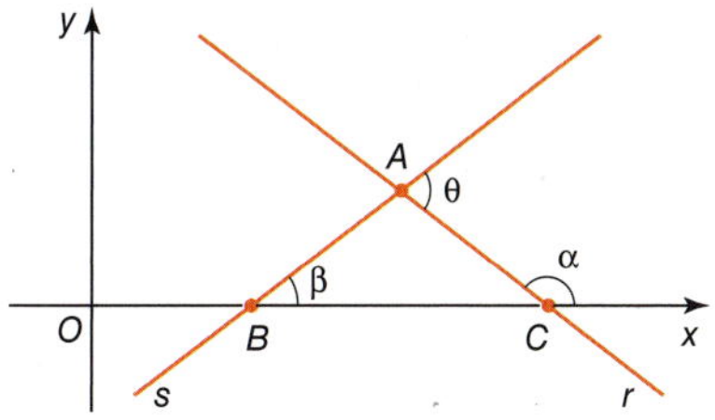

$m_r = \text{tg } \alpha$

$m_s = \text{tg } \beta$

$m_r < m_s$

Na 1ª possibilidade, temos:

$\alpha = \theta + \beta \Rightarrow \theta = \alpha - \beta$

$$\therefore \text{tg } \theta = \text{tg } (\alpha - \beta) = \frac{\text{tg } \alpha - \text{tg } \beta}{1 + \text{tg } \alpha \cdot \text{tg } \beta} \Rightarrow \text{tg } \theta = \frac{m_r - m_s}{1 + m_r m_s} \quad \text{(I)}$$

Na 2ª possibilidade, temos:

$\theta = (180° - \alpha) + \beta \Rightarrow \theta = 180° - (\alpha - \beta)$

$$\therefore \text{tg } \theta = \text{tg } [180° - (\alpha - \beta)] = -\text{tg } (\alpha - \beta) = -\frac{\text{tg } \alpha - \text{tg } \beta}{1 + \text{tg } \alpha \cdot \text{tg } \beta}$$

$$\therefore \text{tg } \theta = -\frac{m_r - m_s}{1 + m_r m_s} \Rightarrow \text{tg } \theta = \frac{m_s - m_r}{1 + m_r m_s} \quad \text{(II)}$$

Podemos sintetizar os resultados (I) e (II) em:

$$\text{tg } \theta = \left| \frac{m_r - m_s}{1 + m_r m_s} \right|$$

Nota:

A expressão $\left|\frac{m_r - m_s}{1 + m_r m_s}\right|$, para $m_r \neq m_s$ e $m_r m_s \neq -1$, é sempre positiva, o que garante que θ é a medida de um ângulo agudo. Se quisermos calcular a medida de um ângulo obtuso formado por r e s, essa medida será $180° - \theta$:

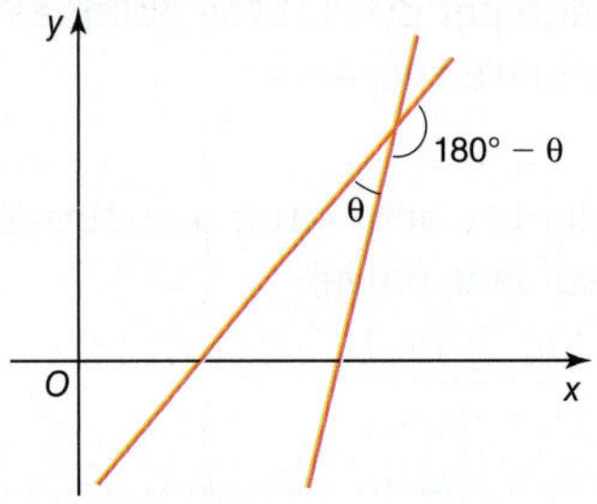

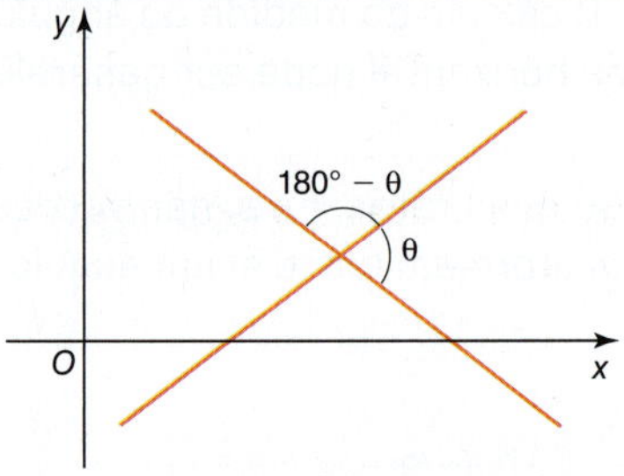

2º caso: apenas uma das retas (r ou s) é horizontal

Nesse caso, temos duas possibilidades.

• 1ª possibilidade:

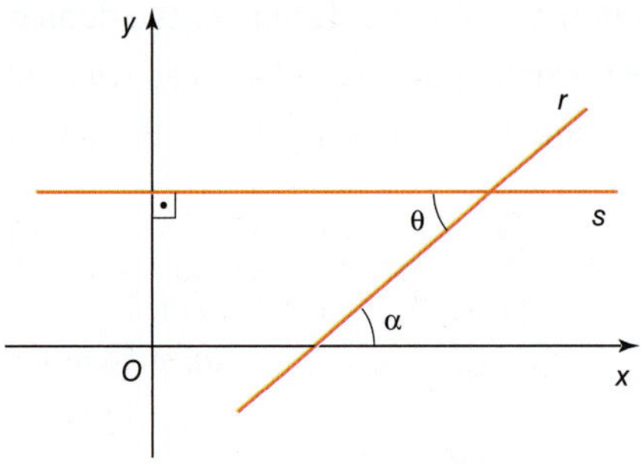

$m_s = \text{tg } 0° = 0$

$m_r = \text{tg } \alpha$, com $0° < \alpha < 90°$

• 2ª possibilidade:

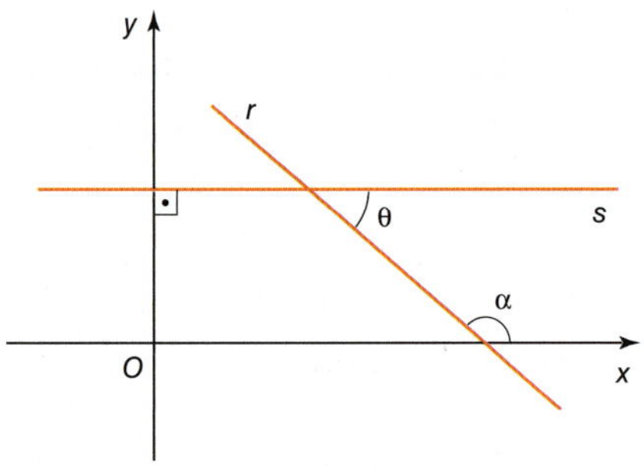

$m_s = \text{tg } 0° = 0$

$m_r = \text{tg } \alpha$, com $90° < \alpha < 180°$

Na 1ª possibilidade, temos:

$\theta = \alpha \Rightarrow \text{tg } \theta = \text{tg } \alpha$, com $\text{tg } \alpha > 0$

Na 2ª possibilidade, temos:

$\theta + \alpha = 180° \Rightarrow \theta = 180° - \alpha$

$\therefore \text{tg } \theta = -\text{tg } \alpha$, com $\text{tg } \alpha < 0$

Esses dois resultados podem ser sintetizados por: $\text{tg } \theta = |\text{tg } \alpha| = |m_r|$

Observando que, para $m_s = \text{tg } 0° = 0$, temos a igualdade $\left|\frac{m_r - m_s}{1 + m_r m_s}\right| = |m_r|$, concluímos que, também para o 2º caso, é verdade que $\text{tg } \theta = \left|\frac{m_r - m_s}{1 + m_r m_s}\right|$.

Nota:

Essa fórmula também é válida quando as duas retas, r e s, são horizontais, pois, nesse caso, $\theta = 0°$, $m_r = 0$ e $m_s = 0$.

EXERCÍCIOS RESOLVIDOS

1 Determinar a medida de um ângulo agudo formado pelas retas:

- (r) $\sqrt{3}x - 2y + 3 = 0$
- (s) $\sqrt{3}x - 9y - 8 = 0$

Resolução

As equações reduzidas das retas *r* e *s* são:

- (r) $y = \dfrac{\sqrt{3}x}{2} + \dfrac{3}{2}$
- (s) $y = \dfrac{\sqrt{3}x}{9} - \dfrac{8}{9}$

Logo, os coeficientes angulares de *r* e *s* são, respectivamente:

- $m_r = \dfrac{\sqrt{3}}{2}$
- $m_s = \dfrac{\sqrt{3}}{9}$

A medida θ de um ângulo agudo formado por *r* e *s* é tal que:

$$\text{tg}\,\theta = \left|\frac{m_r - m_s}{1 + m_r m_s}\right| = \left|\frac{\frac{\sqrt{3}}{2} - \frac{\sqrt{3}}{9}}{1 + \frac{\sqrt{3}}{2}\cdot\frac{\sqrt{3}}{9}}\right| =$$

$$= \left|\frac{\frac{\sqrt{3}}{2} - \frac{\sqrt{3}}{9}}{1 + \frac{1}{6}}\right| = \left|\frac{\frac{7\sqrt{3}}{18}}{\frac{7}{6}}\right| = \left|\frac{\sqrt{3}}{3}\right|$$

$$\therefore \text{tg}\,\theta = \frac{\sqrt{3}}{3}$$

Assim, concluímos que um ângulo agudo formado por *r* e *s* mede 30°.

(*Nota*: Se o exercício exigisse a medida de um ângulo obtuso formado por *r* e *s*, sua medida seria o suplemento de 30°, ou seja, 150°.)

2 Determinar a medida de um ângulo agudo formado pelas retas *r* e *s*, de equações:

- (r) $y = 5$
- (s) $y = \sqrt{3}x - 2$

Resolução

Vamos resolver essa questão de dois modos.

1º modo:
resolução por meio do teorema anterior

Os coeficientes angulares das retas *r* e *s* são dados por $m_r = 0$ e $m_s = \sqrt{3}$, respectivamente. Assim, a medida θ de um ângulo agudo formado por *r* e *s* é tal que:

$$\text{tg}\,\theta = \left|\frac{m_r - m_s}{1 + m_r m_s}\right|, \text{ ou seja,}$$

$$\text{tg}\,\theta = \left|\frac{0 - \sqrt{3}}{1 + 0\cdot\sqrt{3}}\right| = |-\sqrt{3}| = \sqrt{3} \Rightarrow \theta = 60°$$

2º modo:
resolução gráfica

Representamos as retas no plano cartesiano:

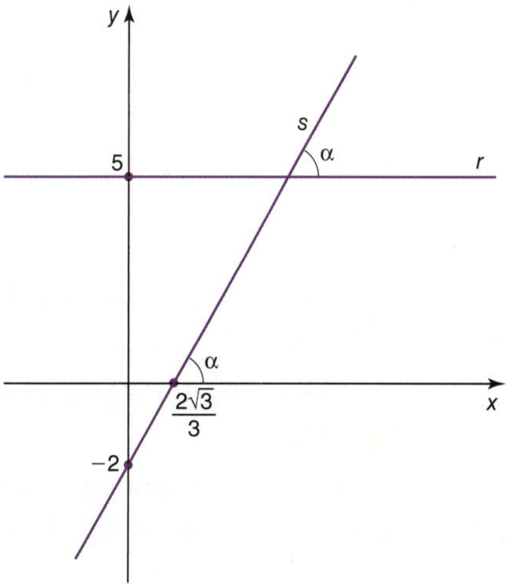

Observando que *r* é horizontal, deduzimos que a medida de um ângulo formado por *r* e *s* é a própria inclinação α de *s*.

Como o coeficiente angular de *s* é $\sqrt{3}$, temos:

$$\begin{cases} \text{tg}\,\alpha = \sqrt{3} \\ 0° < \alpha < 90° \end{cases} \Rightarrow \alpha = 60°$$

Portanto, um ângulo agudo formado por *r* e *s* mede 60°.

3 Calcular a medida de um ângulo agudo e de um ângulo obtuso formado pelas retas:

- (r) $y = 4x + 6$
- (s) $y = x - 8$

Resolução

Temos $m_r = 4$ e $m_s = 1$.

Assim, a medida θ de um ângulo agudo formado por *r* e *s* é tal que:

$$\text{tg}\,\theta = \left|\frac{m_r - m_s}{1 + m_r m_s}\right|, \text{ ou seja, } \text{tg}\,\theta = \left|\frac{4 - 1}{1 + 4\cdot 1}\right| = \frac{3}{5}$$

Portanto:

- a medida de um ângulo agudo formado por *r* e *s* é: $\theta = \text{arctg}\,\dfrac{3}{5}$
- a medida de um ângulo obtuso formado por *r* e *s* é: $180° - \text{arctg}\,\dfrac{3}{5}$

(*Nota*: Se necessitarmos de um valor aproximado para θ, podemos usar uma calculadora científica, obtendo: $\theta = \text{arctg}\,\dfrac{3}{5} = \text{arctg}\,0{,}6 \approx 31°$)

Ângulo entre uma reta oblíqua e uma reta vertical

Sendo r uma reta vertical e s uma reta oblíqua de inclinação α, temos duas possibilidades.

- 1ª possibilidade: $0° < \alpha < 90°$

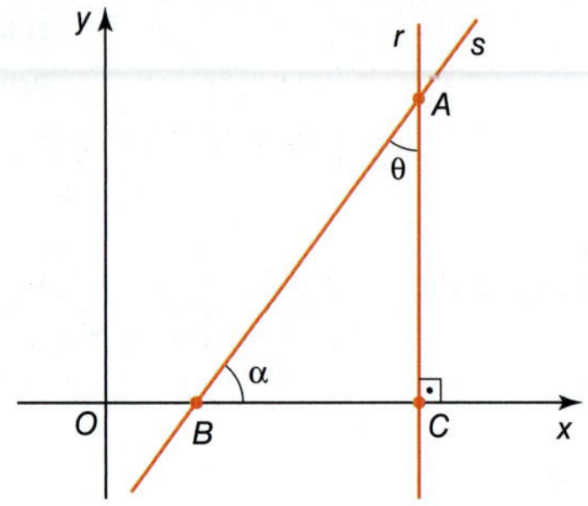

No triângulo retângulo ABC, temos:

$$\alpha + \theta + 90° = 180° \Rightarrow \theta = 90° - \alpha$$

ou seja, a medida θ de um ângulo agudo formado pelas retas r e s é o complemento da inclinação da reta s.

Podemos relacionar tg θ com o coeficiente angular de s. Para isso, basta observar que, no triângulo retângulo ABC, temos:

$$\begin{cases} \text{tg } \theta = \dfrac{BC}{AC} \\ \text{tg } \alpha = \dfrac{AC}{BC} \end{cases} \Rightarrow \text{tg } \theta = \frac{1}{\text{tg } \alpha}, \text{ com tg } \alpha > 0, \text{ pois } \alpha \text{ é a medida de um ângulo agudo.}$$

Como tg $\alpha = m_s$, concluímos que: $\text{tg } \theta = \dfrac{1}{m_s}$ (I)

- 2ª possibilidade: $90° < \alpha < 180°$

No triângulo retângulo ABC, temos:

$$(180° - \alpha) + \theta + 90° = 180° \Rightarrow \theta = -(90° - \alpha)$$

ou seja, a medida θ de um ângulo agudo formado pelas retas r e s é o oposto do complemento da inclinação da reta s.

Observando o triângulo retângulo ABC, temos:

$$\begin{cases} \text{tg } \theta = \dfrac{BC}{AC} \\ \text{tg } (180° - \alpha) = \dfrac{AC}{BC} \end{cases} \Rightarrow \text{tg } \theta = \frac{1}{\text{tg } (180° - \alpha)}$$

$$\therefore \text{tg } \theta = -\frac{1}{\text{tg } \alpha}, \text{ com tg } \alpha < 0, \text{ pois } \alpha \text{ é medida de um ângulo obtuso.}$$

Como tg $\alpha = m_s$, concluímos que: $\text{tg } \theta = -\dfrac{1}{m_s}$ (II)

Os resultados (I) e (II) obtidos nas duas possibilidades permitem concluir que, para qualquer posição da reta oblíqua s, temos: $\text{tg}\ \theta = \dfrac{1}{|m_s|}$

Generalizando, temos o teorema:

> Se r é uma reta vertical e s é uma reta oblíqua de coeficiente angular m_s, então a medida θ de um ângulo agudo formado por r e s é tal que:
>
> $$\text{tg}\ \theta = \frac{1}{|m_s|}$$

EXERCÍCIOS RESOLVIDOS

4 Determinar a medida do ângulo obtuso formado pelas retas r e s, de equações $x = 4$ e $x + y + 2 = 0$, respectivamente.

Resolução

Vamos resolver essa questão de dois modos.

1º modo:
resolução por meio do teorema anterior

Observando que r é uma reta vertical e que o coeficiente angular m_s da reta s é igual -1, temos que a medida θ de um ângulo agudo formado por r e s é tal que:

$\text{tg}\ \theta = \dfrac{1}{|m_s|}$, ou seja,

$\text{tg}\ \theta = \dfrac{1}{|-1|} = 1 \Rightarrow \theta = 45°$

Logo, um ângulo agudo formado por r e s mede 45°. Como o problema pede a medida de um ângulo obtuso formado por r e s, essa medida é 135°.

2º modo:
resolução gráfica

Como o coeficiente angular da reta s é igual a -1, a inclinação de s é 135°. Assim, graficamente:

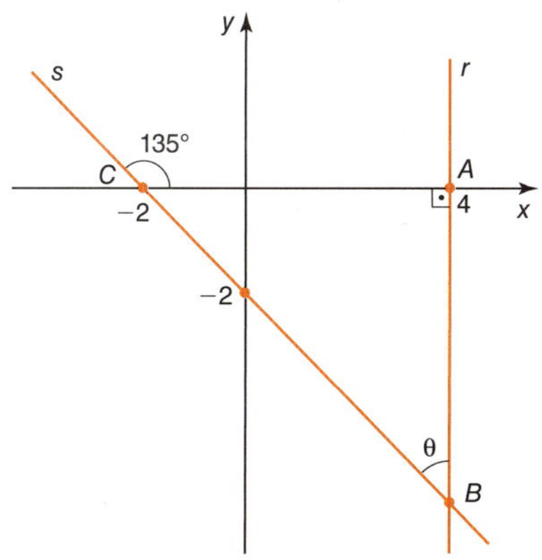

A inclinação de s é a medida do ângulo externo relativo ao vértice C do triângulo ABC; logo:

$135° = 90° + \theta \Rightarrow \theta = 45°$

Portanto, um ângulo obtuso formado por r e s mede 135°.

5 Obter as equações das retas que passam pelo ponto $P(3, 2)$ e formam ângulos de 45° com a reta $(r)\ y = 4x - 1$.

Resolução

As equações de todas as retas que passam por $P(3, 2)$ são dadas por:

$x = 3$ ou $y - 2 = m(x - 3)$, com $m \in \mathbb{R}$

Observando que há exatamente duas retas distintas, s e t, que passam por P e formam ângulos de 45° com r, concluímos que pelo menos uma delas tem equação do tipo $y - 2 = m(x - 3)$, com $m \in \mathbb{R}$.

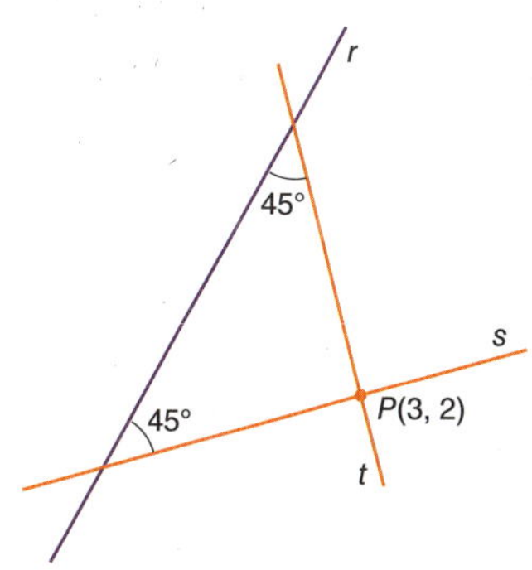

Assim, devemos ter:

$\text{tg}\ 45° = \left|\dfrac{m - m_r}{1 + mm_r}\right| \Rightarrow 1 = \left|\dfrac{m - 4}{1 + m \cdot 4}\right|$

$\therefore \dfrac{m - 4}{1 + 4m} = 1$ ou $\dfrac{m - 4}{1 + 4m} = -1$

Daí concluímos que $m = -\dfrac{5}{3}$ ou $m = \dfrac{3}{5}$.

Logo, as retas procuradas têm equações:

$(s)\ y - 2 = -\dfrac{5}{3}(x - 3)$ e $(t)\ y - 2 = \dfrac{3}{5}(x - 3)$

ou, na forma geral:

$(s)\ 5x + 3y - 21 = 0$ e $(t)\ 3x - 5y + 1 = 0$

(*Nota*: Se tivéssemos encontrado só um valor para m, concluiríamos que apenas uma reta da forma $y - 2 = m(x - 3)$ formaria 45° com r, portanto a outra reta só poderia ser a vertical que passa por P, ou seja, a reta de equação $x = 3$.)

6 Obter as equações das retas que passam pelo ponto P(4, 5) e formam ângulos de 30° com a reta (r) $y = \sqrt{3}x - 2$.

Resolução

As equações de todas as retas que passam por P(4, 5) são dadas por:

$x = 4$ ou $y - 5 = m(x - 4)$, com $m \in \mathbb{R}$

Como há exatamente duas retas distintas, s e t, que passam por P e formam 30° com r, podemos concluir que pelo menos uma delas tem equação do tipo $y - 5 = m(x - 4)$, com $m \in \mathbb{R}$. Assim, devemos ter:

$$\text{tg } 30° = \left|\frac{m - m_r}{1 + mm_r}\right| \Rightarrow$$

$$\Rightarrow \frac{\sqrt{3}}{3} = \left|\frac{m - \sqrt{3}}{1 + m \cdot \sqrt{3}}\right|$$

$$\therefore \underbrace{\frac{m - \sqrt{3}}{1 + \sqrt{3}m} = \frac{\sqrt{3}}{3}}_{\text{(I)}} \text{ ou } \underbrace{\frac{m - \sqrt{3}}{1 + \sqrt{3}m} = -\frac{\sqrt{3}}{3}}_{\text{(II)}}$$

- Da equação (I), temos:

  $$\frac{m - \sqrt{3}}{1 + \sqrt{3}m} = \frac{\sqrt{3}}{3} \Rightarrow$$

  $$\Rightarrow 3m - 3\sqrt{3} = \sqrt{3} + 3m$$

  $\therefore -3\sqrt{3} = \sqrt{3}$ (O que é absurdo!)

  Desse absurdo, concluímos que não existe m que satisfaça a equação (I).

- Da equação (II), temos:

  $$\frac{m - \sqrt{3}}{1 + \sqrt{3}m} = -\frac{\sqrt{3}}{3} \Rightarrow$$

  $$\Rightarrow 3m - 3\sqrt{3} = -\sqrt{3} - 3m$$

  $$\therefore 6m = 2\sqrt{3} \Rightarrow m = \frac{\sqrt{3}}{3}$$

Como obtivemos apenas um valor para m, $m = \frac{\sqrt{3}}{3}$, concluímos que apenas uma das retas procuradas possui coeficiente angular, portanto a outra reta só pode ser a vertical que passa por P. Logo, as retas procuradas têm equações:

(s) $y - 5 = \frac{\sqrt{3}}{3} \cdot (x - 4)$ e (t) $x = 4$

ou, na forma geral:

(s) $\sqrt{3}x - 3y + 15 - 4\sqrt{3} = 0$ e (t) $x - 4 = 0$

7 Dadas as retas r e s de equações (r) $y = 2x - 1$ e (s) $y = x + 3$, obter a equação da reta t, simétrica de r em relação a s.

Resolução

O ponto comum às retas r e s é a solução do sistema formado por suas equações:

$$\begin{cases} y = 2x - 1 \\ y = x + 3 \end{cases} \Rightarrow x = 4 \text{ e } y = 7$$

A reta t, simétrica de r em relação a s, passa pelo ponto P(4, 7), comum a r e s, tal que um ângulo agudo entre t e s tem a mesma medida θ de um ângulo agudo entre r e s:

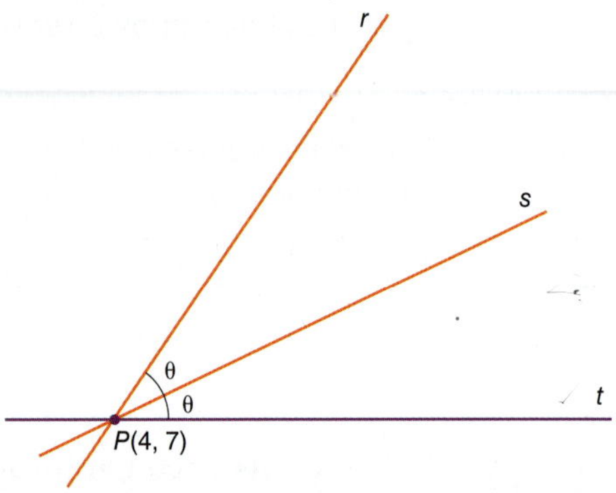

Como r e s são retas oblíquas, a medida θ de um ângulo agudo formado por essas retas é tal que:

$$\text{tg } \theta = \left|\frac{m_r - m_s}{1 + m_r m_s}\right| = \left|\frac{2 - 1}{1 + 2 \cdot 1}\right| = \frac{1}{3}$$

As equações de todas as retas que passam por P(4, 7) são dadas por:

$x = 4$ ou $y - 7 = m(x - 4)$, com $m \in \mathbb{R}$

Vejamos se a reta t procurada tem equação do tipo $y - 7 = m(x - 4)$, com $m \in \mathbb{R}$. Para isso, basta verificar se a seguinte equação tem solução:

$$\text{tg } \theta = \left|\frac{m_r - m_s}{1 + m_r m_s}\right| = \left|\frac{m_t - m_s}{1 + m_t m_s}\right| = \frac{1}{3} \Rightarrow$$

$$\Rightarrow \left|\frac{m - 1}{1 + m \cdot 1}\right| = \frac{1}{3}$$

$$\therefore \left|\frac{m - 1}{1 + m}\right| = \frac{1}{3}$$

Resolvendo essa equação, temos:

$$\frac{m - 1}{1 + m} = \frac{1}{3} \text{ ou } \frac{m - 1}{1 + m} = -\frac{1}{3} \Rightarrow$$

$$\Rightarrow m = 2 \text{ ou } m = \frac{1}{2}$$

- Para $m = 2$, obtemos:

  $y - 7 = 2(x - 4)$, ou seja, $y = 2x - 1$, que é a equação da própria reta r.

- Para $m = \frac{1}{2}$, obtemos:

  $y - 7 = \frac{1}{2} \cdot (x - 4)$, ou seja, $x - 2y + 10 = 0$, que é a equação da reta t, simétrica de r em relação a s.

  (*Nota*: Se não tivéssemos encontrado valor para m, além do próprio coeficiente angular de r, concluiríamos que a reta t não seria do tipo $y - 7 = m(x - 4)$, com $m \in \mathbb{R}$, portanto a reta t só poderia ser a vertical que passa por P, ou seja, a reta de equação $x = 4$.)

Casos particulares

Ângulo entre retas paralelas

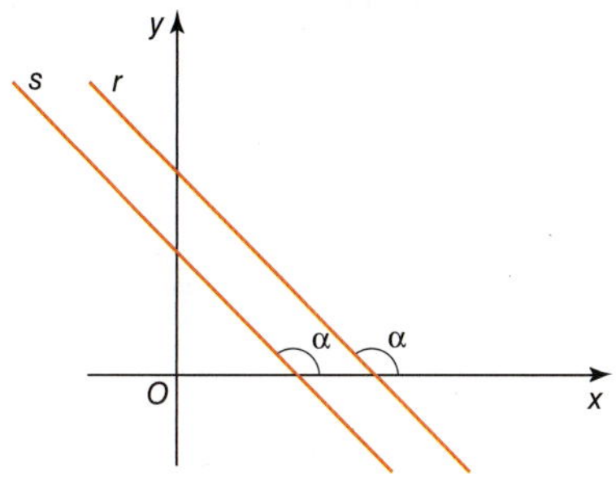

oblíquas

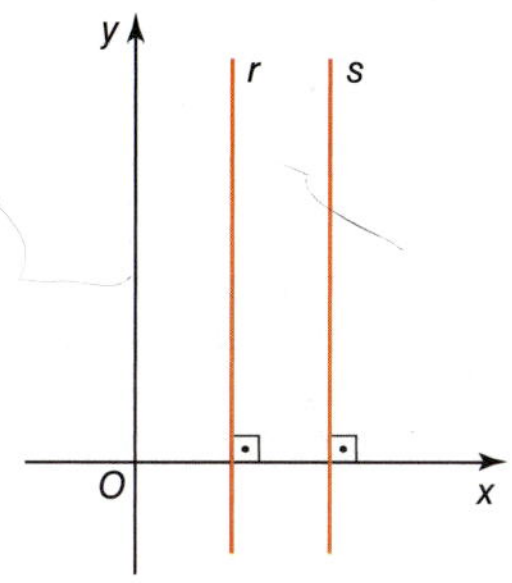

verticais

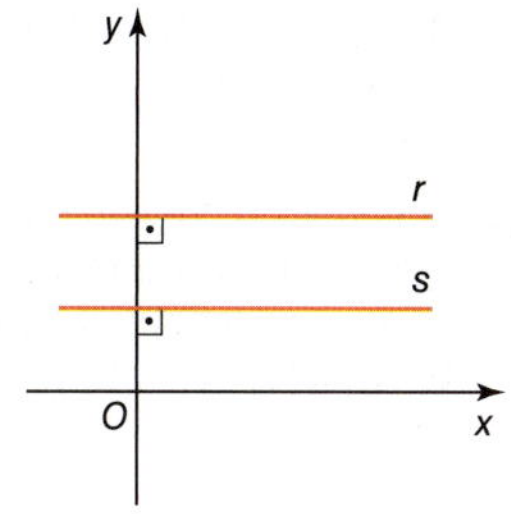

horizontais

O ângulo entre duas retas paralelas quaisquer mede 0°.

Ângulo entre uma reta vertical e uma reta horizontal

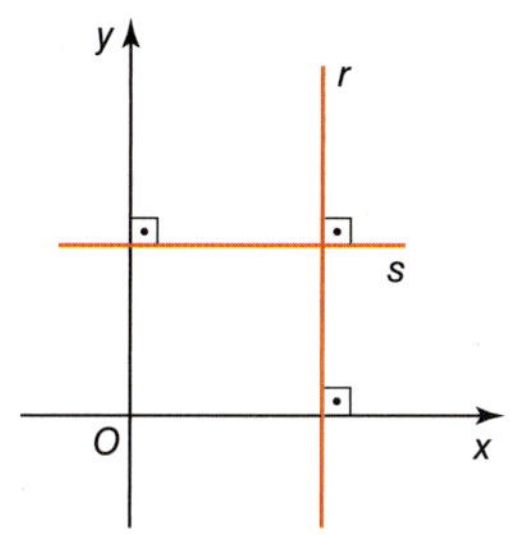

Uma reta vertical e uma reta horizontal são perpendiculares entre si e, portanto, um ângulo formado por elas mede 90°.

EXERCÍCIOS PROPOSTOS

1 No plano cartesiano, uma reta *r* tem 80° de inclinação e uma reta s tem 35° de inclinação.
a) Qual é a medida de um ângulo agudo formado por *r* e s?
b) Qual é a medida de um ângulo obtuso formado por *r* e s?
(*Sugestão*: Represente no plano cartesiano duas retas quaisquer que obedeçam a essas condições.)

2 Dadas as retas *r* e s, de equações $2x + y - 8 = 0$ e $3x - y - 3 = 0$, respectivamente:
a) calcule a medida de um ângulo agudo formado por *r* e s;
b) calcule a medida de um ângulo obtuso formado por *r* e s.

3 Calcule a medida de um ângulo agudo e de um ângulo obtuso formados pelas retas r e s, de equações (r) $\sqrt{3}x - 7y + 3 = 0$ e (s) $2\sqrt{3}x - y + 8 = 0$.

4 Calcule a medida do ângulo $B\hat{A}C$ no gráfico a seguir.

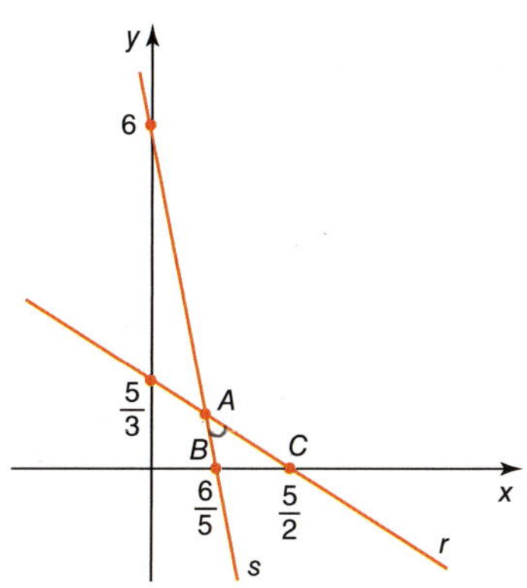

5 As retas (r) $\sqrt{3}x - y = 0$ e (s) $\sqrt{3}x - ky + 2 = 0$, com $k \in \mathbb{R}^*$, formam entre si um ângulo de 60°. Determine o número k.

6 Calcule a medida de um ângulo agudo formado pelas retas r e s, de equações (r) $y = 3$ e (s) $\sqrt{3}x - 3y + 2 = 0$.

7 Calcule a medida do ângulo $B\hat{A}C$, sendo $B(2, 1)$, $A(3, 4)$ e $C(5, 3)$.

8 Dois mísseis teleguiados serão lançados simultaneamente em trajetórias r e s, retilíneas e coplanares. Em relação a um sistema cartesiano xOy, em que a unidade adotada nos eixos é o quilômetro (km), as equações paramétricas dessas trajetórias, em função do tempo t, em segundo, são:

$$r: \begin{cases} x = \dfrac{\sqrt{3}t}{3} \\ y = \dfrac{t}{4} - 1 \end{cases} \qquad s: \begin{cases} x = \dfrac{t}{5} + 1 \\ y = \sqrt{3}t - 20 + 5\sqrt{3} \end{cases}$$

a) Calcule a medida de um ângulo agudo formado por essas trajetórias.

b) Três segundos depois do lançamento, qual será a distância entre o míssel de trajetória r e a origem O do sistema?

c) Os mísseis vão colidir? Justifique sua resposta.

9 Calcule a medida de um ângulo agudo formado pelas retas r e s nos seguintes casos:

a) (r) $x - 7 = 0$ e (s) $\sqrt{3}x - 3y + 4 = 0$

b) (r) $x = 6$ e (s) $x - y + 8 = 0$

c) (r) $4x + 10 = 0$ e (s) $\sqrt{3}x + y + 4 = 0$

10 Calcule a medida do ângulo $B\hat{A}C$ no gráfico:

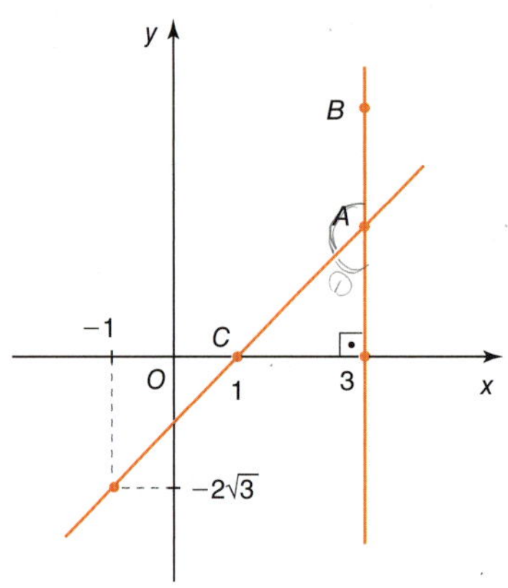

11 Obtenha as equações das retas que passam por $P(2, 6)$ e formam ângulos de 45° com a reta (r) $2x - y + 1 = 0$.

12 Obtenha as equações das retas que passam por $P(4, 1)$ e formam ângulos de 45° com a reta (r) $x - y - 3 = 0$.

13 Duas retas, s e t, do plano cartesiano passam pelo ponto $P(1, 4)$ e formam um ângulo agudo de medida θ com a reta (r) $2x + y - 1 = 0$, com $\theta = \text{arctg}\,\dfrac{1}{3}$.

Obtenha as equações de s e t.

14 Dadas as retas r e s, de equações (r) $y = 2x + 2$ e (s) $y = x - 1$, obtenha a equação da reta t, simétrica de r em relação a s.

15 Qual é a equação da reta t, simétrica de (r) $y = 4x - 6$, em relação à reta bissetriz dos quadrantes ímpares?

Resolva os exercícios complementares 1 a 18.

Distância entre ponto e reta

Objetivo

- **Calcular** a distância de um ponto a uma reta.

Termo e conceito

- distância entre ponto e reta

A distância entre duas figuras geométricas quaisquer é a medida do menor segmento de reta que liga uma figura a outra. Já estudamos o cálculo da distância AB entre dois pontos $A(x_A, y_A)$ e $B(x_B, y_B)$, que é dada por:

$$AB = \sqrt{(x_B - x_A)^2 + (y_B - y_A)^2}$$

Veremos agora o cálculo da distância d entre um ponto P e uma reta r. Essa distância é a medida do segmento $\overline{PP'}$, em que P' é a projeção ortogonal de P sobre r.

Por exemplo, vamos calcular a distância entre o ponto $P(1, 5)$ e a reta r de equação $x - y - 2 = 0$, representados abaixo.

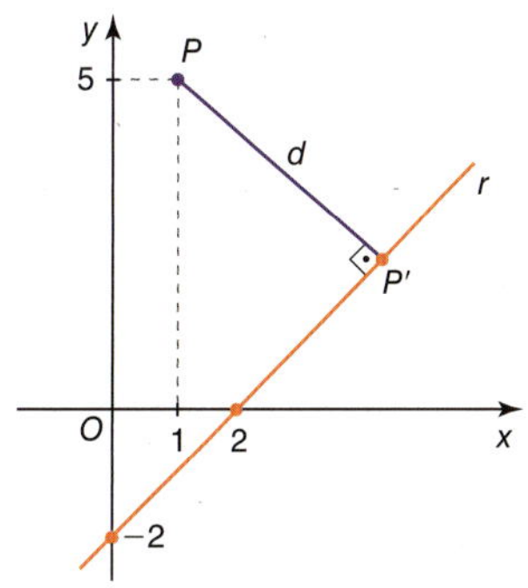

Para esse cálculo, observamos que todo ponto da reta r é da forma $(k, k - 2)$. Portanto, podemos representar P' por $P'(k, k - 2)$.

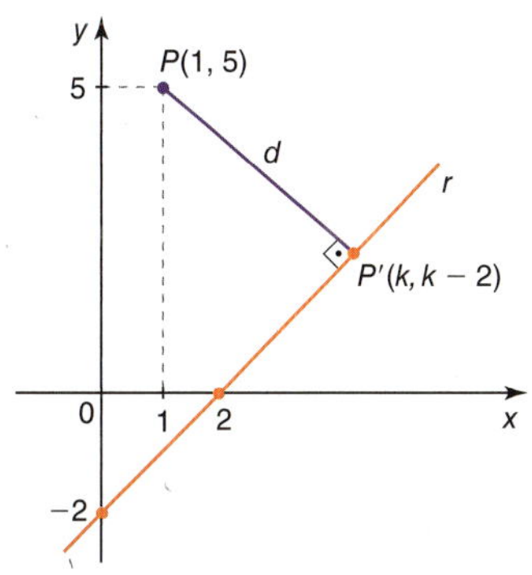

Como a reta $\overleftrightarrow{PP'}$ é perpendicular a r, temos que o coeficiente angular de $\overleftrightarrow{PP'}$ é o oposto do inverso do coeficiente angular de r, isto é:

$$m_{PP'} = -\frac{1}{m_r} \Rightarrow \frac{k - 2 - 5}{k - 1} = -\frac{1}{1}$$
$$\therefore k = 4$$

Substituindo k por 4 em $P'(k, k - 2)$, obtemos o ponto $P'(4, 2)$. Assim:

$$PP' = \sqrt{(4 - 1)^2 + (2 - 5)^2} = 3\sqrt{2}$$

Ou seja, a distância entre o ponto P e a reta r é $3\sqrt{2}$.

Esse procedimento pode ser generalizado pelo seguinte teorema:

> A **distância** d entre um ponto $P(x_0, y_0)$ e uma reta r de equação geral $ax + by + c = 0$ é dada por:
>
> $$d = \frac{|ax_0 + by_0 + c|}{\sqrt{a^2 + b^2}}$$

Demonstração

Vamos separar a demonstração em três partes.

1ª parte: a reta r é oblíqua, isto é, $a \neq 0$ e $b \neq 0$

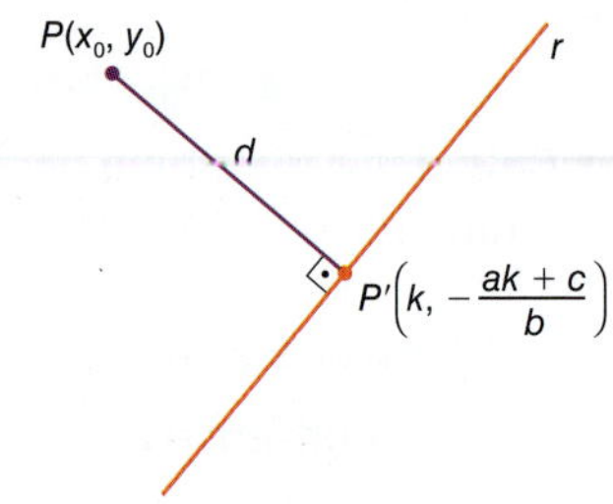

A equação reduzida de r é $y = -\dfrac{ax + c}{b}$. Assim, todo ponto da reta r é da forma $\left(k, -\dfrac{ak + c}{b}\right)$; portanto, o ponto P', projeção ortogonal de P sobre r, pode ser representado por $P'\left(k, -\dfrac{ak + c}{b}\right)$.

Como a reta $\overleftrightarrow{PP'}$ é perpendicular a r, o coeficiente angular de $\overleftrightarrow{PP'}$ é o oposto do inverso do coeficiente angular de r, isto é:

$$m_{PP'} = -\frac{1}{m_r} \Rightarrow \frac{y_0 + \dfrac{ak + c}{b}}{x_0 - k} = -\frac{1}{\left(-\dfrac{a}{b}\right)} = \frac{b}{a}$$

$$\therefore \frac{by_0 + ak + c}{bx_0 - bk} = \frac{b}{a} \Rightarrow aby_0 + a^2k + ac = b^2x_0 - b^2k$$

$$\therefore (a^2 + b^2)k = b^2x_0 - aby_0 - ac \Rightarrow k = \frac{b^2x_0 - aby_0 - ac}{a^2 + b^2}$$

Assim, substituindo k por $\dfrac{b^2x_0 - aby_0 - ac}{a^2 + b^2}$ em $P'\left(k, -\dfrac{ak + c}{b}\right)$, obtemos o ponto:

$$P'\left(\frac{b^2x_0 - aby_0 - ac}{a^2 + b^2}, -\frac{a\left(\dfrac{b^2x_0 - aby_0 - ac}{a^2 + b^2}\right) + c}{b}\right) = P'\left(\frac{b^2x_0 - aby_0 - ac}{a^2 + b^2}, -\frac{abx_0 - a^2y_0 + bc}{a^2 + b^2}\right)$$

Portanto, a distância PP' é dada por:

$$PP' = \sqrt{\left(x_0 - \frac{b^2x_0 - aby_0 - ac}{a^2 + b^2}\right)^2 + \left(y_0 + \frac{abx_0 - a^2y_0 + bc}{a^2 + b^2}\right)^2} =$$

$$= \sqrt{\left(\frac{a^2x_0 + b^2x_0 - b^2x_0 + aby_0 + ac}{a^2 + b^2}\right)^2 + \left(\frac{a^2y_0 + b^2y_0 + abx_0 - a^2y_0 + bc}{a^2 + b^2}\right)^2} =$$

$$= \sqrt{\left[\frac{a(ax_0 + by_0 + c)}{a^2 + b^2}\right]^2 + \left[\frac{b(by_0 + ax_0 + c)}{a^2 + b^2}\right]^2} = \sqrt{\frac{a^2(ax_0 + by_0 + c)^2}{(a^2 + b^2)^2} + \frac{b^2(ax_0 + by_0 + c)^2}{(a^2 + b^2)^2}} =$$

$$= \sqrt{\frac{(ax_0 + by_0 + c)^2 \cdot (a^2 + b^2)}{(a^2 + b^2)^2}} = \sqrt{\frac{(ax_0 + by_0 + c)^2}{a^2 + b^2}} = \frac{|ax_0 + by_0 + c|}{\sqrt{a^2 + b^2}}$$

$$\therefore PP' = \frac{|ax_0 + by_0 + c|}{\sqrt{a^2 + b^2}}$$

2ª parte: a reta r é vertical

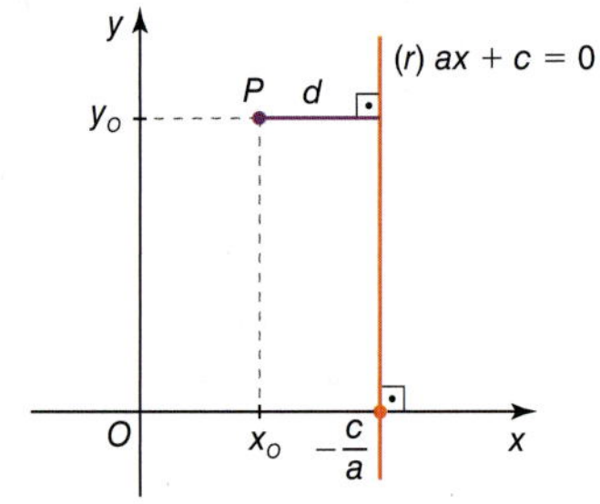

Sendo r vertical, sua equação geral é da forma $ax + c = 0$, com $a \neq 0$.

A distância d é dada por:

$$d = \left|x_0 + \frac{c}{a}\right| = \left|\frac{ax_0 + c}{a}\right| = \frac{|ax_0 + c|}{|a|} = \frac{|ax_0 + 0y_0 + c|}{\sqrt{a^2 + 0^2}}$$

Assim, concluímos que a fórmula obtida na 1ª parte continua válida para o cálculo de distância entre um ponto e uma reta vertical.

3ª parte: a reta r é horizontal

A demonstração é análoga à da 2ª parte.

8 Calcular a distância do ponto P(9, 3) à reta r de equação $6x - 8y - 3 = 0$.

Resolução

A distância entre P e r é dada por $d = \dfrac{|ax_0 + by_0 + c|}{\sqrt{a^2 + b^2}}$, em que $a = 6$, $b = -8$, $c = -3$, $x_0 = 9$ e $y_0 = 3$.

Portanto:

$$d = \frac{|6 \cdot 9 - 8 \cdot 3 - 3|}{\sqrt{6^2 + (-8)^2}} = \frac{|27|}{\sqrt{100}} = \frac{27}{10} = 2{,}7$$

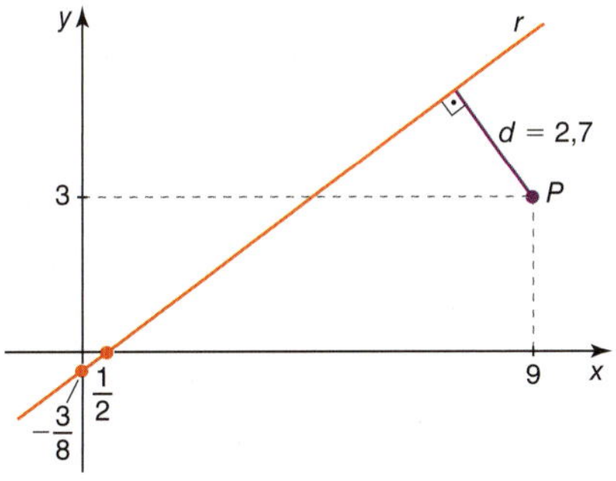

9 Calcular a distância entre as retas (r) $3x + 4y - 11 = 0$ e (s) $3x + 4y + 9 = 0$.

Resolução

As retas r e s são paralelas, pois têm o mesmo coeficiente angular, $-\frac{3}{4}$. Para determinar a distância entre elas, basta tomar um ponto P qualquer em uma delas e calcular a distância entre P e a outra reta:

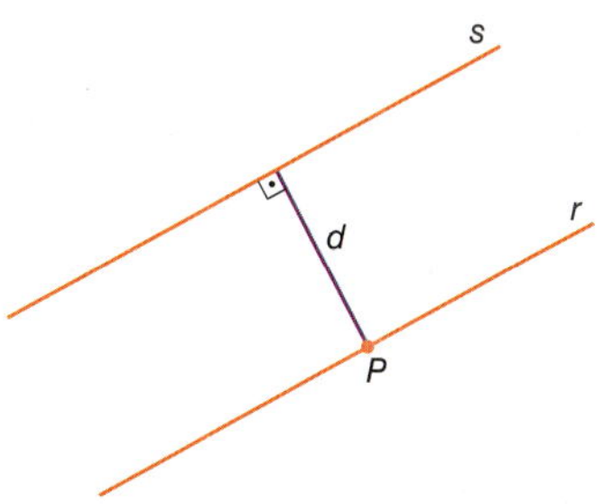

Para obter um ponto P em r, basta atribuir um valor qualquer a x na equação de r e encontrar o correspondente valor de y. Por exemplo, atribuindo o valor 1 à variável x, temos:

$3 \cdot 1 + 4y - 11 = 0 \Rightarrow y = 2$

Assim, um ponto de r é P(1, 2).

Calculando a distância entre P e s, temos:

$$d = \frac{|3 \cdot 1 + 4 \cdot 2 + 9|}{\sqrt{3^2 + 4^2}} = \frac{|20|}{\sqrt{25}} = \frac{20}{5} = 4$$

Portanto, a distância entre r e s é 4.

10 Calcular a medida h da altura relativa ao lado $\overline{AB}$ do triângulo ABC, em que A(1, 2), B(4, 8) e C(6, 4).

Resolução

A medida h da altura relativa ao lado $\overline{AB}$ é a distância entre o ponto C e a reta $\overleftrightarrow{AB}$. Por isso, vamos obter uma equação da reta $\overleftrightarrow{AB}$.

$m_{AB} = \dfrac{8 - 2}{4 - 1} = 2$ e $\overleftrightarrow{AB}$ passa por A(1, 2), então:

$(\overleftrightarrow{AB})\ y - 2 = 2(x - 1)$

Logo, uma equação geral de $\overleftrightarrow{AB}$ é: $2x - y = 0$

Portanto, a medida h é dada por:

$$h = \frac{|2 \cdot 6 - 4|}{\sqrt{2^2 + (-1)^2}} = \frac{|8|}{\sqrt{5}} = \frac{8}{\sqrt{5}} = \frac{8\sqrt{5}}{5}$$

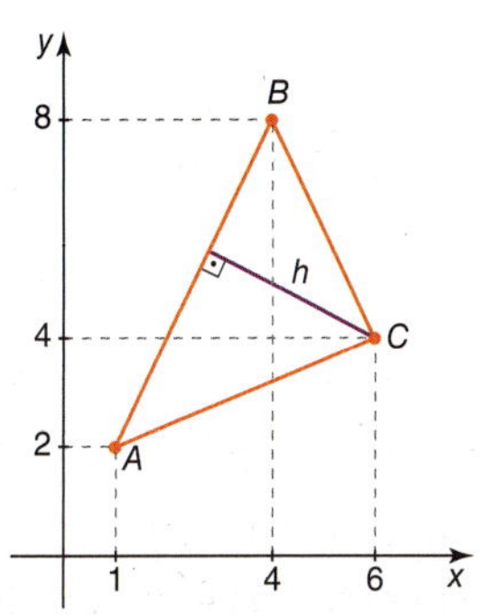

11 Obter as equações das retas que contêm as bissetrizes dos ângulos formados pelas retas (r) $2x + 3y - 1 = 0$ e (s) $3x + 2y + 3 = 0$.

Resolução

Seja P(x, y) um ponto genérico pertencente a uma das bissetrizes dos ângulos formados por r e s.

Todo ponto da bissetriz de um ângulo equidista dos lados desse ângulo. Assim, a distância d_{Pr} (entre P e r) deve ser igual à distância d_{Ps} (entre P e s):

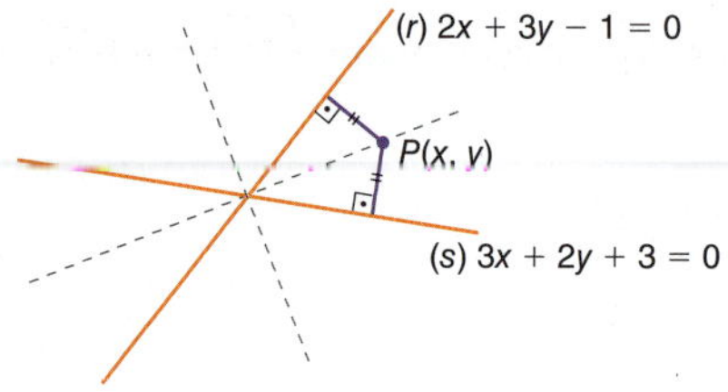

$$d_{Pr} = d_{Ps} \Rightarrow \frac{|2x + 3y - 1|}{\sqrt{2^2 + 3^2}} = \frac{|3x + 2y + 3|}{\sqrt{3^2 + 2^2}}$$

$\therefore |2x + 3y - 1| = |3x + 2y + 3|$

Dessa equação modular, obtemos:

$2x + 3y - 1 = 3x + 2y + 3$ ou $2x + 3y - 1 = -3x - 2y - 3$

Portanto, as equações das retas suporte das bissetrizes são:

$x - y + 4 = 0$ e $5x + 5y + 2 = 0$

(*Nota*: Vale a pena observar que as retas suporte das bissetrizes dos ângulos formados por duas retas concorrentes são perpendiculares.)

EXERCÍCIOS PROPOSTOS

16 Calcule a distância entre o ponto P e a reta r nos seguintes casos:

a) P(1, 3) e (r) $5x + 12y - 2 = 0$

b) P(−1, 2) e (r) $15x - 8y - 3 = 0$

c) P(−2, −1) e (r) $3x + 4y = 0$

d) P(−3, 0) e (r) $y = -7x - 11$

17 Determine o(s) ponto(s) do eixo das ordenadas que dista(m) duas unidades da reta r de equação $8x + 15y - 11 = 0$.

18 Determine os pontos da bissetriz dos quadrantes ímpares cuja distância à reta r de equação $y = 2x - 5$ é $2\sqrt{5}$.

19 Há dois pontos pertencentes à reta (r) $y = 2x - 3$ que distam quatro unidades da reta (s) $3x + 4y + 21 = 0$. Quais são esses pontos?

20 Determine a distância entre as retas paralelas r e s nos seguintes casos:

a) (r) $x + 7y - 8 = 0$ e (s) $x + 7y - 2 = 0$

b) (r) $y = \frac{12x}{5} + 1$ e (s) $y = \frac{12x}{5} - 3$

c) (r) $x - 4 = 0$ e (s) $x - 9 = 0$

21 Dois lados de um quadrado estão contidos nas retas (r) $7x + y - 1 = 0$ e (s) $7x + y + 24 = 0$. Calcule a área desse quadrado.

22 Obtenha a medida da altura relativa ao lado $\overline{AB}$ do triângulo ABC, sendo A(1, 4), B(5, 7) e C(4, 0).

23 Quais são as equações das retas que contêm as bissetrizes dos ângulos formados pelas retas (r) $7x + y + 2 = 0$ e (s) $x + 7y - 4 = 0$?

24 Em relação a um sistema cartesiano xOy, em que a unidade nos eixos é o quilômetro, um trecho de uma autoestrada pode ser descrito pela equação $4x + 3y - 24 = 0$, para $0 \leq x \leq 6$ e $0 \leq y \leq 8$. Uma estrada vicinal deve ser construída, em linha reta, ligando esse trecho da autoestrada ao ponto P(0, −2).

a) Construa o gráfico cartesiano representando o trecho da autoestrada e o ponto P.

b) Sabendo que a estrada vicinal pode ser construída em qualquer posição, calcule o menor comprimento possível dessa estrada.

c) Determine as coordenadas do ponto Q da autoestrada de modo que a estrada vicinal tenha o menor comprimento possível.

Resolva os exercícios complementares 19 a 28 e 59.

Seção 3.3

Aplicação de determinantes na Geometria analítica

Objetivos

- **Calcular**, por meio de um determinante de terceira ordem, a área de um triângulo, conhecidas as coordenadas de seus vértices.
- **Verificar**, por meio de um determinante de terceira ordem, se três pontos estão alinhados ou não.
- **Obter**, por meio de um determinante de terceira ordem, a equação de uma reta a partir de dois de seus pontos.

Os determinantes têm aplicações em vários ramos da Matemática; por exemplo, na Geometria analítica, eles podem ser aplicados no cálculo de áreas de polígonos e na condição de alinhamento de três pontos, conforme veremos a seguir.

Área de um triângulo

Como já vimos em Geometria plana, a área de um triângulo é igual à metade do produto da medida de uma base pela medida da altura relativa. Aplicando essa ideia, podemos calcular a área de um triângulo representado no plano cartesiano, a partir das coordenadas de seus vértices, conforme mostram os procedimentos a seguir.

Inicialmente, vamos estudar o caso mais simples, que é o cálculo da área de um triângulo que possui um dos lados paralelo a um dos eixos coordenados. Consideremos, por exemplo, os triângulos *DEF* e *GHI* representados a seguir, em que o lado $\overline{EF}$ é paralelo ao eixo *Ox* e o lado $\overline{HI}$ é paralelo ao eixo *Oy*.

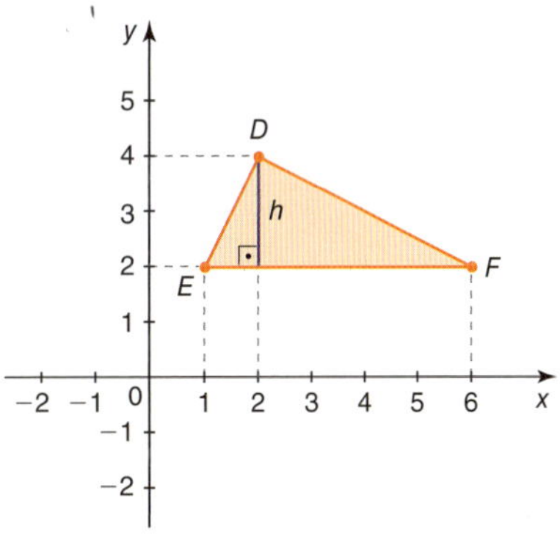

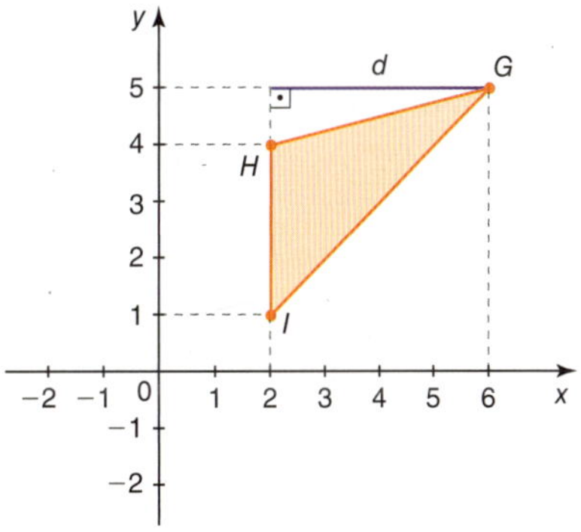

No triângulo *DEF*, como a base $\overline{EF}$ é paralela ao eixo *Ox*, a altura relativa a essa base é paralela ao eixo *Oy*; logo, $EF = 6 - 1 = 5$ e $h = 4 - 2 = 2$ e, portanto, a área A_{DEF} do triângulo *DEF* é dada por:

$$A_{DEF} = \frac{5 \cdot 2}{2} = 5$$

De modo análogo, no triângulo *GHI*, como a base $\overline{HI}$ é paralela ao eixo *Oy*, a altura relativa a essa base é paralela ao eixo *Ox*; logo, $HI = 4 - 1 = 3$ e $d = 6 - 2 = 4$ e, portanto, a área A_{GHI} do triângulo *GHI* é dada por:

$$A_{GHI} = \frac{3 \cdot 4}{2} = 6$$

Vamos considerar agora o caso em que nenhum dos lados do triângulo é paralelo a um dos eixos coordenados. O cálculo da área pode ser efetuado por meio da construção de um retângulo com lados paralelos aos eixos coordenados, tal que pelo menos dois vértices do triângulo pertençam a lados desse retângulo. Por exemplo, para calcular a área do triângulo de vértices $M(5, 6)$, $N(3, 2)$ e $P(11, 5)$, construímos o seguinte retângulo:

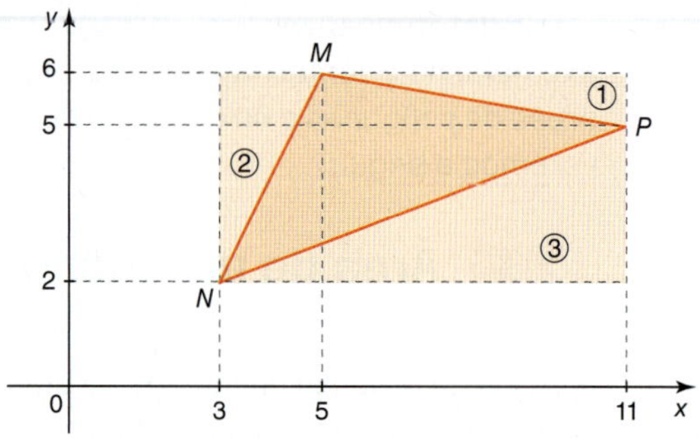

Observando que o retângulo assim construído é formado pelos triângulos MNP, ①, ② e ③, concluímos que a área do triângulo MNP é igual à diferença entre a área A desse retângulo e a soma das áreas dos triângulos ①, ② e ③, isto é:

$$A_{MNP} = 8 \cdot 4 - \frac{6 \cdot 1}{2} - \frac{2 \cdot 4}{2} - \frac{8 \cdot 3}{2} = 13$$

Esse procedimento pode ser generalizado pelo teorema:

A **área** A de um triângulo qualquer de vértices $E(x_E, y_E)$, $F(x_F, y_F)$ e $G(x_G, y_G)$ é dada por:

$$A = \frac{|D|}{2}, \text{ em que } D \text{ é o determinante } \begin{vmatrix} x_E & y_E & 1 \\ x_F & y_F & 1 \\ x_G & y_G & 1 \end{vmatrix}$$

Demonstração

O triângulo EFG terá pelo menos dois lados não verticais, qualquer que seja sua posição no plano cartesiano. Sendo $\overline{FG}$ um lado não vertical, existe um triângulo $E'FG$, equivalente a EFG, com $\overline{E'F}$ paralelo ao eixo Oy. O ponto E' é a intersecção da reta vertical que passa por F ou G com a reta r, sendo $r \parallel \overleftrightarrow{FG}$ e $E \in r$; por exemplo:

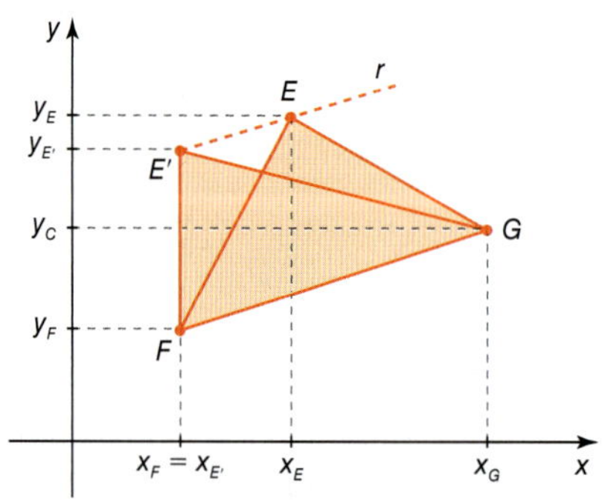

$r \parallel \overleftrightarrow{FG}$

Os triângulos EFG e E'FG são **equivalentes**, ou seja, têm a mesma área, pois possuem a mesma base $\overline{FG}$ e a mesma medida h da altura relativa a essa base (h é a distância entre as retas paralelas r e $\overleftrightarrow{FG}$).

O coeficiente angular m da reta r é o mesmo da reta $\overleftrightarrow{FG}$, ou seja, $m = \frac{y_G - y_F}{x_G - x_F}$. Assim, a equação da reta r é:

$$y - y_E = \frac{y_G - y_F}{x_G - x_F} \cdot (x - x_E)$$

Como $E' \in r$ e $x_{E'} = x_F$, a equação anterior garante que:

$$y_{E'} - y_E = \frac{y_G - y_F}{x_G - x_F} \cdot (x_F - x_E)$$

ou seja:

$$y_{E'} = \frac{y_G - y_F}{x_G - x_F} \cdot (x_F - x_E) + y_E \quad \text{(I)}$$

A área A do triângulo $E'FG$ é dada por:

$$A = \frac{|y_{E'} - y_F| \cdot |x_G - x_F|}{2}$$

ou ainda:

$$A = \frac{|(y_{E'} - y_F)(x_G - x_F)|}{2} \quad \text{(II)}$$

Note que o módulo é necessário para evitar um valor negativo para a área, o que ocorreria para uma posição do triângulo em que $y_{E'} < y_F$ ou $x_G < x_F$.

Substituindo (I) em (II), temos:

$$A = \frac{\left|\left[\frac{y_G - y_F}{x_G - x_F} \cdot (x_F - x_E) + y_E - y_F\right] \cdot (x_G - x_F)\right|}{2}$$

ou seja:

$$A = \frac{|(y_G - y_F)(x_F - x_E) + (y_E - y_F)(x_G - x_F)|}{2}$$

ou ainda:

$$A = \frac{|y_G x_F - y_G x_E - y_F x_F + y_F x_E + y_E x_G - y_E x_F - y_F x_G + y_F x_F|}{2}$$

e, portanto:

$$A = \frac{|y_G x_F - y_G x_E + y_F x_E + y_E x_G - y_E x_F - y_F x_G|}{2}$$

A expressão em módulo é o desenvolvimento do seguinte determinante:

$$D = \begin{vmatrix} x_E & y_E & 1 \\ x_F & y_F & 1 \\ x_G & y_G & 1 \end{vmatrix}$$

E, assim, concluímos que a área A do triângulo EFG, que é igual à área do triângulo $E'FG$, é dada por:

$$A = \frac{|D|}{2}, \text{ em que } D \text{ é o determinante } \begin{vmatrix} x_E & y_E & 1 \\ x_F & y_F & 1 \\ x_G & y_G & 1 \end{vmatrix}$$

EXERCÍCIOS RESOLVIDOS

12 Calcular a área do triângulo cujos vértices são os pontos M(−1, 2), N(1, 5) e P(6, 0).

Resolução

Inicialmente, calculamos o seguinte determinante:

$$D = \begin{vmatrix} -1 & 2 & 1 \\ 1 & 5 & 1 \\ 6 & 0 & 1 \end{vmatrix} = -5 + 12 - 30 - 2 = -25$$

Pelo teorema anterior, a área A do triângulo MNP é dada por:

$$A = \frac{|D|}{2} \Rightarrow A = \frac{|-25|}{2} = \frac{25}{2} = 12{,}5$$

13 Em uma região plana, os pontos E, F, G e H são vértices de um terreno quadrilateral, onde será construído um aeroporto. Um sistema cartesiano ortogonal, cuja unidade adotada nos eixos é o quilômetro, foi associado ao plano dessa região, conforme mostra a figura:

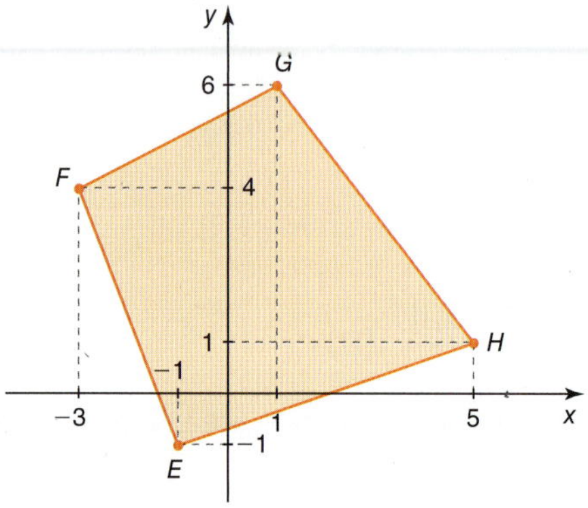

Calcular a área do terreno destinada à construção do aeroporto.

Resolução

A área do quadrilátero $EFGH$ é igual à soma das áreas dos triângulos EFG e EGH.

- Área A_{EFG} do triângulo EFG:

$$D = \begin{vmatrix} -1 & -1 & 1 \\ -3 & 4 & 1 \\ 1 & 6 & 1 \end{vmatrix} = -4 - 18 - 1 - 4 + 6 - 3 = -24$$

$$\therefore A_{EFG} = \frac{|D|}{2} = \frac{|-24|}{2} = 12$$

- Área A_{EGH} do triângulo EGH:

$$D' = \begin{vmatrix} -1 & -1 & 1 \\ 1 & 6 & 1 \\ 5 & 1 & 1 \end{vmatrix} = -6 + 1 - 5 - 30 + 1 + 1 = -38$$

$$\therefore A_{EGH} = \frac{|D'|}{2} = \frac{|-38|}{2} = 19$$

Logo, a área A_{EFGH} do quadrilátero $EFGH$ é dada por:

$$A_{EFGH} = 12 + 19 = 31$$

Concluímos, então, que a área do terreno destinada à construção do aeroporto é 31 km^2.

14 Determinar a área do triângulo delimitado pelas retas: (r) $y = 3x$, (s) $y = x + 6$ e (t) $y = 2x + 1$.

Resolução

Os vértices do triângulo são os pontos M, N e P tais que:

$\{M\} = r \cap s$

$\{N\} = r \cap t$

$\{P\} = s \cap t$

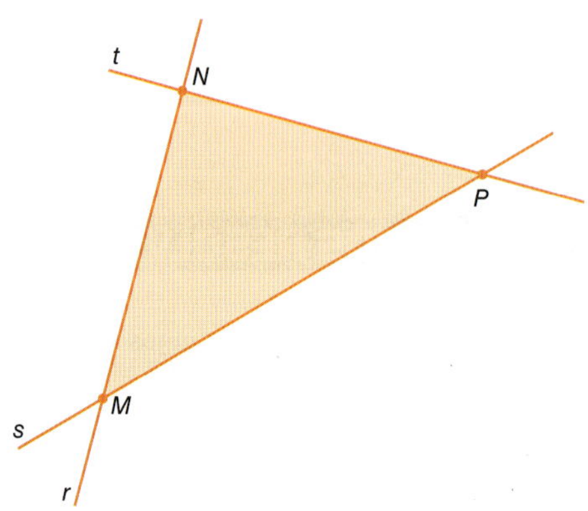

- O ponto M é a solução do sistema:

$$\begin{cases} y = 3x & \text{(I)} \\ y = x + 6 & \text{(II)} \end{cases}$$

Substituindo (I) em (II), obtemos: $3x = x + 6 \Rightarrow 2x = 6$

$\therefore x = 3$

Para $x = 3$, concluímos que $y = 9$.

Assim: $M(3, 9)$

- O ponto N é a solução do sistema:

$$\begin{cases} y = 3x & \text{(III)} \\ y = 2x + 1 & \text{(IV)} \end{cases}$$

Substituindo (III) em (IV), obtemos: $3x = 2x + 1 \Rightarrow x = 1$

Para $x = 1$, concluímos que $y = 3$.

Assim: $N(1, 3)$

- O ponto P é a solução do sistema:

$$\begin{cases} y = x + 6 & \text{(V)} \\ y = 2x + 1 & \text{(VI)} \end{cases}$$

Substituindo (V) em (VI), obtemos: $x + 6 = 2x + 1 \Rightarrow x = 5$
Para $x = 5$, concluímos que $y = 11$.
Assim: $P(5, 11)$

- Cálculo da área A_{MNP} do triângulo MNP:

$$D = \begin{vmatrix} 3 & 9 & 1 \\ 1 & 3 & 1 \\ 5 & 11 & 1 \end{vmatrix} = 9 + 45 + 11 - 15 - 33 - 9 = 8$$

$$\therefore A_{MNP} = \frac{|D|}{2} = \frac{|8|}{2} = \frac{8}{2} = 4$$

EXERCÍCIOS PROPOSTOS

25 Calcule a área do triângulo MNP nos seguintes casos:

a) $M(1, 5)$
$N(6, 4)$
$P(3, 1)$

b) $M(-2, -3)$
$N(1, 4)$
$P(8, 0)$

26 Sendo P o ponto de intersecção das retas de equações $x - y - 2 = 0$ e $x + y = 3$, calcule a área do triângulo de vértices $A(0, 3)$, $B(2, 0)$ e P.

27 Os vértices de um triângulo são os pontos $E(k, 2k)$, $F(4, 0)$ e $G(3, 1)$.
Determine k de modo que esse triângulo tenha área igual a 2.

28 Considere os pontos $A(2, 5)$ e $B(4, 6)$.
Determine o ponto C do eixo das ordenadas tal que o triângulo ABC tenha 5 unidades de área.

29 Calcule a área do quadrilátero $EFGH$:

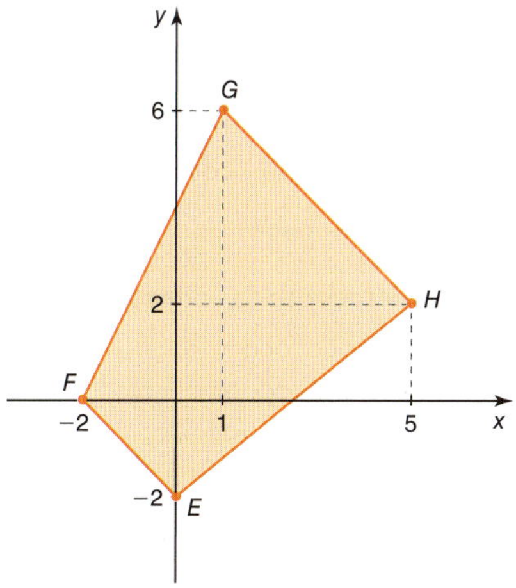

30 Calcule a área do triângulo limitado pelas retas: $(r)\ y = 2x$, $(s)\ y = 4x - 8$ e $(t)\ y = -2x + 4$.

31 Determine o número real k para que a reta r de equação $2x - y + k = 0$ forme com os eixos coordenados um triângulo de área 16.

Resolva os exercícios complementares 29 a 42 e 60 a 62.

Condição de alinhamento de três pontos

No capítulo anterior, estudamos uma condição de alinhamento de três pontos aplicando o conceito de coeficiente angular. Nesta seção, veremos uma condição de alinhamento aplicando o conceito de determinante.

De acordo com o teorema anterior, a área A de um triângulo qualquer de vértices $E(x_E, y_E)$, $F(x_F, y_F)$ e $G(x_G, y_G)$ é dada por:

$$A = \frac{|D|}{2}, \text{ em que } D \text{ é o determinante } \begin{vmatrix} x_E & y_E & 1 \\ x_F & y_F & 1 \\ x_G & y_G & 1 \end{vmatrix}$$

Como interpretar esse teorema no caso em que $D = 0$?

Se $D = 0$, não existe o triângulo EFG, portanto os três pontos, E, F e G, estão em uma mesma reta. Desse modo, podemos enunciar:

> Três pontos, $E(x_E, y_E)$, $F(x_F, y_F)$ e $G(x_G, y_G)$, são **colineares** se, e somente se:
>
> $$\begin{vmatrix} x_E & y_E & 1 \\ x_F & y_F & 1 \\ x_G & y_G & 1 \end{vmatrix} = 0$$

EXERCÍCIOS RESOLVIDOS

15 Verificar se os pontos E, F e G são ou não colineares nos seguintes casos:

a) $E(-3, -5)$, $F(0, 1)$ e $G(3, 7)$ **b)** $E(1, 2)$, $F(0, 2)$ e $G(5, 6)$

Resolução

a) Inicialmente, calculamos o seguinte determinante:

$$D = \begin{vmatrix} -3 & -5 & 1 \\ 0 & 1 & 1 \\ 3 & 7 & 1 \end{vmatrix} = -3 - 15 - 3 + 21 = 0$$

Como $D = 0$, pelo teorema anterior, concluímos que E, F e G são colineares.

b) $$D = \begin{vmatrix} 1 & 2 & 1 \\ 0 & 2 & 1 \\ 5 & 6 & 1 \end{vmatrix} = 2 + 10 - 10 - 6 = -4$$

Como $D \neq 0$, concluímos que E, F e G não são colineares.

16 Determinar a ordenada k do ponto P da reta r representada ao lado.

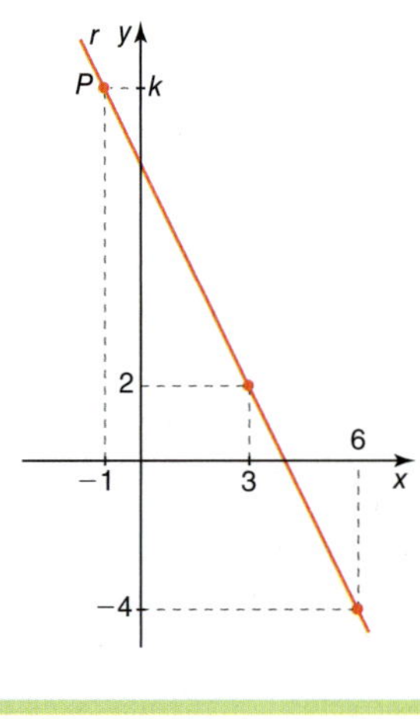

Resolução

Os pontos $(-1, k)$, $(3, 2)$ e $(6, -4)$ pertencem a uma mesma reta. Assim:

$$\begin{vmatrix} -1 & k & 1 \\ 3 & 2 & 1 \\ 6 & -4 & 1 \end{vmatrix} = 0$$

Portanto:

$-2 - 12 + 6k - 12 - 4 - 3k = 0 \Rightarrow k = 10$

Obtenção da equação de uma reta através de um determinante

Para obter uma equação da reta que passa pelos pontos $E(3, 2)$ e $F(6, 3)$, podemos adotar os seguintes procedimentos:

- tomamos um ponto genérico $G(x, y)$;
- impomos a condição de alinhamento aos pontos G, E e F:

$$\begin{vmatrix} x & y & 1 \\ 3 & 2 & 1 \\ 6 & 3 & 1 \end{vmatrix} = 0$$

Desenvolvendo o determinante, obtemos:

$$2x + 9 + 6y - 12 - 3x - 3y = 0, \text{ ou seja, } -x + 3y - 3 = 0$$

Essa equação representa todos os pontos $G(x, y)$ que estão alinhados com $E(3, 2)$ e $F(6, 3)$. Por isso, é uma equação da reta $\overleftrightarrow{EF}$.

Assim, podemos enunciar:

> Dados dois pontos distintos, $E(x_E, y_E)$ e $F(x_F, y_F)$, uma **equação** da reta $\overleftrightarrow{EF}$ é dada por:
>
> $$\begin{vmatrix} x & y & 1 \\ x_E & y_E & 1 \\ x_F & y_F & 1 \end{vmatrix} = 0$$

EXERCÍCIOS PROPOSTOS

32 Em cada um dos itens seguintes, verifique se os três pontos são ou não colineares. (Aplique a condição de alinhamento por determinante.)

a) $A(1, -2)$, $B(0, -5)$ e $C(2, 1)$

b) $A(1, 7)$, $B(0, 1)$ e $C(4, 3)$

c) $A\left(\frac{1}{4}, -4\right)$, $B\left(\frac{1}{2}, -3\right)$ e $C\left(\frac{5}{4}, 0\right)$

33 Para que valores de x os pontos $A(x, 4)$, $B(2, 9)$ e $C(0, -x)$ são colineares?

34 Sendo $A(1, 3)$, $B(a, 7)$ e $C(a - 2, -1)$, com $a \in \mathbb{R}$, determine o valor de a de modo que a soma $AB + BC$ seja a menor possível.

35 (Faap-SP) Os pontos $A(2, 5)$, $B(4, 0)$ e $C(k + 1, 3)$, com $k \in \mathbb{R}$, são vértices de um triângulo se, e somente se:

a) $k = \frac{3}{2}$

b) $k \neq \frac{3}{2}$

c) $k = 2$

d) $k \neq 2$

e) $k \neq \frac{9}{5}$

36 Usando a condição de alinhamento por determinante, obtenha uma equação da reta que passa pelos pontos A e B, nos seguintes casos:

a) $A(4, 5)$ e $B(1, 2)$

b) $A(-2, 0)$ e $B(6, -8)$

c) $A(2, 3)$ e $B(2, 5)$

d) $A(1, -2)$ e $B(4, -2)$

37 A temperatura de uma região variou linearmente de 3 °C a 21 °C das 4 h às 10 h de determinado dia, conforme mostra o gráfico abaixo.

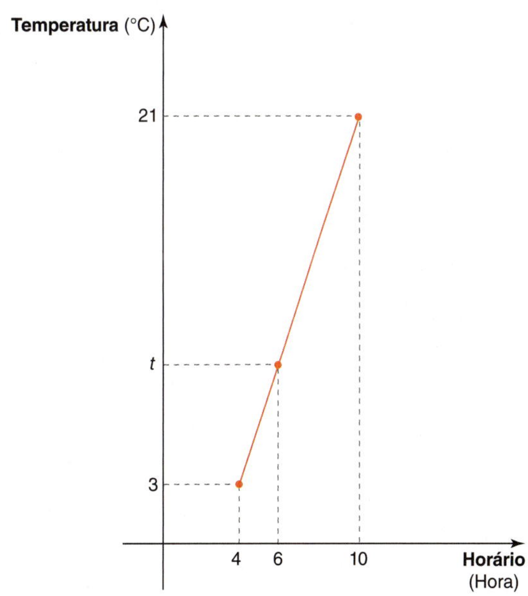

- Qual era a temperatura às 6 h desse dia?

Resolva os exercícios complementares 43 a 47.

Seção 3.4

Representação gráfica de uma inequação do 1º grau

Objetivos

- **Representar** graficamente uma inequação do 1º grau.
- **Representar** graficamente as soluções de um sistema de inequações do 1º grau.

Qualquer reta r de um plano separa esse plano em duas regiões. A reunião da reta r com qualquer uma dessas regiões é chamada de **semiplano de origem *r***.

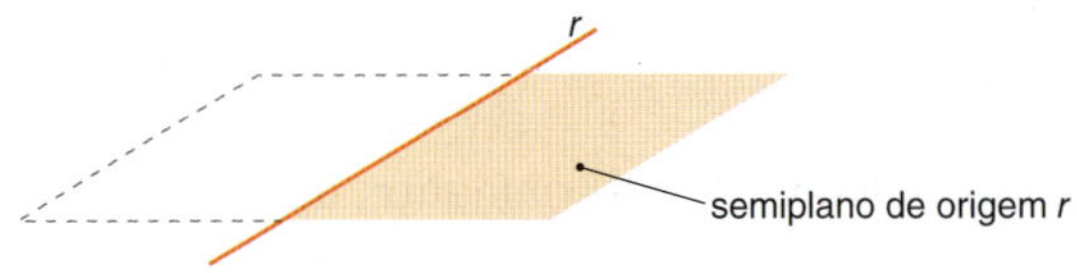

Quando quisermos nos referir a um semiplano que não contenha a reta origem, adotaremos a denominação **semiplano aberto**. Para representá-lo graficamente, desenhamos a reta origem tracejada:

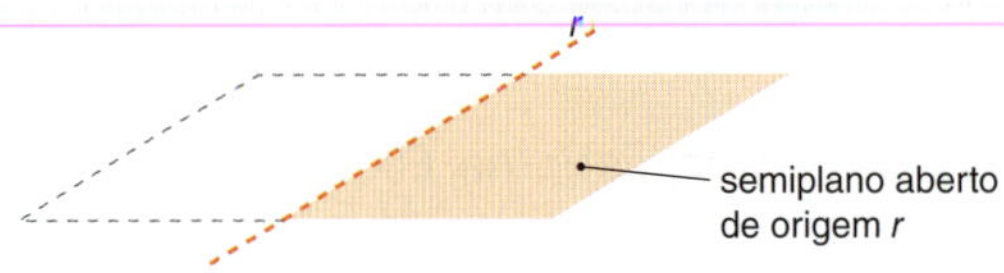

Em contraposição à denominação semiplano aberto, chama-se **semiplano fechado** aquele que contém a reta origem. O semiplano fechado pode ser chamado simplesmente de semiplano.

Todo semiplano, fechado ou aberto, contido no plano cartesiano pode ser representado por uma inequação polinomial do 1º grau, conforme veremos a seguir.

Semiplano de origem paralela a um dos eixos coordenados

A reta vertical r, de equação $x = 3$, é a origem dos dois semiplanos, α e β, representados abaixo.

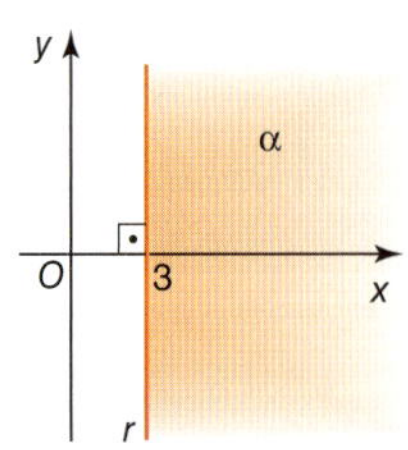

Todos os pontos do plano cartesiano que pertencem a α, e somente eles, têm abscissa maior ou igual a 3; por isso, podemos representar esse semiplano pela inequação $\mathbf{x \geqslant 3}$.

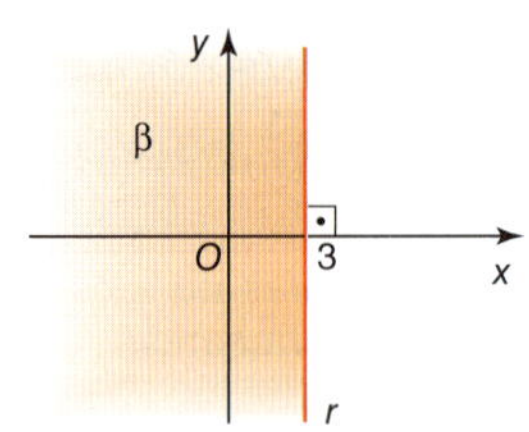

Analogamente, todos os pontos do plano cartesiano que pertencem a β, e somente eles, têm abscissa menor ou igual a 3; por isso, podemos representar esse semiplano pela inequação $\mathbf{x \leqslant 3}$.

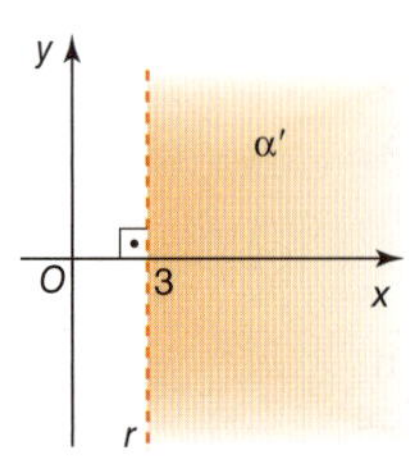

Se excluirmos de α a reta origem, obteremos o semiplano aberto α' formado por todos os pontos do plano cujas abscissas são maiores que 3, ou seja, $\mathbf{x > 3}$. Para representar graficamente o semiplano aberto α', basta tracejar a reta r do semiplano α.

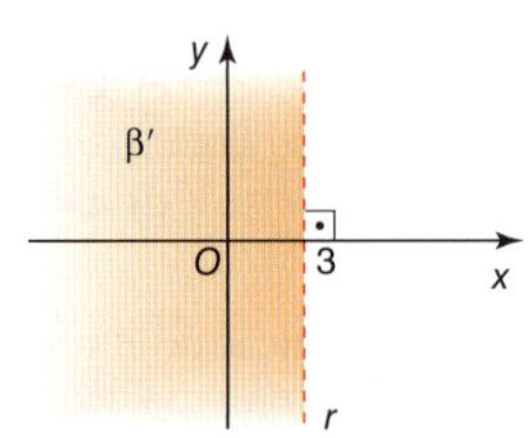

Se excluirmos de β a reta origem, obteremos o semiplano aberto β' formado por todos os pontos do plano cujas abscissas são menores que 3, ou seja, $\mathbf{x < 3}$.

EXERCÍCIOS RESOLVIDOS

17 Representar no plano cartesiano o semiplano formado pelos pontos de ordenadas maiores ou iguais a 6.

Resolução

Inicialmente, desenhamos a reta *r*, origem do semiplano, isto é, $(r)\ y = 6$.
Os pontos acima da reta *r* têm ordenadas maiores que 6 e, por isso, são determinados pela inequação $y > 6$. Assim, o semiplano determinado pela inequação $y \geqslant 6$ é a reunião da reta *r* com o conjunto de pontos acima dessa reta.

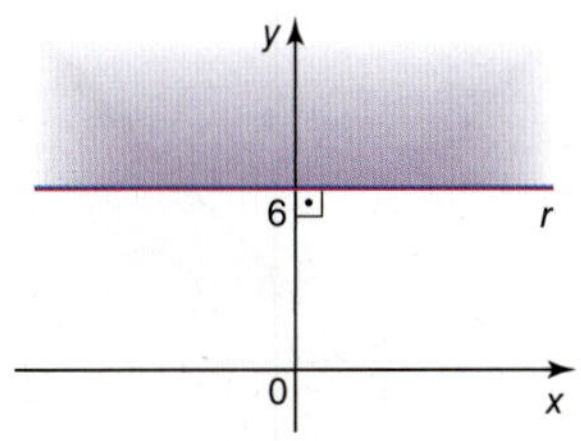

18 Representar no plano cartesiano o conjunto dos pontos (x, y) que satisfaçam o sistema de inequações:

$$\begin{cases} x > 4 \\ y \leqslant 5 \end{cases}$$

Resolução

Inicialmente, representamos os semiplanos determinados pelas inequações do sistema:

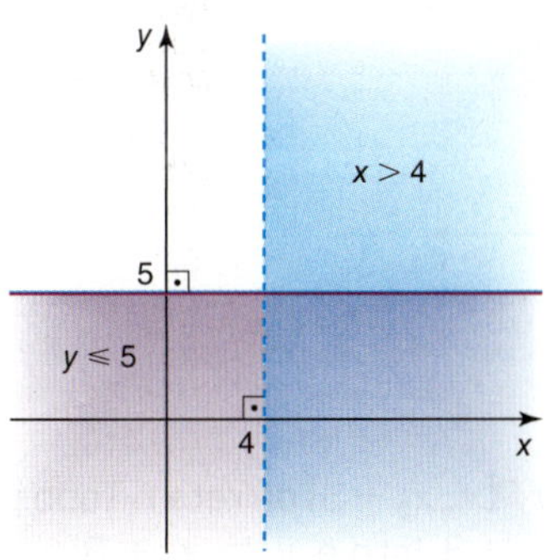

O conjunto dos pontos (x, y) que satisfazem, simultaneamente, as duas inequações do sistema é a intersecção dos semiplanos representados por elas, conforme a figura abaixo.

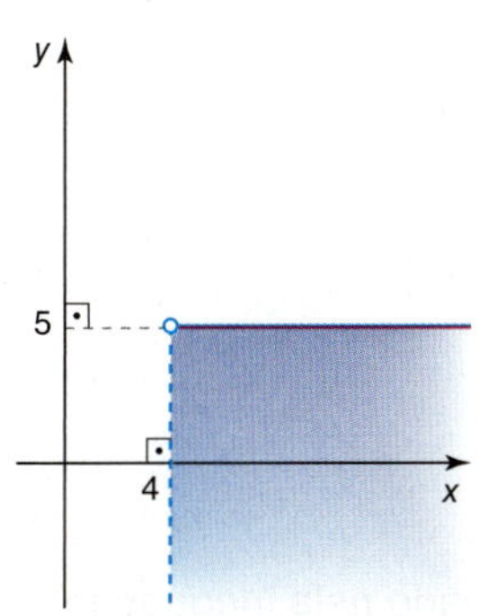

19 Representar no plano cartesiano o conjunto dos pontos (x, y) que satisfaçam a inequação $(x + 2)(y - 3) > 0$.

Resolução

Se o produto de dois números reais é positivo, então os dois números são positivos ou os dois são negativos; portanto:

$$(x + 2)(y - 3) > 0 \Rightarrow \underbrace{\begin{cases} x + 2 > 0 \\ y - 3 > 0 \end{cases}}_{(I)} \text{ ou } \underbrace{\begin{cases} x + 2 < 0 \\ y - 3 < 0 \end{cases}}_{(II)}$$

- Representação gráfica do conjunto solução do sistema (I): $\begin{cases} x > -2 \\ y > 3 \end{cases}$

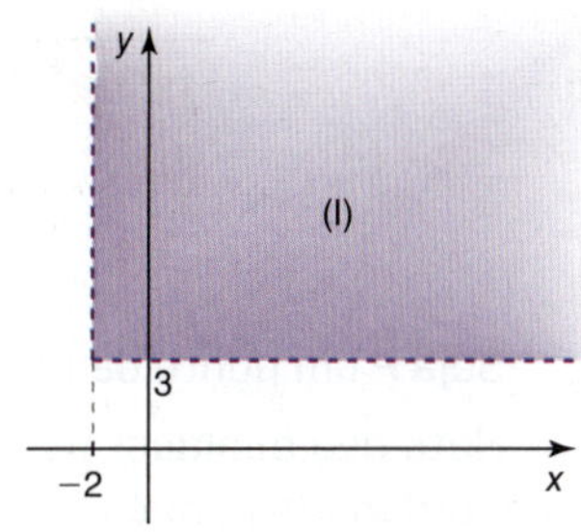

- Representação gráfica do conjunto solução do sistema (II): $\begin{cases} x < -2 \\ y < 3 \end{cases}$

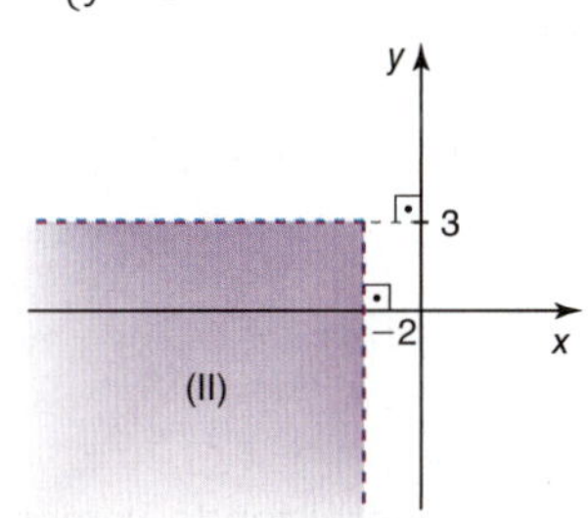

O conectivo "**ou**" indica que o conjunto solução da inequação proposta é a **reunião** dos conjuntos solução dos sistemas (I) e (II). Assim, a representação gráfica da inequação proposta é:

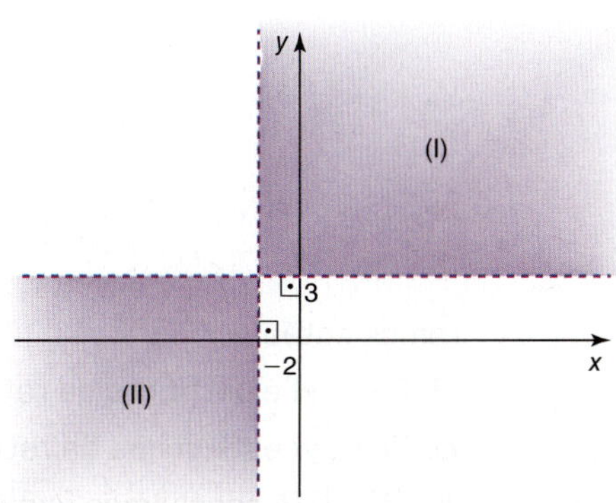

Semiplano de origem oblíqua

Considere a reta *r* de equação $y = x + 3$, cujo gráfico está representado abaixo.

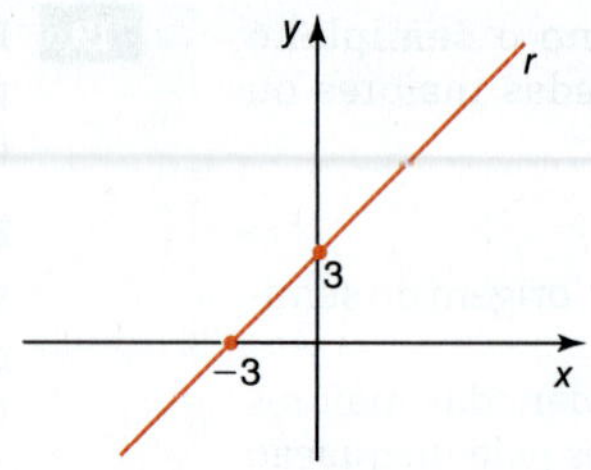

A reta *r* é origem dos dois semiplanos, α e β, representados a seguir.

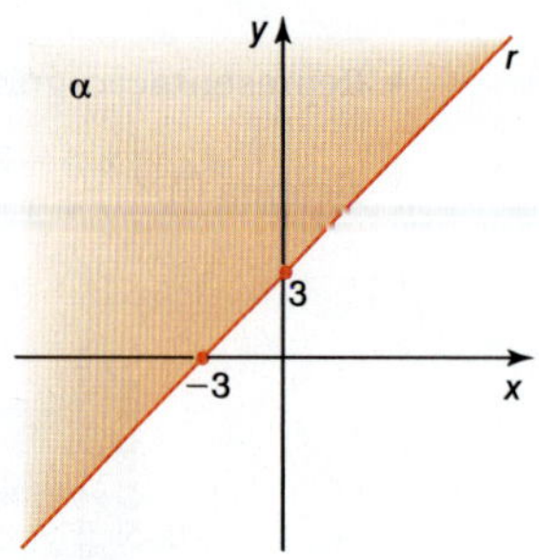

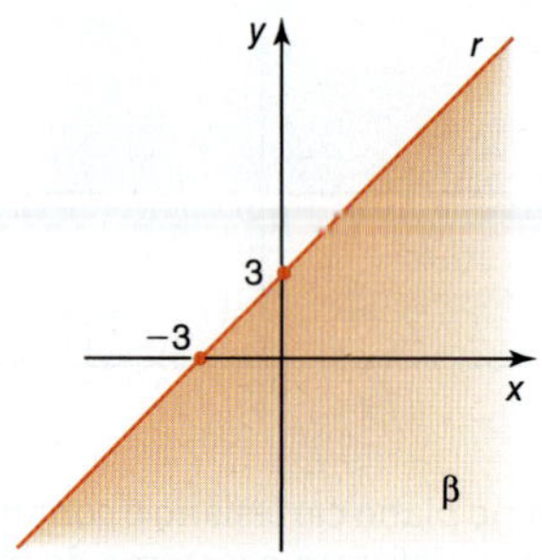

Seja *P* um ponto da reta *r*; por exemplo, *P*(3, 6).

Note que qualquer ponto *M* de α, que tenha a mesma abscissa de *P* e esteja acima da reta *r*, tem ordenada y_0 maior que a ordenada de *P*.

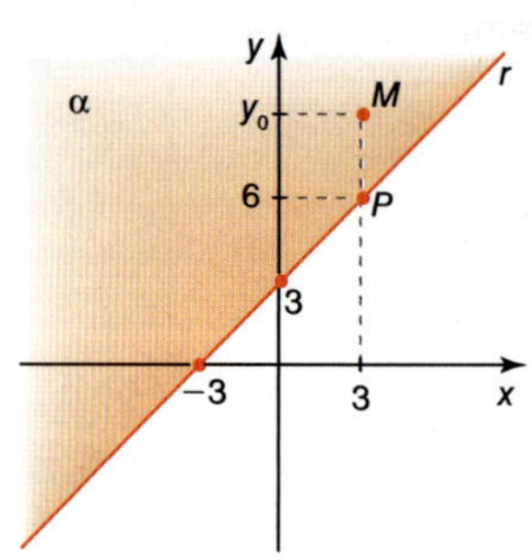

Generalizando, vamos considerar um ponto qualquer $P(x_0, x_0 + 3)$ da reta *r*. Todo ponto $M(x_0, y_0)$, que esteja acima da reta *r*, terá ordenada maior que $x_0 + 3$, isto é, $y_0 > x_0 + 3$.

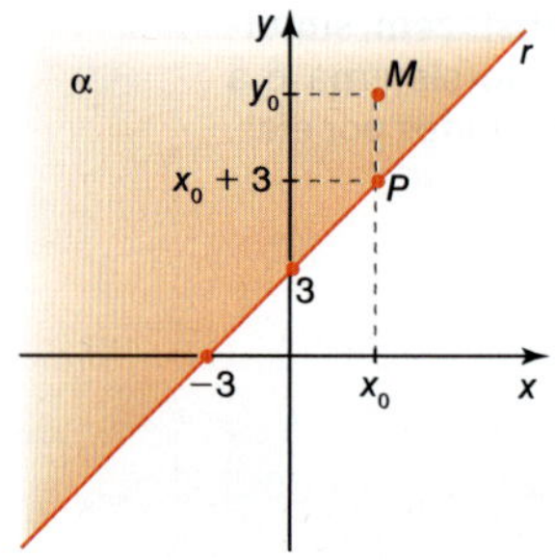

Temos então:

I. Se (x, y) é um ponto da reta *r*, então: $y = x + 3$

II. Se (x, y) está acima da reta *r*, então: $y > x + 3$

Por (I) e (II), concluímos que o semiplano α é determinado pela inequação $y \geq x + 3$.

De modo análogo, concluímos que o semiplano β é determinado pela inequação $y \leq x + 3$.

EXERCÍCIOS RESOLVIDOS

20 Representar no plano cartesiano o semiplano determinado pela inequação $y \geqslant -2x + 4$.

Resolução

Inicialmente, desenhamos a reta r, origem desse semiplano, isto é, $(r)\ y = -2x + 4$:

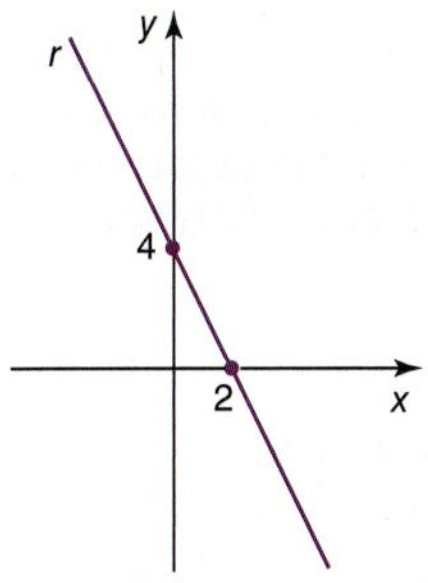

O semiplano determinado pela inequação $y \geqslant -2x + 4$ é a reunião da reta r com o conjunto de pontos localizados acima dessa reta:

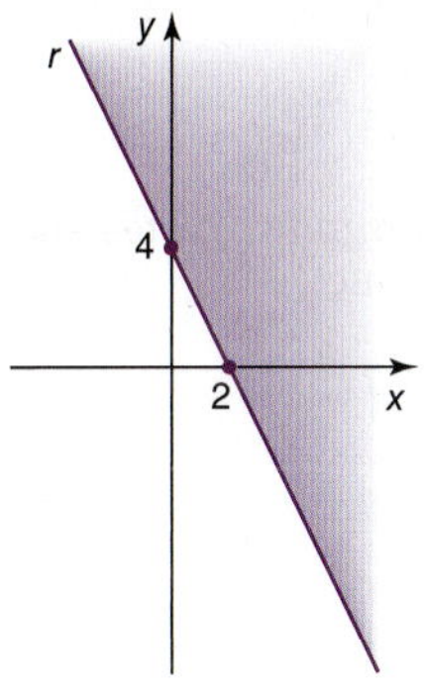

21 Representar no plano cartesiano o semiplano determinado pela inequação $4x - 3y - 12 > 0$.

Resolução

É conveniente isolar a variável y na inequação, pois assim é mais fácil visualizar o semiplano:

$$4x - 3y - 12 > 0 \Rightarrow y < \frac{4x}{3} - 4$$

A reta r, origem desse semiplano, tem equação $y = \frac{4x}{3} - 4$, e seu gráfico é:

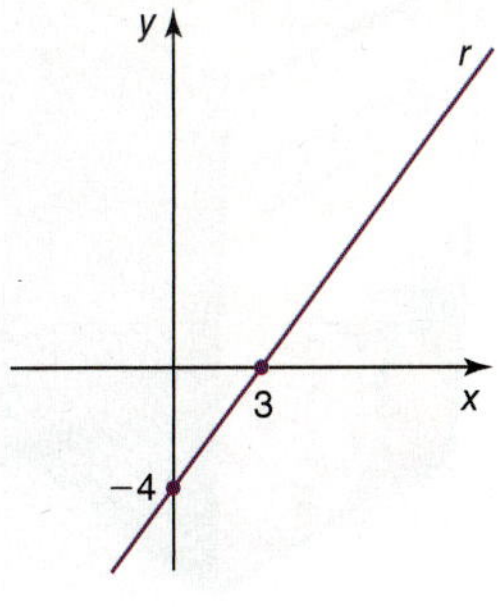

O semiplano determinado pela inequação $y < \frac{4x}{3} - 4$ é formado apenas pelos pontos localizados abaixo da reta origem, por isso devemos desenhar essa reta tracejada.

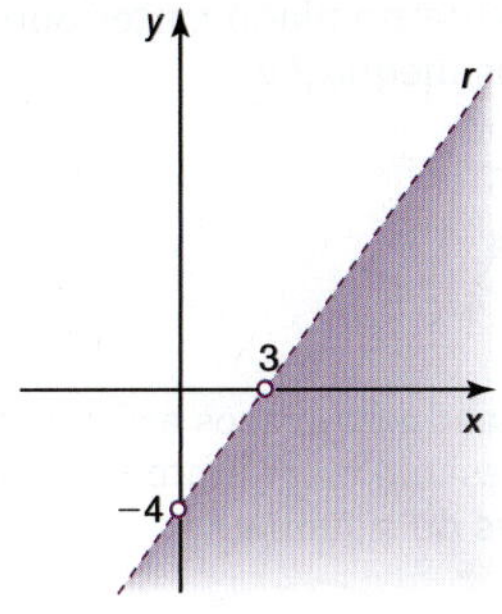

22 Representar no plano cartesiano os pontos (x, y) que formam o conjunto solução do sistema de inequações:

$$\begin{cases} x - y - 4 < 0 \\ y + 3 \leqslant 0 \end{cases}$$

Resolução

É conveniente trabalhar com a variável y isolada em cada uma das inequações do sistema:

$$\begin{cases} y > x - 4 \\ y \leqslant -3 \end{cases}$$

Representando os semiplanos determinados por essas inequações, temos:

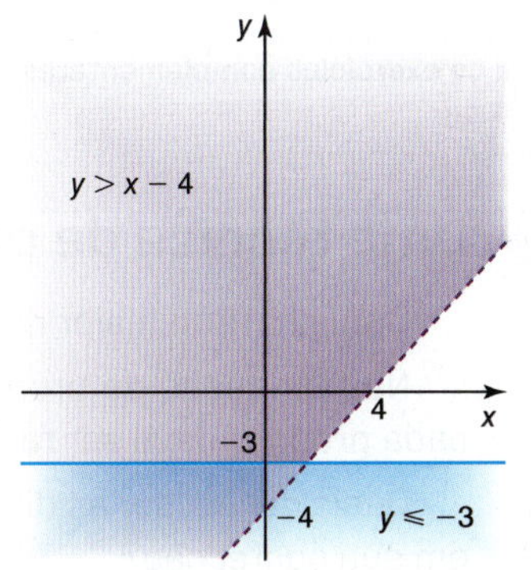

O conjunto dos pontos (x, y) que satisfazem, simultaneamente, as duas inequações do sistema é a intersecção dos semiplanos representados por elas, indicada pela figura abaixo.

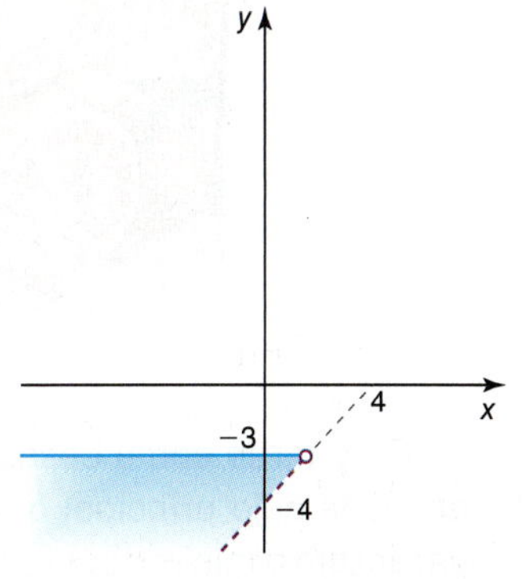

EXERCÍCIOS PROPOSTOS

38 Represente no plano cartesiano o gráfico de cada uma das inequações:

a) $x \geq 5$

b) $x > 5$

c) $y \geq 4$

d) $5y + 4 < 0$

39 Em cada um dos casos a seguir, represente no plano cartesiano o conjunto dos pontos (x, y) que são soluções do sistema:

a) $\begin{cases} x \geq 1 \\ y \geq 3 \end{cases}$

b) $\begin{cases} x > -3 \\ y < 2 \end{cases}$

c) $\begin{cases} x \leq 7 \\ x > 3 \end{cases}$

40 Construa o gráfico cartesiano representado pela inequação $|2x - 5| \leq 1$.

41 Represente no plano cartesiano o conjunto dos pontos (x, y) que satisfaçam a inequação, em cada um dos casos a seguir:

a) $(x - 4)(y + 2) > 0$

b) $(x - 5)(y - 4) < 0$

c) $\dfrac{x - 3}{y - 2} > 0$

42 Construa o gráfico cartesiano de cada uma das inequações:

a) $y \geq 2x - 6$

b) $y > 2x - 6$

c) $4x + 2y - 7 > 0$

d) $5x + y - 5 \leq 0$

43 Em cada um dos itens a seguir, desenhe no plano cartesiano a figura formada pelos pontos (x, y) que são soluções do sistema:

a) $\begin{cases} y \geq x - 6 \\ y \leq 3 \end{cases}$

b) $\begin{cases} y < -3x + 3 \\ x < 4 \end{cases}$

c) $\begin{cases} y \geq 3x - 6 \\ y \leq x - 4 \end{cases}$

d) $\begin{cases} y > x - 5 \\ y < 2x - 4 \end{cases}$

44 Desenhe a região do plano cartesiano representada pelas soluções de cada sistema:

a) $\begin{cases} -x + y - 4 \leq 0 \\ x \geq 5 \\ y \leq 7 \end{cases}$

b) $\begin{cases} 2x - y + 4 \leq 0 \\ y < 4x - 8 \\ x \leq 8 \end{cases}$

45 Construa o gráfico cartesiano formado pelos pontos (x, y) tais que:

a) $|x| - y - 2 > 0$

b) $|x| + |y| \geq 4$

Resolva os exercícios complementares 48 a 58.

Uma técnica de otimização

Como obter o maior rendimento de uma máquina com o menor custo possível?

Na fabricação de produtos compostos pelas mesmas matérias-primas, que quantidade de cada produto deve ser fabricada para se obter o máximo de lucro?

Quais devem ser as dimensões de uma embalagem para que seja gasto o mínimo de material em sua confecção?

Perguntas como essas são respondidas pela Programação linear, um ramo da Matemática aplicada cujo principal objetivo é a pesquisa de métodos de **otimização**, isto é, métodos que garantam o mínimo custo com o máximo rendimento. Neste tópico, apresentaremos, por meio de um exercício resolvido, uma técnica de otimização fundamentada nas inequações de 1º grau.

EXERCÍCIO RESOLVIDO

23 Uma indústria de óleo comestível produz dois tipos de mistura, I e II, que são vendidos em recipientes de 1 L ao preço de R$ 3,00 cada um. Cada litro do tipo I contém 25% de óleo de soja e o restante de óleo de milho, e cada litro do tipo II contém 50% de óleo de soja e o restante de óleo de milho. Se a indústria possui em seu estoque 60.000 L de óleo de soja e 90.000 L de óleo de milho, quantos litros de cada tipo deve produzir para obter a máxima receita possível com a venda de toda a produção?

Resolução

Sintetizando os dados desse enunciado em uma tabela, temos:

	Óleo de soja	Óleo de milho
Tipo I (quantidade por litro)	0,25	0,75
Tipo II (quantidade por litro)	0,50	0,50
Óleo em estoque (em litro)	60.000	90.000

Sendo x e y as quantidades de litros produzidos das misturas do tipo I e do tipo II, respectivamente, a receita z obtida com a venda dessas quantidades é dada por: $z = 3x + 3y$

Relacionando as informações fornecidas, obtemos o sistema:

$$\begin{cases} 0{,}25x + 0{,}50y \leqslant 60.000 \\ 0{,}75x + 0{,}50y \leqslant 90.000 \\ x \geqslant 0 \\ y \geqslant 0 \end{cases} \Rightarrow \begin{cases} x + 2y \leqslant 240.000 \\ 3x + 2y \leqslant 360.000 \\ x \geqslant 0 \\ y \geqslant 0 \end{cases}$$

cujas soluções são representadas pela região colorida a seguir.

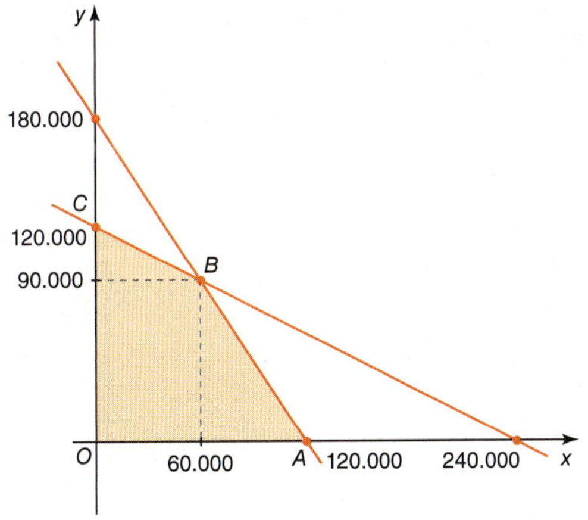

Demonstra-se que o máximo valor de z é obtido ao se atribuírem às variáveis x e y as coordenadas de um determinado vértice do polígono colorido.

Testando cada um dos vértices, temos:

- $(0, 0) \Rightarrow z = 3 \cdot 0 + 3 \cdot 0 = 0$
- $(120.000, 0) \Rightarrow z = 3 \cdot 120.000 + 3 \cdot 0 = 360.000$
- $(60.000, 90.000) \Rightarrow z = 3 \cdot 60.000 + 3 \cdot 90.000 = 450.000$
- $(0, 120.000) \Rightarrow z = 3 \cdot 0 + 3 \cdot 120.000 = 360.000$

Assim, o máximo valor de z é obtido no ponto (60.000, 90.000). Portanto, para que a indústria obtenha a receita máxima, deve produzir 60.000 L da mistura do tipo I e 90.000 L da mistura do tipo II.

Conteúdo digital Moderna PLUS http://www.modernaplus.com.br
Simulador: *Otimização.*

EXERCÍCIOS PROPOSTOS

46 Para a realização de um bazar beneficente, uma entidade filantrópica recebeu de uma confecção de roupas uma doação de 300 calças e 300 camisas.

Os organizadores do evento decidiram embalar essas peças em dois tipos de pacote: o do tipo A, formado por 2 calças e 3 camisas; e o do tipo B, formado por 3 calças e 2 camisas. Cada pacote do tipo A será vendido por R$ 70,00, e o do tipo B, por R$ 90,00 cada um. Quantos pacotes de cada tipo devem ser formados para se obter a receita máxima com a venda de todos?

47 Uma tecelagem produz apenas dois tipos de tecido — brim e algodão —, e os gastos mensais com essa produção não podem ultrapassar R$ 54.000,00. A capacidade de produção mensal dessa indústria é de 8.000 m^2 de tecido, e o custo de produção do metro quadrado de brim é R$ 3,00 e o do metro quadrado de algodão é R$ 4,00. Indicando, respectivamente, por x e y as quantidades, em metro quadrado, de brim e de algodão produzidas mensalmente por essa tecelagem, o gráfico que representa todos os valores possíveis de x e y é:

a)

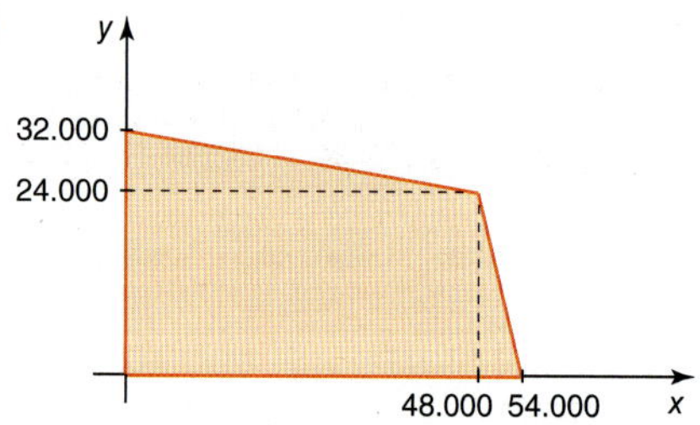

b)

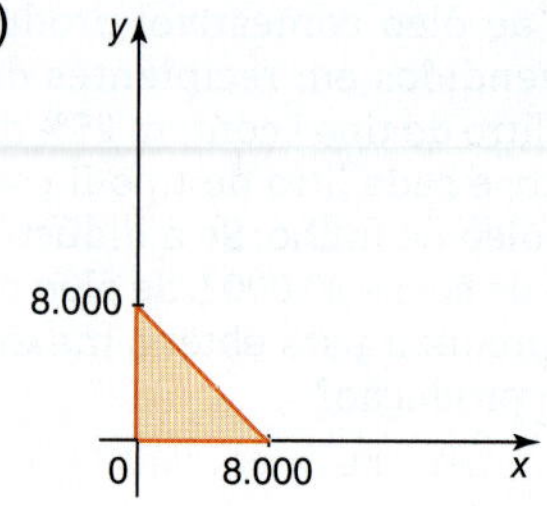

c)

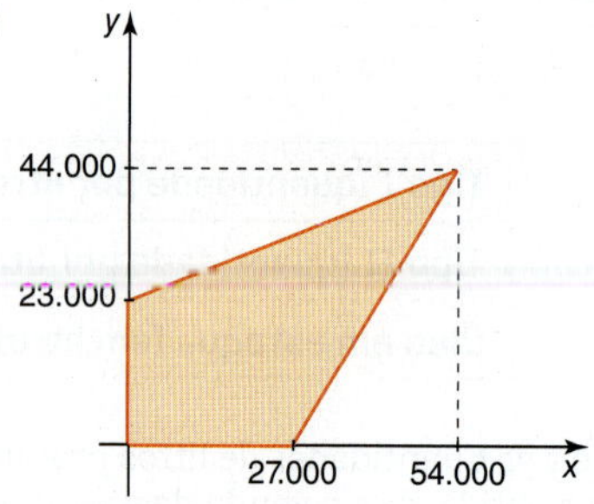

d)

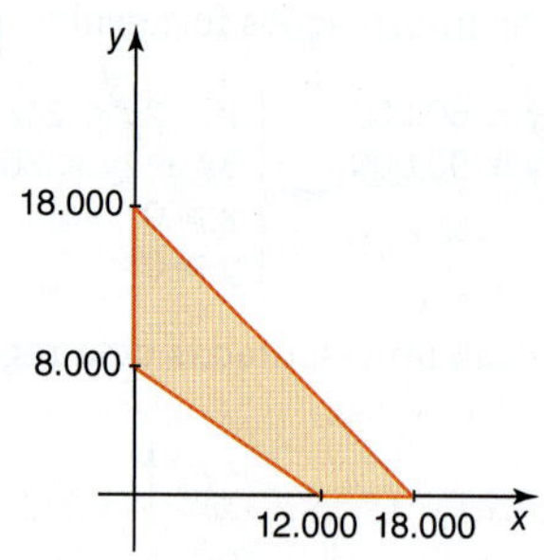

e)

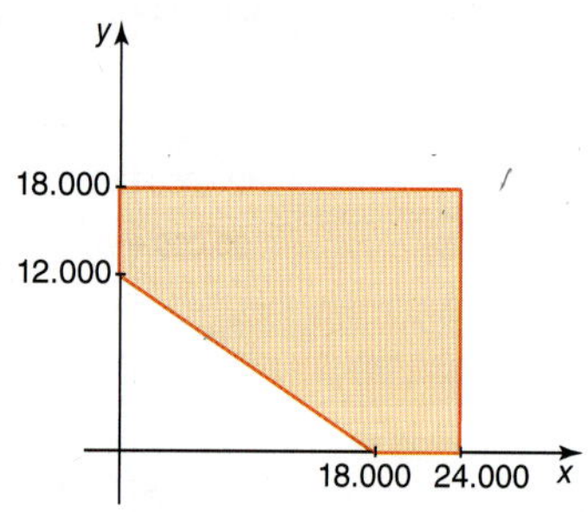

Resolva os exercícios complementares 63 a 71.

EXERCÍCIOS COMPLEMENTARES

Exercícios técnicos

1 No plano cartesiano, um ângulo agudo formado por duas retas, r e s, mede 48°. Se a reta r tem 70° de inclinação, qual é a inclinação da reta s?

2 Calcule a medida de um ângulo agudo e a de um ângulo obtuso formados pelas retas r e s de equações (r) y = 3x + 7 e (s) y = 2x − 8.

3 (Ufac) A medida do menor ângulo entre as retas de equações $y = \frac{\sqrt{3}x}{3}$ e $y = ax$ é 30°. Logo, os possíveis valores de a são:

a) $a = -\sqrt{3}$ ou $a = 0$
b) $a = \sqrt{3}$ ou $a = 0$
c) $a = 3$ ou $a = 1$
d) $a = -1$ ou $a = 0$
e) $a = \sqrt{3}$ ou $a = 1$

4 Determine a abscissa k, com $0 < k < 3$, do ponto P do gráfico:

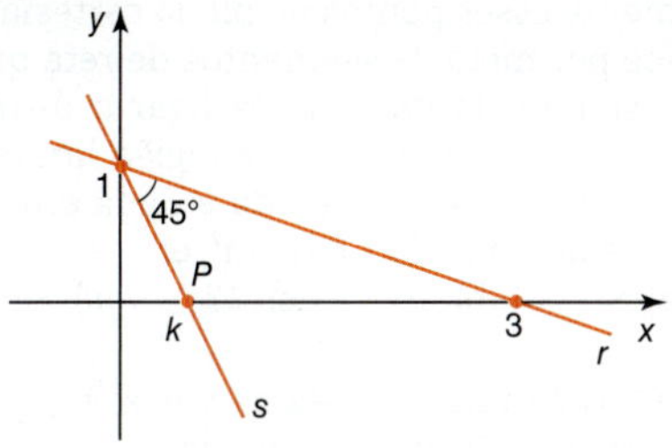

5 As equações paramétricas de duas retas, r e s, são:

$$r: \begin{cases} x = 2t - 2 \\ y = t + 3 \end{cases} \quad \text{e} \quad s: \begin{cases} x = \dfrac{t + 4}{3} \\ y = t - 2 \end{cases}$$

em que t é o parâmetro. Calcule a medida de um ângulo obtuso formado por r e s.

6 Calcule a tangente de um ângulo agudo formado pelas retas r e s de equações $(r)\ y = 6$ e $(s)\ 4x - y + 2 = 0$.

7 Dadas as retas $(r)\ 2x - 3y + 5 = 0$ e $(s)\ 6x + 4y - 1 = 0$, calcule a medida de um ângulo formado por elas.

8 Calcule as medidas dos ângulos internos do triângulo ABC, sendo $A(-1, -2)$, $B(0, -4)$ e $C(-3, -3)$.

9 Calcule a medida de um ângulo formado pelas retas r e s nos seguintes casos:

a) $(r)\ x = 0$ e $(s)\ x - \sqrt{3}y + 4 = 0$

b) $(r)\ x + 4 = 0$ e $(s)\ 2x - 3 = 0$

c) $(r)\ x - 2 = 0$ e $(s)\ y + 7 = 0$

10 Calcule a tangente do ângulo $B\hat{A}C$ no gráfico:

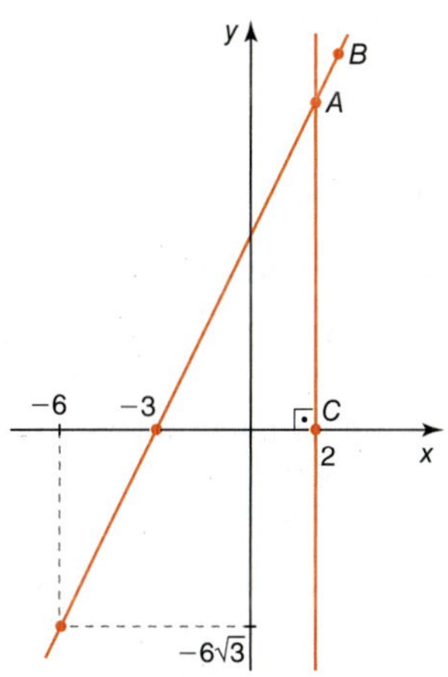

11 Dada a reta r, de equação $\sqrt{3}x - 2y - 1 = 0$, obtenha as equações das retas que passam pelo ponto $P(1, -2)$ e formam ângulos de 60° com a reta r.

12 Quais são as equações das retas que passam por $P(5, 1)$ e formam ângulos de 30° com a reta $(r)\ y = \sqrt{3}x - 5\sqrt{3} + 1$?

13 Considerando o ponto $P(2, 6)$ e a reta $(r)\ y = 4$:

a) represente P e r no plano cartesiano.

b) represente no plano cartesiano as retas s e t que passam por P e formam ângulo de 60° com r.

c) determine as inclinações das retas s e t.

d) obtenha as equações de s e t.

14 Obtenha as equações das retas que passam por $P(-4, 2)$ e formam ângulos de 135° com a reta $(r)\ y - 3 = 0$.

15 Duas retas, s e t, do plano cartesiano passam pelo ponto $P(3, 0)$ e formam ângulo agudo de medida θ com a reta $(r)\ y - 5 = 0$, com $\theta = \text{arctg}\,\dfrac{3}{2}$. Obtenha as equações de s e t.

16 Obtenha a equação da reta t, simétrica de r em relação a s, sendo $(r)\ 3x - y + 2 = 0$ e $(s)\ 2x - y - 1 = 0$.

17 Dadas as retas $(r)\ 4x - 3y - 10 = 0$ e $(s)\ 3x - y - 5 = 0$, obtenha a equação da reta t, simétrica da reta r em relação à reta s.

18 A equação da reta r que contém a bissetriz de um ângulo $B\hat{A}C$ é $y = -\dfrac{x}{3} + 2$, e a equação da reta $\overleftrightarrow{AB}$ é $y = -2x + 2$. Obtenha a equação da reta $\overleftrightarrow{AC}$.

19 Calcule a distância entre o ponto P e a reta r nos seguintes casos:

a) $P\left(\dfrac{1}{2}, 10\right)$ e $(r)\ 2x + 4y - 1 = 0$

b) $P(2, 6)$ e $(r)\ y = 3x - 10$

c) $P(3, 2)$ e $(r)\ x - 8 = 0$

d) $P(-1, 0)$ e $(r)\ y - 3 = 0$

20 Qual é a distância do ponto $P(1, 8)$ à reta bissetriz dos quadrantes pares?

21 Obtenha o(s) ponto(s) do eixo das abscissas cuja distância à reta $y = x - 4$ é $\sqrt{2}$.

22 Na bissetriz dos quadrantes ímpares, há dois pontos distintos, A e B, que distam três unidades da reta $(r)\ 4x - 3y - 12 = 0$. Determine o ponto médio do segmento $\overline{AB}$.

23 (FGV) No plano cartesiano, seja P o ponto situado no 1º quadrante e pertencente à reta de equação $y = 3x$. Sabendo que a distância de P à reta de equação $3x + 4y = 0$ é igual a 3, podemos afirmar que a soma das coordenadas de P vale:

a) 5,6 **b)** 5,2 **c)** 4,8 **d)** 4,0 **e)** 4,4

24 Determine a distância entre as retas paralelas r e s nos seguintes casos:

a) $(r)\ y = 2x + 1$ e $(s)\ y = 2x - 5$

b) $(r)\ 4x + 3y = 0$ e $(s)\ 4x + 3y - 60 = 0$

c) $(r)\ y = 2$ e $(s)\ y = -6$

25 (FGV) As retas cujas equações são $(r)\ x + 3y = 5$ e $(s)\ x + 3y = 0$ são paralelas. A distância entre elas vale:

a) $\dfrac{9\sqrt{2}}{8}$ **b)** $\dfrac{3\sqrt{3}}{4}$ **c)** $\dfrac{3}{2}$ **d)** $\sqrt{10}$ **e)** $\dfrac{\sqrt{10}}{2}$

26 Obtenha a medida da altura relativa ao lado $\overline{AB}$ do triângulo ABC, sendo $A(2, -3)$, $B(4, -9)$ e $C(3, 1)$.

27 Considerando o ponto $P(2, 4)$ e as retas concorrentes $(r)\ 2x + y - 1 = 0$ e $(s)\ x - 2y = 0$, obtenha uma equação da reta t que contém uma das bissetrizes dos ângulos formados por r e s e está à menor distância possível de P.

28 Obtenha a equação reduzida da reta t equidistante das retas $(r)\ y = 3x + 2$ e $(s)\ y = 3x - 5$.

29 Calcule a área do triângulo MNP nos seguintes casos:

a) $M(0, 6)$, $N(-4, -2)$ e $P(5, 0)$

b) $M\left(\frac{2}{3}, 1\right)$, $N\left(\frac{1}{2}, \frac{3}{4}\right)$ e $P(3, 0)$

30 (PUC-RS) Qual é a área do triângulo cujos vértices são os pontos (0, 0), (2, 2) e (1, 3)?

31 (Uerj) Calcule a área do triângulo ABC representado no sistema de coordenadas cartesianas abaixo.

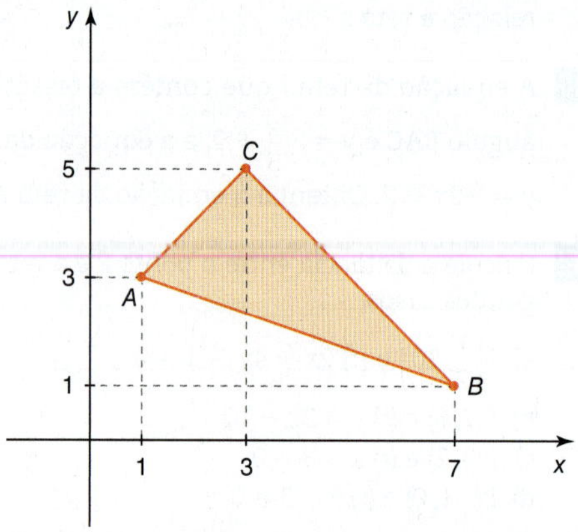

32 (UFU-MG) Considere, no plano cartesiano com origem O, um triângulo cujos vértices, A, B e C, têm coordenadas $(-1, 0)$, $(0, 4)$ e $(2, 0)$, respectivamente. Se M e N são os pontos médios de $\overline{AB}$ e $\overline{BC}$, respectivamente, a área do triângulo OMN será igual a:

a) $\frac{5}{3}$ u.a. b) $\frac{8}{5}$ u.a. c) 1 u.a. d) $\frac{3}{2}$ u.a.

(*Nota*: A abreviação **u.a.** significa "unidade de área".)

33 (FGV) Encontre a área do triângulo ABC, cujos vértices obedecem às seguintes propriedades:

1) estão sobre a parábola $y = 2x^2 - 13x + 18$.
2) A e B estão sobre o eixo das abscissas.
3) a abscissa do vértice C é o ponto de mínimo da parábola.
4) as medidas dos lados estão em metro.

34 (ITA-SP) A área de um triângulo é 4 unidades de superfície, sendo dois de seus vértices os pontos $A(2, 1)$ e $B(3, -2)$. Sabendo que o terceiro vértice pertence ao eixo das abscissas, pode-se afirmar que suas coordenadas são:

a) $\left(-\frac{1}{2}, 0\right)$ ou $(5, 0)$
b) $\left(-\frac{1}{2}, 0\right)$ ou $(4, 0)$
c) $\left(-\frac{1}{3}, 0\right)$ ou $(5, 0)$
d) $\left(-\frac{1}{3}, 0\right)$ ou $(4, 0)$
e) $\left(-\frac{1}{5}, 0\right)$ ou $(3, 0)$

35 Os vértices de um quadrilátero convexo são os pontos $E(-1, -2)$, $F(-4, 3)$, $G(4, 5)$ e $H(6, 4)$. Calcule a área desse polígono.
(*Sugestão*: Esboce o gráfico antes de dividir o quadrilátero em triângulos.)

36 Calcule a área do pentágono convexo cujos vértices são os pontos $E(-2, 0)$, $F(-1, 4)$, $G(3, 5)$, $H(5, 0)$ e $I(0, -1)$.

37 (Vunesp) Considere os pontos do plano (0, 0), (0, 1), (2, 1), (2, 3), (5, 3) e (7, 0). Representando geometricamente esses pontos no plano cartesiano e ligando-os por meio de segmentos de reta que obedeçam à sequência dada, após ligar o último ponto ao primeiro, obtém-se uma região limitada do plano. Se a unidade de medida é dada em centímetro, a área dessa região, em cm², é.

a) 9 b) 10 c) 13 d) 14 e) 15

38 (FGV) As intersecções de $y = x$, $y = -x$ e $y = 6$ são vértices de um triângulo de área:

a) 36
b) $24\sqrt{2}$
c) 24
d) $12\sqrt{2}$
e) 12

39 (ITA-SP) Considere no plano cartesiano xOy o triângulo delimitado pelas retas $2x = y$, $x = 2y$ e $x = -2y + 10$. A área desse triângulo mede:

a) $\frac{15}{2}$ b) $\frac{13}{4}$ c) $\frac{11}{6}$ d) $\frac{9}{4}$ e) $\frac{7}{2}$

40 Calcule a área do trapézio cujos lados estão contidos nas retas de equações $(r)\ y = x$, $(s)\ y = 2x$, $(t)\ y = -x + 6$ e $(u)\ y = -x + 12$.

41 Calcule o valor de p sabendo que a reta $(r)\ px + 2y - 10 = 0$ determina, com os eixos coordenados, um triângulo com 25 unidades de área.

42 (UFPB) Considere os pontos $A(2, 0)$ e $B(0, 1)$. Determine o ponto $P(m, n)$, com m e n negativos, de modo que as retas $\overleftrightarrow{AB}$ e $\overleftrightarrow{BP}$ sejam perpendiculares e o triângulo de vértices A, B e P tenha área igual a 10.

43 Aplicando a condição de alinhamento por determinante, verifique se são ou não colineares os pontos M, N e P em cada um dos casos.

a) $M(3, 3)$, $N(1, 5)$ e $P(-2, 8)$

b) $M\left(0, \frac{1}{3}\right)$, $N\left(4, \frac{4}{3}\right)$ e $P\left(\frac{1}{3}, \frac{1}{3}\right)$

44 (Covest-PE) Os pontos $P_1(1, t)$, $P_2\left(\frac{1}{2}, \frac{1}{2}\right)$ e $P_3(0, -2)$ são colineares se t for igual a:

a) $\frac{1}{2}$ b) 2 c) $\frac{5}{2}$ d) 3 e) $\frac{3}{2}$

45 Represente no plano cartesiano a reta que passa pelos pontos $A(x, x - 1)$, $B(2x, 7)$ e $C(0, -5)$ e tem coeficiente angular positivo.

46 Aplicando a condição de alinhamento por determinante, obtenha uma equação da reta que passa pelos pontos A e B nos seguintes casos:

a) $B(-1, 4)$ e $B(0, 3)$ b) $A(6, 2)$ e $B(-4, 2)$

47 Aplicando a condição de alinhamento por determinante, obtenha uma equação da reta r em cada um dos casos:

a)

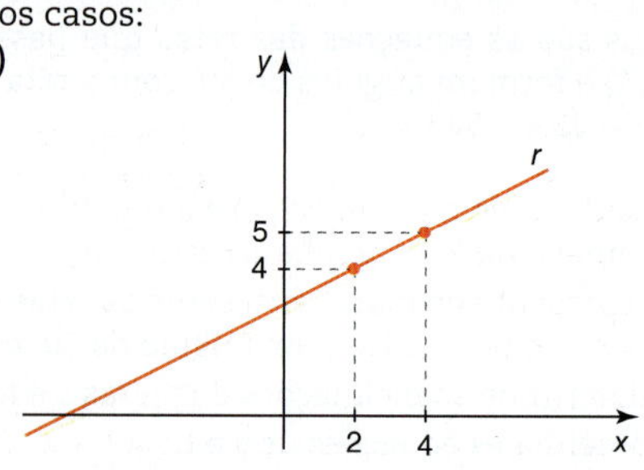

b)

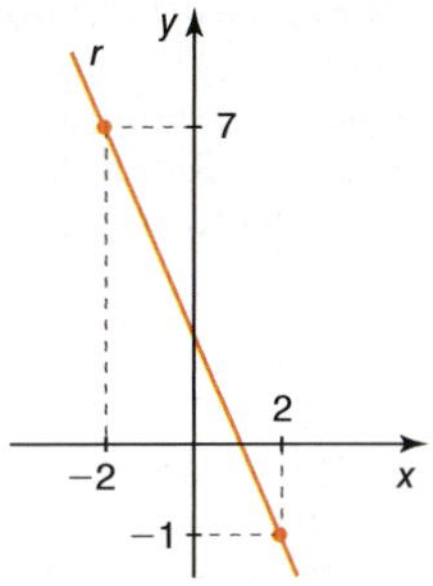

48 Represente no plano cartesiano o gráfico de cada uma das inequações:

a) $x \leq -2$ c) $2x - 7 \geq 0$ e) $y \leq -1$
b) $x < -2$ d) $y > 4$ f) $y < 0$

49 Em cada um dos casos a seguir, represente no plano cartesiano o conjunto dos pontos (x, y) que são soluções do sistema.

a) $\begin{cases} x \geq \frac{9}{2} \\ y < 6 \end{cases}$ b) $\begin{cases} y \leq 2 \\ y \geq -3 \end{cases}$ c) $\begin{cases} 2 \leq x \leq 5 \\ 1 \leq y \leq 4 \end{cases}$

50 Represente no plano cartesiano o conjunto dos pontos (x, y) que satisfaçam a inequação em cada um dos casos.

a) $(2x - 4)(3x + 12) \geq 0$ d) $\frac{5x - 10}{y + 3} \geq 0$
b) $(x + 4)(x - 1) > 0$ e) $\frac{y - 1}{y + 4} < 0$
c) $(y - 3)(y + 4) \leq 0$

51 Construa o gráfico cartesiano de cada uma das inequações:

a) $y \leq -x + 2$ d) $2x - y + 8 \geq 0$
b) $y < -5x - 11$ e) $5x - 2y > 0$
c) $y \geq 2x$ f) $1 < 3x + y \leq 6$

52 Em cada item a seguir, desenhe no plano cartesiano a figura formada pelos pontos (x, y) que são soluções do sistema.

a) $\begin{cases} y \geq 2x - 5 \\ y < x + 1 \end{cases}$ e) $\begin{cases} x + y + 5 \leq 0 \\ 8x - 2y > 0 \end{cases}$

b) $\begin{cases} y > x \\ y < 2x \end{cases}$ f) $\begin{cases} 3x - 5y + 12 \leq 0 \\ 7x + 2y - 9 > 0 \end{cases}$

c) $\begin{cases} x - y - 4 < 0 \\ 2x - 6 \geq 0 \end{cases}$ g) $\begin{cases} 3x - 6y + 10 \geq 0 \\ 4x + 5y - 7 > 0 \end{cases}$

d) $\begin{cases} 2x - y + 4 \geq 0 \\ 3x - y - 12 \leq 0 \end{cases}$

53 Desenhe a região do plano cartesiano representada pelas soluções dos sistemas abaixo.

a) $\begin{cases} 3x + y - 6 > 0 \\ x - y + 4 < 0 \\ 2x - y - 3 > 0 \end{cases}$ b) $\begin{cases} x + 2y - 5 \geq 0 \\ -x + y + 1 < 0 \\ 3x - y - 15 \geq 0 \end{cases}$

54 (FGV) Represente no plano cartesiano a região R, dos pontos (x, y), definida pelas condições simultâneas:

$$\begin{cases} 2y + 3x - 12 \leq 0 \\ 3y - 2x - 6 \geq 0 \\ -4 \leq x \leq 0 \\ y \leq 5 \end{cases}$$

e calcule a área da região R representada.

55 (UFRJ) Determine a área da região R definida por $R = R_1 \cap R_2 \cap R_3$, sendo:

$R_1 = \{(x, y) \in \mathbb{R}^2 \mid 4x + 5y - 16 \leq 0\}$,
$R_2 = \{(x, y) \in \mathbb{R}^2 \mid 4x - 3y \geq 0\}$ e
$R_3 = \{(x, y) \in \mathbb{R}^2 \mid y \geq 0\}$

56 (FGV) A reta $x + 3y - 3 = 0$ divide o plano determinado pelo sistema cartesiano de eixos em dois semiplanos opostos. Cada um dos pontos (−2, 2) e (5, *b*) está situado em um desses dois semiplanos. Um possível valor de *b* é:

a) $\frac{1}{4}$ b) $-\frac{1}{4}$ c) $\frac{3}{4}$ d) $-\frac{3}{4}$ e) $-\frac{1}{2}$

57 (FGV) A região do plano cartesiano determinada pelas inequações $x + y \leq 5$, $y \leq 3$, $x \geq 0$ e $y \geq 0$ tem uma área A. O valor de A é:

a) 10 b) 10,5 c) 11 d) 11,5 e) 12

58 Esboce o gráfico cartesiano da região formada pelos pontos (x, y) tal que $(x - y + 2)(2x - y + 4) \geq 0$.

Exercícios contextualizados

59 O mundo viveu momentos de angústia, quando foi noticiado, em março de 1998, que em outubro de 2028 ocorreria a colisão da Terra com um imenso asteroide de diâmetro estimado entre 1,2 e 2,4 km, batizado de 1997XF11.

Felizmente, tratou-se apenas de um erro de cálculo dos cientistas da Nasa. Novos dados sobre as posições do asteroide mostraram que a menor distância entre ele e a Terra, que ocorrerá em 26 de outubro de 2028, será de 950.000 km, portanto, uma distância segura para o nosso planeta.

Cálculos desse tipo são realizados por meio das equações das trajetórias dos astros envolvidos e de estudos sobre as possíveis posições relativas dessas trajetórias, além de outros parâmetros, como a velocidade de cada astro. O problema a seguir é uma simulação simplificada da situação descrita nesse texto.

Os cientistas de um observatório astronômico constataram que um imenso asteroide, em trajetória retilínea, pode estar em rota de colisão com o planeta Terra. Para avaliar as possibilidades de colisão, os astrônomos fixaram um sistema cartesiano xOy no plano da trajetória do asteroide, tomando como referência as distâncias e os ângulos determinados pela Terra e duas estrelas fixas, adotando a Terra como origem O e dividindo os eixos coordenados na unidade u, com u = 100.000 km.

Em relação ao sistema xOy, as equações paramétricas da trajetória do asteroide, em função do tempo t, em ano, são:

$$\begin{cases} x = \dfrac{t}{3} + 2 \\ y = -\dfrac{t}{4} + \dfrac{9}{2} \end{cases}$$

Desse modo, os astrônomos concluíram que não haverá colisão.

a) Calcule a menor distância a que o asteroide passará da Terra.

b) Considerando como instante zero (t = 0) o momento em que os cientistas deduziram essas equações paramétricas, depois de quanto tempo ocorrerá a distância mínima entre o asteroide e a Terra?

60 (UFG-GO) Para medir a área de uma fazenda de forma triangular, um agrimensor, utilizando um sistema de localização por satélite, encontrou como vértices desse triângulo os pontos A(2, 1), B(3, 5) e C(7, 4) do plano cartesiano, com as medidas em quilômetro. A área dessa fazenda, em quilômetro quadrado, é:

a) $\frac{17}{2}$ b) 17 c) 2 d) $4\sqrt{17}$ e) $\frac{\sqrt{17}}{2}$

61 Ao sul e a oeste de um terreno, com a forma de um quadrilátero convexo *ABCD*, há duas calçadas de margens *r* e *s*, retas e perpendiculares, conforme mostra a figura abaixo. As distâncias de *A*, *B*, *C* e *D* à margem *r* são 4 m, 5 m, 15 m e 7 m, respectivamente, e as distâncias de *A*, *B*, *C* e *D* à margem *s* são 6 m, 10 m, 8 m e 3 m, respectivamente. Qual é a área desse terreno em metro quadrado?

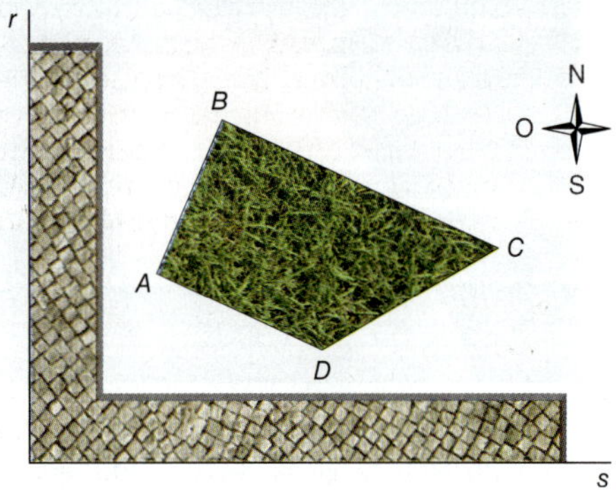

62 (Uerj) Observe o mapa da região Sudeste:

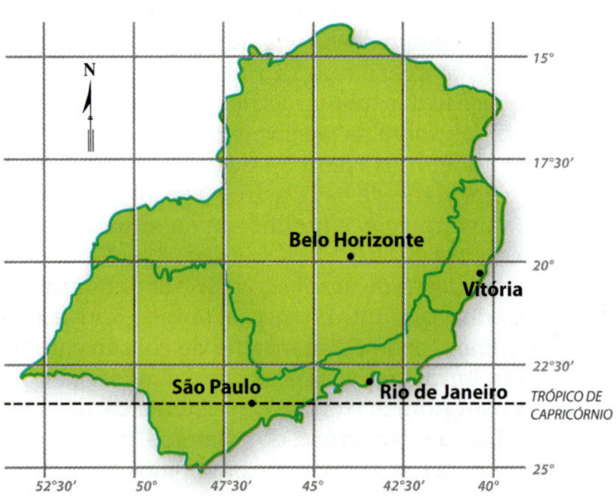

(Adaptado de BOCHICCHIO, V. R. *Atlas atual*: Geografia. São Paulo: Atual,1999.)

Considere o Trópico de Capricórnio como o eixo das abscissas e o meridiano de 45° como o eixo das ordenadas. Neste sistema cartesiano, as coordenadas das cidades de São Paulo, Rio de Janeiro, Belo Horizonte e Vitória são, respectivamente,

$$\left(\frac{-3}{2}, 0\right), \left(2, \frac{1}{2}\right), \left(\frac{3}{2}, 4\right), \left(5, \frac{7}{2}\right),$$

todas medidas em centímetro.

a) Calcule, em quilômetro quadrado, a área do quadrilátero cujos vértices estão representados por essas quatro cidades, supondo que a escala do mapa seja 1 : 10.000.000.

b) Determine as coordenadas de uma cidade que fique equidistante das cidades de São Paulo, Rio de Janeiro e Belo Horizonte.

63 Uma confecção dispõe de 80 m^2 de brim e 120 m^2 de popelina. Cada unidade de um modelo *A* de um vestido requer 1 m^2 de brim e 3 m^2 de popelina; e cada unidade de um modelo *B* requer 2 m^2 de brim e 2 m^2 de popelina. Se cada unidade de qualquer um dos dois modelos é vendida por R$ 80,00, quantas unidades de cada modelo devem ser confeccionadas para se obter a receita máxima, com a venda de toda a produção?

64 Um projeto estima que a iluminação de um salão de festas seja feita com o máximo de 25 lâmpadas de 100 W ou 150 W, totalizando pelo menos 3.000 W de potência, havendo, no mínimo, 9 lâmpadas de 100 W. Cada lâmpada de 100 W custa R$ 20,00 e cada lâmpada de 150 W custa R$ 30,00. Quantas lâmpadas de cada tipo devem ser utilizadas de modo que o custo seja o menor possível?

65 Um motorista sempre abastece seu carro *flex-fuel* com o máximo de 50 litros de uma mistura de álcool e gasolina, de modo que a quantidade de cada um desses dois combustíveis nunca é superior a 60% do total da mistura.
Indicando por x e y, respectivamente, as possíveis quantidades, em litro, de álcool e gasolina que formaram a mistura em um abastecimento, construa o gráfico cartesiano formado pelos pares ordenados (x, y).

66 Um fabricante produz diariamente o mínimo de 1.000 e o máximo de 2.000 litros de refrigerante. Parte da produção contém açúcar e outra parte é *diet*, de modo que a quantidade de qualquer uma das duas partes não supera 75% da produção total diária. Indicando por x e y, respectivamente, as possíveis quantidades, em litro, de refrigerante com açúcar e *diet*, represente no plano cartesiano os pares ordenados (x, y).

67 Uma construtora estimou que, para pavimentar um trecho de uma estrada, serão necessários, no máximo, 50 m³ de mistura de areia e cimento, com pelo menos 20 m³ de cimento. Indicando por x e y as quantidades de areia e cimento, respectivamente, que serão usadas na obra, a estimativa da construtora pode ser representada graficamente por:

a)
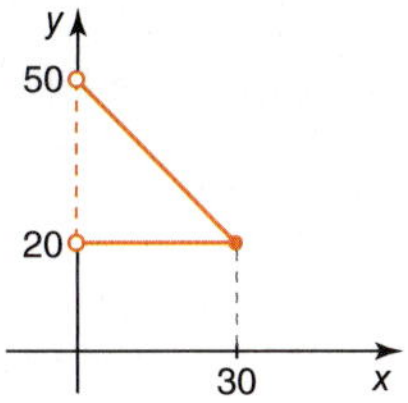

d)
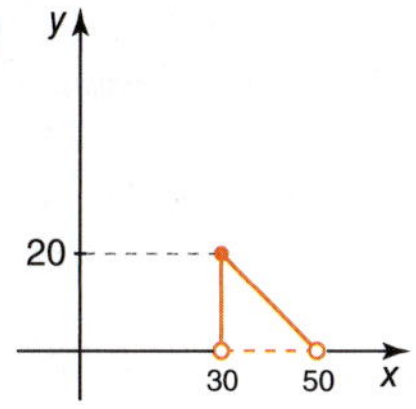

b)
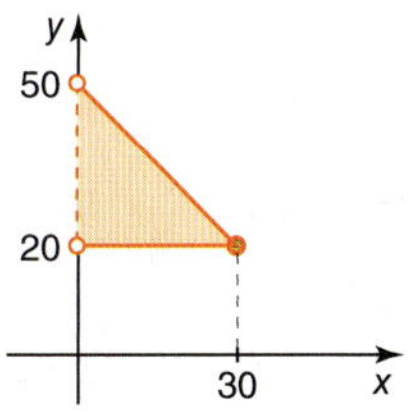

e)
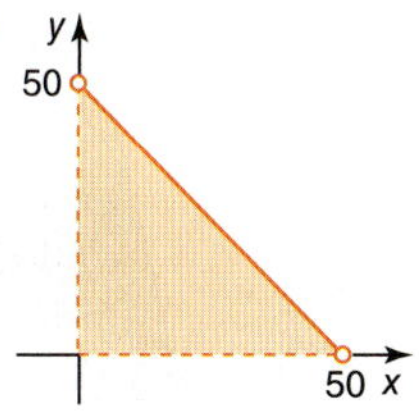

c)
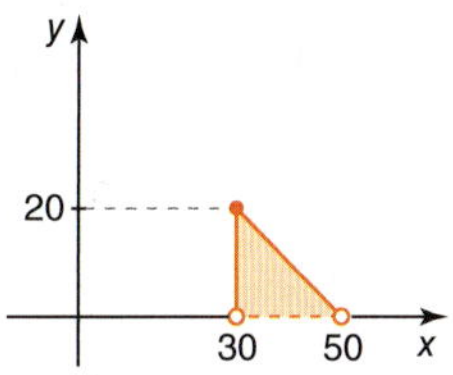

68 (UFSCar-SP) Sob certas condições, a diferença entre a magnitude aparente de uma estrela (m) e sua magnitude absoluta (M) pode ser calculada pela fórmula $m - M = 5(-1 + \log d)$, em que d é a distância entre a estrela e a Terra, na unidade de medida parsec (pc).

a) Calcule a magnitude absoluta de uma estrela quando $d = 200$ pc e $m = 8{,}5$. (Adote nos cálculos $\log 5 = 0{,}7$.)

b) Construa no plano cartesiano o gráfico da região dos pares ordenados (M, m) tais que $d \geqslant 100$ pc. Admita, para a construção, $m \geqslant 0$ e $M \geqslant 0$.

69 (Fuvest-SP) Por recomendação médica, uma pessoa deve fazer, durante um curto período, dieta alimentar que lhe garanta um mínimo diário de 7 miligramas de vitamina A e 60 microgramas de vitamina D, alimentando-se exclusivamente de um iogurte especial e de uma mistura de cereais, acomodada em pacotes. Cada litro do iogurte fornece 1 miligrama de vitamina A e 20 microgramas de vitamina D. Cada pacote de cereais fornece 3 miligramas de vitamina A e 15 microgramas de vitamina D.
Consumindo x litros de iogurte e y pacotes de cereais diariamente, a pessoa terá certeza de estar cumprindo a dieta se:

a) $x + 3y \geqslant 7$ e $20x + 15y \geqslant 60$
b) $x + 3y \leqslant 7$ e $20x + 15y \leqslant 60$
c) $x + 20y \geqslant 7$ e $3x + 15y \geqslant 60$
d) $x + 20y \leqslant 7$ e $3x + 15y \leqslant 60$
e) $x + 15y \geqslant 7$ e $3x + 20y \geqslant 60$

70 (UFPE) Um jornaleiro compra os jornais FS e FP por R$ 1,20 e R$ 0,40, respectivamente, e os comercializa por R$ 2,00 e R$ 0,80, respectivamente. Analisando a venda mensal destes jornais sabe-se que o número de cópias de FS não excede 1.500 e o número de cópias de FP não excede 3.000. Supondo que todos os jornais comprados serão vendidos e que o dono da banca dispõe de R$ 1.999,20 por mês para a compra dos dois jornais, determine o número N de cópias de FS que devem ser compradas por mês de forma a se maximizar o lucro.

71 (UFG-GO) Um *motoboy* entrega cartuchos (c) e bobinas (b) para uma empresa. Cada bobina pesa 0,3 kg e cada cartucho 0,25 kg. O *motoboy* recebe R$ 0,30 por bobina e R$ 0,08 por cartucho entregue. Ele pode carregar no máximo 75 kg e deve receber no mínimo R$ 30,00 por entrega. As quantidades de cartuchos e bobinas a serem entregues pelo *motoboy*, por entrega, de acordo com esses dados, determinam, no plano cartesiano $b \times c$:

a) um quadrilátero com um dos vértices na origem.
b) dois triângulos com um vértice em comum.
c) um trapézio determinado por duas retas paralelas.
d) uma região triangular, no primeiro quadrante.
e) uma região ilimitada, no primeiro quadrante.

EXERCÍCIOS DE REVISÃO CUMULATIVA

Ao concluir o estudo deste capítulo, resolva estes exercícios, que envolvem alguns assuntos estudados nos capítulos anteriores.

1 (Ufam) As retas dadas pelas equações $x + 5y = 5$ e $3x + y = 1$ se interceptam:

a) em nenhum ponto.
b) num ponto da reta $y = 0$.
c) num ponto da reta $x = 0$.
d) no ponto (1, 0).
e) no ponto (5, 0).

2 Qual das equações abaixo representa todas as retas do plano cartesiano que são paralelas à reta de equação $4x + 3y - 2 = 0$?

a) $4x + 3y + 5 = 0$
b) $4x + 3y + k = 0$, com $k \in \mathbb{N}$
c) $4x + 3y + k = 0$, com $k \in \mathbb{Z}$
d) $4x + 3y + k = 0$, com $k \in \mathbb{Q}$
e) $4x + 3y + k = 0$, com $k \in \mathbb{R}$

3 Qual das equações abaixo representa todas as retas do plano cartesiano perpendiculares à reta de equação $x + 2y - 5 = 0$?

a) $x + 2y + k = 0$, com $k \in \mathbb{R}$
b) $x - 2y + k = 0$, com $k \in \mathbb{R}$
c) $2x + y + k = 0$, com $k \in \mathbb{R}$
d) $2x - y + k = 0$, com $k \in \mathbb{R}$
e) $-2x - y + k = 0$, com $k \in \mathbb{R}$

4 (ITA-SP) Num triângulo ABC, retângulo em A, de vértices $B(1, 1)$ e $C(3, -2)$, o cateto que contém o ponto B é paralelo à reta de equação $3x - 4y + 2 = 0$. Então, a reta que contém o cateto $\overline{AC}$ é dada por:

a) $4x + 3y - 6 = 0$
b) $4x + 3y - 3 = 0$
c) $3x - 4y + 1 = 0$
d) $2x + 5y = 0$
e) $4x - 3y + 6 = 0$

Um aluno resolveu o exercício abaixo, conforme reproduzido a seguir. Observe a resolução e reflita sobre o comentário.

Exercício

Calcule a área do quadrilátero cujos vértices são os pontos $E(1, 1)$, $F(3, 3)$, $G(6, 4)$ e $H(2, 5)$.

Resolução

A diagonal $\overline{EG}$ divide o quadrilátero EFGH em dois triângulos: EFG e EHG.
área de EFGH = área de EFG + área de EHG

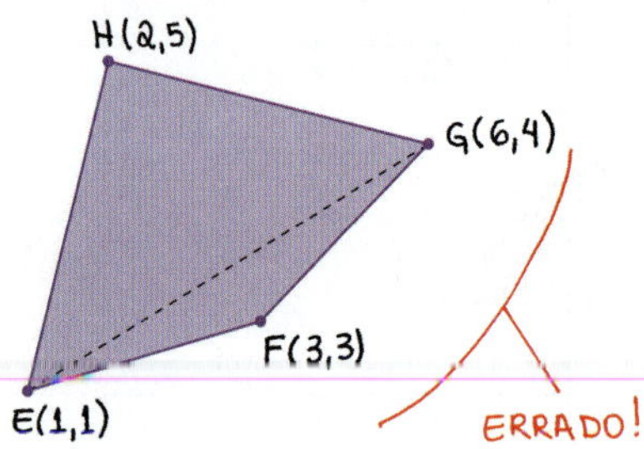

• Área do triângulo EFG

$$A_{EFG} = \frac{|D_{EFG}|}{2}, \text{ sendo } D_{EFG} = \begin{vmatrix} 1 & 1 & 1 \\ 3 & 3 & 1 \\ 6 & 4 & 1 \end{vmatrix} = 3 + 12 + 6 - 18 - 4 - 3 = -4$$

$$A_{EFG} = \frac{|-4|}{2} = 2$$

• Área do triângulo EHG

$$A_{EHG} = \frac{|D_{EHG}|}{2}, \text{ sendo } D_{EHG} = \begin{vmatrix} 1 & 1 & 1 \\ 2 & 5 & 1 \\ 6 & 4 & 1 \end{vmatrix} = 5 + 8 + 6 - 30 - 4 - 2 = -17$$

$$A_{EHG} = \frac{|-17|}{2} = \frac{17}{2}$$

• Área do quadrilátero EFGH

$$A_{EFGH} = 2 + \frac{17}{2} = \frac{21}{2}$$

Comentário

A falta de precisão na construção de um esquema pode induzir a um erro. Foi o que aconteceu nessa resolução, pois representando os pontos E, F, G e H no plano cartesiano, observa-se que o quadrilátero $EFGH$ não é convexo, conforme mostra a figura ao lado, portanto, a área A_{EFGH} não é a soma das áreas A_{EFG} e A_{EHG}.

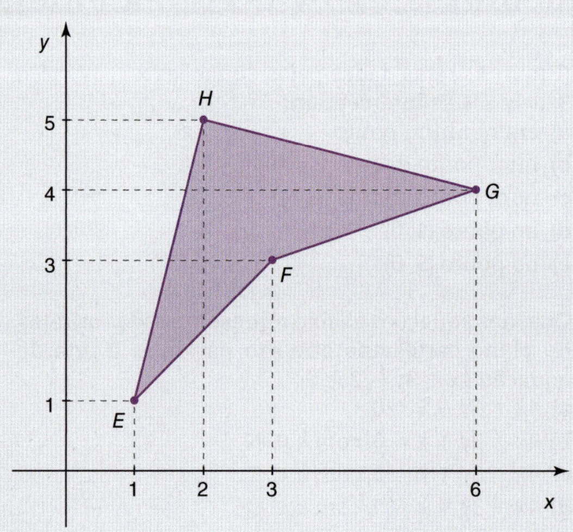

Refaça essa resolução, corrigindo-a.

CAPÍTULO 1 Estatística

Para pensar

1 resposta pessoal

2 educação (38%) e segurança/violência (55%)

Exercícios propostos

1 a)

Classe (dia)	Frequência (nº de refrigeradores)	Frequência relativa
1	14	17,5%
2	13	16,25%
3	20	25%
4	17	21,25%
5	16	20%
	$F_t = 80$	

b) Gráfico de linha

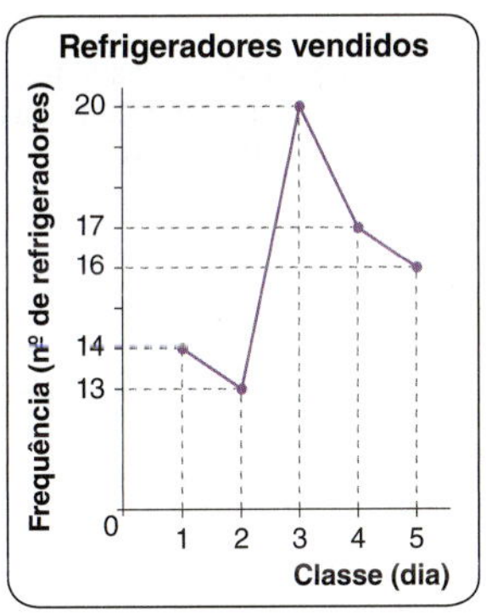

Gráfico de barras verticais

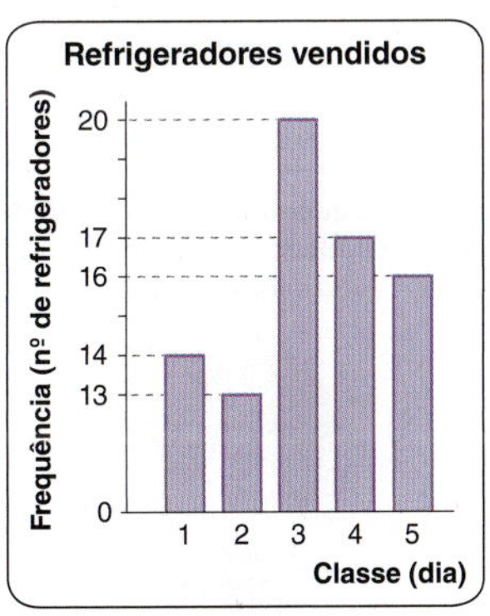

Gráfico de setores

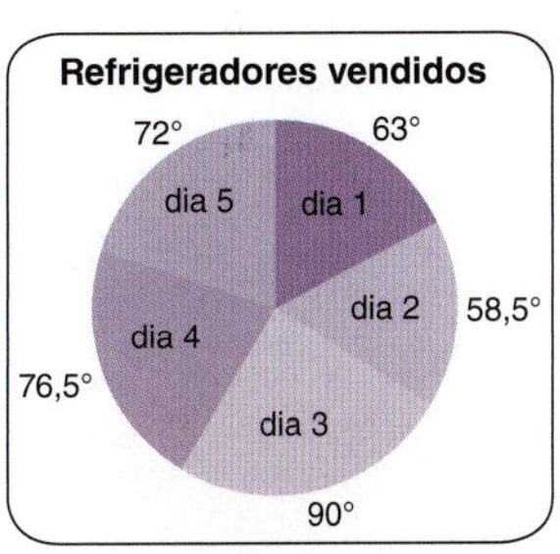

DICA: Uma circunferência mede 360°.

2 a) $A = 1{,}02 - 0{,}98 = 0{,}04$

b)

Classe (volume em litro)	Frequência	Frequência relativa
0,98	4	20%
0,99	6	30%
1,00	5	25%
1,01	4	20%
1,02	1	5%
	$F_t = 20$	

c) Gráfico de linha

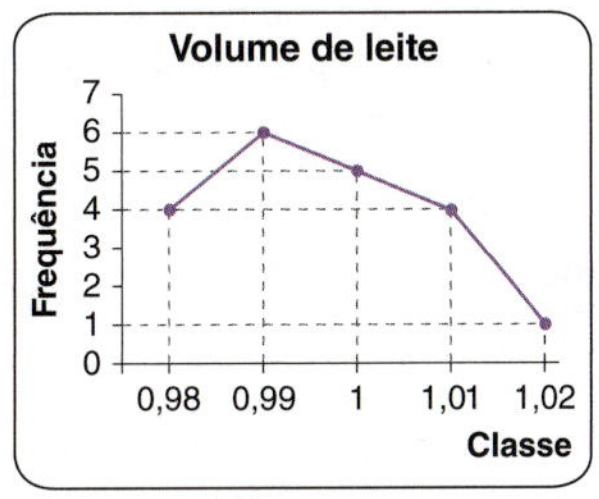

Gráfico de barras verticais

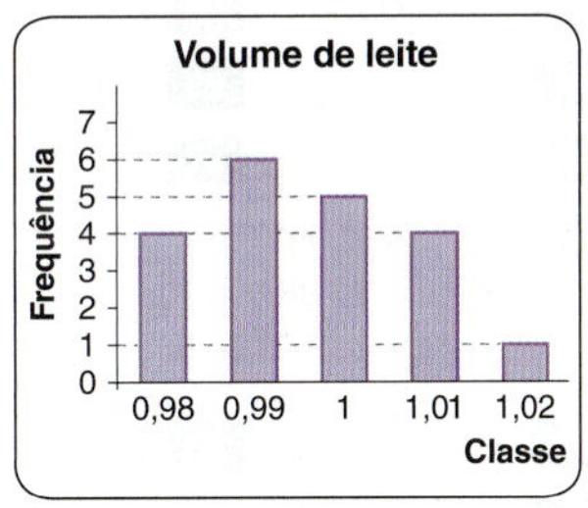

Gráfico de setores

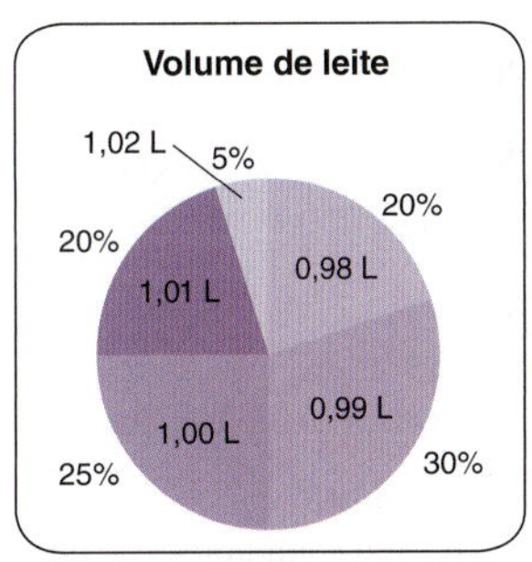

3 a) 200 televisores

b) 9,5%

c)

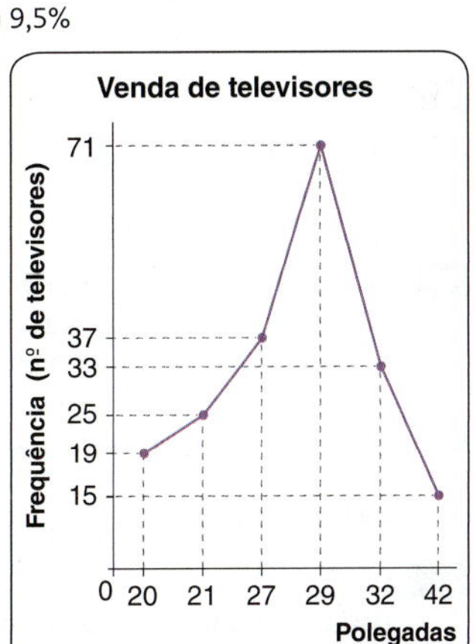

4 a) 6 b) 4

5 a) 5.000

b)

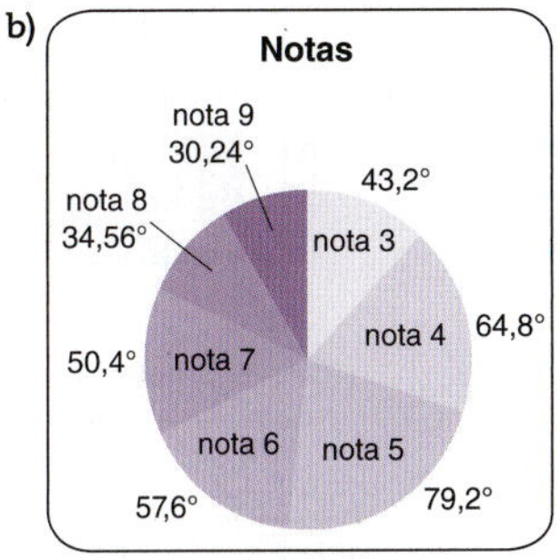

6 d

DICA: Uma circunferência mede 360°.

7 2,509 bilhões de dólares

8 e

9 a)

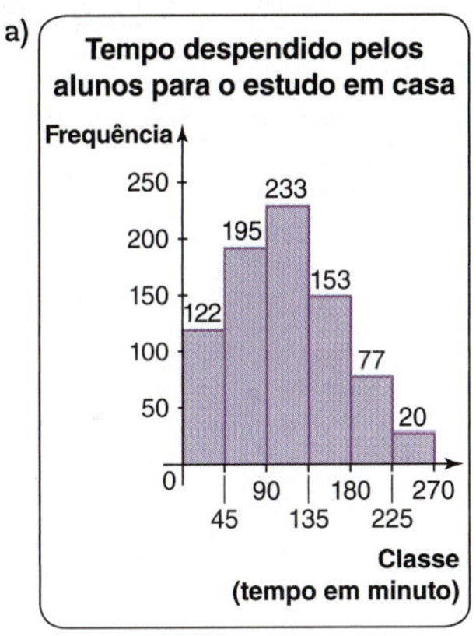

b) 87,875%

c) 9°

10

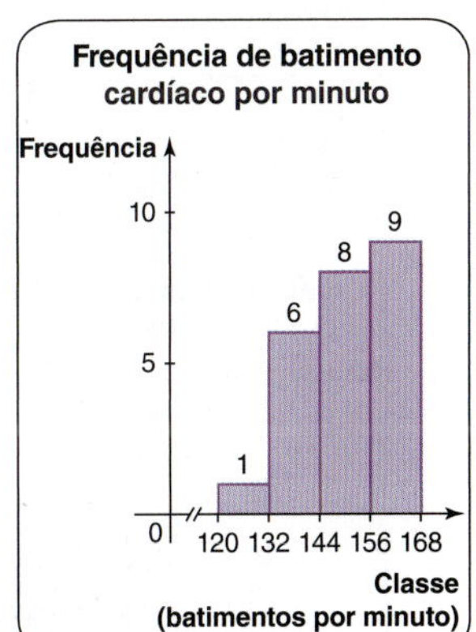

11 a) 54

b)

Classe	Frequência
[28, 37[	4
[37, 46[	6
[46, 55[	3
[55, 64[	6
[64, 73[	3
[73, 82]	3
	$F_t = 25$

c)

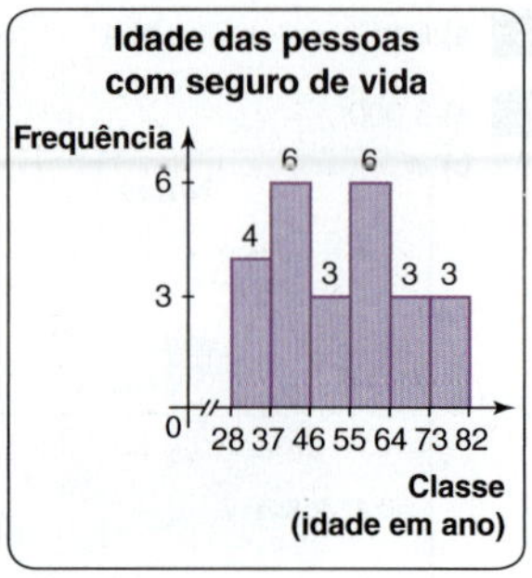

12 a) 1,00

b)

Classe	Frequência
[10,39; 10,59[	4
[10,59; 10,79[	3
[10,79; 10,99[	4
[10,99; 11,19[	2
[11,19; 11,39]	7
	$F_t = 20$

c)

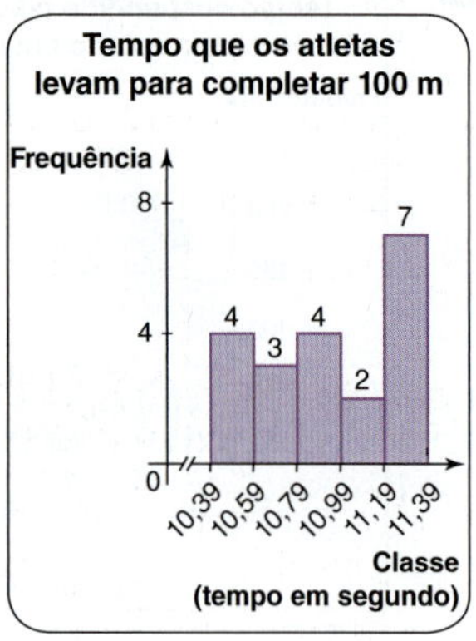

13 a)

Classe	Frequência
[18, 25[	111
[25, 32[	84
[32, 39[	93
[39, 46]	72
	$F_t = 360$

b)

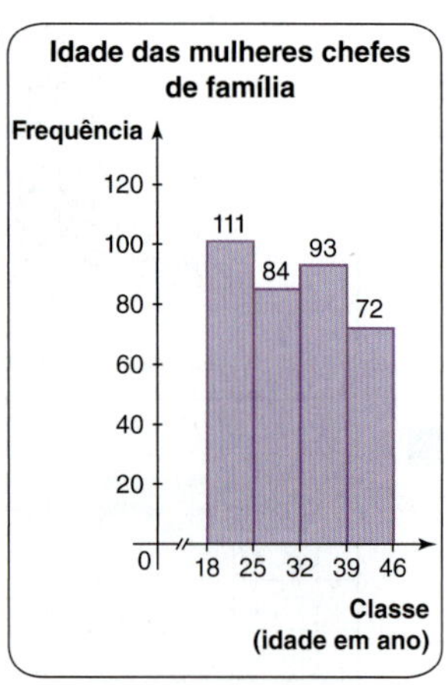

14 a) 5,25 b) 4,4

15 e

DICA: Suponha que os quinze números sejam $a_1, a_2, a_3, ..., a_{11}$, 10, 16, 25 e 30.

16 a) 0, 1, 2, 3, 5, 5, 5, 7, 8, 9, 17

$Md = 5$; $Mo = 5$

b) 10, 13, 13, 15, 15, 16, 16, 16, 22, 23

$Md = 15{,}5$; $Mo = 16$

17 d

18 a) R$ 1.277,00 c) ≈ 15,1%

b) R$ 174,00

19 70

DICA: Sendo m o número de mulheres, o número de homens será $100 - m$.

20 c

DICA: Para comparar a nova média M de cada grupo com a m, média anterior, calcule a diferença $M - m$ e verifique se o resultado é positivo, nulo ou negativo.

21 a) 0,75 m/s c) 1,125 m/s

b) 1,25 m/s

DICA: A velocidade é a razão entre a distância percorrida e o tempo necessário para cobrir essa distância.

22 250.000 km^2 **23** 6

24 19,1 **25** e

26 250,56 g **27** e

28 a) ≈ R$ 37.961,54

b) Mo = R$ 36.000,00;

Md = R$ 36.000,00

29 e **30** e

31 a) −3,8; −1,8; 0,2; 4,2 e 1,2

b) zero

32 a) 3, 3, 1, 0, 5 e 4 b) ≈ 2,7

33 a) 25, 9, 1 e 49 b) 21

34 ≈ 4,58

35 a) 672

b) 174,8

c) O desvio absoluto médio seria menor.

36 máquina B

DICA: A comparação da dispersão de duas amostras pode ser feita por qualquer um dos índices: desvio absoluto médio, variância ou desvio padrão.

37 a) 7,0

b) Gustavo: 0,3125; Lucas: 0,375

c) Gustavo, pois a dispersão de seu conjunto de notas foi menor.

38 a) Leonor: 0,9486; Felipe: 1,58

b) Leonor, pois a dispersão de seu conjunto de notas foi menor.

Exercícios complementares

• Exercícios técnicos

1 b

DICA: Suponha que os n números sejam $a_1, a_2, a_3, ..., a_{n-1}$ e 5.

2 d **3** d

4 a) V b) F c) F d) V e) F

• Exercícios contextualizados

5 Gráfico de linha

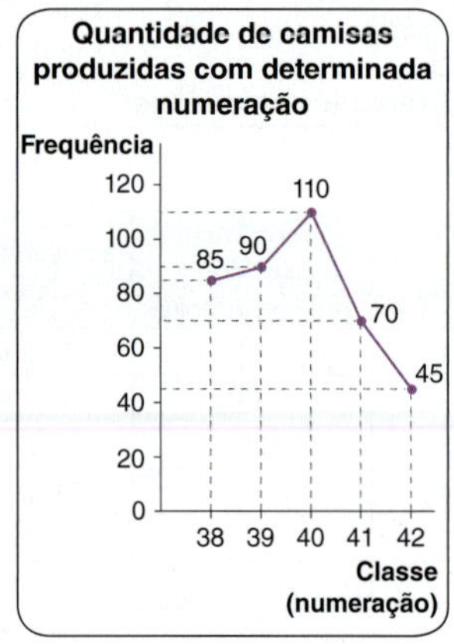

Gráfico de barras horizontais

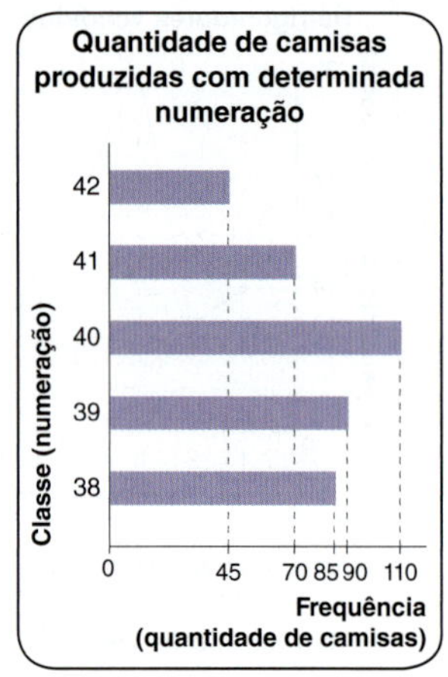

Gráfico de setores

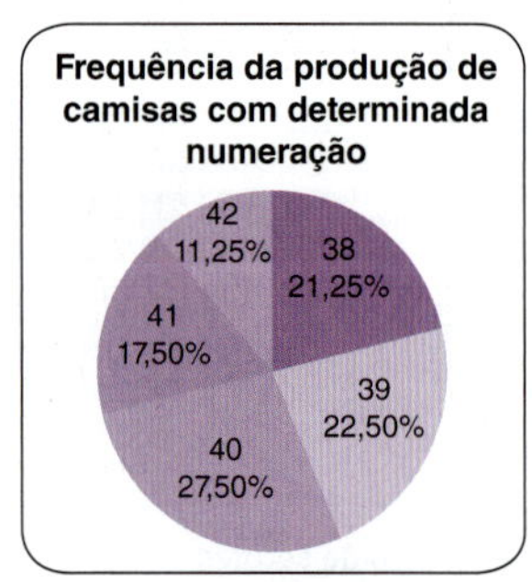

6

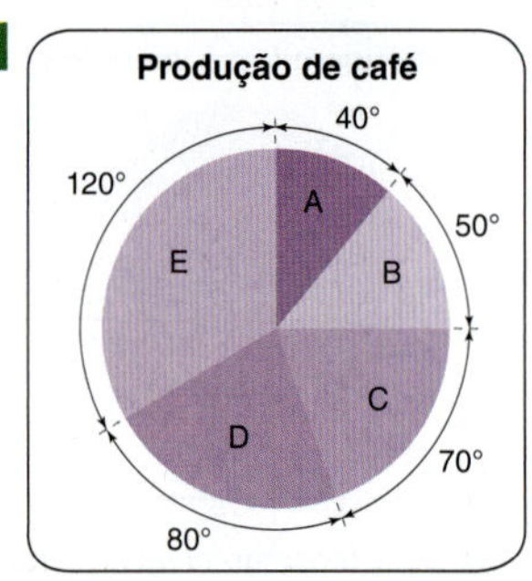

7 a) 700 mil reais
b) 25%

8 c

9 a)

Classe (grama)	Frequência (número de pacotes)	Frequência relativa
490	5	31,25%
495	2	12,5%
500	2	12,5%
505	3	18,75%
510	4	25%
	$F_t = 16$	

b) Gráfico de linha

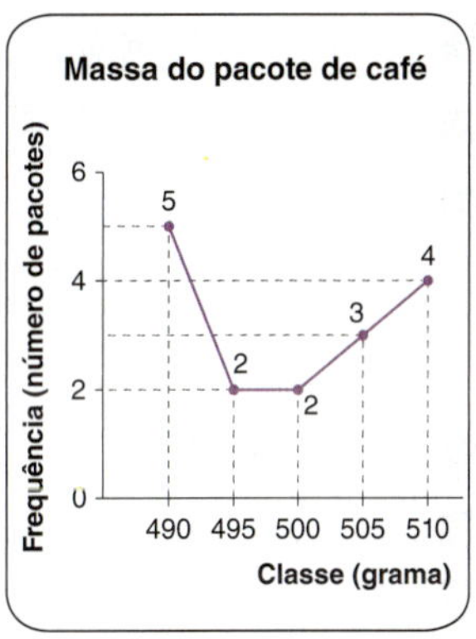

Gráfico de barras verticais

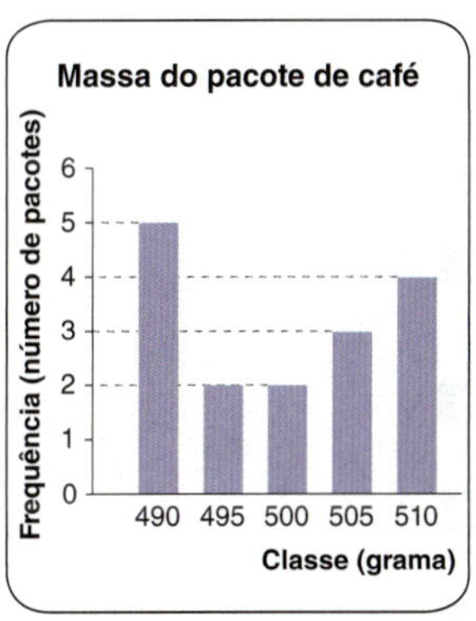

Gráfico de setores

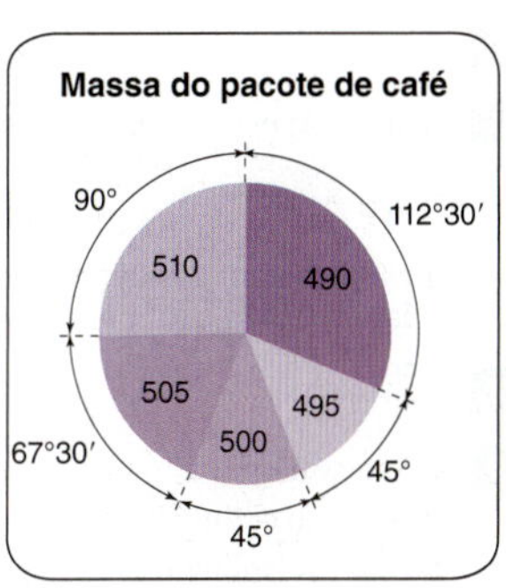

10 a)

Classe (mg)	Frequência (número de caixas)	Frequência relativa
5	900	18%
10	1.000	20%
20	800	16%
40	1.300	26%
80	1.000	20%
	$F_t = 5.000$	

b) $\frac{31}{50}$

DICA: A probabilidade de uma classe é a frequência relativa dessa classe.

11 I. d II. e

12 d

13 c

DICA: A resolução pode ser feita por semelhança de triângulos.

14 65

DICA: Toda circunferência é um arco de 360°.

15 a)

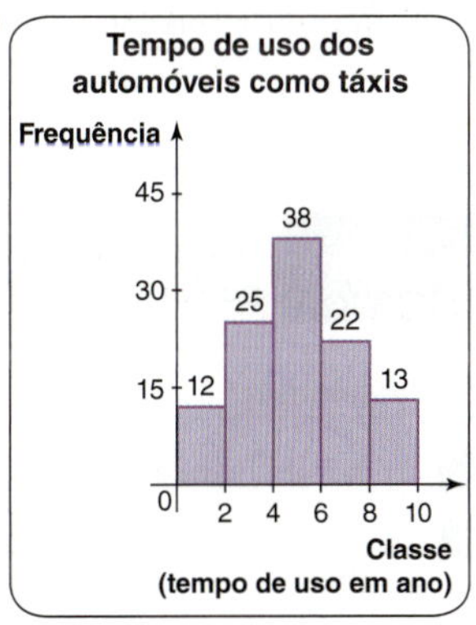

b) $\frac{15}{22}$

c) $\frac{38}{75}$

DICA: $P(B/A) = \frac{n(A \cap B)}{n(A)}$

16 a)

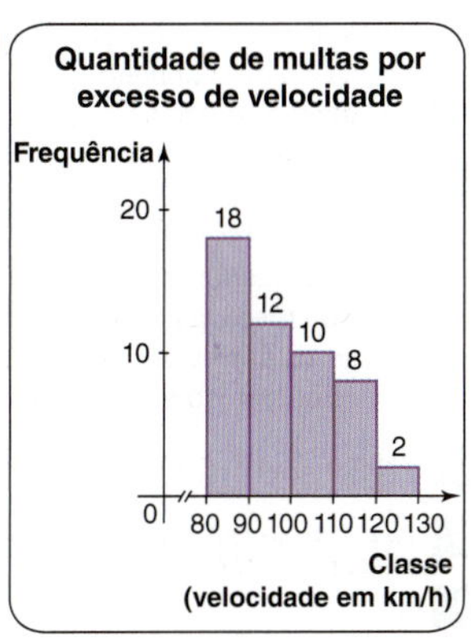

b) $\frac{3}{5}$ ou 60%

17 resposta possível:

Classe	Frequência
[10,12; 10,22[	6
[10,22; 10,32[	4
[10,32; 10,42]	5
	$F_t = 15$

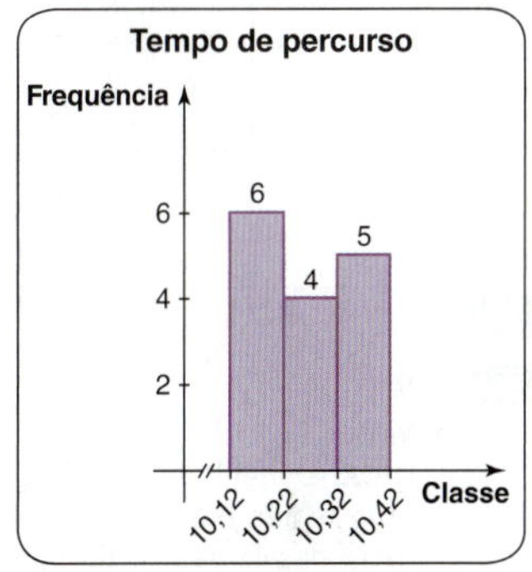

DICA: Quando a razão entre a amplitude da amostra e o número de classes é uma dízima periódica, pode-se arredondar a amplitude das classes para um número decimal com representação finita.

18 a) 1,2 g/L
b)

Classe (g/L)	Frequência (número de motoristas)
[0; 0,24[	7
[0,24; 0,48[	4
[0,48; 0,72[	6
[0,72; 0,96[	10
[0,96; 1,2]	3
	$F_t = 30$

c)

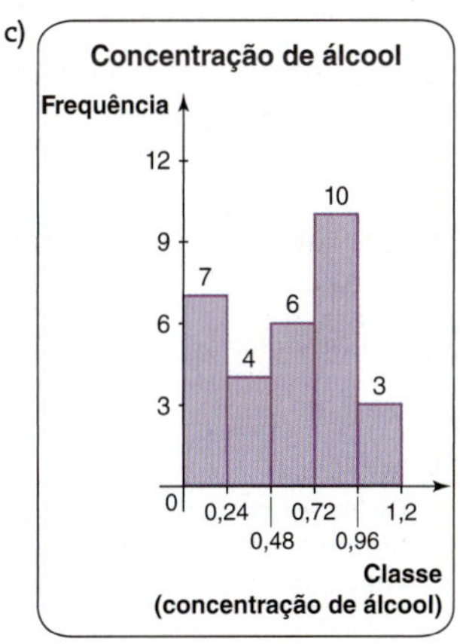

19 a)

Classe (notas)	Frequência (número de alunos)
[0; 2,5[	70
[2,5; 5,0[	140
[5,0; 7,5[	240
[7,5; 10,0]	50
	$F_t = 500$

b)

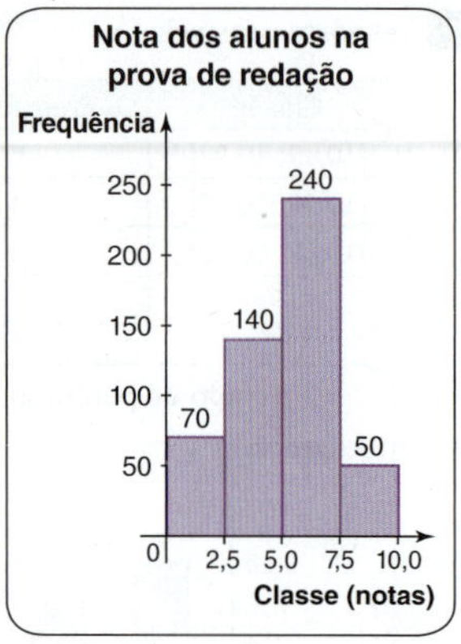

20 a

21 a) V
b) V
DICA: Densidade demográfica de uma região é a razão entre o número de elementos da população e a área da região.
c) F
d) F

22 b **23** a **24** e

25 b
DICA: Supondo que $x_1, x_2, x_3, ..., x_{25}$ sejam as notas das meninas e que y_1, y_2, y_3, y_4, y_5 sejam as notas dos meninos, monte uma equação que indique a média aritmética de todos e outra que indique a média aritmética dos meninos.

26 55

27 a
DICA: Se a taxa acumulada em n períodos é i, então a taxa média por período é $\frac{i}{n}$. (Taxa média e taxa equivalente são conceitos distintos.)

28 Sim. Como a média dos 9 peixes é 2,76 kg, ou os 9 peixes têm 2,76 kg cada um, ou algum deles tem menos de 2,76 kg.

29 a) 25 km/h c) $\approx$ 20,71 km/h
b) 15 km/h

30 a) 48 minutos b) 40 km/h

31 d

32 3π rad/min
DICA: Se um móvel gira α rad em um tempo t, em minuto, a velocidade angular média ω desse móvel é dada por $\omega = \frac{\alpha}{t}$ rad/min.

33 a **34** a **35** a

36 d **37** d **38** 183 cm

39 4,104 meses

40 a) 250 minutos c) 123,3 minutos
b) 50

41 marcas A e B

42 d **43** d

44 a) 2,44 b) $Mo = 1$; $Md = 2$

45 c

46 b
DICA: Inicialmente calcule o tempo médio de corte por cena.

47 a) Os automóveis A e B tiveram a mesma média de consumo: 11,4 km/L.
b) variância de A: 0,98
variância de B: $\approx$ 1,9
c) automóvel B

48 a) R$ 2.000,00
b) menor
DICA: Entre duas frações positivas de mesmo numerador é maior aquela que tiver o menor denominador.

49 a) município A: $\sigma = \sqrt{2.594}$;
município B: $\sigma = \sqrt{2.600}$
b) No município A, onde o desvio padrão foi menor.

50 a

51 a) V b) F c) V d) F

52 empresa B

Análise da resolução

75 km/h

CAPÍTULO 2 Geometria analítica: ponto e reta

Para pensar

1 latitude e longitude

2 Três coordenadas: latitude, longitude e altitude.

Exercícios propostos

1 a) 10 b) $2\sqrt{5}$ c) 13 d) $2\sqrt{5}$

2 8

3 $2\sqrt{2}$
DICA: A medida do raio da circunferência é a distância entre um de seus pontos e o centro C.

4 a) $2(5 + 4\sqrt{2})$
b) demonstração
DICA: Basta mostrar que o quadrado da medida do maior lado é igual à soma dos quadrados das medidas dos outros dois lados.

5 P(10, 0) ou P(−6, 0)

6 Q(4, −4) ou Q(6, −6)

7 d

8 a) $\frac{1}{2}$ b) $\frac{5}{2}$ c) 1

9 a) C(6, 7) b) $C\left(\frac{13}{5}, \frac{36}{5}\right)$ c) $C\left(\frac{69}{14}, \frac{5}{14}\right)$

10 C(2, 6); D(3, 7) **11** d

12 a) (3, 11) b) $\left(\frac{1}{2}, \frac{7}{4}\right)$ c) $\left(\frac{1}{2}, \sqrt{3}\right)$

13 $3\sqrt{5}$ **14** $2\sqrt{10}$

15 C(0, 7); D(4, 7)

16 C(2, 4); D(0, 2)
DICA: O ponto comum às diagonais de um paralelogramo é o ponto médio de cada uma delas.

17 a) (7, 12) b) $\left(7, -\frac{16}{3}\right)$

18 A(1, 8)
DICA: O baricentro de um triângulo, que é o ponto de encontro das medianas, divide cada mediana, a partir do vértice, na razão $\frac{2}{1}$.

19 a) G(5, 3) b) $G\left(\frac{5}{4}, \frac{13}{9}\right)$

20 a) (4, 7) b) $\left(\frac{7}{2}, \frac{13}{2}\right)$

21 a) $\alpha = 60°$; $m = \sqrt{3}$
b) $\alpha = 135°$; $m = -1$
c) $\alpha = 90°$; não existe o coeficiente angular.
d) $\alpha = 0°$; $m = 0$

22 60°; $\sqrt{3}$

23 120°; $-\sqrt{3}$

24

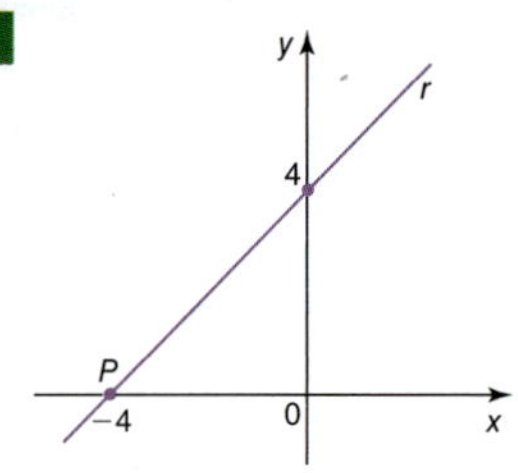

25 a) m(BÂC) = α c) $\frac{1}{2}$
b) AC = 4; BC = 2

26 a) V c) V e) V
b) F d) F f) F

27 a) 1 c) 0
b) −1 d) não existe

28 $\alpha = 135°$; $m = -1$

29 $\frac{4\sqrt{3}}{3}$

30 a

31 a) $m_{AB} = 1$; $m_{CD} = 1$; paralelas
b) $m_{AB} = -7$; $m_{CD} = -\frac{1}{2}$; concorrentes
c) Não existem os coeficientes angulares de $\overleftrightarrow{AB}$ e $\overleftrightarrow{AC}$; paralelas

32 $-\frac{20}{3}$

33 a) São colineares.
b) Não são colineares.
c) Não são colineares.

d) São colineares.
e) São colineares.

34 2

35 $q \neq \frac{3}{5}$

36 P(2, 5)

37 a

38 **a)** $2x - y - 9 = 0$
b) $x - y - 9 = 0$
c) $5x + 6y - 6 = 0$

39 **a)** $y = x - 4$
b) $y = -x + 4$
c) $y = -\frac{\sqrt{3}x}{3} - 2$

40 **a)** $y = 2x - 1$
b) $y = -2x + 3$
c) $y = 8$

41 $y = -x + 6$

42 (r) $x = -2$; (s) $y = 3$

43 M(4, 4); Q(8, 8); T(−4, 4)

44 P(−5, −5) ou P(9, 9)

45 P(−3, 3) ou P(4, −4)

46 **a)**

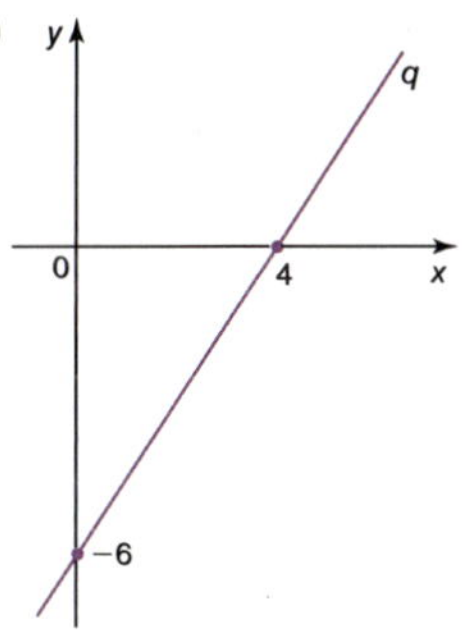

b)

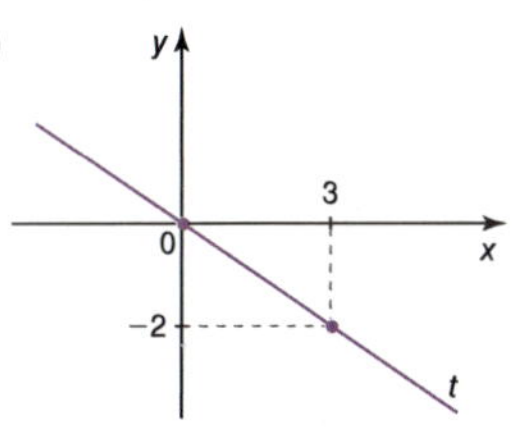

c)

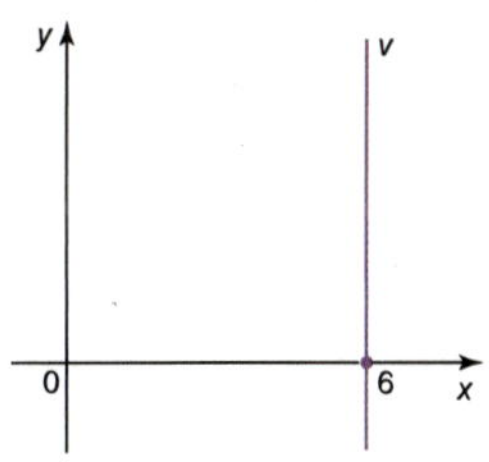

47 **a)** resposta possível: (0, 3) e (6, 0); $m = -\frac{1}{2}$
b) resposta possível: (0, 8) e (6, 0); $m = \frac{4}{3}$

48 P(10, 11) ou P(−4, −3)

49 $P\left(-\frac{4}{5}, -\frac{28}{5}\right)$ ou P(4, 4)

50 **a)** (−1, 1) **b)** (2, −7)

51 5

52 $\left(-\frac{16}{7}, \frac{24}{7}\right)$

53 $4(1 + \sqrt{2})$

54 $8(1 + \sqrt{5})$

55 e

56 $k \neq \frac{5}{2}$

57 d

58 **a)** $C = 30.000 + 4n$
b) $R = 9n$
c) 6.000

59 **a)**

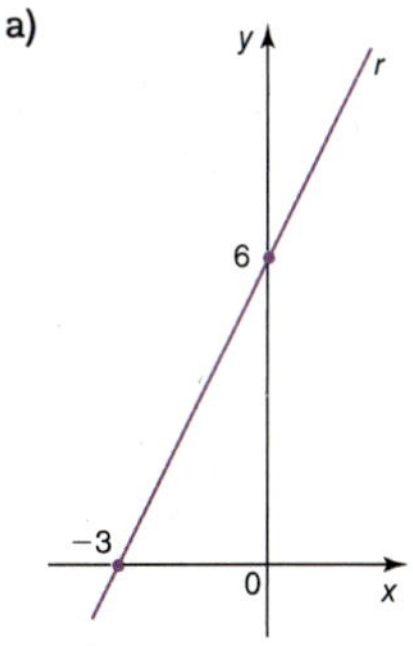

b) $m = 2$; $q = 6$
c) O coeficiente angular da reta é a tangente da inclinação de t e o coeficiente linear é a ordenada do ponto em que a reta intercepta o eixo Oy.

60 $y = 3x - 2$

61 $y = 2x - 3$

62 **a)** $m = -5$; $q = 2$
b) $m = 3$; $q = \frac{1}{2}$
c) $m = -\frac{7}{4}$; $q = 0$
d) $m = -\frac{4}{3}$; $q = \frac{1}{2}$

63 c

64 **a)** paralelas distintas
b) paralelas coincidentes
c) paralelas distintas
d) concorrentes
e) concorrentes
f) paralelas distintas

65 $-\frac{1}{9}$

66 $k \neq -\frac{5}{2}$

67 $x + y - 9 = 0$

68 $y = -2x - 5$

69 **a)** $y = -3x + 11$
b) $y = -4x + 1$
c) $y = \frac{2x}{3}$

70 $3x + y - 17 = 0$

71 $y = 3x - 2\sqrt{6}$ ou $y = 3x + 2\sqrt{6}$

72 **a)** −9
b)

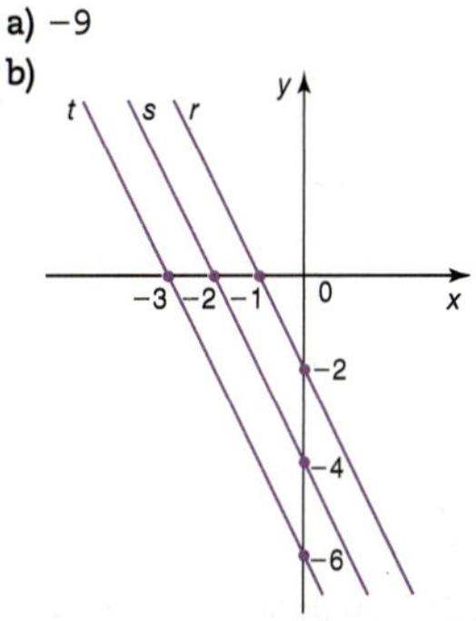

As retas são paralelas distintas.

c) São paralelas, pois todas têm o mesmo coeficiente angular −2.

73 **a)**

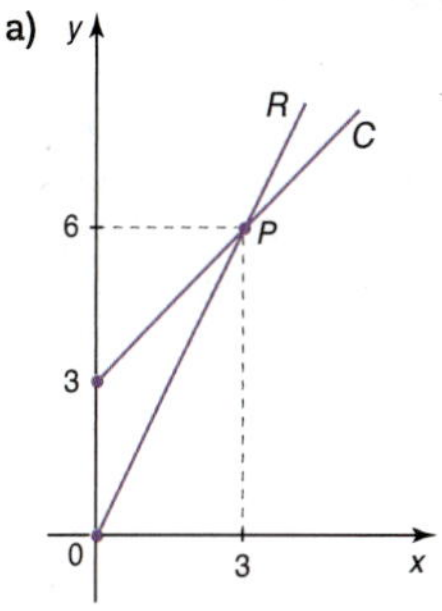

b) O ponto P, comum às duas retas, indica quando o custo C e a receita R se igualam. Nesse ponto não há lucro nem prejuízo.
Para $x < x_P$, o custo C(x) é maior que a receita R(x) e, portanto, há prejuízo.
Para $x > x_P$, a receita R(x) é maior que o custo C(x) e, portanto, há lucro.

74 **a)** V **b)** F **c)** V **d)** F **e)** F **f)** F

75 $\frac{22}{5}$

76 **a)** $y = 2x$
b) $x + 3y + 13 = 0$
c) $4x - 5y - 20 = 0$
d) $y = 5$

77 $y = 2x + 2$

78 **a)** $2x - y + 1 = 0$
b) $x + 6y - 34 = 0$
c) $3x - 2y + 8 = 0$
d) $y = -1$

79 **a)** $x - y + 4 = 0$ **b)** $y = 4$

80 **a)** (2, 7)
b) (2, 4)

81 (1, 1), (1, 3), (3, 1) e (3, 3)
DICA: Dois vértices opostos de um quadrado são simétricos em relação à diagonal que não passa por eles.

82 $y = -\frac{x}{2} + \frac{1}{2}$

83

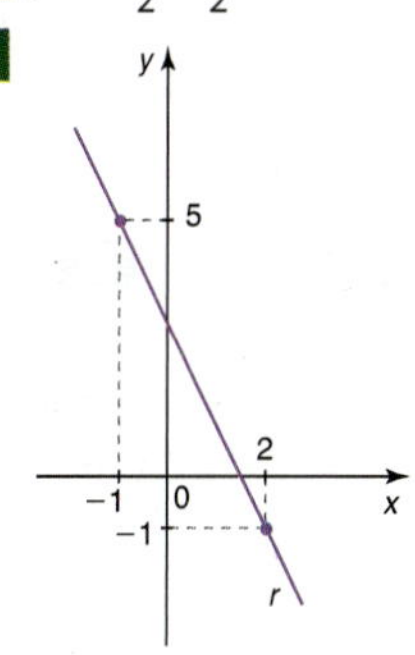

84 3

85 $4h - 10m - 10 = 0$

86 $3x - y - 9 = 0$

Exercícios complementares

• **Exercícios técnicos**

1 a) $11 + \sqrt{13}$ b) acutângulo
DICA: Triângulo acutângulo é todo aquele que tem os três ângulos agudos. Um triângulo é acutângulo se, e somente se, o quadrado da medida do maior lado é menor que a soma dos quadrados das medidas dos outros lados.

2 a) $2(11 + 2\sqrt{10})$
b) obtusângulo
DICA: Triângulo obtusângulo é todo aquele que tem um ângulo obtuso. Um triângulo é obtusângulo se, e somente se, o quadrado da medida do maior lado é maior que a soma dos quadrados das medidas dos outros lados.

3 $5\sqrt{2}$ **4** Q(0, −3) ou Q(0, 7)

5 T(2, 2) ou T(3, 3) **6** b

7 $C\left(-\frac{1}{3}, \frac{1}{3}\right)$ **8** e

9 a) $\frac{2}{5}$ b) 2 c) $\frac{1}{7}$

10 a) $C\left(\frac{37}{7}, \frac{16}{7}\right)$ d) C(13, 9)
b) $C\left(-10, \frac{26}{5}\right)$ e) C(10, 6)
c) C(7, 6)

11 $C\left(\frac{7}{2}, \frac{7}{4}\right)$

12 $C\left(\frac{9}{16}, \frac{49}{40}\right)$; $D\left(\frac{5}{8}, \frac{19}{20}\right)$; $E\left(\frac{11}{16}, \frac{27}{40}\right)$

13 a) M(−2, −3) c) $M\left(\frac{5\sqrt{5}}{2}, 5\right)$
b) $M\left(\frac{3}{8}, \frac{7}{4}\right)$

14 c

15 a) (−6, 8) b) $(6\sqrt{2}, -1)$

16 B(1, −10) **17** A(1, 4)

18 a) $G\left(\frac{4}{3}, \frac{10}{3}\right)$ b) $G\left(2\sqrt{3}, \frac{1}{3}\right)$

19 a) $3\sqrt{2}$ b) C(3, 4)

20 b

21 a) $-\frac{1}{2}$ c) $-\frac{16}{25}$
b) $\frac{10}{3}$ d) $\sqrt{3}$

22 $m = 1$; $\alpha = 45°$

23 $4\sqrt{5}$ **24** d **25** $-\frac{8}{5}$

26 e
DICA: No triângulo retângulo ABC, calcule as tangentes dos ângulos $O\hat{A}B$ e $O\hat{A}C$.

27 a) A, B e C são colineares.
b) A, B e C não são colineares.
c) A, B e C não são colineares.
d) A, B e C são colineares.
e) A, B e C não são colineares.

28 C(9, −2)
DICA: Para que se tenha AB + BC = AC, os pontos A, B e C devem ser colineares.

29 P(0, 1)

30 a) $x + 3y - 8 = 0$
b) $\sqrt{3}x + y - 5 = 0$
c) $(2 - \sqrt{3})x - y - 1 = 0$

31 a) $y = -\sqrt{3}x + 5$
b) $y = -\sqrt{3}x + 2\sqrt{3} + 3$

32 a) $y = 5x + 35$ c) $y = -\frac{3x}{4} - \frac{1}{4}$
b) $y = \frac{x}{3} + \frac{14}{3}$

33 $y = -\frac{3x}{4} + \frac{15}{4}$

34 a)

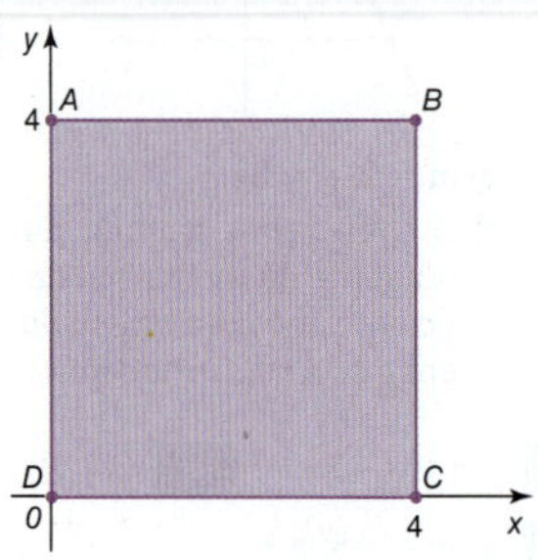

b) $y = 4$ e) $x = 0$
c) $x = 4$ f) $y = x$
d) $y = 0$

35 c

36 x = 4
DICA: Em um triângulo equilátero, as alturas estão contidas nas mediatrizes.

37 P(−3, 3) ou $P\left(\frac{5}{3}, -\frac{5}{3}\right)$

38 (A(6, 6) e B(−2, 6)) ou
(A(−2, −2) e B(6, −2))

39 a)

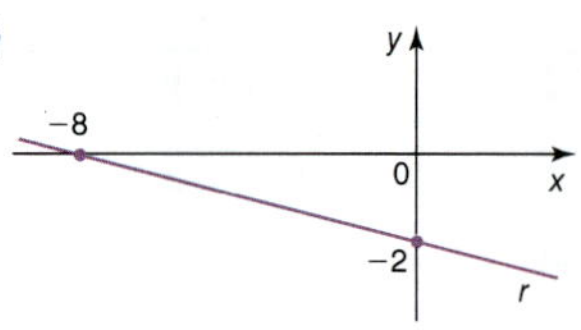

b)

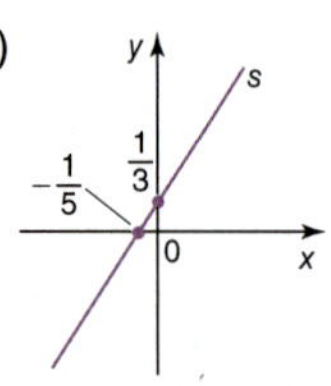

c)

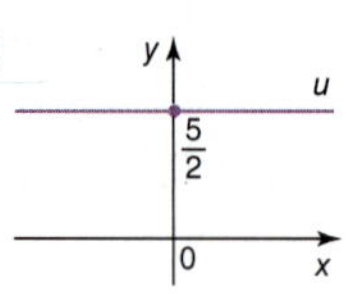

40 d

41 $P\left(\frac{27}{2}, \frac{85}{2}\right)$
DICA: Um ponto genérico da reta *r* é da forma $(k, 3k + 2)$, com $k \in \mathbb{R}$.

42 (−10, 7)

43 a) (10, 0) b) (0, 6)

44 $P\left(\frac{6}{5}, \frac{24}{5}\right)$

45 demonstração
DICA: Calcule as distâncias entre os pontos de intersecção das três retas, tomadas duas a duas, e, depois, mostre que as três distâncias satisfazem o teorema de Pitágoras.

46 b
DICA: Para o cálculo da área do triângulo, esboce o gráfico.

47 d **48** a **49** d

50 a)

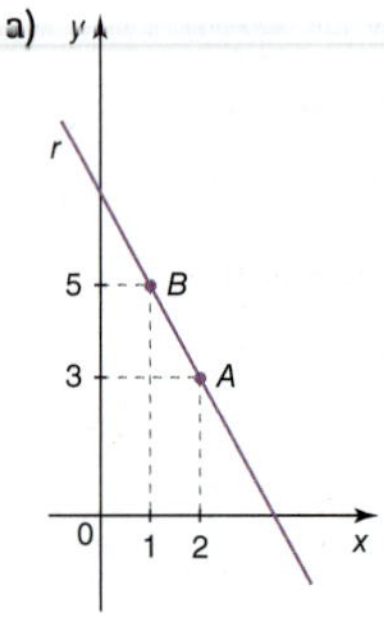

b) $y = -2x + 7$ c) $m = -2$; $q = 7$

51 b

52 a) $\frac{3}{4}$
b) paralelas distintas

53 qualquer valor real *a*, com $a \neq -\frac{4}{5}$

54 a) $y = 8x + 25$ c) $y = \frac{3x}{4} - \frac{1}{5}$
b) $y = \frac{4x}{3} - \frac{14}{9}$

55 b

56 a) $-\frac{4x}{3} + q$, com $q \in \mathbb{R}$
b) $4x + 3y - 13 = 0$

57 $\frac{11}{6}$

58 a) $x - 2y + 5 = 0$
b) $5x - 2y + 2 = 0$
c) $4x + 3y + 4 = 0$
d) $6x + 6y + 1 = 0$

59 d

60 a) $4x + 3y + 28 = 0$
b) $24x - 54y - 35 = 0$
c) $x = 0$

61 c

62 a) $\sqrt{3}x + 3y - 12\sqrt{3} = 0$
b) $\sqrt{3}x - y - 2\sqrt{3} + 6 = 0$

63 $y = -\frac{5x}{3} + \frac{5}{3}$

64 a) $\left(-\frac{11}{5}, \frac{8}{5}\right)$ b) (1, −3)

65 a) (5, 10) c) (16, 5)
b) (−6, 3) d) (1, 10)

66 d

67 $2x - 3y + 2 = 0$

68 a) $\frac{1}{3}$ b) $-\frac{1}{2}$ c) 2

69 $\left(\frac{17}{4}, -\frac{13}{4}\right)$

• Exercícios contextualizados

70 b

71 a) $O(0, 0)$; $A(3, 0)$; $B(4, 4\sqrt{3})$
b) $(4\sqrt{3} - 3)$ km ou ≈ 3,93 km

72 b
DICA: A área de um círculo de raio r é dada por πr^2, e a área de um trapézio de altura h e bases B e b é dada por $\frac{(B + b)h}{2}$.

73 a) 7 °C b) 8 h 12 min

74 a) 20 L b) 16 segundos

75 a) 0,34 km/s b) $P\left(\frac{21}{2}, 6\right)$

76 R$ 12,00

77 24,6 °C

78 a) 108% c) 0,058 °C
b) ≈ 29,3 anos

79 a) $P(4, 6)$; $Q(8, 4)$ c) 16 km
b) 8 km

80 a

81 a) $y = x + 6$ c) 71 L
b) 6 L

82 a) $y = -\frac{x}{2} + 13$
b) 13 kg
c) 26 dias
d) $-\frac{1}{2}$; significa que o consumo diário de gás é de $\frac{1}{2}$ L.

83 a) $y = \frac{x}{2} + 800$
b) R$ 800,00
c) $\frac{1}{2}$; significa que o custo de produção por caneta é R$ 0,50.

84 a) aplicação com taxa de 20% ao ano:
$y = 5.000 + 1.000x$;
aplicação com taxa de 25% ao ano:
$y = 4.000 + 1.000x$
b)
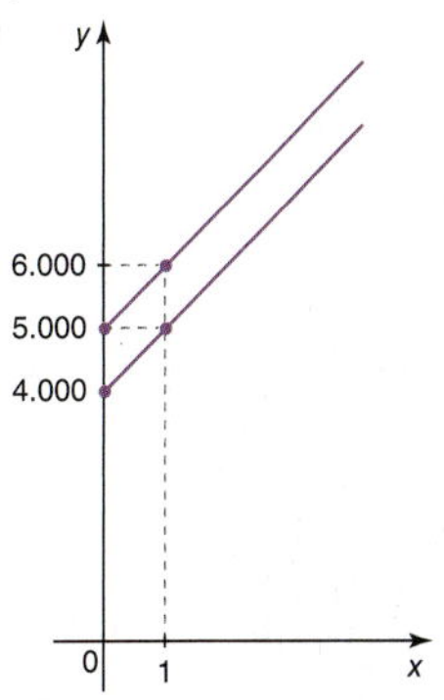

c) Os montantes nunca serão iguais.

85 a) $2\sqrt{5}$ b) $y = \frac{x}{2} + \frac{11}{2}$

86 12,5 m

87 a
DICA: Construa o gráfico que expressa a quantidade C de anos cristãos em função da quantidade M de anos muçulmanos.

88 a) 10 L
b) (r) $y = 3x + 10$; (s) $y = 5x$
c) 5 minutos; 25 L
d) 3 minutos e 20 segundos
DICA: Observe que o coeficiente angular de r é a vazão da primeira torneira em L/s.

89 a) 1.000 b) 1.001

90 c

91 a) 16,136 cm
b) $\frac{1}{10.025} \approx 9{,}975 \cdot 10^{-5}$

92 a) F c) F e) F
b) V d) V

93 $v = 0{,}036c + 998{,}56$,
com $c \in \mathbb{R}$ e $40 \leqslant c \leqslant \leqslant 90$

94 $V = 40h - 300$

95
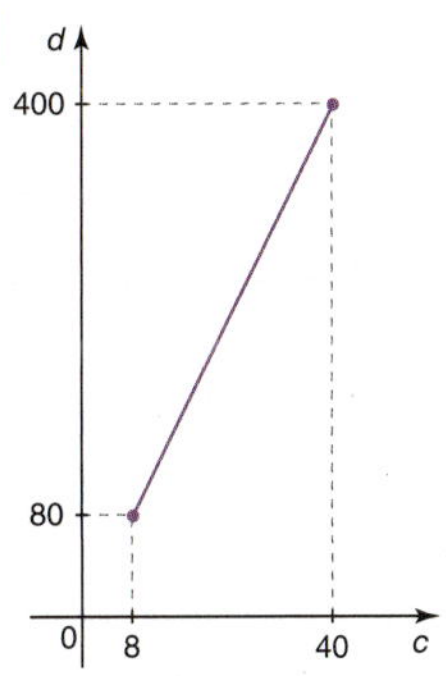

96 a) V b) F c) F
DICA: Para os itens **b** e **c**, encontre os valores de t para o ponto (5, 3) nas equações das duas trajetórias.

Exercícios de revisão cumulativa

1 $\text{sen } \alpha = \frac{3\sqrt{73}}{73}$

2 b
DICA: A pressão é máxima quando $\text{sen } \frac{(t - 1)\pi}{2}$ é máximo.

3 2π

4 b

Análise da resolução

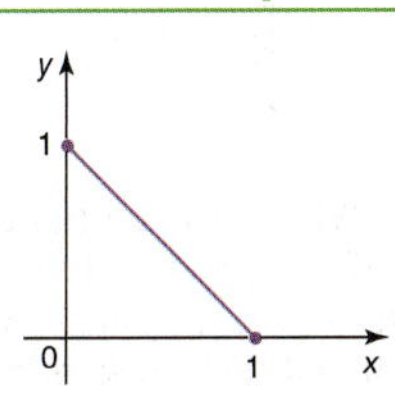

CAPÍTULO 3 Geometria analítica: ângulos, distâncias, áreas e inequações

Para pensar

1 resposta pessoal

2 Em um espelho plano um ponto e sua imagem estão em uma reta perpendicular ao plano do espelho, enquanto que no espelho convexo esférico um ponto e sua imagem estão em uma reta que passa pelo centro da esfera (no caso do espelho convexo parabólico, estão em uma reta que passa pelo foco do paraboloide). Essas características fazem com que o espelho convexo tenha um campo maior de visão do que o espelho plano.

Exercícios propostos

1 a) 45°
b) 135°
DICA: Resolva graficamente.

2 a) 45° b) 135°

3 60°; 120°

4 45°
DICA: Calcule os coeficientes angulares de $\overleftrightarrow{AB}$ e $\overleftrightarrow{AC}$.

5 −1

6 30°

7 arctg 7

8 a) 60°
DICA: Obtenha a equação reduzida de cada reta.
b) $\frac{7}{4}$ km
c) Não haverá colisão entre os projéteis, pois não existe um valor de t para o qual os projéteis estejam na mesma posição (x, y).
DICA: A colisão ocorrerá no ponto de intersecção das retas.

9 a) 60° b) 45° c) 30°

10 150°

11 $x - 3y + 16 = 0$; $3x + y - 12 = 0$
DICA: As equações de todas as retas que passam pelo ponto $P(2, 6)$ são dadas por $x = 2$ ou $y - 6 = m(x - 2)$, com $m \in \mathbb{R}$.

12 $y = 1$; $x = 4$

13 (s) $7x + y - 11 = 0$; (t) $x + y - 5 = 0$
DICA: $\theta = \text{arctg } \frac{1}{3}$ e θ é a medida de um ângulo agudo $\Rightarrow \text{tg } \theta = \frac{1}{3}$ e $0° < x < 90°$.

14 $x - 2y - 5 = 0$

15 $x - 4y + 6 = 0$

16 a) 3 b) 2 c) 2 d) $\sqrt{2}$

17 (0, 3) e $\left(0, -\frac{23}{15}\right)$

18 (15, 15) e (−5, −5)

19 $(1, -1)$ e $\left(-\frac{29}{11}, -\frac{91}{11}\right)$

DICA: Um ponto genérico da reta $(r)\ y = 2x - 3$ tem a forma $(k, 2k - 3)$.

20 a) $\frac{3\sqrt{2}}{5}$ b) $\frac{20}{13}$ c) 5

21 $\frac{25}{2}$

22 5

23 $x - y + 1 = 0$; $4x + 4y - 1 = 0$

24 a)

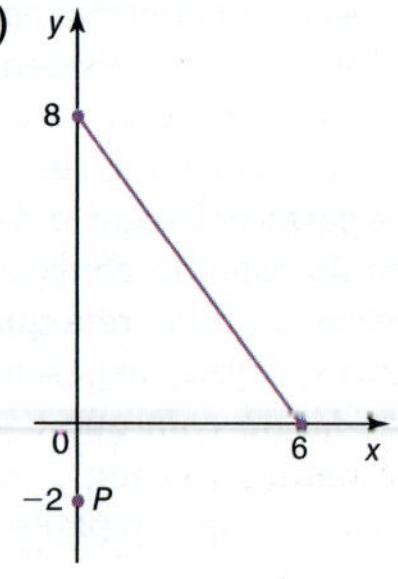

b) 6 km

c) $Q\left(\frac{24}{5}, \frac{8}{5}\right)$

25 a) 9 b) 30,5

26 $\frac{5}{4}$

27 $k = \frac{8}{3}$ ou $k = 0$

28 C(0, 9) ou C(0, −1)

29 27

30 6

31 $k = -8$ ou $k = 8$

32 a) A, B e C são colineares.
b) A, B e C não são colineares.
c) A, B e C são colineares.

33 1 e −8

34 $a = 2$

DICA: A soma $AB + BC$ é mínima quando os pontos A, B e C são colineares.

35 e

36 a) $x - y + 1 = 0$ c) $x - 2 = 0$
b) $x + y + 2 = 0$ d) $y + 2 = 0$

37 9 °C

38 a)

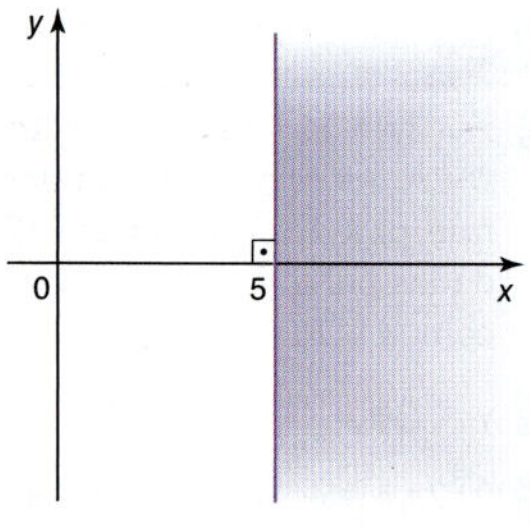

b)

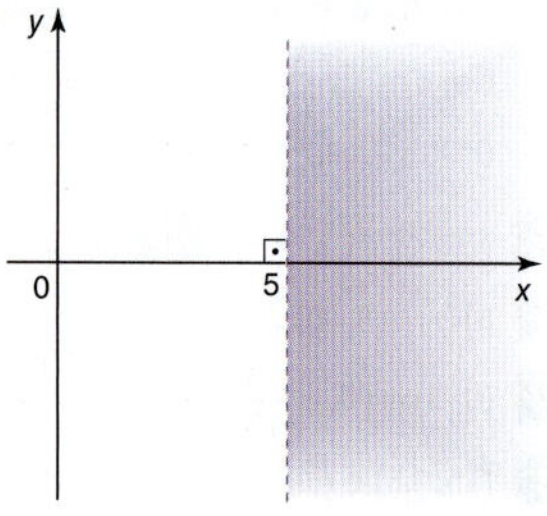

c)

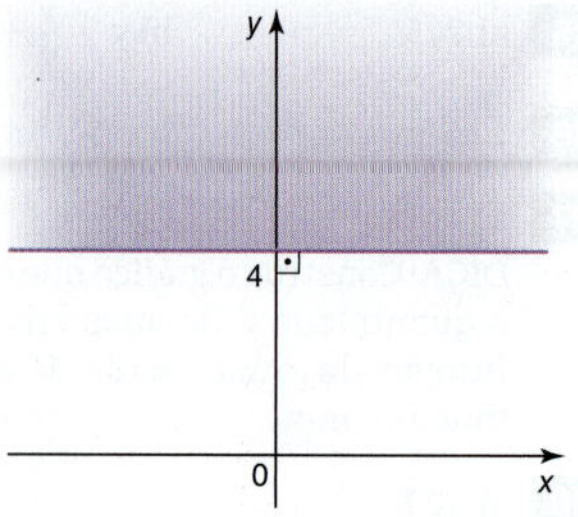

d)

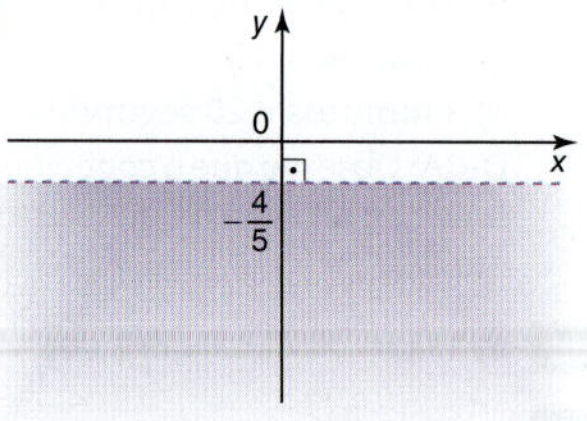

39 a)

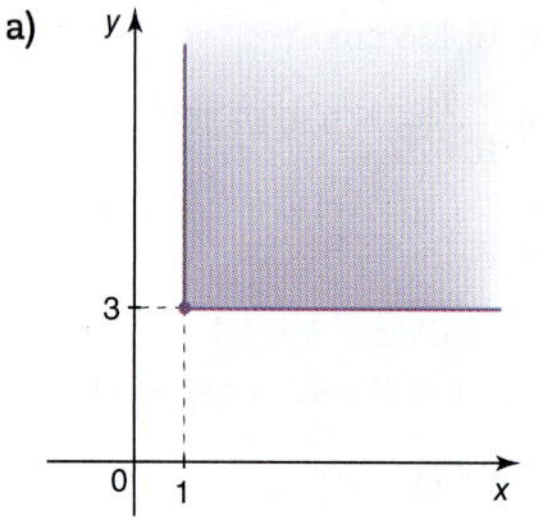

b)

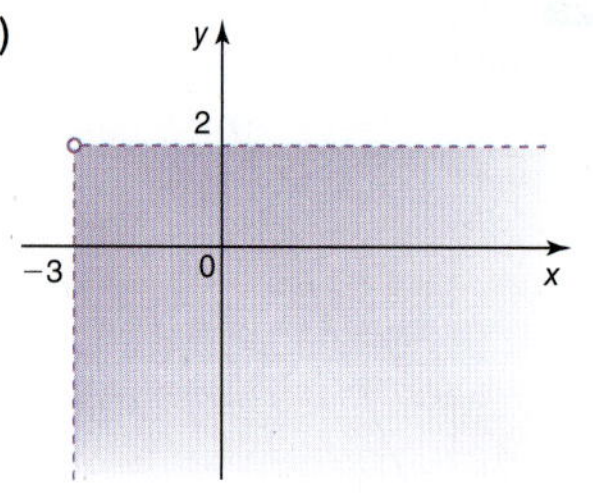

c)

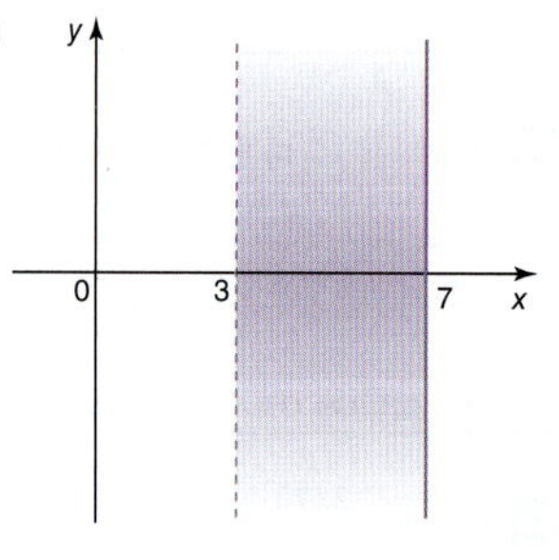

40

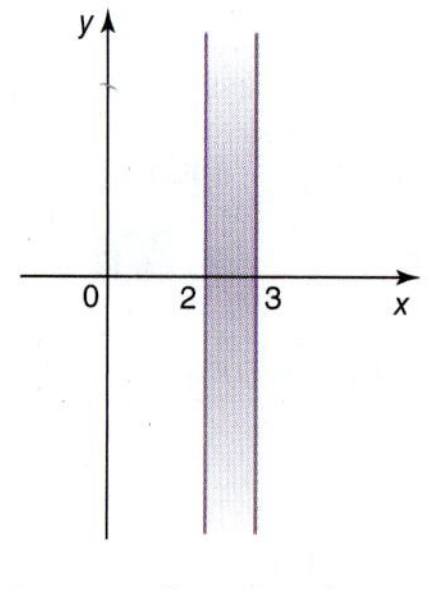

DICA: Para quaisquer números reais a e k, com k positivo, tem-se a equivalência:
$|a| < k \Leftrightarrow -k < a < k$

41 a)

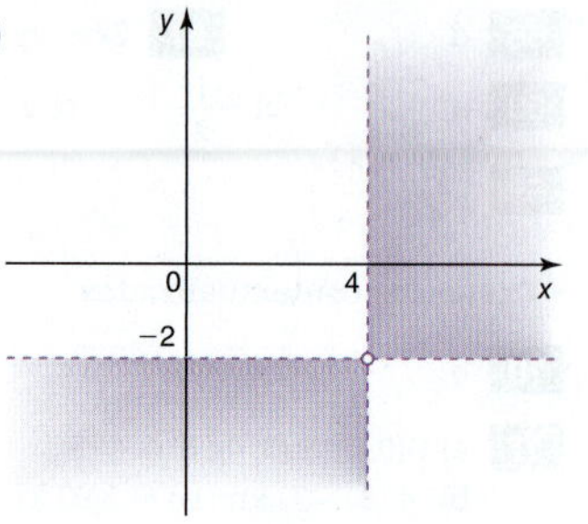

DICA: O produto de dois números reais é positivo se, e somente se, esses números têm o mesmo sinal.

b)

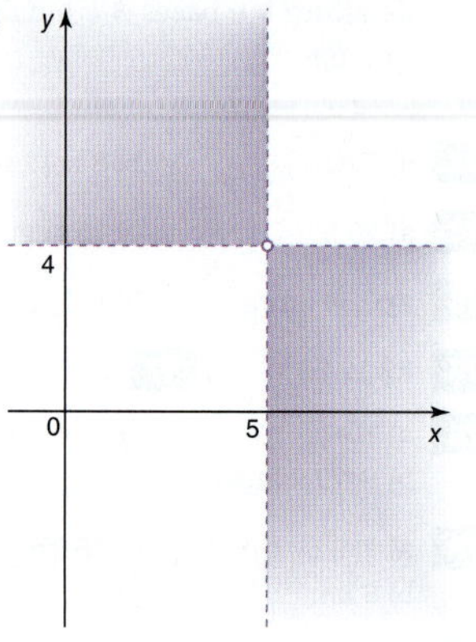

c)

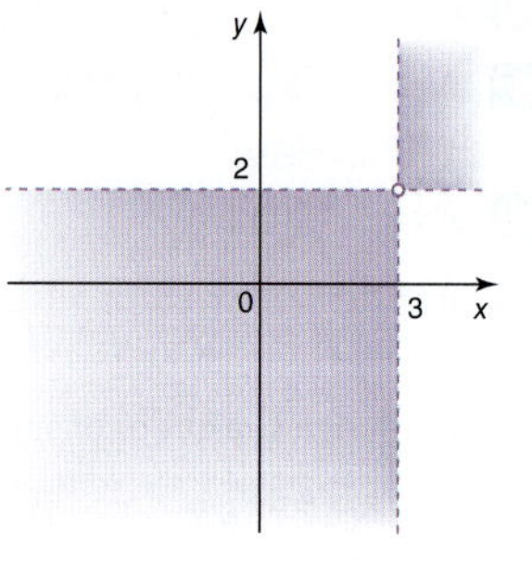

42 a)

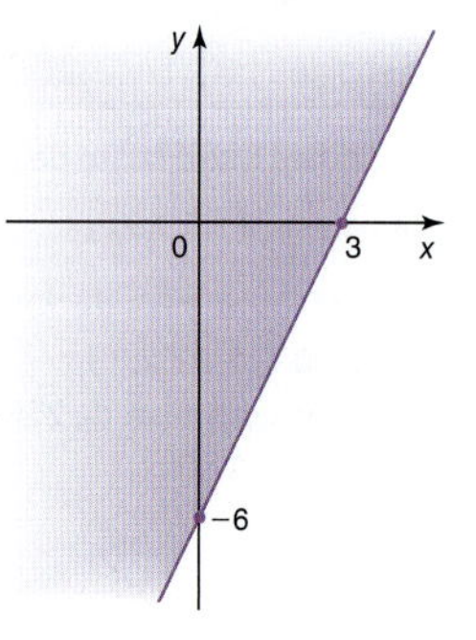

b)

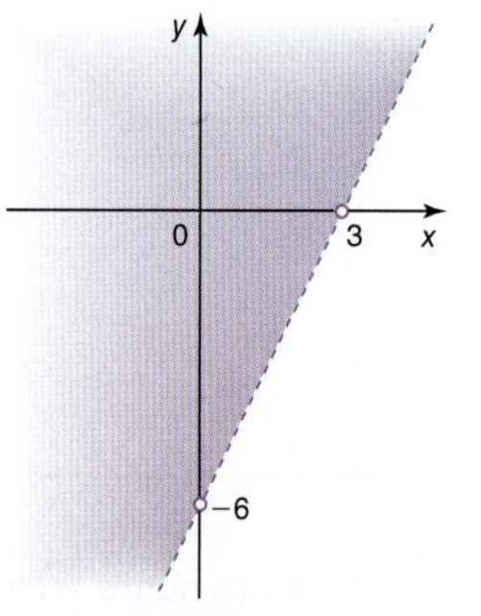

c)

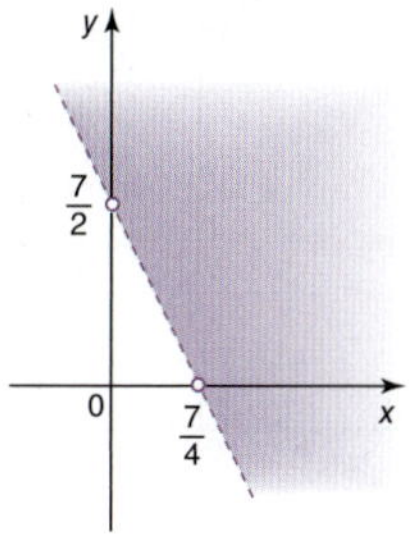

d)

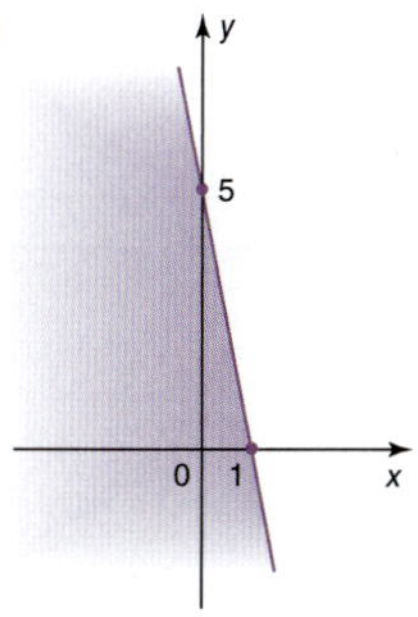

43 a)

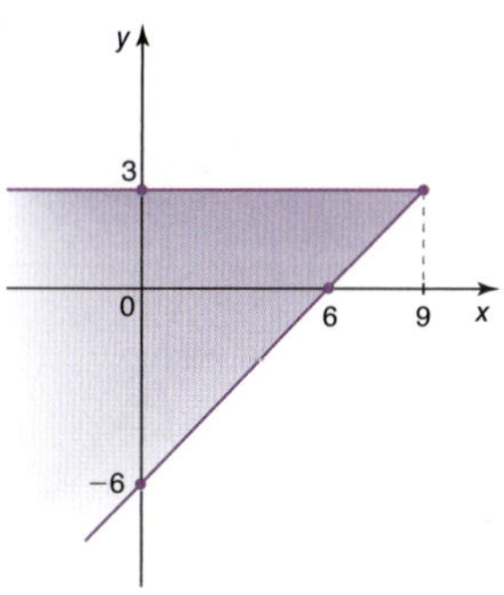

b)

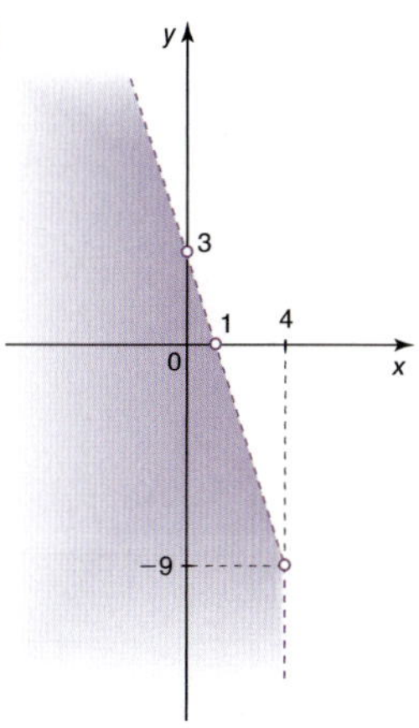

c)

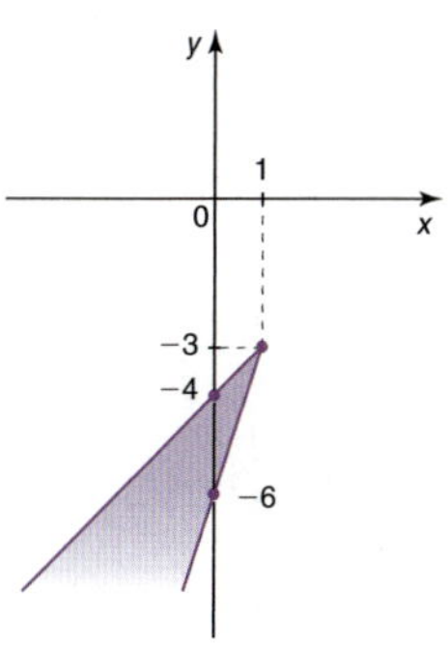

d)

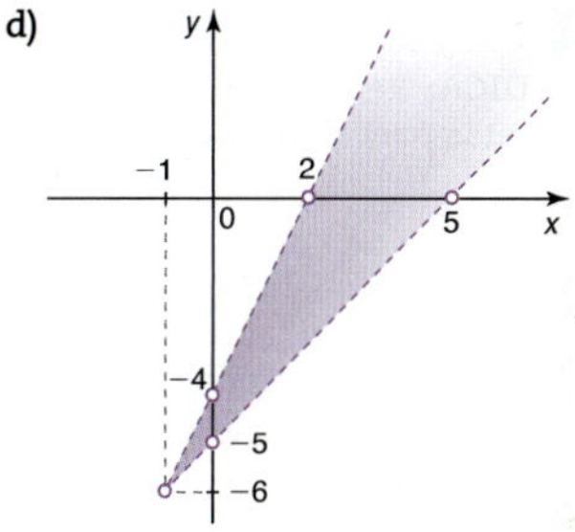

44 a)

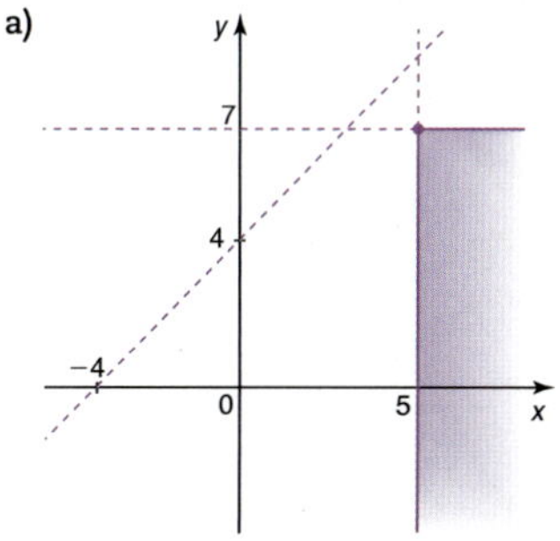

b)

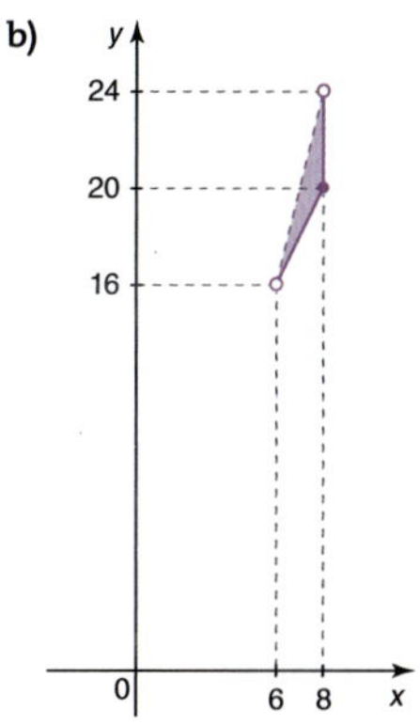

45 a)

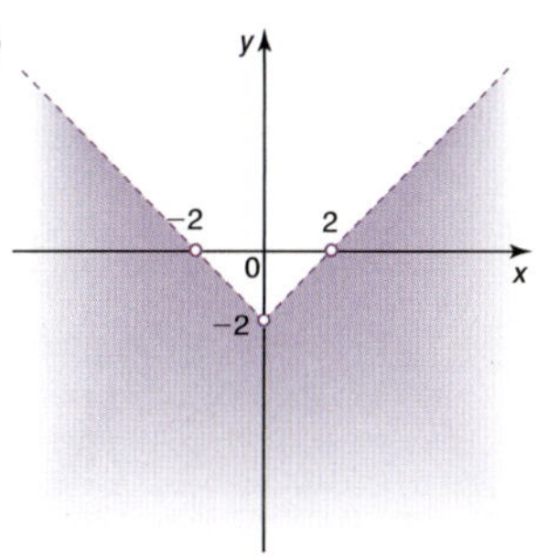

b)

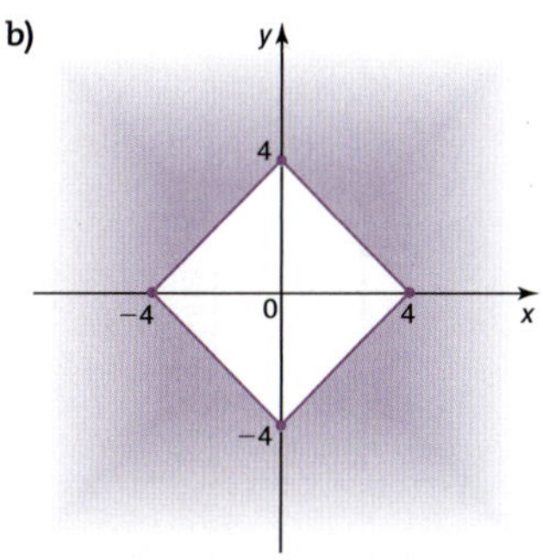

DICA: Por definição de módulo de um número real, temos:
$|x| = x$, se $x \geq 0$; ou $|x| = -x$, se $x < 0$

46 60

DICA: Sendo x e y as quantidades de pacotes do tipo *A* e do tipo *B*, respectivamente, a receita total z é: $z = 70x + 90y$, sendo

$2x + 3y \leq 300$, $3x + 2y \leq 300$, $x \geq 0$ e $y \geq 0$.

47 b

Exercícios complementares

• **Exercícios técnicos**

1 22° ou 118°

DICA: Resolva graficamente, observando que a reta *s* pode ter inclinação menor ou maior que 90°.

2 $\text{arctg}\,\frac{1}{7}$; $180° - \text{arctg}\,\frac{1}{7}$

3 b

4 $k = \frac{1}{2}$

DICA: Determine os coeficientes angulares das retas *r* e *s*.

5 135°

6 4

7 90°

8 $m(B\hat{A}C) = 90°$; $m(A\hat{B}C) = 45°$; $m(A\hat{C}B) = 45°$

9 a) 60°
b) 0°
c) 90°

10 $-\frac{\sqrt{3}}{6}$

11 $\sqrt{3}x + 5y - \sqrt{3} + 10 = 0$;
$3\sqrt{3}x + y - 3\sqrt{3} + 2 = 0$

DICA: Há exatamente duas retas distintas, *s* e *t*, que passam por $P(1, -2)$ e formam ângulos de 60° com *r*. Assim, pelo menos uma delas tem coeficiente angular *m* e, portanto, sua equação é da forma $y - (-2) = m(x - 1)$.

12 $\sqrt{3}x - 3y - 5\sqrt{3} + 3 = 0$; $x = 5$

13 a)

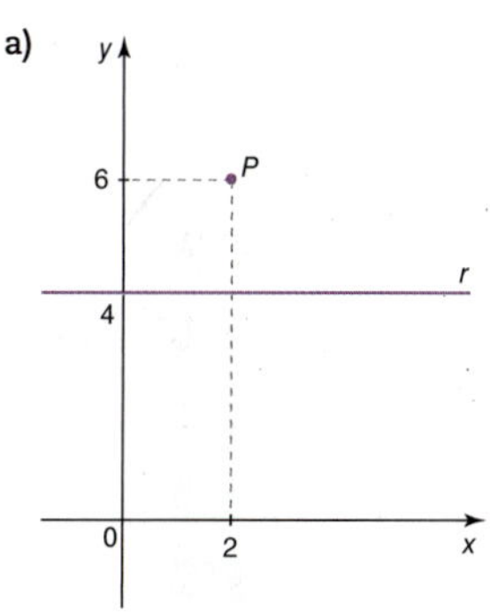

b)

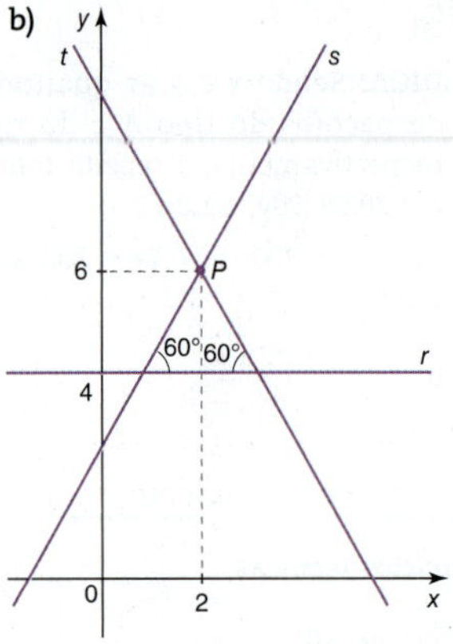

c) 60°; 120°

DICA: Determine as inclinações através do gráfico.

d) (s) $\sqrt{3}x - y - 2\sqrt{3} + 6 = 0$;

(t) $\sqrt{3}x + y - 2\sqrt{3} - 6 = 0$

14 $x - y + 6 = 0$; $x + y + 2 = 0$

DICA: Resolva graficamente.

15 (s) $3x - 2y - 9 = 0$ e

(t) $3x + 2y - 9 = 0$

16 $13x - 9y - 24 = 0$

17 $x = 1$

18 $y = \frac{x}{2} + 2$

DICA: A reta $\overleftrightarrow{AC}$ é simétrica da reta $\overleftrightarrow{AB}$ em relação a *r*.

19 a) $4\sqrt{5}$

b) $\sqrt{10}$

c) 5

d) 3

20 $\frac{9\sqrt{2}}{2}$

21 (6, 0) e (2, 0)

22 (12, 12)

23 d

24 a) $\frac{6\sqrt{5}}{5}$

b) 12

c) 8

25 e

26 $\frac{7\sqrt{10}}{10}$

27 $3x - y - 1 = 0$

28 $6x - 2y - 3 = 0$

DICA: O conjunto dos pontos P(x, y) equidistantes de *r* e *s* é a reta *t*.

29 a) 32 b) $\frac{3}{8}$

30 2

31 8

32 d

33 $\frac{125}{32}$ m²

34 c

35 $\frac{65}{2}$

36 $\frac{57}{2}$

37 d

38 a

39 a

40 9

DICA: Represente graficamente as retas para visualizar o trapézio.

41 $p = -1$ ou $p = 1$

42 P (−4, −7)

43 a) M, N e P são colineares.

b) M, N e P não são colineares.

44 d

45

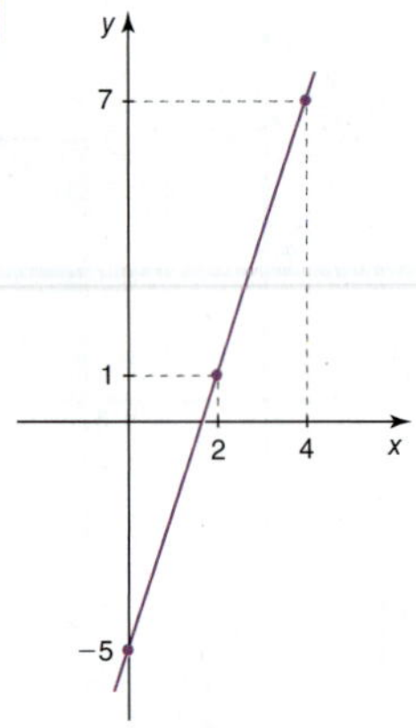

46 a) $x + y - 3 = 0$

b) $y - 2 = 0$

47 a) $x - 2y + 6 = 0$

b) $2x + y - 3 = 0$

48 a)

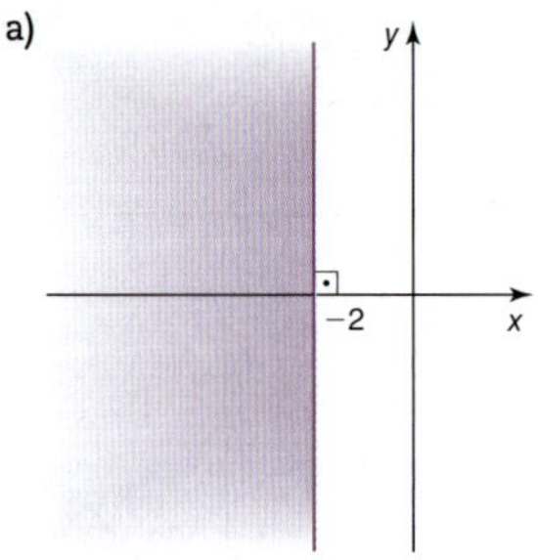

b)

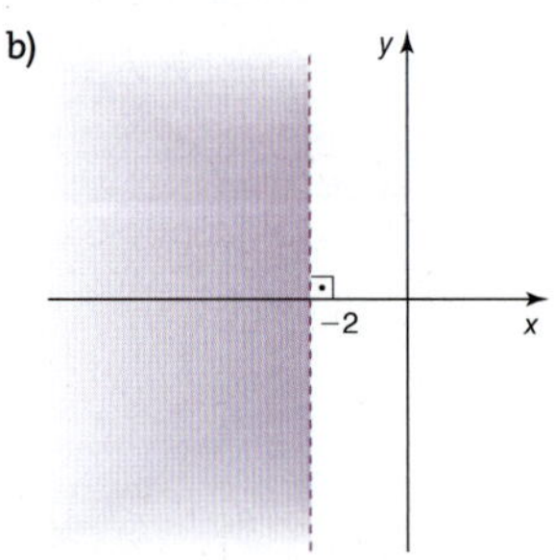

c)

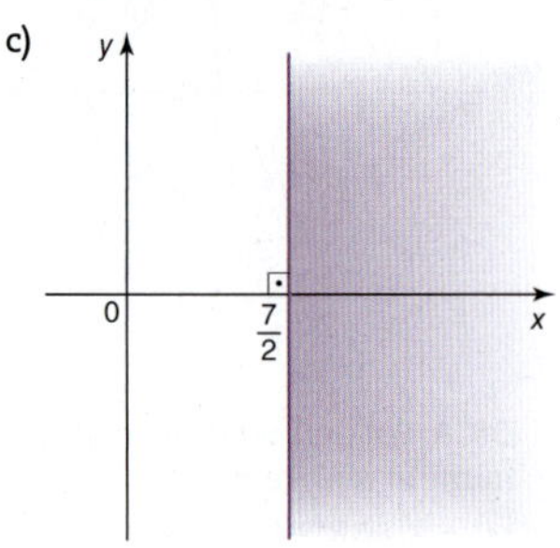

d)

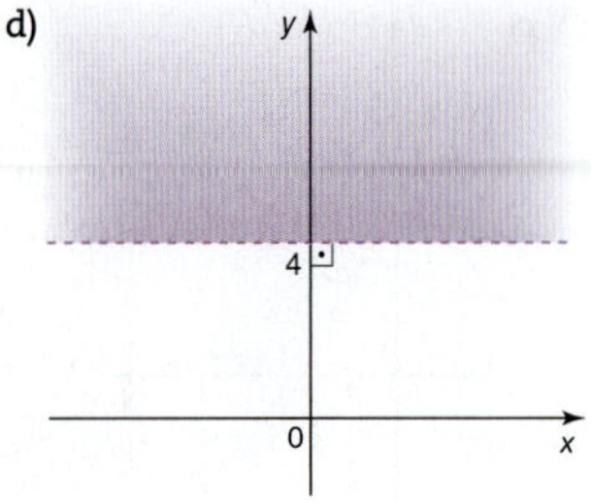

e)

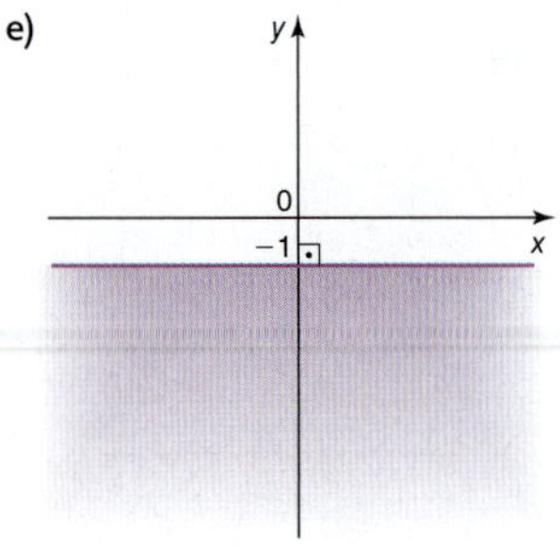

f)

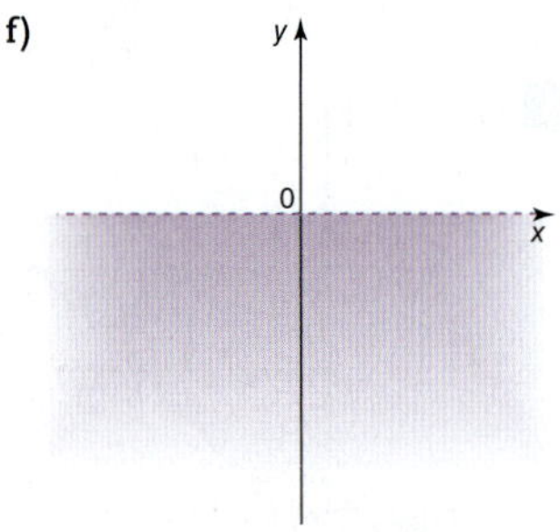

49 a)

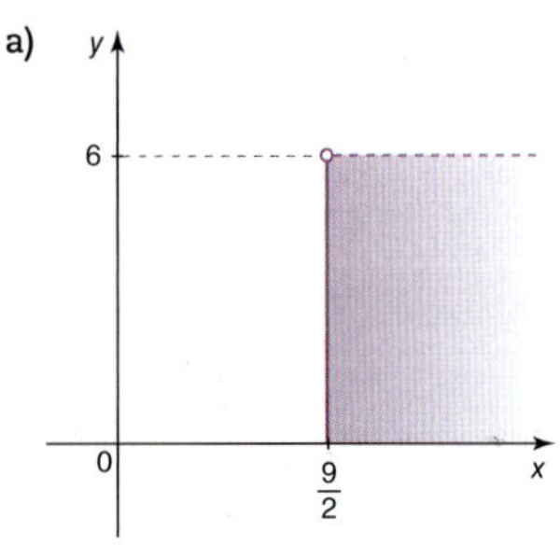

b)

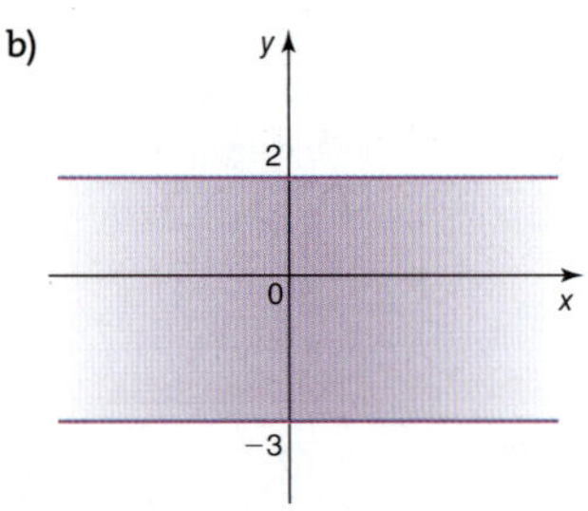

c)

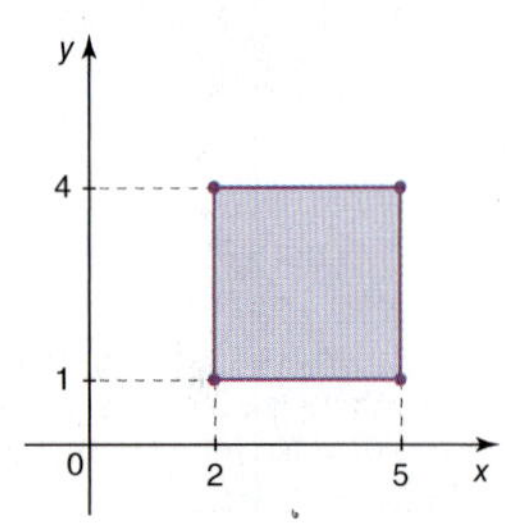

50 a)

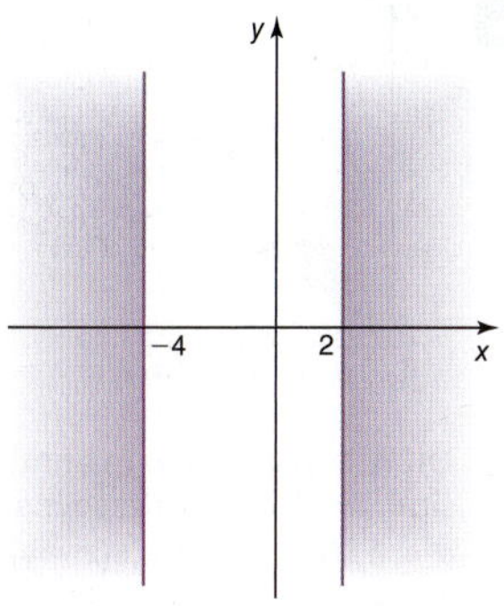

b)

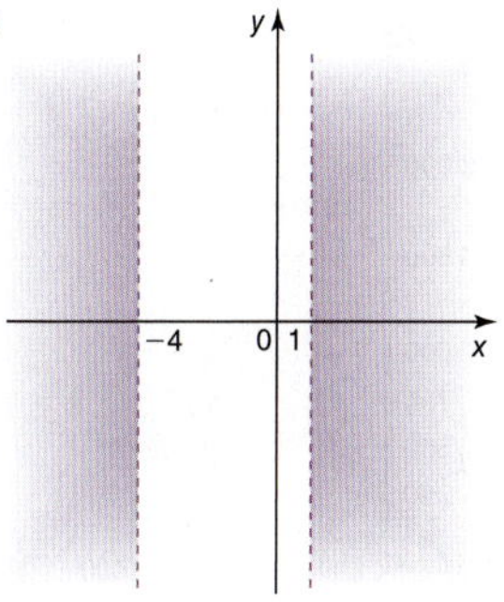

c)

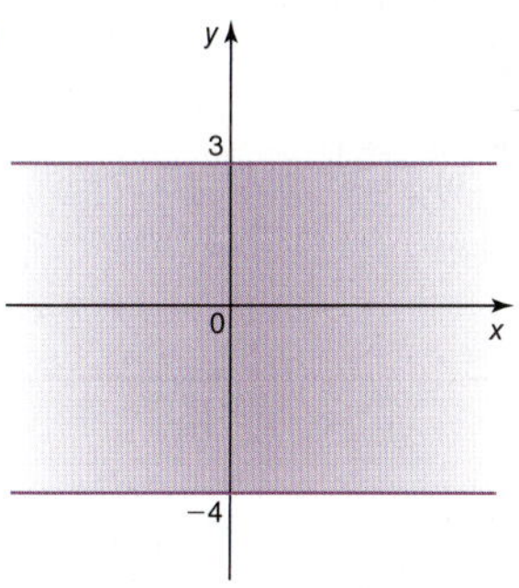

d)

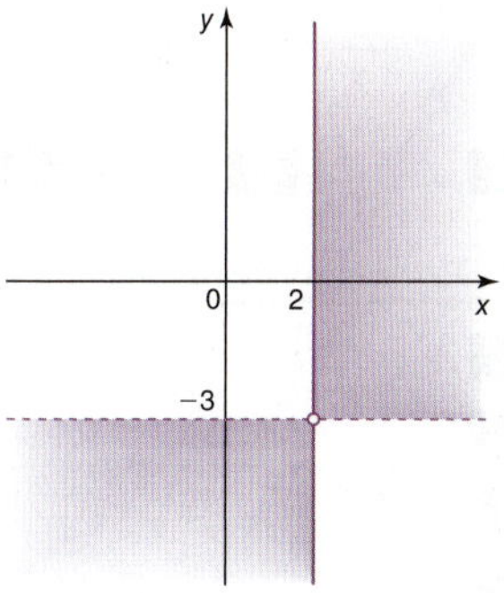

e)

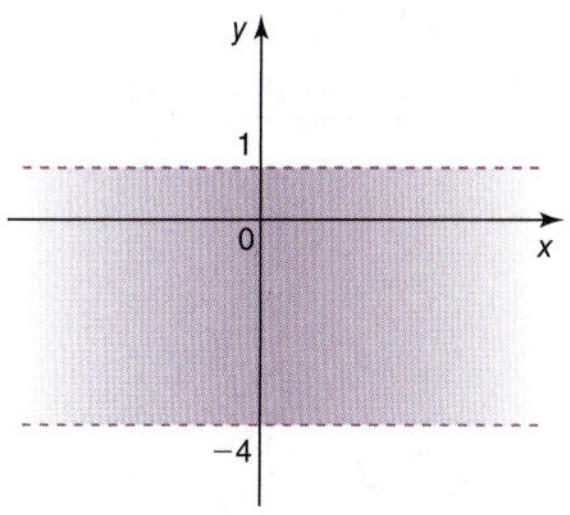

DICA: Uma fração representa um número negativo se, e somente se, o numerador e o denominador têm sinais contrários.

51 a)

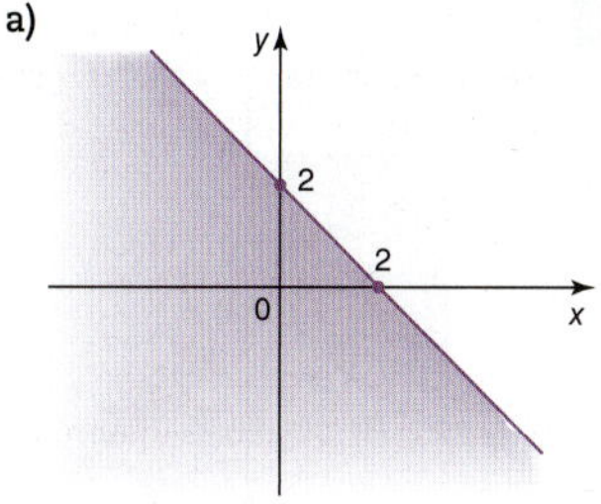

b)

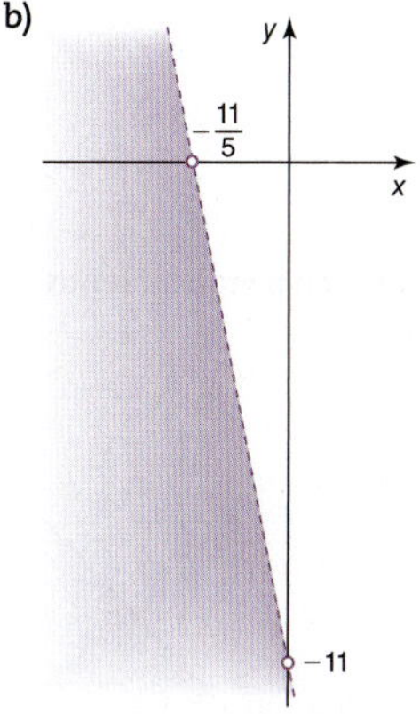

c)

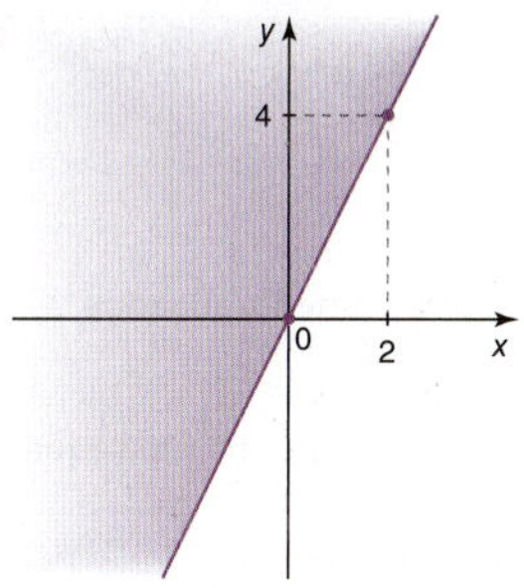

d)

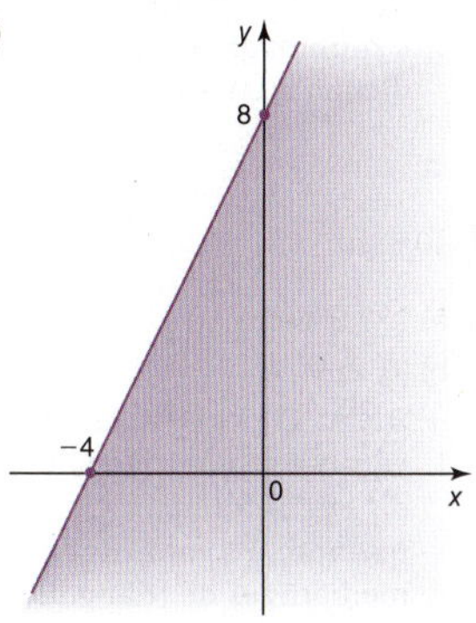

e)

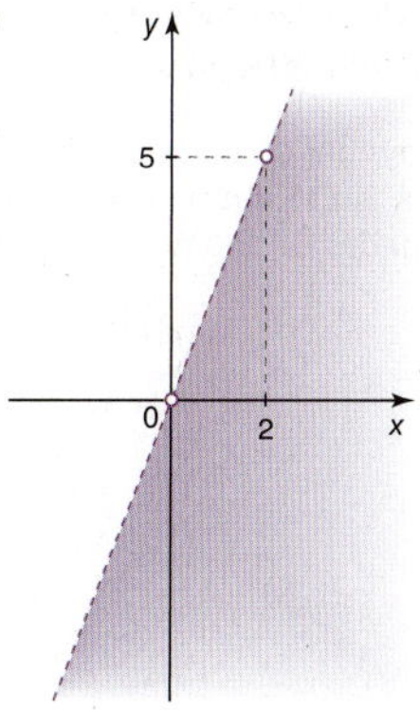

f)

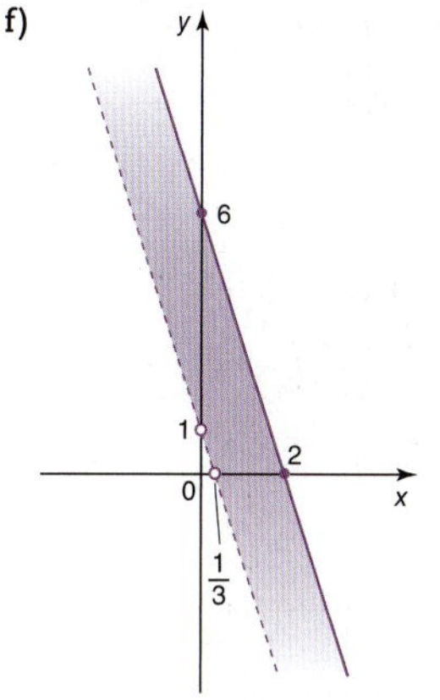

52 a)

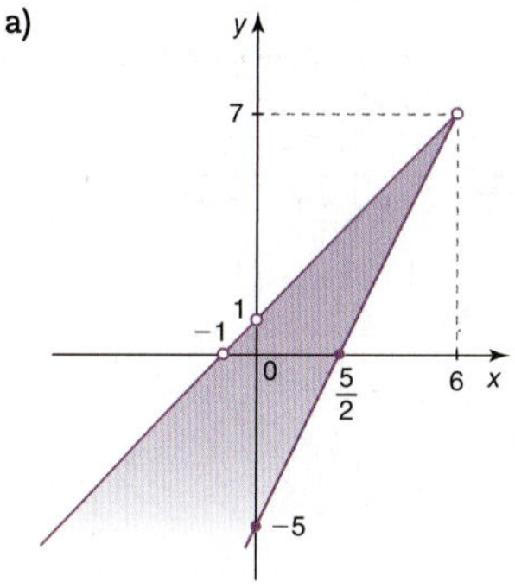

b)

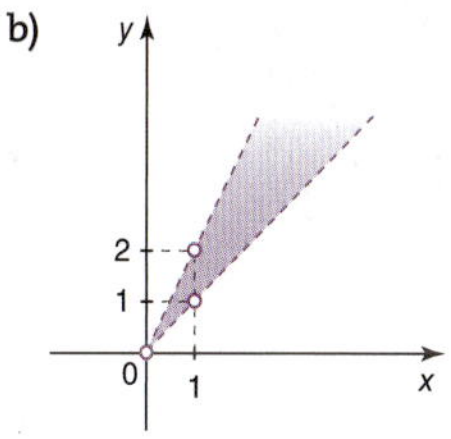

c)

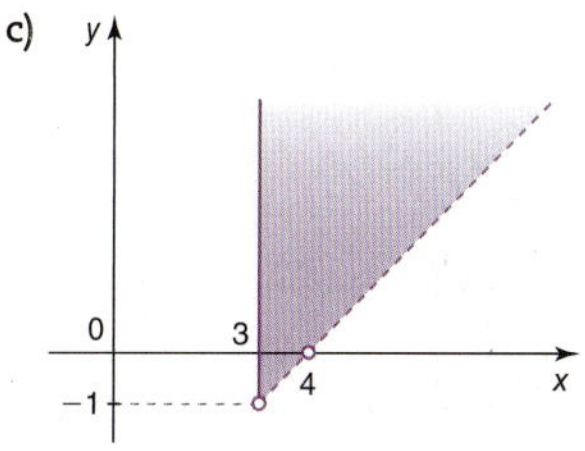

d)

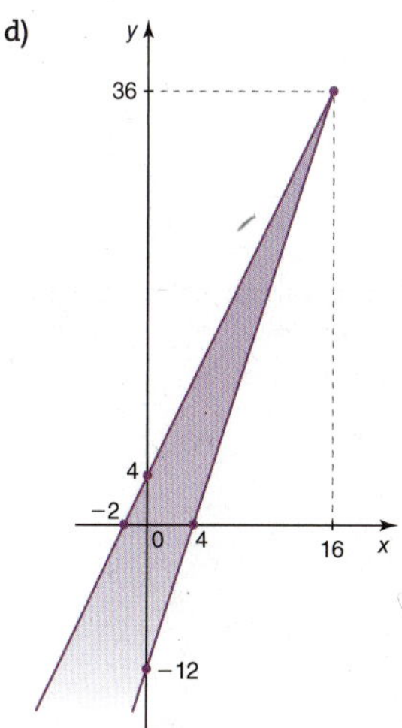

e)

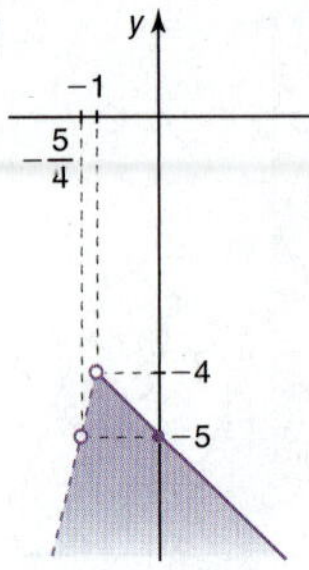

f)

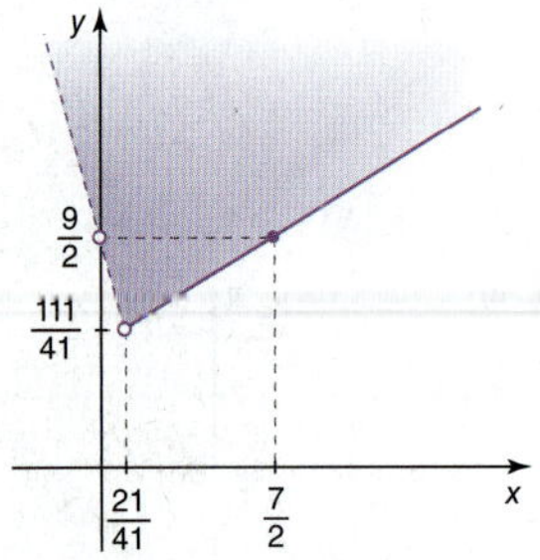

g)

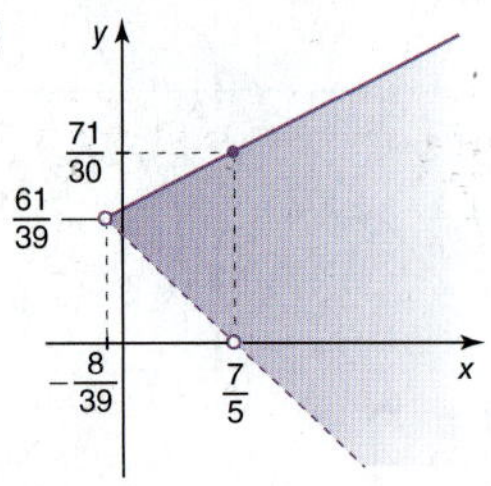

53 a)

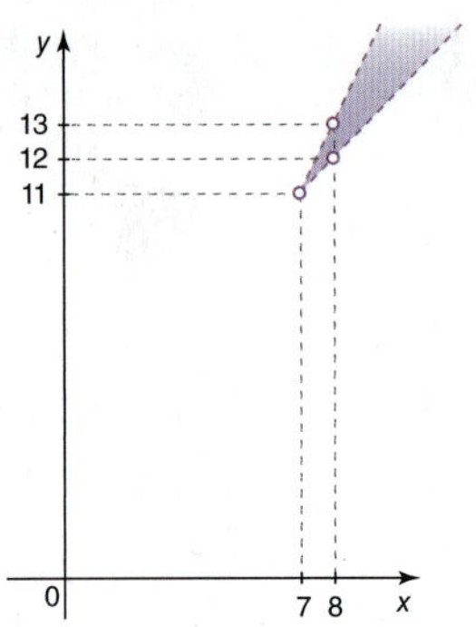

b)

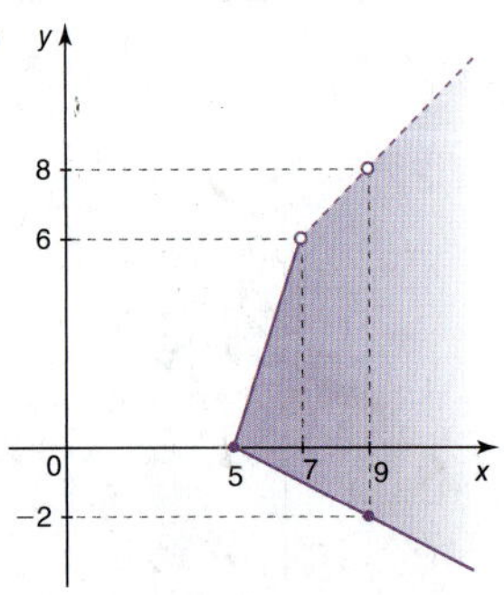

54

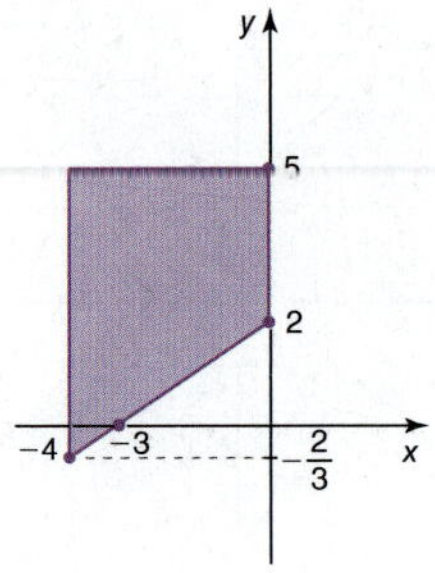

área de R: $\frac{52}{3}$

55 $\frac{4}{3}$

56 d

DICA: Resolva graficamente.

57 b

58

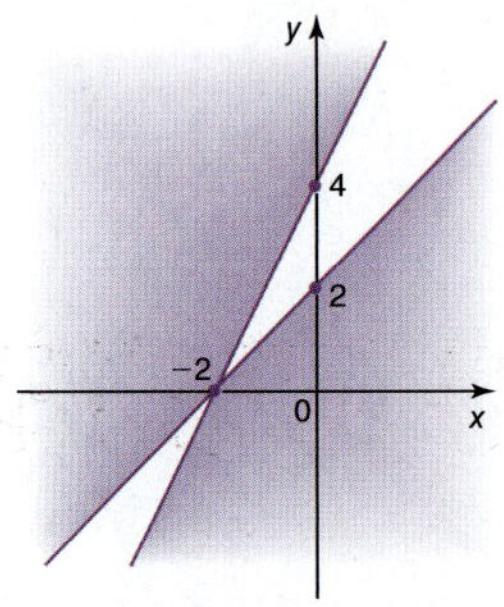

• **Exercícios contextualizados**

59 a) 480.000 km

DICA: Obtenha uma equação geral da reta *r*.

b) 2,64 anos

DICA: O ponto em que a distância é mínima pertence à reta perpendicular à trajetória do asteroide.

60 a

61 40,5 m^2

62 a) 122.500 km^2

b) (0, 2)

DICA: O ponto equidistante dos vértices de um triângulo é o centro da circunferência circunscrita e, portanto, é o ponto de encontro das mediatrizes do triângulo.

63 modelo A: 20 unidades;
modelo B: 30 unidades

64 9 lâmpadas de 100 W e 14 lâmpadas de 150 W ou 15 lâmpadas de 100 W e 10 lâmpadas de 150 W

65

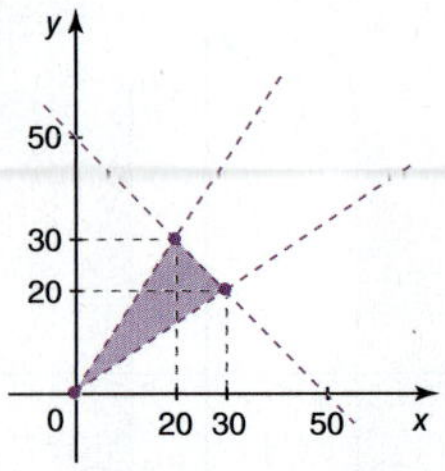

DICA: Sendo x e y as quantidades, em litro, de álcool e de gasolina, tem-se: $x \leq 0{,}6(x + y)$, $y \leq 0{,}6(x + y)$, em que $x + y \leq 50$, $x \geq 0$ e $y \geq 0$.

66

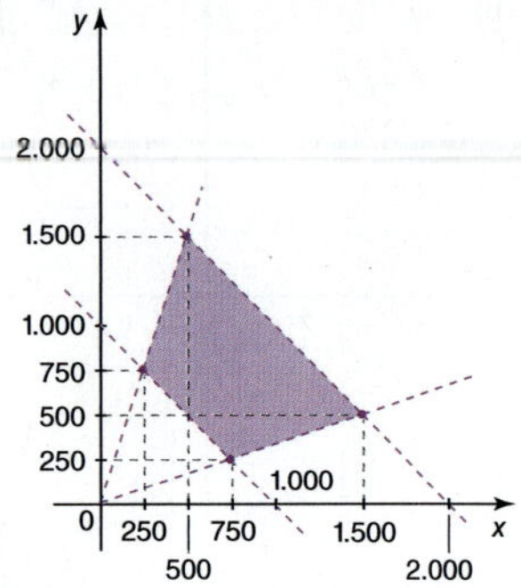

67 b

68 a) 2

b)

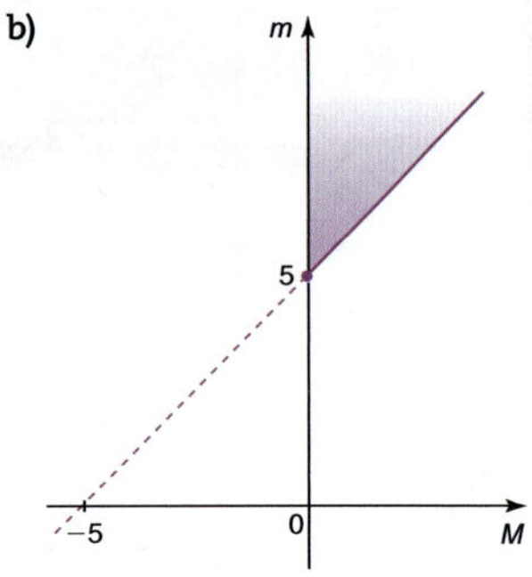

69 a

70 666

71 d

Exercícios de revisão cumulativa

1 c

2 e

3 d

4 a

Análise da resolução

$\frac{13}{2}$